S0-BBX-153

מחזור
השלם
ליום כפור

•

MACHZOR
FOR YOM KIPPUR

מחזור

השלם

ליום כפור

עם תרגום אנגלי

כפי הנהוג אצל החסידים המתפללים בסידור האריז"ל נוסח רבינו הקדוש כ"ק אדמו"ר מליאדי נ"ע זיע"א בעל התניא והשו"ע.

כל תפלה ותפלה באה על מקומה בשלמות, מבלי שיצטרך המתפלל לחפש הדפים בשעת תפלתו.

יוצא לאור על ידי

המרכז לעניני חינוך

770 איסטערן פארקוויי ברוקלין, נ.י.

שנת חמשת אלפים שבע מאות חמשים ואחת לבריאה

הי' תהא שנת אראנו נפלאות

שנת הצדי"ק לכ"ק אדמו"ר שליט"א

MACHZOR

FOR YOM KIPPUR

According to the custom of those who pray Nusach Ha-Ari Zal as arranged by
Rabbi Shneur Zalman of Liadi

English Translation
by
Rabbi Nissen Mangel

Published and Copyrighted by
Merkos L'Inyonei Chinuch, Inc.
770 Eastern Parkway Brooklyn, N.Y. 11213

5751 • 1991

Second Printing 1983.
Third Printing 1986.
Fourth Printing 1990.
Fifth Printing 1991.

Merkos L'inyonei Chinuch, Inc.
770 Eastern Parkway
Brooklyn, N.Y. 11213
(718) 774-4000 • 778-0226

Library of Congress Card Number: 83-81224
ISBN: 0-8266-0275-4

דברים אחדים מהמוציא לאור

עפ״י הוראת כ״ק אדמו״ר שליט״א מוציאים אנו בזה לאור את המחזור השלם ליום כפור עם תירגום אנגלי.

המעלות בהוצאה זו על המחזורים שבהוצאותינו הקודמות הן:

כל תפלה ותפלה וכל פיוט ופיוט באים במקומם הראוי בשלמות מבלי שיצטרך המתפלל לחפש בשעת תפלתו.

תפלת וחזרת הש״ץ בכל תפלה באה במקומה בשלמות, בכדי למנוע את הש״ץ מבלבולים בעת התפלה בהיותו מוכרח להפסיק בה ולחפש מדף לדף.

הנוסח של התפלה והפיוטים שבמחזור זה מכוונים למה שנהוג בבית המדרש של כ״ק אדמו״ר שליט״א, וסרו על ידי זה הספקות השונים העלולים להתעורר בעת התפלה כשמתפללים מתוך מחזורים בנוסחאות שונות.

הכנסנו למחזור זה, במקומות המתאימים לזה, מנחה לערב יום כפור, פרקי התהלים שנוהגים לאמרם בכל בתי הכנסת אחר התפלה, וגם מה שהנהיג כ״ק אדמו״ר (הריי״צ) זצוקללה״ה נבג״מ זי״ע לאמרם בימים אלה עפ״י קבלה רבי מרבי כפי שקבלו מהבעל שם טוב, ותפלת ערבית למוצאי יום כפור, הבדלה, קדוש לבנה ומשניות ליארצייט, כדי שתהיינה מצויות בידי המתפלל במחזור כל התפלות של יום כפור.

ויהי רצון שיתעוררו כל המתפללים מתוך מחזור זה בתוך שאר כל אחב״י בתשובה אמיתית מפנימיות הלב, ותתקבלנה תפלותינו לפני השם יתברך להכתב ולהחתם לשנה טובה ומתוקה.

המו״ל

כ׳ מנחם־אב, ה׳תהי׳ שנת גאולת משיח
ברוקלין, נ.י.

התכן:

TABLE OF CONTENTS

סדר כפרות

בעיו"כ מנהג לשחוט תרנגול לבן הנקרא גבר ושוחטים אותו באשמורת הבוקר אחר סליחות כי אז חוט של חסד נוגע בעולם ואנו שוחטין אותו להכניע הגבורות ומוציאין ממנו דמו כדי להמתיק ונקרא כפרה כמו שעיר המשתלח ויהיו הכפרות כפי חשבון בני אדם שבבית זכר לזכר נקבה לנקבה ולמעוברה שוחט ג' אח' בשבילה וזכר ונקבה בשביל ספק הולד :

ויאמר ג"פ בני אדם :

בְּנֵי אָדָם׃ יֹשְׁבֵי חֹשֶׁךְ וְצַלְמָוֶת אֲסִירֵי עֳנִי וּבַרְזֶל :
יוֹצִיאֵם מֵחֹשֶׁךְ וְצַלְמָוֶת וּמוֹסְרוֹתֵיהֶם יְנַתֵּק :
אֱוִלִים מִדֶּרֶךְ פִּשְׁעָם וּמֵעֲוֺנֹתֵיהֶם יִתְעַנּוּ : כָּל־אֹכֶל
תְּתַעֵב נַפְשָׁם וַיַּגִּיעוּ עַד־שַׁעֲרֵי מָוֶת : וַיִּזְעֲקוּ אֶל־
יְהֹוָה בַּצַּר לָהֶם מִמְּצֻקוֹתֵיהֶם יוֹשִׁיעֵם : יִשְׁלַח דְּבָרוֹ
וְיִרְפָּאֵם וִימַלֵּט מִשְּׁחִיתוֹתָם : יוֹדוּ לַיהֹוָה חַסְדּוֹ
וְנִפְלְאוֹתָיו לִבְנֵי אָדָם : אִם־יֵשׁ עָלָיו מַלְאָךְ מֵלִיץ
אֶחָד מִנִּי־אָלֶף לְהַגִּיד לְאָדָם יָשְׁרוֹ : וַיְחֻנֶּנּוּ וַיֹּאמֶר
פְּדָעֵהוּ מֵרֶדֶת שַׁחַת מָצָאתִי כֹפֶר :

זֶה חֲלִיפָתִי׳ זֶה תְּמוּרָתִי׳ זֶה כַּפָּרָתִי׳ זֶה
הַתַּרְנְגוֹל יֵלֵךְ לְמִיתָה וַאֲנִי אֵלֵךְ לְחַיִּים טוֹבִים
אֲרוּכִים וּלְשָׁלוֹם ג"פ : בכל פעם מסבב ג"פ.

בערב יום הכפורים יש להרבות באכילה ושתיה כמו שיעור ב' ימים עי"ל ויום הכפורים

מלקות ילקו קודם טבילה ומנחה, הנלקה מוטה אחוריו לדרום ופניו לצפון. המלקה והנלקה שניהם אומרים והוא רחום ג"פ.

It is the custom on Erev Yom Kippur to ritually slaughter a white rooster during the morning "watch"[1] *after* Selichot,[2] *for then a thread of Divine grace prevails in the world. We slaughter it to subdue the Supernal Severities, and take out its blood to "sweeten" [the Severities]. It is called* Kapparah *(expiation) as was the scapegoat [Leviticus 16:5-22]. Each member of the household shall have a* Kapparah *— a rooster for each male and a hen for each female. A pregnant woman shall have three fowls: a hen for herself, and a rooster and a hen for the unknown gender of the child.*

בני אדם Children of man who sit in darkness and the shadow of death, bound in misery and chains of iron — He will bring them out of darkness and the shadow of death, and will sunder their bonds. Foolish sinners, afflicted because of their sinful ways and their wrongdoings; their soul loathes all food and they reach the gates of death — they cry out to the Lord in their distress; He saves them from their afflictions. He sends forth His word and heals them; He delivers them from their graves. Let them thank the Lord for His kindness, and [proclaim] His wonders to the children of man.[3] If there be for a man [even] one interceding angel out of a thousand [accusers], to speak of his uprightness in his behalf, then He will be gracious to him and say: Redeem him from going down to the grave; I have found expiation [for him].[4]

זה This is my exchange, this is my substitute, this is my expiation. This chicken shall go to its death and I shall proceed to a good, long life and peace.

The above, בני אדם...ולשלום *(Children... and peace) is repeated three times, each time turning the chicken around [one's head] three times [at "This is my..., this is my..., this is my...], for a total of nine rotations.*

On Erev Yom Kippur, one should eat more, as if eating both for Erev Yom Kippur as well as for Yom Kippur.

"Flogging" should be administered before immersing in the mikveh *and reciting the Minchah Prayer. The one who is being flogged should be in a bent position with his back toward the south and his face toward the north. Both the one administering the lashes and the one being flogged are to say the verse* והוא רחום *(And He, being compassionate...), p. 276, three times.*

---

1. The last part of the night. V. Berachot 3a-b. Rashi, Exodus 14:24. 2. It is our custom not to say *Selichot* between Rosh HaShanah and Yom Kippur except on the Fast of Gedaliah. 3. Psalms 107:10, 14, 17-21. 4. Job 33:23-24.

כשחל ערב יום כפור בערב שבת מתחילין כאן, כשחל בחול מתחילין וידבר וגו׳ ע׳ 4.

הוֹדוּ לַייָ כִּי טוֹב, כִּי לְעוֹלָם חַסְדּוֹ: יֹאמְרוּ גְּאוּלֵי יְיָ, אֲשֶׁר גְּאָלָם מִיַּד צָר: וּמֵאֲרָצוֹת קִבְּצָם מִמִּזְרָח וּמִמַּעֲרָב, מִצָּפוֹן וּמִיָּם: תָּעוּ בַמִּדְבָּר בִּישִׁימוֹן דָּרֶךְ, עִיר מוֹשָׁב לֹא מָצָאוּ: רְעֵבִים גַּם צְמֵאִים, נַפְשָׁם בָּהֶם תִּתְעַטָּף: וַיִּצְעֲקוּ אֶל יְיָ בַּצַּר לָהֶם, מִמְּצוּקוֹתֵיהֶם יַצִּילֵם: וַיַּדְרִיכֵם בְּדֶרֶךְ יְשָׁרָה, לָלֶכֶת אֶל עִיר מוֹשָׁב: יוֹדוּ לַייָ חַסְדּוֹ, וְנִפְלְאוֹתָיו לִבְנֵי אָדָם: כִּי הִשְׂבִּיעַ נֶפֶשׁ שֹׁקֵקָה, וְנֶפֶשׁ רְעֵבָה מִלֵּא טוֹב: יֹשְׁבֵי חֹשֶׁךְ וְצַלְמָוֶת, אֲסִירֵי עֳנִי וּבַרְזֶל: כִּי הִמְרוּ אִמְרֵי אֵל, וַעֲצַת עֶלְיוֹן נָאָצוּ: וַיַּכְנַע בֶּעָמָל לִבָּם, כָּשְׁלוּ וְאֵין עֹזֵר: וַיִּזְעֲקוּ אֶל יְיָ בַּצַּר לָהֶם, מִמְּצוּקוֹתֵיהֶם יוֹשִׁיעֵם: יוֹצִיאֵם מֵחֹשֶׁךְ וְצַלְמָוֶת, וּמוֹסְרוֹתֵיהֶם יְנַתֵּק: יוֹדוּ לַייָ חַסְדּוֹ, וְנִפְלְאוֹתָיו לִבְנֵי אָדָם: כִּי שִׁבַּר דַּלְתוֹת נְחֹשֶׁת, וּבְרִיחֵי בַרְזֶל גִּדֵּעַ: אֱוִלִים מִדֶּרֶךְ פִּשְׁעָם, וּמֵעֲוֹנוֹתֵיהֶם יִתְעַנּוּ: כָּל אֹכֶל תְּתַעֵב נַפְשָׁם, וַיַּגִּיעוּ עַד שַׁעֲרֵי מָוֶת: וַיִּזְעֲקוּ אֶל יְיָ בַּצַּר לָהֶם, מִמְּצוּקוֹתֵיהֶם יוֹשִׁיעֵם: יִשְׁלַח דְּבָרוֹ וְיִרְפָּאֵם, וִימַלֵּט מִשְּׁחִיתוֹתָם: יוֹדוּ לַייָ חַסְדּוֹ, וְנִפְלְאוֹתָיו לִבְנֵי אָדָם: וְיִזְבְּחוּ זִבְחֵי תוֹדָה, וִיסַפְּרוּ מַעֲשָׂיו בְּרִנָּה: יוֹרְדֵי הַיָּם בָּאֳנִיּוֹת, עֹשֵׂי מְלָאכָה בְּמַיִם רַבִּים: הֵמָּה רָאוּ מַעֲשֵׂי יְיָ, וְנִפְלְאוֹתָיו בִּמְצוּלָה: וַיֹּאמֶר וַיַּעֲמֵד רוּחַ סְעָרָה, וַתְּרוֹמֵם גַּלָּיו: יַעֲלוּ שָׁמַיִם יֵרְדוּ תְהוֹמוֹת, נַפְשָׁם בְּרָעָה תִתְמוֹגָג: יָחוֹגּוּ וְיָנוּעוּ כַּשִּׁכּוֹר, וְכָל חָכְמָתָם תִּתְבַּלָּע: וַיִּצְעֲקוּ אֶל יְיָ בַּצַּר לָהֶם, וּמִמְּצוּקוֹתֵיהֶם יוֹצִיאֵם: יָקֵם סְעָרָה לִדְמָמָה, וַיֶּחֱשׁוּ גַּלֵּיהֶם: וַיִּשְׂמְחוּ כִי יִשְׁתֹּקוּ, וַיַּנְחֵם אֶל מְחוֹז חֶפְצָם: יוֹדוּ לַייָ חַסְדּוֹ, וְנִפְלְאוֹתָיו לִבְנֵי אָדָם: וִירוֹמְמוּהוּ בִּקְהַל עָם, וּבְמוֹשַׁב זְקֵנִים יְהַלְלוּהוּ: יָשֵׂם נְהָרוֹת לְמִדְבָּר, וּמֹצָאֵי מַיִם לְצִמָּאוֹן: אֶרֶץ פְּרִי לִמְלֵחָה, מֵרָעַת יוֹשְׁבֵי בָהּ: יָשֵׂם מִדְבָּר לַאֲגַם מַיִם, וְאֶרֶץ צִיָּה לְמֹצָאֵי מָיִם: וַיּוֹשֶׁב שָׁם רְעֵבִים, וַיְכוֹנְנוּ עִיר מוֹשָׁב: וַיִּזְרְעוּ שָׂדוֹת וַיִּטְּעוּ כְרָמִים, וַיַּעֲשׂוּ פְּרִי תְבוּאָה: וַיְבָרְכֵם וַיִּרְבּוּ מְאֹד, וּבְהֶמְתָּם לֹא יַמְעִיט: וַיִּמְעֲטוּ וַיָּשֹׁחוּ, מֵעֹצֶר רָעָה וְיָגוֹן: שֹׁפֵךְ בּוּז עַל נְדִיבִים, וַיַּתְעֵם בְּתֹהוּ לֹא דָרֶךְ: וַיְשַׂגֵּב אֶבְיוֹן מֵעוֹנִי, וַיָּשֶׂם כַּצֹּאן מִשְׁפָּחוֹת: יִרְאוּ יְשָׁרִים וְיִשְׂמָחוּ, וְכָל עַוְלָה קָפְצָה פִּיהָ: מִי חָכָם וְיִשְׁמָר אֵלֶּה, וְיִתְבּוֹנְנוּ חַסְדֵי יְיָ:

פָּתַח אֵלִיָּהוּ וְאָמַר רִבּוֹן עָלְמִין דְּאַנְתְּ הוּא חַד וְלָא בְחֻשְׁבָּן אַנְתְּ הוּא עִלָּאָה עַל־כָּל־עִלָּאִין סְתִימָא עַל־כָּל־סְתִימִין לֵית מַחֲשָׁבָה תְּפִיסָא בָךְ כְּלָל: אַנְתְּ הוּא דְּאַפִּיקַת עֶשֶׂר תִּקּוּנִין וְקָרֵינָן לְהוֹן עֶשֶׂר סְפִירָן לְאַנְהָגָא בְהוֹן עָלְמִין סְתִימִין דְּלָא אִתְגַּלְיָן וְעָלְמִין דְּאִתְגַּלְיָן וּבְהוֹן אִתְכְּסִיאַת מִבְּנֵי נָשָׁא וְאַנְתְּ הוּא דְּקָשִׁיר לוֹן וּמְיַחֵד לוֹן וּבְגִין דְּאַנְתְּ מִלְּגָו כָּל־מָאן דְּאַפְרִישׁ חַד מֵחַבְרֵיהּ מֵאִלֵּין עֶשֶׂר סְפִירָן אִתְחֲשִׁיב לֵיהּ כְּאִלּוּ אַפְרִישׁ בָּךְ:

When Yom Kippur falls on a weekday, begin וידבר *(And the Lord spoke...),* *p. 4.* *On the eve of Shabbat, begin here:*

הודו Give thanks to the Lord for He is good, for His kindness is everlasting. So shall say those redeemed by the Lord, those whom He redeemed from the hand of the oppressor. He gathered them from the lands — from east and from west, from north and from the sea. They lost their way in the wilderness, in the wasteland; they found no inhabited city. Both hungry and thirsty, their soul languished within them. They cried out to the Lord in their distress; He delivered them from their afflictions. He guided them in the right path to reach an inhabited city. Let them give thanks to the Lord, and [proclaim] His wonders to the children of man. For He has satiated a thirsting soul, and filled a hungry soul with goodness. Those who sit in darkness and the shadow of death, bound in misery and chains of iron, for they defied the words of God and spurned the counsel of the Most High — He humbled their heart through suffering; they stumbled and there was none to help. They cried out to the Lord in their distress; He saved them from their afflictions. He brought them out of darkness and the shadow of death, and sundered their bonds. Let them give thanks to the Lord for His kindness, and [proclaim] His wonders to the children of man. For He broke the brass gates and smashed the iron bars. Foolish sinners are afflicted because of their sinful ways and their wrongdoings. Their soul loathes all food, and they reach the gates of death. They cried out to the Lord in their distress; He saved them from their afflictions. He sent forth His command and healed them; He delivered them from their graves. Let them give thanks to the Lord for His kindness, and [proclaim] His wonders to the children of man. Let them offer sacrifices of thanksgiving, and joyfully recount His deeds. Those who go down to the sea in ships, who perform tasks in mighty waters, they saw the works of the Lord and His wonders in the deep. He spoke and caused the stormy wind to rise, and it lifted up the waves. They rise to the sky, plunge to the depths; their soul melts in distress. They reel and stagger like a drunkard, all their skill is to no avail. They cried out to the Lord in their distress, and He brought them out from their calamity. He transformed the storm into stillness, and the waves were quieted. They rejoiced when they were silenced, and He led them to their destination. Let them give thanks to the Lord for His kindness, and [proclaim] His wonders to the children of man. Let them exalt Him in the congregation of the people, and praise Him in the assembly of the elders. He turns rivers into desert, springs of water into parched land, a fruitful land into a salt-marsh, because of the wickedness of those who inhabit it. He turns a desert into a lake, arid land into springs of water. He settles the hungry there, and they establish a city of habitation. They sow fields and plant vineyards which yield fruit and wheat. He blesses them and they multiply greatly, and He does not decrease their cattle. [If they sin] they are diminished and cast down, through oppression, misery and sorrow. He pours contempt upon distinguished men, and causes them to stray in a pathless wilderness. He raises the needy from distress, and makes their families as numerous as flocks. The upright observe this and rejoice, and all the wicked close their mouth. Let him who is wise bear these in mind, and then the benevolent acts of the Lord will be understood.[1]

פתח Elijah opened [his discourse] and said:[2] Master of the worlds, You are One but not in the numerical sense. You are exalted above all the exalted ones, hidden from all the hidden ones; no thought can grasp You at all. You are He who has brought forth ten "garments", and we call them ten *sefirot,* through which to direct hidden worlds which are not revealed and revealed worlds; and through them You conceal Yourself from man. You are He who binds them together and unites them; and inasmuch as You are within them, whoever separates one from another of these ten *sefirot,* it is considered as if he had effected a separation in You.

1. Psalm 107. 2. For a comprehensive exposition of this discourse, which contains many major Kabbalistic concepts, see R. Moshe Cordovero, *Pardes Harimonim,* Shaar 4, Ch. 5-6.

וְאִלֵּין עֶשֶׂר סְפִירָן אִנּוּן אָזְלִין כְּסִדְרָן חַד אֲרִיךְ וְחַד קְצִיר וְחַד
בֵּינוֹנִי: וְאַנְתְּ הוּא דְאַנְהִיג לוֹן וְלֵית מָאן דְּאַנְהִיג לָךְ לָא לְעֵלָּא
וְלָא לְתַתָּא וְלָא מִכָּל סִטְרָא: לְבוּשִׁין תְּקִינַת לוֹן דְּמִנַּיְהוּ פָּרְחִין
נִשְׁמָתִין לִבְנֵי נָשָׁא: וְכַמָּה גוּפִין תְּקִינַת לוֹן דְּאִתְקְרִיאוּ גוּפִין
לְגַבֵּי לְבוּשִׁין דִּמְכַסְיָן עֲלֵיהוֹן וְאִתְקְרִיאוּ בְּתִקּוּנָא דָא: חֶסֶד
דְּרוֹעָא יְמִינָא: גְּבוּרָה דְּרוֹעָא שְׂמָאלָא: תִּפְאֶרֶת גּוּפָא: נֶצַח
וְהוֹד תְּרֵין שׁוֹקִין: יְסוֹד סִיּוּמָא דְגוּפָא אוֹת בְּרִית קֹדֶשׁ: מַלְכוּת
פֶּה תּוֹרָה שֶׁבְּעַל פֶּה קָרִינָן לָהּ: חָכְמָה מוֹחָא אִיהִי מַחֲשָׁבָה מִלְּגָו:
בִּינָה לִבָּא וּבָהּ הַלֵּב מֵבִין וְעַל אִלֵּין תְּרֵין כְּתִיב הַנִּסְתָּרוֹת לַיהוָֹה
אֱלֹהֵינוּ: כֶּתֶר עֶלְיוֹן אִיהוּ כֶּתֶר מַלְכוּת וַעֲלֵיהּ אִתְּמַר מַגִּיד
מֵרֵאשִׁית אַחֲרִית וְאִיהוּ קַרְקַפְתָּא דִתְפִלִּין מִלְּגָו אִיהוּ שֵׁם מַ֗ה
כזה יו"ד ה"א וא"ו ה"א דְּאִיהוּ אֹרַח אֲצִילוּת וְאִיהוּ שַׁקְיוּ דְּאִילָנָא
בִּדְרוֹעוֹי וְעַנְפּוֹי כְּמַיָּא דְּאַשְׁקֵי לְאִילָנָא וְאִתְרַבֵּי בְּהַהוּא שַׁקְיוּ:
רִבּוֹן עָלְמִין אַנְתְּ הוּא עִלַּת הָעִלּוֹת וְסִבַּת הַסִּבּוֹת דְּאַשְׁקֵי לְאִילָנָא
בְּהַהוּא נְבִיעוּ: וְהַהוּא נְבִיעוּ אִיהוּ כְּנִשְׁמְתָא לְגוּפָא* דְּאִיהִי חַיִּים
לְגוּפָא: וּבָךְ לֵית דִּמְיוֹן וְדִיוֹקְנָא מִכָּל מַה דִּלְגָו וּלְבַר: וּבְרָאתָ
שְׁמַיָּא וְאַרְעָא וְאַפִּיקַת מִנְּהוֹן שִׁמְשָׁא וְסִיהֲרָא וְכוֹכְבַיָּא וּמַזָּלַיָּא:
וּבְאַרְעָא אִילָנִין וּדְשָׁאִין וְגִנְתָּא דְעֵדֶן וְעִשְׂבִּין וְחֵיוָן וּבְעִירִין
וְעוֹפִין וְנוּנִין וּבְנֵי נָשָׁא לְאִשְׁתְּמוֹדְעָא בְהוֹן עִלָּאִין וְאֵיךְ יִתְנַהֲגוּן
עִלָּאִין וְתַתָּאִין וְאֵיךְ אִשְׁתְּמוֹדְעָן עִלָּאֵי מִתַּתָּאֵי וְלֵית דְּיָדַע בָּךְ
כְּלָל: וּבַר מִנָּךְ לֵית יְחוּדָא בְּעִלָּאֵי וְתַתָּאֵי וְאַנְתְּ אִשְׁתְּמוֹדַע
עִלַּת עַל כֹּלָּא וְאָדוֹן עַל כֹּלָּא: וְכָל סְפִירָא אִית לָהּ שֵׁם יְדִיעָא
וּבְהוֹן אִתְקְרִיאוּ מַלְאָכַיָּא: וְאַנְתְּ לֵית לָךְ שֵׁם יְדִיעָא דְּאַנְתְּ הוּא
מְמַלֵּא כָל שְׁמָהָן: וְאַנְתְּ הוּא שְׁלִימוּ דְּכֻלְּהוּ: וְכַד אַנְתְּ תִּסְתַּלַּק
מִנַּיְהוּ אִשְׁתְּאָרוּ כֻּלְּהוּ שְׁמָהָן כְּגוּפָא בְּלָא נִשְׁמְתָא: אַנְתְּ הוּא
חַכִּים וְלָא בְחָכְמָה יְדִיעָא אַנְתְּ הוּא מֵבִין וְלָא בְּבִינָה יְדִיעָא:
לֵית לָךְ אֲתַר יְדִיעָא: אֶלָּא לְאִשְׁתְּמוֹדְעָא תּוּקְפָךְ וְחֵילָךְ לִבְנֵי
נָשָׁא וּלְאַחֲזָאָה לוֹן אֵיךְ מִתְנַהֵג עָלְמָא בְּדִינָא וּבְרַחֲמֵי דְּאִית
צֶדֶק וּמִשְׁפָּט כְּפוּם עוֹבָדֵיהוֹן דִּבְנֵי נָשָׁא: דִּין אִיהוּ גְבוּרָה מִשְׁפָּט
עַמּוּדָא דְאֶמְצָעִיתָא צֶדֶק מַלְכוּתָא קַדִּישָׁא מֹאזְנֵי צֶדֶק תְּרֵין
סַמְכֵי קְשׁוֹט הִין צֶדֶק אוֹת בְּרִית קֹדֶשׁ כֹּלָּא לְאַחֲזָאָה אֵיךְ מִתְנַהֵג

*ס"א רוחא

These ten *sefirot* proceed according to their order: one long, one short, and one intermediate. You are He who directs them, but there is no one who directs You — neither above, nor below, nor from any side. You have made garments for them, from which souls issue forth to man. You have made for them a number of bodies which are called "bodies" in comparison with the garments which cover them; and they are described [anthropomorphically] in the following manner: *chesed* (kindness) — the right arm; *gevurah* (severity, power) — the left arm; *tiferet* (beauty) — the torso; *netzach* (eternity, victory) and *hod* (splendor) — the two thighs; *yesod* (foundation) — the end of the torso, the sign of the Holy Covenant; *malchut* (kingship) — the mouth, which we call the Oral Torah; *chochmah* (wisdom) — the brain, that is, the thought within; *binah* (understanding) — the heart, by means of which the heart understands; and concerning the latter two *[sefirot]* it is written, "The secrets belong to the Lord our God;"[1] supernal *keter* (crown) is the crown of kingship, concerning which it is said, "He declares the end from the beginning,"[2] and it is the skull [upon which the] *tefillin* [are placed]. Within them is the Name [whose numerical value is] forty-five (spelled thus: יו״ד ה״א וא״ו ה״א) which is the path of *atzilut* (emanation); and the watering of the Tree [of the *sefirot*] with its arms and branches just as water irrigates a tree and it grows by that irrigation. Master of the worlds, You are the cause of causes and producer of effects, who waters the Tree through that fountain; and that fountain is as the soul to the body, which is the life of the body. In You, however, there is no similitude or likeness to anything within or without. You have created heaven and earth and brought forth from them the sun, the moon, the stars and the planets; and on earth — the trees, the green herbage, the Garden of Eden, the grasses, the beasts, the cattle, the fowl, the fish, and mankind; in order to make known through them the Supernal Realms, how the higher and lower worlds are conducted, and how the higher worlds may be known from the lower. However, there is none who can know You at all. Without You there is no unity in the higher or lower realms, and You are known as the Cause of all and the Master of all. Each *sefirah* has a specific Name by which the angels are also designated. You, however, have no specific Name, for You permeate all the Names, and You are the perfection of them all. When You remove Yourself from them, all the Names remain as a body without a soul. You are wise, but not with a knowable attribute of wisdom; You understand, but not with a knowable attribute of understanding; You have no specific place. [You clothed Yourself in the *sefirot*] only to make known to mankind Your power and strength and to show them how the world is conducted through law and mercy — for there is righteousness and justice which are dispensed according to the deeds of man. Law is *gevurah* (severity, power); justice is the middle column; righteousness is the holy *malchut* (kingship); the scales of righteousness are the two supports of truth; *hin* (measure) of righteousness is the sign of the Holy Covenant. All these are to show how the world is conducted,

1. Deuteronomy 29:28. 2. Isaiah 46:10.

עָלְמָא אֲבָל לָאו דְּאִית לָךְ צֶדֶק יְדִיעָא דְּאִיהוּ דִּין וְלָא מִשְׁפָּט
יְדִיעָא דְּאִיהוּ רַחֲמֵי וְלָא מִכָּל אִלֵּין מִדּוֹת כְּלָל: בָּרוּךְ יְהוָה
לְעוֹלָם אָמֵן וְאָמֵן:

י יְדִיד נֶפֶשׁ אָב הָרַחֲמָן · מְשׁוֹךְ עַבְדְּךָ אֶל רְצוֹנֶךָ · יָרוּץ עַבְדְּךָ
כְּמוֹ אַיָּל · יִשְׁתַּחֲוֶה אֶל מוּל הֲדָרֶךָ · יֶעֱרַב לוֹ יְדִידוֹתֶיךָ ·
מִנֹּפֶת צוּף וְכָל־טָעַם:

ה הָדוּר נָאֶה זִיו הָעוֹלָם · נַפְשִׁי חוֹלַת אַהֲבָתֶךָ · אָנָּא אֵל נָא רְפָא
נָא לָהּ · בְּהַרְאוֹת לָהּ נֹעַם זִיוֶךָ · אָז תִּתְחַזֵּק וְתִתְרַפֵּא
וְהָיְתָה לָהּ שִׂמְחַת עוֹלָם:

ו וָתִיק יֶהֱמוּ רַחֲמֶיךָ · וְחוּסָה נָא עַל בֵּן אוֹהֲבֶךָ · כִּי זֶה כַּמָּה
נִכְסוֹף נִכְסַפְתִּי לִרְאוֹת בְּתִפְאֶרֶת עֻזֶּךָ · אֵלֶּה חָמְדָה לִבִּי
וְחוּסָה נָא וְאַל תִּתְעַלָּם:

ה הִגָּלֶה נָא וּפְרוֹס חֲבִיבִי עָלַי אֶת־סֻכַּת שְׁלוֹמֶךָ · תָּאִיר אֶרֶץ
מִכְּבוֹדֶךָ · נָגִילָה וְנִשְׂמְחָה בָּךְ · מַהֵר אָהוּב כִּי בָא מוֹעֵד
וְחָנֵּנוּ כִּימֵי עוֹלָם:

כשחל ערב יום כפור בחול מתחילין כאן.

וַיְדַבֵּר יְיָ אֶל מֹשֶׁה לֵּאמֹר: צַו אֶת בְּנֵי יִשְׂרָאֵל וְאָמַרְתָּ
אֲלֵהֶם, אֶת קָרְבָּנִי לַחְמִי לְאִשַּׁי, רֵיחַ נִיחֹחִי
תִּשְׁמְרוּ לְהַקְרִיב לִי בְּמוֹעֲדוֹ: וְאָמַרְתָּ לָהֶם, זֶה הָאִשֶּׁה
אֲשֶׁר תַּקְרִיבוּ לַייָ, כְּבָשִׂים בְּנֵי שָׁנָה תְמִימִם, שְׁנַיִם
לַיּוֹם, עֹלָה תָמִיד: אֶת הַכֶּבֶשׂ אֶחָד תַּעֲשֶׂה בַבֹּקֶר,
וְאֵת הַכֶּבֶשׂ הַשֵּׁנִי תַּעֲשֶׂה בֵּין הָעַרְבָּיִם: וַעֲשִׂירִית
הָאֵיפָה סֹלֶת לְמִנְחָה, בְּלוּלָה בְּשֶׁמֶן כָּתִית רְבִיעִת
הַהִין: עֹלַת תָּמִיד, הָעֲשֻׂיָה בְּהַר סִינַי לְרֵיחַ נִיחֹחַ
אִשֶּׁה לַייָ: וְנִסְכּוֹ רְבִיעִת הַהִין לַכֶּבֶשׂ הָאֶחָד, בַּקֹּדֶשׁ
הַסֵּךְ נֶסֶךְ שֵׁכָר לַייָ: וְאֵת הַכֶּבֶשׂ הַשֵּׁנִי תַּעֲשֶׂה בֵּין
הָעַרְבָּיִם, כְּמִנְחַת הַבֹּקֶר וּכְנִסְכּוֹ תַּעֲשֶׂה, אִשֵּׁה
רֵיחַ נִיחֹחַ לַייָ:

הר"א א) במדבר כ"ח.

but not that You possess a knowable righteousness — which is law, nor a knowable justice — which is mercy, nor any of these attributes at all. Blessed is God forever. Amen, Amen.[1]

ידיד Beloved of [my] soul, merciful Father, draw Your servant to Your will. [Then] Your servant will run as swiftly as a deer; he will bow before Your splendor; Your acts of affection will be sweeter than honeycomb and every pleasant taste.

הדור Glorious, resplendent One, Light of the world, my soul is lovesick for You; I beseech You, O God, pray heal it by showing it the sweetness of Your splendor. Then it will be strengthened and healed and will experience everlasting joy.

ותיק O pious One, may Your mercy be aroused and have compassion upon Your beloved child. For it is long that I have been yearning to behold the glory of Your majesty. These my heart desires, so have pity and do not conceal Yourself.

הגלה Reveal Yourself, my Beloved, and spread over me the shelter of Your peace. Let the earth be illuminated by Your glory; we will rejoice and exult in You. Hasten, Beloved, for the time has come; and be gracious unto us as in days of yore.

When Yom Kippur falls on a weekday, begin here:

וידבר And the Lord spoke to Moses, saying: Command the children of Israel and say to them: My offering, My food-offering consumed by fire, a pleasing odor to Me, you shall be careful to offer Me at its appointed time. And you shall say to them: This is the fire-offering which you shall offer to the Lord — two yearling male lambs without blemish, every day, as a daily burnt-offering. You shall offer one lamb in the morning, and the other lamb toward evening; and a tenth of an *ephah* of fine flour mixed with a fourth of a *hin* of oil of crushed olives as a meal-offering. This is a daily burnt-offering, as it was made at Mount Sinai, for a pleasing odor, a fire-offering to the Lord. And its wine-offering shall be a fourth of a *hin* for the one lamb; in the Sanctuary you shall pour out a wine-offering of strong wine to the Lord. And you shall offer the other lamb toward evening, with the same meal-offering and the same wine-offering as in the morning, to be a fire-offering of pleasing odor to the Lord.[2]

1. Tikkune Zohar, Introduction II. 2. Numbers 28:1-8.

[ב]וְשָׁחַט אֹתוֹ עַל יֶרֶךְ הַמִּזְבֵּחַ צָפֹנָה לִפְנֵי יְיָ, וְזָרְקוּ בְּנֵי אַהֲרֹן הַכֹּהֲנִים אֶת דָּמוֹ עַל הַמִּזְבֵּחַ סָבִיב:

אַתָּה הוּא יְיָ אֱלֹהֵינוּ וֵאלֹהֵי אֲבוֹתֵינוּ, שֶׁהִקְטִירוּ אֲבוֹתֵינוּ לְפָנֶיךָ אֶת קְטֹרֶת הַסַּמִּים, בִּזְמַן שֶׁבֵּית הַמִּקְדָּשׁ קַיָּם, כַּאֲשֶׁר צִוִּיתָ אוֹתָם עַל יַד מֹשֶׁה נְבִיאֶךָ, כַּכָּתוּב בְּתוֹרָתֶךָ:

[א]**וַיֹּאמֶר** יְיָ אֶל מֹשֶׁה, קַח לְךָ סַמִּים: נָטָף, וּשְׁחֵלֶת, וְחֶלְבְּנָה, סַמִּים. וּלְבֹנָה* זַכָּה, בַּד בְּבַד יִהְיֶה: וְעָשִׂיתָ אֹתָהּ קְטֹרֶת, רֹקַח מַעֲשֵׂה רוֹקֵחַ, מְמֻלָּח טָהוֹר קֹדֶשׁ: וְשָׁחַקְתָּ מִמֶּנָּה הָדֵק, וְנָתַתָּה מִמֶּנָּה לִפְנֵי* הָעֵדֻת בְּאֹהֶל מוֹעֵד, אֲשֶׁר אִוָּעֵד לְךָ שָׁמָּה, קֹדֶשׁ קָדָשִׁים תִּהְיֶה לָכֶם:

[ב]וְנֶאֱמַר, וְהִקְטִיר עָלָיו אַהֲרֹן קְטֹרֶת סַמִּים בַּבֹּקֶר בַּבֹּקֶר, בְּהֵיטִיבוֹ אֶת הַנֵּרֹת יַקְטִירֶנָּה: וּבְהַעֲלֹת* אַהֲרֹן אֶת הַנֵּרֹת בֵּין הָעַרְבַּיִם יַקְטִירֶנָּה, קְטֹרֶת תָּמִיד לִפְנֵי* יְיָ לְדֹרֹתֵיכֶם:

[ג]תָּנוּ רַבָּנָן, פִּטּוּם הַקְּטֹרֶת* כֵּיצַד: שְׁלֹשׁ מֵאוֹת וְשִׁשִּׁים וּשְׁמוֹנָה מָנִים הָיוּ בָהּ. שְׁלֹשׁ מֵאוֹת וְשִׁשִּׁים וַחֲמִשָּׁה כְּמִנְיַן יְמוֹת הַחַמָּה, מָנֶה לְכָל יוֹם פְּרַס בְּשַׁחֲרִית, וּפְרַס בֵּין הָעַרְבַּיִם. וּשְׁלֹשָׁה מָנִים יְתֵרִים, שֶׁמֵּהֶם מַכְנִיס כֹּהֵן גָּדוֹל מְלֹא חָפְנָיו בְּיוֹם הַכִּפּוּרִים, וּמַחֲזִירָן לְמַכְתֶּשֶׁת בְּעֶרֶב יוֹם הַכִּפּוּרִים, וְשׁוֹחֲקָן יָפֶה יָפֶה כְּדֵי שֶׁתְּהֵא דַקָּה מִן הַדַּקָּה. וְאַחַד עָשָׂר סַמָּנִים הָיוּ בָהּ. וְאֵלּוּ הֵן: א הַצֳּרִי ב וְהַצִּפֹּרֶן ג הַחֶלְבְּנָה ד וְהַלְּבוֹנָה מִשְׁקַל שִׁבְעִים שִׁבְעִים מָנֶה, ה מוֹר ו וּקְצִיעָה ז שִׁבֹּלֶת נֵרְדְּ ח וְכַרְכֹּם מִשְׁקַל

תו"א ב) ויקרא א יא: א) שמות ל לד: ב) שם ל ח: ג) כריתות ו' ע"א ירושלמי יומא פ"ד ה"ה

ושחט He shall slaughter it on the north side of the altar before the Lord; and Aaron's sons, the *Kohanim*, shall sprinkle its blood all around the altar.[1]

אתה You are the Lord our God and God of our fathers before whom our ancestors burned the offering of incense when the Bet Hamikdash stood, as You have commanded them through Moses Your prophet, as it is written in Your Torah:

ויאמר The Lord said to Moses: Take fragrant spices, stacte, onycha, and galbanum; fragrant spices and pure frankincense; there shall be an equal weight of each. And you shall make it into incense, a compound expertly blended, well-mingled, pure and holy. You shall grind some of it very fine, and put some of it before the Ark in the Tabernacle, where I will meet with you; most holy shall it be to you.[2] And it is written: Aaron shall burn upon the altar the incense of fragrant spices; every morning when he cleans the cups [of the *menorah*], he shall burn it. And toward evening, when Aaron lights the *menorah*, he shall burn it; this is a continual incense-offering before the Lord throughout your generations.[3]

תנו The Rabbis have taught:[4] How was the incense prepared? It weighed 368 *manim* — 365 corresponding to the number of days in the solar year, one *maneh* for each day — half a *maneh* to be offered in the morning and half toward evening; and the other three *manim* from which the *Kohen Gadol* took two handfuls [into the Holy of Holies] on Yom Kippur. These [three *manim*] were put back into the mortar on the day before Yom Kippur and ground again very thoroughly so as to make the incense extremely fine. The incense contained the following eleven kinds of spices: 1) balm, 2) onycha, 3) galbanum, 4) frankincense — each one weighing seventy *maneh;* 5) myrrh, 6) cassia, 7) spikenard, 8) saffron —

---

1. Leviticus 1:11. 2. Exodus 30:34-36. 3. Ibid. 30:7-8. 4. V. Keritot 6a,b. Yerushalmi, Yoma 4:5.

שִׁשָּׁה עָשָׂר שִׁשָּׁה עָשָׂר מָנֶה, ט הַקֹּשְׁטְ שְׁנֵים עָשָׂר,
י קִלּוּפָה שְׁלֹשָׁה, יא קִנָּמוֹן תִּשְׁעָה. בֹּרִית כַּרְשִׁינָה
תִּשְׁעָה קַבִּין, יֵין קַפְרִיסִין סְאִין תְּלָתָא וְקַבִּין תְּלָתָא,
וְאִם אֵין לוֹ יֵין קַפְרִיסִין מֵבִיא חֲמַר חִוַּרְיָן עַתִּיק. מֶלַח
סְדוֹמִית רֹבַע, מַעֲלֶה עָשָׁן, כָּל שֶׁהוּא. רַבִּי נָתָן
הַבַּבְלִי אוֹמֵר: אַף כִּפַּת הַיַּרְדֵּן כָּל שֶׁהִיא, וְאִם נָתַן בָּהּ
דְּבַשׁ פְּסָלָהּ, וְאִם חִסַּר אֶחָד מִכָּל סַמְמָנֶיהָ חַיָּב מִיתָה:

רַבָּן שִׁמְעוֹן בֶּן גַּמְלִיאֵל אוֹמֵר: הַצֳּרִי אֵינוֹ אֶלָּא שְׂרָף הַנּוֹטֵף מֵעֲצֵי הַקְּטָף, בֹּרִית כַּרְשִׁינָה שֶׁשָּׁפִין בָּהּ אֶת הַצִּפֹּרֶן, כְּדֵי שֶׁתְּהֵא נָאָה; יֵין קַפְרִיסִין שֶׁשּׁוֹרִין בּוֹ אֶת הַצִּפֹּרֶן, כְּדֵי שֶׁתְּהֵא עַזָּה, וַהֲלֹא מֵי רַגְלַיִם יָפִין לָהּ. אֶלָּא שֶׁאֵין מַכְנִיסִין מֵי רַגְלַיִם בַּמִּקְדָּשׁ מִפְּנֵי הַכָּבוֹד:

תַּנְיָא רַבִּי נָתָן אוֹמֵר: כְּשֶׁהוּא שׁוֹחֵק אוֹמֵר: הָדֵק הֵיטֵב, הֵיטֵב הָדֵק, מִפְּנֵי שֶׁהַקּוֹל יָפֶה לַבְּשָׂמִים. פִּטְּמָהּ לַחֲצָאִין כְּשֵׁרָה, לִשְׁלִישׁ וְלִרְבִיעַ, לֹא שָׁמָעְנוּ. אָמַר רַבִּי יְהוּדָה זֶה הַכְּלָל, אִם כְּמִדָּתָהּ כְּשֵׁרָה לַחֲצָאִין. וְאִם חִסַּר אֶחָד מִכָּל סַמְמָנֶיהָ חַיָּב מִיתָה:

תַּנְיָא בַּר קַפָּרָא אוֹמֵר. אַחַת לְשִׁשִּׁים אוֹ לְשִׁבְעִים שָׁנָה הָיְתָה בָאָה שֶׁל שִׁירַיִם לַחֲצָאִין. וְעוֹד תָּנֵי בַּר קַפָּרָא, אִלּוּ הָיָה נוֹתֵן בָּהּ קוֹרְטוֹב שֶׁל דְּבַשׁ, אֵין אָדָם יָכוֹל לַעֲמוֹד מִפְּנֵי רֵיחָהּ, וְלָמָּה אֵין מְעָרְבִין בָּהּ דְּבַשׁ, מִפְּנֵי שֶׁהַתּוֹרָה אָמְרָה, [א] כִּי כָל שְׂאֹר וְכָל דְּבַשׁ לֹא תַקְטִירוּ מִמֶּנּוּ אִשֶּׁה לַיְיָ:

ג״פ יְיָ[ב] צְבָאוֹת עִמָּנוּ, מִשְׂגָּב לָנוּ אֱלֹהֵי יַעֲקֹב סֶלָה: ג״פ יְיָ[ג] צְבָאוֹת, אַשְׁרֵי אָדָם בֹּטֵחַ בָּךְ: ג״פ יְיָ[ד] הוֹשִׁיעָה, הַמֶּלֶךְ יַעֲנֵנוּ בְיוֹם קָרְאֵנוּ:

הגר״א א) ויקרא ב׳ יא: ב) תהלים מ״ו ח: ג) שם פ״ד י״ג: ד) שם כ׳ י:

each weighing sixteen *maneh;* 9) costus, twelve *maneh;* 10) aromatic bark, three [*maneh*]; 11) cinnamon, nine [*maneh.* Also used in the preparation of the incense were:] lye of Carshina, nine *kabin;* Cyrpus wine, three *sein* and three *kabin* — if Cyprus wine was not available, strong white wine might be used instead; salt of Sodom, a fourth of a *kab* and a minute quantity of a smoke-raising herb. Rabbi Nathan the Babylonian says: A minute quantity of Jordan amber was also added. If, however, honey were added, the incense became unfit; while if one left out any one of the ingredients, he was liable to the penalty of death.

רבן Rabbi Shimon ben Gamliel says: The balm is no other than a resin which exudes from the balsam trees. The lye of Carshina was used for rubbing on the onycha to refine its appearance. The Cyprus wine was used in which to steep the onycha so as to make its odor more pungent. Though the water of Raglayim might have served that purpose well, it would be disrespectful to bring it into the Bet Hamikdash.

תניא It has been taught, Rabbi Nathan says: While the *Kohen* was grinding the incense, the overseer would say, "Grind it thin, grind it thin," because the [rhythmic] sound is good for the compounding of the spices. If only half the yearly required quantity of incense was prepared, it was fit for use; but we have not heard if it was permissible to prepare only a third or a fourth of it. Rabbi Yehudah said: The general rule is that if the incense was compounded in its correct proportions — it was fit for use even if only half the annually required quantity was prepared; if, however, one left out any one of its ingredients, he was liable to the penalty of death.

תניא It has been taught, Bar Kappara says: Once in sixty or seventy years, half of the required yearly quantity of incense came from the accumulated surpluses [from the three *maneh* from which the High Priest took two handfuls on Yom Kippur.] Bar Kappara also taught: Had a minute quantity of honey been mixed into the incense no one could have resisted the scent. Why then was no honey mixed with it? Because the Torah said: You shall present no leaven nor any honey as an offering by fire to the Lord.[1]

יי The Lord of hosts is with us; the God of Jacob is our stronghold forever.[2] *Say three times.*

יי Lord of hosts, happy is the man who trusts in You.[3] *Say three times.*

יי Lord, deliver us; may the King answer us on the day we call.[4] *Say three times.*

---

1. Leviticus 2:11. 2. Psalms 46:8. 3. Ibid. 84:13. 4. Ibid. 20:10.

וְעָרְבָה לַייָ מִנְחַת יְהוּדָה וִירוּשָׁלָיִם, כִּימֵי עוֹלָם וּכְשָׁנִים קַדְמוֹנִיּוֹת:

אָנָּא, בְּכֹחַ גְּדֻלַּת יְמִינְךָ, תַּתִּיר צְרוּרָה. קַבֵּל רִנַּת עַמְּךָ, שַׂגְּבֵנוּ, טַהֲרֵנוּ, נוֹרָא. נָא גִבּוֹר, דּוֹרְשֵׁי יִחוּדְךָ, כְּבָבַת שָׁמְרֵם. בָּרְכֵם, טַהֲרֵם, רַחֲמֵי צִדְקָתְךָ תָּמִיד גָּמְלֵם. חֲסִין קָדוֹשׁ, בְּרוֹב טוּבְךָ נַהֵל עֲדָתֶךָ. יָחִיד, גֵּאֶה, לְעַמְּךָ פְּנֵה, זוֹכְרֵי קְדֻשָּׁתֶךָ. שַׁוְעָתֵנוּ קַבֵּל, וּשְׁמַע צַעֲקָתֵנוּ, יוֹדֵעַ תַּעֲלֻמוֹת.
בָּרוּךְ שֵׁם כְּבוֹד מַלְכוּתוֹ לְעוֹלָם וָעֶד:

~•~

אַשְׁרֵי יוֹשְׁבֵי בֵיתֶךָ, עוֹד יְהַלְלוּךָ סֶּלָה: אַשְׁרֵי הָעָם שֶׁכָּכָה לּוֹ, אַשְׁרֵי הָעָם שֶׁייָ אֱלֹהָיו: תְּהִלָּה לְדָוִד, אֲרוֹמִמְךָ אֱלוֹהַי הַמֶּלֶךְ, וַאֲבָרְכָה שִׁמְךָ לְעוֹלָם וָעֶד: בְּכָל יוֹם אֲבָרְכֶךָּ, וַאֲהַלְלָה שִׁמְךָ לְעוֹלָם וָעֶד: גָּדוֹל יְיָ וּמְהֻלָּל מְאֹד, וְלִגְדֻלָּתוֹ אֵין חֵקֶר: דּוֹר לְדוֹר יְשַׁבַּח מַעֲשֶׂיךָ, וּגְבוּרֹתֶיךָ יַגִּידוּ: הֲדַר כְּבוֹד הוֹדֶךָ, וְדִבְרֵי נִפְלְאוֹתֶיךָ אָשִׂיחָה: וֶעֱזוּז נוֹרְאוֹתֶיךָ יֹאמֵרוּ, וּגְדֻלָּתְךָ אֲסַפְּרֶנָּה: זֵכֶר רַב טוּבְךָ יַבִּיעוּ, וְצִדְקָתְךָ יְרַנֵּנוּ: חַנּוּן וְרַחוּם יְיָ, אֶרֶךְ אַפַּיִם וּגְדָל חָסֶד: טוֹב יְיָ לַכֹּל, וְרַחֲמָיו עַל כָּל מַעֲשָׂיו: יוֹדוּךָ יְיָ כָּל מַעֲשֶׂיךָ וַחֲסִידֶיךָ יְבָרְכוּכָה: כְּבוֹד מַלְכוּתְךָ יֹאמֵרוּ, וּגְבוּרָתְךָ יְדַבֵּרוּ: לְהוֹדִיעַ לִבְנֵי הָאָדָם גְּבוּרֹתָיו, וּכְבוֹד הֲדַר מַלְכוּתוֹ: מַלְכוּתְךָ, מַלְכוּת כָּל עֹלָמִים, וּמֶמְשַׁלְתְּךָ בְּכָל דּוֹר וָדֹר: סוֹמֵךְ יְיָ לְכָל הַנֹּפְלִים, וְזוֹקֵף לְכָל הַכְּפוּפִים: עֵינֵי כֹל אֵלֶיךָ יְשַׂבֵּרוּ, וְאַתָּה נוֹתֵן לָהֶם אֶת אָכְלָם בְּעִתּוֹ: פּוֹתֵחַ

הרא א) מלאכי ג׳ ד:

וערבה Then shall the offering of Judah and Jerusalem be pleasing to the Lord, as in the days of old and as in bygone years.[1]

אנא We implore You, by the great power of Your right hand, release the captive. Accept the prayer of Your people; strengthen us, purify us, Awesome One. Mighty One, we beseech You, guard as the apple of the eye those who seek Your Oneness. Bless them, cleanse them; bestow upon them forever Your merciful righteousness. Powerful, Holy One, in Your abounding goodness, guide Your congregation. Only and Exalted One, turn to Your people who are mindful of Your holiness. Accept our supplication and hear our cry, You who knows secret thoughts.

ברוך Blessed be the name of the glory of His kingdom forever and ever.

אשרי Happy are those who dwell in Your House; they will yet praise You forever.[2] Happy is the people whose lot is thus; happy is the people whose God is the Lord.[3] A Psalm of praise by David: I will exalt You, my God the King, and bless Your Name forever. Every day I will bless You, and extol Your Name forever. The Lord is great and exceedingly exalted, and there is no limit to His greatness. One generation to another will laud Your works, and tell of Your mighty acts. I will speak of the splendor of Your glorious majesty and of Your wondrous deeds. They will proclaim the might of Your awesome acts, and I will recount Your greatness. They will express the remembrance of Your abounding goodness, and sing of Your righteousness. The Lord is gracious and compassionate, slow to anger and of great kindness. The Lord is good to all, and His mercies extend over all His works. Lord, all Your works will give thanks to You and Your pious ones will bless You. They will declare the glory of Your kingdom, and tell of Your strength. To make known to men His mighty acts, and the glorious majesty of His kingdom. Your kingship is a kingship over all worlds, and Your dominion is throughout all generations. The Lord supports all who fall, and makes erect all who are bent. The eyes of all look expectantly to You, and You give them their food at the proper time. You open

1. Malachi 3:4. 2. Psalms 84:5. 3. Ibid. 144:15.

אֶת יָדֶךָ, וּמַשְׂבִּיעַ לְכָל חַי רָצוֹן: צַדִּיק יְיָ בְּכָל דְּרָכָיו, וְחָסִיד בְּכָל מַעֲשָׂיו: קָרוֹב יְיָ לְכָל קֹרְאָיו, לְכֹל אֲשֶׁר יִקְרָאֻהוּ בֶאֱמֶת: רְצוֹן יְרֵאָיו יַעֲשֶׂה, וְאֶת שַׁוְעָתָם יִשְׁמַע וְיוֹשִׁיעֵם: שׁוֹמֵר יְיָ אֶת כָּל אֹהֲבָיו, וְאֵת כָּל הָרְשָׁעִים יַשְׁמִיד: תְּהִלַּת יְיָ יְדַבֶּר פִּי, וִיבָרֵךְ כָּל בָּשָׂר שֵׁם קָדְשׁוֹ לְעוֹלָם וָעֶד: וַאֲנַחְנוּ נְבָרֵךְ יָהּ, מֵעַתָּה וְעַד עוֹלָם הַלְלוּיָהּ:

לש״ץ חצי קדיש

יִתְגַּדַּל וְיִתְקַדַּשׁ שְׁמֵהּ רַבָּא. אמן בְּעָלְמָא דִּי בְרָא כִרְעוּתֵהּ וְיַמְלִיךְ מַלְכוּתֵהּ, וְיַצְמַח פֻּרְקָנֵהּ וִיקָרֵב מְשִׁיחֵהּ. אמן בְּחַיֵּיכוֹן וּבְיוֹמֵיכוֹן וּבְחַיֵּי דְכָל בֵּית יִשְׂרָאֵל, בַּעֲגָלָא וּבִזְמַן קָרִיב וְאִמְרוּ אָמֵן: יְהֵא שְׁמֵהּ רַבָּא מְבָרַךְ לְעָלַם וּלְעָלְמֵי עָלְמַיָּא. יִתְבָּרַךְ, וְיִשְׁתַּבַּח, וְיִתְפָּאַר, וְיִתְרוֹמַם, וְיִתְנַשֵּׂא, וְיִתְהַדָּר וְיִתְעַלֶּה וְיִתְהַלָּל, שְׁמֵהּ דְּקֻדְשָׁא בְּרִיךְ הוּא. אמן לְעֵלָּא מִן כָּל בִּרְכָתָא וְשִׁירָתָא, תֻּשְׁבְּחָתָא וְנֶחֱמָתָא, דַּאֲמִירָן בְּעָלְמָא, וְאִמְרוּ אָמֵן:

אֲדֹנָי, שְׂפָתַי תִּפְתָּח וּפִי יַגִּיד תְּהִלָּתֶךָ:

בָּרוּךְ אַתָּה יְיָ אֱלֹהֵינוּ וֵאלֹהֵי אֲבוֹתֵינוּ, אֱלֹהֵי אַבְרָהָם, אֱלֹהֵי יִצְחָק, וֵאלֹהֵי יַעֲקֹב, הָאֵל הַגָּדוֹל הַגִּבּוֹר וְהַנּוֹרָא, אֵל עֶלְיוֹן גּוֹמֵל חֲסָדִים טוֹבִים, קוֹנֵה הַכֹּל, וְזוֹכֵר חַסְדֵי אָבוֹת, וּמֵבִיא גוֹאֵל לִבְנֵי בְנֵיהֶם, לְמַעַן שְׁמוֹ בְּאַהֲבָה:

זָכְרֵנוּ לְחַיִּים, מֶלֶךְ חָפֵץ בַּחַיִּים, וְכָתְבֵנוּ בְּסֵפֶר הַחַיִּים. לְמַעַנְךָ אֱלֹהִים חַיִּים.

מֶלֶךְ עוֹזֵר וּמוֹשִׁיעַ וּמָגֵן. בָּרוּךְ אַתָּה יְיָ, מָגֵן אַבְרָהָם: אַתָּה גִּבּוֹר לְעוֹלָם אֲדֹנָי, מְחַיֵּה מֵתִים אַתָּה, רַב לְהוֹשִׁיעַ.

מוֹרִיד הַטָּל:

מְכַלְכֵּל חַיִּים בְּחֶסֶד, מְחַיֵּה מֵתִים בְּרַחֲמִים רַבִּים, סוֹמֵךְ נוֹפְלִים, וְרוֹפֵא חוֹלִים, וּמַתִּיר אֲסוּרִים, וּמְקַיֵּם אֱמוּנָתוֹ לִישֵׁנֵי עָפָר. מִי כָמוֹךָ בַּעַל גְּבוּרוֹת, וּמִי דּוֹמֶה לָּךְ מֶלֶךְ מֵמִית וּמְחַיֶּה וּמַצְמִיחַ יְשׁוּעָה:

Your hand and satisfy the desire of every living thing. The Lord is righteous in all His ways, and benevolent in all His deeds. The Lord is close to all who call upon Him, to all who call upon Him in truth. He fulfills the desire of those who fear Him, hears their cry and delivers them. The Lord watches over all who love Him, and will destroy all the wicked. My mouth will utter the praise of the Lord, and let all flesh bless His holy Name forever.[1] And we will bless the Lord from now to eternity. Praise the Lord.[2]

The Chazzan recites Half Kaddish:

יתגדל Exalted and hallowed be His great Name (*Cong:* Amen.) throughout the world which He has created according to His will. May He establish His kingship, bring forth His redemption and hasten the coming of His *Mashiach* (*Cong:* Amen.) in your lifetime and in your days and in the lifetime of the entire House of Israel, speedily and soon, and say, Amen. (*Cong:* Amen. May His great Name be blessed forever and to all eternity. Blessed.) May His great Name be blessed forever and to all eternity. Blessed and praised, glorified, exalted and extolled, honored, adored and lauded be the Name of the Holy One, blessed be He, (*Cong:* Amen.) beyond all the blessings, hymns, praises and consolations that are uttered in the world; and say, Amen. (*Cong:* Amen.)

AMIDAH

אדני My Lord, open my lips, and my mouth shall declare Your praise.[3]

ברוך Blessed are You, Lord our God and God of our fathers, God of Abraham, God of Isaac and God of Jacob, the great, mighty and awesome God, exalted God, who bestows bountiful kindness, who creates all things, who remembers the piety of the Patriarchs, and who, in love, brings a redeemer to their children's children, for the sake of His Name.

זכרנו Remember us for life, King who desires life; inscribe us in the Book of Life, for Your sake, O living God.

מלך O King, [You are] a helper, a savior and a shield. Blessed are You Lord, Shield of Abraham.

אתה You are mighty forever, my Lord; You resurrect the dead; You are powerful to save.

מוריד He causes the dew to descend.

מכלכל He sustains the living with lovingkindness, resurrects the dead with great mercy, supports the falling, heals the sick, releases the bound, and fulfills His trust to those who sleep in the dust. Who is like You, mighty One! And who can be compared to You, King, who brings death and restores life, and causes deliverance to spring forth!

---

1. Psalm 145. 2. Ibid. 115:118. 3. Ibid. 51:17.

מִי כָמְוֹךָ אַב הָרַחֲמָן זוֹכֵר יְצוּרָיו לְחַיִּים בְּרַחֲמִים:

וְנֶאֱמָן אַתָּה לְהַחֲיוֹת מֵתִים. בָּרוּךְ אַתָּה יְיָ מְחַיֵּה הַמֵּתִים:

בחזרת הש"ץ אומרים כאן נקדישך *)

אַתָּה קָדוֹשׁ וְשִׁמְךָ קָדוֹשׁ, וּקְדוֹשִׁים בְּכָל יוֹם יְהַלְלְוּךָ סֶּלָה. בָּרוּךְ אַתָּה יְיָ, הַמֶּלֶךְ הַקָּדוֹשׁ:

אַתָּה חוֹנֵן לְאָדָם דַּעַת, וּמְלַמֵּד לֶאֱנוֹשׁ בִּינָה. חָנֵּנוּ מֵאִתְּךָ חָכְמָה בִּינָה וָדָעַת. בָּרוּךְ אַתָּה יְיָ, חוֹנֵן הַדָּעַת:

הֲשִׁיבֵנוּ אָבִינוּ לְתוֹרָתֶךָ, וְקָרְבֵנוּ מַלְכֵּנוּ לַעֲבוֹדָתֶךָ, וְהַחֲזִירֵנוּ בִּתְשׁוּבָה שְׁלֵמָה לְפָנֶיךָ. בָּרוּךְ אַתָּה יְיָ, הָרוֹצֶה בִּתְשׁוּבָה:

סְלַח לָנוּ אָבִינוּ כִּי חָטָאנוּ, מְחוֹל לָנוּ מַלְכֵּנוּ כִּי פָשָׁעְנוּ, כִּי אֵל טוֹב וְסַלָּח אָתָּה. בָּרוּךְ אַתָּה יְיָ, חַנּוּן, הַמַּרְבֶּה לִסְלוֹחַ:

רְאֵה נָא בְעָנְיֵנוּ וְרִיבָה רִיבֵנוּ, וּגְאָלֵנוּ מְהֵרָה לְמַעַן שְׁמֶךָ, כִּי אֵל גּוֹאֵל חָזָק אָתָּה. בָּרוּךְ אַתָּה יְיָ, גּוֹאֵל יִשְׂרָאֵל:

רְפָאֵנוּ יְיָ וְנֵרָפֵא, הוֹשִׁיעֵנוּ וְנִוָּשֵׁעָה, כִּי תְהִלָּתֵנוּ אָתָּה, וְהַעֲלֵה אֲרוּכָה וּרְפוּאָה שְׁלֵמָה לְכָל מַכּוֹתֵינוּ, כִּי אֵל מֶלֶךְ רוֹפֵא נֶאֱמָן וְרַחֲמָן אָתָּה. בָּרוּךְ אַתָּה יְיָ, רוֹפֵא חוֹלֵי עַמּוֹ יִשְׂרָאֵל:

בָּרֵךְ עָלֵינוּ יְיָ אֱלֹהֵינוּ אֶת הַשָּׁנָה הַזֹּאת, וְאֶת כָּל מִינֵי תְבוּאָתָהּ לְטוֹבָה, וְתֵן בְּרָכָה עַל פְּנֵי הָאֲדָמָה,

---

*) קדושה לש"ץ בחזרת התפלה:

נַקְדִּישָׁךְ וְנַעֲרִיצָךְ כְּנֹעַם שִׂיחַ סוֹד שַׂרְפֵי קֹדֶשׁ הַמְשַׁלְּשִׁים לְךָ קְדֻשָּׁה, כַּכָּתוּב עַל יַד נְבִיאֶךָ וְקָרָא זֶה אֶל זֶה וְאָמַר: ק"ח קָדוֹשׁ קָדוֹשׁ קָדוֹשׁ יְיָ צְבָאוֹת מְלֹא כָל הָאָרֶץ כְּבוֹדוֹ. חזן לְעֻמָּתָם מְשַׁבְּחִים וְאוֹמְרִים: ק"ח בָּרוּךְ כְּבוֹד יְיָ מִמְּקוֹמוֹ. חזן וּבְדִבְרֵי קָדְשְׁךָ כָּתוּב לֵאמֹר: ק"ח יִמְלֹךְ יְיָ לְעוֹלָם, אֱלֹהַיִךְ צִיּוֹן לְדֹר וָדֹר, הַלְלוּיָהּ:

מי Who is like You, merciful Father, who in compassion remembers His creatures for life.

ונאמן You are trustworthy to revive the dead. Blessed are You Lord, who revives the dead.

When the Chazzan repeats Shemoneh Esreh (Amidah), Kedushah *is recited here.**

אתה You are holy and Your Name is holy, and holy beings praise You daily for all eternity. Blessed are You Lord, the holy King.

אתה You graciously bestow knowledge upon man and teach mortals understanding. Graciously bestow upon us from You, wisdom, understanding and knowledge. Blessed are You Lord, who graciously bestows knowledge.

השיבנו Cause us to return, our Father, to Your Torah; draw us near, our King, to Your service; and bring us back to You in whole-hearted repentance. Blessed are You Lord, who desires penitence.

סלח Pardon us, our Father, for we have sinned; forgive us, our King, for we have transgressed; for You are a good and forgiving God. Blessed are You Lord, gracious One who pardons abundantly.

ראה O behold our affliction and wage our battle; redeem us speedily for the sake of Your Name, for You God are the mighty redeemer. Blessed are You Lord, Redeemer of Israel.

רפאנו Heal us, O Lord, and we will be healed; help us and we will be saved; for You are our praise. Grant complete cure and healing to all our wounds; for You, Almighty King, are a faithful and merciful healer. Blessed are You Lord, who heals the sick of His people Israel.

ברך Bless for us, Lord our God, this year and all the varieties of its produce for good; and bestow blessing upon the face of the earth.

---

* *When the Chazzan repeats* Shemoneh Esreh, *the following is recited:*

נקדישך We will hallow and adore You as the sweet words of the assembly of the holy *Seraphim* who thrice repeat "holy" unto You, as it is written by Your prophet: And they call one to another and say, *(Cong. and Chazzan:)* "Holy, holy, holy is the Lord of hosts; the whole earth is full of His glory."[1] *(Chazzan:)* Those facing them offer praise and say, *(Cong. and Chazzan:)* "Blessed be the glory of the Lord from its place."[2] *(Chazzan:)* And in Your holy Scriptures it is written thus: *(Cong. and Chazzan:)* The Lord shall reign forever; your God, O Zion, throughout all generations. Praise the Lord.[3]

The Chazzan then continues אתה קדוש *(You are holy...), above.*

1. Isaiah 6:3. 2. Ezekiel 3:12. 3. Psalms 146:10.

וְשַׂבְּעֵנוּ מִטּוּבֶךָ, וּבָרֵךְ שְׁנָתֵנוּ כַּשָּׁנִים הַטּוֹבוֹת לִבְרָכָה, כִּי אֵל טוֹב וּמֵטִיב אַתָּה וּמְבָרֵךְ הַשָּׁנִים. בָּרוּךְ אַתָּה יְיָ, מְבָרֵךְ הַשָּׁנִים:

תְּקַע בְּשׁוֹפָר גָּדוֹל לְחֵרוּתֵנוּ, וְשָׂא נֵס לְקַבֵּץ גָּלֻיּוֹתֵינוּ, וְקַבְּצֵנוּ יַחַד מֵאַרְבַּע כַּנְפוֹת הָאָרֶץ לְאַרְצֵנוּ. בָּרוּךְ אַתָּה יְיָ, מְקַבֵּץ נִדְחֵי עַמּוֹ יִשְׂרָאֵל:

הָשִׁיבָה שׁוֹפְטֵינוּ כְּבָרִאשׁוֹנָה, וְיוֹעֲצֵינוּ כְּבַתְּחִלָּה, וְהָסֵר מִמֶּנּוּ יָגוֹן וַאֲנָחָה, וּמְלוֹךְ עָלֵינוּ אַתָּה יְיָ לְבַדְּךָ בְּחֶסֶד וּבְרַחֲמִים בְּצֶדֶק וּבְמִשְׁפָּט. בָּרוּךְ אַתָּה יְיָ, הַמֶּלֶךְ הַמִּשְׁפָּט:

וְלַמַּלְשִׁינִים אַל תְּהִי תִקְוָה, וְכָל הַמִּינִים וְכָל הַזֵּדִים כְּרֶגַע יֹאבֵדוּ וְכָל אֹיְבֵי עַמְּךָ מְהֵרָה יִכָּרֵתוּ, וּמַלְכוּת הָרִשְׁעָה מְהֵרָה תְעַקֵּר וּתְשַׁבֵּר וּתְמַגֵּר וְתַכְנִיעַ בִּמְהֵרָה בְיָמֵינוּ. בָּרוּךְ אַתָּה יְיָ, שֹׁבֵר אֹיְבִים וּמַכְנִיעַ זֵדִים:

עַל הַצַּדִּיקִים וְעַל הַחֲסִידִים וְעַל זִקְנֵי עַמְּךָ בֵּית יִשְׂרָאֵל, וְעַל פְּלֵיטַת בֵּית סוֹפְרֵיהֶם וְעַל גֵּרֵי הַצֶּדֶק וְעָלֵינוּ, יֶהֱמוּ נָא רַחֲמֶיךָ יְיָ אֱלֹהֵינוּ, וְתֵן שָׂכָר טוֹב לְכָל הַבּוֹטְחִים בְּשִׁמְךָ בֶּאֱמֶת, וְשִׂים חֶלְקֵנוּ עִמָּהֶם וּלְעוֹלָם לֹא נֵבוֹשׁ כִּי בְךָ בָּטָחְנוּ. בָּרוּךְ אַתָּה יְיָ, מִשְׁעָן וּמִבְטָח לַצַּדִּיקִים:

וְלִירוּשָׁלַיִם עִירְךָ בְּרַחֲמִים תָּשׁוּב, וְתִשְׁכּוֹן בְּתוֹכָהּ כַּאֲשֶׁר דִּבַּרְתָּ, וְכִסֵּא דָוִד עַבְדְּךָ מְהֵרָה בְּתוֹכָהּ תָּכִין. וּבְנֵה אוֹתָהּ בְּקָרוֹב בְּיָמֵינוּ בִּנְיַן עוֹלָם, בָּרוּךְ אַתָּה יְיָ, בּוֹנֵה יְרוּשָׁלָיִם:

Satisfy us from Your bounty and bless our year like other good years, for blessing; for You are a generous God who bestows goodness and blesses the years. Blessed are You Lord, who blesses the years.

תקע Sound the great *shofar* for our freedom; raise a banner to gather our exiles, and bring us together from the four corners of the earth into our land. Blessed are You Lord, who gathers the dispersed of His people Israel.

השיבה Restore our judges as in former times, and our counsellors as of yore; remove from us sorrow and sighing, and reign over us, You alone, O Lord, with kindness and compassion, with righteousness and justice. Blessed are You Lord, the King of Judgment.

ולמלשינים Let there be no hope for informers, and may all the heretics and all the wicked instantly perish; may all the enemies of Your people be speedily extirpated; and may You swiftly uproot, break, crush and subdue the reign of wickedness speedily in our days. Blessed are You Lord, who crushes enemies and subdues the wicked.

על May Your mercies be aroused, Lord our God, upon the righteous, upon the pious, upon the elders of Your people, the House of Israel, upon the remnant of their sages, upon the righteous proselytes and upon us. Grant ample reward to all who truly trust in Your Name, and place our lot among them; may we never be disgraced, for we have put our trust in You. Blessed are You Lord, the support and security of the righteous.

ולירושלים Return in mercy to Jerusalem Your city and dwell therein as You have promised; speedily establish therein the throne of David Your servant, and rebuild it, soon in our days, as an everlasting edifice. Blessed are You Lord, who rebuilds Jerusalem.

אֶת צֶמַח דָּוִד עַבְדְּךָ מְהֵרָה תַצְמִיחַ, וְקַרְנוֹ תָּרוּם בִּישׁוּעָתֶךָ, כִּי לִישׁוּעָתְךָ קִוִּינוּ כָּל הַיּוֹם. בָּרוּךְ אַתָּה יְיָ, מַצְמִיחַ קֶרֶן יְשׁוּעָה:

שְׁמַע קוֹלֵנוּ יְיָ אֱלֹהֵינוּ, אָב הָרַחֲמָן רַחֵם עָלֵינוּ, וְקַבֵּל בְּרַחֲמִים וּבְרָצוֹן אֶת תְּפִלָּתֵנוּ, כִּי אֵל שׁוֹמֵעַ תְּפִלּוֹת וְתַחֲנוּנִים אָתָּה, וּמִלְּפָנֶיךָ מַלְכֵּנוּ רֵיקָם אַל תְּשִׁיבֵנוּ. כִּי אַתָּה שׁוֹמֵעַ תְּפִלַּת כָּל פֶּה. בָּרוּךְ אַתָּה יְיָ שׁוֹמֵעַ תְּפִלָּה:

רְצֵה יְיָ אֱלֹהֵינוּ בְּעַמְּךָ יִשְׂרָאֵל וְלִתְפִלָּתָם שְׁעֵה, וְהָשֵׁב הָעֲבוֹדָה לִדְבִיר בֵּיתֶךָ וְאִשֵּׁי יִשְׂרָאֵל וּתְפִלָּתָם בְּאַהֲבָה תְקַבֵּל בְּרָצוֹן, וּתְהִי לְרָצוֹן תָּמִיד עֲבוֹדַת יִשְׂרָאֵל עַמֶּךָ:

וְתֶחֱזֶינָה עֵינֵינוּ בְּשׁוּבְךָ לְצִיּוֹן בְּרַחֲמִים. בָּרוּךְ אַתָּה יְיָ, הַמַּחֲזִיר שְׁכִינָתוֹ לְצִיּוֹן:

מוֹדִים אֲנַחְנוּ לָךְ, שָׁאַתָּה הוּא יְיָ אֱלֹהֵינוּ וֵאלֹהֵי אֲבוֹתֵינוּ לְעוֹלָם וָעֶד, צוּר חַיֵּינוּ מָגֵן יִשְׁעֵנוּ, אַתָּה הוּא לְדוֹר וָדוֹר, נוֹדֶה לְּךָ וּנְסַפֵּר תְּהִלָּתֶךָ: עַל חַיֵּינוּ הַמְּסוּרִים בְּיָדֶךָ, וְעַל נִשְׁמוֹתֵינוּ הַפְּקוּדוֹת לָךְ, וְעַל נִסֶּיךָ שֶׁבְּכָל יוֹם עִמָּנוּ, וְעַל נִפְלְאוֹתֶיךָ וְטוֹבוֹתֶיךָ שֶׁבְּכָל עֵת, עֶרֶב וָבֹקֶר וְצָהֳרָיִם, הַטּוֹב, כִּי לֹא כָלוּ רַחֲמֶיךָ, הַמְרַחֵם, כִּי לֹא תַמּוּ חֲסָדֶיךָ, כִּי מֵעוֹלָם קִוִּינוּ לָךְ:

מודים דרבנן

מוֹדִים אֲנַחְנוּ לָךְ, שָׁאַתָּה הוּא יְיָ אֱלֹהֵינוּ וֵאלֹהֵי אֲבוֹתֵינוּ, אֱלֹהֵי כָל בָּשָׂר, יוֹצְרֵנוּ יוֹצֵר בְּרֵאשִׁית, בְּרָכוֹת וְהוֹדָאוֹת לְשִׁמְךָ הַגָּדוֹל וְהַקָּדוֹשׁ עַל שֶׁהֶחֱיִיתָנוּ וְקִיַּמְתָּנוּ, כֵּן תְּחַיֵּנוּ וּתְקַיְּמֵנוּ, וְתֶאֱסוֹף גָּלֻיּוֹתֵינוּ לְחַצְרוֹת קָדְשֶׁךָ, וְנָשׁוּב אֵלֶיךָ לִשְׁמוֹר חֻקֶּיךָ, וְלַעֲשׂוֹת רְצוֹנֶךָ, וּלְעָבְדְךָ בְּלֵבָב שָׁלֵם, עַל שֶׁאֲנַחְנוּ מוֹדִים לָךְ, בָּרוּךְ אֵל הַהוֹדָאוֹת:

וְעַל כֻּלָּם יִתְבָּרַךְ וְיִתְרוֹמַם וְיִתְנַשֵּׂא שִׁמְךָ מַלְכֵּנוּ תָּמִיד לְעוֹלָם וָעֶד:

את צמח Speedily cause the scion of David Your servant to flourish, and increase his power by Your salvation, for we hope for Your salvation all day. Blessed are You Lord, who causes the power of salvation to flourish.

שמע Hear our voice, Lord our God; merciful Father, have compassion upon us and accept our prayers in mercy and favor, for You are God who hears prayers and supplications; do not turn us away empty-handed from You, our King, for You hear the prayer of everyone. Blessed are You Lord, who hears prayer.

רצה Look with favor, Lord our God, on Your people Israel and pay heed to their prayer; restore the service to Your Sanctuary and accept with love and favor Israel's fire-offerings and prayer; and may the service of Your people Israel always find favor.

ותחזינה May our eyes behold Your return to Zion in mercy. Blessed are You Lord, who restores His Divine Presence to Zion.

מודים We thankfully acknowledge that You are the Lord our God and God of our fathers forever. You are the strength of our life, the shield of our salvation in every generation. We will give thanks to You and recount Your praise, evening, morning and noon, for our lives which are committed into Your hand, for our souls which are entrusted to You, for Your miracles which are with us daily, and for Your continual wonders and beneficences. You are the Beneficent One, for Your mercies never cease; the Merciful One, for Your kindnesses never end; for we always place our hope in You.

MODIM D'RABBANAN

[While the Chazzan recites the adjacent מודים*, the Congregation responds by saying the following in an undertone:]*

מודים We thankfully acknowledge that You are the Lord our God and God of our fathers, the God of all flesh, our Creator and the Creator of all existence. We offer blessings and thanks to Your great and holy Name, for You have given us life and sustained us; so may You continue to grant us life and sustain us — gather our dispersed to the courtyards of Your Sanctuary and we shall return to You to keep Your laws, to do Your will, and to serve You with a perfect heart — for we thankfully acknowledge You. Blessed is God, who is worthy of thanks.

ועל And for all these, may Your Name, our King, be continually blessed, exalted and extolled forever and all time.

וּכְתוֹב לְחַיִּים טוֹבִים כָּל בְּנֵי בְרִיתֶךָ.

וְכֹל הַחַיִּים יוֹדוּךָ סֶּלָה, וִיהַלְלוּ שִׁמְךָ הַגָּדוֹל לְעוֹלָם כִּי טוֹב, הָאֵל יְשׁוּעָתֵנוּ וְעֶזְרָתֵנוּ סֶלָה הָאֵל הַטּוֹב. בָּרוּךְ אַתָּה יְיָ, הַטּוֹב שִׁמְךָ וּלְךָ נָאֶה לְהוֹדוֹת:

שִׂים שָׁלוֹם, טוֹבָה וּבְרָכָה, חַיִּים חֵן וָחֶסֶד וְרַחֲמִים, עָלֵינוּ וְעַל כָּל יִשְׂרָאֵל עַמֶּךָ. בָּרְכֵנוּ אָבִינוּ כֻּלָּנוּ כְּאֶחָד בְּאוֹר פָּנֶיךָ, כִּי בְאוֹר פָּנֶיךָ, נָתַתָּ לָנוּ יְיָ אֱלֹהֵינוּ תּוֹרַת חַיִּים וְאַהֲבַת חֶסֶד, וּצְדָקָה וּבְרָכָה וְרַחֲמִים וְחַיִּים וְשָׁלוֹם. וְטוֹב בְּעֵינֶיךָ לְבָרֵךְ אֶת עַמְּךָ יִשְׂרָאֵל, בְּכָל עֵת וּבְכָל שָׁעָה בִּשְׁלוֹמֶךָ.

וּבְסֵפֶר חַיִּים בְּרָכָה וְשָׁלוֹם וּפַרְנָסָה טוֹבָה, יְשׁוּעָה וְנֶחָמָה וּגְזֵרוֹת טוֹבוֹת, נִזָּכֵר וְנִכָּתֵב לְפָנֶיךָ, אֲנַחְנוּ וְכָל עַמְּךָ בֵּית יִשְׂרָאֵל, לְחַיִּים טוֹבִים וּלְשָׁלוֹם: בָּרוּךְ אַתָּה יְיָ, הַמְבָרֵךְ אֶת עַמּוֹ יִשְׂרָאֵל בַּשָּׁלוֹם:

יִהְיוּ לְרָצוֹן אִמְרֵי פִי וְהֶגְיוֹן לִבִּי לְפָנֶיךָ, יְיָ צוּרִי וְגֹאֲלִי:

אֱלֹהֵינוּ וֵאלֹהֵי אֲבוֹתֵינוּ, תָּבֹא לְפָנֶיךָ תְּפִלָּתֵנוּ, וְאַל תִּתְעַלַּם מִתְּחִנָּתֵנוּ, שֶׁאֵין אָנוּ עַזֵּי פָנִים וּקְשֵׁי עֹרֶף, לוֹמַר לְפָנֶיךָ יְיָ אֱלֹהֵינוּ וֵאלֹהֵי אֲבוֹתֵינוּ, צַדִּיקִים אֲנַחְנוּ וְלֹא חָטָאנוּ, אֲבָל אֲנַחְנוּ וַאֲבוֹתֵינוּ חָטָאנוּ:

אָשַׁמְנוּ, בָּגַדְנוּ, גָּזַלְנוּ, דִּבַּרְנוּ דֹפִי. הֶעֱוִינוּ, וְהִרְשַׁעְנוּ, זַדְנוּ, חָמַסְנוּ, טָפַלְנוּ שֶׁקֶר. יָעַצְנוּ רָע, כִּזַּבְנוּ, לַצְנוּ, מָרַדְנוּ, נִאַצְנוּ, סָרַרְנוּ, עָוִינוּ, פָּשַׁעְנוּ, צָרַרְנוּ, קִשִּׁינוּ עֹרֶף. רָשַׁעְנוּ, שִׁחַתְנוּ, תִּעַבְנוּ, תָּעִינוּ, תִּעְתָּעְנוּ:

סַרְנוּ מִמִּצְוֹתֶיךָ וּמִמִּשְׁפָּטֶיךָ הַטּוֹבִים וְלֹא שָׁוָה לָנוּ. וְאַתָּה צַדִּיק עַל כָּל הַבָּא עָלֵינוּ, כִּי אֱמֶת עָשִׂיתָ וַאֲנַחְנוּ הִרְשָׁעְנוּ:

וכתוב Inscribe all the children of Your Covenant for a good life.

וכל And all living things shall forever thank You, and praise Your great Name eternally, for You are good. God, You are our everlasting salvation and help, O benevolent God. Blessed are You Lord, Beneficent is Your Name, and to You it is fitting to offer thanks.

שים Bestow peace, goodness and blessing, life, graciousness, kindness and mercy, upon us and upon all Your people Israel. Bless us, our Father, all of us as one, with the light of Your countenance. For by the light of Your countenance You gave us, Lord our God, the Torah of life and loving-kindness, righteousness, blessing, mercy, life and peace. May it be favorable in Your eyes to bless Your people Israel, at all times and at every moment, with Your peace.

ובספר And in the Book of life, blessing, peace and prosperity, deliverance, consolation and favorable decrees, may we and all Your people the House of Israel be remembered and inscribed before You for a happy life and for peace. Blessed are You Lord, who blesses His people Israel with peace.

יהיו May the words of my mouth and the meditation of my heart be acceptable before You, Lord, my Strength and my Redeemer.[1]

The following is recited only in the Silent Amidah.

אלהינו Our God and God of our fathers, may our prayers come before You, and do not turn away from our supplication, for we are not so impudent and obdurate as to declare before You, Lord our God and God of our fathers, that we are righteous and have not sinned. Indeed, we and our fathers have sinned.

אשמנו We have transgressed, we have acted perfidiously, we have robbed, we have slandered. We have acted perversely and wickedly, we have willfully sinned, we have done violence, we have imputed falsely. We have given evil counsel, we have lied, we have scoffed, we have rebelled, we have provoked, we have been disobedient, we have committed iniquity, we have wantonly transgressed, we have oppressed, we have been obstinate. We have committed evil, we have acted perniciously, we have acted abominably, we have gone astray, we have led others astray.

סרנו We have strayed from Your good precepts and ordinances, and it has not profited us. Indeed, You are just in all that has come upon us, for You have acted truthfully, and it is we who have acted wickedly.[2]

---

1. Psalms 19:15. 2. Nechemiah 9:33.

מַה נֹּאמַר לְפָנֶיךָ יוֹשֵׁב מָרוֹם. וּמַה נְּסַפֵּר לְפָנֶיךָ שׁוֹכֵן שְׁחָקִים. הֲלֹא כָּל הַנִּסְתָּרוֹת וְהַנִּגְלוֹת אַתָּה יוֹדֵעַ:

אַתָּה יוֹדֵעַ רָזֵי עוֹלָם. וְתַעֲלֻמוֹת סִתְרֵי כָּל חָי: אַתָּה חוֹפֵשׂ כָּל חַדְרֵי בָטֶן וּבוֹחֵן כְּלָיוֹת וָלֵב. אֵין דָּבָר נֶעְלָם מִמֶּךָּ. וְאֵין נִסְתָּר מִנֶּגֶד עֵינֶיךָ: וּבְכֵן יְהִי רָצוֹן מִלְּפָנֶיךָ יְיָ אֱלֹהֵינוּ וֵאלֹהֵי אֲבוֹתֵינוּ. שֶׁתְּרַחֵם עָלֵינוּ וְתִמְחוֹל לָנוּ עַל כָּל חַטֹּאתֵינוּ. וּתְכַפֵּר לָנוּ עַל כָּל עֲוֹנוֹתֵינוּ. וְתִמְחוֹל וְתִסְלַח לָנוּ עַל כָּל פְּשָׁעֵינוּ:

עַל חֵטְא שֶׁחָטָאנוּ לְפָנֶיךָ. בְּאֹנֶס וּבְרָצוֹן.

וְעַל חֵטְא שֶׁחָטָאנוּ לְפָנֶיךָ. בְּאִמּוּץ הַלֵּב.

עַל חֵטְא שֶׁחָטָאנוּ לְפָנֶיךָ. בִּבְלִי דָעַת.

וְעַל חֵטְא שֶׁחָטָאנוּ לְפָנֶיךָ. בְּבִטּוּי שְׂפָתָיִם.

עַל חֵטְא שֶׁחָטָאנוּ לְפָנֶיךָ. בְּגִלּוּי עֲרָיוֹת.

וְעַל חֵטְא שֶׁחָטָאנוּ לְפָנֶיךָ. בְּגָלוּי וּבַסָּתֶר.

עַל חֵטְא שֶׁחָטָאנוּ לְפָנֶיךָ. בְּדַעַת וּבְמִרְמָה.

וְעַל חֵטְא שֶׁחָטָאנוּ לְפָנֶיךָ. בְּדִבּוּר פֶּה.

עַל חֵטְא שֶׁחָטָאנוּ לְפָנֶיךָ. בְּהוֹנָאַת רֵעַ.

וְעַל חֵטְא שֶׁחָטָאנוּ לְפָנֶיךָ. בְּהַרְהוֹר הַלֵּב.

עַל חֵטְא שֶׁחָטָאנוּ לְפָנֶיךָ. בִּוְעִידַת זְנוּת.

וְעַל חֵטְא שֶׁחָטָאנוּ לְפָנֶיךָ. בְּוִדּוּי פֶּה.

עַל חֵטְא שֶׁחָטָאנוּ לְפָנֶיךָ. בְּזִלְזוּל הוֹרִים וּמוֹרִים.

וְעַל חֵטְא שֶׁחָטָאנוּ לְפָנֶיךָ. בְּזָדוֹן וּבִשְׁגָגָה.

עַל חֵטְא שֶׁחָטָאנוּ לְפָנֶיךָ. בְּחֹזֶק יָד.

וְעַל חֵטְא שֶׁחָטָאנוּ לְפָנֶיךָ. בְּחִלּוּל הַשֵּׁם.

עַל חֵטְא שֶׁחָטָאנוּ לְפָנֶיךָ. בְּטֻמְאַת שְׂפָתָיִם.

וְעַל חֵטְא שֶׁחָטָאנוּ לְפָנֶיךָ. בְּטִפְשׁוּת פֶּה.

מה What shall we say to You who dwells on high; what shall we relate to You who abides in the heavens? You surely know all the hidden and the revealed things.

אתה You know the mysteries of the universe and the hidden secrets of every living being. You search all [our] innermost thoughts, and probe [our] mind and heart; nothing is hidden from You, nothing is concealed from Your sight. And so, may it be Your will, Lord our God and God of our fathers, to have mercy on us and forgive us all our sins, grant us atonement for all our iniquities, and forgive and pardon us for all our trangressions.

על חטא For the sin which we have committed before You under duress or willingly.

And for the sin which we have committed before You by hardheartedness.

For the sin which we have committed before You inadvertently.

And for the sin which we have committed before You with an utterance of the lips.

For the sin which we have committed before You with immorality.

And for the sin which we have committed before You openly or secretly.

For the sin which we have committed before You with knowledge and with deceit.

And for the sin which we have committed before You through speech.

For the sin which we have committed before You by deceiving a fellowman.

And for the sin which we have committed before You by improper thoughts.

For the sin which we have committed before You by a gathering of lewdness.

And for the sin which we have committed before You by verbal [insincere] confession.

For the sin which we have committed before You by disrespect for parents and teachers.

And for the sin which we have committed before You intentionally or unintentionally.

For the sin which we have committed before You by using coercion.

And for the sin which we have committed before You by desecrating the Divine Name.

For the sin which we have committed before You by impurity of speech.

And for the sin which we have committed before You by foolish talk.

עַל חֵטְא שֶׁחָטָאנוּ לְפָנֶיךָ, בְּיֵצֶר הָרָע.
וְעַל חֵטְא שֶׁחָטָאנוּ לְפָנֶיךָ, בְּיוֹדְעִים וּבְלֹא יוֹדְעִים.

וְעַל כֻּלָּם אֱלוֹהַּ סְלִיחוֹת, סְלַח לָנוּ, מְחַל לָנוּ, כַּפֶּר לָנוּ:

עַל חֵטְא שֶׁחָטָאנוּ לְפָנֶיךָ, בְּכַחַשׁ וּבְכָזָב
וְעַל חֵטְא שֶׁחָטָאנוּ לְפָנֶיךָ, בְּכַפַּת שֹׁחַד.
עַל חֵטְא שֶׁחָטָאנוּ לְפָנֶיךָ, בְּלָצוֹן.
וְעַל חֵטְא שֶׁחָטָאנוּ לְפָנֶיךָ, בְּלָשׁוֹן הָרָע.
עַל חֵטְא שֶׁחָטָאנוּ לְפָנֶיךָ, בְּמַשָּׂא וּבְמַתָּן.
וְעַל חֵטְא שֶׁחָטָאנוּ לְפָנֶיךָ, בְּמַאֲכָל וּבְמִשְׁתֶּה.
עַל חֵטְא שֶׁחָטָאנוּ לְפָנֶיךָ, בְּנֶשֶׁךְ וּבְמַרְבִּית.
וְעַל חֵטְא שֶׁחָטָאנוּ לְפָנֶיךָ, בִּנְטִיַּת גָּרוֹן.
עַל חֵטְא שֶׁחָטָאנוּ לְפָנֶיךָ, בְּשִׂיחַ שִׂפְתוֹתֵינוּ.
וְעַל חֵטְא שֶׁחָטָאנוּ לְפָנֶיךָ, בְּסִקּוּר עָיִן.
עַל חֵטְא שֶׁחָטָאנוּ לְפָנֶיךָ, בְּעֵינַיִם רָמוֹת.
וְעַל חֵטְא שֶׁחָטָאנוּ לְפָנֶיךָ, בְּעַזּוּת מֶצַח.

וְעַל כֻּלָּם, אֱלוֹהַּ סְלִיחוֹת, סְלַח לָנוּ, מְחַל לָנוּ, כַּפֶּר לָנוּ:

עַל חֵטְא שֶׁחָטָאנוּ לְפָנֶיךָ, בִּפְרִיקַת עוֹל.
וְעַל חֵטְא שֶׁחָטָאנוּ לְפָנֶיךָ, בִּפְלִילוּת.
עַל חֵטְא שֶׁחָטָאנוּ לְפָנֶיךָ, בִּצְדִיַּת רֵעַ.
וְעַל חֵטְא שֶׁחָטָאנוּ לְפָנֶיךָ, בְּצָרוּת עָיִן.
עַל חֵטְא שֶׁחָטָאנוּ לְפָנֶיךָ, בְּקַלּוּת רֹאשׁ.
וְעַל חֵטְא שֶׁחָטָאנוּ לְפָנֶיךָ, בְּקַשְׁיוּת עֹרֶף.

For the sin which we have committed before You with the evil inclination.

And for the sin which we have committed before You knowingly or unknowingly.

ועל כלם For all these, God of pardon, pardon us, forgive us, atone for us.

For the sin which we have committed before You by false denial and lying.

And for the sin which we have committed before You by a bribe-taking or a bribe-giving hand.

For the sin which we have committed before You by scoffing.

And for the sin which we have committed before You by evil talk [about another].

For the sin which we have committed before You in business dealings.

And for the sin which we have committed before You by eating and drinking.

For the sin which we have committed before You by [taking or giving] interest and by usury.

And for the sin which we have committed before You by a haughty demeanor.

For the sin which we have committed before You by the prattle of our lips.

And for the sin which we have committed before You by a glance of the eye.

For the sin which we have committed before You with proud looks.

And for the sin which we have committed before You with impudence.

ועל כלם For all these, God of pardon, pardon us, forgive us, atone for us.

For the sin which we have committed before You by casting off the yoke [of Heaven].

And for the sin which we have committed before You in passing judgment.

For the sin which we have committed before You by scheming against a fellowman.

And for the sin which we have committed before You by a begrudging eye.

For the sin which we have committed before You by frivolity.

And for the sin which we have committed before You by obduracy.

עַל חֵטְא שֶׁחָטָאנוּ לְפָנֶיךָ, בְּרִיצַת רַגְלַיִם לְהָרַע.
וְעַל חֵטְא שֶׁחָטָאנוּ לְפָנֶיךָ, בִּרְכִילוּת.
עַל חֵטְא שֶׁחָטָאנוּ לְפָנֶיךָ, בִּשְׁבוּעַת שָׁוְא.
וְעַל חֵטְא שֶׁחָטָאנוּ לְפָנֶיךָ, בְּשִׂנְאַת חִנָּם.
עַל חֵטְא שֶׁחָטָאנוּ לְפָנֶיךָ, בִּתְשׂוּמֶת יָד.
וְעַל חֵטְא שֶׁחָטָאנוּ לְפָנֶיךָ, בְּתִמְהוֹן לֵבָב.

וְעַל כֻּלָּם, אֱלוֹהַּ סְלִיחוֹת, סְלַח לָנוּ, מְחַל לָנוּ, כַּפֶּר לָנוּ:

וְעַל חֲטָאִים שֶׁאָנוּ חַיָּבִים עֲלֵיהֶם: עוֹלָה.
וְעַל חֲטָאִים שֶׁאָנוּ חַיָּבִים עֲלֵיהֶם: חַטָּאת.
וְעַל חֲטָאִים שֶׁאָנוּ חַיָּבִים עֲלֵיהֶם: קָרְבָּן עוֹלֶה וְיוֹרֵד.
וְעַל חֲטָאִים שֶׁאָנוּ חַיָּבִים עֲלֵיהֶם: אָשָׁם וַדַּאי וְתָלוּי.
וְעַל חֲטָאִים שֶׁאָנוּ חַיָּבִים עֲלֵיהֶם: מַכַּת מַרְדּוּת.
וְעַל חֲטָאִים שֶׁאָנוּ חַיָּבִים עֲלֵיהֶם: מַלְקוּת אַרְבָּעִים.
וְעַל חֲטָאִים שֶׁאָנוּ חַיָּבִים עֲלֵיהֶם: מִיתָה בִּידֵי שָׁמָיִם.
וְעַל חֲטָאִים שֶׁאָנוּ חַיָּבִים עֲלֵיהֶם: כָּרֵת וַעֲרִירִי.
וְעַל חֲטָאִים שֶׁאָנוּ חַיָּבִים עֲלֵיהֶם: אַרְבַּע מִיתוֹת בֵּית דִּין סְקִילָה, שְׂרֵפָה, הֶרֶג, וְחֶנֶק.

עַל מִצְוַת עֲשֵׂה, וְעַל מִצְוַת לֹא תַעֲשֶׂה, בֵּין שֶׁיֵּשׁ בָּהֶן קוּם עֲשֵׂה, וּבֵין שֶׁאֵין בָּהֶן קוּם עֲשֵׂה, אֶת הַגְּלוּיִם לָנוּ, וְאֶת שֶׁאֵינָם גְּלוּיִם לָנוּ. אֶת הַגְּלוּיִם לָנוּ, כְּבָר אֲמַרְנוּם לְפָנֶיךָ וְהוֹדִינוּ לְךָ עֲלֵיהֶם, וְאֶת שֶׁאֵינָם גְּלוּיִם לָנוּ, לְפָנֶיךָ הֵם גְּלוּיִם וִידוּעִים, כַּדָּבָר שֶׁנֶּאֱמַר: הַנִּסְתָּרֹת לַיְיָ אֱלֹהֵינוּ, וְהַנִּגְלֹת לָנוּ וּלְבָנֵינוּ עַד עוֹלָם, לַעֲשׂוֹת אֶת כָּל דִּבְרֵי הַתּוֹרָה הַזֹּאת. כִּי אַתָּה סָלְחָן לְיִשְׂרָאֵל, וּמָחֳלָן

For the sin which we have committed before You by running to do evil.

And for the sin which we have committed before You by talebearing.

For the sin which we have committed before You by swearing in vain.

And for the sin which we have committed before You by causeless hatred.

For the sin which we have committed before You by embezzlement.

And for the sin which we have committed before You by a confused heart.

ועל כלם For all these, God of pardon, pardon us, forgive us, atone for us.

And for the sins for which we are obligated to bring a burnt-offering.

And for the sins for which we are obligated to bring a sin-offering.

And for the sins for which we are obligated to bring a varying offering [according to one's means].

And for the sins for which we are obligated to bring a guilt-offering for a certain or doubtful trespass.

And for the sins for which we incur the penalty of lashing for rebelliousness.

And for the sins for which we incur the penalty of forty lashes.

And for the sins for which we incur the penalty of death by the hand of Heaven.

And for the sins for which we incur the penalty of excision and childlessness.

And for the sins for which we incur the penalty of the four forms of capital punishment executed by the Court: stoning, burning, decapitation and strangulation.

על For [transgressing] positive and prohibitory *mitzvot*, whether [the prohibitions] can be rectified by a specifically prescribed act[1] or not, those of which we are aware and those of which we are not aware; those of which we are aware, we have already declared them before You and confessed them to You, and those of which we are not aware — before You they are revealed and known, as it is stated: The hidden things belong to the Lord our God, but the revealed things are for us and for our children forever, that we may carry out all the words of this Torah.[2] For You are the Pardoner of Israel and the Forgiver

1. E.g., to return what one has stolen. 2. Deuteronomy 29:28.

לְשִׁבְטֵי יְשֻׁרוּן בְּכָל דּוֹר וָדוֹר, וּמִבַּלְעָדֶיךָ אֵין לָנוּ מֶלֶךְ מוֹחֵל וְסוֹלֵחַ:

אֱלֹהַי. עַד שֶׁלֹּא נוֹצַרְתִּי אֵינִי כְדַאי, וְעַכְשָׁיו שֶׁנּוֹצַרְתִּי, כְּאִלּוּ לֹא נוֹצַרְתִּי. עָפָר אֲנִי בְּחַיַּי, קַל וָחֹמֶר בְּמִיתָתִי, הֲרֵי אֲנִי לְפָנֶיךָ כִּכְלִי מָלֵא בוּשָׁה וּכְלִימָה. יְהִי רָצוֹן מִלְּפָנֶיךָ יְיָ אֱלֹהַי וֵאלֹהֵי אֲבוֹתַי, שֶׁלֹּא אֶחֱטָא עוֹד, וּמַה שֶּׁחָטָאתִי לְפָנֶיךָ, מְחוֹק בְּרַחֲמֶיךָ הָרַבִּים, אֲבָל לֹא עַל יְדֵי יִסּוּרִים וָחֳלָיִם רָעִים:

אֱלֹהַי, נְצוֹר לְשׁוֹנִי מֵרָע, וּשְׂפָתַי מִדַּבֵּר מִרְמָה. וְלִמְקַלְלַי, נַפְשִׁי תִדּוֹם. וְנַפְשִׁי כֶּעָפָר לַכֹּל תִּהְיֶה. פְּתַח לִבִּי בְּתוֹרָתֶךָ וּבְמִצְוֹתֶיךָ תִּרְדּוֹף נַפְשִׁי, וְכָל הַחוֹשְׁבִים עָלַי רָעָה, מְהֵרָה הָפֵר עֲצָתָם וְקַלְקֵל מַחֲשַׁבְתָּם. יִהְיוּ כְּמֹץ לִפְנֵי רוּחַ וּמַלְאַךְ יְיָ דּוֹחֶה. לְמַעַן יֵחָלְצוּן יְדִידֶיךָ, הוֹשִׁיעָה יְמִינְךָ וַעֲנֵנִי. עֲשֵׂה לְמַעַן שְׁמֶךָ, עֲשֵׂה לְמַעַן יְמִינֶךָ, עֲשֵׂה לְמַעַן תּוֹרָתֶךָ. עֲשֵׂה לְמַעַן קְדֻשָּׁתֶךָ. יִהְיוּ לְרָצוֹן אִמְרֵי פִי, וְהֶגְיוֹן לִבִּי לְפָנֶיךָ, יְיָ צוּרִי וְגוֹאֲלִי. עֹשֶׂה הַשָּׁלוֹם בִּמְרוֹמָיו, הוּא יַעֲשֶׂה שָׁלוֹם עָלֵינוּ, וְעַל כָּל יִשְׂרָאֵל. וְאִמְרוּ אָמֵן:

יְהִי רָצוֹן מִלְּפָנֶיךָ יְיָ אֱלֹהֵינוּ וֵאלֹהֵי אֲבוֹתֵינוּ, שֶׁיִּבָּנֶה בֵּית הַמִּקְדָּשׁ בִּמְהֵרָה בְיָמֵינוּ, וְתֵן חֶלְקֵנוּ בְּתוֹרָתֶךָ:

קדיש שלם:

יִתְגַּדַּל וְיִתְקַדַּשׁ שְׁמֵהּ רַבָּא. אמן: בְּעָלְמָא דִּי בְרָא כִרְעוּתֵהּ וְיַמְלִיךְ מַלְכוּתֵהּ וְיַצְמַח פּוּרְקָנֵהּ וִיקָרֵב מְשִׁיחֵהּ. אמן: בְּחַיֵּיכוֹן וּבְיוֹמֵיכוֹן וּבְחַיֵּי דְכָל בֵּית יִשְׂרָאֵל בַּעֲגָלָא וּבִזְמַן קָרִיב וְאִמְרוּ אָמֵן: יְהֵא שְׁמֵהּ רַבָּא מְבָרַךְ לְעָלַם וּלְעָלְמֵי עָלְמַיָּא יִתְבָּרַךְ וְיִשְׁתַּבַּח וְיִתְפָּאַר וְיִתְרוֹמַם וְיִתְנַשֵּׂא וְיִתְהַדַּר וְיִתְעַלֶּה וְיִתְהַלָּל שְׁמֵהּ דְּקוּדְשָׁא בְּרִיךְ הוּא. אמן: לְעֵלָּא מִן כָּל בִּרְכָתָא וְשִׁירָתָא תֻּשְׁבְּחָתָא וְנֶחֱמָתָא דַּאֲמִירָן בְּעָלְמָא וְאִמְרוּ אָמֵן: תִּתְקַבַּל צְלוֹתְהוֹן וּבָעוּתְהוֹן דְּכָל בֵּית יִשְׂרָאֵל קֳדָם אֲבוּהוֹן דִּי בִשְׁמַיָּא וְאִמְרוּ אָמֵן:

of the tribes of Yeshurun[1] in every generation, and aside from You we have no King who forgives and pardons.

אלהי My God, before I was created I was not worthy [to be created], and now that I have been created it is as if I had not been created. I am dust in my life, how much more so in my death. Indeed, before You I am like a vessel filled with shame and disgrace. May it be Your will, Lord my God and God of my fathers, that I shall sin no more, and the sins which I have committed before You, erase them in Your abounding mercies, but not through suffering or severe illness.

אלהי My God, guard my tongue from evil and my lips from speaking deceitfully. Let my soul be silent to those who curse me; let my soul be as dust to all. Open my heart to Your Torah, and let my soul eagerly pursue Your commandments. As for all those who plot evil against me, hasten to annul their counsel and frustrate their design. Let them be as chaff before the wind; let the angel of the Lord thrust them away.[2] That Your beloved ones may be delivered, help with Your right hand and answer me.[3] Do it for the sake of Your Name; do it for the sake of Your right hand; do it for the sake of Your Torah; do it for the sake of Your holiness. May the words of my mouth and the meditation of my heart be acceptable before You, Lord, my Strength and my Redeemer.[4] He who makes the peace in His heavens, may He make peace for us and for all Israel; and say, Amen.

יהי May it be Your will, Lord our God and God of our fathers, that the Bet Hamikdash be speedily rebuilt in our days, and grant us our portion in Your Torah.[5]

The Chazzan recites Whole Kaddish:

יתגדל Exalted and hallowed be His great Name (*Cong:* Amen.) throughout the world which He has created according to His will. May He establish His kingship, bring forth His redemption and hasten the coming of His *Mashiach* (*Cong:* Amen.) in your lifetime and in your days and in the lifetime of the entire House of Israel, speedily and soon, and say, Amen. (*Cong:* Amen. May His great Name be blessed forever and to all eternity. Blessed.) May His great Name be blessed forever and to all eternity. Blessed and praised, glorified, exalted and extolled, honored, adored and lauded be the Name of the Holy One, blessed be He, (*Cong:* Amen.) beyond all the blessings, hymns, praises and consolations that are uttered in the world; and say, Amen. (*Cong:* Amen.)

May the prayers and supplications of the entire House of Israel be accepted before their Father in heaven; and say, Amen. (*Cong:* Amen.)

---

1. V. Isaiah 44:2. Deuteronomy 33:5, 26. Ramban, Deuteronomy 7:12. 2. Psalms 35:5. 3. Ibid. 60:7; 108:7. 4. Ibid. 19:15. 5. Pirke Avot 5:20.

יְהֵא שְׁלָמָא רַבָּא מִן־שְׁמַיָּא וְחַיִּים טוֹבִים עָלֵינוּ וְעַל־כָּל־יִשְׂרָאֵל וְאִמְרוּ אָמֵן:

עֹשֶׂה הַשָּׁלוֹם בִּמְרוֹמָיו הוּא יַעֲשֶׂה שָׁלוֹם עָלֵינוּ וְעַל־כָּל־יִשְׂרָאֵל וְאִמְרוּ אָמֵן:

לְדָוִד, יְיָ אוֹרִי וְיִשְׁעִי מִמִּי אִירָא, יְיָ מָעוֹז חַיַּי מִמִּי אֶפְחָד: בִּקְרֹב עָלַי מְרֵעִים לֶאֱכֹל אֶת בְּשָׂרִי צָרַי וְאֹיְבַי לִי, הֵמָּה כָּשְׁלוּ וְנָפָלוּ: אִם תַּחֲנֶה עָלַי מַחֲנֶה לֹא יִירָא לִבִּי, אִם תָּקוּם עָלַי מִלְחָמָה, בְּזֹאת אֲנִי בוֹטֵחַ: אַחַת שָׁאַלְתִּי מֵאֵת יְיָ אוֹתָהּ אֲבַקֵּשׁ, שִׁבְתִּי בְּבֵית יְיָ כָּל יְמֵי חַיַּי, לַחֲזוֹת בְּנֹעַם יְיָ וּלְבַקֵּר בְּהֵיכָלוֹ: כִּי יִצְפְּנֵנִי בְּסֻכֹּה בְּיוֹם רָעָה יַסְתִּרֵנִי בְּסֵתֶר אָהֳלוֹ, בְּצוּר יְרוֹמְמֵנִי: וְעַתָּה יָרוּם רֹאשִׁי עַל אֹיְבַי סְבִיבוֹתַי, וְאֶזְבְּחָה בְאָהֳלוֹ זִבְחֵי תְרוּעָה, אָשִׁירָה וַאֲזַמְּרָה לַייָ: שְׁמַע יְיָ קוֹלִי אֶקְרָא, וְחָנֵּנִי וַעֲנֵנִי: לְךָ אָמַר לִבִּי, בַּקְּשׁוּ פָנָי, אֶת פָּנֶיךָ יְיָ אֲבַקֵּשׁ: אַל תַּסְתֵּר פָּנֶיךָ מִמֶּנִּי, אַל תַּט בְּאַף עַבְדֶּךָ עֶזְרָתִי הָיִיתָ, אַל תִּטְּשֵׁנִי וְאַל תַּעַזְבֵנִי אֱלֹהֵי יִשְׁעִי: כִּי אָבִי וְאִמִּי עֲזָבוּנִי, וַייָ יַאַסְפֵנִי: הוֹרֵנִי יְיָ דַּרְכֶּךָ וּנְחֵנִי בְּאֹרַח מִישׁוֹר, לְמַעַן שׁוֹרְרָי: אַל תִּתְּנֵנִי בְּנֶפֶשׁ צָרָי, כִּי קָמוּ בִי עֵדֵי שֶׁקֶר וִיפֵחַ חָמָס: לוּלֵא הֶאֱמַנְתִּי לִרְאוֹת בְּטוּב יְיָ בְּאֶרֶץ חַיִּים: קַוֵּה אֶל יְיָ חֲזַק וְיַאֲמֵץ לִבֶּךָ וְקַוֵּה אֶל יְיָ:

עָלֵינוּ לְשַׁבֵּחַ לַאֲדוֹן הַכֹּל, לָתֵת גְּדֻלָּה לְיוֹצֵר בְּרֵאשִׁית, שֶׁלֹּא עָשָׂנוּ כְּגוֹיֵי הָאֲרָצוֹת, וְלֹא שָׂמָנוּ כְּמִשְׁפְּחוֹת הָאֲדָמָה, שֶׁלֹּא שָׂם חֶלְקֵנוּ כָּהֶם, וְגֹרָלֵנוּ כְּכָל הֲמוֹנָם שֶׁהֵם מִשְׁתַּחֲוִים לְהֶבֶל וָרִיק. וַאֲנַחְנוּ כּוֹרְעִים וּמִשְׁתַּחֲוִים וּמוֹדִים, לִפְנֵי מֶלֶךְ, מַלְכֵי הַמְּלָכִים

תר״א א) תהלים כז:

May there be abundant peace from heaven, and a good life for us and for all Israel; and say, Amen. (*Cong:* Amen.)

He who makes the peace in His heavens, may He make peace for us and for all Israel; and say, Amen. (*Cong:* Amen.)

לדוד By David. The Lord is my light and my salvation — whom shall I fear? The Lord is the strength of my life — whom shall I dread? When evildoers approached me to devour my flesh, my oppressors and my foes, they stumbled and fell. If an army were to beleaguer me, my heart would not fear; if war were to arise against me, in this[1] I trust. One thing I have asked of the Lord, this I seek, that I may dwell in the House of the Lord all the days of my life. To behold the pleasantness of the Lord, and to visit in His Sanctuary. For He will hide me in His tabernacle on a day of adversity; He will conceal me in the hidden places of His tent; He will lift me upon a rock. And then my head will be raised above my enemies around me, and I will offer in His tabernacle sacrifices of jubilation; I will sing and chant to the Lord. Lord, hear my voice as I call; be gracious to me and answer me. In Your behalf my heart says, "Seek My countenance;" Your countenance, Lord, I seek. Do not conceal Your countenance from me; do not cast aside Your servant in wrath; You have been my help; do not abandon me nor forsake me, God of my deliverance. Though my father and mother have forsaken me, the Lord has taken me in. Lord, teach me Your way and lead me in the path of righteousness because of my watchful enemies. Do not give me over to the will of my oppressors, for there have risen against me false witnesses and they speak evil. [They would have crushed me] had I not believed that I would see the goodness of the Lord in the land of the living. Hope in the Lord, be strong and let your heart be valiant, and hope in the Lord.[2]

עלינו It is incumbent upon us to praise the Master of all things, to exalt the Creator of all existence, that He has not made us like the nations of the world, nor caused us to be like the families of the earth; that He has not assigned us a portion like theirs, nor a lot like that of all their multitudes, for they bow to vanity and nothingness. But we bend the knee, bow down, and offer praise before the supreme King of kings,

---

1. I.e., that "the Lord is my light and my salvation," etc. 2. Psalm 27.

הַקָּדוֹשׁ, בָּרוּךְ הוּא. שֶׁהוּא נוֹטֶה שָׁמַיִם וְיוֹסֵד אָרֶץ, וּמוֹשַׁב יְקָרוֹ בַּשָּׁמַיִם מִמַּעַל, וּשְׁכִינַת עֻזּוֹ בְּגָבְהֵי מְרוֹמִים, הוּא אֱלֹהֵינוּ אֵין עוֹד. אֱמֶת מַלְכֵּנוּ, אֶפֶס זוּלָתוֹ, כַּכָּתוּב בְּתוֹרָתוֹ: וְיָדַעְתָּ הַיּוֹם וַהֲשֵׁבֹתָ אֶל לְבָבֶךָ, כִּי יְיָ הוּא הָאֱלֹהִים בַּשָּׁמַיִם מִמַּעַל, וְעַל הָאָרֶץ מִתָּחַת, אֵין עוֹד:

וְעַל כֵּן נְקַוֶּה לְּךָ יְיָ אֱלֹהֵינוּ לִרְאוֹת מְהֵרָה בְּתִפְאֶרֶת עֻזֶּךָ לְהַעֲבִיר גִּלּוּלִים מִן הָאָרֶץ וְהָאֱלִילִים כָּרוֹת יִכָּרֵתוּן. לְתַקֵּן עוֹלָם בְּמַלְכוּת שַׁדַּי וְכָל בְּנֵי בָשָׂר יִקְרְאוּ בִשְׁמֶךָ לְהַפְנוֹת אֵלֶיךָ כָּל רִשְׁעֵי אָרֶץ. יַכִּירוּ וְיֵדְעוּ כָּל יוֹשְׁבֵי תֵבֵל כִּי לְךָ תִּכְרַע כָּל בֶּרֶךְ תִּשָּׁבַע כָּל לָשׁוֹן. לְפָנֶיךָ יְיָ אֱלֹהֵינוּ יִכְרְעוּ וְיִפֹּלוּ וְלִכְבוֹד שִׁמְךָ יְקָר יִתֵּנוּ. וִיקַבְּלוּ כֻלָּם עֲלֵיהֶם אֶת עוֹל מַלְכוּתֶךָ וְתִמְלוֹךְ עֲלֵיהֶם מְהֵרָה לְעוֹלָם וָעֶד: כִּי הַמַּלְכוּת שֶׁלְּךָ הִיא וּלְעוֹלְמֵי עַד תִּמְלוֹךְ בְּכָבוֹד: כַּכָּתוּב בְּתוֹרָתֶךָ יְיָ יִמְלֹךְ לְעֹלָם וָעֶד: וְנֶאֱמַר וְהָיָה יְיָ לְמֶלֶךְ עַל כָּל הָאָרֶץ בַּיּוֹם הַהוּא יִהְיֶה יְיָ אֶחָד וּשְׁמוֹ אֶחָד: קדיש יתום

אַל־תִּירָא מִפַּחַד פִּתְאֹם וּמִשֹּׁאַת רְשָׁעִים כִּי תָבֹא: עֻצוּ עֵצָה וְתֻפָר דַּבְּרוּ דָבָר וְלֹא יָקוּם כִּי עִמָּנוּ אֵל: וְעַד־זִקְנָה אֲנִי הוּא וְעַד־שֵׂיבָה אֲנִי אֶסְבֹּל אֲנִי עָשִׂיתִי וַאֲנִי אֶשָּׂא וַאֲנִי אֶסְבֹּל וַאֲמַלֵּט: אך צדיקים יודו לשמך ישבו ישרים את פניך

ברכות הדלקת הנרות

לערב יום הכיפורים

בָּרוּךְ אַתָּה יְהֹוָה אֱלֹהֵינוּ מֶלֶךְ הָעוֹלָם אֲשֶׁר קִדְּשָׁנוּ בְּמִצְוֹתָיו וְצִוָּנוּ לְהַדְלִיק נֵר שֶׁל יוֹם הַכִּפּוּרִים:

בָּרוּךְ אַתָּה יְהֹוָה אֱלֹהֵינוּ מֶלֶךְ הָעוֹלָם שֶׁהֶחֱיָנוּ וְקִיְּמָנוּ וְהִגִּיעָנוּ לִזְמַן הַזֶּה:

לערב יום הכיפורים שחל בערב שבת

בָּרוּךְ אַתָּה יְהֹוָה אֱלֹהֵינוּ מֶלֶךְ הָעוֹלָם אֲשֶׁר קִדְּשָׁנוּ בְּמִצְוֹתָיו וְצִוָּנוּ לְהַדְלִיק נֵר שֶׁל שַׁבָּת וְשֶׁל יוֹם הַכִּפּוּרִים:

בָּרוּךְ אַתָּה יְהֹוָה אֱלֹהֵינוּ מֶלֶךְ הָעוֹלָם שֶׁהֶחֱיָנוּ וְקִיְּמָנוּ וְהִגִּיעָנוּ לִזְמַן הַזֶּה:

the Holy One, blessed be He, who stretches forth the heavens and establishes the earth, the seat of whose glory is in the heavens above, and the abode of whose majesty is in the loftiest heights. He is our God; there is none else. Truly, He is our King; there is nothing besides Him, as it is written in His Torah:[1] Know this day and take unto your heart that the Lord is God; in the heavens above and upon the earth below there is nothing else.[2]

ועל And therefore we hope to You, Lord our God, that we may speedily behold the splendor of Your might, to banish idolatry from the earth — and false gods will be utterly destroyed; to perfect the world under the sovereignty of the Almighty. All mankind shall invoke Your Name, to turn to You all the wicked of the earth. Then all the inhabitants of the world will recognize and know that every knee should bend to You, every tongue should swear [by Your Name]. Before You, Lord our God, they will bow and prostrate themselves, and give honor to the glory of Your Name; and they will all take upon themselves the yoke of Your kingdom. May You soon reign over them forever and ever, for kingship is Yours, and to all eternity You will reign in glory, as it is written in Your Torah: The Lord will reign forever and ever.[3] And it is said: The Lord shall be King over the entire earth; on that day the Lord shall be One and His Name One.[4]

Mourner's Kaddish, p. 26

אל Do not fea sudden terror, nor the destruction of the wicked when it comes.[5] Contrive a scheme, but it will be foiled; conspire a plot, but it will not materialize, for God is with us.[6] To your old age I am [with you]; to your hoary years I will sustain you; I have made you, and I will carry you; I will sustain you and deliver you.[7]

אך Indeed, the righteous will extol Your Name; the upright will dwell in Your presence.[8]

BLESSINGS FOR CANDLE LIGHTING

On Erev Yom Kippur:

ברוך Blessed are You, Lord our God, King of the universe, who has sanctified us with His commandments, and commanded us to kindle the Yom Kippur light.

Blessed are You, Lord our God, King of the universe, who has granted us life, sustained us and enabled us to reach this occasion.

On Erev Yom Kippur which falls on Shabbat:

ברוך Blessed are You, Lord our God, King of the universe, who has sanctified us with His commandments, and commanded us to kindle the light of Shabbat and Yom Kippur.

Blessed are You, Lord our God, King of the universe, who has granted us life, sustained us and enabled us to reach this occasion.

---

1. Deuteronomy 4:39. 2. For further elucidation, see *Tanya* Part II, Ch. 6. 3. Exodus 15:18. 4. Zechariah 14:9. 5. Proverbs 3:25. 6. Isaiah 8:10. 7. Ibid. 46:4. 8. Psalms 140:4.

כ"ק אדמו"ר (מהוריי"צ) מליזבאוויטש ע"פ קבלה רבי מרבי כפי שקבלו ממורנו הבעל שם טוב, הנהיג לומר ביוהכ"פ קודם כל נדרי ט' קפא' תהלים (קטו—קכג), קודם השינה (קכד—קלב), לאחר מוסף (קלג—קמא), לאחר נעילה (קמב—קנ).

קטו לֹא לָנוּ יְיָ לֹא לָנוּ כִּי לְשִׁמְךָ תֵּן כָּבוֹד עַל חַסְדְּךָ עַל אֲמִתֶּךָ: לָמָּה יֹאמְרוּ הַגּוֹיִם אַיֵּה נָא אֱלֹהֵיהֶם: וֵאלֹהֵינוּ בַשָּׁמָיִם כֹּל אֲשֶׁר חָפֵץ עָשָׂה: עֲצַבֵּיהֶם כֶּסֶף וְזָהָב מַעֲשֵׂה יְדֵי אָדָם: פֶּה לָהֶם וְלֹא יְדַבֵּרוּ עֵינַיִם לָהֶם וְלֹא יִרְאוּ: אָזְנַיִם לָהֶם וְלֹא יִשְׁמָעוּ אַף לָהֶם וְלֹא יְרִיחוּן: יְדֵיהֶם וְלֹא יְמִישׁוּן רַגְלֵיהֶם וְלֹא יְהַלֵּכוּ לֹא יֶהְגּוּ בִּגְרוֹנָם: כְּמוֹהֶם יִהְיוּ עֹשֵׂיהֶם כֹּל אֲשֶׁר בֹּטֵחַ בָּהֶם: יִשְׂרָאֵל בְּטַח בַּייָ עֶזְרָם וּמָגִנָּם הוּא: בֵּית אַהֲרֹן בִּטְחוּ בַייָ עֶזְרָם וּמָגִנָּם הוּא: יִרְאֵי יְיָ בִּטְחוּ בַייָ עֶזְרָם וּמָגִנָּם הוּא: יְיָ זְכָרָנוּ יְבָרֵךְ יְבָרֵךְ אֶת בֵּית יִשְׂרָאֵל יְבָרֵךְ אֶת בֵּית אַהֲרֹן: יְבָרֵךְ יִרְאֵי יְיָ הַקְּטַנִּים עִם הַגְּדוֹלִים: יוֹסֵף יְיָ עֲלֵיכֶם וְעַל בְּנֵיכֶם: בְּרוּכִים אַתֶּם לַייָ עוֹשֵׂה שָׁמַיִם וָאָרֶץ: הַשָּׁמַיִם שָׁמַיִם לַייָ וְהָאָרֶץ נָתַן לִבְנֵי אָדָם: לֹא הַמֵּתִים יְהַלְלוּיָהּ וְלֹא כָּל יוֹרְדֵי דוּמָה: וַאֲנַחְנוּ נְבָרֵךְ יָהּ מֵעַתָּה וְעַד עוֹלָם הַלְלוּיָהּ:

קטז אָהַבְתִּי כִּי יִשְׁמַע יְיָ אֶת קוֹלִי תַּחֲנוּנָי: כִּי הִטָּה אָזְנוֹ לִי וּבְיָמַי אֶקְרָא: אֲפָפוּנִי חֶבְלֵי מָוֶת וּמְצָרֵי שְׁאוֹל מְצָאוּנִי צָרָה וְיָגוֹן אֶמְצָא: וּבְשֵׁם יְיָ אֶקְרָא אָנָּה יְיָ מַלְּטָה נַפְשִׁי: חַנּוּן יהוה וְצַדִּיק וֵאלֹהֵינוּ מְרַחֵם: שׁוֹמֵר פְּתָאִים יְיָ דַּלּוֹתִי וְלִי יְהוֹשִׁיעַ: שׁוּבִי נַפְשִׁי לִמְנוּחָיְכִי כִּי יְיָ גָּמַל עָלָיְכִי: כִּי חִלַּצְתָּ נַפְשִׁי מִמָּוֶת אֶת עֵינִי מִן דִּמְעָה אֶת רַגְלִי מִדֶּחִי: אֶתְהַלֵּךְ לִפְנֵי יְיָ בְּאַרְצוֹת הַחַיִּים: הֶאֱמַנְתִּי כִּי אֲדַבֵּר אֲנִי עָנִיתִי מְאֹד: אֲנִי אָמַרְתִּי בְחָפְזִי כָּל הָאָדָם כּוֹזֵב: מָה אָשִׁיב לַייָ כָּל תַּגְמוּלוֹהִי עָלָי: כּוֹס יְשׁוּעוֹת אֶשָּׂא וּבְשֵׁם יהוה אֶקְרָא: נְדָרַי לַיהוה אֲשַׁלֵּם נֶגְדָה נָּא לְכָל עַמּוֹ: יָקָר בְּעֵינֵי יְיָ הַמָּוְתָה לַחֲסִידָיו: אָנָּה יהוה כִּי אֲנִי עַבְדֶּךָ אֲנִי עַבְדְּךָ בֶּן אֲמָתֶךָ פִּתַּחְתָּ לְמוֹסֵרָי: לְךָ אֶזְבַּח זֶבַח תּוֹדָה וּבְשֵׁם יְיָ אֶקְרָא: נְדָרַי לַייָ אֲשַׁלֵּם נֶגְדָה נָּא לְכָל עַמּוֹ: בְּחַצְרוֹת בֵּית יהוה בְּתוֹכֵכִי יְרוּשָׁלָיִם הַלְלוּיָהּ:

קיז הַלְלוּ אֶת יְיָ כָּל גּוֹיִם שַׁבְּחוּהוּ כָּל הָאֻמִּים: כִּי גָבַר עָלֵינוּ חַסְדּוֹ וֶאֱמֶת יהוה לְעוֹלָם הַלְלוּיָהּ:

קיח הוֹדוּ לַיהוה כִּי טוֹב כִּי לְעוֹלָם חַסְדּוֹ: יֹאמַר נָא יִשְׂרָאֵל כִּי לְעוֹלָם חַסְדּוֹ: יֹאמְרוּ נָא בֵית אַהֲרֹן כִּי לְעוֹלָם חַסְדּוֹ: יֹאמְרוּ נָא יִרְאֵי יְיָ כִּי לְעוֹלָם חַסְדּוֹ: מִן הַמֵּצַר קָרָאתִי

יָהּ, עָנָנִי בַמֶּרְחָב יָהּ: יְיָ לִי לֹא אִירָא מַה
יַּעֲשֶׂה לִי אָדָם: יְיָ לִי בְּעֹזְרָי וַאֲנִי אֶרְאֶה
בְשֹׂנְאָי: טוֹב לַחֲסוֹת בַּייָ מִבְּטֹחַ בָּאָדָם:
טוֹב לַחֲסוֹת בַּייָ מִבְּטֹחַ בִּנְדִיבִים: כָּל
גּוֹיִם סְבָבוּנִי בְּשֵׁם יְיָ כִּי אֲמִילַם: סַבּוּנִי גַם
סְבָבוּנִי בְּשֵׁם יהוה כִּי אֲמִילַם: סַבּוּנִי
כִדְבוֹרִים דֹּעֲכוּ כְּאֵשׁ קוֹצִים בְּשֵׁם יְיָ כִּי
אֲמִילַם: דַּחֹה דְחִיתַנִי לִנְפֹּל וַייָ עֲזָרָנִי:
עָזִּי וְזִמְרָת יָהּ וַיְהִי לִי לִישׁוּעָה: קוֹל רִנָּה
וִישׁוּעָה בְּאָהֳלֵי צַדִּיקִים יְמִין יְיָ עֹשָׂה חָיִל:
יְמִין יְיָ רוֹמֵמָה יְמִין יְיָ עֹשָׂה חָיִל: לֹא
אָמוּת כִּי אֶחְיֶה וַאֲסַפֵּר מַעֲשֵׂי יָהּ: יַסֹּר
יִסְּרַנִּי יָּהּ וְלַמָּוֶת לֹא נְתָנָנִי: פִּתְחוּ לִי שַׁעֲרֵי
צֶדֶק אָבֹא בָם אוֹדֶה יָהּ: זֶה הַשַּׁעַר לַייָ
צַדִּיקִים יָבֹאוּ בוֹ: אוֹדְךָ כִּי עֲנִיתָנִי וַתְּהִי
לִי לִישׁוּעָה: אֶבֶן מָאֲסוּ הַבּוֹנִים הָיְתָה
לְרֹאשׁ פִּנָּה: מֵאֵת יהוה הָיְתָה זֹּאת הִיא
נִפְלָאת בְּעֵינֵינוּ: זֶה הַיּוֹם עָשָׂה יְיָ נָגִילָה
וְנִשְׂמְחָה בוֹ: אָנָּא יְיָ הוֹשִׁיעָה נָּא: אָנָּא יְיָ
הַצְלִיחָה נָא: בָּרוּךְ הַבָּא בְּשֵׁם יְיָ בֵּרַכְנוּכֶם
מִבֵּית יהוה: אֵל יְיָ וַיָּאֶר לָנוּ אִסְרוּ חַג
בַּעֲבֹתִים עַד קַרְנוֹת הַמִּזְבֵּחַ: אֵלִי אַתָּה
וְאוֹדֶךָּ אֱלֹהַי אֲרוֹמְמֶךָּ: הוֹדוּ לַייָ כִּי טוֹב
כִּי לְעוֹלָם חַסְדּוֹ:

קוּם אַשְׁרֵי תְמִימֵי דָרֶךְ הַהֹלְכִים
בְּתוֹרַת יְיָ: אַשְׁרֵי נֹצְרֵי עֵדֹתָיו בְּכָל לֵב
יִדְרְשׁוּהוּ: אַף לֹא פָעֲלוּ עַוְלָה בִּדְרָכָיו
הָלָכוּ: אַתָּה צִוִּיתָה פִקֻּדֶיךָ לִשְׁמֹר מְאֹד:
אַחֲלַי יִכֹּנוּ דְרָכָי לִשְׁמֹר חֻקֶּיךָ: אָז לֹא
אֵבוֹשׁ בְּהַבִּיטִי אֶל כָּל מִצְוֹתֶיךָ: אוֹדְךָ
בְּיֹשֶׁר לֵבָב בְּלָמְדִי מִשְׁפְּטֵי צִדְקֶךָ: אֶת
חֻקֶּיךָ אֶשְׁמֹר אַל תַּעַזְבֵנִי עַד מְאֹד: בַּמֶּה
יְזַכֶּה נַּעַר אֶת אָרְחוֹ לִשְׁמֹר כִּדְבָרֶךָ: בְּכָל
לִבִּי דְרַשְׁתִּיךָ אַל תַּשְׁגֵּנִי מִמִּצְוֹתֶיךָ: בְּלִבִּי
צָפַנְתִּי אִמְרָתֶךָ לְמַעַן לֹא אֶחֱטָא לָךְ:
בָּרוּךְ אַתָּה יְיָ לַמְּדֵנִי חֻקֶּיךָ: בִּשְׂפָתַי סִפַּרְתִּי
כֹּל מִשְׁפְּטֵי פִיךָ: בְּדֶרֶךְ עֵדְוֹתֶיךָ שַׂשְׂתִּי
כְּעַל כָּל הוֹן: בְּפִקֻּדֶיךָ אָשִׂיחָה וְאַבִּיטָה
אֹרְחֹתֶיךָ: בְּחֻקֹּתֶיךָ אֶשְׁתַּעֲשָׁע לֹא אֶשְׁכַּח
דְּבָרֶךָ: גְּמֹל עַל עַבְדְּךָ אֶחְיֶה וְאֶשְׁמְרָה
דְבָרֶךָ: גַּל עֵינַי וְאַבִּיטָה נִפְלָאוֹת מִתּוֹרָתֶךָ:
גֵּר אָנֹכִי בָאָרֶץ אַל תַּסְתֵּר מִמֶּנִּי מִצְוֹתֶיךָ:
גָּרְסָה נַפְשִׁי לְתַאֲבָה אֶל מִשְׁפָּטֶיךָ בְכָל
עֵת: גָּעַרְתָּ זֵדִים אֲרוּרִים הַשֹּׁגִים מִמִּצְוֹתֶיךָ:
גַּל מֵעָלַי חֶרְפָּה וָבוּז כִּי עֵדֹתֶיךָ נָצָרְתִּי:
גַּם יָשְׁבוּ שָׂרִים בִּי נִדְבָּרוּ עַבְדְּךָ יָשִׂיחַ
בְּחֻקֶּיךָ: גַּם עֵדֹתֶיךָ שַׁעֲשֻׁעָי אַנְשֵׁי עֲצָתִי:
דָּבְקָה לֶעָפָר נַפְשִׁי חַיֵּנִי כִּדְבָרֶךָ: דְּרָכַי
סִפַּרְתִּי וַתַּעֲנֵנִי לַמְּדֵנִי חֻקֶּיךָ: דֶּרֶךְ פִּקּוּדֶיךָ
הֲבִינֵנִי וְאָשִׂיחָה בְּנִפְלְאוֹתֶיךָ: דָּלְפָה נַפְשִׁי
מִתּוּגָה קַיְּמֵנִי כִּדְבָרֶךָ: דֶּרֶךְ שֶׁקֶר הָסֵר
מִמֶּנִּי וְתוֹרָתְךָ חָנֵּנִי: דֶּרֶךְ אֱמוּנָה בָחָרְתִּי
מִשְׁפָּטֶיךָ שִׁוִּיתִי: דָּבַקְתִּי בְעֵדְוֹתֶיךָ יְיָ
אַל תְּבִישֵׁנִי: דֶּרֶךְ מִצְוֹתֶיךָ אָרוּץ כִּי
תַרְחִיב לִבִּי: הוֹרֵנִי יְיָ דֶּרֶךְ חֻקֶּיךָ וְאֶצְּרֶנָּה
עֵקֶב: הֲבִינֵנִי וְאֶצְּרָה תוֹרָתֶךָ וְאֶשְׁמְרֶנָּה
בְכָל לֵב: הַדְרִיכֵנִי בִּנְתִיב מִצְוֹתֶיךָ כִּי בוֹ
חָפָצְתִּי: הַט לִבִּי אֶל עֵדְוֹתֶיךָ וְאַל אֶל
בָּצַע: הַעֲבֵר עֵינַי מֵרְאוֹת שָׁוְא בִּדְרָכֶךָ
חַיֵּנִי: הָקֵם לְעַבְדְּךָ אִמְרָתֶךָ אֲשֶׁר לְיִרְאָתֶךָ:
הַעֲבֵר חֶרְפָּתִי אֲשֶׁר יָגֹרְתִּי כִּי מִשְׁפָּטֶיךָ
טוֹבִים: הִנֵּה תָּאַבְתִּי לְפִקֻּדֶיךָ בְּצִדְקָתְךָ
חַיֵּנִי: וִיבֹאֻנִי חֲסָדֶךָ יהוה תְּשׁוּעָתְךָ
כְּאִמְרָתֶךָ: וְאֶעֱנֶה חֹרְפִי דָבָר כִּי בָטַחְתִּי
בִּדְבָרֶךָ: וְאַל תַּצֵּל מִפִּי דְבַר אֱמֶת עַד
מְאֹד כִּי לְמִשְׁפָּטֶךָ יִחָלְתִּי: וְאֶשְׁמְרָה
תוֹרָתְךָ תָמִיד לְעוֹלָם וָעֶד: וְאֶתְהַלְּכָה
בָרְחָבָה כִּי פִקֻּדֶיךָ דָרָשְׁתִּי: וַאֲדַבְּרָה
בְעֵדֹתֶיךָ נֶגֶד מְלָכִים וְלֹא אֵבוֹשׁ:
וְאֶשְׁתַּעֲשַׁע בְּמִצְוֹתֶיךָ אֲשֶׁר אָהָבְתִּי: וְאֶשָּׂא
כַפַּי אֶל מִצְוֹתֶיךָ אֲשֶׁר אָהָבְתִּי וְאָשִׂיחָה
בְחֻקֶּיךָ: זְכֹר דָּבָר לְעַבְדֶּךָ עַל אֲשֶׁר יִחַלְתָּנִי:
זֹאת נֶחָמָתִי בְעָנְיִי כִּי אִמְרָתְךָ חִיָּתְנִי:
זֵדִים הֱלִיצֻנִי עַד מְאֹד מִתּוֹרָתְךָ לֹא נָטִיתִי:
זָכַרְתִּי מִשְׁפָּטֶיךָ מֵעוֹלָם יהוה וָאֶתְנֶחָם:
זַלְעָפָה אֲחָזַתְנִי מֵרְשָׁעִים עֹזְבֵי תּוֹרָתֶךָ:

זְמִרוֹת הָיוּ לִי חֻקֶּיךָ בְּבֵית מְגוּרָי: זָכַרְתִּי בַלַּיְלָה שִׁמְךָ יְיָ וָאֶשְׁמְרָה תּוֹרָתֶךָ: זֹאת הָיְתָה לִּי כִּי פִקֻּדֶיךָ נָצָרְתִּי: חֶלְקִי יהוה אָמַרְתִּי לִשְׁמוֹר דְּבָרֶיךָ: חִלִּיתִי פָנֶיךָ בְכָל לֵב חָנֵּנִי כְּאִמְרָתֶךָ: חִשַּׁבְתִּי דְרָכָי וָאָשִׁיבָה רַגְלַי אֶל עֵדֹתֶיךָ: חַשְׁתִּי וְלֹא הִתְמַהְמָהְתִּי לִשְׁמוֹר מִצְוֹתֶיךָ: חֶבְלֵי רְשָׁעִים עִוְּדֻנִי תּוֹרָתְךָ לֹא שָׁכָחְתִּי: חֲצוֹת לַיְלָה אָקוּם לְהוֹדוֹת לָךְ עַל מִשְׁפְּטֵי צִדְקֶךָ: חָבֵר אָנִי לְכָל אֲשֶׁר יְרֵאוּךָ וּלְשֹׁמְרֵי פִּקּוּדֶיךָ: חַסְדְּךָ יְיָ מָלְאָה הָאָרֶץ חֻקֶּיךָ לַמְּדֵנִי: טוֹב עָשִׂיתָ עִם עַבְדְּךָ יְיָ כִּדְבָרֶךָ: טוּב טַעַם וָדַעַת לַמְּדֵנִי כִּי בְמִצְוֹתֶיךָ הֶאֱמָנְתִּי: טֶרֶם אֶעֱנֶה אֲנִי שֹׁגֵג וְעַתָּה אִמְרָתְךָ שָׁמָרְתִּי: טוֹב אַתָּה וּמֵטִיב לַמְּדֵנִי חֻקֶּיךָ: טָפְלוּ עָלַי שֶׁקֶר זֵדִים אֲנִי בְּכָל לֵב אֶצֹּר פִּקּוּדֶיךָ: טָפַשׁ כַּחֵלֶב לִבָּם אֲנִי תּוֹרָתְךָ שִׁעֲשָׁעְתִּי: טוֹב לִי כִי עֻנֵּיתִי לְמַעַן אֶלְמַד חֻקֶּיךָ: טוֹב לִי תוֹרַת פִּיךָ מֵאַלְפֵי זָהָב וָכָסֶף: יָדֶיךָ עָשׂוּנִי וַיְכוֹנְנוּנִי הֲבִינֵנִי וְאֶלְמְדָה מִצְוֹתֶיךָ: יְרֵאֶיךָ יִרְאוּנִי וְיִשְׂמָחוּ כִּי לִדְבָרְךָ יִחָלְתִּי: יָדַעְתִּי יְיָ כִּי צֶדֶק מִשְׁפָּטֶיךָ וֶאֱמוּנָה עִנִּיתָנִי: יְהִי נָא חַסְדְּךָ לְנַחֲמֵנִי כְּאִמְרָתְךָ לְעַבְדֶּךָ. יְבֹאוּנִי רַחֲמֶיךָ וְאֶחְיֶה כִּי תוֹרָתְךָ שַׁעֲשֻׁעָי: יֵבֹשׁוּ זֵדִים כִּי שֶׁקֶר עִוְּתוּנִי אֲנִי אָשִׂיחַ בְּפִקּוּדֶיךָ. יָשׁוּבוּ לִי יְרֵאֶיךָ וְיֹדְעֵי עֵדֹתֶיךָ: יְהִי לִבִּי תָמִים בְּחֻקֶּיךָ לְמַעַן לֹא אֵבוֹשׁ. כָּלְתָה לִתְשׁוּעָתְךָ נַפְשִׁי לִדְבָרְךָ יִחָלְתִּי. כָּלוּ עֵינַי לְאִמְרָתֶךָ לֵאמֹר מָתַי תְּנַחֲמֵנִי. כִּי הָיִיתִי כְּנֹאד בְּקִיטוֹר חֻקֶּיךָ לֹא שָׁכָחְתִּי. כַּמָּה יְמֵי עַבְדֶּךָ מָתַי תַּעֲשֶׂה בְרֹדְפַי מִשְׁפָּט. כָּרוּ לִי זֵדִים שִׁיחוֹת אֲשֶׁר לֹא כְתוֹרָתֶךָ. כָּל מִצְוֹתֶיךָ אֱמוּנָה שֶׁקֶר רְדָפוּנִי עָזְרֵנִי. כִּמְעַט כִּלּוּנִי בָאָרֶץ וַאֲנִי לֹא עָזַבְתִּי פִקֻּדֶיךָ. כְּחַסְדְּךָ חַיֵּנִי וְאֶשְׁמְרָה עֵדוּת פִּיךָ. לְעוֹלָם יְיָ דְּבָרְךָ נִצָּב בַּשָּׁמָיִם. לְדֹר וָדֹר אֱמוּנָתֶךָ כּוֹנַנְתָּ אֶרֶץ וַתַּעֲמֹד. לְמִשְׁפָּטֶיךָ עָמְדוּ הַיּוֹם כִּי הַכֹּל עֲבָדֶיךָ.

לוּלֵי תוֹרָתְךָ שַׁעֲשֻׁעָי אָז אָבַדְתִּי בְעָנְיִי. לְעוֹלָם לֹא אֶשְׁכַּח פִּקּוּדֶיךָ כִּי בָם חִיִּיתָנִי. לְךָ אֲנִי הוֹשִׁיעֵנִי כִּי פִקּוּדֶיךָ דָרָשְׁתִּי: לִי קִוּוּ רְשָׁעִים לְאַבְּדֵנִי עֵדֹתֶיךָ אֶתְבּוֹנָן. לְכָל תִּכְלָה רָאִיתִי קֵץ רְחָבָה מִצְוָתְךָ מְאֹד: מָה אָהַבְתִּי תוֹרָתֶךָ כָּל הַיּוֹם הִיא שִׂיחָתִי. מֵאֹיְבַי תְּחַכְּמֵנִי מִצְוֹתֶךָ כִּי לְעוֹלָם הִיא לִי: מִכָּל מְלַמְּדַי הִשְׂכַּלְתִּי כִּי עֵדְוֹתֶיךָ שִׂיחָה לִי. מִזְּקֵנִים אֶתְבּוֹנָן כִּי פִקּוּדֶיךָ נָצָרְתִּי. מִכָּל אֹרַח רָע כָּלִאתִי רַגְלָי לְמַעַן אֶשְׁמֹר דְּבָרֶךָ. מִמִּשְׁפָּטֶיךָ לֹא סָרְתִּי כִּי אַתָּה הוֹרֵתָנִי. מַה נִּמְלְצוּ לְחִכִּי אִמְרָתֶךָ מִדְּבַשׁ לְפִי. מִפִּקּוּדֶיךָ אֶתְבּוֹנָן עַל כֵּן שָׂנֵאתִי כָּל אֹרַח שָׁקֶר: נֵר לְרַגְלִי דְבָרֶךָ וְאוֹר לִנְתִיבָתִי. נִשְׁבַּעְתִּי וָאֲקַיֵּמָה לִשְׁמֹר מִשְׁפְּטֵי צִדְקֶךָ. נַעֲנֵיתִי עַד מְאֹד יהוה חַיֵּנִי כִדְבָרֶךָ. נִדְבוֹת פִּי רְצֵה נָא יהוה וּמִשְׁפָּטֶיךָ לַמְּדֵנִי: נַפְשִׁי בְכַפִּי תָמִיד וְתוֹרָתְךָ לֹא שָׁכָחְתִּי: נָתְנוּ רְשָׁעִים פַּח לִי וּמִפִּקּוּדֶיךָ לֹא תָעִיתִי: נָחַלְתִּי עֵדְוֹתֶיךָ לְעוֹלָם כִּי שְׂשׂוֹן לִבִּי הֵמָּה: נָטִיתִי לִבִּי לַעֲשׂוֹת חֻקֶּיךָ לְעוֹלָם עֵקֶב: סֵעֲפִים שָׂנֵאתִי וְתוֹרָתְךָ אָהָבְתִּי: סִתְרִי וּמָגִנִּי אָתָּה לִדְבָרְךָ יִחָלְתִּי: סוּרוּ מִמֶּנִּי מְרֵעִים וְאֶצְּרָה מִצְוֹת אֱלֹהָי: סָמְכֵנִי כְאִמְרָתְךָ וְאֶחְיֶה וְאַל תְּבִישֵׁנִי מִשִּׂבְרִי: סְעָדֵנִי וְאִוָּשֵׁעָה וְאֶשְׁעָה בְחֻקֶּיךָ תָמִיד: סָלִיתָ כָּל שׁוֹגִים מֵחֻקֶּיךָ כִּי שֶׁקֶר תַּרְמִיתָם: סִגִים הִשְׁבַּתָּ כָל רִשְׁעֵי אָרֶץ לָכֵן אָהַבְתִּי עֵדֹתֶיךָ: סָמַר מִפַּחְדְּךָ בְשָׂרִי וּמִמִּשְׁפָּטֶיךָ יָרֵאתִי: עָשִׂיתִי מִשְׁפָּט וָצֶדֶק בַּל תַּנִּיחֵנִי לְעֹשְׁקָי: עֲרֹב עַבְדְּךָ לְטוֹב אַל יַעַשְׁקֻנִי זֵדִים: עֵינַי כָּלוּ לִישׁוּעָתֶךָ וּלְאִמְרַת צִדְקֶךָ: עֲשֵׂה עִם עַבְדְּךָ כְחַסְדֶּךָ וְחֻקֶּיךָ לַמְּדֵנִי: עַבְדְּךָ אָנִי הֲבִינֵנִי וְאֵדְעָה עֵדֹתֶיךָ: עֵת לַעֲשׂוֹת לַיְיָ הֵפֵרוּ תּוֹרָתֶךָ: עַל כֵּן אָהַבְתִּי מִצְוֹתֶיךָ מִזָּהָב וּמִפָּז: עַל כֵּן כָּל פִּקּוּדֵי כֹל יִשָּׁרְתִּי כָּל אֹרַח שֶׁקֶר שָׂנֵאתִי: פְּלָאוֹת עֵדְוֹתֶיךָ עַל כֵּן נְצָרָתַם נַפְשִׁי:

פֵּתַח דְּבָרֶיךָ יָאִיר מֵבִין פְּתָיִים: פִּי פָעַרְתִּי
וָאֶשְׁאָפָה כִּי לְמִצְוֹתֶיךָ יָאָבְתִּי: פְּנֵה אֵלַי
וְחָנֵּנִי כְּמִשְׁפָּט לְאֹהֲבֵי שְׁמֶךָ: פְּעָמַי הָכֵן
בְּאִמְרָתֶךָ וְאַל תַּשְׁלֶט בִּי כָל אָוֶן: פְּדֵנִי
מֵעֹשֶׁק אָדָם וְאֶשְׁמְרָה פִּקּוּדֶיךָ: פָּנֶיךָ הָאֵר
בְּעַבְדֶּךָ וְלַמְּדֵנִי אֶת חוּקֶּיךָ: פַּלְגֵי מַיִם יָרְדוּ
עֵינָי עַל לֹא שָׁמְרוּ תוֹרָתֶךָ: צַדִּיק אַתָּה יְיָ
וְיָשָׁר מִשְׁפָּטֶיךָ: צִוִּיתָ צֶדֶק עֵדֹתֶיךָ וֶאֱמוּנָה
מְאוֹד: צִמְּתַתְנִי קִנְאָתִי כִּי שָׁכְחוּ דְבָרֶיךָ
צָרָי: צְרוּפָה אִמְרָתְךָ מְאוֹד וְעַבְדְּךָ אֲהֵבָהּ.
צָעִיר אָנֹכִי וְנִבְזֶה פִּקֻּדֶיךָ לֹא שָׁכָחְתִּי.
צִדְקָתְךָ צֶדֶק לְעוֹלָם וְתוֹרָתְךָ אֱמֶת. צַר
וּמָצוֹק מְצָאוּנִי מִצְוֹתֶיךָ שַׁעֲשֻׁעָי. צֶדֶק
עֵדְוֹתֶיךָ לְעוֹלָם הֲבִינֵנִי וְאֶחְיֶה. קָרָאתִי
בְכָל לֵב עֲנֵנִי יְיָ חֻקֶּיךָ אֶצֹּרָה. קְרָאתִיךָ
הוֹשִׁיעֵנִי וְאֶשְׁמְרָה עֵדֹתֶיךָ. קִדַּמְתִּי בַנֶּשֶׁף
וָאֲשַׁוֵּעָה לִדְבָרְךָ יִחָלְתִּי. קִדְּמוּ עֵינַי
אַשְׁמֻרוֹת לָשִׂיחַ בְּאִמְרָתֶךָ. קוֹלִי שִׁמְעָה
כְחַסְדֶּךָ יְיָ כְּמִשְׁפָּטֶךָ חַיֵּנִי. קָרְבוּ רוֹדְפֵי
זִמָּה מִתּוֹרָתְךָ רָחָקוּ. קָרוֹב אַתָּה יהוה וְכָל
מִצְוֹתֶיךָ אֱמֶת. קֶדֶם יָדַעְתִּי מֵעֵדוֹתֶיךָ כִּי
לְעוֹלָם יְסַדְתָּם. רְאֵה עָנְיִי וְחַלְּצֵנִי כִּי
תוֹרָתְךָ לֹא שָׁכָחְתִּי. רִיבָה רִיבִי וּגְאָלֵנִי
לְאִמְרָתְךָ חַיֵּנִי. רָחוֹק מֵרְשָׁעִים יְשׁוּעָה כִּי
חֻקֶּיךָ לֹא דָרָשׁוּ. רַחֲמֶיךָ רַבִּים יְיָ כְּמִשְׁפָּטֶיךָ
חַיֵּנִי. רַבִּים רוֹדְפַי וְצָרָי מֵעֵדְוֹתֶיךָ לֹא נָטִיתִי.
רָאִיתִי בוֹגְדִים וָאֶתְקוֹטָטָה אֲשֶׁר אִמְרָתְךָ
לֹא שָׁמָרוּ. רְאֵה כִּי פִקּוּדֶיךָ אָהָבְתִּי יהוה
כְּחַסְדְּךָ חַיֵּנִי. רֹאשׁ דְּבָרְךָ אֱמֶת וּלְעוֹלָם
כָּל מִשְׁפַּט צִדְקֶךָ. שָׂרִים רְדָפוּנִי חִנָּם וּמִדְּבָרְךָ
פָּחַד לִבִּי. שָׂשׂ אָנֹכִי עַל אִמְרָתֶךָ כְּמוֹצֵא
שָׁלָל רָב. שֶׁקֶר שָׂנֵאתִי וָאֲתַעֵבָה תּוֹרָתְךָ
אָהָבְתִּי. שֶׁבַע בַּיּוֹם הִלַּלְתִּיךָ עַל מִשְׁפְּטֵי
צִדְקֶךָ. שָׁלוֹם רָב לְאֹהֲבֵי תוֹרָתֶךָ וְאֵין לָמוֹ
מִכְשׁוֹל. שִׂבַּרְתִּי לִישׁוּעָתְךָ יהוה וּמִצְוֹתֶיךָ
עָשִׂיתִי. שָׁמְרָה נַפְשִׁי עֵדֹתֶיךָ וָאֹהֲבֵם מְאוֹד.
שָׁמַרְתִּי פִקּוּדֶיךָ וְעֵדֹתֶיךָ כִּי כָל דְּרָכַי נֶגְדֶּךָ.
תִּקְרַב רִנָּתִי לְפָנֶיךָ יְיָ כִּדְבָרְךָ הֲבִינֵנִי. תָּבוֹא
תְּחִנָּתִי לְפָנֶיךָ כְּאִמְרָתְךָ הַצִּילֵנִי. תַּבַּעְנָה
שְׂפָתַי תְּהִלָּה כִּי תְלַמְּדֵנִי חֻקֶּיךָ. תַּעַן
לְשׁוֹנִי אִמְרָתֶךָ כִּי כָל מִצְוֹתֶיךָ צֶּדֶק. תְּהִי
יָדְךָ לְעָזְרֵנִי כִּי פִקּוּדֶיךָ בָחָרְתִּי: תָּאַבְתִּי
לִישׁוּעָתְךָ יְיָ וְתוֹרָתְךָ שַׁעֲשֻׁעָי: תְּחִי נַפְשִׁי
וּתְהַלְלֶךָּ וּמִשְׁפָּטֶךָ יַעְזְרֻנִי: תָּעִיתִי כְּשֶׂה
אֹבֵד בַּקֵּשׁ עַבְדֶּךָ כִּי מִצְוֹתֶיךָ לֹא שָׁכָחְתִּי:

קכ שִׁיר הַמַּעֲלוֹת אֶל יְיָ בַּצָּרָתָה
לִּי קָרָאתִי וַיַּעֲנֵנִי: יְיָ הַצִּילָה נַפְשִׁי מִשְּׂפַת
שֶׁקֶר מִלָּשׁוֹן רְמִיָּה: מַה יִּתֵּן לְךָ וּמַה יֹּסִיף
לָךְ לָשׁוֹן רְמִיָּה: חִצֵּי גִבּוֹר שְׁנוּנִים עִם
גַּחֲלֵי רְתָמִים: אוֹיָה לִי כִּי גַרְתִּי מֶשֶׁךְ
שָׁכַנְתִּי עִם אָהֳלֵי קֵדָר: רַבַּת שָׁכְנָה לָּהּ
נַפְשִׁי עִם שׂוֹנֵא שָׁלוֹם: אֲנִי שָׁלוֹם וְכִי
אֲדַבֵּר הֵמָּה לַמִּלְחָמָה:
קכא שִׁיר לַמַּעֲלוֹת אֶשָּׂא עֵינַי אֶל הֶהָרִים
מֵאַיִן יָבֹא עֶזְרִי: עֶזְרִי מֵעִם יְיָ עוֹשֵׂה שָׁמַיִם
וָאָרֶץ: אַל יִתֵּן לַמּוֹט רַגְלֶךָ אַל יָנוּם שֹׁמְרֶךָ:
הִנֵּה לֹא יָנוּם וְלֹא יִישָׁן שׁוֹמֵר יִשְׂרָאֵל: יְיָ
שֹׁמְרֶךָ יְיָ צִלְּךָ עַל יַד יְמִינֶךָ: יוֹמָם הַשֶּׁמֶשׁ
לֹא יַכֶּכָּה וְיָרֵחַ בַּלָּיְלָה: יְיָ יִשְׁמָרְךָ מִכָּל רָע
יִשְׁמוֹר אֶת נַפְשֶׁךָ: יְיָ יִשְׁמָר צֵאתְךָ וּבוֹאֶךָ
מֵעַתָּה וְעַד עוֹלָם:
קכב שִׁיר הַמַּעֲלוֹת לְדָוִד שָׂמַחְתִּי בְּאֹמְרִים
לִי בֵּית יְיָ נֵלֵךְ: עוֹמְדוֹת הָיוּ רַגְלֵינוּ
בִּשְׁעָרַיִךְ יְרוּשָׁלָםִ: יְרוּשָׁלַםִ הַבְּנוּיָה כְּעִיר
שֶׁחוּבְּרָה לָּהּ יַחְדָּו: שֶׁשָּׁם עָלוּ שְׁבָטִים
שִׁבְטֵי יָהּ עֵדוּת לְיִשְׂרָאֵל לְהוֹדוֹת לְשֵׁם יְיָ:
כִּי שָׁמָּה יָשְׁבוּ כִסְאוֹת לְמִשְׁפָּט כִּסְאוֹת
לְבֵית דָּוִד: שַׁאֲלוּ שְׁלוֹם יְרוּשָׁלָםִ יִשְׁלָיוּ
אֹהֲבָיִךְ: יְהִי שָׁלוֹם בְּחֵילֵךְ שַׁלְוָה בְּאַרְמְנוֹתָיִךְ:
לְמַעַן אַחַי וְרֵעָי אֲדַבְּרָה נָּא שָׁלוֹם בָּךְ:
לְמַעַן בֵּית יְיָ אֱלֹהֵינוּ אֲבַקְשָׁה טוֹב לָךְ:
קכג שִׁיר הַמַּעֲלוֹת אֵלֶיךָ נָשָׂאתִי אֶת
עֵינַי הַיּוֹשְׁבִי בַּשָּׁמָיִם: הִנֵּה כְעֵינֵי עֲבָדִים
אֶל יַד אֲדוֹנֵיהֶם כְּעֵינֵי שִׁפְחָה אֶל יַד גְּבִרְתָּהּ
כֵּן עֵינֵינוּ אֶל יְיָ אֱלֹהֵינוּ עַד שֶׁיְּחָנֵּנוּ: חָנֵּנוּ
יְיָ חָנֵּנוּ כִּי רַב שָׂבַעְנוּ בוּז: רַבַּת שָׂבְעָה
לָּהּ נַפְשֵׁנוּ הַלַּעַג הַשַּׁאֲנַנִּים הַבּוּז לִגְאֵי יוֹנִים:

בענין הספרים שמוציאין ליל יום הכפורים ואומרים עליהם כל נדרי היא מצוה גדולה לקנות ספר ראשון

קודם כל נדרי פותחין הארון מוציאין הס"ת ואומרים זה

תהלים צז

א יְהוָה מָלָךְ תָּגֵל הָאָרֶץ יִשְׂמְחוּ אִיִּים רַבִּים: ב עָנָן
וַעֲרָפֶל סְבִיבָיו צֶדֶק וּמִשְׁפָּט מְכוֹן כִּסְאוֹ:
ג אֵשׁ לְפָנָיו תֵּלֵךְ וּתְלַהֵט סָבִיב צָרָיו: ד הֵאִירוּ בְרָקָיו
תֵּבֵל רָאֲתָה וַתָּחֵל הָאָרֶץ: ה הָרִים כַּדּוֹנַג נָמַסּוּ
מִלִּפְנֵי יְהוָה מִלִּפְנֵי אֲדוֹן כָּל־הָאָרֶץ: ו הִגִּידוּ הַשָּׁמַיִם
צִדְקוֹ וְרָאוּ כָל־הָעַמִּים כְּבוֹדוֹ: ז יֵבֹשׁוּ כָּל־עֹבְדֵי פֶסֶל
הַמִּתְהַלְלִים בָּאֱלִילִים הִשְׁתַּחֲווּ־לוֹ כָּל־אֱלֹהִים:
ח שָׁמְעָה וַתִּשְׂמַח צִיּוֹן וַתָּגֵלְנָה בְּנוֹת יְהוּדָה לְמַעַן
מִשְׁפָּטֶיךָ יְהוָה: ט כִּי־אַתָּה יְהוָה עֶלְיוֹן עַל־כָּל־הָאָרֶץ
מְאֹד נַעֲלֵיתָ עַל־כָּל־אֱלֹהִים: י אֹהֲבֵי יְהוָה שִׂנְאוּ רָע
שֹׁמֵר נַפְשׁוֹת חֲסִידָיו מִיַּד רְשָׁעִים יַצִּילֵם:

אוֹר זָרֻעַ לַצַּדִּיק ס"ת קר"ע וּלְיִשְׁרֵי לֵב שִׂמְחָה ס"ת בגמטריא טוב

יב שִׂמְחוּ צַדִּיקִים בַּיהוָה וְהוֹדוּ לְזֵכֶר קָדְשׁוֹ:

עַל דַּעַת הַמָּקוֹם וְעַל דַּעַת הַקָּהָל בִּישִׁיבָה שֶׁל מַעְלָה וּבִישִׁיבָה שֶׁל מַטָּה אָנוּ מַתִּירִין לְהִתְפַּלֵּל עִם הָעֲבַרְיָנִים ג"פ

כָּל

נִדְרֵי. וֶאֱסָרֵי. וּשְׁבוּעֵי וַחֲרָמֵי. וְקוֹנָמֵי. וְקִנּוּסֵי. וְכִנּוּיֵי. דְּאִנְדַּרְנָא. וּדְאִשְׁתַּבַּעְנָא וּדְאַחֲרִימְנָא. וּדְאָסַרְנָא עַל נַפְשָׁתָנָא. מִיּוֹם כִּפּוּרִים זֶה. עַד יוֹם כִּפּוּרִים הַבָּא עָלֵינוּ לְטוֹבָה: בְּכֻלְּהוֹן אִחֲרַטְנָא בְהוֹן. כֻּלְּהוֹן יְהוֹן שָׁרָן. שְׁבִיקִין. שְׁבִיתִין. בְּטֵלִין וּמְבֻטָּלִין. לָא שְׁרִירִין. וְלָא קַיָּמִין: נִדְרָנָא לָא נִדְרֵי. וֶאֱסָרָנָא לָא אֱסָרֵי. וּשְׁבוּעָתָנָא לָא שְׁבוּעוֹת: ג"פ

Concerning the Torah scrolls taken from the Ark on the eve of Yom Kippur before which כל נדרי *(All vows...) is chanted — it is a great* mitzvah *to buy [the honor of holding] the first Torah scroll. Before* כל נדרי, *the Ark is opened, Torah scrolls are taken out, and the following is said:*

יהוה When the Lord will reveal His kingship, the earth will exult; the multitudes of islands will rejoice. Clouds and dense darkness will surround Him; justice and mercy will be the foundation of His throne. Fire will go before Him and consume His foes all around. His lightnings will illuminate the world; the earth will see and tremble. The mountains will melt like wax before the Lord, before the Master of all the earth. The heavens will declare His justice, and all the nations will behold His glory. All who worship graven images, who take pride in idols, will be ashamed; all idol worshippers will prostrate themselves before Him. Zion will hear and rejoice, the towns of Judah will exult, because of Your judgments, O Lord. For You, Lord, transcend all the earth; You are exceedingly exalted above all the supernal beings. You who love the Lord, hate evil; He watches over the souls of His pious ones, He saves them from the hand of the wicked.

אור Light is sown for the righteous, and joy for the upright in heart.

Rejoice in the Lord, you righteous, and extol His holy Name.[1]

על דעת With the sanction of the Omnipresent and with the sanction of the congregation, by the authority of the heavenly tribunal and by the authority of the earthly tribunal, we hereby grant permission to pray with those who have transgressed. *Say three times.*

כל נדרי All vows, [self-imposed] prohibitions, oaths, consecrations, restrictions, interdictions, or [any other] equivalent expressions of vows, which we may vow, swear, dedicate [for sacred use], or proscribe for ourselves, from this Yom Kippur until the next Yom Kippur which comes to us for good, [from now] we regret them all; all are hereby absolved, remitted, cancelled, declared null and void, not in force or in effect. Let our vows not be considered vows; let our [self-imposed] prohibitions not be considered prohibitions; and let our oaths not be considered oaths. *Say three times.*

---

1. Psalm 97.

חזן וקהל וְנִסְלַח לְכָל עֲדַת בְּנֵי יִשְׂרָאֵל וְלַגֵּר הַגָּר בְּתוֹכָם כִּי לְכָל הָעָם בִּשְׁגָגָה : ג״פ

חזן סְלַח נָא לַעֲוֺן הָעָם הַזֶּה כְּגֹדֶל חַסְדֶּךָ וְכַאֲשֶׁר נָשָׂאתָה לָעָם הַזֶּה מִמִּצְרַיִם וְעַד הֵנָּה. וְשָׁם נֶאֱמַר :

קהל ג״פ וַיֹּאמֶר יְהוָֹה סָלַחְתִּי כִּדְבָרֶךָ :

ברכה שהחיינו נכון שכל יחיד יאמרה ג״כ בלחש ויטיים קודם שיגמור הש״ץ כדי שיענה אמן :

בָּרוּךְ אַתָּה יְהוָֹה אֱלֹהֵינוּ מֶלֶךְ הָעוֹלָם שֶׁהֶחֱיָנוּ וְקִיְּמָנוּ וְהִגִּיעָנוּ לִזְמַן הַזֶּה : מכניסין הס״ת וסוגרין הארון.

סדר קבלת שבת

תהלים כט:

מִזְמוֹר לְדָוִד, הָבוּ לַייָ בְּנֵי אֵלִים, הָבוּ לַייָ כָּבוֹד וָעֹז: הָבוּ לַייָ כְּבוֹד שְׁמוֹ, הִשְׁתַּחֲווּ לַייָ בְּהַדְרַת קֹדֶשׁ: קוֹל יְיָ עַל הַמָּיִם, אֵל הַכָּבוֹד הִרְעִים, יְיָ עַל מַיִם רַבִּים: קוֹל יְיָ בַּכֹּחַ, קוֹל יְיָ בֶּהָדָר: קוֹל יְיָ שֹׁבֵר אֲרָזִים, וַיְשַׁבֵּר יְיָ אֶת אַרְזֵי הַלְּבָנוֹן: וַיַּרְקִידֵם כְּמוֹ עֵגֶל, לְבָנוֹן וְשִׂרְיוֹן כְּמוֹ בֶן רְאֵמִים: קוֹל יְיָ חֹצֵב לַהֲבוֹת אֵשׁ: קוֹל יְיָ יָחִיל מִדְבָּר, יָחִיל יְיָ מִדְבַּר קָדֵשׁ: קוֹל יְיָ יְחוֹלֵל אַיָּלוֹת וַיֶּחֱשֹׂף יְעָרוֹת, וּבְהֵיכָלוֹ, כֻּלּוֹ אֹמֵר כָּבוֹד: יְיָ לַמַּבּוּל יָשָׁב, וַיֵּשֶׁב יְיָ מֶלֶךְ לְעוֹלָם: יְיָ עֹז לְעַמּוֹ יִתֵּן, יְיָ יְבָרֵךְ אֶת עַמּוֹ בַשָּׁלוֹם:

אָנָּא, בְּכֹחַ גְּדֻלַּת יְמִינְךָ, תַּתִּיר צְרוּרָה. קַבֵּל רִנַּת עַמְּךָ, שַׂגְּבֵנוּ, טַהֲרֵנוּ, נוֹרָא. נָא גִבּוֹר, דּוֹרְשֵׁי יִחוּדְךָ, כְּבָבַת שָׁמְרֵם. בָּרְכֵם, טַהֲרֵם, רַחֲמֵי צִדְקָתְךָ תָּמִיד גָּמְלֵם. חֲסִין קָדוֹשׁ, בְּרוֹב טוּבְךָ נַהֵל עֲדָתֶךָ. יָחִיד, גֵּאֶה, לְעַמְּךָ פְּנֵה, זוֹכְרֵי קְדֻשָּׁתֶךָ. שַׁוְעָתֵנוּ קַבֵּל, וּשְׁמַע צַעֲקָתֵנוּ, יוֹדֵעַ תַּעֲלֻמוֹת. בָּרוּךְ שֵׁם כְּבוֹד מַלְכוּתוֹ לְעוֹלָם וָעֶד:

לְכָה דוֹדִי לִקְרַאת כַּלָּה, פְּנֵי שַׁבָּת נְקַבְּלָה: לכה

ונסלח *Chazzan and Cong:* And may the entire congregation of the children of Israel, as well as the proselyte who dwells among them, be forgiven, for all the people acted unwittingly.[1] *Say three times.*

סלח *Chazzan:* Pardon, I beseech You, the wrongdoing of this people, in keeping with the greatness of Your kindness and as You have forgiven this people from Egypt until now.[2] And there it is stated:

ויאמר *Cong:* And the Lord said: I have pardoned in accordance with your words.[3] *Say three times.*

It is appropriate that each person [except women and girls who have already recited it when they lit the candles] say the following berachah *in an undertone, taking care to conclude it before the Chazzan, in order to be able to respond* Amen.

ברוך Blessed are You, Lord our God, King of the universe, who has granted us life, sustained us and enabled us to reach this occasion.

The Torah scrolls are returned to the Ark, and the Ark is closed.

PRAYER FOR WELCOMING THE SHABBAT

When Yom Kippur falls on Shabbat, say the following; on weekdays continue Maariv Prayer, p. 28.

מזמור A Psalm by David. Render to the Lord, children of the mighty, render to the Lord honor and strength. Render to the Lord the honor due to His Name; bow down to the Lord in resplendent holiness. The voice of the Lord is over the waters, the God of glory thunders; the Lord is over mighty waters. The voice of the Lord resounds with might; the voice of the Lord resounds with majesty. The voice of the Lord breaks cedars; the Lord shatters the cedars of Lebanon. He makes them leap like a calf; Lebanon and Sirion like a young wild ox. The voice of the Lord strikes flames of fire. The voice of the Lord makes the desert tremble; the Lord causes the desert of Kadesh to tremble. The voice of the Lord causes the does to calve, and strips the forests bare; and in His Sanctuary all proclaim His glory. The Lord sat [as King] at the Flood; the Lord will sit as King forever. The Lord will give strength to His people; the Lord will bless His people with peace.[4]

אנא We implore You, by the great power of Your right hand, release the captive. Accept the prayer of Your people; strengthen us, purify us, Awesome One. Mighty One, we beseech You, guard as the apple of the eye those who seek Your Oneness. Bless them, cleanse them; bestow upon them forever Your merciful righteousness. Powerful, Holy One, in Your abounding goodness, guide Your congregation. Only and Exalted One, turn to Your people who are mindful of Your holiness. Accept our supplication and hear our cry, You who knows secret thoughts.

Blessed be the name of the glory of His kingdom forever and ever.

לכה Come, my Beloved, to meet the Bride; let us welcome the Shabbat.

לכה Come, my Beloved, to meet the Bride; let us welcome the Shabbat.

---

1. Numbers 15:26. 2. Ibid. 14:19. 3. Ibid. 14:20. 4. Psalm 29.

שָׁמוֹר וְזָכוֹר בְּדִבּוּר אֶחָד, הִשְׁמִיעָֽנוּ אֵל הַמְיֻחָד, יְיָ אֶחָד וּשְׁמוֹ אֶחָד, לְשֵׁם וּלְתִפְאֶֽרֶת וְלִתְהִלָּה: לכה

לִקְרַאת שַׁבָּת לְכוּ וְנֵלְכָה, כִּי הִיא מְקוֹר הַבְּרָכָה, מֵרֹאשׁ מִקֶּֽדֶם נְסוּכָה, סוֹף מַעֲשֶׂה בְּמַחֲשָׁבָה תְּחִלָּה: לכה

מִקְדַּשׁ מֶֽלֶךְ עִיר מְלוּכָה, קֽוּמִי צְאִי מִתּוֹךְ הַהֲפֵכָה, רַב לָךְ שֶֽׁבֶת בְּעֵֽמֶק הַבָּכָא, וְהוּא יַחֲמוֹל עָלַֽיִךְ חֶמְלָה: לכה

הִתְנַעֲרִי מֵעָפָר קֽוּמִי, לִבְשִׁי בִּגְדֵי תִפְאַרְתֵּךְ עַמִּי, עַל יַד בֶּן יִשַׁי בֵּית הַלַּחְמִי, קָרְבָה אֶל נַפְשִׁי גְאָלָהּ: לכה

הִתְעוֹרְרִי הִתְעוֹרְרִי, כִּי בָא אוֹרֵךְ קֽוּמִי אֽוֹרִי, עֽוּרִי עֽוּרִי שִׁיר דַּבֵּֽרִי, כְּבוֹד יְיָ עָלַֽיִךְ נִגְלָה: לכה

לֹא תֵבֽוֹשִׁי וְלֹא תִכָּלְמִי, מַה תִּשְׁתּוֹחֲחִי[א] וּמַה תֶּהֱמִי, בָּךְ יֶחֱסוּ עֲנִיֵּי עַמִּי, וְנִבְנְתָה הָעִיר עַל תִּלָּהּ: לכה

וְהָיוּ לִמְשִׁסָּה שֹׁאסָֽיִךְ, וְרָחֲקוּ כָּל מְבַלְּעָֽיִךְ, יָשִׂישׂ עָלַֽיִךְ אֱלֹהָֽיִךְ, כִּמְשׂוֹשׂ חָתָן עַל כַּלָּה: לכה

יָמִין וּשְׂמֹאל תִּפְרֹֽצִי, וְאֶת יְיָ תַּעֲרִֽיצִי, עַל יַד אִישׁ בֶּן פַּרְצִי, וְנִשְׂמְחָה וְנָגִֽילָה: לכה

בּֽוֹאִי בְשָׁלוֹם עֲטֶֽרֶת בַּעְלָהּ, גַּם בְּרִנָּה

א) ירמיה ל יח (בשינוי):

שמור "Observe" and "Remember," the one and only God caused us to hear in a single utterance; the Lord is One and His Name is One, for renown, for glory and for praise.

לכה Come, my Beloved, to meet the Bride; let us welcome the Shabbat.

לקראת Come, let us go to welcome the Shabbat, for it is the source of blessing; from the beginning, from aforetime, it was chosen; last in creation, first in [God's] thought.

לכה Come, my Beloved, to meet the Bride; let us welcome the Shabbat.

מקדש Sanctuary of the King, royal city, arise, go forth from the ruins; too long have you dwelt in the vale of tears; He will show you abounding mercy.

לכה Come, my Beloved, to meet the Bride; let us welcome the Shabbat.

התנערי Shake the dust off yourself, arise, don your glorious garments — my people. Through the son of Yishai of Bet Lechem,[1] draw near to my soul and redeem it.

לכה Come, my Beloved, to meet the Bride; let us welcome the Shabbat.

התעוררי Arouse yourself, arouse yourself, for your light has come; arise, shine. Awake, awake, utter a song; the glory of the Lord is revealed upon you.

לכה Come, my Beloved, to meet the Bride; let us welcome the Shabbat.

לא Do not be ashamed nor confounded; why are you downcast and why are you agitated? The afflicted of my people will find refuge in you; the city will be rebuilt on its former site.

לכה Come, my Beloved, to meet the Bride; let us welcome the Shabbat.

והיו Those who despoil you will be despoiled, and all who would destroy you will be far away. Your God will rejoice over you as a bridegroom rejoices over his bride.

לכה Come, my Beloved, to meet the Bride; let us welcome the Shabbat.

ימין To the right and to the left you shall spread out, and the Lord you shall extol. And we shall rejoice and exult, through the man who is a descendant of Peretz.[2]

לכה Come, my Beloved, to meet the Bride; let us welcome the Shabbat.

בואי Come in peace, O crown of her Husband, both with songs

1. I.e., *Mashiach*, a descendant of David the son of Yishai, who is from Bet Lechem — see I Samuel 16:18. 2. I.e., *Mashiach*, an offspring of David, who is a descendant of Peretz — see Ruth 4:18-22.

וּבְצָהֳלָה, תּוֹךְ אֱמוּנֵי עַם סְגֻלָּה, בּוֹאִי כַלָּה בּוֹאִי כַלָּה (ויאמר בלחש פעם שלישית בּוֹאִי כַלָּה שַׁבָּת מַלְכְּתָא): לכה

תהלים צב

מִזְמוֹר שִׁיר לְיוֹם הַשַּׁבָּת: טוֹב לְהֹדוֹת לַייָ, וּלְזַמֵּר לְשִׁמְךָ עֶלְיוֹן: לְהַגִּיד בַּבֹּקֶר חַסְדֶּךָ, וֶאֱמוּנָתְךָ בַּלֵּילוֹת: עֲלֵי עָשׂוֹר וַעֲלֵי נָבֶל, עֲלֵי הִגָּיוֹן בְּכִנּוֹר: כִּי שִׂמַּחְתַּנִי יְיָ בְּפָעֳלֶךָ, בְּמַעֲשֵׂי יָדֶיךָ אֲרַנֵּן: מַה גָּדְלוּ מַעֲשֶׂיךָ יְיָ, מְאֹד עָמְקוּ מַחְשְׁבֹתֶיךָ: אִישׁ בַּעַר לֹא יֵדָע, וּכְסִיל לֹא יָבִין אֶת זֹאת: בִּפְרֹחַ רְשָׁעִים כְּמוֹ עֵשֶׂב, וַיָּצִיצוּ כָּל פֹּעֲלֵי אָוֶן, לְהִשָּׁמְדָם עֲדֵי עַד: וְאַתָּה מָרוֹם לְעֹלָם יְיָ: כִּי הִנֵּה אֹיְבֶיךָ יְיָ, כִּי הִנֵּה אֹיְבֶיךָ יֹאבֵדוּ, יִתְפָּרְדוּ כָּל פֹּעֲלֵי אָוֶן: וַתָּרֶם כִּרְאֵים קַרְנִי, בַּלֹּתִי בְּשֶׁמֶן רַעֲנָן: וַתַּבֵּט עֵינִי בְּשׁוּרָי, בַּקָּמִים עָלַי מְרֵעִים, תִּשְׁמַעְנָה אָזְנָי: צַדִּיק כַּתָּמָר יִפְרָח, כְּאֶרֶז בַּלְּבָנוֹן יִשְׂגֶּה: שְׁתוּלִים בְּבֵית יְיָ, בְּחַצְרוֹת אֱלֹהֵינוּ יַפְרִיחוּ: עוֹד יְנוּבוּן בְּשֵׂיבָה, דְּשֵׁנִים וְרַעֲנַנִּים יִהְיוּ: לְהַגִּיד כִּי יָשָׁר יְיָ, צוּרִי וְלֹא עַוְלָתָה עלתה כ׳ בּוֹ:

שם צג

יְיָ מָלָךְ גֵּאוּת לָבֵשׁ, לָבֵשׁ יְיָ, עֹז הִתְאַזָּר, אַף תִּכּוֹן תֵּבֵל בַּל תִּמּוֹט: נָכוֹן כִּסְאֲךָ מֵאָז, מֵעוֹלָם אָתָּה: נָשְׂאוּ נְהָרוֹת יְיָ, נָשְׂאוּ נְהָרוֹת קוֹלָם, יִשְׂאוּ נְהָרוֹת דָּכְיָם: מִקֹּלוֹת מַיִם רַבִּים אַדִּירִים מִשְׁבְּרֵי יָם, אַדִּיר בַּמָּרוֹם יְיָ: עֵדֹתֶיךָ נֶאֶמְנוּ מְאֹד, לְבֵיתְךָ נַאֲוָה (נ״א נָאֲוָה) קֹדֶשׁ, יְיָ, לְאֹרֶךְ יָמִים:

יִתְגַּדַּל וְיִתְקַדַּשׁ שְׁמֵהּ רַבָּא אמן בְּעָלְמָא דִּי בְרָא כִרְעוּתֵהּ וְיַמְלִיךְ מַלְכוּתֵהּ, וְיַצְמַח פּוּרְקָנֵהּ וִיקָרֵב מְשִׁיחֵהּ. אמן בְּחַיֵּיכוֹן וּבְיוֹמֵיכוֹן וּבְחַיֵּי דְכָל בֵּית יִשְׂרָאֵל, בַּעֲגָלָא וּבִזְמַן קָרִיב וְאִמְרוּ אָמֵן: יְהֵא שְׁמֵהּ רַבָּא מְבָרַךְ לְעָלַם וּלְעָלְמֵי עָלְמַיָּא. יִתְבָּרַךְ, וְיִשְׁתַּבַּח, וְיִתְפָּאַר, וְיִתְרוֹמַם, וְיִתְנַשֵּׂא וְיִתְהַדָּר וְיִתְעַלֶּה, וְיִתְהַלָּל, שְׁמֵהּ דְּקֻדְשָׁא בְּרִיךְ הוּא. אמן לְעֵלָּא מִן כָּל בִּרְכָתָא · וְשִׁירָתָא, תֻּשְׁבְּחָתָא וְנֶחֱמָתָא, דַּאֲמִירָן בְּעָלְמָא, וְאִמְרוּ אָמֵן:

יְהֵא שְׁלָמָא רַבָּא מִן־שְׁמַיָּא וְחַיִּים טוֹבִים עָלֵינוּ וְעַל־כָּל־יִשְׂרָאֵל וְאִמְרוּ אָמֵן:

עֹשֶׂה הַשָּׁלוֹם בִּמְרוֹמָיו הוּא יַעֲשֶׂה שָׁלוֹם עָלֵינוּ וְעַל־כָּל־יִשְׂרָאֵל וְאִמְרוּ אָמֵן:

and gladness; among the faithful, the beloved people, come, O Bride, come, O Bride, (*Say silently a third time:* come, O Bride; come, Shabbat Queen.)

לכה Come, my Beloved, to meet the Bride; let us welcome the Shabbat.

מזמור A Psalm, a song for the Shabbat day. It is good to praise the Lord, and to sing to Your Name, O Most High; to proclaim Your kindness in the morning, and Your faithfulness in the nights, with a ten-stringed instrument and lyre, to the melody of a harp. For You, Lord, have gladdened me with Your deeds; I sing for joy at the works of Your hand. How great are Your works, O Lord; how very profound Your thoughts! A brutish man cannot know, a fool cannot comprehend this: when the wicked thrive like grass, and all evildoers flourish — it is in order that they may be destroyed forever. But You, Lord, are exalted forever. Indeed, Your enemies, O Lord, indeed Your enemies shall perish; all evildoers shall be scattered. But You have increased my might like that of a wild ox; I am anointed with fresh oil. My eyes have seen [the downfall of] my watchful enemies; my ears have heard [the doom of] the wicked who rise against me. The righteous will flourish like a palm tree, grow tall like a cedar in Lebanon. Planted in the House of the Lord, they shall blossom in the courtyards of our God. They shall be fruitful even in old age; they shall be full of sap and freshness. That is to say that the Lord is just; He is my Strength, and there is no injustice in Him.[1]

יי The Lord is King; He has garbed Himself with grandeur; the Lord has robed Himself, He has girded Himself with strength; He has also established the world firmly that it shall not falter. Your throne stands firm from of old; You have existed forever. The rivers have raised, O Lord, the rivers have raised their voice; the rivers raise their raging waves. More than the sound of many waters, than the mighty breakers of the sea, is the Lord mighty on High. Your testimonies are most trustworthy; Your house will be resplendent in holiness, O Lord, forever.[2]

MOURNER'S KADDISH

יתגדל Exalted and hallowed be His great Name (*Cong:* Amen.) throughout the world which He has created according to His will. May He establish His kingship, bring forth His redemption and hasten the coming of His *Mashiach* (*Cong:* Amen.) in your lifetime and in your days and in the lifetime of the entire House of Israel, speedily and soon, and say, Amen. (*Cong:* Amen. May His great Name be blessed forever and to all eternity. Blessed.) May His great Name be blessed forever and to all eternity. Blessed and praised, glorified, exalted and extolled, honored, adored and lauded be the Name of the Holy One, blessed be He, (*Cong:* Amen.) beyond all the blessings, hymns, praises and consolations that are uttered in the world; and say, Amen. (*Cong:* Amen.)

May there be abundant peace from heaven, and a good life for us and for all Israel; and say, Amen. (*Cong:* Amen.)

He who makes the peace in His heavens, may He make peace for us and for all Israel; and say, Amen. (*Cong:* Amen.)

---

1. Psalm 92. 2. Ibid. 93.

כְּגַוְנָא דְּאִנּוּן מִתְיַחֲדִין לְעֵילָּא בְּאֶחָד אוּף הָכִי אִיהִי אִתְיַחֲדַת לְתַתָּא בְּרָזָא דְאֶחָד לְמֶהֱוֵי עִמְּהוֹן לְעֵילָּא חַד לָקֳבֵל חַד. קוּדְשָׁא בְּרִיךְ הוּא אֶחָד, לְעֵילָּא לָא יָתִיב עַל כּוּרְסְיָא דִּיקָרֵיהּ עַד דְּאִתְעֲבִידַת אִיהִי בְּרָזָא דְאֶחָד כְּגַוְנָא דִילֵיהּ לְמֶהֱוֵי אֶחָד בְּאֶחָד. וְהָא אוֹקִימְנָא רָזָא דַּיְיָ אֶחָד וּשְׁמוֹ אֶחָד׃

רָזָא דְשַׁבָּת אִיהִי שַׁבָּת דְּאִתְאַחֲדַת בְּרָזָא דְאֶחָד לְמִשְׁרֵי עֲלָהּ רָזָא דְאֶחָד. צְלוֹתָא דְמַעֲלֵי שַׁבַּתָּא דְּהָא אִתְאַחֲדַת כּוּרְסְיָא יַקִּירָא קַדִּישָׁא בְּרָזָא דְאֶחָד, וְאִתְתַּקְּנַת לְמִשְׁרֵי עֲלָהּ מַלְכָּא קַדִּישָׁא עִלָּאָה. כַּד עָיִל שַׁבַּתָּא אִיהִי אִתְיַחֲדַת וְאִתְפָּרְשַׁת מִסִּטְרָא אָחֳרָא. וְכָל־דִּינִין מִתְעַבְּרִין מִנַּהּ וְאִיהִי אִשְׁתְּאָרַת בְּיִחוּדָא דִנְהִירוּ קַדִּישָׁא וְאִתְעַטְּרַת בְּכַמָּה עִטְּרִין לְגַבֵּי מַלְכָּא קַדִּישָׁא. וְכָל־שׁוּלְטָנֵי רוּגְזִין וּמָארֵי דְדִינָא כֻּלְּהוּ עַרְקִין וְאִתְעַבְּרוּ מִנַּהּ. וְלֵית שׁוּלְטָנָא אָחֳרָא בְּכֻלְּהוּ עָלְמִין וְאַנְפָּהָא נְהִירִין בִּנְהִירוּ עִלָּאָה וְאִתְעַטְּרַת לְתַתָּא בְּעַמָּא קַדִּישָׁא. וְכֻלְּהוּ מִתְעַטְּרִין בְּנִשְׁמָתִין חַדְתִּין. כְּדֵין שֵׁירוּתָא דִּצְלוֹתָא לְבָרְכָא לָהּ בְּחֶדְוָה בִּנְהִירוּ דְאַנְפִּין: חצי קדיש. ברכו

אם מתפלל ביחידות יאמר זה אחר בנהירו דאנפין:

וְלוֹמַר בָּרְכוּ אֶת־יְיָ הַמְבֹרָךְ, אֶת־דַּיְקָא דָא שַׁבָּת דְּמַעֲלֵי שַׁבַּתָּא:

בָּרוּךְ יְיָ הַמְבֹרָךְ דָּא אַפִּיקוּ דְבִרְכָאָן מִמְּקוֹרָא דְחַיֵּי וַאֲתַר דְּנָפִיק מִנֵּיהּ כָּל־שַׁקְיוּ לְאַשְׁקָאָה לְכֹלָּא. וּבְגִין דְּאִיהוּ מְקוֹרָא בְּרָזָא דְאָת קַיָּמָא קָרֵינָן לֵיהּ הַמְבֹרָךְ אִיהוּ מַבּוּעָא דְבֵירָא וְכֵיוָן דְּמָטָאן הָתָם הָא כְּדֵין לְעוֹלָם וָעֶד. וְדָא אִיהוּ בָּרוּךְ יְיָ הַמְבֹרָךְ לְעוֹלָם וָעֶד:

ברוך אתה וכו'.

כגונא Just[1] as they [the six *sefirot: chesed* (Kindness)... *yesod* (foundation)] unite above into oneness, so she [*malchut* — kingship] unites below into the mystery of oneness, so as to be with them above — unity paralleling unity. The Holy One, blessed be He, who is One above, does not take His seat upon His Throne of Glory until she enters into the mystery of oneness, similar to His, to be oneness corresponding to Oneness. This, as we have stated,[2] is the esoteric meaning of the words: "The Lord is One, and His Name is One."[3]

רזא The mystery of Shabbat: She *[malchut]* is on Shabbat united within the mystery of Oneness so that the [supernal] mystery of Oneness may rest upon her. [This takes place during] the Maariv Prayer of Shabbat eve, for then the holy Throne of Glory merges into the mystery of Oneness, and is ready for the holy transcendent King to rest upon it. As Shabbat arrives, she merges into Oneness, and is separated from the "other side," and all strict judgments are severed from her. And she remains in unity with the holy light, and crowns herself with many crowns for the holy King. Then all powers of wrath and all adversaries flee from her and vanish, and no other power reigns in any of the worlds. Her countenance is irradiated with a supernal light, and she crowns herself here below with the holy people, all of whom are crowned with new souls. Then the commencement of the prayer is to bless her with joy and radiant countenance. *The Chazzan recites Half Kaddish and* ברכו *(Bless...),* *p. 28.*

One praying without a Minyan *says the following:*

ולומר And say: ברכו את יי המברך (Bless the Lord who is blessed). The word את refers to Shabbat eve. ברוך יי המברך (Blessed be the Lord who is blessed) is that which elicits the blessings from the source of life and the place from whence issue all streams to irrigate all things. And because it is the source, the mystery of the "sign", it is called המברך (the blessed). It is the stream of the wellspring. And since they [the blessings] reach there, they all [flow] לעולם ועד (for all eternity). And this is [the meaning of]:ברוך יי המברך לעולם ועד (Blessed be the Lord who is blessed for all eternity).[4] *Continue:* ברוך אתה *(Blessed are You...),* *p. 28.*

---

1. For a comprehensive explanation of this Zoharic passage, see *Siddur with Chassidic Commentary* by Rabbi Schneur Zalman of Liadi. 2. Zohar II, 134a. 3. Zechariah 14:9. 4.Zohar II, 135 a-b.

שִׁיר הַמַּעֲלוֹת הִנֵּה בָּרְכוּ אֶת יְיָ כָּל עַבְדֵי יְיָ הָעוֹמְדִים בְּבֵית יְיָ בַּלֵּילוֹת: שְׂאוּ יְדֵכֶם קֹדֶשׁ וּבָרְכוּ אֶת יְיָ: יְבָרֶכְךָ יְיָ מִצִּיּוֹן עֹשֵׂה שָׁמַיִם וָאָרֶץ: יוֹמָם יְצַוֶּה יְיָ חַסְדּוֹ וּבַלַּיְלָה שִׁירֹה עִמִּי תְּפִלָּה לְאֵל חַיָּי: וּתְשׁוּעַת צַדִּיקִים מֵיְיָ מָעוּזָּם בְּעֵת צָרָה: וַיַּעְזְרֵם יְיָ וַיְפַלְּטֵם יְפַלְּטֵם מֵרְשָׁעִים וְיוֹשִׁיעֵם כִּי חָסוּ בוֹ: יְיָ צְבָאוֹת עִמָּנוּ מִשְׂגָּב לָנוּ אֱלֹהֵי יַעֲקֹב סֶלָה ג״פ: יְיָ צְבָאוֹת אַשְׁרֵי אָדָם בֹּטֵחַ בָּךְ ג״פ: יְיָ הוֹשִׁיעָה הַמֶּלֶךְ יַעֲנֵנוּ בְיוֹם קָרְאֵנוּ ג״פ:

יִתְגַּדַּל וְיִתְקַדַּשׁ שְׁמֵהּ רַבָּא, אמן בְּעָלְמָא דִּי בְרָא כִרְעוּתֵהּ וְיַמְלִיךְ מַלְכוּתֵהּ, וְיַצְמַח פּוּרְקָנֵהּ וִיקָרֵב מְשִׁיחֵהּ. אמן בְּחַיֵּיכוֹן וּבְיוֹמֵיכוֹן וּבְחַיֵּי דְכָל בֵּית יִשְׂרָאֵל, בַּעֲגָלָא וּבִזְמַן קָרִיב וְאִמְרוּ אָמֵן: יְהֵא שְׁמֵהּ רַבָּא מְבָרַךְ לְעָלַם וּלְעָלְמֵי עָלְמַיָּא. יִתְבָּרַךְ, וְיִשְׁתַּבַּח, וְיִתְפָּאַר, וְיִתְרוֹמַם, וְיִתְנַשֵּׂא, וְיִתְהַדָּר וְיִתְעַלֶּה, וְיִתְהַלָּל, שְׁמֵהּ דְּקֻדְשָׁא בְּרִיךְ הוּא. אמן לְעֵלָּא מִן כָּל בִּרְכָתָא וְשִׁירָתָא, תֻּשְׁבְּחָתָא וְנֶחֱמָתָא, דַּאֲמִירָן בְּעָלְמָא, וְאִמְרוּ אָמֵן:

חזן בָּרְכוּ אֶת יְיָ הַמְבֹרָךְ:

קהל וחזן בָּרוּךְ יְיָ הַמְבֹרָךְ לְעוֹלָם וָעֶד: ואין עונין אחריו אמן:

בָּרוּךְ אַתָּה יְיָ אֱלֹהֵינוּ מֶלֶךְ הָעוֹלָם, אֲשֶׁר בִּדְבָרוֹ מַעֲרִיב עֲרָבִים, בְּחָכְמָה פּוֹתֵחַ שְׁעָרִים, וּבִתְבוּנָה מְשַׁנֶּה עִתִּים, וּמַחֲלִיף אֶת הַזְּמַנִּים וּמְסַדֵּר אֶת הַכּוֹכָבִים, בְּמִשְׁמְרוֹתֵיהֶם בָּרָקִיעַ, כִּרְצוֹנוֹ. בּוֹרֵא יוֹם וָלַיְלָה, גּוֹלֵל אוֹר מִפְּנֵי חֹשֶׁךְ, וְחֹשֶׁךְ מִפְּנֵי אוֹר, וּמַעֲבִיר יוֹם וּמֵבִיא לָיְלָה, וּמַבְדִּיל בֵּין יוֹם וּבֵין לָיְלָה, יְיָ צְבָאוֹת שְׁמוֹ, בָּרוּךְ אַתָּה יְיָ, הַמַּעֲרִיב עֲרָבִים:

אַהֲבַת עוֹלָם בֵּית יִשְׂרָאֵל עַמְּךָ אָהָבְתָּ, תּוֹרָה וּמִצְוֹת חֻקִּים וּמִשְׁפָּטִים אוֹתָנוּ לִמַּדְתָּ. עַל כֵּן יְיָ אֱלֹהֵינוּ, בְּשָׁכְבֵנוּ וּבְקוּמֵנוּ

שיר A Song of Ascents. Bless the Lord all servants of the Lord who stand in the house of the Lord at night. Raise your hands in holiness and bless the Lord. May the Lord, Maker of heaven and earth, bless you from Zion.[1] By day the Lord ordains His kindness, and at night His song is with me, a prayer to the God of my life.[2] The deliverance of the righteous is from the Lord; He is their strength in time of distress. The Lord helps them and delivers them; He delivers them from the wicked and saves them, because they have put their trust in Him.[3] The Lord of hosts is with us; the God of Jacob is our stronghold forever.[4] *Say three times.* Lord of hosts, happy is the man who trusts in You.[5] *Say three times.* Lord deliver us; may the King answer us on the day we call.[6] *Say three times.*

יתגדל Exalted and hallowed be His great Name (*Cong:* Amen.) throughout the world which He has created according to His will. May He establish His kingship, bring forth His redemption and hasten the coming of His *Mashiach* (*Cong:* Amen.) in your lifetime and in your days and in the lifetime of the entire House of Israel, speedily and soon, and say, Amen. (*Cong:* Amen. May His great Name be blessed forever and to all eternity. Blessed.) May His great Name be blessed forever and to all eternity. Blessed and praised, glorified, exalted and extolled, honored, adored and lauded be the Name of the Holy One, blessed be He, (*Cong:* Amen.) beyond all the blessings, hymns, praises and consolations that are uttered in the world; and say, Amen. (*Cong:* Amen.)

Chazzan:

ברכו Bless the Lord who is blessed.

Congregation and Chazzan:

ברוך Blessed be the Lord who is blessed for all eternity.

Amen is not responded.

ברוך Blessed are You, Lord our God, King of the universe, who by His word causes the evenings to become dark. With wisdom He opens the [heavenly] gates; with understanding He changes the periods [of the day], varies the times, and arranges the stars in their positions in the sky according to His will. He creates day and night; He rolls away light before darkness and darkness before light; He causes the day to pass and brings on the night, and separates between day and night; the Lord of hosts is His Name. Blessed are You Lord, who causes the evenings to become dark.

אהבת With everlasting love have You loved the House of Israel Your people. You have taught us Torah and *mitzvot,* decrees and laws. Therefore, Lord our God, when we lie down and when we rise,

1. Psalm 134. 2. Ibid. 42:9. 3. Ibid. 37:39-40. 4. Ibid. 46:8. 5. Ibid. 84:13. 6. Ibid. 20:10.

נְשִׂיחַ בְּחֻקֶּיךָ, וְנִשְׂמַח בְּדִבְרֵי תוֹרָתֶךָ וּבְמִצְוֹתֶיךָ לְעוֹלָם וָעֶד. כִּי הֵם חַיֵּינוּ וְאֹרֶךְ יָמֵינוּ, וּבָהֶם נֶהְגֶּה יוֹמָם וָלָיְלָה, וְאַהֲבָתְךָ לֹא תָסוּר (נ״א אַל תָּסִיר) מִמֶּנּוּ לְעוֹלָמִים. בָּרוּךְ אַתָּה יְיָ, אוֹהֵב עַמּוֹ יִשְׂרָאֵל:

שְׁמַע יִשְׂרָאֵל יְיָ אֱלֹהֵינוּ יְיָ אֶחָד:

בקול רם בָּרוּךְ שֵׁם כְּבוֹד מַלְכוּתוֹ לְעוֹלָם וָעֶד:

וְאָהַבְתָּ אֵת יְיָ אֱלֹהֶיךָ, בְּכָל לְבָבְךָ, וּבְכָל נַפְשְׁךָ, וּבְכָל מְאֹדֶךָ: וְהָיוּ הַדְּבָרִים הָאֵלֶּה אֲשֶׁר אָנֹכִי מְצַוְּךָ הַיּוֹם עַל לְבָבֶךָ: וְשִׁנַּנְתָּם לְבָנֶיךָ וְדִבַּרְתָּ בָּם, בְּשִׁבְתְּךָ בְּבֵיתֶךָ, וּבְלֶכְתְּךָ בַדֶּרֶךְ, וּבְשָׁכְבְּךָ, וּבְקוּמֶךָ: וּקְשַׁרְתָּם לְאוֹת עַל יָדֶךָ, וְהָיוּ לְטֹטָפֹת בֵּין עֵינֶיךָ: וּכְתַבְתָּם עַל מְזֻזוֹת בֵּיתֶךָ, וּבִשְׁעָרֶיךָ:

וְהָיָה אִם שָׁמֹעַ תִּשְׁמְעוּ אֶל מִצְוֹתַי אֲשֶׁר אָנֹכִי מְצַוֶּה אֶתְכֶם הַיּוֹם, לְאַהֲבָה אֶת יְיָ אֱלֹהֵיכֶם וּלְעָבְדוֹ, בְּכָל לְבַבְכֶם וּבְכָל נַפְשְׁכֶם: וְנָתַתִּי מְטַר אַרְצְכֶם בְּעִתּוֹ יוֹרֶה וּמַלְקוֹשׁ, וְאָסַפְתָּ דְגָנֶךָ וְתִירֹשְׁךָ וְיִצְהָרֶךָ: וְנָתַתִּי עֵשֶׂב בְּשָׂדְךָ לִבְהֶמְתֶּךָ, וְאָכַלְתָּ וְשָׂבָעְתָּ: הִשָּׁמְרוּ לָכֶם פֶּן יִפְתֶּה לְבַבְכֶם, וְסַרְתֶּם וַעֲבַדְתֶּם אֱלֹהִים אֲחֵרִים וְהִשְׁתַּחֲוִיתֶם לָהֶם: וְחָרָה אַף יְיָ בָּכֶם וְעָצַר אֶת הַשָּׁמַיִם וְלֹא יִהְיֶה מָטָר וְהָאֲדָמָה לֹא תִתֵּן אֶת יְבוּלָהּ, וַאֲבַדְתֶּם מְהֵרָה מֵעַל הָאָרֶץ הַטֹּבָה אֲשֶׁר יְיָ נֹתֵן לָכֶם: וְשַׂמְתֶּם אֶת דְּבָרַי אֵלֶּה עַל לְבַבְכֶם וְעַל נַפְשְׁכֶם וּקְשַׁרְתֶּם אֹתָם לְאוֹת עַל יֶדְכֶם וְהָיוּ לְטוֹטָפֹת בֵּין עֵינֵיכֶם: וְלִמַּדְתֶּם אֹתָם אֶת בְּנֵיכֶם לְדַבֵּר בָּם, בְּשִׁבְתְּךָ בְּבֵיתֶךָ וּבְלֶכְתְּךָ בַדֶּרֶךְ וּבְשָׁכְבְּךָ וּבְקוּמֶךָ: וּכְתַבְתָּם עַל מְזוּזוֹת בֵּיתֶךָ וּבִשְׁעָרֶיךָ: לְמַעַן יִרְבּוּ יְמֵיכֶם וִימֵי בְנֵיכֶם עַל הָאֲדָמָה אֲשֶׁר נִשְׁבַּע יְיָ לַאֲבֹתֵיכֶם לָתֵת לָהֶם, כִּימֵי הַשָּׁמַיִם עַל הָאָרֶץ:

we will speak of Your statutes and rejoice in the words of Your Torah and in Your *mitzvot* forever. For they are our life and the length of our days, and we will meditate on them day and night. May Your love never depart* from us. Blessed are You Lord, who loves His people Israel.

שמע Hear, O Israel, the Lord is our God, the Lord is One.[1]

The following verse is recited in a loud voice:

ברוך Blessed be the Name of the glory of His kingdom forever and ever.[2]

ואהבת You shall love the Lord your God with all your heart, with all your soul, and with all your might. And these words which I command you today shall be upon your heart. You shall teach them thoroughly to your children, and you shall speak of them when you sit in your house and when you walk on the road, when you lie down and when you rise. You shall bind them as a sign upon your hand, and they shall be for a reminder between your eyes. And you shall write them upon the doorposts of your house and upon your gates.[3]

והיה And it will be, if you will diligently obey My commandments which I enjoin upon you this day, to love the Lord your God and to serve Him with all your heart and with all your soul, I will give rain for your land at the proper time, the early rain and the late rain, and you will gather in your grain, your wine and your oil. And I will give grass in your fields for your cattle, and you will eat and be sated. Take care lest your heart be lured away, and you turn astray and worship alien gods and bow down to them. For then the Lord's wrath will flare up against you, and He will close the heavens so that there will be no rain and the earth will not yield its produce, and you will swiftly perish from the good land which the Lord gives you. Therefore, place these words of Mine upon your heart and upon your soul, and bind them for a sign on your hand, and they shall be for a reminder between your eyes. You shall teach them to your children, to speak of them when you sit in your house and when you walk on the road, when you lie down and when you rise. And you shall inscribe them on the doorposts of your house and on your gates — so that your days and the days of your children may be prolonged on the land which the Lord swore to your fathers to give to them for as long as the heavens are above the earth.[4]

**Another version:* May You never remove Your love from us. 1. Deuteronomy 6:4. 2. Pesachim 56a. Deuteronomy Rabbah 2:31,35,36. 3. Deuteronomy 6:5-9. 4. Deuteronomy 11:13-21.

וַיֹּאמֶר יְיָ אֶל מֹשֶׁה לֵּאמֹר: דַּבֵּר אֶל בְּנֵי יִשְׂרָאֵל וְאָמַרְתָּ אֲלֵהֶם וְעָשׂוּ לָהֶם צִיצִת עַל כַּנְפֵי בִגְדֵיהֶם לְדֹרֹתָם, וְנָתְנוּ עַל צִיצִת הַכָּנָף, פְּתִיל תְּכֵלֶת: וְהָיָה לָכֶם לְצִיצִת, וּרְאִיתֶם אֹתוֹ וּזְכַרְתֶּם אֶת כָּל מִצְוֹת יְיָ וַעֲשִׂיתֶם אֹתָם, וְלֹא תָתוּרוּ אַחֲרֵי לְבַבְכֶם וְאַחֲרֵי עֵינֵיכֶם אֲשֶׁר אַתֶּם זֹנִים אַחֲרֵיהֶם: לְמַעַן תִּזְכְּרוּ וַעֲשִׂיתֶם אֶת כָּל מִצְוֹתָי, וִהְיִיתֶם קְדֹשִׁים לֵאלֹהֵיכֶם: אֲנִי יְיָ אֱלֹהֵיכֶם אֲשֶׁר הוֹצֵאתִי אֶתְכֶם מֵאֶרֶץ מִצְרַיִם לִהְיוֹת לָכֶם לֵאלֹהִים, אֲנִי יְיָ אֱלֹהֵיכֶם:

אֱמֶת וֶאֱמוּנָה כָּל זֹאת, וְקַיָּם עָלֵינוּ, כִּי הוּא יְיָ אֱלֹהֵינוּ וְאֵין זוּלָתוֹ, וַאֲנַחְנוּ יִשְׂרָאֵל עַמּוֹ, הַפּוֹדֵנוּ מִיַּד מְלָכִים, מַלְכֵּנוּ הַגּוֹאֲלֵנוּ מִכַּף כָּל הֶעָרִיצִים. הָאֵל הַנִּפְרָע לָנוּ מִצָּרֵינוּ, וְהַמְשַׁלֵּם גְּמוּל לְכָל אֹיְבֵי נַפְשֵׁנוּ, הָעֹשֶׂה גְדוֹלוֹת עַד אֵין חֵקֶר, וְנִפְלָאוֹת עַד אֵין מִסְפָּר. הַשָּׂם נַפְשֵׁנוּ בַּחַיִּים, וְלֹא נָתַן לַמּוֹט רַגְלֵנוּ, הַמַּדְרִיכֵנוּ עַל בָּמוֹת אֹיְבֵינוּ, וַיָּרֶם קַרְנֵנוּ עַל כָּל שֹׂנְאֵינוּ. הָאֵל הָעֹשֶׂה לָּנוּ נְקָמָה בְּפַרְעֹה, וְאוֹתוֹת וּמוֹפְתִים בְּאַדְמַת בְּנֵי חָם. הַמַּכֶּה בְעֶבְרָתוֹ כָּל בְּכוֹרֵי מִצְרָיִם, וַיּוֹצֵא אֶת עַמּוֹ יִשְׂרָאֵל מִתּוֹכָם לְחֵרוּת עוֹלָם. הַמַּעֲבִיר בָּנָיו בֵּין גִּזְרֵי יַם סוּף, וְאֶת רוֹדְפֵיהֶם וְאֶת שׂוֹנְאֵיהֶם בִּתְהוֹמוֹת טִבַּע, וְרָאוּ בָנָיו גְּבוּרָתוֹ, שִׁבְּחוּ

ויאמר The Lord spoke to Moses, saying: Speak to the children of Israel and tell them to make for themselves fringes on the corners of their garments throughout their generations, and to attach a thread of blue on the fringe of each corner. They shall be to you as *tzitzit*, and you shall look upon them and remember all the commandments of the Lord and fulfill them, and you will not follow after your heart and after your eyes by which you go astray — so that you may remember and fulfill all My commandments and be holy to your God. I am the Lord your God who brought you out of the Land of Egypt to be your God; I, the Lord, am your God.[1]

אמת Truth and belief is all this[2]; it is established with us that He is the Lord our God, there is no other, and that we Israel are His people. It is He who redeems us from the hand of kings; our King, who delivers us from the grip of all the tyrants; the benevolent God, who avenges us against our persecutors, and brings retribution on all our mortal enemies. He does great things beyond limit, and wonders beyond number.[3] He has kept us alive, and did not allow our feet to falter.[4] He led us upon the high places of our foes, and increased our strength over all our adversaries. He is the benevolent God who, in our behalf, brought retribution upon Pharaoh, and signs and miracles in the land of the Hamites; who, in His wrath, struck all the first-born of Egypt and brought out His people Israel from their midst to everlasting freedom; who led His children through the divided parts of the Sea of Reeds, and drowned their pursuers and their enemies in the depths. As His children beheld His might, they extolled

1. Numbers 15:37-41. 2. That which we have affirmed in the *Shema*. 3. Job 9:10. 4. Psalms 66:9.

וְהוֹדוּ לִשְׁמוֹ. וּמַלְכוּתוֹ בְּרָצוֹן קִבְּלוּ עֲלֵיהֶם, מֹשֶׁה וּבְנֵי יִשְׂרָאֵל לְךָ עָנוּ שִׁירָה בְּשִׂמְחָה רַבָּה, וְאָמְרוּ כֻלָּם:

מִי כָמֹכָה בָּאֵלִם יְיָ, מִי כָּמֹכָה נֶאְדָּר בַּקֹּדֶשׁ, נוֹרָא תְהִלֹּת עֹשֵׂה פֶלֶא: מַלְכוּתְךָ רָאוּ בָנֶיךָ, בּוֹקֵעַ יָם לִפְנֵי מֹשֶׁה, זֶה אֵלִי עָנוּ וְאָמְרוּ: יְיָ יִמְלֹךְ לְעֹלָם וָעֶד. וְנֶאֱמַר: כִּי פָדָה יְיָ אֶת יַעֲקֹב, וּגְאָלוֹ מִיַּד חָזָק מִמֶּנּוּ. בָּרוּךְ אַתָּה יְיָ, גָּאַל יִשְׂרָאֵל:

הַשְׁכִּיבֵנוּ אָבִינוּ לְשָׁלוֹם, וְהַעֲמִידֵנוּ מַלְכֵּנוּ לְחַיִּים טוֹבִים וּלְשָׁלוֹם, וְתַקְּנֵנוּ בְּעֵצָה טוֹבָה מִלְּפָנֶיךָ, וְהוֹשִׁיעֵנוּ מְהֵרָה לְמַעַן שְׁמֶךָ, וּפְרוֹשׂ עָלֵינוּ סֻכַּת שְׁלוֹמֶךָ. בָּרוּךְ אַתָּה יְיָ, הַפּוֹרֵשׂ סֻכַּת שָׁלוֹם עָלֵינוּ וְעַל כָּל עַמּוֹ יִשְׂרָאֵל וְעַל יְרוּשָׁלָיִם:

מנהג העולם לומר קודם ח"ק בחול ברוך ה' לעולם אמן ואמן ובשבת ושמרו (וביו"ט ור"ה ויוה"כ פסוקים הראויים מעין קדושת היום) ויש להם על מה שיסמכו אבל הנוהגין שלא לומר בחול ברוך ה' לעולם אמן ואמן מפני חשש הפסק גם בשבת (ויו"ט ור"ה ויוה"כ) אין להפסיק בפסוקים.

לשבת ושמרו בני ישראל את השבת לעשות את השבת לדרתם ברית

ב) שמות לא טז.

and offered praise to His Name, and willingly accepted His sovereignty; Moses and the children of Israel with great joy raised their voices in song to You, and they all proclaimed:

מי Who is like You among the supernal beings, O Lord! Who is like You, resplendent in holiness, awesome in praise, performing wonders![1] Your children beheld Your sovereignty as You split the sea before Moses. "This is my God!"[2] they exclaimed, and declared, "The Lord shall reign forever and ever."[3] And it is said: For the Lord has redeemed Jacob, and delivered him from a power mightier than he.[4] Blessed are You Lord, who has delivered Israel.

השכיבנו Our Father, let us lie down in peace; our King, raise us up to a good life and peace. Improve us with Your good counsel, help us speedily for the sake of Your Name, and spread over us the shelter of Your peace. Blessed are You Lord, who spreads the shelter of peace over us, over His entire people Israel, and over Jerusalem.

It is a widespread custom, on the basis of authoritative Halachic views, to recite before Half Kaddish the section ברוך ה׳ לעולם אמן ואמן *(Blessed is the Lord...) on weekdays,* ושמרו *(And...shall observe) on Shabbat, and the appropriate Scriptural verses on each Festival. However, those*[5] *who do not recite* ברוך ה׳ לעולם אמן ואמן *on weekdays, for it might be considered an interruption in prayer, should also not interrupt on Shabbat and Festivals with the Scriptural verses.*

On Shabbat:

ושמרו And the children of Israel shall observe the Shabbat, establishing the Shabbat throughout their generations as an everlasting covenant.

1. Exodus 15:11. 2. Ibid. 15:2. 3. Ibid. 15:18. 4. Jeremiah 31:10. 5. And this is our custom.

שמות לא יז:
עולם: ביני ובין בני ישראל אות היא לעלם כי ששת ימים עשה יהוה את השמים ואת הארץ וביום השביעי שבת וינפש:

ויקרא טז ל:
כי ביום הזה יכפר עליכם לטהר אתכם מכל חטאתיכם לפני יהוה תטהרו:

יִתְגַּדַּל וְיִתְקַדַּשׁ שְׁמֵהּ רַבָּא. אמן בְּעָלְמָא דִּי בְרָא כִרְעוּתֵהּ וְיַמְלִיךְ מַלְכוּתֵהּ, וְיַצְמַח פּוּרְקָנֵהּ וִיקָרֵב מְשִׁיחֵהּ, אמן בְּחַיֵּיכוֹן וּבְיוֹמֵיכוֹן וּבְחַיֵּי דְכָל בֵּית יִשְׂרָאֵל, בַּעֲגָלָא וּבִזְמַן קָרִיב וְאִמְרוּ אָמֵן:

יְהֵא שְׁמֵהּ רַבָּא מְבָרַךְ לְעָלַם וּלְעָלְמֵי עָלְמַיָּא:

יִתְבָּרַךְ וְיִשְׁתַּבַּח, וְיִתְפָּאַר וְיִתְרוֹמַם וְיִתְנַשֵּׂא. וְיִתְהַדָּר וְיִתְעַלֶּה וְיִתְהַלָּל. שְׁמֵהּ דְּקֻדְשָׁא בְּרִיךְ הוּא אמן לְעֵלָּא מִן כָּל בִּרְכָתָא וְשִׁירָתָא תֻּשְׁבְּחָתָא וְנֶחֱמָתָא, דַּאֲמִירָן בְּעָלְמָא, וְאִמְרוּ אָמֵן:

אֲדֹנָי, שְׂפָתַי תִּפְתָּח וּפִי יַגִּיד תְּהִלָּתֶךָ:

בָּרוּךְ אַתָּה יְיָ אֱלֹהֵינוּ וֵאלֹהֵי אֲבוֹתֵינוּ. אֱלֹהֵי אַבְרָהָם, אֱלֹהֵי יִצְחָק, וֵאלֹהֵי יַעֲקֹב, הָאֵל הַגָּדוֹל הַגִּבּוֹר וְהַנּוֹרָא, אֵל עֶלְיוֹן, גּוֹמֵל חֲסָדִים טוֹבִים, קוֹנֵה הַכֹּל, וְזוֹכֵר חַסְדֵי אָבוֹת, וּמֵבִיא גוֹאֵל לִבְנֵי בְנֵיהֶם לְמַעַן שְׁמוֹ בְּאַהֲבָה:

זָכְרֵנוּ לְחַיִּים, מֶלֶךְ חָפֵץ בַּחַיִּים, וְכָתְבֵנוּ בְּסֵפֶר הַחַיִּים, לְמַעַנְךָ אֱלֹהִים חַיִּים:

מֶלֶךְ עוֹזֵר וּמוֹשִׁיעַ וּמָגֵן. בָּרוּךְ אַתָּה יְיָ, מָגֵן אַבְרָהָם:

It is a sign between Me and the children of Israel for all time, for in six days the Lord made the heavens and the earth, and on the seventh day He ceased from work and rested.[1]

כי For on this day, atonement shall be made for you, to purify you; you shall be cleansed of all your sins before the Lord.[2]

יתגדל Exalted and hallowed be His great Name (*Cong:* Amen.) throughout the world which He has created according to His will. May He establish His kingship, bring forth His redemption and hasten the coming of His *Mashiach* (*Cong:* Amen.) in your lifetime and in your days and in the lifetime of the entire House of Israel, speedily and soon, and say, Amen. (*Cong:* Amen. May His great Name be blessed forever and to all eternity. Blessed.) May His great Name be blessed forever and to all eternity. Blessed and praised, glorified, exalted and extolled, honored, adored and lauded be the Name of the Holy One, blessed be He, (*Cong:* Amen.) beyond all the blessings, hymns, praises and consolations that are uttered in the world; and say, Amen. (*Cong:* Amen.)

AMIDAH

אדני My Lord, open my lips, and my mouth shall declare Your praise.[3]

ברוך Blessed are You, Lord our God and God of our fathers, God of Abraham, God of Isaac and God of Jacob, the great, mighty and awesome God, exalted God, who bestows bountiful kindness, who creates all things, who remembers the piety of the Patriarchs, and who, in love, brings a redeemer to their children's children, for the sake of His Name.

זכרנו Remember us for life, King who desires life; inscribe us in the Book of Life, for Your sake, O living God.

מלך O King, [You are] a helper, a savior and a shield. Blessed are You Lord, Shield of Abraham.

1. Exodus 31:16-17. 2. Leviticus 16:30. 3. Psalms 51:17.

אַתָּה גִּבּוֹר לְעוֹלָם אֲדֹנָי, מְחַיֵּה מֵתִים אַתָּה, רַב לְהוֹשִׁיעַ מוֹרִיד הַטָּל. מְכַלְכֵּל חַיִּים בְּחֶסֶד, מְחַיֵּה מֵתִים בְּרַחֲמִים רַבִּים, סוֹמֵךְ נוֹפְלִים, וְרוֹפֵא חוֹלִים, וּמַתִּיר אֲסוּרִים, וּמְקַיֵּם אֱמוּנָתוֹ לִישֵׁנֵי עָפָר, מִי כָמוֹךָ בַּעַל גְּבוּרוֹת וּמִי דּוֹמֶה לָּךְ, מֶלֶךְ מֵמִית וּמְחַיֶּה וּמַצְמִיחַ יְשׁוּעָה:

מִי כָמוֹךָ אַב הָרַחֲמָן, זוֹכֵר יְצוּרָיו לְחַיִּים בְּרַחֲמִים. וְנֶאֱמָן אַתָּה לְהַחֲיוֹת מֵתִים. בָּרוּךְ אַתָּה יְיָ, מְחַיֵּה הַמֵּתִים:

אַתָּה קָדוֹשׁ וְשִׁמְךָ קָדוֹשׁ, וּקְדוֹשִׁים בְּכָל יוֹם יְהַלְלוּךָ סֶּלָה. לְדוֹר וָדוֹר הַמְלִיכוּ לָאֵל, כִּי הוּא לְבַדּוֹ מָרוֹם וְקָדוֹשׁ:

וּבְכֵן יִתְקַדַּשׁ שִׁמְךָ יְיָ אֱלֹהֵינוּ עַל יִשְׂרָאֵל עַמֶּךָ וְעַל יְרוּשָׁלַיִם עִירֶךָ, וְעַל צִיּוֹן מִשְׁכַּן כְּבוֹדֶךָ, וְעַל מַלְכוּת בֵּית דָּוִד מְשִׁיחֶךָ, וְעַל מְכוֹנְךָ וְהֵיכָלֶךָ:

וּבְכֵן תֵּן פַּחְדְּךָ יְיָ אֱלֹהֵינוּ עַל כָּל מַעֲשֶׂיךָ, וְאֵימָתְךָ עַל כָּל מַה שֶּׁבָּרָאתָ, וְיִירָאוּךָ כָּל הַמַּעֲשִׂים, וְיִשְׁתַּחֲווּ לְפָנֶיךָ כָּל הַבְּרוּאִים, וְיֵעָשׂוּ כֻלָּם אֲגֻדָּה אֶחָת לַעֲשׂוֹת רְצוֹנְךָ בְּלֵבָב שָׁלֵם. שֶׁיָּדַעְנוּ יְיָ אֱלֹהֵינוּ שֶׁהַשָּׁלְטָן לְפָנֶיךָ, עֹז בְּיָדְךָ, וּגְבוּרָה בִּימִינֶךָ. וְשִׁמְךָ נוֹרָא עַל כָּל מַה שֶּׁבָּרָאתָ:

וּבְכֵן תֵּן כָּבוֹד יְיָ לְעַמֶּךָ, תְּהִלָּה לִירֵאֶיךָ, וְתִקְוָה טוֹבָה לְדוֹרְשֶׁיךָ, וּפִתְחוֹן פֶּה

אתה You are mighty forever, my Lord; You resurrect the dead; You are powerful to save. You cause the dew to descend.

מכלכל He sustains the living with lovingkindness, resurrects the dead with great mercy, supports the falling, heals the sick, releases the bound, and fulfills His trust to those who sleep in the dust. Who is like You, mighty One! And who can be compared to You, King, who brings death and restores life, and causes deliverance to spring forth!

מי Who is like You, merciful Father, who in compassion remembers His creatures for life.

ונאמן You are trustworthy to revive the dead. Blessed are You Lord, who revives the dead.

אתה You are holy and Your Name is holy, and holy beings praise You daily for all eternity.

לדור Through all generations proclaim the kingship of God, for He alone is exalted and holy.

ובכן And thus shall Your Name, Lord our God, be sanctified upon Israel Your people, upon Jerusalem Your city, upon Zion the abode of Your glory, upon the kingship of the house of David Your anointed, and upon Your dwelling-place and Your sanctuary.

ובכן And so, Lord our God, instill fear of You upon all that You have made, and dread of You upon all that You have created; and [then] all works will be in awe of You, all the created beings will prostrate themselves before You, and they all will form a single band to carry out Your will with a perfect heart. For we know, Lord our God, that rulership is Yours, strength is in Your [left] hand, might is in Your right hand, and Your Name is awesome over all that You have created.

ובכן And so, Lord our God, grant honor to Your people, glory to those who fear You, good hope to those who seek You, confident speech

לַמְיַחֲלִים לָךְ, שִׂמְחָה לְאַרְצֶךָ, וְשָׂשׂוֹן לְעִירֶךָ, וּצְמִיחַת קֶרֶן לְדָוִד עַבְדֶּךָ, וַעֲרִיכַת נֵר לְבֶן יִשַׁי מְשִׁיחֶךָ, בִּמְהֵרָה בְיָמֵינוּ:

וּבְכֵן צַדִּיקִים יִרְאוּ וְיִשְׂמָחוּ, וִישָׁרִים יַעֲלֹזוּ, וַחֲסִידִים בְּרִנָּה יָגִילוּ, וְעוֹלָתָה תִּקְפָּץ פִּיהָ, וְהָרִשְׁעָה כֻּלָּהּ כְּעָשָׁן תִּכְלֶה, כִּי תַעֲבִיר מֶמְשֶׁלֶת זָדוֹן מִן הָאָרֶץ:

וְתִמְלוֹךְ אַתָּה הוּא יְיָ אֱלֹהֵינוּ לְבַדֶּךָ, עַל כָּל מַעֲשֶׂיךָ, בְּהַר צִיּוֹן מִשְׁכַּן כְּבוֹדֶךָ, וּבִירוּשָׁלַיִם עִיר קָדְשֶׁךָ, כַּכָּתוּב בְּדִבְרֵי קָדְשֶׁךָ: יִמְלֹךְ יְיָ לְעוֹלָם אֱלֹהַיִךְ צִיּוֹן לְדֹר וָדֹר, הַלְלוּיָהּ:

קָדוֹשׁ אַתָּה וְנוֹרָא שְׁמֶךָ, וְאֵין אֱלוֹהַּ מִבַּלְעָדֶיךָ, כַּכָּתוּב: וַיִּגְבַּהּ יְיָ צְבָאוֹת בַּמִּשְׁפָּט, וְהָאֵל הַקָּדוֹשׁ נִקְדַּשׁ בִּצְדָקָה. בָּרוּךְ אַתָּה יְיָ, הַמֶּלֶךְ הַקָּדוֹשׁ:

אַתָּה בְחַרְתָּנוּ מִכָּל הָעַמִּים, אָהַבְתָּ אוֹתָנוּ וְרָצִיתָ בָּנוּ, וְרוֹמַמְתָּנוּ מִכָּל הַלְּשׁוֹנוֹת, וְקִדַּשְׁתָּנוּ בְּמִצְוֹתֶיךָ, וְקֵרַבְתָּנוּ מַלְכֵּנוּ לַעֲבוֹדָתֶךָ, וְשִׁמְךָ הַגָּדוֹל וְהַקָּדוֹשׁ עָלֵינוּ קָרָאתָ:

וַתִּתֶּן לָנוּ יְיָ אֱלֹהֵינוּ בְּאַהֲבָה אֶת יוֹם (לשבת הַשַּׁבָּת הַזֶּה וְאֶת יוֹם) הַכִּפֻּרִים הַזֶּה, אֶת יוֹם סְלִיחַת הֶעָוֹן הַזֶּה, אֶת יוֹם מִקְרָא קֹדֶשׁ הַזֶּה, (לשבת לִקְדֻשָּׁה וְלִמְנוּחָה) לִמְחִילָה וְלִסְלִיחָה וּלְכַפָּרָה, וְלִמְחָל בּוֹ אֶת כָּל עֲוֹנוֹתֵינוּ (לשבת בְּאַהֲבָה) מִקְרָא קֹדֶשׁ זֵכֶר לִיצִיאַת מִצְרָיִם:

to those who yearn for You, joy to Your land, gladness to Your city, a flourishing of strength to David Your servant, and a setting up of light to the son of Yishai Your anointed, speedily in our days.

ובכן And then the righteous will see and be glad, the upright will rejoice, and the pious will exult in song; injustice will shut its mouth and all wickedness will go up in smoke, when You will remove the rule of evil from the earth.

ותמלוך Lord our God, You are He who alone will reign over all Your works, in Mount Zion the abode of Your glory, in Jerusalem Your holy city, as it is written in Your holy Scriptures: The Lord shall reign forever; your God, O Zion, throughout all generations; praise the Lord.[1]

קדוש Holy are You, awesome is Your Name, and aside from You there is no God, as it is written: The Lord of hosts is exalted in justice and the holy God is sanctified in righteousness.[2] Blessed are You Lord, the holy King.

אתה You have chosen us from among all the nations; You have loved us and found favor with us. You have raised us above all tongues and made us holy through Your commandments. You, our King, have drawn us near to Your service and proclaimed Your great and holy Name upon us.

ותתן And You, Lord our God, have given us in love (*On Shabbat:* this Shabbat day and) this Day of Atonements, this day of pardoning of sin, this day of holy asesmbly (*On Shabbat:* for sanctity and tranquility) for forgiveness, pardon, and atonement, to forgive thereon all our wrongdoings, (*On Shabbat:* in love,) a holy assembly, commemorating the Exodus from Egypt.

---

1. Psalms 146:10. 2. Isaiah 5:16.

אֱלֹהֵֽינוּ וֵאלֹהֵי אֲבוֹתֵֽינוּ. יַעֲלֶה וְיָבֹא וְיַגִּֽיעַ. וְיֵרָאֶה וְיֵרָצֶה וְיִשָּׁמַע. וְיִפָּקֵד וְיִזָּכֵר זִכְרוֹנֵֽנוּ וּפִקְדוֹנֵֽנוּ. וְזִכְרוֹן אֲבוֹתֵֽינוּ. וְזִכְרוֹן מָשִֽׁיחַ בֶּן דָּוִד עַבְדֶּֽךָ. וְזִכְרוֹן יְרוּשָׁלַֽיִם עִיר קָדְשֶֽׁךָ. וְזִכְרוֹן כָּל עַמְּךָ בֵּית יִשְׂרָאֵל לְפָנֶֽיךָ. לִפְלֵיטָה לְטוֹבָה. לְחֵן וּלְחֶֽסֶד וּלְרַחֲמִים. וּלְחַיִּים טוֹבִים וּלְשָׁלוֹם. בְּיוֹם (הַשַּׁבָּת הַזֶּה וּבְיוֹם) הַכִּפֻּרִים הַזֶּה. בְּיוֹם סְלִיחַת הֶעָוֹן הַזֶּה. בְּיוֹם מִקְרָא קֹֽדֶשׁ הַזֶּה. זָכְרֵֽנוּ יְיָ אֱלֹהֵֽינוּ בּוֹ לְטוֹבָה. וּפָקְדֵֽנוּ בוֹ לִבְרָכָה. וְהוֹשִׁיעֵֽנוּ בוֹ לְחַיִּים טוֹבִים. וּבִדְבַר יְשׁוּעָה וְרַחֲמִים חוּס וְחָנֵּֽנוּ. וְרַחֵם עָלֵֽינוּ וְהוֹשִׁיעֵֽנוּ. כִּי אֵלֶֽיךָ עֵינֵֽינוּ. כִּי אֵל מֶֽלֶךְ חַנּוּן וְרַחוּם אָֽתָּה:

אֱלֹהֵֽינוּ וֵאלֹהֵי אֲבוֹתֵֽינוּ. מְחוֹל לַעֲוֹנוֹתֵֽינוּ בְּיוֹם (לשבת הַשַּׁבָּת הַזֶּה וּבְיוֹם) הַכִּפֻּרִים הַזֶּה. בְּיוֹם סְלִיחַת הֶעָוֹן הַזֶּה בְּיוֹם מִקְרָא קֹֽדֶשׁ הַזֶּה. מְחֵה וְהַעֲבֵר פְּשָׁעֵֽינוּ וְחַטֹּאתֵֽינוּ מִנֶּֽגֶד עֵינֶֽיךָ. כָּאָמוּר: [א] אָנֹכִי אָנֹכִי הוּא מֹחֶה פְשָׁעֶֽיךָ לְמַעֲנִי. וְחַטֹּאתֶֽיךָ לֹא אֶזְכֹּר. וְנֶאֱמַר: [ב] מָחִֽיתִי כָעָב פְּשָׁעֶֽיךָ וְכֶעָנָן חַטֹּאתֶֽיךָ. שׁוּבָה אֵלַי כִּי גְאַלְתִּֽיךָ. וְנֶאֱמַר: [ג] כִּי בַיּוֹם הַזֶּה יְכַפֵּר עֲלֵיכֶם לְטַהֵר אֶתְכֶם מִכֹּל חַטֹּאתֵיכֶם. לִפְנֵי יְיָ תִּטְהָֽרוּ: (אֱלֹהֵֽינוּ וֵאלֹהֵי אֲבוֹתֵֽינוּ. רְצֵה נָא בִמְנוּחָתֵֽנוּ) קַדְּשֵֽׁנוּ בְּמִצְוֹתֶֽיךָ. וְתֵן חֶלְקֵֽנוּ בְּתוֹרָתֶֽךָ. שַׂבְּעֵֽנוּ מִטּוּבֶֽךָ. וְשַׂמַּח נַפְשֵֽׁנוּ בִּישׁוּעָתֶֽךָ. (לשבת וְהַנְחִילֵֽנוּ יְיָ אֱלֹהֵֽינוּ בְּאַהֲבָה וּבְרָצוֹן שַׁבַּת קָדְשֶֽׁךָ. וְיָנֽוּחוּ בָהּ כָּל

א) ישעיה מג כה: ב) שם מד כב: ג) ויקרא טז ל:

אלהינו Our God and God of our fathers, may there ascend, come and reach, be seen, accepted, and heard, recalled and remembered before You, the remembrance and recollection of us, the remembrance of our fathers, the remembrance of *Mashiach* the son of David Your servant, the remembrance of Jerusalem Your holy city, and the remembrance of all Your people the House of Israel, for deliverance, well-being, grace, kindness, mercy, good life and peace, on this (*On Shabbat:* Shabbat day and this) Day of Atonements, on this day of pardoning of sin, on this day of holy assembly. Remember us on this [day], Lord our God, for good; be mindful of us on this [day] for blessing; help us on this [day] for good life. With the promise of deliverance and compassion, spare us and be gracious to us; have mercy upon us and deliver us; for our eyes are directed to You, for You, God, are a gracious and merciful King.

אלהינו Our God and God of our fathers, forgive our wrongdoings on this (*On Shabbat:* Shabbat day and on this) Day of Atonements, on this day of pardoning of sin, on this day of holy assembly; wipe away and remove our transgressions and sins from before Your eyes, as it is stated: I, I [alone], am He who wipes away your transgressions, for My sake; your sins I will not recall.[1] And it is stated: I have wiped away your transgressions like a thick cloud, your sins like a cloud; return to Me, for I have redeemed you.[2] And it is stated: For on this day atonement shall be made for you, to purify you; and you shall be cleansed of all your sins before the Lord.[3] (*On Shabbat:* Our God and God of our fathers, please find favor in our rest.) Make us holy with Your commandments and grant us our portion in Your Torah; satiate us with Your goodness and gladden our soul with Your salvation. (*On Shabbat:* Lord our God, grant as our heritage, in love and goodwill, Your holy Shabbat, and may all

---

1. Isaiah 43:25. 2. Ibid. 44:22. 3. Leviticus 16:30.

יִשְׂרָאֵל מְקַדְּשֵׁי שְׁמֶךָ) וְטַהֵר לִבֵּנוּ לְעָבְדְּךָ בֶּאֱמֶת, כִּי אַתָּה סָלְחָן לְיִשְׂרָאֵל וּמָחֳלָן לְשִׁבְטֵי יְשֻׁרוּן בְּכָל דּוֹר וָדוֹר, וּמִבַּלְעָדֶיךָ אֵין לָנוּ מֶלֶךְ מוֹחֵל וְסוֹלֵחַ בָּרוּךְ אַתָּה יְיָ, מֶלֶךְ מוֹחֵל וְסוֹלֵחַ לַעֲוֹנוֹתֵינוּ, וְלַעֲוֹנוֹת עַמּוֹ בֵּית יִשְׂרָאֵל, וּמַעֲבִיר אַשְׁמוֹתֵינוּ בְּכָל שָׁנָה וְשָׁנָה. מֶלֶךְ עַל כָּל הָאָרֶץ, מְקַדֵּשׁ (לשבת הַשַּׁבָּת וְ) יִשְׂרָאֵל וְיוֹם הַכִּפּוּרִים:

רְצֵה יְיָ אֱלֹהֵינוּ בְּעַמְּךָ יִשְׂרָאֵל, וְלִתְפִלָּתָם שְׁעֵה, וְהָשֵׁב הָעֲבוֹדָה לִדְבִיר בֵּיתֶךָ וְאִשֵּׁי יִשְׂרָאֵל וּתְפִלָּתָם בְּאַהֲבָה תְקַבֵּל בְּרָצוֹן, וּתְהִי לְרָצוֹן תָּמִיד עֲבוֹדַת יִשְׂרָאֵל עַמֶּךָ:

וְתֶחֱזֶינָה עֵינֵינוּ בְּשׁוּבְךָ לְצִיּוֹן בְּרַחֲמִים. בָּרוּךְ אַתָּה יְיָ, הַמַּחֲזִיר שְׁכִינָתוֹ לְצִיּוֹן:

מוֹדִים אֲנַחְנוּ לָךְ, שָׁאַתָּה הוּא יְיָ אֱלֹהֵינוּ וֵאלֹהֵי אֲבוֹתֵינוּ לְעוֹלָם וָעֶד, צוּר חַיֵּינוּ מָגֵן יִשְׁעֵנוּ. אַתָּה הוּא לְדוֹר וָדוֹר, נוֹדֶה לְּךָ וּנְסַפֵּר תְּהִלָּתֶךָ: עַל חַיֵּינוּ הַמְּסוּרִים בְּיָדֶךָ, וְעַל נִשְׁמוֹתֵינוּ הַפְּקוּדוֹת לָךְ, וְעַל נִסֶּיךָ שֶׁבְּכָל יוֹם עִמָּנוּ, וְעַל נִפְלְאוֹתֶיךָ וְטוֹבוֹתֶיךָ שֶׁבְּכָל עֵת, עֶרֶב וָבֹקֶר וְצָהֳרָיִם, הַטּוֹב, כִּי לֹא כָלוּ רַחֲמֶיךָ, וְהַמְרַחֵם, כִּי לֹא תַמּוּ חֲסָדֶיךָ, כִּי מֵעוֹלָם קִוִּינוּ לָךְ:

וְעַל כֻּלָּם יִתְבָּרַךְ וְיִתְרוֹמַם וְיִתְנַשֵּׂא שִׁמְךָ מַלְכֵּנוּ תָּמִיד לְעוֹלָם וָעֶד: וּכְתוֹב לְחַיִּים טוֹבִים כָּל בְּנֵי בְרִיתֶךָ.

וְכֹל הַחַיִּים יוֹדוּךָ סֶּלָה וִיהַלְלוּ שִׁמְךָ הַגָּדוֹל לְעוֹלָם כִּי טוֹב הָאֵל יְשׁוּעָתֵנוּ וְעֶזְרָתֵנוּ סֶלָה, הָאֵל הַטּוֹב. בָּרוּךְ אַתָּה יְיָ, הַטּוֹב שִׁמְךָ וּלְךָ נָאֶה לְהוֹדוֹת:

Israel who sanctify Your Name rest thereon.) Make our heart pure to serve You in truth; for You are the Pardoner of Israel and the Forgiver of the tribes of Yeshurun[1] in every generation, and aside from You we have no King who forgives and pardons. Blessed are You Lord, King who forgives and pardons our sins and the sins of His people, the House of Israel, and removes our trespasses each and every year; King over the whole earth, who sanctifies (*On Shabbat:* the Shabbat and) Israel and the Day of Atonements.

רצה Look with favor, Lord our God, on Your people Israel and pay heed to their prayer; restore the service to Your Sanctuary and accept with love and favor Israel's fire-offerings and prayer; and may the service of Your people Israel always find favor.

ותחזינה May our eyes behold Your return to Zion in mercy. Blessed are You Lord, who restores His Divine Presence to Zion.

מודים We thankfully acknowledge that You are the Lord our God and God of our fathers forever. You are the strength of our life, the shield of our salvation in every generation. We will give thanks to You and recount Your praise, evening, morning and noon, for our lives which are committed into Your hand, for our souls which are entrusted to You, for Your miracles which are with us daily, and for Your continual wonders and beneficences. You are the Beneficent One, for Your mercies never cease; and the Merciful One, for Your kindnesses never end; for we always place our hope in You.

ועל And for all these, may Your Name, our King, be continually blessed, exalted and extolled forever and all time.

וכתוב Inscribe all the children of Your Covenant for a good life.

וכל And all living things shall forever thank You, and praise Your great Name eternally, for You are good. God, You are our everlasting salvation and help, O benevolent God. Blessed are You Lord, Beneficent is Your Name, and to You it is fitting to offer thanks.

---

1. V. Isaiah 44:2. Deuteronomy 33:5, 26. Ramban Deuteronomy 7:12.

שִׂים שָׁלוֹם, טוֹבָה וּבְרָכָה, חַיִּים חֵן וָחֶסֶד וְרַחֲמִים, עָלֵינוּ וְעַל כָּל יִשְׂרָאֵל עַמֶּךָ. בָּרְכֵנוּ אָבִינוּ כֻּלָּנוּ כְּאֶחָד, בְּאוֹר פָּנֶיךָ, כִּי בְאוֹר פָּנֶיךָ, נָתַתָּ לָּנוּ יְיָ אֱלֹהֵינוּ תּוֹרַת חַיִּים, וְאַהֲבַת חֶסֶד, וּצְדָקָה וּבְרָכָה וְרַחֲמִים וְחַיִּים וְשָׁלוֹם. וְטוֹב בְּעֵינֶיךָ לְבָרֵךְ אֶת עַמְּךָ יִשְׂרָאֵל בְּכָל עֵת, וּבְכָל שָׁעָה בִּשְׁלוֹמֶךָ.

וּבְסֵפֶר חַיִּים בְּרָכָה וְשָׁלוֹם וּפַרְנָסָה טוֹבָה, יְשׁוּעָה וְנֶחָמָה וּגְזֵרוֹת טוֹבוֹת, נִזָּכֵר וְנִכָּתֵב לְפָנֶיךָ, אֲנַחְנוּ וְכָל עַמְּךָ בֵּית יִשְׂרָאֵל, לְחַיִּים טוֹבִים וּלְשָׁלוֹם: בָּרוּךְ אַתָּה יְיָ, הַמְבָרֵךְ אֶת עַמּוֹ יִשְׂרָאֵל בַּשָּׁלוֹם:

יִהְיוּ לְרָצוֹן אִמְרֵי פִי וְהֶגְיוֹן לִבִּי לְפָנֶיךָ, יְיָ צוּרִי וְגוֹאֲלִי:

אֱלֹהֵינוּ וֵאלֹהֵי אֲבוֹתֵינוּ, תָּבֹא לְפָנֶיךָ תְּפִלָּתֵנוּ, וְאַל תִּתְעַלַּם מִתְּחִנָּתֵנוּ, שֶׁאֵין אָנוּ עַזֵּי פָנִים וּקְשֵׁי עֹרֶף, לוֹמַר לְפָנֶיךָ יְיָ אֱלֹהֵינוּ וֵאלֹהֵי אֲבוֹתֵינוּ, צַדִּיקִים אֲנַחְנוּ וְלֹא חָטָאנוּ, אֲבָל אֲנַחְנוּ וַאֲבוֹתֵינוּ חָטָאנוּ:

אָשַׁמְנוּ, בָּגַדְנוּ, גָּזַלְנוּ, דִּבַּרְנוּ דֹפִי. הֶעֱוִינוּ, וְהִרְשַׁעְנוּ, זַדְנוּ, חָמַסְנוּ, טָפַלְנוּ שֶׁקֶר. יָעַצְנוּ רָע, כִּזַּבְנוּ, לַצְנוּ, מָרַדְנוּ, נִאַצְנוּ, סָרַרְנוּ, עָוִינוּ, פָּשַׁעְנוּ, צָרַרְנוּ, קִשִּׁינוּ עֹרֶף. רָשַׁעְנוּ, שִׁחַתְנוּ, תִּעַבְנוּ, תָּעִינוּ, תִּעְתָּעְנוּ:

סַרְנוּ מִמִּצְוֹתֶיךָ וּמִמִּשְׁפָּטֶיךָ הַטּוֹבִים וְלֹא שָׁוָה לָנוּ. וְאַתָּה צַדִּיק עַל כָּל הַבָּא עָלֵינוּ, כִּי אֱמֶת עָשִׂיתָ וַאֲנַחְנוּ הִרְשָׁעְנוּ:

מַה נֹּאמַר לְפָנֶיךָ יוֹשֵׁב מָרוֹם. וּמַה נְּסַפֵּר לְפָנֶיךָ שׁוֹכֵן שְׁחָקִים. הֲלֹא כָּל הַנִּסְתָּרוֹת וְהַנִּגְלוֹת אַתָּה יוֹדֵעַ:

אַתָּה יוֹדֵעַ רָזֵי עוֹלָם, וְתַעֲלֻמוֹת סִתְרֵי כָּל חָי: אַתָּה חוֹפֵשׂ כָּל חַדְרֵי בָטֶן וּבוֹחֵן כְּלָיוֹת וָלֵב. אֵין דָּבָר נֶעְלָם מִמֶּךָּ, וְאֵין נִסְתָּר מִנֶּגֶד עֵינֶיךָ: וּבְכֵן יְהִי רָצוֹן

שים Bestow peace, goodness and blessing, life, graciousness, kindness and mercy, upon us and upon all Your people Israel. Bless us, our Father, all of us as one, with the light of Your countenance. For by the light of Your countenance You gave us, Lord our God, the Torah of life and loving-kindness, righteousness, blessing, mercy, life and peace. May it be favorable in Your eyes to bless Your people Israel, at all times and at every moment, with Your peace.

ובספר And in the Book of life, blessing, peace and prosperity, deliverance, consolation and favorable decrees, may we and all Your people the House of Israel be remembered and inscribed before You for a happy life and for peace. Blessed are You Lord, who blesses His people Israel with peace.

יהיו May the words of my mouth and the meditation of my heart be acceptable before You, Lord, my Strength and my Redeemer.[1]

אלהינו Our God and God of our fathers, may our prayers come before You, and do not turn away from our supplication, for we are not so impudent and obdurate as to declare before You, Lord our God and God of our fathers, that we are righteous and have not sinned. Indeed, we and our fathers have sinned.

אשמנו We have transgressed, we have acted perfidiously, we have robbed, we have slandered. We have acted perversely and wickedly, we have willfully sinned, we have done violence, we have imputed falsely. We have given evil counsel, we have lied, we have scoffed, we have rebelled, we have provoked, we have been disobedient, we have committed iniquity, we have wantonly transgressed, we have oppressed, we have been obstinate. We have committed evil, we have acted perniciously, we have acted abominably, we have gone astray, we have led others astray.

סרנו We have strayed from Your good precepts and ordinances, and it has not profited us. Indeed, You are just in all that has come upon us, for You have acted truthfully, and it is we who have acted wickedly.[2]

מה What shall we say to You who dwells on high; what shall we relate to You who abides in the heavens? You surely know all the hidden and the revealed things.

אתה You know the mysteries of the universe and the hidden secrets of every living being. You search all [our] innermost thoughts, and probe [our] mind and heart; nothing is hidden from You, nothing is concealed from Your sight. And so, may it be Your will,

1. Psalms 19:15. 2. Nehemiah 9:33.

מִלְּפָנֶיךָ יְיָ אֱלֹהֵינוּ וֵאלֹהֵי אֲבוֹתֵינוּ. שֶׁתְּרַחֵם עָלֵינוּ וְתִמְחוֹל לָנוּ עַל כָּל חַטֹּאתֵינוּ. וּתְכַפֵּר לָנוּ עַל כָּל עֲוֹנוֹתֵינוּ. וְתִמְחוֹל וְתִסְלַח לָנוּ עַל כָּל פְּשָׁעֵינוּ:

עַל חֵטְא שֶׁחָטָאנוּ לְפָנֶיךָ, בְּאֹנֶס וּבְרָצוֹן.

וְעַל חֵטְא שֶׁחָטָאנוּ לְפָנֶיךָ, בְּאִמּוּץ הַלֵּב.

עַל חֵטְא שֶׁחָטָאנוּ לְפָנֶיךָ, בִּבְלִי דָעַת.

וְעַל חֵטְא שֶׁחָטָאנוּ לְפָנֶיךָ, בְּבִטּוּי שְׂפָתָיִם.

עַל חֵטְא שֶׁחָטָאנוּ לְפָנֶיךָ, בְּגִלּוּי עֲרָיוֹת.

וְעַל חֵטְא שֶׁחָטָאנוּ לְפָנֶיךָ, בְּגָלוּי וּבַסָּתֶר.

עַל חֵטְא שֶׁחָטָאנוּ לְפָנֶיךָ, בְּדַעַת וּבְמִרְמָה.

וְעַל חֵטְא שֶׁחָטָאנוּ לְפָנֶיךָ, בְּדִבּוּר פֶּה.

עַל חֵטְא שֶׁחָטָאנוּ לְפָנֶיךָ, בְּהוֹנָאַת רֵעַ.

וְעַל חֵטְא שֶׁחָטָאנוּ לְפָנֶיךָ, בְּהַרְהוֹר הַלֵּב.

עַל חֵטְא שֶׁחָטָאנוּ לְפָנֶיךָ, בִּוְעִידַת זְנוּת.

וְעַל חֵטְא שֶׁחָטָאנוּ לְפָנֶיךָ, בְּוִדּוּי פֶּה.

עַל חֵטְא שֶׁחָטָאנוּ לְפָנֶיךָ, בִּזְלְזוּל הוֹרִים וּמוֹרִים.

וְעַל חֵטְא שֶׁחָטָאנוּ לְפָנֶיךָ, בְּזָדוֹן וּבִשְׁגָגָה.

עַל חֵטְא שֶׁחָטָאנוּ לְפָנֶיךָ, בְּחֹזֶק יָד.

וְעַל חֵטְא שֶׁחָטָאנוּ לְפָנֶיךָ, בְּחִלּוּל הַשֵּׁם.

עַל חֵטְא שֶׁחָטָאנוּ לְפָנֶיךָ, בְּטֻמְאַת שְׂפָתָיִם.

וְעַל חֵטְא שֶׁחָטָאנוּ לְפָנֶיךָ, בְּטִפְשׁוּת פֶּה.

עַל חֵטְא שֶׁחָטָאנוּ לְפָנֶיךָ, בְּיֵצֶר הָרָע.

וְעַל חֵטְא שֶׁחָטָאנוּ לְפָנֶיךָ, בְּיוֹדְעִים וּבְלֹא יוֹדְעִים.

וְעַל כֻּלָּם אֱלוֹהַּ סְלִיחוֹת, סְלַח לָנוּ, מְחַל לָנוּ, כַּפֶּר לָנוּ:

Lord our God and God of our fathers, to have mercy on us and forgive us all our sins, grant us atonement for all our iniquities, and forgive and pardon us for all our trangressions.

על חטא For the sin which we have committed before You under duress or willingly.

And for the sin which we have committed before You by hardheartedness.

For the sin which we have committed before You inadvertently.

And for the sin which we have committed before You with an utterance of the lips.

For the sin which we have committed before You with immorality.

And for the sin which we have committed before You openly or secretly.

For the sin which we have committed before You with knowledge and with deceit.

And for the sin which we have committed before You through speech.

For the sin which we have committed before You by deceiving a fellowman.

And for the sin which we have committed before You by improper thoughts.

For the sin which we have committed before You by a gathering of lewdness.

And for the sin which we have committed before You by verbal [insincere] confession.

For the sin which we have committed before You by disrespect for parents and teachers.

And for the sin which we have committed before You intentionally or unintentionally.

For the sin which we have committed before You by using coercion.

And for the sin which we have committed before You by desecrating the Divine Name.

For the sin which we have committed before You by impurity of speech.

And for the sin which we have committed before You by foolish talk.

For the sin which we have committed before You with the evil inclination.

And for the sin which we have committed before You knowingly or unknowingly.

ועל כלם For all these, God of pardon, pardon us, forgive us, atone for us.

עַל חֵטְא שֶׁחָטָאנוּ לְפָנֶיךָ, בְּכַחַשׁ וּבְכָזָב.
וְעַל חֵטְא שֶׁחָטָאנוּ לְפָנֶיךָ, בְּכַפַּת שֹׁחַד.
עַל חֵטְא שֶׁחָטָאנוּ לְפָנֶיךָ, בְּלָצוֹן.
וְעַל חֵטְא שֶׁחָטָאנוּ לְפָנֶיךָ, בְּלָשׁוֹן הָרָע.
עַל חֵטְא שֶׁחָטָאנוּ לְפָנֶיךָ, בְּמַשָּׂא וּבְמַתָּן.
וְעַל חֵטְא שֶׁחָטָאנוּ לְפָנֶיךָ, בְּמַאֲכָל וּבְמִשְׁתֶּה.
עַל חֵטְא שֶׁחָטָאנוּ לְפָנֶיךָ, בְּנֶשֶׁךְ וּבְמַרְבִּית.
וְעַל חֵטְא שֶׁחָטָאנוּ לְפָנֶיךָ, בִּנְטִיַּת גָּרוֹן.
עַל חֵטְא שֶׁחָטָאנוּ לְפָנֶיךָ, בְּשִׂיחַ שִׂפְתוֹתֵינוּ.
וְעַל חֵטְא שֶׁחָטָאנוּ לְפָנֶיךָ, בְּסִקּוּר עָיִן.
עַל חֵטְא שֶׁחָטָאנוּ לְפָנֶיךָ, בְּעֵינַיִם רָמוֹת.
וְעַל חֵטְא שֶׁחָטָאנוּ לְפָנֶיךָ, בְּעַזּוּת מֵצַח.
וְעַל כֻּלָּם, אֱלוֹהַּ סְלִיחוֹת, סְלַח לָנוּ, מְחַל לָנוּ, כַּפֶּר לָנוּ:

עַל חֵטְא שֶׁחָטָאנוּ לְפָנֶיךָ, בִּפְרִיקַת עֹל.
וְעַל חֵטְא שֶׁחָטָאנוּ לְפָנֶיךָ, בִּפְלִילוּת.
עַל חֵטְא שֶׁחָטָאנוּ לְפָנֶיךָ, בִּצְדִיַּת רֵעַ.
וְעַל חֵטְא שֶׁחָטָאנוּ לְפָנֶיךָ, בְּצָרוּת עָיִן.
עַל חֵטְא שֶׁחָטָאנוּ לְפָנֶיךָ, בְּקַלּוּת רֹאשׁ.
וְעַל חֵטְא שֶׁחָטָאנוּ לְפָנֶיךָ, בְּקַשְׁיוּת עֹרֶף.
עַל חֵטְא שֶׁחָטָאנוּ לְפָנֶיךָ, בְּרִיצַת רַגְלַיִם לְהָרַע.
וְעַל חֵטְא שֶׁחָטָאנוּ לְפָנֶיךָ, בִּרְכִילוּת.
עַל חֵטְא שֶׁחָטָאנוּ לְפָנֶיךָ, בִּשְׁבוּעַת שָׁוְא.
וְעַל חֵטְא שֶׁחָטָאנוּ לְפָנֶיךָ, בְּשִׂנְאַת חִנָּם.
עַל חֵטְא שֶׁחָטָאנוּ לְפָנֶיךָ, בִּתְשׂוּמֶת יָד.

For the sin which we have committed before You by false denial and lying.

And for the sin which we have committed before You by a bribe-taking or a bribe-giving hand.

For the sin which we have committed before You by scoffing.

And for the sin which we have committed before You by evil talk [about another].

For the sin which we have committed before You in business dealings.

And for the sin which we have committed before You by eating and drinking.

For the sin which we have committed before You by [taking or giving] interest and by usury.

And for the sin which we have committed before You by a haughty demeanor.

For the sin which we have committed before You by the prattle of our lips.

And for the sin which we have committed before You by a glance of the eye.

For the sin which we have committed before You with proud looks.

And for the sin which we have committed before You with impudence.

ועל כלם For all these, God of pardon, pardon us, forgive us, atone for us.

For the sin which we have committed before You by casting off the yoke [of Heaven].

And for the sin which we have committed before You in passing judgment.

For the sin which we have committed before You by scheming against a fellowman.

And for the sin which we have committed before You by a begrudging eye.

For the sin which we have committed before You by frivolity.

And for the sin which we have committed before You by obduracy.

For the sin which we have committed before You by running to do evil.

And for the sin which we have committed before You by tale-bearing.

For the sin which we have committed before You by swearing in vain.

And for the sin which we have committed before You by causeless hatred.

For the sin which we have committed before You by embezzlement.

וְעַל חֵטְא שֶׁחָטָאנוּ לְפָנֶיךָ, בְּתִמְהוֹן לֵבָב.

וְעַל כֻּלָּם, אֱלוֹהַּ סְלִיחוֹת, סְלַח לָנוּ, מְחַל לָנוּ, כַּפֶּר לָנוּ:

וְעַל חֲטָאִים שֶׁאָנוּ חַיָּבִים עֲלֵיהֶם: עוֹלָה.
וְעַל חֲטָאִים שֶׁאָנוּ חַיָּבִים עֲלֵיהֶם: חַטָּאת.
וְעַל חֲטָאִים שֶׁאָנוּ חַיָּבִים עֲלֵיהֶם: קָרְבָּן עוֹלֶה וְיוֹרֵד.
וְעַל חֲטָאִים שֶׁאָנוּ חַיָּבִים עֲלֵיהֶם: אָשָׁם וַדַּאי וְתָלוּי.
וְעַל חֲטָאִים שֶׁאָנוּ חַיָּבִים עֲלֵיהֶם: מַכַּת מַרְדּוּת.
וְעַל חֲטָאִים שֶׁאָנוּ חַיָּבִים עֲלֵיהֶם: מַלְקוּת אַרְבָּעִים.
וְעַל חֲטָאִים שֶׁאָנוּ חַיָּבִים עֲלֵיהֶם: מִיתָה בִּידֵי שָׁמָיִם.
וְעַל חֲטָאִים שֶׁאָנוּ חַיָּבִים עֲלֵיהֶם: כָּרֵת וַעֲרִירִי.
וְעַל חֲטָאִים שֶׁאָנוּ חַיָּבִים עֲלֵיהֶם: אַרְבַּע מִיתוֹת בֵּית דִּין סְקִילָה, שְׂרֵפָה, הֶרֶג, וְחֶנֶק.

עַל מִצְוֹת עֲשֵׂה, וְעַל מִצְוֹת לֹא תַעֲשֶׂה, בֵּין שֶׁיֵּשׁ בָּהֶן קוּם עֲשֵׂה, וּבֵין שֶׁאֵין בָּהֶן קוּם עֲשֵׂה, אֶת הַגְּלוּיִם לָנוּ, וְאֶת שֶׁאֵינָם גְּלוּיִם לָנוּ. אֶת הַגְּלוּיִם לָנוּ, כְּבָר אֲמַרְנוּם לְפָנֶיךָ וְהוֹדִינוּ לְךָ עֲלֵיהֶם, וְאֶת שֶׁאֵינָם גְּלוּיִם לָנוּ, לְפָנֶיךָ הֵם גְּלוּיִם וִידוּעִים, כַּדָּבָר שֶׁנֶּאֱמַר: הַנִּסְתָּרֹת לַיָי אֱלֹהֵינוּ, וְהַנִּגְלֹת לָנוּ וּלְבָנֵינוּ עַד עוֹלָם, לַעֲשׂוֹת אֶת כָּל דִּבְרֵי הַתּוֹרָה הַזֹּאת. כִּי אַתָּה סָלְחָן לְיִשְׂרָאֵל, וּמָחֳלָן לְשִׁבְטֵי יְשֻׁרוּן בְּכָל דּוֹר וָדוֹר, וּמִבַּלְעָדֶיךָ אֵין לָנוּ מֶלֶךְ מוֹחֵל וְסוֹלֵחַ:

אֱלֹהַי, עַד שֶׁלֹּא נוֹצַרְתִּי אֵינִי כְדַאי, וְעַכְשָׁיו שֶׁנּוֹצַרְתִּי, כְּאִלּוּ לֹא נוֹצַרְתִּי. עָפָר אֲנִי

And for the sin which we have committed before You by a confused heart.

ועל כלם For all these, God of pardon, pardon us, forgive us, atone for us.

And for the sins for which we are obligated to bring a burnt-offering.

And for the sins for which we are obligated to bring a sin-offering.

And for the sins for which we are obligated to bring a varying offering [according to one's means].

And for the sins for which we are obligated to bring a guilt-offering for a certain or doubtful trespass.

And for the sins for which we incur the penalty of lashing for rebelliousness.

And for the sins for which we incur the penalty of forty lashes.

And for the sins for which we incur the penalty of death by the hand of Heaven.

And for the sins for which we incur the penalty of excision and childlessness.

And for the sins for which we incur the penalty of the four forms of capital punishment executed by the Court: stoning, burning, decapitation and strangulation.

על For [transgressing] positive and prohibitory *mitzvot*, whether [the prohibitions] can be rectified by a specifically prescribed act[1] or not, those of which we are aware and those of which we are not aware; those of which we are aware, we have already declared them before You and confessed them to You, and those of which we are not aware — before You they are revealed and known, as it is stated: The hidden things belong to the Lord our God, but the revealed things are for us and for our children forever, that we may carry out all the words of this Torah.[2] For You are the Pardoner of Israel and the Forgiver of the tribes of Yeshurun[3] in every generation, and aside from You we have no King who forgives and pardons.

אלהי My God, before I was created I was not worthy [to be created], and now that I have been created it is as if I had not been created. I am dust

1. E.g., to return what one has stolen. 2. Deuteronomy 29:28. 3. V. Isaiah 44:2. Deuteronomy 33:5, 26. Ramban, Deuteronomy 7:12.

בְּחַיַּי, קַל וָחֹמֶר בְּמִיתָתִי, הֲרֵי אֲנִי לְפָנֶיךָ כִּכְלִי מָלֵא בוּשָׁה וּכְלִימָּה. יְהִי רָצוֹן מִלְּפָנֶיךָ יְיָ אֱלֹהַי וֵאלֹהֵי אֲבוֹתַי, שֶׁלֹּא אֶחֱטָא עוֹד, וּמַה שֶּׁחָטָאתִי לְפָנֶיךָ, מְחוֹק בְּרַחֲמֶיךָ הָרַבִּים, אֲבָל לֹא עַל יְדֵי יִסּוּרִים וָחֳלָיִם רָעִים:

אֱלֹהַי, נְצוֹר לְשׁוֹנִי מֵרָע, וּשְׂפָתַי מִדַּבֵּר מִרְמָה. וְלִמְקַלְלַי, נַפְשִׁי תִדּוֹם. וְנַפְשִׁי כֶּעָפָר לַכֹּל תִּהְיֶה. פְּתַח לִבִּי בְּתוֹרָתֶךָ וּבְמִצְוֹתֶיךָ תִּרְדּוֹף נַפְשִׁי, וְכָל הַחוֹשְׁבִים עָלַי רָעָה, מְהֵרָה הָפֵר עֲצָתָם וְקַלְקֵל מַחֲשַׁבְתָּם. יִהְיוּ כְּמוֹץ לִפְנֵי רוּחַ וּמַלְאַךְ יְיָ דּוֹחֶה. לְמַעַן יֵחָלְצוּן יְדִידֶיךָ, הוֹשִׁיעָה יְמִינְךָ וַעֲנֵנִי. עֲשֵׂה לְמַעַן שְׁמֶךָ, עֲשֵׂה לְמַעַן יְמִינֶךָ, עֲשֵׂה לְמַעַן תּוֹרָתֶךָ. עֲשֵׂה לְמַעַן קְדֻשָּׁתֶךָ. יִהְיוּ לְרָצוֹן אִמְרֵי פִי, וְהֶגְיוֹן לִבִּי לְפָנֶיךָ, יְיָ צוּרִי וְגוֹאֲלִי. עֹשֶׂה הַשָּׁלוֹם בִּמְרוֹמָיו, הוּא יַעֲשֶׂה שָׁלוֹם עָלֵינוּ, וְעַל כָּל יִשְׂרָאֵל. וְאִמְרוּ אָמֵן:

יְהִי רָצוֹן מִלְּפָנֶיךָ יְיָ אֱלֹהֵינוּ וֵאלֹהֵי אֲבוֹתֵינוּ, שֶׁיִּבָּנֶה בֵּית הַמִּקְדָּשׁ בִּמְהֵרָה בְיָמֵינוּ, וְתֵן חֶלְקֵנוּ בְּתוֹרָתֶךָ:

כשחל יוהכ״פ בשבת אומרים זה:

וַיְכֻלּוּ הַשָּׁמַיִם וְהָאָרֶץ וְכָל צְבָאָם: וַיְכַל אֱלֹהִים בַּיּוֹם הַשְּׁבִיעִי מְלַאכְתּוֹ אֲשֶׁר עָשָׂה, וַיִּשְׁבֹּת בַּיּוֹם הַשְּׁבִיעִי מִכָּל מְלַאכְתּוֹ אֲשֶׁר עָשָׂה: וַיְבָרֶךְ אֱלֹהִים אֶת יוֹם הַשְּׁבִיעִי וַיְקַדֵּשׁ אֹתוֹ, כִּי בוֹ שָׁבַת מִכָּל מְלַאכְתּוֹ אֲשֶׁר בָּרָא אֱלֹהִים לַעֲשׂוֹת:

ואומר הש״ץ ברכה מעין ז׳

בָּרוּךְ אַתָּה יְיָ אֱלֹהֵינוּ וֵאלֹהֵי אֲבוֹתֵינוּ אֱלֹהֵי אַבְרָהָם אֱלֹהֵי יִצְחָק וֵאלֹהֵי יַעֲקֹב, הָאֵל הַגָּדוֹל הַגִּבּוֹר וְהַנּוֹרָא אֵל עֶלְיוֹן קוֹנֵה שָׁמַיִם וָאָרֶץ:

in my life, how much more so in my death. Indeed, before You I am like a vessel filled with shame and disgrace. May it be Your will, Lord my God and God of my fathers, that I shall sin no more, and the sins which I have committed before You, erase them in Your abounding mercies, but not through suffering or severe illness.

אלהי My God, guard my tongue from evil and my lips from speaking deceitfully. Let my soul be silent to those who curse me; let my soul be as dust to all. Open my heart to Your Torah, and let my soul eagerly pursue Your commandments. As for all those who plot evil against me, hasten to annul their counsel and frustrate their design. Let them be as chaff before the wind; let the angel of the Lord thrust them away.[1] That Your beloved ones may be delivered, help with Your right hand and answer me.[2] Do it for the sake of Your Name; do it for the sake of Your right hand; do it for the sake of Your Torah; do it for the sake of Your holiness. May the words of my mouth and the meditation of my heart be acceptable before You, Lord, My Strength and my Redeemer.[3] He who makes the peace in His heavens, may He make peace for us and for all Israel; and say, Amen.

יהי May it be Your will, Lord our God and God of our fathers, that the Bet Hamikdash be speedily rebuilt in our days, and grant us our portion in Your Torah.[4]

When Yom Kippur falls on a weekday continue יעלה *(May our...),* *p. 42;* *when Yom Kippur falls on Shabbat say the following:*

ויכלו The heavens and the earth and all their hosts were completed. And God finished by the Seventh Day His work which He had done, and He rested on the Seventh Day from all His work which He had done. And God blessed the Seventh Day and made it holy, for on it He rested from all His work which God created to function.[5]

The Chazzan says the following ברכה מעין שבע:

ברוך Blessed are You, Lord our God and God of our fathers, God of Abraham, God of Isaac and God of Jacob, the great, mighty and awesome God, exalted God, Creator of heaven and earth.

---

1. Psalms 35:5. 2. Ibid. 60:7; 108:7. 3. Ibid. 19:5. 4. Pirke Avot 5:20. 5. Genesis 2:1-3.

מָגֵן אָבוֹת בִּדְבָרוֹ מְחַיֵּה מֵתִים בְּמַאֲמָרוֹ
הַמֶּלֶךְ הַקָּדוֹשׁ שֶׁאֵין כָּמוֹהוּ הַמֵּנִיחַ לְעַמּוֹ
בְּיוֹם שַׁבַּת קָדְשׁוֹ, כִּי בָם רָצָה לְהָנִיחַ לָהֶם, לְפָנָיו נַעֲבוֹד בְּיִרְאָה וָפַחַד וְנוֹדֶה לִשְׁמוֹ בְּכָל יוֹם תָּמִיד, מֵעֵין הַבְּרָכוֹת, אֵל הַהוֹדָאוֹת אֲדוֹן הַשָּׁלוֹם, מְקַדֵּשׁ הַשַּׁבָּת וּמְבָרֵךְ שְׁבִיעִי, וּמֵנִיחַ בִּקְדֻשָּׁה, לְעַם מְדֻשְּׁנֵי עֹנֶג, זֵכֶר לְמַעֲשֵׂה בְרֵאשִׁית:

אֱלֹהֵינוּ וֵאלֹהֵי אֲבוֹתֵינוּ, רְצֵה נָא בִמְנוּחָתֵנוּ, קַדְּשֵׁנוּ בְּמִצְוֹתֶיךָ וְתֵן חֶלְקֵנוּ בְּתוֹרָתֶךָ, שַׂבְּעֵנוּ מִטּוּבֶךָ וְשַׂמַּח נַפְשֵׁנוּ בִּישׁוּעָתֶךָ, וְטַהֵר לִבֵּנוּ לְעָבְדְּךָ בֶּאֱמֶת, וְהַנְחִילֵנוּ יְיָ אֱלֹהֵינוּ בְּאַהֲבָה וּבְרָצוֹן שַׁבַּת קָדְשֶׁךָ, וְיָנוּחוּ בָהּ כָּל יִשְׂרָאֵל מְקַדְּשֵׁי שְׁמֶךָ. בָּרוּךְ אַתָּה יְיָ, מְקַדֵּשׁ הַשַּׁבָּת:

פותחין הארון

יַעֲלֶה תַּחֲנוּנֵנוּ מֵעֶרֶב. וְיָבֹא שַׁוְעָתֵנוּ מִבֹּקֶר. וְיֵרָאֶה רִנּוּנֵנוּ. עַד עָרֶב:

יַעֲלֶה קוֹלֵנוּ מֵעֶרֶב. וְיָבֹא צִדְקָתֵנוּ מִבֹּקֶר. וְיֵרָאֶה פִּדְיוֹנֵנוּ. עַד עָרֶב:

יַעֲלֶה עִנּוּיֵנוּ מֵעֶרֶב. וְיָבֹא סְלִיחָתֵנוּ מִבֹּקֶר. וְיֵרָאֶה נַאֲקָתֵנוּ. עַד עָרֶב:

יַעֲלֶה מְנוּסֵנוּ מֵעֶרֶב. וְיָבֹא לְמַעֲנוֹ מִבֹּקֶר. וְיֵרָאֶה כִּפּוּרֵנוּ. עַד עָרֶב:

יַעֲלֶה יִשְׁעֵנוּ מֵעֶרֶב. וְיָבֹא טַהֲרֵנוּ מִבֹּקֶר. וְיֵרָאֶה חִנּוּנֵנוּ. עַד עָרֶב:

יַעֲלֶה זִכְרוֹנֵנוּ מֵעֶרֶב. וְיָבֹא וְעוּדֵנוּ מִבֹּקֶר. וְיֵרָאֶה הַדְרָתֵנוּ. עַד עָרֶב:

Congregation and Chazzan:

מגן He was a shield to our fathers with His word; He resurrects the dead by His utterance; He is the holy King like whom there is none. He gives rest to His people on His holy Shabbat day, for to them He desired to give rest. We will serve Him with awe and fear, and offer thanks to His Name every day, continually, in accordance with the blessings [of that day]. He is the God worthy of thanks , the Master of peace, who sanctifies the Shabbat and blesses the Seventh Day and brings rest with holiness to a people satiated with delight — in remembrance of the work of Creation.

Chazzan:

אלהינו Our God and God of our fathers, please find favor in our rest, make us holy with Your commandments and grant us our portion in Your Torah; satiate us with Your goodness, gladden our soul with Your salvation, and make our heart pure to serve You in truth; and, Lord our God, grant as our heritage, in love and goodwill, Your holy Shabbat, and may all Israel who sanctify Your Name rest thereon. Blessed are You Lord, who sanctifies the Shabbat.

The Ark is opened.

יעלה May our supplications ascend at eventide; our pleas come [before You] in the morning; and our prayer be favorably accepted until evening.

May our voice ascend at eventide; our righteousness come [before You] in the morning; and our [prayer for] redemption be favorably accepted until evening.

May our affliction ascend at eventide; our pardon come forth in the morning; and our cry be favorably accepted until evening.

May [the merit of] our trust ascend at eventide; come [before Him] for His sake, in the morning; and our [petition for] atonement be favorably accepted until evening.

May our salvation ascend at eventide; our purity come [before You] in the morning; and our entreaty be favorably accepted until evening.

May our remembrance ascend at eventide; our assemblage come [before You] in the morning; and our glorification [of God] be favorably accepted until evening.

יַעֲלֶה דָפְקֵנוּ מֵעֶרֶב . וְיָבֹא גִילֵנוּ מִבֹּקֶר . וְיֵרָאֶה בַקָּשָׁתֵנוּ . עַד עָרֶב :

יַעֲלֶה אֶנְקָתֵנוּ מֵעֶרֶב . וְיָבֹא אֵלֶיךָ מִבֹּקֶר . וְיֵרָאֶה אֵלֵינוּ . עַד עָרֶב :

סוגרין הארון

שׁוֹמֵעַ תְּפִלָּה עָדֶיךָ כָּל בָּשָׂר יָבֹאוּ : יָבֹא כָל בָּשָׂר לְהִשְׁתַּחֲוֹת לְפָנֶיךָ יְהוָה : יָבֹאוּ וְיִשְׁתַּחֲווּ לְפָנֶיךָ אֲדֹנָי וִיכַבְּדוּ לִשְׁמֶךָ : בֹּאוּ נִשְׁתַּחֲוֶה וְנִכְרָעָה נִבְרְכָה לִפְנֵי יְהוָה עֹשֵׂנוּ : בֹּאוּ שְׁעָרָיו בְּתוֹדָה חֲצֵרוֹתָיו בִּתְהִלָּה הוֹדוּ לוֹ בָּרְכוּ שְׁמוֹ : הִנֵּה בָּרְכוּ אֶת יְהוָה כָּל עַבְדֵי יְהוָה הָעֹמְדִים בְּבֵית יְהוָה בַּלֵּילוֹת : שְׂאוּ יְדֵכֶם קֹדֶשׁ וּבָרְכוּ אֶת יְהוָה : נָבוֹאָה לְמִשְׁכְּנוֹתָיו נִשְׁתַּחֲוֶה לַהֲדוֹם רַגְלָיו : רוֹמְמוּ יְהוָה אֱלֹהֵינוּ וְהִשְׁתַּחֲווּ לַהֲדֹם רַגְלָיו קָדוֹשׁ הוּא : רוֹמְמוּ יְהוָה אֱלֹהֵינוּ וְהִשְׁתַּחֲווּ לְהַר קָדְשׁוֹ כִּי קָדוֹשׁ יְהוָה אֱלֹהֵינוּ : הִשְׁתַּחֲווּ לַיהוָה בְּהַדְרַת קוֹדֶשׁ חִילוּ מִפָּנָיו כָּל הָאָרֶץ : וַאֲנַחְנוּ בְּרוֹב חַסְדְּךָ נָבֹא בֵיתֶךָ נִשְׁתַּחֲוֶה אֶל הֵיכַל קָדְשְׁךָ בְּיִרְאָתֶךָ : נִשְׁתַּחֲוֶה אֶל הֵיכַל קָדְשְׁךָ וְנוֹדֶה אֶת שְׁמֶךָ עַל חַסְדְּךָ וְעַל אֲמִתֶּךָ כִּי הִגְדַּלְתָּ עַל כָּל, שִׁמְךָ אִמְרָתֶךָ : יְהוָה אֱלֹהֵי צְבָאוֹת מִי כָמוֹךָ חֲסִין יָהּ וֶאֱמוּנָתְךָ סְבִיבוֹתֶיךָ : כִּי מִי בַשַּׁחַק יַעֲרוֹךְ לַיהוָה יִדְמֶה לַיהוָה בִּבְנֵי אֵלִים : כִּי גָדוֹל אַתָּה וְעֹשֵׂה נִפְלָאוֹת אַתָּה אֱלֹהִים לְבַדֶּךָ : כִּי גָדוֹל מֵעַל שָׁמַיִם חַסְדֶּךָ וְעַד שְׁחָקִים אֲמִתֶּךָ : גָּדוֹל יְהוָה וּמְהֻלָּל מְאֹד וְלִגְדֻלָּתוֹ אֵין חֵקֶר : כִּי גָדוֹל יְהוָה וּמְהֻלָּל מְאֹד נוֹרָא הוּא עַל כָּל אֱלֹהִים : כִּי אֵל גָּדוֹל יְהוָה וּמֶלֶךְ גָּדוֹל עַל כָּל אֱלֹהִים : אֲשֶׁר מִי אֵל בַּשָּׁמַיִם וּבָאָרֶץ אֲשֶׁר יַעֲשֶׂה כְמַעֲשֶׂיךָ וְכִגְבוּרוֹתֶיךָ : מִי לֹא יִרָאֲךָ מֶלֶךְ הַגּוֹיִם כִּי לְךָ יָאָתָה כִּי בְכָל חַכְמֵי הַגּוֹיִם וּבְכָל מַלְכוּתָם מֵאֵין כָּמוֹךָ : מֵאֵין כָּמוֹךָ יְהוָה גָּדוֹל אַתָּה וְגָדוֹל שִׁמְךָ בִּגְבוּרָה : לְךָ זְרוֹעַ עִם גְּבוּרָה תָּעֹז יָדְךָ תָּרוּם יְמִינֶךָ : לְךָ יוֹם אַף לְךָ לָיְלָה אַתָּה הֲכִינוֹתָ מָאוֹר וָשָׁמֶשׁ : אֲשֶׁר בְּיָדוֹ מֶחְקְרֵי אָרֶץ וְתוֹעֲפוֹת הָרִים לוֹ : מִי יְמַלֵּל גְּבוּרוֹת יְהוָה יַשְׁמִיעַ כָּל תְּהִלָּתוֹ : לְךָ יְהוָה הַגְּדֻלָּה וְהַגְּבוּרָה וְהַתִּפְאֶרֶת וְהַנֵּצַח וְהַהוֹד כִּי כֹל בַּשָּׁמַיִם וּבָאָרֶץ . לְךָ יְהוָה הַמַּמְלָכָה וְהַמִּתְנַשֵּׂא לְכֹל לְרֹאשׁ : לְךָ שָׁמַיִם אַף לְךָ אָרֶץ תֵּבֵל וּמְלוֹאָהּ אַתָּה יְסַדְתָּם : אַתָּה הִצַּבְתָּ כָּל גְּבוּלוֹת אָרֶץ

May our knocking [at the gates of repentance and prayer] ascend at eventide; our rejoicing come [before You] in the morning; and our request be favorably accepted until evening.

May our cry ascend at eventide; come before You in the morning; and may it be favorably accepted for us until evening.

The Ark is closed.

שומע You who hearkens to prayers, to You all flesh will come.[1] All flesh shall come to bow down before You, O Lord.[2] They will come and bow down before You, O my Lord, and pay homage to Your Name.[3] Come, let us prostrate ourselves and bow down; let us bend the knee before the Lord our Maker.[4] Enter His gates with gratitude, His courtyards with praise; give thanks to Him, bless His Name.[5] Bless the Lord all servants of the Lord who stand in the house of the Lord at night. Raise your hands in holiness and bless the Lord.[6] Let us enter His abode, bow down at His footstool; holy is He.[7] Exalt the Lord our God and bow down at His footstool; holy is He.[8] Exalt the Lord our God and bow down at His holy mountain, for the Lord our God is holy.[9] Bow down to the Lord in resplendent holiness; tremble before Him all the earth.[10] And we, through Your abundant kindness, come into Your house; we bow toward Your holy sanctuary in awe of You.[11] We bow toward Your holy sanctuary and praise Your Name for Your kindness and for Your truth, for You have exalted Your word above all Your Names.[12] O Lord, God of hosts, who is mighty like You, O God? Your faithfulness surrounds You.[13] Indeed, who in heaven can be compared to the Lord, who among the supernal beings can be likened to the Lord?[14] Indeed, You are great and perform wonders; You alone, O God.[15] Indeed, Your kindness is great above the heavens; Your truth reaches to the sky.[16] The Lord is great and exceedingly exalted, and there is no limit to His greatness.[17] For the Lord is great and highly praised; He is awesome above all gods.[18] Indeed, the Lord is a great God, and a great King over all supernal beings.[19] What mighty power is there in heaven or on earth who can perform deeds and mighty acts like Yours?[20] Who would not fear You, O King of nations? for it is fitting for You; for among all the wise of the nations and in all their dominions, there is none like You.[21] There is none like You, O Lord; You are great and Your Name is great in might.[22] Yours is the arm which has the might; strengthen Your hand; raise high Your right hand.[23] Yours is the day, the night is also Yours; You established the moon and the sun.[24] In His hands are the depths of the earth, and the heights of the mountains are His.[25] Who can recount the mighty acts of the Lord, proclaim all His praises.[26] Lord, Yours is the greatness, the power, the glory, the victory, and the majesty; for all in heaven and on earth [is Yours]. Lord, Yours is the kingship and You are exalted, supreme over all rulers.[27] Yours are the heavens, the earth is also Yours; the world and all therein — You established them.[28] You set all the boundaries of the earth;

1. Psalm 65:3. 2. Cf. Isaiah 66:23. 3. Psalms 66:9. 4. Ibid. 95:6. 5. Ibid. 100:4. 6. Ibid. 134:1-2. 7. Ibid. 132:7. 8. Ibid. 99:5. 9. Ibid. 99:9. 10. Ibid. 96:9. 11. Cf. Ibid. 5:8. 12. Ibid. 138:2. 13. Ibid. 89:9. 14. Ibid. 89:7. 15. Ibid. 66:10. 16. Ibid. 108:5. 17. Ibid. 145:3. 18. Ibid. 96:4. 19. Ibid. 95:3. 20. Deuteronomy 3:24. 21. Jeremiah 10:7. 22. Ibid. 10:6. 23. Psalm 89:14. 24. Ibid. 74:16. 25. Ibid. 95:4. 26. Ibid. 106:2. 27. I Chronicles 29:11. 28. Psalms 89:12.

קַיִץ וָחוֹרֶף אַתָּה יְצַרְתָּם: אַתָּה רִצַּצְתָּ רָאשֵׁי לִוְיָתָן תִּתְּנֶנּוּ מַאֲכָל לְעַם לְצִיִּים: אַתָּה בָקַעְתָּ מַעְיָן וָנָחַל אַתָּה הוֹבַשְׁתָּ נַהֲרוֹת אֵיתָן: אַתָּה פוֹרַרְתָּ בְעָזְּךָ יָם שִׁבַּרְתָּ רָאשֵׁי תַנִּינִים עַל הַמָּיִם: אַתָּה מוֹשֵׁל בְּגֵאוּת הַיָּם בְּשׂוֹא גַלָּיו אַתָּה תְשַׁבְּחֵם: גָּדוֹל יְהוָה וּמְהֻלָּל מְאֹד בְּעִיר אֱלֹהֵינוּ הַר קָדְשׁוֹ: יְהוָה אֱלֹהֵי יִשְׂרָאֵל יוֹשֵׁב הַכְּרוּבִים אַתָּה הוּא הָאֱלֹהִים לְבַדֶּךָ: אֵל נַעֲרָץ בְּסוֹד קְדוֹשִׁים רַבָּה וְנוֹרָא עַל כָּל סְבִיבָיו: וְיוֹדוּ שָׁמַיִם פִּלְאֲךָ יְהוָה אַף אֱמוּנָתְךָ בִּקְהַל קְדוֹשִׁים: לְכוּ נְרַנְּנָה לַיהוָה נָרִיעָה לְצוּר יִשְׁעֵנוּ: נְקַדְּמָה פָנָיו בְּתוֹדָה בִּזְמִרוֹת נָרִיעַ לוֹ: צֶדֶק וּמִשְׁפָּט מְכוֹן כִּסְאֶךָ חֶסֶד וֶאֱמֶת יְקַדְּמוּ פָנֶיךָ: אֲשֶׁר יַחְדָּו נַמְתִּיק סוֹד בְּבֵית אֱלֹהִים נְהַלֵּךְ בְּרָגֶשׁ: אֲשֶׁר לוֹ הַיָּם וְהוּא עָשָׂהוּ וְיַבֶּשֶׁת יָדָיו יָצָרוּ: אֲשֶׁר בְּיָדוֹ נֶפֶשׁ כָּל חָי וְרוּחַ כָּל בְּשַׂר אִישׁ: הַנְּשָׁמָה לָךְ וְהַגּוּף פָּעֳלָךְ: חוּסָה עַל עֲמָלָךְ: הַנְּשָׁמָה לָךְ וְהַגּוּף שֶׁלָּךְ. יְהוָה עֲשֵׂה לְמַעַן שְׁמֶךָ: אָתָאנוּ עַל שִׁמְךָ יְהוָה עֲשֵׂה לְמַעַן שְׁמֶךָ: בַּעֲבוּר כְּבוֹד שִׁמְךָ. כִּי אֵל חַנּוּן וְרַחוּם שְׁמֶךָ: לְמַעַן שִׁמְךָ יְהוָה וְסָלַחְתָּ לַעֲוֹנֵנוּ כִּי רַב הוּא:

דַּרְכְּךָ אֱלֹהֵינוּ. לְהַאֲרִיךְ אַפֶּךָ. לָרָעִים וְלַטּוֹבִים. וְהִיא תְהִלָּתֶךָ:

לְמַעַנְךָ אֱלֹהֵינוּ עֲשֵׂה. וְלֹא לָנוּ. רְאֵה עֲמִידָתֵנוּ. דַּלִּים וְרֵקִים:

תַּעֲלֶה אֲרוּכָה לֶעָלֶה נִדָּף. תְּנַחֵם עַל עָפָר וָאֵפֶר. תַּשְׁלִיךְ חֲטָאֵינוּ וְתָחוֹן בְּמַעֲשֶׂיךָ. תֵּרֶא כִּי אֵין אִישׁ עֲשֵׂה עִמָּנוּ צְדָקָה: דרכך

אֵל מֶלֶךְ יוֹשֵׁב עַל כִּסֵּא רַחֲמִים וּמִתְנַהֵג בַּחֲסִידוּת מוֹחֵל עֲוֹנוֹת עַמּוֹ. מַעֲבִיר רִאשׁוֹן רִאשׁוֹן. מַרְבֶּה מְחִילָה לְחַטָּאִים וּסְלִיחָה לַפּוֹשְׁעִים. עֹשֶׂה צְדָקוֹת עִם כָּל בָּשָׂר וְרוּחַ. לֹא כְרָעָתָם תִּגְמוֹל. אֵל הוֹרֵיתָ לָנוּ לוֹמַר שְׁלֹשׁ עֶשְׂרֵה. זְכָר לָנוּ הַיּוֹם בְּרִית שְׁלֹשׁ עֶשְׂרֵה. כְּהוֹדַעְתָּ לֶעָנָו מִקֶּדֶם. כְּמוֹ שֶׁכָּתוּב וַיֵּרֶד יְיָ בֶּעָנָן וַיִּתְיַצֵּב עִמּוֹ שָׁם וַיִּקְרָא בְשֵׁם יְיָ: וַיַּעֲבוֹר יְהוָה עַל פָּנָיו וַיִּקְרָא:

יְהוָה יְהוָה אֵל רַחוּם וְחַנּוּן אֶרֶךְ אַפַּיִם וְרַב חֶסֶד וֶאֱמֶת נוֹצֵר חֶסֶד לָאֲלָפִים נוֹשֵׂא עָוֹן וָפֶשַׁע וְחַטָּאָה וְנַקֵּה וְסָלַחְתָּ לַעֲוֹנֵנוּ וּלְחַטָּאתֵנוּ וּנְחַלְתָּנוּ:

summer and winter — You created them.[1] You crushed the heads of the Leviatan (Pharaoh and his chieftains); leaving him as food for the nation wandering in the wilderness.[2] You split [the rock, bringing forth] fountain and brook; You dried up mighty streams.[3] In Your might, You divided the sea; You shattered the heads of the sea-monsters on the waters.[4] You rule the vastness of the sea; when its waves surge, You still them.[5] The Lord is great and exceedingly exalted in the city of our God, His holy mountain.[6] O Lord, God of Israel, enthroned upon the *Keruvim*, You alone are God.[7] The Almighty is revered in the great assembly of the holy ones, awe-inspiring to all who surround Him.[8] The heavens praise Your wonders, O Lord; Your faithfulness, too, in the congregation of the holy ones.[9] Come, let us sing to the Lord; let us raise our voices in jubilation to the Rock of our deliverance. Let us approach Him with thanksgiving; let us raise our voices to Him in song.[10] Righteousness and justice are the foundations of Your throne; lovingkindness and truth go before Your countenance.[11] Let us taken sweet counsel together; let us walk with the throng to the house of God.[12] Indeed, the sea is His, for He made it; His hands formed the dry land.[13] In His hand is the soul of every living being and the spirit of all mankind.[14] The soul belongs to You, the body is Your handiwork; have compassion on Your labor. The soul belongs to You and the body is Yours, O Lord, act for the sake of Your Name. We have come [relying] on Your Name; O Lord, act for the sake of Your Name; for the sake of the glory of Your Name; for Merciful, Compassionate God is Your Name. For the sake of Your Name, O Lord, pardon our iniquity , for it is great.[15]

דרכך It is Your way, our God, to be forbearing toward the wicked and toward the good; and that is Your praise.

למענך Our God, act for Your own sake, not ours; behold how we stand before You, poor and empty [of good deeds].

תעלה Restore to health [Israel, who in exile is fearful even of] a rustling leaf; renounce [the punishment of those] who are but dust and ashes. Cast away our sins and have mercy on Your handiwork. See, there is none [to intercede for us]; deal charitably with us. *Repeat:* דרכך (It is Your way...).

אל מלך Almighty King, who sits on the throne of mercy, who acts with benevolence, forgiving the wrongdoings of His people, removing every first sin, many times granting forgiveness to inadvertent sinners and pardon to willful transgressors; He deals charitably with each living being, not requiting them according to their wickedness. Almighty One, You have taught us to recite the Thirteen [Attributes of Mercy]; remember this day in our behalf, the Covenant of the Thirteen [Attributes], as You have made known to [Moses] the humble one in days gone by, as it is written: And the Lord descended in the cloud and stood with him there, and he invoked the Name of the Lord.[16] And the Lord passed before him and proclaimed:

יהוה Lord, Lord, benevolent God, compassionate and gracious, slow to anger and abounding in kindness and truth; He preserves kindness for two thousand generations, forgiving iniquity, transgression and sin, and He cleanses.[17] Pardon our wrongdoings and our sins, and take us as Your own possession.[18]

---

1. Psalms 74:17. 2. Ibid. 74:14. 3. Ibid. 74:15. 4. Ibid. 74:13. 5. Ibid. 89:10. 6. Ibid. 48:2. 7. II Kings 19:15. 8. Ibid. 89:8. 9. Ibid. 89:6. 10. Ibid. 95:1-2. 11. Ibid. 89:15. 12. Ibid. 55:15. 13. Ibid. 95:5. 14. Job 12:10. 15. Psalms 25:11. 16. Exodus 34:5. 17. Ibid. 34:6-7. 18. Ibid. 34:9.

סְלַח לָנוּ אָבִינוּ כִּי חָטָאנוּ . מְחַל לָנוּ מַלְכֵּנוּ כִּי פָשָׁעְנוּ : כִּי אַתָּה אֲדֹנָי טוֹב וְסַלָּח וְרַב חֶסֶד לְכָל קוֹרְאֶיךָ :

הַאֲזִינָה יְהוָה תְּפִלָּתֵנוּ וְהַקְשִׁיבָה בְּקוֹל תַּחֲנוּנֵינוּ : הַקְשִׁיבָה לְקוֹל שַׁוְעֵתֵנוּ מַלְכֵּנוּ וֵאלֹהֵינוּ כִּי אֵלֶיךָ נִתְפַּלָּל : תְּהִי נָא אָזְנְךָ קַשֶּׁבֶת וְעֵינֶיךָ פְּתוּחוֹת אֶל תְּפִלַּת עֲבָדֶיךָ עַמְּךָ יִשְׂרָאֵל : וְשָׁמַעְתָּ הַשָּׁמַיִם מְכוֹן שִׁבְתֶּךָ אֶת תְּפִלָּתָם וְאֶת תְּחִנָּתָם וְעָשִׂיתָ מִשְׁפָּטָם וְסָלַחְתָּ לְעַמְּךָ אֲשֶׁר חָטְאוּ לָךְ :

כְּרַחֵם אָב עַל בָּנִים כֵּן תְּרַחֵם יְהוָה עָלֵינוּ : לַיהוָה הַיְשׁוּעָה עַל עַמְּךָ בִרְכָתֶךָ סֶּלָה : יְהוָה צְבָאוֹת עִמָּנוּ מִשְׂגָּב לָנוּ אֱלֹהֵי יַעֲקֹב סֶלָה : יְהוָה צְבָאוֹת אַשְׁרֵי אָדָם בֹּטֵחַ בָּךְ : יְהוָה הוֹשִׁיעָה הַמֶּלֶךְ יַעֲנֵנוּ בְיוֹם קָרְאֵנוּ : סְלַח נָא לַעֲוֹן הָעָם הַזֶּה כְּגֹדֶל חַסְדֶּךָ וְכַאֲשֶׁר נָשָׂאתָה לָעָם הַזֶּה מִמִּצְרַיִם וְעַד הֵנָּה וְשָׁם נֶאֱמַר : וַיֹּאמֶר יְהוָה סָלַחְתִּי כִּדְבָרֶךָ : הַטֵּה אֱלֹהַי אָזְנְךָ וּשְׁמָע פְּקַח עֵינֶיךָ וּרְאֵה שֹׁמְמֹתֵינוּ וְהָעִיר אֲשֶׁר נִקְרָא שִׁמְךָ עָלֶיהָ כִּי לֹא עַל צִדְקוֹתֵינוּ אֲנַחְנוּ מַפִּילִים תַּחֲנוּנֵינוּ לְפָנֶיךָ כִּי עַל רַחֲמֶיךָ הָרַבִּים : אֲדֹנָי שְׁמָעָה אֲדֹנָי סְלָחָה אֲדֹנָי הַקְשִׁיבָה וַעֲשֵׂה אַל תְּאַחַר לְמַעַנְךָ אֱלֹהַי כִּי שִׁמְךָ נִקְרָא עַל עִירְךָ וְעַל עַמֶּךָ :

פותחין הארון   אלהינו ואלהי אבותינו   מיוסד ע"פ א"ב

סְלַח נָא אֲשָׁמוֹת וּפְשָׁעֵי לְאֻמֶּךָ . לַעֲוֹן בָּנֶיךָ . כַּל יֶחֱרֶה זַעְמֶךָ :

סְלַח נָא גְעוּלָם וְיִחְיוּ מִמְּקוֹר עִמֶּךָ . לַעֲוֹן דְּגָלֶיךָ שָׂא וְתִנָּחֵם כְּנָאֳמֶךָ :

סְלַח נָא הַכֹּל מוֹדִים וְעוֹזְבִים כְּרִשּׁוּמֶךָ . לַעֲוֹן וָפֶשַׁע מְחַל . לְמַעַן שְׁמֶךָ :

סְלַח נָא זְדוֹנוֹת וּשְׁגָגוֹת לִבְרוּאֵי לִשְׁמֶךָ . לַעֲוֹן חַטָּאֵימוֹ חַטֵּא . בִּנְדִיבַת גִּשְׁמֶךָ :

סְלַח נָא טֶפֶשׁ טִפְּלוּת רִשְׁעֵי עַמֶּךָ . לַעֲוֹן יְדִידֶיךָ יְבֻקַּשׁ וְאֵינֶנּוּ . כִּנְאָמֶךָ :

סְלַח נָא כַּחַשׁ כּוֹרְעִים וּמִשְׁתַּחֲוִים לְעֻמֶּךָ . לַעֲוֹן לְקוֹחֶיךָ כַּפֵּר . בְּטוּב טַעְמֶךָ :

סלח Pardon us, our Father, for we have sinned; forgive us, our King, for we have transgressed. For You, my Lord, are good and forgiving, and exceedingly kind to all who call upon You.[1]

האזינה Lord, hear our prayer and listen to the voice of our supplications.[2] Hearken to the sound of our cry, our King, our God, for to You do we pray.[3] Let Your ear be attentive and Your eyes open to the prayer of Your servants, Your people Israel.[4] And hear from heaven, the place of Your abode, their prayer and their supplication, and uphold their cause; pardon Your people who have sinned against You.[5]

כרחם As a father has compassion on his children, so, Lord have compassion on us. Deliverance is the Lord's; may Your blessing be upon Your people forever.[6] The Lord of hosts is with us; the God of Jacob is our everlasting stronghold.[7] Lord of hosts, happy is the man who trusts in You.[8] Lord help us; may the King answer us on the day we call.[9] Pardon, I beseech You, the wrongdoing of this people in keeping with the greatness of Your kindness, and as You have forgiven this people from Egypt until now.[10] And there it is stated: And the Lord said: I have pardoned in accordance with your words.[11] Give ear, my God, and hear; open Your eyes and behold our desolate places and the city upon which Your Name is proclaimed, for it is not on account of our own righteousness that we offer our supplications before You, but because of Your abounding mercies. My Lord, hear; my Lord, pardon; my Lord, hearken and take action, do not delay, for Your own sake, my God, for Your Name is proclaimed over Your city and Your people.[12]

The Ark is opened.

Our God and God of our fathers

סלח Pardon the wrongdoings and transgressions of Your people; let not Your anger burn because of the iniquity of Your children.

Pardon their acts of abomination so that they may receive life from the Source [of Life] — which is with You; forgive the iniquity [of Israel] who go under Your banner and relent in accordance with Your word.

Pardon [Israel] who confess and forsake all [their sins], as You have written; forgive iniquity and transgression for the sake of Your Name.

Pardon the willful sins and inadvertent errors of those created for [the glory of] Your Name; cleanse the iniquity of their wrongdoing with purifying rain.

Pardon the folly that cleaves to the evildoers of Your people; let the iniquity of Your beloved ones be sought and not be found, in accordance with Your word.

Pardon the guile of those who bend the knee and bow before You; atone for the iniquity of those chosen by You, in accordance with Your generous promise.

1. Psalms 86:5. 2. Cf. Ibid. 86:6. 3. Cf. Ibid. 5:3. 4. Cf. Nehemiah 1:6. 5. I Kings 8:49-50. 6. Psalms 3:9. 7. Ibid. 46:8. 8. Ibid. 84:13. 9. Ibid. 20:10. 10. Numbers 14:19. 11. Ibid. 14:20. 12. Daniel 9:18-19.

סְלַח נָא מְרִי מְיַחֲלֶיךָ וּמְיַחֲדֶיךָ בְּעוֹלָמֶךָ. לַעֲוֹן נִדָּחִים מְחֵה. וּבְנֵה אוּלָמֶךָ:

סְלַח נָא סִלּוּפָם וּגְוֹנְנֵם בְּסֻכַּת שְׁלוֹמֶךָ. לַעֲוֹן עֲבָדֶךָ עַלֵּם וּכְבוֹשׁ בְּעִלּוּמֶךָ:

סְלַח נָא פֶּן יֵעָנְשׁוּ מִמְּרוֹמֶךָ. לַעֲוֹן צֹאנְךָ שְׁכַח. וְהִיא תְהִלָּתְךָ וְרוֹמְמֶךָ:

סְלַח נָא קְלוֹנָם וַחֲמוֹל עָלֵימוֹ מִמְּרוֹמֶךָ. לַעֲוֹן רְחוּמֶיךָ תִּשָּׂא מִלְּצוֹדָם בְּחֶרְמֶךָ:

סְלַח נָא שֶׁמֶץ תַּעְתּוּעַ תִּעוּב רְחוּמֶיךָ. לַעֲוֹן תְּמִימֶיךָ הַעֲבֵר כְּגוֹדֶל רַחֲמֶיךָ:

סיוסר ע״פ א״ב אלהינו ואלהי אבותינו

אָמְנָם כֵּן. יֵצֶר סוֹכֵן. בָּנוּ. בְּךָ לְהַצְדֵּק. רַב צֶדֶק. וַעֲנֵנוּ: סָלַחְתִּי:

גְּעוֹל מַרְגֵּל. וְגַם פַּגֵּל. סַפְּרוּ. דוֹד שׁוֹאֵג. בְּקוֹל. יִתֵּן קוֹל דְּבָרוֹ. סָלַחְתִּי:

הַס קַטֵּגוֹר. וְקַח סַנֵּגוֹר. מְקוֹמוֹ. וִיהִי יְהוָֹה לְמִשְׁעָן לוֹ. לְמַעַן נוֹאֲמוֹ. סָלַחְתִּי:

זְכוּת אֶזְרָח. גַּם יִפְרַח. לְשׁוֹשַׁנָּה. חֵטְא הַעֲבֵר. וְקוֹל הַגֶּבֶר. מִמְּעוֹנָה. סָלַחְתִּי:

טוּב וְסַלָּח. מְחֹל וּסְלַח. אֲשָׁמִים. יָהּ הַקְשֵׁב. וְגַם הָשֵׁב. מִמְּרוֹמִים. סָלַחְתִּי:

כְּאֵב תַּחְבּוֹשׁ. וּבְצוּל תִּכְבּוֹשׁ. עֲוֹנִי. לְךָ תְהִלָּה. אֱמוֹר מִלָּה. לְמַעֲנִי. סָלַחְתִּי:

מְחֵה פֶשַׁע. וְגַם רֶשַׁע. בְּנֵי בְרִית. נְהוֹג חַסְדְּךָ. כֵּן הוֹדְךָ. לִשְׁאֵרִית. סָלַחְתִּי:

סְכוּת רַחֲשִׁי. וְגַם לַחֲשִׁי. תִּרְצֶה. עֲוֹן נוֹשֵׂא. לְמַעַנְךָ עֲשֵׂה. וְתִפְצֶה. סָלַחְתִּי:

Pardon the rebelliousness of those who hope in You and proclaim Your Oneness in Your world; erase the iniquity of the banished ones and build Your Sanctuary.

Pardon their perverseness and shelter them in the tabernacle of Your peace; conceal the iniquity of Your servants and suppress them in Your secret place.

Pardon lest they be punished from Your heaven; forget the iniquity of Your flock, and that is Your praise and Your grandeur.

Pardon their disgrace and have compassion on them from Your heaven; forgive the iniquity of Your beloved ones, lest they be caught in Your snare.

Pardon the blemish of the errors and abominations of those dear to You; remove the iniquity of Your sincere ones, in keeping with the greatness of Your mercy.

Our God and God of our fathers

אמנם Indeed, it is true that the evil inclination prevails over us; it is up to You to vindicate us, O You who abounds in righteousness; so answer us: I have pardoned.

Abhor the slanderer (Satan) and disqualify his tale-bearing; Beloved One who roars aloud, let His word resound:
I have pardoned.

Silence the Accuser and let the Advocate take his place; may the Lord be his support, in order that He may declare:
I have pardoned.

May the merit of Abraham burst forth on behalf of [Israel] the rose; remove sin and raise a mighty voice from heaven:
I have pardoned.

O benevolent and forgiving One, pardon and forgive wrongdoing; O God, hearken and reply from the heavens:
I have pardoned.

Bind the wound and conceal my iniquity in the depths; it is Your praise to say the word in my behalf: I have pardoned.

Erase transgressions as well as evil from the children of the Covenant; exercise Your kindness, indeed, it is Your glory [to declare] to the remnant of Israel: I have pardoned.

Hear my prayer and find favor also with my whispered plea; O You who forgives iniquity, do it for Your sake and say:
I have pardoned.

פְּנֵה לְעֶלְבּוֹן . מְקוֹם עָוֹן . לְהָשִׂים . צַחַן הָסֵר . וְגַם תְּבַשֵּׂר . לְבָךְ חוֹסִים . סָלַחְתִּי :
קוֹלִי שְׁמַע . וּרְאֵה דֶמַע . עֵינִי . רִיב רִיבִי . שְׁעֵה נִיבִי . וַהֲשִׁיבֵנִי . סָלַחְתִּי :
שֶׁמֶן טָהֵר . כְּעָב מַהֵר . כְּנֶאֱמַר . תִּמְחֶה פֶּשַׁע . לְעַם נוֹשַׁע . וְתֹאמַר . סָלַחְתִּי :

סוגרין הארון.

אֵל מֶלֶךְ יוֹשֵׁב עַל כִּסֵּא רַחֲמִים וּמִתְנַהֵג בַּחֲסִידוּת מוֹחֵל עֲוֹנוֹת עַמּוֹ . מַעֲבִיר רִאשׁוֹן רִאשׁוֹן . מַרְבֶּה מְחִילָה לְחַטָּאִים וּסְלִיחָה לַפּוֹשְׁעִים . עֹשֶׂה צְדָקוֹת עִם כָּל בָּשָׂר וְרוּחַ . לֹא כְרָעָתָם תִּגְמוֹל . אֵל הוֹרֵיתָ לָּנוּ לוֹמַר שְׁלֹשׁ עֶשְׂרֵה . זְכָר לָנוּ הַיּוֹם בְּרִית שְׁלֹשׁ עֶשְׂרֵה . כְּהוֹדַעְתָּ לֶעָנָו מִקֶּדֶם . כְּמוֹ שֶׁכָּתוּב וַיֵּרֶד יְיָ בֶּעָנָן וַיִּתְיַצֵּב עִמּוֹ שָׁם וַיִּקְרָא בְשֵׁם יְיָ : וַיַּעֲבוֹר יְהֹוָה עַל פָּנָיו וַיִּקְרָא :

יְהֹוָה יְהֹוָה אֵל רַחוּם וְחַנּוּן אֶרֶךְ אַפַּיִם וְרַב חֶסֶד וֶאֱמֶת . נוֹצֵר חֶסֶד לָאֲלָפִים נוֹשֵׂא עָוֹן וָפֶשַׁע וְחַטָּאָה וְנַקֵּה : וְסָלַחְתָּ לַעֲוֹנֵנוּ וּלְחַטָּאתֵנוּ וּנְחַלְתָּנוּ :

סְלַח לָנוּ אָבִינוּ כִּי חָטָאנוּ . מְחַל לָנוּ מַלְכֵּנוּ כִּי פָשָׁעְנוּ : כִּי אַתָּה אֲדֹנָי טוֹב וְסַלָּח וְרַב חֶסֶד לְכָל קוֹרְאֶיךָ :

פותחין הארון.

כִּי הִנֵּה כַּחוֹמֶר בְּיַד הַיּוֹצֵר . בִּרְצוֹתוֹ מַרְחִיב וּבִרְצוֹתוֹ מְקַצֵּר . כֵּן אֲנַחְנוּ בְּיָדְךָ חֶסֶד נוֹצֵר .
לַבְּרִית הַבֵּט וְאַל תֵּפֶן לַיֵּצֶר :
כִּי הִנֵּה כָּאֶבֶן בְּיַד הַמְסַתֵּת . בִּרְצוֹתוֹ אוֹחֵז וּבִרְצוֹתוֹ מְכַתֵּת . כֵּן אֲנַחְנוּ בְּיָדְךָ מְחַיֶּה וּמְמוֹתֵת .
לַבְּרִית הַבֵּט וְאַל תֵּפֶן לַיֵּצֶר :
כִּי הִנֵּה כַּגַּרְזֶן . בְּיַד הֶחָרָשׁ . בִּרְצוֹתוֹ דִּבֵּק לָאוּר . וּבִרְצוֹתוֹ פֵּרַשׁ . כֵּן אֲנַחְנוּ בְּיָדְךָ . תּוֹמֵךְ עָנִי וָרָשׁ .

Consider our humiliation and regard it in place of our iniquity; remove sin and inform those who trust in You: I have pardoned.

Hear my voice and behold the tears of my eye; plead my cause, heed my words, and answer me: I have pardoned.

Cleanse the stain of our sin [as speedily] as a fleeting cloud, as it has been said; erase transgression for the people helped by You, and say: I have pardoned.

The Ark is closed.

אל מלך Almighty King, who sits on the throne of mercy, who acts with benevolence, forgiving the wrongdoings of His people, removing every first sin, many times granting forgiveness to inadvertent sinners and pardon to willful transgressors; He deals charitably with each living being, not requiting them according to their wickedness. Almighty One, You have taught us to recite the Thirteen [Attributes of Mercy]; remember this day in our behalf, the Covenant of the Thirteen [Attributes], as You have made known to [Moses] the humble one in days gone by, as it is written: And the Lord descended in the cloud and stood with him there, and he invoked the Name of the Lord.[1] And the Lord passed before him and proclaimed:

יהוה Lord, Lord, benevolent God, compassionate and gracious, slow to anger and abounding in kindness and truth; He preserves kindness for two thousand generations, forgiving iniquity, transgression and sin, and He cleanses.[2] Pardon our wrongdoings and our sins, and take us as Your own possession.[3]

סלח Pardon us, our Father, for we have sinned; forgive us, our King, for we have willfully transgressed. For You, Lord, are good and forgiving, and exceedingly kind to all who call upon You.[4]

The Ark is opened.

כי הנה Indeed, as the clay in the hand of the molder, who, when he wishes expands it and when he wishes contracts it; so are we in Your hand, O You who remembers deeds of lovingkindness;

Look to the covenant and do not regard our evil inclination.

Indeed, as the stone in the hand of the mason, who, when he wishes retains it and when he wishes smashes it; so are we in Your hand, O You who gives life and brings death;

Look to the covenant and do not regard our evil inclination.

Indeed, as iron in the hand of the smith, who, when he wishes thrusts it into fire and when he wishes draws it out; so are we in Your hand, O You who supports the poor and the destitute;

1. Exodus 34:5. 2. Ibid. 34:6-7. 3. Ibid. 34:9. 4. Psalms 86:5.

לַבְּרִית הַבֵּט וְאַל תֵּפֶן לַיֵּצֶר׃

כִּי הִנֵּה כַּחֹמֶר...

כִּי הִנֵּה כַּהֶגֶה בְּיַד הַמַּלָּח. בִּרְצוֹתוֹ אוֹחֵז. וּבִרְצוֹתוֹ שִׁלַּח. כֵּן אֲנַחְנוּ בְּיָדְךָ. אֵל טוֹב וְסַלָּח.

לַבְּרִית הַבֵּט וְאַל תֵּפֶן לַיֵּצֶר׃

כִּי הִנֵּה כִּזְכוּכִית בְּיַד הַמְּזַגֵּג. בִּרְצוֹתוֹ חוֹגֵג. וּבִרְצוֹתוֹ מְמוֹגֵג. כֵּן אֲנַחְנוּ בְּיָדְךָ. מַעֲבִיר זָדוֹן וְשׁוֹגֵג׃

לַבְּרִית הַבֵּט וְאַל תֵּפֶן לַיֵּצֶר׃

כִּי הִנֵּה כִּיְרִיעָה בְּיַד הָרוֹקֵם. בִּרְצוֹתוֹ מְיַשֵּׁר. וּבִרְצוֹתוֹ מְעַקֵּם. כֵּן אֲנַחְנוּ בְּיָדְךָ. אֵל קַנָּא וְנוֹקֵם.

לַבְּרִית הַבֵּט וְאַל תֵּפֶן לַיֵּצֶר׃

כִּי הִנֵּה כַּכֶּסֶף בְּיַד הַצּוֹרֵף. בִּרְצוֹתוֹ מְסַגְסֵג. וּבִרְצוֹתוֹ מְצָרֵף. כֵּן אֲנַחְנוּ בְּיָדְךָ. מַמְצִיא לְמָזוֹר תֶּרֶף׃

לַבְּרִית הַבֵּט וְאַל תֵּפֶן לַיֵּצֶר׃ סוגרין הארון.

אֵל מֶלֶךְ יוֹשֵׁב עַל כִּסֵּא רַחֲמִים וּמִתְנַהֵג בַּחֲסִידוּת מוֹחֵל עֲוֹנוֹת עַמּוֹ. מַעֲבִיר רִאשׁוֹן רִאשׁוֹן. מַרְבֶּה מְחִילָה לְחַטָּאִים וּסְלִיחָה לַפּוֹשְׁעִים. עֹשֶׂה צְדָקוֹת עִם כָּל בָּשָׂר וָרוּחַ. לֹא כְרָעָתָם תִּגְמוֹל. אֵל הוֹרֵיתָ לָּנוּ לוֹמַר שְׁלֹשׁ עֶשְׂרֵה. זְכָר לָנוּ הַיּוֹם בְּרִית שְׁלֹשׁ עֶשְׂרֵה. כְּהוֹדַעְתָּ לֶעָנָו מִקֶּדֶם. כְּמוֹ שֶׁכָּתוּב וַיֵּרֶד יְיָ בֶּעָנָן וַיִּתְיַצֵּב עִמּוֹ שָׁם וַיִּקְרָא בְשֵׁם יְיָ׃

וַיַּעֲבוֹר יְיָ עַל פָּנָיו וַיִּקְרָא׃

יְהוָֹה יְהוָֹה אֵל רַחוּם וְחַנּוּן אֶרֶךְ אַפַּיִם וְרַב חֶסֶד וֶאֱמֶת׃ נֹצֵר חֶסֶד לָאֲלָפִים נֹשֵׂא עָוֹן וָפֶשַׁע וְחַטָּאָה וְנַקֵּה׃ וְסָלַחְתָּ לַעֲוֹנֵנוּ וּלְחַטָּאתֵנוּ וּנְחַלְתָּנוּ׃

סְלַח לָנוּ אָבִינוּ כִּי חָטָאנוּ. מְחַל לָנוּ מַלְכֵּנוּ כִּי פָשָׁעְנוּ׃ כִּי אַתָּה אֲדֹנָי טוֹב וְסַלָּח וְרַב חֶסֶד לְכָל קוֹרְאֶיךָ׃

זְכוֹר רַחֲמֶיךָ יְהוָֹה וַחֲסָדֶיךָ כִּי מֵעוֹלָם הֵמָּה׃ אַל תִּזְכָּר לָנוּ עֲוֹנוֹת רִאשׁוֹנִים מַהֵר יְקַדְּמוּנוּ רַחֲמֶיךָ כִּי דַלּוֹנוּ מְאֹד׃ זָכְרֵנוּ יְהוָֹה

Look to the covenant and do not regard our evil inclination.

Indeed, as the anchor in the hand of the seaman, who, when he wishes holds it back and when he wishes throws it forth; so are we in Your hand, benevolent and forgiving God;

Look to the covenant and do not regard our evil inclination.

Indeed, as the glass in the hand of the glass-blower, who, when he wishes forms it and when he wishes melts it; so are we in Your hand, O You who forgives willful sins and inadvertent errors;

Look to the covenant and do not regard our evil inclination.

Indeed, as the tapestry in the hand of the weaver, who, when he wishes works it straight and when he wishes twists it; so are we in Your hand, O You who are a stern God of retribution;

Look to the covenant and do not regard our evil inclination.

Indeed, as the silver in the hand of the silversmith, who, when he wishes adulterates it and when he wishes refines it; so are we in Your hand, O You who provides a cure for our wound;

Look to the covenant and do not regard our evil inclination.

The Ark is closed.

אל מלך Almighty King, who sits on the throne of mercy, who acts with benevolence, forgiving the wrongdoings of His people, removing every first sin, many times granting forgiveness to inadvertent sinners and pardon to willful transgressors; He deals charitably with each living being, not requiting them according to their wickedness. Almighty One, You have taught us to recite the Thirteen [Attributes of Mercy]; remember this day in our behalf, the Covenant of the Thirteen [Attributes], as You have made known to [Moses] the humble one in days gone by, as it is written: And the Lord descended in the cloud and stood with him there, and he invoked the Name of the Lord.[1] And the Lord passed before him and proclaimed:

יהוה Lord, Lord, benevolent God, compassionate and gracious, slow to anger and abounding in kindness and truth; He preserves kindness for two thousand generations, forgiving iniquity, transgression and sin, and He cleanses.[2] Pardon our wrongdoings and our sins, and take us as Your own possession.[3]

סלח Pardon us, our Father, for we have sinned; forgive us, our King, for we have willfully transgressed. For You, Lord, are good and forgiving, and exceedingly kind to all who call upon You.[4]

זכור רחמיך Lord, remember Your mercies and Your kindnesses, for they have existed for all time.[5] Do not bring to mind our former wrongdoings; let Your mercies come swiftly toward us, for we have been brought very low.[6] Remember us, Lord,

1 Exodus 34:5. 2. Ibid 34:6-7. 3. Ibid. 34:9. 4. Psalms 86:5. 5.Ibid. 25:6. 6. Ibid. 79:8.

בִּרְצוֹן עַמֶּךָ פָּקְדֵנוּ בִּישׁוּעָתֶךָ: זְכוֹר עֲדָתְךָ קָנִיתָ קֶּדֶם גָּאַלְתָּ שֵׁבֶט נַחֲלָתֶךָ הַר צִיּוֹן זֶה שָׁכַנְתָּ בּוֹ: זְכוֹר יְהוָֹה חִבַּת יְרוּשָׁלָיִם אַהֲבַת צִיּוֹן אַל תִּשְׁכַּח לָנֶצַח: אַתָּה תָקוּם תְּרַחֵם צִיּוֹן כִּי עֵת לְחֶנְנָהּ כִּי בָא מוֹעֵד: זְכוֹר יְהוָֹה לִבְנֵי אֱדוֹם אֵת יוֹם יְרוּשָׁלָיִם הָאוֹמְרִים עָרוּ עָרוּ עַד הַיְסוֹד בָּהּ: זְכֹר לְאַבְרָהָם לְיִצְחָק וּלְיִשְׂרָאֵל עֲבָדֶיךָ אֲשֶׁר נִשְׁבַּעְתָּ לָהֶם בָּךְ וַתְּדַבֵּר אֲלֵהֶם אַרְבֶּה אֶת זַרְעֲכֶם כְּכוֹכְבֵי הַשָּׁמָיִם וְכָל הָאָרֶץ הַזֹּאת אֲשֶׁר אָמַרְתִּי אֶתֵּן לְזַרְעֲכֶם וְנָחֲלוּ לְעוֹלָם: זְכוֹר לַעֲבָדֶיךָ לְאַבְרָהָם לְיִצְחָק וּלְיַעֲקֹב אַל תֵּפֶן אֶל קְשִׁי הָעָם הַזֶּה וְאֶל רִשְׁעוֹ וְאֶל חַטָּאתוֹ:

אַל נָא תָשֵׁת עָלֵינוּ חַטָּאת אֲשֶׁר נוֹאַלְנוּ וַאֲשֶׁר חָטָאנוּ:

חָטָאנוּ צוּרֵנוּ סְלַח לָנוּ יוֹצְרֵנוּ:

הֵן יַעֲבִיר זָדוֹן לִמְשׁוּגָה. כִּי לְכָל הָעָם בִּשְׁגָגָה: חטאנו

זְכוֹר לָנוּ בְּרִית אָבוֹת כַּאֲשֶׁר אָמַרְתָּ. וְזָכַרְתִּי אֶת בְּרִיתִי יַעֲקוֹב וְאַף אֶת בְּרִיתִי יִצְחָק וְאַף אֶת בְּרִיתִי אַבְרָהָם אֶזְכֹּר וְהָאָרֶץ אֶזְכּוֹר: זְכוֹר לָנוּ בְּרִית רִאשׁוֹנִים כַּאֲשֶׁר אָמַרְתָּ. וְזָכַרְתִּי לָהֶם בְּרִית רִאשׁוֹנִים אֲשֶׁר הוֹצֵאתִי אוֹתָם מֵאֶרֶץ מִצְרַיִם לְעֵינֵי הַגּוֹיִם לִהְיוֹת לָהֶם לֵאלֹהִים אֲנִי יְהוָֹה: עֲשֵׂה עִמָּנוּ כְּמָה שֶׁהִבְטַחְתָּנוּ וְאַף גַּם זֹאת בִּהְיוֹתָם בְּאֶרֶץ אוֹיְבֵיהֶם לֹא מְאַסְתִּים וְלֹא גְעַלְתִּים לְכַלֹּתָם לְהָפֵר בְּרִיתִי אִתָּם כִּי אֲנִי יְהוָֹה אֱלֹהֵיהֶם: הָשֵׁב שְׁבוּתֵנוּ וְרַחֲמֵנוּ כְּמָה שֶׁכָּתוּב. וְשָׁב יְהוָֹה אֱלֹהֶיךָ אֶת שְׁבוּתְךָ וְרִחֲמֶךָ וְשָׁב וְקִבֶּצְךָ מִכָּל הָעַמִּים אֲשֶׁר הֱפִיצְךָ יְהוָֹה אֱלֹהֶיךָ שָׁמָּה: קַבֵּץ נִדָּחֵנוּ כְּמָה שֶׁכָּתוּב. אִם יִהְיֶה נִדַּחֲךָ בִּקְצֵה הַשָּׁמָיִם מִשָּׁם יְקַבֶּצְךָ יְהוָֹה אֱלֹהֶיךָ וּמִשָּׁם יִקָּחֶךָ: מְחֵה פְשָׁעֵינוּ כָּעָב וְכֶעָנָן כְּמָה שֶׁכָּתוּב. מָחִיתִי כָעָב פְּשָׁעֶיךָ וְכֶעָנָן חַטֹּאתֶיךָ שׁוּבָה אֵלַי כִּי גְאַלְתִּיךָ: מְחֵה פְשָׁעֵינוּ לְמַעַנְךָ כַּאֲשֶׁר אָמַרְתָּ. אָנֹכִי אָנֹכִי הוּא מוֹחֶה פְשָׁעֶיךָ לְמַעֲנִי וְחַטֹּאתֶיךָ לֹא אֶזְכּוֹר: הַלְבֵּן חֲטָאֵינוּ כַּשֶּׁלֶג וְכַצֶּמֶר כְּמָה שֶׁכָּתוּב. לְכוּ נָא וְנִוָּכְחָה יֹאמַר יְהוָֹה אִם יִהְיוּ חֲטָאֵיכֶם כַּשָּׁנִים כַּשֶּׁלֶג יַלְבִּינוּ. אִם יַאְדִּימוּ כַתּוֹלָע כַּצֶּמֶר יִהְיוּ: זְרוֹק עָלֵינוּ מַיִם טְהוֹרִים וְטַהֲרֵנוּ כְּמָה שֶׁכָּתוּב. וְזָרַקְתִּי עֲלֵיכֶם מַיִם טְהוֹרִים וּטְהַרְתֶּם מִכֹּל טֻמְאוֹתֵיכֶם וּמִכָּל גִּלּוּלֵיכֶם אֲטַהֵר אֶתְכֶם: רַחֵם עָלֵינוּ וְאַל

when You find favor with Your people; be mindful of us with Your deliverance.[1] Remember Your congregation which You have acquired of old, the tribe of Your heritage which You have redeemed, Mount Zion wherein You have dwelt.[2] Lord, remember the love for Jerusalem; do not forget the love for Zion forever. Arise and have mercy on Zion, for it is time to be gracious to her; the appointed time has come.[3] Remember, Lord, against the Edomites the day of the destruction of Jerusalem, when they said: Raze it, raze it to its very foundation![4] Remember Abraham, Isaac and Israel Your servants, to whom You swore by Your Self and said to them: I will make your descendants as numerous as the stars of heaven and all this land which I promised, I will give to your descendants and they will inherit [it] forever.[5] Remember Your servants, Abraham, Isaac and Jacob; pay no heed to the obstinacy of this people, to its wickedness, or to its sinfulness.[6]

אל נא Do not, we beseech You, reckon for us as a sin that which we have committed in our folly and that which we have sinned.[7]

חטאנו We have sinned, our Rock; pardon us, our Creator.

הן He will change willful sin to inadvertent error, for all the people have acted in error. *Repeat:* חטאנו (We have sinned...).

זכור לנו Remember in our behalf the covenant with the Patriarchs, as You have said: I will remember My covenant with Jacob; also My covenant with Isaac, and also My covenant with Abraham will I remember; and I will remember the land.[8] Remember in our behalf the covenant with our ancestors, as You have said: I will remember in their behalf the covenant with their ancestors, whom I took out of Egypt before the eyes of the nations, to be their God; I am the Lord.[9] Act toward us as You have promised: Yet, even then, when they are in the land of their enemies, I will not abhor them nor spurn them so as to destroy them and annul My covenant with them; for I am the Lord their God.[10] Bring back our exiles and have mercy upon us, as it is written: The Lord your God will return your exiles and have mercy upon you, and will again gather you from all the nations where the Lord your God has scattered you.[11] Gather our dispersed, as it is written: Even if your dispersed will be at the furthermost parts of the world, from there the Lord your God will gather you, and from there He will fetch you.[12] Wipe away our transgressions like a thick cloud and like a mist, as it is written: I have wiped away your transgressions like a thick cloud, your sins like a mist; return to Me, for I have redeemed you.[13] Wipe away our transgressions for Your sake, as You have said: I, I [alone,] am He who wipes away your transgressions, for My sake; your sins I will not recall.[14] Make our sins white as snow and wool, as it is written: Come now, let us reason together, says the Lord; even if your sins will be as scarlet, they will become white as snow; even if they will be red as crimson, they will become [white] as wool.[15] Sprinkle purifying waters upon us and purify us, as it is written: And I will sprinkle purifying waters upon you, and you shall be pure; from all your defilements and from all your idolatries I will purify you.[16] Have compassion on us and do not

---

1. Cf. Psalms 106:4. 2. Ibid. 74:2. 3. Ibid. 102:14. 4. Ibid. 137:7. 5. Exodus 32:13. 6. Deuteronomy 9:27. 7. Numbers 12:1. 8. Leviticus 26:42. 9. Ibid. 26:45. 10. Ibid. 26:44. 11. Deuteronomy 30:3. 12. Ibid. 30:4. 13. Isaiah 44:22. 14. Ibid. 43:25. 15. Ibid. 1:18. 16. Ezekiel 36:25.

תַּשְׁחִיתֵנוּ כְּמָה שֶׁכָּתוּב. כִּי אֵל רַחוּם יְהוָה אֱלֹהֶיךָ לֹא יַרְפְּךָ וְלֹא יַשְׁחִיתֶךָ וְלֹא יִשְׁכַּח אֶת בְּרִית אֲבוֹתֶיךָ אֲשֶׁר נִשְׁבַּע לָהֶם. מוֹל אֶת לְבָבֵנוּ לְאַהֲבָה אֶת שְׁמֶךָ כְּמָה שֶׁכָּתוּב. וּמָל יְהוָה אֱלֹהֶיךָ אֶת לְבָבְךָ וְאֶת לְבַב זַרְעֶךָ לְאַהֲבָה אֶת יְהוָה אֱלֹהֶיךָ בְּכָל לְבָבְךָ וּבְכָל נַפְשְׁךָ לְמַעַן חַיֶּיךָ: הִמָּצֵא לָנוּ בְּבַקָּשָׁתֵנוּ כְּמָה שֶׁכָּתוּב. וּבִקַּשְׁתֶּם מִשָּׁם אֶת יְהוָה אֱלֹהֶיךָ וּמָצָאתָ כִּי תִדְרְשֶׁנּוּ בְּכָל לְבָבְךָ וּבְכָל נַפְשֶׁךָ: כַּפֵּר חֲטָאֵינוּ בַּיּוֹם הַזֶּה וְטַהֲרֵנוּ כְּמָה שֶׁכָּתוּב. כִּי בַיּוֹם הַזֶּה יְכַפֵּר עֲלֵיכֶם לְטַהֵר אֶתְכֶם מִכֹּל חַטֹּאתֵיכֶם לִפְנֵי יְהוָה תִּטְהָרוּ: תְּבִיאֵנוּ אֶל הַר קָדְשֶׁךָ וְשַׂמְּחֵנוּ בְּבֵית תְּפִלָּתֶךָ כְּמָה שֶׁכָּתוּב: וַהֲבִיאוֹתִים אֶל הַר קָדְשִׁי וְשִׂמַּחְתִּים בְּבֵית תְּפִלָּתִי עוֹלֹתֵיהֶם וְזִבְחֵיהֶם לְרָצוֹן עַל מִזְבְּחִי כִּי בֵיתִי בֵּית תְּפִלָּה יִקָּרֵא לְכָל הָעַמִּים:

פותחין הארון — פסוק אחר פסוק, חזן וקהל עד אל תעזבנו ולא עד בכלל

שְׁמַע קוֹלֵנוּ יְהוָה אֱלֹהֵינוּ. חוּס וְרַחֵם עָלֵינוּ וְקַבֵּל בְּרַחֲמִים וּבְרָצוֹן אֶת תְּפִלָּתֵנוּ:

הֲשִׁיבֵנוּ יְהוָה אֵלֶיךָ וְנָשׁוּבָה חַדֵּשׁ יָמֵינוּ כְּקֶדֶם:

אַל תַּשְׁלִיכֵנוּ מִלְּפָנֶיךָ וְרוּחַ קָדְשְׁךָ אַל תִּקַּח מִמֶּנּוּ:

אַל תַּשְׁלִיכֵנוּ לְעֵת זִקְנָה כִּכְלוֹת כֹּחֵנוּ אַל תַּעַזְבֵנוּ: אַל תַּעַזְבֵנוּ יְהוָה אֱלֹהֵינוּ. אַל תִּרְחַק מִמֶּנּוּ: עֲשֵׂה עִמָּנוּ אוֹת לְטוֹבָה וְיִרְאוּ שׂוֹנְאֵינוּ וְיֵבֹשׁוּ כִּי אַתָּה יְהוָה עֲזַרְתָּנוּ וְנִחַמְתָּנוּ: אֲמָרֵינוּ הַאֲזִינָה יְהוָה בִּינָה הֲגִיגֵנוּ: יִהְיוּ לְרָצוֹן אִמְרֵי פִינוּ וְהֶגְיוֹן לִבֵּנוּ לְפָנֶיךָ יְהוָה צוּרֵנוּ וְגוֹאֲלֵנוּ: כִּי לְךָ יְהוָה הוֹחָלְנוּ אַתָּה תַעֲנֶה אֲדֹנָי אֱלֹהֵינוּ: סוגרין הארון

אֱלֹהֵינוּ וֵאלֹהֵי אֲבוֹתֵינוּ. אַל תַּעַזְבֵנוּ וְאַל תִּטְּשֵׁנוּ וְאַל תַּכְלִימֵנוּ. וְאַל תָּפֵר בְּרִיתְךָ אִתָּנוּ. קָרְבֵנוּ לְתוֹרָתֶךָ. לַמְּדֵנוּ מִצְוֹתֶיךָ. הוֹרֵנוּ דְרָכֶיךָ. הַט לִבֵּנוּ לְיִרְאָה אֶת שְׁמֶךָ. וּמוֹל אֶת לְבָבֵנוּ לְאַהֲבָתֶךָ. וְנָשׁוּב אֵלֶיךָ בֶּאֱמֶת וּבְלֵב שָׁלֵם. וּלְמַעַן שִׁמְךָ הַגָּדוֹל תִּמְחוֹל וְתִסְלַח לַעֲוֹנֵינוּ כַּכָּתוּב בְּדִבְרֵי קָדְשֶׁךָ. לְמַעַן שִׁמְךָ יְהוָה וְסָלַחְתָּ לַעֲוֹנִי כִּי רַב הוּא:

אֱלֹהֵינוּ וֵאלֹהֵי אֲבוֹתֵינוּ. סְלַח לָנוּ. מְחַל לָנוּ. כַּפֶּר לָנוּ. כִּי אָנוּ

destroy us, as it is written: For the Lord your God is a compassionate God; He will not forsake you, nor will He destroy you, nor will He forget the covenant with your fathers which He swore to them.[1] Open[2] our hearts to love Your Name, as it is written: And the Lord your God will open[2] your heart and the hearts of your offspring, to love the Lord your God with all your heart and with all your soul, that you may live.[3] Be accessible to us when we seek You, as it is written: And from there [from exile] you will seek the Lord your God, and you will find Him, for you will seek Him with all your heart and with all your soul.[4] Grant atonement for our sins and purify us, as it is written: For on this day atonement shall be made for you, to purify you; you shall be cleansed of all your sins before the Lord.[5] Bring us to Your holy mountain and make us rejoice in Your house of prayer, as it is written: I will bring them to My holy mountain and make them rejoice in My house of prayer; their burnt-offerings and their sacrifices shall be favorably accepted upon My altar, for My house shall be called a house of prayer for all the nations.[6]

The Ark is opened, and the first four verses which follow are recited by the Chazzan and repeated by the Congregation verse by verse.

שמע Hear our voice, Lord our God, have pity and compassion upon us, and accept our prayer with mercy and favor.

Bring us back to You, Lord, and we will return; renew our days as of old.[7]

Do not cast us out of Your presence, and do not take Your Spirit of Holiness away from us.[8]

Do not cast us aside in old age; do not forsake us when our strength fails.[9] Do not abandon us, Lord our God; do not keep far from us.[10] Show us a sign of favor, that our foes may see and be shamed, because You, Lord have given us aid and consoled us.[11] Hearken to our words, Lord; consider our thoughts.[12] May the words of our mouth and the meditation of our heart be acceptable before You, Lord, our Strength and our Redeemer.[13] For it is for You, Lord, that we have been waiting; answer us, Lord our God.[14] *The Ark is closed.*

אלהינו Our God and God of our fathers, do not forsake us, do not abandon us, do not put us to shame, and do not nullify Your covenant with us. Bring us near to Your Torah, teach us Your precepts, instruct us in Your ways, incline our heart to revere Your Name, open[2] our hearts to the love of You, and we will return to You in truth, with a perfect heart. And for the sake of Your great Name, forgive and pardon our iniquity, as it is written in Your holy Scriptures: For the sake of Your Name, Lord, pardon my iniquity, for it is great.[15]

אלהינו Our God and God of our fathers, pardon us, forgive us, grant us atonement — for we are

---

1. Deuteronomy 4:31. 2. Lit., Circumcise. 3. Deuteronomy 30:6. 4. Ibid. 4:29. 5. Leviticus 16:30. 6. Isaiah 56:7. 7. Lamentations 5:21. 8. Cf. Psalms 51:13. 9. Cf. Ibid. 71:9. 10. Cf. Ibid. 38:22. 11. Cf. Ibid. 86:17. 12. Cf. Ibid. 5:2. 13. Cf. Ibid. 19:15. 14. Cf. Ibid. 38:16. 15. Psalms 25:11.

עַמֶּךָ וְאַתָּה אֱלֹהֵינוּ . אָנוּ בָנֶיךָ וְאַתָּה אָבִינוּ. אָנוּ עֲבָדֶיךָ וְאַתָּה אֲדוֹנֵינוּ . אָנוּ קְהָלֶךָ וְאַתָּה חֶלְקֵנוּ . אָנוּ נַחֲלָתֶךָ וְאַתָּה גוֹרָלֵנוּ . אָנוּ צֹאנֶךָ וְאַתָּה רוֹעֵנוּ . אָנוּ כַרְמֶךָ וְאַתָּה נוֹטְרֵנוּ . אָנוּ פְעֻלָּתֶךָ וְאַתָּה יוֹצְרֵנוּ . אָנוּ רַעְיָתֶךָ וְאַתָּה דוֹדֵנוּ . אָנוּ סְגֻלָּתֶךָ וְאַתָּה אֱלֹהֵינוּ . אָנוּ עַמֶּךָ וְאַתָּה מַלְכֵּנוּ . אָנוּ מַאֲמִירֶךָ וְאַתָּה מַאֲמִירֵנוּ. אָנוּ עַזֵּי פָנִים וְאַתָּה רַחוּם וְחַנּוּן . אָנוּ קְשֵׁי עֹרֶף וְאַתָּה אֶרֶךְ אַפַּיִם . אָנוּ מְלֵאֵי עָוֹן . וְאַתָּה מָלֵא רַחֲמִים . אָנוּ יָמֵינוּ כְּצֵל עוֹבֵר . וְאַתָּה הוּא וּשְׁנוֹתֶיךָ לֹא יִתָּמּוּ :

אֱלֹהֵינוּ וֵאלֹהֵי אֲבוֹתֵינוּ תָּבֹא לְפָנֶיךָ תְּפִלָּתֵנוּ . וְאַל תִּתְעַלַּם מִתְּחִנָּתֵנוּ, שֶׁאֵין אָנוּ עַזֵּי פָנִים וּקְשֵׁי עֹרֶף, לוֹמַר לְפָנֶיךָ יְהוָֹה אֱלֹהֵינוּ וֵאלֹהֵי אֲבוֹתֵינוּ צַדִּיקִים אֲנַחְנוּ וְלֹא חָטָאנוּ . אֲבָל אֲנַחְנוּ וַאֲבוֹתֵינוּ חָטָאנוּ :

אָשַׁמְנוּ . בָּגַדְנוּ . גָּזַלְנוּ . דִּבַּרְנוּ דֹפִי : הֶעֱוִינוּ . וְהִרְשַׁעְנוּ . זַדְנוּ . חָמַסְנוּ . טָפַלְנוּ שֶׁקֶר : יָעַצְנוּ רָע . כִּזַּבְנוּ . לַצְנוּ . מָרַדְנוּ . נִאַצְנוּ . סָרַרְנוּ . עָוִינוּ . פָּשַׁעְנוּ . צָרַרְנוּ . קִשִּׁינוּ עֹרֶף : רָשַׁעְנוּ . שִׁחַתְנוּ . תִּעַבְנוּ . תָּעִינוּ . תִּעְתָּעְנוּ : סַרְנוּ מִמִּצְוֹתֶיךָ וּמִמִּשְׁפָּטֶיךָ הַטּוֹבִים וְלֹא שָׁוָה לָנוּ . וְאַתָּה צַדִּיק עַל כָּל הַבָּא עָלֵינוּ כִּי אֱמֶת עָשִׂיתָ וַאֲנַחְנוּ הִרְשָׁעְנוּ :

הִרְשַׁעְנוּ וּפָשַׁעְנוּ לָכֵן לֹא נוֹשָׁעְנוּ וְתֵן בְּלִבֵּנוּ לַעֲזוֹב דֶּרֶךְ רֶשַׁע וְחִישׁ לָנוּ יֶשַׁע כַּכָּתוּב עַל יַד נְבִיאֶךָ. יַעֲזֹב רָשָׁע דַּרְכּוֹ וְאִישׁ אָוֶן מַחְשְׁבֹתָיו וְיָשֹׁב אֶל יְהוָֹה וִירַחֲמֵהוּ וְאֶל אֱלֹהֵינוּ כִּי יַרְבֶּה לִסְלוֹחַ :

אֱלֹהֵינוּ וֵאלֹהֵי אֲבוֹתֵינוּ סְלַח וּמְחַל לַעֲוֹנוֹתֵינוּ בְּיוֹם (הַשַּׁבָּת הַזֶּה וּבְיוֹם) הַכִּפּוּרִים הַזֶּה *) מְחֵה וְהַעֲבֵר פְּשָׁעֵינוּ וְחַטֹּאתֵינוּ מִנֶּגֶד עֵינֶיךָ וְכוֹף אֶת יִצְרֵנוּ לְהִשְׁתַּעְבֶּד לָךְ. וְהַכְנַע אֶת עָרְפֵּנוּ לָשׁוּב אֵלֶיךָ בֶּאֱמֶת. וְחַדֵּשׁ כִּלְיוֹתֵינוּ לִשְׁמוֹר פִּקּוּדֶיךָ . וּמוֹל אֶת לְבָבֵנוּ לְאַהֲבָה וּלְיִרְאָה אֶת שְׁמֶךָ . כַּכָּתוּב בְּתוֹרָתֶךָ וּמָל יְהוָֹה אֱלֹהֶיךָ אֶת לְבָבְךָ וְאֶת לְבַב זַרְעֶךָ לְאַהֲבָה אֶת יְהוָֹה אֱלֹהֶיךָ בְּכָל לְבָבְךָ וּבְכָל נַפְשְׁךָ לְמַעַן חַיֶּיךָ : הַזְּדוֹנוֹת וְהַשְּׁגָגוֹת אַתָּה מַכִּיר . הָרָצוֹן וְהָאוֹנֶס הַגְּלוּיִים וְהַנִּסְתָּרִים . לְפָנֶיךָ הֵם גְּלוּיִם וִידוּעִים . מָה אָנוּ . מֶה חַיֵּינוּ . מֶה

*) ביום סליחת העון הזה ביום מקרא קדש הזה.

Your people and You are our God; we are Your children and You are our Father; we are Your servants and You are our Master; we are Your congregation and You are our portion; we are Your inheritance and You are our lot; we are Your flock and You are our Shepherd; we are Your vineyard and You are our Watchman; we are Your handiwork and You are our Creator; we are Your beloved ones and You are our Beloved; we are Your treasure and You are our God; we are Your people and You are our King; we are Your chosen people and You are our acknowledged God; we are impudent but You are merciful and gracious; we are obdurate but You are slow to anger; we are full of iniquity but You are full of compassion; our days are like a passing shadow but You are eternal, Your years are without end.

אלהינו Our God and God of our fathers, may our prayers come before You and do not turn away from our supplication, for we are not so impudent and obdurate as to declare before You, Lord our God and God of our fathers, that we are righteous and have not sinned. Indeed, we and our fathers have sinned.

אשמנו We have transgressed, we have acted perfidiously, we have robbed, we have slandered. We have acted perversely and wickedly, we have willfully sinned, we have done violence, we have imputed falsely. We have given evil counsel, we have lied, we have scoffed, we have rebelled, we have provoked, we have been disobedient, we have committed iniquity, we have wantonly transgressed, we have oppressed, we have been obstinate. We have committed evil, we have acted perniciously, we have acted abominably, we have gone astray, we have led others astray. We have strayed from Your good precepts and ordinances, and it has not profited us. Indeed, You are just in all that has come upon us, for You have acted truthfully, and it is we who have acted wickedly.[1]

הרשענו We have acted wickedly and transgressed, therefore we have not been delivered. Inspire our hearts to abandon the evil way, and hasten our deliverance, as it is written by Your prophet: Let the wicked abandon his way and the man of iniquity his thoughts; let him return to the Lord and He will have compassion upon him, and to our God, for He will abundantly pardon.[2]

אלהינו Our God and God of our fathers, pardon and forgive our wrongdoings on this (*On Shabbat:* Shabbat day and on this) Day of Atonements, on this day of pardoning of sin, on this day of holy assembly; wipe away and remove our transgressions and sins from before Your eyes; compel our inclination to be subservient to You; subdue our obduracy that we may return to You in truth; renew our minds to observe Your commandments; open[3] our hearts to love and revere Your Name, as it is written in Your Torah: And the Lord Your God will open[3] your hearts and the hearts of your offspring, to love the Lord your God with all your heart and with all your soul, that you may live.[4] You recognize deliberate sin or inadvertent error, [transgressions committed] willfully or under duress, openly or secretly — before You they are revealed and known. What are we? What is our life? What is

1. Nehemiah 9:33. 2. Isaiah 55:7. 3. Lit., circumcise. 4. Deuteronomy 30:6.

חַסְדֵּנוּ . מַה צִּדְקֵנוּ. מַה כֹּחֵנוּ . מַה גְּבוּרָתֵנוּ . מַה נֹּאמַר לְפָנֶיךָ יְהוָֹה אֱלֹהֵינוּ וֵאלֹהֵי אֲבוֹתֵינוּ . הֲלֹא כָּל הַגִּבּוֹרִים כְּאַיִן לְפָנֶיךָ וְאַנְשֵׁי הַשֵּׁם כְּלֹא הָיוּ וַחֲכָמִים כִּבְלִי מַדָּע וּנְבוֹנִים כִּבְלִי הַשְׂכֵּל . כִּי רוֹב מַעֲשֵׂיהֶם תֹּהוּ וִימֵי חַיֵּיהֶם הֶבֶל לְפָנֶיךָ . וּמוֹתַר הָאָדָם מִן הַבְּהֵמָה אָיִן כִּי הַכֹּל הָבֶל : מַה נֹּאמַר לְפָנֶיךָ יוֹשֵׁב מָרוֹם . וּמַה נְּסַפֵּר לְפָנֶיךָ שׁוֹכֵן שְׁחָקִים . הֲלֹא כָּל הַנִּסְתָּרוֹת וְהַנִּגְלוֹת אַתָּה יוֹדֵעַ :

שִׁמְךָ מֵעוֹלָם עוֹבֵר עַל פֶּשַׁע. שַׁוְעָתֵנוּ תַּאֲזִין בְּעָמְדֵנוּ לְפָנֶיךָ בִּתְפִלָּה תַּעֲבוֹר עַל פֶּשַׁע לְעַם שָׁבֵי פֶשַׁע. תִּמְחֶה פְּשָׁעֵינוּ מִנֶּגֶד עֵינֶיךָ:

אַתָּה יוֹדֵעַ רָזֵי עוֹלָם, וְתַעֲלֻמוֹת סִתְרֵי כָּל חָי: אַתָּה חוֹפֵשׂ כָּל חַדְרֵי בָטֶן וּבוֹחֵן כְּלָיוֹת וָלֵב. אֵין דָּבָר נֶעְלָם מִמֶּךָּ, וְאֵין נִסְתָּר מִנֶּגֶד עֵינֶיךָ: וּבְכֵן יְהִי רָצוֹן מִלְּפָנֶיךָ יְיָ אֱלֹהֵינוּ וֵאלֹהֵי אֲבוֹתֵינוּ, שֶׁתְּרַחֵם עָלֵינוּ וְתִמְחוֹל לָנוּ עַל כָּל חַטֹּאתֵינוּ, וּתְכַפֵּר לָנוּ עַל כָּל עֲוֹנוֹתֵינוּ, וְתִמְחוֹל וְתִסְלַח לָנוּ עַל כָּל פְּשָׁעֵינוּ:

עַל חֵטְא שֶׁחָטָאנוּ לְפָנֶיךָ, בְּאֹנֶס וּבְרָצוֹן.

וְעַל חֵטְא שֶׁחָטָאנוּ לְפָנֶיךָ, בְּאִמּוּץ הַלֵּב.

עַל חֵטְא שֶׁחָטָאנוּ לְפָנֶיךָ, בִּבְלִי דָעַת.

וְעַל חֵטְא שֶׁחָטָאנוּ לְפָנֶיךָ, בְּבִטּוּי שְׂפָתָיִם.

עַל חֵטְא שֶׁחָטָאנוּ לְפָנֶיךָ, בְּגִלּוּי עֲרָיוֹת.

וְעַל חֵטְא שֶׁחָטָאנוּ לְפָנֶיךָ, בְּגָלוּי וּבַסָּתֶר.

עַל חֵטְא שֶׁחָטָאנוּ לְפָנֶיךָ, בְּדַעַת וּבְמִרְמָה.

וְעַל חֵטְא שֶׁחָטָאנוּ לְפָנֶיךָ, בְּדִבּוּר פֶּה.

עַל חֵטְא שֶׁחָטָאנוּ לְפָנֶיךָ, בְּהוֹנָאַת רֵעַ.

וְעַל חֵטְא שֶׁחָטָאנוּ לְפָנֶיךָ, בְּהַרְהוֹר הַלֵּב.

עַל חֵטְא שֶׁחָטָאנוּ לְפָנֶיךָ, בִּוְעִידַת זְנוּת.

our kindness? What is our righteousness? What is our strength? What is our might? What can we say to You, Lord our God and God of our fathers? Are not all the mighty men as nothing before You, the men of renown as though they had never been, the wise as if without knowledge, and the men of understanding as if devoid of intelligence? For most of their deeds are naught, and the days of their lives are vanity before You, the pre-eminence of man over beast is naught for all is vanity.[1] What shall we say to You who dwells on high; what shall we relate to You who abides in the heavens? You surely know all the hidden and revealed things.

שמך Your Name from of old is Forgiver of Transgression; hearken to our supplication as we stand before You in prayer. Forgive transgression for the people who repent of transgression. Erase our transgressions from before Your eyes.

אתה You know the mysteries of the universe and the hidden secrets of every living being. You search all [our] innermost thoughts, and probe [our] mind and heart; nothing is hidden from You, nothing is concealed from Your sight. And so, may it be Your will, Lord our God and God of our fathers, to have mercy on us and forgive us all our sins, grant us atonement for all our iniquities, and forgive and pardon us for all our trangressions.

על חטא For the sin which we have committed before You under duress or willingly.

And for the sin which we have committed before You by hardheartedness.

For the sin which we have committed before You inadvertently.

And for the sin which we have committed before You with an utterance of the lips.

For the sin which we have committed before You with immorality.

And for the sin which we have committed before You openly or secretly.

For the sin which we have committed before You with knowledge and with deceit.

And for the sin which we have committed before You through speech.

For the sin which we have committed before You by deceiving a fellowman.

And for the sin which we have committed before You by improper thoughts.

For the sin which we have committed before You by a gathering of lewdness.

1. Ecclesiastes 3:19.

וְעַל חֵטְא שֶׁחָטָאנוּ לְפָנֶיךָ, בְּוִדּוּי פֶּה.
עַל חֵטְא שֶׁחָטָאנוּ לְפָנֶיךָ, בְּזִלְזוּל הוֹרִים וּמוֹרִים.
וְעַל חֵטְא שֶׁחָטָאנוּ לְפָנֶיךָ, בְּזָדוֹן וּבִשְׁגָגָה.
עַל חֵטְא שֶׁחָטָאנוּ לְפָנֶיךָ, בְּחֹזֶק יָד.
וְעַל חֵטְא שֶׁחָטָאנוּ לְפָנֶיךָ, בְּחִלּוּל הַשֵּׁם.
עַל חֵטְא שֶׁחָטָאנוּ לְפָנֶיךָ, בְּטֻמְאַת שְׂפָתָיִם.
וְעַל חֵטְא שֶׁחָטָאנוּ לְפָנֶיךָ, בְּטִפְשׁוּת פֶּה.
עַל חֵטְא שֶׁחָטָאנוּ לְפָנֶיךָ, בְּיֵצֶר הָרָע.
וְעַל חֵטְא שֶׁחָטָאנוּ לְפָנֶיךָ, בְּיוֹדְעִים וּבְלֹא יוֹדְעִים.
וְעַל כֻּלָּם אֱלוֹהַּ סְלִיחוֹת, סְלַח לָנוּ, מְחַל לָנוּ, כַּפֶּר לָנוּ:

עַל חֵטְא שֶׁחָטָאנוּ לְפָנֶיךָ, בְּכַחַשׁ וּבְכָזָב
וְעַל חֵטְא שֶׁחָטָאנוּ לְפָנֶיךָ, בְּכַפַּת שֹׁחַד.
עַל חֵטְא שֶׁחָטָאנוּ לְפָנֶיךָ, בְּלָצוֹן.
וְעַל חֵטְא שֶׁחָטָאנוּ לְפָנֶיךָ, בְּלָשׁוֹן הָרָע.
עַל חֵטְא שֶׁחָטָאנוּ לְפָנֶיךָ, בְּמַשָּׂא וּבְמַתָּן.
וְעַל חֵטְא שֶׁחָטָאנוּ לְפָנֶיךָ, בְּמַאֲכָל וּבְמִשְׁתֶּה
עַל חֵטְא שֶׁחָטָאנוּ לְפָנֶיךָ, בְּנֶשֶׁךְ וּבְמַרְבִּית.
וְעַל חֵטְא שֶׁחָטָאנוּ לְפָנֶיךָ, בִּנְטִיַּת גָּרוֹן.
עַל חֵטְא שֶׁחָטָאנוּ לְפָנֶיךָ, בְּשִׂיחַ שִׂפְתוֹתֵינוּ.
וְעַל חֵטְא שֶׁחָטָאנוּ לְפָנֶיךָ, בְּסִקּוּר עָיִן.
עַל חֵטְא שֶׁחָטָאנוּ לְפָנֶיךָ, בְּעֵינַיִם רָמוֹת.
וְעַל חֵטְא שֶׁחָטָאנוּ לְפָנֶיךָ, בְּעַזּוּת מֶצַח.
וְעַל כֻּלָּם, אֱלוֹהַּ סְלִיחוֹת, סְלַח לָנוּ, מְחַל לָנוּ, כַּפֶּר לָנוּ:

And for the sin which we have committed before You by verbal [insincere] confession.

For the sin which we have committed before You by disrespect for parents and teachers.

And for the sin which we have committed before You intentionally or unintentionally.

For the sin which we have committed before You by using coercion.

And for the sin which we have committed before You by desecrating the Divine Name.

For the sin which we have committed before You by impurity of speech.

And for the sin which we have committed before You by foolish talk.

For the sin which we have committed before You with the evil inclination.

And for the sin which we have committed before You knowingly or unknowingly.

ועל כלם For all these, God of pardon, pardon us, forgive us, atone for us.

For the sin which we have committed before You by false denial and lying.

And for the sin which we have committed before You by a bribe-taking or a bribe-giving hand.

For the sin which we have committed before You by scoffing.

And for the sin which we have committed before You by evil talk [about another].

For the sin which we have committed before You in business dealings.

And for the sin which we have committed before You by eating and drinking.

For the sin which we have committed before You by [taking or giving] interest and by usury.

And for the sin which we have committed before You by a haughty demeanor.

For the sin which we have committed before You by the prattle of our lips.

And for the sin which we have committed before You by a glance of the eye.

For the sin which we have committed before You with proud looks.

And for the sin which we have committed before You with impudence.

ועל כלם For all these, God of pardon, pardon us, forgive us, atone for us.

עַל חֵטְא שֶׁחָטָאנוּ לְפָנֶיךָ, בִּפְרִיקַת עוֹל.
וְעַל חֵטְא שֶׁחָטָאנוּ לְפָנֶיךָ, בִּפְלִילוּת.
עַל חֵטְא שֶׁחָטָאנוּ לְפָנֶיךָ, בִּצְדִיַּת רֵעַ.
וְעַל חֵטְא שֶׁחָטָאנוּ לְפָנֶיךָ, בְּצָרוּת עָיִן.
עַל חֵטְא שֶׁחָטָאנוּ לְפָנֶיךָ, בְּקַלּוּת רֹאשׁ.
וְעַל חֵטְא שֶׁחָטָאנוּ לְפָנֶיךָ, בְּקַשְׁיוּת עֹרֶף.
עַל חֵטְא שֶׁחָטָאנוּ לְפָנֶיךָ, בְּרִיצַת רַגְלַיִם לְהָרַע.
וְעַל חֵטְא שֶׁחָטָאנוּ לְפָנֶיךָ, בִּרְכִילוּת.
עַל חֵטְא שֶׁחָטָאנוּ לְפָנֶיךָ, בִּשְׁבוּעַת שָׁוְא.
וְעַל חֵטְא שֶׁחָטָאנוּ לְפָנֶיךָ, בְּשִׂנְאַת חִנָּם.
עַל חֵטְא שֶׁחָטָאנוּ לְפָנֶיךָ, בִּתְשׂוּמֶת יָד.
וְעַל חֵטְא שֶׁחָטָאנוּ לְפָנֶיךָ, בְּתִמְהוֹן לֵבָב.
וְעַל כֻּלָּם, אֱלוֹהַּ סְלִיחוֹת, סְלַח לָנוּ, מְחַל לָנוּ, כַּפֶּר לָנוּ:

וְעַל חֲטָאִים שֶׁאָנוּ חַיָּבִים עֲלֵיהֶם: עוֹלָה.
וְעַל חֲטָאִים שֶׁאָנוּ חַיָּבִים עֲלֵיהֶם: חַטָּאת.
וְעַל חֲטָאִים שֶׁאָנוּ חַיָּבִים עֲלֵיהֶם: קָרְבָּן עוֹלֶה וְיוֹרֵד.
וְעַל חֲטָאִים שֶׁאָנוּ חַיָּבִים עֲלֵיהֶם: אָשָׁם וַדַּאי וְתָלוּי.
וְעַל חֲטָאִים שֶׁאָנוּ חַיָּבִים עֲלֵיהֶם: מַכַּת מַרְדּוּת.
וְעַל חֲטָאִים שֶׁאָנוּ חַיָּבִים עֲלֵיהֶם: מַלְקוּת אַרְבָּעִים.
וְעַל חֲטָאִים שֶׁאָנוּ חַיָּבִים עֲלֵיהֶם: מִיתָה בִּידֵי שָׁמָיִם.
וְעַל חֲטָאִים שֶׁאָנוּ חַיָּבִים עֲלֵיהֶם: כָּרֵת וַעֲרִירִי.
וְעַל חֲטָאִים שֶׁאָנוּ חַיָּבִים עֲלֵיהֶם: אַרְבַּע מִיתוֹת בֵּית דִּין סְקִילָה, שְׂרֵפָה, הֶרֶג, וְחֶנֶק.

For the sin which we have committed before You by casting off the yoke [of Heaven].

And for the sin which we have committed before You in passing judgment.

For the sin which we have committed before You by scheming against a fellowman.

And for the sin which we have committed before You by a begrudging eye.

For the sin which we have committed before You by frivolity.

And for the sin which we have committed before You by obduracy.

For the sin which we have committed before You by running to do evil.

And for the sin which we have committed before You by tale-bearing.

For the sin which we have committed before You by swearing in vain.

And for the sin which we have committed before You by causeless hatred.

For the sin which we have committed before You by embezzlement.

And for the sin which we have committed before You by a confused heart.

ועל כלם For all these, God of pardon, pardon us, forgive us, atone for us.

And for the sins for which we are obligated to bring a burnt-offering.

And for the sins for which we are obligated to bring a sin-offering.

And for the sins for which we are obligated to bring a varying offering [according to one's means].

And for the sins for which we are obligated to bring a guilt-offering for a certain or doubtful trespass.

And for the sins for which we incur the penalty of lashing for rebelliousness.

And for the sins for which we incur the penalty of forty lashes.

And for the sins for which we incur the penalty of death by the hand of Heaven.

And for the sins for which we incur the penalty of excision and childlessness.

And for the sins for which we incur the penalty of the four forms of capital punishment executed by the Court: stoning, burning, decapitation and strangulation.

עַל מִצְוֹת עֲשֵׂה, וְעַל מִצְוֹת לֹא תַעֲשֶׂה, בֵּין שֶׁיֵּשׁ בָּהֶן קוּם עֲשֵׂה, וּבֵין שֶׁאֵין בָּהֶן קוּם עֲשֵׂה, אֶת הַגְּלוּיִם לָנוּ, וְאֶת שֶׁאֵינָם גְּלוּיִם לָנוּ. אֶת הַגְּלוּיִם לָנוּ, כְּבַר אֲמַרְנוּם לְפָנֶיךָ, וְהוֹדִינוּ לְךָ עֲלֵיהֶם, וְאֶת שֶׁאֵינָם גְּלוּיִם לָנוּ, לְפָנֶיךָ הֵם גְּלוּיִם וִידוּעִים, כַּדָּבָר שֶׁנֶּאֱמַר: הַנִּסְתָּרֹת לַייָ אֱלֹהֵינוּ, וְהַנִּגְלֹת לָנוּ וּלְבָנֵינוּ עַד עוֹלָם, לַעֲשׂוֹת אֶת כָּל דִּבְרֵי הַתּוֹרָה הַזֹּאת:

וְדָוִד עַבְדְּךָ אָמַר לְפָנֶיךָ. שְׁגִיאוֹת מִי יָבִין מִנִּסְתָּרוֹת נַקֵּנִי: נַקֵּנוּ יְהוָה אֱלֹהֵינוּ מִכָּל פְּשָׁעֵינוּ וְטַהֲרֵנוּ מִכָּל טוּמְאוֹתֵינוּ וּזְרוֹק עָלֵינוּ מַיִם טְהוֹרִים וְטַהֲרֵנוּ כַּכָּתוּב עַל יַד נְבִיאֶךָ וְזָרַקְתִּי עֲלֵיכֶם מַיִם טְהוֹרִים וּטְהַרְתֶּם מִכֹּל טֻמְאוֹתֵיכֶם וּמִכָּל גִּלּוּלֵיכֶם אֲטַהֵר אֶתְכֶם:

מִיכָה עַבְדְּךָ אָמַר לְפָנֶיךָ. מִי אֵל כָּמוֹךָ נוֹשֵׂא עָוֹן וְעוֹבֵר עַל פֶּשַׁע לִשְׁאֵרִית נַחֲלָתוֹ לֹא הֶחֱזִיק לָעַד אַפּוֹ כִּי חָפֵץ חֶסֶד הוּא: יָשׁוּב יְרַחֲמֵנוּ יִכְבּוֹשׁ עֲוֹנוֹתֵינוּ וְתַשְׁלִיךְ בִּמְצוּלוֹת יָם כָּל חַטֹּאתָם: וְכָל חַטֹּאת עַמְּךָ בֵּית יִשְׂרָאֵל תַּשְׁלִיךְ בִּמְקוֹם אֲשֶׁר לֹא יִזָּכְרוּ וְלֹא יִפָּקְדוּ וְלֹא יַעֲלוּ עַל לֵב לְעוֹלָם: וְנֶאֱמַר תִּתֵּן אֱמֶת לְיַעֲקֹב חֶסֶד לְאַבְרָהָם אֲשֶׁר נִשְׁבַּעְתָּ לַאֲבוֹתֵינוּ מִימֵי קֶדֶם:

דָּנִיֵּאל אִישׁ חֲמוּדוֹת שִׁוַּע לְפָנֶיךָ. הַטֵּה אֱלֹהַי אָזְנְךָ וּשְׁמָע פְּקַח עֵינֶיךָ וּרְאֵה שׁוֹמְמוֹתֵינוּ וְהָעִיר אֲשֶׁר נִקְרָא שִׁמְךָ עָלֶיהָ כִּי לֹא עַל צִדְקוֹתֵינוּ אֲנַחְנוּ מַפִּילִים תַּחֲנוּנֵינוּ לְפָנֶיךָ כִּי עַל רַחֲמֶיךָ הָרַבִּים: אֲדֹנָי שְׁמָעָה אֲדֹנָי סְלָחָה אֲדֹנָי הַקְשִׁיבָה וַעֲשֵׂה אַל תְּאַחַר לְמַעַנְךָ אֱלֹהַי כִּי שִׁמְךָ נִקְרָא עַל עִירְךָ וְעַל עַמֶּךָ:

עֶזְרָא הַסּוֹפֵר אָמַר לְפָנֶיךָ. אֱלֹהַי בֹּשְׁתִּי וְנִכְלַמְתִּי לְהָרִים אֱלֹהַי פָּנַי אֵלֶיךָ: כִּי עֲוֹנוֹתֵינוּ רָבוּ לְמַעְלָה רֹאשׁ וְאַשְׁמָתֵנוּ גָּדְלָה עַד לַשָּׁמָיִם: וְאַתָּה אֱלוֹהַּ סְלִיחוֹת חַנּוּן וְרַחוּם אֶרֶךְ אַפַּיִם וְרַב חֶסֶד וְלֹא עֲזַבְתָּם: אַל תַּעַזְבֵנוּ אָבִינוּ וְאַל תִּטְּשֵׁנוּ בּוֹרְאֵנוּ וְאַל תַּזְנִיחֵנוּ יוֹצְרֵנוּ וְאַל תַּעַשׂ עִמָּנוּ כָּלָה כְּחַטֹּאתֵינוּ. וְקַיֶּם לָנוּ יְהוָה אֱלֹהֵינוּ אֶת הַדָּבָר שֶׁהִבְטַחְתָּנוּ בְּקַבָּלָה עַל יְדֵי יִרְמְיָהוּ חוֹזָךְ. כָּאָמוּר בַּיָּמִים הָהֵם וּבָעֵת הַהִיא נְאֻם יְהוָה יְבֻקַּשׁ אֶת עֲוֹן יִשְׂרָאֵל

על For [transgressing] positive and prohibitory *mitzvot*, whether [the prohibitions] can be rectified by a specifically prescribed act[1] or not, those of which we are aware and those of which we are not aware; those of which we are aware, we have already declared them before You and confessed them to You, and those of which we are not aware — before You they are revealed and known, as it is stated: The hidden things belong to the Lord our God, but the revealed things are for us and for our children forever, that we may carry out all the words of this Torah.[2]

ודוד David, Your servant, declared before You: Who can discern inadvertent wrongs? Purge me of hidden sins.[3] Purge us, Lord our God, of all our transgressions, cleanse us of all our defilements, and sprinkle purifying waters upon us and purify us, as it is written by Your prophet: And I will sprinkle purifying waters upon you, and you shall be pure; from all your defilements and from all your idolatries I will purify you.[4]

מיכה Micah, Your servant, declared before You: Who is a God like You, who pardons iniquity and forgives transgression for the remnant of His heritage? He does not maintain His wrath forever, for He desires [to do] kindness. He will again show us mercy, He will suppress our iniquities; and You will cast all their sins into the depths of the sea[5]. And You will cast all the sins of Your people, the House of Israel, into a place where they shall never be remembered nor recalled nor brought to mind. And it is said: You will grant truth to Jacob, kindness to Abraham, as You have sworn to our fathers from the days of yore.[6]

דניאל Daniel, the amiable one, cried out to You: Give ear, my God, and hear; open Your eyes and behold our desolate places and the city upon which Your Name is proclaimed, for it is not on account of our own righteousness that we offer our supplications before You, but because of Your abounding mercies. My Lord, hear; my Lord, forgive; my Lord, hearken and take action, do not delay, for Your own sake, my God, for Your Name is proclaimed over Your city and Your people.[7]

עזרא Ezra the Scribe declared before You: My God, I am embarrassed, I am ashamed to lift my face to You, for our iniquities have increased over [our] head and our guilt has grown up to the heavens.[8] But You are a God of forgiveness, gracious and compassionate, slow to anger and abounding in kindness, and You have not forsaken them.[9] Do not forsake us, our Father; do not abandon us, our Creator; do not desert us, our Maker; do not destroy us because of our sins; and fulfill for us, Lord our God, the promise that which You have made to us in Scripture through Jeremiah the prophet, as it is said: In those days, at the time, says the Lord, the iniquity of Israel will be sought

1. E.g., to return what one has stolen. 2. Deuteronomy 29:28. 3. Psalms 19:13. 4. Ezekiel 36:25. 5. Michah 7:18-19. 6. Ibid. 7:20. 7. Daniel 9:18-19. 8. Ezra 9:6. 9. Nechemiah 9:17.

וְאֵינֶנּוּ וְאֶת חַטֹּאת יְהוּדָה וְלֹא תִמָּצֶאינָה כִּי אֶסְלַח לַאֲשֶׁר אַשְׁאִיר׃ עַמְּךָ וְנַחֲלָתְךָ רְעֵבֵי טוּבְךָ צְמֵאֵי חַסְדֶּךָ תְּאֵבֵי יִשְׁעֲךָ יַכִּירוּ וְיֵדְעוּ כִּי לַיהוָה אֱלֹהֵינוּ הָרַחֲמִים וְהַסְּלִיחוֹת׃

אֵל רַחוּם שְׁמֶךָ. אֵל חַנּוּן שְׁמֶךָ׃ בָּנוּ נִקְרָא שְׁמֶךָ. יְהוָה עֲשֵׂה לְמַעַן שְׁמֶךָ. עֲשֵׂה לְמַעַן אֲמִתֶּךָ. עֲשֵׂה לְמַעַן בְּרִיתֶךָ. עֲשֵׂה לְמַעַן גָּדְלְךָ וְתִפְאַרְתֶּךָ. עֲשֵׂה לְמַעַן דָּתֶךָ. עֲשֵׂה לְמַעַן הוֹדֶךָ. עֲשֵׂה לְמַעַן וְעוּדֶךָ. עֲשֵׂה לְמַעַן זִכְרֶךָ. עֲשֵׂה לְמַעַן חַסְדֶּךָ. עֲשֵׂה לְמַעַן טוּבְךָ. עֲשֵׂה לְמַעַן יִחוּדֶךָ. עֲשֵׂה לְמַעַן כְּבוֹדֶךָ. עֲשֵׂה לְמַעַן לִמּוּדֶךָ. עֲשֵׂה לְמַעַן מַלְכוּתֶךָ. עֲשֵׂה לְמַעַן נִצְחֶךָ. עֲשֵׂה לְמַעַן סוֹדֶךָ. עֲשֵׂה לְמַעַן עֻזֶּךָ. עֲשֵׂה לְמַעַן פְּאֵרֶךָ. עֲשֵׂה לְמַעַן צִדְקָתֶךָ. עֲשֵׂה לְמַעַן קְדֻשָּׁתֶךָ. עֲשֵׂה לְמַעַן רַחֲמֶיךָ הָרַבִּים. עֲשֵׂה לְמַעַן שְׁכִינָתֶךָ. עֲשֵׂה לְמַעַן תְּהִלָּתֶךָ. עֲשֵׂה לְמַעַן אוֹהֲבֶיךָ שׁוֹכְנֵי עָפָר. עֲשֵׂה לְמַעַן אַבְרָהָם יִצְחָק וְיַעֲקֹב. עֲשֵׂה לְמַעַן מֹשֶׁה וְאַהֲרֹן. עֲשֵׂה לְמַעַן דָּוִד וּשְׁלֹמֹה. עֲשֵׂה לְמַעַן יְרוּשָׁלַיִם עִיר קָדְשֶׁךָ. עֲשֵׂה לְמַעַן צִיּוֹן מִשְׁכַּן כְּבוֹדֶךָ. עֲשֵׂה לְמַעַן שִׁמְמוֹת הֵיכָלֶךָ. עֲשֵׂה לְמַעַן הֲרִיסוּת מִזְבְּחֶךָ. עֲשֵׂה לְמַעַן הֲרוּגִים עַל שֵׁם קָדְשֶׁךָ. עֲשֵׂה לְמַעַן טְבוּחִים עַל יִחוּדֶךָ. עֲשֵׂה לְמַעַן בָּאֵי בָאֵשׁ וּבַמַּיִם עַל קִדּוּשׁ שְׁמֶךָ. עֲשֵׂה לְמַעַן יוֹנְקֵי שָׁדַיִם שֶׁלֹּא חָטְאוּ. עֲשֵׂה לְמַעַן גְּמוּלֵי חָלָב שֶׁלֹּא פָשְׁעוּ. עֲשֵׂה לְמַעַן תִּינוֹקוֹת שֶׁל בֵּית רַבָּן. עֲשֵׂה לְמַעַנְךָ אִם לֹא לְמַעֲנֵנוּ. עֲשֵׂה לְמַעַנְךָ וְהוֹשִׁיעֵנוּ׃

עֲנֵנוּ יְהוָה עֲנֵנוּ. עֲנֵנוּ אֱלֹהֵינוּ עֲנֵנוּ. עֲנֵנוּ אָבִינוּ עֲנֵנוּ. עֲנֵנוּ בּוֹרְאֵנוּ עֲנֵנוּ. עֲנֵנוּ גּוֹאֲלֵנוּ עֲנֵנוּ. עֲנֵנוּ דּוֹרְשֵׁנוּ עֲנֵנוּ. עֲנֵנוּ הָאֵל הַנֶּאֱמָן עֲנֵנוּ.

עֲנֵנוּ וָתִיק וְחָסִיד עֲנֵנוּ. עֲנֵנוּ זַךְ וְיָשָׁר עֲנֵנוּ. עֲנֵנוּ חַי וְקַיָּם עֲנֵנוּ׃

עֲנֵנוּ טוֹב וּמֵטִיב עֲנֵנוּ. עֲנֵנוּ יוֹדֵעַ יֵצֶר עֲנֵנוּ. עֲנֵנוּ כּוֹבֵשׁ כְּעָסִים עֲנֵנוּ. עֲנֵנוּ לוֹבֵשׁ צְדָקוֹת עֲנֵנוּ. עֲנֵנוּ מֶלֶךְ מַלְכֵי הַמְּלָכִים עֲנֵנוּ׃ עֲנֵנוּ נוֹרָא וְנִשְׂגָּב עֲנֵנוּ. עֲנֵנוּ סוֹלֵחַ וּמוֹחֵל עֲנֵנוּ. עֲנֵנוּ עוֹנֶה בְּעֵת צָרָה עֲנֵנוּ. עֲנֵנוּ פּוֹדֶה וּמַצִּיל עֲנֵנוּ. עֲנֵנוּ צַדִּיק וְיָשָׁר עֲנֵנוּ׃ עֲנֵנוּ קָרוֹב לְקוֹרְאָיו עֲנֵנוּ. עֲנֵנוּ קָשֶׁה לִכְעוֹס עֲנֵנוּ. עֲנֵנוּ רַךְ לִרְצוֹת עֲנֵנוּ. עֲנֵנוּ רַחוּם וְחַנּוּן עֲנֵנוּ׃

but there will be none, and the sins of Judah, but they will not be found; for I will pardon those whom I will leave as a remnant.[1] Your people and Your heritage who hunger for Your goodness, thirst for Your kindness, yearn for Your deliverance, let them recognize and know that mercy and pardon belong to the Lord our God.

אל Merciful God is Your Name; gracious God is Your Name; Your Name is called upon us; Lord, act for the sake of Your Name. Act for the sake of Your truth; act for the sake of Your covenant; act for the sake of Your greatness and glory. Act for the sake of Your Torah; act for the sake of Your majesty; act for the sake of Your Temple, act for the sake of Your remembrance; act for the sake of Your kindness; act for the sake of Your goodness; act for the sake of Your Oneness; act for the sake of Your honor; act for the sake of Your teaching; act for the sake of Your kingship; act for the sake of Your eternity; act for the sake of Your esoteric lore; act for the sake of Your might; act for the sake of Your magnificence; act for the sake of Your righteousness; act for the sake of Your holiness; act for the sake of Your abounding mercies; act for the sake of Your Divine Presence; act for the sake of Your praise; act for the sake of Your beloved who rest in the dust; act for the sake of Abraham, Isaac and Jacob; act for the sake of Moses and Aaron; act for the sake of David and Solomon; act for the sake of Jerusalem, Your holy city; act for the sake of Zion, the abode of Your glory; act for the sake of Your Sanctuary which is in ruins; act for the sake of Your altar which is destroyed; act for the sake of those who were slain for Your holy Name; act for the sake of those who were slaughtered for Your Oneness; act for the sake of those who went through fire and water for the sanctification of Your Name; act for the sake of the sucklings who have not sinned; act for the sake of babes who have not transgressed; act for the sake of school-children; act for Your own sake, if not for ours; act for Your own sake and deliver us.

עננו Answer us, Lord, answer us; answer us, our God, answer us; answer us, our Father, answer us; answer us, our Creator, answer us; answer us, our Deliverer, answer us; answer us, You who seeks us, answer us; answer us, faithful God, answer us; answer us, mighty and kind One, answer us; answer us, pure and upright One, answer us; answer us, living and eternal One, answer us; answer us, You who are good and does good, answer us; answer us, You who knows our nature, answer us; answer us, You who suppresses anger, answer us; answer us, You who are garbed in righteousness, answer us; answer us, supreme King of kings, answer us; answer us, awesome and exalted One, answer us; answer us, You who pardons and forgives, answer us; answer us, You who responds in time of distress, answer us; answer us, You who redeems and saves, answer us; answer us, You who are righteous and upright, answer us; answer us, You who are close to those who call upon You, answer us; answer us, You who are hard to anger, answer us, answer us, You who are easy to placate, answer us; answer us, You who are merciful and gracious, answer us;

1. Jeremiah 50:20.

עֲנֵנוּ שׁוֹמֵעַ אֶל אֶבְיוֹנִים עֲנֵנוּ. עֲנֵנוּ תּוֹמֵךְ תְּמִימִים עֲנֵנוּ. עֲנֵנוּ אֱלֹהֵי אֲבוֹתֵינוּ עֲנֵנוּ. עֲנֵנוּ אֱלֹהֵי אַבְרָהָם עֲנֵנוּ. עֲנֵנוּ פַּחַד יִצְחָק עֲנֵנוּ. עֲנֵנוּ אֲבִיר יַעֲקֹב עֲנֵנוּ. עֲנֵנוּ עֶזְרַת הַשְּׁבָטִים עֲנֵנוּ. עֲנֵנוּ מִשְׂגַּב אִמָּהוֹת עֲנֵנוּ. עֲנֵנוּ הָעוֹנֶה בְּעֵת רָצוֹן עֲנֵנוּ. עֲנֵנוּ אֲבִי יְתוֹמִים עֲנֵנוּ. עֲנֵנוּ דַּיַּן אַלְמָנוֹת עֲנֵנוּ:

מִי שֶׁעָנָה לְאַבְרָהָם אָבִינוּ בְּהַר הַמּוֹרִיָּה הוּא יַעֲנֵנוּ. מִי שֶׁעָנָה לְיִצְחָק בְּנוֹ כְּשֶׁנֶּעֱקַד עַל גַּבֵּי הַמִּזְבֵּחַ הוּא יַעֲנֵנוּ. מִי שֶׁעָנָה לְיַעֲקֹב בְּבֵית אֵל הוּא יַעֲנֵנוּ. מִי שֶׁעָנָה לְיוֹסֵף בְּבֵית הָאֲסוּרִים הוּא יַעֲנֵנוּ. מִי שֶׁעָנָה לַאֲבוֹתֵינוּ עַל יַם סוּף הוּא יַעֲנֵנוּ. מִי שֶׁעָנָה לְמֹשֶׁה בְּחוֹרֵב הוּא יַעֲנֵנוּ. מִי שֶׁעָנָה לְאַהֲרֹן בַּמַּחְתָּה הוּא יַעֲנֵנוּ. מִי שֶׁעָנָה לְפִינְחָס בְּקוּמוֹ מִתּוֹךְ הָעֵדָה הוּא יַעֲנֵנוּ. מִי שֶׁעָנָה לִיהוֹשֻׁעַ בַּגִּלְגָּל הוּא יַעֲנֵנוּ. מִי שֶׁעָנָה לִשְׁמוּאֵל בַּמִּצְפָּה הוּא יַעֲנֵנוּ. מִי שֶׁעָנָה לְדָוִד וּשְׁלֹמֹה בְנוֹ בִּירוּשָׁלָיִם הוּא יַעֲנֵנוּ. מִי שֶׁעָנָה לְאֵלִיָּהוּ בְּהַר הַכַּרְמֶל הוּא יַעֲנֵנוּ. מִי שֶׁעָנָה לֶאֱלִישָׁע בִּירִיחוֹ הוּא יַעֲנֵנוּ. מִי שֶׁעָנָה לְיוֹנָה בִּמְעֵי הַדָּגָה הוּא יַעֲנֵנוּ. מִי שֶׁעָנָה לְחִזְקִיָּהוּ מֶלֶךְ יְהוּדָה בְּחָלְיוֹ הוּא יַעֲנֵנוּ. מִי שֶׁעָנָה לַחֲנַנְיָה מִישָׁאֵל וַעֲזַרְיָה בְּתוֹךְ כִּבְשַׁן הָאֵשׁ הוּא יַעֲנֵנוּ. מִי שֶׁעָנָה לְדָנִיֵּאל בְּגוֹב אֲרָיוֹת הוּא יַעֲנֵנוּ. מִי שֶׁעָנָה לְמָרְדְּכַי וְאֶסְתֵּר בְּשׁוּשַׁן הַבִּירָה הוּא יַעֲנֵנוּ. מִי שֶׁעָנָה לְעֶזְרָא בַגּוֹלָה הוּא יַעֲנֵנוּ. מִי שֶׁעָנָה לְכָל הַצַּדִּיקִים וְהַחֲסִידִים וְהַתְּמִימִים וְהַיְשָׁרִים הוּא יַעֲנֵנוּ:

רַחֲמָנָא דְעָנֵי לַעֲנִיֵּי עֲנֵינָא: רַחֲמָנָא דְעָנֵי לִתְבִירֵי לִבָּא עֲנֵינָא. רַחֲמָנָא דְעָנֵי לְמַכִּיכֵי רוּחָא עֲנֵינָא: רַחֲמָנָא עֲנֵינָא: רַחֲמָנָא חוּס. רַחֲמָנָא פְּרוֹק. רַחֲמָנָא שְׁזִיב. רַחֲמָנָא רַחֵם עֲלָן. הַשְׁתָּא בַּעֲגָלָא וּבִזְמַן קָרִיב:

כשחל יוהכ"פ בשבת אין אומרים אבינו מלכנו

פותחין הארון. אָבִינוּ מַלְכֵּנוּ חָטָאנוּ לְפָנֶיךָ:

אָבִינוּ מַלְכֵּנוּ אֵין לָנוּ מֶלֶךְ אֶלָּא אָתָּה:

אָבִינוּ מַלְכֵּנוּ עֲשֵׂה עִמָּנוּ לְמַעַן שְׁמֶךָ:

אָבִינוּ מַלְכֵּנוּ חַדֵּשׁ עָלֵינוּ שָׁנָה טוֹבָה:

answer us, You who hearkens to the destitute, answer us; answer us, You who supports the sincere ones, answer us; answer us, God of our fathers, answer us; answer us, God of Abraham, answer us; answer us, You who are the Fear of Isaac,[1] answer us; answer us, Mighty One of Jacob, answer us; answer us, You who aided the Tribes, answer us; answer us, strength of our Matriarchs, answer us; answer us You who responds in a propitious time, answer us; answer us, Father of orphans, answer us; answer us, Judge of widows, answer us.

מי שענה May He who answered our father Abraham on Mount Moriah, answer us. May He who answered Isaac his son when he was bound on the altar, answer us. May He who answered Jacob in Bethel, answer us. May He who answered Joseph in prison, answer us. May He who answered our fathers at the Sea of Reeds, answer us. May He who answered Moses at Chorev, answer us. May He who answered Aaron with the censer, answer us. May He who answered Pinchas when he rose from the midst of the congregation, answer us. May He who answered Joshua in Gilgal, answer us. May He who answered Samuel in Mitzpah, answer us. May He who answered David and Solomon his son in Jerusalem, answer us. May He who answered Elijah on Mount Carmel, answer us. May He who answered Elisha in Jericho, answer us. May He who answered Jonah in the bowels of the fish, answer us. May He who answered Chizkiyahu, King of Judah, in his illness, answer us. May He who answered Chananyah, Mishael and Azariah in the fiery furnace, answer us. May He who answered Daniel in the lion's den, answer us. May He who answered Mordechai and Esther in Shushan the capital, answer us. May He who answered Ezra in exile [in Babylonia], answer us. May He who answered all the righteous, pious, sincere and upright, answer us.

רחמנא May the Merciful One who answers the poor, answer us. May the Merciful One who answers the broken-hearted, answer us. May the Merciful One who answers the humble of spirit, answer us. Merciful One, answer; Merciful One, have pity; Merciful One, redeem; Merciful One, deliver; Merciful One, have compassion on us, now, speedily and very soon.

When Yom Kippur falls on Shabbat אבינו מלכנו *(Our Father, our King...) is not said.*

The Ark is opened.

אבינו מלכנו Our Father, our King, we have sinned before You.

Our Father, our King, we have no King but You.

Our Father, our King, act [benevolently] with us for the sake of Your Name.

Our Father, our King, renew for us a good year.

1. V. Genesis 31:42, 53.

אָבִינוּ מַלְכֵּנוּ בַּטֵּל מֵעָלֵינוּ כָּל גְּזֵרוֹת קָשׁוֹת:
אָבִינוּ מַלְכֵּנוּ בַּטֵּל מַחְשְׁבוֹת שׂוֹנְאֵינוּ:
אָבִינוּ מַלְכֵּנוּ הָפֵר עֲצַת אוֹיְבֵינוּ:
אָבִינוּ מַלְכֵּנוּ כַּלֵּה כָּל צַר וּמַסְטִין מֵעָלֵינוּ:
אָבִינוּ מַלְכֵּנוּ סְתוֹם פִּיּוֹת מַסְטִינֵנוּ וּמְקַטְרִיגֵנוּ:
אָבִינוּ מַלְכֵּנוּ כַּלֵּה דֶּבֶר וְחֶרֶב וְרָעָב וּשְׁבִי וּמַשְׁחִית מִבְּנֵי בְרִיתֶךָ:
אָבִינוּ מַלְכֵּנוּ מְנַע מַגֵּפָה מִנַּחֲלָתֶךָ:
אָבִינוּ מַלְכֵּנוּ סְלַח וּמְחוֹל לְכָל עֲוֹנוֹתֵינוּ:
אָבִינוּ מַלְכֵּנוּ מְחֵה וְהַעֲבֵר פְּשָׁעֵינוּ מִנֶּגֶד עֵינֶיךָ:
אָבִינוּ מַלְכֵּנוּ מְחוֹק בְּרַחֲמֶיךָ הָרַבִּים כָּל שִׁטְרֵי חוֹבוֹתֵינוּ:
אָבִינוּ מַלְכֵּנוּ הַחֲזִירֵנוּ בִּתְשׁוּבָה שְׁלֵמָה לְפָנֶיךָ:
אָבִינוּ מַלְכֵּנוּ שְׁלַח רְפוּאָה שְׁלֵמָה לְחוֹלֵי עַמֶּךָ:
אָבִינוּ מַלְכֵּנוּ קְרַע רוֹעַ גְּזַר דִּינֵנוּ:
אָבִינוּ מַלְכֵּנוּ זָכְרֵנוּ בְּזִכָּרוֹן טוֹב לְפָנֶיךָ:
אָבִינוּ מַלְכֵּנוּ כָּתְבֵנוּ בְּסֵפֶר חַיִּים טוֹבִים:
אָבִינוּ מַלְכֵּנוּ כָּתְבֵנוּ בְּסֵפֶר גְּאֻלָּה וִישׁוּעָה:
אָבִינוּ מַלְכֵּנוּ כָּתְבֵנוּ בְּסֵפֶר פַּרְנָסָה וְכַלְכָּלָה:
אָבִינוּ מַלְכֵּנוּ כָּתְבֵנוּ בְּסֵפֶר זְכֻיּוֹת:
אָבִינוּ מַלְכֵּנוּ כָּתְבֵנוּ בְּסֵפֶר סְלִיחָה וּמְחִילָה:
אָבִינוּ מַלְכֵּנוּ הַצְמַח לָנוּ יְשׁוּעָה בְּקָרוֹב:
אָבִינוּ מַלְכֵּנוּ הָרֵם קֶרֶן יִשְׂרָאֵל עַמֶּךָ:
אָבִינוּ מַלְכֵּנוּ הָרֵם קֶרֶן מְשִׁיחֶךָ:
אָבִינוּ מַלְכֵּנוּ מַלֵּא יָדֵינוּ מִבִּרְכוֹתֶיךָ:
אָבִינוּ מַלְכֵּנוּ מַלֵּא אֲסָמֵינוּ שָׂבָע:

Our Father, our King, remove from us all harsh decrees.

Our Father, our King, annul the intentions of our enemies.

Our Father, our King, foil the plans of our foes.

Our Father, our King, wipe out every oppressor and adversary from against us.

Our Father, our King, close the mouths of our adversaries and accusers.

Our Father, our King, remove pestilence, sword, famine, captivity and destruction from the members of Your covenant.

Our Father, our King, withhold the plague from Your inheritance.

Our Father, our King, pardon and forgive all our iniquities.

Our Father, our King, blot out and remove our transgressions from before Your eyes.

Our Father, our King, erase in Your abounding mercies all the records of our debts [sins].

Our Father, our King, bring us back to You in wholehearted repentance.

Our Father, our King, send a complete healing to the sick of Your people.

Our Father, our King, rend the evil [aspect] of the verdict decreed against us.

Our Father, our King, remember us with a favorable remembrance before You.

Our Father, our King, inscribe us in the book of good life.

Our Father, our King, inscribe us in the book of redemption and deliverance.

Our Father, our King, inscribe us in the book of livelihood and sustenance.

Our Father, our King, inscribe us in the book of merits.

Our Father, our King, inscribe us in the book of pardon and forgiveness.

Our Father, our King, cause deliverance to flourish for us soon.

Our Father, our King, exalt the glory of Israel Your people.

Our Father, our King, exalt the glory of Your anointed one.

Our Father, our King, fill our hands with Your blessings.

Our Father, our King, fill our storehouses with plenty.

אָבִינוּ מַלְכֵּנוּ שְׁמַע קוֹלֵנוּ חוּס וְרַחֵם עָלֵינוּ:

אָבִינוּ מַלְכֵּנוּ קַבֵּל בְּרַחֲמִים וּבְרָצוֹן אֶת תְּפִלָּתֵנוּ:

אָבִינוּ מַלְכֵּנוּ פְּתַח שַׁעֲרֵי שָׁמַיִם לִתְפִלָּתֵנוּ:

אָבִינוּ מַלְכֵּנוּ זָכוֹר כִּי עָפָר אֲנָחְנוּ:

אָבִינוּ מַלְכֵּנוּ נָא אַל תְּשִׁיבֵנוּ רֵיקָם מִלְּפָנֶיךָ:

אָבִינוּ מַלְכֵּנוּ תְּהֵא הַשָּׁעָה הַזֹּאת שְׁעַת רַחֲמִים וְעֵת רָצוֹן מִלְּפָנֶיךָ:

אָבִינוּ מַלְכֵּנוּ חֲמוֹל עָלֵינוּ וְעַל עוֹלָלֵינוּ וְטַפֵּנוּ:

אָבִינוּ מַלְכֵּנוּ עֲשֵׂה לְמַעַן הֲרוּגִים עַל שֵׁם קָדְשֶׁךָ:

אָבִינוּ מַלְכֵּנוּ עֲשֵׂה לְמַעַן טְבוּחִים עַל יִחוּדֶךָ:

אָ״מ עֲשֵׂה לְמַעַן בָּאֵי בָאֵשׁ וּבַמַּיִם עַל קִדּוּשׁ שְׁמֶךָ:

אָבִינוּ מַלְכֵּנוּ נְקוֹם נִקְמַת דַּם עֲבָדֶיךָ הַשָּׁפוּךְ:

אָבִינוּ מַלְכֵּנוּ עֲשֵׂה לְמַעַנְךָ אִם לֹא לְמַעֲנֵנוּ:

אָבִינוּ מַלְכֵּנוּ עֲשֵׂה לְמַעַנְךָ וְהוֹשִׁיעֵנוּ:

אָבִינוּ מַלְכֵּנוּ עֲשֵׂה לְמַעַן רַחֲמֶיךָ הָרַבִּים:

אָבִינוּ מַלְכֵּנוּ עֲשֵׂה לְמַעַן שִׁמְךָ הַגָּדוֹל הַגִּבּוֹר וְהַנּוֹרָא שֶׁנִּקְרָא עָלֵינוּ:

אָבִינוּ מַלְכֵּנוּ חָנֵּנוּ וַעֲנֵנוּ כִּי אֵין בָּנוּ מַעֲשִׂים עֲשֵׂה עִמָּנוּ צְדָקָה וָחֶסֶד וְהוֹשִׁיעֵנוּ: סוגרין הארון

לְדָוִד מִזְמוֹר לַייָ הָאָרֶץ וּמְלוֹאָהּ, תֵּבֵל וְיֹשְׁבֵי בָהּ: כִּי הוּא עַל יַמִּים יְסָדָהּ, וְעַל נְהָרוֹת יְכוֹנְנֶהָ: מִי יַעֲלֶה בְהַר יְיָ, וּמִי יָקוּם בִּמְקוֹם קָדְשׁוֹ: נְקִי כַפַּיִם וּבַר לֵבָב אֲשֶׁר לֹא נָשָׂא לַשָּׁוְא נַפְשִׁי, וְלֹא נִשְׁבַּע לְמִרְמָה: יִשָּׂא בְרָכָה מֵאֵת יְיָ, וּצְדָקָה מֵאֱלֹהֵי יִשְׁעוֹ: זֶה דּוֹר דֹּרְשָׁיו מְבַקְשֵׁי פָנֶיךָ יַעֲקֹב סֶלָה: שְׂאוּ שְׁעָרִים רָאשֵׁיכֶם, וְהִנָּשְׂאוּ פִּתְחֵי עוֹלָם, וְיָבוֹא מֶלֶךְ הַכָּבוֹד: מִי זֶה מֶלֶךְ הַכָּבוֹד יְיָ עִזּוּז וְגִבּוֹר, יְיָ גִּבּוֹר מִלְחָמָה: שְׂאוּ שְׁעָרִים רָאשֵׁיכֶם, וּשְׂאוּ פִּתְחֵי עוֹלָם, וְיָבֹא מֶלֶךְ הַכָּבוֹד: מִי הוּא זֶה מֶלֶךְ הַכָּבוֹד יְיָ צְבָאוֹת, הוּא מֶלֶךְ הַכָּבוֹד סֶלָה:

Our Father, our King, hear our voice, have pity and compassion upon us.

Our Father, our King, accept our prayer with mercy and with favor.

Our Father, our King, open the gates of heaven to our prayer.

Our Father, our King, let it be remembered that we are but dust.

Our Father, our King, we beseech You, do not turn us away from You empty-handed.

Our Father, our King, may this hour be an hour of mercy and a time of favor before You.

Our Father, our King, have compassion upon us, and upon our infants and children.

Our Father, our King, do it for the sake of those who were slain for Your holy Name.

Our Father, our King, do it for the sake of those who were slaughtered for Your Oneness.

Our Father, our King, do it for the sake of those who went through fire and water for the sanctification of Your Name.

Our Father, our King, avenge the spilled blood of Your servants.

Our Father, our King, do it for Your sake, if not for ours.

Our Father, our King, do it for Your sake, and deliver us.

Our Father, our King, do it for the sake of Your abounding mercies.

Our Father, our King, do it for the sake of Your great, mighty and awesome Name which is proclaimed over us.

Our Father, our King, be gracious to us and answer us for we have no meritorious deeds; deal charitably and kindly with us and deliver us.

The Ark is closed.

לדוד By David. A Psalm. The earth and all therein is the Lord's; the world and its inhabitants. For He has founded it upon the seas, and established it upon the rivers. Who may ascend the mountain of the Lord, and who may stand in His holy place? He who has clean hands and a pure heart, who has not used My Name in vain or sworn falsely. He shall receive a blessing from the Lord, and kindness from God, his deliverer. Such is the generation of those who search for Him, [the children of] Jacob who seek Your countenance forever. Lift up your heads, O gates, and be lifted up, eternal doors, so the glorious King may enter. Who is the glorious King? The Lord, strong and mighty; the Lord, mighty in battle. Lift up your heads, O gates; lift them up, eternal doors, so the glorious King may enter. Who is the glorious King? The Lord of hosts, He is the glorious King for all eternity.[1]

1. Psalm 24.

יִתְגַּדַּל וְיִתְקַדַּשׁ שְׁמֵהּ רַבָּא. אמן בְּעָלְמָא דִּי בְרָא כִרְעוּתֵהּ וְיַמְלִיךְ מַלְכוּתֵהּ, וְיַצְמַח פֻּרְקָנֵהּ וִיקָרֵב מְשִׁיחֵהּ אמן. בְּחַיֵּיכוֹן וּבְיוֹמֵיכוֹן וּבְחַיֵּי דְכָל בֵּית יִשְׂרָאֵל, בַּעֲגָלָא וּבִזְמַן קָרִיב וְאִמְרוּ אָמֵן: יְהֵא שְׁמֵהּ רַבָּא מְבָרַךְ לְעָלַם וּלְעָלְמֵי עָלְמַיָּא. יִתְבָּרַךְ וְיִשְׁתַּבַּח, וְיִתְפָּאַר, וְיִתְרוֹמַם, וְיִתְנַשֵּׂא, וְיִתְהַדָּר וְיִתְעַלֶּה וְיִתְהַלָּל, שְׁמֵהּ דְּקֻדְשָׁא בְּרִיךְ הוּא. אמן לְעֵלָּא מִן כָּל בִּרְכָתָא וְשִׁירָתָא, תֻּשְׁבְּחָתָא וְנֶחֱמָתָא, דַּאֲמִירָן בְּעָלְמָא, וְאִמְרוּ אָמֵן:

תִּתְקַבַּל צְלוֹתְהוֹן וּבָעוּתְהוֹן דְּכָל בֵּית יִשְׂרָאֵל, קֳדָם אֲבוּהוֹן דִּי בִשְׁמַיָּא, וְאִמְרוּ אָמֵן.

יְהֵא שְׁלָמָא רַבָּא מִן־שְׁמַיָּא וְחַיִּים טוֹבִים עָלֵינוּ וְעַל־כָּל־יִשְׂרָאֵל וְאִמְרוּ אָמֵן:

עֹשֶׂה הַשָּׁלוֹם בִּמְרוֹמָיו הוּא יַעֲשֶׂה שָׁלוֹם עָלֵינוּ וְעַל־כָּל־יִשְׂרָאֵל וְאִמְרוּ אָמֵן:

כשחל יוהכ״פ בשבת אומרים זה:

תהלים כג
מִזְמוֹר לְדָוִד, יְיָ רֹעִי לֹא אֶחְסָר: בִּנְאוֹת דֶּשֶׁא יַרְבִּיצֵנִי, עַל מֵי מְנֻחוֹת יְנַהֲלֵנִי: נַפְשִׁי יְשׁוֹבֵב יַנְחֵנִי בְמַעְגְּלֵי צֶדֶק לְמַעַן שְׁמוֹ: גַּם כִּי אֵלֵךְ בְּגֵיא צַלְמָוֶת לֹא אִירָא רָע, כִּי אַתָּה עִמָּדִי, שִׁבְטְךָ וּמִשְׁעַנְתֶּךָ הֵמָּה יְנַחֲמֻנִי: תַּעֲרֹךְ לְפָנַי שֻׁלְחָן נֶגֶד צֹרְרָי, דִּשַּׁנְתָּ בַשֶּׁמֶן רֹאשִׁי כּוֹסִי רְוָיָה: אַךְ טוֹב וָחֶסֶד יִרְדְּפוּנִי כָּל יְמֵי חַיָּי, וְשַׁבְתִּי בְּבֵית יְיָ לְאֹרֶךְ יָמִים:

יִתְגַּדַּל וְיִתְקַדַּשׁ שְׁמֵהּ רַבָּא׳ אמן: בְּעָלְמָא דִּי בְרָא כִרְעוּתֵהּ וְיַמְלִיךְ מַלְכוּתֵהּ וְיַצְמַח פֻּרְקָנֵהּ וִיקָרֵב מְשִׁיחֵהּ׳ אמן: בְּחַיֵּיכוֹן וּבְיוֹמֵיכוֹן וּבְחַיֵּי דְכָל בֵּית יִשְׂרָאֵל בַּעֲגָלָא וּבִזְמַן קָרִיב וְאִמְרוּ אָמֵן: יְהֵא שְׁמֵהּ רַבָּא מְבָרַךְ לְעָלַם וּלְעָלְמֵי עָלְמַיָּא: יִתְבָּרַךְ וְיִשְׁתַּבַּח וְיִתְפָּאַר וְיִתְרוֹמַם וְיִתְנַשֵּׂא וְיִתְהַדָּר וְיִתְעַלֶּה וְיִתְהַלָּל שְׁמֵהּ דְּקוּדְשָׁא בְּרִיךְ הוּא׳ אמן: לְעֵלָּא מִן כָּל בִּרְכָתָא וְשִׁירָתָא תֻּשְׁבְּחָתָא וְנֶחֱמָתָא דַּאֲמִירָן בְּעָלְמָא וְאִמְרוּ אָמֵן:

חזן בָּרְכוּ אֶת יְיָ הַמְבֹרָךְ:

קהל וחזן בָּרוּךְ יְיָ הַמְבֹרָךְ לְעוֹלָם וָעֶד. ואין עונין אחריו אמן:

עָלֵינוּ לְשַׁבֵּחַ לַאֲדוֹן הַכֹּל לָתֵת גְּדֻלָּה לְיוֹצֵר בְּרֵאשִׁית שֶׁלֹּא עָשָׂנוּ כְּגוֹיֵי הָאֲרָצוֹת וְלֹא שָׂמָנוּ כְּמִשְׁפְּחוֹת הָאֲדָמָה שֶׁלֹּא שָׂם חֶלְקֵנוּ כָּהֶם וְגֹרָלֵנוּ כְּכָל־הֲמוֹנָם שֶׁהֵם מִשְׁתַּחֲוִים לְהֶבֶל

יתגדל Exalted and hallowed be His great Name (*Cong:* Amen.) throughout the world which He has created according to His will. May He establish His kingship, bring forth His redemption and hasten the coming of His *Mashiach* (*Cong:* Amen.) in your lifetime and in your days and in the lifetime of the entire House of Israel, speedily and soon, and say, Amen. (*Cong:* Amen. May His great Name be blessed forever and to all eternity. Blessed.) May His great Name be blessed forever and to all eternity. Blessed and praised, glorified, exalted and extolled, honored, adored and lauded be the Name of the Holy One, blessed be He, (*Cong:* Amen.) beyond all the blessings, hymns, praises and consolations that are uttered in the world; and say, Amen. (*Cong:* Amen.)

May the prayers and supplications of the entire House of Israel be accepted before their Father in heaven; and say, Amen. (*Cong:* Amen.)

May there be abundant peace from heaven, and a good life for us and for all Israel; and say, Amen. (*Cong:* Amen.)

He who makes the peace in His heavens, may He make peace for us and for all Israel; and say, Amen. (*Cong:* Amen.)

When Yom Kippur falls on Shabbat say:

מזמור A Psalm by David. The Lord is my shepherd, I shall lack nothing. He makes me lie down in green pastures; He leads me beside still waters. He revives my soul; He directs me in paths of righteousness for the sake of His Name. Even if I will walk in the valley of the shadow of death, I will fear no evil, for You are with me; Your rod and Your staff — they will comfort me. You will prepare a table for me before my enemies; You have anointed my head with oil; my cup is full. Only goodness and kindness shall follow me all the days of my life, and I shall dwell in the House of the Lord for many long years.[1]

יתגדל Exalted and hallowed be His great Name (*Cong:* Amen.) throughout the world which He has created according to His will. May He establish His kingship, bring forth His redemption and hasten the coming of His *Mashiach* (*Cong:* Amen.) in your lifetime and in your days and in the lifetime of the entire House of Israel, speedily and soon, and say, Amen. (*Cong:* Amen. May His great Name be blessed forever and to all eternity. Blessed.) May His great Name be blessed forever and to all eternity. Blessed and praised, glorified, exalted and extolled, honored, adored and lauded be the Name of the Holy One, blessed be He, (*Cong:* Amen.) beyond all the blessings, hymns, praises and consolations that are uttered in the world; and say, Amen. (*Cong:* Amen.)

Chazzan:

ברכו Bless the Lord who is blessed.

Congregation and Chazzan:

ברוך Blessed be the Lord who is blessed for all eternity.

Amen is not responded.

עלינו It is incumbent upon us to praise the Master of all things, to exalt the Creator of all existence, that He has not made us like the nations of the world, nor caused us to be like the families of the earth; that He has not assigned us a portion like theirs, nor a lot like that of all their multitudes, for they bow to vanity and

---

1. Psalm 23.

וְלָרִיק: וַאֲנַחְנוּ כּוֹרְעִים וּמִשְׁתַּחֲוִים וּמוֹדִים לִפְנֵי מֶלֶךְ מַלְכֵי הַמְּלָכִים הַקָּדוֹשׁ בָּרוּךְ הוּא: שֶׁהוּא נוֹטֶה שָׁמַיִם וְיוֹסֵד אָרֶץ וּמוֹשַׁב יְקָרוֹ בַּשָּׁמַיִם מִמַּעַל וּשְׁכִינַת עֻזּוֹ בְּגָבְהֵי מְרוֹמִים: הוּא אֱלֹהֵינוּ אֵין עוֹד אֱמֶת מַלְכֵּנוּ אֶפֶס זוּלָתוֹ כַּכָּתוּב בְּתוֹרָתוֹ וְיָדַעְתָּ הַיּוֹם וַהֲשֵׁבֹתָ אֶל־לְבָבֶךָ כִּי יְהוָֹה הוּא הָאֱלֹהִים בַּשָּׁמַיִם מִמַּעַל וְעַל־הָאָרֶץ מִתָּחַת אֵין עוֹד:

וְעַל־כֵּן נְקַוֶּה לְּךָ יְהוָֹה אֱלֹהֵינוּ לִרְאוֹת מְהֵרָה בְּתִפְאֶרֶת עֻזֶּךָ לְהַעֲבִיר גִּלּוּלִים מִן הָאָרֶץ וְהָאֱלִילִים כָּרוֹת יִכָּרֵתוּן לְתַקֵּן עוֹלָם בְּמַלְכוּת שַׁדַּי וְכָל־בְּנֵי־בָשָׂר יִקְרְאוּ בִשְׁמֶךָ לְהַפְנוֹת אֵלֶיךָ כָּל־רִשְׁעֵי אָרֶץ׳ יַכִּירוּ וְיֵדְעוּ כָּל־יוֹשְׁבֵי תֵבֵל כִּי לְךָ תִּכְרַע כָּל־בֶּרֶךְ תִּשָּׁבַע כָּל־לָשׁוֹן׳ לְפָנֶיךָ יְהוָֹה אֱלֹהֵינוּ יִכְרְעוּ וְיִפֹּלוּ וְלִכְבוֹד שִׁמְךָ יְקָר יִתֵּנוּ׳ וִיקַבְּלוּ כֻלָּם עֲלֵיהֶם אֶת־עֹל מַלְכוּתֶךָ וְתִמְלוֹךְ עֲלֵיהֶם מְהֵרָה לְעוֹלָם וָעֶד׳ כִּי הַמַּלְכוּת שֶׁלְּךָ הִיא וּלְעוֹלְמֵי עַד תִּמְלוֹךְ בְּכָבוֹד כַּכָּתוּב בְּתוֹרָתֶךָ יְהוָֹה׀ יִמְלֹךְ לְעֹלָם וָעֶד: וְנֶאֱמַר וְהָיָה יְהוָֹה לְמֶלֶךְ עַל־כָּל־הָאָרֶץ בַּיּוֹם הַהוּא יִהְיֶה יְהוָֹה אֶחָד וּשְׁמוֹ אֶחָד:

יִתְגַּדַּל וְיִתְקַדַּשׁ שְׁמֵהּ רַבָּא, אמן בְּעָלְמָא דִּי בְרָא כִרְעוּתֵהּ וְיַמְלִיךְ מַלְכוּתֵהּ, וְיַצְמַח פֻּרְקָנֵהּ וִיקָרֵב מְשִׁיחֵהּ. אמן בְּחַיֵּיכוֹן וּבְיוֹמֵיכוֹן וּבְחַיֵּי דְכָל בֵּית יִשְׂרָאֵל, בַּעֲגָלָא וּבִזְמַן קָרִיב וְאִמְרוּ אָמֵן: יְהֵא שְׁמֵהּ רַבָּא מְבָרַךְ לְעָלַם וּלְעָלְמֵי עָלְמַיָּא. יִתְבָּרַךְ, וְיִשְׁתַּבַּח, וְיִתְפָּאַר, וְיִתְרוֹמַם, וְיִתְנַשֵּׂא, וְיִתְהַדָּר וְיִתְעַלֶּה, וְיִתְהַלָּל, שְׁמֵהּ דְּקֻדְשָׁא בְּרִיךְ הוּא. אמן לְעֵלָּא מִן כָּל בִּרְכָתָא וְשִׁירָתָא, תֻּשְׁבְּחָתָא וְנֶחֱמָתָא, דַּאֲמִירָן בְּעָלְמָא, וְאִמְרוּ אָמֵן:

יְהֵא שְׁלָמָא רַבָּא מִן שְׁמַיָּא וְחַיִּים טוֹבִים עָלֵינוּ וְעַל כָּל יִשְׂרָאֵל וְאִמְרוּ אָמֵן:

עֹשֶׂה הַשָּׁלוֹם בִּמְרוֹמָיו הוּא יַעֲשֶׂה שָׁלוֹם עָלֵינוּ וְעַל כָּל יִשְׂרָאֵל וְאִמְרוּ אָמֵן:

אַל־תִּירָא מִפַּחַד פִּתְאֹם וּמִשֹּׁאַת רְשָׁעִים כִּי תָבֹא: עֻצוּ עֵצָה וְתֻפָר דַּבְּרוּ דָבָר וְלֹא יָקוּם כִּי עִמָּנוּ אֵל: וְעַד־זִקְנָה אֲנִי הוּא וְעַד־שֵׂיבָה אֲנִי אֶסְבֹּל אֲנִי עָשִׂיתִי וַאֲנִי אֶשָּׂא וַאֲנִי אֶסְבֹּל וַאֲמַלֵּט: אך צדיקים יודו לשמך ישבו ישרים את פניך

nothingness. But we bend the knee, bow down, and offer praise before the supreme King of kings, the Holy One, blessed be He, who stretches forth the heavens and establishes the earth, the seat of whose glory is in the heavens above, and the abode of whose majesty is in the loftiest heights. He is our God; there is none else. Truly, He is our King; there is nothing besides Him, as it is written in His Torah:[1] Know this day and take unto your heart that the Lord is God; in the heavens above and upon the earth below there is nothing else.[2]

ועל And therefore we hope to You, Lord our God, that we may speedily behold the splendor of Your might, to banish idolatry from the earth — and false gods will be utterly destroyed; to perfect the world under the sovereignty of the Almighty. All mankind shall invoke Your Name, to turn to You all the wicked of the earth. Then all the inhabitants of the world will recognize and know that every knee should bend to You, every tongue should swear [by Your Name]. Before You, Lord our God, they will bow and prostrate themselves, and give honor to the glory of Your Name; and they will all take upon themselves the yoke of Your kingdom. May You soon reign over them forever and ever, for kingship is Yours, and to all eternity You will reign in glory, as it is written in Your Torah: The Lord will reign forever and ever.[3] And it is said: The Lord shall be King over the entire earth; on that day the Lord shall be One and His Name One.[4]

יתגדל Exalted and hallowed be His great Name (*Cong:* Amen.) throughout the world which He has created according to His will. May He establish His kingship, bring forth His redemption and hasten the coming of His *Mashiach* (Cong: Amen.) in your lifetime and in your days and in the lifetime of the entire House of Israel, speedily and soon, and say, Amen. (*Cong:* Amen. May His great Name be blessed forever and to all eternity. Blessed.) May His great Name be blessed forever and to all eternity. Blessed and praised, glorified, exalted and extolled, honored, adored and lauded be the Name of the Holy One, blessed be He, (*Cong:* Amen.) beyond all the blessings, hymns, praises and consolations that are uttered in the world; and say, Amen. (*Cong:* Amen.)

May there be abundant peace from heaven, and a good life for us and for all Israel; and say, Amen. (*Cong:* Amen.)

He who makes the peace in His heavens, may He make peace for us and for all Israel; and say, Amen. (*Cong:* Amen.)

אל Do not fear sudden terror, nor the destruction of the wicked when it comes.[5] Contrive a scheme, but it will be foiled; conspire a plot but it will not materialize, for God is with us.[6] To your old age I am [with you]; to your hoary years I will sustain you; I have made you,and I will carry you; I will sustain you and deliver you.[7]

אך Indeed, the righteous will extol Your Name; the upright will dwell in Your presence.[8]

---

1. Deuteronomy 4:39. 2. For further elucidation, see Tanya, Part II, ch. 6. 3. Exodus 15:18. 4. Zechariah 14:9. 5. Proverbs 3:25. 6. Isaiah 8:10. 7. Ibid. 46:4. 8. Psalms 140:14.

וטוב שלא ישן בליל יוה״כ אלא לעסוק בתורה · אחר ערבית יש לומר ד׳ מזמורים הראשונים שבתהלים
כי יש בהם ש״י תיבות כמנין קרי ור״ת וס״ת מהמזמורים מנין קל״א כמנין סמא״ל כדי להנצל מקרי ·
וגם יכוין בשם יְהֹוָה בנקוד בִּבְרִית :

א א אַשְׁרֵי הָאִישׁ אֲשֶׁר לֹא הָלַךְ בַּעֲצַת רְשָׁעִים וּבְדֶרֶךְ חַטָּאִים
לֹא עָמָד וּבְמוֹשַׁב לֵצִים לֹא יָשָׁב : ב כִּי אִם בְּתוֹרַת
יְהֹוָה חֶפְצוֹ וּבְתוֹרָתוֹ יֶהְגֶּה יוֹמָם וָלָיְלָה : ג וְהָיָה כְּעֵץ שָׁתוּל עַל
פַּלְגֵי מָיִם אֲשֶׁר פִּרְיוֹ יִתֵּן בְּעִתּוֹ וְעָלֵהוּ לֹא יִבּוֹל וְכֹל אֲשֶׁר יַעֲשֶׂה
יַצְלִיחַ : ד לֹא כֵן הָרְשָׁעִים כִּי אִם כַּמֹּץ אֲשֶׁר תִּדְּפֶנּוּ רוּחַ : ה עַל
כֵּן לֹא יָקֻמוּ רְשָׁעִים בַּמִּשְׁפָּט וְחַטָּאִים בַּעֲדַת צַדִּיקִים : ו כִּי יוֹדֵעַ
יְהֹוָה דֶּרֶךְ צַדִּיקִים וְדֶרֶךְ רְשָׁעִים תֹּאבֵד :

ב א לָמָּה רָגְשׁוּ גוֹיִם וּלְאֻמִּים יֶהְגּוּ רִיק : ב יִתְיַצְּבוּ מַלְכֵי אֶרֶץ
וְרוֹזְנִים נוֹסְדוּ יָחַד עַל יְהֹוָה וְעַל מְשִׁיחוֹ : ג נְנַתְּקָה אֶת
מוֹסְרוֹתֵימוֹ וְנַשְׁלִיכָה מִמֶּנּוּ עֲבֹתֵימוֹ : ד יוֹשֵׁב בַּשָּׁמַיִם יִשְׂחָק אֲדֹנָי
יִלְעַג לָמוֹ : ה אָז יְדַבֵּר אֵלֵימוֹ בְאַפּוֹ וּבַחֲרוֹנוֹ יְבַהֲלֵמוֹ : ו וַאֲנִי נָסַכְתִּי
מַלְכִּי עַל צִיּוֹן הַר קָדְשִׁי : ז אֲסַפְּרָה אֶל חֹק יְהֹוָה אָמַר אֵלַי בְּנִי
אַתָּה אֲנִי הַיּוֹם יְלִדְתִּיךָ : ח שְׁאַל מִמֶּנִּי וְאֶתְּנָה גוֹיִם נַחֲלָתֶךָ וַאֲחֻזָּתְךָ
אַפְסֵי אָרֶץ : ט תְּרֹעֵם בְּשֵׁבֶט בַּרְזֶל כִּכְלִי יוֹצֵר תְּנַפְּצֵם : י וְעַתָּה
מְלָכִים הַשְׂכִּילוּ הִוָּסְרוּ שֹׁפְטֵי אָרֶץ : יא עִבְדוּ אֶת יְהֹוָה בְּיִרְאָה וְגִילוּ
בִּרְעָדָה : יב נַשְּׁקוּ בַר פֶּן יֶאֱנַף וְתֹאבְדוּ דֶרֶךְ כִּי יִבְעַר כִּמְעַט אַפּוֹ
אַשְׁרֵי כָּל חוֹסֵי בוֹ :

ג א מִזְמוֹר לְדָוִד בְּבָרְחוֹ מִפְּנֵי אַבְשָׁלוֹם בְּנוֹ : ב יְהֹוָה מָה רַבּוּ
צָרָי רַבִּים קָמִים עָלָי : ג רַבִּים אֹמְרִים לְנַפְשִׁי אֵין
יְשׁוּעָתָה לּוֹ בֵאלֹהִים סֶלָה : ד וְאַתָּה יְהֹוָה מָגֵן בַּעֲדִי כְּבוֹדִי וּמֵרִים
רֹאשִׁי : ה קוֹלִי אֶל יְהֹוָה אֶקְרָא וַיַּעֲנֵנִי מֵהַר קָדְשׁוֹ סֶלָה : ו אֲנִי
שָׁכַבְתִּי וָאִישָׁנָה הֱקִיצוֹתִי כִּי יְהֹוָה יִסְמְכֵנִי : ז לֹא אִירָא מֵרִבְבוֹת
עָם אֲשֶׁר סָבִיב שָׁתוּ עָלָי : ח קוּמָה יְהֹוָה הוֹשִׁיעֵנִי אֱלֹהַי כִּי
הִכִּיתָ אֶת כָּל אֹיְבַי לֶחִי שִׁנֵּי רְשָׁעִים שִׁבַּרְתָּ : ט לַיהֹוָה הַיְשׁוּעָה
עַל עַמְּךָ בִרְכָתֶךָ סֶּלָה :

ד א לַמְנַצֵּחַ בִּנְגִינוֹת מִזְמוֹר לְדָוִד : ב בְּקָרְאִי עֲנֵנִי אֱלֹהֵי צִדְקִי
בַּצָּר הִרְחַבְתָּ לִּי חָנֵּנִי וּשְׁמַע תְּפִלָּתִי : ג בְּנֵי אִישׁ

עד מה כבודי לכלמה תאהבון ריק תבקשו כזב סלה: ד ודעו
כי הפלה יהוה חסיד לו יהוה ישמע בקראי אליו: ה רגזו ואל
תחטאו אמרו בלבבכם על משכבכם ודמו סלה: ו זבחו זבחי
צדק ובטחו אל יהוה: ז רבים אמרים מי יראנו טוב נסה עלינו
אור פניך יהוה: ח נתתה שמחה בלבי מעת דגנם ותירושם
רבו: ט בשלום יחדו אשכבה ואישן כי אתה יהוה לבדד
לבטח תושיבני:

יתגדל ויתקדש שמה רבא· אמן: בעלמא די ברא כרעותה ויַמליך מלכותה ויַצמח פורקנה ויקרב משיחה· אמן: בחייכון וביומיכון ובחיי דכל בית ישראל בעגלא ובזמן קריב ואמרו אמן: יהא שמה רבא מברך לעלם ולעלמי עלמיא יתברך וישתבח ויתפאר ויתרומם ויתנשא ויתהדר ויתעלה ויתהלל שמה דקודשא בריך הוא· אמן: לעילא מן כל ברכתא ושירתא תשבחתא ונחמתא דאמירן בעלמא ואמרו אמן:

יהא שלמא רבא מן־שמיא וחיים טובים עלינו ועל־כל־ישראל ואמרו אמן:

עשה השלום במרומיו הוא יעשה שלום עלינו ועל־כל־ישראל ואמרו אמן:

סדר קריאת שמע על המטה

השכיבנו אבינו לשלום, והעמידנו מלכנו לחיים טובים ולשלום ותקננו בעצה טובה מלפניך, והושיענו מהרה למען שמך, ופרוש עלינו סכת שלומך.

שמע ישראל יי אלהינו יי | אחד:

בקול רם ברוך שם כבוד מלכותו לעולם ועד:

ואהבת את יי אלהיך, בכל לבבך, ובכל נפשך, ובכל מאדך: והיו הדברים האלה אשר אנכי מצוך היום על לבבך: ושננתם לבניך ודברת בם, בשבתך בביתך, ובלכתך בדרך, ובשכבך, ובקומך: וקשרתם לאות על ידך, והיו לטטפת בין עיניך: וכתבתם על מזזות ביתך, ובשעריך:

והיה אם שמע תשמעו אל מצותי אשר אנכי מצוה אתכם היום, לאהבה את יי אלהיכם ולעבדו, בכל לבבכם ובכל נפשכם: ונתתי מטר ארצכם בעתו יורה ומלקוש, ואספת דגנך ותירשך ויצהרך: ונתתי עשב בשדך לבהמתך, ואכלת ושבעת: השמרו לכם פן יפתה לבבכם, וסרתם ועבדתם אלהים אחרים והשתחויתם להם: וחרה אף יי בכם ועצר את השמים ולא יהיה מטר והאדמה לא תתן את יבולה, ואבדתם מהרה מעל הארץ הטבה אשר יי נתן לכם: ושמתם את דברי אלה על לבבכם ועל נפשכם וקשרתם אתם לאות על ידכם והיו לטוטפת בין עיניכם: ולמדתם אתם את בניכם לדבר בם, בשבתך בביתך ובלכתך בדרך ובשכבך ובקומך: וכתבתם על מזוזות ביתך ובשעריך: למען ירבו ימיכם וימי בניכם על האדמה אשר נשבע יי לאבתיכם לתת להם, כימי השמים על הארץ:

ויאמר יי אל משה לאמר: דבר אל בני ישראל ואמרת אלהם ועשו להם ציצת על כנפי בגדיהם לדרתם, ונתנו על ציצת הכנף, פתיל תכלת: והיה לכם לציצת, וראיתם אתו, וזכרתם את כל מצות יי, ועשיתם אתם, ולא תתורו אחרי לבבכם ואחרי עיניכם אשר אתם זנים אחריהם: למען תזכרו ועשיתם את כל מצותי, והייתם קדשים לאלהיכם: אני יי אלהיכם אשר הוצאתי אתכם מארץ מצרים להיות לכם לאלהים. אני יי אלהיכם: אמת.

יעלזו חסידים בכבוד ירננו על משכבותם: רוממות אל בגרונם, וחרב פיפיות בידם: א) הנה מטתו שלשלמה ששים גברים סביב לה מגברי ישראל: כלם אחזי חרב מלמדי מלחמה, איש חרבו על ירכו מפחד בלילות: ב) יברכך יי וישמרך: יאר יי פניו אליך ויחנך: ישא יי פניו אליך וישם לך שלום:

ישב בסתר עליון, בצל שדי יתלונן: אמר ליי מחסי ומצודתי, אלהי אבטח בו: כי הוא יצילך מפח יקוש, מדבר הוות: באברתו יסך לך ותחת כנפיו תחסה, צנה וסחרה אמתו: לא

א) שה"ש ג ז : ב) [illegible]

תִירָא מִפַּחַד לָיְלָה, מֵחֵץ יָעוּף יוֹמָם: מִדֶּבֶר בָּאֹפֶל יַהֲלֹךְ, מִקֶּטֶב יָשׁוּד צָהֳרָיִם: יִפֹּל מִצִּדְּךָ אֶלֶף וּרְבָבָה מִימִינֶךָ, אֵלֶיךָ לֹא יִגָּשׁ: רַק בְּעֵינֶיךָ תַבִּיט, וְשִׁלֻּמַת רְשָׁעִים תִּרְאֶה: כִּי אַתָּה יְיָ מַחְסִי, עֶלְיוֹן שַׂמְתָּ מְעוֹנֶךָ:

אָנָּא בְּכֹחַ גְּדֻלַּת יְמִינְךָ תַּתִּיר צְרוּרָה· אב״ג ית״ץ
קַבֵּל רִנַּת עַמְּךָ שַׂגְּבֵנוּ טַהֲרֵנוּ נוֹרָא· קר״ע שט״ן
נָא גִבּוֹר דּוֹרְשֵׁי יִחוּדְךָ כְּבָבַת שָׁמְרֵם· נג״ד יכ״ש
בָּרְכֵם טַהֲרֵם רַחֲמֵי צִדְקָתְךָ תָּמִיד גָּמְלֵם· בט״ר צת״ג
חֲסִין קָדוֹשׁ בְּרוֹב טוּבְךָ נַהֵל עֲדָתֶךָ· חק״ב טנ״ע
יָחִיד גֵּאֶה לְעַמְּךָ פְּנֵה זוֹכְרֵי קְדֻשָּׁתֶךָ· יג״ל פז״ק
שַׁוְעָתֵנוּ קַבֵּל וּשְׁמַע צַעֲקָתֵנוּ יוֹדֵעַ תַּעֲלוּמוֹת· שק״ו צי״ת
בָּרוּךְ שֵׁם כְּבוֹד מַלְכוּתוֹ לְעוֹלָם וָעֶד:

שִׁיר לַמַּעֲלוֹת, אֶשָּׂא עֵינַי אֶל הֶהָרִים, מֵאַיִן יָבוֹא עֶזְרִי: עֶזְרִי מֵעִם יְיָ, עֹשֵׂה שָׁמַיִם וָאָרֶץ: אַל יִתֵּן לַמּוֹט רַגְלֶךָ, אַל יָנוּם שֹׁמְרֶךָ: הִנֵּה לֹא יָנוּם וְלֹא יִישָׁן, שׁוֹמֵר יִשְׂרָאֵל: יְיָ שֹׁמְרֶךָ, יְיָ צִלְּךָ עַל יַד יְמִינֶךָ: יוֹמָם הַשֶּׁמֶשׁ לֹא יַכֶּכָּה, וְיָרֵחַ בַּלָּיְלָה: יְיָ יִשְׁמָרְךָ מִכָּל רָע, יִשְׁמֹר אֶת נַפְשֶׁךָ: יְיָ יִשְׁמָר צֵאתְךָ וּבוֹאֶךָ, מֵעַתָּה וְעַד עוֹלָם:

גָּד גְּדוּד יְגוּדֶנּוּ, וְהוּא יָגֻד עָקֵב: עָקֵב יָגֻד וְהוּא יְגוּדֶנּוּ גְּדוּד גָּד ג״פ: אִם תִּשְׁכַּב לֹא תִפְחָד, וְשָׁכַבְתָּ וְעָרְבָה שְׁנָתֶךָ ג״פ: בְּטוֹב אָלִין אָקִיץ בְּרַחֲמִים ג״פ: לִישׁוּעָתְךָ קִוִּיתִי יְיָ ג״פ: אַתָּה סֵתֶר לִי מִצַּר תִּצְּרֵנִי רָנֵּי פַלֵּט תְּסוֹבְבֵנִי סֶלָה ג״פ: תּוֹדִיעֵנִי אֹרַח חַיִּים שֹׂבַע שְׂמָחוֹת אֶת פָּנֶיךָ נְעִמוֹת בִּימִינְךָ נֶצַח ג״פ: אַתָּה תָקוּם תְּרַחֵם צִיּוֹן, כִּי עֵת לְחֶנְנָהּ כִּי בָא מוֹעֵד: כִּדְנָה תֵּאמְרוּן לְהוֹם אֱלָהַיָּא דִּי שְׁמַיָּא וְאַרְקָא לָא עֲבַדוּ יֵאבַדוּ מֵאַרְעָא וּמִן תְּחוֹת שְׁמַיָּא אֵלֶּה: בְּיָדְךָ אַפְקִיד רוּחִי, פָּדִיתָה אוֹתִי יְיָ אֵל אֱמֶת:

רבון העולמים אתה בראת עולמך ברצונך הטוב כפי מה שעלה במחשבתך הקדומה ובראת השמים וכל צבאם והארץ וכל אשר עליה ואדם עליה בראת ונפחת באפיו נשמת חיים למען יכיר גדלך ותפארתך ואתה מחיה את כלם כי אתה נשמה לכל הנשמות וחיות לכל חי ואתה הוא (יהוה אלהי) הנה אפקיד נפשי ורוחי ונשמתי בידך הטהורה והנאמנה ואתה הוא (יהוה אלהי) תטהר אותם מכל טומאה וחלאה שנדבק בהם ע״י מעשי הרעים ותחזירם לי בנחת והשקט ובבטח ועשה יהי״ה אלה״י שיעיר אותי בחצות הלילה ממש לקום על משמרתי להתפלל לפניך יהי״ה אלה״י וללמוד תורתך כי אתה הוא יהו״ה אלה״י כייעני וחזקני במצוה הזאת שאקים בכל לילה בחצות ממש ואל יארע לי שום חולי ראש ושום צער ונזק מזה כי אתה שומע תפלת עמך ישראל ברחמים. ברוך שומע תפלה. עורה כבודי עורה הנבל וכנור אעירה שחר. תורה צוה לנו משה מורשה קהלת יעקב:

קכד שִׁיר הַמַּעֲלוֹת לְדָוִד לוּלֵי יְיָ שֶׁהָיָה לָנוּ יֹאמַר נָא יִשְׂרָאֵל: לוּלֵי יְיָ שֶׁהָיָה לָנוּ בְּקוּם עָלֵינוּ אָדָם: אֲזַי חַיִּים בְּלָעוּנוּ בַּחֲרוֹת אַפָּם בָּנוּ: אֲזַי הַמַּיִם שְׁטָפוּנוּ נַחְלָה עָבַר עַל נַפְשֵׁנוּ: אֲזַי עָבַר עַל נַפְשֵׁנוּ הַמַּיִם הַזֵּידוֹנִים: בָּרוּךְ יְיָ שֶׁלֹּא נְתָנָנוּ טֶרֶף לְשִׁנֵּיהֶם: נַפְשֵׁנוּ כְּצִפּוֹר נִמְלְטָה מִפַּח יוֹקְשִׁים הַפַּח נִשְׁבָּר וַאֲנַחְנוּ נִמְלָטְנוּ: עֶזְרֵנוּ בְּשֵׁם יְיָ עֹשֵׂה שָׁמַיִם וָאָרֶץ:

קכה שִׁיר הַמַּעֲלוֹת הַבֹּטְחִים בַּיְיָ כְּהַר צִיּוֹן לֹא יִמּוֹט לְעוֹלָם יֵשֵׁב: יְרוּשָׁלַיִם הָרִים סָבִיב לָהּ, וַיְיָ סָבִיב לְעַמּוֹ מֵעַתָּה וְעַד עוֹלָם: כִּי לֹא יָנוּחַ שֵׁבֶט הָרֶשַׁע עַל גּוֹרַל הַצַּדִּיקִים לְמַעַן לֹא יִשְׁלְחוּ הַצַּדִּיקִים בְּעַוְלָתָה יְדֵיהֶם: הֵיטִיבָה יְיָ לַטּוֹבִים וְלִישָׁרִים בְּלִבּוֹתָם: וְהַמַּטִּים עֲקַלְקַלּוֹתָם יוֹלִיכֵם יְיָ אֶת פֹּעֲלֵי הָאָוֶן שָׁלוֹם עַל יִשְׂרָאֵל:

קכו שִׁיר הַמַּעֲלוֹת בְּשׁוּב יְיָ אֶת שִׁיבַת צִיּוֹן הָיִינוּ כְּחֹלְמִים: אָז יִמָּלֵא שְׂחוֹק פִּינוּ וּלְשׁוֹנֵנוּ רִנָּה אָז יֹאמְרוּ בַגּוֹיִם הִגְדִּיל יְיָ לַעֲשׂוֹת עִם אֵלֶּה: הִגְדִּיל יְיָ לַעֲשׂוֹת עִמָּנוּ הָיִינוּ שְׂמֵחִים: שׁוּבָה יְיָ אֶת שְׁבִיתֵנוּ כַּאֲפִיקִים בַּנֶּגֶב: הַזֹּרְעִים בְּדִמְעָה בְּרִנָּה יִקְצֹרוּ: הָלוֹךְ יֵלֵךְ וּבָכֹה נֹשֵׂא מֶשֶׁךְ הַזָּרַע בֹּא יָבֹא בְרִנָּה נֹשֵׂא אֲלֻמֹּתָיו:

קכז שִׁיר הַמַּעֲלוֹת לִשְׁלֹמֹה אִם יְיָ לֹא יִבְנֶה בַיִת שָׁוְא עָמְלוּ בוֹנָיו בּוֹ אִם יְיָ לֹא יִשְׁמָר עִיר שָׁוְא שָׁקַד שׁוֹמֵר: שָׁוְא לָכֶם מַשְׁכִּימֵי קוּם מְאַחֲרֵי שֶׁבֶת אֹכְלֵי לֶחֶם הָעֲצָבִים כֵּן יִתֵּן לִידִידוֹ שֵׁנָא: הִנֵּה נַחֲלַת יְיָ בָּנִים שָׂכָר פְּרִי הַבָּטֶן: כְּחִצִּים בְּיַד גִּבּוֹר כֵּן בְּנֵי הַנְּעוּרִים: אַשְׁרֵי הַגֶּבֶר אֲשֶׁר מִלֵּא אֶת אַשְׁפָּתוֹ מֵהֶם לֹא יֵבֹשׁוּ כִּי יְדַבְּרוּ אֶת אוֹיְבִים בַּשָּׁעַר:

קכח שִׁיר הַמַּעֲלוֹת אַשְׁרֵי כָּל יְרֵא יְיָ הַהֹלֵךְ בִּדְרָכָיו: יְגִיעַ כַּפֶּיךָ כִּי תֹאכֵל אַשְׁרֶיךָ וְטוֹב לָךְ: אֶשְׁתְּךָ כְּגֶפֶן פֹּרִיָּה בְּיַרְכְּתֵי בֵיתֶךָ בָּנֶיךָ כִּשְׁתִלֵי זֵיתִים סָבִיב לְשֻׁלְחָנֶךָ: הִנֵּה כִי כֵן יְבֹרַךְ גָּבֶר יְרֵא יְיָ: יְבָרֶכְךָ יְיָ מִצִּיּוֹן וּרְאֵה בְּטוּב יְרוּשָׁלָיִם כֹּל יְמֵי חַיֶּיךָ: וּרְאֵה בָנִים לְבָנֶיךָ שָׁלוֹם עַל יִשְׂרָאֵל:

קכט שִׁיר הַמַּעֲלוֹת רַבַּת צְרָרוּנִי מִנְּעוּרָי יֹאמַר נָא יִשְׂרָאֵל. רַבַּת צְרָרוּנִי מִנְּעוּרָי גַּם לֹא יָכְלוּ לִי. עַל גַּבִּי חָרְשׁוּ חֹרְשִׁים הֶאֱרִיכוּ לְמַעֲנִיתָם. יְיָ צַדִּיק קִצֵּץ עֲבוֹת רְשָׁעִים. יֵבֹשׁוּ וְיִסֹּגוּ אָחוֹר כֹּל שֹׂנְאֵי צִיּוֹן. יִהְיוּ כַּחֲצִיר גַּגּוֹת שֶׁקַּדְמַת שָׁלַף יָבֵשׁ. שֶׁלֹּא מִלֵּא כַפּוֹ קוֹצֵר וְחִצְנוֹ מְעַמֵּר. וְלֹא

ב) שם קכ״ו: א) בראשית מט יט: ב) משלי ג כד: ג) בראשית מט יח:
ו) שם נב יד: ז) ירמיה י יא: ח) תהלים לא ו:

קריאת שמע על המטה

אמרו העוברים ברכת יי אליכם ברכנו אתכם בשם יי.

קל שיר המעלות ממעמקים קראתיך יי. אדני שמעה בקולי תהיינה אזניך קשובות לקול תחנוני. אם עונות תשמר יה אדני מי יעמוד. כי עמך הסליחה למען תורא. קויתי יי קותה נפשי ולדברו הוחלתי. נפשי לאדני משומרים לבוקר שומרים לבוקר. יחל ישראל אל יי כי עם יי החסד והרבה עמו פדות. והוא יפדה את ישראל מכל עונותיו.

קלא שיר המעלות לדוד יי לא גבה לבי ולא רמו עיני ולא הלכתי בגדולות ובנפלאות ממני. אם לא שויתי ודוממתי נפשי כגמל עלי אמו כגמל עלי נפשי. יחל ישראל אל יי מעתה ועד עולם.

קלב שיר המעלות זכור יי לדוד את כל ענותו. אשר נשבע ליי נדר לאביר יעקב. אם אבא באוהל ביתי אם אעלה על ערש יצועי. אם אתן שנת לעיני לעפעפי תנומה. עד אמצא מקום ליי משכנות לאביר יעקב. הנה שמענוה באפרתה מצאנוה בשדי יער. נבואה למשכנותיו נשתחוה להדום רגליו. קומה יי למנוחתך אתה וארון עזך. כהניך ילבשו צדק וחסידיך ירננו. בעבור דוד עבדך אל תשב פני משיחך. נשבע יי לדוד אמת לא ישוב ממנה מפרי בטנך אשית לכסא לך. אם ישמרו בניך בריתי ועדותי זו אלמדם גם בניהם עדי עד ישבו לכסא לך. כי בחר יי בציון אוה למושב לו. זאת מנוחתי עדי עד פה אשב כי אויתיה. צידה ברך אברך אביוניה אשביע לחם. וכהניה אלביש ישע וחסידיה רנן ירננו: שם אצמיח קרן לדוד ערכתי נר למשיחי: אויביו אלביש בשת ועליו יציץ נזרו:

ברוך אתה יי אלהינו מלך העולם, המפיל חבלי שנה על עיני, ותנומה על עפעפי, ומאיר לאישון בת עין. ויהי רצון מלפניך יי אלהי ואלהי אבותי, שתשכיבני לשלום, ותעמידני לחיים טובים ולשלום. ואל יבהלוני רעיוני וחלומות רעים והרהורים רעים. ותהא מטתי שלמה לפניך, והאר עיני פן אישן המות. ברוך אתה יי, המאיר לעולם כלו בכבודו:

תיכף כשיעור משנתו יתגבר כארי לעבודת בוראו ויאמר מודה אני ואין צריך לזה נטילת ידים:

מוֹדֶה אֲנִי לְפָנֶיךָ מֶלֶךְ חַי וְקַיָּם שֶׁהֶחֱזַרְתָּ בִּי נִשְׁמָתִי בְּחֶמְלָה. רַבָּה אֱמוּנָתֶךָ:

נוסח הברכות על הסדר

בָּרוּךְ אַתָּה יְהֹוָה אֱלֹהֵינוּ מֶלֶךְ הָעוֹלָם אֲשֶׁר קִדְּשָׁנוּ בְּמִצְוֹתָיו וְצִוָּנוּ עַל נְטִילַת יָדָיִם:

בָּרוּךְ אַתָּה יְהֹוָה אֱלֹהֵינוּ מֶלֶךְ הָעוֹלָם אֲשֶׁר יָצַר אֶת הָאָדָם בְּחָכְמָה וּבָרָא בוֹ נְקָבִים נְקָבִים חֲלוּלִים חֲלוּלִים גָּלוּי וְיָדוּעַ לִפְנֵי כִסֵּא כְבוֹדֶךָ שֶׁאִם יִסָּתֵם אֶחָד מֵהֶם אוֹ אִם יִפָּתֵחַ אֶחָד מֵהֶם אִי אֶפְשָׁר לְהִתְקַיֵּם אֲפִילוּ שָׁעָה אֶחָת: בָּרוּךְ אַתָּה יְהֹוָה רוֹפֵא כָל בָּשָׂר וּמַפְלִיא לַעֲשׂוֹת:

אֱלֹהַי. נְשָׁמָה שֶׁנָּתַתָּ בִּי טְהוֹרָה הִיא אַתָּה בְרָאתָהּ אַתָּה יְצַרְתָּהּ אַתָּה נְפַחְתָּהּ בִּי וְאַתָּה מְשַׁמְּרָהּ בְּקִרְבִּי וְאַתָּה עָתִיד לִטְּלָהּ מִמֶּנִּי וּלְהַחֲזִירָהּ בִּי לֶעָתִיד לָבֹא: כָּל־זְמַן שֶׁהַנְּשָׁמָה בְקִרְבִּי מוֹדֶה אֲנִי לְפָנֶיךָ יְהֹוָה אֱלֹהַי וֵאלֹהֵי אֲבוֹתַי רִבּוֹן כָּל־הַמַּעֲשִׂים אֲדוֹן כָּל־הַנְּשָׁמוֹת: בָּרוּךְ אַתָּה יְהֹוָה הַמַּחֲזִיר נְשָׁמוֹת לִפְגָרִים מֵתִים:

כל הברכות הללו מברך אפילו לא נתחייב בהן כגון שניעור כל הלילה ולא פשט בגדיו ולא נכנס לאחריים אלא שאם ניעור כל הלילה ולא נתחייב בהן אינו מברך אלא אחר שיעלה ע"ה אבל אם ישן בלילה ונתחייב בהן יכול לברך מיד שנתחייב בהן ובלבד שיהיה מחצות לילה ואילך ואם ניעור כל הלילה ושמע קול תרנגול מחצות ואילך יכול לברך הנותן לשכוי בינה אבל על שמיעה שקודם חצות לא יברך אלא ימתין עד אחר שיעלה עמוד השחר:

בָּרוּךְ אַתָּה יְהֹוָה אֱלֹהֵינוּ מֶלֶךְ הָעוֹלָם הַנּוֹתֵן לַשֶּׂכְוִי בִינָה לְהַבְחִין בֵּין יוֹם וּבֵין לָיְלָה:

בָּרוּךְ אַתָּה יְהֹוָה אֱלֹהֵינוּ מֶלֶךְ הָעוֹלָם פּוֹקֵחַ עִוְרִים:

Immediately upon awakening one should gather his strength to serve his Creator and say מודה אני *(I offer thanks...) even before washing one's hands.*

מודה אני I offer thanks to You, living and eternal King, for You have mercifully restored my soul within me; Your faithfulness is great.

MORNING BLESSINGS

ברוך Blessed are You, Lord our God, King of the universe, who has sanctified us with His commandments, and commanded us concerning the washing of the hands.

ברוך Blessed are You, Lord our God, King of the universe, who has formed man in wisdom, and created within him numerous orifices and cavities. It is revealed and known before the Throne of Your Glory that if but one of them were to be blocked, or one of them were to be opened, it would be impossible to exist even for a short while. Blessed are You Lord, who heals all flesh and performs wonders.

אלהי My God, the soul which You have given within me is pure. You have created it, You have formed it, You have breathed it into me, and You preserve it within me. You will eventually take it from me, and restore it within me in Time to Come. So long as the soul is within me, I offer thanks to You, Lord my God and God of my fathers, Master of all works, Lord of all souls. Blessed are You Lord, who restores souls to dead bodies.

One is to recite the following Morning Blessings whether or not they apply to him specifically, as for example, if he was awake all night and did not remove his clothes and put on others. However, if he was awake all night, he is to recite them only after dawn. If one slept during the night, he may recite them as soon as he rises, provided it is after midnight. If he was awake all night and heard the crow of the rooster after midnight, he may recite the berachah הנותן לשכוי בינה *(... who gives the rooster understanding...). If he heard it before midnight, he should not recite the* berachah *but should wait until dawn.*

ברוך Blessed are You, Lord our God, King of the universe, who gives the rooster understanding to distinguish between day and night.

ברוך Blessed are You, Lord our God, King of the universe, who opens the eyes of the blind.

בָּרוּךְ אַתָּה יְהוָֹה אֱלֹהֵינוּ מֶלֶךְ הָעוֹלָם מַתִּיר אֲסוּרִים:
בָּרוּךְ אַתָּה יְהוָֹה אֱלֹהֵינוּ מֶלֶךְ הָעוֹלָם זוֹקֵף כְּפוּפִים:
בָּרוּךְ אַתָּה יְהוָֹה אֱלֹהֵינוּ מֶלֶךְ הָעוֹלָם מַלְבִּישׁ עֲרֻמִּים:
בָּרוּךְ אַתָּה יְהוָֹה אֱלֹהֵינוּ מֶלֶךְ הָעוֹלָם הַנּוֹתֵן לַיָּעֵף כֹּחַ:
בָּרוּךְ אַתָּה יְהוָֹה אֱלֹהֵינוּ מֶלֶךְ הָעוֹלָם רוֹקַע הָאָרֶץ עַל־הַמָּיִם:
בָּרוּךְ אַתָּה יְהוָֹה אֱלֹהֵינוּ מֶלֶךְ הָעוֹלָם הַמֵּכִין מִצְעֲדֵי גָבֶר:
בָּרוּךְ אַתָּה יְהוָֹה אֱלֹהֵינוּ מֶלֶךְ הָעוֹלָם אוֹזֵר יִשְׂרָאֵל בִּגְבוּרָה:
בָּרוּךְ אַתָּה יְהוָֹה אֱלֹהֵינוּ מֶלֶךְ הָעוֹלָם עוֹטֵר יִשְׂרָאֵל בְּתִפְאָרָה:
בָּרוּךְ אַתָּה יְהוָֹה אֱלֹהֵינוּ מֶלֶךְ הָעוֹלָם שֶׁלֹּא עָשַׂנִי גּוֹי:
בָּרוּךְ אַתָּה יְהוָֹה אֱלֹהֵינוּ מֶלֶךְ הָעוֹלָם שֶׁלֹּא עָשַׂנִי עָבֶד:
בָּרוּךְ אַתָּה יְהוָֹה אֱלֹהֵינוּ מֶלֶךְ הָעוֹלָם שֶׁלֹּא עָשַׂנִי אִשָּׁה:
בָּרוּךְ אַתָּה יְהוָֹה אֱלֹהֵינוּ מֶלֶךְ הָעוֹלָם הַמַּעֲבִיר שֵׁנָה מֵעֵינָי וּתְנוּמָה מֵעַפְעַפָּי:

וִיהִי רָצוֹן מִלְּפָנֶיךָ יְהוָֹה אֱלֹהֵינוּ וֵאלֹהֵי אֲבוֹתֵינוּ שֶׁתַּרְגִּילֵנוּ בְּתוֹרָתֶךָ וְתַדְבִּיקֵנוּ בְּמִצְוֹתֶיךָ וְאַל תְּבִיאֵנוּ לֹא לִידֵי חֵטְא וְלֹא לִידֵי עֲבֵרָה וְעָוֹן וְלֹא לִידֵי נִסָּיוֹן וְלֹא לִידֵי בִזָּיוֹן וְאַל יִשְׁלוֹט בָּנוּ יֵצֶר הָרָע וְהַרְחִיקֵנוּ מֵאָדָם רָע וּמֵחָבֵר רָע וְדַבְּקֵנוּ בְּיֵצֶר טוֹב וּבְמַעֲשִׂים טוֹבִים וְכוֹף אֶת יִצְרֵנוּ לְהִשְׁתַּעְבֶּד־לָךְ וּתְנֵנוּ הַיּוֹם וּבְכָל־יוֹם לְחֵן וּלְחֶסֶד וּלְרַחֲמִים בְּעֵינֶיךָ וּבְעֵינֵי כָל־רוֹאֵינוּ וְתִגְמְלֵנוּ חֲסָדִים טוֹבִים: בָּרוּךְ אַתָּה יְהוָֹה הַגּוֹמֵל חֲסָדִים טוֹבִים לְעַמּוֹ יִשְׂרָאֵל:

יְהִי רָצוֹן מִלְּפָנֶיךָ יְהוָֹה אֱלֹהַי וֵאלֹהֵי אֲבוֹתַי שֶׁתַּצִּילֵנִי הַיּוֹם וּבְכָל־יוֹם מֵעַזֵּי פָנִים וּמֵעַזּוּת פָּנִים מֵאָדָם רָע וּמֵחָבֵר רָע וּמִשָּׁכֵן רָע וּמִפֶּגַע רָע מֵעַיִן

ברוך Blessed are You, Lord our God, King of the universe, who releases the bound.

ברוך Blessed are You, Lord our God, King of the universe, who straightens the bowed.

ברוך Blessed are You, Lord our God, King of the universe, who clothes the naked.

ברוך Blessed are You, Lord our God, King of the universe, who gives strength to the weary.

ברוך Blessed are You, Lord our God, King of the universe, who spreads forth the earth above the waters.

ברוך Blessed are You, Lord our God, King of the universe, who directs the steps of man.

ברוך Blessed are You, Lord our God, King of the universe, who girds [the people] Israel with might.

ברוך Blessed are You, Lord our God, King of the universe, who crowns [the people] Israel with glory.

ברוך Blessed are You, Lord our God, King of the universe, who has not made me a gentile

ברוך Blessed are You, Lord our God, King of the universe, who has not made me a slave.

ברוך Blessed are You, Lord our God, King of the universe, who has not made me a woman.

ברוך Blessed are You, Lord our God, King of the universe, who removes sleep from my eyes and slumber from my eyelids.

ויהי And may it be Your will, Lord our God and God of our fathers, to accustom us to [study] Your Torah, and to make us cleave to Your commandments. Do not bring us into sin, nor into transgression or iniquity, nor into temptation or scorn; and may the evil inclination not have mastery over us. Keep us far from an evil person and an evil companion. Make us cleave to the good inclination and good deeds; and compel our inclination to be subservient to You. Grant us this day and every day, grace, kindness and mercy in Your eyes and in the eyes of all who behold us; and bestow bountiful kindness upon us. Blessed are You Lord, who bestows bountiful kindness upon His people Israel.

יהי May it be Your will, Lord my God and God of my fathers, to protect me this day and every day from insolent men and from impudence; from a wicked man, from an evil companion, from an evil neighbor and from an evil occurrence; from an evil eye,

הָרָע מִלָּשׁוֹן הָרָע מִמַּלְשִׁינוּת מֵעֵדוּת שֶׁקֶר מִשִּׂנְאַת הַבְּרִיּוֹת מֵעֲלִילָה
מִמִּיתָה מְשׁוּנָה מֵחֳלָיִם רָעִים וּמִמִּקְרִים רָעִים וּמִשָּׂטָן הַמַּשְׁחִית מִדִּין קָשֶׁה
וּמִבַּעַל דִּין קָשֶׁה בֵּין שֶׁהוּא בֶן־בְּרִית וּבֵין שֶׁאֵינוֹ בֶן־בְּרִית וּמִדִּינָהּ
שֶׁל גֵּיהִנֹּם :

ברכת התורה צריך ליזהר בה מאד ואסור לדבר ולהוציא ד"ת מפיו עד שיברך ומי שישן בלילה מברך כשקם מחצות הלילה ואילך ואם ניעור כל הלילה מברך כשיאור היום כמו כל ברכת השחר :

בָּרוּךְ אַתָּה יְהֹוָה אֱלֹהֵינוּ מֶלֶךְ הָעוֹלָם אֲשֶׁר קִדְּשָׁנוּ בְּמִצְוֹתָיו וְצִוָּנוּ עַל דִּבְרֵי תוֹרָה :

וְהַעֲרֶב־נָא יְהֹוָה אֱלֹהֵינוּ אֶת־דִּבְרֵי תוֹרָתְךָ בְּפִינוּ וּבְפִי כָל־עַמְּךָ בֵּית יִשְׂרָאֵל וְנִהְיֶה אֲנַחְנוּ וְצֶאֱצָאֵינוּ וְצֶאֱצָאֵי כָל־עַמְּךָ בֵּית יִשְׂרָאֵל כֻּלָּנוּ יוֹדְעֵי שְׁמֶךָ וְלוֹמְדֵי תוֹרָתְךָ לִשְׁמָהּ :
בָּרוּךְ אַתָּה יְהֹוָה הַמְלַמֵּד תּוֹרָה לְעַמּוֹ יִשְׂרָאֵל :

בָּרוּךְ אַתָּה יְהֹוָה אֱלֹהֵינוּ מֶלֶךְ הָעוֹלָם אֲשֶׁר בָּחַר בָּנוּ מִכָּל הָעַמִּים וְנָתַן לָנוּ אֶת תּוֹרָתוֹ : בָּרוּךְ אַתָּה יְהֹוָה נוֹתֵן הַתּוֹרָה :

במדבר ו כב
וַיְדַבֵּר יְהֹוָה אֶל־מֹשֶׁה לֵּאמֹר : (כג) דַּבֵּר אֶל־אַהֲרֹן וְאֶל־בָּנָיו לֵאמֹר
כֹּה תְבָרְכוּ אֶת־בְּנֵי יִשְׂרָאֵל אָמוֹר לָהֶם : (כד) יְבָרֶכְךָ יְהֹוָה
וְיִשְׁמְרֶךָ : (כה) יָאֵר יְהֹוָה פָּנָיו אֵלֶיךָ וִיחֻנֶּךָּ : (כו) יִשָּׂא יְהֹוָה פָּנָיו אֵלֶיךָ
וְיָשֵׂם לְךָ שָׁלוֹם : (כז) וְשָׂמוּ אֶת־שְׁמִי עַל־בְּנֵי יִשְׂרָאֵל וַאֲנִי אֲבָרְכֵם :

אֵלּוּ דְבָרִים שֶׁאֵין לָהֶם שִׁעוּר הַפֵּאָה וְהַבִּכּוּרִים וְהָרֵאָיוֹן וּגְמִילוּת חֲסָדִים וְתַלְמוּד תּוֹרָה : אֵלּוּ דְבָרִים שֶׁאָדָם אוֹכֵל פֵּרוֹתֵיהֶם בָּעוֹלָם הַזֶּה וְהַקֶּרֶן קַיֶּמֶת לָעוֹלָם הַבָּא : וְאֵלּוּ הֵן כִּבּוּד אָב וָאֵם וּגְמִילוּת חֲסָדִים וְהַשְׁכָּמַת בֵּית הַמִּדְרָשׁ שַׁחֲרִית וְעַרְבִית וְהַכְנָסַת אוֹרְחִים וּבִקּוּר חוֹלִים וְהַכְנָסַת כַּלָּה וְהַלְוָיַת הַמֵּת וְעִיּוּן תְּפִלָּה וַהֲבָאַת שָׁלוֹם שֶׁבֵּין אָדָם לַחֲבֵרוֹ וּבֵין אִישׁ לְאִשְׁתּוֹ וְתַלְמוּד תּוֹרָה כְּנֶגֶד כֻּלָּם :

סדר לבישת טלית גדול

בשעה שבודק הציצית של טלית גדול קודם ברכתו יאמר זה :

בָּרְכִי[א] נַפְשִׁי אֶת יְיָ, יְיָ[ב] אֱלֹהַי גָּדַלְתָּ מְּאֹד, הוֹד וְהָדָר לָבָשְׁתָּ: עֹטֶה אוֹר כַּשַּׂלְמָה, נוֹטֶה שָׁמַיִם כַּיְרִיעָה:

א) תהלים ק"ד א. ב) שם ב.

from a malicious tongue, from slander, from false testimony, from men's hate, from calumnious charges, from unnatural death, from harsh diseases and from misfortune; from the destructive adversary, from a harsh judgment, from an implacable opponent, whether or not he is a member of the Covenant, and from the retribution of *gehinom.*

One must be extremely scrupulous concerning the Blessings of the Torah. It is forbidden to utter any words of Torah before these blessings are recited. One who has slept at night recites them upon rising any time after midnight; if he was awake all night, he recites them when day breaks, just like all the other morning blessings.

ברוך Blessed are You, Lord our God, King of the universe, who has sanctified us with His commandments, and commanded us concerning the words of the Torah.

והערב And make the teachings of Your Torah, Lord our God, pleasant in our mouth and in the mouth of Your entire people, the House of Israel, and may we and our children and the children of Your entire people, the House of Israel, all be knowers of Your Name and students of Your Torah for its own sake. Blessed are You Lord, who teaches the Torah to His people Israel.

ברוך Blessed are You, Lord our God, King of the universe, who has chosen us from among all the nations and given us His Torah. Blessed are You Lord, who gives the Torah.

וידבר And the Lord spoke to Moses, saying: Speak to Aaron and to his sons, saying, thus shall you bless the children of Israel; say to them: The Lord bless you and guard you. The Lord make His countenance shine upon you and be gracious to you. The Lord turn His countenance toward you and grant you peace. And they shall set My Name upon the children of Israel, and I shall bless them.[1]

אלו These are the precepts for which no fixed measure is prescribed: leaving the crops of the edge of the field for the poor, the gift of the first fruits, the pilgrimage offerings brought when appearing before the Lord on the Three Festivals, deeds of kindness, and the study of Torah. These are the precepts, the fruits of which man enjoys in this world, while the principal [reward] remains in the World to Come: honoring one's father and mother, performing deeds of kindness, early attendance at the House of Study morning and evening, hospitality to strangers, visiting the sick, dowering the bride, escorting the dead, concentration in prayer, bringing peace between man and his fellowman and between husband and wife. And the study of Torah is equivalent to them all.

ORDER OF PUTTING ON THE TALLIT

While examining the fringes of the tallit, *before reciting the* berachah, *the following is said:*

ברכי My soul, bless the Lord! Lord my God, You are greatly exalted; You have garbed Yourself with majesty and splendor. You enwarp [Yourself] with light as with a garment; You spread the heavens as a curtain.[2]

1. Numbers 6:22-27. 2. Psalms 104:1-2.

בהתעטפו יכוין שצונו הקב"ה להתעטף בו כדי שנזכור כל מצותיו לעשותם שנאמר וראיתם אותו וזכרתם וגו'. העטיפה צריך להיות מעומד וגם הברכה צריכה להיות מעומד לכתחלה וקודם שיתחיל להתעטף יברך:

בָּרוּךְ אַתָּה יְיָ אֱלֹהֵינוּ מֶלֶךְ הָעוֹלָם, אֲשֶׁר קִדְּשָׁנוּ בְּמִצְוֹתָיו, וְצִוָּנוּ לְהִתְעַטֵּף בְּצִיצִת:

ויכסה ראשו ויתעטף כעטיפת ישמעאלים דהיינו שיכרוך הטלית עם הב' כנפות של צד ימין סביב צוארו ויחזירנו לאחוריו דרך צד שמאל וב' כנפות האחרים של צד שמאל יהיו דרך הפנים ונמצאו כל הד' ציציות מצד שמאל שתים לפניו ושתים לאחוריו וצריך שיהא מעוטף מלפניו ומלאחריו עד החזה (ואין צריך לכסות ראשו עד פיו*) ויעמוד כך מעוטף לפחות כדי הילוך ארבע אמות אחר הברכה ואח"כ יפשילנו כמנהג המקום ומכל מקום מצוה להיות עטוף טלית גדול כל זמן התפלה שיכסה בו ראשו וגופו מלפניו ומלאחריו סביב הזרועות שיהא מונח צד ימין על שמאל וטוב יותר להשליך כנף האחד של ימין על כתף שמאל לאחוריו ונמצא כולו מעוטף בו עטיפה גמורה כעטיפת הישמעאלים קצת:

ובשעת עטיפת הטלית גדול יאמר זה:

מַה־יָּקָר חַסְדְּךָ אֱלֹהִים, וּבְנֵי אָדָם בְּצֵל כְּנָפֶיךָ יֶחֱסָיוּן: יִרְוְיֻן מִדֶּשֶׁן בֵּיתֶךָ וְנַחַל עֲדָנֶיךָ תַשְׁקֵם: כִּי עִמְּךָ מְקוֹר חַיִּים, בְּאוֹרְךָ נִרְאֶה אוֹר: מְשֹׁךְ חַסְדְּךָ לְיֹדְעֶיךָ וְצִדְקָתְךָ לְיִשְׁרֵי לֵב:

סדר שחרית

נכון לומר קודם התפלה (הריני מקבל עלי מצות עשה של ואהבת לרעך כמוך):

מַה־טֹּבוּ אֹהָלֶיךָ יַעֲקֹב מִשְׁכְּנֹתֶיךָ יִשְׂרָאֵל: וַאֲנִי בְּרֹב חַסְדְּךָ אָבוֹא בֵיתֶךָ אֶשְׁתַּחֲוֶה אֶל־הֵיכַל קָדְשְׁךָ בְּיִרְאָתֶךָ: וַאֲנִי תְפִלָּתִי לְךָ ׀ יְהֹוָה עֵת רָצוֹן אֱלֹהִים בְּרָב־חַסְדֶּךָ עֲנֵנִי בֶּאֱמֶת יִשְׁעֶךָ:

אֲדוֹן עוֹלָם אֲשֶׁר מָלַךְ· בְּטֶרֶם כָּל־יְצוּר נִבְרָא: לְעֵת נַעֲשָׂה בְחֶפְצוֹ כֹּל· אֲזַי מֶלֶךְ שְׁמוֹ נִקְרָא: וְאַחֲרֵי כִּכְלוֹת הַכֹּל· לְבַדּוֹ יִמְלוֹךְ נוֹרָא: וְהוּא הָיָה וְהוּא הֹוֶה· וְהוּא יִהְיֶה בְּתִפְאָרָה: וְהוּא אֶחָד וְאֵין שֵׁנִי· לְהַמְשִׁיל לוֹ לְהַחְבִּירָה: בְּלִי רֵאשִׁית בְּלִי תַכְלִית· וְלוֹ הָעֹז וְהַמִּשְׂרָה: וְהוּא אֵלִי וְחַי גֹּאֲלִי· וְצוּר חֶבְלִי בְּעֵת צָרָה: וְהוּא נִסִּי וּמָנוֹס לִי· מְנָת כּוֹסִי בְּיוֹם אֶקְרָא: בְּיָדוֹ

תהלים ג) שם ל"ו ח. ד) שם ט. ה) שם י. ו) שם יא. א) במדבר כד ה. ב) תהלים ה ח. ג) שם [illegible]

*) מנהגנו לכסות, בחלק העליון של הטלית גדול, גם את העינים.

While one enwraps himself with the tallit, *he should bear in mind that the Holy One, blessed be He, commanded us to enwrap ourselves in it in order that we may remember to perform all His commandments, as it is written, "And you shall look upon it and remember all the commandments of the Lord and do them,..." One should enwrap himself while standing; the* berachah, *too, should be recited while standing, if possible. Before one begins to enwrap himself he should recite the following:*

ברוך Blessed are You, Lord our God, King of the universe, who has sanctified us with His commandments, and commanded us to enwrap ourselves with *tzitzit*.

One should cover his head with the tallit *and enwrap himself after the fashion of the Ishmaelites. That is, after placing the* tallit *over his head and shoulders, he should gather the two right corners, raise them up to his neck and place them over his left shoulder; he should gather the two left corners and bring them in front of him. Thus, all four fringes are on the left side — two in front of him and two behind him. He should be enwrapped, front and back, till the breast, (it is not required to cover his head down to his mouth[1]) and remain standing so enwrapped after the* berachah, *at least as long as it takes to walk four cubits. Then, he shall drape the* tallit *according to the custom of his community. Nevertheless, it is proper that he be enwrapped in the* tallit, *during the entire time of prayer — that it cover his head and body, front and back, around his arms, so that the right side of the* tallit *rests on his left side. It is more appropriate to place the front right corner over the left shoulder thus being completely enwrapped in the* tallit *somewhat after the fashion of the Ishmaelites.*[2]

While enwrapped in the tallit, *the following is said:*

מה How precious is Your kindness, O God! The children of men take refuge in the shadow of Your wings. They shall be satiated with the delight of Your House, and You will give them to drink from the river of Your bliss. For with You is the source of life; in Your light we see light. Bestow Your kindness upon those who know You, and Your righteousness on the upright in heart.[3]

SHACHARIT — THE MORNING PRAYER

It is proper to say before prayer: I hereby take upon myself to fulfill the *mitzvah*, "Love your fellowman as yourself."[4]

מה טבו How goodly are your tents, O Jacob, your dwelling places, O Israel![5] And I, through Your abundant kindness, come into Your house; I bow toward Your holy sanctuary in awe of You.[6] May my prayer to You, Lord, be at a propitious time; God, in Your abounding kindness, answer me with Your true deliverance.[7]

אדון עולם Lord of the universe, who reigned before anything was created — at the time when by His will all things were made, then was His name proclaimed King. And after all things shall cease to be, the Awesome One will reign alone. He was, He is, and He shall be in glory. He is one, and there is no other to compare to Him, to consort with Him. Without beginning, without end, power and dominion belong to Him. He is my God and my ever-living Redeemer, the strength of my lot in time of distress. He is my banner and my refuge, my portion on the day I call. Into His hand,

1. It is our custom to cover the eyes with the upper part of the *tallit*. 2. It is our custom merely to drape the *tallit* over the head, shoulders and back during the entire time of prayer. 3. Psalms 36:8-11. 4. Leviticus 19:18. 5. Numbers 24:5. 6. Psalms 5:8. 7. Ibid. 69:14.

אַפְקִיד רוּחִי בְּעֵת אִישַׁן וְאָעִירָה: וְעִם־רוּחִי גְּוִיָּתִי
יְהוָה לִי וְלֹא אִירָא:

בראשית כב

א וַיְהִי אַחַר הַדְּבָרִים הָאֵלֶּה וְהָאֱלֹהִים נִסָּה אֶת־אַבְרָהָם
וַיֹּאמֶר אֵלָיו אַבְרָהָם וַיֹּאמֶר הִנֵּנִי: ב וַיֹּאמֶר קַח־
נָא אֶת־בִּנְךָ אֶת־יְחִידְךָ אֲשֶׁר־אָהַבְתָּ אֶת־יִצְחָק וְלֶךְ־
לְךָ אֶל־אֶרֶץ הַמֹּרִיָּה וְהַעֲלֵהוּ שָׁם לְעֹלָה עַל אַחַד הֶהָרִים
אֲשֶׁר אֹמַר אֵלֶיךָ: ג וַיַּשְׁכֵּם אַבְרָהָם בַּבֹּקֶר וַיַּחֲבֹשׁ אֶת־
חֲמֹרוֹ וַיִּקַּח אֶת־שְׁנֵי נְעָרָיו אִתּוֹ וְאֵת יִצְחָק בְּנוֹ וַיְבַקַּע
עֲצֵי עֹלָה וַיָּקָם וַיֵּלֶךְ אֶל־הַמָּקוֹם אֲשֶׁר־אָמַר־לוֹ הָאֱלֹהִים:
ד בַּיּוֹם הַשְּׁלִישִׁי וַיִּשָּׂא אַבְרָהָם אֶת־עֵינָיו וַיַּרְא אֶת־
הַמָּקוֹם מֵרָחֹק: ה וַיֹּאמֶר אַבְרָהָם אֶל־נְעָרָיו שְׁבוּ־לָכֶם
פֹּה עִם־הַחֲמוֹר וַאֲנִי וְהַנַּעַר נֵלְכָה עַד־כֹּה וְנִשְׁתַּחֲוֶה
וְנָשׁוּבָה אֲלֵיכֶם: ו וַיִּקַּח אַבְרָהָם אֶת־עֲצֵי הָעֹלָה וַיָּשֶׂם
עַל־יִצְחָק בְּנוֹ וַיִּקַּח בְּיָדוֹ אֶת־הָאֵשׁ וְאֶת־הַמַּאֲכֶלֶת
וַיֵּלְכוּ שְׁנֵיהֶם יַחְדָּו: ז וַיֹּאמֶר יִצְחָק אֶל־אַבְרָהָם אָבִיו
וַיֹּאמֶר אָבִי וַיֹּאמֶר הִנֶּנִּי בְנִי וַיֹּאמֶר הִנֵּה הָאֵשׁ וְהָעֵצִים
וְאַיֵּה הַשֶּׂה לְעֹלָה: ח וַיֹּאמֶר אַבְרָהָם אֱלֹהִים יִרְאֶה־לּוֹ
הַשֶּׂה לְעֹלָה בְּנִי וַיֵּלְכוּ שְׁנֵיהֶם יַחְדָּו: ט וַיָּבֹאוּ אֶל־
הַמָּקוֹם אֲשֶׁר אָמַר־לוֹ הָאֱלֹהִים וַיִּבֶן שָׁם אַבְרָהָם אֶת־
הַמִּזְבֵּחַ וַיַּעֲרֹךְ אֶת־הָעֵצִים וַיַּעֲקֹד אֶת־יִצְחָק בְּנוֹ וַיָּשֶׂם
אֹתוֹ עַל־הַמִּזְבֵּחַ מִמַּעַל לָעֵצִים: י וַיִּשְׁלַח אַבְרָהָם אֶת־
יָדוֹ וַיִּקַּח אֶת־הַמַּאֲכֶלֶת לִשְׁחֹט אֶת־בְּנוֹ: יא וַיִּקְרָא אֵלָיו
מַלְאַךְ יְהוָה מִן־הַשָּׁמַיִם וַיֹּאמֶר אַבְרָהָם ׀ אַבְרָהָם וַיֹּאמֶר
הִנֵּנִי: יב וַיֹּאמֶר אַל־תִּשְׁלַח יָדְךָ אֶל־הַנַּעַר וְאַל־תַּעַשׂ לוֹ

I entrust my spirit, when I sleep and when I wake. And with my soul, my body too, the Lord is with me, I shall not fear.

ויהי And it was after these events, that God tested Abraham, and said to him, "Abraham," and he answered, "Here I am." And He said, "Take your son, your only son, whom you love, Isaac, and go to the land of Moriah, and offer him there as a burnt-offering on one of the mountains which I will tell you." Abraham rose early in the morning, saddled his donkey, and took with him his two attendants and Isaac his son; he chopped wood for the offering and set out for the place of which God had told him. On the third day, Abraham looked up and saw the place from afar. Abraham said to his attendants, "You stay here with the donkey, and I and the lad will go yonder; we will prostrate ourselves [before God] and then return to you." Abraham took the wood for the offering and put it on Isaac his son, and he took in his hand the fire and the knife; and the two walked on together. Then Isaac spoke to Abraham his father and said, "My father;" and he answered, "Here I am, my son." And he said, "Here are the fire and the wood, but where is the lamb for the burnt-offering?" Abraham answered, "God will provide for Himself the lamb for the burnt-offering, my son," and the two walked on together. They reached the place of which God had told him, and Abraham built an altar there, arranged the wood, bound Isaac his son, and placed him on the altar upon the wood. Then Abraham stretched forth his hand, and took the knife to slaughter his son. But an angel of the Lord called to him from heaven and said, "Abraham! Abraham!" And he answered, "Here I am." And he said, "Do not lay your hand upon the lad, nor do anything to him;

מְאוּמָה כִּי ׀ עַתָּה יָדַעְתִּי כִּי־יְרֵא אֱלֹהִים אַתָּה וְלֹא
חָשַׂכְתָּ אֶת־בִּנְךָ אֶת־יְחִידְךָ מִמֶּנִּי׃ ג וַיִּשָּׂא אַבְרָהָם אֶת־
עֵינָיו וַיַּרְא וְהִנֵּה־אַיִל אַחַר נֶאֱחַז בַּסְּבַךְ בְּקַרְנָיו וַיֵּלֶךְ
אַבְרָהָם וַיִּקַּח אֶת־הָאַיִל וַיַּעֲלֵהוּ לְעֹלָה תַּחַת בְּנוֹ׃
יד וַיִּקְרָא אַבְרָהָם שֵׁם־הַמָּקוֹם הַהוּא יְהֹוָה ׀ יִרְאֶה אֲשֶׁר
יֵאָמֵר הַיּוֹם בְּהַר יְהֹוָה יֵרָאֶה׃ טו וַיִּקְרָא מַלְאַךְ יְהֹוָה אֶל־
אַבְרָהָם שֵׁנִית מִן־הַשָּׁמָיִם׃ טז וַיֹּאמֶר בִּי נִשְׁבַּעְתִּי נְאֻם־
יְהֹוָה כִּי יַעַן אֲשֶׁר עָשִׂיתָ אֶת־הַדָּבָר הַזֶּה וְלֹא חָשַׂכְתָּ
אֶת־בִּנְךָ אֶת־יְחִידֶךָ׃ י כִּי־בָרֵךְ אֲבָרֶכְךָ וְהַרְבָּה אַרְבֶּה
אֶת־זַרְעֲךָ כְּכוֹכְבֵי הַשָּׁמַיִם וְכַחוֹל אֲשֶׁר עַל־שְׂפַת הַיָּם
וְיִרַשׁ זַרְעֲךָ אֵת שַׁעַר אֹיְבָיו׃ יח וְהִתְבָּרְכוּ בְזַרְעֲךָ כֹּל
גּוֹיֵי הָאָרֶץ עֵקֶב אֲשֶׁר שָׁמַעְתָּ בְּקֹלִי׃ יט וַיָּשָׁב אַבְרָהָם
אֶל־נְעָרָיו וַיָּקֻמוּ וַיֵּלְכוּ יַחְדָּו אֶל־בְּאֵר שָׁבַע וַיֵּשֶׁב
אַבְרָהָם בִּבְאֵר שָׁבַע׃

לְעוֹלָם יְהֵא אָדָם יְרֵא שָׁמַיִם בַּסֵּתֶר וּמוֹדֶה עַל־הָאֱמֶת וְדוֹבֵר אֱמֶת בִּלְבָבוֹ וְיַשְׁכֵּם וְיֹאמַר׃

רִבּוֹן כָּל־הָעוֹלָמִים לֹא עַל־צִדְקוֹתֵינוּ אֲנַחְנוּ מַפִּילִים תַּחֲנוּנֵינוּ לְפָנֶיךָ כִּי עַל רַחֲמֶיךָ הָרַבִּים. מָה אָנוּ מֶה חַיֵּינוּ מֶה חַסְדֵּנוּ מַה־צִּדְקֵנוּ מַה־כֹּחֵנוּ מַה־גְּבוּרָתֵנוּ מַה־נֹּאמַר לְפָנֶיךָ יְהֹוָה אֱלֹהֵינוּ וֵאלֹהֵי אֲבוֹתֵינוּ הֲלֹא כָּל־הַגִּבּוֹרִים כְּאַיִן לְפָנֶיךָ וְאַנְשֵׁי הַשֵּׁם כְּלֹא הָיוּ וַחֲכָמִים כִּבְלִי מַדָּע וּנְבוֹנִים כִּבְלִי הַשְׂכֵּל כִּי רוֹב מַעֲשֵׂיהֶם תֹּהוּ וִימֵי חַיֵּיהֶם הֶבֶל לְפָנֶיךָ. וּמוֹתַר הָאָדָם מִן הַבְּהֵמָה אָיִן כִּי הַכֹּל הָבֶל׃ לְבַד הַנְּשָׁמָה הַטְּהוֹרָה

ר) קהלת ג יט.

for now I know that you are a God-fearing man, since you have not withheld your son, your only son, from Me." Thereafter, Abraham looked up and saw a ram caught in the thicket by its horns; and Abraham went and took the ram and offered it as a burnt-offering instead of his son. And Abraham called the name of the place "The Lord Will See," as it is referred to this day, "On the mount where the Lord shall reveal Himself." An angel of the Lord called to Abraham a second time from heaven, and said, "By Myself have I sworn, says the Lord, because you have done this and have not withheld your son, your only son, I will greatly bless you and make your descendants as numerous as the stars in heaven and as the sand on the seashore; and your descendants shall inherit the gates of their enemies. And all the nations of the earth shall bless themselves by your descendants, because you have obeyed My voice." Abraham then returned to his attendants, and they rose and went together to Beer-Sheva; and Abraham lived in Beer-Sheva.[1]

לעולם A man should forever be God-fearing in the innermost recesses of his heart, acknowledge the truth, and speak the truth in his heart. Let him rise early and say:

רבון Master of all worlds! It is not because of our own righteousness that we present our supplications before You, but because of Your abounding mercies. What are we? What is our life? What is our kindness? What is our righteousness? What is our strength? What is our might? What can we say to You, Lord our God and God of our fathers? Are not all the mighty men as nothing before You, the men of renown as though they had never been, the wise as if without knowledge, and the men of understanding as if devoid of intelligence? For most of their deeds are naught, and the days of their lives are vanity before You. The pre-eminence of man over beast is naught, for all is vanity[2] — except the pure soul

1. Genesis 22:1-19. 2. Ecclesiastes 3:19.

שֶׁהִיא עֲתִידָה לִתֵּן דִּין וְחֶשְׁבּוֹן לִפְנֵי כִּסֵּא כְבוֹדֶךָ וְכָל
הַגּוֹיִם כְּאַיִן נֶגְדֶּךָ שֶׁנֶּאֱמַר הֵן גּוֹיִם כְּמַר מִדְּלִי וּכְשַׁחַק
מֹאזְנַיִם נֶחְשָׁבוּ הֵן אִיִּים כַּדַּק יִטּוֹל:

אֲבָל אֲנַחְנוּ עַמְּךָ בְּנֵי בְרִיתֶךָ. בְּנֵי אַבְרָהָם אֹהַבְךָ
שֶׁנִּשְׁבַּעְתָּ לּוֹ בְּהַר הַמּוֹרִיָּה. זֶרַע יִצְחָק יְחִידוֹ
שֶׁנֶּעֱקַד עַל גַּבֵּי הַמִּזְבֵּחַ. עֲדַת יַעֲקֹב בִּנְךָ בְּכוֹרֶךָ
שֶׁמֵּאַהֲבָתְךָ שֶׁאָהַבְתָּ אֹתוֹ וּמִשִּׂמְחָתְךָ שֶׁשָּׂמַחְתָּ בּוֹ
קָרָאתָ אֶת־שְׁמוֹ יִשְׂרָאֵל וִישֻׁרוּן:

לְפִיכָךְ אֲנַחְנוּ חַיָּבִים לְהוֹדוֹת לְךָ וּלְשַׁבֵּחֲךָ
וּלְפָאֶרְךָ וּלְבָרֵךְ וּלְקַדֵּשׁ וְלָתֵת שֶׁבַח
וְהוֹדָיָה לִשְׁמֶךָ: אַשְׁרֵינוּ מַה־טּוֹב חֶלְקֵנוּ וּמַה־
נָּעִים גּוֹרָלֵנוּ וּמַה־יָּפָה יְרֻשָּׁתֵנוּ אַשְׁרֵינוּ שֶׁאֲנַחְנוּ
מַשְׁכִּימִים וּמַעֲרִיבִים עֶרֶב וָבֹקֶר וְאוֹמְרִים
פַּעֲמַיִם בְּכָל־יוֹם:

דברים ו ד

שְׁמַע יִשְׂרָאֵל יְהוָה אֱלֹהֵינוּ יְהוָה ׀ אֶחָד:

בָּרוּךְ שֵׁם כְּבוֹד מַלְכוּתוֹ לְעוֹלָם וָעֶד:

ה וְאָהַבְתָּ אֵת יְהוָה אֱלֹהֶיךָ בְּכָל־לְבָבְךָ וּבְכָל־נַפְשְׁךָ
וּבְכָל־מְאֹדֶךָ: ו וְהָיוּ הַדְּבָרִים הָאֵלֶּה אֲשֶׁר
אָנֹכִי מְצַוְּךָ הַיּוֹם עַל־לְבָבֶךָ: ז וְשִׁנַּנְתָּם לְבָנֶיךָ וְדִבַּרְתָּ
בָּם בְּשִׁבְתְּךָ בְּבֵיתֶךָ וּבְלֶכְתְּךָ בַדֶּרֶךְ וּבְשָׁכְבְּךָ
וּבְקוּמֶךָ: ח וּקְשַׁרְתָּם לְאוֹת עַל־יָדֶךָ וְהָיוּ לְטֹטָפֹת בֵּין
עֵינֶיךָ: ט וּכְתַבְתָּם עַל־מְזֻזוֹת בֵּיתֶךָ וּבִשְׁעָרֶיךָ:

אַתָּה הוּא עַד־שֶׁלֹּא נִבְרָא הָעוֹלָם אַתָּה הוּא מִשֶּׁנִּבְרָא הָעוֹלָם
אַתָּה הוּא בָּעוֹלָם הַזֶּה וְאַתָּה הוּא לָעוֹלָם הַבָּא קַדֵּשׁ אֶת־

ה) ישעי' מ טו.

which is destined to give an accounting before the Throne of Your Glory. All the nations are as nothing before You, as it is written: The nations are as a drop from a bucket; considered no more than dust upon the scales! Behold, the isles are like the flying dust.[1]

אבל But we are Your nation, the people of Your Covenant, the children of Abraham Your beloved, to whom You swore on Mount Moriah;[2] the descendants of Isaac, his only son who was bound upon the altar;[3] the community of Jacob, Your first-born[4] whose name You called Israel[5] and Yeshurun[6] because of Your love for him and Your delight in him.

לפיכך Therefore, it is incumbent upon us to thank, praise and glorify You, to bless, to sanctify and to offer praise and thanksgiving to Your Name. Fortunate are we! How good is our portion, how pleasant our lot, and how beautiful our heritage! Fortunate are we who, early in the morning and in the evening, twice each day, declare:

שמע Hear, O Israel, the Lord is our God, the Lord is One.[7]

ברוך Blessed be the name of the glory of His kingdom forever and ever.[8]

ואהבת You shall love the Lord your God with all your heart, with all your soul, and with all your might. And these words which I command you today shall be upon your heart. You shall teach them thoroughly to your children, and you shall speak of them when you sit in your house and when you walk on the road, when you lie down and when you rise. You shall bind them as a sign upon your hand, and they shall be for a reminder between your eyes. And you shall write them upon the doorposts of your house and upon your gates.[9]

אתה You were [the same] before the world was created; You are [the same] since the world has been created. You are the same in this world; You are the same in the World to Come. Sanctify

---

1. Isaiah 40:15. 2. Genesis 22:16-18. 3. Ibid. 22:1-13 4. V. Exodus 4:22. Genesis Rabbah 63:8. Rashi, Genesis 25:26. 5. Genesis 35:10. 6. V. Isaiah 44:2. Deuteronomy 33:5, 26. Ramban, Deuteronomy 7:12. 7. Deuteronomy 6:4. 8. Pesachim 56a. Deuteronomy Rabbah 2:31, 35, 36. 9. Deuteronomy 6:5-9.

שִׁמְךָ בְּעוֹלָמֶךָ עַל־עַם מַקְדִּישֵׁי שְׁמֶךָ וּבִישׁוּעָתְךָ מַלְכֵּנוּ תָּרוּם וְתַגְבִּיהַּ קַרְנֵנוּ. וְהוֹשִׁיעֵנוּ בְּקָרוֹב לְמַעַן שְׁמֶךָ: בָּרוּךְ הַמְקַדֵּשׁ שְׁמוֹ בָּרַבִּים:

אַתָּה הוּא יְהֹוָה הָאֱלֹהִים בַּשָּׁמַיִם וּבָאָרֶץ וּבִשְׁמֵי הַשָּׁמַיִם הָעֶלְיוֹנִים׳ אֱמֶת אַתָּה הוּא רִאשׁוֹן וְאַתָּה הוּא אַחֲרוֹן וּמִבַּלְעָדֶיךָ אֵין אֱלֹהִים׳ קַבֵּץ נְפוּצוֹת קוֶֹיךָ מֵאַרְבַּע כַּנְפוֹת הָאָרֶץ׳ יַכִּירוּ וְיֵדְעוּ כָּל־בָּאֵי עוֹלָם כִּי אַתָּה־הוּא הָאֱלֹהִים לְבַדְּךָ לְכֹל מַמְלְכוֹת הָאָרֶץ. אַתָּה עָשִׂיתָ אֶת־הַשָּׁמַיִם וְאֶת־הָאָרֶץ אֶת־הַיָּם וְאֶת־כָּל־אֲשֶׁר בָּם׳ וּמִי בְּכָל־מַעֲשֵׂה יָדֶיךָ בָּעֶלְיוֹנִים וּבַתַּחְתּוֹנִים שֶׁיֹּאמַר לְךָ מַה־תַּעֲשֶׂה וּמַה־תִּפְעָל׳ אָבִינוּ שֶׁבַּשָּׁמַיִם חַי וְקַיָּם עֲשֵׂה עִמָּנוּ צְדָקָה וָחֶסֶד בַּעֲבוּר שִׁמְךָ הַגָּדוֹל הַגִּבּוֹר וְהַנּוֹרָא שֶׁנִּקְרָא עָלֵינוּ וְקַיֶּם־לָנוּ יְהֹוָה אֱלֹהֵינוּ אֶת־הַדָּבָר שֶׁהִבְטַחְתָּנוּ עַל־יְדֵי צְפַנְיָה חוֹזָךְ כָּאָמוּר׳ בָּעֵת הַהִיא אָבִיא אֶתְכֶם וּבָעֵת קַבְּצִי אֶתְכֶם כִּי־אֶתֵּן אֶתְכֶם לְשֵׁם וְלִתְהִלָּה בְּכֹל עַמֵּי הָאָרֶץ בְּשׁוּבִי אֶת־שְׁבוּתֵיכֶם לְעֵינֵיכֶם אָמַר יְהֹוָה:

(א) מנהג לומר בכל יום פרשת תרומת הדשן וסידור המערכה. ויכול לאומרה אפילו קודם אור היום בחורף. ונכון יאמרנה קודם פרשת התמיד:

ויקרא ו
א וַיְדַבֵּר יְהֹוָה אֶל־מֹשֶׁה לֵּאמֹר: ב צַו אֶת־אַהֲרֹן וְאֶת־בָּנָיו לֵאמֹר
זֹאת תּוֹרַת הָעֹלָה הִוא הָעֹלָה עַל מוֹקְדָה עַל־הַמִּזְבֵּחַ כָּל־
הַלַּיְלָה עַד־הַבֹּקֶר וְאֵשׁ הַמִּזְבֵּחַ תּוּקַד בּוֹ: ג וְלָבַשׁ הַכֹּהֵן מִדּוֹ בַד
וּמִכְנְסֵי־בַד יִלְבַּשׁ עַל־בְּשָׂרוֹ וְהֵרִים אֶת־הַדֶּשֶׁן אֲשֶׁר תֹּאכַל הָאֵשׁ
אֶת־הָעֹלָה עַל־הַמִּזְבֵּחַ וְשָׂמוֹ אֵצֶל הַמִּזְבֵּחַ: ד וּפָשַׁט אֶת־בְּגָדָיו
וְלָבַשׁ בְּגָדִים אֲחֵרִים וְהוֹצִיא אֶת־הַדֶּשֶׁן אֶל־מִחוּץ לַמַּחֲנֶה אֶל־
מָקוֹם טָהוֹר: ה וְהָאֵשׁ עַל־הַמִּזְבֵּחַ תּוּקַד־בּוֹ לֹא תִכְבֶּה וּבִעֵר

א) נב״כ ג כ. ב) ע״ש מסורת.

Your Name in Your world upon the people who hallow Your Name. Through Your salvation, our King, raise and exalt our strength, and deliver us speedily for the sake of Your Name. Blessed is He who sanctifies His Name among the multitude.

אתה You are the Lord God in heaven and on earth, and in the most lofty heaven of heavens. Truly, You are the first and You are the last, and besides You there is no God. Gather the dispersed who long for You from the four corners of the earth. Let all mankind recognize and know that You alone are God over all the kingdoms of the earth. You have made the heavens, the earth, the sea, and all therein. Who among all the works of Your hands, celestial or terrestrial, can say to You, "What are You doing? What are You making?" Our living and eternal Father in heaven, deal graciously and kindly with us for the sake of Your great, mighty and awe-inspiring Name which is conferred upon us. Fulfill for us, Lord our God, the promise which You have made to us through Zephaniah Your prophet, as it is written: At that time, I will bring you back, and at that time I will gather you; for I will make you renowned and glorified among all the peoples of the earth, when I bring back your captivity before your eyes, said the Lord.[1]

It is most appropriate to recite each day the following Scriptural section describing the removal of the ashes from the Altar and the arrangement of the woodpile on it. During the winter, it may be recited even before dawn; but in summer it should be said before the Biblical section dealing with the daily burnt-offering.

וידבר The Lord spoke to Moses, saying: Command Aaron and his sons, saying: This is the law of the burnt-offering: The burnt-offering shall remain on the fire-wood on the altar all night until morning, and the fire of the altar shall be kept burning on it. The *Kohen* shall put on his linen raiment, and put linen breeches upon his body; he shall remove the ashes which the fire has made by consuming the burnt-offering on the altar and place them beside the altar. Then he shall take off his garments and put on other garments, and carry the ashes to a clean place outside the camp. The fire on the altar shall be kept burning, it must not go out; and the *Kohen* shall burn

1. Zephaniah 3:20.

עָלֶיהָ הַכֹּהֵן עֵצִים בַּבֹּקֶר בַּבֹּקֶר וְעָרַךְ עָלֶיהָ הָעֹלָה וְהִקְטִיר עָלֶיהָ
חֶלְבֵי הַשְּׁלָמִים: ו אֵשׁ תָּמִיד תּוּקַד עַל־הַמִּזְבֵּחַ לֹא תִכְבֶּה:

במדבר כח

א וַיְדַבֵּר יְהוָה אֶל־מֹשֶׁה לֵּאמֹר: ב צַו אֶת־בְּנֵי יִשְׂרָאֵל
וְאָמַרְתָּ אֲלֵהֶם אֶת־קָרְבָּנִי לַחְמִי לְאִשַּׁי רֵיחַ
נִיחֹחִי תִּשְׁמְרוּ לְהַקְרִיב לִי בְּמוֹעֲדוֹ: ג וְאָמַרְתָּ לָהֶם זֶה
הָאִשֶּׁה אֲשֶׁר תַּקְרִיבוּ לַיהוָה כְּבָשִׂים בְּנֵי־שָׁנָה תְמִימִם
שְׁנַיִם לַיּוֹם עֹלָה תָמִיד: ד אֶת־הַכֶּבֶשׂ אֶחָד תַּעֲשֶׂה
בַבֹּקֶר וְאֵת הַכֶּבֶשׂ הַשֵּׁנִי תַּעֲשֶׂה בֵּין הָעַרְבָּיִם:
ה וַעֲשִׂירִית הָאֵיפָה סֹלֶת לְמִנְחָה בְּלוּלָה בְּשֶׁמֶן כָּתִית
רְבִיעִת הַהִין: ו עֹלַת תָּמִיד הָעֲשֻׂיָה בְּהַר סִינַי לְרֵיחַ
נִיחֹחַ אִשֶּׁה לַיהוָה: ז וְנִסְכּוֹ רְבִיעִת הַהִין לַכֶּבֶשׂ הָאֶחָד
בַּקֹּדֶשׁ הַסֵּךְ נֶסֶךְ שֵׁכָר לַיהוָה: ח וְאֵת הַכֶּבֶשׂ הַשֵּׁנִי
תַּעֲשֶׂה בֵּין הָעַרְבָּיִם כְּמִנְחַת הַבֹּקֶר וּכְנִסְכּוֹ תַּעֲשֶׂה
אִשֵּׁה רֵיחַ נִיחֹחַ לַיהוָה:

וְשָׁחַט אֹתוֹ עַל יֶרֶךְ הַמִּזְבֵּחַ צָפֹנָה לִפְנֵי יְהוָה וְזָרְקוּ בְּנֵי אַהֲרֹן הַכֹּהֲנִים אֶת־דָּמוֹ עַל־הַמִּזְבֵּחַ סָבִיב:

אַתָּה הוּא יְהוָה אֱלֹהֵינוּ וֵאלֹהֵי אֲבוֹתֵינוּ שֶׁהִקְטִירוּ אֲבוֹתֵינוּ לְפָנֶיךָ אֶת קְטֹרֶת הַסַּמִּים בִּזְמַן שֶׁבֵּית הַמִּקְדָּשׁ קַיָּם כַּאֲשֶׁר צִוִּיתָ אוֹתָם עַל־יַד מֹשֶׁה נְבִיאֶךָ כַּכָּתוּב בְּתוֹרָתֶךָ:

שמות ל

לד וַיֹּאמֶר יְהוָה אֶל־מֹשֶׁה קַח־לְךָ סַמִּים נָטָף וּשְׁחֵלֶת
וְחֶלְבְּנָה סַמִּים וּלְבֹנָה זַכָּה בַּד בְּבַד יִהְיֶה:
לה וְעָשִׂיתָ אֹתָהּ קְטֹרֶת רֹקַח מַעֲשֵׂה רוֹקֵחַ מְמֻלָּח טָהוֹר
קֹדֶשׁ: לו וְשָׁחַקְתָּ מִמֶּנָּה הָדֵק וְנָתַתָּה מִמֶּנָּה לִפְנֵי הָעֵדֻת
בְּאֹהֶל מוֹעֵד אֲשֶׁר אִוָּעֵד לְךָ שָׁמָּה קֹדֶשׁ קָדָשִׁים תִּהְיֶה
לָכֶם: וְנֶאֱמַר וְהִקְטִיר עָלָיו אַהֲרֹן קְטֹרֶת סַמִּים בַּבֹּקֶר

א) ויקרא א יא. ב) שמות ל ז.

wood on it every morning, and arrange the burnt-offering upon it, and burn the fat of the peace-offerings on it. Fire shall be kept burning on the altar continually; it must not go out.[1]

וידבר And the Lord spoke to Moses, saying: Command the children of Israel and say to them: My offering, My food-offering consumed by fire, a pleasing odor to Me, you shall be careful to offer Me at its appointed time. And you shall say to them: This is the fire-offering which you shall offer to the Lord — two yearling male lambs without blemish, every day, as a daily burnt-offering. You shall offer one lamb in the morning, and the other lamb toward evening; and a tenth of an *ephah* of fine flour mixed with a fourth of a *hin* of oil of crushed olives as a meal-offering. This is a daily burnt-offering, as it was made at Mount Sinai, for a pleasing odor, a fire-offering to the Lord. And its wine-offering shall be a fourth of a *hin* for the one lamb; in the Sanctuary you shall pour out a wine-offering of strong wine to the Lord. And you shall offer the other lamb toward evening, with the same meal-offering and the same wine-offering as in the morning, to be a fire-offering of pleasing odor to the Lord.[2]

ושחט He shall slaughter it on the north side of the altar before the Lord; and Aaron's sons, the *Kohanim*, shall sprinkle its blood all around the altar.[3]

אתה You are the Lord our God and God of our fathers before whom our ancestors burned the offering of incense when the Bet Hamikdash stood, as You have commanded them through Moses Your prophet, as it is written in Your Torah:

ויאמר The Lord said to Moses: Take fragrant spices, stacte, onycha, and galbanum; fragrant spices and pure frankincense; there shall be an equal weight of each. And you shall make it into incense, a compound expertly blended, well-mingled, pure and holy. You shall grind some of it very fine, and put some of it before the Ark in the Tabernacle, where I will meet with you; most holy shall it be to you.[4] And it is written: Aaron shall burn upon the altar the incense of fragrant spices; every morning

1. Leviticus 6:1-6. 2. Numbers 28:1-8. 3. Leviticus 1:11. 4. Exodus 30:34-36.

בַּבֹּֽקֶר בְּהֵיטִיבוֹ אֶת־הַנֵּרֹת יַקְטִירֶֽנָּה׃ וּבְהַעֲלֹת אַהֲרֹן אֶת־הַנֵּרֹת בֵּין הָעַרְבַּֽיִם יַקְטִירֶֽנָּה קְטֹֽרֶת תָּמִיד לִפְנֵי יְהוָֹה לְדֹרֹֽתֵיכֶם׃

תָּנוּ רַבָּנָן פִּטּוּם הַקְּטֹֽרֶת כֵּיצַד שְׁלשׁ מֵאוֹת וְשִׁשִּׁים וּשְׁמוֹנָה מָנִים הָיוּ בָהּ שְׁלשׁ מֵאוֹת וְשִׁשִּׁים וַחֲמִשָּׁה כְּמִנְיַן יְמוֹת הַחַמָּה מָנֶה לְכָל־יוֹם פְּרַס בְּשַׁחֲרִית וּפְרַס בֵּין הָעַרְבָּֽיִם׃ וּשְׁלשָׁה מָנִים יְתֵרִים שֶׁמֵּהֶם מַכְנִיס כֹּהֵן גָּדוֹל מְלֹא חָפְנָיו בְּיוֹם הַכִּפֻּרִים׃ וּמַחֲזִירָן לְמַכְתֶּֽשֶׁת בְּעֶֽרֶב יוֹם הַכִּפֻּרִים׃ וְשׁוֹחֲקָן יָפֶה יָפֶה כְּדֵי שֶׁתְּהֵא דַקָּה מִן הַדַּקָּה׃ וְאַחַד עָשָׂר סַמָּנִין הָיוּ בָהּ׃ וְאֵלּוּ־הֵן א הַצֳּרִי ב וְהַצִּפֹּֽרֶן ג הַחֶלְבְּנָה ד וְהַלְּבוֹנָה׃ מִשְׁקַל שִׁבְעִים שִׁבְעִים מָנֶה׃ ה מוֹר ו וּקְצִיעָה ז שִׁבֹּֽלֶת נֵרְדְּ ח וְכַרְכֹּם׃ מִשְׁקַל שִׁשָּׁה עָשָׂר שִׁשָּׁה עָשָׂר מָנֶה. ט הַקֹּשְׁטְ שְׁנֵים עָשָׂר׃ י קִלּוּפָה שְׁלשָׁה׃ יא קִנָּמוֹן תִּשְׁעָה׃ בֹּרִית כַּרְשִׁינָה תִּשְׁעָה קַבִּין׃ יֵין קַפְרִיסִין סְאִין תְּלָתָא וְקַבִּין תְּלָתָא׃ וְאִם אֵין לוֹ יֵין קַפְרִיסִין מֵבִיא חֲמַר חִוַּרְיָן עַתִּיק׃ מֶֽלַח סְדוֹמִית רֹֽבַע׃ מַעֲלֶה עָשָׁן כָּל־שֶׁהוּא׃ רַבִּי נָתָן הַבַּבְלִי אוֹמֵר אַף כִּפַּת הַיַּרְדֵּן כָּל שֶׁהִיא וְאִם נָתַן בָּהּ דְּבַשׁ פְּסָלָהּ׃ וְאִם חִסַּר אֶחָד מִכָּל סַמָּנֶֽיהָ חַיָּב מִיתָה׃ רַבָּן שִׁמְעוֹן בֶּן גַּמְלִיאֵל אוֹמֵר׃ הַצֳּרִי אֵינוֹ אֶלָּא שְׂרָף הַנּוֹטֵף מֵעֲצֵי הַקְּטָף׃ בֹּרִית כַּרְשִׁינָה שֶׁשָּׁפִין בָּהּ אֶת־הַצִּפֹּֽרֶן׃ כְּדֵי שֶׁתְּהֵא נָאָה׃ יֵין קַפְרִיסִין שֶׁשּׁוֹרִין בּוֹ אֶת־הַצִּפֹּֽרֶן׃ כְּדֵי שֶׁתְּהֵא עַזָּה׃ וַהֲלֹא מֵי רַגְלַֽיִם יָפִין לָהּ אֶלָּא שֶׁאֵין מַכְנִיסִין מֵי רַגְלַֽיִם בַּמִּקְדָּשׁ מִפְּנֵי הַכָּבוֹד׃

תַּנְיָא רַבִּי נָתָן אוֹמֵר כְּשֶׁהוּא שׁוֹחֵק אוֹמֵר הָדֵק הֵיטֵב הֵיטֵב הָדֵק׃ מִפְּנֵי שֶׁהַקּוֹל יָפֶה לַבְּשָׂמִים׃ פִּטְּמָהּ לַחֲצָאִין כְּשֵׁרָה׃ לִשְׁלִישׁ וְלִרְבִֽיעַ לֹא שָׁמָֽעְנוּ׃ אָמַר רַבִּי יְהוּדָה זֶה הַכְּלָל אִם כְּמִדָּתָהּ כְּשֵׁרָה לַחֲצָאִין וְאִם חִסַּר אֶחָד מִכָּל סַמָּנֶֽיהָ חַיָּב מִיתָה׃ תַּנְיָא בַּר קַפָּרָא אוֹמֵר׃ אַחַת לְשִׁשִּׁים אוֹ לְשִׁבְעִים שָׁנָה הָיְתָה בָאָה שֶׁל שִׁירַֽיִם לַחֲצָאִין׃ וְעוֹד תָּנֵי בַּר קַפָּרָא אִלּוּ הָיָה נוֹתֵן בָּהּ קוֹרְטוֹב שֶׁל דְּבַשׁ אֵין אָדָם יָכוֹל לַעֲמוֹד מִפְּנֵי רֵיחָהּ

when he cleans the cups [of the *menorah*], he shall burn it. And toward evening, when Aaron lights the *menorah*, he shall burn it; this is a continual incense-offering before the Lord throughout your generations.[1]

תנו The Rabbis have taught:[2] How was the incense prepared? It weighed 368 *manim* — 365 corresponding to the number of days in the solar year, one *maneh* for each day — half a *maneh* to be offered in the morning and half toward evening; and the other three *manim* from which the *Kohen Gadol* took two handfuls [into the Holy of Holies] on Yom Kippur. These [three *manim*] were put back into the mortar on the day before Yom Kippur and ground again very thoroughly so as to make the incense extremely fine. The incense contained the following eleven kinds of spices: 1) balm, 2) onycha, 3) galbanum, 4) frankincense — each one weighing seventy *maneh;* 5) myrrh, 6) cassia, 7) spikenard, 8) saffron — each weighing sixteen *maneh;* 9) costus, twelve *maneh;* 10) aromatic bark, three [*maneh*]; 11) cinnamon, nine [*maneh*. Also used in the preparation of the incense were:] lye of Carshina, nine *kabin;* Cyprus wine, three *se'in* and three *kabin* — if Cyprus wine was not available, strong white wine might be used instead; salt of Sodom, a fourth of a *kab;* and a minute quantity of a smoke-raising herb. Rabbi Nathan the Babylonian says: A minute quantity of Jordan amber was also added. If, however, honey were added, the incense became unfit; while if one left out any one of the ingredients, he was liable to the penalty of death. Rabbi Shimon ben Gamliel says: The balm is no other than a resin which exudes from the balsam trees. The lye of Carshina was used for rubbing on the onycha to refine its appearance. The Cyprus wine was used in which to steep the onycha so as to make its odor more pungent. Though the water of Raglayim might have served that purpose well, it would be disrespectful to bring it into the Bet Hamikdash.

תניא It has been taught, Rabbi Nathan says: While the *Kohen* was grinding the incense, the overseer would say, "Grind it thin, grind it thin," because the [rhythmic] sound is good for the compounding of the spices. If only half the yearly required quantity of incense was prepared, it was fit for use; but we have not heard if it was permissible to prepare only a third or a fourth of it. Rabbi Yehudah said: The general rule is that if the incense was compounded in its correct proportions — it was fit for use even if only half the annually required quantity was prepared; if, however, one left out any one of its ingredients, he was liable to the penalty of death.

תניא It has been taught, Bar Kappara says: Once in sixty or seventy years, half of the required yearly quantity of incense came from the accumulated surpluses [from the three *maneh* from which the High Priest took two handfuls on Yom Kippur.] Bar Kappara also taught: Had a minute quantity of honey been mixed into the incense no one could have resisted the scent.

---

1. Exodus 30:7-8. 2. V. Keritot 6a, b. Yerushalmi, Yoma 4:5.

ולמה אין מערבין בה דבש מפני שהתורה אמרה כי[א] כל שאור וכל דבש לא תקטירו ממנו אשה ליהוה:

יהוה צבאות עמנו משגב לנו אלהי יעקב סלה נ״פ: יהוה צבאות אשרי אדם בוטח בך נ״פ: יהוה הושיעה המלך יעננו ביום קראנו נ״פ: וערבה ליהוה מנחת יהודה וירושלים כימי עולם וכשנים קדמוניות:

אביי הוה מסדר סדר המערכה משמא דגמרא ואליבא דאבא שאול מערכה גדולה קודמת למערכה שניה של קטורת ומערכה שניה של קטורת קודמת לסדור שני גזרי עצים וסדור שני גזרי עצים קודם לדשון מזבח הפנימי ודשון מזבח הפנימי קודם להטבת חמש נרות והטבת חמש נרות קודמת לדם התמיד ודם התמיד קודם להטבת שתי נרות והטבת שתי נרות קודמת לקטרת וקטרת קודמת לאברים ואברים למנחה ומנחה לחבתין וחבתין לנסכין ונסכין למוספין ומוספין לבזיכין ובזיכין קודמין לתמיד של בין הערבים שנאמר וערך עליה העלה והקטיר עליה חלבי השלמים עליה השלם כל הקרבנות כלם:

אנא בכח גדלת ימינך תתיר צרורה׃ אב״ג ית״ץ
קבל רנת עמך שגבנו טהרנו נורא׃ קר״ע שט״ן
נא גבור דורשי יחודך כבבת שמרם׃ נג״ד יכ״ש
ברכם טהרם רחמי צדקתך תמיד גמלם׃ בט״ר צת״ג
חסין קדוש ברוב טובך נהל עדתך׃ חק״ב טנ״ע
יחיד גאה לעמך פנה זוכרי קדשתך׃ יג״ל פז״ק
שועתנו קבל ושמע צעקתנו יודע תעלומות׃ שק״ו צי״ת
ברוך שם כבוד מלכותו לעולם ועד:

א) ויקרא ב יא ב) תהלים מו ח. ג) תהלים פד יג. ד) שם כ י. ה) מלאכי ג ד.

Why then was no honey mixed with it? Because the Torah said: You shall present no leaven nor any honey as an offering by fire to the Lord.[1]

יי The Lord of hosts is with us; the God of Jacob is our stronghold forever.[2] *Say three times*

יי Lord of hosts, happy is the man who trusts in You.[3] *Say three times*

יי Lord, deliver us; may the King answer us on the day we call.[4] *Say three times*

וערבה Then shall the offering of Judah and Jerusalem be pleasing to the Lord, as in the days of old and as in bygone years.[5]

אביי Abbaye recounted the order of the daily priestly functions on the authority of tradition and in accordance with the view of Abba Shaul. The large pile of wood was arranged on the altar before the second pile [from which fire was taken for the incense-offering]; the second pile for the incense-offering was arranged before the placing of the two logs of wood on the large pile; the placing of the two logs of wood came before the removing of the ashes from the inner altar; the removing of the ashes from the inner altar preceded the cleaning of the five cups [of the *menorah*]; the cleaning of the five cups [of the *menorah*] preceded the sprinkling of the blood of the daily burnt-offering; the sprinkling of the blood of the daily burnt-offering preceded the cleaning of the remaining two cups [of the *menorah*]; the cleaning of the two cups [of the *menorah*] preceded the incense-offering; the incense-offering preceded the burning of the parts of the daily burnt-offering; the burning of the parts of the daily burnt-offering preceded the meal-offering; the meal-offering preceded the offering of pancakes; the offering of pancakes preceded the wine-offering; the wine-offering came before the *musaf* (additional) offerings [of Shabbat and the Festivals]; the *musaf*-offerings preceded the placing of the two censers with frankincense; the frankincense censers preceded the daily afternoon burnt-offering, as it is written, "And [the *Kohen*] shall arrange the burnt-offering on the altar, and burn on it the fat of the peace-offerings"[6] — with this all the offerings were completed.[7]

אנא We implore You, by the great power of Your right hand, release the captive.

Accept the prayer of Your people; strengthen us, purify us, Awesome One.

Mighty One, we beseech You, guard as the apple of the eye those who seek Your Oneness.

Bless them, cleanse them; bestow upon them forever Your merciful righteousness.

Powerful, Holy One, in Your abounding goodness, guide Your congregation.

Only and Exalted One, turn to Your people who are mindful of Your holiness.

Accept our supplication and hear our cry, You who knows secret thoughts.

ברוך Blessed be the name of the glory of His kingdom forever and ever.

1. Leviticus 2:11. 2. Psalms 46:8. 3. Ibid. 84:13. 4. Ibid. 20:10. 5. Malachi 3:4.
6. Leviticus 6:5. 7. Yoma 33a.

אֵיזֶהוּ מְקוֹמָן שֶׁל זְבָחִים קָדְשֵׁי קָדָשִׁים שְׁחִיטָתָן בַּצָּפוֹן · פַּר וְשָׂעִיר שֶׁל יוֹם הַכִּפּוּרִים שְׁחִיטָתָן בַּצָּפוֹן וְקִבּוּל דָּמָן בִּכְלִי שָׁרֵת בַּצָּפוֹן וְדָמָן טָעוּן הַזָּיָה עַל־בֵּין הַבַּדִּים וְעַל־הַפָּרֹכֶת וְעַל־מִזְבַּח הַזָּהָב מַתָּנָה אַחַת מֵהֶן מְעַכָּבֶת · שְׁיָרֵי הַדָּם הָיָה שׁוֹפֵךְ עַל יְסוֹד מַעֲרָבִי שֶׁל מִזְבֵּחַ הַחִיצוֹן אִם־לֹא נָתַן לֹא עִכֵּב: פָּרִים הַנִּשְׂרָפִים וּשְׂעִירִים הַנִּשְׂרָפִים שְׁחִיטָתָן בַּצָּפוֹן וְקִבּוּל דָּמָן בִּכְלִי שָׁרֵת בַּצָּפוֹן וְדָמָן טָעוּן הַזָּיָה עַל־הַפָּרֹכֶת וְעַל־מִזְבַּח הַזָּהָב מַתָּנָה אַחַת מֵהֶן מְעַכָּבֶת · שְׁיָרֵי הַדָּם הָיָה שׁוֹפֵךְ עַל יְסוֹד מַעֲרָבִי שֶׁל מִזְבֵּחַ הַחִיצוֹן אִם־לֹא נָתַן לֹא עִכֵּב · אֵלּוּ וָאֵלּוּ נִשְׂרָפִין בְּבֵית הַדָּשֶׁן: חַטֹּאות הַצִּבּוּר וְהַיָּחִיד אֵלּוּ הֵן חַטֹּאות הַצִּבּוּר שְׂעִירֵי רָאשֵׁי חֳדָשִׁים וְשֶׁל מוֹעֲדוֹת שְׁחִיטָתָן בַּצָּפוֹן וְקִבּוּל דָּמָן בִּכְלִי שָׁרֵת בַּצָּפוֹן וְדָמָן טָעוּן אַרְבַּע מַתָּנוֹת עַל אַרְבַּע קְרָנוֹת · כֵּיצַד עָלָה בַכֶּבֶשׁ וּפָנָה לַסּוֹבֵב וּבָא־לוֹ לְקֶרֶן דְּרוֹמִית מִזְרָחִית · מִזְרָחִית צְפוֹנִית · צְפוֹנִית מַעֲרָבִית · מַעֲרָבִית דְּרוֹמִית · שְׁיָרֵי הַדָּם הָיָה שׁוֹפֵךְ עַל יְסוֹד דְּרוֹמִי · וְנֶאֱכָלִין לִפְנִים מִן־הַקְּלָעִים לְזִכְרֵי כְהֻנָּה בְּכָל־מַאֲכָל לְיוֹם וָלַיְלָה עַד חֲצוֹת:

הָעוֹלָה קֹדֶשׁ קָדָשִׁים שְׁחִיטָתָהּ בַּצָּפוֹן · וְקִבּוּל דָּמָהּ בִּכְלִי שָׁרֵת בַּצָּפוֹן וְדָמָהּ טָעוּן שְׁתֵּי מַתָּנוֹת שֶׁהֵן אַרְבַּע וּטְעוּנָה הֶפְשֵׁט וְנִתּוּחַ וְכָלִיל לָאִשִּׁים: זִבְחֵי שַׁלְמֵי צִבּוּר וַאֲשָׁמוֹת · אֵלּוּ הֵן אֲשָׁמוֹת אֲשַׁם גְּזֵלוֹת אֲשַׁם מְעִילוֹת אֲשַׁם שִׁפְחָה חֲרוּפָה אֲשַׁם נָזִיר אֲשַׁם מְצוֹרָע אָשָׁם תָּלוּי · שְׁחִיטָתָן בַּצָּפוֹן וְקִבּוּל דָּמָן בִּכְלִי שָׁרֵת בַּצָּפוֹן · וְדָמָן טָעוּן שְׁתֵּי מַתָּנוֹת שֶׁהֵן אַרְבַּע · וְנֶאֱכָלִין

איזהו Where[1] were the places of sacrifice in the Bet Hamikdash? The most holy offerings were slaughtered on the north side of the altar. The bullock and the he-goat of Yom Kippur were slaughtered on the north side of the altar, their blood was received on the north side in a service vessel and was to be sprinkled between the staves of the Ark, toward the curtain of the Holy of Holies, and upon the golden altar. The omission of any one of these sprinklings invalidated the sacrifice. [The *Kohen*] poured out the rest of the blood at the western base of the outer altar; if, however, he failed to do so, it did not invalidate the sacrifice. The bullocks and the he-goats which were to be burned were slaughtered on the north side of the altar. Their blood was received there in a service vessel, and was to be sprinkled toward the curtain of the Holy of Holies and upon the golden altar. The omission of one of these sprinklings rendered the sacrifice invalid. [The *Kohen*] poured out the rest of the blood at the western base of the outer altar; if, however, he failed to do so, it did not invalidate the sacrifice. All these offerings[2] were burnt at the place where the ashes were deposited. The sin-offerings of the community and of the individual — these are the communal sin-offerings: the he-goats offered on Rosh Chodesh and on the Festivals — were slaughtered on the north side of the altar, their blood was received there in a service vessel, and of this blood four sprinklings were to be made, one upon each of the four corners of the altar. How was this done? [The *Kohen*] went up the ramp, turned to the ledge bordering the altar, and walked to the southeastern, northeastern, northwestern and southwestern corners. He poured out the rest of the blood at the southern base of the altar. These offerings, prepared in any manner, were eaten within the courtyard of the Sanctuary only by the male *Kohanim*, on the same day and evening until midnight.

העולה The burnt-offering — a sacrifice of the most holy order — was slaughtered on the north side of the altar, its blood was received there in a service vessel, and of its blood two sprinklings were to be made [at opposite corners of the altar] so as to constitute four.[3] This offering was to be flayed, dismembered and totally consumed by fire. The communal peace-offerings and guilt-offerings — these are the guilt-offerings: the guilt-offering for robbery, the guilt-offering for misusing sacred objects, the guilt-offering for violating a betrothed handmaiden, the guilt-offering of a *Nazir* [who had become ritually unclean], the guilt-offering of a leper [after his purification], and the guilt-offering of a person in doubt whether an act he had committed requires a sin-offering — all these were slaughtered on the north side of the altar, their blood was received there in a service vessel, and of their blood two sprinklings were to be made [at opposite corners of the altar] so as to constitute four. These offerings, prepared for food in any fashion, were eaten

1. Zevachim, Chapter 5, Mishna 1-8. 2. The sin-offerings of Yom Kippur and the other sin-offerings which were burnt. 3. The blood was sprinkled on the southwestern and northeastern corners. It was not applied exactly on the edge, but spread further, so that all four sides of the altar received some of it.

לִפְנִים מִן הַקְּלָעִים לְזִכְרֵי כְהֻנָּה בְּכָל־מַאֲכָל לְיוֹם וָלַיְלָה עַד חֲצוֹת:

הַתּוֹדָה וְאֵיל נָזִיר קָדָשִׁים קַלִּים שְׁחִיטָתָן בְּכָל מָקוֹם בָּעֲזָרָה וְדָמָן טָעוּן שְׁתֵּי מַתָּנוֹת שֶׁהֵן אַרְבַּע· וְנֶאֱכָלִין בְּכָל הָעִיר לְכָל־אָדָם בְּכָל־מַאֲכָל לְיוֹם וָלַיְלָה עַד חֲצוֹת: הַמּוּרָם מֵהֶם כַּיּוֹצֵא בָהֶם אֶלָּא שֶׁהַמּוּרָם נֶאֱכָל לַכֹּהֲנִים לִנְשֵׁיהֶם וְלִבְנֵיהֶם וּלְעַבְדֵיהֶם:

שְׁלָמִים קָדָשִׁים קַלִּים שְׁחִיטָתָן בְּכָל־מָקוֹם בָּעֲזָרָה· וְדָמָן טָעוּן שְׁתֵּי מַתָּנוֹת שֶׁהֵן אַרְבַּע· וְנֶאֱכָלִין בְּכָל־הָעִיר לְכָל־אָדָם בְּכָל־מַאֲכָל לִשְׁנֵי יָמִים וְלַיְלָה אֶחָד: הַמּוּרָם מֵהֶם כַּיּוֹצֵא בָהֶם אֶלָּא שֶׁהַמּוּרָם נֶאֱכָל לַכֹּהֲנִים לִנְשֵׁיהֶם וְלִבְנֵיהֶם וּלְעַבְדֵיהֶם:

הַבְּכוֹר וְהַמַּעֲשֵׂר וְהַפֶּסַח קָדָשִׁים קַלִּים שְׁחִיטָתָן בְּכָל־מָקוֹם בָּעֲזָרָה וְדָמָן טָעוּן מַתָּנָה אֶחָת וּבִלְבָד שֶׁיִּתֵּן כְּנֶגֶד הַיְסוֹד: שִׁנָּה בַאֲכִילָתָן הַבְּכוֹר נֶאֱכָל לַכֹּהֲנִים וְהַמַּעֲשֵׂר לְכָל־אָדָם· וְנֶאֱכָלִין בְּכָל־הָעִיר בְּכָל־מַאֲכָל לִשְׁנֵי יָמִים וְלַיְלָה אֶחָד· הַפֶּסַח אֵינוֹ נֶאֱכָל אֶלָּא בַלַּיְלָה וְאֵינוֹ נֶאֱכָל אֶלָּא עַד־חֲצוֹת וְאֵינוֹ נֶאֱכָל אֶלָּא לִמְנוּיָו וְאֵינוֹ נֶאֱכָל אֶלָּא צָלִי:

רַבִּי יִשְׁמָעֵאל אוֹמֵר בִּשְׁלשׁ עֶשְׂרֵה מִדּוֹת הַתּוֹרָה נִדְרֶשֶׁת· מִקַּל וָחֹמֶר וּמִגְּזֵרָה שָׁוָה· מִבִּנְיַן אָב מִכָּתוּב אֶחָד וּמִבִּנְיַן אָב מִשְּׁנֵי כְתוּבִים· מִכְּלָל וּפְרָט וּמִפְּרָט וּכְלָל· כְּלָל וּפְרָט וּכְלָל אִי אַתָּה דָן אֶלָּא כְּעֵין הַפְּרָט· מִכְּלָל שֶׁהוּא צָרִיךְ לִפְרָט וּמִפְּרָט שֶׁהוּא צָרִיךְ לִכְלָל· כָּל־דָּבָר שֶׁהָיָה בִּכְלָל וְיָצָא מִן־הַכְּלָל לְלַמֵּד לֹא לְלַמֵּד עַל־עַצְמוֹ יָצָא אֶלָּא לְלַמֵּד עַל־הַכְּלָל כֻּלּוֹ יָצָא· כָּל־דָּבָר שֶׁהָיָה בִּכְלָל וְיָצָא לִטְעוֹן טֹעַן אֶחָד שֶׁהוּא כְעִנְיָנוֹ יָצָא לְהָקֵל וְלֹא לְהַחֲמִיר· כָּל־דָּבָר שֶׁהָיָה בִּכְלָל וְיָצָא לִטְעוֹן טֹעַן אַחֵר שֶׁלֹּא כְעִנְיָנוֹ יָצָא לְהָקֵל וּלְהַחֲמִיר. כָּל־דָּבָר שֶׁהָיָה בִּכְלָל וְיָצָא לִדּוֹן בְּדָבָר חָדָשׁ אִי אַתָּה יָכוֹל לְהַחֲזִירוֹ לִכְלָלוֹ עַד שֶׁיַּחֲזִירֶנּוּ הַכָּתוּב לִכְלָלוֹ בְּפֵרוּשׁ· דָּבָר הַלָּמֵד מֵעִנְיָנוֹ וְדָבָר הַלָּמֵד מִסּוֹפוֹ וְכֵן (נ״א וכאן) שְׁנֵי כְתוּבִים הַמַּכְחִישִׁים זֶה אֶת־זֶה עַד שֶׁיָּבֹא הַכָּתוּב הַשְּׁלִישִׁי וְיַכְרִיעַ בֵּינֵיהֶם:

יְהִי רָצוֹן מִלְּפָנֶיךָ יְהוָה אֱלֹהֵינוּ וֵאלֹהֵי אֲבוֹתֵינוּ שֶׁיִּבָּנֶה בֵּית הַמִּקְדָּשׁ בִּמְהֵרָה בְיָמֵינוּ וְתֵן חֶלְקֵנוּ בְּתוֹרָתֶךָ:

within the courtyard of the Sanctuary only by the male *Kohanim*, on the same day and evening until midnight.

התודה The thanksgiving-offering and the ram offered by a *Nazir* [at the termination of his vow] were sacrifices of lesser sanctity. They might be slaughtered anywhere in the courtyard of the Bet Hamikdash. Of their blood two sprinklings were to be made [at opposite corners of the altar] so as to constitute four. These offerings, prepared for food in any fashion, might be eaten anywhere in the city, by anyone, on the same day and evening until midnight. The same rule applied to the parts given to the *Kohanim*, except that they were to be eaten only by the *Kohanim*, their wives, their children and their servants.

שלמים The peace-offerings were [likewise] sacrifices of lesser sanctity. They might be slaughtered anywhere in the courtyard of the Bet Hamikdash. Of their blood two sprinklings were to be made [at opposite corners of the altar] so as to constitute four. They might be eaten, prepared for food in any fashion, anywhere in the city, by anyone, during two days and one night. The same rule applied to the parts given to the *Kohanim*, except that they were to be eaten only by the *Kohanim*, their wives, their children, and their servants.

הבכור The offering of first-born animals, the tithe of cattle, and the Passover-offering were [also] sacrifices of lesser sanctity. They might be slaughtered anywhere in the courtyard of the Bet Hamikdash. Their blood required only one sprinkling, but it had to be done over against the base of the altar. They differed in their consumption: The firstling might be eaten only by the *Kohanim*, while the tithe might be eaten by any person. [Both the firstling and the tithe] might be prepared for food in any fashion and eaten anywhere in the city during two days and one night. The Passover-offering, however, was to be eaten on that night only, and not later than midnight. Nor could it be eaten except by those registered for it, nor could it be eaten except when roasted.

רבי ישמעאל Rabbi Yishmael says:[1] The Torah is expounded by means of thirteen rules: [1] A conclusion drawn from a minor premise or more lenient condition to a major or more strict one, and vice versa. [2] An analogy between two laws established on the basis of identical expressions in the Biblical text. [3] A general principle derived from one Biblical text or from two related Biblical texts, [is applicable to all similar cases though not specified in detail]. [4] When a general rule is followed by an explicit particular, [the rule is limited to the specified particular]. [5] When a specification is followed by a general rule, [all that is contained in the general rule applies]. [6] When a general rule is followed by a specification and then again by a general rule, the law is applicable only to such cases which are similar to the specification. [7] When a general rule requires an explicit specification [for the sake of clarity, the general rule is not limited to the specified particular, as in rule 4]. Similarly, when a specification requires a generalization [for the sake of clarity, the generalization does not have the all-embracing effect, as in rule 5]. [8] When a particular case that is included in a general law is singled out to instruct us concerning something new, it is singled out not only to teach concerning its own case, but is to be applied to the whole of the general law. [9] When a particular case that is included in a general law is singled out to add another provision simliar to the general law, it is singled out in order to lessen, but not to increase, the severity of that provision. [10] When a particular case that is included in a general law is singled out to add another provision which is unlike the general provision, it is singled out in order, in some aspects to lessen, and in others to add to, the severity of the provision. [11] When a particular case that is included in a general law is singled out with a new stipulation, the provisions of the general law no longer apply to it unless the Torah expressly states that they do. [12]The meaning of a passage may be deduced from its context or from a subsequent passage. [13] Similarly, when two Biblical passages contradict each other, the meaning can be determined by a third Biblical text which reconciles them.

יהי May it be Your will, Lord our God and God of our fathers, that the Bet Hamidkash be speedily rebuilt in our days, and grant us our portion in Your Torah.[2]

---

1. Sifra, Introduction. 2. Pirke Avot 5:20.

יִתְגַּדַּל וְיִתְקַדַּשׁ שְׁמֵהּ רַבָּא׃ — בְּעָלְמָא דִּי בְרָא כִרְעוּתֵהּ וְיַמְלִיךְ
מַלְכוּתֵהּ וְיַצְמַח פּוּרְקָנֵהּ וִיקָרֵב מְשִׁיחֵהּ׃ — בְּחַיֵּיכוֹן וּבְיוֹמֵיכוֹן
וּבְחַיֵּי דְכָל בֵּית יִשְׂרָאֵל בַּעֲגָלָא וּבִזְמַן קָרִיב וְאִמְרוּ אָמֵן׃ יְהֵא שְׁמֵהּ רַבָּא
מְבָרַךְ לְעָלַם וּלְעָלְמֵי עָלְמַיָּא יִתְבָּרַךְ וְיִשְׁתַּבַּח וְיִתְפָּאַר וְיִתְרוֹמַם וְיִתְנַשֵּׂא
וְיִתְהַדָּר וְיִתְעַלֶּה וְיִתְהַלָּל שְׁמֵהּ דְּקֻדְשָׁא בְּרִיךְ הוּא׃ — לְעֵלָּא מִן כָּל
בִּרְכָתָא וְשִׁירָתָא תֻּשְׁבְּחָתָא וְנֶחֱמָתָא דַּאֲמִירָן בְּעָלְמָא וְאִמְרוּ אָמֵן׃

עַל יִשְׂרָאֵל וְעַל רַבָּנָן׃ וְעַל תַּלְמִידֵיהוֹן וְעַל כָּל־תַּלְמִידֵי תַלְמִידֵיהוֹן׃ וְעַל
כָּל־מָאן דְּעָסְקִין בְּאוֹרַיְתָא דִּי בְאַתְרָא הָדֵין וְדִי בְכָל־אֲתַר וַאֲתַר יְהֵא
לְהוֹן וּלְכוֹן שְׁלָמָא רַבָּא חִנָּא וְחִסְדָּא וְרַחֲמִין וְחַיִּין אֲרִיכִין׃ וּמְזוֹנָא רְוִיחָא
וּפוּרְקָנָא׃ מִן קֳדָם אֲבוּהוֹן דְּבִשְׁמַיָּא וְאִמְרוּ אָמֵן׃

יְהֵא שְׁלָמָא רַבָּא מִן־שְׁמַיָּא וְחַיִּים טוֹבִים עָלֵינוּ וְעַל־כָּל־יִשְׂרָאֵל
וְאִמְרוּ אָמֵן׃

עֹשֶׂה הַשָּׁלוֹם בִּמְרוֹמָיו הוּא יַעֲשֶׂה שָׁלוֹם עָלֵינוּ וְעַל־כָּל־
יִשְׂרָאֵל וְאִמְרוּ אָמֵן׃

ח הוֹדוּ לַיהוָה קִרְאוּ בִשְׁמוֹ הוֹדִיעוּ בָעַמִּים עֲלִילֹתָיו׃
ט שִׁירוּ לוֹ זַמְּרוּ־לוֹ שִׂיחוּ בְּכָל־נִפְלְאֹתָיו׃
י הִתְהַלְלוּ בְּשֵׁם קָדְשׁוֹ יִשְׂמַח לֵב מְבַקְשֵׁי יְהוָה׃
יא דִּרְשׁוּ יְהוָה וְעֻזּוֹ בַּקְּשׁוּ פָנָיו תָּמִיד׃ יב זִכְרוּ נִפְלְאֹתָיו
אֲשֶׁר עָשָׂה מֹפְתָיו וּמִשְׁפְּטֵי־פִיהוּ׃ יג זֶרַע יִשְׂרָאֵל עַבְדּוֹ
בְּנֵי יַעֲקֹב בְּחִירָיו׃ יד הוּא יְהוָה אֱלֹהֵינוּ בְּכָל־הָאָרֶץ
מִשְׁפָּטָיו׃ טו זִכְרוּ לְעוֹלָם בְּרִיתוֹ דָּבָר צִוָּה לְאֶלֶף דּוֹר׃
טז אֲשֶׁר כָּרַת אֶת־אַבְרָהָם וּשְׁבוּעָתוֹ לְיִצְחָק׃
יז וַיַּעֲמִידֶהָ לְיַעֲקֹב לְחֹק לְיִשְׂרָאֵל בְּרִית עוֹלָם׃ יח לֵאמֹר
לְךָ אֶתֵּן אֶרֶץ־כְּנָעַן חֶבֶל נַחֲלַתְכֶם׃ יט בִּהְיוֹתְכֶם מְתֵי
מִסְפָּר כִּמְעַט וְגָרִים בָּהּ׃ כ וַיִּתְהַלְּכוּ מִגּוֹי אֶל־גּוֹי
וּמִמַּמְלָכָה אֶל־עַם אַחֵר׃ כא לֹא־הִנִּיחַ לְאִישׁ לְעָשְׁקָם
וַיּוֹכַח עֲלֵיהֶם מְלָכִים׃ כב אַל־תִּגְּעוּ בִּמְשִׁיחָי וּבִנְבִיאַי

יתגדל Exalted and hallowed be His great Name (*Cong:* Amen.) throughout the world which He has created according to His will. May He establish His kingship, bring forth His redemption and hasten the coming of His *Mashiach* (*Cong:* Amen.) in your lifetime and in your days and in the lifetime of the entire House of Israel, speedily and soon, and say, Amen. (*Cong:* Amen. May His great Name be blessed forever and to all eternity. Blessed.) May His great Name be blessed forever and to all eternity. Blessed and praised, glorified, exalted and extolled, honored, adored and lauded be the Name of the Holy One, blessed be He, (*Cong:* Amen.) beyond all the blessings, hymns, praises and consolations that are uttered in the world; and say, Amen. (*Cong:* Amen.)

Upon Israel, and upon our Sages, and upon their disciples, and upon all the disciples of their disciples, and upon all those who occupy themselves with the Torah, here or in any other place, upon them and upon you, may there be abundant peace, grace, kindness, compassion, long life, ample sustenance and deliverance, from their Father in heaven; and say, Amen. (*Cong:* Amen.)

May there be abundant peace from heaven, and a good life for us and for all Israel; and say, Amen. (*Cong:* Amen.)

He who makes the peace in His heavens, may He make peace for us and for all Israel; and say, Amen. (*Cong:* Amen).

הודו Offer praise to the Lord, proclaim His Name; make His deeds known among the nations. Sing to Him, chant praises to Him, speak of all His wonders. Glory in His holy Name; may the heart of those who seek the Lord rejoice. Search for the Lord and His might; continually seek His countenance. Remember the wonders that He has wrought, His miracles and the judgments of His mouth. O descendants of Israel His servant, children of Jacob, His chosen ones: He is the Lord our God; His judgments extend over the entire earth. Remember His covenant forever, the word which He has commanded to a thousand generations; the covenant which He made with Abraham, and His oath to Isaac. He established it for Jacob as a statute, for Israel as an everlasting covenant, stating, "To you I shall give the land of Canaan" — the portion of your inheritance, when you were but few, very few, and strangers in it. They wandered from nation to nation, and from one kingdom to another people. He permitted no one to wrong them, and admonished kings for their sakes, "Do not touch My anointed one, and do not harm My prophets."

אַל־תָּרֵעוּ׃ כג שִׁירוּ לַיהוָה כָּל־הָאָרֶץ בַּשְּׂרוּ מִיּוֹם־אֶל־
יוֹם יְשׁוּעָתוֹ׃ כד סַפְּרוּ בַגּוֹיִם אֶת־כְּבוֹדוֹ בְּכָל־הָעַמִּים
נִפְלְאֹתָיו׃ כה כִּי גָדוֹל יְהוָה וּמְהֻלָּל מְאֹד וְנוֹרָא הוּא עַל־
כָּל־אֱלֹהִים׃ כו כִּי כָּל־אֱלֹהֵי הָעַמִּים אֱלִילִים ׳ כאן צריך להפסיק
וַיהוָה שָׁמַיִם עָשָׂה׃ כז הוֹד וְהָדָר לְפָנָיו עֹז וְחֶדְוָה
בִּמְקֹמוֹ׃ כח הָבוּ לַיהוָה מִשְׁפְּחוֹת עַמִּים ׳ הָבוּ לַיהוָה
כָּבוֹד וָעֹז׃ כט הָבוּ לַיהוָה כְּבוֹד שְׁמוֹ ׳ שְׂאוּ מִנְחָה וּבֹאוּ
לְפָנָיו הִשְׁתַּחֲווּ לַיהוָה בְּהַדְרַת־קֹדֶשׁ׃ ל חִילוּ מִלְּפָנָיו
כָּל־הָאָרֶץ אַף־תִּכּוֹן תֵּבֵל בַּל־תִּמּוֹט׃ לא יִשְׂמְחוּ הַשָּׁמַיִם
וְתָגֵל הָאָרֶץ וְיֹאמְרוּ בַגּוֹיִם יְהוָה מָלָךְ׃ לב יִרְעַם הַיָּם
וּמְלוֹאוֹ יַעֲלֹץ הַשָּׂדֶה וְכָל־אֲשֶׁר־בּוֹ׃ לג אָז יְרַנְּנוּ עֲצֵי
הַיָּעַר מִלִּפְנֵי יְהוָה כִּי־בָא לִשְׁפּוֹט אֶת־הָאָרֶץ׃ לד הוֹדוּ
לַיהוָה כִּי טוֹב כִּי לְעוֹלָם חַסְדּוֹ׃ לה וְאִמְרוּ הוֹשִׁיעֵנוּ
אֱלֹהֵי יִשְׁעֵנוּ וְקַבְּצֵנוּ וְהַצִּילֵנוּ מִן־הַגּוֹיִם לְהֹדוֹת לְשֵׁם
קָדְשֶׁךָ לְהִשְׁתַּבֵּחַ בִּתְהִלָּתֶךָ׃ לו בָּרוּךְ יְהוָה אֱלֹהֵי
יִשְׂרָאֵל מִן־הָעוֹלָם וְעַד־הָעֹלָם וַיֹּאמְרוּ כָל־הָעָם אָמֵן
וְהַלֵּל לַיהוָה׃ רוֹמְמוּ יְהוָה אֱלֹהֵינוּ וְהִשְׁתַּחֲווּ לַהֲדֹם
רַגְלָיו קָדוֹשׁ הוּא׃ רוֹמְמוּ יְהוָה אֱלֹהֵינוּ וְהִשְׁתַּחֲווּ
לְהַר קָדְשׁוֹ כִּי־קָדוֹשׁ יְהוָה אֱלֹהֵינוּ׃ וְהוּא רַחוּם ׀
יְכַפֵּר עָוֹן וְלֹא־יַשְׁחִית וְהִרְבָּה לְהָשִׁיב אַפּוֹ וְלֹא־יָעִיר
כָּל־חֲמָתוֹ׃ אַתָּה יְהוָה לֹא־תִכְלָא רַחֲמֶיךָ מִמֶּנִּי
חַסְדְּךָ וַאֲמִתְּךָ תָּמִיד יִצְּרוּנִי׃ זְכֹר רַחֲמֶיךָ יְהוָה
וַחֲסָדֶיךָ כִּי מֵעוֹלָם הֵמָּה׃ תְּנוּ עֹז לֵאלֹהִים עַל־
יִשְׂרָאֵל גַּאֲוָתוֹ וְעֻזּוֹ בַּשְּׁחָקִים׃ נוֹרָא אֱלֹהִים ׀

א) תהלים צט ה. ב) שם שם ט. ג) שם עח לח. ד) שם מ יב. ה) שם כה ו. ו) שם סח לה

Sing to the Lord, all the earth; proclaim His deliverance from day to day. Recount His glory among the nations, His wonders among all the peoples. For the Lord is great and highly praised; He is awesome above all gods. For all the gods of the nations are naught, but the Lord made the heavens. Majesty and splendor are before Him, strength and joy in His presence. Render to the Lord, families of nations, render to the Lord honor and might. Render to the Lord the honor due His Name; bring an offering and come before Him, bow down to the Lord in resplendent holiness. Tremble before Him, all the earth; indeed, the world will be firmly established that it shall not falter. The heavens will rejoice, the earth will exult, and among the nations they will proclaim, "The Lord reigns!" The sea and its fullness will roar; the field and all therein will jubilate. Then the trees of the forest will sing before the Lord, when He comes to judge the earth. Give thanks to the Lord for He is good, for His kindness is everlasting. And say, "Help us, God of our salvation, gather us and deliver us from among the nations, that we may give thanks to Your holy Name and glory in Your praise. Blessed is the Lord, the God of Israel, to all eternity;" and all the people said Amen and praise to the Lord.[1] Exalt the Lord our God, and bow down at His footstool; holy is He.[2] Exalt the Lord our God, and bow down at His holy mountain, for the Lord our God is holy.[3] And He, being compassionate, pardons iniquity, and does not destroy; time and again He turns away His anger, and does not arouse all His wrath.[4] May You, Lord, not withhold Your mercies from me; may Your kindness and truth continually guard me.[5] Lord, remember Your mercies and kindnesses, for they have existed for all time.[6] Ascribe power to God; His majesty is over Israel, and His might is in the skies. God You are feared

1. I Chronicles 16:8-36. 2. Psalms 99:5. 3. Ibid. 99:9. 4. Ibid. 78:38. 5. Ibid. 40:12. 6. Ibid. 25:6.

מִמִּקְדָּשֶׁיךָ אֵל יִשְׂרָאֵל הוּא נֹתֵן | עֹז וְתַעֲצֻמוֹת לָעָם
בָּרוּךְ אֱלֹהִים: אֵל־נְקָמוֹת יְהוָה אֵל נְקָמוֹת הוֹפִיעַ:
הִנָּשֵׂא שֹׁפֵט הָאָרֶץ הָשֵׁב גְּמוּל עַל־גֵּאִים: לַיהוָה
הַיְשׁוּעָה עַל־עַמְּךָ בִרְכָתֶךָ סֶּלָה: יְהוָה צְבָאוֹת
עִמָּנוּ מִשְׂגָּב־לָנוּ אֱלֹהֵי יַעֲקֹב סֶלָה: יְהוָה צְבָאוֹת
אַשְׁרֵי אָדָם בֹּטֵחַ בָּךְ: יְהוָה הוֹשִׁיעָה הַמֶּלֶךְ יַעֲנֵנוּ
בְיוֹם־קָרְאֵנוּ: הוֹשִׁיעָה | אֶת־עַמֶּךָ וּבָרֵךְ אֶת־נַחֲלָתֶךָ
וּרְעֵם וְנַשְּׂאֵם עַד־הָעוֹלָם: נַפְשֵׁנוּ חִכְּתָה לַיהוָה
עֶזְרֵנוּ וּמָגִנֵּנוּ הוּא: כִּי־בוֹ יִשְׂמַח לִבֵּנוּ כִּי בְשֵׁם
קָדְשׁוֹ בָטָחְנוּ: יְהִי־חַסְדְּךָ יְהוָה עָלֵינוּ כַּאֲשֶׁר יִחַלְנוּ
לָךְ: הַרְאֵנוּ יְהוָה חַסְדֶּךָ וְיֶשְׁעֲךָ תִּתֶּן־לָנוּ: קוּמָה
עֶזְרָתָה לָּנוּ וּפְדֵנוּ לְמַעַן חַסְדֶּךָ: אָנֹכִי | יְהוָה אֱלֹהֶיךָ
הַמַּעַלְךָ מֵאֶרֶץ מִצְרָיִם הַרְחֶב־פִּיךָ וַאֲמַלְאֵהוּ: אַשְׁרֵי
הָעָם שֶׁכָּכָה לּוֹ אַשְׁרֵי הָעָם שֶׁיהוָה אֱלֹהָיו: וַאֲנִי |
בְּחַסְדְּךָ בָטַחְתִּי יָגֵל לִבִּי בִּישׁוּעָתֶךָ אָשִׁירָה לַיהוָה
כִּי גָמַל עָלָי:

תהלים ל

א מִזְמוֹר שִׁיר־חֲנֻכַּת הַבַּיִת לְדָוִד: ב אֲרוֹמִמְךָ יְהוָה כִּי דִלִּיתָנִי וְלֹא־
שִׂמַּחְתָּ אֹיְבַי לִי: ג יְהוָה אֱלֹהָי שִׁוַּעְתִּי אֵלֶיךָ וַתִּרְפָּאֵנִי:
ד יְהוָה הֶעֱלִיתָ מִן־שְׁאוֹל נַפְשִׁי °חִיִּיתַנִי מִיָּרְדִי־בוֹר: ה זַמְּרוּ לַיהוָה
חֲסִידָיו וְהוֹדוּ לְזֵכֶר קָדְשׁוֹ: ו כִּי רֶגַע | בְּאַפּוֹ חַיִּים בִּרְצוֹנוֹ בָּעֶרֶב
יָלִין בֶּכִי וְלַבֹּקֶר רִנָּה: ז וַאֲנִי אָמַרְתִּי בְשַׁלְוִי בַּל־אֶמּוֹט לְעוֹלָם:
ח יְהוָה בִּרְצוֹנְךָ הֶעֱמַדְתָּה לְהַרְרִי עֹז הִסְתַּרְתָּ פָנֶיךָ הָיִיתִי נִבְהָל:
ט אֵלֶיךָ יְהוָה אֶקְרָא וְאֶל־יְהוָה אֶתְחַנָּן: י מַה־בֶּצַע בְּדָמִי בְּרִדְתִּי
אֶל־שָׁחַת הֲיוֹדְךָ עָפָר הֲיַגִּיד אֲמִתֶּךָ: יא שְׁמַע־יְהוָה וְחָנֵּנִי יְהוָה הֱיֵה־
עֹזֵר לִי: יב הָפַכְתָּ מִסְפְּדִי לְמָחוֹל לִי פִּתַּחְתָּ שַׂקִּי וַתְּאַזְּרֵנִי שִׂמְחָה:
יג לְמַעַן יְזַמֶּרְךָ כָבוֹד וְלֹא יִדֹּם יְהוָה אֱלֹהַי לְעוֹלָם אוֹדֶךָּ:

תהלים ח) שם עח ה. ט) שם צד א. י) שם ג ט. כ) שם מו ח. ל) שם פד יג. מ) שם כ י. נ) שם כח ט.

° נ״א חיתני בפתח. * מיורדי כ׳.

א) תהלים ל. ב) שם לג כ. ג) שם לג כב. ד) שם פה ח. ה) שם מד כז. ו) שם פא יא.
ז) שם קמד טו. ח) שם יג ו.

from Your Sanctuary; it is the God of Israel who grants strength and power to [His] people; blessed is God.[1] The Lord is a God of retribution; O God of retribution, reveal Yourself! Judge of the earth, arise; render to the arrogant their recompense.[2] Deliverance is the Lord's; may Your blessing be upon Your people forever.[3] The Lord of hosts is with us; the God of Jacob is our everlasting stronghold.[4] Lord of hosts, happy is the man who trusts in You.[5] Lord, help us; may the King answer us on the day we call.[6] Grant salvation to Your people and bless Your heritage; tend them and exalt them forever.[7] Our soul yearns for the Lord; He is our help and our shield. For our heart shall rejoice in Him, for we have put our trust in His holy Name. May Your kindness, Lord, be upon us, as we have placed our hope in You.[8] Lord, show us Your kindness and grant us Your deliverance.[9] Arise, be our help, and redeem us for the sake of Your lovingkindness.[10] I am the Lord your God who brought you up from the land of Egypt; open wide your mouth, [state all your desires,] and I shall grant them.[11] Happy is the people whose lot is thus; happy is the people whose God is the Lord.[12] I have placed my trust in Your kindness, my heart shall rejoice in Your deliverance; I will sing to the Lord for He has dealt kindly with me.[13]

מזמור A Psalm, a Song of Dedication of the House, by David. I exalt You Lord, for You have uplifted me, and did not allow my enemies to rejoice over me. Lord, my God, I cried out to You, and You healed me. Lord, You have brought up my soul from *sheol;* You have kept me alive, that I should not descend to the pit. Sing to the Lord, you His pious ones, and praise His holy Name. For His wrath endures but for a moment, when He is conciliated there is [long] life; when one retires at night weeping, joy will come in the morning. In my security I thought I shall never falter. Lord, by Your favor You have made my mountain stand strong; when You concealed Your countenance, I was alarmed. I called to You, O Lord, and I made supplication to the Lord: What profit is there in my death, in my going down to the grave? Can dust praise You? Can it proclaim Your truth? Lord, hear and be gracious to me; Lord be a help to me. You have turned my mourning into dancing; You have loosened [the cords of] my sackcloth and girded me with joy. Therefore my soul shall sing to You, and not be silent; Lord my God, I will praise You forever.[14]

1. Psalms 68:35-36. 2. Ibid. 94:1-2. 3. Ibid. 3:9. 4. Ibid. 46:8. 5. Ibid. 84:13. 6. Ibid 20:10. 7. Ibid. 28:9. 8. Ibid. 33:20-22. 9. Ibid. 85:8. 10. Ibid. 44:27. 11. Ibid 81:11. 12. Ibid. 144:15. 13. Ibid. 13:6. 14. Ibid. 30.

יְהֹוָה מֶלֶךְ יְהֹוָה מָלָךְ יְהֹוָה יִמְלֹךְ לְעוֹלָם וָעֶד׃
יְהֹוָה מֶלֶךְ יְהֹוָה מָלָךְ יְהֹוָה יִמְלֹךְ לְעוֹלָם וָעֶד׃
וְהָיָה יְהֹוָה לְמֶלֶךְ עַל־כָּל־הָאָרֶץ בַּיּוֹם הַהוּא יִהְיֶה
יְהֹוָה אֶחָד וּשְׁמוֹ אֶחָד׃
הוֹשִׁיעֵנוּ | יְהֹוָה אֱלֹהֵינוּ וְקַבְּצֵנוּ מִן־הַגּוֹיִם לְהוֹדוֹת
לְשֵׁם קָדְשֶׁךָ לְהִשְׁתַּבֵּחַ בִּתְהִלָּתֶךָ׃ בָּרוּךְ
יְהֹוָה | אֱלֹהֵי יִשְׂרָאֵל מִן־הָעוֹלָם | וְעַד־הָעוֹלָם וְאָמַר כָּל־
הָעָם אָמֵן הַלְלוּיָהּ׃ כֹּל הַנְּשָׁמָה תְּהַלֵּל יָהּ הַלְלוּיָהּ׃

לַמְנַצֵּחַ[א] מִזְמוֹר לְדָוִד׃ הַשָּׁמַיִם
מְסַפְּרִים כְּבוֹד אֵל, וּמַעֲשֵׂה
יָדָיו מַגִּיד הָרָקִיעַ׃ יוֹם לְיוֹם יַבִּיעַ אֹמֶר,
וְלַיְלָה לְּלַיְלָה יְחַוֶּה דָּעַת׃ אֵין אֹמֶר
וְאֵין דְּבָרִים, בְּלִי נִשְׁמָע קוֹלָם׃ בְּכָל
הָאָרֶץ יָצָא קַוָּם וּבִקְצֵה תֵבֵל מִלֵּיהֶם,
לַשֶּׁמֶשׁ שָׂם אֹהֶל בָּהֶם׃ וְהוּא כְּחָתָן
יֹצֵא מֵחֻפָּתוֹ, יָשִׂישׂ כְּגִבּוֹר לָרוּץ אֹרַח׃
מִקְצֵה הַשָּׁמַיִם מוֹצָאוֹ, וּתְקוּפָתוֹ עַל
קְצוֹתָם, וְאֵין נִסְתָּר מֵחַמָּתוֹ׃ תּוֹרַת יְיָ
תְּמִימָה מְשִׁיבַת נָפֶשׁ, עֵדוּת יְיָ נֶאֱמָנָה
מַחְכִּימַת פֶּתִי׃ פִּקּוּדֵי יְיָ יְשָׁרִים מְשַׂמְּחֵי

ט) זכריה יד ט. י) תהלים קו מז כ) שם קו מח. א) תהלים יט:

יי The Lord is King, the Lord was King, the Lord will be King forever and ever.[1]

יי The Lord is King, the Lord was King, the Lord will be King forever and ever.[1]

והיה The Lord will be King over all the earth; on that day the Lord will be One and His Name One.[2]

הושיענו Deliver us, Lord our God; gather us from among the nations, that we may give thanks to Your holy Name and glory in Your praise. Blessed is the Lord, the God of Israel, forever and ever and all the people said: Amen, praise the Lord![3] Let every being that has a soul praise the Lord. Praise the Lord.[4]

למנצח For the Choirmaster; a Psalm by David. The heavens recount the glory of the Almighty; the sky proclaims His handiwork. Day to day speech streams forth; night to night expresses knowledge. There is no utterance, there are no words; their voice is inaudible. Their arc extends throughout the world; their message to the end of the earth. He set in them [in the heavens] a tent for the sun which is like a groom coming forth from his bridal canopy, like a strong man rejoicing to run the course. Its rising is at one end of the heavens, and its orbit encompasses the other ends; nothing is hidden from its heat. The Torah of the Lord is perfect, restoring the soul; the testimony of the Lord is trustworthy, making wise the simpleton. The precepts of the Lord are just, rejoicing

1. Psalms 10:16; 93:1; Exodus 15:18. Talmud Bavli, Soferim 14:8. Pirke Hechalot. 2. Zechariah 14:9. 3. Psalms 106:47-48. 4. Ibid. 150:6.

לֵב, מִצְוַת יְיָ בָּרָה מְאִירַת עֵינָיִם: יִרְאַת יְיָ טְהוֹרָה עוֹמֶדֶת לָעַד, מִשְׁפְּטֵי יְיָ אֱמֶת, צָדְקוּ יַחְדָּו: הַנֶּחֱמָדִים מִזָּהָב וּמִפַּז רָב, וּמְתוּקִים מִדְּבַשׁ וְנֹפֶת צוּפִים: גַּם עַבְדְּךָ נִזְהָר בָּהֶם, בְּשָׁמְרָם עֵקֶב רָב: שְׁגִיאוֹת מִי יָבִין, מִנִּסְתָּרוֹת נַקֵּנִי: גַּם מִזֵּדִים חֲשׂךְ עַבְדֶּךָ, אַל יִמְשְׁלוּ בִי, אָז אֵיתָם, וְנִקֵּיתִי מִפֶּשַׁע רָב: יִהְיוּ לְרָצוֹן אִמְרֵי פִי, וְהֶגְיוֹן לִבִּי לְפָנֶיךָ, יְיָ צוּרִי וְגֹאֲלִי:

רַנְּנוּ[א] צַדִּיקִים בַּייָ, לַיְשָׁרִים נָאוָה תְהִלָּה: הוֹדוּ לַייָ בְּכִנּוֹר, בְּנֵבֶל עָשׂוֹר זַמְּרוּ לוֹ: שִׁירוּ לוֹ שִׁיר חָדָשׁ, הֵיטִיבוּ נַגֵּן בִּתְרוּעָה: כִּי יָשָׁר דְּבַר יְיָ, וְכָל מַעֲשֵׂהוּ בֶּאֱמוּנָה: אֹהֵב צְדָקָה וּמִשְׁפָּט, חֶסֶד יְיָ מָלְאָה הָאָרֶץ: בִּדְבַר יְיָ שָׁמַיִם נַעֲשׂוּ, וּבְרוּחַ פִּיו כָּל צְבָאָם: כֹּנֵס כַּנֵּד מֵי הַיָּם, נֹתֵן בְּאוֹצָרוֹת תְּהוֹמוֹת: יִירְאוּ מֵייָ כָּל הָאָרֶץ, מִמֶּנּוּ יָגוּרוּ כָּל יֹשְׁבֵי תֵבֵל: כִּי הוּא אָמַר וַיֶּהִי, הוּא צִוָּה וַיַּעֲמֹד: יְיָ הֵפִיר עֲצַת גּוֹיִם, הֵנִיא מַחְשְׁבוֹת עַמִּים: עֲצַת יְיָ לְעוֹלָם תַּעֲמֹד, מַחְשְׁבוֹת לִבּוֹ לְדֹר וָדֹר: אַשְׁרֵי הַגּוֹי אֲשֶׁר יְיָ אֱלֹהָיו, הָעָם בָּחַר לְנַחֲלָה לוֹ: מִשָּׁמַיִם הִבִּיט יְיָ, רָאָה אֶת כָּל בְּנֵי הָאָדָם: מִמְּכוֹן שִׁבְתּוֹ

א) תהלים לג ׳

the heart; the *mitzvah* of the Lord is clear, enlightening the eyes. The fear of the Lord is pure, abiding forever; the judgments of the Lord are true, they are all righteous together. They are more desirable than gold, than much fine gold; sweeter than honey or the drippings of the honeycomb. Indeed, Your servant is scrupulous with them; in observing them there is abundant reward. Yet, who can discern inadvertent wrongs? Purge me of hidden sins. Also, hold back Your servant from willful sins; let them not prevail over me; then I will be unblemished and keep myself clean of gross transgression. May the words of my mouth and the meditation of my heart be acceptable before You, Lord, my Strength and my Redeemer.[1]

רננו Sing joyously to the Lord, you righteous ones; it is fitting for the upright to offer praise. Extol the Lord with a harp; sing to Him with a ten-stringed lyre. Sing to Him a new song; skillfully play sounds of jubilation. For the word of the Lord is just; all His deeds are done in faithfulness. He loves righteousness and justice; the kindness of the Lord fills the earth. By the word of the Lord the heavens were made, and by the breath of His mouth all their hosts. He gathers the waters of the sea like a mound; He stows away the deeps in vaults. Let all the earth fear the Lord; let all the inhabitants of the world tremble before Him. For He spoke, and it came to be; He commanded, and it endured. The Lord has annulled the counsel of nations; He has foiled the schemes of peoples. The counsel of the Lord stands forever; the thoughts of His heart throughout all generations. Fortunate is the nation whose God is the Lord, the people He chose as a heritage for Himself. The Lord looks down from heaven; He beholds all mankind. From His dwelling-place

1. Psalm 19.

הִשְׁגִּֽיחַ, אֶל כָּל יֹשְׁבֵי הָאָֽרֶץ: הַיֹּצֵר יַֽחַד לִבָּם, הַמֵּבִין
אֶל כָּל מַעֲשֵׂיהֶם: אֵין הַמֶּֽלֶךְ נוֹשָׁע בְּרָב חָֽיִל, גִּבּוֹר לֹא
יִנָּצֵל בְּרָב כֹּֽחַ: שֶֽׁקֶר הַסּוּס לִתְשׁוּעָה, וּבְרֹב חֵילוֹ לֹא
יְמַלֵּט: הִנֵּה עֵין יְיָ אֶל יְרֵאָיו, לַמְיַחֲלִים לְחַסְדּוֹ: לְהַצִּיל
מִמָּֽוֶת נַפְשָׁם, וּלְחַיּוֹתָם בָּרָעָב: נַפְשֵֽׁנוּ חִכְּתָה לַייָ, עֶזְרֵֽנוּ
וּמָגִנֵּֽנוּ הוּא: כִּי בוֹ יִשְׂמַח לִבֵּֽנוּ, כִּי בְשֵׁם קָדְשׁוֹ בָטָֽחְנוּ:
יְהִי חַסְדְּךָ יְיָ עָלֵֽינוּ כַּאֲשֶׁר יִחַֽלְנוּ לָךְ:

לְדָוִד[א] בְּשַׁנּוֹתוֹ אֶת טַעְמוֹ לִפְנֵי אֲבִימֶֽלֶךְ,
וַיְגָרְשֵֽׁהוּ וַיֵּלַךְ: אֲבָרְכָה אֶת יְיָ בְּכָל עֵת,
תָּמִיד תְּהִלָּתוֹ בְּפִי: בַּייָ תִּתְהַלֵּל נַפְשִׁי
יִשְׁמְעוּ עֲנָוִים וְיִשְׂמָֽחוּ: גַּדְּלוּ לַייָ אִתִּי, וּנְרוֹמְמָה
שְׁמוֹ יַחְדָּו: דָּרַֽשְׁתִּי אֶת יְיָ וְעָנָֽנִי, וּמִכָּל מְגוּרוֹתַי
הִצִּילָֽנִי: הִבִּֽיטוּ אֵלָיו וְנָהָֽרוּ, וּפְנֵיהֶם אַל יֶחְפָּֽרוּ:
זֶה עָנִי קָרָא וַייָ שָׁמֵֽעַ, וּמִכָּל צָרוֹתָיו הוֹשִׁיעוֹ:
חֹנֶה מַלְאַךְ יְיָ, סָבִיב לִירֵאָיו וַיְחַלְּצֵם: טַעֲמוּ[ב]
וּרְאוּ כִּי טוֹב יְיָ, אַשְׁרֵי הַגֶּֽבֶר יֶחֱסֶה בּוֹ: יְראוּ
אֶת יְיָ קְדֹשָׁיו, כִּי אֵין מַחְסוֹר לִירֵאָיו: כְּפִירִים
רָשׁוּ וְרָעֵֽבוּ, וְדֹרְשֵׁי יְיָ לֹא יַחְסְרוּ כָל טוֹב: לְכוּ
בָנִים שִׁמְעוּ לִי, יִרְאַת יְיָ אֲלַמֶּדְכֶם: מִי הָאִישׁ
הֶחָפֵץ חַיִּים, אֹהֵב יָמִים לִרְאוֹת טוֹב: נְצֹר
לְשׁוֹנְךָ מֵרָע, וּשְׂפָתֶֽיךָ מִדַּבֵּר מִרְמָה: סוּר
מֵרָע וַעֲשֵׂה טוֹב, בַּקֵּשׁ שָׁלוֹם וְרָדְפֵֽהוּ: עֵינֵי

א) תהלים לד: ב) הא״ק נחה.

He watches intently all the inhabitants of the earth. It is He who fashions the hearts of them all, who perceives all their actions. A king is not saved through a large army; a warrior is not rescued by means of great strength. A horse is a false guarantee for victory; with all its great strength it offers no escape. But the eye of the Lord is directed toward those who fear Him, toward those who hope for His kindness; to save their soul from death and to sustain them during famine. Our soul yearns for the Lord; He is our help and our shield. For our heart shall rejoice in Him, for we have put our trust in His holy Name. May Your kindness, Lord, be upon us, as we have placed our hope in You.[1]

לדוד [A Psalm] by David, when he feigned insanity[2] before Avimelech,[3] who then drove him away, and he left. I bless the Lord at all times; His praise is always in my mouth. My soul glories in the Lord; let the humble hear it and rejoice. Exalt the Lord with me, and let us extol His Name together. I sought the Lord and He answered me, and delivered me from all my fears. Those who look to Him are radiant; their faces are never humiliated. This poor man called, and the Lord heard, and delivered him from all his tribulations. The angel of the Lord camps around those who fear Him and rescues them. Taste and see that the Lord is good; happy is the man who trusts in Him. Fear the Lord, you His holy ones, for those who fear Him suffer no want. Young lions are in need and go hungry, but those who seek the Lord shall not lack any good thing. Come, children, listen to me; I will teach you fear of the Lord. Who is the man who desires life, who loves long life wherein to see goodness? Guard your tongue from evil, and your lips from speaking deceitfully. Turn away from evil and do good, seek peace and pursue it. The eyes

1. Psalm 33. 2. See I Samuel 21:11-16. 3. See *Rashi*, Psalms 34:1.

יי אֶל צַדִּיקִים, וְאָזְנָיו אֶל שַׁוְעָתָם: פְּנֵי יְיָ בְּעֹשֵׂי רָע, לְהַכְרִית מֵאֶרֶץ זִכְרָם: צָעֲקוּ וַיְיָ שָׁמֵעַ, וּמִכָּל צָרוֹתָם הִצִּילָם: קָרוֹב יְיָ לְנִשְׁבְּרֵי לֵב, וְאֶת דַּכְּאֵי רוּחַ יוֹשִׁיעַ: רַבּוֹת רָעוֹת צַדִּיק, וּמִכֻּלָּם יַצִּילֶנּוּ יְיָ: שֹׁמֵר כָּל עַצְמוֹתָיו, אַחַת מֵהֵנָּה לֹא נִשְׁבָּרָה: תְּמוֹתֵת רָשָׁע רָעָה, וְשֹׂנְאֵי צַדִּיק יֶאְשָׁמוּ: פּוֹדֶה יְיָ נֶפֶשׁ עֲבָדָיו, וְלֹא יֶאְשְׁמוּ כָּל הַחוֹסִים בּוֹ:

תְּפִלָּה[א] לְמשֶׁה אִישׁ הָאֱלֹהִים, אֲדֹנָי מָעוֹן אַתָּה הָיִיתָ לָּנוּ, בְּדֹר וָדֹר: בְּטֶרֶם הָרִים יֻלָּדוּ וַתְּחוֹלֵל אֶרֶץ וְתֵבֵל, וּמֵעוֹלָם עַד עוֹלָם אַתָּה אֵל: תָּשֵׁב אֱנוֹשׁ עַד דַּכָּא, וַתֹּאמֶר שׁוּבוּ בְנֵי אָדָם: כִּי אֶלֶף שָׁנִים בְּעֵינֶיךָ כְּיוֹם אֶתְמוֹל כִּי יַעֲבֹר, וְאַשְׁמוּרָה בַלָּיְלָה: זְרַמְתָּם שֵׁנָה יִהְיוּ, בַּבֹּקֶר כֶּחָצִיר יַחֲלֹף: בַּבֹּקֶר יָצִיץ וְחָלָף, לָעֶרֶב יְמוֹלֵל וְיָבֵשׁ: כִּי כָלִינוּ בְאַפֶּךָ, וּבַחֲמָתְךָ נִבְהָלְנוּ: שַׁתָּה שת כ׳ עֲוֹנֹתֵינוּ לְנֶגְדֶּךָ, עֲלֻמֵנוּ לִמְאוֹר פָּנֶיךָ: כִּי כָל יָמֵינוּ פָּנוּ בְעֶבְרָתֶךָ, כִּלִּינוּ שָׁנֵינוּ כְמוֹ הֶגֶה: יְמֵי שְׁנוֹתֵינוּ בָהֶם שִׁבְעִים שָׁנָה, וְאִם בִּגְבוּרֹת שְׁמוֹנִים שָׁנָה, וְרָהְבָּם עָמָל וָאָוֶן, כִּי גָז חִישׁ וַנָּעֻפָה: מִי יוֹדֵעַ עֹז אַפֶּךָ, וּכְיִרְאָתְךָ עֶבְרָתֶךָ: לִמְנוֹת יָמֵינוּ כֵּן הוֹדַע, וְנָבִא לְבַב חָכְמָה: שׁוּבָה יְיָ עַד מָתָי, וְהִנָּחֵם עַל עֲבָדֶיךָ: שַׂבְּעֵנוּ בַבֹּקֶר חַסְדֶּךָ, וּנְרַנְּנָה וְנִשְׂמְחָה בְּכָל יָמֵינוּ: שַׂמְּחֵנוּ כִּימוֹת עִנִּיתָנוּ שְׁנוֹת

א) תהלים צ:

of the Lord are directed toward the righteous, and His ears toward their cry. The wrath of the Lord is upon the evildoers, to extirpate the memory of them from the earth. But when they [repent and] cry out, the Lord hears, and saves them from all their troubles. The Lord is close to the broken-hearted, and delivers those with a crushed spirit. Many are the afflictions of a righteous person, but the Lord rescues him from them all. He protects all his bones, not one of them is broken. Evil brings death upon the wicked, and the enemies of the righteous are condemned. The Lord redeems the soul of His servants, and all who take shelter in Him are not condemned.[1]

תפלה A prayer by Moses, the man of God. My Lord, You have been a shelter for us in every generation. Before the mountains came into being, before You created the earth and the world — for ever and ever You are Almighty God. You bring man low until he is crushed, and You say, "Return, you children of man." Indeed, a thousand years are in Your eyes like yesterday that has passed, like a watch of the night. The stream of their life is as but a slumber; in the morning they are like grass that sprouts anew. In the morning it thrives and sprouts anew; in the evening it whithers and dries up. For we are consumed by Your anger, and destroyed by Your wrath. You have set our wrongdoings before You, our hidden sins before the light of Your countenance. For all our days have vanished in Your wrath; we cause our years to pass like a fleeting sound. The years of our life number seventy, if in great vigor — eighty; most of them are but travail and futility, passing quickly and flying away. Who can know the intensity of Your anger? Your wrath is commensurate with one's fear of You. Teach us, then, to reckon our days, that we may acquire a wise heart. Relent, O Lord; how long [will Your anger last]? Have compassion upon Your servants. Satiate us in the morning with Your kindness, then we shall sing and rejoice throughout our days. Give us joy corresponding to the days You afflicted us, the years

1. Psalm 34.

רָאִינוּ רָעָה: יֵרָאֶה אֶל עֲבָדֶיךָ פָעֳלֶךָ, וַהֲדָרְךָ עַל בְּנֵיהֶם:
וִיהִי נֹעַם אֲדֹנָי אֱלֹהֵינוּ עָלֵינוּ וּמַעֲשֵׂה יָדֵינוּ כּוֹנְנָה
עָלֵינוּ, וּמַעֲשֵׂה יָדֵינוּ כּוֹנְנֵהוּ:

א יֹשֵׁב בְּסֵתֶר עֶלְיוֹן בְּצֵל שַׁדַּי יִתְלוֹנָן: ב אֹמַר לַיהוָֹה מַחְסִי
וּמְצוּדָתִי אֱלֹהַי אֶבְטַח־בּוֹ: ג כִּי הוּא יַצִּילְךָ מִפַּח יָקוּשׁ
מִדֶּבֶר הַוּוֹת: ד בְּאֶבְרָתוֹ יָסֶךְ לָךְ וְתַחַת כְּנָפָיו תֶּחְסֶה צִנָּה
וְסֹחֵרָה אֲמִתּוֹ: ה לֹא־תִירָא מִפַּחַד לָיְלָה מֵחֵץ יָעוּף יוֹמָם:
ו מִדֶּבֶר בָּאֹפֶל יַהֲלֹךְ מִקֶּטֶב יָשׁוּד צָהֳרָיִם: ז יִפֹּל מִצִּדְּךָ אֶלֶף
וּרְבָבָה מִימִינֶךָ אֵלֶיךָ לֹא יִגָּשׁ: ח רַק בְּעֵינֶיךָ תַבִּיט וְשִׁלֻּמַת
רְשָׁעִים תִּרְאֶה: ט כִּי־אַתָּה יְהוָֹה מַחְסִי עֶלְיוֹן שַׂמְתָּ מְעוֹנֶךָ:
י לֹא־תְאֻנֶּה אֵלֶיךָ רָעָה וְנֶגַע לֹא־יִקְרַב בְּאָהֳלֶךָ: יא כִּי מַלְאָכָיו
יְצַוֶּה־לָּךְ לִשְׁמָרְךָ בְּכָל־דְּרָכֶיךָ: יב עַל־כַּפַּיִם יִשָּׂאוּנְךָ פֶּן־תִּגֹּף
בָּאֶבֶן רַגְלֶךָ: יג עַל־שַׁחַל וָפֶתֶן תִּדְרֹךְ תִּרְמֹס כְּפִיר וְתַנִּין: יד כִּי
בִי חָשַׁק וַאֲפַלְּטֵהוּ אֲשַׂגְּבֵהוּ כִּי־יָדַע שְׁמִי: טו יִקְרָאֵנִי וְאֶעֱנֵהוּ
עִמּוֹ אָנֹכִי בְצָרָה אֲחַלְּצֵהוּ וַאֲכַבְּדֵהוּ: טז אֹרֶךְ יָמִים אַשְׂבִּיעֵהוּ
וְאַרְאֵהוּ בִּישׁוּעָתִי:

א מִזְמוֹר שִׁירוּ לַיהוָֹה שִׁיר חָדָשׁ כִּי־נִפְלָאוֹת עָשָׂה הוֹשִׁיעָה־
לּוֹ יְמִינוֹ וּזְרוֹעַ קָדְשׁוֹ: ב הוֹדִיעַ יְהוָֹה יְשׁוּעָתוֹ לְעֵינֵי
הַגּוֹיִם גִּלָּה צִדְקָתוֹ: ג זָכַר חַסְדּוֹ וֶאֱמוּנָתוֹ לְבֵית יִשְׂרָאֵל רָאוּ
כָל־אַפְסֵי־אָרֶץ אֵת יְשׁוּעַת אֱלֹהֵינוּ: ד הָרִיעוּ לַיהוָֹה כָּל־הָאָרֶץ
פִּצְחוּ וְרַנְּנוּ וְזַמֵּרוּ: ה זַמְּרוּ לַיהוָֹה בְּכִנּוֹר בְּכִנּוֹר וְקוֹל זִמְרָה:
ו בַּחֲצֹצְרוֹת וְקוֹל שׁוֹפָר הָרִיעוּ לִפְנֵי הַמֶּלֶךְ יְהוָֹה: ז יִרְעַם הַיָּם
וּמְלֹאוֹ תֵּבֵל וְיֹשְׁבֵי בָהּ: ח נְהָרוֹת יִמְחֲאוּ־כָף יַחַד הָרִים
יְרַנֵּנוּ: ט לִפְנֵי יְהוָֹה כִּי בָא לִשְׁפֹּט הָאָרֶץ יִשְׁפֹּט־תֵּבֵל בְּצֶדֶק
וְעַמִּים בְּמֵישָׁרִים:

א שִׁיר לַמַּעֲלוֹת אֶשָּׂא עֵינַי אֶל־הֶהָרִים מֵאַיִן יָבֹא עֶזְרִי: ב עֶזְרִי
מֵעִם יְהוָֹה עֹשֵׂה שָׁמַיִם וָאָרֶץ: ג אַל־יִתֵּן לַמּוֹט רַגְלֶךָ אַל־
יָנוּם שֹׁמְרֶךָ: ד הִנֵּה לֹא יָנוּם וְלֹא יִישָׁן שׁוֹמֵר יִשְׂרָאֵל: ה יְהוָֹה
שֹׁמְרֶךָ יְהוָֹה צִלְּךָ עַל־יַד יְמִינֶךָ: ו יוֹמָם הַשֶּׁמֶשׁ לֹא־יַכֶּכָּה וְיָרֵחַ

א) תהלים צא. ב) שם קכא.

we have seen adversity. Let Your work be revealed to Your servants, and Your splendor be upon their children. May the pleasantness of the Lord our God be upon us; establish for us the work of our hands; establish the work of our hands.[1]

ישב You who dwells in the shelter of the Most High, who abides in the shadow of the Omnipotent, I say [to you] of the Lord who is my refuge and my stronghold, my God in whom I trust, that He will save you from the ensnaring trap, from the destructive pestilence. He will cover you with His pinions and you will find refuge under His wings; His truth is a shield and an armor. You will not fear the terror of the night, nor the arrow that flies by day, the pestilence that prowls in the darkness, nor the destruction that ravages at noon. A thousand may fall at your [left] side, and ten thousand at your right, but it shall not reach you. You need only look with your eyes, and you will see the retribution of the wicked. Because you [have said,] "The Lord is my shelter," and you have made the Most High your haven, no evil will befall you, no plague will come near your tent. For He will instruct His angels in your behalf, to guard you in all your ways. They will carry you in their hands, lest you hurt your foot on a rock. You will tread upon the lion and the viper; you will trample upon the young lion and the serpent. Because he desires Me, I will deliver him; I will fortify him for he knows My Name. When he calls on Me, I will answer him; I am with him in distress. I will deliver him and honor him. I will satiate him with long life, and show him My deliverance.[2]

מזמור A Psalm. Sing to the Lord a new song, for He has performed wonders; His right hand and holy arm have wrought deliverance for Him. The Lord has made known His salvation; He has revealed His justice before the eyes of the nations. He has remembered His lovingkindness and faithfulness to the House of Israel; all, from the farthest corners of the earth, witnessed the deliverance by our God. Raise your voices in jubilation to the Lord, all the earth; burst into joyous song and chanting. Sing to the Lord with a harp, with a harp and the sound of song. With trumpets and the sound of the *shofar*, jubilate before the King, the Lord. The sea and its fullness will roar in joy, the earth and its inhabitants. The rivers will clap their hands, the mountains will sing together. [They will rejoice] before the Lord for He has come to judge the earth; He will judge the world with justice, and the nations with righteousness.[3]

שיר A Song of Ascents. I lift my eyes to the mountains — from where will my help come? My help will come from the Lord, Maker of heaven and earth. He will not let your foot falter; your guardian does not slumber. Indeed, the Guardian of Israel neither slumbers nor sleeps. The Lord is your guardian; the Lord is your protective shade at your right hand. The sun will not harm you by day, nor the moon

---

1. Psalm 90. 2. Ibid. 91. 3. Ibid. 98.

בַּלָּֽיְלָה: ז יְהֹוָה יִשְׁמָרְךָ מִכָּל־רָע יִשְׁמֹר אֶת־נַפְשֶֽׁךָ: ח יְהֹוָה יִשְׁמָר־
צֵאתְךָ וּבוֹאֶךָ מֵעַתָּה וְעַד־עוֹלָֽם:

א שִׁיר הַמַּעֲלוֹת לְדָוִד שָׂמַחְתִּי בְּאֹמְרִים לִי בֵּית יְהֹוָה נֵלֵֽךְ:
ב עֹמְדוֹת הָיוּ רַגְלֵינוּ בִּשְׁעָרַיִךְ יְרוּשָׁלָֽםִ: ג יְרוּשָׁלַםִ
הַבְּנוּיָה כְּעִיר שֶׁחֻבְּרָה־לָּהּ יַחְדָּו: ד שֶׁשָּׁם עָלוּ שְׁבָטִים שִׁבְטֵי־
יָהּ עֵדוּת לְיִשְׂרָאֵל לְהֹדוֹת לְשֵׁם יְהֹוָה: ה כִּי שָׁמָּה ׀ יָשְׁבוּ
כִסְאוֹת לְמִשְׁפָּט כִּסְאוֹת לְבֵית דָּוִד: ו שַׁאֲלוּ שְׁלוֹם יְרוּשָׁלָםִ
יִשְׁלָיוּ אֹהֲבָיִךְ: ז יְהִי־שָׁלוֹם בְּחֵילֵךְ שַׁלְוָה בְּאַרְמְנוֹתָיִךְ: ח לְמַעַן
אַחַי וְרֵעָי אֲדַבְּרָה־נָּא שָׁלוֹם בָּךְ: ט לְמַעַן בֵּית־יְהֹוָה אֱלֹהֵינוּ
אֲבַקְשָׁה טוֹב לָךְ:

א שִׁיר הַמַּעֲלוֹת אֵלֶיךָ נָשָׂאתִי אֶת־עֵינַי הַיֹּשְׁבִי בַּשָּׁמָֽיִם: ב הִנֵּה
כְעֵינֵי עֲבָדִים אֶל־יַד אֲדוֹנֵיהֶם כְּעֵינֵי שִׁפְחָה אֶל־יַד
גְּבִרְתָּהּ כֵּן עֵינֵינוּ אֶל־יְהֹוָה אֱלֹהֵינוּ עַד שֶׁיְּחָנֵּֽנוּ: ג חָנֵּנוּ יְהֹוָה
חָנֵּנוּ כִּי־רַב שָׂבַעְנוּ בוּז: ד רַבַּת שָֽׂבְעָה־לָּהּ נַפְשֵׁנוּ הַלַּעַג
הַשַּׁאֲנַנִּים הַבּוּז לִגְאֵיוֹנִים:

א שִׁיר הַמַּעֲלוֹת לְדָוִד לוּלֵי יְהֹוָה שֶׁהָיָה לָנוּ יֹאמַר־נָא יִשְׂרָאֵל:
ב לוּלֵי יְהֹוָה שֶׁהָיָה לָנוּ בְּקוּם עָלֵינוּ אָדָם: ג אֲזַי חַיִּים
בְּלָעוּנוּ בַּחֲרוֹת אַפָּם בָּֽנוּ: ד אֲזַי הַמַּיִם שְׁטָפוּנוּ נַחְלָה עָבַר עַל־
נַפְשֵֽׁנוּ: ה אֲזַי עָבַר עַל־נַפְשֵׁנוּ הַמַּיִם הַזֵּידוֹנִים: ו בָּרוּךְ יְהֹוָה שֶׁלֹּא
נְתָנָנוּ טֶרֶף לְשִׁנֵּיהֶם: ז נַפְשֵׁנוּ כְּצִפּוֹר נִמְלְטָה מִפַּח יוֹקְשִׁים הַפַּח
נִשְׁבָּר וַאֲנַחְנוּ נִמְלָֽטְנוּ: ח עֶזְרֵנוּ בְּשֵׁם יְהֹוָה עֹשֵׂה שָׁמַיִם וָאָֽרֶץ:

א הַלְלוּיָהּ ׀ הַלְלוּ אֶת־שֵׁם יְהֹוָה הַלְלוּ עַבְדֵי יְהֹוָה: ב שֶׁעֹמְדִים
בְּבֵית יְהֹוָה בְּחַצְרוֹת בֵּית אֱלֹהֵינוּ: ג הַלְלוּיָהּ כִּי־
טוֹב יְהֹוָה זַמְּרוּ לִשְׁמוֹ כִּי נָעִים: ד כִּי־יַעֲקֹב בָּחַר לוֹ יָהּ יִשְׂרָאֵל
לִסְגֻלָּתוֹ: ה כִּי אֲנִי יָדַעְתִּי כִּי־גָדוֹל יְהֹוָה וַאֲדֹנֵינוּ מִכָּל־אֱלֹהִים:
ו כֹּל אֲשֶׁר־חָפֵץ יְהֹוָה עָשָׂה בַּשָּׁמַיִם וּבָאָרֶץ בַּיַּמִּים וְכָל־תְּהֹמוֹת:
ז מַעֲלֶה נְשִׂאִים מִקְצֵה הָאָרֶץ בְּרָקִים לַמָּטָר עָשָׂה מוֹצֵא רוּחַ
מֵאוֹצְרוֹתָיו: ח שֶׁהִכָּה בְּכוֹרֵי מִצְרָיִם מֵאָדָם עַד־בְּהֵמָה: ט שָׁלַח ׀
אוֹתֹת וּמֹפְתִים בְּתוֹכֵכִי מִצְרָיִם בְּפַרְעֹה וּבְכָל־עֲבָדָיו: י שֶׁהִכָּה

תהלים ג) שם קכ״ב. א) תהלים קכג. *לגאי יונים קרי. ב) שם קכד. ג) שם קלה.

by night. The Lord will guard you from all evil; He will guard your soul. The Lord will guard your going and your coming from now and for all time.[1]

שיר A Song of Ascents by David. I was happy when they said to me, "Let us go to the House of the Lord." Our feet were standing within your gates, O Jerusalem; Jerusalem that is built like a city in which [all Israel] is united together. For there the tribes went up, the tribes of God — as enjoined upon Israel — to offer praise to the Name of the Lord. For there stood the seats of justice, the thrones of the house of David. Pray for the peace of Jerusalem; may those who love you have peace. May there be peace within your walls, serenity within your mansions. For the sake of my brethren and friends, I ask that there be peace within you. For the sake of the House of the Lord our God, I seek your well-being.[2]

שיר A Song of Ascents. To You have I lifted my eyes, You who are enthroned in heaven. Indeed, as the eyes of servants are turned to the hand of their masters, as the eyes of a maid to the hand of her mistress, so are our eyes turned to the Lord our God, until He will be gracious to us. Be gracious to us, Lord, be gracious to us, for we have been surfeited with humiliation. Our soul has been overfilled with the derision of the complacent, with the scorn of the arrogant.[3]

שיר A Song of Ascents by David. Were it not for the Lord who was with us — let Israel declare — were it not for the Lord who was with us when men rose up against us, then they would have swallowed us alive in their burning rage against us. Then the waters would have inundated us, the torrent would have swept over our soul; then the raging waters would have surged over our soul. Blessed is the Lord who did not permit us to be prey for their teeth. Our soul is like a bird which has escaped from the fowler's snare; the snare broke and we escaped. Our help is in the Name of the Lord, the Maker of heaven and earth.[4]

הללויה Praise the Lord. Praise the Name of the Lord; offer praise, you servants of the Lord who stand in the House of the Lord, in the courtyards of the House of our God. Praise the Lord, for the Lord is good; sing to His Name, for He is pleasant. For God has chosen Jacob for Himself, Israel as His beloved treasure. For I know that the Lord is great, our Master is greater than all supernal beings. All that the Lord desired, He has done, in the heavens and on earth, in the seas and all the depths. He causes mists to rise from the ends of the earth; He makes lightning for the rain; He brings forth the wind from His vaults. It was He who struck down the first-born of Egypt, of man and beast. He sent signs and wonders into the midst of Egypt, on Pharaoh and on all his servants. It was He who struck down

1. Psalm 121. 2. Ibid. 122. 3. Ibid. 123. 4. Ibid. 124.

גּוֹיִם רַבִּים וְהָרַג מְלָכִים עֲצוּמִים: יא לְסִיחוֹן | מֶלֶךְ הָאֱמֹרִי וּלְעוֹג
מֶלֶךְ הַבָּשָׁן וּלְכֹל מַמְלְכוֹת כְּנָעַן: יב וְנָתַן אַרְצָם נַחֲלָה נַחֲלָה
לְיִשְׂרָאֵל עַמּוֹ: יג יְהוָה שִׁמְךָ לְעוֹלָם יְהוָה זִכְרְךָ לְדֹר־וָדֹר:
יד כִּי־יָדִין יְהוָה עַמּוֹ וְעַל־עֲבָדָיו יִתְנֶחָם: טו עֲצַבֵּי הַגּוֹיִם כֶּסֶף
וְזָהָב מַעֲשֵׂה יְדֵי אָדָם: טז פֶּה־לָהֶם וְלֹא יְדַבֵּרוּ עֵינַיִם לָהֶם וְלֹא
יִרְאוּ: יז אָזְנַיִם לָהֶם וְלֹא יַאֲזִינוּ אַף אֵין־יֶשׁ־רוּחַ בְּפִיהֶם:
יח כְּמוֹהֶם יִהְיוּ עֹשֵׂיהֶם כֹּל אֲשֶׁר־בֹּטֵחַ בָּהֶם: יט בֵּית יִשְׂרָאֵל
בָּרְכוּ אֶת־יְהוָה בֵּית אַהֲרֹן בָּרְכוּ אֶת־יְהוָה: כ בֵּית הַלֵּוִי בָּרְכוּ
אֶת־יְהוָה יִרְאֵי יְהוָה בָּרְכוּ אֶת־יְהוָה: כא בָּרוּךְ יְהוָה | מִצִּיּוֹן
שֹׁכֵן יְרוּשָׁלִָם הַלְלוּיָהּ:

הוֹדוּ[א] לַיְיָ כִּי טוֹב, כִּי לְעוֹלָם חַסְדּוֹ:
הוֹדוּ לֵאלֹהֵי הָאֱלֹהִים, כִּי לְעוֹלָם חַסְדּוֹ:
הוֹדוּ לַאֲדֹנֵי הָאֲדֹנִים, כִּי לְעוֹלָם חַסְדּוֹ:
לְעֹשֵׂה נִפְלָאוֹת גְּדֹלוֹת לְבַדּוֹ, כִּי לְעוֹלָם חַסְדּוֹ:
לְעֹשֵׂה הַשָּׁמַיִם בִּתְבוּנָה, כִּי לְעוֹלָם חַסְדּוֹ:
לְרֹקַע הָאָרֶץ עַל הַמָּיִם, כִּי לְעוֹלָם חַסְדּוֹ:
לְעֹשֵׂה אוֹרִים גְּדֹלִים, כִּי לְעוֹלָם חַסְדּוֹ:
אֶת הַשֶּׁמֶשׁ לְמֶמְשֶׁלֶת בַּיּוֹם, כִּי לְעוֹלָם חַסְדּוֹ:
אֶת הַיָּרֵחַ וְכוֹכָבִים לְמֶמְשְׁלוֹת בַּלָּיְלָה, כִּי לְעוֹלָם חַסְדּוֹ:
לְמַכֵּה מִצְרַיִם בִּבְכוֹרֵיהֶם, (י) כִּי לְעוֹלָם חַסְדּוֹ:
וַיּוֹצֵא יִשְׂרָאֵל מִתּוֹכָם, כִּי לְעוֹלָם חַסְדּוֹ:
בְּיָד חֲזָקָה וּבִזְרוֹעַ נְטוּיָה, כִּי לְעוֹלָם חַסְדּוֹ:
לְגֹזֵר יַם סוּף לִגְזָרִים, כִּי לְעוֹלָם חַסְדּוֹ:
וְהֶעֱבִיר יִשְׂרָאֵל בְּתוֹכוֹ, כִּי לְעוֹלָם חַסְדּוֹ:

א) תהלים קלו:

many nations, and slew mighty kings: Sichon, king of the Amorites, Og, king of Bashan, and all the kingdoms of Canaan. And He gave their lands as a heritage. A heritage to His people Israel. Lord, Your Name is forever; Lord, Your remembrance is throughout all generations. Indeed, the Lord will judge on behalf of His people, and have compassion on His servants. The idols of the nations are silver and gold, the product of human hands. They have a mouth, but cannot speak; they have eyes, but cannot see; they have ears, but cannot hear; nor is there breath in their mouth. Those who make them will become like them — all who trust in them. House of Israel, bless the Lord; House of Aaron, bless the Lord; House of Levi, bless the Lord; you who fear the Lord, bless the Lord. Blessed is the Lord from Zion, who dwells in Jerusalem, praise the Lord.[1]

הודו Praise the Lord for He is good, for His kindness is everlasting;

Praise the God of the supernal beings, for His kindness is everlasting;

Praise the Master of the heavenly hosts, for His kindness is everlasting;

Who alone performs great wonders, for His kindness is everlasting;

Who makes the heavens with understanding, for His kindness is everlasting;

Who spreads forth the earth above the waters, for His kindness is everlasting;

Who makes the great lights, for His kindness is everlasting;

The sun to rule by day, for His kindness is everlasting;

The moon and stars to rule by night, for His kindness is everlasting;

Who struck Egypt through its first-born, for His kindness is everlasting;

And brought Israel out of their midst, for His kindness is everlasting;

With a strong hand and with an outstretched arm, for His kindness is everlasting;

Who split the Sea of Reeds into sections, for His kindness is everlasting;

And brought Israel across it, for His kindness is everlasting;

---

1. Psalm 135.

וְנִעֵר פַּרְעֹה וְחֵילוֹ בְיַם סוּף, (הָ) כִּי לְעוֹלָם חַסְדּוֹ:

לְמוֹלִיךְ עַמּוֹ בַּמִּדְבָּר, כִּי לְעוֹלָם חַסְדּוֹ:

לְמַכֵּה מְלָכִים גְּדֹלִים, כִּי לְעוֹלָם חַסְדּוֹ:

וַיַּהֲרֹג מְלָכִים אַדִּירִים, כִּי לְעוֹלָם חַסְדּוֹ:

לְסִיחוֹן מֶלֶךְ הָאֱמֹרִי, כִּי לְעוֹלָם חַסְדּוֹ:

וּלְעוֹג מֶלֶךְ הַבָּשָׁן, כִּי לְעוֹלָם חַסְדּוֹ:

וְנָתַן אַרְצָם לְנַחֲלָה, (וָ) כִּי לְעוֹלָם חַסְדּוֹ:

נַחֲלָה לְיִשְׂרָאֵל עַבְדּוֹ, כִּי לְעוֹלָם חַסְדּוֹ:

שֶׁבְּשִׁפְלֵנוּ זָכַר לָנוּ, כִּי לְעוֹלָם חַסְדּוֹ:

וַיִּפְרְקֵנוּ מִצָּרֵינוּ, כִּי לְעוֹלָם חַסְדּוֹ:

נֹתֵן לֶחֶם לְכָל בָּשָׂר, כִּי לְעוֹלָם חַסְדּוֹ:

הוֹדוּ לְאֵל הַשָּׁמָיִם, (הָ) כִּי לְעוֹלָם חַסְדּוֹ:

הָאַדֶּרֶת וְהָאֱמוּנָה לְחַי עוֹלָמִים:

הַבִּינָה וְהַבְּרָכָה לְחַי עוֹלָמִים:

הַגַּאֲוָה וְהַגְּדֻלָּה לְחַי עוֹלָמִים:

הַדֵּעָה וְהַדִּבּוּר לְחַי עוֹלָמִים:

הַהוֹד וְהֶהָדָר לְחַי עוֹלָמִים:

הַוַּעַד וְהַוָּתִיקוּת לְחַי עוֹלָמִים:

הַזִּיו וְהַזֹּהַר לְחַי עוֹלָמִים:

הַחַיִל וְהַחֹסֶן לְחַי עוֹלָמִים:

הַטֶּכֶס וְהַטֹּהַר לְחַי עוֹלָמִים:

הַיִּחוּד וְהַיִּרְאָה לְחַי עוֹלָמִים:

הַכֶּתֶר וְהַכָּבוֹד לְחַי עוֹלָמִים:

הַלֶּקַח וְהַלִּבּוּב לְחַי עוֹלָמִים:

הַמְּלוּכָה וְהַמֶּמְשָׁלָה לְחַי עוֹלָמִים:

הַנּוֹי וְהַנֵּצַח לְחַי עוֹלָמִים:

הַסִּגּוּי וְהַשֶּׂגֶב לְחַי עוֹלָמִים:

הָעֹז וְהָעֲנָוָה לְחַי עוֹלָמִים:

הַפְּדוּת וְהַפְּאֵר לְחַי עוֹלָמִים:

הַצְּבִי וְהַצֶּדֶק לְחַי עוֹלָמִים:

הַקְּרִיאָה וְהַקְּדֻשָּׁה לְחַי עוֹלָמִים:

הָרֹן וְהָרוֹמֵמוּת לְחַי עוֹלָמִים:

הַשִּׁיר וְהַשֶּׁבַח לְחַי עוֹלָמִים:

הַתְּהִלָּה וְהַתִּפְאֶרֶת לְחַי עוֹלָמִים:

לְשֵׁם יִחוּד קוּדְשָׁא בְּרִיךְ הוּא וּשְׁכִינְתֵּיהּ לְיַחֲדָא שֵׁם יה בוה בְּיִחוּדָא שְׁלִים בְּשֵׁם כָּל יִשְׂרָאֵל:

And cast Pharaoh and his army into the Sea of Reeds, for His kindness is everlasting;

Who led His people through the desert, for His kindness is everlasting;

Who struck down great kings, for His kindness is everlasting;

And slew mighty kings, for His kindness is everlasting;

Sichon, king of the Amorites, for His kindness is everlasting;

And Og, king of Bashan, for His kindness is everlasting;

And gave their land as a heritage, for His kindness is everlasting;

A heritage to Israel His servant, for His kindness is everlasting;

Who remembered us in our humiliation, for His kindness is everlasting;

And redeemed us from our oppressors, for His kindness is everlasting;

Who gives food to all flesh, for His kindness is everlasting;

Praise the God of heaven, for His kindness is everlasting.[1]

האדרת Power and trustworthiness to Him who lives forever;
Understanding and blessing to Him who lives forever;
Grandeur and greatness to Him who lives forever;
Knowledge and speech to Him who lives forever;
Majesty and splendor to Him who lives forever;
Convocation and zealousness to Him who lives forever;
Resplendence and radiance to Him who lives forever;
Valor and might to Him who lives forever;
Adornment and purity to Him who lives forever;
Oneness and awe to Him who lives forever;
Crown and honor to Him who lives forever;
Torah and perception to Him who lives forever;
Kingship and dominion to Him who lives forever;
Beauty and victory to Him who lives forever;
Supremacy and transcendence to Him who lives forever;
Strength and humility to Him who lives forever;
Redemption and magnificence to Him who lives forever;
Glory and righteousness to Him who lives forever;
Invocation and sanctity to Him who lives forever;
Song and exaltation to Him who lives forever;
Chant and praise to Him who lives forever;
Adoration and grace to Him who lives forever.

לשם For the sake of the union of the Holy One, blessed be He, with His *Shechinah*, to unite the Name *yud-kay* with *vav-kay* in a perfect union in the name of all Israel.

1. Psalm 136.

בָּרוּךְ שֶׁאָמַר וְהָיָה הָעוֹלָם, בָּרוּךְ הוּא, בָּרוּךְ אוֹמֵר וְעֹשֶׂה, בָּרוּךְ גּוֹזֵר וּמְקַיֵּם, בָּרוּךְ עֹשֶׂה בְרֵאשִׁית, בָּרוּךְ מְרַחֵם עַל הָאָרֶץ, בָּרוּךְ מְרַחֵם עַל הַבְּרִיּוֹת, בָּרוּךְ מְשַׁלֵּם שָׂכָר טוֹב לִירֵאָיו, בָּרוּךְ חַי לָעַד וְקַיָּם לָנֶצַח, בָּרוּךְ פּוֹדֶה וּמַצִּיל, בָּרוּךְ שְׁמוֹ. בָּרוּךְ אַתָּה יְיָ אֱלֹהֵינוּ מֶלֶךְ הָעוֹלָם, הָאֵל, אָב הָרַחֲמָן, הַמְהֻלָּל בְּפֶה עַמּוֹ, מְשֻׁבָּח וּמְפֹאָר בִּלְשׁוֹן חֲסִידָיו וַעֲבָדָיו, וּבְשִׁירֵי דָוִד עַבְדֶּךָ, נְהַלֶּלְךָ יְיָ אֱלֹהֵינוּ, בִּשְׁבָחוֹת וּבִזְמִרוֹת, נְגַדֶּלְךָ וּנְשַׁבֵּחֲךָ וּנְפָאֶרְךָ, וְנַמְלִיכְךָ וְנַזְכִּיר שִׁמְךָ מַלְכֵּנוּ אֱלֹהֵינוּ. יָחִיד, חֵי הָעוֹלָמִים מֶלֶךְ. מְשֻׁבָּח וּמְפֹאָר עֲדֵי עַד שְׁמוֹ הַגָּדוֹל. בָּרוּךְ אַתָּה יְיָ, מֶלֶךְ מְהֻלָּל בַּתִּשְׁבָּחוֹת:

מִזְמוֹר שִׁיר לְיוֹם הַשַּׁבָּת: טוֹב לְהֹדוֹת לַייָ, וּלְזַמֵּר לְשִׁמְךָ עֶלְיוֹן: לְהַגִּיד בַּבֹּקֶר חַסְדֶּךָ, וֶאֱמוּנָתְךָ בַּלֵּילוֹת: עֲלֵי עָשׂוֹר וַעֲלֵי נָבֶל, עֲלֵי הִגָּיוֹן בְּכִנּוֹר: כִּי שִׂמַּחְתַּנִי יְיָ בְּפָעֳלֶךָ, בְּמַעֲשֵׂי יָדֶיךָ אֲרַנֵּן: מַה גָּדְלוּ מַעֲשֶׂיךָ יְיָ, מְאֹד עָמְקוּ מַחְשְׁבֹתֶיךָ: אִישׁ בַּעַר לֹא יֵדָע, וּכְסִיל לֹא יָבִין אֶת זֹאת: בִּפְרֹחַ רְשָׁעִים כְּמוֹ עֵשֶׂב, וַיָּצִיצוּ כָּל פֹּעֲלֵי אָוֶן, לְהִשָּׁמְדָם עֲדֵי עַד: וְאַתָּה מָרוֹם לְעֹלָם יְיָ: כִּי הִנֵּה אֹיְבֶיךָ יְיָ, כִּי הִנֵּה אֹיְבֶיךָ יֹאבֵדוּ, יִתְפָּרְדוּ כָּל פֹּעֲלֵי אָוֶן: וַתָּרֶם כִּרְאֵים קַרְנִי, בַּלֹּתִי בְּשֶׁמֶן רַעֲנָן: וַתַּבֵּט עֵינִי בְּשׁוּרָי, בַּקָּמִים עָלַי מְרֵעִים, תִּשְׁמַעְנָה אָזְנָי: צַדִּיק כַּתָּמָר יִפְרָח, כְּאֶרֶז בַּלְּבָנוֹן יִשְׂגֶּה: שְׁתוּלִים בְּבֵית יְיָ, בְּחַצְרוֹת אֱלֹהֵינוּ יַפְרִיחוּ: עוֹד יְנוּבוּן בְּשֵׂיבָה, דְּשֵׁנִים וְרַעֲנַנִּים יִהְיוּ: לְהַגִּיד כִּי יָשָׁר יְיָ, צוּרִי וְלֹא עַוְלָתָה עלתה כ׳ בּוֹ:

ברוך Blessed is He who spoke, and the world came into being; blessed is He; blessed is He who says and does; blessed is He who decrees and fulfills; blessed is He who creates the universe; blessed is He who has compassion on the earth; blessed is He who has compassion on the creatures; blessed is He who rewards well those who fear Him; blessed is He who lives forever and exists eternally; blessed is He who redeems and saves; blessed is His Name. Blessed are You, Lord our God, King of the universe, benevolent God, merciful Father, who is praised by the mouth of His people, exalted and glorified by the tongue of His pious ones and His servants and by the songs of David Your servant. We will extol You, Lord our God, with praises and songs; exalt, laud and glorify You, proclaim You King, and mention Your Name, our King, our God. You are the only One — the Life of [all] the worlds, O King; praised and glorified is His great Name forever and ever. Blessed are You Lord, King who is extolled with praises.

מזמור A Psalm, a song for the Shabbat day. It is good to praise the Lord, and to sing to Your Name, O Most High; to proclaim Your kindness in the morning, and Your faithfulness in the nights, with a ten-stringed instrument and lyre, to the melody of a harp. For You, Lord, have gladdened me with Your deeds; I sing for joy at the works of Your hand. How great are Your works O Lord; how very profound Your thoughts! A brutish man cannot know, a fool cannot comprehend this: when the wicked thrive like grass, and all evildoers flourish — it is in order that they may be destroyed forever. But You, Lord, are exalted forever. Indeed, Your enemies, Lord, indeed, Your enemies shall perish; all evildoers shall be scattered. But You have increased my might like that of a wild ox; I am anointed with fresh oil. My eyes have seen [the downfall of] my watchful enemies; my ears have heard [the doom of] the wicked who rise against me. The righteous will fourish like a palm tree, grow tall like a cedar in Lebanon. Planted in the House of the Lord, they shall blossom in the courtyards of our God. They shall be fruitful even in old age; they shall be full of sap and freshness. That is to say that the Lord is just; He is my Strength, and there is no injustice in Him.[1]

1. Psalm 92.

יי מָלָךְ גֵּאוּת לָבֵשׁ, לָבֵשׁ יְיָ, עֹז הִתְאַזָּר, אַף תִּכּוֹן תֵּבֵל בַּל תִּמּוֹט: נָכוֹן כִּסְאֲךָ מֵאָז, מֵעוֹלָם אָתָּה: נָשְׂאוּ נְהָרוֹת יְיָ, נָשְׂאוּ נְהָרוֹת קוֹלָם, יִשְׂאוּ נְהָרוֹת דָּכְיָם: מִקֹּלוֹת מַיִם רַבִּים אַדִּירִים מִשְׁבְּרֵי יָם, אַדִּיר בַּמָּרוֹם יְיָ: עֵדֹתֶיךָ נֶאֶמְנוּ מְאֹד, לְבֵיתְךָ נַאֲוָה (נ״א נָאֲוָה) קֹּדֶשׁ, יְיָ, לְאֹרֶךְ יָמִים:

יְהִי כְבוֹד יְיָ לְעוֹלָם, יִשְׂמַח יְיָ בְּמַעֲשָׂיו. יְהִי שֵׁם יְיָ מְבֹרָךְ, מֵעַתָּה וְעַד עוֹלָם. מִמִּזְרַח שֶׁמֶשׁ עַד מְבוֹאוֹ, מְהֻלָּל שֵׁם יְיָ. רָם עַל כָּל גּוֹיִם יְיָ, עַל הַשָּׁמַיִם כְּבוֹדוֹ. יְיָ, שִׁמְךָ לְעוֹלָם, יְיָ, זִכְרְךָ לְדֹר וָדֹר. יְיָ בַּשָּׁמַיִם הֵכִין כִּסְאוֹ, וּמַלְכוּתוֹ בַּכֹּל מָשָׁלָה. יִשְׂמְחוּ הַשָּׁמַיִם וְתָגֵל הָאָרֶץ, וְיֹאמְרוּ בַגּוֹיִם יְיָ מָלָךְ. יְיָ מֶלֶךְ, יְיָ מָלָךְ, יְיָ יִמְלוֹךְ לְעוֹלָם וָעֶד. יְיָ מֶלֶךְ עוֹלָם וָעֶד, אָבְדוּ גוֹיִם מֵאַרְצוֹ. יְיָ הֵפִיר עֲצַת גּוֹיִם. הֵנִיא מַחְשְׁבוֹת עַמִּים. רַבּוֹת מַחֲשָׁבוֹת בְּלֶב אִישׁ, וַעֲצַת יְיָ הִיא תָקוּם. עֲצַת יְיָ לְעוֹלָם תַּעֲמֹד, מַחְשְׁבוֹת לִבּוֹ לְדֹר וָדֹר. כִּי הוּא אָמַר וַיֶּהִי, הוּא צִוָּה וַיַּעֲמֹד. כִּי בָחַר יְיָ בְּצִיּוֹן, אִוָּהּ לְמוֹשָׁב לוֹ: כִּי יַעֲקֹב בָּחַר לוֹ יָהּ, יִשְׂרָאֵל לִסְגֻלָּתוֹ. כִּי לֹא יִטֹּשׁ יְיָ. עַמּוֹ, וְנַחֲלָתוֹ לֹא יַעֲזֹב. וְהוּא רַחוּם, יְכַפֵּר עָוֹן וְלֹא יַשְׁחִית, וְהִרְבָּה לְהָשִׁיב אַפּוֹ, וְלֹא יָעִיר כָּל חֲמָתוֹ. יְיָ הוֹשִׁיעָה הַמֶּלֶךְ יַעֲנֵנוּ בְיוֹם קָרְאֵנוּ:

אַשְׁרֵי יוֹשְׁבֵי בֵיתֶךָ, עוֹד יְהַלְלוּךָ סֶּלָה: אַשְׁרֵי הָעָם שֶׁכָּכָה לּוֹ, אַשְׁרֵי הָעָם שֶׁיְיָ אֱלֹהָיו:

תְּהִלָּה לְדָוִד, אֲרוֹמִמְךָ אֱלוֹהַי הַמֶּלֶךְ, וַאֲבָרְכָה שִׁמְךָ לְעוֹלָם וָעֶד: בְּכָל יוֹם אֲבָרְכֶךָּ, וַאֲהַלְלָה שִׁמְךָ לְעוֹלָם וָעֶד: גָּדוֹל יְיָ וּמְהֻלָּל מְאֹד, וְלִגְדֻלָּתוֹ

יי The Lord is King; He has garbed Himself with grandeur; the Lord has robed Himself, He has girded Himself with strength; He has also established the world firmly that it shall not falter. Your throne stands firm from of old; You have existed forever. The rivers have raised, O Lord, the rivers have raised their voice; the rivers raise their raging waves. More than the sound of many waters, than the mighty breakers of the sea, is the Lord mighty on high. Your testimonies are most trustworthy; Your House will be resplendent in holiness, O Lord, forever.[1]

יהי May the glory of the Lord be forever; may the Lord find delight in His works.[2] May the Name of the Lord be blessed from now and to all eternity. From the rising of the sun to its setting, the Name of the Lord is praised. The Lord is high above all nations; His glory transcends the heavens.[3] Lord, Your Name is forever; Your remembrance, Lord, is throughout all generations.[4] The Lord has established His throne in the heavens, and His kingship has dominion over all.[5] The heavens will rejoice, the earth will exult, and among the nations they will proclaim, "The Lord reigns!"[6] The Lord is King, the Lord was King, the Lord shall be King for ever and ever.[7] The Lord reigns for all eternity; the nations have vanished from His land.[8] The Lord has annulled the counsel of nations; He has foiled the schemes of peoples.[9] Many are the thoughts in the heart of man, but it is the counsel of the Lord that endures.[10] The counsel of the Lord stands forever; the thoughts of His heart throughout all generations.[11] For He spoke, and it came to be; He commanded, and it endured.[12] Indeed, the Lord has chosen Zion; He desired it for His dwelling place.[13] For God has chosen Jacob for Himself, Israel as His beloved treasure.[14] Indeed, the Lord will not abandon His people, nor will He forsake His heritage.[15] And He, being compassionate, pardons iniquity, and does not destroy; time and again He turns away His anger, and does not arouse all His wrath.[16] Deliver us, O Lord; may the King answer us on the day we call.[17]

אשרי Happy are those who dwell in Your House; they will yet praise You forever.[18] Happy is the people whose lot is thus; happy is the people whose God is the Lord.[19] A Psalm of praise by David: I will exalt You, my God the King and bless Your Name forever. Every day I will bless You, and extol Your Name forever. The Lord is great and exceedingly exalted, and there is

---

1. Psalm 93. 2. Ibid. 104:31. 3. Ibid. 113:2-4. 4. Ibid. 135:13. 5. Ibid. 103:19. 6. I Chronicles 16:31. 7. V. supra, p. 50, note 1. 8. Psalms 10:16. 9. Ibid. 33:10. 10. Proverbs 19:21. 11. Psalms 33:11. 12. Ibid. 33:9. 13. Ibid. 132:13. 14. Ibid. 135:4. 15. Ibid. 94:14. 16. Ibid. 78:38. 17. Ibid. 20:10. 18. Ibid. 84:5. 19. Ibid. 144.15.

אֵין חֵקֶר: דּוֹר לְדוֹר יְשַׁבַּח מַעֲשֶׂיךָ, וּגְבוּרֹתֶיךָ יַגִּידוּ: הֲדַר כְּבוֹד הוֹדֶךָ, וְדִבְרֵי נִפְלְאֹתֶיךָ אָשִׂיחָה: וֶעֱזוּז נוֹרְאוֹתֶיךָ יֹאמֵרוּ, וּגְדֻלָּתְךָ אֲסַפְּרֶנָּה: זֵכֶר רַב טוּבְךָ יַבִּיעוּ, וְצִדְקָתְךָ יְרַנֵּנוּ: חַנּוּן וְרַחוּם יְיָ, אֶרֶךְ אַפַּיִם וּגְדָל חָסֶד: טוֹב יְיָ לַכֹּל, וְרַחֲמָיו עַל כָּל מַעֲשָׂיו: יוֹדוּךָ יְיָ כָּל מַעֲשֶׂיךָ וַחֲסִידֶיךָ יְבָרְכוּכָה: כְּבוֹד מַלְכוּתְךָ יֹאמֵרוּ, וּגְבוּרָתְךָ יְדַבֵּרוּ: לְהוֹדִיעַ לִבְנֵי הָאָדָם גְּבוּרֹתָיו, וּכְבוֹד הֲדַר מַלְכוּתוֹ: מַלְכוּתְךָ, מַלְכוּת כָּל עֹלָמִים, וּמֶמְשַׁלְתְּךָ בְּכָל דֹּר וָדֹר: סוֹמֵךְ יְיָ לְכָל הַנֹּפְלִים, וְזוֹקֵף לְכָל הַכְּפוּפִים: עֵינֵי כֹל אֵלֶיךָ יְשַׂבֵּרוּ, וְאַתָּה נוֹתֵן לָהֶם אֶת אָכְלָם בְּעִתּוֹ: פּוֹתֵחַ אֶת יָדֶךָ, וּמַשְׂבִּיעַ לְכָל חַי רָצוֹן: צַדִּיק יְיָ בְּכָל דְּרָכָיו, וְחָסִיד בְּכָל מַעֲשָׂיו: קָרוֹב יְיָ לְכָל קֹרְאָיו, לְכֹל אֲשֶׁר יִקְרָאֻהוּ בֶאֱמֶת: רְצוֹן יְרֵאָיו יַעֲשֶׂה, וְאֶת שַׁוְעָתָם יִשְׁמַע וְיוֹשִׁיעֵם: שׁוֹמֵר יְיָ אֶת כָּל אֹהֲבָיו, וְאֵת כָּל הָרְשָׁעִים יַשְׁמִיד: תְּהִלַּת יְיָ יְדַבֶּר פִּי, וִיבָרֵךְ כָּל בָּשָׂר שֵׁם קָדְשׁוֹ לְעוֹלָם וָעֶד: וַאֲנַחְנוּ נְבָרֵךְ יָהּ, מֵעַתָּה וְעַד עוֹלָם הַלְלוּיָהּ:

הַלְלוּיָהּ, הַלְלִי נַפְשִׁי אֶת יְיָ: אֲהַלְלָה יְיָ בְּחַיָּי, אֲזַמְּרָה לֵאלֹהַי בְּעוֹדִי: אַל תִּבְטְחוּ בִנְדִיבִים, בְּבֶן אָדָם שֶׁאֵין לוֹ תְשׁוּעָה: תֵּצֵא רוּחוֹ יָשֻׁב לְאַדְמָתוֹ,

no limit to His greatness. One generation to another will laud Your works, and tell of Your mighty acts. I will speak of the splendor of Your glorious majesty and of Your wondrous deeds. They will proclaim the might of Your awesome acts, and I will recount Your greatness. They will express the remembrance of Your abounding goodness, and sing of Your righteousness. The Lord is gracious and compassionate, slow to anger and of great kindness. The Lord is good to all, and His mercies extend over all His works. Lord, all Your works will give thanks to You, and Your pious ones will bless You. They will declare the glory of Your kingdom, and tell of Your strength. To make known to men His mighty acts, and the glorious majesty of His kingdom. Your kingship is a kingship over all worlds, and Your dominion is throughout all generations. The Lord supports all who fall, and makes erect all who are bent. The eyes of all look expectantly to You, and You give them their food at the proper time. You open Your hand and satisfy the desire of every living thing. The Lord is righteous in all His ways, and benevolent in all His deeds. The Lord is close to all who call upon Him, to all who call upon Him in truth. He fulfills the desire of those who fear Him, hears their cry and delivers them. The Lord watches over all who love Him, and will destroy all the wicked. My mouth will utter the praise of the Lord, and let all flesh bless His holy Name forever.[1] And we will bless the Lord from now to eternity. Praise the Lord.[2]

הללויה Praise the Lord. Praise the Lord, O my soul. I will sing to the Lord with my soul; I will chant praises to my God with my [entire] being. Do not place your trust in munificent benefactors, in mortal man, for he does not have the ability to bring deliverance. When his spirit departs, he returns to his earth;

1. Psalm 145. 2. Ibid. 115:18.

בַּיּוֹם הַהוּא אָבְדוּ עֶשְׁתֹּנֹתָיו: אַשְׁרֵי שֶׁאֵל יַעֲקֹב בְּעֶזְרוֹ שִׂבְרוֹ עַל יְיָ אֱלֹהָיו: עֹשֶׂה שָׁמַיִם וָאָרֶץ, אֶת הַיָּם וְאֶת כָּל אֲשֶׁר בָּם, הַשֹּׁמֵר אֱמֶת לְעוֹלָם: עֹשֶׂה מִשְׁפָּט לַעֲשׁוּקִים, נֹתֵן לֶחֶם לָרְעֵבִים, יְיָ מַתִּיר אֲסוּרִים: יְיָ פֹּקֵחַ עִוְרִים, יְיָ זֹקֵף כְּפוּפִים, יְיָ אֹהֵב צַדִּיקִים. יְיָ שֹׁמֵר אֶת גֵּרִים, יָתוֹם וְאַלְמָנָה יְעוֹדֵד, וְדֶרֶךְ רְשָׁעִים יְעַוֵּת:

יִמְלֹךְ יְיָ לְעוֹלָם, אֱלֹהַיִךְ צִיּוֹן, לְדֹר וָדֹר הַלְלוּיָהּ:

הַלְלוּיָהּ, כִּי טוֹב זַמְּרָה אֱלֹהֵינוּ, כִּי נָעִים נָאוָה תְהִלָּה: בּוֹנֵה יְרוּשָׁלַיִם יְיָ, נִדְחֵי יִשְׂרָאֵל יְכַנֵּס: הָרוֹפֵא לִשְׁבוּרֵי לֵב, וּמְחַבֵּשׁ לְעַצְּבוֹתָם: מוֹנֶה מִסְפָּר לַכּוֹכָבִים, לְכֻלָּם שֵׁמוֹת יִקְרָא: גָּדוֹל אֲדֹנֵינוּ וְרַב כֹּחַ, לִתְבוּנָתוֹ אֵין מִסְפָּר: מְעוֹדֵד עֲנָוִים יְיָ, מַשְׁפִּיל רְשָׁעִים עֲדֵי אָרֶץ: עֱנוּ לַייָ בְּתוֹדָה, זַמְּרוּ לֵאלֹהֵינוּ בְכִנּוֹר: הַמְכַסֶּה שָׁמַיִם בְּעָבִים, הַמֵּכִין לָאָרֶץ מָטָר, הַמַּצְמִיחַ הָרִים חָצִיר: נוֹתֵן לִבְהֵמָה לַחְמָהּ, לִבְנֵי עֹרֵב אֲשֶׁר יִקְרָאוּ: לֹא בִגְבוּרַת הַסּוּס יֶחְפָּץ, לֹא בְשׁוֹקֵי הָאִישׁ יִרְצֶה: רוֹצֶה יְיָ אֶת יְרֵאָיו, אֶת הַמְיַחֲלִים לְחַסְדּוֹ: שַׁבְּחִי יְרוּשָׁלַיִם אֶת יְיָ, הַלְלִי אֱלֹהַיִךְ צִיּוֹן: כִּי חִזַּק בְּרִיחֵי שְׁעָרָיִךְ, בֵּרַךְ בָּנַיִךְ בְּקִרְבֵּךְ: הַשָּׂם גְּבוּלֵךְ שָׁלוֹם, חֵלֶב חִטִּים יַשְׂבִּיעֵךְ: הַשֹּׁלֵחַ אִמְרָתוֹ אָרֶץ, עַד מְהֵרָה יָרוּץ

on that very day, his plans come to naught. Fortunate is he whose help is the God of Jacob, whose hope rests upon the Lord his God. He makes the heavens, the earth, the sea, and all that is in them; He keeps His promise faithfully forever. He renders justice to the oppressed; He gives food to the hungry; the Lord releases those who are bound. The Lord opens the eyes of the blind; the Lord makes erect those who are bowed down; the Lord loves the righteous. The Lord watches over the strangers; He gives strength to the orphan and the widow; and He thwarts the way of the wicked. The Lord shall reign forever; your God, O Zion, throughout all generations. Praise the Lord.[1]

הללויה Praise the Lord. Sing to our God for He is good; for He is pleasant, praise befits Him. The Lord is the rebuilder of Jerusalem; He will gather the dispersed of Israel. He heals the broken-hearted, and binds up their wounds. He counts the number of the stars; He gives a name to each of them. Great is our Master and abounding in might; His understanding is beyond reckoning. The Lord strengthens the humble; He casts the wicked down to the ground. Lift your voices to the Lord in gratitude; sing to our God with a harp. He covers the heaven with clouds; He prepares rain for the earth, and makes grass grow upon the mountains. He gives to the cattle their food, to the young ravens which cry to Him. He does not desire [those who place their trust in] the strength of the horse, nor does He want those who rely upon the thighs [swiftness] of man. He desires those who fear Him, those who long for His kindness. Praise the Lord, O Jerusalem; Zion, extol your God. For He has strengthened the bolts of your gates; He has blessed your children in your midst. He has made peace within your borders; He satiates you with the finest of wheat. He sends forth His command to the earth; His

1. Psalm 146.

דְּבָרוֹ: הַנֹּתֵן שֶׁלֶג כַּצָּמֶר, כְּפוֹר כָּאֵפֶר יְפַזֵּר: מַשְׁלִיךְ קַרְחוֹ כְפִתִּים, לִפְנֵי קָרָתוֹ מִי יַעֲמֹד: יִשְׁלַח דְּבָרוֹ וְיַמְסֵם, יַשֵּׁב רוּחוֹ יִזְּלוּ מָיִם: מַגִּיד דְּבָרָיו לְיַעֲקֹב, חֻקָּיו וּמִשְׁפָּטָיו לְיִשְׂרָאֵל: לֹא עָשָׂה כֵן לְכָל גּוֹי, וּמִשְׁפָּטִים בַּל יְדָעוּם הַלְלוּיָהּ:

הַלְלוּיָהּ, הַלְלוּ אֶת יְיָ מִן הַשָּׁמַיִם, הַלְלוּהוּ בַּמְּרוֹמִים: הַלְלוּהוּ כָל מַלְאָכָיו, הַלְלוּהוּ כָּל צְבָאָיו: הַלְלוּהוּ שֶׁמֶשׁ וְיָרֵחַ, הַלְלוּהוּ כָּל כּוֹכְבֵי אוֹר: הַלְלוּהוּ שְׁמֵי הַשָּׁמָיִם, וְהַמַּיִם אֲשֶׁר מֵעַל הַשָּׁמָיִם: יְהַלְלוּ אֶת שֵׁם יְיָ, כִּי הוּא צִוָּה וְנִבְרָאוּ: וַיַּעֲמִידֵם לָעַד לְעוֹלָם, חָק נָתַן וְלֹא יַעֲבוֹר: הַלְלוּ אֶת יְיָ מִן הָאָרֶץ, תַּנִּינִים וְכָל תְּהֹמוֹת: אֵשׁ וּבָרָד שֶׁלֶג וְקִיטוֹר, רוּחַ סְעָרָה עֹשָׂה דְבָרוֹ: הֶהָרִים וְכָל גְּבָעוֹת, עֵץ פְּרִי וְכָל אֲרָזִים: הַחַיָּה וְכָל בְּהֵמָה, רֶמֶשׂ וְצִפּוֹר כָּנָף: מַלְכֵי אֶרֶץ וְכָל לְאֻמִּים, שָׂרִים וְכָל שֹׁפְטֵי אָרֶץ: בַּחוּרִים וְגַם בְּתוּלוֹת, זְקֵנִים עִם נְעָרִים: יְהַלְלוּ אֶת שֵׁם יְיָ כִּי נִשְׂגָּב שְׁמוֹ לְבַדּוֹ, הוֹדוֹ עַל אֶרֶץ וְשָׁמָיִם: וַיָּרֶם קֶרֶן לְעַמּוֹ, תְּהִלָּה לְכָל חֲסִידָיו, לִבְנֵי יִשְׂרָאֵל עַם קְרֹבוֹ, הַלְלוּיָהּ:

הַלְלוּיָהּ, שִׁירוּ לַיְיָ שִׁיר חָדָשׁ, תְּהִלָּתוֹ בִּקְהַל חֲסִידִים: יִשְׂמַח יִשְׂרָאֵל בְּעֹשָׂיו, בְּנֵי צִיּוֹן יָגִילוּ בְמַלְכָּם: יְהַלְלוּ שְׁמוֹ בְמָחוֹל, בְּתֹף וְכִנּוֹר יְזַמְּרוּ לוֹ: כִּי רוֹצֶה יְיָ בְּעַמּוֹ, יְפָאֵר עֲנָוִים בִּישׁוּעָה: יַעְלְזוּ חֲסִידִים בְּכָבוֹד, יְרַנְּנוּ עַל

word runs most swiftly. He gives snow like fleece; He scatters frost like ashes. He hurls His ice like morsels; who can withstand His cold? He sends forth His word and melts them; He causes His wind to blow, and the waters flow. He tells His words [Torah] to Jacob, His statutes and ordinances to Israel. He has not done so for other nations, and they do not know [His] ordinances. Praise the Lord.[1]

הללויה Praise the Lord. Praise the Lord from the heavens; praise Him in the celestial heights. Praise Him, all His angels; praise Him, all His hosts. Praise Him, sun and moon; praise Him, all the shining stars. Praise Him, heaven of heavens, and the waters that are above the heavens. Let them praise the Name of the Lord, for He commanded and they were created. He has established them forever, for all time; He issued a decree, and it shall not be transgressed. Praise the Lord from the earth, sea-monsters and all [that dwell in] the depths; fire and hail, snow and vapor, stormy wind carrying out His command; the mountains and all hills, fruit-bearing trees and all cedars; the beast and all cattle, creeping things and winged fowl; kings of the earth and all nations, rulers and all judges of the land; young men as well as maidens, elders together with young lads. Let them praise the Name of the Lord, for His Name is sublimely transcendent, it is unto Himself; [only] its radiance is upon the earth and heaven. He shall raise the glory of His people, [increase] the praise of all His pious ones, the children of Israel, the people close to Him. Praise the Lord.[2]

הללויה Praise the Lord. Sing to the Lord a new song, [recount] His praise in the assembly of the pious. Israel will rejoice in its Maker; the children of Zion will delight in their King. They will praise His Name with dancing; they will sing to Him with the drum and harp. For the Lord desires His people; He will adorn the humble with salvation. The pious will exult in glory; they will sing upon

1. Psalm 147. 2. Ibid. 148.

מִשְׁכְּבוֹתָם: רוֹמְמוֹת אֵל בִּגְרוֹנָם, וְחֶרֶב פִּיפִיּוֹת בְּיָדָם: לַעֲשׂוֹת נְקָמָה בַּגּוֹיִם, תּוֹכֵחוֹת בַּלְאֻמִּים: לֶאְסֹר מַלְכֵיהֶם בְּזִקִּים, וְנִכְבְּדֵיהֶם בְּכַבְלֵי בַרְזֶל, לַעֲשׂוֹת בָּהֶם מִשְׁפָּט כָּתוּב, הָדָר הוּא לְכָל חֲסִידָיו הַלְלוּיָהּ:

הַלְלוּיָהּ, הַלְלוּ אֵל בְּקָדְשׁוֹ, הַלְלוּהוּ בִּרְקִיעַ עֻזּוֹ: הַלְלוּהוּ בִגְבוּרֹתָיו, הַלְלוּהוּ כְּרֹב גֻּדְלוֹ: הַלְלוּהוּ בְּתֵקַע שׁוֹפָר, הַלְלוּהוּ בְּנֵבֶל וְכִנּוֹר: הַלְלוּהוּ בְתֹף וּמָחוֹל, הַלְלוּהוּ בְּמִנִּים וְעֻגָב: הַלְלוּהוּ בְצִלְצְלֵי שָׁמַע: הַלְלוּהוּ בְּצִלְצְלֵי תְרוּעָה: כֹּל הַנְּשָׁמָה תְּהַלֵּל יָהּ הַלְלוּיָהּ: כֹּל הַנְּשָׁמָה תְּהַלֵּל יָהּ הַלְלוּיָהּ:

בָּרוּךְ יְיָ לְעוֹלָם אָמֵן וְאָמֵן: בָּרוּךְ יְיָ מִצִּיּוֹן שֹׁכֵן יְרוּשָׁלָיִם הַלְלוּיָהּ: בָּרוּךְ יְיָ אֱלֹהִים אֱלֹהֵי יִשְׂרָאֵל, עֹשֵׂה נִפְלָאוֹת לְבַדּוֹ: וּבָרוּךְ שֵׁם כְּבוֹדוֹ לְעוֹלָם, וְיִמָּלֵא כְבוֹדוֹ אֶת כָּל הָאָרֶץ, אָמֵן וְאָמֵן:

וַיְבָרֶךְ דָּוִיד אֶת יְיָ לְעֵינֵי כָּל הַקָּהָל, וַיֹּאמֶר דָּוִיד: בָּרוּךְ אַתָּה יְיָ אֱלֹהֵי יִשְׂרָאֵל אָבִינוּ, מֵעוֹלָם וְעַד עוֹלָם. לְךָ יְיָ הַגְּדֻלָּה, וְהַגְּבוּרָה, וְהַתִּפְאֶרֶת, וְהַנֵּצַח, וְהַהוֹד, כִּי כֹל בַּשָּׁמַיִם וּבָאָרֶץ, לְךָ יְיָ הַמַּמְלָכָה וְהַמִּתְנַשֵּׂא, לְכֹל לְרֹאשׁ. וְהָעֹשֶׁר וְהַכָּבוֹד מִלְּפָנֶיךָ, וְאַתָּה מוֹשֵׁל בַּכֹּל, וּבְיָדְךָ, כֹּחַ וּגְבוּרָה, וּבְיָדְךָ, לְגַדֵּל וּלְחַזֵּק לַכֹּל. וְעַתָּה אֱלֹהֵינוּ, מוֹדִים אֲנַחְנוּ לָךְ, וּמְהַלְלִים לְשֵׁם תִּפְאַרְתֶּךָ. וִיבָרְכוּ שֵׁם כְּבֹדֶךָ, וּמְרוֹמַם עַל כָּל

their beds. The exaltation of God is in their throat, and a double-edged sword in their hand. To bring retribution upon the nations, punishment upon the peoples; to bind their kings with chains, and their nobles with iron fetters; to execute upon them the prescribed judgment; it shall be a glory for all His pious ones. Praise the Lord.[1]

הללויה Praise the Lord. Praise God in His holiness, praise Him in the firmament of His strength. Praise Him for His mighty acts; praise Him according to His abundant greatness. Praise Him with the call of the *shofar;* praise Him with harp and lyre. Praise Him with timbrel and dance; praise Him with stringed instruments and flute. Praise Him with resounding cymbals; praise Him with clanging cymbals. Let every being that has a soul praise the Lord. Praise the Lord.[2] Let every being that has a soul praise the Lord. Praise the Lord.

ברוך Blessed is the Lord forever, Amen and Amen.[3] Blessed is the Lord from Zion, who dwells in Jerusalem; praise the Lord.[4] Blessed is the Lord God, the God of Israel, who alone performs wonders. Blessed is His glorious Name forever, and let the whole earth be filled with His glory. Amen and Amen.[5]

ויברך And David blessed the Lord in the presence of all the assembly, and David said: Blessed are You Lord, God of our father Israel, in all the realms of the universe. Lord, Yours is the greatness, the power, the glory, the victory, and the majesty; for all in heaven and on the earth [is Yours]. Lord, Yours is the kingship and You are exalted, supreme over all rulers. Wealth and honor come from You, and You rule over all; in Your hand are might and power, and it is in Your hand to grant greatness and strength to all. And now, our God, we give thanks to You, and praise Your glorious Name.[6] Let [Israel] bless Your glorious Name, which is exalted above all

---

1. Psalm 149. 2. Ibid. 150. 3. Ibid. 89:53. 4. Ibid. 135:21. 5. Ibid. 72:18-19. 6. I. Chronicles 29:10-13.

בְּרָכָה וּתְהִלָּה. אַתָּה הוּא יְיָ לְבַדֶּךָ, אַתָּה עָשִׂיתָ אֶת הַשָּׁמַיִם, שְׁמֵי הַשָּׁמַיִם, וְכָל צְבָאָם, הָאָרֶץ וְכָל אֲשֶׁר עָלֶיהָ, הַיַּמִּים וְכָל אֲשֶׁר בָּהֶם, וְאַתָּה מְחַיֶּה אֶת כֻּלָּם, וּצְבָא הַשָּׁמַיִם לְךָ מִשְׁתַּחֲוִים: אַתָּה הוּא יְיָ הָאֱלֹהִים אֲשֶׁר בָּחַרְתָּ בְּאַבְרָם, וְהוֹצֵאתוֹ מֵאוּר כַּשְׂדִּים, וְשַׂמְתָּ שְׁמוֹ אַבְרָהָם. וּמָצָאתָ אֶת לְבָבוֹ נֶאֱמָן לְפָנֶיךָ וְכָרוֹת עִמּוֹ הַבְּרִית, לָתֵת אֶת אֶרֶץ הַכְּנַעֲנִי הַחִתִּי הָאֱמֹרִי וְהַפְּרִזִּי וְהַיְבוּסִי וְהַגִּרְגָּשִׁי לָתֵת לְזַרְעוֹ, וַתָּקֶם אֶת דְּבָרֶיךָ כִּי צַדִּיק אָתָּה: וַתֵּרֶא אֶת עֳנִי אֲבוֹתֵינוּ בְּמִצְרָיִם, וְאֶת זַעֲקָתָם שָׁמַעְתָּ עַל יַם סוּף: וַתִּתֵּן אֹתֹת וּמֹפְתִים בְּפַרְעֹה וּבְכָל עֲבָדָיו וּבְכָל עַם אַרְצוֹ, כִּי יָדַעְתָּ כִּי הֵזִידוּ עֲלֵיהֶם, וַתַּעַשׂ לְךָ שֵׁם כְּהַיּוֹם הַזֶּה: וְהַיָּם בָּקַעְתָּ לִפְנֵיהֶם וַיַּעַבְרוּ בְתוֹךְ הַיָּם בַּיַּבָּשָׁה, וְאֶת רֹדְפֵיהֶם הִשְׁלַכְתָּ בִמְצוֹלֹת, כְּמוֹ אֶבֶן בְּמַיִם עַזִּים: וַיּוֹשַׁע יְיָ בַּיּוֹם הַהוּא אֶת יִשְׂרָאֵל מִיַּד מִצְרָיִם, וַיַּרְא יִשְׂרָאֵל אֶת מִצְרַיִם מֵת עַל שְׂפַת הַיָּם: וַיַּרְא יִשְׂרָאֵל אֶת הַיָּד הַגְּדֹלָה אֲשֶׁר עָשָׂה יְיָ בְּמִצְרַיִם וַיִּירְאוּ הָעָם אֶת יְיָ, וַיַּאֲמִינוּ בַּייָ וּבְמֹשֶׁה עַבְדּוֹ:

אָז יָשִׁיר מֹשֶׁה וּבְנֵי יִשְׂרָאֵל אֶת הַשִּׁירָה הַזֹּאת לַייָ וַיֹּאמְרוּ לֵאמֹר: אָשִׁירָה לַייָ כִּי גָאֹה גָּאָה סוּס וְרֹכְבוֹ רָמָה בַיָּם: עָזִּי וְזִמְרָת יָהּ, וַיְהִי לִי לִישׁוּעָה, זֶה אֵלִי וְאַנְוֵהוּ, אֱלֹהֵי אָבִי וַאֲרֹמְמֶנְהוּ: יְיָ אִישׁ מִלְחָמָה, יְיָ שְׁמוֹ: מַרְכְּבֹת פַּרְעֹה וְחֵילוֹ יָרָה בַיָּם, וּמִבְחַר שָׁלִשָׁיו טֻבְּעוּ בְיַם סוּף: תְּהֹמֹת יְכַסְיֻמוּ, יָרְדוּ בִמְצוֹלֹת כְּמוֹ אָבֶן: יְמִינְךָ יְיָ נֶאְדָּרִי בַּכֹּחַ, יְמִינְךָ יְיָ תִּרְעַץ אוֹיֵב: וּבְרֹב

blessing and praise. You alone are the Lord; You have made the heavens, the heaven of heavens, and all their hosts, the earth and all thereon, the seas and all therein; You give life to them all, and the hosts of the heavens bow before You. You are the Lord, the God, who chose Abram, brought him out of Ur Kasdim, and gave him the name Abraham. And You found his heart faithful before You[1] —

וכרות And You made a Covenant with him to give the land of the Canaanites, the Hittites, the Amorites, the Perizites, the Jebusites and the Girgashites, to give it to his descendants; and You have fulfilled Your words, for You are righteous. You saw the affliction of our fathers in Egypt and heard their cry at the Sea of Reeds. And You performed signs and wonders against Pharaoh and all his servants and all the people of his land, for You knew that they acted wickedly toward them and You have made a name for Yourself to this day. You split the sea before them, and they went through the midst of the sea on dry land; and You hurled their pursuers into the depths, as a stone into mighty waters.[2]

ויושע And the Lord delivered Israel on that day from the hands of the Egyptians, and Israel saw the Egyptians dead on the seashore. Israel beheld the mighty hand which the Lord wielded against the Egyptians, and the people feared the Lord, and believed in the Lord and in Moses His servant.[3]

אז ישיר Then Moses and the children of Israel sang this song to the Lord, and they declared, saying: I will sing to the Lord for He is most exalted; the horse with its rider He cast into the sea. The might and retribution of God was my salvation; this is my God and I will glorify Him, the God of my father and I will exalt Him. The Lord is master of war, the Lord is His Name. He hurled Pharaoh's chariots and his army into the sea; the elite of his officers were drowned in the Sea of Reeds. The deep waters covered them; they dropped into the depths like a stone. Your right hand, O Lord, is adorned with power; Your right hand, O Lord, shatters the enemy. In Your great

1. Nehemiah 9:5-9. 2. Ibid. 9:8-11. 3. Exodus 14:30-31.

גְּאוֹנְךָ תַּהֲרֹס קָמֶיךָ, תְּשַׁלַּח חֲרֹנְךָ יֹאכְלֵמוֹ כַּקַּשׁ:
וּבְרוּחַ אַפֶּיךָ נֶעֶרְמוּ מַיִם, נִצְּבוּ כְמוֹ נֵד נֹזְלִים, קָפְאוּ
תְהֹמֹת בְּלֶב יָם: אָמַר אוֹיֵב, אֶרְדֹּף אַשִּׂיג אֲחַלֵּק שָׁלָל,
תִּמְלָאֵמוֹ נַפְשִׁי, אָרִיק חַרְבִּי, תּוֹרִישֵׁמוֹ יָדִי: נָשַׁפְתָּ
בְרוּחֲךָ כִּסָּמוֹ יָם, צָלְלוּ כַּעוֹפֶרֶת בְּמַיִם אַדִּירִים: מִי
כָמֹכָה בָּאֵלִם יְיָ, מִי כָּמֹכָה נֶאְדָּר בַּקֹּדֶשׁ, נוֹרָא תְהִלֹּת,
עֹשֵׂה פֶלֶא: נָטִיתָ יְמִינְךָ, תִּבְלָעֵמוֹ אָרֶץ: נָחִיתָ בְחַסְדְּךָ
עַם זוּ גָּאָלְתָּ, נֵהַלְתָּ בְעָזְּךָ אֶל נְוֵה קָדְשֶׁךָ: שָׁמְעוּ
עַמִּים יִרְגָּזוּן, חִיל אָחַז יֹשְׁבֵי פְּלָשֶׁת: אָז נִבְהֲלוּ
אַלּוּפֵי אֱדוֹם אֵילֵי מוֹאָב יֹאחֲזֵמוֹ רָעַד, נָמֹגוּ כֹּל
יֹשְׁבֵי כְנָעַן: תִּפֹּל עֲלֵיהֶם אֵימָתָה וָפַחַד בִּגְדֹל זְרוֹעֲךָ
יִדְּמוּ כָּאָבֶן, עַד יַעֲבֹר עַמְּךָ יְיָ, עַד יַעֲבֹר עַם זוּ קָנִיתָ:
תְּבִאֵמוֹ וְתִטָּעֵמוֹ בְּהַר נַחֲלָתְךָ, מָכוֹן לְשִׁבְתְּךָ פָּעַלְתָּ
יְיָ, מִקְּדָשׁ אֲדֹנָי, כּוֹנְנוּ יָדֶיךָ: יְיָ יִמְלֹךְ לְעֹלָם וָעֶד: יְיָ
יִמְלֹךְ לְעֹלָם וָעֶד: יְיָ מַלְכוּתֵהּ קָאֵם לְעָלַם וּלְעָלְמֵי עָלְמַיָּא:
כִּי בָא סוּס פַּרְעֹה בְּרִכְבּוֹ וּבְפָרָשָׁיו בַּיָּם וַיָּשֶׁב יְיָ עֲלֵהֶם
אֶת מֵי הַיָּם וּבְנֵי יִשְׂרָאֵל הָלְכוּ בַיַּבָּשָׁה בְּתוֹךְ הַיָּם: כִּי
לַייָ הַמְּלוּכָה וּמֹשֵׁל בַּגּוֹיִם: וְעָלוּ מוֹשִׁעִים בְּהַר צִיּוֹן
לִשְׁפֹּט אֶת הַר עֵשָׂו, וְהָיְתָה לַייָ הַמְּלוּכָה: וְהָיָה יְיָ לְמֶלֶךְ
עַל כָּל הָאָרֶץ, בַּיּוֹם הַהוּא יִהְיֶה יְיָ אֶחָד וּשְׁמוֹ אֶחָד:

נִשְׁמַת כָּל חַי תְּבָרֵךְ אֶת שִׁמְךָ יְיָ אֱלֹהֵינוּ, וְרוּחַ כָּל בָּשָׂר תְּפָאֵר

וּתְרוֹמֵם זִכְרְךָ מַלְכֵּנוּ תָּמִיד, מִן
הָעוֹלָם וְעַד הָעוֹלָם אַתָּה אֵל,

majesty, You destroy those who rise up against You; You send forth Your fury, it consumes them like straw. At the blast of Your nostrils the waters piled up, the flowing streams stood erect like a wall; the deep waters were congealed in the heart of the sea. The foe had said: I will pursue them, I will overtake them, I will divide the spoil, my lust shall be sated upon them; I will unsheath my sword, my hand shall annihilate them. You blew with Your wind, the sea enveloped them; they sank like lead in the mighty waters. Who is like You among the supernal beings, O Lord! Who is like You, resplendent in holiness, awesome in praise, performing wonders! You stretched out Your right hand, the earth swallowed them. In Your lovingkindess You led the people whom You redeemed; in Your strength You guided them to Your holy abode. The nations heard it and trembled; pangs of fear gripped the inhabitants of Philistia. Then the chieftains of Edom were terrified; the mighty men of Moab were panic-stricken; all the inhabitants of Canaan melted away. May terror and dread fall upon them; by the great [strength] of Your arm let them be still as a stone — until Your people pass over, O Lord, until the people You acquired pass over. You will bring them and plant them on the mountain of Your inheritance; the place which You, Lord, have made for Your abode, the Sanctuary which Your hands, Lord, have established. The Lord will reign forever and ever. The Lord will reign forever and ever.[1] The sovereignty of the Lord is established forever and to all eternity.[2] When the horses of Pharaoh, with his chariots and horsemen, went into the sea, the Lord turned the waters of the sea back on them; and the children of Israel walked on dry land in the midst of the sea.[3] For sovereignty is the Lord's, and He rules over the nations.[4] Deliverers will go up to Mount Zion to judge the mount of Esau, and kingship will be the Lord's.[5] The Lord will be King over the entire earth; on that day the Lord will be One and His Name One.[6]

נשמת The soul of every living being shall bless Your Name, Lord our God; and the spirit of all flesh shall continuously glorify and exalt Your remembrance, our King. From the highest world to the lowest, You are Almighty God;

1. Exodus 15:1-18. 2. This sentence is the paraphrase of the preceding Biblical verse in Targum Onkelos. 3. Exodus 15:19. 4. Psalms 22:29. 5. Ovadiah 1:21. 6. Zechariah 14:9.

וּמִבַּלְעָדֶיךָ אֵין לָנוּ מֶלֶךְ גּוֹאֵל וּמוֹשִׁיעַ, פּוֹדֶה וּמַצִּיל וּמְפַרְנֵס וְעוֹנֶה, וּמְרַחֵם בְּכָל עֵת צָרָה וְצוּקָה, אֵין לָנוּ מֶלֶךְ אֶלָּא אָתָּה, אֱלֹהֵי הָרִאשׁוֹנִים וְהָאַחֲרוֹנִים. אֱלוֹהַּ כָּל בְּרִיּוֹת. אֲדוֹן כָּל תּוֹלָדוֹת, הַמְהֻלָּל בְּרוֹב הַתִּשְׁבָּחוֹת, הַמְנַהֵג עוֹלָמוֹ בְּחֶסֶד וּבְרִיּוֹתָיו בְּרַחֲמִים, וַיָי הִנֵּה לֹא יָנוּם וְלֹא יִישָׁן, הַמְעוֹרֵר יְשֵׁנִים, וְהַמֵּקִיץ נִרְדָּמִים, וְהַמֵּשִׂיחַ אִלְּמִים, וְהַמַּתִּיר אֲסוּרִים, וְהַסּוֹמֵךְ נוֹפְלִים, וְהַזּוֹקֵף כְּפוּפִים, לְךָ לְבַדְּךָ אֲנַחְנוּ מוֹדִים. אִלּוּ פִינוּ מָלֵא שִׁירָה כַּיָּם. וּלְשׁוֹנֵנוּ רִנָּה כַּהֲמוֹן גַּלָּיו, וְשִׂפְתוֹתֵינוּ שֶׁבַח כְּמֶרְחֲבֵי רָקִיעַ, וְעֵינֵינוּ מְאִירוֹת כַּשֶּׁמֶשׁ וְכַיָּרֵחַ, וְיָדֵינוּ פְרוּשׂוֹת כְּנִשְׁרֵי שָׁמָיִם, וְרַגְלֵינוּ קַלּוֹת כָּאַיָּלוֹת, אֵין אֲנוּ מַסְפִּיקִים לְהוֹדוֹת לְךָ יְיָ אֱלֹהֵינוּ וֵאלֹהֵי אֲבוֹתֵינוּ, וּלְבָרֵךְ אֶת שְׁמֶךָ עַל אַחַת

and aside from You we have no King, Redeemer and Savior who delivers, rescues sustains, answers, and is merciful in every time of distress and tribulation; we have no King other than You. [You are] the God of the first and of the last [generations], God of all created things, Master of all events, who is extolled with manifold praises, who directs His world with kindness and His creatures with compassion. Indeed, the Lord neither slumbers nor sleeps. It is He who rouses those who sleep, who awakens those who slumber, who enables the mute to speak, who releases the bound, who supports those who fall, and who makes erect those who are bowed. To You alone we offer thanks. Even if our mouth were filled with song as the sea [is filled with water], our tongue with melody as the roar of its waves, and our lips with praise as the breadth of the firmament; and our eyes were radiant like the sun and the moon, our hands spread out as the [wings of the] eagles of the sky, and our feet as swift as the deer — we would still be unable to thank You, Lord our God and God of our fathers, and bless Your Name for even one

מֵאֶלֶף אַלְפֵי אֲלָפִים, וְרִבֵּי רְבָבוֹת פְּעָמִים, הַטּוֹבוֹת נִסִּים וְנִפְלָאוֹת שֶׁעָשִׂיתָ עִמָּנוּ וְעִם אֲבוֹתֵינוּ מִלְּפָנִים: מִמִּצְרַיִם גְּאַלְתָּנוּ, יְיָ אֱלֹהֵינוּ. מִבֵּית עֲבָדִים פְּדִיתָנוּ, בְּרָעָב זַנְתָּנוּ, וּבְשָׂבָע כִּלְכַּלְתָּנוּ, מֵחֶרֶב הִצַּלְתָּנוּ, וּמִדֶּבֶר מִלַּטְתָּנוּ, וּמֵחֳלָיִם רָעִים וְנֶאֱמָנִים דִּלִּיתָנוּ. עַד הֵנָּה עֲזָרוּנוּ רַחֲמֶיךָ, וְלֹא עֲזָבוּנוּ חֲסָדֶיךָ, וְאַל תִּטְּשֵׁנוּ יְיָ אֱלֹהֵינוּ, לָנֶצַח. עַל כֵּן, אֵבָרִים שֶׁפִּלַּגְתָּ בָּנוּ, וְרוּחַ וּנְשָׁמָה שֶׁנָּפַחְתָּ בְּאַפֵּינוּ, וְלָשׁוֹן אֲשֶׁר שַׂמְתָּ בְּפִינוּ. הֵן הֵם: יוֹדוּ וִיבָרְכוּ וִישַׁבְּחוּ וִיפָאֲרוּ, וִירוֹמְמוּ וְיַעֲרִיצוּ, וְיַקְדִּישׁוּ וְיַמְלִיכוּ אֶת שִׁמְךָ מַלְכֵּנוּ. כִּי כָל פֶּה, לְךָ יוֹדֶה. וְכָל לָשׁוֹן לְךָ תִשָּׁבַע. וְכָל עַיִן לְךָ תְצַפֶּה, וְכָל בֶּרֶךְ, לְךָ תִכְרַע. וְכָל קוֹמָה, לְפָנֶיךָ תִשְׁתַּחֲוֶה. וְכָל הַלְּבָבוֹת יִירָאוּךָ. וְכָל קֶרֶב וּכְלָיוֹת יְזַמְּרוּ לִשְׁמֶךָ.

of the innumerable myriads of favors, miracles and wonders which You have performed for us and for our fathers before us. Lord our God, You have delivered us from Egypt, redeemed us from the house of bondage, sustained us in famine and nourished us in plenty, rescued us from the sword and saved us from the plague, and kept us from severe and lasting maladies. Until now Your mercies have helped us, and Your kindnesses have not forsaken us; and You, Lord our God, will never abandon us. Therefore, the limbs which you have arranged within us, the spirit and soul which You have breathed into our nostrils, and the tongue which You have placed in our mouth — they all shall thank, bless, praise and glorify, exalt and adore, hallow and proclaim the sovereignty of Your Name, our King. For every mouth shall offer thanks to You, every tongue shall swear by Your Name, every eye shall look to You, every knee shall bend to You, all who stand erect shall prostrate themselves before You, all hearts shall fear You, and every innermost part shall sing to Your Name,

כַּדָּבָר שֶׁכָּתוּב, כָּל עַצְמוֹתַי תֹּאמַרְנָה:
יְיָ, מִי כָמוֹךָ. מַצִּיל עָנִי מֵחָזָק מִמֶּנּוּ,
וְעָנִי וְאֶבְיוֹן מִגֹּזְלוֹ. מִי יִדְמֶה לָּךְ, וּמִי
יִשְׁוֶה לָּךְ, וּמִי יַעֲרָךְ לָךְ, הָאֵל הַגָּדוֹל,
הַגִּבּוֹר וְהַנּוֹרָא, אֵל עֶלְיוֹן קֹנֵה שָׁמַיִם
וָאָרֶץ. נְהַלֶּלְךָ, וּנְשַׁבֵּחֲךָ, וּנְפָאֶרְךָ,
וּנְבָרֵךְ אֶת שֵׁם קָדְשֶׁךָ, כָּאָמוּר: לְדָוִד,
בָּרְכִי נַפְשִׁי אֶת יְיָ, וְכָל קְרָבַי אֶת
שֵׁם קָדְשׁוֹ:

הָאֵל בְּתַעֲצֻמוֹת עֻזֶּךָ, הַגָּדוֹל בִּכְבוֹד
שְׁמֶךָ, הַגִּבּוֹר לָנֶצַח, וְהַנּוֹרָא
בְּנוֹרְאוֹתֶיךָ:

במחזורים הובא שהרה"ק ר' אהרן מקארלין נ"ע זיע"א (מגדולי תלמידי הה"מ נ"ע זיע"א) פ"א כשהתחיל לומר המלך נתעלף מאד ואח"כ שאלוהו מה הי' זה והשיב שהתבונן בהמאמר המובא בדחז"ל (במס' גיטין) אי מלכא אנא עד השתא אמאי לא אתית לגבאי כו'. ואנן מה נעני אבתרי':

הַמֶּלֶךְ

יוֹשֵׁב עַל כִּסֵּא רָם וְנִשָּׂא:

as it is written: My entire being shall declare: Lord, who is like You; who saves the poor from one stronger than he, the poor and the destitute from one who would rob him![1] Who can be likened to You, who is equal to You, who can be compared to You, the great, mighty and awesome God, exalted God, Creator of heaven and earth! We will laud, extol and glorify You and bless Your holy Name, as it is said: [A Psalm] by David; bless the Lord, O my soul, and all my being — His holy Name.[2]

האל You are the Almighty by virtue of the strength of Your power; the Great by virtue of the glory of Your Name; the Powerful for eternity, and the Awesome by virtue of Your awe-inspiring deeds —

It is quoted in Machzorim *that when the holy Rabbi, Reb Aaron of Karlin, of blessed memory, (one of the eminent disciples of the Magid of Mezritch, of blessed memory) began to recite* המלך *(The King) he fell into a deep faint. When later asked the cause for this, he replied that he reflected upon the statement in the Talmud (Gittin 56a) "If I am a king why did you not come before!" [If the holy Reb Aaron felt so] how should we feel...*

המלך The King

is seated upon a lofty and sublime throne.

1. Psalms 35:10. 2. Ibid. 103:1.

שׁוֹכֵן עַד מָרוֹם וְקָדוֹשׁ שְׁמוֹ. וְכָתוּב רַנְּנוּ צַדִּיקִים בַּיהֹוָה. לַיְשָׁרִים נָאוָה תְהִלָּה:

בְּפִי יְשָׁרִים תִּתְרוֹמָם:
וּבְשִׂפְתֵי צַדִּיקִים תִּתְבָּרֵךְ:
וּבִלְשׁוֹן חֲסִידִים תִּתְקַדָּשׁ:
וּבְקֶרֶב קְדוֹשִׁים תִּתְהַלָּל:

וּבְמַקְהֲלוֹת רִבְבוֹת עַמְּךָ בֵּית יִשְׂרָאֵל בְּרִנָּה יִתְפָּאַר שִׁמְךָ מַלְכֵּנוּ בְּכָל דּוֹר וָדוֹר שֶׁכֵּן חוֹבַת כָּל הַיְצוּרִים. לְפָנֶיךָ יְהֹוָה אֱלֹהֵינוּ וֵאלֹהֵי אֲבוֹתֵינוּ לְהוֹדוֹת לְהַלֵּל לְשַׁבֵּחַ לְפָאֵר לְרוֹמֵם לְהַדֵּר לְבָרֵךְ לְעַלֵּה וּלְקַלֵּס עַל כָּל דִּבְרֵי שִׁירוֹת וְתִשְׁבְּחוֹת דָּוִד בֶּן יִשַׁי עַבְדְּךָ מְשִׁיחֶךָ:

וּבְכֵן יִשְׁתַּבַּח שִׁמְךָ לָעַד מַלְכֵּנוּ הָאֵל הַמֶּלֶךְ הַגָּדוֹל וְהַקָּדוֹשׁ בַּשָּׁמַיִם וּבָאָרֶץ. כִּי לְךָ נָאֶה יְהֹוָה אֱלֹהֵינוּ וֵאלֹהֵי אֲבוֹתֵינוּ לְעוֹלָם וָעֶד שִׁיר וּשְׁבָחָה הַלֵּל וְזִמְרָה עֹז וּמֶמְשָׁלָה נֶצַח גְּדֻלָּה וּגְבוּרָה תְּהִלָּה וְתִפְאֶרֶת קְדֻשָּׁה וּמַלְכוּת. בְּרָכוֹת וְהוֹדָאוֹת לְשִׁמְךָ הַגָּדוֹל וְהַקָּדוֹשׁ וּמֵעוֹלָם עַד עוֹלָם אַתָּה אֵל: בָּרוּךְ אַתָּה יְהֹוָה אֵל מֶלֶךְ גָּדוֹל וּמְהֻלָּל בַּתִּשְׁבָּחוֹת אֵל הַהוֹדָאוֹת אֲדוֹן הַנִּפְלָאוֹת בּוֹרֵא כָּל הַנְּשָׁמוֹת רִבּוֹן כָּל הַמַּעֲשִׂים הַבּוֹחֵר בְּשִׁירֵי זִמְרָה מֶלֶךְ יָחִיד חֵי הָעוֹלָמִים:

תהלים קל
שִׁיר הַמַּעֲלוֹת מִמַּעֲמַקִּים קְרָאתִיךָ יְהֹוָה: אֲדֹנָי שִׁמְעָה בְקוֹלִי תִּהְיֶינָה אָזְנֶיךָ קַשֻּׁבוֹת לְקוֹל תַּחֲנוּנָי: אִם עֲוֹנוֹת תִּשְׁמָר יָהּ אֲדֹנָי מִי יַעֲמֹד: כִּי עִמְּךָ הַסְּלִיחָה לְמַעַן תִּוָּרֵא: קִוִּיתִי יְהֹוָה קִוְּתָה נַפְשִׁי וְלִדְבָרוֹ הוֹחָלְתִּי: נַפְשִׁי לַאדֹנָי מִשֹּׁמְרִים לַבֹּקֶר שֹׁמְרִים לַבֹּקֶר: יַחֵל יִשְׂרָאֵל אֶל יְהֹוָה כִּי עִם יְהֹוָה הַחֶסֶד וְהַרְבֵּה עִמּוֹ פְדוּת: וְהוּא יִפְדֶּה אֶת יִשְׂרָאֵל מִכֹּל עֲוֹנֹתָיו:

שוכן He who dwells for eternity, exalted and holy is His Name. And it is written: Sing joyously to the Lord, You righteous; it is fitting for the upright to offer praise.[1]

בפי By the mouth of the upright You are exalted;

ובשפתי By the lips of the righteous You are blessed;

ובלשון By the tongue of the pious You are hallowed;

ובקרב And in the innermost part of the holy ones You are praised.

ובמקהלות In the assemblies of the myriads of Your people, the House of Israel, with song shall Your Name, our King, be glorified, in every generation. For that is the obligation of all created beings, Lord our God and God of our fathers, to offer thanks to You, to laud, to praise, to glorify, to exalt, to extol, to bless, to magnify and to acclaim You, even more than all the words of songs of praise and adorations of David, the son of Yishai, Your anointed servant.

ובכן And therefore may Your Name be praised forever, our King, the Almighty God, the great and holy King, in heaven and on earth. For to You, Lord our God and God of our fathers, it is fitting forever to offer song and praise, adoration and melody, [to acclaim Your] might and dominion, victory, granduer and power, glory, splendor, holiness and sovereignty; blessings and thanksgiving to Your great and holy Name; from the highest world to the lowest, You are God. Blessed are You Lord, Almighty God, great King, extolled with praises, God worthy of thanksgiving, Master of wonders, Creator of all souls, Ruler of all creatures, who takes pleasure in songs of praise; You are the only King, the Life of [all] the worlds.

שיר A Song of Ascents. Out of the depths I call to You, O Lord. My Lord, hearken to my voice; let Your ears be attentive to the voice of my pleas. God, if You were to preserve iniquities, my Lord, who could survive? But forgiveness is with You, that You may be feared. I hope in the Lord; my soul hopes, and I long for His word. My soul yearns for the Lord more than [night] watchmen [waiting] for the morning, wait for the morning. Israel, put your hope in the Lord, for with the Lord there is kindness; with Him there is abounding deliverance. And He will redeem Israel from all its iniquities.[2]

---

1. Psalms 33:1. 2. Ibid. 130.

יתגדל ויתקדש שמה רבא. אמן בעלמא די ברא כרעותה וימליך מלכותה, ויצמח פורקנה ויקרב משיחה. אמן בחייכון וביומיכון ובחיי דכל בית ישראל, בעגלא ובזמן קריב ואמרו אמן: יהא שמה רבא מברך לעלם ולעלמי עלמיא. יתברך, וישתבח, ויתפאר, ויתרומם, ויתנשא, ויתהדר ויתעלה ויתהלל, שמה דקדשא בריך הוא. אמן לעלא מן כל ברכתא ושירתא, תשבחתא ונחמתא, דאמירן בעלמא, ואמרו אמן:

חזן ברכו את יי המברך:

קהל וחזן ברוך יי המברך לעולם ועד:

ואין עונין אחריו אמן.

ברוך אתה יהוה אלהינו מלך העולם יוצר אור ובורא חשך עשה שלום ובורא את הכל:

כשחל יוה״כ בחול אומרים המאיר לארץ:

המאיר לארץ ולדרים עליה ברחמים ובטובו מחדש בכל יום תמיד מעשה בראשית: מה רבו מעשיך יהוה כלם בחכמה עשית מלאה הארץ קנינך: המלך המרומם לבדו מאז המשבח והמפאר והמתנשא מימות עולם:

אלהי

הכל יודוך והכל ישבחוך והכל יאמרו אין קדוש כיהוה׳ הכל ירוממוך סלה יוצר הכל׳ האל הפותח בכל יום דלתות שערי מזרח ובוקע חלוני רקיע מוציא חמה ממקומה ולבנה ממכון שבתה ומאיר לעולם כלו וליושביו שברא במדת הרחמים: המאיר לארץ ולדרים עליה ברחמים׳ ובטובו מחדש בכל יום תמיד מעשה בראשית: מה רבו מעשיך יהוה כלם בחכמה עשית מלאה

יתגדל Exalted and hallowed be His great Name (*Cong:* Amen.) throughout the world which He has created according to His will. May He establish His kingship, bring forth His redemption and hasten the coming of His *Mashiach* (*Cong:* Amen.) in your lifetime and in your days and in the lifetime of the entire House of Israel, speedily and soon, and say, Amen. (*Cong:* Amen. May His great Name be blessed forever and to all eternity. Blessed.) May His great Name be blessed forever and to all eternity. Blessed and praised, glorified, exalted and extolled, honored, adored and lauded be the Name of the Holy One, blessed be He, (*Cong:* Amen.) beyond all the blessings, hymns, praises and consolations that are uttered in the world; and say, Amen. (*Cong:* Amen.)

Chazzan:

ברכו Bless the Lord who is blessed.

Congregation and Chazzan:

ברוך Blessed be the Lord who is blessed for all eternity.

Amen is not responded.

ברוך Blessed are You, Lord our God, King of the universe, who forms light and creates darkness, who makes peace and creates all things.

On Shabbat:

הכל All shall praise You, all shall extol You, all shall declare, "There is none holy like the Lord!" All shall exalt You forever, Creator of all, God who each day opens the doors of the eastern gates [of heaven], causes the apertures of the sky to unclose, brings forth the sun from its place and the moon from its abode, and gives light to the whole world and to its inhabitants which He has created with the attribute of mercy. In mercy He gives light to the earth and to those who dwell upon it, and in His goodness He renews each day, continuously, the work of Creation. How manifold are Your works, O Lord! You have made them all with widsom; the earth is full

On weekdays:

המאיר In mercy He gives light to the earth and to those who dwell thereon, and in His goodness He renews each day, continuously, the work of Creation. How manifold are Your works, O Lord! You have made them all with wisdom; the earth is full of Your possessions.[1] King, who alone is elevated from afore-time, extolled, glorified and exalted from the time of Creation;

1. Psalms 104:24.

הָאָרֶץ קִנְיָנֶךָ: הַמֶּלֶךְ הַמְרוֹמָם לְבַדּוֹ מֵאָז הַמְשֻׁבָּח וְהַמְפֹאָר וְהַמִּתְנַשֵּׂא מִימוֹת עוֹלָם: אֱלֹהֵי עוֹלָם בְּרַחֲמֶיךָ הָרַבִּים רַחֵם עָלֵינוּ אֲדוֹן עֻזֵּנוּ צוּר מִשְׂגַּבֵּנוּ מָגֵן יִשְׁעֵנוּ מִשְׂגָּב בַּעֲדֵנוּ: אֵין עֲרוֹךְ לְךָ וְאֵין זוּלָתֶךָ · אֶפֶס בִּלְתֶּךָ וּמִי דּוֹמֶה־לָּךְ · אֵין עֲרוֹךְ לְךָ יְדֹוָה אֱלֹהֵינוּ בָּעוֹלָם הַזֶּה · וְאֵין זוּלָתְךָ מַלְכֵּנוּ לְחַיֵּי הָעוֹלָם הַבָּא · אֶפֶס בִּלְתְּךָ גּוֹאֲלֵנוּ לִימוֹת הַמָּשִׁיחַ · וְאֵין דּוֹמֶה־לְּךָ מוֹשִׁיעֵנוּ לִתְחִיַּת הַמֵּתִים:

אֵל אָדוֹן עַל כָּל־הַמַּעֲשִׂים · בָּרוּךְ וּמְבֹרָךְ בְּפִי כָּל־הַנְּשָׁמָה · גָּדְלוֹ וְטוּבוֹ מָלֵא עוֹלָם · דַּעַת וּתְבוּנָה סֹבְבִים הוֹדוֹ: הַמִּתְגָּאֶה עַל־חַיּוֹת הַקֹּדֶשׁ · וְנֶהְדָּר בְּכָבוֹד עַל־הַמֶּרְכָּבָה · זְכוּת וּמִישׁוֹר לִפְנֵי כִסְאוֹ · חֶסֶד וְרַחֲמִים מָלֵא כְבוֹדוֹ: טוֹבִים מְאוֹרוֹת שֶׁבָּרָא אֱלֹהֵינוּ יְצָרָם בְּדַעַת בְּבִינָה וּבְהַשְׂכֵּל · כֹּחַ וּגְבוּרָה נָתַן בָּהֶם לִהְיוֹת מוֹשְׁלִים בְּקֶרֶב תֵּבֵל: מְלֵאִים זִיו וּמְפִיקִים נֹגַהּ · נָאֶה זִיוָם בְּכָל־הָעוֹלָם · שְׂמֵחִים בְּצֵאתָם וְשָׂשִׂים בְּבוֹאָם · עֹשִׂים בְּאֵימָה רְצוֹן קוֹנָם: פְּאֵר וְכָבוֹד

אֱלֹהֵי עוֹלָם בְּרַחֲמֶיךָ הָרַבִּים רַחֵם עָלֵינוּ אֲדוֹן עֻזֵּנוּ צוּר מִשְׂגַּבֵּנוּ מָגֵן יִשְׁעֵנוּ מִשְׂגָּב בַּעֲדֵנוּ: אֵל בָּרוּךְ גְּדוֹל דֵּעָה הֵכִין וּפָעַל זָהֳרֵי חַמָּה טוֹב יָצַר כָּבוֹד לִשְׁמוֹ מְאוֹרוֹת נָתַן סְבִיבוֹת עֻזּוֹ פִּנּוֹת צְבָאָיו קְדוֹשִׁים רוֹמְמֵי שַׁדַּי תָּמִיד מְסַפְּרִים כְּבוֹד־אֵל וּקְדֻשָּׁתוֹ: תִּתְבָּרַךְ יְדֹוָה אֱלֹהֵינוּ בַּשָּׁמַיִם מִמַּעַל וְעַל־הָאָרֶץ מִתָּחַת עַל כָּל שֶׁבַח מַעֲשֵׂה יָדֶיךָ וְעַל מְאוֹרֵי־אוֹר שֶׁיָּצַרְתָּ יְפָאֲרוּךָ סֶּלָה:

תתברך לנצח

of Your possessions.[1] King, who alone is elevated from aforetime, extolled, glorified and exalted from the time of Creation; God of the universe, in Your abundant mercies have compassion on us, Master of our strength, Rock of our stronghold, Shield of our deliverance, a Refuge for us. There is none comparable to You, and none apart from You; there is nothing without You, and who is like You? There is none comparable to You, Lord our God — in this world; and none apart from You, our King — in the life of the World to Come; there is nothing without You, our Redeemer — in the days of *Mashiach;* and there is none like You, our Deliverer — in the era of the resurrection of the dead.

אל Almighty God is the Master over all works, blessed is He, and He is blessed by the mouth of every soul; His greatness and goodness fill the world, knowledge and understanding surround His majesty. He is exalted above the holy *Chayot,* and adorned in glory above the Chariot; merit and uprightness are before His throne, kindness and mercy fill His glory. The luminaries which our God has created are good, He formed them with knowledge, with discernment and with wisdom; He endowed them with strength and power, that they may rule within the world. They are full of radiance, and emanate brightness, beautiful is their radiance throughout the world; they rejoice in their rising and exult in their setting, fulfilling with awe the will of their Creator. Glory and honor

God of the universe, in Your abounding mercies have compassion on us, Master of our strength, Rock of our stronghold, Shield of our deliverance, a Refuge for us. The blessed God, great in knowledge, prepared and made the radiance of the sun; the Beneficent One created glory for His Name; He set the luminaries around His majesty; the chiefs of His hosts are holy beings that exalt the Omnipotent, continually recounting the glory of God and His holiness. Be blessed, Lord our God, in the heavens above and on the earth below, for all Your praiseworthy handiwork, and for the light-giving luminaries which You have created, they shall glorify You forever.

Continue: תתברך לנצח *(Be eternally...), p. 103.*

1. Psalms 104:24.

נוֹתְנִים לִשְׁמוֹ · צָהֳלָה וְרִנָּה לְזֵכֶר מַלְכוּתוֹ · קָרָא לַשֶּׁמֶשׁ וַיִּזְרַח־אוֹר · רָאָה וְהִתְקִין צוּרַת הַלְּבָנָה:
שֶׁבַח נוֹתְנִים־לוֹ כָּל־צְבָא מָרוֹם · תִּפְאֶרֶת וּגְדֻלָּה
שְׂרָפִים וְחַיּוֹת וְאוֹפַנֵּי הַקֹּדֶשׁ:

לָאֵל אֲשֶׁר שָׁבַת מִכָּל־הַמַּעֲשִׂים בַּיּוֹם הַשְּׁבִיעִי
נִתְעַלָּה וְיָשַׁב עַל־כִּסֵּא כְבוֹדוֹ · תִּפְאֶרֶת עָטָה לְיוֹם הַמְּנוּחָה עֹנֶג קָרָא לְיוֹם הַשַּׁבָּת: זֶה שֶׁבַח יוֹם הַשְּׁבִיעִי שֶׁבּוֹ שָׁבַת אֵל מִכָּל־מְלַאכְתּוֹ: וְיוֹם הַשְּׁבִיעִי מְשַׁבֵּחַ וְאוֹמֵר מִזְמוֹר שִׁיר לְיוֹם הַשַּׁבָּת: טוֹב לְהוֹדוֹת לַיהוָה: לְפִיכָךְ יְפָאֲרוּ וִיבָרְכוּ לָאֵל כָּל־יְצוּרָיו שֶׁבַח יְקָר וּגְדֻלָּה וְכָבוֹד יִתְּנוּ לָאֵל מֶלֶךְ יוֹצֵר כֹּל הַמַּנְחִיל מְנוּחָה לְעַמּוֹ יִשְׂרָאֵל בִּקְדֻשָּׁתוֹ בְּיוֹם שַׁבַּת קֹדֶשׁ. שִׁמְךָ יְהוָה אֱלֹהֵינוּ יִתְקַדַּשׁ וְזִכְרְךָ מַלְכֵּנוּ יִתְפָּאַר בַּשָּׁמַיִם מִמַּעַל וְעַל הָאָרֶץ מִתָּחַת עַל כָּל־שֶׁבַח מַעֲשֵׂה יָדֶיךָ וְעַל־מְאוֹרֵי־אוֹר שֶׁיָּצַרְתָּ
יְפָאֲרוּךָ סֶּלָה:

תִּתְבָּרַךְ לָנֶצַח צוּרֵנוּ מַלְכֵּנוּ וְגֹאֲלֵנוּ בּוֹרֵא קְדוֹשִׁים
יִשְׁתַּבַּח שִׁמְךָ לָעַד מַלְכֵּנוּ יוֹצֵר מְשָׁרְתִים

וַאֲשֶׁר מְשָׁרְתָיו כֻּלָּם עוֹמְדִים בְּרוּם עוֹלָם וּמַשְׁמִיעִים בְּיִרְאָה יַחַד בְּקוֹל דִּבְרֵי אֱלֹהִים חַיִּים וּמֶלֶךְ עוֹלָם: כֻּלָּם אֲהוּבִים כֻּלָּם בְּרוּרִים כֻּלָּם גִּבּוֹרִים כֻּלָּם קְדוֹשִׁים וְכֻלָּם עֹשִׂים בְּאֵימָה וּבְיִרְאָה רְצוֹן קוֹנָם: וְכֻלָּם פּוֹתְחִים אֶת־פִּיהֶם בִּקְדֻשָּׁה וּבְטָהֳרָה בְּשִׁירָה וּבְזִמְרָה וּמְבָרְכִים וּמְשַׁבְּחִים וּמְפָאֲרִים וּמַעֲרִיצִים וּמַקְדִּישִׁים וּמַמְלִיכִים:

א) תהלים צב א. ב) שם צב ב.

they give to His Name, exultation and joyous song at the mention of His kingship; He called forth the sun and it radiated light, He saw and formed the shape of the moon. All the heavenly hosts offer Him praise; the *Seraphim*,[1] the *Chayot*[1] and the holy *Ophanim*[1] render glory and grandeur:

לאל To the Almighty God who rested from all His work, [who] on the Seventh Day was elevated and sat upon His Throne of Glory. He garbed the day of rest in beauty; He called the Shabbat day a delight. This is the glory of the Seventh Day, that on it Almighty God rested from all His work. The Seventh Day offers praise and proclaims, "A Psalm, a Song of the Shabbat day — it is good to praise the Lord."[2] Therefore, let all His creatures glorify and bless Almighty God; let them offer praise, honor, grandeur and glory to Almighty God, the King, Creator of all, who, in His holiness, gives His people Israel the heritage of rest on the holy Shabbat day. Your Name, Lord our God, will be hallowed, and Your remembrance, our King, will be glorified in the heavens above and on the earth below. For all Your praiseworthy handiwork, and for the light-giving luminaries which You have made, they will glorify You forever.

תתברך Be eternally blessed, our Rock, our King, and our Redeemer, who creates holy beings; praised be Your Name forever, our King, who creates ministering angels, and whose ministering angels all stand in the heights of the universe and proclaim in awe, aloud in unison, the words of the living God and Sovereign of the universe. All of them are beloved, all are pure, all are mighty, all are holy, and all perform the will of their Maker with fear and awe. And all of them open their mouths in holiness and purity, with song and melody, and bless and adore, glorify and revere, hallow and ascribe sovereignty to:

---

1. I.e., angels — see Ezekiel 3:13. Isaiah 6:3. 2. Psalms 92:1-2.

אֶת־שֵׁם הָאֵל הַמֶּלֶךְ הַגָּדוֹל הַגִּבּוֹר וְהַנּוֹרָא קָדוֹשׁ הוּא: וְכֻלָּם מְקַבְּלִים עֲלֵיהֶם עֹל מַלְכוּת שָׁמַיִם זֶה מִזֶּה וְנוֹתְנִים בְּאַהֲבָה רְשׁוּת זֶה לָזֶה: לְהַקְדִּישׁ לְיוֹצְרָם בְּנַחַת רוּחַ בְּשָׂפָה בְרוּרָה וּבִנְעִימָה קְדוֹשָׁה כֻּלָּם כְּאֶחָד עוֹנִים בְּאֵימָה וְאוֹמְרִים בְּיִרְאָה:

קָדוֹשׁ ׀ קָדוֹשׁ קָדוֹשׁ יְהוָה צְבָאוֹת מְלֹא כָל־הָאָרֶץ כְּבוֹדוֹ:

וְהָאוֹפַנִּים וְחַיּוֹת הַקֹּדֶשׁ בְּרַעַשׁ גָּדוֹל מִתְנַשְּׂאִים לְעֻמַּת הַשְּׂרָפִים לְעֻמָּתָם מְשַׁבְּחִים וְאוֹמְרִים:

בָּרוּךְ כְּבוֹד־יְהוָה מִמְּקוֹמוֹ:

לָאֵל בָּרוּךְ נְעִימוֹת יִתֵּנוּ לַמֶּלֶךְ אֵל חַי וְקַיָּם זְמִרוֹת יֹאמֵרוּ וְתִשְׁבָּחוֹת יַשְׁמִיעוּ כִּי הוּא לְבַדּוֹ מָרוֹם וְקָדוֹשׁ פּוֹעֵל גְּבוּרוֹת עֹשֶׂה חֲדָשׁוֹת בַּעַל מִלְחָמוֹת זוֹרֵעַ צְדָקוֹת מַצְמִיחַ יְשׁוּעוֹת בּוֹרֵא רְפוּאוֹת נוֹרָא תְהִלּוֹת אֲדוֹן הַנִּפְלָאוֹת הַמְחַדֵּשׁ בְּטוּבוֹ בְּכָל־יוֹם תָּמִיד מַעֲשֵׂה בְרֵאשִׁית כָּאָמוּר לְעֹשֵׂה אוֹרִים גְּדֹלִים כִּי לְעוֹלָם חַסְדּוֹ: בָּרוּךְ אַתָּה יְהוָה יוֹצֵר הַמְּאוֹרוֹת:

אַהֲבַת עוֹלָם אֲהַבְתָּנוּ יְהוָה אֱלֹהֵינוּ חֶמְלָה גְדוֹלָה וִיתֵרָה חָמַלְתָּ עָלֵינוּ: אָבִינוּ מַלְכֵּנוּ בַּעֲבוּר שִׁמְךָ הַגָּדוֹל וּבַעֲבוּר אֲבוֹתֵינוּ שֶׁבָּטְחוּ בְךָ וַתְּלַמְּדֵם חֻקֵּי חַיִּים לַעֲשׂוֹת רְצוֹנְךָ בְּלֵבָב שָׁלֵם כֵּן תְּחָנֵּנוּ וּתְלַמְּדֵנוּ: אָבִינוּ אָב הָרַחֲמָן הַמְרַחֵם רַחֶם־נָא עָלֵינוּ

את The Name of the Almighty God, the great, powerful and awe-inspiring King; holy is He. They all take upon themselves the yoke of Heavenly kingship, one from the other, and with love grant permission to each other to sanctify their Maker with joyous spirit, with pure speech and sacred melody; all exclaiming in unison, with awe, and declaring in reverence:

קדוש Holy, holy, holy is the Lord of hosts; the whole earth is full of His glory.[1]

והאופנים And the *Ophanim*[2] and the holy *Chayot*,[2] with a mighty sound, rise toward the *Seraphim*[2] and facing them offer praise and say:

ברוך Blessed be the glory of the Lord from its place.[3]

לאל They chant sweet melodies to the blessed God; they utter hymns and sing praises to the King, the living and eternal God. For He alone, exalted and holy, performs mighty deeds and makes new things; He is the master of battle, he sows righteousness, causes deliverance to sprout forth, creates healing; He is awesome in praise, master of wonders; who in His goodness renews each day, continuously, the work of Creation, as it is said: [Give thanks] to Him who makes the great lights, for His kindness is eternal.[4] Blessed are You Lord, who creates the luminaries.

אהבת Lord our God, You have loved us with everlasting love; You have bestowed upon us exceedingly abounding mercy. Our Father, our King, for the sake of Your great Name and for the sake of our forefathers who trusted in You, and whom You taught the laws that bring eternal life, to carry out Your will with a perfect heart, be gracious also to us and teach us. Our Father, merciful Father who is compassionate, have mercy on us,

---

1. Isaiah 6:3. 2. See supra, p. 103, note 1. 3. Ezekiel 3:12. 4. Psalms 136:7.

וְתֵן בְּלִבֵּנוּ בִּינָה לְהָבִין וּלְהַשְׂכִּיל לִשְׁמֹעַ לִלְמֹד וּלְלַמֵּד
לִשְׁמֹר וְלַעֲשׂוֹת וּלְקַיֵּם אֶת־כָּל־דִּבְרֵי תַלְמוּד תּוֹרָתֶךָ
בְּאַהֲבָה: וְהָאֵר עֵינֵינוּ בְּתוֹרָתֶךָ וְדַבֵּק לִבֵּנוּ בְּמִצְוֹתֶיךָ
וְיַחֵד לְבָבֵנוּ לְאַהֲבָה וּלְיִרְאָה אֶת־שְׁמֶךָ וְלֹא־נֵבוֹשׁ
וְלֹא־נִכָּלֵם וְלֹא־נִכָּשֵׁל לְעוֹלָם וָעֶד: כִּי בְשֵׁם קָדְשְׁךָ
הַגָּדוֹל וְהַנּוֹרָא בָּטָחְנוּ נָגִילָה וְנִשְׂמְחָה בִּישׁוּעָתֶךָ:
וְרַחֲמֶיךָ יְהֹוָה אֱלֹהֵינוּ וַחֲסָדֶיךָ הָרַבִּים אַל יַעַזְבוּנוּ נֶצַח
סֶלָה וָעֶד: מַהֵר וְהָבֵא עָלֵינוּ בְּרָכָה וְשָׁלוֹם מְהֵרָה:
וַהֲבִיאֵנוּ לְשָׁלוֹם מֵאַרְבַּע כַּנְפוֹת הָאָרֶץ: וּשְׁבוֹר עֹל
הַגּוֹיִם מֵעַל צַוָּארֵנוּ וְתוֹלִיכֵנוּ מְהֵרָה קוֹמְמִיּוּת
לְאַרְצֵנוּ: כִּי אֵל פּוֹעֵל יְשׁוּעוֹת אָתָּה וּבָנוּ בָחַרְתָּ מִכָּל־
עַם וְלָשׁוֹן וְקֵרַבְתָּנוּ מַלְכֵּנוּ לְשִׁמְךָ הַגָּדוֹל בְּאַהֲבָה
לְהוֹדוֹת לְךָ וּלְיַחֶדְךָ וּלְאַהֲבָה אֶת־שְׁמֶךָ: בָּרוּךְ אַתָּה
יְהֹוָה הַבּוֹחֵר בְּעַמּוֹ יִשְׂרָאֵל בְּאַהֲבָה:

ד **שְׁמַע יִשְׂרָאֵל יְהֹוָה אֱלֹהֵינוּ יְהֹוָה ׀ אֶחָד:**

בָּרוּךְ שֵׁם כְּבוֹד מַלְכוּתוֹ לְעוֹלָם וָעֶד:

ה וְאָהַבְתָּ אֵת יְהֹוָה אֱלֹהֶיךָ בְּכָל־לְבָבְךָ וּבְכָל־נַפְשְׁךָ
וּבְכָל־מְאֹדֶךָ:
ו וְהָיוּ הַדְּבָרִים הָאֵלֶּה אֲשֶׁר
אָנֹכִי מְצַוְּךָ הַיּוֹם עַל־לְבָבֶךָ:
ז וְשִׁנַּנְתָּם לְבָנֶיךָ וְדִבַּרְתָּ
בָּם בְּשִׁבְתְּךָ בְּבֵיתֶךָ וּבְלֶכְתְּךָ בַדֶּרֶךְ וּבְשָׁכְבְּךָ
וּבְקוּמֶךָ:
ח וּקְשַׁרְתָּם לְאוֹת עַל־יָדֶךָ וְהָיוּ לְטֹטָפֹת בֵּין
עֵינֶיךָ:
ט וּכְתַבְתָּם עַל־מְזֻזוֹת בֵּיתֶךָ וּבִשְׁעָרֶיךָ:
יג וְהָיָה אִם־שָׁמֹעַ תִּשְׁמְעוּ אֶל־מִצְוֹתַי אֲשֶׁר אָנֹכִי
מְצַוֶּה אֶתְכֶם הַיּוֹם לְאַהֲבָה אֶת־יְהֹוָה אֱלֹהֵיכֶם

and grant our heart understanding to comprehend and to discern, to perceive, to learn and to teach, to observe, to practice and to fulfill all the teachings of Your Torah with love. Enlighten our eyes in Your Torah, cause our hearts to cleave to Your commandments, and unite our hearts to love and fear Your Name, and may we never be put to shame, disgrace or stumbling. Because we trust in Your holy, great and awesome Name, may we rejoice and exult in Your salvation. Lord our God, may Your mercy and Your abounding kindness never, never forsake us. Hasten and speedily bring upon us blessing and peace; bring us in peace from the four corners of the earth, break the yoke of the nations from our neck, and speedily lead us upright to our land. For You are God who performs acts of deliverance, and You have chosen us from among all nations and tongues, and have, in love, brought us near, O our King, to Your great Name, that we may praise You, and proclaim Your Oneness and love Your Name. Blessed are You Lord, who chooses His people Israel with love.

שמע Hear, O Israel, the Lord our God, the Lord is One.[1]

ברוך Blessed be the name of the glory of His kingdom forever and ever.[2]

ואהבת You shall love the Lord your God with all your heart, with all your soul, and with all your might. And these words which I command you today shall be upon your heart. You shall teach them thoroughly to your children, and you shall speak of them when you sit in your house and when you walk on the road, when you lie down and when you rise. You shall bind them as a sign upon your hand, and they shall be for a reminder between your eyes. And you shall write them upon the doorposts of your house and upon your gates.[3]

והיה And it will be, if you will diligently obey My commandments which I enjoin upon you this day, to love the Lord your God

1. Deuteronomy 6:4. 2. Pesachim 56a. Deuteronomy Rabba 2:31, 35, 36. 3. Deuteronomy 6:5-9.

וּלְעָבְדוֹ בְּכָל־לְבַבְכֶם וּבְכָל־נַפְשְׁכֶם: יד וְנָתַתִּי מְטַר־
אַרְצְכֶם בְּעִתּוֹ יוֹרֶה וּמַלְקוֹשׁ וְאָסַפְתָּ דְגָנֶךָ וְתִירֹשְׁךָ
וְיִצְהָרֶךָ: טו וְנָתַתִּי עֵשֶׂב בְּשָׂדְךָ לִבְהֶמְתֶּךָ וְאָכַלְתָּ
וְשָׂבָעְתָּ: טז הִשָּׁמְרוּ לָכֶם פֶּן־יִפְתֶּה לְבַבְכֶם וְסַרְתֶּם
וַעֲבַדְתֶּם אֱלֹהִים אֲחֵרִים וְהִשְׁתַּחֲוִיתֶם לָהֶם: יז וְחָרָה
אַף־יְהוָה בָּכֶם וְעָצַר אֶת־הַשָּׁמַיִם וְלֹא־יִהְיֶה מָטָר
וְהָאֲדָמָה לֹא תִתֵּן אֶת־יְבוּלָהּ וַאֲבַדְתֶּם מְהֵרָה מֵעַל
הָאָרֶץ הַטֹּבָה אֲשֶׁר יְהוָה נֹתֵן לָכֶם: יח וְשַׂמְתֶּם אֶת־
דְּבָרַי אֵלֶּה עַל־לְבַבְכֶם וְעַל־נַפְשְׁכֶם וּקְשַׁרְתֶּם אֹתָם
לְאוֹת עַל־יֶדְכֶם וְהָיוּ לְטוֹטָפֹת בֵּין עֵינֵיכֶם: יט וְלִמַּדְתֶּם
אֹתָם אֶת־בְּנֵיכֶם לְדַבֵּר בָּם בְּשִׁבְתְּךָ בְּבֵיתֶךָ וּבְלֶכְתְּךָ
בַדֶּרֶךְ וּבְשָׁכְבְּךָ וּבְקוּמֶךָ: כ וּכְתַבְתָּם עַל־מְזוּזוֹת
בֵּיתֶךָ וּבִשְׁעָרֶיךָ:

כא לְמַעַן יִרְבּוּ יְמֵיכֶם וִימֵי בְנֵיכֶם עַל הָאֲדָמָה אֲשֶׁר
נִשְׁבַּע יְהוָה לַאֲבֹתֵיכֶם לָתֵת לָהֶם כִּימֵי
הַשָּׁמַיִם עַל־הָאָרֶץ:

לז וַיֹּאמֶר יְהוָה אֶל־מֹשֶׁה לֵּאמֹר: לח דַּבֵּר אֶל־בְּנֵי
יִשְׂרָאֵל וְאָמַרְתָּ אֲלֵהֶם וְעָשׂוּ לָהֶם צִיצִת עַל־
כַּנְפֵי בִגְדֵיהֶם לְדֹרֹתָם וְנָתְנוּ עַל־צִיצִת הַכָּנָף פְּתִיל
תְּכֵלֶת: לט וְהָיָה לָכֶם לְצִיצִת וּרְאִיתֶם אֹתוֹ וּזְכַרְתֶּם
אֶת־כָּל־מִצְוֹת יְהוָה וַעֲשִׂיתֶם אֹתָם וְלֹא־תָתוּרוּ אַחֲרֵי
לְבַבְכֶם וְאַחֲרֵי עֵינֵיכֶם אֲשֶׁר־אַתֶּם זֹנִים אַחֲרֵיהֶם:
מ לְמַעַן תִּזְכְּרוּ וַעֲשִׂיתֶם אֶת־כָּל־מִצְוֹתָי וִהְיִיתֶם
קְדֹשִׁים לֵאלֹהֵיכֶם: מא אֲנִי יְהוָה אֱלֹהֵיכֶם אֲשֶׁר

and to serve Him with all your heart and with all your soul, I will give rain for your land at the proper time, the early rain and the late rain, and you will gather in your grain, your wine and your oil. And I will give grass in your fields for your cattle, and you will eat and be sated. Take care lest your heart be lured away, and you turn astray and worship alien gods and bow down to them. For then the Lord's wrath will flare up against you, and He will close the heavens so that there will be no rain and the earth will not yield its produce and you will swiftly perish from the good land which the Lord gives you. Therefore, place these words of Mine upon your heart and upon your soul, and bind them for a sign on your hand, and they shall be for a reminder between your eyes. You shall teach them to your children, to speak of them when you sit in your house and when you walk on the road, when you lie down and when you rise. And you shall inscribe them on the doorposts of your house and on your gates — so that your days and the days of your children may be prolonged on the land which the Lord swore to your fathers to give to them for as long as the heavens are above the earth.[1]

At this point, the fringes are to be taken also into the right hand and looked at. They should remain so until "and pleasant, forever" and then released. At the starred words: "fringes," "fringe," "tzitzit," *"true," "abide," and "forever," the* tzitzit *are to be kissed.*

ויאמר The Lord spoke to Moses, saying: Speak to the children of Israel and tell them to make for themselves fringes* on the corners of their garments throughout their generations, and to attach a thread of blue on the fringe* of each corner. They shall be to you as *tzitzit**, and you shall look upon them and remember all the commandments of the Lord and fulfill them, and you will not follow after your heart and after your eyes by which you go astray — so that you may remember and fulfill all My commandments and be holy to your God. I am the Lord your God who

1. Deuteronomy 11:13-21.

הוֹצֵאתִי אֶתְכֶם מֵאֶרֶץ מִצְרַיִם לִהְיוֹת לָכֶם לֵאלֹהִים
אֲנִי יְהוָה אֱלֹהֵיכֶם׃

אֱמֶת וְיַצִּיב וְנָכוֹן וְקַיָּם וְיָשָׁר וְנֶאֱמָן וְאָהוּב וְחָבִיב וְנֶחְמָד וְנָעִים וְנוֹרָא וְאַדִּיר וּמְתֻקָּן וּמְקֻבָּל וְטוֹב וְיָפֶה הַדָּבָר הַזֶּה עָלֵינוּ לְעוֹלָם וָעֶד׃ אֱמֶת אֱלֹהֵי עוֹלָם מַלְכֵּנוּ צוּר יַעֲקֹב מָגֵן יִשְׁעֵנוּ לְדֹר וָדֹר הוּא קַיָּם וּשְׁמוֹ קַיָּם וְכִסְאוֹ נָכוֹן וּמַלְכוּתוֹ וֶאֱמוּנָתוֹ לָעַד קַיֶּמֶת׃ וּדְבָרָיו חָיִים וְקַיָּמִים נֶאֱמָנִים וְנֶחֱמָדִים לָעַד וּלְעוֹלְמֵי עוֹלָמִים׃ עַל אֲבוֹתֵינוּ וְעָלֵינוּ עַל־בָּנֵינוּ וְעַל־דּוֹרוֹתֵינוּ וְעַל כָּל דּוֹרוֹת זֶרַע יִשְׂרָאֵל עֲבָדֶיךָ עַל־הָרִאשׁוֹנִים וְעַל הָאַחֲרוֹנִים דָּבָר טוֹב וְקַיָּם בֶּאֱמֶת וּבֶאֱמוּנָה חוֹק וְלֹא יַעֲבוֹר׃ אֱמֶת שָׁאַתָּה הוּא יְהוָה אֱלֹהֵינוּ וֵאלֹהֵי אֲבוֹתֵינוּ מַלְכֵּנוּ מֶלֶךְ אֲבוֹתֵינוּ גּוֹאֲלֵנוּ גּוֹאֵל אֲבוֹתֵינוּ צוּרֵנוּ צוּר יְשׁוּעָתֵנוּ פּוֹדֵנוּ וּמַצִּילֵנוּ מֵעוֹלָם הוּא שְׁמֶךָ וְאֵין לָנוּ עוֹד אֱלֹהִים זוּלָתְךָ סֶלָה׃

עֶזְרַת אֲבוֹתֵינוּ אַתָּה הוּא מֵעוֹלָם מָגֵן וּמוֹשִׁיעַ לָהֶם וְלִבְנֵיהֶם אַחֲרֵיהֶם בְּכָל־דּוֹר וָדוֹר׃ בְּרוּם עוֹלָם מוֹשָׁבֶךָ וּמִשְׁפָּטֶיךָ וְצִדְקָתְךָ עַד אַפְסֵי אָרֶץ׃ אֱמֶת אַשְׁרֵי אִישׁ שֶׁיִּשְׁמַע לְמִצְוֹתֶיךָ וְתוֹרָתְךָ וּדְבָרְךָ יָשִׂים עַל לִבּוֹ׃ אֱמֶת אַתָּה הוּא אָדוֹן לְעַמֶּךָ וּמֶלֶךְ גִּבּוֹר לָרִיב רִיבָם לְאָבוֹת וּבָנִים׃ אֱמֶת אַתָּה הוּא רִאשׁוֹן וְאַתָּה הוּא אַחֲרוֹן וּמִבַּלְעָדֶיךָ אֵין לָנוּ מֶלֶךְ גּוֹאֵל וּמוֹשִׁיעַ׃ אֱמֶת מִמִּצְרַיִם גְּאַלְתָּנוּ יְהוָה אֱלֹהֵינוּ וּמִבֵּית עֲבָדִים פְּדִיתָנוּ׃ כָּל־בְּכוֹרֵיהֶם הָרַגְתָּ וּבְכוֹרְךָ יִשְׂרָאֵל גָּאָלְתָּ

brought you out of the land of Egypt to be your God; I, the Lord, am your God.[1]

אמת True* and certain, established and enduring, right and faithful, beloved and cherished, delightful and sweet, awesome and mighty, correct and acceptable, good and beautiful is this[2] to us for all eternity. Verily, the God of the universe is our King, the Stronghold of Jacob is the shield of our deliverance. He endures and His Name endures throughout all generations; His throne is firmly established, and His sovereignty and His truth abide* forever. His words are living and eternal, faithful and pleasant, forever* and to all eternity, for our fathers, for us, for our children and our descendants, and for all the generations of the progeny of Israel Your servants.

על From the first to the last generations, [Your] Word is good and eternal in truth and trustworthiness, a Law that will never be abrogated. Truly, You are the Lord our God and the God of our fathers, our King, the King of our fathers, our Redeemer, the Redeemer of our fathers, our Stronghold, the Stronghold of our salvation, our Deliverer and Rescuer which is Your Name from of old; we have no other God besides You, ever.

עזרת You have always been the help of our fathers, a shield and a deliverer to them and to their children after them in every generation. Your habitation is in the heights of the universe, and Your judgments and justice extend to the ends of the earth. Truly, happy is the man who heeds Your commandments, and takes to heart Your Torah and Your Word. Truly, You are the Master of Your people, and a mighty King to wage their battle, for the fathers and sons. Truly, You are the first and You are the last, and besides You we have no King, Redeemer and Deliverer. Truly, You redeemed us from Egypt, Lord our God; You freed us from the house of bondage, You slayed all their first-born, but You redeemed Israel Your first-born;

1. Numbers 15:37-41. 2. That which we have affirmed in the *Shema*.

יַם־סוּף לָהֶם בָּקַעְתָּ וְזֵדִים טִבַּעְתָּ וִידִידִים הֶעֱבַרְתָּ וַיְכַסּוּ מַיִם צָרֵיהֶם אֶחָד מֵהֶם לֹא נוֹתָר: עַל־זֹאת שִׁבְּחוּ אֲהוּבִים וְרוֹמְמוּ לָאֵל וְנָתְנוּ יְדִידִים זְמִרוֹת שִׁירוֹת וְתִשְׁבָּחוֹת בְּרָכוֹת וְהוֹדָאוֹת לַמֶּלֶךְ אֵל חַי וְקַיָּם: רָם וְנִשָּׂא גָּדוֹל וְנוֹרָא מַשְׁפִּיל גֵּאִים עֲדֵי אָרֶץ וּמַגְבִּיהַּ שְׁפָלִים עַד־מָרוֹם מוֹצִיא אֲסִירִים פּוֹדֶה עֲנָוִים עוֹזֵר דַּלִּים הָעוֹנֶה לְעַמּוֹ יִשְׂרָאֵל בְּעֵת שַׁוְּעָם אֵלָיו: תְּהִלּוֹת לָאֵל עֶלְיוֹן גֹּאֲלָם בָּרוּךְ הוּא וּמְבֹרָךְ מֹשֶׁה וּבְנֵי יִשְׂרָאֵל לְךָ עָנוּ שִׁירָה בְּשִׂמְחָה רַבָּה וְאָמְרוּ כֻלָּם:

מִי־כָמֹכָה | בָּאֵלִם יְהֹוָה מִי כָּמֹכָה נֶאְדָּר בַּקֹּדֶשׁ נוֹרָא תְהִלֹּת עֹשֵׂה פֶלֶא:

שִׁירָה חֲדָשָׁה שִׁבְּחוּ גְאוּלִים לְשִׁמְךָ הַגָּדוֹל עַל־שְׂפַת הַיָּם יַחַד כֻּלָּם הוֹדוּ וְהִמְלִיכוּ וְאָמְרוּ יְהֹוָה | יִמְלֹךְ לְעֹלָם וָעֶד: וְנֶאֱמַר גֹּאֲלֵנוּ יְהֹוָה צְבָאוֹת שְׁמוֹ קְדוֹשׁ יִשְׂרָאֵל: בָּרוּךְ אַתָּה יְהֹוָה גָּאַל יִשְׂרָאֵל:

תפלת שחרית ליום כפור

אֲדֹנָי, שְׂפָתַי תִּפְתָּח וּפִי יַגִּיד תְּהִלָּתֶךָ:

בָּרוּךְ אַתָּה יְיָ אֱלֹהֵינוּ וֵאלֹהֵי אֲבוֹתֵינוּ, אֱלֹהֵי אַבְרָהָם, אֱלֹהֵי יִצְחָק, וֵאלֹהֵי יַעֲקֹב, הָאֵל הַגָּדוֹל הַגִּבּוֹר וְהַנּוֹרָא, אֵל עֶלְיוֹן, גּוֹמֵל חֲסָדִים טוֹבִים, קוֹנֵה הַכֹּל, וְזוֹכֵר חַסְדֵי

You split for them the Sea of Reeds, drowned the wicked, and took Your beloved people across; the waters engulfed their adversaries, not one of them remained. For this, the cherished people praised and exalted God; the beloved ones offered hymns, songs and praises, blessings and thanksgiving to the King, the living and eternal God. He is lofty and exalted, great and awesome; He humbles the haughty to the ground and raises the lowly to supreme heights; He frees the captives, redeems the humble, helps the needy; it is He who answers His people Israel when they cry out to Him. They offered praises to the sublime God, their Redeemer, blessed be He and He is blessed; Moses and the children of Israel with great joy raised their voices in song to You, and they all proclaimed: Who is like You among the supernal beings, O Lord! Who is like You, resplendent in holiness, awesome in praise, performing wonders![1]

שירה With a new song, the redeemed people extolled Your great Name at the seashore; all of them in unison gave thanks and acclaimed Your sovereignty, and said: The Lord shall reign forever and ever.[2] And it is said: Our Redeemer, the Lord of hosts is His Name, the Holy One of Israel.[3] Blessed are You Lord, who delivered Israel.

AMIDAH

אדני My Lord, open my lips, and my mouth shall declare Your praise.[4]

ברוך Blessed are You, Lord our God and God of our fathers, God of Abraham, God of Isaac and God of Jacob, the great, mighty and awesome God, exalted God, who bestows bountiful kindness, who creates all things, who remembers the piety

1. Exodus 15:11. 2. Ibid. 15:18. 3. Isaiah 47:4 4. Psalms 51:17.

אָבוֹת, וּמֵבִיא גוֹאֵל לִבְנֵי בְנֵיהֶם לְמַעַן שְׁמוֹ בְּאַהֲבָה:

זָכְרֵנוּ לְחַיִּים, מֶלֶךְ חָפֵץ בַּחַיִּים, וְכָתְבֵנוּ בְּסֵפֶר הַחַיִּים, לְמַעַנְךָ אֱלֹהִים חַיִּים:

מֶלֶךְ, עוֹזֵר וּמוֹשִׁיעַ וּמָגֵן. בָּרוּךְ אַתָּה יְיָ מָגֵן אַבְרָהָם:

אַתָּה גִּבּוֹר לְעוֹלָם אֲדֹנָי, מְחַיֵּה מֵתִים אַתָּה, רַב לְהוֹשִׁיעַ: מוֹרִיד הַטָּל: מְכַלְכֵּל חַיִּים בְּחֶסֶד, מְחַיֵּה מֵתִים בְּרַחֲמִים רַבִּים, סוֹמֵךְ נוֹפְלִים, וְרוֹפֵא חוֹלִים, וּמַתִּיר אֲסוּרִים, וּמְקַיֵּם אֱמוּנָתוֹ לִישֵׁנֵי עָפָר. מִי כָמוֹךָ בַּעַל גְּבוּרוֹת וּמִי דּוֹמֶה לָּךְ, מֶלֶךְ מֵמִית וּמְחַיֶּה וּמַצְמִיחַ יְשׁוּעָה:

מִי כָמוֹךָ אַב הָרַחֲמָן זוֹכֵר יְצוּרָיו לְחַיִּים בְּרַחֲמִים:

וְנֶאֱמָן אַתָּה לְהַחֲיוֹת מֵתִים. בָּרוּךְ אַתָּה יְיָ מְחַיֵּה הַמֵּתִים:

אַתָּה קָדוֹשׁ וְשִׁמְךָ קָדוֹשׁ, וּקְדוֹשִׁים בְּכָל יוֹם יְהַלְלוּךָ סֶּלָה. לְדוֹר וָדוֹר הַמְלִיכוּ לָאֵל, כִּי הוּא לְבַדּוֹ מָרוֹם וְקָדוֹשׁ:

וּבְכֵן יִתְקַדַּשׁ שִׁמְךָ יְיָ אֱלֹהֵינוּ עַל יִשְׂרָאֵל עַמֶּךָ וְעַל יְרוּשָׁלַיִם עִירֶךָ, וְעַל צִיּוֹן מִשְׁכַּן כְּבוֹדֶךָ, וְעַל מַלְכוּת בֵּית דָּוִד מְשִׁיחֶךָ, וְעַל מְכוֹנְךָ וְהֵיכָלֶךָ:

of the Patriarchs, and who, in love, brings a redeemer to their children's children, for the sake of His Name.

זכרנו Remember us for life, King who desires life; inscribe us in the Book of Life, for Your sake, O living God.

מלך O King, [You are] a helper, a savior and a shield. Blessed are You Lord, Shield of Abraham.

אתה You are mighty forever, my Lord; You resurrect the dead; You are powerful to save. You cause the dew to descend.

מכלכל He sustains the living with lovingkindness, resurrects the dead with great mercy, supports the falling, heals the sick, releases the bound, and fulfills His trust to those who sleep in the dust. Who is like You, mighty One! And who can be compared to You, King, who brings death and restores life, and causes deliverance to spring forth!

מי Who is like You, merciful Father, who in compassion remembers His creatures for life.

ונאמן You are trustworthy to revive the dead. Blessed are You Lord, who revives the dead.

אתה You are holy and Your Name is holy, and holy beings praise You daily for all eternity.

לדור Through all generations proclaim the kingship of God, for He alone is exalted and holy.

ובכן And thus shall Your Name, Lord our God, be sanctified upon Israel Your people, upon Jerusalem Your city, upon Zion the abode of Your glory, upon the kingship of the house of David Your anointed, and upon Your dwelling-place and Your sanctuary.

וּבְכֵן תֵּן פַּחְדְּךָ יְהוָה אֱלֹהֵינוּ עַל כָּל־מַעֲשֶׂיךָ • וְאֵימָתְךָ עַל כֹּל מַה־שֶּׁבָּרָאתָ • וְיִירָאוּךָ כָּל־הַמַּעֲשִׂים וְיִשְׁתַּחֲווּ לְפָנֶיךָ כָּל־הַבְּרוּאִים • וְיֵעָשׂוּ כֻלָּם אֲגֻדָּה אֶחָת • לַעֲשׂוֹת רְצוֹנְךָ בְּלֵבָב שָׁלֵם • שֶׁיָּדַעְנוּ יְהוָה אֱלֹהֵינוּ שֶׁהַשִּׁלְטָן לְפָנֶיךָ • עֹז בְּיָדְךָ וּגְבוּרָה בִּימִינֶךָ • וְשִׁמְךָ נוֹרָא עַל כֹּל מַה־שֶּׁבָּרָאתָ :

וּבְכֵן תֵּן כָּבוֹד יְהוָה לְעַמֶּךָ תְּהִלָּה לִירֵאֶיךָ • וְתִקְוָה טוֹבָה לְדוֹרְשֶׁיךָ • וּפִתְחוֹן פֶּה לַמְיַחֲלִים לָךְ שִׂמְחָה לְאַרְצֶךָ • וְשָׂשׂוֹן לְעִירֶךָ • וּצְמִיחַת קֶרֶן לְדָוִד עַבְדֶּךָ וַעֲרִיכַת נֵר לְבֶן־יִשַׁי מְשִׁיחֶךָ בִּמְהֵרָה בְיָמֵינוּ :

וּבְכֵן צַדִּיקִים יִרְאוּ וְיִשְׂמָחוּ • וִישָׁרִים יַעֲלֹזוּ • וַחֲסִידִים בְּרִנָּה יָגִילוּ • וְעוֹלָתָה תִּקְפָּץ־פִּיהָ וְהָרִשְׁעָה כֻלָּהּ כְּעָשָׁן תִּכְלֶה • כִּי תַעֲבִיר מֶמְשֶׁלֶת זָדוֹן מִן הָאָרֶץ :

וְתִמְלוֹךְ אַתָּה הוּא יְהוָה אֱלֹהֵינוּ לְבַדֶּךָ • עַל כָּל־מַעֲשֶׂיךָ • בְּהַר צִיּוֹן מִשְׁכַּן כְּבוֹדֶךָ • וּבִירוּשָׁלַיִם עִיר קָדְשֶׁךָ • כַּכָּתוּב בְּדִבְרֵי קָדְשֶׁךָ יִמְלֹךְ יְהוָה לְעוֹלָם אֱלֹהַיִךְ צִיּוֹן לְדֹר וָדֹר הַלְלוּיָהּ :

קָדוֹשׁ אַתָּה וְנוֹרָא שְׁמֶךָ • וְאֵין אֱלוֹהַּ מִבַּלְעָדֶיךָ כַּכָּתוּב וַיִּגְבַּהּ יְהוָה צְבָאוֹת בַּמִּשְׁפָּט וְהָאֵל הַקָּדוֹשׁ נִקְדַּשׁ בִּצְדָקָה : בָּרוּךְ אַתָּה יְהוָה הַמֶּלֶךְ הַקָּדוֹשׁ :

אַתָּה בְחַרְתָּנוּ מִכָּל־הָעַמִּים • אָהַבְתָּ אוֹתָנוּ וְרָצִיתָ בָּנוּ • וְרוֹמַמְתָּנוּ מִכָּל־הַלְּשׁוֹנוֹת וְקִדַּשְׁתָּנוּ בְּמִצְוֹתֶיךָ • וְקֵרַבְתָּנוּ מַלְכֵּנוּ לַעֲבוֹדָתֶךָ וְשִׁמְךָ הַגָּדוֹל וְהַקָּדוֹשׁ עָלֵינוּ קָרָאתָ :

וַתִּתֶּן־לָנוּ יְהוָה אֱלֹהֵינוּ בְּאַהֲבָה אֶת־יוֹם (הַשַּׁבָּת הַזֶּה וְאֶת יוֹם) הַכִּפֻּרִים הַזֶּה אֶת־יוֹם סְלִיחַת הֶעָוֹן הַזֶּה אֶת־יוֹם מִקְרָא קֹדֶשׁ הַזֶּה (לִקְדֻשָּׁה וְלִמְנוּחָה) לִמְחִילָה וְלִסְלִיחָה

ובכן And so, Lord our God, instill fear of You upon all that You have made, and dread of You upon all that You have created; and [then] all works will be in awe of You, all the created beings will prostrate themselves before You, and they all will form a single band to carry out Your will with a perfect heart. For we know, Lord our God, that rulership is Yours, strength is in Your [left] hand, might is in Your right hand, and Your Name is awesome over all that You have created.

ובכן And so, Lord our God, grant honor to Your people, glory to those who fear You, good hope to those who seek You, confident speech to those who yearn for You, joy to Your land, gladness to Your city, a flourishing of strength to David Your servant, and a setting up of light to the son of Yishai Your anointed, speedily in our days.

ובכן And then the righteous will see and be glad, the upright will rejoice, and the pious will exult in song; injustice will shut its mouth and all wickedness will go up in smoke, when You will remove the rule of evil from the earth.

ותמלוך Lord our God, You are He who alone will reign over all Your works, in Mount Zion the abode of Your glory, in Jerusalem Your holy city, as it is written in Your holy Scriptures: The Lord shall reign forever; your God, O Zion, throughout all generations; praise the Lord.[1]

קדוש Holy are You, awesome is Your Name, and aside from You there is no God, as it is written: The Lord of hosts is exalted in justice and the holy God is sanctified in righteousness.[2] Blessed are You Lord, the holy King.

אתה You have chosen us from among all the nations; You have loved us and found favor with us. You have raised us above all tongues and made us holy through Your commandments. You, our King, have drawn us near to Your service and proclaimed Your great and holy Name upon us.

ותתן And You, Lord our God, have given us in love (*On Shabbat:* this Shabbat day and) this Day of Atonements, this day of pardoning of sin, this day of holy assembly (*On Shabbat:* for sanctity and tranquility,) for forgiveness, pardon,

---

1. Psalms 146:10. 2. Isaiah 5:16.

ולכפרה ולמחל־בו את־כל־עונותינו (באהבה) מקרא קדש זכר ליציאת מצרים:

אלהינו ואלהי אבותינו יעלה ויבא ויגיע ויראה וירצה וישמע ויפקד ויזכר זכרוננו ופקדוננו וזכרון אבותינו וזכרון משיח בן דוד עבדך וזכרון ירושלים עיר קדשך וזכרון כל עמך בית ישראל לפניך לפליטה לטובה לחן ולחסד ולרחמים ולחיים טובים ולשלום ביום (בשבת השבת הזה וביום) הכפרים הזה ביום סליחת העון הזה ביום מקרא קדש הזה זכרנו יהוה אלהינו בו לטובה ופקדנו בו לברכה והושיענו בו לחיים טובים ובדבר ישועה ורחמים חוס וחננו ורחם עלינו והושיענו כי אליך עינינו כי אל מלך חנון ורחום אתה:

אלהינו ואלהי אבותינו מחול לעונותינו ביום (השבת הזה וביום) הכפרים הזה ביום סליחת העון הזה ביום מקרא קדש הזה מחה והעבר פשעינו וחטאתינו מנגד עיניך כאמור: אנכי אנכי הוא מחה פשעיך למעני וחטאתיך לא אזכר: ונאמר מחיתי כעב פשעיך וכענן חטאתיך שובה אלי כי גאלתיך: ונאמר כי ביום הזה יכפר עליכם לטהר אתכם מכל חטאתיכם לפני יהוה תטהרו: (בשבת אלהינו ואלהי אבותינו רצה נא במנוחתנו) קדשנו במצותיך. ותן חלקנו בתורתך שבענו מטובך ושמח נפשנו בישועתך (והנחילנו יהוה אלהינו באהבה וברצון שבת קדשך וינוחו בו כל ישראל מקדשי שמך) וטהר לבנו לעבדך באמת. כי אתה סלחן לישראל. ומחלן לשבטי ישרון בכל דור ודור. ומבלעדיך אין לנו מלך מוחל וסולח: ברוך אתה יהוה מלך מוחל וסולח לעונותינו ולעונות עמו בית ישראל ומעביר

א) ישעיה מג כה. ב) שם מד כב. ג) ויקרא טז ל.

and atonement, to forgive thereon all our wrongdoings, (*On Shabbat:* in love,) a holy assembly, commemorating the Exodus from Egypt.

אלהינו Our God and God of our fathers, may there ascend, come and reach, be seen, accepted, and heard, recalled and remembered before You, the remembrance and recollection of us, the remembrance of our fathers, the remembrance of *Mashiach* the son of David Your servant, the remembrance of Jerusalem Your holy city, and the remembrance of all Your people the House of Israel, for deliverance, well-being, grace, kindness, mercy, good life and peace, on this (*On Shabbat:* Shabbat day and this) Day of Atonements, on this day of pardoning of sin, on this day of holy assembly. Remember us on this [day], Lord our God, for good; be mindful of us on this [day] for blessing; help us on this [day] for good life. With the promise of deliverance and compassion, spare us and be gracious to us; have mercy upon us and deliver us; for our eyes are directed to You, for You, God, are a gracious and merciful King.

אלהינו Our God and God of our fathers, forgive our wrongdoings on this (*On Shabbat:* Shabbat day and on this) Day of Atonements, on this day of pardoning of sin, on this day of holy assembly; wipe away and remove our transgressions and sins from before Your eyes, as it is stated: I, I [alone], am He who wipes away your transgressions, for My sake; your sins I will not recall.[1] And it is stated: I have wiped away your transgressions like a thick cloud, your sins like a cloud; return to Me, for I have redeemed you.[2] And it is stated: For on this day atonement shall be made for you, to purify you; you shall be cleansed of all your sins before the Lord.[3] (*On Shabbat:* Our God and God of our fathers, please find favor in our rest.) Make us holy with Your commandments and grant us our portion in Your Torah; satiate us with Your goodness and gladden our soul with Your salvation. (*On Shabbat:* Lord our God, grant as our heritage, in love and goodwill, Your holy Shabbat and may all Israel who sanctify Your Name rest thereon.) Make our heart pure to serve You in truth, for You are the Pardoner of Israel and the Forgiver of the tribes of Yeshurun[4] in every generation, and aside from You we have no King who forgives and pardons. Blessed are You Lord, King who forgives and pardons our sins and the sins of His people, the House of Israel, and removes

1. Isaiah 43:25. 2. Ibid. 44:22. 3. Leviticus 16:30. 4. V. Isaiah 44:2. Deuteronomy 33:5, 26. Ramban, Deuteronomy 7:12.

אַשְׁמוֹתֵינוּ בְּכָל־שָׁנָה וְשָׁנָה מֶלֶךְ עַל כָּל־הָאָרֶץ מְקַדֵּשׁ הַשַּׁבָּת וְ יִשְׂרָאֵל וְיוֹם הַכִּפֻּרִים:

רְצֵה יְהֹוָה אֱלֹהֵינוּ בְּעַמְּךָ יִשְׂרָאֵל · וְלִתְפִלָּתָם שְׁעֵה · וְהָשֵׁב הָעֲבוֹדָה לִדְבִיר בֵּיתֶךָ וְאִשֵּׁי יִשְׂרָאֵל וּתְפִלָּתָם בְּאַהֲבָה תְקַבֵּל בְּרָצוֹן וּתְהִי לְרָצוֹן תָּמִיד עֲבוֹדַת יִשְׂרָאֵל עַמֶּךָ:

וְתֶחֱזֶינָה עֵינֵינוּ בְּשׁוּבְךָ לְצִיּוֹן בְּרַחֲמִים: בָּרוּךְ אַתָּה יְהֹוָה הַמַּחֲזִיר שְׁכִינָתוֹ לְצִיּוֹן:

מוֹדִים אֲנַחְנוּ לָךְ, שָׁאַתָּה הוּא יְיָ אֱלֹהֵינוּ וֵאלֹהֵי אֲבוֹתֵינוּ לְעוֹלָם וָעֶד, צוּר חַיֵּינוּ מָגֵן יִשְׁעֵנוּ, אַתָּה הוּא לְדוֹר וָדוֹר, נוֹדֶה לְּךָ וּנְסַפֵּר תְּהִלָּתֶךָ: עַל חַיֵּינוּ הַמְּסוּרִים בְּיָדֶךָ, וְעַל נִשְׁמוֹתֵינוּ הַפְּקוּדוֹת לָךְ, וְעַל נִסֶּיךָ שֶׁבְּכָל יוֹם עִמָּנוּ, וְעַל נִפְלְאוֹתֶיךָ וְטוֹבוֹתֶיךָ שֶׁבְּכָל עֵת, עֶרֶב וָבֹקֶר וְצָהֳרָיִם, הַטּוֹב, כִּי לֹא כָלוּ רַחֲמֶיךָ, וְהַמְרַחֵם, כִּי לֹא תַמּוּ חֲסָדֶיךָ, כִּי מֵעוֹלָם קִוִּינוּ לָךְ:

וְעַל־כֻּלָּם יִתְבָּרַךְ וְיִתְרוֹמַם וְיִתְנַשֵּׂא שִׁמְךָ מַלְכֵּנוּ תָּמִיד לְעוֹלָם וָעֶד:

וּכְתוֹב לְחַיִּים טוֹבִים כָּל־בְּנֵי בְרִיתֶךָ:

וְכָל־הַחַיִּים יוֹדוּךָ סֶּלָה וִיהַלְלוּ שִׁמְךָ הַגָּדוֹל לְעוֹלָם כִּי טוֹב הָאֵל יְשׁוּעָתֵנוּ וְעֶזְרָתֵנוּ סֶלָה הָאֵל הַטּוֹב: בָּרוּךְ אַתָּה יְהֹוָה הַטּוֹב שִׁמְךָ וּלְךָ נָאֶה לְהוֹדוֹת:

שִׂים שָׁלוֹם, טוֹבָה וּבְרָכָה, חַיִּים חֵן וָחֶסֶד וְרַחֲמִים, עָלֵינוּ וְעַל כָּל יִשְׂרָאֵל עַמֶּךָ. בָּרְכֵנוּ אָבִינוּ כֻּלָּנוּ כְּאֶחָד בְּאוֹר פָּנֶיךָ, כִּי בְאוֹר פָּנֶיךָ, נָתַתָּ לָּנוּ יְיָ אֱלֹהֵינוּ: תּוֹרַת חַיִּים וְאַהֲבַת חֶסֶד, וּצְדָקָה וּבְרָכָה וְרַחֲמִים וְחַיִּים וְשָׁלוֹם. וְטוֹב בְּעֵינֶיךָ לְבָרֵךְ אֶת עַמְּךָ יִשְׂרָאֵל, בְּכָל עֵת וּבְכָל שָׁעָה בִּשְׁלוֹמֶךָ.

וּבְסֵפֶר חַיִּים בְּרָכָה וְשָׁלוֹם וּפַרְנָסָה טוֹבָה יְשׁוּעָה וְנֶחָמָה וּגְזֵרוֹת

our trespasses each and every year; King over the whole earth, who sanctifies (*On Shabbat:* the Shabbat and) Israel and the Day of Atonements.

רצה Look with favor, Lord our God, on Your people Israel and pay heed to their prayer; restore the service to Your Sanctuary and accept with love and favor Israel's fire-offerings and prayer; and may the service of Your people Israel always find favor.

ותחזינה May our eyes behold Your return to Zion in mercy. Blessed are You Lord, who restores His Divine Presence to Zion.

מודים We thankfully acknowledge that You are the Lord our God and God of our fathers forever. You are the strength of our life, the shield of our salvation in every generation. We will give thanks to You and recount Your praise, evening, morning and noon, for our lives which are committed into Your hand, for our souls which are entrusted to You, for Your miracles which are with us daily, and for Your continual wonders and beneficences. You are the Beneficent One, for Your mercies never cease; and the Merciful One, for Your kindnesses never end; for we always place our hope in You.

ועל And for all these, may Your Name, our King, be continually blessed, exalted and extolled forever and all time.

וכתוב Inscribe all the children of Your Covenant for a good life.

וכל And all living things shall forever thank You, and praise Your great Name eternally, for You are good. God, You are our everlasting salvation and help, O benevolent God. Blessed are You Lord, Beneficent is Your Name, and to You it is fitting to offer thanks.

שים Bestow peace, goodness and blessing, life, graciousness, kindness and mercy, upon us and upon all Your people Israel. Bless us, our Father, all of us as one, with the light of Your countenance. For by the light of Your countenance You gave us, Lord our God, the Torah of life and loving-kindness, righteousness, blessing, mercy, life and peace. May it be favorable in Your eyes to bless Your people Israel, at all times and at every moment, with Your peace.

ובספר And in the Book of life, blessing, peace and prosperity, deliverance, consolation and favorable decrees,

טוֹבוֹת נִזָּכֵר וְנִכָּתֵב לְפָנֶיךָ אֲנַחְנוּ וְכָל־עַמְּךָ בֵּית יִשְׂרָאֵל לְחַיִּים טוֹבִים וּלְשָׁלוֹם:

בָּרוּךְ אַתָּה יְהוָה הַמְבָרֵךְ אֶת־עַמּוֹ יִשְׂרָאֵל בַּשָּׁלוֹם:

יִהְיוּ לְרָצוֹן ׀ אִמְרֵי־פִי וְהֶגְיוֹן לִבִּי לְפָנֶיךָ יְהוָה צוּרִי וְגֹאֲלִי:

אֱלֹהֵינוּ וֵאלֹהֵי אֲבוֹתֵינוּ · תָּבֹא לְפָנֶיךָ תְּפִלָּתֵנוּ וְאַל תִּתְעַלַּם מִתְּחִנָּתֵנוּ שֶׁאֵין אָנוּ עַזֵּי פָנִים וּקְשֵׁי עֹרֶף לוֹמַר לְפָנֶיךָ יְהוָה אֱלֹהֵינוּ וֵאלֹהֵי אֲבוֹתֵינוּ צַדִּיקִים אֲנַחְנוּ וְלֹא חָטָאנוּ אֲבָל אֲנַחְנוּ וַאֲבוֹתֵינוּ חָטָאנוּ:

אָשַׁמְנוּ · בָּגַדְנוּ · גָּזַלְנוּ · דִּבַּרְנוּ דֹפִי: הֶעֱוִינוּ · וְהִרְשַׁעְנוּ · זַדְנוּ · חָמַסְנוּ · טָפַלְנוּ שֶׁקֶר: יָעַצְנוּ רָע · כִּזַּבְנוּ · לַצְנוּ · מָרַדְנוּ · נִאַצְנוּ · סָרַרְנוּ · עָוִינוּ · פָּשַׁעְנוּ · צָרַרְנוּ · קִשִּׁינוּ עֹרֶף: רָשַׁעְנוּ · שִׁחַתְנוּ · תִּעַבְנוּ · תָּעִינוּ · תִּעְתָּעְנוּ: סַרְנוּ מִמִּצְוֹתֶיךָ וּמִמִּשְׁפָּטֶיךָ הַטּוֹבִים וְלֹא שָׁוָה לָנוּ: וְאַתָּה צַדִּיק עַל כָּל הַבָּא עָלֵינוּ כִּי אֱמֶת עָשִׂיתָ וַאֲנַחְנוּ הִרְשָׁעְנוּ: מַה נֹּאמַר לְפָנֶיךָ יוֹשֵׁב מָרוֹם · וּמַה נְּסַפֵּר לְפָנֶיךָ שׁוֹכֵן שְׁחָקִים · הֲלֹא כָּל־הַנִּסְתָּרוֹת וְהַנִּגְלוֹת אַתָּה יוֹדֵעַ:

אַתָּה יוֹדֵעַ רָזֵי עוֹלָם וְתַעֲלוּמוֹת סִתְרֵי כָּל־חָי: אַתָּה חוֹפֵשׂ כָּל־ חַדְרֵי בָטֶן וּבוֹחֵן כְּלָיוֹת וָלֵב · אֵין דָּבָר נֶעְלָם מִמֶּךָּ · וְאֵין נִסְתָּר מִנֶּגֶד עֵינֶיךָ: וּבְכֵן יְהִי רָצוֹן מִלְּפָנֶיךָ יְהוָה אֱלֹהֵינוּ וֵאלֹהֵי אֲבוֹתֵינוּ שֶׁתְּרַחֵם עָלֵינוּ וְתִמְחוֹל לָנוּ עַל כָּל־חַטֹּאתֵינוּ וּתְכַפֵּר לָנוּ עַל כָּל־עֲוֹנוֹתֵינוּ וְתִמְחוֹל וְתִסְלַח לָנוּ עַל כָּל־פְּשָׁעֵינוּ:

עַל חֵטְא שֶׁחָטָאנוּ לְפָנֶיךָ בְּאֹנֶס וּבְרָצוֹן:

וְעַל חֵטְא שֶׁחָטָאנוּ לְפָנֶיךָ בְּאִמּוּץ הַלֵּב:

עַל חֵטְא שֶׁחָטָאנוּ לְפָנֶיךָ בִּבְלִי דָעַת:

וְעַל חֵטְא שֶׁחָטָאנוּ לְפָנֶיךָ בְּבִטּוּי שְׂפָתָיִם:

עַל חֵטְא שֶׁחָטָאנוּ לְפָנֶיךָ בְּגִלּוּי עֲרָיוֹת:

וְעַל חֵטְא שֶׁחָטָאנוּ לְפָנֶיךָ בְּגָלוּי וּבַסָּתֶר:

עַל חֵטְא שֶׁחָטָאנוּ לְפָנֶיךָ בְּדַעַת וּבְמִרְמָה:

א) נחמיה ט לג.

may we and all Your people the House of Israel be remembered and inscribed before You for a happy life and for peace.

ברוך Blessed are You Lord, who blesses His people Israel with peace.

יהיו May the words of my mouth and the meditation of my heart be acceptable before You, Lord, my Strength and my Redeemer.[1]

אלהינו Our God and God of our fathers, may our prayers come before You, and do not turn away from our supplication, for we are not so impudent and obdurate as to declare before You, Lord our God and God of our fathers, that we are righteous and have not sinned. Indeed, we and our fathers have sinned.

אשמנו We have transgressed, we have acted perfidiously, we have robbed, we have slandered. We have acted perversely and wickedly, we have willfully sinned, we have done violence, we have imputed falsely. We have given evil counsel, we have lied, we have scoffed, we have rebelled, we have provoked, we have been disobedient, we have committed iniquity, we have wantonly transgressed, we have oppressed, we have been obstinate. We have committed evil, we have acted perniciously, we have acted abominably, we have gone astray, we have led others astray. We have strayed from Your good precepts and ordinances, and it has not profited us. Indeed, You are just in all that has come upon us, for You have acted truthfully, and it is we who have acted wickedly.[2] What shall we say to You who dwells on high; what shall we relate to You who abides in the heavens? You surely know all the hidden and the revealed things.

אתה You know the mysteries of the universe and the hidden secrets of every living being. You search all [our] innermost thoughts, and probe [our] mind and heart; nothing is hidden from You, nothing is concealed from Your sight. And so, may it be Your will Lord our God and God of our fathers, to have mercy on us and forgive us all our sins, grant us atonement for all our iniquities, and forgive and pardon us for all our trangressions.

על חטא For the sin which we have committed before You under duress or willingly.

And for the sin which we have committed before You by hardheartedness.

For the sin which we have committed before You inadvertently.

And for the sin which we have committed before You with an utterance of the lips.

For the sin which we have committed before You with immorality.

And for the sin which we have committed before You openly or secretly.

For the sin which we have committed before You with knowledge and with deceit.

---

1. Psalms 19:15. 2. Nechemiah 9:33.

וְעַל חֵטְא שֶׁחָטָאנוּ לְפָנֶיךָ בְּדִבּוּר פֶּה:
עַל חֵטְא שֶׁחָטָאנוּ לְפָנֶיךָ בְּהוֹנָאַת רֵעַ:
וְעַל חֵטְא שֶׁחָטָאנוּ לְפָנֶיךָ בְּהַרְהוֹר הַלֵּב:
עַל חֵטְא שֶׁחָטָאנוּ לְפָנֶיךָ בִּוְעִידַת זְנוּת:
וְעַל חֵטְא שֶׁחָטָאנוּ לְפָנֶיךָ בְּוִדּוּי פֶּה:
עַל חֵטְא שֶׁחָטָאנוּ לְפָנֶיךָ בְּזִלְזוּל הוֹרִים וּמוֹרִים:
וְעַל חֵטְא שֶׁחָטָאנוּ לְפָנֶיךָ בְּזָדוֹן וּבִשְׁגָגָה:
עַל חֵטְא שֶׁחָטָאנוּ לְפָנֶיךָ בְּחוֹזֶק־יָד:
וְעַל חֵטְא שֶׁחָטָאנוּ לְפָנֶיךָ בְּחִלּוּל הַשֵּׁם:
עַל חֵטְא שֶׁחָטָאנוּ לְפָנֶיךָ בְּטֻמְאַת שְׂפָתָיִם:
וְעַל חֵטְא שֶׁחָטָאנוּ לְפָנֶיךָ בְּטִפְּשׁוּת פֶּה:
עַל חֵטְא שֶׁחָטָאנוּ לְפָנֶיךָ בְּיֵצֶר הָרָע:
וְעַל חֵטְא שֶׁחָטָאנוּ לְפָנֶיךָ בְּיוֹדְעִים וּבְלֹא יוֹדְעִים:

וְעַל כֻּלָּם אֱלוֹהַּ סְלִיחוֹת ׃ סְלַח־לָנוּ ׃ מְחַל־לָנוּ ׃ כַּפֶּר לָנוּ:

עַל חֵטְא שֶׁחָטָאנוּ לְפָנֶיךָ בְּכַחַשׁ וּבְכָזָב:
וְעַל חֵטְא שֶׁחָטָאנוּ לְפָנֶיךָ בְּכַפַּת־שׁוֹחַד:
עַל חֵטְא שֶׁחָטָאנוּ לְפָנֶיךָ בְּלָצוֹן:
וְעַל חֵטְא שֶׁחָטָאנוּ לְפָנֶיךָ בְּלָשׁוֹן הָרָע:
עַל חֵטְא שֶׁחָטָאנוּ לְפָנֶיךָ בְּמַשָּׂא וּבְמַתָּן:
וְעַל חֵטְא שֶׁחָטָאנוּ לְפָנֶיךָ בְּמַאֲכָל וּבְמִשְׁתֶּה:
עַל חֵטְא שֶׁחָטָאנוּ לְפָנֶיךָ בְּנֶשֶׁךְ וּבְמַרְבִּית:
וְעַל חֵטְא שֶׁחָטָאנוּ לְפָנֶיךָ בִּנְטִיַּת גָּרוֹן:
עַל חֵטְא שֶׁחָטָאנוּ לְפָנֶיךָ בְּשִׂיחַ שִׂפְתוֹתֵינוּ:
וְעַל חֵטְא שֶׁחָטָאנוּ לְפָנֶיךָ בְּשִׂקּוּר עָיִן:
עַל חֵטְא שֶׁחָטָאנוּ לְפָנֶיךָ בְּעֵינַיִם רָמוֹת:
וְעַל חֵטְא שֶׁחָטָאנוּ לְפָנֶיךָ בְּעַזּוּת מֵצַח:

And for the sin which we have committed before You through speech.

For the sin which we have committed before You by deceiving a fellowman.

And for the sin which we have committed before You by improper thoughts.

For the sin which we have committed before You by a gathering of lewdness.

And for the sin which we have committed before You by verbal [insincere] confession.

For the sin which we have committed before You by disrespect for parents and teachers.

And for the sin which we have committed before You intentionally or unintentionally.

For the sin which we have committed before You by using coercion.

And for the sin which we have committed before You by desecrating the Divine Name.

For the sin which we have committed before You by impurity of speech.

And for the sin which we have committed before you by foolish talk.

For the sin which we have committed before You with the evil inclination.

And for the sin which we have committed before You knowingly or unknowingly.

ועל כלם For all these, God of pardon, pardon us, forgive us, atone for us.

For the sin which we have committed before You by false denial and lying.

And for the sin which we have committed before You by a bribe-taking or a bribe-giving hand.

For the sin which we have committed before You by scoffing.

And for the sin which we have committed before You by evil talk [about another].

For the sin which we have committed before You in business dealings.

And for the sin which we have committed before You by eating and drinking.

For the sin which we have committed before You by [taking or giving] interest and by usury.

And for the sin which we have committed before You by a haughty demeanor.

For the sin which we have committed before You by the prattle of our lips.

And for the sin which we have committed before You by a glance of the eye.

For the sin which we have committed before You with proud looks.

And for the sin which we have committed before You with impudence.

וְעַל כֻּלָּם אֱלוֹהַּ סְלִיחוֹת · סְלַח־לָנוּ · מְחַל־לָנוּ · כַּפֶּר לָנוּ׃

עַל חֵטְא שֶׁחָטָאנוּ לְפָנֶיךָ בִּפְרִיקַת־עוֹל׃
וְעַל חֵטְא שֶׁחָטָאנוּ לְפָנֶיךָ בִּפְלִילוּת׃
עַל חֵטְא שֶׁחָטָאנוּ לְפָנֶיךָ בִּצְדִיַּת־רֵעַ׃
וְעַל חֵטְא שֶׁחָטָאנוּ לְפָנֶיךָ בְּצָרוּת עָיִן׃
עַל חֵטְא שֶׁחָטָאנוּ לְפָנֶיךָ בְּקַלּוּת רֹאשׁ׃
וְעַל חֵטְא שֶׁחָטָאנוּ לְפָנֶיךָ בְּקַשְׁיוּת עֹרֶף׃
עַל חֵטְא שֶׁחָטָאנוּ לְפָנֶיךָ בְּרִיצַת רַגְלַיִם לְהָרַע׃
וְעַל חֵטְא שֶׁחָטָאנוּ לְפָנֶיךָ בִּרְכִילוּת׃
עַל חֵטְא שֶׁחָטָאנוּ לְפָנֶיךָ בִּשְׁבוּעַת שָׁוְא׃
וְעַל חֵטְא שֶׁחָטָאנוּ לְפָנֶיךָ בְּשִׂנְאַת חִנָּם׃
עַל חֵטְא שֶׁחָטָאנוּ לְפָנֶיךָ בִּתְשׂוּמֶת־יָד׃
וְעַל חֵטְא שֶׁחָטָאנוּ לְפָנֶיךָ בְּתִמְהוֹן לֵבָב׃

וְעַל כֻּלָּם אֱלוֹהַּ סְלִיחוֹת · סְלַח־לָנוּ · מְחַל־לָנוּ · כַּפֶּר לָנוּ׃

וְעַל חֲטָאִים שֶׁאָנוּ חַיָּבִים עֲלֵיהֶם עוֹלָה.
וְעַל חֲטָאִים שֶׁאָנוּ חַיָּבִים עֲלֵיהֶם חַטָּאת׃
וְעַל חֲטָאִים שֶׁאָנוּ חַיָּבִים עֲלֵיהֶם קָרְבָּן עוֹלֶה וְיוֹרֵד׃
וְעַל חֲטָאִים שֶׁאָנוּ חַיָּבִים עֲלֵיהֶם אָשָׁם וַדַּאי וְתָלוּי׃
וְעַל חֲטָאִים שֶׁאָנוּ חַיָּבִים עֲלֵיהֶם מַכַּת מַרְדּוּת׃
וְעַל חֲטָאִים שֶׁאָנוּ חַיָּבִים עֲלֵיהֶם מַלְקוּת אַרְבָּעִים׃
וְעַל חֲטָאִים שֶׁאָנוּ חַיָּבִים עֲלֵיהֶם מִיתָה בִּידֵי שָׁמַיִם׃
וְעַל חֲטָאִים שֶׁאָנוּ חַיָּבִים עֲלֵיהֶם כָּרֵת וַעֲרִירִי׃
וְעַל חֲטָאִים שֶׁאָנוּ חַיָּבִים עֲלֵיהֶם אַרְבַּע מִיתוֹת בֵּית דִּין סְקִילָה שְׂרֵפָה הֶרֶג וְחֶנֶק.

עַל מִצְוַת עֲשֵׂה וְעַל מִצְוַת לֹא תַעֲשֶׂה · בֵּין שֶׁיֵּשׁ בָּהֶן קוּם עֲשֵׂה · וּבֵין שֶׁאֵין בָּהֶן קוּם עֲשֵׂה ·

ועל כלם For all these, God of pardon, pardon us, forgive us, atone for us.

For the sin which we have committed before You by casting off the yoke [of Heaven].

And for the sin which we have committed before You in passing judgment.

For the sin which we have committed before You by scheming against a fellowman.

And for the sin which we have committed before You by a begrudging eye.

For the sin which we have committed before You by frivolity.

And for the sin which we have committed before You by obduracy.

For the sin which we have committed before You by running to do evil.

And for the sin which we have committed before You by tale-bearing.

For the sin which we have committed before You by swearing in vain.

And for the sin which we have committed before You by causeless hatred.

For the sin which we have committed before You by embezzlement.

And for the sin which we have committed before You by a confused heart.

ועל כלם For all these, God of pardon, pardon us, forgive us, atone for us.

And for the sins for which we are obligated to bring a burnt-offering.

And for the sins for which we are obligated to bring a sin-offering.

And for the sins for which we are obligated to bring a varying offering [according to one's means].

And for the sins for which we are obligated to bring a guilt-offering for a certain or doubtful trespass.

And for the sins for which we incur the penalty of lashing for rebelliousness.

And for the sins for which we incur the penalty of forty lashes.

And for the sins for which we incur the penalty of death by the hand of Heaven.

And for the sins for which we incur the penalty of excision and childlessness.

And for the sins for which we incur the penalty of the four forms of capital punishment executed by the Court: stoning, burning, decapitation and strangulation.

על For [transgressing] positive and prohibitory *mitzvot*, whether [the prohibitions] can be rectified by a specifically prescribed act[1] or not,

1. E.g., to return what one has stolen.

אֶת־הַגְּלוּיִם לָנוּ · וְאֶת־שֶׁאֵינָם גְּלוּיִם לָנוּ · אֶת־הַגְּלוּיִם לָנוּ כְּבָר אֲמַרְנוּם לְפָנֶיךָ וְהוֹדִינוּ לְךָ עֲלֵיהֶם · וְאֶת שֶׁאֵינָם גְּלוּיִם לָנוּ לְפָנֶיךָ הֵם גְּלוּיִם וִידוּעִים כַּדָּבָר שֶׁנֶּאֱמַר הַנִּסְתָּרֹת לַיהֹוָה אֱלֹהֵינוּ וְהַנִּגְלֹת לָנוּ וּלְבָנֵינוּ עַד עוֹלָם לַעֲשׂוֹת אֶת־כָּל־דִּבְרֵי הַתּוֹרָה הַזֹּאת · כִּי אַתָּה סָלְחָן לְיִשְׂרָאֵל וּמָחֳלָן לְשִׁבְטֵי יְשֻׁרוּן בְּכָל־דּוֹר וָדוֹר וּמִבַּלְעָדֶיךָ אֵין לָנוּ מֶלֶךְ מוֹחֵל וְסוֹלֵחַ :

אֱלֹהַי עַד שֶׁלֹּא נוֹצַרְתִּי אֵינִי כְדַאי · וְעַכְשָׁו שֶׁנּוֹצַרְתִּי כְּאִלּוּ לֹא נוֹצַרְתִּי · עָפָר אֲנִי בְּחַיַּי קַל וָחוֹמֶר בְּמִיתָתִי · הֲרֵי אֲנִי לְפָנֶיךָ כִּכְלִי מָלֵא בוּשָׁה וּכְלִמָּה · יְהִי רָצוֹן מִלְּפָנֶיךָ יְהֹוָה אֱלֹהַי וֵאלֹהֵי אֲבוֹתַי שֶׁלֹּא אֶחֱטָא עוֹד וּמַה־שֶּׁחָטָאתִי לְפָנֶיךָ מְחוֹק בְּרַחֲמֶיךָ הָרַבִּים אֲבָל לֹא עַל יְדֵי יִסּוּרִים וָחֳלָיִם רָעִים :

אֱלֹהַי נְצוֹר לְשׁוֹנִי מֵרָע וּשְׂפָתַי מִדַּבֵּר מִרְמָה וְלִמְקַלְלַי נַפְשִׁי תִדּוֹם וְנַפְשִׁי כֶּעָפָר לַכֹּל תִּהְיֶה פְּתַח לִבִּי בְּתוֹרָתֶךָ וּבְמִצְוֹתֶיךָ תִּרְדּוֹף נַפְשִׁי וְכָל־הַחוֹשְׁבִים עָלַי רָעָה מְהֵרָה הָפֵר עֲצָתָם וְקַלְקֵל מַחֲשַׁבְתָּם : יִהְיוּ כְּמֹץ לִפְנֵי־רוּחַ וּמַלְאַךְ יְהֹוָה דֹּחֶה : לְמַעַן יֵחָלְצוּן יְדִידֶיךָ הוֹשִׁיעָה יְמִינְךָ וַעֲנֵנִי : עֲשֵׂה לְמַעַן שְׁמֶךָ עֲשֵׂה לְמַעַן יְמִינֶךָ עֲשֵׂה לְמַעַן תּוֹרָתֶךָ עֲשֵׂה לְמַעַן קְדֻשָּׁתֶךָ : יִהְיוּ לְרָצוֹן ׀ אִמְרֵי־פִי וְהֶגְיוֹן לִבִּי לְפָנֶיךָ יְהֹוָה צוּרִי וְגֹאֲלִי : עֹשֶׂה הַשָּׁלוֹם בִּמְרוֹמָיו הוּא יַעֲשֶׂה שָׁלוֹם עָלֵינוּ וְעַל כָּל־יִשְׂרָאֵל וְאִמְרוּ אָמֵן :

יְהִי רָצוֹן מִלְּפָנֶיךָ יְהֹוָה אֱלֹהֵינוּ וֵאלֹהֵי אֲבוֹתֵינוּ שֶׁיִּבָּנֶה בֵּית הַמִּקְדָּשׁ בִּמְהֵרָה בְיָמֵינוּ וְתֵן חֶלְקֵנוּ בְּתוֹרָתֶךָ :

תפלה לשליח צבור בקול

פותחין הארון

אֲדֹנָי שְׂפָתַי תִּפְתָּח וּפִי יַגִּיד תְּהִלָּתֶךָ :

בָּרוּךְ אַתָּה יְהֹוָה אֱלֹהֵינוּ וֵאלֹהֵי אֲבוֹתֵינוּ אֱלֹהֵי אַבְרָהָם אֱלֹהֵי יִצְחָק וֵאלֹהֵי יַעֲקֹב הָאֵל הַגָּדוֹל הַגִּבּוֹר וְהַנּוֹרָא אֵל עֶלְיוֹן גּוֹמֵל חֲסָדִים טוֹבִים קוֹנֵה הַכֹּל וְזוֹכֵר חַסְדֵי אָבוֹת וּמֵבִיא גוֹאֵל לִבְנֵי בְנֵיהֶם לְמַעַן שְׁמוֹ בְּאַהֲבָה :

מִסּוֹד חֲכָמִים וּנְבוֹנִים . וּמִלֶּמֶד דַּעַת מְבִינִים .
אֶפְתְּחָה פִי בִּתְפִלָּה וּבְתַחֲנוּנִים . לְחַלּוֹת וּלְחַנֵּן
פְּנֵי מֶלֶךְ מוֹחֵל וְסוֹלֵחַ לַעֲוֹנִים :

אֵימֶךָ נָשָׂאתִי חִין בְּעָרְכִּי . בְּמַלְאֲכוּת עַמְּךָ בֶּרֶךְ בְּבָרְכִּי . גּוֹחִי מִבֶּטֶן הֲגִיהַּ חָשְׁכִּי : דַּבֵּר צַחוֹת וּבַאֲמִתְּךָ הַדְרִיכִי : הוֹרֵנִי שְׁפוֹךְ שִׂיחַ עָרֵב . וְלוֹנְנִי בְּצִלְּךָ אוֹתִי

those of which we are aware and those of which we are not aware; those of which we are aware, we have already declared them before You and confessed them to You, and those of which we are not aware — before You they are revealed and known, as it is stated: The hidden things belong to the Lord our God, but the revealed things are for us and for our children forever, that we may carry out all the words of this Torah.[1] For You are the Pardoner of Israel and the Forgiver of the tribes of Yeshurun[2] in every generation, and aside from You we have no King who forgives and pardons.

אלהי My God, before I was created I was not worthy [to be created], and now that I have been created it is as if I had not been created. I am dust in my life, how much more so in my death. Indeed, before You I am like a vessel filled with shame and disgrace. May it be Your will, Lord my God and God of my fathers, that I shall sin no more, and the sins which I have committed before You, erase them in Your abounding mercies, but not through suffering or severe illness.

אלהי My God, guard my tongue from evil and my lips from speaking deceitfully. Let my soul be silent to those who curse me; let my soul be as dust to all. Open my heart to Your Torah, and let my soul eagerly pursue Your commandments. As for all those who plot evil against me, hasten to annul their counsel and frustrate their design. Let them be as chaff before the wind; let the angel of the Lord thrust them away.[3] That Your beloved ones may be delivered, help with Your right hand and answer me.[4] Do it for the sake of Your Name; do it for the sake of Your right hand; do it for the sake of Your Torah; do it for the sake of Your holiness. May the words of my mouth and the meditation of my heart be acceptable before You, Lord, my Strength and my Redeemer.[5] He who makes the peace in His heavens, may He make peace for us and for all Israel; and say, Amen.

יהי May it be Your will, Lord our God and God of our fathers, that the Bet Hamikdash be speedily rebuilt in our days, and grant us our portion in Your Torah.[6]

CHAZZAN'S REPETITION OF THE AMIDAH

The Ark is opened.

אדני My Lord, open my lips, and my mouth shall declare Your praise.[7]

ברוך Blessed are You, Lord our God and God of our fathers, God of Abraham, God of Isaac and God of Jacob, the great, mighty and awesome God, exalted God, who bestows bountiful kindness, who creates all things, who remembers the piety of the Patriarchs, and who, in love, brings a redeemer to their children's children, for the sake of His Name.

מסוד [With words] based upon the teachings of the wise and the understanding and the knowledge acquired from the discerning, I open my mouth in prayer and in supplication, to beseech and implore the countenance of the King who forgives and pardons iniquity.

אימך I am awe-stricken as I offer supplication, as I bend the knee in my mission on behalf of Your people; You who has taken me out from the womb, illuminate my darkness; let me speak eloquently, lead me in Your truth. Teach me to pour forth pleasing words of prayer; shelter me in Your shadow

1. Deuteronomy 29:28. 2. V. Isaiah 44:2. Deuteronomy 33:5, 26. Ramban, Deuteronomy 7:12. 3. Psalms 35:5. 4. Ibid. 60:7, 108:7. 5. Ibid. 19:15. 6. Pirke Avot 5:20 7. Psalms 51:17.

לְקָרֵב. זַעַק יוֹפַק בְּכִוּוּן קֶרֶב. חַלּוֹתִי פָנֶיךָ וְצִדְקָתְךָ תְקָרֵב: טְהוֹר עֵינַיִם מְאֹד נַעֲלָה. יְדַעְנִי בֵּין עֶרֶךְ תְּפִלָּה. כַּדָּת לְחַנֵּן בְּלִי תִפְלָה. לְהַמְצִיא לְשׁוֹלְחַי אֶרֶךְ וּתְעָלָה: מִפְתַּח שְׂפָתַי תְּבָרֵר וּתְיַשֵּׁר. נִדְבוֹת פִּי רְצֵה וְהַכְשֵׁר. סֵדֶר הֲגִיגִי כְּשַׁי יְתֻשַּׁר. עֶתֶר פִּצְחִי כְּזִילַת חֶשֶׁר: פְּעָמַי הָכֵן פְּצוּתִי מִכֶּשֶׁל. צוּר תְּמוֹךְ אֲשׁוּרַי מֵהִנָּשֵׁל. קוֹמְמֵנִי וְחַזְּקֵנִי מֵרִפְיוֹן וָחֵשֶׁל. רְצוֹת אֲמָרַי וְלֹא אֶכָּשֵׁל: שָׁמְרֵנִי כְּאִישׁוֹן מִפֶּלֶץ וּבְעָתָה. שׁוּר בְּשִׁפְלוּתִי וּלְכָה לִישׁוּעָתָה. תָּחוֹן דִּכְאוּתִי כִּלְחוּזָךְ פַּצְתָּ. תְּרַחֵם עַל בֵּן אֲמָתְךָ:

סוגרין הארון

אִמַּצְתָּ עָשׂוּר לְכִפּוּר תַּמָּה. בּוֹ לְצַחְצֵחַ צֵאוּי כְּתָמָה. גָּהוֹץ צַחֲנָתָהּ עֲוִיָּהּ לְהָתֵמָּה. דִּינָהּ לְהָאִיר לְתֶחִי לְחָתְמָה: הוּחֲרָדָה מִתֶּקַע יוֹם תְּרוּעָה. וּדְבָרִים קָחָה סַרְעַף לְקָרְעָה. זֶה אֵלִי לְצֶדֶק הַכְרִיעָה. חַי חַי יוֹדוּךָ בְּהָרִיעָה: טַפֶּיהָ וִישִׁישֶׁיהָ בְּעִנּוּי עֲיֵפִים. יְצִיגָתָם שׁוּר בְּיָחֵף יְחֵפִים. כֻּלָּם צָגִים וְלוֹבֶן מוּצְעָפִים. לְאַדֶּרְךָ בַּקּוֹדֶשׁ כִּשְׂרָפִים עָפִים: מָגֵן עֲקָרְמוֹ בָּךְ חוֹסִים. נִשְׁעָנִים בְּתוּמָם וּבְצִלְּךָ חוֹסִים. סְמוּכִים בִּבְרִית שְׁלֹשֶׁת יְחוּסִים. עוֹדְדֵם הֱיוֹת שׁוֹטְנֵימוֹ הֲסִים: פְּנֵה בְּצִדְקַת אָת מֵעֵבֶר. צֹאנְךָ תַּחַת שֵׁבֶט כְּהַעֲבֵר. קַדֵּם רַחֲמֶיךָ בְּלִי הִתְעַבֵּר. רַחֵם עַל פֶּשַׁע עוֹבֵר: שֶׁמֶץ זְדוֹנָם תְּכַבֵּס וּתְטַהֵר. שַׁוְעָם קְשׁוֹב וְאַל תְּאַחֵר: חזן תְּמוּכֵי יְמִינְךָ פְּנֵיהֶם נַהֵר. תְּעָתוּעַ חֶטְאָם תְּכַפֵּר לְטַהֵר:

כַּצָּהֳרַיִם מִשְׁפָּטֵנוּ הָאֵר. חוֹכֶיךָ לְטוּב תַּשְׁאֵר: חזן צַדְּקֵנוּ תְּחַפֵּשׂ וּתְבָאֵר. בְּמָגִנְּךָ נִתְגּוֹנֵן לְהִתְפָּאֵר:

זָכְרֵנוּ לְחַיִּים מֶלֶךְ חָפֵץ בַּחַיִּים. וְכָתְבֵנוּ בְּסֵפֶר הַחַיִּים. לְמַעַנְךָ אֱלֹהִים חַיִּים: מֶלֶךְ עוֹזֵר וּמוֹשִׁיעַ וּמָגֵן: בָּרוּךְ אַתָּה יְהוָֹה מָגֵן אַבְרָהָם:

אַתָּה גִּבּוֹר לְעוֹלָם אֲדֹנָי. מְחַיֵּה מֵתִים אַתָּה רַב לְהוֹשִׁיעַ: מוֹרִיד הַטָּל: מְכַלְכֵּל חַיִּים בְּחֶסֶד מְחַיֵּה מֵתִים בְּרַחֲמִים רַבִּים. סוֹמֵךְ נוֹפְלִים וְרוֹפֵא חוֹלִים וּמַתִּיר אֲסוּרִים וּמְקַיֵּם אֱמוּנָתוֹ לִישֵׁנֵי עָפָר: מִי כָמוֹךָ בַּעַל גְּבוּרוֹת וּמִי דּוֹמֶה לָּךְ מֶלֶךְ מֵמִית וּמְחַיֶּה וּמַצְמִיחַ יְשׁוּעָה:

קהל נֶפֶשׁ נַעֲנָה תְּבַשֵּׂר סְלִיחָה. פַּלְטֵם מֵעוֹמֶק שׁוּחָה: חזן מִתְקוֹמְמֵנוּ יְהוּ כְּסוּחָה. הַחֲיֵנוּ בְּטַל אֱמוּנָתְךָ לְשׁוּחֲחָה:

so as to draw me near; [hear] my cry which issues from my innermost being; I implore You to [exercise and] bring near Your righteousness. O You who are of pure eyes and greatly exalted, grant me knowledge to understand how to set forth my prayer, how to entreat You properly, without fault, so as to procure healing and cure for those who have sent me. Make the utterance of my lips clear and direct; accept with favor and approve of the offerings of my mouth; reckon the arrangement of my words as a gift-offering, my opening plea as a drink-offering. Steady my steps and keep me from stumbling; O Rock, support my feet lest they falter; hold me erect and strengthen me that I shall not be weak or faint; find favor with my words that I shall not stumble. Preserve me as the apple of the eye from dread and terror; regard my lowly state and come to my aid; be gracious to the downtrodden as You have declared to the Prophet; have compassion upon [Israel,] the son You have taken as Your own.

The Ark is closed.

אמצת You have established the tenth day [of Tishrei] for atonement for [Israel,] the flawless people, thereon to purge the stain of their impurity, to cleanse their foulness, to make an end to their iniquities, so that their judgment be brought to light and be sealed for life. Frightened by the *shofar*-blast of Rosh HaShanah, they utter words of confession to rend the heart; O my God, tip the scale of judgment toward righteousness, so that all living creatures may extoll You with jubilation. Their young and old are faint from fasting, behold how they stand barefoot [before You]; they all stand robed in white, to glorify You in holiness like flying *seraphim*. In You they trust, O Shield [of Abraham] their root; they rely on the merit of [their ancestors,] the perfect ones, and take refuge in Your protective shade; they depend on the covenant of the three distinguished forefathers; strengthen them so that their adversaries be silenced. Turn to the righteousness of [Abraham] who came from the other side [of the river Euphrates]; when You make Your flock to pass under the staff, let Your mercy come toward them without being angry, O Merciful One, who forgives transgression. Cleanse and purify the blemish of their deliberate transgression; hearken to their cry and do not delay. *Chazzan:* Lighten the face of those who are supported by Your right hand; grant atonement for the error of their sin so as to purify them.

כצהרים Let our judgment shine forth like the noonday sun; preserve for good those who place their hope in You. *Chazzan:* Seek out and make clear our righteousness, let us be shielded in Your protective shield so as to be glorified.

זכרנו Remember us for life, King who desires life; inscribe us in the Book of Life, for Your sake, O living God.

מלך O King, [You are] a helper, a savior and a shield. Blessed are You Lord, Shield of Abraham.

אתה You are mighty forever, my Lord; You resurrect the dead; You are powerful to save. You cause the dew to descend.

מכלכל He sustains the living with lovingkindness, resurrects the dead with great mercy, supports the falling, heals the sick, releases the bound, and fulfills His trust to those who sleep in the dust. Who is like You, mighty One! And who can be compared to You, King, who brings death and restores life, and causes deliverance to spring forth!

נפש *Cong:* Bring good tidings of pardon to those who afflict themselves [by fasting]; deliver them from the depth of the abyss. *Chazzan:* Let those who rise against us be extirpated; revive us with dew, that we may proclaim Your faithfulness.

חו"ק עַד יוֹם מוֹתוֹ. תְּחַכֶּה לוֹ לִתְשׁוּבָה. לְהַנְטוֹתוֹ לִתְחִיָּה:

מִי כָמוֹךָ אָב הָרַחֲמָן. זוֹכֵר יְצוּרָיו לְחַיִּים בְּרַחֲמִים: וְנֶאֱמָן אַתָּה לְהַחֲיוֹת מֵתִים:
בָּרוּךְ אַתָּה יְהוָֹה מְחַיֵּה הַמֵּתִים:

יִמְלוֹךְ יְהוָֹה לְעוֹלָם אֱלֹהַיִךְ צִיּוֹן לְדוֹר וָדוֹר הַלְלוּיָהּ:
וְאַתָּה קָדוֹשׁ יוֹשֵׁב תְּהִלּוֹת יִשְׂרָאֵל אֵל נָא:

פותחין הארון

אַתָּה הוּא אֱלֹהֵינוּ: בַּשָּׁמַיִם וּבָאָרֶץ:
גִּבּוֹר וְנַעֲרָץ: דָּגוּל מֵרְבָבָה:
הוּא שָׂח וַיֶּהִי: וְצִוָּה וְנִבְרָאוּ:
זִכְרוֹ לָנֶצַח: חַי עוֹלָמִים:
טְהוֹר עֵינַיִם: יוֹשֵׁב סֵתֶר:
כִּתְרוֹ יְשׁוּעָה: לְבוּשׁוֹ צְדָקָה:
מַעֲטֵהוּ קִנְאָה: נֶאְפָּד נְקָמָה:
סִתְרוֹ יוֹשֶׁר: עֲצָתוֹ אֱמוּנָה:
פְּעֻלָּתוֹ אֱמֶת: צַדִּיק וְיָשָׁר:
קָרוֹב לְקוֹרְאָיו בֶּאֱמֶת: רָם וּמִתְנַשֵּׂא:
שׁוֹכֵן שְׁחָקִים: תּוֹלֶה אֶרֶץ עַל בְּלִימָה:

חו"ק חַי וְקַיָּם נוֹרָא וּמָרוֹם וְקָדוֹשׁ:

מוגרין הארון

יו"ק אָנָּא סְלַח נָא. פֶּשַׁע וְעָוֹן שָׂא נָא. וְכֹחֲךָ יִגְדַּל נָא. קָדוֹשׁ:
חו"ק אָנָּא רַחוּם כַּפֵּר. עֲוֹן צֹאנְךָ (צָגִים) תְּהִלָּתְךָ לְסַפֵּר.
וְיוּחָקוּ לְחַיִּים טוֹבִים בַּסֵּפֶר קָדוֹשׁ:

חזן מוֹרֶה חַטָּאִים סָלוּל לְהִתְהַלֵּךְ. מְלַמֵּד לְהַדְרִיכִי בְּדֶרֶךְ אֵלֵךְ:
קהל אֲרוֹמִמְךָ אֱלֹהַי הַמֶּלֶךְ:
חזן שַׁחַר וְנֶשֶׁף אֵיחַד לְהַמְלִיכָךְ. שׁוֹכֵן עַד וְאֵין כְּעֶרְכָּךְ:
קהל בְּכָל יוֹם אֲבָרְכֶךָּ:
חזן לְבִי חָרֵד עֲבוֹדָתְךָ לְתַמּוֹד. לְהַעֲרִיץ קְדֻשָּׁתְךָ בְּמִשְׁמַר אֶעֱמוֹד:
קהל גָּדוֹל יְהוָֹה וּמְהֻלָּל מְאֹד:

אָנָּא סְלַח נָא. פֶּשַׁע וְעָוֹן שָׂא נָא. וְכֹחֲךָ יִגְדַּל נָא קָדוֹשׁ:

חזן מְיַחֲלִים לְחַסְדְּךָ זֶרַע עֲמוּסֶיךָ. מַלֵּא מִשְׁאֲלוֹתָם וְיִשְׂמְחוּ חוֹסֶיךָ:
קהל דּוֹר לְדוֹר יְשַׁבַּח מַעֲשֶׂיךָ:

עד *Chazzan and Cong:* Until the day of man's death You wait for him to repent, to turn him to [the path of] life.

מי Who is like You, merciful Father, who in compassion remembers His creatures for life. You are trustworthy to revive the dead. Blessed are You Lord, who revives the dead.

ימלוך The Lord shall reign forever; your God, O Zion, throughout all generations. Praise the Lord.[1]

ואתה And You, holy One, are enthroned upon the praises of Israel;[2] O benevolent God!

The Ark is opened.

[The following is recited by the Chazzan and Congregation responsively.]

אתה You are our God — In Heaven and on earth,
He is mighty and awesome; — He is distinguished among myriads [of angels],
He spoke and it came to be; — He commanded and they were created,
His remembrance is eternal; — He lives forever,
His eyes are pure; — He is enthroned in mystery,
His crown is salvation; — Righteousness is His garment,
His cloak is zeal; — He is girded with retribution,
His mysterious ways are just; — His counsel is trustworthy,
His deeds are truth; — He is righteous and just,
He is close to those who call upon Him in truth; — He is sublime and exalted,
He abides in the heavens; — He suspends the earth in empty space.

Chazzan and Congregation:

חי He is living and eternal, awesome, exalted and holy.

The Ark is closed.

אנא סלח *Chazzan and Cong:* Pardon, we beseech You, forgive transgression and iniquity; and may Your power [of forbearance] increase; O holy One.

אנא רחום *Chazzan and Cong:* O merciful One, we beseech You, grant atonement for the iniquity of those who stand [before You] to recount Your praise; and may they be inscribed for a happy life in the Book [of Life]; O holy One.

מורה *Chazzan:* You instruct sinners in the path in which to walk; You teach me the way in which I should go —

Cong: I, [therefore,] will exalt You, my God the King.

Chazzan: Morning and evening I affirm Your Oneness, proclaiming Your sovereignty; You abide for eternity and there is none comparable to You —

Cong: Every day I will bless You.

Chazzan: My heart is eager to continually do Your service; I stand watch to adore Your holiness — *Cong:* The Lord is great and exceedingly exalted.

Pardon, we beseech You, forgive transgression and iniquity, and may Your power [of forbearance] increase; O holy One.

Chazzan: The offspring of those borne by You hope for Your kindness; grant their requests and let those who place their trust in You rejoice —

Cong: One generation to another will laud Your works.

---

1. Psalms 146:10. 2. Ibid. 22:4.

חזן בְּחִלּוּי וָצוֹם נָשִׁים לְעֶבְדֶךָ . בְּרוּאִים כִּי הֵם לִכְבוֹדֶךָ :
קהל הֲדַר כְּבוֹד הוֹדֶךָ :

חזן יְקָר מַלְכוּתְךָ בְּרַעַד יַאֲמִירוּ . יִחוּדְךָ בְּזָר לֹא יָמִירוּ :
קהל וֶעֱזוּז נוֹרְאוֹתֶיךָ יֹאמֵרוּ :

אָנָּא רַחוּם כַּפֵּר . עֲוֹן צָגִים תְּהִלָּתְךָ לְסַפֵּר . וְיוּחְקוּ לְחַיִּים טוֹבִים בְּסֵפֶר קָדוֹשׁ :

חזן רוֹן פְּגִיעוֹת לְפָנֶיךָ יַרְבִּיעוּ . רַחֵשׁ הִלּוּלְךָ בְּיוֹם יַשְׁבִּיעוּ :
קהל זֵכֶר רַב טוּבְךָ יַבִּיעוּ :

חזן בּוֹקֶר אֶעֱרָךְ לְךָ חִנּוּנַי . בִּפְנוֹת עֶרֶב תִּמְחֶה זְדוֹנַי :
קהל חַנּוּן וְרַחוּם יְהוָה :

חזן יָהּ צוּר כּוֹפֶר אֶשְׁכּוֹל . יִכְבּוֹשׁ עֲוֹנֵינוּ וְיֹאמְרוּ הַכֹּל :
קהל טוֹב יְהוָה לַכֹּל :

אָנָּא סְלַח נָא . פֶּשַׁע וְעָוֹן שָׂא נָא . וְכֹחֲךָ יִגְדַּל נָא . קָדוֹשׁ :

חזן קוֹמֵם אוֹן קִרְיַת מְשׂוֹשֶׂךָ . קֹדֶשׁ אַבְנֵי נֵזֶר בְּנוֹסְסֶךָ :
קהל יוֹדוּךָ יְהוָה כָּל מַעֲשֶׂיךָ :

חזן לְוִיֶּיךָ וַחֲסִידֶיךָ בְּנוֹעַם יְזַמֵּרוּ . לְבוּשֵׁי שְׂרָד רֶקַח יִתַּמֵּרוּ :
קהל כְּבוֹד מַלְכוּתְךָ יֹאמֵרוּ :

חזן וּשְׁתוּלִים בְּנָוְךָ יַפְרִיחוּ בְּחַצְרוֹתָיו . וִינוּבוּן בְּשֵׂיבָה דְּשֵׁנִים בְּטִירוֹתָיו :
קהל לְהוֹדִיעַ לִבְנֵי הָאָדָם גְּבוּרוֹתָיו :

אָנָּא רַחוּם כַּפֵּר . עֲוֹן צָגִים תְּהִלָּתְךָ לְסַפֵּר . וְיוּחְקוּ לְחַיִּים טוֹבִים בְּסֵפֶר . קָדוֹשׁ :

חזן נִצְחָךְ יְנַגְּנוּ תְּמִימִים וּשְׁלֵמִים . נִשְׁאָךְ כִּסְאָךְ בְּבֵית עוֹלָמִים :
קהל מַלְכוּתְךָ מַלְכוּת כָּל עוֹלָמִים :

חזן יַחַד בְּכַנְּסְךָ לְשִׁכְנָךְ גְּאוּלִים . יַלְבִּישׁוּךְ עוֹז כְּעוֹבְרֵי גַלִּים :
קהל סוֹמֵךְ יְהוָה לְכָל הַנּוֹפְלִים :

חזן מַבִּיעֵי טוּבְךָ בְּוַעַד יִתְחַבֵּרוּ . מֵחִים חֲשׁוּב תַּחַן יְדַבֵּרוּ :
קהל עֵינֵי כֹל אֵלֶיךָ יְשַׂבֵּרוּ :

אָנָּא סְלַח נָא . פֶּשַׁע וְעָוֹן שָׂא נָא . וְכֹחֲךָ יִגְדַּל נָא . קָדוֹשׁ :

חזן וִדּוּיָם יְנוּחַת כְּשַׁי עָדֶיךָ . וִישׁוּלַם פָּרִים אֶרֶשׁ עָדֶיךָ :
קהל פּוֹתֵחַ אֶת יָדֶךָ :

חזן סֶלָה בְּרַחֲמָיו יָצִיץ מֵחֲרַכָּיו . סְלוֹחַ יַרְבֶּה לְעַם מְבוֹרָכָיו :
קהל צַדִּיק יְהוָה בְּכָל דְּרָכָיו :

חזן חִין יֶשַׁע מְגִוּי מְקוֹרָאָיו . חוּן יָחוֹן קוֹרְאֵי מִקְרָאָיו :

Chazzan: With supplication and fasting they approach to serve You, for they were created for Your glory —

Cong: The splendor of Your glorious majesty.

Chazzan: With awe they extol the splendor of Your kingship; they will not exchange belief in Your Oneness for belief in anything else —

Cong: They will proclaim the might of Your awesome acts.

O Merciful One, we beseech You, grant atonement for the iniquity of those who stand [before You] to recount Your praise; and may they be inscribed for a happy life in the Book [of Life]; O holy One.

Chazzan: A fourfold service they chant before You; with expressions of Your praise they satiate You this day —

Cong: They will express the remembrance of Your abounding goodness.

Chazzan: In the morning, I arrange my prayer before You; toward evening erase my willful sins — *Cong:* The Lord is gracious and compassionate.

Chazzan: God, the Rock, the "Pardoner who possesses all,"[1] may He suppress our iniquities so that all may proclaim — *Cong:* The Lord is good to all.

Pardon, we beseech You, forgive transgression and iniquity; and may Your power [of forbearance] increase; O holy One.

Chazzan: You will re-establish [Jerusalem,] the desirable city of Your rejoicing, when You will elevate [Israel,] the holy "crown-jewels" —

Cong: Lord, all Your works will give thanks to You.

Chazzan: Your Levi'im and Your pious ones will sing sweetly; [Kohanim] garbed in their vestments will cause the smoke of the incense-offering to ascend — *Cong:* They will declare the glory of Your kingship.

Chazzan: Those planted in Your dwelling-place shall blossom in its courtyards; they shall be fruitful in old age, full of sap in His palaces —

Cong: To make known to men His mighty acts.

O merciful One, we beseech You, grant atonement for the iniquity of those who stand [before You] to recount Your praise; and may they be inscribed for a happy life in the Book [of Life]; O holy One.

Chazzan: The sincere and perfect ones shall sing of Your victory, when You will establish Your Throne in the everlasting House —

Cong: Your kingship is a kingship over all worlds.

Chazzan: When You will gather together the redeemed to Your dwelling-place, they will garb You with majesty as did those who passed through the waves of the sea — *Cong:* The Lord supports all who fall.

Chazzan: Those who join together in assembly to express Your goodness — reckon the supplication they utter as an offering of fatlings —

Cong: The eyes of all look expectantly to You.

Pardon, we beseech You, forgive transgression and iniquity; and may Your power [of forbearance] increase; O holy One.

Chazzan: May their confession be like a pleasing offering for You, and may the uttered prayer of those who attest [to Your Oneness] be accounted in place of a sacrifice of bullocks — *Cong:* You open Your hand.

Chazzan: In His mercy, may He ever look down from the apertures of heaven and increase pardon for the people He has blessed —

Cong: The Lord is righteous in all His ways.

Chazzan: May He turn to the prayer of the nation whom He called [Israel]; may He be gracious to those who convoke His holy assemblies —

1. Cf. Song of Songs 1:14. Shabbat 88b.

קהל קָרוֹב יְהוָה לְכָל קוֹרְאָיו:

אָנָא רַחוּם כַּפֵּר. עֲוֹן צָנִים תְּהִלָּתְךָ לְסַפֵּר. וְיוֹחֲקוּ לְחַיִּים טוֹבִים בַּסֵּפֶר. קָדוֹשׁ:

חזן זֶה אֵלִי פֶּלֶא עוֹשֶׂה. זַעֲקָתֵנוּ יֶרֶץ וְשׂוֹטְנֵינוּ יַעֲסֶה:

קהל רְצוֹן יְרֵאָיו יַעֲשֶׂה:

חזן קוֹוֵי יִתֵּן לְלוֹ מַשְׁלִיךְ יְהָבָיו. קָדוֹשׁ פְּשָׁעֵינוּ יְכַסֶּה בְּאַהֲבָיו:

קהל שׁוֹמֵר יְהוָה אֶת כָּל אֹהֲבָיו:

חזן קַבֵּל צִקּוּנִי כִּבְמִכְלַל יוֹפִי. קוֹלִי תַאֲזִין וְתַצְלִיל דּוֹפִי:

קהל תְּהִלַּת יְהוָה יְדַבֶּר פִּי:

אָנָא סְלַח נָא. פֶּשַׁע וְעָוֹן שָׂא נָא. וְכֹחֲךָ יִגְדַּל נָא. קָדוֹשׁ:

חזן וקהל מֶלֶךְ שׁוֹכֵן עַד. לְבַדְּךָ מְלוֹךְ עֲדֵי עַד. הָאֵל קָדוֹשׁ:

חו"ק מֶלֶךְ מַאֲזִין שַׁוְעָה. לְעַמּוֹ מֵחִישׁ יְשׁוּעָה נוֹרָא וְקָדוֹשׁ:

חו"ק הַיּוֹם יִכָּתֵב. בְּסֵפֶר הַזִּכְרוֹנוֹת. הַחַיִּים וְהַמָּוֶת. אָנָא כַּנָּה. עוּרִי נָא. הִתְעוֹרְרִי נָא. עִמְדִי נָא. הִתְיַצְּבִי נָא. קוּמִי נָא. חַלִּי נָא. בְּעַד הַנֶּפֶשׁ חַנִּי נָא. פְּנֵי דַר עֶלְיוֹן:

וּבְכֵן אִמְרוּ לֵאלֹהִים מַה נּוֹרָא מַעֲשֶׂיךָ:

פותחין   כיוסד ע"פ א"ב בראשי החרוזות   הארון

אִמְרוּ לֵאלֹהִים: אֶרֶךְ אַפַּיִם וּגְדָל כֹּחַ. מֵכִין הָרִים בְּכֹחַ. חֲכַם לֵבָב וְאַמִּיץ כֹּחַ נוֹתֵן לַיָּעֵף כֹּחַ. לָכֵן יִתְגָּאֶה גָּדוֹל אֲדוֹנֵינוּ וְרַב כֹּחַ:

אִמְרוּ לֵאלֹהִים: בּוֹנֶה בַשָּׁמַיִם מַעֲלוֹתָיו. מַשְׁקֶה הָרִים מֵעֲלִיּוֹתָיו. זֵכֶר עָשָׂה לְנִפְלְאוֹתָיו. וְלוֹ נִתְכְּנוּ עֲלִילוֹתָיו. לָכֵן יִתְגָּאֶה הַמְקָרֶה בַמַּיִם עֲלִיּוֹתָיו:

אִמְרוּ לֵאלֹהִים: גֵּאֶה וְגָבוֹהַּ בִּשְׁמֵי מַעְלָה. עוֹטֶה אוֹר כַּשַּׂלְמָה. לוֹ הַגְּבוּרָה וְהַגְּדֻלָּה. וְהָעֹז וְהַמֶּמְשָׁלָה. לָכֵן יִתְגָּאֶה וּמַלְכוּתוֹ בַּכֹּל מָשָׁלָה:

אִמְרוּ לֵאלֹהִים: דָּגוּל מֵרְבָבוֹת קֹדֶשׁ. וְנֶאְדָּר בַּקֹּדֶשׁ. דַּרְכּוֹ בַקֹּדֶשׁ. וּמִשְׁתַּחֲוִים לוֹ בְּהַדְרַת קֹדֶשׁ. לָכֵן

Cong: The Lord is close to all who call upon Him.

O merciful One, we beseech You, grant atonement for the iniquity of those who stand [before You] to recount Your praise; and may they be inscribed for a happy life in the Book [of Life]; O holy One.

Chazzan: This is my God who performs wonders; may He favorably accept our cry and crush our enemies —

Cong: He fulfills the desire of those who fear Him.

Chazzan: May He fulfill the hope of him who casts his burden on Him; may the holy One cover our transgressions with His love —

Cong: The Lord watches over all who love Him.

Chazzan: Accept the outpouring of my lips as in the Bet Hamikdash, the perfection of beauty; hearken to my voice and cast our misdeeds into the deep — *Cong:* My mouth will utter the praise of the Lord.

Pardon, we beseech You, forgive transgression and iniquity; and may Your power [of forbearance] increase; O holy One.

מלך שוכן *Chazzan and Cong:* O King, who abides for eternity, reign alone for all eternity, holy God.

מלך מאזין *Chazzan and Cong:* O King, who hearkens to supplication, may He speedily bring deliverance to His people — Awesome and Holy!

היום *Chazzan and Cong:* On this day, life and death is written in the Book of Remembrance. O Israel, awake, rouse yourself, get up, rise, stand firm, implore, plead for your soul before Him who dwells on high.

And thus extol God: How awesome are Your deeds!

The Ark is opened.

אמרו לאלהים Extol God: He is slow to anger and of great might; He establishes mountains with strength; He is wise of heart and powerfully mighty; He gives strength to the weary. Therefore let Him be glorified — great is our Master and abounding in might.

Extol God: He builds His chambers in the heavens; He waters the mountains from His clouds above; He has made His wonders to be remembered; by Him [all] deeds are reckoned. Therefore, let Him be glorified, He who roofs His heavens with water.

Extol God: He is lofty and exalted in the heavenly heights; He enwraps Himself with light as with a garment; His is the might and the greatness, the power and the dominion. Therefore let Him be glorified, He whose kingship has dominion over all.

Extol God: He is distinguished among the myriads of holy beings; He is majestic in holiness; His way is holiness; they bow down to Him in resplendent holiness. Therefore

יִתְגָּאֶה הֲלִיכוֹת אֵלִי מַלְכִּי בַקֹּדֶשׁ:

אִמְרוּ לֵאלֹהִים: הוֹדוֹ כִּסָּה שָׁמַיִם. רוֹקַע הָאָרֶץ עַל הַמָּיִם. יַרְעֵם מִשָּׁמַיִם. לְקוֹל תִּתּוֹ הֲמוֹן מַיִם בַּשָּׁמַיִם. לָכֵן יִתְגָּאֶה הַנּוֹטֶה כַדֹּק שָׁמָיִם:

אִמְרוּ לֵאלֹהִים: וְכָל בַּשָּׁלִישׁ עֲפַר הָאָרֶץ. יָדוֹ יָסְדָה אָרֶץ. וִימִינוֹ טִפְּחָה שְׁמֵי עֶרֶץ. וְהֶעֱמִידָם בְּלִי פֶרֶץ. לָכֵן יִתְגָּאֶה הַיּוֹשֵׁב עַל חוּג הָאָרֶץ:

אִמְרוּ לֵאלֹהִים: זֹהַר כִּסְאוֹ שְׁבִיבֵי אֵשׁ. מְשָׁרְתָיו לוֹהֲטֵי אֵשׁ. נֹגַהּ לָאֵשׁ וּמַבְרִיק הָאֵשׁ. לְפָנָיו נִמְשָׁכִים נַהֲרֵי אֵשׁ. לָכֵן יִתְגָּאֶה אֵשׁ אוֹכְלָה אֵשׁ:

אִמְרוּ לֵאלֹהִים: חַי עוֹלָמִים: צַר בְּיָהּ עוֹלָמִים. אִוָּה בֵּית עוֹלָמִים. מָכוֹן לְשִׁבְתְּךָ עוֹלָמִים. לָכֵן יִתְגָּאֶה עַתִּיק יוֹמִין:

אִמְרוּ לֵאלֹהִים: טְהוֹר עֵינַיִם. סְבִיבוֹתָיו חַשְׁרַת מַיִם. עָבֵי שְׁחָקִים חֶשְׁכַת מַיִם. טוֹעֲנֵי מֶרְכַּבְתּוֹ גַּבּוֹתָם מְלֵאוֹת עֵינַיִם. לָכֵן יִתְגָּאֶה מִצְוַת יְהוָה בָּרָה מְאִירַת עֵינָיִם:

אִמְרוּ לֵאלֹהִים: יוֹדֵעַ מַה בַּסְּתָרֵי חשֶׁךְ. לֹא יַחְשִׁיךְ מִנּוֹ כָּל חשֶׁךְ. קֵץ שָׂם לַחשֶׁךְ. הוֹפֵךְ לַבֹּקֶר צַלְמָוֶת וְחשֶׁךְ. לָכֵן יִתְגָּאֶה יוֹצֵר אוֹר וּבוֹרֵא חשֶׁךְ:

אִמְרוּ לֵאלֹהִים: כּוֹנֵן כִּסְאוֹ לַמִּשְׁפָּט. מְכוֹן כִּסְאוֹ צֶדֶק וּמִשְׁפָּט. אֱלֹהֵי הַמִּשְׁפָּט. תֹּאחֵז יָדוֹ בַּמִּשְׁפָּט. לָכֵן יִתְגָּאֶה וַיִּגְבַּהּ יְהוָה צְבָאוֹת בַּמִּשְׁפָּט:

אִמְרוּ לֵאלֹהִים: לוֹ יָאֲתָה מְלוּכָה. שׁוֹכֵן עַד וְאֶת דַּכָּא. מֵשִׁיב אֱנוֹשׁ עַד דַּכָּא. וְאוֹמֵר שׁוּבוּ בְּרוּחַ נְמוּכָה. לָכֵן יִתְגָּאֶה כִּי לַיהוָה הַמְּלוּכָה:

אִמְרוּ לֵאלֹהִים: מוֹשֵׁל בִּגְבוּרָתוֹ עוֹלָם. הַכֹּל צָפוּי וְלֹא נֶעְלָם. זֶה שְּׁמוֹ לְעוֹלָם. חַסְדּוֹ מֵעוֹלָם וְעַד עוֹלָם.

let Him be glorified, my God, my King, whose ways are in holiness.

Extol God: His splendor covers the heavens; He spreads forth the earth above the waters; He thunders from the heavens; He gives resounding voice to the great mass of water in the heavens. Therefore let Him be glorified, He who stretches out the heavens as a curtain.

Extol God: He calculated with a measure the dust of the earth; His hand founded the earth; His right hand spanned the mighty heavens; and He made them to stand firmly without a breach. Therefore let Him be glorified, He who dwells [in heaven] which encircles the earth.

Extol God: The splendor of His throne is sparks of fire; His servants are blazing fire, brilliant fire and flashing fire; before Him flow streams of fire. Therefore let Him be glorified, He who is like fire consuming fire.

Extol God: He lives forever; with His holy Name He formed the worlds; He desired the Temple, an everlasting dwelling, an everlasting place for Your abode. Therefore let Him be glorified, the Ancient of Days.

Extol God: His eyes are pure; surrounding Him there is an abundance of water, dense clouds and dark waters; those who bear His chariot — their rims are full of eyes. Therefore let Him be glorified, the Lord whose commandment is clear, enlightening the eyes.

Extol God: He knows what is in the secrets of darkness; no darkness obscures for Him; He puts an end to darkness; He turns the shadow of death and darkness into dawn. Therefore let Him be glorified, He who forms light and creates darkness.

Extol God: He sets His throne for justice; righteousness and justice is the foundation of His throne; He is the God of justice, who holds in His hand [the attribute of] justice. Therefore let Him be glorified — the Lord of hosts who is exalted in justice.

Extol God: Sovereignty is fitting for Him; He dwells in supernal heights as well as with the humble; He turns man to contrition, and He says: Return with a humble spirit. Therefore let Him be glorified, for sovereignty is the Lord's.

Extol God: He rules forever in His might; all is forseen [by Him] and not concealed; His Name is eternal; His kindness is forever and ever.

לָכֵן יִתְגָּאֶה בָּרוּךְ יְהוָה אֱלֹהֵי יִשְׂרָאֵל מִן הָעוֹלָם וְעַד הָעוֹלָם:

אִמְרוּ לֵאלֹהִים: נוֹצֵר חֶסֶד לְאֶלֶף דּוֹר. לוֹחֵם קָמָיו מִדּוֹר דּוֹר. מֵקִים סֻכַּת מְשִׁיחוֹ לִגְדוֹר. הָאוֹר חוֹנֶה עִמּוֹ בְּמָדוֹר. לָכֵן יִתְגָּאֶה זֶה זִכְרוֹ לְדוֹר דּוֹר:

אִמְרוּ לֵאלֹהִים: סוֹבֵל עֶלְיוֹנִים וְתַחְתּוֹנִים. שׁוֹמֵעַ אֶל אֶבְיוֹנִים. מַאֲזִין שִׂיחַ חֲנוּנִים. מַקְשִׁיב שֶׁוַע רְנָנִים: לָכֵן יִתְגָּאֶה אֱלֹהֵי הָאֱלֹהִים וַאֲדוֹנֵי הָאֲדוֹנִים:

אִמְרוּ לֵאלֹהִים: עִזּוּז וְגִבּוֹר אִישׁ מִלְחָמָה. נוֹקֵם לְצָרָיו וּבַעַל חֵמָה. מַכְרִית קָמָיו בִּמְהוּמָה. נוֹהֵם עֲלֵיהֶם בִּנְהִימָה. לָכֵן יִתְגָּאֶה יְהוָה אִישׁ מִלְחָמָה:

אִמְרוּ לֵאלֹהִים: פֹּעַל וְעֹשֶׂה הַכֹּל. בְּיָדוֹ לְגַדֵּל וּלְחַזֵּק לַכֹּל. אֵלָיו יְשַׂבֵּרוּ עֵינֵי כֹל. וְעֵינָיו מְשׁוֹטְטוֹת בַּכֹּל. לָכֵן יִתְגָּאֶה עֶלְיוֹן עַל כֹּל:

אִמְרוּ לֵאלֹהִים: צַדִּיק בְּכָל דְּרָכָיו. יָשָׁר מֵצִיץ מֵחֲרַכָּיו. חָפֵץ בְּעַם מַמְלִיכָיו. יִירָשׁוּ אֶרֶץ מְבוֹרָכָיו. לָכֵן יִתְגָּאֶה בָּרְכוּ יְהוָה מַלְאָכָיו:

אִמְרוּ לֵאלֹהִים: קוֹרֵא הַדּוֹרוֹת מֵרֹאשׁ. מַגִּיד אַחֲרִית מֵרֹאשׁ. בָּחַר בְּעַם דַּלַּת רֹאשׁ. עֻזּוֹ יוֹם יוֹם לִדְרוֹשׁ. לָכֵן יִתְגָּאֶה הַמִּתְנַשֵּׂא לְכֹל לְרֹאשׁ:

אִמְרוּ לֵאלֹהִים: רָם וְנִשָּׂא שׁוֹכֵן עַד. בִּטְחוּ בוֹ עֲדֵי עַד. כְּבוֹדוֹ בְּסוֹד קְדוֹשִׁים וָעֵד. וּלְעַם קְדוֹשׁוֹ נוֹעַד. לָכֵן יִתְגָּאֶה הַמַּבִּיט לָאָרֶץ וַתִּרְעָד:

אִמְרוּ לֵאלֹהִים: שְׁבִילוֹ בְּמַיִם רַבִּים. שָׁמָיו מַרְעִיף רְבִיבִים. שְׁמוֹ מְיַחֲדִים שַׁחַר וַעֲרָבִים. בְּשַׁעַר בַּת רַבִּים. לָכֵן יִתְגָּאֶה יְהוָה צְבָאוֹת יוֹשֵׁב הַכְּרוּבִים:

אִמְרוּ לֵאלֹהִים: תְּהִלָּתוֹ מָלְאָה הָאָרֶץ. מַעֲבִיר כִּלָּיוֹן וְחָרֶץ. מֵשִׁיב אַף וְחָרוֹן וָקֶרֶץ. שֶׁוַע מְחַנְנָיו יֶרֶץ.

Therefore let Him be glorified, the Lord who is blessed, the God of Israel, for all eternity.

Extol God: He preserves kindness for a thousand generations; He wages war against those who rise up against Him from generation to generation; He will restore the tabernacle of His anointed and place a fence around it; light dwells with Him in His abode. Therefore let Him be glorified, He whose remembrance is throughout all generations.

Extol God: He sustains the celestial and terrestrial beings; He hears the destitute; He listens to words of supplication; He hearkens to the cry of prayers. Therefore let Him be glorified, He who is the God of the supernal beings and the Master of the heavenly hosts.

Extol God: He is strong and mighty, the master of war; He brings retribution upon His adversaries and is wrathful; He cuts down His foes in terror, He roars with a mighty roar over them. Therefore let Him be glorified, the Lord who is the Master of war.

Extol God: He has made and brought all things into existence; it is in His hand to grant greatness and strength to all; the eyes of all look expectantly to Him, and His eyes oversee all. Therefore let Him be glorified, He who is exalted above all.

Extol God: He is righteous in all His ways; upright, He looks down from the apertures of heaven; He desires [Israel,] the nation who proclaims Him King; those blessed by Him shall inherit the earth. Therefore let Him be glorified, the Lord who is blessed by His angels.

Extol God: He summons the generations from the beginning; He declares the end from the beginning; He has chosen a people few in number, to search His strength [the Torah] day by day. Therefore let Him be glorified, He who is supreme over all rulers.

Extol God: He is lofty and exalted; He abides for eternity; trust in Him forever and ever; He has placed His glory in the assembly of the holy beings and set [His Divine Presence] among His holy people. Therefore let Him be glorified, He who looks at the earth and it trembles.

Extol God: His path is in mighty waters; He makes raindrops fall from His heavens; morning and evening they affirm the Oneness of His Name at the gates where multitudes congregate. Therefore let Him be glorified, the Lord of hosts who dwells upon the *keruvim.*

Extol God: Praise of Him fills the earth; He removes extirpation and annihilation; He turns away anger, wrath and destruction; He accepts with favor the cry of those who entreat Him.

לָכֵן יִתְגָּאֶה יְהוָה אֲדוֹנֵינוּ מָה אַדִּיר שִׁמְךָ בְּכָל הָאָרֶץ:

וּבְכֵן גְּדוֹלִים מַעֲשֵׂה אֱלֹהֵינוּ:

מיוסד ע״פ א״ב

מַעֲשֵׂה אֱלֹהֵינוּ. אֵין מִי בַּשַּׁחַק יַעֲרָךְ לוֹ. בִּבְנֵי אֵלִים יִדְמֶה לּוֹ. גְּבוֹהִים עָלָה לְמוֹשָׁב לוֹ. דָּרֵי גַיְא כַּחֲגָבִים לְמוּלוֹ. לָכֵן יִתְגָּאֶה הַצּוּר תָּמִים פָּעֳלוֹ:

מַעֲשֵׂה אֱלֹהֵינוּ. הַמְשֵׁל וָפַחַד עִמּוֹ. וְהַרְבֵּה פְדוּת עִמּוֹ. זַעַק וְלַחַשׁ עִמּוֹ. חָשׁ וּמַאֲזִין מִמְּרוֹמוֹ. לָכֵן יִתְגָּאֶה יְהוָה צְבָאוֹת שְׁמוֹ:

מַעֲשֵׂה אֱלֹהֵינוּ. טֶרֶף נָתַן לִירֵאָיו. יוֹבִילוּ שַׁי לְמוֹרָאָיו. כִּתֵּי גְדוּדֵי צְבָאָיו. לֹא יְשׁוּרוּ כְּבוֹד מַרְאָיו. לָכֵן יִתְגָּאֶה הִנֵּה עֵין יְהוָה אֶל יְרֵאָיו:

מַעֲשֵׂה אֱלֹהֵינוּ. מַלְאָכָיו עוֹשֶׂה רוּחוֹת. נִקְדָּשׁ בְּשִׁירוֹת וְתִשְׁבָּחוֹת. סוֹכֵת שְׁפִיכוּת שִׂיחוֹת. עוֹנֶה וּמַעֲמִיד רְוָחוֹת. לָכֵן יִתְגָּאֶה אֱלֹהֵי הָרוּחוֹת:

מַעֲשֵׂה אֱלֹהֵינוּ. פּוֹדֶה מִשַּׁחַת עֲמוּסָיו. צוּר יוֹדֵעַ חוֹסָיו. קָדוֹשׁ מַפְלִיא נִסָּיו. רַחוּם לִמְרַצָּיו וּמַכְעִיסָיו. לָכֵן יִתְגָּאֶה וְרַחֲמָיו עַל כָּל מַעֲשָׂיו: סוגרין הארון

מַעֲשֵׂה אֱנוֹשׁ וְתַחְבּוּלוֹתָיו מְזִמָּה. שִׁבְתּוֹ בְּתוֹךְ מִרְמָה. רְפִידָתוֹ רִמָּה. קְבוּר בִּסְעִיף אֲדָמָה. וְאֵיךְ יִתְגָּאֶה אָדָם לַהֶבֶל דָּמָה: ופותחין כ״ד

אֲבָל מַעֲשֵׂה אֱלֹהֵינוּ. שׁוֹמֵעַ שַׁוְעוֹת. שׁוֹעֶה עֶרֶךְ שׁוּעוֹת. תּוֹרוֹתָיו מְשַׁעַשְׁעוֹת. תַּכְסִיסוֹ כּוֹבַע יְשׁוּעוֹת. לָכֵן יִתְגָּאֶה הָאֵל לָנוּ אֵל לְמוֹשָׁעוֹת:

וּבְכֵן לְנוֹרָא עֲלֵיהֶם בְּאֵימָה יַעֲרִיצוּ:

מיוסד ע״פ א״ב

אֲשֶׁר אֹמֶץ תְּהִלָּתֶךָ: בְּאֵלֵי שַׁחַק. בִּבְרָקֵי נֹגַהּ. בִּגְדוּדֵי גֹבַהּ. בְּדֹמוּמֵי דַקָּה. וּקְדֻשָּׁתְךָ בְּפִיהֶם:

וּרְצִיַּת שֶׁבַח: מֵהוֹמֵי בְרֶגֶשׁ. וְעוֹרְכֵי שֶׁוַע. וְזוֹעֲקֵי תְּחִנָּה. חוֹכֵי חֲנִינָה. וְהִיא כְבוֹדֶךָ:

Therefore let Him be glorified — O Lord, our Master, how mighty is Your Name throughout the earth!

ובכן And so too, great is the work of our God!

מעשה אלהינו The work of our God: There is none in heaven that compares with Him, nor among the supernal beings that is like Him; He has elevated the lofty heavens to be His dwelling-place; the inhabitants of the earth are as grasshoppers before Him. Therefore let Him be glorified, the Rock, whose deeds are perfect.

The work of our God: Dominion and fear are with Him; abounding deliverance is with Him; from His heavenly heights He hastens to hear the cry and supplication of His people. Therefore let Him be glorified — the Lord of hosts is His Name.

The work of our God: He gives food to those who fear Him; they will bring a gift-offering to Him whose fear is upon them; the numerous bands of His [angelic] hosts cannot behold the glory of His likeness. Therefore let Him be glorified, the Lord whose eye is directed toward those who fear Him.

The work of our God: He makes His winds His messengers; He is sanctified with songs and praises; He pays heed to the outpourings of prayers; He answers and brings forth abounding relief. Therefore let Him be glorified, the God of spirits.

The work of our God: He redeems [Israel,] borne by Him, from going down to the grave; He is the Rock who knows those who trust in Him; He is the holy One who performs wondrous miracles; He shows compassion to those who carry out His will as well as to those who arouse His ire. Therefore let Him be glorified, He whose mercies extend over all His works. *The Ark is closed.*

מעשה אנוש The work of mortal man and his schemes are machinations; he resides in the midst of deceit; his bed is filled with worms when he is buried in the cleft of the earth. How then can man glorify himself when he is like a fleeting breath?

The Ark is immediately re-opened.

אבל But the work of our God: He hears suppliant cry; He turns to prayers offered before Him; His [Written and Oral] Torah bring delight; a helmet of deliverance is His ornament. Therefore let Him be glorified, the God who is for us a God of deliverance.

ובכן And thus in fear they revere the One who inspires awe in them.

אשר Though Your mighty praise is proclaimed by heavenly angels, by [celestial beings] who flash like lightning, by angelic bands of lofty stature, by [supernal beings] of still, soft voices; [the affirmation of] Your sanctity is in their mouths —

ורצית Yet You desire praise from the prayerful throngs [of Israel,] who arrange their pleas before You, who cry out in supplication, who hope for Your graciousness; and this is Your glory.

אֲשֶׁר אֹמֶץ תְּהִלָּתֶךָ : בְּמִסְפְּרֵי טֹהַר בְּיִדְדוּן יְדֻדוּן :
בִּכְרוּבֵי כָבוֹד . בִּלְגְיוֹנֵי לַהַב . וּקְדֻשָּׁתְךָ בְּפִיהֶם :
וְרִצִּיתָ שֶׁבַח : מִמְעוּטֵי יָמִים (נ״א עָמִים) . נְשׁוּיֵי טוֹבָה .
שְׂבֵעֵי רֹגֶז . עֲגוּמֵי נֶפֶשׁ . וְהִיא כְבוֹדֶךָ :
אֲשֶׁר אֹמֶץ תְּהִלָּתֶךָ : בְּפִלְאֵי שְׁמוֹת . בִּצְבָאוֹת עִירִין .
בִּקְדוֹשֵׁי קֶדֶם . בְּרֶכֶב רִבּוֹתַיִם . וּקְדֻשָּׁתְךָ בְּפִיהֶם :
וְרִצִּיתָ שֶׁבַח : מִשּׁוֹקְדֵי דְלָתוֹת . שׁוֹפְכֵי שִׂיחַ . תּוֹבְעֵי
סְלִיחָה . תְּאֵבֵי כַפָּרָה . וְהִיא כְבוֹדֶךָ : סוגרין הארון

וּבְכֵן תְּנוּ עֹז לֵאלֹהִים עַל יִשְׂרָאֵל גַּאֲוָתוֹ :

מוסף ע״פ א״ב
עַל יִשְׂרָאֵל אֱמוּנָתוֹ . עַל יִשְׂרָאֵל בִּרְכָתוֹ . עַל יִשְׂרָאֵל גַּאֲוָתוֹ . עַל
יִשְׂרָאֵל דִּבְרָתוֹ . עַל יִשְׂרָאֵל הַדְרָתוֹ . עַל יִשְׂרָאֵל וְעִידָתוֹ . עַל
יִשְׂרָאֵל זְכִירָתוֹ . עַל יִשְׂרָאֵל חֶמְלָתוֹ . עַל יִשְׂרָאֵל טָהֳרָתוֹ . עַל
יִשְׂרָאֵל יְשָׁרָתוֹ . עַל יִשְׂרָאֵל כְּנָתוֹ . עַל יִשְׂרָאֵל לְאֻמָּתוֹ . עַל יִשְׂרָאֵל
מַלְכוּתוֹ . עַל יִשְׂרָאֵל נְעִימָתוֹ . עַל יִשְׂרָאֵל סְגֻלָּתוֹ . עַל יִשְׂרָאֵל
עֲדָתוֹ . עַל יִשְׂרָאֵל פְּעֻלָּתוֹ . עַל יִשְׂרָאֵל צִדְקָתוֹ . עַל יִשְׂרָאֵל קְדֻשָּׁתוֹ .
עַל יִשְׂרָאֵל רוֹמְמוּתוֹ : חזן עַל יִשְׂרָאֵל שְׁכִינָתוֹ . עַל יִשְׂרָאֵל תִּפְאַרְתּוֹ :

וּבְכֵן נַאְדִּרְךָ חַי עוֹלָמִים : (נ״א ובכן נאדר לחי עולמים)

פותחין הארון

הָאַדֶּרֶת וְהָאֱמוּנָה לְחַי עוֹלָמִים :
הַבִּינָה וְהַבְּרָכָה לְחַי עוֹלָמִים :
הַגַּאֲוָה וְהַגְּדֻלָּה לְחַי עוֹלָמִים :
הַדֵּעָה וְהַדִּבּוּר לְחַי עוֹלָמִים :
הַהוֹד וְהֶהָדָר לְחַי עוֹלָמִים :
הַוַּעַד וְהַוָּתִיקוּת לְחַי עוֹלָמִים :
הַזִּיו וְהַזּוֹהַר לְחַי עוֹלָמִים :
הַחַיִל וְהַחֹסֶן לְחַי עוֹלָמִים :
הַטֶּכֶס וְהַטּוֹהַר לְחַי עוֹלָמִים :
הַיִּחוּד וְהַיִּרְאָה לְחַי עוֹלָמִים :
הַכֶּתֶר וְהַכָּבוֹד לְחַי עוֹלָמִים :
הַלֶּקַח וְהַלִּבּוּב לְחַי עוֹלָמִים :
הַמְּלוּכָה וְהַמֶּמְשָׁלָה לְחַי עוֹלָמִים :
הַנּוֹי וְהַנֵּצַח לְחַי עוֹלָמִים :
הַסִּגּוּי וְהַשֶּׂגֶב לְחַי עוֹלָמִים :
הָעֹז וְהָעֲנָוָה לְחַי עוֹלָמִים :
הַפְּדוּת וְהַפְּאֵר לְחַי עוֹלָמִים :
הַצְּבִי וְהַצֶּדֶק לְחַי עוֹלָמִים :
הַקְּרִיאָה וְהַקְּדֻשָּׁה לְחַי עוֹלָמִים :
הָרוֹן וְהָרוֹמֵמוּת לְחַי עוֹלָמִים :
הַשִּׁיר וְהַשֶּׁבַח לְחַי עוֹלָמִים :
הַתְּהִלָּה וְהַתִּפְאֶרֶת לְחַי עוֹלָמִים :

סוגרין הארון .

אשר Though Your mighty praise is proclaimed by [supernal] princes of purity, by swiftly-moving angelic messengers, by glorious *keruvim*, by fiery legions; [the affirmation of Your] sanctity is in their mouths —

ורצית Yet You desire praise from [mortal men] whose years are few,[1] who have forgotten good fortune, who are surfeited with anguish, whose souls are grieved; and this is Your glory.

אשר Though Your mighty praise is proclaimed by [celestial beings] whose names are inscrutable, by hosts of angels, by ancient holy beings, by many myriads of chariots; [the affirmation of Your] sanctity is in their mouths —

ורצית Yet You desire praise from [Israel] who hasten to Your gates, who pour out words of prayer, who seek pardon, who long for atonement; and this is Your glory.

The Ark is closed.

ובכן And thus ascribe might to God whose majesty is over Israel.

על Faith in Him is in the people of Israel; His blessing is upon Israel; His majesty is upon Israel; His word is for Israel; His splendor is upon Israel; His convocation is with Israel; His remembrance is upon Israel; His mercy is upon Israel; His purity is upon Israel; His uprightness is upon Israel; His vineyard is Israel; His nation is Israel; His sovereignty is upon Israel; His pleasantness is upon Israel; His beloved treasure is Israel; His community is Israel; His handiwork is Israel; His righteousness is upon Israel; His holiness is upon Israel; His granduer is upon Israel; *Chazzan:* His Divine Presence is upon Israel; His glory is upon Israel.

ובכן And so we will glorify You who lives forever.

The Ark is opened.

האדרת Power and trustworthiness — to Him who lives forever;
Understanding and blessing — to Him who lives forever;
Grandeur and greatness — to Him who lives forever;
Knowledge and speech — to Him who lives forever;
Majesty and splendor — to Him who lives forever;
Convocation and zealousness — to Him who lives forever;
Resplendence and radiance — to Him who lives forever;
Valor and might — to Him who lives forever;
Adornment and purity — to Him who lives forever;
Oneness and awe — to Him who lives forever;
Crown and honor — to Him who lives forever;
Torah and perception — to Him who lives forever;
Kingship and dominion — to Him who lives forever;
Beauty and victory — to Him who lives forever;
Supremacy and transcendence — to Him who lives forever;
Strength and humility — to Him who lives forever;
Redemption and magnificence — to Him who lives forever;
Glory and righteousness — to Him who lives forever;
Invocation and sanctity — to Him who lives forever;
Song and exaltation — to Him who lives forever;
Chant and praise — to Him who lives forever;
Adoration and grace — to Him who lives forever.

The Ark is closed.

1. Alternate version: of the nation who is few in number.

חו"ק לְיוֹשֵׁב תְּהִלּוֹת . לְרוֹכֵב עֲרָבוֹת . קָדוֹשׁ וּבָרוּךְ :
וּבְכֵן שְׂרָפִים עוֹמְדִים מִמַּעַל לוֹ :
חו"ק זֶה אֵל זֶה שׁוֹאֲלִים . אַיֵּה אֵל אֵלִים . אָנָה שׁוֹכֵן מְעוּלִים .
וְכֻלָּם מַעֲרִיצִים וּמַקְדִּישִׁים וּמְהַלְלִים :

ש"ח וּבְכֵן לְךָ הַכֹּל יַכְתִּירוּ :

פותחין הארון.

לְאֵל עוֹרֵךְ דִּין : לְבוֹחֵן לְבָבוֹת בְּיוֹם דִּין :
לְגוֹלֶה עֲמוּקוֹת בַּדִּין : לְדוֹבֵר מֵישָׁרִים בְּיוֹם דִּין :
לְהוֹגֶה דֵעוֹת בַּדִּין : לְוָתִיק וְעֹשֶׂה חֶסֶד בְּיוֹם דִּין :
לְזוֹכֵר בְּרִיתוֹ בַּדִּין : לְחוֹמֵל מַעֲשָׂיו בְּיוֹם דִּין :
לְטַהֵר חוֹסָיו בַּדִּין : לְיוֹדֵעַ מַחֲשָׁבוֹת בְּיוֹם דִּין :
לְכוֹבֵשׁ כַּעְסוֹ בַּדִּין : לְלוֹבֵשׁ צְדָקוֹת בְּיוֹם דִּין :
לְמוֹחֵל עֲוֹנוֹת בַּדִּין : לְנוֹרָא תְהִלּוֹת בְּיוֹם דִּין :
לְסוֹלֵחַ לַעֲמוּסָיו בַּדִּין : לְעוֹנֶה לְקוֹרְאָיו בְּיוֹם דִּין :
לְפוֹעֵל רַחֲמָיו בַּדִּין : לְצוֹפֶה נִסְתָּרוֹת בְּיוֹם דִּין :
לְקוֹנֶה עֲבָדָיו בַּדִּין : לְרַחֵם עַמּוֹ בְּיוֹם דִּין :
לְשׁוֹמֵר אֹהֲבָיו בַּדִּין : לְתוֹמֵךְ תְּמִימָיו בְּיוֹם דִּין :

סוגרין הארון.

וּבְכֵן וּלְךָ תַעֲלֶה קְדֻשָּׁה . כִּי אַתָּה אֱלֹהֵינוּ מֶלֶךְ מוֹחֵל וְסוֹלֵחַ :

נַקְדִּישְׁךָ וְנַעֲרִיצְךָ כְּנֹעַם שִׂיחַ סוֹד שַׂרְפֵי קֹדֶשׁ הַמְשַׁלְּשִׁים לְךָ קְדֻשָּׁה כַּכָּתוּב עַל יַד נְבִיאֶךָ וְקָרָא זֶה אֶל זֶה וְאָמַר ׃

קָדוֹשׁ ׀ קָדוֹשׁ קָדוֹשׁ יְהֹוָה צְבָאוֹת מְלֹא כָל־הָאָרֶץ כְּבוֹדוֹ : אָז בְּקוֹל רַעַשׁ גָּדוֹל אַדִּיר וְחָזָק מַשְׁמִיעִים קוֹל ׃ מִתְנַשְּׂאִים לְעֻמַּת הַשְּׂרָפִים לְעֻמָּתָם מְשַׁבְּחִים וְאוֹמְרִים : בָּרוּךְ כְּבוֹד־יְהֹוָה מִמְּקוֹמוֹ : מִמְּקוֹמְךָ מַלְכֵּנוּ תוֹפִיעַ וְתִמְלוֹךְ עָלֵינוּ כִּי מְחַכִּים אֲנַחְנוּ לָךְ מָתַי תִּמְלֹךְ בְּצִיּוֹן בְּקָרוֹב בְּיָמֵינוּ לְעוֹלָם וָעֶד : תִּשְׁכּוֹן תִּתְגַּדַּל וְתִתְקַדַּשׁ בְּתוֹךְ יְרוּשָׁלַיִם עִירְךָ לְדוֹר וָדוֹר וּלְנֵצַח נְצָחִים : וְעֵינֵינוּ תִרְאֶינָה מַלְכוּתֶךָ כַּדָּבָר הָאָמוּר בְּשִׁירֵי עֻזֶּךָ עַל יְדֵי דָוִד מְשִׁיחַ צִדְקֶךָ :
יִמְלֹךְ יְהֹוָה לְעוֹלָם אֱלֹהַיִךְ צִיּוֹן לְדֹר וָדֹר הַלְלוּיָהּ :

ליושב *Chazzan and Cong:* To Him who is enthroned upon praises, who dwells in the heavens, [is said:] Holy and blessed.

ובכן And so *seraphim* stand by Him.

זה *Chazzan and Cong:* They ask one another: Where is God the all-mighty? Where is He who abides in the supernal heights? And they all adore, hallow and praise.

The Ark is opened.

ובכן And thus all crown You as King.

לאל To the Almighty who arranges judgment;

To Him who probes hearts on the day of judgment; to Him who reveals hidden things in judgment;

To Him who speaks justly on the day of judgment; to Him who analyzes attitudes in judgment;

To Him who is benevolent and acts kindly on the day of judgment; to Him who remembers His covenant in judgment;

To Him who has pity on His creatures on the day of judgment; to Him who purifies those who trust in Him in judgment;

To Him who knows [hidden] thoughts on the day of judgment; to Him who suppresses His wrath in judgment;

To Him who garbs Himself in righteousness on the day of judgment; to Him who forgives iniquities in judgment;

To Him who is awesome yet accepts praises on the day of judgment; to Him who pardons those borne by Him, in judgment;

To Him who answers those who call upon Him on the day of judgment; to Him who performs His acts of mercy in judgment;

To Him who beholds what is concealed on the day of judgment; to Him who acquires His servants in judgment;

To Him who has compassion on His people on the day of judgment; to Him who watches over those who love Him in judgment;

To Him who supports His sincere ones on the day of judgment.

The Ark is closed.

ובכן And thus may our *kedushah* ascend to You, for You, our God, are a King who forgives and pardons.

נקדישך We will hallow and adore You as the sweet words of the assembly of the holy *Seraphim* who thrice repeat "holy" unto You, as it is written by Your prophet: And they call one to another and say, *(Cong. and Chazzan:)* "Holy, holy, holy is the Lord of hosts; the whole earth is full of His glory."[1] *(Chazzan:)* Then with a great, mighty and powerful roaring sound, they make their voice heard, and rising toward the *Seraphim,* facing them, offer praise and say, *(Cong. and Chazzan:)* "Blessed be the glory of the Lord from its place."[2] *(Chazzan:)* From Your place, our King, reveal Yourself and reign over us, for we wait for You. When will You reign in Zion? Let it be soon, in our days, forever and ever. May You dwell, be exalted and hallowed within Jerusalem Your city for all generations and to all eternity. May our eyes behold Your kingship, as it is said in the songs to Your majesty by David, Your righteous anointed: *(Cong. and Chazzan:)* The Lord shall reign forever; your God, O Zion, throughout all generations. Praise the Lord.[3]

1. Isaiah 6:3. 2. Ezekiel 3:12. 3. Psalms 146:10.

אַתָּה קָדוֹשׁ וְשִׁמְךָ קָדוֹשׁ וּקְדוֹשִׁים בְּכָל יוֹם יְהַלְלוּךָ סֶּלָה:
לְדוֹר וָדוֹר הַמְלִיכוּ לָאֵל כִּי הוּא לְבַדּוֹ מָרוֹם וְקָדוֹשׁ:

חֲמוֹל עַל מַעֲשֶׂיךָ וְתִשְׂמַח בְּמַעֲשֶׂיךָ. וְיֹאמְרוּ לְךָ חוֹסֶיךָ. בְּצַדֶּקְךָ עֲמוּסֶיךָ. תּוּקְדַּשׁ אָדוֹן עַל כָּל מַעֲשֶׂיךָ: כִּי מַקְדִּישֶׁיךָ בִּקְדֻשָּׁתְךָ (נ״א כְּעֶרְכְּךָ) קִדַּשְׁתָּ. נָאֶה לְקָדוֹשׁ פְּאֵר מִקְּדוֹשִׁים: בְּאֵין מֵלִיץ יוֹשֶׁר מוּל מַגִּיד פֶּשַׁע. תַּגִּיד לְיַעֲקֹב דְּבַר חוֹק וּמִשְׁפָּט. וְצַדְּקֵנוּ בַּמִּשְׁפָּט הַמֶּלֶךְ הַמִּשְׁפָּט:

עוֹד יִזְכּוֹר לָנוּ אַהֲבַת אֵיתָן אֲדוֹנֵינוּ. וּבַבֵּן הַנֶּעֱקַד יַשְׁבִּית מְדַיְּנֵנוּ. וּבִזְכוּת הַתָּם יוֹצִיא אָיוֹם (נ״א הַיּוֹם) לְצֶדֶק דִּינֵנוּ. כִּי קָדוֹשׁ הַיּוֹם לַאֲדוֹנֵינוּ:

וּבְכֵן יִתְקַדַּשׁ שִׁמְךָ יְיָ אֱלֹהֵינוּ עַל יִשְׂרָאֵל עַמֶּךָ וְעַל יְרוּשָׁלַיִם עִירֶךָ, וְעַל צִיּוֹן מִשְׁכַּן כְּבוֹדֶךָ, וְעַל מַלְכוּת בֵּית דָּוִד מְשִׁיחֶךָ, וְעַל מְכוֹנְךָ וְהֵיכָלֶךָ:

וּבְכֵן תֵּן פַּחְדְּךָ יְיָ אֱלֹהֵינוּ עַל כָּל מַעֲשֶׂיךָ, וְאֵימָתְךָ עַל כָּל מַה שֶּׁבָּרָאתָ, וְיִירָאוּךָ כָּל הַמַּעֲשִׂים, וְיִשְׁתַּחֲווּ לְפָנֶיךָ כָּל הַבְּרוּאִים, וְיֵעָשׂוּ כֻלָּם אֲגֻדָּה אֶחָת לַעֲשׂוֹת רְצוֹנְךָ בְּלֵבָב שָׁלֵם. שֶׁיָּדַעְנוּ יְיָ אֱלֹהֵינוּ שֶׁהַשָּׁלְטָן לְפָנֶיךָ, עֹז בְּיָדְךָ, וּגְבוּרָה בִּימִינֶךָ. וְשִׁמְךָ נוֹרָא עַל כָּל מַה שֶּׁבָּרָאתָ:

וּבְכֵן תֵּן כָּבוֹד יְיָ לְעַמֶּךָ, תְּהִלָּה לִירֵאֶיךָ, וְתִקְוָה טוֹבָה לְדוֹרְשֶׁיךָ, וּפִתְחוֹן פֶּה

אתה You are holy and Your Name is holy, and holy beings praise You daily for all eternity.

לדור Through all generations proclaim the kingship of God, for He alone is exalted and holy.

חמול Have mercy upon Your works, and find delight in Your works. When You vindicate [Israel,] the people borne by You, those who put their trust in You shall declare: Be sanctified, Master, over all Your works! For You have sanctified those who hallow You with Your holiness (*Another version:* akin to You). It is fitting to the Holy One, praise from the holy ones. When there is no defender to intercede in our behalf against the Accuser who reports our transgression, You speak for Jacob [and invoke the merit of the observance of] the statutes and ordinances, and vindicate us in judgment, O King of Judgment.

עוד May our Master yet remember in our favor the love of the steadfast Patriarch [Abraham]; for the sake of the son [Isaac] who was bound on the altar, may He silence our Accuser; and in the merit of the perfect one [Jacob], may the Awesome One (*Another version:* He today) bring forth our verdict finding us righteous, for this day is holy to our Master.

ובכן And thus shall Your Name, Lord our God, be sanctified upon Israel Your people, upon Jerusalem Your city, upon Zion the abode of Your glory, upon the kingship of the house of David Your anointed, and upon Your dwelling-place and Your sanctuary.

ובכן And so, Lord our God, instill fear of You upon all that You have made, and dread of You upon all that You have created; and [then] all works will be in awe of You, all the created beings will prostrate themselves before You, and they all will form a single band to carry out Your will with a perfect heart. For we know, Lord our God, that rulership is Yours, strength is in Your [left] hand, might is in Your right hand, and Your Name is awesome over all that You have created.

ובכן And so, Lord our God, grant honor to Your people, glory to those who fear You, good hope to those who seek You, confident speech

לַמְיַחֲלִים לָךְ, שִׂמְחָה לְאַרְצֶךָ, וְשָׂשׂוֹן לְעִירֶךָ, וּצְמִיחַת קֶרֶן לְדָוִד עַבְדֶּךָ, וַעֲרִיכַת נֵר לְבֶן יִשַׁי מְשִׁיחֶךָ, בִּמְהֵרָה בְיָמֵינוּ:

וּבְכֵן צַדִּיקִים יִרְאוּ וְיִשְׂמָחוּ, וִישָׁרִים יַעֲלֹזוּ, וַחֲסִידִים בְּרִנָּה יָגִילוּ, וְעוֹלָתָה תִּקְפָּץ פִּיהָ, וְהָרִשְׁעָה כֻּלָּהּ בְּעָשָׁן תִּכְלֶה, כִּי תַעֲבִיר מֶמְשֶׁלֶת זָדוֹן מִן הָאָרֶץ:

וְתִמְלוֹךְ אַתָּה הוּא יְיָ אֱלֹהֵינוּ לְבַדֶּךָ, עַל כָּל מַעֲשֶׂיךָ, בְּהַר צִיּוֹן מִשְׁכַּן כְּבוֹדֶךָ, וּבִירוּשָׁלַיִם עִיר קָדְשֶׁךָ, כַּכָּתוּב בְּדִבְרֵי קָדְשֶׁךָ: יִמְלֹךְ יְיָ לְעוֹלָם אֱלֹהַיִךְ צִיּוֹן לְדֹר וָדֹר, הַלְלוּיָהּ:

קָדוֹשׁ אַתָּה וְנוֹרָא שְׁמֶךָ, וְאֵין אֱלוֹהַּ מִבַּלְעָדֶיךָ, כַּכָּתוּב: וַיִּגְבַּהּ יְיָ צְבָאוֹת בַּמִּשְׁפָּט, וְהָאֵל הַקָּדוֹשׁ נִקְדַּשׁ בִּצְדָקָה. בָּרוּךְ אַתָּה יְיָ, הַמֶּלֶךְ הַקָּדוֹשׁ:

אַתָּה בְחַרְתָּנוּ מִכָּל הָעַמִּים, אָהַבְתָּ אוֹתָנוּ וְרָצִיתָ בָּנוּ, וְרוֹמַמְתָּנוּ מִכָּל הַלְּשׁוֹנוֹת, וְקִדַּשְׁתָּנוּ בְּמִצְוֹתֶיךָ, וְקֵרַבְתָּנוּ מַלְכֵּנוּ לַעֲבוֹדָתֶךָ וְשִׁמְךָ הַגָּדוֹל וְהַקָּדוֹשׁ עָלֵינוּ קָרָאתָ:

וַתִּתֶּן לָנוּ יְיָ אֱלֹהֵינוּ בְּאַהֲבָה אֶת יוֹם (לשבת הַשַּׁבָּת הַזֶּה וְאֶת יוֹם) הַכִּפֻּרִים הַזֶּה אֶת יוֹם סְלִיחַת הֶעָוֹן הַזֶּה, אֶת יוֹם מִקְרָא קֹדֶשׁ הַזֶּה, (לשבת לִקְדֻשָּׁה וְלִמְנוּחָה) לִמְחִילָה וְלִסְלִיחָה וּלְכַפָּרָה, וְלִמְחָל בּוֹ אֶת כָּל עֲוֹנוֹתֵינוּ (לשבת בְּאַהֲבָה) מִקְרָא קֹדֶשׁ זֵכֶר לִיצִיאַת מִצְרָיִם:

to those who yearn for You, joy to Your land, gladness to Your city, a flourishing of strength to David Your servant, and a setting up of light to the son of Yishai Your anointed, speedily in our days.

ובכן And then the righteous will see and be glad, the upright will rejoice, and the pious will exult in song; injustice will shut its mouth and all wickedness will go up in smoke, when You will remove the rule of evil from the earth.

ותמלוך Lord our God, You are He who alone will reign over all Your works, in Mount Zion the abode of Your glory, in Jerusalem Your holy city, as it is written in Your holy Scriptures: The Lord shall reign forever; your God, O Zion, throughout all generations; praise the Lord.[1]

קדוש Holy are You, awesome is Your Name, and aside from You there is no God, as it is written: The Lord of hosts is exalted in justice and the holy God is sanctified in righteousness.[2] Blessed are You Lord, the holy King.

אתה You have chosen us from among all the nations; You have loved us and found favor with us. You have raised us above all tongues and made us holy through Your commandments. You, our King, have drawn us near to Your service and proclaimed Your great and holy Name upon us.

ותתן And You, Lord our God, have given us in love (*On Shabbat:* this Shabbat day and) this Day of Atonements, this day of pardoning of sin, this day of holy assembly (*On Shabbat:* for sanctity and tranquility,) for forgiveness, pardon, and atonement, to forgive thereon all our wrongdoings, (*On Shabbat:* in love,) a holy assembly, commemorating the Exodus from Egypt.

---

1. Psalms 146:10. 2. Isaiah 5:16.

אֱלֹהֵינוּ וֵאלֹהֵי אֲבוֹתֵינוּ. יַעֲלֶה וְיָבֹא וְיַגִּיעַ. וְיֵרָאֶה וְיֵרָצֶה וְיִשָּׁמַע. וְיִפָּקֵד וְיִזָּכֵר זִכְרוֹנֵנוּ וּפִקְדוֹנֵנוּ. וְזִכְרוֹן אֲבוֹתֵינוּ. וְזִכְרוֹן מָשִׁיחַ בֶּן דָּוִד עַבְדֶּךָ. וְזִכְרוֹן יְרוּשָׁלַיִם עִיר קָדְשֶׁךָ. וְזִכְרוֹן כָּל עַמְּךָ בֵּית יִשְׂרָאֵל לְפָנֶיךָ. לִפְלֵיטָה לְטוֹבָה. לְחֵן וּלְחֶסֶד וּלְרַחֲמִים. וּלְחַיִּים טוֹבִים וּלְשָׁלוֹם. בְּיוֹם (הַשַּׁבָּת הַזֶּה וּבְיוֹם) הַכִּפֻּרִים הַזֶּה. בְּיוֹם סְלִיחַת הֶעָוֹן הַזֶּה. בְּיוֹם מִקְרָא קֹדֶשׁ הַזֶּה. זָכְרֵנוּ יְיָ אֱלֹהֵינוּ בּוֹ לְטוֹבָה. וּפָקְדֵנוּ בוֹ לִבְרָכָה. וְהוֹשִׁיעֵנוּ בוֹ לְחַיִּים טוֹבִים. וּבִדְבַר יְשׁוּעָה וְרַחֲמִים חוּס וְחָנֵּנוּ. וְרַחֵם עָלֵינוּ וְהוֹשִׁיעֵנוּ. כִּי אֵלֶיךָ עֵינֵינוּ. כִּי אֵל מֶלֶךְ חַנּוּן וְרַחוּם אָתָּה:

זְכוֹר רַחֲמֶיךָ יְהוָה וַחֲסָדֶיךָ כִּי מֵעוֹלָם הֵמָּה: אַל תִּזְכָּר לָנוּ עֲוֹנוֹת רִאשׁוֹנִים מַהֵר יְקַדְּמוּנוּ רַחֲמֶיךָ כִּי דַלּוֹנוּ מְאֹד: זָכְרֵנוּ יְהוָה בִּרְצוֹן עַמֶּךָ פָּקְדֵנוּ בִּישׁוּעָתֶךָ: זְכוֹר עֲדָתְךָ קָנִיתָ קֶּדֶם גָּאַלְתָּ שֵׁבֶט נַחֲלָתֶךָ הַר צִיּוֹן זֶה שָׁכַנְתָּ בּוֹ: זְכוֹר יְהוָה חִבַּת יְרוּשָׁלָיִם אַהֲבַת צִיּוֹן אַל תִּשְׁכַּח לָנֶצַח: אַתָּה תָקוּם תְּרַחֵם צִיּוֹן כִּי עֵת לְחֶנְנָהּ כִּי בָא מוֹעֵד: זְכוֹר יְהוָה לִבְנֵי אֱדוֹם אֵת יוֹם יְרוּשָׁלָיִם הָאוֹמְרִים עָרוּ עָרוּ עַד הַיְסוֹד בָּהּ: זְכֹר לְאַבְרָהָם לְיִצְחָק וּלְיִשְׂרָאֵל עֲבָדֶיךָ אֲשֶׁר נִשְׁבַּעְתָּ לָהֶם בָּךְ וַתְּדַבֵּר אֲלֵיהֶם אַרְבֶּה אֶת זַרְעֲכֶם כְּכוֹכְבֵי הַשָּׁמָיִם וְכָל הָאָרֶץ הַזֹּאת אֲשֶׁר אָמַרְתִּי אֶתֵּן לְזַרְעֲכֶם וְנָחֲלוּ לְעוֹלָם: זְכוֹר לַעֲבָדֶיךָ לְאַבְרָהָם לְיִצְחָק וּלְיַעֲקֹב אַל תֵּפֶן אֶל קְשִׁי הָעָם הַזֶּה וְאֶל רִשְׁעוֹ וְאֶל חַטָּאתוֹ:

אַל נָא תָשֵׁת עָלֵינוּ חַטָּאת אֲשֶׁר נוֹאַלְנוּ וַאֲשֶׁר חָטָאנוּ:

חָטָאנוּ צוּרֵנוּ סְלַח לָנוּ יוֹצְרֵנוּ:

קוֹל נָדוֹל כְּהַשְׁמִיעַ לִרְחוּמִים. קַבְּלוּ מַלְכוּתִי מִמְּקוֹרֵי רַחֲמִים. יִזְכּוֹר הַיּוֹם לִסְבִיב מוּתְחָמִים. אֵל מֶלֶךְ יוֹשֵׁב עַל כִּסֵּא רַחֲמִים:

אלהינו Our God and God of our fathers, may there ascend, come and reach, be seen, accepted, and heard, recalled and remembered before You, the remembrance and recollection of us, the remembrance of our fathers, the remembrance of *Mashiach* the son of David Your servant, the remembrance of Jerusalem Your holy city, and the remembrance of all Your people the House of Israel, for deliverance, well-being, grace, kindness, mercy, good life and peace, on this (*On Shabbat:* Shabbat day and this) Day of Atonements, on this day of pardoning of sin, on this day of holy assembly. Remember us on this [day], Lord our God, for good; be mindful of us on this [day] for blessing; help us on this [day] for good life. With the promise of deliverance and compassion, spare us and be gracious to us; have mercy upon us and deliver us; for our eyes are directed to You, for You, God, are a gracious and merciful King.

זכור Lord, remember Your mercies and Your kindnesses, for they have existed for all time.[1] Do not bring to mind our former wrongdoings; let Your mercies come swiftly toward us, for we have been brought very low.[2] Remember us, Lord, when You find favor with Your people; be mindful of us with Your deliverance.[3] Remember Your congregation which You have acquired of old, the tribe of Your heritage which You have redeemed, Mount Zion wherein You have dwelt.[4] Lord, remember the love for Jerusalem; do not forget the love for Zion forever. Arise and have mercy on Zion, for it is time to be gracious to her; the appointed time has come.[5] Remember, Lord, against the Edomites the day of the destruction of Jerusalem, when they said: Raze it, raze it to its very foundation![6] Remember Abraham, Isaac and Israel Your servants, to whom You swore by Your Self and said to them: I will make your descendants as numerous as the stars of heaven and all this land which I promised, I will give to your descendants and they will inherit [it] forever.[7] Remember Your servants, Abraham, Isaac and Jacob; pay no heed to the obstinacy of this people, to its wickedness, or to its sinfulness.[8]

אל נא Do not, we beseech You, reckon for us as a sin that which we have committed in our folly and that which we have sinned.[9]

חטאנו We have sinned, our Rock; pardon us, our Creator.

קול He caused a mighty voice to be heard by His beloved ones: Accept My Kingship, you [who are sustained by Me] from the womb. May He remember this day those who stood behind the boundry set around [Mount Sinai], Almighty God, who sits on the throne of mercy.

1. Psalms 25:6. 2. Ibid. 79:8. 3. Cf. Ibid. 106:4. 4. Ibid. 74:2. 5. Ibid. 102:14. 6. Ibid. 137:7. 7. Exodus 32:13. 8. Deuteronomy 9:27. 9. Numbers 12:11.

חָטָאנוּ צוּרֵנוּ סְלַח לָנוּ יוֹצְרֵנוּ:

זְכוֹר לָנוּ בְּרִית אָבוֹת כַּאֲשֶׁר אָמַרְתָּ. וְזָכַרְתִּי אֶת בְּרִיתִי יַעֲקוֹב וְאַף אֶת בְּרִיתִי יִצְחָק וְאַף אֶת בְּרִיתִי אַבְרָהָם אֶזְכּוֹר וְהָאָרֶץ אֶזְכּוֹר: זְכוֹר לָנוּ בְּרִית רִאשׁוֹנִים כַּאֲשֶׁר אָמַרְתָּ. וְזָכַרְתִּי לָהֶם בְּרִית רִאשׁוֹנִים אֲשֶׁר הוֹצֵאתִי אוֹתָם מֵאֶרֶץ מִצְרַיִם לְעֵינֵי הַגּוֹיִם לִהְיוֹת לָהֶם לֵאלֹהִים אֲנִי יְהוָֹה: עֲשֵׂה עִמָּנוּ כְּמָה שֶׁהִבְטַחְתָּנוּ וְאַף גַּם זֹאת בִּהְיוֹתָם בְּאֶרֶץ אוֹיְבֵיהֶם לֹא מְאַסְתִּים וְלֹא גְעַלְתִּים לְכַלּוֹתָם לְהָפֵר בְּרִיתִי אִתָּם כִּי אֲנִי יְהוָֹה אֱלֹהֵיהֶם: הָשֵׁב שְׁבוּתֵינוּ וְרַחֲמֵנוּ כְּמָה שֶׁכָּתוּב. וְשָׁב יְהוָֹה אֱלֹהֶיךָ אֶת שְׁבוּתְךָ וְרִחֲמֶךָ וְשָׁב וְקִבֶּצְךָ מִכָּל הָעַמִּים אֲשֶׁר הֱפִיצְךָ יְהוָֹה אֱלֹהֶיךָ שָׁמָּה: קַבֵּץ נִדָּחֵנוּ כְּמָה שֶׁכָּתוּב. אִם יִהְיֶה נִדַּחֲךָ בִּקְצֵה הַשָּׁמָיִם מִשָּׁם יְקַבֶּצְךָ יְהוָֹה אֱלֹהֶיךָ וּמִשָּׁם יִקָּחֶךָ: מְחֵה פְשָׁעֵינוּ כָּעָב וְכֶעָנָן כְּמָה שֶׁכָּתוּב. מָחִיתִי כָעָב פְּשָׁעֶיךָ וְכֶעָנָן חַטֹּאתֶיךָ שׁוּבָה אֵלַי כִּי גְאַלְתִּיךָ: מְחֵה פְשָׁעֵינוּ לְמַעַנְךָ כַּאֲשֶׁר אָמַרְתָּ. אָנֹכִי אָנֹכִי הוּא מוֹחֶה פְשָׁעֶיךָ לְמַעֲנִי וְחַטֹּאתֶיךָ לֹא אֶזְכּוֹר: הַלְבֵּן חֲטָאֵינוּ כַּשֶּׁלֶג וְכַצֶּמֶר כְּמָה שֶׁכָּתוּב. לְכוּ נָא וְנִוָּכְחָה יֹאמַר יְהוָֹה אִם יִהְיוּ חֲטָאֵיכֶם כַּשָּׁנִים כַּשֶּׁלֶג יַלְבִּינוּ. אִם יַאְדִּימוּ כַתּוֹלָע כַּצֶּמֶר יִהְיוּ: זְרוֹק עָלֵינוּ מַיִם טְהוֹרִים וְטַהֲרֵנוּ כְּמָה שֶׁכָּתוּב. וְזָרַקְתִּי עֲלֵיכֶם מַיִם טְהוֹרִים וּטְהַרְתֶּם מִכֹּל טֻמְאוֹתֵיכֶם וּמִכָּל גִּלּוּלֵיכֶם אֲטַהֵר אֶתְכֶם: רַחֵם עָלֵינוּ וְאַל תַּשְׁחִיתֵנוּ כְּמָה שֶׁכָּתוּב. כִּי אֵל רַחוּם יְהוָֹה אֱלֹהֶיךָ לֹא יַרְפְּךָ וְלֹא יַשְׁחִיתֶךָ וְלֹא יִשְׁכַּח אֶת בְּרִית אֲבוֹתֶיךָ אֲשֶׁר נִשְׁבַּע לָהֶם. מוֹל אֶת לְבָבֵנוּ לְאַהֲבָה אֶת שְׁמֶךָ כְּמָה שֶׁכָּתוּב. וּמָל יְהוָֹה אֱלֹהֶיךָ אֶת לְבָבְךָ וְאֶת לְבַב זַרְעֶךָ לְאַהֲבָה אֶת יְהוָֹה אֱלֹהֶיךָ בְּכָל לְבָבְךָ וּבְכָל נַפְשְׁךָ לְמַעַן חַיֶּיךָ: הִמָּצֵא לָנוּ בְּבַקָּשָׁתֵנוּ כְּמָה שֶׁכָּתוּב. וּבִקַּשְׁתֶּם מִשָּׁם אֶת יְהוָֹה אֱלֹהֶיךָ וּמָצָאתָ כִּי תִדְרְשֶׁנּוּ בְּכָל לְבָבְךָ וּבְכָל נַפְשֶׁךָ: כַּפֵּר חֲטָאֵינוּ בַּיּוֹם הַזֶּה וְטַהֲרֵנוּ כְּמָה שֶׁכָּתוּב. כִּי בַיּוֹם הַזֶּה

חטאנו We have sinned, our Rock; pardon us, our Creator.

זכור לנו Remember in our behalf the covenant with the Patriarchs, as You have said: I will remember My covenant with Jacob; also My covenant with Isaac, and also My covenant with Abraham will I remember and I will remember the land.[1] Remember in our behalf the covenant with our ancestors, as You have said: I will remember in their behalf the covenant with their ancestors, whom I took out of Egpyt before the eyes of the nations, to be their God; I am the Lord.[2] Act toward us as You have promised: Yet, even then, when they are in the land of their enemies, I will not abhor them nor spurn them so as to destroy them and annul My covenant with them; for I am the Lord their God.[3] Bring back our exiles and have mercy upon us, as it is written: The Lord your God will return your exiles and have mercy upon you, and will again gather you from all the nations where the Lord your God has scattered you.[4] Gather our dispersed, as it is written: Even if your dispersed will be at the furthermost parts of the world, from there the Lord Your God will gather you, and from there He will fetch you.[5] Wipe away our transgressions like a thick cloud and like a mist, as it is written: I have wiped away your transgressions like a thick cloud, your sins like a mist; return to Me, for I have redeemed you.[6] Wipe away our transgressions for Your sake, as You have said: I, I [alone,] am He who wipes away your transgressions, for My sake; your sins I will not recall.[7] Make our sins white as snow and wool, as it is written: Come now, let us reason together, says the Lord; even if your sins will be as scarlet, they will become white as snow; even if they will be red as crimson, they will become [white] as wool.[8] Sprinkle purifying waters upon us and purify us, as it is written: And I will sprinkle purifying waters upon you, and you shall be pure; from all your defilements and from all your idolatries I will purify you.[9] Have compassion on us and do not destroy us, as it is written: For the Lord your God is a compassionate God; He will not forsake you, nor will He destroy you, nor will He forget the covenant with your fathers which He swore to them.[10] Open[11] our hearts to love Your Name, as it is written: And the Lord your God will open[11] your heart and the hearts of your offspring, to love the Lord your God with all your heart and with all your soul, that you may live.[12] Be accessible to us when we seek You, as it is written: And from there [from exile] you will seek the Lord your God, and you will find Him, for you will seek Him with all your heart and with all your soul.[13] Grant atonement for our sins and purify us, as it is written: For on this day

---

1. Leviticus 26:42. 2. Ibid. 26:45. 3. Ibid. 26:44. 4. Deuteronomy 30:3. 5. Ibid. 30:4. 6. Isaiah 44:22. 7. Ibid. 43:25. 8. Ibid. 1:18. 9. Ezekiel 36:25. 10. Deuteronomy 4:31. 11. Lit., circumcise. 12. Deuteronomy 30:6. 13. Ibid. 4:29.

יְכַפֵּר עֲלֵיכֶם לְטַהֵר אֶתְכֶם מִכֹּל חַטֹּאתֵיכֶם לִפְנֵי יְהוָה תִּטְהָרוּ: תְּבִיאֵנוּ אֶל הַר קָדְשֶׁךָ וְשַׂמְּחֵנוּ בְּבֵית תְּפִלָּתֶךָ כְּמָה שֶׁכָּתוּב וַהֲבִיאוֹתִים אֶל הַר קָדְשִׁי וְשִׂמַּחְתִּים בְּבֵית תְּפִלָּתִי עוֹלוֹתֵיהֶם וְזִבְחֵיהֶם לְרָצוֹן עַל מִזְבְּחִי כִּי בֵיתִי בֵּית תְּפִלָּה יִקָּרֵא לְכָל הָעַמִּים:

פותחין הארון

פסוק אחר פסוק, חזן וקהל עד אל תעזבנו ולא עד בכלל

שְׁמַע קוֹלֵנוּ יְהוָה אֱלֹהֵינוּ. חוּס וְרַחֵם עָלֵינוּ וְקַבֵּל בְּרַחֲמִים וּבְרָצוֹן אֶת תְּפִלָּתֵנוּ:

הֲשִׁיבֵנוּ יְהוָה אֵלֶיךָ וְנָשׁוּבָה חַדֵּשׁ יָמֵינוּ כְּקֶדֶם:

אַל תַּשְׁלִיכֵנוּ מִלְּפָנֶיךָ וְרוּחַ קָדְשְׁךָ אַל תִּקַּח מִמֶּנּוּ:

אַל תַּשְׁלִיכֵנוּ לְעֵת זִקְנָה כִּכְלוֹת כֹּחֵנוּ אַל תַּעַזְבֵנוּ: אַל תַּעַזְבֵנוּ יְהוָה אֱלֹהֵינוּ. אַל תִּרְחַק מִמֶּנּוּ: עֲשֵׂה עִמָּנוּ אוֹת לְטוֹבָה וְיִרְאוּ שׂוֹנְאֵינוּ וְיֵבֹשׁוּ כִּי אַתָּה יְהוָה עֲזַרְתָּנוּ וְנִחַמְתָּנוּ: אֲמָרֵינוּ הַאֲזִינָה יְהוָה בִּינָה הֲגִיגֵנוּ: יִהְיוּ לְרָצוֹן אִמְרֵי פִינוּ וְהֶגְיוֹן לִבֵּנוּ לְפָנֶיךָ יְהוָה צוּרֵנוּ וְגוֹאֲלֵנוּ: כִּי לְךָ יְהוָה הוֹחָלְנוּ אַתָּה תַעֲנֶה אֲדֹנָי אֱלֹהֵינוּ:

סוגרין הארון

אֱלֹהֵינוּ וֵאלֹהֵי אֲבוֹתֵינוּ. אַל תַּעַזְבֵנוּ וְאַל תִּטְּשֵׁנוּ וְאַל תַּכְלִימֵנוּ. וְאַל תָּפֵר בְּרִיתְךָ אִתָּנוּ. קָרְבֵנוּ לְתוֹרָתֶךָ. לַמְּדֵנוּ מִצְוֹתֶיךָ. הוֹרֵנוּ דְרָכֶיךָ. הַט לִבֵּנוּ לְיִרְאָה אֶת שְׁמֶךָ. וּמוֹל אֶת לְבָבֵנוּ לְאַהֲבָתֶךָ. וְנָשׁוּב אֵלֶיךָ בֶּאֱמֶת וּבְלֵב שָׁלֵם. וּלְמַעַן שִׁמְךָ הַגָּדוֹל תִּמְחוֹל וְתִסְלַח לַעֲוֹנֵינוּ כַּכָּתוּב בְּדִבְרֵי קָדְשֶׁךָ. לְמַעַן שִׁמְךָ יְהוָה וְסָלַחְתָּ לַעֲוֹנִי כִּי רַב הוּא:

אֱלֹהֵינוּ וֵאלֹהֵי אֲבוֹתֵינוּ: סְלַח לָנוּ. מְחַל לָנוּ. כַּפֶּר לָנוּ. כִּי אָנוּ עַמֶּךָ וְאַתָּה אֱלֹהֵינוּ. אָנוּ בָנֶיךָ וְאַתָּה אָבִינוּ. אָנוּ עֲבָדֶיךָ וְאַתָּה אֲדוֹנֵינוּ. אָנוּ קְהָלֶךָ וְאַתָּה חֶלְקֵנוּ. אָנוּ נַחֲלָתֶךָ וְאַתָּה גוֹרָלֵנוּ. אָנוּ צֹאנֶךָ וְאַתָּה רוֹעֵנוּ. אָנוּ כַרְמֶךָ וְאַתָּה נוֹטְרֵנוּ. אָנוּ

atonement shall be made for you, to purify you; you shall be cleansed of all your sins before the Lord.[1] Bring us to Your holy mountain and make us rejoice in Your house of prayer, as it is written: I will bring them to My holy mountain and make them rejoice in My house of prayer; their burnt-offerings and their sacrifices shall be favorably accepted upon My altar, for My house shall be called a house of prayer for all the nations.[2]

The Ark is opened, and the first four verses which follow are recited by the Chazzan and repeated by the Congregation verse by verse.

שמע Hear our voice, Lord our God, have pity and compassion upon us, and accept our prayer with mercy and favor.

Bring us back to You, Lord, and we will return; renew our days as of old.[3]

Do not cast us out of Your presence, and do not take Your Spirit of Holiness away from us.[4]

Do not cast us aside in old age; do not forsake us when our strength fails.[5] Do not abandon us, Lord our God; do not keep far from us.[6] Show us a sign of favor, that our foes may see and be shamed, because You, Lord have given us aid and consoled us.[7] Hearken to our words, Lord; consider our thoughts.[8] May the words of our mouth and the meditation of our heart be acceptable before You, Lord, our Strength and our Redeemer.[9] For it is for You, Lord, that we have been waiting; answer us, Lord our God.[10]

The Ark is closed.

אלהינו Our God and God of our fathers, do not forsake us, do not abandon us, do not put us to shame, and do not nullify Your covenant with us. Bring us near to Your Torah, teach us Your precepts, instruct us in Your ways, incline our heart to revere Your Name, open[11] our hearts to the love of You, and we will return to You in truth, with a perfect heart. And for the sake of Your great Name, forgive and pardon our iniquity, as it is written in Your holy Scriptures: For the sake of Your Name, Lord, pardon my iniquity, for it is great.[12]

אלהינו Our God and God of our fathers, pardon us, forgive us, grant us atonement — for we are Your people and You are our God; we are Your children and You are our Father; we are Your servants and You are our Master; we are Your congregation and You are our portion; we are Your inheritance and You are our lot; we are Your flock and You are our Shepherd; we are Your vineyard and You are our Watchman; we are

1. Leviticus 16:30. 2. Isaiah 56:7. 3. Lamentations 5:21. 4. Cf. Psalms 51:13. 5. Cf. Ibid. 71:9. 6. Cf. Ibid. 38:22. 7. Cf. Ibid. 86:17. 8. Cf. Ibid. 5:2. 9. Cf. Ibid. 19:15. 10. Cf. Ibid. 38:16. 11. Lit. circumcise. 12. Psalms 25:11.

פְּעֻלָּתֶךָ וְאַתָּה יוֹצְרֵנוּ. אָנוּ רַעְיָתֶךָ וְאַתָּה דוֹדֵנוּ. אָנוּ סְגֻלָּתֶךָ וְאַתָּה אֱלֹהֵינוּ. אָנוּ עַמֶּךָ וְאַתָּה מַלְכֵּנוּ. אָנוּ מַאֲמִירֶךָ וְאַתָּה מַאֲמִירֵנוּ. אָנוּ עַזֵּי פָנִים וְאַתָּה רַחוּם וְחַנּוּן. אָנוּ קְשֵׁי עֹרֶף וְאַתָּה אֶרֶךְ אַפַּיִם. אָנוּ מְלֵאֵי עָוֹן. וְאַתָּה מָלֵא רַחֲמִים. אָנוּ יָמֵינוּ כְּצֵל עוֹבֵר. וְאַתָּה הוּא וּשְׁנוֹתֶיךָ לֹא יִתָּמּוּ:

אֱלֹהֵינוּ וֵאלֹהֵי אֲבוֹתֵינוּ תָּבֹא לְפָנֶיךָ תְּפִלָּתֵנוּ. וְאַל תִּתְעַלַּם מִתְּחִנָּתֵנוּ, שֶׁאֵין אָנוּ עַזֵּי פָנִים וּקְשֵׁי עֹרֶף, לוֹמַר לְפָנֶיךָ יְהוָֹה אֱלֹהֵינוּ וֵאלֹהֵי אֲבוֹתֵינוּ צַדִּיקִים אֲנַחְנוּ וְלֹא חָטָאנוּ. אֲבָל אֲנַחְנוּ וַאֲבוֹתֵינוּ חָטָאנוּ:

אָשַׁמְנוּ. בָּגַדְנוּ. גָּזַלְנוּ. דִּבַּרְנוּ דוֹפִי: הֶעֱוִינוּ. וְהִרְשַׁעְנוּ. זַדְנוּ. חָמַסְנוּ. טָפַלְנוּ שֶׁקֶר: יָעַצְנוּ רָע. כִּזַּבְנוּ. לַצְנוּ. מָרַדְנוּ. נִאַצְנוּ. סָרַרְנוּ. עָוִינוּ. פָּשַׁעְנוּ. צָרַרְנוּ. קִשִּׁינוּ עֹרֶף: רָשַׁעְנוּ. שִׁחַתְנוּ. תִּעַבְנוּ. תָּעִינוּ. תִּעְתָּעְנוּ: סַרְנוּ מִמִּצְוֹתֶיךָ וּמִמִּשְׁפָּטֶיךָ הַטּוֹבִים וְלֹא שָׁוָה לָנוּ. וְאַתָּה צַדִּיק עַל כָּל הַבָּא עָלֵינוּ כִּי אֱמֶת עָשִׂיתָ וַאֲנַחְנוּ הִרְשָׁעְנוּ:

הִרְשַׁעְנוּ וּפָשַׁעְנוּ לָכֵן לֹא נוֹשָׁעְנוּ וְתֵן בְּלִבֵּנוּ לַעֲזוֹב דֶּרֶךְ רֶשַׁע וְחִישׁ לָנוּ יֶשַׁע כַּכָּתוּב עַל יַד נְבִיאֶךָ. יַעֲזוֹב רָשָׁע דַּרְכּוֹ וְאִישׁ אָוֶן מַחְשְׁבוֹתָיו וְיָשׁוֹב אֶל יְהוָֹה וִירַחֲמֵהוּ וְאֶל אֱלֹהֵינוּ כִּי יַרְבֶּה לִסְלוֹחַ:

אֱלֹהֵינוּ וֵאלֹהֵי אֲבוֹתֵינוּ סְלַח וּמְחַל לַעֲוֹנוֹתֵינוּ בְּיוֹם (הַשַּׁבָּת הַזֶּה וּבְיוֹם) הַכִּפּוּרִים הַזֶּה*) מְחֵה וְהַעֲבֵר פְּשָׁעֵינוּ וְחַטֹּאתֵינוּ מִנֶּגֶד עֵינֶיךָ וְכוֹף אֶת יִצְרֵנוּ לְהִשְׁתַּעְבֶּד לָךְ. וְהַכְנַע אֶת עָרְפֵּנוּ לָשׁוּב אֵלֶיךָ בֶּאֱמֶת. וְחַדֵּשׁ כִּלְיוֹתֵינוּ לִשְׁמוֹר פִּקּוּדֶיךָ. וּמוֹל אֶת לְבָבֵנוּ לְאַהֲבָה וּלְיִרְאָה אֶת שְׁמֶךָ. כַּכָּתוּב בְּתוֹרָתֶךָ וּמָל יְהוָֹה אֱלֹהֶיךָ אֶת לְבָבְךָ וְאֶת לְבַב זַרְעֶךָ לְאַהֲבָה אֶת יְהוָֹה אֱלֹהֶיךָ בְּכָל לְבָבְךָ וּבְכָל נַפְשְׁךָ לְמַעַן חַיֶּיךָ: הַזְּדוֹנוֹת וְהַשְּׁגָגוֹת אַתָּה מַכִּיר. הָרָצוֹן וְהָאוֹנֶס הַגְּלוּיִם וְהַנִּסְתָּרִים. לְפָנֶיךָ הֵם גְּלוּיִם וִידוּעִים. מָה אָנוּ. מֶה חַיֵּינוּ. מֶה חַסְדֵּנוּ. מַה צִּדְקֵנוּ. מַה כֹּחֵנוּ. מַה גְּבוּרָתֵנוּ.

*) ביום סליחת העון הזה ביום מקרא קדש הזה.

Your handiwork and You are our Creator; we are Your beloved ones and You are our Beloved; we are Your treasure and You are our God; we are Your people and You are our King; we are Your chosen people and You are our acknowledged God; we are impudent but You are merciful and gracious; we are obdurate but You are slow to anger; we are full of iniquity but You are full of compassion; our days are like a passing shadow but You are eternal, Your years are without end.

אלהינו Our God and God of our fathers, may our prayers come before You and do not turn away from our supplication, for we are not so impudent and obdurate as to declare before You, Lord our God and God of our fathers, that we are righteous and have not sinned. Indeed, we and our fathers have sinned.

אשמנו We have transgressed, we have acted perfidiously, we have robbed, we have slandered. We have acted perversely and wickedly, we have willfully sinned, we have done violence, we have imputed falsely. We have given evil counsel, we have lied, we have scoffed, we have rebelled, we have provoked, we have been disobedient, we have committed iniquity, we have wantonly transgressed, we have oppressed, we have been obstinate. We have committed evil, we have acted perniciously, we have acted abominably, we have gone astray, we have led others astray. We have strayed from Your good precepts and ordinances, and it has not profited us. Indeed, You are just in all that has come upon us, for You have acted truthfully, and it is we who have acted wickedly.[1]

הרשענו We have acted wickedly and transgressed, therefore we have not been delivered. Inspire our hearts to abandon the evil way, and hasten our deliverance, as it is written by Your prophet: Let the wicked abandon his way and the man of iniquity his thoughts; let him return to the Lord and He will have compassion upon him, and to our God, for He will abundantly pardon.[2]

אלהינו Our God and God of our fathers, pardon and forgive our wrongdoings on this (*On Shabbat:* Shabbat day and on this) Day of Atonements, on this day of pardoning of sin, on this day of holy assembly; wipe away and remove our transgressions and sins from before Your eyes; compel our inclination to be subservient to You; subdue our obduracy that we may return to You in truth; renew our minds to observe Your commandments; open[3] our hearts to love and revere Your Name, as it is written in Your Torah: And the Lord Your God will open[3] your hearts and the hearts of your offspring, to love the Lord your God with all your heart and with all your soul, that you may live.[4] You recognize deliberate sin or inadvertent error, [transgressions committed] willfully or under duress, openly or secretly — before You they are revealed and known. What are we? What is our life? What is our kindness? What is our righteousness? What is our strength? What is our might?

---

1. Nechemiah 9:33. 2. Isaiah 55:7 3. Lit., circumcise. 4. Deuteronomy 30:6.

מַה נֹּאמַר לְפָנֶיךָ יְהוָֹה אֱלֹהֵינוּ וֵאלֹהֵי אֲבוֹתֵינוּ. הֲלֹא כָּל הַגִּבּוֹרִים כְּאַיִן לְפָנֶיךָ וְאַנְשֵׁי הַשֵּׁם כְּלֹא הָיוּ וַחֲכָמִים כִּבְלִי מַדָּע וּנְבוֹנִים כִּבְלִי הַשְׂכֵּל. כִּי רוֹב מַעֲשֵׂיהֶם תֹּהוּ וִימֵי חַיֵּיהֶם הֶבֶל לְפָנֶיךָ. וּמוֹתַר הָאָדָם מִן הַבְּהֵמָה אָיִן כִּי הַכֹּל הָבֶל: מַה נֹּאמַר לְפָנֶיךָ יוֹשֵׁב מָרוֹם. וּמַה נְּסַפֵּר לְפָנֶיךָ שׁוֹכֵן שְׁחָקִים. הֲלֹא כָּל הַנִּסְתָּרוֹת וְהַנִּגְלוֹת אַתָּה יוֹדֵעַ:

שִׁמְךָ מֵעוֹלָם עוֹבֵר עַל פֶּשַׁע. שַׁוְעָתֵנוּ תַּאֲזִין בְּעָמְדֵנוּ לְפָנֶיךָ בִּתְפִלָּה. תַּעֲבוֹר עַל פֶּשַׁע לְעַם שָׁבֵי פֶשַׁע. תִּמְחֶה פְשָׁעֵינוּ מִנֶּגֶד עֵינֶיךָ:

אַתָּה יוֹדֵעַ רָזֵי עוֹלָם, וְתַעֲלֻמוֹת סִתְרֵי כָּל חָי: אַתָּה חוֹפֵשׂ כָּל חַדְרֵי בָטֶן וּבוֹחֵן כְּלָיוֹת וָלֵב. אֵין דָּבָר נֶעְלָם מִמֶּךָּ, וְאֵין נִסְתָּר מִנֶּגֶד עֵינֶיךָ: וּבְכֵן יְהִי רָצוֹן מִלְּפָנֶיךָ יְיָ אֱלֹהֵינוּ וֵאלֹהֵי אֲבוֹתֵינוּ, שֶׁתְּרַחֵם עָלֵינוּ וְתִמְחוֹל לָנוּ עַל כָּל חַטֹּאתֵינוּ, וּתְכַפֶּר לָנוּ עַל כָּל עֲוֹנוֹתֵינוּ, וְתִמְחוֹל וְתִסְלַח לָנוּ עַל כָּל פְּשָׁעֵינוּ:

עַל חֵטְא שֶׁחָטָאנוּ לְפָנֶיךָ, בְּאֹנֶס וּבְרָצוֹן.
וְעַל חֵטְא שֶׁחָטָאנוּ לְפָנֶיךָ, בְּאִמּוּץ הַלֵּב.
עַל חֵטְא שֶׁחָטָאנוּ לְפָנֶיךָ, בִּבְלִי דָעַת.
וְעַל חֵטְא שֶׁחָטָאנוּ לְפָנֶיךָ, בְּבִטּוּי שְׂפָתָיִם.
עַל חֵטְא שֶׁחָטָאנוּ לְפָנֶיךָ, בְּגִלּוּי עֲרָיוֹת.
וְעַל חֵטְא שֶׁחָטָאנוּ לְפָנֶיךָ, בְּגָלוּי וּבַסָּתֶר.
עַל חֵטְא שֶׁחָטָאנוּ לְפָנֶיךָ, בְּדַעַת וּבְמִרְמָה.
וְעַל חֵטְא שֶׁחָטָאנוּ לְפָנֶיךָ, בְּדִבּוּר פֶּה.
עַל חֵטְא שֶׁחָטָאנוּ לְפָנֶיךָ, בְּהוֹנָאַת רֵעַ.
וְעַל חֵטְא שֶׁחָטָאנוּ לְפָנֶיךָ, בְּהַרְהוֹר הַלֵּב.
עַל חֵטְא שֶׁחָטָאנוּ לְפָנֶיךָ, בִּוְעִידַת זְנוּת.

What can we say to You, Lord our God and God of our fathers? Are not all the mighty men as nothing before You, the men of renown as though they had never been, the wise as if without knowledge, and the men of understanding as if devoid of intelligence? For most of their deeds are naught, and the days of their lives are vanity before You. The pre-eminence of man over beast is naught, for all is vanity.[1] What shall we say to You who dwells on high; what shall we relate to You who abides in the heavens? You surely know all the hidden and revealed things.

שמך Your Name from of old is Forgiver of Transgression; hearken to our supplication as we stand before You in prayer. Forgive transgression for the people who repent of transgression. Erase our transgressions from before Your eyes.

אתה You know the mysteries of the universe and the hidden secrets of every living being. You search all [our] innermost thoughts, and probe [our] mind and heart; nothing is hidden from You, nothing is concealed from Your sight. And so, may it be Your will, Lord our God and God of our fathers, to have mercy on us and forgive us all our sins, grant us atonement for all our iniquities, and forgive and pardon us for all our trangressions.

על חטא For the sin which we have committed before You under duress or willingly.

And for the sin which we have committed before You by hardheartedness.

For the sin which we have committed before You inadvertently.

And for the sin which we have committed before You with an utterance of the lips.

For the sin which we have committed before You with immorality.

And for the sin which we have committed before You openly or secretly.

For the sin which we have committed before You with knowledge and with deceit.

And for the sin which we have committed before You through speech.

For the sin which we have committed before You by deceiving a fellowman.

And for the sin which we have committed before You by improper thoughts.

For the sin which we have committed before You by a gathering of lewdness.

1. Ecclesiastes 3:19.

וְעַל חֵטְא שֶׁחָטָאנוּ לְפָנֶיךָ, בְּוִדּוּי פֶּה.

עַל חֵטְא שֶׁחָטָאנוּ לְפָנֶיךָ, בְּזִלְזוּל הוֹרִים וּמוֹרִים.

וְעַל חֵטְא שֶׁחָטָאנוּ לְפָנֶיךָ, בְּזָדוֹן וּבִשְׁגָגָה.

עַל חֵטְא שֶׁחָטָאנוּ לְפָנֶיךָ, בְּחֹזֶק יָד.

וְעַל חֵטְא שֶׁחָטָאנוּ לְפָנֶיךָ, בְּחִלּוּל הַשֵּׁם.

עַל חֵטְא שֶׁחָטָאנוּ לְפָנֶיךָ, בְּטֻמְאַת שְׂפָתָיִם.

וְעַל חֵטְא שֶׁחָטָאנוּ לְפָנֶיךָ, בְּטִפְשׁוּת פֶּה.

עַל חֵטְא שֶׁחָטָאנוּ לְפָנֶיךָ, בְּיֵצֶר הָרָע.

וְעַל חֵטְא שֶׁחָטָאנוּ לְפָנֶיךָ, בְּיוֹדְעִים וּבְלֹא יוֹדְעִים.

וְעַל כֻּלָּם אֱלוֹהַּ סְלִיחוֹת, סְלַח לָנוּ, מְחַל לָנוּ, כַּפֶּר לָנוּ:

עַל חֵטְא שֶׁחָטָאנוּ לְפָנֶיךָ, בְּכַחַשׁ וּבְכָזָב

וְעַל חֵטְא שֶׁחָטָאנוּ לְפָנֶיךָ, בְּכַפַּת שֹׁחַד.

עַל חֵטְא שֶׁחָטָאנוּ לְפָנֶיךָ, בְּלָצוֹן.

וְעַל חֵטְא שֶׁחָטָאנוּ לְפָנֶיךָ, בְּלָשׁוֹן הָרָע.

עַל חֵטְא שֶׁחָטָאנוּ לְפָנֶיךָ, בְּמַשָּׂא וּבְמַתָּן.

וְעַל חֵטְא שֶׁחָטָאנוּ לְפָנֶיךָ, בְּמַאֲכָל וּבְמִשְׁתֶּה.

עַל חֵטְא שֶׁחָטָאנוּ לְפָנֶיךָ, בְּנֶשֶׁךְ וּבְמַרְבִּית.

וְעַל חֵטְא שֶׁחָטָאנוּ לְפָנֶיךָ, בִּנְטִיַּת גָּרוֹן.

עַל חֵטְא שֶׁחָטָאנוּ לְפָנֶיךָ, בְּשִׂיחַ שִׂפְתוֹתֵינוּ.

וְעַל חֵטְא שֶׁחָטָאנוּ לְפָנֶיךָ, בְּסִקּוּר עָיִן.

עַל חֵטְא שֶׁחָטָאנוּ לְפָנֶיךָ, בְּעֵינַיִם רָמוֹת.

וְעַל חֵטְא שֶׁחָטָאנוּ לְפָנֶיךָ, בְּעַזּוּת מֵצַח.

וְעַל כֻּלָּם, אֱלוֹהַּ סְלִיחוֹת, סְלַח לָנוּ, מְחַל לָנוּ, כַּפֶּר לָנוּ:

And for the sin which we have committed before You by verbal [insincere] confession.

For the sin which we have committed before You by disrespect for parents and teachers.

And for the sin which we have committed before You intentionally or unintentionally.

For the sin which we have committed before You by using coercion.

And for the sin which we have committed before You by desecrating the Divine Name.

For the sin which we have committed before You by impurity of speech.

And for the sin which we have committed before You by foolish talk.

For the sin which we have committed before You with the evil inclination.

And for the sin which we have committed before You knowingly or unknowingly.

ועל כלם For all these, God of pardon, pardon us, forgive us, atone for us.

For the sin which we have committed before You by false denial and lying.

And for the sin which we have committed before You by a bribe-taking or a bribe-giving hand.

For the sin which we have committed before You by scoffing.

And for the sin which we have committed before You by evil talk [about another].

For the sin which we have committed before You in business dealings.

And for the sin which we have committed before You by eating and drinking.

For the sin which we have committed before You by [taking or giving] interest and by usury.

And for the sin which we have committed before You by a haughty demeanor.

For the sin which we have committed before You by the prattle of our lips.

And for the sin which we have committed before You by a glance of the eye.

For the sin which we have committed before You with proud looks.

And for the sin which we have committed before You with impudence.

ועל כלם For all these, God of pardon, pardon us, forgive us, atone for us.

עַל חֵטְא שֶׁחָטָאנוּ לְפָנֶיךָ, בִּפְרִיקַת עֹל.
וְעַל חֵטְא שֶׁחָטָאנוּ לְפָנֶיךָ, בִּפְלִילוּת.
עַל חֵטְא שֶׁחָטָאנוּ לְפָנֶיךָ, בִּצְדִיַּת רֵעַ.
וְעַל חֵטְא שֶׁחָטָאנוּ לְפָנֶיךָ, בְּצָרוּת עָיִן.
עַל חֵטְא שֶׁחָטָאנוּ לְפָנֶיךָ, בְּקַלּוּת רֹאשׁ.
וְעַל חֵטְא שֶׁחָטָאנוּ לְפָנֶיךָ, בְּקַשְׁיוּת עֹרֶף.
עַל חֵטְא שֶׁחָטָאנוּ לְפָנֶיךָ, בְּרִיצַת רַגְלַיִם לְהָרַע
וְעַל חֵטְא שֶׁחָטָאנוּ לְפָנֶיךָ, בִּרְכִילוּת.
עַל חֵטְא שֶׁחָטָאנוּ לְפָנֶיךָ, בִּשְׁבוּעַת שָׁוְא.
וְעַל חֵטְא שֶׁחָטָאנוּ לְפָנֶיךָ, בְּשִׂנְאַת חִנָּם.
עַל חֵטְא שֶׁחָטָאנוּ לְפָנֶיךָ, בִּתְשׂוּמֶת יָד.
וְעַל חֵטְא שֶׁחָטָאנוּ לְפָנֶיךָ, בְּתִמְהוֹן לֵבָב.
וְעַל כֻּלָּם, אֱלוֹהַּ סְלִיחוֹת, סְלַח לָנוּ, מְחַל לָנוּ, כַּפֶּר לָנוּ:

וְעַל חֲטָאִים שֶׁאָנוּ חַיָּבִים עֲלֵיהֶם: עוֹלָה.
וְעַל חֲטָאִים שֶׁאָנוּ חַיָּבִים עֲלֵיהֶם: חַטָּאת.
וְעַל חֲטָאִים שֶׁאָנוּ חַיָּבִים עֲלֵיהֶם: קָרְבָּן עוֹלֶה וְיוֹרֵד.
וְעַל חֲטָאִים שֶׁאָנוּ חַיָּבִים עֲלֵיהֶם: אָשָׁם וַדַּאי וְתָלוּי.
וְעַל חֲטָאִים שֶׁאָנוּ חַיָּבִים עֲלֵיהֶם: מַכַּת מַרְדּוּת.
וְעַל חֲטָאִים שֶׁאָנוּ חַיָּבִים עֲלֵיהֶם: מַלְקוּת אַרְבָּעִים.
וְעַל חֲטָאִים שֶׁאָנוּ חַיָּבִים עֲלֵיהֶם: מִיתָה בִּידֵי שָׁמָיִם.
וְעַל חֲטָאִים שֶׁאָנוּ חַיָּבִים עֲלֵיהֶם: כָּרֵת וַעֲרִירִי.
וְעַל חֲטָאִים שֶׁאָנוּ חַיָּבִים עֲלֵיהֶם: אַרְבַּע מִיתוֹת בֵּית דִּין סְקִילָה, שְׂרֵפָה, הֶרֶג, וְחֶנֶק.

For the sin which we have committed before You by casting off the yoke [of Heaven].

And for the sin which we have committed before You in passing judgment.

For the sin which we have committed before You by scheming against a fellowman.

And for the sin which we have committed before You by a begrudging eye.

For the sin which we have committed before You by frivolity.

And for the sin which we have committed before You by obduracy.

For the sin which we have committed before You by running to do evil.

And for the sin which we have committed before You by tale-bearing.

For the sin which we have committed before You by swearing in vain.

And for the sin which we have committed before You by causeless hatred.

For the sin which we have committed before You by embezzlement.

And for the sin which we have committed before You by a confused heart.

ועל כלם For all these, God of pardon, pardon us, forgive us, atone for us.

And for the sins for which we are obligated to bring a burnt-offering.

And for the sins for which we are obligated to bring a sin-offering.

And for the sins for which we are obligated to bring a varying offering [according to one's means].

And for the sins for which we are obligated to bring a guilt-offering for a certain or doubtful trespass.

And for the sins for which we incur the penalty of lashing for rebelliousness.

And for the sins for which we incur the penalty of forty lashes.

And for the sins for which we incur the penalty of death by the hand of Heaven.

And for the sins for which we incur the penalty of excision and childlessness.

And for the sins for which we incur the penalty of the four forms of capital punishment executed by the Court: stoning, burning, decapitation and strangulation.

עַל מִצְוַת עֲשֵׂה, וְעַל מִצְוַת לֹא תַעֲשֶׂה, בֵּין שֶׁיֵּשׁ בָּהֵן קוּם עֲשֵׂה, וּבֵין שֶׁאֵין בָּהֵן קוּם עֲשֵׂה, אֶת הַגְּלוּיִם לָנוּ, וְאֶת שֶׁאֵינָם גְּלוּיִם לָנוּ. אֶת הַגְּלוּיִם לָנוּ, כְּבָר אֲמַרְנוּם לְפָנֶיךָ, וְהוֹדִינוּ לְךָ עֲלֵיהֶם, וְאֶת שֶׁאֵינָם גְּלוּיִם לָנוּ, לְפָנֶיךָ הֵם גְּלוּיִם וִידוּעִים, כַּדָּבָר שֶׁנֶּאֱמַר: הַנִּסְתָּרוֹת לַיי אֱלֹהֵינוּ, וְהַנִּגְלֹת לָנוּ וּלְבָנֵינוּ עַד עוֹלָם, לַעֲשׂוֹת אֶת כָּל דִּבְרֵי הַתּוֹרָה הַזֹּאת

וְדָוִד עַבְדְּךָ אָמַר לְפָנֶיךָ. שְׁגִיאוֹת מִי יָבִין מִנִּסְתָּרוֹת נַקֵּנִי: נַקֵּנוּ יְהֹוָה אֱלֹהֵינוּ מִכָּל פְּשָׁעֵינוּ וְטַהֲרֵנוּ מִכָּל טוּמְאוֹתֵינוּ וּזְרוֹק עָלֵינוּ מַיִם טְהוֹרִים וְטַהֲרֵנוּ כַּכָּתוּב עַל יַד נְבִיאֶךָ וְזָרַקְתִּי עֲלֵיכֶם מַיִם טְהוֹרִים וּטְהַרְתֶּם מִכֹּל טֻמְאוֹתֵיכֶם וּמִכָּל גִּלּוּלֵיכֶם אֲטַהֵר אֶתְכֶם:

אַל תִּירָא יַעֲקֹב שׁוּבוּ בָנִים שׁוֹבָבִים שׁוּבָה יִשְׂרָאֵל. הִנֵּה לֹא יָנוּם וְלֹא יִישָׁן שׁוֹמֵר יִשְׂרָאֵל. כַּכָּתוּב עַל יַד נְבִיאֶךָ שׁוּבָה יִשְׂרָאֵל עַד יְהֹוָה אֱלֹהֶיךָ כִּי כָשַׁלְתָּ בַּעֲוֹנֶךָ. וְנֶאֱמַר קְחוּ עִמָּכֶם דְּבָרִים וְשׁוּבוּ אֶל יְהֹוָה אִמְרוּ אֵלָיו כָּל תִּשָּׂא עָוֹן וְקַח טוֹב וּנְשַׁלְּמָה פָרִים שְׂפָתֵינוּ. וְאַתָּה רַחוּם מְקַבֵּל שָׁבִים כִּי עַל הַתְּשׁוּבָה מֵרֹאשׁ הִבְטַחְתָּנוּ. וְלִתְשׁוּבָה עֵינֵינוּ מְיַחֲלוֹת לָךְ:

וּמֵאַהֲבָתְךָ יְהֹוָה אֱלֹהֵינוּ שֶׁאָהַבְתָּ אֶת יִשְׂרָאֵל עַמֶּךָ. וּמֵחֶמְלָתְךָ מַלְכֵּנוּ שֶׁחָמַלְתָּ עַל בְּנֵי בְרִיתֶךָ נָתַתָּ לָנוּ יְהֹוָה אֱלֹהֵינוּ (את יום השבת הזה) וְאֶת יוֹם צוֹם הַכִּפּוּרִים הַזֶּה *) לִמְחִילַת חֵטְא וְלִסְלִיחַת עָוֹן וּלְכַפָּרַת פֶּשַׁע:

יוֹם אֲשֶׁר אֲשָׁמֵינוּ יוּצַל וְיוּסְגַּר. הַיּוֹם תִּסְלַח לְכָל עֲדַת בְּנֵי יִשְׂרָאֵל וְלַגֵּר הַגָּר. כַּכָּתוּב בְּתוֹרָתֶךָ וְנִסְלַח לְכָל עֲדַת בְּנֵי יִשְׂרָאֵל וְלַגֵּר הַגָּר בְּתוֹכָם כִּי לְכָל הָעָם בִּשְׁגָגָה:

יוֹם בְּגַדְנוּ תִּשָּׂא וְתִסְלַח. הַיּוֹם שִׁמְךָ יֵאָמֵן אֵל טוֹב וְסַלָּח. כַּכָּתוּב בְּדִבְרֵי קָדְשֶׁךָ. כִּי אַתָּה אֲדֹנָי טוֹב וְסַלָּח וְרַב חֶסֶד לְכָל קֹרְאֶיךָ:

יוֹם נֶעֱלַנוּ חֻקֶּיךָ שָׁכַח וַעֲזֹב. הַיּוֹם רַחֲמֵנוּ וְנָשׁוּב. וְדֶרֶךְ רֶשַׁע נַעֲזוֹב. כַּכָּתוּב עַל יַד נְבִיאֶךָ יַעֲזֹב רָשָׁע דַּרְכּוֹ וְאִישׁ אָוֶן מַחְשְׁבוֹתָיו וְיָשֹׁב אֶל יְהֹוָה וִירַחֲמֵהוּ וְאֶל אֱלֹהֵינוּ כִּי יַרְבֶּה לִסְלוֹחַ:

*) ואת יום סליחת העון הזה ואת יום מקרא קדש הזה.

על For [transgressing] positive and prohibitory *mitzvot*, whether [the prohibitions] can be rectified by a specifically prescribed act[1] or not, those of which we are aware and those of which we are not aware; those of which we are aware, we have already declared them before You and confessed them to You, and those of which we are not aware — before You they are revealed and known, as it is stated: The hidden things belong to the Lord our God, but the revealed things are for us and for our children forever, that we may carry out all the words of this Torah.[2]

דוד David, Your servant declared before You: Who can discern inadvertent wrongs? Purge me of hidden sins.[3] Purge us, Lord our God, of all our transgressions, cleanse us of all our defilements, and sprinkle purifying waters upon us and purify us, as it is written by Your prophet: And I will sprinkle purifying waters upon you, and you shall be pure; from all your defilements and from all your idolatries I will purify you.[4]

אל תירא Do not fear, Jacob, return you wayward children, return, O Israel, for the Guardian of Israel neither slumbers nor sleeps; as it is written by Your prophet: Return, O Israel, to the Lord your God, for you have stumbled because of your sin.[5] And it is said: Take with you words [of confession] and return to the Lord; say to Him: Forgive all sin, accept that which is good [within us], and we will render the prayer of our lips in place of the sacrifice of bullocks.[6] And You, Merciful One, accept those who repent; for from the beginning [of creation] You have promised us to accept penitence; and our eyes look hopefully to You to arouse us to penitence.

ומאהבתך Because of Your love, Lord our God, for Your people Israel and because of Your mercy, our King, which You have shown to the children of Your Covenant, You, Lord our God, have given us (*On Shabbat:* this Shabbat day and) this fast day of Yom Kippur, this day of pardoning of sin and this day of holy assembly for forgiveness of sin, for pardon of iniquity, and for atonement for transgression.

יום אשר A day on which our wrongdoing is cast into the depths and locked away — on this day forgive the entire congregation of the children of Israel as well as the proselyte who dwells there; as it is written: And may the entire congregation of the children of Israel, as well as the proselyte who dwells among them, be forgiven, for all the people acted unwittingly.[7]

יום בגדנו A day on which You forgive and pardon our deceitfulness — on this day shall Your Name be confirmed "Good and Forgiving God"; as it is written in Your holy Scriptures: For You, my Lord, are good and forgiving, and exceedingly kind to all who call upon You.[8]

יום געלנו A day on which You forget and pay no heed to our disdain for Your laws — on this day have mercy on us and we will repent and abandon the evil path; as it is written by Your prophet: Let the wicked abandon his way and the man of iniquity his thoughts; let him return to the Lord, and He will have compassion upon him, and to our God, for He will abundantly pardon.[9]

---

1. E.g., to return what one has stolen. 2. Deuteronomy 29:28. 3. Psalms 19:13. 4. Ezekiel 36:25. 5. Hosea 14:2. 6. Ibid. 14:3. 7. Numbers 15:26. 8. Psalms 86:5. 9. Isaiah 55:7.

יום דָּפְיֵנוּ אָנָּא שָׂא נָא. הַיּוֹם קְשׁוֹב תַּחֲנוּנֵינוּ. וּבְתַחֲנוּן סְלַח נָא. כַּכָּתוּב בְּתוֹרָתֶךָ סְלַח נָא לַעֲוֹן הָעָם הַזֶּה כְּגֹדֶל חַסְדֶּךָ וְכַאֲשֶׁר נָשָׂאתָה לָעָם הַזֶּה מִמִּצְרַיִם וְעַד הֵנָּה וְשָׁם נֶאֱמַר. וַיֹּאמֶר יְהוָה סָלַחְתִּי כִּדְבָרֶךָ: בַּעֲבוּר כְּבוֹד שִׁמְךָ הַמְצֵא לָנוּ מוֹחֵל וְסוֹלֵחַ. סְלַח נָא לְמַעַן שְׁמֶךָ:

יוֹם חָנְנְךָ עָנָיו בַּעֲדֵנוּ תִּזְכּוֹר. הַיּוֹם סְלַח לַעֲוֹנֵינוּ וְחֵטְא אַל תִּזְכּוֹר. כַּכָּתוּב בְּדִבְרֵי קָדְשֶׁךָ אַל תִּזְכָּר לָנוּ עֲוֹנוֹת רִאשׁוֹנִים מַהֵר יְקַדְּמוּנוּ רַחֲמֶיךָ כִּי דַלּוֹנוּ מְאֹד:

יוֹם טְעוּתֵנוּ יְבֻקַּשׁ וָאַיִן. הַיּוֹם נְאֻם הָקֵם יְבֻקַּשׁ עָוֹן וְאֵינֶנּוּ. כַּכָּתוּב עַל יַד נְבִיאֶךָ בַּיָּמִים הָהֵם וּבָעֵת הַהִיא נְאֻם יְהוָה יְבֻקַּשׁ אֶת עֲוֹן יִשְׂרָאֵל וְאֵינֶנּוּ וְאֶת חַטֹּאת יְהוּדָה וְלֹא תִמָּצֶאינָה כִּי אֶסְלַח לַאֲשֶׁר אַשְׁאִיר:

יוֹם יִדְרְשׁוּךָ מְצָרֵף וּמְטַהֵר. הַיּוֹם מִכָּל חַטֹּאתֵינוּ אוֹתָנוּ תְּטַהֵר. כַּכָּתוּב בְּתוֹרָתֶךָ. כִּי בַיּוֹם הַזֶּה יְכַפֵּר עֲלֵיכֶם לְטַהֵר אֶתְכֶם מִכֹּל חַטֹּאתֵיכֶם לִפְנֵי יְהוָה תִּטְהָרוּ:

יוֹם כָּל תִּשָּׂא עָוֹן בְּתַחֲנוּן אֲבַטֵּה. הַיּוֹם לְשַׁוְעָתֵנוּ אֹזֶן הַטֵּה. כַּכָּתוּב בְּדִבְרֵי קָדְשֶׁךָ הַטֵּה אֱלֹהַי אָזְנְךָ וּשְׁמָע פְּקַח עֵינֶיךָ וּרְאֵה שׁוֹמְמוֹתֵינוּ וְהָעִיר אֲשֶׁר נִקְרָא שִׁמְךָ עָלֶיהָ. כִּי לֹא עַל צִדְקוֹתֵינוּ אֲנַחְנוּ מַפִּילִים תַּחֲנוּנֵינוּ לְפָנֶיךָ כִּי עַל רַחֲמֶיךָ הָרַבִּים. אֲדֹנָי שְׁמָעָה אֲדֹנָי סְלָחָה אֲדֹנָי הַקְשִׁיבָה וַעֲשֵׂה אַל תְּאַחַר לְמַעַנְךָ אֱלֹהַי כִּי שִׁמְךָ נִקְרָא עַל עִירְךָ וְעַל עַמֶּךָ: בַּעֲבוּר כְּבוֹד שִׁמְךָ הַמְצֵא לָנוּ שׁוֹמֵעַ תְּפִלָּה. שְׁמַע קוֹל תְּפִלָּתֵנוּ לְמַעַן שְׁמֶךָ:

מִי אֵל כָּמוֹךָ: אֲהַלֶּלְךָ בְּקוֹל רָם. מָגֵן אַבְרָהָם. מִי אֵל כָּמוֹךָ: בְּיָדְךָ מְמִתִים. מְחַיֵּה הַמֵּתִים. מִי אֵל כָּמוֹךָ: גָּדְלְךָ אֶדְרוֹשׁ. הַמֶּלֶךְ הַקָּדוֹשׁ. מִי אֵל כָּמוֹךָ: דּוֹרֵשׁ אִמְרֵי דָעַת. חוֹנֵן הַדָּעַת. מִי אֵל כָּמוֹךָ: הָאוֹמֵר שׁוּבָה. הָרוֹצֶה בִּתְשׁוּבָה. מִי אֵל כָּמוֹךָ: וּמוֹחֵל וְסוֹלֵחַ. הַמַּרְבֶּה לִסְלוֹחַ. מִי אֵל כָּמוֹךָ: קוֹל רִנָּה וְתוֹדוֹת. הַטּוֹב לְךָ לְהוֹדוֹת. מִי אֵל כָּמוֹךָ: רָם בָּרֵךְ קְהַל הֲמוֹנִי. יְבָרֶכְךָ יְהוָה. מִי אֵל כָּמוֹךָ: שְׁכִינָתְךָ שָׁלוֹם. עוֹשֶׂה הַשָּׁלוֹם. מִי אֵל כָּמוֹךָ: תָּבֹא בְּרָכָה אֲלֵיכֶם. וְנֹאמַר תְּפִלָּה עֲלֵיכֶם. מִי אֵל כָּמוֹךָ:

תַּעֲבוֹר עַל פֶּשַׁע. לְעַם שָׁבֵי פֶשַׁע.

יום דפינו A day on which we beseech You to forgive our wrongdoing — on this day hearken to our supplications and through supplication pardon, we beseech You, as it is written in Your Torah: Pardon, I beseech You, the wrongdoing of this people, in keeping with the greatness of Your kindness and as You have forgiven this people from Egypt until now.[1] And there it is stated: And the Lord said: I have pardoned in accordance with your words.[2] For the sake of the glory of Your Name, be accessible to us, You who forgives and pardons; pardon, we beseech You, for the sake of Your Name.

יום חננך A day on which the humble [Moses] pleaded with You in our behalf — remember it; on this day pardon our iniquities and do not remember sin; as it is written in Your holy Scriptures: Do not bring to mind our former wrongdoings; let Your mercies come swiftly toward us, for we have been brought very low.[3]

יום טעותנו A day on which our errors are sought but there are none — on this day abide by Your word that iniquity will be sought but will not be there; as it is written by Your prophet: In those days, at that time, says the Lord, the iniquity of Israel will be sought but there will be none, and the sins of Judah, but they will not be found, for I will pardon those whom I will leave as a remnant.[4]

יום ידרשוך A day on which they seek You who refines and purifies — on this day cleanse us of all our sins; as it is written in Your Torah: For on this day, atonement shall be made for you, to purify you; you shall be cleansed of all your sins before the Lord.[5]

יום כל A day on which I utter supplication for the forgiveness of all sin — on this day give ear to our cry; as it is written in Your holy Scriptures: Give ear, my God, and hear; open Your eyes and behold our desolate places and the city upon which Your Name is proclaimed, for it is not on account of our own righteousness that we offer supplications before You, but because of Your abounding mercies. My Lord, hear; my Lord, forgive; my Lord, hearken and take action, do not delay, for Your own sake, my God, for Your Name is proclaimed over Your city and Your people.[6] For the sake of the glory of Your Name, be accessible to us, You who heeds prayer; hear the sound of our prayer for the sake of Your Name.

מי Who is like You, O God! I will praise You aloud, O Shield of Abraham. Who is like You, O God! By Your hand we die but You revive the dead. Who is like You, O God! I shall seek Your greatness, O holy King. Who is like You, O God! You who [desires man to] seek words of knowledge, You graciously bestow knowledge. Who is like You, O God! You who says "Repent," desires penitence. Who is like You, O God! You who forgives and pardons, indeed You pardon abundantly. Who is like You, O God! With the sound of rejoicing and thanksgiving it is fitting to offer thanks to You. Who is like You, O God! Exalted One, bless the multitude of my congregation — the Lord bless you. Who is like You, O God! Your Divine Presence is peace, You who makes the peace. Who is like You, O God! May blessing come to you, and we shall offer a prayer for you. Who is like You, O God! Forgive transgression for the people who repent of transgression.

---

1. Numbers 12:25. 2. Ibid. 14:20. 3. Psalms 79:8. 4. Jeremiah 50:20. 5. Leviticus 16:30. 6. Daniel 9:18-19.

כַּכָּתוּב עַל יַד נְבִיאֶךָ מִי אֵל כָּמוֹךָ נוֹשֵׂא עָוֹן וְעוֹבֵר עַל פֶּשַׁע לִשְׁאֵרִית נַחֲלָתוֹ לֹא הֶחֱזִיק לָעַד אַפּוֹ כִּי חָפֵץ חֶסֶד הוּא: יָשׁוּב יְרַחֲמֵנוּ יִכְבּוֹשׁ עֲוֹנוֹתֵינוּ וְתַשְׁלִיךְ בִּמְצֻלוֹת יָם כָּל חַטֹּאתָם: וְכָל חַטֹּאת עַמְּךָ בֵּית יִשְׂרָאֵל תַּשְׁלִיךְ בִּמְקוֹם אֲשֶׁר לֹא יִזָּכְרוּ וְלֹא יִפָּקְדוּ וְלֹא יַעֲלוּ עַל לֵב לְעוֹלָם: וְנֶאֱמַר תִּתֵּן אֱמֶת לְיַעֲקֹב חֶסֶד לְאַבְרָהָם אֲשֶׁר נִשְׁבַּעְתָּ לַאֲבוֹתֵינוּ מִימֵי קֶדֶם:

אֱלֹהֵינוּ וֵאלֹהֵי אֲבוֹתֵינוּ, מְחוֹל לַעֲוֹנוֹתֵינוּ בְּיוֹם (לשבת הַשַּׁבָּת הַזֶּה וּבְיוֹם) הַכִּפֻּרִים הַזֶּה, בְּיוֹם סְלִיחַת הֶעָוֹן הַזֶּה בְּיוֹם מִקְרָא קֹדֶשׁ הַזֶּה, מְחֵה וְהַעֲבֵר פְּשָׁעֵינוּ וְחַטֹּאתֵינוּ מִנֶּגֶד עֵינֶיךָ, כָּאָמוּר: אָנֹכִי אָנֹכִי הוּא מוֹחֶה פְשָׁעֶיךָ לְמַעֲנִי, וְחַטֹּאתֶיךָ לֹא אֶזְכֹּר. וְנֶאֱמַר: מָחִיתִי כָעָב פְּשָׁעֶיךָ וְכֶעָנָן חַטֹּאתֶיךָ, שׁוּבָה אֵלַי כִּי גְאַלְתִּיךָ. וְנֶאֱמַר: כִּי בַיּוֹם הַזֶּה יְכַפֵּר עֲלֵיכֶם לְטַהֵר אֶתְכֶם מִכֹּל חַטֹּאתֵיכֶם, לִפְנֵי יְיָ תִּטְהָרוּ: (אֱלֹהֵינוּ וֵאלֹהֵי אֲבוֹתֵינוּ, רְצֵה נָא בִמְנוּחָתֵנוּ) קַדְּשֵׁנוּ בְּמִצְוֹתֶיךָ, וְתֵן חֶלְקֵנוּ בְּתוֹרָתֶךָ, שַׂבְּעֵנוּ מִטּוּבֶךָ וְשַׂמַּח נַפְשֵׁנוּ בִּישׁוּעָתֶךָ, (לשבת וְהַנְחִילֵנוּ יְיָ אֱלֹהֵינוּ בְּאַהֲבָה וּבְרָצוֹן שַׁבַּת קָדְשֶׁךָ, וְיָנוּחוּ בוֹ כָּל יִשְׂרָאֵל מְקַדְּשֵׁי שְׁמֶךָ) וְטַהֵר לִבֵּנוּ לְעָבְדְּךָ בֶּאֱמֶת, כִּי אַתָּה סָלְחָן לְיִשְׂרָאֵל וּמָחֳלָן לְשִׁבְטֵי יְשֻׁרוּן בְּכָל דּוֹר וָדוֹר, וּמִבַּלְעָדֶיךָ אֵין לָנוּ מֶלֶךְ מוֹחֵל וְסוֹלֵחַ. בָּרוּךְ אַתָּה יְיָ, מֶלֶךְ מוֹחֵל וְסוֹלֵחַ לַעֲוֹנוֹתֵינוּ, וְלַעֲוֹנוֹת עַמּוֹ בֵּית יִשְׂרָאֵל, וּמַעֲבִיר אַשְׁמוֹתֵינוּ

א) ישעיה מג כה: ב) שם מד כב: ג) ויקרא טז ל:

ככתוב As it is written by Your prophet: Who is a God like You, who pardons iniquity and forgives transgression for the remnant of His heritage! He does not maintain His wrath forever, for He desires [to do] kindness. He will again show us mercy, He will suppress our iniquities; and You will cast all their sins into the depths of the sea.[1] And You will cast all the sins of Your people, the House of Israel, into a place where they shall never be remembered nor recalled nor brought to mind. And it is said: You will grant truth to Jacob, kindness to Abraham, as You have sworn to our fathers from the days of yore.[2]

אלהינו Our God and God of our fathers, forgive our wrongdoings on this (*On Shabbat:* Shabbat day and on this) Day of Atonements, on this day of pardoning of sin, on this day of holy assembly; wipe away and remove our transgressions and sins from before Your eyes, as it is stated: I, I [alone], am He who wipes away your transgressions, for My sake; your sins I will not recall.[3] And it is stated: I have wiped away your transgressions like a thick cloud, your sins like a cloud; return to Me, for I have redeemed you.[4] And it is stated: For on this day atonement shall be made for you, to purify you; you shall be cleansed of all your sins before the Lord.[5] (*On Shabbat:* Our God and God of our fathers, please find favor in our rest.) Make us holy with Your commandments and grant us our portion in Your Torah; satiate us with Your goodness and gladden our soul with Your salvation. (*On Shabbat:* Lord our God, grant as our heritage, in love and goodwill, Your holy Shabbat, and may all Israel who sanctify Your Name rest thereon.) Make our heart pure to serve You in truth, for You are the Pardoner of Israel and the Forgiver of the tribes of Yeshurun[6] in every generation, and aside from You we have no King who forgives and pardons. Blessed are You Lord, King who forgives and pardons our sins and the sins of His people, the House of Israel, and removes our trespasses

1. Micah 7:18-19. 2. Ibid. 7:20. 3. Isaiah 43:25. 4. Ibid. 44:22. 5. Leviticus 16:30. 6. V. Isaiah 44:2. Deuteronomy 33:5, 26. Ramban, Deuteronomy 7:12.

בְּכָל שָׁנָה וְשָׁנָה. מֶלֶךְ עַל כָּל הָאָרֶץ, מְקַדֵּשׁ (לשבת הַשַּׁבָּת וְ)יִשְׂרָאֵל וְיוֹם הַכִּפּוּרִים:

רְצֵה יְיָ אֱלֹהֵינוּ בְּעַמְּךָ יִשְׂרָאֵל, וְלִתְפִלָּתָם שְׁעֵה, וְהָשֵׁב הָעֲבוֹדָה לִדְבִיר בֵּיתֶךָ וְאִשֵּׁי יִשְׂרָאֵל וּתְפִלָּתָם בְּאַהֲבָה תְקַבֵּל בְּרָצוֹן, וּתְהִי לְרָצוֹן תָּמִיד עֲבוֹדַת יִשְׂרָאֵל עַמֶּךָ:

וְתֶחֱזֶינָה עֵינֵינוּ בְּשׁוּבְךָ לְצִיּוֹן בְּרַחֲמִים. בָּרוּךְ אַתָּה יְיָ, הַמַּחֲזִיר שְׁכִינָתוֹ לְצִיּוֹן:

מוֹדִים אֲנַחְנוּ לָךְ שָׁאַתָּה הוּא יְיָ אֱלֹהֵינוּ וֵאלֹהֵי אֲבוֹתֵינוּ לְעוֹלָם וָעֶד, צוּר חַיֵּינוּ מָגֵן יִשְׁעֵנוּ, אַתָּה הוּא לְדוֹר וָדוֹר, נוֹדֶה לְּךָ וּנְסַפֵּר תְּהִלָּתֶךָ, עַל חַיֵּינוּ הַמְּסוּרִים בְּיָדֶךָ, וְעַל נִשְׁמוֹתֵינוּ הַפְּקוּדוֹת לָךְ, וְעַל נִסֶּיךָ שֶׁבְּכָל יוֹם עִמָּנוּ, וְעַל נִפְלְאוֹתֶיךָ וְטוֹבוֹתֶיךָ שֶׁבְּכָל עֵת, עֶרֶב וָבֹקֶר וְצָהֳרָיִם, הַטּוֹב, כִּי לֹא כָלוּ רַחֲמֶיךָ, וְהַמְרַחֵם, כִּי לֹא תַמּוּ חֲסָדֶיךָ, כִּי מֵעוֹלָם קִוִּינוּ לָךְ:

מודים דרבנן

מוֹדִים אֲנַחְנוּ לָךְ, שָׁאַתָּה הוּא יְיָ אֱלֹהֵינוּ וֵאלֹהֵי אֲבוֹתֵינוּ. אֱלֹהֵי כָל בָּשָׂר, יוֹצְרֵנוּ יוֹצֵר בְּרֵאשִׁית, בְּרָכוֹת וְהוֹדָאוֹת לְשִׁמְךָ הַגָּדוֹל וְהַקָּדוֹשׁ עַל שֶׁהֶחֱיִיתָנוּ וְקִיַּמְתָּנוּ, כֵּן תְּחַיֵּנוּ וּתְקַיְּמֵנוּ, וְתֶאֱסוֹף גָּלֻיּוֹתֵינוּ לְחַצְרוֹת קָדְשֶׁךָ, וְנָשׁוּב אֵלֶיךָ לִשְׁמוֹר חֻקֶּיךָ, וְלַעֲשׂוֹת רְצוֹנֶךָ, וּלְעָבְדְךָ בְּלֵבָב שָׁלֵם, עַל שֶׁאֲנַחְנוּ מוֹדִים לָךְ, בָּרוּךְ אֵל הַהוֹדָאוֹת:

וְעַל כֻּלָּם יִתְבָּרַךְ וְיִתְרוֹמַם וְיִתְנַשֵּׂא שִׁמְךָ מַלְכֵּנוּ תָּמִיד לְעוֹלָם וָעֶד:

אָבִינוּ מַלְכֵּנוּ זְכוֹר רַחֲמֶיךָ וּכְבוֹשׁ כַּעַסְךָ וְכַלֵּה דֶּבֶר וְחֶרֶב וְרָעָב וּשְׁבִי וּמַשְׁחִית וְעָוֹן וּמַגֵּפָה וּפֶגַע רָע וְכָל מַחֲלָה וְכָל תַּקָּלָה וְכָל קְטָטָה וְכָל מִינֵי פוּרְעָנִיּוֹת וְכָל גְּזֵרָה רָעָה וְשִׂנְאַת חִנָּם מֵעָלֵינוּ וּמֵעַל כָּל בְּנֵי בְרִיתֶךָ:

וּכְתוֹב לְחַיִּים טוֹבִים כָּל בְּנֵי בְרִיתֶךָ.

וְכָל הַחַיִּים יוֹדוּךָ סֶּלָה וִיהַלְלוּ שִׁמְךָ הַגָּדוֹל לְעוֹלָם כִּי טוֹב הָאֵל יְשׁוּעָתֵנוּ וְעֶזְרָתֵנוּ סֶלָה, הָאֵל הַטּוֹב. בָּרוּךְ אַתָּה יְיָ, הַטּוֹב שִׁמְךָ וּלְךָ נָאֶה לְהוֹדוֹת:

אֱלֹהֵינוּ וֵאלֹהֵי אֲבוֹתֵינוּ בָּרְכֵנוּ בַבְּרָכָה הַמְשֻׁלֶּשֶׁת בַּתּוֹרָה הַכְּתוּבָה עַל יְדֵי מֹשֶׁה עַבְדֶּךָ הָאֲמוּרָה מִפִּי אַהֲרֹן וּבָנָיו כֹּהֲנִים עַם קְדוֹשֶׁךָ כָּאָמוּר: יְבָרֶכְךָ יְהֹוָה וְיִשְׁמְרֶךָ: אמן יָאֵר יְהֹוָה פָּנָיו אֵלֶיךָ וִיחֻנֶּךָּ: אמן יִשָּׂא יְהֹוָה פָּנָיו אֵלֶיךָ וְיָשֵׂם לְךָ שָׁלוֹם: אמן

each and every year; King over the whole earth, who sanctifies (*On Shabbat:* the Shabbat and) Israel and the Day of Atonements.

רצה Look with favor, Lord our God, on Your people Israel and pay heed to their prayer; restore the service to Your Sanctuary and accept with love and favor Israel's fire-offerings and prayer; and may the service of Your people Israel always find favor.

ותחזינה May our eyes behold Your return to Zion in mercy. Blessed are You Lord, who restores His Divine Presence to Zion.

מודים We thankfully acknowledge that You are the Lord our God and God of our fathers forever. You are the strength of our life, the shield of our salvation in every generation. We will give thanks to You and recount Your praise, evening, morning and noon, for our lives which are committed into Your hand, for our souls which are entrusted to You, for Your miracles which are with us daily, and for Your continual wonders and beneficences.

MODIM D'RABBANAN

[While the Chazzan recites the adjacent מודים*, the Congregation responds by saying the following in an undertone:]*

מודים We thankfully acknowledge that You are the Lord our God and God of our fathers, the God of all flesh, our Creator and the Creator of all existence. We offer blessings and thanks to Your great and holy Name, for You have given us life and sustained us; so may You continue to grant us life and sustain us — gather our dispersed to the courtyards of Your Sanctuary and we shall return to You to keep Your laws, to do Your will, and to serve You with a perfect heart — for we thankfully acknowledge You. Blessed is God, who is worthy of thanks.

You are the Beneficent One, for Your mercies never cease; and the Merciful One, for Your kindnesses never end; for we always place our hope in You.

ועל And for all these, may Your Name, our King, be continually blessed, exalted and extolled forever and all time.

אבינו Our Father, our King, remember Your compassion and suppress Your wrath, and eradicate pestilence, sword, famine, captivity, destruction, iniquity, plague and evil occurence; and every disease, every mishap, every strife, every kind of punishment, every evil decree and groundless hatred from us and from every member of Your Covenant.

וכתוב Inscribe all the children of Your Covenant for a good life.

וכל And all living things shall forever thank You, and praise Your great Name eternally, for You are good. God, You are our everlasting salvation and help, O benevolent God. Blessed are You Lord, Beneficent is Your Name, and to You it is fitting to offer thanks.

אלהינו Our God and God of our fathers, bless us with the threefold blessing written in the Torah by Moses Your servant, and pronounced by Aaron and his sons the *Kohanim*, Your consecrated people, as it is said: The Lord bless you and guard you. (*Cong:* Amen.) The Lord make His countenance shine upon you and be gracious to you. (*Cong:* Amen.) The Lord turn His countenance toward you and grant you peace.[1] (*Cong:* Amen.)

1. Numbers 6:24-26.

שִׂים שָׁלוֹם, טוֹבָה וּבְרָכָה, חַיִּים חֵן וָחֶסֶד וְרַחֲמִים, עָלֵינוּ וְעַל כָּל יִשְׂרָאֵל עַמֶּךָ, בָּרְכֵנוּ אָבִינוּ כֻּלָּנוּ כְּאֶחָד בְּאוֹר פָּנֶיךָ, כִּי בְאוֹר פָּנֶיךָ נָתַתָּ לָנוּ יְיָ אֱלֹהֵינוּ תּוֹרַת חַיִּים וְאַהֲבַת חֶסֶד, וּצְדָקָה וּבְרָכָה וְרַחֲמִים וְחַיִּים וְשָׁלוֹם, וְטוֹב בְּעֵינֶיךָ לְבָרֵךְ אֶת עַמְּךָ יִשְׂרָאֵל בְּכָל עֵת וּבְכָל שָׁעָה בִּשְׁלוֹמֶךָ.

וּבְסֵפֶר חַיִּים בְּרָכָה וְשָׁלוֹם וּפַרְנָסָה טוֹבָה, יְשׁוּעָה וְנֶחָמָה וּגְזֵרוֹת טוֹבוֹת נִזָּכֵר וְנִכָּתֵב לְפָנֶיךָ, אֲנַחְנוּ וְכָל עַמְּךָ בֵּית יִשְׂרָאֵל, לְחַיִּים טוֹבִים וּלְשָׁלוֹם.

בָּרוּךְ אַתָּה יְיָ הַמְבָרֵךְ אֶת עַמּוֹ יִשְׂרָאֵל בַּשָּׁלוֹם:

יִהְיוּ לְרָצוֹן אִמְרֵי פִי וְהֶגְיוֹן לִבִּי, לְפָנֶיךָ, יְיָ צוּרִי וְגוֹאֲלִי:

כשחל יוהכ״פ בשבת אין אומרים אבינו מלכנו

פותחין הארון. אָבִינוּ מַלְכֵּנוּ חָטָאנוּ לְפָנֶיךָ:

אָבִינוּ מַלְכֵּנוּ אֵין לָנוּ מֶלֶךְ אֶלָּא אָתָּה:

אָבִינוּ מַלְכֵּנוּ עֲשֵׂה עִמָּנוּ לְמַעַן שְׁמֶךָ:

אָבִינוּ מַלְכֵּנוּ חַדֵּשׁ עָלֵינוּ שָׁנָה טוֹבָה:

אָבִינוּ מַלְכֵּנוּ בַּטֵּל מֵעָלֵינוּ כָּל גְּזֵרוֹת קָשׁוֹת:

אָבִינוּ מַלְכֵּנוּ בַּטֵּל מַחְשְׁבוֹת שׂוֹנְאֵינוּ:

אָבִינוּ מַלְכֵּנוּ הָפֵר עֲצַת אוֹיְבֵינוּ:

אָבִינוּ מַלְכֵּנוּ כַּלֵּה כָּל צַר וּמַסְטִין מֵעָלֵינוּ:

אָבִינוּ מַלְכֵּנוּ סְתוֹם פִּיּוֹת מַסְטִינֵנוּ וּמְקַטְרִיגֵנוּ:

אָבִינוּ מַלְכֵּנוּ כַּלֵּה דֶּבֶר וְחֶרֶב וְרָעָב וּשְׁבִי וּמַשְׁחִית מִבְּנֵי בְרִיתֶךָ:

שים Bestow peace, goodness and blessing, life, graciousness, kindness and mercy, upon us and upon all Your people Israel. Bless us, our Father, all of us as one, with the light of Your countenance. For by the light of Your countenance You gave us, Lord our God, the Torah of life and loving-kindness, righteousness, blessing, mercy, life and peace. May it be favorable in Your eyes to bless Your people Israel, at all times and at every moment, with Your peace.

ובספר And in the Book of life, blessing, peace and prosperity, deliverance, consolation and favorable decrees, may we and all Your people the House of Israel be remembered and inscribed before You for a happy life and for peace.

ברוך Blessed are You Lord, who blesses His people Israel with peace.

יהיו May the words of my mouth and the meditation of my heart be acceptable before You, Lord, my Strength and my Redeemer.[1]

When Yom Kippur falls on Shabbat, אבינו מלכנו *(Our Father, our King...) is not said.*

The Ark is opened.

אבינו מלכנו Our Father, our King, we have sinned before You.

Our Father, our King, we have no King but You.

Our Father, our King, act [benevolently] with us for the sake of Your Name.

Our Father, our King, renew for us a good year.

Our Father, our King, remove from us all harsh decrees.

Our Father, our King, annul the intentions of our enemies.

Our Father, our King, foil the plans of our foes.

Our Father, our King, wipe out every oppressor and adversary from against us.

Our Father, our King, close the mouths of our adversaries and accusers.

Our Father, our King, remove pestilence, sword, famine, captivity and destruction from the members of Your covenant.

1. Psalms 19:15.

אָבִינוּ מַלְכֵּנוּ מְנַע מַגֵּפָה מִנַּחֲלָתֶךָ:
אָבִינוּ מַלְכֵּנוּ סְלַח וּמְחוֹל לְכָל עֲוֹנוֹתֵינוּ:
אָבִינוּ מַלְכֵּנוּ מְחֵה וְהַעֲבֵר פְּשָׁעֵינוּ מִנֶּגֶד עֵינֶיךָ:
אָמַּ מְחוֹק בְּרַחֲמֶיךָ הָרַבִּים כָּל שִׁטְרֵי חוֹבוֹתֵינוּ:
אָבִינוּ מַלְכֵּנוּ הַחֲזִירֵנוּ בִּתְשׁוּבָה שְׁלֵמָה לְפָנֶיךָ:
אָבִינוּ מַלְכֵּנוּ שְׁלַח רְפוּאָה שְׁלֵמָה לְחוֹלֵי עַמֶּךָ:
אָבִינוּ מַלְכֵּנוּ קְרַע רֹעַ גְּזַר דִּינֵנוּ:
אָבִינוּ מַלְכֵּנוּ זָכְרֵנוּ בְּזִכָּרוֹן טוֹב לְפָנֶיךָ:

אָבִינוּ מַלְכֵּנוּ כָּתְבֵנוּ בְּסֵפֶר חַיִּים טוֹבִים:

אָבִינוּ מַלְכֵּנוּ כָּתְבֵנוּ בְּסֵפֶר גְּאֻלָּה וִישׁוּעָה:

אָבִינוּ מַלְכֵּנוּ כָּתְבֵנוּ בְּסֵפֶר פַּרְנָסָה וְכַלְכָּלָה:

אָבִינוּ מַלְכֵּנוּ כָּתְבֵנוּ בְּסֵפֶר זְכֻיּוֹת:

אָבִינוּ מַלְכֵּנוּ כָּתְבֵנוּ בְּסֵפֶר סְלִיחָה וּמְחִילָה.

אָבִינוּ מַלְכֵּנוּ הַצְמַח לָנוּ יְשׁוּעָה בְּקָרוֹב:
אָבִינוּ מַלְכֵּנוּ הָרֵם קֶרֶן יִשְׂרָאֵל עַמֶּךָ:
אָבִינוּ מַלְכֵּנוּ הָרֵם קֶרֶן מְשִׁיחֶךָ:
אָבִינוּ מַלְכֵּנוּ מַלֵּא יָדֵינוּ מִבִּרְכוֹתֶיךָ:
אָבִינוּ מַלְכֵּנוּ מַלֵּא אֲסָמֵינוּ שָׂבָע:
אָבִינוּ מַלְכֵּנוּ שְׁמַע קוֹלֵנוּ חוּס וְרַחֵם עָלֵינוּ:
אָבִינוּ מַלְכֵּנוּ קַבֵּל בְּרַחֲמִים וּבְרָצוֹן אֶת תְּפִלָּתֵנוּ:
אָבִינוּ מַלְכֵּנוּ פְּתַח שַׁעֲרֵי שָׁמַיִם לִתְפִלָּתֵנוּ:

Our Father, our King, withhold the plague from Your inheritance.

Our Father, our King, pardon and forgive all our iniquities.

Our Father, our King, blot out and remove our transgressions from before Your eyes.

Our Father, our King, erase in Your abounding mercies all the records of our debts [sins].

Our Father, our King, bring us back to You in wholehearted repentance.

Our Father, our King, send a complete healing to the sick of Your people.

Our Father, our King, rend the evil [aspect] of the verdict decreed against us.

Our Father, our King, remember us with a favorable remembrance before You.

Our Father, our King, inscribe us in the book of good life.

Our Father, our King, inscribe us in the book of redemption and deliverance.

Our Father, our King, inscribe us in the book of livelihood and sustenance.

Our Father, our King, inscribe us in the book of merits.

Our Father, our King, inscribe us in the book of pardon and forgiveness.

Our Father, our King, cause deliverance to flourish for us soon.

Our Father, our King, exalt the glory of Israel Your people.

Our Father, our King, exalt the glory of Your anointed one.

Our Father, our King, fill our hands with Your blessings.

Our Father, our King, fill our storehouses with plenty.

Our Father, our King, hear our voice, have pity and compassion upon us.

Our Father, our King, accept our prayer with mercy and with favor.

Our Father, our King, open the gates of heaven to our prayer.

אָבִינוּ מַלְכֵּנוּ זָכוּר כִּי עָפָר אֲנָחְנוּ:
אָבִינוּ מַלְכֵּנוּ נָא אַל תְּשִׁיבֵנוּ רֵיקָם מִלְּפָנֶיךָ:
אָבִינוּ מַלְכֵּנוּ תְּהֵא הַשָּׁעָה הַזֹּאת שְׁעַת רַחֲמִים וְעֵת רָצוֹן מִלְּפָנֶיךָ:
אָבִינוּ מַלְכֵּנוּ חֲמוֹל עָלֵינוּ וְעַל עוֹלָלֵינוּ וְטַפֵּנוּ:
אָבִינוּ מַלְכֵּנוּ עֲשֵׂה לְמַעַן הֲרוּגִים עַל שֵׁם קָדְשֶׁךָ:
אָבִינוּ מַלְכֵּנוּ עֲשֵׂה לְמַעַן טְבוּחִים עַל יִחוּדֶךָ:
אָ״מ עֲשֵׂה לְמַעַן בָּאֵי בָאֵשׁ וּבַמַּיִם עַל קִדּוּשׁ שְׁמֶךָ:
אָבִינוּ מַלְכֵּנוּ נְקוֹם נִקְמַת דַּם עֲבָדֶיךָ הַשָּׁפוּךְ:
אָבִינוּ מַלְכֵּנוּ עֲשֵׂה לְמַעַנְךָ אִם לֹא לְמַעֲנֵנוּ:
אָבִינוּ מַלְכֵּנוּ עֲשֵׂה לְמַעַנְךָ וְהוֹשִׁיעֵנוּ:
אָבִינוּ מַלְכֵּנוּ עֲשֵׂה לְמַעַן רַחֲמֶיךָ הָרַבִּים:
אָבִינוּ מַלְכֵּנוּ עֲשֵׂה לְמַעַן שִׁמְךָ הַגָּדוֹל הַגִּבּוֹר וְהַנּוֹרָא שֶׁנִּקְרָא עָלֵינוּ:
אָבִינוּ מַלְכֵּנוּ חָנֵּנוּ וַעֲנֵנוּ כִּי אֵין בָּנוּ מַעֲשִׂים עֲשֵׂה עִמָּנוּ צְדָקָה וָחֶסֶד וְהוֹשִׁיעֵנוּ: סוגרין הארון

יִתְגַּדַּל וְיִתְקַדַּשׁ שְׁמֵהּ רַבָּא. אמן: בְּעָלְמָא דִּי בְרָא כִרְעוּתֵהּ וְיַמְלִיךְ מַלְכוּתֵהּ וְיַצְמַח פֻּרְקָנֵהּ וִיקָרֵב מְשִׁיחֵהּ. אמן: בְּחַיֵּיכוֹן וּבְיוֹמֵיכוֹן וּבְחַיֵּי דְכָל בֵּית יִשְׂרָאֵל בַּעֲגָלָא וּבִזְמַן קָרִיב וְאִמְרוּ אָמֵן: יְהֵא שְׁמֵהּ רַבָּא מְבָרַךְ לְעָלַם וּלְעָלְמֵי עָלְמַיָּא יִתְבָּרַךְ וְיִשְׁתַּבַּח וְיִתְפָּאַר וְיִתְרוֹמַם וְיִתְנַשֵּׂא וְיִתְהַדָּר וְיִתְעַלֶּה וְיִתְהַלָּל שְׁמֵהּ דְּקוּדְשָׁא בְּרִיךְ הוּא. אמן: לְעֵלָּא מִן כָּל בִּרְכָתָא וְשִׁירָתָא תֻּשְׁבְּחָתָא וְנֶחֱמָתָא דַּאֲמִירָן בְּעָלְמָא וְאִמְרוּ אָמֵן:
תִּתְקַבַּל צְלוֹתְהוֹן וּבָעוּתְהוֹן דְּכָל בֵּית יִשְׂרָאֵל קֳדָם אֲבוּהוֹן דִּי בִשְׁמַיָּא וְאִמְרוּ אָמֵן:
יְהֵא שְׁלָמָא רַבָּא מִן־שְׁמַיָּא וְחַיִּים טוֹבִים עָלֵינוּ וְעַל־כָּל־יִשְׂרָאֵל וְאִמְרוּ אָמֵן:
עֹשֶׂה הַשָּׁלוֹם בִּמְרוֹמָיו הוּא יַעֲשֶׂה שָׁלוֹם עָלֵינוּ וְעַל־כָּל־יִשְׂרָאֵל וְאִמְרוּ אָמֵן:

Our Father, our King, let it be remembered that we are but dust.

Our Father, our King, we beseech You, do not turn us away from You empty-handed.

Our Father, our King, may this hour be an hour of mercy and a time of favor before You.

Our Father, our King, have compassion upon us, and upon our infants and children.

Our Father, our King, do it for the sake of those who were slain for Your holy Name.

Our Father, our King, do it for the sake of those who were slaughtered for Your Oneness.

Our Father, our King, do it for the sake of those who went through fire and water for the sanctification of Your Name.

Our Father, our King, avenge the spilled blood of Your servants.

Our Father, our King, do it for Your sake, if not for ours.

Our Father, our King, do it for Your sake, and deliver us.

Our Father, our King, do it for the sake of Your abounding mercies.

Our Father, our King, do it for the sake of Your great, mighty and awesome Name which is proclaimed over us.

Our Father, our King, be gracious to us and answer us, for we have no meritorious deeds; deal charitably and kindly with us and deliver us. *The Ark is closed.*

The Chazzan recites Whole Kaddish:

יתגדל Exalted and hallowed be His great Name (*Cong:* Amen.) throughout the world which He has created according to His will. May He establish His kingship, bring forth His redemption and hasten the coming of His *Mashiach* (*Cong:* Amen.) in your lifetime and in your days and in the lifetime of the entire House of Israel, speedily and soon, and say, Amen. (*Cong:* Amen. May His great Name be blessed forever and to all eternity. Blessed.) May His great Name be blessed forever and to all eternity. Blessed and praised, glorified, exalted and extolled, honored, adored and lauded be the Name of the Holy One, blessed be He, (*Cong:* Amen.) beyond all the blessings, hymns, praises and consolations that are uttered in the world; and say, Amen. (*Cong:* Amen.)

May the prayers and supplications of the entire House of Israel be accepted before their Father in heaven; and say, Amen. (*Cong:* Amen.)

May there be abundant peace from heaven, and a good life for us and for all Israel; and say, Amen. (*Cong:* Amen.)

He who makes the peace in His heavens, may He make peace for us and for all Israel; and say, Amen. (*Cong:* Amen.)

שִׁיר שֶׁל יוֹם

תהלים מח:

בשני בשבת הַיּוֹם, יוֹם שֵׁנִי בַּשַּׁבָּת, שֶׁבּוֹ הָיוּ הַלְוִיִּם אוֹמְרִים בְּבֵית הַמִּקְדָּשׁ:

שִׁיר מִזְמוֹר לִבְנֵי קֹרַח: גָּדוֹל יְיָ וּמְהֻלָּל מְאֹד, בְּעִיר אֱלֹהֵינוּ הַר קָדְשׁוֹ: יְפֵה נוֹף מְשׂוֹשׂ כָּל הָאָרֶץ הַר צִיּוֹן, יַרְכְּתֵי צָפוֹן קִרְיַת מֶלֶךְ רָב: אֱלֹהִים בְּאַרְמְנוֹתֶיהָ נוֹדַע לְמִשְׂגָּב: כִּי הִנֵּה הַמְּלָכִים נוֹעֲדוּ, עָבְרוּ יַחְדָּו: הֵמָּה רָאוּ כֵּן תָּמָהוּ, נִבְהֲלוּ נֶחְפָּזוּ: רְעָדָה אֲחָזָתַם שָׁם, חִיל כַּיּוֹלֵדָה: בְּרוּחַ קָדִים, תְּשַׁבֵּר אֳנִיּוֹת תַּרְשִׁישׁ: כַּאֲשֶׁר שָׁמַעְנוּ כֵּן רָאִינוּ בְּעִיר יְיָ צְבָאוֹת, בְּעִיר אֱלֹהֵינוּ, אֱלֹהִים יְכוֹנְנֶהָ עַד עוֹלָם סֶלָה: דִּמִּינוּ אֱלֹהִים חַסְדֶּךָ, בְּקֶרֶב הֵיכָלֶךָ: כְּשִׁמְךָ אֱלֹהִים כֵּן תְּהִלָּתְךָ עַל קַצְוֵי אֶרֶץ, צֶדֶק מָלְאָה יְמִינֶךָ: יִשְׂמַח הַר צִיּוֹן תָּגֵלְנָה בְּנוֹת יְהוּדָה, לְמַעַן מִשְׁפָּטֶיךָ: סֹבּוּ צִיּוֹן וְהַקִּיפוּהָ, סִפְרוּ מִגְדָּלֶיהָ: שִׁיתוּ לִבְּכֶם לְחֵילָה פַּסְּגוּ אַרְמְנוֹתֶיהָ, לְמַעַן תְּסַפְּרוּ לְדוֹר אַחֲרוֹן: כִּי זֶה אֱלֹהִים אֱלֹהֵינוּ עוֹלָם וָעֶד, הוּא יְנַהֲגֵנוּ עַל מוּת:

הוֹשִׁיעֵנוּ יְיָ אֱלֹהֵינוּ וְקַבְּצֵנוּ מִן הַגּוֹיִם לְהוֹדוֹת לְשֵׁם קָדְשֶׁךָ, לְהִשְׁתַּבֵּחַ בִּתְהִלָּתֶךָ: בָּרוּךְ יְיָ אֱלֹהֵי יִשְׂרָאֵל מִן הָעוֹלָם וְעַד הָעוֹלָם וְאָמַר כָּל הָעָם אָמֵן הַלְלוּיָהּ: בָּרוּךְ יְיָ מִצִּיּוֹן שֹׁכֵן יְרוּשָׁלָיִם הַלְלוּיָהּ: בָּרוּךְ יְיָ אֱלֹהִים אֱלֹהֵי יִשְׂרָאֵל, עֹשֵׂה נִפְלָאוֹת לְבַדּוֹ: וּבָרוּךְ שֵׁם כְּבוֹדוֹ לְעוֹלָם, וְיִמָּלֵא כְבוֹדוֹ אֶת כָּל הָאָרֶץ, אָמֵן וְאָמֵן:

תהלים כז:

לְדָוִד, יְיָ אוֹרִי וְיִשְׁעִי מִמִּי אִירָא, יְיָ מָעוֹז חַיַּי מִמִּי אֶפְחָד: בִּקְרֹב עָלַי מְרֵעִים לֶאֱכֹל אֶת בְּשָׂרִי צָרַי וְאֹיְבַי לִי, הֵמָּה כָשְׁלוּ וְנָפָלוּ: אִם תַּחֲנֶה עָלַי מַחֲנֶה לֹא יִירָא לִבִּי, אִם תָּקוּם עָלַי מִלְחָמָה, בְּזֹאת אֲנִי בוֹטֵחַ: אַחַת שָׁאַלְתִּי מֵאֵת יְיָ אוֹתָהּ אֲבַקֵּשׁ, שִׁבְתִּי בְּבֵית יְיָ כָּל יְמֵי חַיַּי, לַחֲזוֹת בְּנֹעַם יְיָ וּלְבַקֵּר בְּהֵיכָלוֹ: כִּי יִצְפְּנֵנִי בְּסֻכֹּה בְּיוֹם רָעָה יַסְתִּרֵנִי בְּסֵתֶר אָהֳלוֹ, בְּצוּר יְרוֹמְמֵנִי: וְעַתָּה יָרוּם רֹאשִׁי עַל אֹיְבַי סְבִיבוֹתַי, וְאֶזְבְּחָה בְאָהֳלוֹ זִבְחֵי תְרוּעָה, אָשִׁירָה וַאֲזַמְּרָה לַייָ: שְׁמַע יְיָ קוֹלִי

תהלים ו) שם קי מו: ז) שם שב: מח: ה) שם קלה כא: ט) שם עב יח:

SONG OF THE DAY

On Mondays say:

היום Today is the second day of the week, on which the *Levi'im* in the Bet Hamikdash used to say:

שיר A Song, a Psalm by the sons of Korach. The Lord is great and exceedingly acclaimed in the city of God, His holy mountain. Beautiful in landscape, the joy of the whole earth is Mount Zion, on the northern slopes, the city of the great King. In her citadels, God became known as a tower of strength. For behold, the kings assembled, they advanced in concert [to invade her]. They saw [the wonders of the Almighty] and were astounded; they were terror-stricken, they hastened to flee. Trembling seized them there, pangs as of a woman in the throes of labor; [they were crushed as] by an east wind that shatters the ships of Tarshish. As we have heard, so have we seen in the city of the Lord of hosts, in the city of our God; may God establish it for all eternity. God, we have been hoping for Your kindness [to be revealed] within Your Sanctuary. As Your Name, O God, [is great,] so is Your praise to the ends of the earth; Your right hand is filled with righteousness. Let Mount Zion rejoice, let the towns of Judah exult, because of Your judgments. Walk around Zion, encircle her, count her towers; consider well her ramparts, behold her lofty citadels, that you may recount it to a later generation. For this God is our God forever and ever; He will lead us eternally.[1]

הושיענו Deliver us, Lord our God, and gather us from among the nations, that we may give thanks to Your holy Name and glory in Your praise. Blessed is the Lord, the God of Israel, to all eternity, and all the people said: Amen, praise the Lord.[2] Blessed is the Lord from Zion, who dwells in Jerusalem; praise the Lord.[3] Blessed is the Lord God, the God of Israel, who alone performs wonders. Blessed is His glorious Name forever, and let the whole earth be filled with His glory. Amen and Amen.[4]

לדוד By David. The Lord is my light and my salvation — whom shall I fear? The Lord is the strength of my life — whom shall I dread? When evildoers approached me to devour my flesh, my oppressors and my foes, they stumbled and fell. If an army were to beleaguer me, my heart would not fear; if war were to arise against me, in this[5] I trust. One thing I have asked of the Lord, this I seek, that I may dwell in the House of the Lord all the days of my life, to behold the pleasantness of the Lord, and to visit in His Sanctuary. For He will hide me in His tabernacle on a day of adversity; He will conceal me in the hidden places of His tent; He will lift me upon a rock. And then my head will be raised above my enemies around me, and I will offer in His tabernacle sacrifices of jubilation; I will sing and chant to the Lord. Lord, hear my voice

1. Psalm 48. 2. Ibid. 106:47-48. 3. ibid. 135:21. 4. Ibid. 72:18-19. 5. I.e., that "the Lord is my light and my salvation," etc.

אֶקְרָא, וְחָנֵּנִי וַעֲנֵנִי: לְךָ אָמַר לִבִּי, בַּקְּשׁוּ פָנָי, אֶת פָּנֶיךָ יְיָ אֲבַקֵּשׁ: אַל תַּסְתֵּר פָּנֶיךָ מִמֶּנִּי, אַל תַּט בְּאַף עַבְדֶּךָ עֶזְרָתִי הָיִיתָ, אַל תִּטְּשֵׁנִי וְאַל תַּעַזְבֵנִי אֱלֹהֵי יִשְׁעִי: כִּי אָבִי וְאִמִּי עֲזָבוּנִי, וַיְיָ יַאַסְפֵנִי: הוֹרֵנִי יְיָ דַּרְכֶּךָ וּנְחֵנִי בְּאֹרַח מִישׁוֹר, לְמַעַן שׁוֹרְרָי: אַל תִּתְּנֵנִי בְּנֶפֶשׁ צָרָי, כִּי קָמוּ בִי עֵדֵי שֶׁקֶר וִיפֵחַ חָמָס: לוּלֵא הֶאֱמַנְתִּי לִרְאוֹת בְּטוּב יְיָ בְּאֶרֶץ חַיִּים: קַוֵּה אֶל יְיָ חֲזַק וְיַאֲמֵץ לִבֶּךָ, וְקַוֵּה אֶל יְיָ:

יִתְגַּדַּל וְיִתְקַדַּשׁ שְׁמֵהּ רַבָּא. אמן בְּעָלְמָא דִּי בְרָא כִרְעוּתֵהּ וְיַמְלִיךְ מַלְכוּתֵהּ, וְיַצְמַח פֻּרְקָנֵהּ וִיקָרֵב מְשִׁיחֵהּ אמן. בְּחַיֵּיכוֹן וּבְיוֹמֵיכוֹן וּבְחַיֵּי דְכָל בֵּית יִשְׂרָאֵל, בַּעֲגָלָא וּבִזְמַן קָרִיב וְאִמְרוּ אָמֵן: יְהֵא שְׁמֵהּ רַבָּא מְבָרַךְ לְעָלַם וּלְעָלְמֵי עָלְמַיָּא. יִתְבָּרַךְ, וְיִשְׁתַּבַּח, וְיִתְפָּאַר, וְיִתְרוֹמַם, וְיִתְנַשֵּׂא, וְיִתְהַדָּר וְיִתְעַלֶּה, וְיִתְהַלָּל, שְׁמֵהּ דְּקֻדְשָׁא בְּרִיךְ הוּא. אמן לְעֵלָּא מִן כָּל בִּרְכָתָא וְשִׁירָתָא, תֻּשְׁבְּחָתָא וְנֶחֱמָתָא, דַּאֲמִירָן בְּעָלְמָא, וְאִמְרוּ אָמֵן:

יְהֵא שְׁלָמָא רַבָּא מִן שְׁמַיָּא וְחַיִּים טוֹבִים, עָלֵינוּ וְעַל כָּל יִשְׂרָאֵל, וְאִמְרוּ אָמֵן:

עֹשֶׂה הַשָּׁלוֹם בִּמְרוֹמָיו, הוּא יַעֲשֶׂה שָׁלוֹם עָלֵינוּ וְעַל כָּל יִשְׂרָאֵל וְאִמְרוּ אָמֵן:

ברביעי בשבת הַיּוֹם, יוֹם רְבִיעִי בְּשַׁבָּת, שֶׁבּוֹ הָיוּ הַלְוִיִּם אוֹמְרִים בְּבֵית הַמִּקְדָּשׁ:

אֵל נְקָמוֹת יְיָ, אֵל נְקָמוֹת הוֹפִיעַ: הִנָּשֵׂא שֹׁפֵט הָאָרֶץ, הָשֵׁב גְּמוּל עַל גֵּאִים: עַד מָתַי רְשָׁעִים יְיָ, עַד מָתַי רְשָׁעִים יַעֲלֹזוּ: יַבִּיעוּ יְדַבְּרוּ עָתָק, יִתְאַמְּרוּ כָּל פֹּעֲלֵי אָוֶן: עַמְּךָ יְיָ יְדַכְּאוּ, וְנַחֲלָתְךָ יְעַנּוּ: אַלְמָנָה וְגֵר יַהֲרֹגוּ, וִיתוֹמִים יְרַצֵּחוּ: וַיֹּאמְרוּ: לֹא יִרְאֶה יָּהּ, וְלֹא יָבִין אֱלֹהֵי יַעֲקֹב: בִּינוּ בֹּעֲרִים בָּעָם, וּכְסִילִים מָתַי תַּשְׂכִּילוּ: הֲנֹטַע אֹזֶן הֲלֹא יִשְׁמָע, אִם יֹצֵר עַיִן הֲלֹא יַבִּיט: הֲיֹסֵר גּוֹיִם הֲלֹא יוֹכִיחַ,

ותהלים ג) שם צד:

as I call; be gracious to me and answer me. In Your behalf my heart says, "Seek My countenance;" Your countenance, Lord, I seek. Do not conceal Your countenance from me; do not cast aside Your servant in wrath; You have been my help; do not abandon me nor forsake me, God of my deliverance. Though my father and mother have forsaken me, the Lord has taken me in. Lord, teach me Your way and lead me in the path of righteousness because of my watchful enemies. Do not give me over to the will of my oppressors, for there have risen against me false witnesses and they speak evil. [They would have crushed me] had I not believed that I would see the goodness of the Lord in the land of the living. Hope in the Lord, be strong and let your heart be valiant, and hope in the Lord.[1]

יתגדל Exalted and hallowed be His great Name (*Cong:* Amen.) throughout the world which He has created according to His will. May He establish His kingship, bring forth His redemption and hasten the coming of His *Mashiach* (*Cong:* Amen.) in your lifetime and in your days and in the lifetime of the entire House of Israel, speedily and soon, and say, Amen. (*Cong:* Amen. May His great Name be blessed forever and to all eternity. Blessed.) May His great Name be blessed forever and to all eternity. Blessed and praised, glorified, exalted and extolled, honored, adored and lauded be the Name of the Holy One, blessed be He, (*Cong:* Amen.) beyond all the blessings, hymns, praises and consolations that are uttered in the world; and say, Amen. (*Cong:* Amen.)

May there be abundant peace from heaven, and a good life for us and for all Israel; and say, Amen. (*Cong:* Amen.)

He who makes the peace in His heavens, may He make peace for us and for all Israel; and say, Amen. (*Cong:* Amen.)

On Wednesdays say:

היום Today is the fourth day of the week, on which the *Levi'im* in the Bet Hamidkash used to say:

אל The Lord is a God of retribution; O God of retribution reveal Yourself! Judge of the earth, arise; render to the arrogant their recompense. How long shall the wicked, O Lord, how long shall the wicked exult? They continuously speak insolently; all the evildoers act arrogantly. They crush Your people, O Lord, and oppress Your heritage. They kill the widow and the stranger, and murder the orphans. And they say, "The Lord does not see, the God of Jacob does not perceive." Understand, you senseless among the people; you fools, when will you become wise? Shall He who implants the ear not hear? Shall He who forms the eye not see? Shall He who chastises nations not punish?

1. Psalm 27.

הַמְלַמֵּד אָדָם דָּעַת: יְיָ יֹדֵעַ מַחְשְׁבוֹת אָדָם, כִּי הֵמָּה הָבֶל: אַשְׁרֵי הַגֶּבֶר אֲשֶׁר תְּיַסְּרֶנּוּ יָּהּ, וּמִתּוֹרָתְךָ תְלַמְּדֶנּוּ: לְהַשְׁקִיט לוֹ מִימֵי רָע, עַד יִכָּרֶה לָרָשָׁע שָׁחַת: כִּי לֹא יִטֹּשׁ יְיָ עַמּוֹ, וְנַחֲלָתוֹ לֹא יַעֲזֹב: כִּי עַד צֶדֶק יָשׁוּב מִשְׁפָּט, וְאַחֲרָיו כָּל יִשְׁרֵי לֵב: מִי יָקוּם לִי עִם מְרֵעִים, מִי יִתְיַצֵּב לִי עִם פֹּעֲלֵי אָוֶן: לוּלֵי יְיָ עֶזְרָתָה לִּי, כִּמְעַט שָׁכְנָה דוּמָה נַפְשִׁי: אִם אָמַרְתִּי מָטָה רַגְלִי, חַסְדְּךָ יְיָ יִסְעָדֵנִי: בְּרֹב שַׂרְעַפַּי בְּקִרְבִּי, תַּנְחוּמֶיךָ יְשַׁעַשְׁעוּ נַפְשִׁי: הַיְחָבְרְךָ כִּסֵּא הַוּוֹת, יֹצֵר עָמָל עֲלֵי חֹק: יָגוֹדּוּ עַל נֶפֶשׁ צַדִּיק, וְדָם נָקִי יַרְשִׁיעוּ: וַיְהִי יְיָ לִי לְמִשְׂגָּב, וֵאלֹהַי לְצוּר מַחְסִי: וַיָּשֶׁב עֲלֵיהֶם אֶת אוֹנָם, וּבְרָעָתָם יַצְמִיתֵם, יַצְמִיתֵם יְיָ אֱלֹהֵינוּ: לְכוּ נְרַנְּנָה לַייָ, נָרִיעָה לְצוּר יִשְׁעֵנוּ: נְקַדְּמָה פָנָיו בְּתוֹדָה, בִּזְמִרוֹת נָרִיעַ לוֹ: כִּי אֵל גָּדוֹל יְיָ, וּמֶלֶךְ גָּדוֹל עַל כָּל אֱלֹהִים: הושיענו, לדוד ה' אורי, ק"י.

בחמישי בשבת הַיּוֹם, יוֹם חֲמִישִׁי בַּשַּׁבָּת, שֶׁבּוֹ הָיוּ הַלְוִיִּם אוֹמְרִים בְּבֵית הַמִּקְדָּשׁ:

תהלים פא:

לַמְנַצֵּחַ עַל הַגִּתִּית לְאָסָף: הַרְנִינוּ לֵאלֹהִים עוּזֵּנוּ, הָרִיעוּ לֵאלֹהֵי יַעֲקֹב: שְׂאוּ זִמְרָה וּתְנוּ תֹף, כִּנּוֹר נָעִים עִם נָבֶל: תִּקְעוּ בַחֹדֶשׁ שׁוֹפָר, בַּכֵּסֶה לְיוֹם חַגֵּנוּ: כִּי חֹק לְיִשְׂרָאֵל הוּא, מִשְׁפָּט לֵאלֹהֵי יַעֲקֹב: עֵדוּת בִּיהוֹסֵף שָׂמוֹ בְּצֵאתוֹ עַל אֶרֶץ מִצְרָיִם, שְׂפַת לֹא יָדַעְתִּי אֶשְׁמָע: הֲסִירוֹתִי מִסֵּבֶל שִׁכְמוֹ, כַּפָּיו מִדּוּד תַּעֲבֹרְנָה: בַּצָּרָה קָרָאתָ וָאֲחַלְּצֶךָּ, אֶעֶנְךָ בְּסֵתֶר רַעַם, אֶבְחָנְךָ עַל מֵי מְרִיבָה סֶלָה: שְׁמַע עַמִּי וְאָעִידָה בָּךְ, יִשְׂרָאֵל אִם תִּשְׁמַע לִי: לֹא יִהְיֶה בְךָ אֵל זָר, וְלֹא תִשְׁתַּחֲוֶה לְאֵל נֵכָר: אָנֹכִי יְיָ אֱלֹהֶיךָ הַמַּעַלְךָ מֵאֶרֶץ מִצְרָיִם, הַרְחֶב פִּיךָ וַאֲמַלְאֵהוּ: וְלֹא שָׁמַע עַמִּי לְקוֹלִי, וְיִשְׂרָאֵל לֹא אָבָה לִי: וָאֲשַׁלְּחֵהוּ בִּשְׁרִירוּת לִבָּם, יֵלְכוּ בְּמוֹעֲצוֹתֵיהֶם: לוּ עַמִּי שֹׁמֵעַ לִי, יִשְׂרָאֵל בִּדְרָכַי יְהַלֵּכוּ: כִּמְעַט אוֹיְבֵיהֶם אַכְנִיעַ, וְעַל צָרֵיהֶם אָשִׁיב יָדִי: מְשַׂנְאֵי יְיָ יְכַחֲשׁוּ לוֹ, וִיהִי עִתָּם לְעוֹלָם: וַיַּאֲכִילֵהוּ מֵחֵלֶב חִטָּה, וּמִצּוּר דְּבַשׁ אַשְׂבִּיעֶךָ: הושיענו, לדוד ה' אורי, ק"י.

בשבת. הַיּוֹם יוֹם שַׁבַּת קֹדֶשׁ שֶׁבּוֹ הָיוּ הַלְוִיִּם אוֹמְרִים בְּבֵית הַמִּקְדָּשׁ.

מִזְמוֹר שִׁיר לְיוֹם הַשַּׁבָּת: טוֹב לְהֹדוֹת לַייָ, וּלְזַמֵּר לְשִׁמְךָ עֶלְיוֹן: לְהַגִּיד בַּבֹּקֶר חַסְדֶּךָ, וֶאֱמוּנָתְךָ בַּלֵּילוֹת: עֲלֵי עָשׂוֹר וַעֲלֵי נָבֶל, עֲלֵי הִגָּיוֹן בְּכִנּוֹר: כִּי שִׂמַּחְתַּנִי יְיָ בְּפָעֳלֶךָ,

Shall He who imparts knowledge to man [not know]? The Lord knows the thoughts of man that they are naught. Fortunate is the man whom You chastise, O Lord, and instruct him in Your Torah, bestowing upon him tranquility in times of adversity, until the pit is dug for the wicked. For the Lord will not abandon His people, nor forsake His heritage. For judgment shall again be consonant with justice, and all the upright in heart will pursue it. Who would rise up for me against the wicked ones, who would stand up for me against the evildoers? Had the Lord not been a help to me, my soul would have soon dwelt in the silence [of the grave]. When I thought that my foot was slipping, Your kindness, O Lord, supported me. When my [worrisome] thoughts multiply within me, Your consolation delights my soul. Can one in the seat of evil, one who makes iniquity into law, consort with You? They band together against the life of the righteous, and condemn innocent blood. The Lord has been my stronghold; my God, the strength of my refuge. He will turn their violence against them and destroy them through their own wickedness; the Lord our God will destroy them.[1] Come, let us sing to the Lord; let us raise our voices in jubilation to the Rock of our deliverance. Let us approach Him with thanksgiving; let us raise our voices to Him in song. For the Lord is a great God, and a great King over all supernal beings.[2]

Continue: הושיענו *(Deliver us...),* לדוד *(By David...), p. 142, and Mourner's Kaddish, p. 143.*

On Thursdays say:

היום Today is the fifth day of the week, on which the *Levi'im* in the Bet Hamikdash used to say:

למנצח For the Choirmaster, upon the [musical instrument] *gittit;* by Asaf. Sing joyously to God our strength; sound the *shofar* to the God of Jacob. Raise your voice in song, sound the drum, the pleasant harp and the lute. Blow the *shofar* on the New Moon, on the designated day of our Holy Day. For it is a decree for Israel, a ruling of the God of Jacob. He ordained it as a precept for Joseph when he went forth over the land of Egypt; I heard a language which I did not know. I have taken his shoulder from the burden; his hands were removed from the caldron. In distress you called and I delivered you; [you called] in secret, and I answered you with thunderous wonders; I tested you at the waters of Meriva. Selah. Hear, My people, and I will admonish you; Israel, if you would only listen to Me! You shall have no alien god within you, nor shall you bow down to a foreign deity. I am the Lord your God who brought you up from the land of Egypt; open wide your mouth, [state all your desires,] and I shall grant them. But My people did not heed My voice; Israel did not want [to listen to] Me. So I sent them away for the willfulness of their heart, for following their [evil] design. If only My people would listen to Me, if Israel would only walk in My ways, then I would speedily subdue their enemies, and turn My hand against their oppressors; those who hate the Lord would shrivel before Him, and the time [of their retribution] shall be forever. I would feed him [Israel] with the finest of wheat, and sate you with honey from the rock.[3]

Continue: הושיענו *(Deliver us...),* לדוד *(By David...), p. 142, and Mourner's Kaddish, p. 143.*

On Shabbat say:

היום Today is the holy Shabbat day, on which the *Levi'im* in the Bet Hamikdash used to say:

מזמור A Psalm, a song for the Shabbat day. It is good to praise the Lord, and to sing to Your Name, O Most High; to proclaim Your kindness in the morning, and Your faithfulness in the nights, with a ten-stringed instrument and lyre, to the melody of a harp. For You, Lord, have gladdened me with Your deeds;

1. Psalm 94. 2. Ibid. 95:1-3. 3. Ibid. 81.

במעשי ידיך ארנן: מה גדלו מעשיך יי, מאד עמקו מחשבותיך:
איש בער לא ידע, וכסיל לא יבין את זאת: בפרח רשעים כמו
עשב, ויציצו כל פעלי און, להשמדם עדי עד: ואתה מרום לעלם
יי: כי הנה איביך יי, כי הנה איביך יאבדו, יתפרדו כל פעלי
און: ותרם כראים קרני, בלתי בשמן רענן: ותבט עיני בשורי,
בקמים עלי מרעים, תשמענה אזני: צדיק כתמר יפרח, כארז
בלבנון ישגה: שתולים בבית יי, בחצרות אלהינו יפריחו: עוד
ינובון בשיבה, דשנים ורעננים יהיו: להגיד כי ישר יי, צורי
ולא עולתה (עלתה כ׳) בו:

הושיענו

לדוד ה׳ אורי, ק״י.

א) אתה הראת לדעת, כי יי הוא האלהים, אין עוד מלבדו: מלכותך מלכות כל עולמים, וממשלתך בכל דור ודור. יי מלך, יי מלך, יי ימלך לעולם ועד. יי עז לעמו יתן, יי יברך את עמו בשלום:

כשפותחין ארון הקדש אומרים זה:

ויהי בנסע הארן ויאמר משה: קומה יי ויפצו איביך וינסו משנאיך מפניך. כי מציון תצא תורה ודבר יי מירושלים. ברוך שנתן תורה לעמו ישראל בקדשתו:

יי יי, אל רחום וחנון, ארך אפים ורב חסד ואמת, נצר חסד לאלפים, נשא עון ופשע וחטאה ונקה: ג״פ.

רבונו של עולם, מלא משאלותי לטובה, והפק רצוני ותן שאלתי, ומחול על כל עונותי ועל כל עונות אנשי ביתי, מחילה בחסד, מחילה ברחמים, וטהרני מחטאי ומעוני ומפשעי וזכרני בזכרון טוב לפניך, ופקדני בפקדת ישועה ורחמים, וזכרני לחיים

א) תה״ד לה: ג) שם קמה יג: ד) שם כט יא:

I sing for joy at the works of Your hand. How great are Your works, O Lord; how very profound Your thoughts! A brutish man cannot know, a fool cannot comprehend this: when the wicked thrive like grass, and all evildoers flourish — it is in order that they may be destroyed forever. But You, Lord, are exalted forever. Indeed, Your enemies, Lord, indeed, Your enemies shall perish; all evildoers shall be scattered. But You have increased my might like that of a wild ox; I am anointed with fresh oil. My eyes have seen [the downfall of] my watchful enemies; my ears have heard [the doom of] the wicked who rise against me. The righteous will flourish like a plam tree, grow tall like a cedar in Lebanon. Planted in the House of the Lord, they shall blossom in the courtyards of our God. They shall be fruitful even in old age; they shall be full of sap and freshness. That is to say that the Lord is just; He is my Strength, and there is no injustice in Him.[1]

Continue: הושיענו *(Deliver us...),* לדוד *(By David...), p. 142, and Mourner's Kaddish, p. 143.*

אתה You have been shown to know that the Lord is God; there is none else aside from Him.[2] Your kingship is a kingship over all worlds, and Your dominion is throughout all generations.[3] The Lord is King, the Lord was King, the Lord will be King forever and ever.[4] The Lord will give strength to His people; the Lord will bless His people with peace.[5]

ORDER OF THE READING OF THE TORAH

On opening the Ark, the following is said:

ויהי Whenever the Ark set out, Moses would say, "Arise, O Lord, and Your enemies will be dispersed, and Your foes will flee before You."[6] For from Zion shall go forth the Torah, and the word of the Lord from Jerusalem.[7] Blessed is He who in His holiness gave the Torah to His people Israel.

יהוה Lord, Lord, benevolent God, compassionate and gracious, slow to anger and abounding in kindness and truth; He preserves kindness for two thousand generations, forgiving iniquity, transgression and sin, and He cleanses.[8] *Say three times.*

רבונו Master of the world, fulfill my requests for good, satisfy my desire and grant my wish, and forgive all my sins and all the sins of the members of my household — a pardon of kindness, a pardon of mercy, and cleanse me of my wrongdoings, my sins, and my transgressions; remember me favorably before You and be mindful of me for deliverance and mercy. Remember me for a long life,

---

1. Psalm 92. 2. Deuteronomy 4:35. 3. Psalms 145:13. 4. Ibid. 10:16; 93:1; Exodus 15:18. 5. Psalms 29:11. 6. Numbers 10:35. 7. Isaiah 2:3. 8. Exodus 34:6-7.

אֲרוּכִּים לְחַיִּים טוֹבִים וּלְשָׁלוֹם, פַּרְנָסָה טוֹבָה וְכַלְכָּלָה, וְלֶחֶם לֶאֱכוֹל, וּבֶגֶד לִלְבּוֹשׁ, וְעֹשֶׁר וְכָבוֹד וַאֲרִיכוּת יָמִים בְּתוֹרָתֶךָ וּבְמִצְוֹתֶיךָ. וְשֵׂכֶל וּבִינָה לְהָבִין וּלְהַשְׂכִּיל עִמְקֵי סוֹדוֹתֶיךָ. וְהָפֵק רְפוּאָה שְׁלֵמָה לְכָל מַכְאוֹבֵינוּ, וּתְבָרֵךְ אֶת כָּל מַעֲשֵׂה יָדֵינוּ, וְתִגְזוֹר עָלֵינוּ גְּזֵרוֹת טוֹבוֹת יְשׁוּעוֹת וְנֶחָמוֹת. וּתְבַטֵּל מֵעָלֵינוּ כָּל גְּזֵרוֹת קָשׁוֹת וְרָעוֹת, וְתֵן בְּלֵב מַלְכוּת וְיוֹעֲצָיו וְשָׂרָיו עָלֵינוּ לְטוֹבָה. אָמֵן, וְכֵן יְהִי רָצוֹן:

יִהְיוּ לְרָצוֹן אִמְרֵי פִי וְהֶגְיוֹן לִבִּי לְפָנֶיךָ. יְיָ צוּרִי וְגוֹאֲלִי:

וַאֲנִי תְפִלָּתִי לְךָ יְיָ עֵת רָצוֹן. אֱלֹהִים בְּרָב חַסְדֶּךָ, עֲנֵנִי בֶּאֱמֶת יִשְׁעֶךָ:

בְּרִיךְ שְׁמֵהּ דְּמָרֵא עָלְמָא, בְּרִיךְ כִּתְרָךְ וְאַתְרָךְ. יְהֵא רְעוּתָךְ עִם עַמָּךְ יִשְׂרָאֵל לְעָלַם, וּפֻרְקַן יְמִינָךְ אַחֲזֵי לְעַמָּךְ בְּבֵי מַקְדְּשָׁךְ, וּלְאַמְטוּיֵי לָנָא מִטּוּב נְהוֹרָךְ וּלְקַבֵּל צְלוֹתָנָא בְּרַחֲמִין. יְהֵא רַעֲוָא קֳדָמָךְ דְּתוֹרִיךְ לָן חַיִּין בְּטִיבוּ, וְלֶהֱוֵי אֲנָא פְקִידָא בְּגוֹ צַדִּיקַיָּא, לְמִרְחַם עָלַי וּלְמִנְטַר יָתִי וְיַת כָּל דִּי לִי, וְדִי לְעַמָּךְ יִשְׂרָאֵל. אַנְתְּ הוּא זָן לְכֹלָּא וּמְפַרְנֵס לְכֹלָּא, אַנְתְּ הוּא שַׁלִּיט עַל כֹּלָּא. אַנְתְּ הוּא דְשַׁלִּיט עַל מַלְכַיָּא. וּמַלְכוּתָא דִּילָךְ הִיא. אֲנָא עַבְדָּא דְקֻדְשָׁא בְּרִיךְ הוּא, דְּסָגִידְנָא קַמֵּהּ וּמִקַּמֵּי דִּיקַר אוֹרַיְתֵהּ. בְּכָל עִדָּן וְעִדָּן לָא עַל אֱנָשׁ רָחִיצְנָא וְלָא עַל בַּר אֱלָהִין סָמִיכְנָא, אֶלָּא בֶּאֱלָהָא דִשְׁמַיָּא, דְּהוּא אֱלָהָא קְשׁוֹט, וְאוֹרַיְתֵהּ קְשׁוֹט, וּנְבִיאוֹהִי קְשׁוֹט, וּמַסְגֵּא לְמֶעְבַּד טַבְוָן וּקְשׁוֹט. בֵּהּ אֲנָא רָחִיץ, וְלִשְׁמֵהּ קַדִּישָׁא יַקִּירָא אֲנָא אֵמַר תֻּשְׁבְּחָן. יְהֵא רַעֲוָא קֳדָמָךְ דְּתִפְתַּח לִבָּאִי בְּאוֹרַיְתָא, וְתַשְׁלִים מִשְׁאֲלִין דְּלִבָּאִי, וְלִבָּא דְכָל עַמָּךְ יִשְׂרָאֵל, לְטַב וּלְחַיִּין וְלִשְׁלָם:

מוציאין ב׳ ספרי תורות ואומרים

ש״ץ וקהל שְׁמַע יִשְׂרָאֵל יְהוָֹה אֱלֹהֵינוּ יְהוָֹה | אֶחָד:

אֶחָד אֱלֹהֵינוּ גָּדוֹל אֲדוֹנֵינוּ קָדוֹשׁ וְנוֹרָא שְׁמוֹ:

ואומר הש״ץ גַּדְּלוּ לַיהוָֹה אִתִּי וּנְרוֹמְמָה שְׁמוֹ יַחְדָּו:

והקהל עונין:

לְךָ יְהוָֹה הַגְּדֻלָּה וְהַגְּבוּרָה וְהַתִּפְאֶרֶת וְהַנֵּצַח וְהַהוֹד, כִּי־כֹל בַּשָּׁמַיִם וּבָאָרֶץ לְךָ יְהוָֹה הַמַּמְלָכָה וְהַמִּתְנַשֵּׂא לְכֹל | לְרֹאשׁ: רוֹמְמוּ יְהוָֹה אֱלֹהֵינוּ וְהִשְׁתַּחֲווּ לַהֲדֹם רַגְלָיו קָדוֹשׁ הוּא. רוֹמְמוּ יְהוָֹה אֱלֹהֵינוּ וְהִשְׁתַּחֲווּ לְהַר קָדְשׁוֹ כִּי־קָדוֹשׁ יְהוָֹה אֱלֹהֵינוּ:

for a good and peaceful life, good livelihood and sustenance, food to eat and clothes to wear, wealth, honor and longevity [being occupied] in Your Torah and in Your *mitzvot*, and intelligence and understanding to perceive and comprehend the depths of Your mysteries. Grant a complete healing to all our pains, and bless all the work of our hands. Enact for us favorable decrees, salvations and consolations; nullify all severe and harsh decrees against us; and dispose the heart of the government, its advisers and ministers favorably toward us. Amen, and so let it be Your will.

יהיו May the words of my mouth and the meditation of my heart be acceptable before You, Lord, my Strength and my Redeemer.[1]

ואני May my prayer to You, Lord, be at a propitious time; God, in Your abounding kindness, answer me with Your true deliverance.[2]

בריך Blessed is the Name of the Master of the universe! Blessed is Your crown and the place [of Your majesty]. May Your goodwill always be with Your people Israel; show Your people the redemption of Your right hand through [the rebuilding of] Your Bet Hamikdash. Bestow upon us of Your beneficent light, and accept our prayer with compassion. May it be Your will to prolong our life in well-being. May I be counted among the righteous, so that You may have mercy upon me and protect me and all that belong to me and to Your people Israel. It is You who feeds all and sustains all. It is You who rules over all; it is You who rules over kings, and sovereignty is Yours. I am the servant of the Holy One, blessed be He, before whom and before whose glorious Torah I bow at all times. I do not put my trust in man, nor do I place my reliance on an angel, but only in the God of heaven who is the true God, whose Torah is truth, whose prophets are true, and who performs numerous deeds of goodness and truth. In Him I put my trust, and to His holy and glorious Name I utter praises. May it be Your will to open my heart to the Torah, and to fulfill the desires of my heart and the hearts of all Your people Israel for good, for life, and for peace.[3]

Two Torah Scrolls are taken from the Ark and the following is said:

Chazzan and Congregation:

שמע Hear, O Israel, the Lord is our God, the Lord is One.[4]

אחד Our God is One, Our Master is great, holy and awesome is His Name.

Chazzan:

גדלו Exalt the Lord with me, and let us extol His Name together.[5]

Congregation responds:

לך Lord, Yours is the greatness, the power, the glory, the victory, and the majesty; for all in heaven and on earth [is Yours]. Lord, Yours is the kingship and You are exalted, supreme over all rulers.[6] Exalt the Lord our God, and bow down at His foot stool; holy is He.[7] Exalt the Lord our God, and bow down at His holy mountain, for the Lord our God is holy.[8]

---

1. Psalms 19:15. 2. Ibid. 69:14. 3. Zohar II, 206a. 4. Deuteronomy 6:4. 5. Psalms 34:4. 6. I Chronicles 29:11. 7. Psalms 99:5. 8. Ibid. 99:8.

עַל הַכֹּל יִתְגַּדַּל וְיִתְקַדַּשׁ וְיִשְׁתַּבַּח וְיִתְפָּאַר וְיִתְרוֹמַם וְיִתְנַשֵּׂא: שְׁמוֹ שֶׁל־מֶלֶךְ מַלְכֵי הַמְּלָכִים הַקָּדוֹשׁ בָּרוּךְ הוּא: בָּעוֹלָמוֹת שֶׁבָּרָא הָעוֹלָם הַזֶּה וְהָעוֹלָם הַבָּא: כִּרְצוֹנוֹ וְכִרְצוֹן יְרֵאָיו וְכִרְצוֹן כָּל־עַמְּךָ בֵּית יִשְׂרָאֵל: צוּר הָעוֹלָמִים אֲדוֹן כָּל־הַבְּרִיּוֹת אֱלוֹהַּ כָּל־הַנְּפָשׁוֹת: הַיּוֹשֵׁב בְּמֶרְחֲבֵי מָרוֹם הַשּׁוֹכֵן בִּשְׁמֵי שְׁמֵי קֶדֶם: קְדֻשָּׁתוֹ עַל הַחַיּוֹת וּקְדֻשָּׁתוֹ עַל כִּסֵּא הַכָּבוֹד: וּבְכֵן יִתְקַדַּשׁ שִׁמְךָ בָּנוּ יְהוָה אֱלֹהֵינוּ לְעֵינֵי כָּל־חָי: וְנֹאמַר לְפָנָיו שִׁיר חָדָשׁ כַּכָּתוּב: שִׁירוּ לֵאלֹהִים זַמְּרוּ שְׁמוֹ סֹלּוּ לָרֹכֵב בָּעֲרָבוֹת בְּיָהּ שְׁמוֹ וְעִלְזוּ לְפָנָיו: וְנִרְאֵהוּ עַיִן בְּעַיִן בְּשׁוּבוֹ אֶל נָוֵהוּ כַּכָּתוּב: כִּי עַיִן בְּעַיִן יִרְאוּ בְּשׁוּב יְהוָה צִיּוֹן: וְנֶאֱמַר וְנִגְלָה כְּבוֹד יְהוָה וְרָאוּ כָל־בָּשָׂר יַחְדָּו כִּי פִּי יְהוָה דִּבֵּר:

אַב הָרַחֲמִים הוּא יְרַחֵם עַם עֲמוּסִים וְיִזְכּוֹר בְּרִית אֵיתָנִים וְיַצִּיל נַפְשׁוֹתֵינוּ מִן הַשָּׁעוֹת הָרָעוֹת וְיִגְעַר בְּיֵצֶר הָרָע מִן הַנְּשׂוּאִים וְיָחֹן אוֹתָנוּ לִפְלֵיטַת עוֹלָמִים · וִימַלֵּא מִשְׁאֲלוֹתֵינוּ בְּמִדָּה טוֹבָה יְשׁוּעָה וְרַחֲמִים:

סדר קריאת התורה

חזן

וְיַעֲזוֹר וְיָגֵן וְיוֹשִׁיעַ לְכָל הַחוֹסִים בּוֹ וְנֹאמַר אָמֵן. הַכֹּל הָבוּ גֹדֶל לֵאלֹהֵינוּ וּתְנוּ כָבוֹד לַתּוֹרָה. כֹּהֵן קְרָב. יַעֲמֹד (פב״פ) הַכֹּהֵן. בָּרוּךְ שֶׁנָּתַן תּוֹרָה לְעַמּוֹ יִשְׂרָאֵל בִּקְדֻשָּׁתוֹ. קהל וְאַתֶּם הַדְּבֵקִים בַּיָי אֱלֹהֵיכֶם. חַיִּים כֻּלְּכֶם הַיּוֹם:

כשקורין אותו להורה יאמר זה בָּרְכוּ אֶת יְיָ הַמְבֹרָךְ.

והקהל עונין בָּרוּךְ יְיָ הַמְבֹרָךְ לְעוֹלָם וָעֶד.

והעולה חוזר בָּרוּךְ יְיָ הַמְבֹרָךְ לְעוֹלָם וָעֶד:

בָּרוּךְ אַתָּה יְיָ אֱלֹהֵינוּ מֶלֶךְ הָעוֹלָם, אֲשֶׁר בָּחַר בָּנוּ מִכָּל הָעַמִּים, וְנָתַן לָנוּ אֶת תּוֹרָתוֹ. בָּרוּךְ אַתָּה יְיָ נוֹתֵן הַתּוֹרָה:

ואחר קריאת הפרשה יברך:

בָּרוּךְ אַתָּה יְיָ אֱלֹהֵינוּ מֶלֶךְ הָעוֹלָם, אֲשֶׁר נָתַן לָנוּ תּוֹרַת אֱמֶת, וְחַיֵּי עוֹלָם נָטַע בְּתוֹכֵנוּ. בָּרוּךְ אַתָּה יְיָ, נוֹתֵן הַתּוֹרָה:

מי שברך לעולה לתורה:

מי שברך אבותינו אברהם יצחק ויעקב הוא יברך את (פב״פ), בעבור שעלה לכבוד המקום לכבוד התורה (בשבת לכבוד השבת) בשכר זה הקב״ה ישמרהו ויצילהו מכל צרה וצוקה ומכל נגע ומחלה, וישלח ברכה והצלחה בכל מעשה ידיו ויחתמהו לחיים טובים ביום הדין הזה עם כל ישראל אחיו, ונאמר אמן:

על May the Name of the Holy One, blessed be He, be magnified and hallowed, praised and glorified, exalted and extolled above all, in the worlds which He has created, this world and the World to Come, in accordance with His desire, the desire of those who fear Him, and the desire of Your entire people, the House of Israel. Rock of the worlds, Master of all created beings, God of all souls, who is enthroned in the heavenly expanse, who abides in the primeval, most supernal heavens — His holiness is upon the *Chayot* and His holiness is upon the Throne of Glory. And so may Your Name, Lord our God, be sanctified within us in the sight of all living beings. And we shall sing a new song before Him, as it is written: Sing to God, chant praises to His Name, exalt Him who dwells in the heavens; praise His Name with awe, and exult before Him.[1] And we shall see Him eye to eye when He returns to His abode, as it is written: For they shall see eye to eye when the Lord returns to Zion.[2] And it is said: And the glory of the Lord shall be revealed, and together all flesh shall see that the mouth of the Lord has spoken.[3]

אב May the All-Merciful Father have compassion on the people borne [by Him],[4] and remember the covenant with the mighty ones [Patriarchs]; may He deliver our souls from evil times and banish the evil impulse from the ones carried [by Him];[4] may He graciously grant us eternal survival and fulfill our wishes in ample measure for salvation and mercy.

The one who calls up to the Sefer Torah says:

ויעזור And may He help, shield and deliver all who trust in Him, and let us say, Amen. Let all render glory to our God and give honor to the Torah. Let the *Kohen* come forward. Arise *(Call out the Hebrew name of the person called to the Torah and that of his father)* the *Kohen*. Blessed is He who in His holiness gave the Torah to His people Israel. *Cong. responds:* And you who cleave to the Lord your God are all alive today.[5]

The person called to the Sefer Torah says:

ברכו Bless the Lord who is blessed.

Congregation responds:

ברוך Blessed be the Lord who is blessed for all eternity.

The person called to the Sefer Torah says:

ברוך Blessed be the Lord who is blessed for all eternity.

ברוך Blessed are You, Lord our God, King of the universe, who has chosen us from among all the nations and given us His Torah. Blessed are You Lord, who gives the Torah.

After the reading of the section of the Torah, the person called says:

ברוך Blessed are You, Lord our God, King of the Universe, who has given us the Torah of truth and planted eternal life within us. Blessed are You Lord, who gives the Torah.

Prayer on Behalf of the One Called up to the Sefer Torah

מי May He who blessed our fathers, Abraham, Isaac and Jacob, bless *(Mention the Hebrew name of the person called to the Torah and that of his father)* because he has come up for the honor of God, for the honor of the Torah, *(On Shabbat add:* and for the honor of the Shabbat) and for the honor of the Day of Judgment. In this merit, may the Holy One, blessed be He, protect and deliver him from all trouble and distress, and from all affliction and illness and may He send blessing and success to all his endeavors; and may He inscribe and seal him for a good life on this Day of Judgment, together with all Israel his brethren; and let us say, Amen.

---

1. Psalms 68:5. 2. Isaiah 52:5. 3. Ibid. 40:5. 4. Cf. Isaiah 46:3. 5. Deuteronomy 4:4.

מי שברך ליולדת: מִי שברך אבותינו אברהם יצחק ויעקב משה ואהרן דוד ושלמה, הוא יברך את האשה היולדת (פלונית בת פלונית) עם (לזכר) בנה הנולד לה במזל טוב בעבור שבעלה ואביו נדר לצדקה בעדם, בשכר זה [יזכו להכניסו בבריתו של אברהם אבינו ו]יגדלהו לתורה ולחופה ולמעשים טובים ונאמן אמן: (לנקבה) בתה הנולדה לה במזל טוב, ויקרא שמה בישראל (פלונית בת פלוני) בעבור שבעלה ואביה נדר לצדקה בעדן, בשכר זה יגדלה לתורה ולחופה ולמעשים טובים ונאמר אמן:

לחולה. וגם כשחל בשבת (מטה אפרים, תקפ"ד, כה).

מִי שברך אבותינו אברהם יצחק ויעקב משה ואהרן דוד ושלמה הוא ירפא את החולה (פב"פ) בעבור (שפב"פ) נדר לצדקה בעבורו (נקבה בעבורה) • בשכר זה הקב"ה ימלא רחמים עליו להחלימו ולרפאותו ולהחזיקו ולהחיותו (נקבה עליה להחלימה ולרפאותה ולהחזיקה ולהחיותה) וישלח לו (לה) מהרה רפואה שלימה מן השמים לרמ"ח אבריו ושס"ה גידיו (נקבה בכל אבריה וגידיה) בתוך שאר חולי ישראל רפואת הנפש ורפואת הגוף ונאמר אמן:

וַיְדַבֵּר יְהֹוָה אֶל־מֹשֶׁה אַחֲרֵי מוֹת שְׁנֵי בְּנֵי אַהֲרֹן בְּקָרְבָתָם לִפְנֵי־יְהֹוָה וַיָּמֻתוּ׃ וַיֹּאמֶר יְהֹוָה אֶל־מֹשֶׁה דַּבֵּר אֶל־אַהֲרֹן אָחִיךָ וְאַל־יָבֹא בְכָל־עֵת אֶל־הַקֹּדֶשׁ מִבֵּית לַפָּרֹכֶת אֶל־פְּנֵי הַכַּפֹּרֶת אֲשֶׁר עַל־הָאָרֹן וְלֹא יָמוּת כִּי בֶּעָנָן אֵרָאֶה עַל־הַכַּפֹּרֶת׃ בְּזֹאת יָבֹא אַהֲרֹן אֶל־הַקֹּדֶשׁ בְּפַר בֶּן־בָּקָר לְחַטָּאת וְאַיִל לְעֹלָה׃ **בשבת ב** כְּתֹנֶת־בַּד קֹדֶשׁ יִלְבָּשׁ וּמִכְנְסֵי־בַד יִהְיוּ עַל־בְּשָׂרוֹ וּבְאַבְנֵט בַּד יַחְגֹּר וּבְמִצְנֶפֶת בַּד יִצְנֹף בִּגְדֵי־קֹדֶשׁ הֵם וְרָחַץ בַּמַּיִם אֶת־בְּשָׂרוֹ וּלְבֵשָׁם׃ וּמֵאֵת עֲדַת בְּנֵי יִשְׂרָאֵל יִקַּח שְׁנֵי־שְׂעִירֵי עִזִּים לְחַטָּאת וְאַיִל אֶחָד לְעֹלָה׃ וְהִקְרִיב אַהֲרֹן אֶת־פַּר הַחַטָּאת אֲשֶׁר־לוֹ וְכִפֶּר בַּעֲדוֹ וּבְעַד בֵּיתוֹ׃ **לוי ובשבת ג** וְלָקַח אֶת־שְׁנֵי הַשְּׂעִירִם וְהֶעֱמִיד אֹתָם לִפְנֵי יְהֹוָה פֶּתַח אֹהֶל מוֹעֵד׃ וְנָתַן אַהֲרֹן עַל־שְׁנֵי הַשְּׂעִירִם גֹּרָלוֹת גּוֹרָל אֶחָד לַיהֹוָה וְגוֹרָל אֶחָד לַעֲזָאזֵל׃ וְהִקְרִיב אַהֲרֹן אֶת־הַשָּׂעִיר אֲשֶׁר עָלָה עָלָיו הַגּוֹרָל לַיהֹוָה וְעָשָׂהוּ חַטָּאת׃ וְהַשָּׂעִיר אֲשֶׁר עָלָה עָלָיו הַגּוֹרָל לַעֲזָאזֵל יָעֳמַד־חַי לִפְנֵי יְהֹוָה לְכַפֵּר עָלָיו לְשַׁלַּח אֹתוֹ לַעֲזָאזֵל הַמִּדְבָּרָה׃ וְהִקְרִיב אַהֲרֹן אֶת־פַּר הַחַטָּאת אֲשֶׁר־לוֹ וְכִפֶּר בַּעֲדוֹ וּבְעַד בֵּיתוֹ וְשָׁחַט אֶת־פַּר הַחַטָּאת אֲשֶׁר־לוֹ׃ **ישראל ובשבת ד** וְלָקַח מְלֹא־הַמַּחְתָּה גַּחֲלֵי־אֵשׁ מֵעַל הַמִּזְבֵּחַ מִלִּפְנֵי יְהֹוָה וּמְלֹא חָפְנָיו קְטֹרֶת סַמִּים דַּקָּה וְהֵבִיא מִבֵּית לַפָּרֹכֶת׃ וְנָתַן אֶת־הַקְּטֹרֶת עַל־הָאֵשׁ לִפְנֵי יְהֹוָה וְכִסָּה ׀ עֲנַן הַקְּטֹרֶת אֶת־הַכַּפֹּרֶת אֲשֶׁר עַל־הָעֵדוּת וְלֹא יָמוּת׃ וְלָקַח מִדַּם הַפָּר וְהִזָּה בְאֶצְבָּעוֹ עַל־פְּנֵי הַכַּפֹּרֶת קֵדְמָה וְלִפְנֵי הַכַּפֹּרֶת יַזֶּה שֶׁבַע־פְּעָמִים מִן־הַדָּם בְּאֶצְבָּעוֹ׃ וְשָׁחַט אֶת־שְׂעִיר הַחַטָּאת אֲשֶׁר לָעָם וְהֵבִיא אֶת־דָּמוֹ אֶל־מִבֵּית לַפָּרֹכֶת וְעָשָׂה אֶת־דָּמוֹ כַּאֲשֶׁר עָשָׂה לְדַם הַפָּר וְהִזָּה אֹתוֹ עַל־הַכַּפֹּרֶת וְלִפְנֵי הַכַּפֹּרֶת׃ וְכִפֶּר עַל־הַקֹּדֶשׁ מִטֻּמְאֹת בְּנֵי יִשְׂרָאֵל וּמִפִּשְׁעֵיהֶם לְכָל־חַטֹּאתָם וְכֵן יַעֲשֶׂה לְאֹהֶל מוֹעֵד הַשֹּׁכֵן אִתָּם בְּתוֹךְ טֻמְאֹתָם׃ וְכָל־אָדָם לֹא־יִהְיֶה ׀ בְּאֹהֶל מוֹעֵד בְּבֹאוֹ לְכַפֵּר בַּקֹּדֶשׁ עַד־צֵאתוֹ וְכִפֶּר בַּעֲדוֹ וּבְעַד בֵּיתוֹ וּבְעַד כָּל־קְהַל יִשְׂרָאֵל׃ **רביעי ובשבת ה** וְיָצָא אֶל־הַמִּזְבֵּחַ אֲשֶׁר לִפְנֵי־

Prayer for a Woman Who Gave Birth

מי May He who blessed our fathers, Abraham, Isaac and Jacob, Moses and Aaron, David and Solomon, bless the woman who has given birth *(Mention her Hebrew name and that of her mother)* together with

(For a male:) the son born to her in an auspicious time, because her husband, the child's father, has pledged charity for their sakes. In this merit may they [be privileged to bring him into the Covenant of Abraham our father and] raise him to Torah, to marriage, and to good deeds; and let us say, Amen.

(For a female:) the daughter born to her in an auspicious time, and her name shall be called in Israel *(Announce the Hebrew name of the newborn and that of her father)*, because her husband, the child's father, has pledged charity for their sakes. In this merit may they bring her up to Torah,[1] to marriage, and to good deeds; and let us say, Amen.

Prayer for the a Sick Person[2]

מי May He who blessed our fathers, Abraham, Isaac and Jacob, Moses and Aaron, David and Solomon, bless the sick person *(Mention his/her Hebrew name and the name of his/her mother)* because *(Mention the Hebrew name of the person and that of his father who pledged charity for the sake of the sick person)* pledged charity for his (her) sake. In this merit may the Holy One, blessed be He, be filled with mercy for him (her), to restore him (her) to health and to cure him (her), to strengthen him (her) and to invigorate him (her). And may He hasten to send him (her) from Heaven a complete recovery *(For a man:* to his two hundred and forty-eight bodily parts and three hundred sixty-five veins) *(For a woman:* to all her bodily parts and veins), among the other sick people of Israel, a healing of spirit and a healing of body. Let us say, Amen.

TORAH READING

Leviticus Chapter 16

וידבר The Lord spoke to Moses after the death of the two sons of Aaron when they came near before the Lord, and they died. The Lord said to Moses: Tell your brother Aaron that he may not at all times enter the Holy [of Holies] behind the curtain, in front of the cover which is on the Ark, lest he die; for I reveal Myself in the cloud above the Ark-cover. But thus shall Aaron enter the Holy [of Holies, on Yom Kippur]: with a young bullock for a sin-offering and a ram for a burnt-offering. *On Shabbat, Levi:* He shall wear a sacred linen tunic, linen breeches shall be upon his flesh, he shall gird himself with a linen sash, and wear a linen turban — these are sacred vestments; he shall bathe his body in the water [of the *mikveh*] and then put them on. And he shall take from the community of Israel two he-goats for a sin-offering and one ram for a burnt-offering. Aaron shall offer his own sin-offering bullock, to atone for himself and for his household. *Levi. On Shabbat, the third Aliyah:* He shall then take the two he-goats and stand them before the Lord at the entrance of the Tent of Meeting. Aaron shall place two lots on the two goats, one lot [marked] "for the Lord" and one [marked] "for Azazel." Aaron shall offer the goat upon which the lot "for the Lord" fell, and make of it a sin-offering. But the goat upon which the lot "for Azazel" fell shall be left standing alive before the Lord, to make atonement through it by sending it to Azazel to the desert. Aaron shall offer his own sin-offering bullock and atone for himself and for his household, and he shall slaughter his sin-offering bullock. *Israelite. On Shabbat, the fourth Aliyah:* And he shall take a fire-pan full of glowing coals from upon the altar before the Lord, and his hands full of aromatic incense and bring it behind the curtain [into the Holy of Holies]. He shall put the incense on the fire before the Lord, so that the cloud from the incense will cover the Ark-cover which is upon the [Ark of] Testimony, so that he will not die. He shall then take of the blood of the bullock and sprinkle it with his finger over the east side of the Ark-cover and in front of the Ark-cover he shall then sprinkle of the blood with his finger seven times. He shall then slaughter the sin-offering goat of the people, bring its blood behind the curtain [into the Holy of Holies], and do with its blood as he did with the blood of the bullock, sprinkling it over the Ark-cover and in front of the Ark-cover. So shall he make atonement for the [inner] Sanctuary from the uncleanness and transgressions of the Israelites, for all their misdeeds; and he shall do the same for the Tent of Meeting, which abides with them even in the midst of their uncleanness. No one else shall be present in the Tent of Meeting from the time he enters the [inner] Sanctuary until he leaves; and he shall make atonement for himself, for his household, and for the entire congregation of Israel. *Fourth Aliyah. On Shabbat, the fifth:* He shall go out to the altar that is before

---

1. See Berachot 17a.
2. This prayer is recited even if Yom Kippur falls on Shabbat.

יְהוָה וְכִפֶּר עָלָיו וְלָקַח מִדַּם הַפָּר וּמִדַּם הַשָּׂעִיר וְנָתַן עַל־קַרְנוֹת הַמִּזְבֵּחַ סָבִיב׃
וְהִזָּה עָלָיו מִן־הַדָּם בְּאֶצְבָּעוֹ שֶׁבַע פְּעָמִים וְטִהֲרוֹ וְקִדְּשׁוֹ מִטֻּמְאֹת בְּנֵי יִשְׂרָאֵל׃
וְכִלָּה מִכַּפֵּר אֶת־הַקֹּדֶשׁ וְאֶת־אֹהֶל מוֹעֵד וְאֶת־הַמִּזְבֵּחַ וְהִקְרִיב אֶת־הַשָּׂעִיר הֶחָי׃
וְסָמַךְ אַהֲרֹן אֶת־שְׁתֵּי יָדָו ידיו קרי עַל־רֹאשׁ הַשָּׂעִיר הַחַי וְהִתְוַדָּה עָלָיו אֶת־כָּל־עֲוֺנֹת
בְּנֵי יִשְׂרָאֵל וְאֶת־כָּל־פִּשְׁעֵיהֶם לְכָל־חַטֹּאתָם וְנָתַן אֹתָם עַל־רֹאשׁ הַשָּׂעִיר וְשִׁלַּח בְּיַד־
אִישׁ עִתִּי הַמִּדְבָּרָה׃ וְנָשָׂא הַשָּׂעִיר עָלָיו אֶת־כָּל־עֲוֺנֹתָם אֶל־אֶרֶץ גְּזֵרָה וְשִׁלַּח אֶת־
הַשָּׂעִיר בַּמִּדְבָּר׃ וּבָא אַהֲרֹן אֶל־אֹהֶל מוֹעֵד וּפָשַׁט אֶת־בִּגְדֵי הַבָּד אֲשֶׁר לָבַשׁ
בְּבֹאוֹ אֶל־הַקֹּדֶשׁ וְהִנִּיחָם שָׁם׃ וְרָחַץ אֶת־בְּשָׂרוֹ בַמַּיִם בְּמָקוֹם קָדוֹשׁ וְלָבַשׁ אֶת־
בְּגָדָיו וְיָצָא וְעָשָׂה אֶת־עֹלָתוֹ וְאֶת־עֹלַת הָעָם וְכִפֶּר בַּעֲדוֹ וּבְעַד הָעָם׃ חמישי ובשבת ו
וְאֵת חֵלֶב הַחַטָּאת יַקְטִיר הַמִּזְבֵּחָה׃ וְהַמְשַׁלֵּחַ אֶת־הַשָּׂעִיר לַעֲזָאזֵל יְכַבֵּס בְּגָדָיו
וְרָחַץ אֶת־בְּשָׂרוֹ בַּמָּיִם וְאַחֲרֵי־כֵן יָבוֹא אֶל־הַמַּחֲנֶה׃ וְאֵת פַּר הַחַטָּאת וְאֵת ׀ שְׂעִיר
הַחַטָּאת אֲשֶׁר הוּבָא אֶת־דָּמָם לְכַפֵּר בַּקֹּדֶשׁ יוֹצִיא אֶל־מִחוּץ לַמַּחֲנֶה וְשָׂרְפוּ בָאֵשׁ
אֶת־עֹרֹתָם וְאֶת־בְּשָׂרָם וְאֶת־פִּרְשָׁם׃ וְהַשֹּׂרֵף אֹתָם יְכַבֵּס בְּגָדָיו וְרָחַץ אֶת־בְּשָׂרוֹ
בַּמָּיִם וְאַחֲרֵי־כֵן יָבוֹא אֶל־הַמַּחֲנֶה׃ וְהָיְתָה לָכֶם לְחֻקַּת עוֹלָם בַּחֹדֶשׁ הַשְּׁבִיעִי בֶּעָשׂוֹר
לַחֹדֶשׁ תְּעַנּוּ אֶת־נַפְשֹׁתֵיכֶם וְכָל־מְלָאכָה לֹא תַעֲשׂוּ הָאֶזְרָח וְהַגֵּר הַגָּר בְּתוֹכְכֶם׃
כִּי־בַיּוֹם הַזֶּה יְכַפֵּר עֲלֵיכֶם לְטַהֵר אֶתְכֶם מִכֹּל חַטֹּאתֵיכֶם לִפְנֵי יְהוָה תִּטְהָרוּ׃ ששי ובשבת ז
שַׁבַּת שַׁבָּתוֹן הִיא לָכֶם וְעִנִּיתֶם אֶת־נַפְשֹׁתֵיכֶם חֻקַּת עוֹלָם׃ וְכִפֶּר הַכֹּהֵן אֲשֶׁר־יִמְשַׁח
אֹתוֹ וַאֲשֶׁר יְמַלֵּא אֶת־יָדוֹ לְכַהֵן תַּחַת אָבִיו וְלָבַשׁ אֶת־בִּגְדֵי הַבָּד בִּגְדֵי הַקֹּדֶשׁ׃ וְכִפֶּר
אֶת־מִקְדַּשׁ הַקֹּדֶשׁ וְאֶת־אֹהֶל מוֹעֵד וְאֶת־הַמִּזְבֵּחַ יְכַפֵּר וְעַל הַכֹּהֲנִים וְעַל־כָּל־עַם
הַקָּהָל יְכַפֵּר׃ וְהָיְתָה־זֹּאת לָכֶם לְחֻקַּת עוֹלָם לְכַפֵּר עַל־בְּנֵי יִשְׂרָאֵל מִכָּל־חַטֹּאתָם
אַחַת בַּשָּׁנָה וַיַּעַשׂ כַּאֲשֶׁר צִוָּה יְהוָה אֶת־מֹשֶׁה׃

מניח הס"ת הב' אצל הא' ואומר ח"ק.

יִתְגַּדַּל וְיִתְקַדַּשׁ שְׁמֵהּ רַבָּא. אמן בְּעָלְמָא דִּי בְרָא
כִרְעוּתֵהּ וְיַמְלִיךְ מַלְכוּתֵהּ, וְיַצְמַח פֻּרְקָנֵהּ
וִיקָרֵב מְשִׁיחֵהּ, אמן בְּחַיֵּיכוֹן וּבְיוֹמֵיכוֹן וּבְחַיֵּי דְכָל
בֵּית יִשְׂרָאֵל, בַּעֲגָלָא וּבִזְמַן קָרִיב וְאִמְרוּ אָמֵן׃
יְהֵא שְׁמֵהּ רַבָּא מְבָרַךְ לְעָלַם וּלְעָלְמֵי עָלְמַיָּא׃
יִתְבָּרַךְ וְיִשְׁתַּבַּח, וְיִתְפָּאַר וְיִתְרוֹמַם, וְיִתְנַשֵּׂא.
וְיִתְהַדָּר וְיִתְעַלֶּה וְיִתְהַלָּל. שְׁמֵהּ דְּקֻדְשָׁא
בְּרִיךְ הוּא אמן לְעֵלָּא מִן כָּל בִּרְכָתָא וְשִׁירָתָא תֻּשְׁבְּחָתָא
וְנֶחֱמָתָא, דַּאֲמִירָן בְּעָלְמָא, וְאִמְרוּ אָמֵן׃

the Lord and make atonement for it, taking of the blood of the bullock and of the blood of the goat and putting it around the corners of the altar. And he shall sprinkle of the blood upon it seven times with his finger, cleansing it of the uncleanness of the Israelites, and sanctify it. When he has completed making atonement for the [inner] Sanctuary, for the Tent of Meeting and for the altar, he shall offer the live goat. Aaron shall place both his hands on the head of the live goat and confess over it all the iniquities and transgressions of the Israelites, all their misdeeds, putting them on the head of the goat, and send it to the desert with a designated person. The goat shall carry upon itself all their iniquities to a desolate place when he sends the goat into the desert. And Aaron shall go into the Tent of Meeting, take off the linen vestments which he had put on upon entering the [inner] Sanctuary, and leave them there. He shall bathe his body in the the water [of the *mikveh*], in a sanctified place, put on his [regular priestly] vestments, go out and sacrifice his burnt-offering and the burnt-offering of the people, making atonement for himself and for the people. *Fifth Aliyah. On Shabbat, the sixth:* The fat of the sin-offering he shall burn on the altar. The one who sends the goat to Azazel shall wash his clothes and bathe his body in the water [of the *mikveh*]; and then he may enter the camp. The sin-offering bullock and the sin-offering goat, whose blood was brought into the Sanctuary to make atonement, shall be taken outside the camp where they shall burn in fire their hides, flesh and waste. And the one who burns them shall wash his clothes and bathe his body in the water [of the *mikveh*]; and then he may enter the camp. And it shall be an everlasting statute for you: in the seventh month, on the tenth day of the month, you shall afflict yourselves, and you shall do no work, neither the born Israelite nor the proselyte who dwells among you. For on this day, atonement shall be made for you, to purify you; you shall be cleansed of all your sins before the Lord. *Sixth Aliyah. On Shabbat, the seventh:* It is a Shabbat of complete rest for you, and you shall afflict yourselves; it is an everlasting statute. The *Kohen* who is anointed or consecrated to serve as [High] Priest in place of his father shall make atonement, and wear linen vestments, the sacred vestments. He shall make atonement for the Holy [of Holies]; he shall atone for the Tent of Meeting and the altar; and he shall atone for the *kohanim* and for all the people of the congregation. And this shall be an everlasting statute for you, to make atonement for the Israelites for all their sins once a year. And he [Aaron] did as the Lord commanded Moses.

The second Sefer Torah is placed on the bimah *near the first, and Half Kaddish is said:*

יתגדל Exalted and hallowed be His great Name (*Cong:* Amen.) throughout the world which He has created according to His will. May He establish His kingship, bring forth His redemption and hasten the coming of His *Mashiach* (*Cong:* Amen.) in your lifetime and in your days and in the lifetime of the entire House of Israel, speedily and soon, and say, Amen. (*Cong:* Amen. May His great Name be blessed forever and to all eternity. Blessed.) May His great Name be blessed forever and to all eternity. Blessed and praised, glorified, exalted and extolled, honored, adored and lauded be the Name of the Holy One, blessed be He, (*Cong:* Amen.) beyond all the blessings, hymns, praises and consolations that are uttered in the world; and say, Amen. (*Cong:* Amen.)

ומגביה הס"ת הא' ואומרים זה:

ג וְזֹאת הַתּוֹרָה אֲשֶׁר שָׂם מֹשֶׁה לִפְנֵי בְּנֵי יִשְׂרָאֵל:

ד עֵץ חַיִּים הִיא לַמַּחֲזִיקִים בָּהּ, וְתֹמְכֶיהָ מְאֻשָּׁר. ה דְּרָכֶיהָ דַרְכֵי נֹעַם, וְכָל נְתִיבוֹתֶיהָ שָׁלוֹם. ו אֹרֶךְ יָמִים בִּימִינָהּ, בִּשְׂמֹאלָהּ עֹשֶׁר וְכָבוֹד. ז יְיָ חָפֵץ לְמַעַן צִדְקוֹ, יַגְדִּיל תּוֹרָה וְיַאְדִּיר:

וקורין בספר תורה שני למפטיר בפרשת פינחס:

וּבֶעָשׂוֹר לַחֹדֶשׁ הַשְּׁבִיעִי הַזֶּה מִקְרָא־קֹדֶשׁ יִהְיֶה לָכֶם וְעִנִּיתֶם אֶת־נַפְשֹׁתֵיכֶם כָּל־מְלָאכָה לֹא תַעֲשׂוּ: וְהִקְרַבְתֶּם עֹלָה לַיהוָה רֵיחַ נִיחֹחַ פַּר בֶּן־בָּקָר אֶחָד אַיִל אֶחָד כְּבָשִׂים בְּנֵי־שָׁנָה שִׁבְעָה תְּמִימִם יִהְיוּ לָכֶם: וּמִנְחָתָם סֹלֶת בְּלוּלָה בַשָּׁמֶן שְׁלֹשָׁה עֶשְׂרֹנִים לַפָּר שְׁנֵי עֶשְׂרֹנִים לָאַיִל הָאֶחָד: עִשָּׂרוֹן עִשָּׂרוֹן לַכֶּבֶשׂ הָאֶחָד לְשִׁבְעַת הַכְּבָשִׂים: שְׂעִיר־עִזִּים אֶחָד חַטָּאת מִלְּבַד חַטַּאת הַכִּפֻּרִים וְעֹלַת הַתָּמִיד וּמִנְחָתָהּ וְנִסְכֵּיהֶם:

כשמגביהין הספר תורה אומרים זה:

וְזֹאת הַתּוֹרָה אֲשֶׁר שָׂם מֹשֶׁה לִפְנֵי בְּנֵי יִשְׂרָאֵל:

עֵץ חַיִּים הִיא לַמַּחֲזִיקִים בָּהּ, וְתֹמְכֶיהָ מְאֻשָּׁר. דְּרָכֶיהָ דַרְכֵי נֹעַם, וְכָל נְתִיבוֹתֶיהָ שָׁלוֹם. אֹרֶךְ יָמִים בִּימִינָהּ, בִּשְׂמֹאלָהּ עֹשֶׁר וְכָבוֹד. יְיָ חָפֵץ לְמַעַן צִדְקוֹ, יַגְדִּיל תּוֹרָה וְיַאְדִּיר:

קודם קריאת ההפטרה יאמר ברכה זו:

בָּרוּךְ אַתָּה יְהוָה אֱלֹהֵינוּ מֶלֶךְ הָעוֹלָם אֲשֶׁר בָּחַר בִּנְבִיאִים טוֹבִים וְרָצָה בְדִבְרֵיהֶם הַנֶּאֱמָרִים בֶּאֱמֶת בָּרוּךְ אַתָּה יְהוָה הַבּוֹחֵר בַּתּוֹרָה וּבְמֹשֶׁה עַבְדּוֹ וּבְיִשְׂרָאֵל עַמּוֹ וּבִנְבִיאֵי הָאֱמֶת וָצֶדֶק

וְאָמַר סֹלּוּ־סֹלּוּ פַּנּוּ־דָרֶךְ הָרִימוּ מִכְשׁוֹל מִדֶּרֶךְ עַמִּי: כִּי כֹה אָמַר רָם וְנִשָּׂא שֹׁכֵן עַד וְקָדוֹשׁ שְׁמוֹ מָרוֹם וְקָדוֹשׁ אֶשְׁכּוֹן וְאֶת־דַּכָּא וּשְׁפַל־רוּחַ לְהַחֲיוֹת רוּחַ שְׁפָלִים וּלְהַחֲיוֹת לֵב נִדְכָּאִים: כִּי לֹא לְעוֹלָם אָרִיב וְלֹא לָנֶצַח אֶקְּצוֹף כִּי־רוּחַ מִלְּפָנַי יַעֲטוֹף וּנְשָׁמוֹת אֲנִי עָשִׂיתִי: בַּעֲוֹן בִּצְעוֹ קָצַפְתִּי וְאַכֵּהוּ הַסְתֵּר וְאֶקְצֹף וַיֵּלֶךְ שׁוֹבָב בְּדֶרֶךְ לִבּוֹ: דְּרָכָיו רָאִיתִי וְאֶרְפָּאֵהוּ וְאַנְחֵהוּ וַאֲשַׁלֵּם נִחֻמִים לוֹ וְלַאֲבֵלָיו: בּוֹרֵא נוב ניב קרי שְׂפָתָיִם שָׁלוֹם | שָׁלוֹם לָרָחוֹק וְלַקָּרוֹב אָמַר יְהוָה וּרְפָאתִיו:

ג) דברים ד מד: ד) משלי ג יח: ה) שם ג יז: ו) שם ג טז: ז) ישעיה מב כא:

The first Sefer Torah is raised and the following is said:

וזאת This is the Torah which Moses placed before the children of Israel.[1]

עץ It is a tree of life for those who hold fast to it, and those who support it are fortunate. Its ways are pleasant ways, and all its paths are peace. Long life is at its right, riches and honor at its left.[2] The Lord desired, for the sake of his [Israel's] righteousness, to make the Torah great and glorious.[3]

In the second Torah scroll, the following section is read for the Maftir.

Numbers 29:7-11.

ובעשור On the tenth day of the seventh month you shall have a holy assembly and you shall afflict yourselves; you shall do no work. You shall bring to the Lord a burnt-offering of pleasing odor: one young bullock, one ram, seven yearling lambs; they shall be to you without blemish. And their meal-offering, fine flour mixed with oil, three-tenths [of an *ephah*] for the bullock, two-tenths for the one ram, one-tenth for each lamb of the seven lambs. [You shall also offer] one goat for a sin-offering, aside from the sin-offering of atonement, the daily burnt-offering, its meal-offering and their libations.

The second Sefer Torah is raised and the following is said:

וזאת This is the Torah which Moses placed before the children of Israel.

עץ It is a tree of life for those who hold fast to it, and those who support it are fortunate. Its ways are pleasant ways, and all its paths are peace. Long life is at its right, riches and honor at its left.[2] The Lord desired, for the sake of his [Israel's] righteousness, to make the Torah great and glorious.[3]

HAFTARAH

Before reciting the Haftarah, *the following* berachah *is said by the* Maftir.

ברוך Blessed are You, Lord our God, King of the universe, who has chosen good prophets and found favor with their words which were spoken in truth. Blessed are You Lord, who has chosen the Torah, Moses His servant, Israel His people, and the prophets of truth and righteousness.

Isaiah 57:14-58:14

ואמר And [the prophet in the name of God] declares: Make a path, make a path, clear the way, remove any obstacle from the path of My people. For thus said the lofty and exalted One, who abides for eternity, whose Name is holy: I dwell in the supernal heights and in a holy place, yet I am with the broken-hearted and humble of spirit, to revive the spirit of the humble, to revive the heart of the crushed. Indeed, I will not contend forever, nor will I always be wrathful, for the spirit that is enfolded in the body is from Me, and I have made the souls. For the sin of his greed, as well as for going after the rebellious impulses of his heart, I became wrathful and struck him, angrily concealing Myself. I have seen [him mend] his ways so I will heal him; I will guide him and with consolation recompense him and those who mourn for him. The Lord, Creator of the speech of the lips, says: Peace, peace to him who is far and to him who is near, and I will heal him.

1. Deuteronomy 4:44. 2. Proverbs 3:18, 17, 16. 3. Isaiah 42:21.

וְהָרְשָׁעִים כַּיָּם נִגְרָשׁ כִּי הַשְׁקֵט לֹא יוּכָל וַיִּגְרְשׁוּ מֵימָיו רֶפֶשׁ וָטִיט׃
אֵין שָׁלוֹם אָמַר אֱלֹהַי לָרְשָׁעִים׃ קְרָא בְגָרוֹן אַל תַּחְשֹׂךְ כַּשּׁוֹפָר הָרֵם
קוֹלֶךָ וְהַגֵּד לְעַמִּי פִּשְׁעָם וּלְבֵית יַעֲקֹב חַטֹּאתָם׃ וְאוֹתִי יוֹם | יוֹם
יִדְרֹשׁוּן וְדַעַת דְּרָכַי יֶחְפָּצוּן כְּגוֹי אֲשֶׁר־צְדָקָה עָשָׂה וּמִשְׁפַּט אֱלֹהָיו
לֹא עָזָב יִשְׁאָלוּנִי מִשְׁפְּטֵי־צֶדֶק קִרְבַת אֱלֹהִים יֶחְפָּצוּן׃ לָמָּה צַּמְנוּ
וְלֹא רָאִיתָ עִנִּינוּ נַפְשֵׁנוּ וְלֹא תֵדָע הֵן בְּיוֹם צֹמְכֶם תִּמְצְאוּ־חֵפֶץ וְכָל־
עַצְּבֵיכֶם תִּנְגֹּשׂוּ׃ הֵן לְרִיב וּמַצָּה תָּצוּמוּ וּלְהַכּוֹת בְּאֶגְרֹף רֶשַׁע לֹא־
תָצוּמוּ כַיּוֹם לְהַשְׁמִיעַ בַּמָּרוֹם קוֹלְכֶם׃ הֲכָזֶה יִהְיֶה צוֹם אֶבְחָרֵהוּ יוֹם
עַנּוֹת אָדָם נַפְשׁוֹ הֲלָכֹף כְּאַגְמֹן רֹאשׁוֹ וְשַׂק וָאֵפֶר יַצִּיעַ הֲלָזֶה תִּקְרָא־
צוֹם וְיוֹם רָצוֹן לַיהוָה׃ הֲלוֹא זֶה צוֹם אֶבְחָרֵהוּ פַּתֵּחַ חַרְצֻבּוֹת רֶשַׁע
הַתֵּר אֲגֻדּוֹת מוֹטָה וְשַׁלַּח רְצוּצִים חָפְשִׁים וְכָל־מוֹטָה תְּנַתֵּקוּ׃ הֲלוֹא
פָרֹס לָרָעֵב לַחְמֶךָ וַעֲנִיִּים מְרוּדִים תָּבִיא בָיִת כִּי־תִרְאֶה עָרֹם וְכִסִּיתוֹ
וּמִבְּשָׂרְךָ לֹא תִתְעַלָּם׃ אָז יִבָּקַע כַּשַּׁחַר אוֹרֶךָ וַאֲרֻכָתְךָ מְהֵרָה תִצְמָח
וְהָלַךְ לְפָנֶיךָ צִדְקֶךָ כְּבוֹד יְהוָה יַאַסְפֶךָ׃ אָז תִּקְרָא וַיהוָה יַעֲנֶה תְּשַׁוַּע
וְיֹאמַר הִנֵּנִי אִם־תָּסִיר מִתּוֹכְךָ מוֹטָה שְׁלַח אֶצְבַּע וְדַבֶּר־אָוֶן׃ וְתָפֵק
לָרָעֵב נַפְשֶׁךָ וְנֶפֶשׁ נַעֲנָה תַּשְׂבִּיעַ וְזָרַח בַּחֹשֶׁךְ אוֹרֶךָ וַאֲפֵלָתְךָ כַּצָּהֳרָיִם׃
וְנָחֲךָ יְהוָה תָּמִיד וְהִשְׂבִּיעַ בְּצַחְצָחוֹת נַפְשֶׁךָ וְעַצְמֹתֶיךָ יַחֲלִיץ וְהָיִיתָ
כְּגַן רָוֶה וּכְמוֹצָא מַיִם אֲשֶׁר לֹא־יְכַזְּבוּ מֵימָיו׃ וּבָנוּ מִמְּךָ חָרְבוֹת עוֹלָם
מוֹסְדֵי דוֹר־וָדוֹר תְּקוֹמֵם וְקֹרָא לְךָ גֹּדֵר פֶּרֶץ מְשֹׁבֵב נְתִיבוֹת לָשָׁבֶת׃
אִם־תָּשִׁיב מִשַּׁבָּת רַגְלֶךָ עֲשׂוֹת חֲפָצֶךָ בְּיוֹם קָדְשִׁי וְקָרָאתָ לַשַּׁבָּת
עֹנֶג לִקְדוֹשׁ יְהוָה מְכֻבָּד וְכִבַּדְתּוֹ מֵעֲשׂוֹת דְּרָכֶיךָ מִמְּצוֹא חֶפְצְךָ
וְדַבֵּר דָּבָר׃ אָז תִּתְעַנַּג עַל־יְהוָה וְהִרְכַּבְתִּיךָ עַל־בָּמֳותֵי יתיר ו אָרֶץ
וְהַאֲכַלְתִּיךָ נַחֲלַת יַעֲקֹב אָבִיךָ כִּי פִּי יְהוָה דִּבֵּר׃

לאחר שמסיים ההפטרה יאמר המפטיר ד׳ ברכות אלו:

בָּרוּךְ אַתָּה יְיָ, אֱלֹהֵינוּ מֶלֶךְ הָעוֹלָם, צוּר כָּל הָעוֹלָמִים, צַדִּיק בְּכָל הַדּוֹרוֹת, הָאֵל הַנֶּאֱמָן הָאֹמֵר וְעֹשֶׂה, הַמְדַבֵּר וּמְקַיֵּם, שֶׁכָּל דְּבָרָיו אֱמֶת וָצֶדֶק:

נֶאֱמָן, אַתָּה הוּא יְיָ אֱלֹהֵינוּ, וְנֶאֱמָנִים דְּבָרֶיךָ, וְדָבָר אֶחָד מִדְּבָרֶיךָ אָחוֹר לֹא יָשׁוּב רֵיקָם, כִּי אֵל מֶלֶךְ נֶאֱמָן וְרַחֲמָן אָתָּה. בָּרוּךְ אַתָּה יְיָ, הָאֵל הַנֶּאֱמָן בְּכָל דְּבָרָיו:

But the wicked are like the raging sea which cannot be still, and its waters hurl filth and mud. There is no peace for the wicked, says my God. Cry aloud, do not restrain yourself, raise your voice like the *shofar* and tell My people their transgression, the House of Jacob, their sin. Daily [they pretend] to seek Me, desiring knowledge of My ways, as if they were a nation that has practiced righteousness and has not forsaken the laws of its God; they ask Me concerning laws of righteousness, they [seemingly] desire the nearness of God. [They ask:] Why have we fasted and You have not seen, afflicted ourselves and You have paid no heed? Behold, on the day of your fast you pursue your affairs and you forcibly exact payment of all debts to you. Indeed, you fast for quarrel and strife and to strike with the fist of wickedness; you do not fast [in keeping with the spirit] of the day, to make your voice be heard on high. Is it this way that I would choose for a fast, a day for man to afflict himself? Is it to bow down his head like a bulrush and to spread sackcloth and ashes under him? Do you call this a fast, a day pleasing to the Lord? Rather, this is the fast that I would choose — loosen the fetters of wickedness, undo the bonds of oppression, send the crushed to freedom, and break every oppressive yoke. Indeed, offer your bread to the hungry, bring the wandering poor into your home, when you see someone naked, clothe him, and do not turn away from your own flesh. Then will your light break through like the dawn and your healing speedily sprout forth; your righteousness will go before you and the glory of the Lord will gather you in. Then when you call, the Lord will answer, when you cry out, He will respond: Here I am; if you would but remove oppression from your midst, the threatening finger and malicious speech; if you would open your heart to the hungry and satiate the afflicted soul, then your light will shine in the darkness and your deep darkness be as bright as noon. The Lord will always guide you and satiate your soul with radiance; He will give strength to your bones and you will be like a well-watered garden, like a spring whose waters never cease. [In the merit of your good deeds,] they shall build ancient ruins and you shall re-establish the foundations of former generations; you shall be called the repairer of the breach, the restorer of paths to settlements. If you restrain your feet because of the Shabbat from attending to your affairs on My holy day, and you call the Shabbat — "delight," the day made holy by the Lord — "honored," and you honor it by not following your customary ways, refraining from pursuing your affairs and from speaking profane things, then you shall delight in the Lord, and I will make you ride on the high places of the earth, and I will nourish you with the heritage of Jacob your father; thus the mouth of the Lord has spoken.

Upon concluding the Haftarah, *the* Maftir *recites the following four blessings:*

ברוך Blessed are You, Lord our God, King of the universe, Creator of all the worlds, righteous in all generations, faithful God, who says and does, who speaks and fulfills, for all His words are true and just.

נאמן You are trustworthy, Lord our God, and Your words are trustworthy; not one of Your words returns unfulfilled, for You, Almighty King, are trustworthy and compassionate. Blessed are You Lord, the God who is trustworthy in all His words.

רַחֵם, עַל צִיּוֹן כִּי הִיא בֵּית חַיֵּינוּ, וְלַעֲלוּבַת נֶפֶשׁ תּוֹשִׁיעַ וְתְשַׂמַּח בִּמְהֵרָה בְיָמֵינוּ. בָּרוּךְ אַתָּה יְיָ, מְשַׂמֵּחַ צִיּוֹן בְּבָנֶיהָ:

שַׂמְּחֵנוּ, יְיָ אֱלֹהֵינוּ, בְּאֵלִיָּהוּ הַנָּבִיא עַבְדֶּךָ, וּבְמַלְכוּת בֵּית דָּוִד מְשִׁיחֶךָ, בִּמְהֵרָה יָבֹא וְיָגֵל לִבֵּנוּ, עַל כִּסְאוֹ לֹא יֵשֵׁב זָר, וְלֹא יִנְחֲלוּ עוֹד אֲחֵרִים אֶת כְּבוֹדוֹ, כִּי בְשֵׁם קָדְשְׁךָ נִשְׁבַּעְתָּ לּוֹ, שֶׁלֹּא יִכְבֶּה נֵרוֹ לְעוֹלָם וָעֶד. בָּרוּךְ אַתָּה יְיָ, מָגֵן דָּוִד:

עַל־הַתּוֹרָה וְעַל־הָעֲבוֹדָה וְעַל־הַנְּבִיאִים וְעַל־יוֹם (השבת הזה ועל יום) הַכִּפֻּרִים הַזֶּה· וְעַל־יוֹם סְלִיחַת הֶעָוֹן הַזֶּה וְעַל־יוֹם מִקְרָא קֹדֶשׁ הַזֶּה שֶׁנָּתַתָּ־לָּנוּ יְהוָֹה אֱלֹהֵינוּ (לקדושה ולמנוחה) לִסְלִיחָה וְלִמְחִילָה וּלְכַפָּרָה לְכָבוֹד וּלְתִפְאָרֶת· עַל־הַכֹּל יְהוָֹה אֱלֹהֵינוּ אֲנַחְנוּ מוֹדִים לָךְ· וּמְבָרְכִים אוֹתָךְ· יִתְבָּרַךְ שִׁמְךָ בְּפִי כָּל־חַי תָּמִיד לְעוֹלָם וָעֶד· וּדְבָרְךָ מַלְכֵּנוּ אֱמֶת וְקַיָּם לָעַד: בָּרוּךְ אַתָּה יְהוָֹה מֶלֶךְ מוֹחֵל וְסוֹלֵחַ לַעֲוֹנוֹתֵינוּ וְלַעֲוֹנוֹת עַמּוֹ בֵּית יִשְׂרָאֵל· וּמַעֲבִיר אַשְׁמוֹתֵינוּ בְּכָל־שָׁנָה וְשָׁנָה מֶלֶךְ עַל־כָּל־הָאָרֶץ מְקַדֵּשׁ (השבת ו) יִשְׂרָאֵל וְיוֹם הַכִּפֻּרִים:

כשחל יוהכ״פ בשבת אומרים זה:

יְקוּם פֻּרְקָן מִן שְׁמַיָּא, חִנָּא וְחִסְדָּא, וְרַחֲמִין וְחַיִּין אֲרִיכִין, וּמְזוֹנָא רְוִיחָא, וְסִיַּעְתָּא דִשְׁמַיָּא, וּבַרְיוּת גּוּפָא, וּנְהוֹרָא מְעַלְּיָא. זַרְעָא חַיָּא וְקַיָּמָא, זַרְעָא דִּי לָא יִפְסוּק וְדִי לָא יִבְטוּל

רחם Have mercy on Zion, for it is the abode of our life; bring deliverance and joy to the humiliated spirit speedily in our days. Blessed are You Lord, who causes Zion to rejoice in her children.

שמחנו Gladden us, Lord our God, with [the coming of] Your servant Elijah the Prophet, and with the kingdom of the house of David Your anointed. May he soon come and delight our heart; no stranger shall sit on his throne, nor shall others any longer inherit his glory, for You have sworn to him by Your holy Name that his light will never be extinguished. Blessed are You Lord, Shield of David.

על For the Torah, for the Divine service, for the Prophets, (*On Shabbat:* for this Shabbat day,) for this Day of Atonements, for this day of pardoning of sin and for this holy Festival day, which You have given us, Lord our God (*On Shabbat:* for sanctity and tranquility,) for pardon, forgiveness and atonement, for glory and splendor — for all this, Lord our God, we give thanks to You and bless You; may Your Name be blessed by the mouth of every living being, constantly and forever, and Your word, our King, is true and enduring forever. Blessed are You Lord, King who forgives and pardons our sins and the sins of His people, the House of Israel, and who removes our trespasses each and every year, King over the whole earth, who sanctifies (*On Shabbat:* the Shabbat and) Israel and the Day of Atonements.

On Shabbat say the following three paragraphs:

יקום May there come forth from Heaven redemption, grace, kindness, compassion, long life, ample sustenance, heavenly assistance, bodily health, good vision, healthy and viable children, children who will not cease from nor neglect

מִפִּתְגָמֵי אוֹרַיְתָא. לְמָרָנָן וְרַבָּנָן חֲבוּרָתָא קַדִּישָׁתָא, דִּי בְאַרְעָא דְיִשְׂרָאֵל, וְדִי בְּבָבֶל, לְרֵישֵׁי כַלָּה וּלְרֵישֵׁי גַלְוָתָא, וּלְרֵישֵׁי מְתִיבָתָא, וּלְדַיָּנֵי דְבָבָא. לְכָל תַּלְמִידֵיהוֹן וּלְכָל תַּלְמִידֵי תַלְמִידֵיהוֹן, וּלְכָל מָאן דְּעָסְקִין בְּאוֹרַיְתָא. מַלְכָּא דְעָלְמָא, יְבָרֵךְ יָתְהוֹן, וְיַפֵּישׁ חַיֵּיהוֹן, וְיַסְגֵּא יוֹמֵיהוֹן. וְיִתֵּן אַרְכָא לִשְׁנֵיהוֹן. וְיִתְפָּרְקוּן וְיִשְׁתֵּזְבוּן מִן כָּל עָקָא וּמִן כָּל מַרְעִין בִּישִׁין. מָרָן דִּי בִשְׁמַיָּא יְהֵא בְסַעְדְּהוֹן כָּל זְמַן וְעִדָּן. וְנֹאמַר אָמֵן:

יחיד המתפלל בביתו אינו אומר יקום פורקן זה ולא מי שברך.

יְקוּם פֻּרְקָן מִן שְׁמַיָּא, חִנָּא וְחִסְדָּא, וְרַחֲמִין וְחַיִּין אֲרִיכִין, וּמְזוֹנָא רְוִיחָא, וְסִיַּעְתָּא דִשְׁמַיָּא, וּבַרְיוּת גּוּפָא, וּנְהוֹרָא מַעַלְיָא, זַרְעָא חַיָּא וְקַיָּמָא, זַרְעָא דִּי לָא יִפְסוּק וְדִי לָא יִבְטוּל מִפִּתְגָמֵי אוֹרַיְתָא. לְכָל קְהָלָא קַדִּישָׁא הָדֵין, רַבְרְבַיָּא עִם זְעֵרַיָּא, טַפְלָא וּנְשַׁיָּא. מַלְכָּא דְעָלְמָא יְבָרֵךְ יָתְכוֹן, וְיַפֵּישׁ חַיֵּיכוֹן, וְיַסְגֵּא יוֹמֵיכוֹן, וְיִתֵּן אַרְכָא לִשְׁנֵיכוֹן, וְתִתְפָּרְקוּן, וְתִשְׁתֵּזְבוּן, מִן כָּל עָקָא וּמִן כָּל מַרְעִין בִּישִׁין. מָרָן דִּי בִשְׁמַיָּא, יְהֵא בְסַעְדְּכוֹן, כָּל זְמַן וְעִדָּן, וְנֹאמַר אָמֵן:

the words of Torah — to our masters and sages, the holy company, who are in the land of Israel and in Babylon, to the heads of the Torah assemblies and to the Exilarchs, to the heads of the Yeshivot and to the judges at the gates, to all their disciples and to all the disciples of their disciples, and to all who occupy themselves with the Torah. May the King of the universe bless them and prolong their lives, increase their days and lengthen their years; may they be delivered and protected from all distress and severe afflictions. May the Lord who is in heaven be their support at all times and seasons; and let us say, Amen.

One who prays alone should not say the following two paragraphs:

יקום May there come forth from Heaven redemption, grace, kindness, compassion, long life, ample sustenance, heavenly assistance, bodily health, good vision, healthy and viable children, children who will not cease from nor neglect the words of Torah — to this entire holy congregation, adults as well as children, infants and women. May the King of the universe bless you and prolong your lives, increase your days and lengthen your years; may you be delivered and protected from all distress and severe afflictions. May the Lord who is in heaven be your support at all times and seasons; and let us say, Amen.

מִי שֶׁבֵּרַךְ אֲבוֹתֵינוּ אַבְרָהָם יִצְחָק וְיַעֲקֹב, הוּא יְבָרֵךְ אֶת כָּל הַקָּהָל הַקָּדוֹשׁ הַזֶּה, עִם כָּל קְהִלּוֹת הַקֹּדֶשׁ. הֵם וּנְשֵׁיהֶם, וּבְנֵיהֶם וּבְנוֹתֵיהֶם, וְכָל אֲשֶׁר לָהֶם. וּמִי שֶׁמְּיַחֲדִים בָּתֵּי כְנֵסִיּוֹת לִתְפִלָּה, וּמִי שֶׁבָּאִים בְּתוֹכָם לְהִתְפַּלֵּל, וּמִי שֶׁנּוֹתְנִים נֵר לַמָּאוֹר וְיַיִן לְקִדּוּשׁ וּלְהַבְדָּלָה, וּפַת לָאוֹרְחִים וּצְדָקָה לָעֲנִיִּים. וְכָל מִי שֶׁעוֹסְקִים בְּצָרְכֵי צִבּוּר בֶּאֱמוּנָה, הַקָּדוֹשׁ בָּרוּךְ הוּא, יְשַׁלֵּם שְׂכָרָם, וְיָסִיר מֵהֶם כָּל מַחֲלָה, וְיִרְפָּא לְכָל גּוּפָם, וְיִסְלַח לְכָל עֲוֹנָם, וְיִשְׁלַח בְּרָכָה וְהַצְלָחָה בְּכָל מַעֲשֵׂה יְדֵיהֶם, עִם כָּל יִשְׂרָאֵל אֲחֵיהֶם וְנֹאמַר אָמֵן:

הזכרת נשמות

יִזְכּוֹר אֱלֹהִים נִשְׁמַת אַבָּא מוֹרִי (פלוני בר פלונית) שֶׁהָלַךְ לְעוֹלָמוֹ בַּעֲבוּר שֶׁבְּלִי נֶדֶר אֶתֵּן צְדָקָה בַּעֲדוֹ בִּשְׂכַר זֶה תְּהֵא נַפְשׁוֹ צְרוּרָה בִּצְרוֹר הַחַיִּים עִם נִשְׁמַת אַבְרָהָם יִצְחָק וְיַעֲקֹב שָׂרָה רִבְקָה רָחֵל וְלֵאָה וְעִם שְׁאָר צַדִּיקִים וְצִדְקָנִיּוֹת שֶׁבְּגַן עֵדֶן וְנֹאמַר אָמֵן:

יִזְכּוֹר אֱלֹהִים נִשְׁמַת אִמִּי מוֹרָתִי (פלונית בת פלונית) שֶׁהָלְכָה לְעוֹלָמָהּ בַּעֲבוּר שֶׁבְּלִי נֶדֶר אֶתֵּן צְדָקָה בַּעֲדָהּ בִּשְׂכַר זֶה תְּהֵא נַפְשָׁהּ צְרוּרָה בִּצְרוֹר הַחַיִּים עִם נִשְׁמַת אַבְרָהָם יִצְחָק וְיַעֲקֹב שָׂרָה רִבְקָה רָחֵל וְלֵאָה וְעִם שְׁאָר צַדִּיקִים וְצִדְקָנִיּוֹת שֶׁבְּגַן עֵדֶן וְנֹאמַר אָמֵן:

אַב הָרַחֲמִים שׁוֹכֵן מְרוֹמִים· בְּרַחֲמָיו הָעֲצוּמִים הוּא יִפְקוֹד בְּרַחֲמִים הַחֲסִידִים וְהַיְשָׁרִים וְהַתְּמִימִים· קְהִלּוֹת הַקֹּדֶשׁ שֶׁמָּסְרוּ נַפְשָׁם עַל־קְדֻשַּׁת הַשֵּׁם הַנֶּאֱהָבִים וְהַנְּעִימִים בְּחַיֵּיהֶם וּבְמוֹתָם לֹא נִפְרָדוּ מִנְּשָׁרִים קַלּוּ וּמֵאֲרָיוֹת גָּבֵרוּ לַעֲשׂוֹת רְצוֹן קוֹנָם וְחֵפֶץ צוּרָם: יִזְכְּרֵם אֱלֹהֵינוּ לְטוֹבָה עִם שְׁאָר צַדִּיקֵי עוֹלָם וְיִנְקוֹם נִקְמַת דַּם עֲבָדָיו הַשָּׁפוּךְ: כַּכָּתוּב בְּתוֹרַת

מי May He who blessed our fathers, Abraham, Isaac and Jacob, bless this entire holy congregation, together with all the holy congregations — them and their wives, their sons and their daughters, and all that belongs to them. Those who establish Synagogues for prayer and those who come there to pray, those who provide lights for illumination, wine for *kiddush* and *havdalah,* food for the wayfarers and charity for the needy, and all those who occupy themselves faithfully with communal affairs — may the Holy One, blessed be He, give them their reward, remove from them all sickness, heal their entire body, pardon all their sins, and send blessing and success to all their endeavors, together with all Israel their brethren; and let us say, Amen.

YIZKOR — PRAYER FOR THE SOULS OF THE DEPARTED

One who has no father says:

יזכור May God remember the soul of my father, my teacher *(Mention his Hebrew name and that of his mother)* who has gone to his [supernal] world, because I will — without obligating myself with a vow — donate charity for his sake. In this merit, may his soul be bound up in the bond of life with the souls of Abraham, Isaac and Jacob, Sarah, Rebecca, Rachel and Leah, and with the other righteous men and women who are in *Gan Eden;* and let us say, Amen.

One who has no mother says:

יזכור May God remember the soul of my mother, my teacher *(Mention her Hebrew name and that of her mother)* who has gone to her [supernal] world, because I will — without obligating myself with a vow — donate to charity for her sake. In this merit, may her soul be bound up in the bond of life with the souls of Abraham, Isaac and Jacob, Sarah, Rebecca, Rachel and Leah, and with the other righteous men and woman who are in *Gan Eden;* and let us say, Amen.

אב May the All-Merciful Father who dwells in the supernal heights, in His profound compassion, remember with mercy the pious, the upright and the perfect ones, the holy communities who gave their lives for the sanctification of the Divine Name. They were beloved and pleasant in their lives, and [even] in their death were not parted [from Him]; they were swifter than eagles, stronger than lions to carry out the will of their Maker and the desire of their Creator. May our God remember them with favor together with the other righteous of the world, and avenge the spilled blood of His servants, as it is written in the Torah

מֹשֶׁה אִישׁ הָאֱלֹהִים · הַרְנִינוּ גוֹיִם עַמּוֹ כִּי דַם־עֲבָדָיו יִקּוֹם וְנָקָם
יָשִׁיב לְצָרָיו וְכִפֶּר אַדְמָתוֹ עַמּוֹ: וְעַל יְדֵי עֲבָדֶיךָ הַנְּבִיאִים כָּתוּב
לֵאמֹר · וְנִקֵּיתִי דָּמָם לֹא־נִקֵּיתִי וַיהוָֹה שֹׁכֵן בְּצִיּוֹן: וּבְכִתְבֵי
הַקֹּדֶשׁ נֶאֱמַר · לָמָּה | יֹאמְרוּ הַגּוֹיִם אַיֵּה אֱלֹהֵיהֶם יִוָּדַע בַּגּוֹיִם
לְעֵינֵינוּ נִקְמַת דַּם־עֲבָדֶיךָ הַשָּׁפוּךְ: וְאוֹמֵר כִּי־דֹרֵשׁ דָּמִים אוֹתָם
זָכָר לֹא שָׁכַח צַעֲקַת עֲנָוִים: וְאוֹמֵר יָדִין בַּגּוֹיִם מָלֵא גְוִיּוֹת מָחַץ
רֹאשׁ עַל־אֶרֶץ רַבָּה: מִנַּחַל בַּדֶּרֶךְ יִשְׁתֶּה עַל־כֵּן יָרִים רֹאשׁ:

אַשְׁרֵי יוֹשְׁבֵי בֵיתֶךָ, עוֹד יְהַלְלוּךָ סֶּלָה: אַשְׁרֵי הָעָם שֶׁכָּכָה לּוֹ, אַשְׁרֵי הָעָם שֶׁיְיָ אֱלֹהָיו: תְּהִלָּה לְדָוִד, אֲרוֹמִמְךָ אֱלוֹהַי הַמֶּלֶךְ, וַאֲבָרְכָה שִׁמְךָ לְעוֹלָם וָעֶד: בְּכָל יוֹם אֲבָרְכֶךָּ, וַאֲהַלְלָה שִׁמְךָ לְעוֹלָם וָעֶד: גָּדוֹל יְיָ וּמְהֻלָּל מְאֹד, וְלִגְדֻלָּתוֹ אֵין חֵקֶר: דּוֹר לְדוֹר יְשַׁבַּח מַעֲשֶׂיךָ, וּגְבוּרֹתֶיךָ יַגִּידוּ: הֲדַר כְּבוֹד הוֹדֶךָ, וְדִבְרֵי נִפְלְאֹתֶיךָ אָשִׂיחָה: וֶעֱזוּז נוֹרְאוֹתֶיךָ יֹאמֵרוּ, וּגְדֻלָּתְךָ אֲסַפְּרֶנָּה: זֵכֶר רַב טוּבְךָ יַבִּיעוּ וְצִדְקָתְךָ יְרַנֵּנוּ: חַנּוּן וְרַחוּם יְיָ, אֶרֶךְ אַפַּיִם וּגְדָל חָסֶד: טוֹב יְיָ לַכֹּל, וְרַחֲמָיו עַל כָּל מַעֲשָׂיו: יוֹדוּךָ יְיָ כָּל מַעֲשֶׂיךָ, וַחֲסִידֶיךָ יְבָרְכוּכָה: כְּבוֹד מַלְכוּתְךָ יֹאמֵרוּ, וּגְבוּרָתְךָ יְדַבֵּרוּ: לְהוֹדִיעַ לִבְנֵי הָאָדָם גְּבוּרֹתָיו, וּכְבוֹד הֲדַר מַלְכוּתוֹ: מַלְכוּתְךָ מַלְכוּת כָּל עֹלָמִים, וּמֶמְשַׁלְתְּךָ בְּכָל דּוֹר וָדֹר: סוֹמֵךְ יְיָ לְכָל הַנֹּפְלִים, וְזוֹקֵף לְכָל הַכְּפוּפִים: עֵינֵי כֹל אֵלֶיךָ יְשַׂבֵּרוּ, וְאַתָּה נוֹתֵן לָהֶם אֶת אָכְלָם בְּעִתּוֹ: פּוֹתֵחַ אֶת יָדֶךָ, וּמַשְׂבִּיעַ לְכָל חַי רָצוֹן: צַדִּיק יְיָ בְּכָל דְּרָכָיו, וְחָסִיד בְּכָל מַעֲשָׂיו: קָרוֹב יְיָ לְכָל קֹרְאָיו, לְכֹל אֲשֶׁר יִקְרָאֻהוּ בֶאֱמֶת: רְצוֹן יְרֵאָיו יַעֲשֶׂה, וְאֶת שַׁוְעָתָם יִשְׁמַע וְיוֹשִׁיעֵם: שׁוֹמֵר יְיָ אֶת כָּל אֹהֲבָיו, וְאֵת כָּל הָרְשָׁעִים יַשְׁמִיד: תְּהִלַּת יְיָ יְדַבֶּר פִּי, וִיבָרֵךְ כָּל בָּשָׂר שֵׁם קָדְשׁוֹ לְעוֹלָם וָעֶד: וַאֲנַחְנוּ נְבָרֵךְ יָהּ, מֵעַתָּה וְעַד עוֹלָם הַלְלוּיָהּ:

כשמכניסין הספר תורה להיכל אומרים זה.

חזן יְהַלְלוּ אֶת שֵׁם יְיָ, כִּי נִשְׂגָּב שְׁמוֹ לְבַדּוֹ:

והקהל אומרים הוֹדוֹ עַל אֶרֶץ וְשָׁמָיִם: וַיָּרֶם קֶרֶן לְעַמּוֹ, תְּהִלָּה לְכָל חֲסִידָיו, לִבְנֵי יִשְׂרָאֵל עַם קְרוֹבוֹ, הַלְלוּיָהּ:

א) דברים לב מג: ב) יואל ד כא: ג) תהלים עט י: ד) שם ט יג: ה) שם קי ז:

of Moses, the man of God: O nations, sing the praises of His people, for He will avenge the blood of His servant, bring retribution upon His foes, and placate His land — His people.[1] And by Your servants the Prophets it is written as follows: I will cleanse [the nations of their wrongdoings,] but for the [shedding of Jewish] blood I will not cleanse them; the Lord dwells in Zion.[2] And in the Holy Writings it is said: Why should the nations say, "Where is their God?" Let there be known among the nations before our eyes, the retribution for the spilled blood of Your servants.[3] And it is said: For the Avenger of bloodshed is mindful of them; He does not forget the cry of the downtrodden.[4] Further it is said: He will render judgment upon the nations, and they will be filled with corpses; He will crush heads over a vast area. He will drink from the stream on the way; therefore [Israel] will hold its head high.[5]

אשרי Happy are those who dwell in Your House; they will yet praise You forever.[6] Happy is the people whose lot is thus; happy is the people whose God is the Lord.[7] A Psalm of praise by David: I will exalt You, my God the King, and bless Your Name forever. Every day I will bless You, and extol Your Name forever. The Lord is great and exceedingly exalted, and there is no limit to His greatness. One generation to another will laud Your works, and tell of Your mighty acts. I will speak of the splendor of Your glorious majesty and of Your wondrous deeds. They will proclaim the might of Your awesome acts, and I will recount Your greatness. They will express the remembrance of Your abounding goodness, and sing of Your righteousness. The Lord is gracious and compassionate, slow to anger and of great kindness. The Lord is good to all, and His mercies extend over all His works. Lord, all Your works will give thanks to You, and Your pious ones will bless You. They will declare the glory of Your kingdom, and tell of Your strength. To make known to men His mighty acts, and the glorious majesty of His kingdom. Your kingship is a kingship over all worlds, and Your dominion is throughout all generations. The Lord supports all who fall, and makes erect all who are bent. The eyes of all look expectantly to You, and You give them their food at the proper time. You open Your hand and satisfy the desire of every living thing. The Lord is righteous in all His ways, and benevolent in all His deeds. The Lord is close to all who call upon Him, to all who call upon Him in truth. He fulfills the desire of those who fear Him, hears their cry and delivers them. The Lord watches over all who love Him, and will destroy all the wicked. My mouth will utter the praise of the Lord, and let all flesh bless His holy Name forever.[8] And we will bless the Lord from now to eternity. Praise the Lord.[9]

As the Sefer Torah is returned to the Ark, the following is said:

Chazzan:

יהללו Let them praise the Name of the Lord for His Name is sublimely exalted.[10]

Congregation responds:

הודו His radiance is upon the earth and heavens. He shall raise the glory of His people, the praise of all His pious ones, the children of Israel, the people close to Him. Praise the Lord.[11]

---

1. Deuteronomy 32:43. 2. Joel 4:21. 3. Psalms 79:10. 4. Ibid. 9:13. 5. Ibid. 110:6-7. 6. Ibid. 84:5. 7. Ibid. 144:15. 8. Ibid. 145. 9. Ibid. 115:18. 10. Ibid. 148:13. 11. Ibid. 148:13-14.

מוסף ליום כפור

ברוב קהלות אומר השליח צבור תפלה זו קידם מוסף ·

הִנְנִי הֶעָנִי מִמַּעַשׂ נִרְעָשׁ וְנִפְחָד מִפַּחַד יוֹשֵׁב תְּהִלּוֹת יִשְׂרָאֵל לַעֲמוֹד לְהִתְחַנֵּן לְפָנָיו עַל עַמּוֹ יִשְׂרָאֵל אֲשֶׁר שְׁלָחוּנִי. אַף עַל פִּי שֶׁאֵינִי כְדַאי וְהָגוּן לְכָךְ. לָכֵן אֲבַקֵּשׁ מִמְּךָ אֱלֹהֵי אַבְרָהָם אֱלֹהֵי יִצְחָק וֵאלֹהֵי יַעֲקֹב. יְהוָה יְהוָה אֵל רַחוּם וְחַנּוּן אֱלֹהֵי יִשְׂרָאֵל. שַׁדַּי אָיוֹם וְנוֹרָא הֱיֵה נָא מַצְלִיחַ דַּרְכִּי אֲשֶׁר אָנֹכִי הוֹלֵךְ וְעוֹמֵד לְבַקֵּשׁ רַחֲמִים עָלַי וְעַל שׁוֹלְחַי (וְנָא אַל תַּפְשִׁיעֵם בְּחַטֹּאתַי וְאַל תְּחַיְּבֵם בַּעֲוֹנוֹתַי וְאַל יִכָּלְמוּ בִּפְשָׁעַי וְאַל יֵבוֹשׁוּ בִי וְאַל אֵבוֹשׁ בָּם) וְקַבֵּל תְּפִלָּתִי כִּתְפִלַּת זָקֵן וְרָגִיל וּפִרְקוֹ נָאֶה וּזְקָנוֹ מְגֻדָּל וְקוֹלוֹ נָעִים וּמְעוֹרָב בְּדַעַת עִם הַבְּרִיּוֹת. וְתִגְעַר בְּשָׂטָן לְבַל יַשְׂטִינֵנִי וִיהִי נָא דִּגְלֵנוּ (נ״א דלוגנו) עָלֶיךָ אַהֲבָה. וּפְשָׁעֵינוּ תְּכַסֶּה בְּאַהֲבָה. וְכָל צָרוֹת וְרָעוֹת הֲפָךְ נָא לָנוּ וּלְכָל יִשְׂרָאֵל לְשָׂשׂוֹן וּלְשִׂמְחָה לְחַיִּים וּלְשָׁלוֹם וְהָאֱמֶת וְהַשָּׁלוֹם אֱהָבוּ. וְאַל יְהִי שׁוּם מִכְשׁוֹל בִּתְפִלָּתִי. וִיהִי רָצוֹן מִלְּפָנֶיךָ יְהוָה אֱלֹהֵי אַבְרָהָם אֱלֹהֵי יִצְחָק וֵאלֹהֵי יַעֲקֹב הָאֵל הַגָּדוֹל הַגִּבּוֹר וְהַנּוֹרָא אֵל עֶלְיוֹן אֶהְיֶה אֲשֶׁר אֶהְיֶה שֶׁכָּל הַמַּלְאָכִים שֶׁהֵם פּוֹעֲלֵי תְפִלּוֹת יָבִיאוּ תְפִלָּתִי לִפְנֵי כִסֵּא כְבוֹדֶךָ וְיָפִיצוּ אוֹתָהּ לְפָנֶיךָ בַּעֲבוּר כָּל הַצַּדִּיקִים וְהַחֲסִידִים וְהַתְּמִימִים וְהַיְשָׁרִים וּבַעֲבוּר כְּבוֹד שִׁמְךָ הַגָּדוֹל וְהַנּוֹרָא כִּי אַתָּה שׁוֹמֵעַ תְּפִלַּת עַמְּךָ יִשְׂרָאֵל בְּרַחֲמִים: בָּרוּךְ אַתָּה שׁוֹמֵעַ תְּפִלָּה:

יָדַעְתִּי יְהוָה כִּי צֶדֶק מִשְׁפָּטֶיךָ וֶאֱמוּנָה עִנִּיתָנִי:
הַקְשִׁיבָה לִי וַעֲנֵנִי אָרִיד בְּשִׂיחִי וְאָהִימָה:
וְנַפְשִׁי תָּגִיל בַּיהוָה תָּשִׂישׂ בִּישׁוּעָתוֹ:
הַנּוֹתֵן תְּשׁוּעָה לַמְּלָכִים הַפּוֹצֶה אֶת דָּוִד עַבְדּוֹ מֵחֶרֶב רָעָה:

יִתְגַּדַּל וְיִתְקַדַּשׁ שְׁמֵהּ רַבָּא. אמן בְּעָלְמָא דִּי בְרָא כִרְעוּתֵהּ וְיַמְלִיךְ מַלְכוּתֵהּ, וְיַצְמַח פּוּרְקָנֵהּ וִיקָרֵב מְשִׁיחֵהּ. אמן בְּחַיֵּיכוֹן וּבְיוֹמֵיכוֹן וּבְחַיֵּי דְכָל בֵּית יִשְׂרָאֵל, בַּעֲגָלָא וּבִזְמַן קָרִיב וְאִמְרוּ אָמֵן: יְהֵא שְׁמֵהּ רַבָּא מְבָרַךְ לְעָלַם וּלְעָלְמֵי עָלְמַיָּא. יִתְבָּרַךְ, וְיִשְׁתַּבַּח, וְיִתְפָּאַר, וְיִתְרוֹמַם, וְיִתְנַשֵּׂא וְיִתְהַדַּר וְיִתְעַלֶּה וְיִתְהַלָּל, שְׁמֵהּ דְּקֻדְשָׁא בְּרִיךְ הוּא. אמן לְעֵלָּא מִן כָּל בִּרְכָתָא. וְשִׁירָתָא, תֻּשְׁבְּחָתָא וְנֶחֱמָתָא, דַּאֲמִירָן בְּעָלְמָא, וְאִמְרוּ אָמֵן:

אֲדֹנָי שְׂפָתַי תִּפְתָּח וּפִי יַגִּיד תְּהִלָּתֶךָ:

בָּרוּךְ אַתָּה יְהוָה אֱלֹהֵינוּ וֵאלֹהֵי אֲבוֹתֵינוּ אֱלֹהֵי אַבְרָהָם אֱלֹהֵי יִצְחָק וֵאלֹהֵי יַעֲקֹב הָאֵל הַגָּדוֹל הַגִּבּוֹר וְהַנּוֹרָא· אֵל עֶלְיוֹן· גּוֹמֵל חֲסָדִים טוֹבִים· קוֹנֵה הַכֹּל· וְזוֹכֵר חַסְדֵי אָבוֹת וּמֵבִיא גוֹאֵל לִבְנֵי בְנֵיהֶם לְמַעַן שְׁמוֹ בְּאַהֲבָה:

In most congregations, the Chazzan recites the following prayer before Musaf.

הנני Here am I, deficient in meritorious deeds, trembling and awe-stricken from fear of the One who is enthroned upon the praises of Israel, standing and pleading before Him, on behalf of His people Israel who have sent me, though I am unworthy and unqualified for the task. Therefore, I entreat You, God of Abraham, God of Isaac, and God of Jacob, Lord, Lord, benevolent God, compassionate and gracious, God of Israel, Omnipotent, fearful and awesome, grant success to the mission which I am undertaking, to stand and plead for mercy for myself and for those who have sent me. (I beseech You, do not hold them guilty on account of my sins, nor condemn them because of my iniquities; let them not be disgraced because of my transgressions, let them not be ashamed of me nor I of them.) Accept my prayer as if it were the prayer of a man advanced in years and experienced in prayer, whose conduct in his youth was unblemished, whose beard is fully grown, whose voice is sweet, and whose disposition is pleasing to his fellow-men. Rebuke the Adversary that he may not bring charges against me. May our assemblage[1] be cherished by You, and may You cover our transgressions with love. Please transform all suffering and distress, for us and for all Israel, to gladness and joy, to life and peace — [for the people who] love truth and peace. May there be no stumbling in my prayer. May it be Your will, Lord, God of Abraham, God of Isaac and God of Jacob, the great, mighty and awesome God, exalted God, "I Will Be What I Will Be,"[2] that all the angels who occupy themselves with [our] prayers bring my prayer before the Throne of Your Glory and spread it before You for the sake of all the righteous, the pious, the perfect and the upright, and for the sake of Your glorious, great and awesome Name; for You hear the prayer of Your people Israel with mercy. Blessed are You who hears prayer.

ידעתי I know, O Lord, that Your judgments are just; rightfully have You chastised me.[3]

הקשיבה Hearken unto me and answer me as I lament in my distress and moan.[4]

ונפשי And my soul shall exult in the Lord, rejoice in His deliverance.[5]

הנותן It is He who gives salvation to kings, who delivers His servant David from the evil sword.[6]

יתגדל Exalted and hallowed be His great Name (*Cong:* Amen.) throughout the world which He has created according to His will. May He establish His kingship, bring forth His redemption and hasten the coming of His *Mashiach* (*Cong:* Amen.) in your lifetime and in your days and in the lifetime of the entire House of Israel, speedily and soon, and say, Amen. (*Cong:* Amen. May His great Name be blessed forever and to all eternity. Blessed.) May His great Name be blessed forever and to all eternity. Blessed and praised, glorified, exalted and extolled, honored, adored and lauded be the Name of the Holy One, blessed be He, (*Cong:* Amen.) beyond all the blessings, hymns, praises and consolations that are uttered in the world; and say, Amen. (*Cong:* Amen.)

AMIDAH

אדני My Lord, open my lips, and my mouth shall declare Your praise.[7]

ברוך Blessed are You, Lord our God and God of our fathers, God of Abraham, God of Isaac and God of Jacob, the great, mighty and awesome God, exalted God, who bestows bountiful kindness, who creates all things, who remembers the piety of the Patriarchs, and who, in love, brings a redeemer to their children's children, for the sake of His Name.

---

1. Alternative version: Our errors in pronunciation or deletions of letters or words of the prayers. See *Songs Rabbah* 2:4. 2. One of the Divine Names — See Exodus 3:14; T.B. Shevuot 35a; Shulchan Aruch, Yoreh Deah 276:9. 3. Psalms 119:75. 4. Ibid. 55:3. 5. Ibid. 35:9. 6. Ibid. 144:10. 7. Ibid. 51:17.

זָכְרֵנוּ לְחַיִּים מֶלֶךְ חָפֵץ בַּחַיִּים וְכָתְבֵנוּ בְּסֵפֶר הַחַיִּים לְמַעַנְךָ אֱלֹהִים חַיִּים׃

מֶלֶךְ עוֹזֵר וּמוֹשִׁיעַ וּמָגֵן׃ בָּרוּךְ אַתָּה יְהוָֹה מָגֵן אַבְרָהָם׃

אַתָּה גִּבּוֹר לְעוֹלָם אֲדֹנָי מְחַיֵּה מֵתִים אַתָּה רַב לְהוֹשִׁיעַ מוֹרִיד הַטָּל׃ מְכַלְכֵּל חַיִּים בְּחֶסֶד מְחַיֵּה מֵתִים בְּרַחֲמִים רַבִּים סוֹמֵךְ נוֹפְלִים וְרוֹפֵא חוֹלִים וּמַתִּיר אֲסוּרִים וּמְקַיֵּם אֱמוּנָתוֹ לִישֵׁנֵי עָפָר׃ מִי כָמוֹךָ בַּעַל גְּבוּרוֹת וּמִי דּוֹמֶה לָּךְ מֶלֶךְ מֵמִית וּמְחַיֶּה וּמַצְמִיחַ יְשׁוּעָה׃

מִי כָמוֹךָ אַב הָרַחֲמִים זוֹכֵר יְצוּרָיו לְחַיִּים בְּרַחֲמִים׃

וְנֶאֱמָן אַתָּה לְהַחֲיוֹת מֵתִים׃ בָּרוּךְ אַתָּה יְהוָֹה מְחַיֵּה הַמֵּתִים׃

אַתָּה קָדוֹשׁ וְשִׁמְךָ קָדוֹשׁ וּקְדוֹשִׁים בְּכָל־יוֹם יְהַלְלוּךָ סֶּלָה׃

לְדוֹר וָדוֹר הַמְלִיכוּ לָאֵל כִּי הוּא לְבַדּוֹ מָרוֹם וְקָדוֹשׁ׃

וּבְכֵן יִתְקַדֵּשׁ שִׁמְךָ יְהוָֹה אֱלֹהֵינוּ עַל יִשְׂרָאֵל עַמֶּךָ וְעַל יְרוּשָׁלַיִם עִירֶךָ וְעַל צִיּוֹן מִשְׁכַּן כְּבוֹדֶךָ וְעַל מַלְכוּת בֵּית דָּוִד מְשִׁיחֶךָ וְעַל מְכוֹנְךָ וְהֵיכָלֶךָ׃

וּבְכֵן תֵּן פַּחְדְּךָ יְהוָֹה אֱלֹהֵינוּ עַל כָּל־מַעֲשֶׂיךָ׃ וְאֵימָתְךָ עַל כֹּל מַה־שֶּׁבָּרָאתָ׃ וְיִירָאוּךָ כָּל־הַמַּעֲשִׂים וְיִשְׁתַּחֲווּ לְפָנֶיךָ כָּל־הַבְּרוּאִים׃ וְיֵעָשׂוּ כֻלָּם אֲגֻדָּה אֶחָת׃ לַעֲשׂוֹת רְצוֹנְךָ בְּלֵבָב שָׁלֵם׃ שֶׁיָּדַעְנוּ יְהוָֹה אֱלֹהֵינוּ שֶׁהַשִּׁלְטָן לְפָנֶיךָ׃ עֹז בְּיָדְךָ וּגְבוּרָה בִּימִינֶךָ׃ וְשִׁמְךָ נוֹרָא עַל כֹּל מַה־שֶּׁבָּרָאתָ׃

וּבְכֵן תֵּן כָּבוֹד יְהוָֹה לְעַמֶּךָ תְּהִלָּה לִירֵאֶיךָ׃ וְתִקְוָה טוֹבָה לְדוֹרְשֶׁיךָ׃ וּפִתְחוֹן פֶּה לַמְיַחֲלִים לָךְ שִׂמְחָה לְאַרְצֶךָ׃ וְשָׂשׂוֹן לְעִירֶךָ׃ וּצְמִיחַת קֶרֶן לְדָוִד עַבְדֶּךָ וַעֲרִיכַת נֵר לְבֶן־יִשַׁי מְשִׁיחֶךָ בִּמְהֵרָה בְיָמֵינוּ׃

וּבְכֵן צַדִּיקִים יִרְאוּ וְיִשְׂמָחוּ׃ וִישָׁרִים יַעֲלֹזוּ׃ וַחֲסִידִים בְּרִנָּה יָגִילוּ׃ וְעוֹלָתָה תִּקְפָּץ־פִּיהָ וְהָרִשְׁעָה כֻלָּהּ כְּעָשָׁן תִּכְלֶה׃ כִּי תַעֲבִיר מֶמְשֶׁלֶת זָדוֹן מִן הָאָרֶץ׃

וְתִמְלוֹךְ אַתָּה הוּא יְהוָֹה אֱלֹהֵינוּ לְבַדֶּךָ׃ עַל כָּל־מַעֲשֶׂיךָ׃ בְּהַר צִיּוֹן מִשְׁכַּן כְּבוֹדֶךָ׃ וּבִירוּשָׁלַיִם עִיר קָדְשֶׁךָ׃ כַּכָּתוּב בְּדִבְרֵי קָדְשֶׁךָ יִמְלֹךְ יְהוָֹה לְעוֹלָם אֱלֹהַיִךְ צִיּוֹן לְדֹר וָדֹר הַלְלוּיָהּ׃

זכרנו Remember us for life, King who desires life; inscribe us in the Book of Life, for Your sake, O living God.

מלך O King, [You are] a helper, a savior and a shield. Blessed are You Lord, Shield of Abraham.

אתה You are mighty forever, my Lord; You resurrect the dead; You are powerful to save. You cause the dew to descend.

מכלכל He sustains the living with lovingkindness, resurrects the dead with great mercy, supports the falling, heals the sick, releases the bound, and fulfills His trust to those who sleep in the dust. Who is like You, mighty One! And who can be compared to You, King, who brings death and restores life, and causes deliverance to spring forth!

מי Who is like You, All-Merciful Father, who in compassion remembers His creatures for life.

ונאמן You are trustworthy to revive the dead. Blessed are You Lord, who revives the dead.

אתה You are holy and Your Name is holy, and holy beings praise You daily for all eternity.

לדור Through all generations proclaim the kingship of God, for He alone is exalted and holy.

ובכן And thus shall Your Name, Lord our God, be sanctified upon Israel Your people, upon Jerusalem Your city, upon Zion the abode of Your glory, upon the kingship of the house of David Your anointed, and upon Your dwelling-place and Your sanctuary.

ובכן And so, Lord our God, instill fear of You upon all that You have made, and dread of You upon all that You have created; and [then] all works will be in awe of You, all the created beings will prostrate themselves before You, and they all will form a single band to carry out Your will with a perfect heart. For we know, Lord our God, that rulership is Yours, strength is in Your [left] hand, might is in Your right hand, and Your Name is awesome over all that You have created.

ובכן And so, Lord our God, grant honor to Your people, glory to those who fear You, good hope to those who seek You, confident speech to those who yearn for You, joy to Your land, gladness to Your city, a flourishing of strength to David Your servant, and a setting up of light to the son of Yishai Your anointed, speedily in our days.

ובכן And then the righteous will see and be glad, the upright will rejoice, and the pious will exult in song; injustice will shut its mouth and all wickedness will go up in smoke, when You will remove the rule of evil from the earth.

ותמלוך Lord our God, You are He who alone will reign over all Your works, in Mount Zion the abode of Your glory, in Jerusalem Your holy city, as it is written in Your holy Scriptures: The Lord shall reign forever; your God, O Zion, throughout all generations; praise the Lord.[1]

1. Psalms 146:10.

קָדוֹשׁ אַתָּה וְנוֹרָא שְׁמֶךָ ׳ וְאֵין אֱלוֹהַּ מִבַּלְעָדֶיךָ ׳ כַּכָּתוּב וַיִּגְבַּהּ
יְהוָה צְבָאוֹת בַּמִּשְׁפָּט וְהָאֵל הַקָּדוֹשׁ נִקְדַּשׁ בִּצְדָקָה׃
בָּרוּךְ אַתָּה יְהוָה הַמֶּלֶךְ הַקָּדוֹשׁ׃

אַתָּה בְחַרְתָּנוּ מִכָּל־הָעַמִּים ׳ אָהַבְתָּ אוֹתָנוּ וְרָצִיתָ בָּנוּ ׳ וְרוֹמַמְתָּנוּ מִכָּל־הַלְּשׁוֹנוֹת וְקִדַּשְׁתָּנוּ בְּמִצְוֹתֶיךָ ׳ וְקֵרַבְתָּנוּ מַלְכֵּנוּ לַעֲבוֹדָתֶךָ וְשִׁמְךָ הַגָּדוֹל וְהַקָּדוֹשׁ עָלֵינוּ קָרָאתָ׃

וַתִּתֶּן־לָנוּ יְהוָה אֱלֹהֵינוּ בְּאַהֲבָה אֶת־יוֹם (השבת הזה ואת יום) הַכִּפֻּרִים הַזֶּה אֶת־יוֹם סְלִיחַת הֶעָוֹן הַזֶּה אֶת־יוֹם מִקְרָא קֹדֶשׁ הַזֶּה (לקדושה ולמנוחה) לִמְחִילָה וְלִסְלִיחָה וּלְכַפָּרָה וְלִמְחָל־בּוֹ אֶת־כָּל־עֲוֹנוֹתֵינוּ (באהבה) מִקְרָא קֹדֶשׁ זֵכֶר לִיצִיאַת מִצְרָיִם׃

וּמִפְּנֵי חֲטָאֵינוּ גָּלִינוּ מֵאַרְצֵנוּ וְנִתְרַחַקְנוּ מֵעַל אַדְמָתֵנוּ ׳ וְאֵין אֲנוּ יְכוֹלִים לַעֲשׂוֹת חוֹבוֹתֵינוּ בְּבֵית בְּחִירָתֶךָ ׳ בַּבַּיִת הַגָּדוֹל וְהַקָּדוֹשׁ ׳ שֶׁנִּקְרָא שִׁמְךָ עָלָיו מִפְּנֵי הַיָּד שֶׁנִּשְׁתַּלְּחָה בְּמִקְדָּשֶׁךָ׃ יְהִי רָצוֹן מִלְּפָנֶיךָ יְהוָה אֱלֹהֵינוּ וֵאלֹהֵי אֲבוֹתֵינוּ מֶלֶךְ רַחֲמָן שֶׁתָּשׁוּב וּתְרַחֵם עָלֵינוּ וְעַל מִקְדָּשְׁךָ בְּרַחֲמֶיךָ הָרַבִּים וְתִבְנֵהוּ מְהֵרָה וּתְגַדֵּל כְּבוֹדוֹ׃ אָבִינוּ מַלְכֵּנוּ אֱלֹהֵינוּ גַּלֵּה כְּבוֹד מַלְכוּתְךָ עָלֵינוּ מְהֵרָה ׳ וְהוֹפַע וְהִנָּשֵׂא עָלֵינוּ לְעֵינֵי כָּל־חָי וְקָרֵב פְּזוּרֵינוּ מִבֵּין הַגּוֹיִם וּנְפוּצוֹתֵינוּ כַּנֵּס מִיַּרְכְּתֵי אָרֶץ ׳ וַהֲבִיאֵנוּ לְצִיּוֹן עִירְךָ בְּרִנָּה ׳ וְלִירוּשָׁלַיִם בֵּית מִקְדָּשְׁךָ בְּשִׂמְחַת עוֹלָם ׳ וְשָׁם נַעֲשֶׂה לְפָנֶיךָ אֶת־קָרְבְּנוֹת חוֹבוֹתֵינוּ תְּמִידִים כְּסִדְרָם וּמוּסָפִים כְּהִלְכָתָם ׳ וְאֶת

קדוש Holy are You, awesome is Your Name, and aside from You there is no God, as it is written: The Lord of hosts is exalted in justice and the holy God is sanctified in righteousness.[1] Blessed are You Lord, the holy King.

אתה You have chosen us from among all the nations; You have loved us and found favor with us. You have raised us above all tongues and made us holy through Your commandments. You, our King, have drawn us near to Your service and proclaimed Your great and holy Name upon us.

ותתן And You, Lord our God, have given us in love (*On Shabbat:* this Shabbat day and) this Day of Atonements, this day of pardoning of sin, this day of holy assembly (*On Shabbat:* for sanctity and tranquility,) for forgiveness, pardon and atonement, to forgive thereon all our wrongdoings, (*On Shabbat:* in love,) a holy assembly, commemorating the Exodus from Egypt.

ומפני But because of our sins, we were exiled from our land and driven away from our soil; and we are unable to discharge our obligations in Your chosen House, the great and holy House upon which Your Name is proclaimed, because of the hand that was sent forth against Your Sanctuary. May it be Your will, Lord our God and God of our fathers, merciful King, in Your abounding compassion, again to have mercy on us and on Your Sanctuary, and rebuild it soon and increase its glory. Our Father, our King, our God, speedily reveal the glory of Your Kingship upon us; appear and be exalted over us before the eyes of all the living. Gather our dispersed from among the nations, and assemble our scattered from the ends of the earth. Bring us with song to Zion Your city, and with everlasting joy to Jerusalem Your Sanctuary. There we will offer to You our obligatory sacrifices, the daily burnt-offerings according to their order and the *musaf* offerings according to their rule;

1. Isaiah 5:16.

מוּסַף (וְאֶת מוּסְפֵי יוֹם הַשַּׁבָּת הַזֶּה וְ)יוֹם הַכִּפֻּרִים הַזֶּה יוֹם סְלִיחַת הֶעָוֹן הַזֶּה יוֹם מִקְרָא קֹדֶשׁ הַזֶּה נַעֲשֶׂה וְנַקְרִיב לְפָנֶיךָ בְּאַהֲבָה כְּמִצְוַת רְצוֹנֶךָ · כְּמוֹ שֶׁכָּתַבְתָּ עָלֵינוּ בְּתוֹרָתֶךָ עַל יְדֵי מֹשֶׁה עַבְדֶּךָ מִפִּי כְבוֹדֶךָ כָּאָמוּר:

בשבת
וּבְיוֹם הַשַּׁבָּת שְׁנֵי־כְבָשִׂים בְּנֵי־שָׁנָה תְּמִימִם וּשְׁנֵי עֶשְׂרֹנִים סֹלֶת מִנְחָה בְּלוּלָה בַשֶּׁמֶן וְנִסְכּוֹ: עֹלַת שַׁבַּת בְּשַׁבַּתּוֹ עַל־עֹלַת הַתָּמִיד וְנִסְכָּהּ:

וּבֶעָשׂוֹר לַחֹדֶשׁ הַשְּׁבִיעִי הַזֶּה מִקְרָא־קֹדֶשׁ יִהְיֶה לָכֶם וְעִנִּיתֶם אֶת־נַפְשֹׁתֵיכֶם כָּל־מְלָאכָה לֹא תַעֲשׂוּ: וְהִקְרַבְתֶּם עֹלָה לַיהוָה רֵיחַ נִיחֹחַ פַּר בֶּן־בָּקָר אֶחָד אַיִל אֶחָד כְּבָשִׂים בְּנֵי־שָׁנָה שִׁבְעָה תְּמִימִם יִהְיוּ לָכֶם:

וּמִנְחָתָם וְנִסְכֵּיהֶם כִּמְדֻבָּר · שְׁלֹשָׁה עֶשְׂרֹנִים לַפָּר · וּשְׁנֵי עֶשְׂרֹנִים לָאָיִל · וְעִשָּׂרוֹן לַכֶּבֶשׂ · וְיַיִן כְּנִסְכּוֹ וּשְׁנֵי שְׂעִירִים לְכַפֵּר וּשְׁנֵי תְמִידִים כְּהִלְכָתָם: מִלְּבַד חַטַּאת הַכִּפֻּרִים וְעוֹלַת הַתָּמִיד וּמִנְחָתָהּ וְנִסְכֵּיהֶם:

בשבת
יִשְׂמְחוּ בְמַלְכוּתְךָ שׁוֹמְרֵי שַׁבָּת וְקוֹרְאֵי עֹנֶג · עַם מְקַדְּשֵׁי שְׁבִיעִי · כֻּלָּם יִשְׂבְּעוּ וְיִתְעַנְּגוּ מִטּוּבֶךָ וּבַשְּׁבִיעִי רָצִיתָ בּוֹ וְקִדַּשְׁתּוֹ · חֶמְדַּת יָמִים אוֹתוֹ קָרָאתָ · זֵכֶר לְמַעֲשֵׂה בְרֵאשִׁית:

אֱלֹהֵינוּ וֵאלֹהֵי אֲבוֹתֵינוּ מְחוֹל לַעֲוֹנוֹתֵינוּ בְּיוֹם (השבת הזה וביום) הַכִּפֻּרִים הַזֶּה בְּיוֹם סְלִיחַת הֶעָוֹן הַזֶּה בְּיוֹם מִקְרָא קֹדֶשׁ הַזֶּה מְחֵה וְהַעֲבֵר פְּשָׁעֵינוּ וְחַטֹּאתֵינוּ מִנֶּגֶד עֵינֶיךָ כָּאָמוּר: אָנֹכִי אָנֹכִי הוּא מֹחֶה פְשָׁעֶיךָ לְמַעֲנִי וְחַטֹּאתֶיךָ לֹא־אֶזְכֹּר: וְנֶאֱמַר מָחִיתִי כָעָב פְּשָׁעֶיךָ וְכֶעָנָן חַטֹּאתֶיךָ שׁוּבָה אֵלַי כִּי גְאַלְתִּיךָ: וְנֶאֱמַר כִּי בַיּוֹם הַזֶּה יְכַפֵּר עֲלֵיכֶם לְטַהֵר אֶתְכֶם מִכֹּל חַטֹּאתֵיכֶם לִפְנֵי יְהוָה תִּטְהָרוּ: (בשבת אֱלֹהֵינוּ וֵאלֹהֵי אֲבוֹתֵינוּ רְצֵה נָא בִמְנוּחָתֵנוּ) קַדְּשֵׁנוּ בְּמִצְוֹתֶיךָ · וְתֵן חֶלְקֵנוּ בְּתוֹרָתֶךָ

א) במדבר כט ו. ב) שם כח ט. ג) שם כט יא.

and the *musaf* offering of (*On Shabbat substitute:* and the *musaf* offerings of this Shabbat day and) this Day of Atonements, this day of pardoning of sin, this day of holy assembly we will prepare and offer to You with love in accordance with the command of Your will, as You have prescribed for us in Your Torah, through Moses Your servant in Your glorious Name, as it is stated:

On Shabbat add the following paragraph:

וביום On the Shabbat day, two yearling male lambs without blemish, two-tenths [of an *ephah*] of fine flour mixed with oil as a meal-offering, and its wine-offering — this is the burnt-offering for Shabbat, each Shabbat, aside from the daily burnt-offering and its wine-offering.[1]

ובעשור And on the tenth day of this seventh month you shall have a holy assembly, and you shall afflict yourselves; you shall do no work of labor. And you shall bring to the Lord a burnt-offering of pleasing odor: one young bullock, one ram, seven yearling lambs; they shall be to you without blemish.[2]

ומנחתם And their meal-offering and libations as prescribed — three-tenths [of an *ephah* of fine flour] for each bullock, two-tenths for the ram, one-tenth for each lamb, and wine in accordance with each one's wine-offering as well as two he-goats for atonement, and two daily burnt-offerings according to their rule; aside from the sin-offering of atonement and the daily burnt-offering and its meal-offering and their libations.

On Shabbat add the following paragraph:

ישמחו Those who observe the Shabbat and call it a delight shall rejoice in Your kingship; the nation which hallows the Seventh Day — all shall be satiated and delighted with Your goodness. You were pleased with the Seventh Day and made it holy; You called it the most desirable of days, in remembrance of the work of Creation.

אלהינו Our God and God of our fathers, forgive our wrongdoings on this (*On Shabbat:* Shabbat day and on this) Day of Atonements, on this day of pardoning of sin, on this day of holy assembly; wipe away and remove our transgressions and sins from before Your eyes, as it is stated: I, I [alone], am He who wipes away your transgressions, for My sake; your sins I will not recall.[3] And it is stated: I have wiped away your transgressions like a thick cloud, your sins like a cloud; return to Me, for I have redeemed you.[4] And it is stated: for on this day atonement shall be made for you, to purify you; you shall be cleansed of all your sins before the Lord.[5] (*On Shabbat:* Our God and God of our fathers, please find favor in our rest.) Make us holy with Your commandments and grant us our portion in Your Torah;

1. Numbers 28:9-10. 2. Ibid. 29:7-8. 3. Isaiah 43:25. 4. Ibid. 44:22. 5. Leviticus 16:30.

שַׂבְּעֵנוּ מִטּוּבֶךָ וְשַׂמַּח נַפְשֵׁנוּ בִּישׁוּעָתֶךָ (וְהַנְחִילֵנוּ יְהוָה אֱלֹהֵינוּ בְּאַהֲבָה וּבְרָצוֹן שַׁבַּת קָדְשֶׁךָ וְיָנוּחוּ בוֹ כָּל־יִשְׂרָאֵל מְקַדְּשֵׁי שְׁמֶךָ) וְטַהֵר לִבֵּנוּ לְעָבְדְּךָ בֶּאֱמֶת ׳ כִּי אַתָּה סָלְחָן לְיִשְׂרָאֵל ׳ וּמָחֳלָן לְשִׁבְטֵי יְשֻׁרוּן בְּכָל־דּוֹר וָדוֹר ׳ וּמִבַּלְעָדֶיךָ אֵין לָנוּ מֶלֶךְ מוֹחֵל וְסוֹלֵחַ: בָּרוּךְ אַתָּה יְהוָה מֶלֶךְ מוֹחֵל וְסוֹלֵחַ לַעֲוֹנוֹתֵינוּ וְלַעֲוֹנוֹת עַמּוֹ בֵּית יִשְׂרָאֵל וּמַעֲבִיר אַשְׁמוֹתֵינוּ בְּכָל־שָׁנָה וְשָׁנָה מֶלֶךְ עַל כָּל־הָאָרֶץ מְקַדֵּשׁ הַשַּׁבָּת וְ יִשְׂרָאֵל וְיוֹם הַכִּפֻּרִים:

רְצֵה יְהוָה אֱלֹהֵינוּ בְּעַמְּךָ יִשְׂרָאֵל ׳ וְלִתְפִלָּתָם שְׁעֵה ׳ וְהָשֵׁב הָעֲבוֹדָה לִדְבִיר בֵּיתֶךָ וְאִשֵּׁי יִשְׂרָאֵל וּתְפִלָּתָם בְּאַהֲבָה תְקַבֵּל בְּרָצוֹן וּתְהִי לְרָצוֹן תָּמִיד עֲבוֹדַת יִשְׂרָאֵל עַמֶּךָ:

וְתֶחֱזֶינָה עֵינֵינוּ בְּשׁוּבְךָ לְצִיּוֹן בְּרַחֲמִים: בָּרוּךְ אַתָּה יְהוָה הַמַּחֲזִיר שְׁכִינָתוֹ לְצִיּוֹן:

מוֹדִים אֲנַחְנוּ לָךְ, שָׁאַתָּה הוּא יְיָ אֱלֹהֵינוּ וֵאלֹהֵי אֲבוֹתֵינוּ לְעוֹלָם וָעֶד, צוּר חַיֵּינוּ מָגֵן יִשְׁעֵנוּ, אַתָּה הוּא לְדוֹר וָדוֹר, נוֹדֶה לְּךָ וּנְסַפֵּר תְּהִלָּתֶךָ: עַל חַיֵּינוּ הַמְּסוּרִים בְּיָדֶךָ, וְעַל נִשְׁמוֹתֵינוּ הַפְּקוּדוֹת לָךְ, וְעַל נִסֶּיךָ שֶׁבְּכָל יוֹם עִמָּנוּ, וְעַל נִפְלְאוֹתֶיךָ וְטוֹבוֹתֶיךָ שֶׁבְּכָל עֵת, עֶרֶב וָבֹקֶר וְצָהֳרָיִם, הַטּוֹב, כִּי לֹא כָלוּ רַחֲמֶיךָ, וְהַמְרַחֵם, כִּי לֹא תַמּוּ חֲסָדֶיךָ, כִּי מֵעוֹלָם קִוִּינוּ לָךְ:

וְעַל־כֻּלָּם יִתְבָּרַךְ וְיִתְרוֹמַם וְיִתְנַשֵּׂא שִׁמְךָ מַלְכֵּנוּ תָּמִיד לְעוֹלָם וָעֶד

וּכְתוֹב לְחַיִּים טוֹבִים כָּל־בְּנֵי בְרִיתֶךָ:

וְכָל־הַחַיִּים יוֹדוּךָ סֶּלָה וִיהַלְלוּ שִׁמְךָ הַגָּדוֹל לְעוֹלָם כִּי טוֹב הָאֵל יְשׁוּעָתֵנוּ וְעֶזְרָתֵנוּ סֶלָה הָאֵל הַטּוֹב: בָּרוּךְ אַתָּה יְהוָה הַטּוֹב שִׁמְךָ וּלְךָ נָאֶה לְהוֹדוֹת:

satiate us with Your goodness and gladden our soul with Your salvation. (*On Shabbat:* Lord our God, grant as our heritage, in love and goodwill, Your holy Shabbat, and may all Israel who sanctify Your Name rest thereon.) Make our heart pure to serve You in truth, for You are the Pardoner of Israel and the Forgiver of the tribes of Yeshurun[1] in every generation, and aside from You we have no King who forgives and pardons. Blessed are You Lord, King who forgives and pardons our sins and the sins of His people, the House of Israel, and removes our trespasses each and every year; King over the whole earth, who sanctifies (*On Shabbat:* the Shabbat and) Israel and the Day of Atonements.

רצה Look with favor, Lord our God, on Your people Israel and pay heed to their prayer; restore the service to Your Sanctuary and accept with love and favor Israel's fire-offerings and prayer; and may the service of Your people Israel always find favor.

ותחזינה May our eyes behold Your return to Zion in mercy. Blessed are You Lord, who restores His Divine Presence to Zion.

מודים We thankfully acknowledge that You are the Lord our God and God of our fathers forever. You are the strength of our life, the shield of our salvation in every generation. We will give thanks to You and recount Your praise, evening, morning and noon, for our lives which are committed into Your hand, for our souls which are entrusted to You, for Your miracles which are with us daily, and for Your continual wonders and beneficences. You are the Beneficent One, for Your mercies never cease; and the Merciful One, for Your kindnesses never end; for we always place our hope in You.

ועל And for all these, may Your Name, our King, be continually blessed, exalted and extolled forever and all time.

וכתוב Inscribe all the children of Your Covenant for a good life.

וכל And all living things shall forever thank You, and praise Your great name eternally for You are good. God, You are our everlasting salvation and help, O benevolent God. Blessed are You Lord, Beneficent is Your Name, and to You it is fitting to offer thanks.

---

1. V. Isaiah 44:2. Deuteronomy 33:5, 26. Ramban, Deuteronomy 7:12.

שִׂים שָׁלוֹם טוֹבָה וּבְרָכָה חַיִּים חֵן וָחֶסֶד וְרַחֲמִים עָלֵינוּ וְעַל־כָּל־יִשְׂרָאֵל עַמֶּךָ בָּרְכֵנוּ אָבִינוּ כֻּלָּנוּ כְּאֶחָד בְּאוֹר פָּנֶיךָ כִּי בְאוֹר פָּנֶיךָ נָתַתָּ לָנוּ יְהוָֹה אֱלֹהֵינוּ תּוֹרַת חַיִּים וְאַהֲבַת חֶסֶד וּצְדָקָה וּבְרָכָה וְרַחֲמִים וְחַיִּים וְשָׁלוֹם וְטוֹב בְּעֵינֶיךָ לְבָרֵךְ אֶת־עַמְּךָ יִשְׂרָאֵל בְּכָל־עֵת וּבְכָל־שָׁעָה בִּשְׁלוֹמֶךָ׃

וּבְסֵפֶר חַיִּים בְּרָכָה וְשָׁלוֹם וּפַרְנָסָה טוֹבָה יְשׁוּעָה וְנֶחָמָה וּגְזֵרוֹת טוֹבוֹת נִזָּכֵר וְנִכָּתֵב לְפָנֶיךָ אֲנַחְנוּ וְכָל־עַמְּךָ בֵּית יִשְׂרָאֵל לְחַיִּים טוֹבִים וּלְשָׁלוֹם׃

בָּרוּךְ אַתָּה יְהוָֹה הַמְבָרֵךְ אֶת־עַמּוֹ יִשְׂרָאֵל בַּשָּׁלוֹם׃

יִהְיוּ־לְרָצוֹן ׀ אִמְרֵי־פִי וְהֶגְיוֹן לִבִּי לְפָנֶיךָ יְהוָֹה צוּרִי וְגֹאֲלִי׃

אֱלֹהֵינוּ וֵאלֹהֵי אֲבוֹתֵינוּ · תָּבֹא לְפָנֶיךָ תְּפִלָּתֵנוּ וְאַל תִּתְעַלַּם מִתְּחִנָּתֵנוּ שֶׁאֵין אֲנוּ עַזֵּי פָנִים וּקְשֵׁי עֹרֶף לוֹמַר לְפָנֶיךָ יְהוָֹה אֱלֹהֵינוּ וֵאלֹהֵי אֲבוֹתֵינוּ צַדִּיקִים אֲנַחְנוּ וְלֹא חָטָאנוּ אֲבָל אֲנַחְנוּ וַאֲבוֹתֵינוּ חָטָאנוּ׃

אָשַׁמְנוּ · בָּגַדְנוּ · גָּזַלְנוּ · דִּבַּרְנוּ דֹּפִי ׃ הֶעֱוִינוּ · וְהִרְשַׁעְנוּ · זַדְנוּ · חָמַסְנוּ · טָפַלְנוּ שֶׁקֶר ׃ יָעַצְנוּ רָע · כִּזַּבְנוּ · לַצְנוּ · מָרַדְנוּ · נִאַצְנוּ · סָרַרְנוּ · עָוִינוּ · פָּשַׁעְנוּ · צָרַרְנוּ · קִשִּׁינוּ עֹרֶף ׃ רָשַׁעְנוּ · שִׁחַתְנוּ · תִּעַבְנוּ · תָּעִינוּ · תִּעְתָּעְנוּ ׃ סַרְנוּ מִמִּצְוֹתֶיךָ וּמִמִּשְׁפָּטֶיךָ הַטּוֹבִים וְלֹא שָׁוָה לָנוּ ׃ וְאַתָּה צַדִּיק עַל כָּל־הַבָּא עָלֵינוּ כִּי אֱמֶת עָשִׂיתָ וַאֲנַחְנוּ הִרְשָׁעְנוּ ׃ מַה נֹּאמַר לְפָנֶיךָ יוֹשֵׁב מָרוֹם · וּמַה נְּסַפֵּר לְפָנֶיךָ שׁוֹכֵן שְׁחָקִים · הֲלֹא כָּל־הַנִּסְתָּרוֹת וְהַנִּגְלוֹת אַתָּה יוֹדֵעַ ׃

אַתָּה יוֹדֵעַ רָזֵי עוֹלָם וְתַעֲלוּמוֹת סִתְרֵי כָּל־חָי ׃ אַתָּה חוֹפֵשׂ כָּל־חַדְרֵי בָטֶן וּבוֹחֵן כְּלָיוֹת וָלֵב · אֵין דָּבָר נֶעְלָם מִמֶּךָּ · וְאֵין נִסְתָּר מִנֶּגֶד עֵינֶיךָ ׃ וּבְכֵן יְהִי רָצוֹן מִלְּפָנֶיךָ יְהוָֹה אֱלֹהֵינוּ וֵאלֹהֵי אֲבוֹתֵינוּ שֶׁתְּרַחֵם עָלֵינוּ וְתִמְחוֹל לָנוּ עַל כָּל־חַטֹּאתֵינוּ וּתְכַפֵּר לָנוּ עַל כָּל־עֲוֹנוֹתֵינוּ וְתִמְחוֹל וְתִסְלַח לָנוּ עַל כָּל־פְּשָׁעֵינוּ ׃

שים Bestow peace, goodness and blessing, life, graciousness, kindness and mercy, upon us and upon all Your people Israel. Bless us, our Father all of us as one, with the light of Your countenance. For by the light of Your countenance You gave us, Lord our God, the Torah of life and loving-kindness, righteousness, blessing, mercy, life and peace. May it be favorable in Your eyes to bless Your people Israel, at all times and at every moment, with Your peace.

ובספר And in the Book of life, blessing, peace and prosperity, deliverance, consolation and favorable decrees, may we and all Your people the House of Israel be remembered and inscribed before You for a happy life and for peace.

ברוך Blessed are You Lord, who blesses His people Israel with peace.

יהיו May the words of my mouth and the meditation of my heart be acceptable before You, Lord, my Strength and my Redeemer.[1]

אלהינו Our God and God of our fathers, may our prayers come before You, and do not turn away from our supplication, for we are not so impudent and obdurate as to declare before You, Lord our God and God of our fathers, that we are righteous and have not sinned. Indeed, we and our fathers have sinned.

אשמנו We have transgressed, we have acted perfidiously, we have robbed, we have slandered. We have acted perversely and wickedly, we have willfully sinned, we have done violence, we have imputed falsely. We have given evil counsel, we have lied, we have scoffed, we have rebelled, we have provoked, we have been disobedient, we have committed iniquity, we have wantonly transgressed, we have oppressed, we have been obstinate. We have committed evil, we have acted perniciously, we have acted abominably, we have gone astray, we have led others astray. We have strayed from Your good precepts and ordinances, and it has not profited us. Indeed, You are just in all that has come upon us, for You have acted faithfully, and it is we who have acted wickedly.[2] What shall we say to You who dwells on high; what shall we relate to You who abides in the heavens? You surely know all the hidden and the revealed things.

אתה You know the mysteries of the universe and the hidden secrets of every living being. You search all [our] innermost thoughts, and probe [our] mind and heart; nothing is hidden from You, nothing is concealed from Your sight. And so, may it be Your will, Lord our God and God of our fathers, to have mercy on us and forgive us all our sins, grant us atonement for all our iniquities, and forgive and pardon us for all our trangressions.

---

1. Psalms 19:15. 2. Nechemiah 9:33.

עַל חֵטְא שֶׁחָטָאנוּ לְפָנֶיךָ בְּאֹנֶס וּבְרָצוֹן:

וְעַל חֵטְא שֶׁחָטָאנוּ לְפָנֶיךָ בְּאִמּוּץ הַלֵּב:

עַל חֵטְא שֶׁחָטָאנוּ לְפָנֶיךָ בִּבְלִי דָעַת:

וְעַל חֵטְא שֶׁחָטָאנוּ לְפָנֶיךָ בְּבִטּוּי שְׂפָתָיִם:

עַל חֵטְא שֶׁחָטָאנוּ לְפָנֶיךָ בְּגִלּוּי עֲרָיוֹת:

וְעַל חֵטְא שֶׁחָטָאנוּ לְפָנֶיךָ בְּגָלוּי וּבַסָּתֶר:

עַל חֵטְא שֶׁחָטָאנוּ לְפָנֶיךָ בְּדַעַת וּבְמִרְמָה:

וְעַל חֵטְא שֶׁחָטָאנוּ לְפָנֶיךָ בְּדִבּוּר פֶּה:

עַל חֵטְא שֶׁחָטָאנוּ לְפָנֶיךָ בְּהוֹנָאַת רֵעַ:

וְעַל חֵטְא שֶׁחָטָאנוּ לְפָנֶיךָ בְּהַרְהוֹר הַלֵּב:

עַל חֵטְא שֶׁחָטָאנוּ לְפָנֶיךָ בִּוְעִידַת זְנוּת:

וְעַל חֵטְא שֶׁחָטָאנוּ לְפָנֶיךָ בְּוִדּוּי פֶה:

עַל חֵטְא שֶׁחָטָאנוּ לְפָנֶיךָ בְּזִלְזוּל הוֹרִים וּמוֹרִים:

וְעַל חֵטְא שֶׁחָטָאנוּ לְפָנֶיךָ בְּזָדוֹן וּבִשְׁגָגָה:

עַל חֵטְא שֶׁחָטָאנוּ לְפָנֶיךָ בְּחֹזֶק־יָד:

וְעַל חֵטְא שֶׁחָטָאנוּ לְפָנֶיךָ בְּחִלּוּל הַשֵּׁם:

עַל חֵטְא שֶׁחָטָאנוּ לְפָנֶיךָ בְּטֻמְאַת שְׂפָתָיִם:

וְעַל חֵטְא שֶׁחָטָאנוּ לְפָנֶיךָ בְּטִפְּשׁוּת פֶּה:

עַל חֵטְא שֶׁחָטָאנוּ לְפָנֶיךָ בְּיֵצֶר הָרָע:

וְעַל חֵטְא שֶׁחָטָאנוּ לְפָנֶיךָ בְּיוֹדְעִים וּבְלֹא יוֹדְעִים:

וְעַל כֻּלָּם אֱלוֹהַּ סְלִיחוֹת. סְלַח־לָנוּ. מְחַל־לָנוּ. כַּפֶּר לָנוּ:

עַל חֵטְא שֶׁחָטָאנוּ לְפָנֶיךָ בְּכַחַשׁ וּבְכָזָב:

וְעַל חֵטְא שֶׁחָטָאנוּ לְפָנֶיךָ בְּכַפַּת־שֹׁחַד:

עַל חֵטְא שֶׁחָטָאנוּ לְפָנֶיךָ בְּלָצוֹן:

וְעַל חֵטְא שֶׁחָטָאנוּ לְפָנֶיךָ בְּלָשׁוֹן הָרָע:

עַל חֵטְא שֶׁחָטָאנוּ לְפָנֶיךָ בְּמַשָּׂא וּבְמַתָּן:

על חטא For the sin which we have committed before You under duress or willingly.

And for the sin which we have committed before You by hardheartedness.

For the sin which we have committed before You inadvertently.

And for the sin which we have committed before You with an utterance of the lips.

For the sin which we have committed before You with immorality.

And for the sin which we have committed before You openly or secretly.

For the sin which we have committed before You with knowledge and with deceit.

And for the sin which we have committed before You through speech.

For the sin which we have committed before You by deceiving a fellowman.

And for the sin which we have committed before You by improper thoughts.

For the sin which we have committed before You by a gathering of lewdness.

And for the sin which we have committed before You by verbal [insincere] confession.

For the sin which we have committed before You by disrespect for parents and teachers.

And for the sin which we have committed before You intentionally or unintentionally.

For the sin which we have committed before You by using coercion.

And for the sin which we have committed before You by desecrating the Divine Name.

For the sin which we have committed before You by impurity of speech.

And for the sin which we have committed before You by foolish talk.

For the sin which we have committed before You with the evil inclination.

And for the sin which we have committed before You knowingly or unknowingly.

ועל כלם For all these, God of pardon, pardon us, forgive us, atone for us.

For the sin which we have committed before You by false denial and lying.

And for the sin which we have committed before You by a bribe-taking or a bribe-giving hand.

For the sin which we have committed before You by scoffing.

And for the sin which we have committed before You by evil talk [about another].

For the sin which we have committed before You in business dealings.

וְעַל חֵטְא שֶׁחָטָאנוּ לְפָנֶיךָ בְּמַאֲכָל וּבְמִשְׁתֶּה :
עַל חֵטְא שֶׁחָטָאנוּ לְפָנֶיךָ בְּנֶשֶׁךְ וּבְמַרְבִּית :
וְעַל חֵטְא שֶׁחָטָאנוּ לְפָנֶיךָ בִּנְטִיַּת גָּרוֹן :
עַל חֵטְא שֶׁחָטָאנוּ לְפָנֶיךָ בְּשִׂיחַ שִׂפְתוֹתֵינוּ :
וְעַל חֵטְא שֶׁחָטָאנוּ לְפָנֶיךָ בְּסִקּוּר עָיִן :
עַל חֵטְא שֶׁחָטָאנוּ לְפָנֶיךָ בְּעֵינַיִם רָמוֹת :
וְעַל חֵטְא שֶׁחָטָאנוּ לְפָנֶיךָ בְּעַזּוּת מֵצַח :

וְעַל כֻּלָּם אֱלוֹהַּ סְלִיחוֹת ׳ סְלַח־לָנוּ ׳ מְחַל־לָנוּ כַּפֶּר לָנוּ :

עַל חֵטְא שֶׁחָטָאנוּ לְפָנֶיךָ בִּפְרִיקַת־עֹל :
וְעַל חֵטְא שֶׁחָטָאנוּ לְפָנֶיךָ בִּפְלִילוּת :
עַל חֵטְא שֶׁחָטָאנוּ לְפָנֶיךָ בִּצְדִיַּת־רֵעַ :
וְעַל חֵטְא שֶׁחָטָאנוּ לְפָנֶיךָ בְּצָרוּת עָיִן :
עַל חֵטְא שֶׁחָטָאנוּ לְפָנֶיךָ בְּקַלּוּת רֹאשׁ :
וְעַל חֵטְא שֶׁחָטָאנוּ לְפָנֶיךָ בְּקַשְׁיוּת עֹרֶף :
עַל חֵטְא שֶׁחָטָאנוּ לְפָנֶיךָ בְּרִיצַת רַגְלַיִם לְהָרַע :
וְעַל חֵטְא שֶׁחָטָאנוּ לְפָנֶיךָ בִּרְכִילוּת :
עַל חֵטְא שֶׁחָטָאנוּ לְפָנֶיךָ בִּשְׁבוּעַת שָׁוְא :
וְעַל חֵטְא שֶׁחָטָאנוּ לְפָנֶיךָ בְּשִׂנְאַת חִנָּם :
עַל חֵטְא שֶׁחָטָאנוּ לְפָנֶיךָ בִּתְשׂוּמֶת־יָד :
וְעַל חֵטְא שֶׁחָטָאנוּ לְפָנֶיךָ בְּתִמְהוֹן לֵבָב :

וְעַל כֻּלָּם אֱלוֹהַּ סְלִיחוֹת ׳ סְלַח־לָנוּ ׳ מְחַל־לָנוּ כַּפֶּר לָנוּ :

וְעַל חֲטָאִים שֶׁאָנוּ חַיָּבִים עֲלֵיהֶם עוֹלָה :
וְעַל חֲטָאִים שֶׁאָנוּ חַיָּבִים עֲלֵיהֶם חַטָּאת :
וְעַל חֲטָאִים שֶׁאָנוּ חַיָּבִים עֲלֵיהֶם קָרְבָּן עוֹלֶה וְיוֹרֵד :

And for the sin which we have committed before You by eating and drinking.

For the sin which we have committed before You by [taking or giving] interest and by usury.

And for the sin which we have committed before You by a haughty demeanor.

For the sin which we have committed before You by the prattle of our lips.

And for the sin which we have committed before You by a glance of the eye.

For the sin which we have committed before You with proud looks.

And for the sin which we have committed before You with impudence.

ועל כלם For all these, God of pardon, pardon us, forgive us, atone for us.

For the sin which we have committed before You by casting off the yoke [of Heaven].

And for the sin which we have committed before You in passing judgment.

For the sin which we have committed before You by scheming against a fellowman.

And for the sin which we have committed before You by a begrudging eye.

For the sin which we have committed before You by frivolity.

And for the sin which we have committed before You by obduracy.

For the sin which we have committed before You by running to do evil.

And for the sin which we have committed before You by talebearing.

For the sin which we have committed before You by swearing in vain.

And for the sin which we have committed before You by causeless hatred.

For the sin which we have committed before You by embezzlement.

And for the sin which we have committed before You by a confused heart.

ועל כלם For all these, God of pardon, pardon us, forgive us, atone for us.

And for the sins for which we are obligated to bring a burnt-offering.

And for the sins for which we are obligated to bring a sin-offering.

And for the sins for which we are obligated to bring a varying offering [according to one's means].

וְעַל חֲטָאִים שֶׁאָנוּ חַיָּבִים עֲלֵיהֶם אָשָׁם וַדַּאי וְתָלוּי:
וְעַל חֲטָאִים שֶׁאָנוּ חַיָּבִים עֲלֵיהֶם מַכַּת מַרְדּוּת:
וְעַל חֲטָאִים שֶׁאָנוּ חַיָּבִים עֲלֵיהֶם מַלְקוּת אַרְבָּעִים:
וְעַל חֲטָאִים שֶׁאָנוּ חַיָּבִים עֲלֵיהֶם מִיתָה בִּידֵי שָׁמָיִם:
וְעַל חֲטָאִים שֶׁאָנוּ חַיָּבִים עֲלֵיהֶם כָּרֵת וַעֲרִירִי:
וְעַל חֲטָאִים שֶׁאָנוּ חַיָּבִים עֲלֵיהֶם אַרְבַּע מִיתוֹת בֵּית דִּין סְקִילָה שְׂרֵפָה הֶרֶג וְחֶנֶק:

עַל מִצְוַת עֲשֵׂה וְעַל מִצְוַת לֹא תַעֲשֶׂה בֵּין שֶׁיֵּשׁ בָּהֶן קוּם עֲשֵׂה · וּבֵין שֶׁאֵין בָּהֶן קוּם עֲשֵׂה · אֶת־הַגְּלוּיִם לָנוּ · וְאֶת־שֶׁאֵינָם גְּלוּיִם לָנוּ · אֶת־הַגְּלוּיִם לָנוּ כְּבָר אֲמַרְנוּם לְפָנֶיךָ וְהוֹדִינוּ לְךָ עֲלֵיהֶם · וְאֶת שֶׁאֵינָם גְּלוּיִם לָנוּ לְפָנֶיךָ הֵם גְּלוּיִם וִידוּעִים כַּדָּבָר שֶׁנֶּאֱמַר הַנִּסְתָּרֹת לַיהוָה אֱלֹהֵינוּ וְהַנִּגְלֹת לָנוּ וּלְבָנֵינוּ עַד עוֹלָם לַעֲשׂוֹת אֶת־כָּל־דִּבְרֵי הַתּוֹרָה הַזֹּאת · כִּי אַתָּה סָלְחָן לְיִשְׂרָאֵל וּמָחֳלָן לְשִׁבְטֵי יְשֻׁרוּן בְּכָל־דּוֹר וָדוֹר וּמִבַּלְעָדֶיךָ אֵין לָנוּ מֶלֶךְ מוֹחֵל וְסוֹלֵחַ:

אֱלֹהַי עַד שֶׁלֹּא נוֹצַרְתִּי אֵינִי כְדַאי · וְעַכְשָׁו שֶׁנּוֹצַרְתִּי כְּאִלּוּ לֹא נוֹצַרְתִּי · עָפָר אֲנִי בְּחַיַּי קַל וָחוֹמֶר בְּמִיתָתִי · הֲרֵי אֲנִי לְפָנֶיךָ כִּכְלִי מָלֵא בוּשָׁה וּכְלִמָּה · יְהִי רָצוֹן מִלְּפָנֶיךָ יְהוָה אֱלֹהַי וֵאלֹהֵי אֲבוֹתַי שֶׁלֹּא אֶחֱטָא עוֹד וּמַה־שֶּׁחָטָאתִי לְפָנֶיךָ מְחוֹק בְּרַחֲמֶיךָ הָרַבִּים אֲבָל לֹא עַל יְדֵי יִסּוּרִים וָחֳלָיִם רָעִים:

אֱלֹהַי נְצוֹר לְשׁוֹנִי מֵרָע וּשְׂפָתַי מִדַּבֵּר מִרְמָה וְלִמְקַלְלַי נַפְשִׁי תִדּוֹם וְנַפְשִׁי כֶּעָפָר לַכֹּל תִּהְיֶה פְּתַח לִבִּי בְּתוֹרָתֶךָ וּבְמִצְוֹתֶיךָ תִּרְדּוֹף נַפְשִׁי וְכָל־הַחוֹשְׁבִים עָלַי רָעָה מְהֵרָה הָפֵר עֲצָתָם וְקַלְקֵל מַחְשְׁבוֹתָם: יִהְיוּ כְּמֹץ לִפְנֵי־רוּחַ וּמַלְאַךְ יְהוָה דּוֹחֶה: לְמַעַן יֵחָלְצוּן יְדִידֶיךָ הוֹשִׁיעָה יְמִינְךָ וַעֲנֵנִי: עֲשֵׂה לְמַעַן שְׁמֶךָ עֲשֵׂה לְמַעַן יְמִינֶךָ עֲשֵׂה לְמַעַן תּוֹרָתֶךָ עֲשֵׂה לְמַעַן קְדֻשָּׁתֶךָ: יִהְיוּ־לְרָצוֹן ׀ אִמְרֵי־פִי וְהֶגְיוֹן לִבִּי לְפָנֶיךָ יְהוָה צוּרִי וְגֹאֲלִי: עֹשֶׂה הַשָּׁלוֹם בִּמְרוֹמָיו הוּא יַעֲשֶׂה שָׁלוֹם עָלֵינוּ וְעַל כָּל־יִשְׂרָאֵל וְאִמְרוּ אָמֵן:

יְהִי רָצוֹן מִלְּפָנֶיךָ יְהוָה אֱלֹהֵינוּ וֵאלֹהֵי אֲבוֹתֵינוּ שֶׁיִּבָּנֶה בֵּית הַמִּקְדָּשׁ בִּמְהֵרָה בְיָמֵינוּ וְתֵן חֶלְקֵנוּ בְּתוֹרָתֶךָ:

And for the sins for which we are obligated to bring a guilt-offering for a certain or doubtful trespass.

And for the sins for which we incur the penalty of lashing for rebelliousness.

And for the sins for which we incur the penalty of forty lashes.

And for the sins for which we incur the penalty of death by the hand of Heaven.

And for the sins for which we incur the penalty of excision and childlessness.

And for the sins for which we incur the penalty of the four forms of capital punishment executed by the Court: Stoning, burning, decapitation and strangulation.

על For [transgressing] positive and prohibitory *mitzvot,* whether [the prohibitions] can be rectified by a specifically prescribed act[1] or not, those of which we are aware and those of which we are not aware; those of which we are aware, we have already declared them before You and confessed them to You, and those of which we are not aware — before You they are revealed and known, as it is stated: The hidden things belong to the Lord our God, but the revealed things are for us and for our children forever, that we may carry out all the words of this Torah.[2] For You are the Pardoner of Israel and the Forgiver of the tribes of Yeshurun[3] in every generation, and aside from You we have no King who forgives and pardons.

אלהי My God, before I was created I was not worthy [to be created], and now that I have been created it is as if I had not been created. I am dust in my life, how much more so in my death. Indeed, before You I am like a vessel filled with shame and disgrace. May it be Your will, Lord my God and God of my fathers, that I shall sin no more, and the sins which I have committed before You, erase them in Your abounding mercies, but not through suffering or severe illness.

אלהי My God, guard my tongue from evil and my lips from speaking deceitfully. Let my soul be silent to those who curse me; let my soul be as dust to all. Open my heart to Your Torah, and let my soul eagerly pursue Your commandments. As for all those who plot evil against me, hasten to annul their counsel and frustrate their design. Let them be as chaff before the wind; let the angel of the Lord thrust them away.[4] That Your beloved ones may be delivered, help with Your right hand and answer me.[5] Do it for the sake of Your Name; do it for the sake of Your right hand; do it for the sake of Your Torah; do it for the sake of Your holiness. May the words of my mouth and the meditation of my heart be acceptable before You, Lord, my Strength and my Redeemer.[6] He who makes the peace in His heavens, may He make peace for us and for all Israel; and say, Amen.

יהי May it be Your will, Lord our God and God of our fathers, that the Bet Hamikdash be speedily rebuilt in our days, and grant us our portion in Your Torah.[7]

---

1. E.g., to return what one has stolen. 2. Deuteronomy 29:28. 3. V. Isaiah 44:2. Deuteronomy 33:5, 26. Ramban, Deuteronomy 7:12. 4. Psalms 35:5. 5. Ibid. 60:7; 108:7. 6. Ibid. 19:15. 7. Pirke Avot 5:20.

פותחין הארון אֲדֹנָי שְׂפָתַי תִּפְתָּח וּפִי יַגִּיד תְּהִלָּתֶךָ:

בָּרוּךְ אַתָּה יְהֹוָה אֱלֹהֵינוּ וֵאלֹהֵי אֲבוֹתֵינוּ אֱלֹהֵי אַבְרָהָם אֱלֹהֵי יִצְחָק וֵאלֹהֵי יַעֲקֹב הָאֵל הַגָּדוֹל הַגִּבּוֹר וְהַנּוֹרָא אֵל עֶלְיוֹן גּוֹמֵל חֲסָדִים טוֹבִים קוֹנֵה הַכֹּל וְזוֹכֵר חַסְדֵי אָבוֹת וּמֵבִיא גוֹאֵל לִבְנֵי בְנֵיהֶם לְמַעַן שְׁמוֹ בְּאַהֲבָה:

מִסּוֹד חֲכָמִים וּנְבוֹנִים. וּמִלֶּמֶד דַּעַת מְבִינִים.
אֶפְתְּחָה פִּי בִּתְפִלָּה וּבְתַחֲנוּנִים. לְחַלּוֹת וּלְחַנֵּן
פְּנֵי מֶלֶךְ מוֹחֵל וְסוֹלֵחַ לַעֲוֹנִים: סוגרין הארון

שׁוֹשַׁן עֵמֶק אֻיָּמָּה. שַׁבַּת שַׁבָּתוֹן לְקִיְּמָהּ. שׁוֹרֶשׁ וְעָנָף
סִיָּמָהּ. שָׁוִים יַחַד לְצִיְּמָהּ. בְּעֵת מָטוּ יְסוֹדוֹתֶיהָ.
בְּטָחָה בְּחִין מוֹסְדוֹתֶיהָ. בָּם תִּקְעָה יְתֵדוֹתֶיהָ. בְּכֶפֶל
לְהַשְׁעִין יְדוֹתֶיהָ: תָּמְכָה בְּפוֹעַל צוּרִים. תֻּמַּת הֵמָּה
הַיּוֹצְרִים. תְּרוּפָה תֵּת לַעֲצוּרִים. תֵּבֵל לְהַאֲפִיל לְצָרִים:
שְׁתִילֵי גְּבָעוֹת אַרְבַּע. שַׁאַג סֵפֶר הַמְרֻבַּע. שֶׁוַע פְּגִיעוֹת
אַרְבַּע. שְׁעֵה צִדְקָם לִתְבַּע: בִּיטָה בְּמִתְהַלֵּךְ תָּמִים.
בְּמוּסַר לְחוּמוֹ חֲתוּמִים. בְּצִדְקוֹ תָּדִיחַ כִּתְמִים. בְּאֶפֶס
אוּרִים וְתוּמִים: תְּמוּר תַּשְׁלוּמֵי פָר. תִּבֶן הֶגֶג הַמְסֻפָּר.
תּוֹקְעֵי בַּחוֹדֶשׁ שׁוֹפָר. תַּלְאוּבָם בְּכִפּוּר יְכֻפָּר: וְשַׁכֵּךְ
חֲמַת זַעְמָךְ. וְתָחוֹן שְׂרִידֵי עַמָּךְ. וְעָלֵינוּ יְהִי נוֹעֲמָךְ.
וְנִחְיֶה מִמְּקוֹר עִמָּךְ: נָאוֹר עִמְּךָ הַסְּלִיחָה. נָכוֹן מַהֵר
לְסָלְחָה: חזן נִיב שְׂפָתֵינוּ הַצְלִיחָה. נַאַק שְׁמָעָה וּסְלָחָה:
קהל שְׂפָתֵינוּ מְדוּבְבוֹת יְשֵׁנִים. יְנַצְּחוּךָ כְּעַל שׁוֹשַׁנִּים:
חזן חֲדָשִׁים וְגַם יְשָׁנִים. בְּמָגִנַּת אָב נִשְׁעָנִים:

זָכְרֵנוּ לְחַיִּים מֶלֶךְ חָפֵץ בַּחַיִּים. וְכָתְבֵנוּ בְּסֵפֶר הַחַיִּים. לְמַעַנְךָ אֱלֹהִים חַיִּים:
מֶלֶךְ עוֹזֵר וּמוֹשִׁיעַ וּמָגֵן: בָּרוּךְ אַתָּה יְהֹוָה מָגֵן אַבְרָהָם:

אַתָּה גִּבּוֹר לְעוֹלָם אֲדֹנָי. מְחַיֵּה מֵתִים אַתָּה רַב לְהוֹשִׁיעַ: מוֹרִיד הַטָּל:
מְכַלְכֵּל חַיִּים בְּחֶסֶד מְחַיֵּה מֵתִים בְּרַחֲמִים רַבִּים. סוֹמֵךְ נוֹפְלִים וְרוֹפֵא חוֹלִים וּמַתִּיר אֲסוּרִים וּמְקַיֵּם אֱמוּנָתוֹ לִישֵׁנֵי עָפָר: מִי כָמוֹךָ בַּעַל גְּבוּרוֹת וּמִי דּוֹמֶה לָּךְ מֶלֶךְ מֵמִית וּמְחַיֶּה וּמַצְמִיחַ יְשׁוּעָה:

יוֹם מִיָּמִים הוּחָם. יוֹם כִּפּוּר הַמְיוּחָס. יוֹדְעָיו חֲמוֹל וְרַחֵם. יוֹקְשָׁיו
לְפוֹעֶרֶת הָם: וּבוֹ בְּתַחְבּוּלוֹת יוֹעָצוּ. וִדּוּי בְּתַחַן יָאִיצוּ. וְשׁוֹכְנֵי

The Ark is opened.

אדני My Lord, open my lips, and my mouth shall declare Your praise.[1]

ברוך Blessed are You, Lord our God and God of our fathers, God of Abraham, God of Isaac and God of Jacob, the great, mighty and awesome God, exalted God, who bestows bountiful kindness, who creates all things, who remembers the piety of the Patriarchs, and who, in love, brings a redeemer to their children's children, for the sake of His Name.

מסוד [With words] based upon the teachings of the wise and the understanding and the knowledge acquired from the discerning, I open my mouth in prayer and in supplication, to beseech and implore the countenance of the King who forgives and pardons iniquity. *The Ark is closed.*

שושן [Israel,] likened to a rose in the valley, observes in awe Yom Kippur, the day of complete rest, fulfilling in their entirety all the Biblical and Rabbinic precepts[2] pertaining to it, all alike fasting together. Now that the foundations of the Temple were shaken and are destroyed, she has placed her trust in the prayers instituted by the Patriarchs; on the merit of the Patriarchs she fastens the pegs of reliance, she leans her tenons on those who are buried in the Cave of Machpelah. She is upheld by the good deeds of the mighty Patriarchs, by the perfection of the ones in whose merit the world was created, in order to bring healing to her oppressed, to darken the world for her oppressors. Pay heed to the offspring of the four Matriarchs, to the cry of [Israel] who [in the desert] was grouped under four banners, to the supplications of the four prayers offered this day, and find them righteous in judgment. Regard Abraham who walked [before You] in perfection, in whose flesh the seal of circumcision was marked; in his righteous merit purge the blemish [of our misdeeds], since there is no *Urim v'Tumim*. In place of the offering of a bullock, accept the words of our prayer; on the Day of Atonement, grant atonement for the trespasses of those who blow the *shofar* on the New Moon [Rosh HaShanah]. Still Your fierce anger and be gracious to the remnant of Your people; let Your pleasantness be upon us so that we shall live from the fountain [of life] that is with You. O resplendent One, forgiveness is with You; You are ever-ready to forgive, hasten to pardon. *Chazzan:* Grant success to the utterance of our lips, hearken to our cry and pardon.

Cong: May our lips, which declare the merits of those who sleep in the Cave of Machpelah, find favor like those sung in the Temple accompanied by the musical instrument *shoshanim*. *Chazzan:* New generations and old rely on the shield of Abraham our father.

זכרנו Remember us for life, King who desires life; inscribe us in the Book of Life, for Your sake, O living God.

מלך O King, [You are] a helper, a savior and a shield. Blessed are You Lord, Shield of Abraham.

אתה You are mighty forever, my Lord; You resurrect the dead; You are powerful to save. You cause the dew to descend.

מכלכל He sustains the living with lovingkindness, resurrects the dead with great mercy, supports the falling, heals the sick, releases the bound, and fulfills His trust to those who sleep in the dust. Who is like You, mighty One! And who can be compared to You, King, who brings death and restores life, and causes deliverance to spring forth!

יום The distinguished Day of Atonement is pre-eminent above all other days; have mercy and be gracious to those who know how to observe it; silence their accusers from opening their mouths. On this day they take counsel [to confound the Accuser] and hasten to make confession in the midst of their prayers; they awake [the Patriarchs]

1. Psalms 51:17. 2. Literally: root and branch.

עָפָר יָקִיצוּ. וּמֵרֹאשׁ הָרִים יָלִיצוּ: מִפְּעֻלּוֹת עוֹקֵד וְעָקוּד. מֵאָז בְּיָדָם פָּקוּד. מוֹפֵת הַכָּמוּס לִפְקוֹד. מוּקָשׁ לְהַבְעִית לִסְקוֹד: כְּהַבְטָחַת סְבִיכַת אַיִל. כָּפְרוֹ הַנָּצוּר לְחַיִל. כֵּן תְּעַצֵּים חַיִל. כּוֹרְעֶיךָ בְּעֶצֶם וָלַיִל: פַּחְדּוּ יְחִיל שׁוֹטְמִים. פִּיּוּתָם הֱיוֹת אֲטוּמִים: פְּרָחָיו בְּמִשְׁעֲנוֹתָיו חֲתוּמִים. פַּלְּטֵם מֵרֶכֶל פְּטוּמִים: וְאִם אֵין מַעֲשִׂים. וָזֶבַח מִבְּלִי מֵשִׂים. זָכְרָה לִנְבָזִים וּמְאוּסִים. וּמִגְּזָעָם הָפֵר כְּעָסִים: רָם קוֹשֶׁט מַעֲבָדֶיךָ. רָאֵה תִרְאֶה עוֹבְדֶיךָ. רֵעִים בָּאֵי עָדֶיךָ. רַחוּם זְכוֹר לַעֲבָדֶיךָ: יְבֻקַּשׁ עָוֹן וְאֵינֶנּוּ. יָמָה בִּמְצוּלוֹת תְּנֶנּוּ. יֶלֶד בְּשַׁעֲשׁוּעָיו תְּעַנְּנוּ. יוֹשֶׁר מֵלִיץ יְחָנֶנּוּ: מִבְּרַק חֶרֶב הַשָּׁנוּן. מַלֵּט מַאֲרִיכֵי רִנּוּן: חזן מַלֵּא מִשְׁאֲלוֹתָם בְּתַחֲנוּן. מֶלֶךְ רַחוּם וְחַנּוּן:

קהל כּוֹפֶר פִּדְיוֹן נֶפֶשׁ. פְּדֵה מִטְּבִיעַת רֶפֶשׁ: חזן מְיַחֲלֶיךָ בְּעֹנִי וְכוֹפֶשׁ. הַחַיִּים בְּטַלְלֵי נוֹפֶשׁ:

חו״ק עוֹד בּוֹ נִשְׁמָתוֹ. יְקַו תְּשׁוּבַת יְצִיר אַדְמָתוֹ. לְהַחֲיוֹתוֹ לְהֵיטִיב אַחֲרִיתוֹ:

מִי כָמוֹךָ אָב הָרַחֲמִים, זוֹכֵר יְצוּרָיו לַחַיִּים בְּרַחֲמִים: וְנֶאֱמָן אַתָּה לְהַחֲיוֹת מֵתִים:
בָּרוּךְ אַתָּה יְהוָֹה מְחַיֵּה הַמֵּתִים:

יִמְלוֹךְ יְהוָֹה לְעוֹלָם אֱלֹהַיִךְ צִיּוֹן לְדוֹר וָדוֹר הַלְלוּיָהּ:
וְאַתָּה קָדוֹשׁ יוֹשֵׁב תְּהִלּוֹת יִשְׂרָאֵל אֵל נָא:

קו״ח נֶחְשַׁב כְּצָג בְּאֵיתוֹן. דְּחוֹת בִּפְלוּלֵי עֲקַלָּתוֹן. וְנַקְדִּישְׁךָ בְּשַׁבַּת שַׁבָּתוֹן. קָדוֹשׁ:
הַיּוֹם בְּפָתְחָךְ סְפָרִים. חזן (אום) שִׁמְךָ מְפָאֲרִים. וְנַקְדִּישְׁךָ בְּיוֹם הַכִּפּוּרִים. קָדוֹשׁ:
מַסְטִין בְּכֶבֶל אֱסוֹר. וְתִקְוַת אֲסִירֵי בְּשׂוֹר. וְנַקְדִּישְׁךָ בְּצוֹם הֶעָשׂוֹר. קָדוֹשׁ:

חזן אֶשָּׂא דֵעִי לְמֵרָחוֹק. שְׁעוֹן בְּאַת מֵרָחוֹק:
קהל בְּפָעֳלוֹ צָרִי דְחוֹק:

אֲסַפְּרָה אֶל חוֹק. מִסְּכוֹ בְּלִי לִרְחוֹק:
קהל חַיִּים לִי לָחוֹק:

לָשׁוּד כְּחֶתֶף יִמְחוֹק. לוֹחֲמִי לְבַל יִשְׂחוֹק:
קהל וִימַלֵּא פִּי שְׂחוֹק: נחשב

עוֹרְכֵי שֶׁוַע לָרוֹב. חִין עֶרְכָּם יֶעֱרוֹב:
פְּנֵי אֱלֹהִים מִקָּרוֹב:

עֲתִירָתִי אָז תִּקְרוֹב. עֲבֵרָתִי לְבַל תֶּאֱרוֹב:
קהל אֵלַי לְבַל קְרוֹב:

who sleep in the dust and invoke the merit of the first of them to be their intercessor. The [merit of the] deeds of the binder and the bound [Abraham and Isaac] is from that time preserved and wondrously stored away to be remembered [for good], to frighten and chastise the Accuser. In keeping with Your promise made when the ram caught in the thicket was substituted for Isaac — [may the merit of this deed] be preserved for Israel, Your hosts; thus fortify the strength of those who bow to You day and night. May the fear of Him terrify our enemies, so that their mouths will be silenced; deliver his offspring, marked with the seal of his merit, from the slanderous prattle [of the Accuser]. Though we lack meritorious deeds and cannot offer a sacrifice, remember the despised and rejected and remove all wrath from their progeny. Exalted One, whose deeds are truth, look upon [Israel] Your servants, the beloved ones who come before You; Merciful One, remember Your servants. Let iniquity be sought but there shall be none, [for You] cast it into the depths of the sea; answer Israel whom You have called a "precious child;" may the Upright Intercessor be gracious to them. Save those who prolong prayer from the flashing blade of the sword. *Chazzan:* Fulfill the request for which they plead, O merciful and gracious King.

כופר *Cong:* Deliver those who paid ransom for the redemption of their soul from sinking into the mire [of exile]. *Chazzan:* Revive those who yearn for You, in fasting and affliction, with refreshing dew.

עד *Chazzan and Cong:* As long as his soul is in him, the Almighty hopes for the repentance of man who was created from the earth, to give him life and to make his end happy.

מי Who is like You, All-Merciful Father, who in compassion remembers His creatures for life. You are trustworthy to revive the dead. Blessed are You Lord, who revives the dead.

ימלוך The Lord shall reign forever; your God, O Zion, throughout all generations. Praise the Lord.[1]

ואתה And You, holy One, are enthroned upon the praises of Israel;[2] O benevolent God!

נחשב *Cong. and Chazzan:* May we be considered as [the *Kohen Gadol*] who stood at the Temple gate, that with my prayer I may repulse the Accuser; and we will sanctify You, O holy One.

היום On this day, when You open the Books, be gracious to those (to the people) who glorify Your Name; and we will sanctify You on this Day of Atonements, O holy One.

מסטין Shackle the Adversary in chains; announce the fulfillment of the hope of my captives; and we will sanctify You on [this] fast of the tenth day [of the month], O holy One.

אשא *Chazzan:* I turn my thoughts to the distant past, relying on [Abraham] who came from afar. *Cong:* In the merit of his deed, crush my oppressor.

אספרה I will recount my deeds according to the statute of the day, imploring Him not to remove Himself from His tabernacle.

Cong: May He inscribe me for life.

לשוד May He swiftly blot out the Destroyer so that my Foe shall not exult over me. *Cong:* Then shall my mouth be filled with laughter.

Repeat: נחשב (May we be considered...).

עורכי Those who set forth prayer in abundance — let the offering of their supplication be pleasing. *Cong:* May it come near to the presence of God.

עתירתי Then let my entreaty draw near to You and my transgression not lie in wait for me. *Cong:* It shall not come near to me.

---

1. Psalms 146:10. 2. Ibid. 22:4.

זוֹמֵם אִם יִזְרוֹב. עֲדַת אֵל לַחֲרוֹב:
קהל אֶשְׁעַן בְּמַצְדִּיק וְקָרוֹב היום:

רָשַׁע אִם הִכְרִיעִי. זְכוֹר לִי רוֹעִי:
קהל בְּצִדְקוֹ עַתָּה לְרוֹעֲעִי:

רְעֵה צֹאן מִרְעִי. בְּמִרְעֶה טוֹב לְהַרְעִי:
קהל וּבְאוֹר חַיִּים לְזַרְעִי:

בַּעֲוֹן אֹרַח רִבְעִי. וּבְקוֹ נְטִיַּת מֵרֵעִי:
קהל נָא אַל יַאֲרִעִי: מסטין

יַסְכִּיתוּ שׁוּבוּ לְבִצָּרוֹן. גָּשִׁים פְּנֵי אָרוֹן:
קהל לְהַעֲצִים אֲרֶשֶׁת רוֹן:

יְחַלּוּ רִאשׁוֹן וְאַחֲרוֹן. מַשְׁבִּית אַף וְחָרוֹן:
קהל בְּזֹאת יָבֹא אַהֲרֹן:

רוֹגְשִׁים קְרוֹא בְגָרוֹן. פְּלוּשׁ אֲטוּמֵי חֶבְרוֹן:
קהל מְצֹא מְחִילַת וְתָרוֹן: נחשב

בְּשִׁבְתּוֹ בְּכֵס רִיב. יְרִיבַי לְעֵינַי יָרִיב:
קהל יָהּ נִצָּב לָרִיב:

בּוֹזְזֵי חָרוֹב יַחֲרִיב. כְּמוֹ קַדְמוֹנִים הֶחֱרִיב:
קהל וְנַאֲקִי לְפָנָיו יַקְרִיב:

יֻצַּג אִתִּי בְּרִיב. מְלִיצַי שַׁי לְהַקְרִיב:
קהל וְשִׂיחִי לְגוֹחִי יֶעֱרַב: היום

קוֹל אָרִים כַּשּׁוֹפָר. בְּמַתַּן אִמְרֵי שֶׁפֶר:
קהל לִפְנֵי חֲזָקִים שִׁפֵּר:

קֶצֶב שְׂעִירִים וָפָר. בְּנִיב שְׂפָתַיִם יְסֻפָּר:
קהל וּבְכֵן סוֹטֵן יוּחְפָּר:

לִפְלוּסִים כְּכוֹכְבֵי מִסְפָּר. וְשָׁחִים עַד עָפָר:
קהל בְּצִעָם וְעִוּוּיָם יְכֻפָּר: מסטין

יוּשְׁלָנוּ אוֹדְמֵי שָׁנִים. שֶׁל כָּל יְמוֹת הַשָּׁנִים:
קהל חֲדָשִׁים וְגַם יְשָׁנִים:

יוּלְבְּנוּ כְּתַמֵי שׁוֹשַׁנִּים. וְיוּשְׁבוּ לְתַעְרָם שְׁנוּנִים:
קהל בִּפְלוּל אֲשֶׁר מְשַׁנְּנִים:

רַחֲצוּ וְהִזַּכּוּ מֵעֲשׁוּנִים. לְאוֹלֶת מֵהְיוֹת שׁוֹנִים:
קהל וְעַל מִבְטָחֵימוֹ שְׁעוּנִים: נחשב

זומם If the evil schemer were to be inflamed to destroy the congregation of God —

Cong: I will place my reliance on Him who vindicates me and is close to me.

Repeat: היום (On this day...).

רשע If my wickedness tips the scale, remember [Moses,] my shepherd, in my behalf. *Cong:* Because of his righteous merit, let me now rejoice.

רעה Tend Israel, whom You have called "the sheep of My pasture," and nurture them in good pasture. *Cong:* And sow for me the light of life.

בעין Despite my path of iniquity, and even if the scale inclines toward my wickedness — *Cong:* I beseech You, let no evil befall me.

Repeat: מסטין (Shackle...).

יסכיתו "Return to [Jerusalem] the stronghold!" Let it be heard by those who approach the Ark — *Cong:* To strengthen words of prayer.

יחלו They implore Him who is first and last, who removes wrath and anger — *Cong:* Through the service of Aaron, the *Kohen Gadol.*

רוגשים They assemble to cry aloud, evoking the merits of those who are interred in Hebron — *Cong:* In order to find gracious pardon.

Repeat: נחשב (May we be considered...).

בשבתו When He is seated on the throne of judgment, may He strive with my adversaries before my eyes.

Cong: The Almighty stands to do battle [against my foes].

בוזזי May He utterly destroy those who despoil me, as He destroyed [my oppressors] in former times. *Cong:* May He bring my cry near to Him.

יצג May He stand by me in judgment so that my advocates may come forward [and be accepted] as a gift-offering.

Cong: And may my prayer be pleasing to my Creator.

Repeat: היום (On this day...).

קול I will raise my voice like the *shofar* which was sounded at the Giving of the Torah — *Cong:* Before Him who fashioned the mighty heavens.

קצב May the prayer of our lips which we utter be in place of the number of goats and the bullock [which were offered in the Temple on Yom Kippur].

Cong: And thus will the Adversary be disgraced.

לפלוסים Israel, likened to stars without number, are bowed down to the dust.

Cong: May their avarice and iniquity be forgiven.

Repeat: מסטין (Shackle...).

יושלגו May the sins of all the days of the year, though red as scarlet, become white as snow — *Cong:* Both committed recently or long ago.

יולבנו May the stains of the rose [Israel] become white, and let the sharp swords be returned to their sheaths.

Cong: Through the prayer which they continually offer.

רחצו Wash yourselves and make yourselves pure of the sins which darken your soul, so as not to repeat wickedness.

Cong: Then can they rely on Him in whom they trust.

Repeat: נחשב (May we be considered...).

חזן וקהל אֶת לַחֲשִׁי עֲנֵה נָא. וַעֲקִי רְצֵה נָא. הָאֵל קָדוֹשׁ:

חזן וקהל אָדוֹן לְקוֹל עַמֶּךָ. זְכוֹר רַחֲמֶיךָ. נוֹרָא וְקָדוֹשׁ:

וּבְכֵן אִמְרוּ לֵאלֹהִים מַה נּוֹרָא מַעֲשֶׂיךָ:

פותחין הארון

אִמְרוּ לֵאלֹהִים: אֵל מֶלֶךְ בְּעוֹלָמוֹ. מֵחִישׁ פְּדוּת עַמּוֹ. לְקַיֵּם דְּבַר נְאֻמוֹ. כִּי סְלִיחָה עִמּוֹ. הוֹדוּ לַיהוָה קִרְאוּ בִשְׁמוֹ:

אִמְרוּ לֵאלֹהִים: בָּרוּךְ וּמְהֻלָּל בְּרוֹב גָּדְלוֹ. מֵחִישׁ סְלִיחָה לִקְהָלוֹ. לְהַרְאוֹת לַכֹּל גָּדְלוֹ. מָדַד מַיִם בְּשָׁעֳלוֹ. שִׁירוּ לוֹ זַמְּרוּ לוֹ:

אִמְרוּ לֵאלֹהִים: גּוֹאֵל עַם קְדוֹשׁוֹ. בִּסְלִיחָה לְהַקְדִּישׁוֹ. וּמְכוֹנֵן בֵּית מִקְדָּשׁוֹ. לְזֶרַע אַבְרָהָם קְדוֹשׁוֹ. הִתְהַלְלוּ בְּשֵׁם קָדְשׁוֹ:

אִמְרוּ לֵאלֹהִים: דָּגוּל מִשְׁכָּנוֹ בִּרְקִיעַ עֻזּוֹ. סוֹלֵחַ לְעַם זוּ בָּזוֹ. בִּדְבַר עֻזּוֹ וּמָעֻזּוֹ. לָכֵן עֲדַת מָעֻזּוֹ. דִּרְשׁוּ יְהוָה וְעֻזּוֹ:

אִמְרוּ לֵאלֹהִים: הַכֹּל בְּמַאֲמָר עָשָׂה. וְהוּא פָּעַל וְעָשָׂה. סוֹלֵחַ לְאוֹם עֲמוּסָה. לָכֵן עַם בּוֹ חָסָה. זִכְרוּ נִפְלְאוֹתָיו אֲשֶׁר עָשָׂה:

אִמְרוּ לֵאלֹהִים: וּמְקִים דְּבַר עַבְדּוֹ. עַל אֶרֶץ וְשָׁמַיִם הוֹדוֹ. סוֹלֵחַ לְעַם מְיַחֲדוֹ. אֲשֶׁר נִקְרְאוּ בִּדְבַר סוֹדוֹ. זֶרַע יִשְׂרָאֵל עַבְדּוֹ:

אִמְרוּ לֵאלֹהִים: זֶה רוֹקַע הָאָרֶץ. הַיּוֹשֵׁב עַל חוּג הָאָרֶץ. סוֹלֵחַ לְגוֹי אֶחָד בָּאָרֶץ. לָכֵן אִמְרוּ לְיוֹסֵד אָרֶץ. הוּא יְהוָה אֱלֹהֵינוּ בְּכָל הָאָרֶץ:

אִמְרוּ לֵאלֹהִים: חַי בִּמְעוֹנָתוֹ. חַנּוּן וְחוֹנֵן עֲדָתוֹ. יָשׁוּב בְּרַחֲמִים לְבֵיתוֹ. לָכֵן לְבָאֵי בִּבְרִיתוֹ. זָכַר לְעוֹלָם בְּרִיתוֹ:

אִמְרוּ לֵאלֹהִים: טַפֵּי נַחֲלָתוֹ. טְלָאֵי יְרֻשָּׁתוֹ. יְקַיֵּם

את *Chazzan and Cong:* I beseech You, answer my whispered prayer, find favor with my cry, O holy God.

אדון *Chazzan and Cong:* Lord, at the sound of Your people's voice, remember Your mercy, O Awesome and holy One.

And thus extol God: How awesome are Your deeds!

The Ark is opened.

אמרו לאלהים Extol God: The Almighty is King in His world; He hastens the redemption of His people, to fulfill the words of His promise, for pardon is with Him. Offer praise to the Lord, proclaim His Name.

Extol God: Blessed and praised is He in His abounding greatness; He hastens pardon for His congregation, to show His grandeur to all, He measured the waters in the palm of His hand. Sing to Him, chant praises to Him.

Extol God: He is the redeemer of His people, sanctifying them through pardon; He re-establishes His holy Temple for the descendants of His holy Abraham. Glory in His Name.

Extol God: The distinguished God who is extolled in His mighty heavens, pardons this people on this day, in accordance with His strong and mighty word; therefore, congregation of His might, search for the Lord and His might.

Extol God: He who called all things into existence by His word, and who acted and brought [everything] into being, pardons the people borne [by Him]; therefore, the people who trust in Him, remember the wonders that He has wrought.

Extol God: He fulfills the word of His servant; His majesty is upon earth and heaven; He grants pardon to the nation who affirms His Oneness, who are called in His Torah — descendants of Israel His servant.

Extol God: It is He who spreads forth the earth [above the waters]; who dwells [in heaven] which encircles the earth; who pardons Israel, the one nation on earth; therefore, extol the One who establishes the earth, He is the Lord our God in all the earth.

Extol God: He who lives in His heavenly abode, who is gracious and compassionate to His congregation, He will in mercy return to His Temple; therefore, for those who have entered into His covenant, He remembers His covenant forever.

Extol God: The children of His heritage, the lambs of His inheritance — He will fulfill

עָלֵימוֹ אִמְרָתוֹ. כְּחָקוּק בְּתוֹרָתוֹ. אֲשֶׁר כָּרַת
אֶת אַבְרָהָם וּשְׁבוּעָתוֹ:

אִמְרוּ לֵאלֹהִים: יוֹעֵץ מֵישָׁרִים לָחוּק. יְרֵאָיו לְחַיִּים
לָחוּק. סוֹלֵחַ לְחַטָּא לִמְחוֹק. כְּנִשְׁמַע לְרוֹעֶה
מֵרָחוֹק. וַיַּעֲמִידֶהָ לְיַעֲקֹב לְחֹק:

אִמְרוּ לֵאלֹהִים: תַּקִּיף אֱלֹהֵי עוֹלָם. דְּבָרוֹ נִצָּב לְעוֹלָם.
וְהוּא מִכֹּל נֶעְלָם. וַאֲנַחְנוּ מְהַלְלִים שְׁמוֹ לְעוֹלָם.
בָּרוּךְ יְהוָה אֱלֹהֵי יִשְׂרָאֵל מִן הָעוֹלָם וְעַד הָעוֹלָם:

וּבְכֵן גְּדוֹלִים מַעֲשֵׂה אֱלֹהֵינוּ:

מיוסד ע"פ א"ב

מַעֲשֵׂה אֱלֹהֵינוּ: אַדִּיר בְּוִעוּדוֹ. בָּרוּם וּבְתַחַת הוֹדוֹ.
גִּלָּה אוֹר לַעֲבָדוֹ. דָּבָר מֵקִים לְעַבְדּוֹ. לָכֵן
יִתְגָּאֶה אֵין עוֹד מִלְּבַדּוֹ:

מַעֲשֵׂה אֱלֹהֵינוּ: הַמַּכִּיר עוֹלְמֵי עַד. וְסוֹפֵר וּמוֹנֶה עֲדֵי
עַד. זִיו מוֹשָׁבוֹ נוֹעַד. חֶלֶד צוֹפֶה בְּמִסְעָד.
לָכֵן יִתְגָּאֶה הַמַּבִּיט לָאָרֶץ וַתִּרְעָד:

מַעֲשֵׂה אֱלֹהֵינוּ: טוֹעֵן עוֹלָמוֹ. יוֹדֵעַ הֲדוֹמוֹ. כֻּלּוֹ בְּנָאֳמוֹ.
לָעַד לַהֲקִימוֹ. לָכֵן יִתְגָּאֶה יְהוָה צְבָאוֹת שְׁמוֹ:

מַעֲשֵׂה אֱלֹהֵינוּ: מוֹשֵׁל בְּמִפְעָלוֹ. נוֹרָא עַל זְבוּלוֹ.
סִלּוּדוֹ כְּגָדְלוֹ. עֻזּוֹ כְּרוֹב חֵילוֹ. לָכֵן יִתְגָּאֶה
שְׂרָפִים עוֹמְדִים מִמַּעַל לוֹ:

מַעֲשֵׂה אֱלֹהֵינוּ: פְּאֵרוֹ בִּשְׁמֵי מְעוֹנַי. צוֹפֶה וּמַבִּיט
לְעֵינַי. קִלּוּס שְׁמוֹ בַּהֲמוֹנַי. רוֹדֶה בְּקֶרֶב מוֹנַי.
לָכֵן יִתְגָּאֶה גְּדוֹלִים מַעֲשֵׂי יְהוָה: סוגרין הארון

מַעֲשֵׂה אֱנוֹשׁ וְתַחְבֻּלוֹתָיו מְזִמָּה. שִׁבְתּוֹ בְּתוֹךְ מִרְמָה. רְפִידָתוֹ רִמָּה. קִבּוּר
בִּסְעִיף אֲדָמָה. וְאֵיךְ יִתְגָּאֶה אָדָם לְהֶבֶל דָּמָה: וחוזרין ופותחין מיד

אֲבָל מַעֲשֵׂה אֱלֹהֵינוּ: שַׁדַּי רוֹקַע הָאָרֶץ עַל בְּלִימָה.
שׁוֹכְנֶיהָ בְּלִי הֱיוֹת לְשַׁמָּה. תִּכֵּן עַל מַיִם אֲדָמָה.
תַּקִּיף שְׁמוֹ לְרוֹמֵמָה. לָכֵן יִתְגָּאֶה עוֹטֶה אוֹר כַּשַּׂלְמָה:

for them His promise, as it is inscribed in His Torah, which He made with Abraham and His oath.

Extol God: He is the counsellor to inscribe uprightness, to inscribe for life those who fear Him; He is the pardoner to wipe away sin, as He made [Moses] the shepherd hear, in the distant past, and established it to [the children of] Jacob as a statute.

Extol God: The God of the universe is all-mighty; His word stands firm forever; He is concealed from all; we offer praise to His Name forever. Blessed is the Lord, the God of Israel, to all eternity.

And so too, great is the work of our God!

מעשה The work of our God: He is majestic in the assembly [of those who extol Him]; His splendor pervades heaven and earth; He revealed the light [of Torah] to [Moses] His servant; He fulfills His word to His servant. Therefore let Him be glorified — there is none else aside from Him.

The work of our God: He knows all things in all the worlds; He counts and reckons the deeds of all beings for all times; His glorious throne is ever ready [to receive the penitent]; He looks down upon the earth to support it. Therefore let Him be glorified, the One who looks at the earth and it trembles.

The work of our God: He upholds His world; He knows the needs of the earth, His footstool; He created the world in its entirety by His word, to give it existence forever. Therefore let Him be glorified — the Lord of hosts in His Name.

The work of our God: He rules over His works; He is awesome over His heavenly beings; His praise is commensurate with His grandeur; His might is consistent with the multitudes of His hosts. Therefore let Him be glorified, the One near whom the *seraphim* stand.

The work of our God: His glory is in the supernal heavens; He looks and gazes into my eyes; the exaltation of His Name is among my multitudes; He holds sway over my oppressors. Therefore let Him be glorified — the works of the Lord are great. *The Ark is closed.*

מעשה אנוש The work of mortal man and his schemes are machinations; he resides in the midst of deceit; his bed is filled with worms when he is buried in the cleft of the earth. How then can man glorify himself when he is like a fleeting breath?

The Ark is immediately re-opened.

אבל But the work of our God: The Omnipotent God who spreads the earth over empty space, that the inhabitants should not be destroyed, established the earth upon water; [thus it is fitting] that His mighty Name be exalted. Therefore let Him be glorified, the One who enwraps Himself with light as with a garment.

וּבְכֵן לְנוֹרָא עֲלֵיהֶם בְּאֵימָה יַעֲרִיצוּ:

סימן ע״פ א״ב

אֲשֶׁר אֵימָתֶךָ. בְּאֶרְאֶלֵּי אֹמֶן. בְּאַבִּירֵי אֹמֶץ. בִּבְלוּלֵי קֶרַח. בִּבְדוּדֵי קָדַח. וּמוֹרָאֲךָ עֲלֵיהֶם:

וְאָבִיתָה תְּהִלָּה. מִגְּלוּמֵי גוּשׁ. מִגָּרֵי גַיְא. מִדַּלּוּלֵי פֹעַל. מִדַּלֵּי מַעַשׂ. וְהִיא תְהִלָּתֶךָ:

אֲשֶׁר אֵימָתֶךָ. בַּהֲמוֹן מַלְאָכִים. בַּהֲלוּךְ מַחֲנוֹת. בְּוַעַד אֲלָפִים. בְּוֹכַח רְבָבוֹת. וּמוֹרָאֲךָ עֲלֵיהֶם:

וְאָבִיתָה תְּהִלָּה. מִזִּיו שׁוֹנֶה. מִזֹּהַר כָּבָה. מֵחֲסֵרֵי שֵׂכֶל. מֵחוֹרְשֵׁי רֶשַׁע. וְהִיא תְהִלָּתֶךָ:

אֲשֶׁר אֵימָתֶךָ. בְּטִפּוּחַ עֲרָבוֹת. בְּטִכּוּס שְׁחָקִים. בִּישִׁרַת עֲרָפֶל. בִּירִיעוֹת מְעוֹנָה. וּמוֹרָאֲךָ עֲלֵיהֶם:

וְאָבִיתָה תְּהִלָּה. מִכְּתוּמֵי שֶׁמֶץ. מִכְּמוּסֵי כֶתֶם. מִלְּכוּדֵי פַח. מִלְּעוּנֵי מַר. וְהִיא תְהִלָּתֶךָ:

אֲשֶׁר אֵימָתֶךָ. בִּמְסִלּוּלֵי זְבוּל. בִּמְרוֹמֵי שֶׁפֶר. בִּנְטִיַּת דּוֹק. בִּנְחִיַּת עָבִים. וּמוֹרָאֲךָ עֲלֵיהֶם:

וְאָבִיתָה תְּהִלָּה. מִסְּרוּחֵי מַעַשׂ. מִשְּׂבֵעֵי רֹגֶז. מֵעֲדוּרֵי אֱמֶת. מֵעֲמוּסֵי בֶטֶן. וְהִיא תְהִלָּתֶךָ:

אֲשֶׁר אֵימָתֶךָ. בִּפְּתוּחֵי קָדוֹשׁ. בִּפְּוּצְחֵי בָרוּךְ. בִּצְדוּדֵי אַרְבַּע. בִּצְנוּפֵי שֵׁשׁ שֵׁשׁ. וּמוֹרָאֲךָ עֲלֵיהֶם:

וְאָבִיתָה תְּהִלָּה. מִקְּרוּאֵי אַיִן. מִקּוֹרְאֵי בְחָנֵף. מֵרְחוּקֵי אֱמֶת. מֵרֵיקֵי צֶדֶק. וְהִיא תְהִלָּתֶךָ:

אֲשֶׁר אֵימָתֶךָ. בְּשַׁבִיבֵי אֵשׁ. בִּשְׁבִילֵי מַיִם. בִּתְלוּלֵי רוּם. בְּתַלְתַּלֵּי גוֹבַהּ. וּמוֹרָאֲךָ עֲלֵיהֶם:

וְאָבִיתָה תְּהִלָּה. מִבָּשָׂר וָדָם. מֵהֶבֶל וָתֹהוּ. מֵחָצִיר יָבֵשׁ. מִצֵּל עוֹבֵר. וּמִצִּיץ נוֹבֵל. מִמַּשְׁלִימֵי נֶפֶשׁ. מִמַּפְרִיחֵי רוּחַ וּמִמְּעוֹפְפֵי חַיָּה. וּמְחַנִּיטֵי נְשָׁמָה. וּמוֹצִיאֵי יְחִידָה. וְנִשְׁמָעִים בַּדִּין. וּמֵתִים בְּמִשְׁפָּט. וְחַיִּים בְּרַחֲמִים. וְנוֹתְנִים לְךָ פְּאֵר חַי הָעוֹלָמִים. וְתִפְאַרְתְּךָ עֲלֵיהֶם: סוגרין הארון

חו״ק לְיוֹשֵׁב תְּהִלּוֹת. לְרוֹכֵב עֲרָבוֹת. קָדוֹשׁ וּבָרוּךְ:

And thus in fear they revere the One who inspires awe in them.

אשר Though awe of You is upon the faithful angels, the mighty, powerful [celestial hosts], the [supernal beings formed from] a mixture of ice, the fiery beings; and the fear of You is upon them —

ואביתה Yet You desire praise from [mortal men] who are formed from a clod of earth; who dwell in the vale of the earth; who are deficient in good deeds, who are poor in meritorious actions; and this is Your praise.

אשר Though awe of You is upon the multitudes of angels, the moving camps of [celestial hosts], the assembly of thousands [of supernal beings], the council of myriads [of angelic beings]; and the fear of You is upon them —

ואביתה Yet You desire praise from [men] whose facial features change, whose brightness fades away, who are lacking intelligence, who plot evil; and this is Your praise.

אשר Though awe of You is upon the span of heaven called *aravot*, the adorned *shechakim*, the dark firmament *arafel*, the heavenly *me'onah*; and the fear of You is upon them —

ואביתה Yet You desire praise from those who are stained with wrongdoing, tainted with hidden sins, caught in the snare [of suffering], surfeited with bitterness; and this is Your praise.

אשר Though awe of You is upon the paths of *zvul*, in the beautiful supernal heights, in the expanse of heaven, on the movement of the clouds; and the fear of You is upon them —

ואביתה Yet You desire praise from those whose acts are corrupt, who are full of trouble, who are devoid of truth, who were carried in the womb; and this is Your praise.

אשר The awe of You is upon [the angels] who begin their praises with "holy," who proclaim "blessed," who have faces on four sides, who are covered with six wings; and the fear of You is upon them —

ואביתה Yet You desire praise from those who are called naught, who speak out in flattery, who are far from truth, who are empty of righteousness; and this is Your praise.

אשר Though awe of You is upon sparkling angels, the paths of the waters, the lofty heights, the sublime heavens; and the fear of You is upon them —

ואביתה Yet You desire praise from [mortal men] who are but flesh and blood, naught and nothingness, withering grass, a passing shadow, and a fading flower; from those whose life-force expires, whose spirit passes away, whose vitality departs, whose soul leaves, and whose divine spark returns to its Source; and who are heard in judgment, who die in accordance with justice and who will live again through mercy; and who proclaim Your glory, O Eternal One, Your splendor is upon them. *The Ark is closed.*

ליושב *Chazzan and Cong:* To Him who is enthroned upon praises, who dwells in the heavens, [is said:] Holy and Blessed.

וּבְכֵן שְׂרָפִים עוֹמְדִים מִמַּעַל לוֹ:

אֵלּוּ לְאֵלּוּ שׁוֹאֲלִים. אֵלּוּ לְאֵלּוּ מְמַלְּלִים. אָנָה שׁוֹכֵן מְעוֹלִים. לְהַעֲרִיצוֹ לְהַקְדִּישׁוֹ בִּפְאֵר מְסַלְסְלִים:

פותחין הארון וּבְכֵן וּלְךָ תַעֲלֶה קְדֻשָּׁה. כִּי אַתָּה אֱלֹהֵינוּ מֶלֶךְ מוֹחֵל וְסוֹלֵחַ:

וּנְתַנֶּה תֹּקֶף קְדֻשַּׁת הַיּוֹם. כִּי הוּא נוֹרָא וְאָיוֹם. וּבוֹ תִנָּשֵׂא מַלְכוּתֶךָ. וְיִכּוֹן בְּחֶסֶד כִּסְאֶךָ. וְתֵשֵׁב עָלָיו בֶּאֱמֶת. אֱמֶת כִּי אַתָּה הוּא דַיָּן וּמוֹכִיחַ וְיוֹדֵעַ וָעֵד. וְכוֹתֵב וְחוֹתֵם וְסוֹפֵר וּמוֹנֶה. וְתִזְכּוֹר כָּל הַנִּשְׁכָּחוֹת. וְתִפְתַּח אֶת סֵפֶר הַזִּכְרוֹנוֹת. וּמֵאֵלָיו יִקָּרֵא. וְחוֹתַם יַד כָּל אָדָם בּוֹ. וּבַשּׁוֹפָר גָּדוֹל יִתָּקַע. וְקוֹל דְּמָמָה דַקָּה יִשָּׁמַע. וּמַלְאָכִים יֵחָפֵזוּן. וְחִיל וּרְעָדָה יֹאחֵזוּן. וְיֹאמְרוּ הִנֵּה יוֹם הַדִּין. לִפְקוֹד עַל צְבָא מָרוֹם בַּדִּין. כִּי לֹא יִזְכּוּ בְעֵינֶיךָ בַּדִּין. וְכָל בָּאֵי עוֹלָם יַעַבְרוּן לְפָנֶיךָ כִּבְנֵי מָרוֹן: חזן כְּבַקָּרַת רוֹעֶה עֶדְרוֹ. מַעֲבִיר צֹאנוֹ תַּחַת שִׁבְטוֹ. כֵּן תַּעֲבִיר וְתִסְפּוֹר וְתִמְנֶה. וְתִפְקוֹד נֶפֶשׁ כָּל חָי. וְתַחְתּוֹךְ קִצְבָה לְכָל בְּרִיּוֹתֶיךָ. וְתִכְתּוֹב אֶת גְּזַר דִּינָם:

בְּרֹאשׁ הַשָּׁנָה יִכָּתֵבוּן. וּבְיוֹם צוֹם כִּפּוּר יֵחָתֵמוּן. כַּמָּה יַעַבְרוּן וְכַמָּה יִבָּרֵאוּן. מִי יִחְיֶה. וּמִי יָמוּת. מִי בְקִצּוֹ. וּמִי לֹא בְקִצּוֹ. מִי בַמַּיִם. וּמִי בָאֵשׁ. מִי בַחֶרֶב. וּמִי בַחַיָּה. מִי בָרָעָב. וּמִי בַצָּמָא. מִי בָרַעַשׁ. וּמִי בַמַּגֵּפָה. מִי בַחֲנִיקָה. וּמִי בַסְּקִילָה: מִי יָנוּחַ. וּמִי יָנוּעַ. מִי יִשָּׁקֵט. וּמִי יִטָּרֵף. מִי יִשָּׁלֵו. וּמִי יִתְיַסָּר. מִי יֵעָנִי. וּמִי יֵעָשֵׁר. מִי יִשָּׁפֵל. וּמִי יָרוּם:

צום קול ממון

וּתְשׁוּבָה וּתְפִלָּה וּצְדָקָה

מַעֲבִירִין אֶת רֹעַ הַגְּזֵרָה:

קהל כִּי כְּשִׁמְךָ כֵּן תְּהִלָּתֶךָ. קָשֶׁה לִכְעוֹס וְנוֹחַ לִרְצוֹת. כִּי לֹא תַחְפּוֹץ בְּמוֹת הַמֵּת. כִּי אִם בְּשׁוּבוֹ מִדַּרְכּוֹ וְחָיָה. וְעַד יוֹם

ובכן And so *seraphim* stand by Him.

אלו They ask one another, they say to one another: Where is He who abides in the supernal heights? That they may adore Him, hallow Him, extol Him with glory.

ובכן And thus may our *kedushah* ascend to You, for You, our God, are a King who forgives and pardons.

The Ark is opened.

ונתנה Let us proclaim the mighty holiness of this day, for it is awe-inspiring and fearsome. Thereon Your Kingship is exalted, Your throne is established with lovingkindness, and You are seated on it in truth. It is true that You are the judge, the one who presents evidence, the knower and the witness, who records and seals, who counts and reckons, and You remember all things that are forgotten. You open the Book of Remembrance and it reads itself; every man's signature is in it. The great *shofar* is sounded, and a still, soft voice is heard; the angels tremble, fear and dread seize them, and they exclaim: the Day of Judgment is here! The heavenly hosts are to stand in judgment, for [even] they will not be found meritorious in Your eyes in judgment. All created beings pass before You, [one by one,] like a flock of sheep. *Chazzan:* As a shepherd examines his flock, making his sheep pass under his staff, so do You cause to pass [before You] every living soul, and You count, reckon and are mindful of [them], and You allocate the fixed portion for the needs of all Your creatures, and inscribe the verdict of their judgment.

בראש On Rosh HaShanah they are inscribed and on the fast day of Yom Kippur they are sealed: How many shall pass away and how many shall be born; who shall live and who shall die; who shall live out his allotted time and who shall depart before his time; who [shall perish] by water and who by fire; who by the sword and who by a wild beast; who by hunger and who by thirst; who by earthquake and who by pestilence; who by strangulation and who by lapidation; who shall be at rest and who shall wander; who shall be tranquil and who shall be harrassed; who shall enjoy well-being and who shall suffer tribulation; who shall be poor and who shall be rich; who shall be humbled and who shall be exalted.

But Repentance, Prayer and Charity

avert the severity of the decree.

כי כשמך *Cong:* For as is Your Name so is Your praise. You are slow to anger and easy to pacify, for You do not desire the death of the one deserving death, but that he return from his path and live. And [even] until the day

מוֹתוֹ תְּחַכֶּה לּוֹ אִם יָשׁוּב מִיַּד תְּקַבְּלוֹ: חזן אֱמֶת כִּי אַתָּה הוּא יוֹצְרָם. וְאַתָּה יוֹדֵעַ יִצְרָם. כִּי הֵם בָּשָׂר וָדָם: אָדָם יְסוֹדוֹ מֵעָפָר. וְסוֹפוֹ לֶעָפָר. בְּנַפְשׁוֹ יָבִיא לַחְמוֹ. מָשׁוּל כְּחֶרֶס הַנִּשְׁבָּר. כְּחָצִיר יָבֵשׁ. וּכְצִיץ נוֹבֵל. כְּצֵל עוֹבֵר. וּכְעָנָן כָּלָה. וּכְרוּחַ נוֹשָׁבֶת. וּכְאָבָק פּוֹרֵחַ. וְכַחֲלוֹם יָעוּף:

וְאַתָּה הוּא מֶלֶךְ אֵל חַי וְקַיָּם:

אֵין קִצְבָּה לִשְׁנוֹתֶיךָ. וְאֵין קֵץ לְאֹרֶךְ יָמֶיךָ. וְאֵין לְשַׁעֵר מַרְכְּבוֹת כְּבוֹדֶךָ. וְאֵין לְפָרֵשׁ עֵלוּם שְׁמֶךָ. שִׁמְךָ נָאֶה לְךָ. וְאַתָּה נָאֶה לִשְׁמֶךָ. וּשְׁמֵנוּ קָרָאתָ בִשְׁמֶךָ:

סוגרין הארון.

כֶּתֶר יִתְּנוּ לְךָ יְהוָה אֱלֹהֵינוּ מַלְאָכִים הֲמוֹנֵי מַעְלָה וְעַמְּךָ יִשְׂרָאֵל קְבוּצֵי מַטָּה יַחַד כֻּלָּם קְדֻשָּׁה לְךָ יְשַׁלֵּשׁוּ כַּכָּתוּב עַל־יַד נְבִיאֶךָ וְקָרָא זֶה אֶל זֶה וְאָמַר: קָדוֹשׁ׀ קָדוֹשׁ קָדוֹשׁ יְהוָה צְבָאוֹת מְלֹא כָל־הָאָרֶץ כְּבוֹדוֹ: כְּבוֹדוֹ מָלֵא עוֹלָם מְשָׁרְתָיו שׁוֹאֲלִים זֶה לָזֶה אַיֵּה מְקוֹם כְּבוֹדוֹ לְהַעֲרִיצוֹ לְעֻמָּתָם מְשַׁבְּחִים וְאוֹמְרִים: בָּרוּךְ כְּבוֹד־יְהוָה מִמְּקוֹמוֹ: מִמְּקוֹמוֹ הוּא יִפֶן בְּרַחֲמָיו לְעַמּוֹ הַמְיַחֲדִים שְׁמוֹ עֶרֶב וָבֹקֶר בְּכָל־יוֹם תָּמִיד פַּעֲמַיִם בְּאַהֲבָה שְׁמַע אוֹמְרִים: שְׁמַע יִשְׂרָאֵל יְהוָה אֱלֹהֵינוּ יְהוָה׀ אֶחָד: הוּא אֱלֹהֵינוּ הוּא אָבִינוּ הוּא מַלְכֵּנוּ הוּא מוֹשִׁיעֵנוּ הוּא יוֹשִׁיעֵנוּ וְיִגְאָלֵנוּ שֵׁנִית בְּקָרוֹב וְיַשְׁמִיעֵנוּ בְּרַחֲמָיו לְעֵינֵי כָּל־חַי לֵאמֹר הֵן גָּאַלְתִּי אֶתְכֶם אַחֲרִית כְּבְרֵאשִׁית לִהְיוֹת לָכֶם לֵאלֹהִים אֲנִי יְהוָה אֱלֹהֵיכֶם: וּבְדִבְרֵי קָדְשְׁךָ כָּתוּב לֵאמֹר: יִמְלֹךְ יְהוָה׀ לְעוֹלָם אֱלֹהַיִךְ צִיּוֹן לְדֹר וָדֹר הַלְלוּיָהּ:

אַתָּה קָדוֹשׁ וְשִׁמְךָ קָדוֹשׁ וּקְדוֹשִׁים בְּכָל יוֹם יְהַלְלוּךָ סֶּלָה:
לְדוֹר וָדוֹר הַמְלִיכוּ לָאֵל כִּי הוּא לְבַדּוֹ מָרוֹם וְקָדוֹשׁ:

חֲמוֹל עַל מַעֲשֶׂיךָ וְתִשְׂמַח בְּמַעֲשֶׂיךָ. וְיֹאמְרוּ לְךָ חוֹסֶיךָ. בְּצַדֶּקְךָ עֲמוּסֶיךָ. תּוּקְדַּשׁ אָדוֹן עַל כָּל מַעֲשֶׂיךָ. כִּי מַקְדִּישֶׁיךָ כִּקְדֻשָּׁתְךָ (נ״א כְּעֶרְכְּךָ) קִדַּשְׁתָּ. נָאֶה לְקָדוֹשׁ פְּאֵר מִקְּדוֹשִׁים:

עוֹד יִזְכָּר לָנוּ אַהֲבַת אֵיתָן. אֲדוֹנֵינוּ. וּבַבֵּן הַנֶּעֱקַד יַשְׁבִּית מְדַיְּנֵנוּ. וּבִזְכוּת הַתָּם יוֹצִיא אָיוֹם (נ״א הַיּוֹם) לְצֶדֶק דִּינֵנוּ. כִּי קָדוֹשׁ הַיּוֹם לַאֲדוֹנֵינוּ: בְּאֵין מֵלִיץ יוֹשֶׁר מוּל מַגִּיד פֶּשַׁע. תַּגִּיד

of his death You wait for him; if he will but repent, You will welcome him at once. *Chazzan:* Truly, You are their Creator and You know their evil inclination, for they are but flesh and blood. Man's origin is dust and his end is unto dust. He earns his bread at the risk of his life. He is likened to a broken potsherd, to withering grass, to a fading flower, to a passing shadow, to a vanishing cloud, to a blowing wind, to dust that scatters and to a fleeting dream.

ואתה But You are the King, the living and eternal God.

אין There is no limit to Your years and no end to the length of Your days; it is not possible to estimate [the countless anglic hosts of] Your glorious Chariot, nor can one explain Your inscrutable Name. Your Name befits You and You befit Your Name, and You have called our name by Your Name.

The Ark is closed.

כתר A crown is given to You, Lord our God, by the angels, the supernal multitudes, and by Your people Israel who assemble below. All of them together thrice repeat "holy" unto You, as it is written by Your prophet: And they call one to another and say, *(Cong. and Chazzan:)* "Holy, holy, holy is the Lord of hosts; the whole earth is full of His glory."[1] *(Chazzan:)* His glory fills the worlds; His ministering angels ask one another, "Where is the place of His glory to adore Him?" Those facing them offer praise and say, *(Cong. and Chazzan:)* "Blessed be the glory of the Lord from its place."[2] *(Chazzan:)* May He turn from His place in compassion toward His people who affirm the Oneness of His Name, evening and morning, twice each and every day, saying *Shema* (Hear...) in love. *(Cong. and Chazzan:)* "Hear, O Israel, the Lord is our God, the Lord is One."[3] *(Chazzan:)* He is our God; He is our Father; He is our King; He is our Deliverer. He will soon again save and redeem us, and in His mercy will let us hear, in the sight of every living thing, as follows: Behold, I have redeemed you from this final [exile] as from the first, to be your God. *(Cong. and Chazzan:)* I, the Lord, am your God. *(Chazzan:)* And in Your holy Scriptures it is written thus: *(Cong. and Chazzan:)* The Lord shall reign forever; your God, O Zion, throughout all generations. Praise the Lord.[4]

אתה You are holy and Your Name is holy, and holy beings praise You daily for all eternity.

לדור Through all generations proclaim the kingship of God, for He alone is exalted and holy.

חמול Have mercy upon Your works, and find delight in Your works. When You vindicate [Israel,] the people borne by You, those who put their trust in You shall declare: Be sanctified, Master, over all Your works! For You have sanctified those who hallow You with Your holiness (*Another version:* akin to You). It is fitting to the Holy One, praise from the holy ones.

עוד May our Master yet remember in our favor the love of the steadfast Patriarch [Abraham]; for the sake of the son [Isaac] who was bound on the altar may He silence our Accuser; and in the merit of the perfect one [Jacob] may the Awesome One (*Another version:* He today) bring forth our verdict finding us righteous, for this day is holy to our Master. When there is no defender to intercede in our behalf against the Accuser who reports our trangression, You speak

1. Isaiah 6:3. 2. Ezekiel 3:12. 3. Deuteronomy 6:4. 4. Psalms 146:10.

לְיַעֲקֹב דְּבַר חֹק וּמִשְׁפָּט: וְצַדְּקֵנוּ בַּמִּשְׁפָּט. הַמֶּלֶךְ הַמִּשְׁפָּט:

פותחין — מיוסד ע״פ א״ב כפול — הארון

הָאוֹחֵז בְּיַד מִדַּת מִשְׁפָּט: וְכֹל מַאֲמִינִים שֶׁהוּא אֵל אֱמוּנָה:

הַבּוֹחֵן וּבוֹדֵק גִּנְזֵי נִסְתָּרוֹת : וְכֹל מַ״שׁ בּוֹחֵן כְּלָיוֹת :

הַגּוֹאֵל מִמָּוֶת וּפוֹדֶה מִשַּׁחַת : וְכֹל מַ״שׁ גּוֹאֵל חָזָק :

הַדָּן יְחִידִי לְבָאֵי עוֹלָם : וְכֹל מַ״שׁ דַּיָּן אֱמֶת :

הֶהָגוּי בְּאֶהְיֶה אֲשֶׁר אֶהְיֶה : וְכֹל מַ״שׁ הָיָה הֹוֶה וְיִהְיֶה :

הַוַּדַּאי שְׁמוֹ כֵּן תְּהִלָּתוֹ : וְכֹל מַ״שׁ וְאֵין בִּלְתּוֹ :

הַזּוֹכֵר לְמַזְכִּירָיו טוֹבוֹת זִכְרוֹנוֹת : וְכֹל מַ״שׁ זוֹכֵר הַבְּרִית :

הַחוֹתֵךְ חַיִּים לְכָל חָי : וְכֹל מַ״שׁ חַי וְקַיָּם :

הַטּוֹב וּמֵטִיב לָרָעִים וְלַטּוֹבִים : וְכֹל מַ״שׁ טוֹב לַכֹּל :

הַיּוֹדֵעַ יֵצֶר כָּל יְצוּרִים : וְכֹל מַ״שׁ יוֹצְרָם בַּבָּטֶן :

הַכֹּל יָכוֹל וְכוֹלְלָם יַחַד : וְכֹל מַ״שׁ כֹּל יָכוֹל :

הַלָּן בְּסֵתֶר בְּצֵל. שַׁדַּי : וְכֹל מַ״שׁ לְבַדּוֹ הוּא :

הַמַּמְלִיךְ מְלָכִים וְלוֹ הַמְּלוּכָה : וְכֹל מַ״שׁ מֶלֶךְ עוֹלָם :

הַנּוֹהֵג בְּחַסְדּוֹ כָּל דּוֹר : וְכֹל מַ״שׁ נוֹצֵר חָסֶד :

הַסּוֹבֵל וּמַעְלִים עַיִן מִסּוֹרְרִים : וְכֹל מַ״שׁ סוֹלֵחַ סֶלָה :

הָעֶלְיוֹן. וְעֵינוֹ אֶל יְרֵאָיו : וְכֹל מַ״שׁ עוֹנֶה לָחַשׁ :

הַפּוֹתֵחַ שַׁעַר לְדוֹפְקֵי בִּתְשׁוּבָה : וְכֹל מַ״שׁ פְּתוּחָה יָדוֹ :

הַצּוֹפֶה לָרָשָׁע וְחָפֵץ בְּהִצָּדְקוֹ : וְכֹל מַ״שׁ צַדִּיק וְיָשָׁר :

הַקְּצַר בְּזַעַם וּמַאֲרִיךְ אַף : וְכֹל מַ״שׁ קָשֶׁה לִכְעוֹס :

הָרַחוּם וּמַקְדִּים רַחֲמִים לְרֹגֶז : וְכֹל מַ״שׁ רַךְ לִרְצוֹת :

הַשָּׁוֶה וּמַשְׁוֶה קָטֹן וְגָדוֹל : וְכֹל מַ״שׁ שׁוֹפֵט צֶדֶק :

הַתָּם וּמִתַּמֵּם עִם תְּמִימִים : וְכֹל מַ״שׁ תָּמִים פָּעֳלוֹ :

סוגרין הארון

תִּשְׂגַּב לְבַדֶּךָ וְתִמְלוֹךְ עַל כֹּל בְּיִחוּד: כַּכָּתוּב עַל יַד נְבִיאֶךָ וְהָיָה יְהֹוָה לְמֶלֶךְ עַל כָּל הָאָרֶץ בַּיּוֹם הַהוּא יִהְיֶה יְהֹוָה אֶחָד וּשְׁמוֹ אֶחָד:

for Jacob [and invoke the merit of the observance of] the statutes and ordinances, and vindicate us in judgment, O King of Judgment.

The Ark is opened.

האוחז He holds in His hand the attribute of judgment.

And all believe that He is the faithful God. He probes and searches hidden secrets.

And all believe that He probes man's thoughts. He redeems from death and delivers from the grave.

And all believe that He is the mighty Redeemer. He alone judges all created beings.

And all believe that He is the true Judge. He is called "I Will Be What I Will Be."[1]

And all believe that He was, He is, and He will be. Sure is His Name, likewise His praise.

And all believe that He is, and there is none besides Him. He remembers with a favorable remembrance those who remember Him.

And all believe that He remembers the Covenant. He apportions life to all living beings.

And all believe that He lives and is eternal. He is good and does good to the wicked and to the good.

And all believe that He is good to all. He knows the inclination of all creatures.

And all believe that He has formed them in the womb. He is all-powerful and contains them all.

And all believe that He is all-powerful. He, the Omnipotent, abides in mystery, in shadow.

And all believe that He is One Alone. He enthrones kings and Kingship is His.

And all believe that He is King of the world. He guides every generation with lovingkindness.

And all believe that He preserves kindness. He is patient and He overlooks [the actions of] the rebellious.

And all believe that He pardons forever. He is the Most High, and His eye is directed to those who fear Him.

And all believe that He answers silent prayer. He opens the gate for those who knock in repentance.

And all believe that His hand is open. He waits for the evildoer, and desires that he be exculpated.

And all believe that He is righteous and upright. His wrath is brief and He is forebearing.

And all believe that He is hard to anger. He is merciful and causes mercy to precede wrath.

And all believe that He is easily appeased. He is immutable, and treats small and great alike.

And all believe that He is the righteous Judge. He is perfect and acts with perfection to those who are sincere.

And all believe that His work is perfect. *The Ark is closed.*

תשגב You alone will be exalted and will reign over all in Oneness, as it is written: The Lord shall be King over the entire earth; on that day the Lord shall be One and His Name One.[2]

1. See above, p. 159 note 2. 2. Zechariah 14:19.

וּבְכֵן יִתְקַדַּשׁ שִׁמְךָ יְיָ אֱלֹהֵינוּ עַל יִשְׂרָאֵל עַמֶּךָ וְעַל יְרוּשָׁלַיִם עִירֶךָ, וְעַל צִיּוֹן מִשְׁכַּן כְּבוֹדֶךָ, וְעַל מַלְכוּת בֵּית דָּוִד מְשִׁיחֶךָ, וְעַל מְכוֹנְךָ וְהֵיכָלֶךָ:

וּבְכֵן תֵּן פַּחְדְּךָ יְיָ אֱלֹהֵינוּ עַל כָּל מַעֲשֶׂיךָ, וְאֵימָתְךָ עַל כָּל מַה שֶּׁבָּרָאתָ, וְיִירָאוּךָ כָּל הַמַּעֲשִׂים, וְיִשְׁתַּחֲווּ לְפָנֶיךָ כָּל הַבְּרוּאִים, וְיֵעָשׂוּ כֻלָּם אֲגֻדָּה אַחַת לַעֲשׂוֹת רְצוֹנְךָ בְּלֵבָב שָׁלֵם. שֶׁיָּדַעְנוּ יְיָ אֱלֹהֵינוּ שֶׁהַשִּׁלְטָן לְפָנֶיךָ, עֹז בְּיָדְךָ, וּגְבוּרָה בִּימִינֶךָ. וְשִׁמְךָ נוֹרָא עַל כָּל מַה שֶּׁבָּרָאתָ:

וּבְכֵן תֵּן כָּבוֹד יְיָ לְעַמֶּךָ, תְּהִלָּה לִירֵאֶיךָ, וְתִקְוָה טוֹבָה לְדוֹרְשֶׁיךָ, וּפִתְחוֹן פֶּה לַמְיַחֲלִים לָךְ, שִׂמְחָה לְאַרְצֶךָ, וְשָׂשׂוֹן לְעִירֶךָ, וּצְמִיחַת קֶרֶן לְדָוִד עַבְדֶּךָ, וַעֲרִיכַת נֵר לְבֶן יִשַׁי מְשִׁיחֶךָ, בִּמְהֵרָה בְיָמֵינוּ:

וּבְכֵן צַדִּיקִים יִרְאוּ וְיִשְׂמָחוּ, וִישָׁרִים יַעֲלֹזוּ, וַחֲסִידִים בְּרִנָּה יָגִילוּ, וְעוֹלָתָה תִּקְפָּץ פִּיהָ, וְהָרִשְׁעָה כֻּלָּהּ בְּעָשָׁן תִּכְלֶה, כִּי תַעֲבִיר מֶמְשֶׁלֶת זָדוֹן מִן הָאָרֶץ:

ובכן And thus shall Your Name, Lord our God, be sanctified upon Israel Your people, upon Jerusalem Your city, upon Zion the abode of Your glory, upon the kingship of the house of David Your anointed, and upon Your dwelling-place and Your sanctuary.

ובכן And so, Lord our God, instill fear of You upon all that You have made, and dread of You upon all that You have created; and [then] all works will be in awe of You, all the created beings will prostrate themselves before You, and they all will form a single band to carry out Your will with a perfect heart. For we know, Lord our God, that rulership is Yours, strength is in Your [left] hand, might is in Your right hand, and Your Name is awesome over all that You have created.

ובכן And so, Lord our God, grant honor to Your people, glory to those who fear You, good hope to those who seek You, confident speech to those who yearn for You, joy to Your land, gladness to Your city, a flourishing of strength to David Your servant, and a setting up of light to the son of Yishai Your anointed, speedily in our days.

ובכן And then the righteous will see and be glad, the upright will rejoice, and the pious will exult in song; injustice will shut its mouth and all wickedness will go up in smoke, when You will remove the rule of evil from the earth.

וְתִמְלוֹךְ אַתָּה הוּא יְיָ אֱלֹהֵינוּ לְבַדֶּךָ, עַל כָּל מַעֲשֶׂיךָ, בְּהַר צִיּוֹן מִשְׁכַּן כְּבוֹדֶךָ, וּבִירוּשָׁלַיִם עִיר קָדְשֶׁךָ, כַּכָּתוּב בְּדִבְרֵי קָדְשֶׁךָ: יִמְלֹךְ יְיָ לְעוֹלָם אֱלֹהַיִךְ צִיּוֹן לְדֹר וָדֹר, הַלְלוּיָהּ:

קָדוֹשׁ אַתָּה וְנוֹרָא שְׁמֶךָ, וְאֵין אֱלוֹהַּ מִבַּלְעָדֶיךָ, כַּכָּתוּב: וַיִּגְבַּהּ יְיָ צְבָאוֹת בַּמִּשְׁפָּט, וְהָאֵל הַקָּדוֹשׁ נִקְדַּשׁ בִּצְדָקָה. בָּרוּךְ אַתָּה יְיָ, הַמֶּלֶךְ הַקָּדוֹשׁ:

אַתָּה בְחַרְתָּנוּ מִכָּל הָעַמִּים, אָהַבְתָּ אוֹתָנוּ וְרָצִיתָ בָּנוּ, וְרוֹמַמְתָּנוּ מִכָּל הַלְּשׁוֹנוֹת, וְקִדַּשְׁתָּנוּ בְּמִצְוֹתֶיךָ, וְקֵרַבְתָּנוּ מַלְכֵּנוּ לַעֲבוֹדָתֶךָ, וְשִׁמְךָ הַגָּדוֹל וְהַקָּדוֹשׁ עָלֵינוּ קָרָאתָ:

וַתִּתֶּן לָנוּ יְיָ אֱלֹהֵינוּ בְּאַהֲבָה אֶת יוֹם (לשבת הַשַּׁבָּת הַזֶּה וְאֶת יוֹם) הַכִּפֻּרִים הַזֶּה: אֶת יוֹם סְלִיחַת הֶעָוֹן הַזֶּה, אֶת יוֹם מִקְרָא קֹדֶשׁ הַזֶּה, (לשבת לִקְדֻשָּׁה וְלִמְנוּחָה) לִמְחִילָה וְלִסְלִיחָה וּלְכַפָּרָה, וְלִמְחָל בּוֹ אֶת כָּל עֲוֹנוֹתֵינוּ (לשבת בְּאַהֲבָה) מִקְרָא קֹדֶשׁ זֵכֶר לִיצִיאַת מִצְרָיִם:

וּמִפְּנֵי חֲטָאֵינוּ גָּלִינוּ מֵאַרְצֵנוּ, וְנִתְרַחַקְנוּ מֵעַל אַדְמָתֵנוּ, וְאֵין אָנוּ יְכוֹלִים לַעֲשׂוֹת חוֹבוֹתֵינוּ בְּבֵית בְּחִירָתֶךָ, בַּבַּיִת הַגָּדוֹל וְהַקָּדוֹשׁ, שֶׁנִּקְרָא שִׁמְךָ עָלָיו, מִפְּנֵי הַיָּד שֶׁנִּשְׁתַּלְּחָה בְּמִקְדָּשֶׁךָ. יְהִי רָצוֹן מִלְּפָנֶיךָ יְיָ אֱלֹהֵינוּ וֵאלֹהֵי אֲבוֹתֵינוּ, מֶלֶךְ רַחֲמָן, שֶׁתָּשׁוּב

ותמלוך Lord our God, You are He who alone will reign over all Your works, in Mount Zion the abode of Your glory, in Jerusalem Your holy city, as it is written in Your holy Scriptures: The Lord shall reign forever; your God, O Zion, throughout all generations; praise the Lord.[1]

קדוש Holy are You, awesome is Your Name, and aside from You there is no God, as it is written: The Lord of hosts is exalted in justice and the holy God is sanctified in righteousness.[2] Blessed are You Lord, the holy King.

אתה You have chosen us from among all the nations; You have loved us and found favor with us. You have raised us above all tongues and made us holy through Your commandments. You, our King, have drawn us near to Your service and proclaimed Your great and holy Name upon us.

ותתן And You, Lord our God, have given us in love (*On Shabbat:* this Shabbat day and) this Day of Atonements, this day of pardoning of sin, this day of holy assembly (*On Shabbat:* for sanctity and tranquility,) for forgiveness, pardon and atonement, to forgive thereon all our wrongdoings, (*On Shabbat:* in love,) a holy assembly, commemorating the Exodus from Egypt.

ומפני But because of our sins, we were exiled from our land and driven away from our soil; and we are unable to discharge our obligations in Your chosen House, the great and holy House upon which Your Name is proclaimed, because of the hand that was sent forth against Your Sanctuary. May it be Your will, Lord our God and God of our fathers, merciful King, in Your abounding compassion, again

1. Psalms 146:10. 2. Isaiah 5:16.

וְתַרַחֵם עָלֵינוּ וְעַל מִקְדָּשְׁךָ בְּרַחֲמֶיךָ הָרַבִּים, וְתִבְנֵהוּ מְהֵרָה וּתְגַדֵּל כְּבוֹדוֹ. אָבִינוּ מַלְכֵּנוּ אֱלֹהֵינוּ גַּלֵּה כְּבוֹד מַלְכוּתְךָ עָלֵינוּ מְהֵרָה, וְהוֹפַע וְהִנָּשֵׂא עָלֵינוּ לְעֵינֵי כָּל חָי, וְקָרֵב פְּזוּרֵינוּ מִבֵּין הַגּוֹיִם, וּנְפוּצוֹתֵינוּ כַּנֵּס מִיַּרְכְּתֵי אָרֶץ. וַהֲבִיאֵנוּ לְצִיּוֹן עִירְךָ בְּרִנָּה, וְלִירוּשָׁלַיִם בֵּית מִקְדָּשְׁךָ, בְּשִׂמְחַת עוֹלָם, וְשָׁם נַעֲשֶׂה לְפָנֶיךָ אֶת קָרְבְּנוֹת חוֹבוֹתֵינוּ: תְּמִידִים כְּסִדְרָם וּמוּסָפִים כְּהִלְכָתָם. וְאֶת מוּסַף יוֹם (לשבת וְאֶת מוּסְפֵי יוֹם הַשַּׁבָּת הַזֶּה ו) יוֹם הַכִּפּוּרִים הַזֶּה יוֹם סְלִיחַת הֶעָוֹן הַזֶּה, יוֹם מִקְרָא קֹדֶשׁ הַזֶּה, נַעֲשֶׂה וְנַקְרִיב לְפָנֶיךָ בְּאַהֲבָה, כְּמִצְוַת רְצוֹנֶךָ, כְּמוֹ שֶׁכָּתַבְתָּ עָלֵינוּ בְּתוֹרָתֶךָ עַל יְדֵי מֹשֶׁה עַבְדֶּךָ מִפִּי כְבוֹדֶךָ, כָּאָמוּר:

לשבת
וּבְיוֹם הַשַּׁבָּת שְׁנֵי כְבָשִׂים בְּנֵי שָׁנָה תְּמִימִם, וּשְׁנֵי עֶשְׂרֹנִים סֹלֶת מִנְחָה בְּלוּלָה בַשֶּׁמֶן וְנִסְכּוֹ. עֹלַת שַׁבַּת בְּשַׁבַּתּוֹ, עַל עֹלַת הַתָּמִיד וְנִסְכָּהּ:

וּבֶעָשׂוֹר לַחֹדֶשׁ הַשְּׁבִיעִי הַזֶּה, מִקְרָא קֹדֶשׁ יִהְיֶה לָכֶם, וְעִנִּיתֶם אֶת נַפְשֹׁתֵיכֶם, כָּל מְלָאכָה לֹא תַעֲשׂוּ. וְהִקְרַבְתֶּם עֹלָה לַיי רֵיחַ נִיחֹחַ, פַּר בֶּן בָּקָר אֶחָד, אַיִל אֶחָד, כְּבָשִׂים בְּנֵי שָׁנָה שִׁבְעָה, תְּמִימִם יִהְיוּ לָכֶם: וּמִנְחָתָם וְנִסְכֵּיהֶם כִּמְדֻבָּר: שְׁלֹשָׁה עֶשְׂרֹנִים לַפָּר, וּשְׁנֵי עֶשְׂרֹנִים לָאָיִל, וְעִשָּׂרוֹן לַכֶּבֶשׂ, וְיַיִן כְּנִסְכּוֹ, וּשְׁנֵי שְׂעִירִים לְכַפֵּר, וּשְׁנֵי תְמִידִים כְּהִלְכָתָם.

א) במדבר כח א: ב) שם כט ב.

to have mercy on us and on Your Sanctuary, and rebuild it soon and increase its glory. Our Father, our King, our God, speedily reveal the glory of Your Kingship upon us; appear and be exalted over us before the eyes of all the living. Gather our dispersed from among the nations, and assemble our scattered from the ends of the earth. Bring us with song to Zion Your city, and with everlasting joy to Jerusalem Your Sanctuary. There we will offer to You our obligatory sacrifices, the daily burnt-offerings according to their order and the *musaf* offerings according to their rule; and the *musaf* offering of (*On Shabbat substitute:* and the *musaf* offerings of this Shabbat day and) this Day of Atonements, this day of pardoning of sin, this day of holy assembly we will prepare and offer to You with love in accordance with the command of Your will, as You have prescribed for us in Your Torah, through Moses Your servant in Your glorious Name, as it is stated:

On Shabbat add the following paragraph:

וביום On the Shabbat day, two yearling male lambs without blemish, two-tenths [of an *ephah*] of fine flour mixed with oil as a meal-offering, and its wine-offering — this is the burnt-offering for Shabbat, each Shabbat, aside from the daily burnt-offering and its wine-offering.[1]

ובעשור And on the tenth day of this seventh month you shall have a holy assembly, and you shall afflict yourselves; you shall do no work of labor. And you shall bring to the Lord a burnt-offering of pleasing odor: one young bullock, one ram, seven yearling lambs; they shall be to you without blemish.[2]

ומנחתם And their meal-offering and libations as prescribed — three-tenths [of an *ephah* of fine flour] for each bullock, two-tenths for the ram, one-tenth for each lamb, and wine in accordance with each one's wine-offering; as well as two he-goats for atonement, and two daily burnt-offerings according to their rule;

---

1. Numbers 28:9-10. 2. Ibid. 29:7-8.

מִלְּבַד חַטַּאת הַכִּפֻּרִים, וְעוֹלַת הַתָּמִיד וּמִנְחָתָהּ וְנִסְכֵּיהֶם:

לדוד
יִשְׂמְחוּ בְמַלְכוּתְךָ שׁוֹמְרֵי שַׁבָּת וְקוֹרְאֵי עֹנֶג, עַם מְקַדְּשֵׁי שְׁבִיעִי. כֻּלָּם יִשְׂבְּעוּ וְיִתְעַנְּגוּ מִטּוּבֶךָ, וּבַשְּׁבִיעִי רָצִיתָ בּוֹ וְקִדַּשְׁתּוֹ. חֶמְדַּת יָמִים אוֹתוֹ קָרָאתָ, זֵכֶר לְמַעֲשֵׂה בְרֵאשִׁית:

בעלינו פותחין הארון וכשאומרים שלא שם חלקנו כהם סוגרין הארון. ואח"כ כשמגיעים לואנחנו כורעים פותחין הארון וכורעים ונופלים על פניהם הש"ץ והקהל (גם כשחל בשבת)

עָלֵינוּ לְשַׁבֵּחַ לַאֲדוֹן הַכֹּל לָתֵת גְּדֻלָּה לְיוֹצֵר בְּרֵאשִׁית שֶׁלֹּא עָשָׂנוּ כְּגוֹיֵי הָאֲרָצוֹת וְלֹא שָׂמָנוּ כְּמִשְׁפְּחוֹת הָאֲדָמָה שֶׁלֹּא שָׂם חֶלְקֵנוּ כָּהֶם וְגוֹרָלֵנוּ כְּכָל־הֲמוֹנָם שֶׁהֵם מִשְׁתַּחֲוִים לְהֶבֶל וְלָרִיק: וַאֲנַחְנוּ כּוֹרְעִים וּמִשְׁתַּחֲוִים וּמוֹדִים לִפְנֵי מֶלֶךְ מַלְכֵי הַמְּלָכִים הַקָּדוֹשׁ בָּרוּךְ הוּא: שֶׁהוּא נוֹטֶה שָׁמַיִם וְיוֹסֵד אָרֶץ וּמוֹשַׁב יְקָרוֹ בַּשָּׁמַיִם מִמַּעַל וּשְׁכִינַת עֻזּוֹ בְּגָבְהֵי מְרוֹמִים: הוּא אֱלֹהֵינוּ אֵין עוֹד אֱמֶת מַלְכֵּנוּ אֶפֶס זוּלָתוֹ כַּכָּתוּב בְּתוֹרָתוֹ וְיָדַעְתָּ הַיּוֹם וַהֲשֵׁבֹתָ אֶל־לְבָבֶךָ כִּי יְהוָֹה הוּא הָאֱלֹהִים בַּשָּׁמַיִם מִמַּעַל וְעַל־הָאָרֶץ מִתָּחַת אֵין עוֹד:

קבלה בשם הרוקח כשהחזן אומר הוא אלהינו אין עוד יאמרו הקהל פסוקים אלו (סידור אדמו"ר).

אַתָּה הָרְאֵתָ לָדַעַת כִּי יְהוָֹה הוּא הָאֱלֹהִים אֵין עוֹד מִלְבַדּוֹ: שְׁמַע יִשְׂרָאֵל יְהוָֹה אֱלֹהֵינוּ יְהוָֹה אֶחָד: הֵן לַיהוָֹה אֱלֹהֶיךָ הַשָּׁמַיִם וּשְׁמֵי הַשָּׁמָיִם הָאָרֶץ וְכָל אֲשֶׁר בָּהּ: כִּי יְהוָֹה אֱלֹהֵיכֶם הוּא אֱלֹהֵי הָאֱלֹהִים וַאֲדֹנֵי הָאֲדֹנִים הָאֵל הַגָּדֹל הַגִּבֹּר וְהַנּוֹרָא אֲשֶׁר לֹא יִשָּׂא פָנִים וְלֹא יִקַּח שֹׁחַד: כִּי שֵׁם יְהוָֹה אֶקְרָא הָבוּ גֹדֶל לֵאלֹהֵינוּ: יְהִי שֵׁם יְהוָֹה מְבֹרָךְ מֵעַתָּה וְעַד עוֹלָם:

אוֹחִילָה לָאֵל. אֲחַלֶּה פָנָיו. אֶשְׁאֲלָה מִמֶּנּוּ מַעֲנֵה לָשׁוֹן: אֲשֶׁר בִּקְהַל עָם אָשִׁירָה עֻזּוֹ. אַבִּיעָה רְנָנוֹת בְּעַד מִפְעָלָיו: לְאָדָם מַעַרְכֵי לֵב. וּמֵיְהוָֹה מַעֲנֵה לָשׁוֹן: אֲדֹנָי שְׂפָתַי תִּפְתָּח. וּפִי יַגִּיד תְּהִלָּתֶךָ: יִהְיוּ לְרָצוֹן אִמְרֵי פִי וְהֶגְיוֹן לִבִּי לְפָנֶיךָ יְהוָֹה צוּרִי וְגוֹאֲלִי: סוגרין הארון

ג) שב כט ו:

aside from the sin-offering of atonement and the daily burnt-offering and its meal-offering and their libations.

On Shabbat add the following paragraph:

ישמחו Those who observe the Shabbat and call it a delight shall rejoice in Your kingship; the nation which hallows the Seventh Day — all shall be satiated and delighted with Your goodness. You were pleased with the Seventh Day and made it holy; You called it the most desirable of days, in remembrance of the work of Creation.

The Ark is opened. At the words שלא שם חלקנו כהם *(that He does not assign us a portion like theirs) it is closed. At the words* ואנחנו כורעים *(But we bend the knee) it is re-opened and the Chazzan and the Congregation kneel and prostrate themselves. This is done even when Yom Kippur falls on Shabbat.*

עלינו It is incumbent upon us to praise the Master of all things, to exalt the Creator of all existence, that He has not made us like the nations of the world, nor caused us to be like the families of the earth; that He has not assigned us a portion like theirs, nor a lot like that of all their multitudes, for they bow to vanity and nothingness. But we bend the knee, bow down, and offer praise before the supreme King of kings, the Holy One, blessed be He, who stretches forth the heavens and establishes the earth, the seat of whose glory is in the heavens above, and the abode of whose majesty is in the loftiest heights. He is our God; there is none else. Truly, He is our King; there is nothing besides Him, as it is written in His Torah: Know this day and take unto your heart, that the Lord is God, in the heavens above and upon the earth below there is nothing else.[1]

There is a tradition handed down from the Rokeach *that as the Chazzan says the words* הוא אלהינו אין עוד *(He is our God; there is none else), the Congregation recites the following verses:*

אתה You have been shown to know that the Lord is God; there is none else aside from Him.[2] Hear, O Israel, the Lord is our God, the Lord is One.[3] Behold, the heavens and the heaven of heavens belong to the Lord your God, the earth and all therein.[4] For the Lord your God is the God of the supernal beings and the Master of the heavenly hosts, the great, the mighty, and the awesome God, who shows no favor and takes no bribe.[5] When I proclaim the Name of the Lord, ascribe greatness to our God.[6] May the Name of the Lord be blessed from now to all eternity.[7]

אוחילה I place my hope in God, I entreat His countenance; I ask Him to grant me the gift of speech, that I may sing of His majesty in the assemblage of the people, that I may chant songs of prayer on behalf of His works, [Israel]. The arrangement of thoughts belongs to man, but the gift of speech comes from the Lord.[8] My Lord, open my lips and my mouth shall declare Your praise.[9] May the words of my mouth and the meditation of my heart be acceptable before You, Lord, my Strength and my Redeemer.[10]

The Ark is closed.

1. Deuteronomy 4:39. 2. Deuteronomy 4:35. 3. Ibid. 6:4. 4. Ibid. 10:14. 5. Ibid. 1:17. 6. Ibid. 32:3. 7. Psalms 113:2. 8. Proverbs 16:1. 9. Psalms 51:17. 10. Ibid. 19:15.

סדר עבודה ליום כפור

מיוסד ע״פ א״ב

אַתָּה כּוֹנַנְתָּ עוֹלָם מֵרֹאשׁ יָסַדְתָּ תֵּבֵל וְהַכֹּל פָּעַלְתָּ וּבְרִיּוֹת בּוֹ
יָצַרְתָּ ׃ בְּשׁוּרְךָ עוֹלָם תֹּהוּ וָבֹהוּ וְחֹשֶׁךְ עַל־פְּנֵי תְהוֹם גֵּרַשְׁתָּ
אֹפֶל וְהִצַּבְתָּ נֹגַהּ ׃ גּוֹלֶם תַּבְנִיתְךָ מִן־הָאֲדָמָה יָצַרְתָּ וְעַל עֵץ הַדַּעַת
אוֹתוֹ פִּקַּדְתָּ ׃ דְּבָרְךָ זָנַח וְנִזְנַח מֵעֵדֶן וְלֹא כִלִּיתוֹ לְמַעַן אֹרֶךְ אַפֶּךָ ׃
הִגְדַּלְתָּ פִּרְיוֹ וּבֵרַכְתָּ זַרְעוֹ וְהִפְרֵיתָם בְּטוּבְךָ וְהִשְׁבַּעְתָּם שֶׁקֶט ׃
וַיִּפְרְקוּ עוֹל וַיֹּאמְרוּ לָאֵל סוּר מִמֶּנּוּ וַהֲסִירוֹתָ יָד כְּרֶגַע כֶּחָצִיר
אֻמְלָלוּ ׃ זָכַרְתָּ בְּרִית לְתָמִים בְּדוֹרוֹ וּבִזְכוּתוֹ שַׂמְתָּ לְעוֹלָם שְׁאֵרִית ׃
חֹק בְּרִית קֶשֶׁת לְמַעֲנוֹ כָּרַתָּ וּבְאַהֲבַת נִיחוֹחוֹ בָּנָיו בֵּרַכְתָּ ׃ טָעוּ
בְעָשְׁרָם וַיִּבְנוּ מִגְדָּל וַיֹּאמְרוּ לְכוּ וְנַעֲלֶה וְנִבְקַע הָרָקִיעַ לְהִלָּחֵם בּוֹ ׃
יָחִיד אַב הָמוֹן פִּתְאוֹם כְּכוֹכָב זָרַח מֵאוּר כַּשְׂדִּים לְהָאִיר בַּחֹשֶׁךְ ׃
כַּעַסְךָ הֵפַרְתָּ בְּשׁוּרְךָ פָּעֳלוֹ וּלְעֵת שֵׂיבָתוֹ לְבָבוֹ חָקַרְתָּ ׃ לְוִיַת חֵן
מִמֶּנּוּ הוֹצֵאתָ טָלֶה טָהוֹר מִכֶּבֶשׂ נִבְחָר ׃ מִגִּזְעוֹ אִישׁ תָּם הוֹצֵאתָ
חָתוּם בִּבְרִיתְךָ מֵרֶחֶם לָקַח ׃ נָתַתָּ לוֹ שְׁנֵים עָשָׂר שְׁבָטִים אֲהוּבֵי
עֶלְיוֹן עֲמוּסִים מִבֶּטֶן נִקְרָאוּ ׃ שַׂמְתָּ עַל לֵוִי לִוְיַת חֵן וָחֶסֶד וּמִכָּל
אֶחָיו כֶּתֶר לוֹ עִטַּרְתָּ ׃ עַמְרָם נִבְחַר מִזֶּרַע לֵוִי אַהֲרֹן קְדוֹשׁ יְהוָה
לְשָׁרֶתְךָ קִדַּשְׁתָּ ׃ פֵּאַרְתּוֹ בְּבִגְדֵי שְׂרָד וּבְקָרְבְּנוֹתָיו הֵפֵר כַּעַסֶךָ ׃
צִיץ וּמְעִיל חֹשֶׁן וְאֵפוֹד כְּתֹנֶת וּמִכְנְסֵי בַד מִצְנֶפֶת וְאַבְנֵט ׃
קָרְבְּנוֹת פָּרִים וְעוֹלוֹת כְּבָשִׂים וּשְׁחִיטַת שְׂעִירִים וְנִיחוֹחַ אֵילִים ׃
רֵיחַ קְטֹרֶת רוֹקַח מִרְקַחַת וּבִעוּר גֶּחָלִים וּזְרִיקַת דַּם וּסְפִירַת
יֹשֶׁר ׃ שַׁוְעַת קְטֹרֶת וּתְפִלַּת אֱמֶת וּקְדֻשָּׁתוֹ מְכַפֵּר עֲוֹנוֹתֵינוּ ׃
תּוֹכֶן בּוּץ וַעֲרִיכַת אֶבֶן מְתֹאָר בְּכֻלָּם כְּמַלְאָךְ מִיכָאֵל מְשָׁרֵת ׃

מיוסד ע״פ תשר״ק

תַּבְנִית כָּל־אֵלֶּה לִכְבוֹד אַהֲרֹן כְּלִי כַפָּרָה לְיִשְׂרָאֵל שַׂמְתּוֹ וְעַל
יָדוֹ סְלִיחַת הֶעָוֹן נָתַתָּ ׃ תַּחַת אַהֲרֹן מִגִּזְעוֹ יַעֲמוֹד לְשָׁרֵת
לְפָנֶיךָ בְּיוֹם הַסְּלִיחָה ׃ תּוֹרַת מַעֲשֶׂה וַעֲבוֹדַת הַיּוֹם שִׁבְעָה יָמִים
בִּזְבוּלֵנוּ יִלְמוֹד וּמְזִין עָלָיו שְׁלִישִׁי וּשְׁבִיעִי ׃ שְׁלוּמֵי זִקְנֵי עָם וְחַכְמֵי
אֶחָיו הַכֹּהֲנִים תָּמִיד יְסוֹבְבוּהוּ עַד בֹּא יוֹם הֶעָשׂוֹר וְאוֹמְרִים לוֹ

THE AVODAH

אתה You established the world at the very beginning [of Creation]; You founded the inhabitable land, You made all things and created living beings on it. When You beheld the world desolate and void, with darkness over the surface of the deep, You dispelled darkness and established light. From the dust of the earth You fashioned man in Your likeness, and enjoined him concerning the Tree of Knowledge. He paid no heed to Your command and was banished from Eden; yet because of Your forbearance You did not destroy him. In Your goodness You made his offspring great, blessed his descendants and made them fruitful; You settled them in tranquility. But they cast off the Heavenly yoke and said: Depart from us! When You did remove Your hand [Providence], they instantly withered like grass. You remembered the covenant with [Noach,] the perfect in his generation, and in his merit You left a remnant of the world. For his sake You have made the covenant of the rainbow as a statute, and in Your loving regard of his savory offering, You blessed his children. But they went astray on account of their wealth; they built a tower and said: Come, let us go up and break through the sky to wage war against Him. [Abraham,] the only one [in his generation with faith in You,] "father of a multitude of nations," suddenly shined forth from Ur Kasdim to illuminate the darkness. You stilled Your anger when You saw his good deeds; in his old age, You searched his heart. You brought forth from him [Isaac,] a garland of grace, a pure lamb, the choicest of sheep. From his stock You brought forth [Jacob,] the perfect one; with the sign of Your covenant marked in his flesh he was taken from the womb. You gave him twelve tribes, beloved of the exalted G-d; they were called "loved ones" from their very birth. You placed on Levi a garland of grace and love, and from among all his brothers You crowned him with the crown [of Priesthood]. Amram was chosen from the children of Levi, and You consecrated [his son] Aaron, holy to the Lord, to serve You. You adorned him with priestly vestments which together with his offerings stilled Your anger. [The priestly vestments were:] A forehead-plate, a robe, a breastplate, an *ephod*, a tunic, linen breeches, a turban, and a sash. [The priestly ritual of Yom Kippur consisted of:] Offerings of bullocks, burnt-offerings of sheep, ritual slaughtering of goats, and the pleasing odor of rams; the fragrant incense expertly compounded, the removal of the glowing coals, the sprinkling of the blood, the precise counting [of the sprinkling]; the acceptance of the incense-offering, sincere prayer and the holiness [of the *Kohen Gadol* — all these] atone for our sins. Robed in the prescribed number of linen garments and golden vestments beset with precious stones, he appeared in all these like the ministering angel Michoel.

תכנת You established all these in honor of Aaron, making him the instrument of atonement for Israel, and through him You granted pardon for iniquity. Succeeding Aaron, there stood before You one of his stock to serve You on the day of pardon. Seven days before Yom Kippur he would study in our Temple the practical laws and the ritual of the Day; on the third and seventh day, they sprinkled on him water of purification. The foremost elders of the people and his scholarly brethren among the *Kohanim* would constantly surround him until the arrival of the tenth day [of Tishrei], and say to him:

רְאֵה לִפְנֵי מִי אַתָּה נִכְנָס לִמְקוֹם אֵשׁ לַהֶבֶת שַׁלְהֶבֶת ׃ קְהַל עֲדָתֵנוּ עָלֶיךָ יִסְמֹכוּ וְעַל יָדְךָ תְּהֵא סְלִיחָתֵנוּ ׃ צִוּוּהוּ וְהִרְגִּילוּהוּ עַד בֹּא יוֹם הֶעָשׂוֹר כְּדֵי שֶׁיְּהֵא רָגִיל בָּעֲבוֹדָה ׃ פֵּרְשׁוּ לוֹ סָדִין שֶׁל בּוּץ בְּהַגִּיעַ עֵת שְׁחִיטַת כֶּבֶשׂ הַתָּמִיד לַעֲשׂוֹת מְחִיצָה בֵּינוֹ וּבֵין הָעָם ׃ עָשָׂה מִצְוָה בְּאֵימָה וְיִרְאָה וּבוֹדֵק עַצְמוֹ מֵחוֹצְצֵי טְבִילָה ׃ שֵׁשׁ עַל מִצְוָה לְקַיֵּם דָּתוֹ וּפָשַׁט בִּגְדֵי חוֹל וְיָרַד וְטָבַל וְעָלָה וְנִסְתַּפָּג כְּמוֹ שֶׁהֻזְהַר ׃ נָתְנוּ לוֹ בִּגְדֵי זָהָב וְלָבַשׁ וְקִדֵּשׁ יָדָיו וְרַגְלָיו מִקִּיתוֹן שֶׁל זָהָב ׃ מִיַּד מְקַבֵּל אֶת־כֶּבֶשׂ הַתָּמִיד וְשׁוֹחֵט בּוֹ רוֹב שְׁנַיִם וּמֵנִיחַ לְאַחֵר לִגְמוֹר הַשְּׁחִיטָה וּמְקַבֵּל אֶת־הַדָּם וְזוֹרְקוֹ עַל הַמִּזְבֵּחַ כְּמִצְוָתוֹ ׃ לִפְנִים יִכָּנֵס לְהֵטִיב חָמֵשׁ נֵרוֹת וּלְהַקְטִיר קְטֹרֶת הַבֹּקֶר וּלְהֵטִיב אֶת־שְׁתֵּי הַנֵּרוֹת הַנִּשְׁאָרוֹת וְיֵצֵא וְהִקְרִיב אֶת־הָרֹאשׁ וְאֶת־הָאֵבָרִים כְּמִצְוָתָן ׃ כְּכָל־יוֹם יַעֲשֶׂה מִנְחַת חֲבִתִּין וְיִנַּסֵּךְ אֶת־הַיַּיִן בְּכָל־כְּלֵי שִׁיר וְאַחַר הַתָּמִיד מַקְרִיב פַּר הָעוֹלָה וְשִׁבְעַת הַכְּבָשִׂים שֶׁל מוּסַף הַיּוֹם וּמִנְחָתָם וְנִסְכֵּיהֶם כְּמִשְׁפָּטָם (וּבְיוֹם הַשַּׁבָּת מַקְרִיב קוֹדֶם מוּסַף הַיּוֹם שְׁנֵי כְבָשִׂים שֶׁל מוּסַף שַׁבָּת וּמִנְחָתָם וְאַחַר כָּךְ מְסַדֵּר לֶחֶם הַפָּנִים וּמַקְרִיב שְׁנֵי בָזִיכֵי לְבוֹנָה וּמְנַסֵּךְ הַיַּיִן כְּהִלְכָתוֹ) ׃ יָבֹא מִיַּד לְבֵית הַפַּרְוָה וּבְקֹדֶשׁ הָיְתָה וְיִפְרְשׂוּ לוֹ סָדִין שֶׁל בּוּץ בֵּינוֹ לְבֵין הָעָם כְּבָרִאשׁוֹנָה ׃ טֶרֶם יִפְשׁוֹט בִּגְדֵי זָהָב מְקַדֵּשׁ בִּנְקִיּוּת יָדָיו וְרַגְלָיו ׃ חָל וּפָשַׁט בִּגְדֵי זָהָב יָרַד וְטָבַל כְּמוֹ שֶׁהֻזְהַר וְעָלָה וְנִסְתַּפָּג ׃ זְהָבִים מַעֲבִיר וּלְבָנִים לוֹבֵשׁ שֶׁעֲבוֹדַת הַיּוֹם בְּבִגְדֵי לָבָן ׃ וּמָהֵר וְקִדֵּשׁ יָדָיו וְרַגְלָיו וּבָא לוֹ תְּחִלָּה אֵצֶל פָּרוֹ וּפָרוֹ הָיָה עוֹמֵד בַּצָּפוֹן כְּנֶגֶד בֵּין הָאוּלָם וְלַמִּזְבֵּחַ רֹאשׁוֹ לַדָּרוֹם וּפָנָיו לַמַּעֲרָב וְהַכֹּהֵן עוֹמֵד בַּמִּזְרָח וּפָנָיו לַמַּעֲרָב ׃ הוּא עוֹמֵד בְּאֵימָה לִפְנֵי אֵל עֶלְיוֹן וְאוֹמֵר עָלָיו דִּבְרֵי וִדּוּי וְסָמַךְ שְׁתֵּי יָדָיו עָלָיו וְהִתְוַדָּה ׃

וְכָךְ הָיָה אוֹמֵר אָנָּא הַשֵּׁם חָטָאתִי עָוִיתִי פָּשַׁעְתִּי לְפָנֶיךָ אֲנִי וּבֵיתִי אָנָּא בְּשֵׁם כַּפֶּר נָא לַחֲטָאִים וְלַעֲוֹנוֹת וְלַפְּשָׁעִים שֶׁחָטָאתִי וְשֶׁעָוִיתִי וְשֶׁפָּשַׁעְתִּי

"See before Whom you are entering, into a place of blazing, flaming fire; the congregation of our people depend on you, for through you comes our pardon." They instructed him and practiced him until the arrival of the tenth day so that he should be experienced in the service. [On Yom Kippur,] when the time arrived for offering the lamb of the daily burnt-offering, a linen sheet was spread out before him so as to serve as a partition between him and the people. He performed the *mitzvah* with awe and fear, and examined his body for any interpositions which would disqualify his immersions in the *mikveh.* He rejoiced to fulfill the command of this law; he took off his weekday garments, went down [into the *mikveh*] and immersed himself, came up and dried himself, as he had been enjoined. He was then given the golden vestments which he put on; he sanctified [himself by washing] his hands and feet from a golden pitcher. Without delay, he received the lamb for the daily burnt-offering; he cut through the larger part of the two organs (the windpipe and gullet), leaving it for another to complete the *shechitah.* He received the blood and sprinkled it on the altar in accordance with the prescribed law. He then went inside [the *heichal*] to clean the five cups [of the *menorah*], burned the morning incense-offering, and then cleaned the remaining two cups [of the *menorah*]. He came out and offered the head and the parts [of the daily burnt-offering] in accordance with the prescribed law. As on any other day, he brought the offering of pancakes and offered the libation of wine accompanied by various musical instruments. Following the daily burnt-offering, he offered the bullock of the burnt-offering and the seven lambs of the *musaf*-offerings of the Day, with their meal-offering and libation in accordance with their regulation. (On Shabbat before the *musaf*-offerings of the Day, he offered the two lambs of the Shabbat *musaf*-offerings and their meal-offering. Then he arranged the showbread, offered the two censers with frankincense and poured the wine-offering according to its rule.) Immediately thereafter, he went to the Chamber of Parvah which was on holy ground (within the Temple Court), and as before, a linen sheet was spread out between him and the people. Before taking off his golden vestments, he sanctified [himself] by washing his hands and feet. Then he began to remove his golden vestments, went down [into the *mikveh*] and immersed himself as he had been enjoined, came up and dried himself. He had to take off his golden vestments and put on white vestments, for the service of the Day was to be performed in white vestments. He hastened to sanctify his hands and his feet and then proceeded first to his bullock which was standing in the northern side [of the Temple Court], between the *ulam* and the altar, its head to the south and its face to the west; the *Kohen* [*Gadol*] stood in the east with his face to the west. Standing in awe before the exalted God, he said over [the bullock] words of confession, placed his two hands upon [its head] and made confession.

וכך And this is what he said: O God, I have sinned, I have committed iniquity, I have transgressed before You, I and my household. I beseech You, for the sake of Your ineffable Name, grant atonement for the sins, iniquities and transgressions which I have sinned, committed and transgressed

לפניך אני וביתי ככתוב בתורת משה עבדך מפי
כבודך א כי ביום הזה יכפר עליכם לטהר אתכם מכל
חטאתיכם לפני יהוה:

והכהנים והעם העומדים בעזרה כשהיו שומעים
את השם הנכבד והנורא מפורש יוצא מפי
כהן גדול בקדשה ובטהרה היו כורעים ומשתחוים
ונופלים על פניהם ואומרים ברוך שם כבוד מלכותו
לעולם ועד:

ואף הוא היה מתכון כנגד המברכים לגמור את השם ואומר
תטהרו ואתה בטובך מעורר רחמיך וסולח לאיש חסידך:
דרך ובא לו למזרח העזרה לצפון המזבח הסגן מימינו וראש
בית אב משמאלו ושם שני שעירים פניהם למערב
ואחוריהם למזרח אחד לימינו ואחד לשמאלו טרף בקלפי
והעלה שני גורלות: גורל ימין כשהוא של שם יתנהו על
השעיר ואומר ליהוה חטאת:

בכאן אין צריך לכרוע

והכהנים והעם העומדים בעזרה כשהיו שומעים
את השם הנכבד והנורא מפורש יוצא מפי
כהן גדול בקדשה ובטהרה היו כורעים ומשתחוים
ונופלים על פניהם ואומרים ברוך שם כבוד מלכותו
לעולם ועד:

בשעיר עזאזל לשון זהורית משקל שתי סלעים בין קרניו יקשור
ויעמידהו בשער המזרח כנגד בית שלוחו: אף בשעיר
שהוא של שם יקשור לשון של זהורית כנגד בית שחיטתו בצואר
ובא לו שנית אצל פרו ואומר עליו ודוי ביתו ודוי אחיו הכהנים
וסמך שתי ידיו עליו והתודה:

א) ויקרא טז ל:

before You, I and my household, as it is written in the Torah of Moses Your servant in Your glorious Name: For on this day atonement shall be made for you, to purify you of all your sins before the Lord...[1]

והכהנים And when the *Kohanim* and the people standing in the Temple Court heard the glorious and awesome Name fully pronounced issuing from the mouth of the *Kohen Gadol* in holiness and purity, they would bend their knees, bow down and fall on their faces and exclaim: Blessed be the name of the glory of His kingdom forever and ever.

ואף The *Kohen Gadol* also aimed to complete the utterance of the Divine Name simultaneously with those reciting the blessing, and [end the verse] saying: You shall be cleansed.[2] And You in Your goodness aroused Your compassion and pardoned Your pious one.

דרך He then proceeded to go to the east of the Temple, north of the altar, with the deputy *Kohen Gadol* at his right and the head of the priestly group [serving that week] at his left. Two he-goats were standing there, facing the west with their backs to the east, one to his right and one to his left. He shook the urn and brought up the two lots. If the lot that came up in his right hand had the Divine Name inscribed on it, he would place it on the goat and say: A sin-offering to the Lord.

Here it is not necessary to kneel.

והכהנים And when the *Kohanim* and the people standing in the Temple Court heard the glorious and awesome Name fully pronounced issuing from the mouth of the *Kohen Gadol* in holiness and purity, they would bend their knees, bow down and fall on their faces and exclaim: Blessed be the name of the glory of His kingdom forever and ever.

בשעיר He bound a scarlet band weighing two *selaim* between the horns of the goat to be sent to Azazel, and placed it at the eastern gate, whence it was to be sent away. Likewise, on the goat that was to be offered to God, he bound a scarlet band on the throat at the place of slaughter. Then he again went to his bullock and said over it confession for his household and for his fellow *Kohanim*. He laid his two hands on [its head] and made confession.

---

1. Leviticus 16:30. 2. Loc. cit.

וְכָךְ הָיָה אוֹמֵר אָנָּא הַשֵּׁם חָטָאתִי עָוִיתִי פָּשַׁעְתִּי לְפָנֶיךָ אֲנִי וּבֵיתִי וּבְנֵי אַהֲרֹן עַם קְדוֹשֶׁךָ אָנָּא בַּשֵּׁם כַּפֶּר נָא לַחֲטָאִים וְלַעֲוֹנוֹת וְלַפְּשָׁעִים שֶׁחָטָאתִי וְשֶׁעָוִיתִי וְשֶׁפָּשַׁעְתִּי לְפָנֶיךָ אֲנִי וּבֵיתִי וּבְנֵי אַהֲרֹן עַם קְדוֹשֶׁךָ׳ כַּכָּתוּב בְּתוֹרַת מֹשֶׁה עַבְדֶּךָ מִפִּי כְבוֹדֶךָ׳ כִּי בַיּוֹם הַזֶּה יְכַפֵּר עֲלֵיכֶם לְטַהֵר אֶתְכֶם מִכֹּל חַטֹּאתֵיכֶם לִפְנֵי יְהֹוָה:

וְהַכֹּהֲנִים וְהָעָם הָעוֹמְדִים בָּעֲזָרָה כְּשֶׁהָיוּ שׁוֹמְעִים אֶת־הַשֵּׁם הַנִּכְבָּד וְהַנּוֹרָא מְפוֹרָשׁ יוֹצֵא מִפִּי כֹהֵן גָּדוֹל בִּקְדֻשָּׁה וּבְטָהֳרָה הָיוּ כּוֹרְעִים וּמִשְׁתַּחֲוִים וְנוֹפְלִים עַל פְּנֵיהֶם וְאוֹמְרִים בָּרוּךְ שֵׁם כְּבוֹד מַלְכוּתוֹ לְעוֹלָם וָעֶד:

וְאַף הוּא הָיָה מִתְכַּוֵּן כְּנֶגֶד הַמְבָרְכִים לִגְמוֹר אֶת־הַשֵּׁם וְאוֹמֵר תִּטְהָרוּ וְאַתָּה בְּטוּבְךָ מְעוֹרֵר רַחֲמֶיךָ וְסוֹלֵחַ לְשֵׁבֶט מְשָׁרְתֶךָ:

מיוסד ע"פ ס"ע

אַחַר וִדּוּי שָׁקַד בְּעַצְמָהּ לַעֲשׂוֹת הַטָּאתוֹ וְחַטַּאת הָעָם: בָּדַק סַכִּין וְשָׁחַט פָּרוֹ רוֹב שְׁנַיִם וּמֵרַק אַחֵר אֶת־הַשְּׁחִיטָה וְקִבֵּל דָּמוֹ בְּמִזְרָק טָהוֹר: גַּם לַחֲבֵרוֹ יִתֵּן מִיַּד לְמָרֵס בְּדָמוֹ כְּדֵי שֶׁלֹּא יִקְרוֹשׁ: דַּם זֶה הִנִּיחוֹ בְּיַד מִי שֶׁמְּמָרֵס בּוֹ בָּעֲזָרָה עַל הָרוֹבֶד הָרְבִיעִי שֶׁמִּן הַהֵיכָל וּלְחוּץ וְנָטַל מַחְתָּה שֶׁל זָהָב אָדוֹם קַלָּה מַחְזֶקֶת שְׁלֹשָׁה קַבִּין וְיָדָהּ אֲרוּכָה וְעָלָה לְרֹאשׁ הַמִּזְבֵּחַ וּפִנָּה גֶּחָלִים שֶׁמַּחֲצִיתָן גַּחֶלֶת וּמַחֲצִיתָן שַׁלְהֶבֶת אֵילָךְ וְאֵילָךְ וְחָתָה מִן הַלּוֹחֲשׁוֹת מִצַּד מַעֲרַב הַמִּזְבֵּחַ: הוֹרִידָהּ מְלֵאָה גַחֲלֵי אֵשׁ לוֹחֲשׁוֹת וְהִנִּיחָהּ עַל הָרוֹבֶד הָרְבִיעִי שֶׁבָּעֲזָרָה הוֹצִיאוּ לוֹ כַּף רֵיקָן וּמַחְתָּה מְלֵאָה קְטֹרֶת דַּקָּה מִן הַדַּקָּה: וְחָפַן מִמֶּנָּה מְלֹא חָפְנָיו לֹא מְחוּקוֹת וְלֹא גְדוּשׁוֹת אֶלָּא טְפוּפוֹת וְנָתַן לְתוֹךְ הַכַּף וְנוֹתֵן בִּימִינוֹ הַמַּחְתָּה

וכך And this is what he said: O God, I have sinned, I have committed iniquity, I have transgressed before You, I and my household and the children of Aaron, Your holy people. I beseech You, for the sake of Your ineffable Name, grant atonement for the sins, iniquities and transgressions which I have sinned, committed and transgressed before You, I and my household, and the children of Aaron, Your holy people, as it is written in the Torah of Moses Your servant in Your glorious Name: For on this day atonement shall be made for you, to purify you of all your sins before the Lord...

והכהנים And when the *Kohanim* and the people standing in the Temple Court heard the glorious and awesome Name fully pronounced issuing from the mouth of the *Kohen Gadol* in holiness and purity, they would bend their knees, bow down and fall on their faces and exclaim: Blessed be the name of the glory of His kingdom forever and ever.

ואף The *Kohen Gadol* also aimed to complete the utterance of the Divine Name simultaneously with those reciting the blessing, and [end the verse] saying: You shall be cleansed. And You in Your goodness aroused Your compassion and pardoned the tribe that serves You.

אחר After the confession, he zealously hastened to prepare his sin-offering and the sin-offering of the people. He examined the knife, cut through the larger part of the two organs (the windpipe and gullet) of his bullock, with another completing the *shechitah,* and received its blood in a new bowl. He gave it immediately to one of his fellow *Kohanim* to stir the blood so that it would not congeal. This blood he left in the hands of the one who was stirring it in the Temple Court on the fourth row of the pavement away from the *heichal* (Sanctuary). He took a light, red-gold fire-pan, holding three *kabim* and having a long handle, went up to the top of the [outer] altar, cleared the burning coal — of which half were embers and half were flaming — to both sides and scooped up a panful of glowing coals and placed it on the fourth row of the pavement in the Temple Court. They brought out to him an empty ladle and a censer full of very finely ground incense, from which he took two hands full, neither levelled nor heaped, but liberally measured, and put it into the ladle. In his right hand he put the fire-pan

שֶׁל גֶּחָלִים וּבִשְׂמֹאלוֹ הַכַּף שֶׁל קְטֹרֶת׃ זֵרֵז עַצְמוֹ וְנִכְנַס לְקֹדֶשׁ הַקֳּדָשִׁים עַד שֶׁמַּגִּיעַ לָאָרוֹן וְהִנִּיחַ הַמַּחְתָּה בֵּין בַּדֵּי הָאָרוֹן וּבְבַיִת שֵׁנִי מַנִּיחַ עַל אֶבֶן הַשְּׁתִיָּה׃ חָפַן כָּל־הַקְּטֹרֶת שֶׁבַּכַּף בְּחָפְנָיו וְנָתַן עַל הַגֶּחָלִים לְצַד מַעֲרָב וּמַמְתִּין שָׁם עַד שֶׁנִּתְמַלֵּא הַבַּיִת כֻּלּוֹ עָשָׁן׃ טְהוֹר לֵב פָּסַע וְשָׁב לַאֲחוֹרָיו פָּנָיו לְקֹדֶשׁ וַאֲחוֹרָיו לַהֵיכָל עַד שֶׁיָּצָא מִן הַפָּרֹכֶת וּמִתְפַּלֵּל בַּהֵיכָל תְּפִלָּה קְצָרָה סָמוּךְ לַפָּרֹכֶת׃

וְכָךְ הָיְתָה תְפִלָּתוֹ שֶׁל כֹּהֵן גָּדוֹל׳ יְהִי רָצוֹן מִלְּפָנֶיךָ יְהֹוָה אֱלֹהֵינוּ וֵאלֹהֵי אֲבוֹתֵינוּ שֶׁתְּהֵא שָׁנָה זוֹ הַבָּאָה עָלֵינוּ וְעַל כָּל־עַמְּךָ בֵּית יִשְׂרָאֵל בְּכָל־מָקוֹם שֶׁהֵם אִם שְׁחוּנָה גְּשׁוּמָה וְאַל יִכָּנֵס לְפָנֶיךָ תְּפִלַּת עוֹבְרֵי דְרָכִים לְעִנְיַן הַגֶּשֶׁם בְּשָׁעָה שֶׁהָעוֹלָם צָרִיךְ לוֹ וְשֶׁלֹּא יִצְטָרְכוּ עַמְּךָ בֵּית יִשְׂרָאֵל בְּפַרְנָסָה זֶה לָזֶה וְלֹא לְעַם אַחֵר׳ שָׁנָה שֶׁלֹּא תַפִּיל אִשָּׁה פְּרִי בִטְנָהּ וְשֶׁיִּתְּנוּ עֲצֵי הַשָּׂדֶה אֶת־תְּנוּבָתָם וְלָא יֶעְדֵּי עָבִיד שׁוּלְטָן מִדְּבֵית יְהוּדָה׃

יָצָא וְנָטַל דַּם הַפָּר מִמִּי שֶׁמְּמָרֵס בּוֹ וְנִכְנַס לַמָּקוֹם שֶׁנִּכְנַס וְעָמַד בַּמָּקוֹם שֶׁעָמַד וְהִזָּה מִמֶּנּוּ לִפְנֵי הַכַּפֹּרֶת בֵּין בַּדֵּי הָאָרוֹן׃ אַחַת לְמַעְלָה וְשֶׁבַע לְמַטָּה וְלֹא הָיָה מִתְכַּוֵּן לְהַזּוֹת לֹא לְמַעְלָה וְלֹא לְמַטָּה אֶלָּא כְּמַצְלִיף׃

וְכָךְ הָיָה מוֹנֶה אַחַת׳ אַחַת וְאַחַת׳ אַחַת וּשְׁתַּיִם אַחַת וְשָׁלשׁ׳ אַחַת וְאַרְבַּע׳ אַחַת וְחָמֵשׁ׳ אַחַת וָשֵׁשׁ׳ אַחַת וָשֶׁבַע׳ יָצָא מִקָּדְשֵׁי הַקֳּדָשִׁים וְהִנִּיחוֹ עַל כַּן הַזָּהָב שֶׁהָיָה בַּהֵיכָל׃

בְּצֵאתוֹ הֵבִיאוּ לוֹ שְׂעִיר חַטָּאת שְׁחָטוֹ וְקִבֵּל דָּמוֹ בְּמִזְרָק טָהוֹר׃ לִפְנִים יִכָּנֵס לְהַזּוֹת מִדָּמוֹ בֵּין שְׁנֵי בַּדֵּי הָאָרוֹן כְּבִיַד

with the glowing coals and in his left the ladle with the incense. Arousing within himself feelings of reverence, he entered the Holy of Holies, and when he reached the Ark, he set down the fire-pan between the staves of the Ark; and in the Second Temple he set it upon the Foundation Stone. He transferred all the incense from the ladle into his hands, put it on the glowing coals to the west side and waited there until the Holy of Holies became filled with smoke. The *Kohen Gadol,* pure of heart, stepped backwards with his face toward the Holy of Holies and his back toward the *heichal,* until he exited from behind the curtain, and in the *heichel* near the curtain, he offered a brief prayer.

וכך The following was the prayer of the *Kohen Gadol:* May it be Your will, Lord our God and God of our fathers, that this coming year shall be for us and for all Your people, the House of Israel, wherever they are, rich in rain if it is hot. And when the world is in need of rain, do not permit the prayers of travellers with regard to rain to gain entrance before You. May Your people, the House of Israel, not be dependent for their livelihood upon one another nor upon any other people. May it be a year that no woman suffer miscarriage, that the trees of the field yield their produce, and may there not depart a ruler from the House of Judah.

יצא He came out [of the *heichal*], took the blood of the bullock from the one who was stirring it, entered the place where he had entered [before — the Holy of Holies], stood where he had stood [before — between the two staves of the Ark], and sprinkled from it in front of the Ark-cover between the staves of the Ark, once upward and seven times downward; he did not aim to sprinkle [at a specific point] above or below [the Ark-cover], but made the movement as if swinging a whip.

וכך And thus he would count: One; one and one; one and two; one and three; one and four; one and five; one and six; one and seven. Then he went out of the Holy of Holies and set [the bowl with blood] on the golden stand which was in the *heichal.*

כצאתו As he came out [of the *heichal*], they brought him the goat for the sin-offering. He slaughtered it and received its blood in a new bowl. He [again] entered the Holy of Holies to sprinkle of its blood between the two staves of the Ark in the same manner as

דַּם הַפָּר: אַחַת לְמַעְלָה וְשֶׁבַע לְמַטָּה וְלֹא הָיָה מִתְכַּוֵּן לְהַזּוֹת לֹא לְמַעְלָה וְלֹא לְמַטָּה אֶלָּא כְּמַצְלִיף:

וְכָךְ הָיָה מוֹנֶה אַחַת ׳ אַחַת וְאַחַת ׳ אַחַת וּשְׁתַּיִם ׳ אַחַת וְשָׁלֹשׁ ׳ אַחַת וְאַרְבַּע ׳ אַחַת וְחָמֵשׁ ׳ אַחַת וָשֵׁשׁ ׳ אַחַת וָשֶׁבַע ׳ יָצָא וְהִנִּיחַ עַל כַּן הַזָּהָב הַשֵּׁנִי שֶׁהָיָה בַּהֵיכָל:

מִהֵר וְנָטַל דַּם הַפָּר מִן הַכֵּן שֶׁהִנִּיחַ עָלָיו וְטוֹבֵל אֶצְבָּעוֹ עַל כָּל־הַזָּיָה ׳ וְהִזָּה מִמֶּנּוּ עַל הַפָּרֹכֶת כְּנֶגֶד הָאָרוֹן מִבַּחוּץ: אַחַת לְמַעְלָה וְשֶׁבַע לְמַטָּה וְלֹא הָיָה מִתְכַּוֵּן לְהַזּוֹת לֹא לְמַעְלָה וְלֹא לְמַטָּה אֶלָּא כְּמַצְלִיף:

וְכָךְ הָיָה מוֹנֶה אַחַת ׳ אַחַת וְאַחַת ׳ אַחַת וּשְׁתַּיִם ׳ אַחַת וְשָׁלֹשׁ ׳ אַחַת וְאַרְבַּע ׳ אַחַת וְחָמֵשׁ ׳ אַחַת וָשֵׁשׁ ׳ אַחַת וָשֶׁבַע:

נַחַץ וְהִנִּיחַ דַּם הַפָּר וְנָטַל דַּם הַשָּׂעִיר וְעָשָׂה לְדָמוֹ כַּאֲשֶׁר עָשָׂה לְדַם הַפָּר וְהִזָּה עַל הַפָּרֹכֶת כְּנֶגֶד הָאָרוֹן מִבַּחוּץ ׳ אַחַת לְמַעְלָה וְשֶׁבַע לְמַטָּה ׳ וְלֹא הָיָה מִתְכַּוֵּן לְהַזּוֹת לֹא לְמַעְלָה וְלֹא לְמַטָּה אֶלָּא כְּמַצְלִיף:

וְכָךְ הָיָה מוֹנֶה אַחַת ׳ אַחַת וְאַחַת ׳ אַחַת וּשְׁתַּיִם ׳ אַחַת וְשָׁלֹשׁ ׳ אַחַת וְאַרְבַּע ׳ אַחַת וְחָמֵשׁ ׳ אַחַת וָשֵׁשׁ ׳ אַחַת וָשֶׁבַע:

שָׁשׁ וְעֵירָה דַּם הַפָּר לְתוֹךְ הַמִּזְרָק שֶׁבּוֹ דַּם הַשָּׂעִיר וְנָתַן הַמָּלֵא בְּרֵיקָן כְּדֵי שֶׁיִּתְעָרְבוּ יָפֶה יָפֶה זֶה בָּזֶה וּבָא וְעָמַד לִפְנִים מִמִּזְבַּח הַזָּהָב בֵּין הַמִּזְבֵּחַ וְהַמְּנוֹרָה וּמַתְחִיל לְהַזּוֹת מִדַּם הַתַּעֲרוֹבֶת: עַל אַרְבַּע קַרְנוֹתָיו יִתֵּן כְּסִדְרָן מַתְחִיל מִקֶּרֶן מִזְרָחִית צְפוֹנִית וּמְסַיֵּם בְּקֶרֶן דְּרוֹמִית מִזְרָחִית וְחוֹתֶה הַגֶּחָלִים וְהָאֵפֶר בְּמִזְבַּח הַזָּהָב הֵילָךְ וְהֵילָךְ עַד שֶׁמְּגַלֶּה זְהָבוֹ וּמַזֶּה

the blood of the bullock: Once upward and seven times downward; he did not aim to sprinkle [at a specific point] above or below [the Ark-cover], but made the movement as if swinging a whip.

וכך And thus he would count: One; one and one; one and two; one and three; one and four; one and five; one and six; one and seven. Then he went out and set [the bowl with blood] on the second golden stand which was in the *heichal.*

מהר He hastened and took the blood of the bullock from the stand whereon he had placed it, dipped his finger in the blood for each sprinkling, and sprinkled from it upon the curtain, outside [in the *heichal*] toward the Ark, once upward and seven times downward; he did not aim to sprinkle [at a specific point] above or below [the Ark-cover], but made the movement as if swinging a whip.

וכך And thus he would count: One; one and one; one and two; one and three; one and four; one and five; one and six; one and seven.

נחץ He then hurriedly set down the blood of the bullock [upon the stand], took the blood of the goat, and did with its blood as he had done with the blood of the bullock — sprinkling upon the curtain, on the outside toward the Ark, once upward and seven times downward; he did not aim to sprinkle [at a specific point] above or below [the Ark-cover], but made the movement as if swinging a whip.

וכך And thus he would count: One; one and one; one and two; one and three; one and four; one and five; one and six; one and seven.

שש Rejoicing [in the *mitzvah,*] he poured the blood of the bullock into the bowl which contained the blood of the goat, and poured back the full bowl into the empty one, so that their blood would be thoroughly mixed one with the other. Then he went and stood to the front of the golden altar, between the altar and the *menorah,* and began to sprinkle from the mixed blood. He sprinkled on the four corners [of the altar] in consecutive order, beginning at the northeastern corner and ending at the southeastern. He raked the embers and the ashes on the golden altar to both sides until he exposed its golden surface and sprinkled

מִדַּם הַתַּעֲרוֹבֶת עַל־טָהֳרוֹ שֶׁל־מִזְבֵּחַ שֶׁבַע פְּעָמִים: פָּסַע וְיָצָא לְצַד דָּרוֹם חוּץ לָאוּלָם וְשָׁפַךְ אֶת־הַשִּׁירַיִם עַל יְסוֹד מַעֲרָבִי שֶׁל־מִזְבֵּחַ הַחִיצוֹן: צָעַד וּבָא לוֹ אֵצֶל הַשָּׂעִיר הַמִּשְׁתַּלֵּחַ לַעֲזָאזֵל לְהִתְוַדּוֹת עָלָיו אַשְׁמַת קְהָלוֹ וְסָמַךְ שְׁתֵּי יָדָיו עָלָיו וְהִתְוַדָּה:

וְכָךְ הָיָה אוֹמֵר אָנָּא הַשֵּׁם חָטְאוּ עָווּ פָּשְׁעוּ לְפָנֶיךָ עַמְּךָ בֵּית יִשְׂרָאֵל: אָנָּא בְשֵׁם כַּפֶּר נָא לַחֲטָאִים וְלַעֲוֹנוֹת וְלִפְשָׁעִים שֶׁחָטְאוּ וְשֶׁעָווּ וְשֶׁפָּשְׁעוּ לְפָנֶיךָ עַמְּךָ בֵּית יִשְׂרָאֵל כַּכָּתוּב בְּתוֹרַת מֹשֶׁה עַבְדֶּךָ מִפִּי כְבוֹדֶךָ · כִּי בַיּוֹם הַזֶּה יְכַפֵּר עֲלֵיכֶם לְטַהֵר אֶתְכֶם מִכֹּל חַטֹּאתֵיכֶם לִפְנֵי יְהוָה:

וְהַכֹּהֲנִים וְהָעָם הָעוֹמְדִים בָּעֲזָרָה כְּשֶׁהָיוּ שׁוֹמְעִים אֶת־הַשֵּׁם הַנִּכְבָּד וְהַנּוֹרָא מְפוֹרָשׁ יוֹצֵא מִפִּי כֹהֵן גָּדוֹל בִּקְדֻשָּׁה וּבְטָהֳרָה הָיוּ כּוֹרְעִים וּמִשְׁתַּחֲוִים וְנוֹפְלִים עַל פְּנֵיהֶם וְאוֹמְרִים בָּרוּךְ שֵׁם כְּבוֹד מַלְכוּתוֹ לְעוֹלָם וָעֶד:

וְאַף הוּא הָיָה מִתְכַּוֵּן כְּנֶגֶד הַמְבָרְכִים לִגְמוֹר אֶת־הַשֵּׁם וְאוֹמֵר תִּטְהָרוּ וְאַתָּה בְּטוּבְךָ מְעוֹרֵר רַחֲמֶיךָ וְסוֹלֵחַ לַעֲדַת יְשֻׁרוּן:

קָרָא לְאֶחָד מִן הַכֹּהֲנִים הַמְזֻמָּן מֵאֶתְמוֹל לְהוֹלִיכוֹ וּמְסָרוֹ לוֹ וְהוֹלִיכוֹ אֶל אֶרֶץ גְּזֵרָה לְמִדְבַּר שָׁמֵם וּכְשֶׁהִגִּיעַ לַצּוּק חוֹלֵק לָשׁוֹן שֶׁל זְהוֹרִית שֶׁבְּקַרְנָיו חֶצְיוֹ קוֹשֵׁר בַּסֶּלַע וְחֶצְיוֹ בֵּין קַרְנָיו וּדְחָפוֹ בִּשְׁתֵּי יָדָיו לַאֲחוֹרָיו וְהוּא הָיָה מִתְגַּלְגֵּל וְיוֹרֵד וְלֹא הָיָה מַגִּיעַ לַחֲצִי הָהָר עַד שֶׁנַּעֲשָׂה אֵבָרִים אֵבָרִים וְאוֹמֵר כָּךְ יִמָּחוּ עֲוֹנוֹת עַמְּךָ בֵּית יִשְׂרָאֵל: רָץ לוֹ אֵצֶל הַפָּר וְאֵצֶל הַשָּׂעִיר הַנִּשְׂרָפִים וּקְרָעָן וְהוֹצִיא אֵמוּרֵיהֶם וּנְתָנָם בְּמָגֵס לְהַקְטִירָם עַל גַּבֵּי הַמִּזְבֵּחַ וּבְשָׂרָן קְלָעָן בְּמַקְלָעוֹת וּמְשַׁלְּחָן בְּיַד אֲחֵרִים לְהוֹצִיאָן לְבֵית הַשְּׂרֵפָה: שָׁב וּבָא לְעֶזְרַת נָשִׁים אַחַר שֶׁהִגִּיעַ הַשָּׂעִיר לַמִּדְבָּר לִקְרוֹת בְּתוֹרַת

from the mixed blood on the cleaned part of the altar seven times. He walked toward the south, outside the *ulam* and poured out the remainder of the blood at the western base of the outer altar. Then he stepped forth and came to the goat designated to be sent to Azazel to make confession over it for the guilt of his congregation, placed his two hands [between its horns] and confessed.

וכך And this is what he said: O God, Your people, the House of Israel, have sinned, have committed iniquity and have transgressed before You. I beseech You, for the sake of Your ineffable Name, grant atonement for the sins, iniquities and transgressions which Your people, the House of Israel, have sinned, committed and transgressed, as it is written in the Torah of Moses Your servant in Your glorious Name: For on this day, atonement shall be made for you, to purify you of all your sins before the Lord.

והכהנים And when the *Kohanim* and the people standing in the Temple Court heard the glorious and awesome Name fully pronounced issuing from the mouth of the *Kohen Gadol* in holiness and purity, they would bend their knees, bow down and fall on their faces and exclaim: Blessed be the name of the glory of His kingdom forever and ever.

ואף The *Kohen Gadol* also aimed to complete the utterance of the Divine Name simultaneously with those reciting the blessing, and [end the verse] saying: You shall be cleansed. And You in Your goodness aroused Your compassion and pardoned the congregation of Yeshurun.

קרא [The *Kohen Gadol*] summoned a *Kohen* who had been designated the previous day to lead away [the scapegoat,] and handed it over to him. He lead it to an uninhabited land, to a desolate wilderness. When he reached the top of the cliff, he divided the scarlet band that was on its horns and tied one half to the rock and the other half between its horns, and with his two hands pushed it backwards. [The goat] went rolling down and before it reached half way down the cliff it was dashed to pieces. And [the *Kohen*] would say: Thus may the sins of Your people, the House of Israel, be wiped away. [After the *Kohen Gadol* sent off the scapegoat,] he hastened to the bullock and the goat that were to be burned, cut them open, removed [the sacrificial portions of] their inner parts and put them on a tray to be burned upon the altar. He heaped their flesh upon carrying-poles and sent it with others to be taken out to the burning-place. When the scapegoat had reached the wilderness, he returned to the Women's Court to read [from a *Sefer Torah*] in

כֹּהֲנִים פָּרָשַׁת אַחֲרֵי מוֹת וְאַךְ בֶּעָשׂוֹר וְגוֹלֵל הַסֵּפֶר תּוֹרָה וּמַנִּיחוֹ בְּחֵיקוֹ וְאוֹמֵר יוֹתֵר מִמַּה שֶּׁקָּרִיתִי לִפְנֵיכֶם כָּתוּב כָּאן וּבֶעָשׂוֹר שֶׁבְּחוּמֶשׁ הַפְּקוּדִים קוֹרֵא עַל פֶּה וּמְבָרֵךְ לְאַחֲרֵיהֶם שְׁמוֹנֶה בְרָכוֹת עַל הַתּוֹרָה וְעַל הָעֲבוֹדָה וְעַל הַהוֹדָאָה וְעַל מְחִילַת הֶעָוֹן וְעַל הַמִּקְדָּשׁ וְעַל יִשְׂרָאֵל וְעַל הַכֹּהֲנִים וְעַל שְׁאָר הַתְּפִלָּה:

תִּכֵּן צְעָדָיו וּבָא לְבֵית הַטְּבִילָה וְקִדֵּשׁ יָדָיו וְרַגְלָיו וּפָשַׁט בִּגְדֵי לָבָן וְיָרַד וְטָבַל עָלָה וְנִסְתַּפָּג הֵבִיאוּ לוֹ בִּגְדֵי זָהָב וְלָבַשׁ וְקִדֵּשׁ יָדָיו וְרַגְלָיו וְעָשָׂה שָׂעִיר הַנַּעֲשֶׂה בַחוּץ שֶׁהוּא מִמּוּסַף הַיּוֹם וְאַחַר כָּךְ מַקְרִיב אֶת־אֵילוֹ וְאֶת־אֵיל הָעָם וּמִנְחָתָם וְנִסְכֵּיהֶם כְּמִשְׁפָּטָם וּמַקְטִיר הָאֵמוּרִים שֶׁל פַּר וְשָׂעִיר הַנִּשְׂרָפִים וְאַחַר כָּךְ מַקְרִיב תָּמִיד שֶׁל בֵּין הָעַרְבַּיִם כְּהִלְכָתוֹ:

אַחַר כְּלוֹתוֹ מֵעֲשׂוֹת כָּל־אֵלֶּה עוֹד בָּא לוֹ לְבֵית הַטְּבִילָה מַהֵר וְקִדֵּשׁ יָדָיו וְרַגְלָיו וּפָשַׁט בִּגְדֵי זָהָב וְיָרַד וְטָבַל עָלָה וְנִסְתַּפָּג הֵבִיאוּ לוֹ בִּגְדֵי לָבָן לָבַשׁ וְקִדֵּשׁ יָדָיו וְרַגְלָיו נִכְנַס לְבֵית קֹדֶשׁ הַקֳּדָשִׁים לְהוֹצִיא אֶת־הַכַּף וְאֶת־הַמַּחְתָּה שֶׁהִכְנִיס בְּשַׁחֲרִית וְעוֹד בָּא לוֹ לְבֵית הַטְּבִילָה וְקִדֵּשׁ יָדָיו וְרַגְלָיו וּפָשַׁט בִּגְדֵי לָבָן וְיָרַד וְטָבַל עָלָה וְנִסְתַּפָּג הֵבִיאוּ לוֹ בִּגְדֵי זָהָב לָבַשׁ וְקִדֵּשׁ יָדָיו וְרַגְלָיו נִכְנַס לְהֵיכָל לְהַקְטִיר אֶת־הַקְּטֹרֶת שֶׁל בֵּין הָעַרְבַּיִם וּלְהַדְלִיק אֶת־הַנֵּרוֹת כִּשְׁאָר יָמִים וְיָצָא וְהִקְרִיב מִנְחַת הַתָּמִיד וּמוֹתַר מִנְחַת הֲבִתִּין וּמְנַסֵּךְ הַיַּיִן בְּכָל־כְּלֵי שִׁיר כְּהִלְכָתוֹ וְקִדֵּשׁ יָדָיו וְרַגְלָיו וּפָשַׁט בִּגְדֵי זָהָב הֵבִיאוּ לוֹ בִּגְדֵי עַצְמוֹ וְלָבַשׁ וּמְלַוִּין אוֹתוֹ עַד בֵּיתוֹ וְיוֹם טוֹב הָיָה עוֹשֶׂה בְּצֵאתוֹ בְשָׁלוֹם מִן הַקֹּדֶשׁ:

אַשְׁרֵי הָעָם שֶׁכָּכָה לּוֹ אַשְׁרֵי הָעָם שֶׁיְיָ אֱלֹהָיו. וּבְכֵן כְּמוֹ שֶׁשָּׁמַעְתָּ תְּפִלַּת כֹּהֵן גָּדוֹל בַּהֵיכָל. כְּמוֹ כֵן כְּפִינוּ תִּשְׁמַע וְתוֹשִׁיעַ:

יְהִי רָצוֹן מִלְּפָנֶיךָ יְיָ אֱלֹהֵינוּ וֵאלֹהֵי אֲבוֹתֵינוּ שֶׁתְּהֵא הַשָּׁנָה הַזֹּאת הַבָּאָה עָלֵינוּ וְעַל כָּל עַמְּךָ בֵּית

Leviticus, the section *Acharei Mot* (Chapter 16) and *Ach beOsor* (23:26-32). He rolled up the *Sefer Torah,* put it in his bosom and said: More than I read before you is written here. Then he recited by heart the section *UveOsor* in Numbers (29:7-11), and said thereafter eight blessings: for the Torah, for the Temple service, for thanksgiving, for the forgiveness of sin, for the Bet Hamikdash, for the Israelites, for the *Kohanim* and for the redemption of His people.

תכן He then directed his steps to the house of immersion, sanctified his hands and his feet, took off the white vestments, went down [into the *mikveh*] and immersed himself, came up and dried himself. The golden vestments were brought to him, he put them on, sanctified his hands and his feet, and offered the goat [whose blood was sprinkled on] the outside altar, which was part of the *musaf*-offering of the Day. Thereafter he offered his own ram and the ram of the people, their meal-offering and wine-offerings in accordance with their regulation, burned the [sacrificial portion of the] inner parts of the bullock and the goat that were to be burned, and then he offered the evening daily-offering according to its rule.

אחר After he had finished doing all this, he again went to the house of immersion, quickly sanctified his hands and his feet, and removed the golden vestments. He went down [into the *mikveh*] and immersed himself, came up and dried himself. The white vestments were brought to him, he put them on, sanctified his hands and his feet, and entered the Holy of Holies to bring out the ladle and the fire-pan which he had taken in during the morning service. He again went to the house of immersion, sanctified his hands and his feet, and removed the white vestments. He went down [into the *mikveh*] and immersed himself, came up and dried himself. The golden vestments were brought to him, he put them on, and sanctified his hands and his feet. He entered into the *heichal* to burn the afternoon incense-offering and to light the *menorah* as on every other day. He came out, offered the daily meal-offering and the remainder of the offering of pancakes, and presented the libation of wine, accompanied by various musical instruments, according to its rule. He sanctified his hands and his feet and took off the golden vestments. His own garments were brought to him and he put them on; and [all the people] accompanied him to his house. He would celebrate a festive day for his coming out from the Holy of Holies in peace.

אשרי Happy is the people whose lot is thus; happy is the people whose God is the Lord.[1] And so, as You have hearkened to the prayer of the *Kohen Gadol* in the Sanctuary, so may You hear the prayer of our lips and deliver us.

יהי May it be Your will, Lord our God and God of our fathers, that this coming year shall be for us and for all Your people the House

1. Psalms 145:1.

יִשְׂרָאֵל בְּכָל מָקוֹם שֶׁהֵם. שְׁנַת אוֹרָה. שְׁנַת
בְּרָכָה. שְׁנַת גִּילָה. שְׁנַת דִּיצָה. שְׁנַת הוֹד. שְׁנַת
וַעַד טוֹב. שְׁנַת זִמְרָה. שְׁנַת חֶדְוָה. שְׁנַת טוֹבָה.
שְׁנַת יְשׁוּעָה. שְׁנַת כַּלְכָּלָה. שְׁנַת לִמּוּד. שְׁנַת
מְנוּחָה. שְׁנַת נֶחָמָה. שְׁנַת שָׂשׂוֹן. שְׁנַת עֶלְצוֹן.
שְׁנַת פְּדוּת. שְׁנַת צָהֳלָה. שְׁנַת קוֹמְמִיּוּת. שְׁנַת
קִבּוּץ גָּלֻיּוֹת. שְׁנַת קִבּוּל תְּפִלּוֹת. שְׁנַת רָצוֹן. שְׁנַת
שָׁלוֹם. שְׁנַת טְלוּלָה גְשׁוּמָה. שְׁנַת שׂוֹבַע. שָׁנָה
שֶׁתּוֹלִיכֵנוּ בָהּ קוֹמְמִיּוּת לְאַרְצֵנוּ. שָׁנָה שֶׁתַּדְבֵּר בָּהּ
עַמִּים תַּחְתֵּנוּ. שָׁנָה שֶׁתִּכְתְּבֵנוּ בָהּ לְחַיִּים טוֹבִים.
שָׁנָה שֶׁלֹּא יִצְטָרְכוּ עַמְּךָ בֵּית יִשְׂרָאֵל לְפַרְנָסָה זֶה
לָזֶה וְלֹא לְעַם אַחֵר. שָׁנָה שֶׁתַּעֲצוֹר הַמַּגֵּפָה
וְהַמַּשְׁחִית מֵעָלֵינוּ וּמֵעַל כָּל עַמְּךָ בֵּית יִשְׂרָאֵל.
שָׁנָה שֶׁלֹּא תַפִּיל אִשָּׁה פְּרִי בִטְנָהּ:

וּבְכֵן וְעַתָּה יְהוָה אֱלֹהֵינוּ עַל רַחֲמֶיךָ הָרַבִּים אָנוּ בְטוּחִים וְעַל חֲסָדֶיךָ אָנוּ נִשְׁעָנִים וְלִסְלִיחוֹתֶיךָ אָנוּ מְקַוִּים כִּי אַתָּה יְהוָה אֵל רַחוּם וְחַנּוּן אֶרֶךְ אַפַּיִם וְרַב חֶסֶד וּמַרְבֶּה לְהֵיטִיב וּמַנְהִיג אֶת־הָעוֹלָם כֻּלּוֹ בְּמִדַּת הַחֶסֶד וּבְמִדַּת הָרַחֲמִים כַּכָּתוּב בְּתוֹרַת מֹשֶׁה עַבְדֶּךָ וַיֹּאמֶר אֲנִי אַעֲבִיר כָּל־טוּבִי עַל־פָּנֶיךָ וְקָרָאתִי בְשֵׁם יְהוָה לְפָנֶיךָ וְחַנֹּתִי אֶת־אֲשֶׁר אָחֹן וְרִחַמְתִּי אֶת־אֲשֶׁר אֲרַחֵם:

וּבְכֵן מַה נֶּהְדָּר הָיָה כֹּהֵן גָּדוֹל בְּצֵאתוֹ בְּשָׁלוֹם מִן הַקֹּדֶשׁ:

כְּאֹהֶל הַנִּמְתָּח בְּדָרֵי מַעְלָה. מַרְאֵה כֹהֵן:
כִּבְרָקִים הַיּוֹצְאִים מִזִּיו הַחַיּוֹת. מַרְאֵה כֹהֵן:
כְּגוּדֶל גְּדִילִים בְּאַרְבַּע קְצָוֹת. מַרְאֵה כֹהֵן:
כִּדְמוּת הַקֶּשֶׁת בְּתוֹךְ הֶעָנָן מַרְאֵה כֹהֵן:
כְּהוֹד אֲשֶׁר הִלְבִּישׁ צוּר לִיצוּרִים. מַרְאֵה כֹהֵן:
כְּוֶרֶד הַנָּתוּן בְּתוֹךְ גִּנַּת חֶמֶד. מַרְאֵה כֹהֵן:
כְּזֵר הַנָּתוּן עַל מֵצַח מֶלֶךְ. מַרְאֵה כֹהֵן:
כְּחֶסֶד הַנִּתָּן עַל פְּנֵי חָתָן. מַרְאֵה כֹהֵן:
כְּטֹהַר הַנָּתוּן בִּצְנִיף טָהוֹר. מַרְאֵה כֹהֵן:

ה) עמוס ט׳ י״ג.

of Israel, wherever they are, a year of light, a year of blessing, a year of rejoicing, a year of glory, a year of good assembly, a year of song, a year of delight, a year of goodness, a year of deliverance, a year of sustenance, a year of learning, a year of rest, a year of comfort, a year of joy, a year of exultation, a year of redemption, a year of jubilation, a year that we may hold our heads high, a year of the ingathering of the exiles, a year of the acceptance of [our] prayers, a year of goodwill, a year of peace, a year of dew [and] rain, a year of plenty, a year in which You will lead us upright to our land, a year in which You will subdue nations under us, a year in which You will inscribe us for a good life, a year in which Your people, the House of Israel, will not be dependent for their livelihood upon one another nor upon any other people, a year in which You will hold back from us and from all Your people, the House of Israel, the plague and the destructive foe, a year in which no woman shall suffer miscarriage.

ובכן Now therefore, Lord our God, we put our trust in Your abounding mercies, we place our reliance on Your lovingkindness, we hope for Your pardon; for You, Lord, are a compassionate and gracious God, slow to anger, abounding in kindness, doing good in great measure and conducting the world with the attributes of kindness and compassion, as it is written in the Torah of Moses Your servant: And He said, I will make all My goodness pass before You, and I will proclaim the Name Lord before you; I will be gracious to whom I will be gracious and I will show mercy to whom I will show mercy.[1]

ובכן And so, how radiant was the *Kohen Gadol* when he came out from the Holy of Holies in peace.

כאהל Like the resplendent canopy spread over the vaults of heaven — was the appearance of the *Kohen*.

Like the lightning that flashes from the effulgence of the angels — was the appearance of the *Kohen*.

Like the celestial blue twined in the four fringes of the *tzitzit* — was the appearance of the *Kohen*.

Like the irridescent appearance of the rainbow in the midst of the cloud — was the appearance of the *Kohen*.

Like the splendor with which the Creator clothed the [first] beings — was the appearance of the *Kohen*.

Like a rose set in a delightful garden — was the appearance of the *Kohen*.

Like a diadem placed upon the forehead of a king — was the appearance of the *Kohen*.

Like the grace that shines on the face of a bridegroom — was the appearance of the *Kohen*.

Like the brightness reflecting from the [*Kohen's*] headdress — was the appearance of the *Kohen*.

1. Exodus 33:19.

כְּיוֹשֵׁב בְּסֵתֶר לְחַלּוֹת פְּנֵי מֶלֶךְ . מַרְאֵה כֹהֵן :
כְּכוֹכָב הַנּוֹגַהּ בִּגְבוּל מִזְרָח . מַרְאֵה כֹהֵן :

כָּל אֵלֶּה בִּהְיוֹת הַהֵיכָל עַל יְסוֹדוֹתָיו . וּמִקְדַּשׁ הַקֹּדֶשׁ עַל מְכוֹנוֹתָיו . וְכֹהֵן גָּדוֹל עוֹמֵד וּמְשָׁרֵת . דּוֹרוֹ רָאוּ וְשָׂמֵחוּ : אַשְׁרֵי עַיִן רָאֲתָה כָּל אֵלֶּה . הֲלֹא לְמִשְׁמַע אֹזֶן דָּאֲבָה נַפְשֵׁנוּ : אַשְׁרֵי עַיִן רָאֲתָה אָהֳלֵנוּ . בְּשִׂמְחַת קְהָלֵנוּ . הֲלֹא לְמִשְׁמַע אֹזֶן דָּאֲבָה נַפְשֵׁנוּ : אַשְׁרֵי עַיִן רָאֲתָה גִּילֵנוּ . דִּיצַת קְהָלֵנוּ . הֲלֹא לְמִשְׁמַע אֹזֶן דָּאֲבָה נַפְשֵׁנוּ : אַשְׁרֵי עַיִן רָאֲתָה הַמְשׁוֹרְרִים . וְכָל מִינֵי שִׁירִים . הֲלֹא לְמִשְׁמַע אֹזֶן דָּאֲבָה נַפְשֵׁנוּ : אַשְׁרֵי עַיִן רָאֲתָה זְבוּל הַמְתֻכָּן . חַי בּוֹ שָׁכָן . הֲלֹא לְמִשְׁמַע אֹזֶן דָּאֲבָה נַפְשֵׁנוּ : אַשְׁרֵי עַיִן רָאֲתָה שִׂמְחַת בֵּית הַשּׁוֹאֵבָה . עַם שׁוֹאֶבֶת רוּחַ הַקֹּדֶשׁ רוּחַ נְדִיבָה . הֲלֹא לְמִשְׁמַע אֹזֶן דָּאֲבָה נַפְשֵׁנוּ : אַשְׁרֵי עַיִן רָאֲתָה פְּרִישַׁת כֹּהֵן בְּרֶשֶׁם . צוֹעֵק אָנָּא הַשֵּׁם . הֲלֹא לְמִשְׁמַע אֹזֶן דָּאֲבָה נַפְשֵׁנוּ : אַשְׁרֵי עַיִן רָאֲתָה קְהַל קְדוֹשִׁים . רוֹגְשִׁים בְּבֵית קָדְשֵׁי הַקֳּדָשִׁים . הֲלֹא לְמִשְׁמַע אֹזֶן דָּאֲבָה נַפְשֵׁנוּ : אַשְׁרֵי עַיִן רָאֲתָה שָׁנִי הַמְלֻבָּן . מִשְּׂעִיר הַקָּרְבָּן . הֲלֹא לְמִשְׁמַע אֹזֶן דָּאֲבָה נַפְשֵׁנוּ : אַשְׁרֵי עַיִן רָאֲתָה תְּמִידִים קְרֵבִים . בְּשַׁעַר בַּת רַבִּים . הֲלֹא לְמִשְׁמַע אֹזֶן דָּאֲבָה נַפְשֵׁנוּ :

אֲבָל עֲוֹנוֹת אֲבוֹתֵינוּ הֶחֱרִיבוּ נָוֶה . וְחַטֹּאתֵינוּ הֶאֱרִיכוּ קִצּוֹ . אֲבָל זִכְרוֹן דְּבָרִים תְּהֵא סְלִיחָתֵנוּ . וְעִנּוּי נַפְשֵׁנוּ תְּהֵא כַּפָּרָתֵנוּ . עַל כֵּן בְּרַחֲמֶיךָ הָרַבִּים נָתַתָּ לָנוּ אֶת יוֹם צוֹם הַכִּפּוּרִים הַזֶּה . וְאֶת יוֹם מְחִילַת הֶעָוֹן הַזֶּה*) לִסְלִיחַת עָוֹן וּלְכַפָּרַת פֶּשַׁע . יוֹם אָסוּר בַּאֲכִילָה . יוֹם אָסוּר בִּשְׁתִיָּה . יוֹם אָסוּר בִּרְחִיצָה . יוֹם אָסוּר בְּסִיכָה . יוֹם אָסוּר בְּתַשְׁמִישׁ הַמִּטָּה . יוֹם אָסוּר בִּנְעִילַת הַסַּנְדָּל . יוֹם שִׂימַת אַהֲבָה וְרֵעוּת . יוֹם עֲזִיבַת קִנְאָה וְתַחֲרוּת . יוֹם שֶׁתִּמְחוֹל לְכָל עֲוֹנוֹתֵינוּ . וּבָעֵת וּבָעוֹנָה הַזֹּאת גָּלוּי וְיָדוּעַ לְפָנֶיךָ וְלִפְנֵי כִסֵּא כְבוֹדֶךָ . שֶׁאֵין לָנוּ לֹא מְנַהֵל כִּימֵי הָרִאשׁוֹנִים . לֹא כֹהֵן גָּדוֹל לְהַקְרִיב קָרְבָּן וְלֹא מִזְבֵּחַ לְהַעֲלוֹת עָלָיו כָּלִיל : וּמֵרוֹב עֲוֹנֵינוּ :

אֵין לָנוּ לֹא אִשִּׁים . וְלֹא אָשָׁם : לֹא בַדִּים . וְלֹא בְלוּלוֹת : לֹא גוֹרָל . וְלֹא גַחֲלֵי אֵשׁ : לֹא דְבִיר . וְלֹא דַקָּה : לֹא הֵיכָל . וְלֹא

*) ואת יום מקרא קדש הזה.

Like [Moses] in concealment imploring the King [for forgivness] — was the appearance of the *Kohen.*

Like the bright morning star shining in the eastern horizon — was the appearance of the *Kohen.*

כל All these took place when the Sanctuary was on its foundation, the Holy of Holies was on its basis and the *Kohen Gadol* stood and performed the Temple service; his generations saw it and rejoiced.

אשרי Fortunate is the eye that saw all these; indeed, when the ear hears of it our soul grieves. Fortunate is the eye that saw our Temple amidst the rejoicing of our congregation; indeed, when the ear hears of it our soul grieves. Fortunate is the eye that saw our exultation, the jubilation of our congregation; indeed, when the ear hears of it our soul grieves. Fortunate is the eye that saw the [Levite] singers and their varied songs; indeed, when the ear hears of it our soul grieves. Fortunate is the eye that saw the established Habitation wherein the living God abided; indeed, when the ear hears of it our soul grieves. Fortunate is the eye that saw the joyous Water-Drawing Festival, the people drawing the spirit of holiness, the spirit of magnanimity; indeed, when the ear hears of it our soul grieves. Fortunate is the eye that saw the *Kohen Gadol* clearly pronounce the Divine Name and cry out "O God;" indeed, when the ear hears of it our soul grieves. Fortunate is the eye that saw the consecrated people thronging to the place of the Holy of Holies; indeed when the ear hears of it our soul grieves. Fortunate is the eye that saw the scarlet band turned white because of the sacrificial goat; indeed, when the ear hears of it our soul grieves. Fortunate is the eye that saw the sacrifice of the daily offerings in the courtyard of the Temple, and the gathering place of the multitudes; indeed when the ear hears of it, our soul grieves.

אבל But the iniquities of our ancestors brought about the destruction of the Divine Abode, and our sins have postponed the end of the exile. Yet, may the remembrance of these things bring us pardon, and the affliction of our soul make atonement for us. Therefore, in Your abounding compassion, You have given us this fast day of Yom Kippur, for the pardon of iniquity and the atonement of transgression. It is a day on which eating, drinking, washing, anointing oneself, marital relations and wearing leather shoes are forbidden. It is a day to practice love and friendship, a day on which to renounce envy and strife, a day on which You forgive all our sins. And at this very time, it is revealed and known before You and before the Throne of Your Glory that we have no leader as in former days, no *Kohen Gadol* to offer a sacrifice and no altar on which to offer a burnt-offering. Because of the multitude of our iniquities —

אין We have no fire-offerings nor guilt-offerings; no staves [of the Ark] nor mingled meal-offerings; no lot nor glowing coals [upon the altar]; no Bet Hamikdash nor finely ground incense; no *heichel* nor

הַזָּיָה: לֹא וִדּוּי. וְלֹא פַּר חַטָּאת: לֹא זֶבַח. וְלֹא זְרִיקָה: לֹא חַטָּאת. וְלֹא חֲלָבִים: לֹא טְבִילָה. וְלֹא טָהֳרָה: לֹא יְרוּשָׁלַיִם. וְלֹא יַעַר הַלְּבָנוֹן: לֹא כִיּוֹר. וְלֹא כַנּוֹ: לֹא לְבוֹנָה. וְלֹא לֶחֶם הַפָּנִים: לֹא מִזְבֵּחַ. וְלֹא מִנְחָה: לֹא נִיחוֹחַ. וְלֹא נְסָכִים: לֹא סוֹלֶת. וְלֹא סַמִּים: לֹא עֵרֶךְ. וְלֹא עוֹלָה: לֹא פָרוֹכֶת. וְלֹא כַפּוֹרֶת: לֹא צִיּוֹן. וְלֹא צִיץ הַזָּהָב: לֹא קְטוֹרֶת. וְלֹא קָרְבָּן: לֹא רוֹקַח. וְלֹא רֵיחַ נִיחוֹחַ: לֹא שַׁי. וְלֹא שְׁלָמִים: לֹא תוֹדָה. וְלֹא תְמִידִים:

כִּי בַּעֲוֹנוֹתֵינוּ וּבַעֲוֹנוֹת אֲבוֹתֵינוּ חָסַרְנוּ כָּל אֵלֶּה: וּמֵעֵת חָסַרְנוּ כָּל אֵלֶּה: תָּכְפוּ (נ״א תָּקְפוּ) עָלֵינוּ צָרוֹת. תְּלָאוֹת עָבְרוּ רֹאשֵׁנוּ: שִׁחַרְנוּ יְשׁוּעָה וָאַיִן. שָׁלוֹם וְהִגֵּה קְפָדָה: רַבּוּ הַקָּמִים עָלֵינוּ. רָמוּ וְגַם נָשְׂאוּ רֹאשׁ: קַצְנוּ בְּעוֹל עֲלִיזִים. קָשָׁה עָלֵינוּ סִבְלָם. צְבִי אֶרֶץ חָנְפָה עָלֵינוּ. צָמְחָה וְלֹא לִבְרָכָה. פָּנִינוּ לְהַרְבֵּה וְהִנֵּה מְעָט. פַּח נֶפֶשׁ בָּא בַּאֲסָמֵינוּ. עָשְׁקוּ זֵיתִים שַׁמְנָם. עֲשׁוּתָם וְלֹא מָלְאוּ סֶפֶק: סְמָדַר אִם יַרְבֶּה כֶרֶם. סָבְאוּ לֹא יַשְׁפִּיעַ יֶקֶב. נֵאֶרְרוּ אִבֵּי שָׂדֶה. נִלְקְחוּ מַטְעַמֵּי אֹכֶל. מִמִּכְלְאוֹת צֹאן עֲדָרִים דָּלְלוּ. מִגֵּז וּמִמִּיץ וּמֵהֶרְיוֹן. לְזָנָב וְלֹא לְרֹאשׁ הוּשַׁתְנוּ. לַעֲבוֹט וְלֹא הָעֲבֵט לָנוּ: כֹּחֵנוּ לָרִיק וּבֶהָלָה. כָּלָה מִבְּלִי שָׂכָר. יַד כָּל עָמָל בְּכִשְׁרוֹן. יָרְדָה וְאֵין מִי יַחֲזִיק. טִלְטַלְנוּ מִיָּם וְעַד יָם. טַרְפָּם לֹא מָצְאוּ סֶפֶק (נ״א טַרְפָּם לֹא סִפֵּק לָמוֹ). חֲשֵׁכָה לְאֵין מִשְׁתַּכֵּר. חֻשַּׁב שְׂכָרוֹ לְמַפָּח: זוֹעֲמוּ מַלְוֶה וְלֹוֶה. זֶה בָּזֶה שָׁלְחוּ מַעֲתָה. וְנִלְאוּ יְדֵי מַמְצִיאֵי יָד. וְעָשִׁיר לֹא חוֹנֵן רָשׁ. הֵן אֶרֶץ נִמְכְּרָה בְּיַד רָעִים. הֲמוֹן בָּהּ לֹא מָצְאוּ רֶוַח. דְּבִיר בֵּית אֱלֹהֵינוּ שָׁמֵם. דְּרָכֵינוּ מֵאֲנוּ לְהַצְלִיחַ. גִּיל נָוֶה שָׁבַת. גִּילָה לִלְבָבֵנוּ מַה נָּעַל. בְּאֵין אֲרוּחַת אָב תָּמִיד. בְּכֵן בֶּטֶן בָּנִים תֶּחְסַר. אֲדוֹן בַּיִת כְּאוֹרֵחַ בַּמָּלוֹן. אֵפוֹא נִמְצָא מָנוֹחַ: וּמִשֶּׁחָרַב בֵּית מִקְדָּשֵׁנוּ.

תַּנּוֹת צָרוֹת לֹא נוּכַל. שֶׁבֶר בְּכָל יוֹם וַאֲנָחָה. רָבְתָה בָנוּ חַלְחָלָה. קֶרֶן יָרְדָה עַד עָפָר. צָרֵי עַיִן מָצְאוּ יָד. פֹּעֲלֵי שֶׁקֶר חַיִל עָשׂוּ. עֹשֵׂי צְדָקָה לֹא נִרְאוּ. שׂוֹנְאֵי בֶצַע לֹא עָמָדוּ. נִדְמִינוּ כִּכְלִי רִיק. מִכֹּל נִשְׁאַרְנוּ עֲרוּמִים. לֹא וְנָבִיא וְלֹא חָזוֹן בָּנוּ. כְּעִוְרִים נְגַשֵּׁשׁ וְנֵלֵךְ. יוֹם יוֹם נֹאמַר מַה בְּסוֹפֵנוּ. טוֹב מָוֶת מֵחַיִּים אָמַרְנוּ. חַיֵּינוּ תְּלוּיִם מִנֶּגֶד. זָרִים לְרֹאשׁ וַאֲנַחְנוּ לְזָנָב. וּמַה נַּעֲשֶׂה וַחֲטָאֵינוּ עָשׂוּ.

sprinkling [of purifying waters]; no confession nor sin-offering bullock; no sacrifice nor sprinkling [of blood]; no sin-offering nor fat-offering; no ablution nor purification; no Jerusalem nor purifying Temple; no laver nor its base; no frankincense nor show-bread; no altar nor meal-offering; no pleasing odor [of the offerings] nor libations; no fine-flour nor fragrant spices; no gift of valuation nor burnt-offerings; no curtain nor Ark-cover; no Zion nor golden forehead plate; no incense nor offering; no blended incense nor savory aroma; no gift-offering nor peace-offerings; no thanksgiving-offering nor daily burnt-offerings.

כי For on account of our iniquities and the iniquites of our ancestors we lack all these; and from the time we lack all these —

תכפו Troubles have frequently (*Another version:* severely) come upon us, tribulations have reached over our head; we sought deliverance but there was none, peace but there was destruction. Those who rose up against us increased, they were arrogant and boastful; our lives became loathsome because of the yoke of those who rejoice in our misfortune, their burden lies heavy upon us. The beautiful land was false to us, it yielded produce but not for blessing; we expected much, but there was little; distress filled our store-houses. The olives withheld their oil; that which they did yield did not suffice. Though the vineyards blossomed fully, little wine flowed from the press. The fruits of the field were cursed, the flavor of the food was taken away. The flocks in the sheep-pens dwindled in wool, milk and young. We have been made into a tail and not a head; we borrowed from others but none borrowed from us. Our strength was consumed in futility and confusion, spent without any reward. Even the hand of the one that worked with uprightness has been cast down, and there were none to support him. Driven from ocean to ocean, they did not find adequate sustenance (*Another version:* their sustenance was not sufficient for them). The day becomes dark but there were no earnings, the pay that was expected turned to anguish. The borrower and the lender were enraged, both were sent away empty-handed. The hand of the philanthropists were weakened, the rich did not deal graciously with the poor. Behold, the land was given over into the hands of the wicked, its population found no relief. The place of the Abode of our God is desolate; our ways do not prosper. The joy of the Temple has ceased. How then can rejoicing come to our hearts? When there is no daily-offering which is as sustenance for the Father, then the belly of the children suffers want. The Master of the House has become like a guest in an inn, where then can we find a place of rest. And from the time our Holy Temple has been destroyed —

תנות We are unable to recount the troubles which have befallen us; day after day there is misfortune and sighing; panic has increased within us; our glory is cast down to the dust. Those who begrudge us have gained the upper hand; those who act falsely have become rich; those who deal charitably are not to be seen; those who hate ill-gotten gain cannot exist. We are likened to an empty vessel; we are bare of all. There is neither prophet nor prophecy among us; as blind men we walk and grope. Every day we ask ourselves what will be our end; we declare that death is preferable to life. Our life is in constant jeopardy; strangers are at the head and we are at the tail. And what shall we do when our sins have caused this!

הֵן אָנוּ כְּלֹא הָיִינוּ . דַּלִּים נִבְזִים וּשְׁפָלִים . גְּעוּלִים מְאוּסִים וּבְזוּיִם . בְּנֵי נֵכָר מָשְׁלוּ בָנוּ . אָמַרְנוּ נִגְזַרְנוּ אָבָדְנוּ . אָדוֹן הָקֵל עָלֵינוּ . וּשְׁלַח יֶשַׁע לְגָאֳלֵנוּ .

אלהינו ואלהי אבותינו

אַל תַּעַשׂ עִמָּנוּ כָּלָה . תֹּאחֵז יָדְךָ בְּמִשְׁפָּט : בְּבוֹא תוֹכֵחָה לְנֶגְדְּךָ . שְׁמֵנוּ מִסִּפְרְךָ אַל תֶּמַח : גִּשְׁתְּךָ לַחֲתוֹם מוּסָר . רַחֲמֶיךָ יְקַדְּמוּ רָגְזְךָ : דַּלּוּת מַעֲשִׂים בְּשׁוּרְךָ . קָרֵב צֶדֶק מֵאֵלֶיךָ : הוֹרֵנוּ מַה שֶּׁנִּצְעַק לְפָנֶיךָ . צַוֵּה יְשׁוּעָתֵנוּ בְּמַפְגִּיעַ : וְתָשִׁיב שְׁבוּת אָהֳלֵי תָם . פִּתְחָיו רָאָה כִּי שָׁמֵמוּ : זְכוֹר שַׁחַת לֹא תִשְׁכַּח עֵדוּת מִפִּי זַרְעוֹ : חוֹתָם תְּעוּדָה תַּתִּיר . סוֹדְךָ·שִׂים בְּלִמּוּדָהּ : טַבּוּר אַגַּן הַסַּהַר . נָא אַל יֶחְסַר הַמָּזֶג . יָהּ דַּע אֶת אֲשֶׁר יְדָעוּךָ . מַגֵּר עַם לֹא יְדָעוּךָ : כִּי תָשִׁיב לְבִצָּרוֹן . לְכוּדִים אֲסִירֵי הַתִּקְוָה : וְהֵן אָנוּ עַתָּה :

כְּתוֹעִים וְאֵין לְבַקֵּשׁ . כִּשְׁבוּיִם וְאֵין לְשׁוֹבֵב . כִּרְעֵבִים וְאֵין לְהַאֲכִיל . כִּקְנוּיִם וְאֵין לִקְנוֹת . כִּצְמֵאִים וְאֵין לְהַשְׁקוֹת . כִּפְתָאִים וְאֵין לְלַמֵּד . כַּעֲיֵפִים וְאֵין לְהָשִׁיב כִּשְׂנוּאִים וְאֵין לֶאֱהוֹב . כְּנֶהְדָּפִים וְאֵין לְקָרֵב . כִּמְנֻדִּים וְאֵין לְהַתִּיר . כִּלְקוּחִים וְאֵין אֲדוֹנִים . כִּכְפוּפִים וְאֵין לִזְקוֹף . כִּיתוֹמִים וְאֵין לָהֶם אָב . כִּטְמֵאִים וְאֵין לְטַהֵר . כַּחֲסֵרִים וְאֵין לְמַלֹּאת . כִּזְנוּחִים וְאֵין לִזְכּוֹר . כְּהוֹמִים וְאֵין לָהֶם מְנוּחָה . כְּדַלִּים וְאֵין לְחָנְנָם . כְּגֵרִים וְאֵין לְקַבֵּל . כִּבְזוּיִם וְאֵין לְכַבֵּד . כַּאֲבֵלִים וְאֵין לְנַחֵם . כַּאֲנוּסִים וְאֵין מָנוֹס :

אלהינו ואלהי אבותינו

אִם תָּעִינוּ לֹא תַתְעֵנוּ . אִם שָׁגַגְנוּ לֹא תַשְׁלֵנוּ . אִם רָחַקְנוּ קָרֵב נָא . אִם קֵרַבְנוּ לֹא תְרַחֵק . אִם צָעַקְנוּ לֹא תַעְלִים . אִם פָּשַׁעְנוּ לֹא תִפְרַע . אִם עָוִינוּ לֹא תִטּוֹר . אִם סַרְנוּ לֹא תָסוּר . אִם נָקַמְנוּ לֹא תִלָּחֵם . אִם מָרִינוּ לֹא תַמְרֵנוּ . אִם לַצְנוּ לֹא תִלְחָץ . אִם כִּחַשְׁנוּ לֹא תְכַלֶּה . אִם יָרַדְנוּ לֹא תַטְבִּיעַ . אִם טָעִינוּ לֹא תְטַמְּאֵנוּ . אִם חָבַלְנוּ לֹא תַחְבּוֹל . אִם זַדְנוּ לֹא תִזְכּוֹר . אִם וִכַּחְנוּ לֹא תוֹכִיחַ . אִם הִרְשַׁעְנוּ לֹא תֶהְדוֹף . אִם דָּפַקְנוּ לֹא תִדְחֶה . אִם גָּעַלְנוּ לֹא תִגְעַל . אִם בָּאנוּ לֹא תִמְאָס . אִם אָשַׁמְנוּ לֹא תְאַבֵּד :

וּמֵרוֹב עֲוֹנֵינוּ :

Indeed, we are as if we have never been — wretched, disgraced, lowly, detested, despised and shamed. Strangers ruled over us; we thought it has been decreed that we shall perish. O Master, lighten our yoke and send help to deliver us.

Our God and God of our fathers

אל Do not make an end of us, let Your hand restrain the judgment. When the unfavorable verdict comes before You, do not erase our name from Your Book of Life. When You approach to seal chastisement, let Your compassion precede Your wrath. When You behold the poverty of our good deeds, let mercy draw near from You. Teach us what to plead before You, so that You may command our deliverance through our entreaty. Bring back the captivity of the tents of [the descendants of] Jacob, the perfect one; behold that his gates are desolate. Remember, You have said that the Torah shall never be forgotten from the mouth of his progeny. Open the seal of Your teaching, and reveal Your secret to those who learn it. Let not the Sanhedrin be absent from the Temple which is at the center of the earth. O God, know those who acknowledge You, destroy the nation that does not recognize You. For You will bring back to [Jerusalem,] the stronghold, the chained prisoners who wait with hope. Indeed we are now —

כתועים Like wanderers for whom no one searches; like captives whom no one seeks to return; like the hungry whom no one feeds; like sold slaves whom no one redeems; like the thirsty to whom no one offers drink; like the ignorant whom no one teaches; like the weary whom no one refreshes; like the hated whom no one loves; like the outcasts whom no one brings near; like the banned whom no one releases; like bought slaves who have no master; like the bowed whom no one makes erect; like orphans who have no father; like the impure whom no one cleanses; like the defective whom no one remedies; like the forsaken whom no one remembers; like those who seek respite and have no rest; like the wretched to whom no one is gracious; like strangers whom no one accepts; like the disgraced whom no one respects; like mourners whom no one comforts; like the oppressed who have no refuge.

Our God and God of our fathers

אם If we have strayed, do not let us go further astray; if we have unwittingly sinned, do not let us be further misled; if we have gone far away, bring us near; if we have come near, do not cast us away; if we cry out, do not turn away; if we have wantonly transgressed, do not punish; if we have committed an iniquity, do not be mindful of it; if we have gone away from You, do not depart from us; if we have sinned spitefully, do not wage war on us; if we have rebelled, do not let us rebel further; if we have scoffed, do not oppress us; if we have uttered lies, do not destroy us; if we have sunk low, do not let us drown; if we have erred, do not sweep us away; if we have harmed, to do not harm us; if we have willfully sinned, do not remember it; if we have angered, do not chastise us; if we have acted wickedly, do not thrust us away; if we knock, do not chase us away; if our deeds have been loathsome, do not detest us; if we have come to You, do not reject us; if we have transgressed, do not destroy us. Because of the multitude of our iniquities —

תַּאֲוַת לֵב לֹא הִשַּׂגְנוּ. שֶׁקֶט קִוִּינוּ וַיָּבֹא רֹגֶז. רוּם קֶרֶן וְהִנֵּה שְׁפָלָה. קָרְבָה יְשׁוּעָה אָמַרְנוּ וְנִתְרַחֲקָה. צִפִּינוּ לְטוֹבָה וּבְרָכָה מִמֶּנּוּ. פַּח נֶפֶשׁ בָּא בַּאֲסָמֵינוּ. עִצָּבוֹן בְּמִשְׁלַח יָדֵינוּ. שִׂמְחָה עָרְבָה מֵאֶרֶץ. נֶאֶרְרוּ יְבוּלֵי שָׂדֶה (בִּרְכוֹתֶיהָ). מְעַט מֵהַרְבֵּה נָבִיא. לַחְמָהּ לְרָזוֹן וְלֹא לְשֹׂבַע. כֹּחָהּ לֹא תוֹסֵף תֵּת. יְדֵי עֲמָלֶיהָ מוּטָטוּ. טְרָפָם לֹא מָצְאוּ בָהּ. חֵלֶב מִשְׁמַנֶּיהָ לְזָרִים. זְמוֹרוֹת עֲדָנֶיהָ לְנָכְרִים. וְנִמְכְּרָה אֶרֶץ בְּיַד רָעִים. הוֹן בֶּצַע לֹא מָצְאוּ בָהּ. דָּמֵינוּ גַּם מִמְּצוֹא יָד. גָּלָה שְׂכַר הַיְצוּרִים. בַּעֲוֹנֵינוּ בֵּית מִקְדָּשׁ אֵל חָרֵב. אָסַף חֶסֶד מִכָּל אֱנוֹשׁ:

אלהינו ואלהי אבותינו

תֹּאמַר לִמְחוֹת אֲשָׁמֵינוּ. תָּבֹא לְחַדֵּשׁ יָמֵינוּ. תְּגַלֶּה שְׁנַת שְׁלוֹמֵנוּ. תַּדְגִּיל לְגַדֵּל אֶת שְׁמֵנוּ. תְּהַדֵּר עִיר קָדְשֵׁנוּ. תּוֹפִיעַ מִמְּרוֹם לְרוֹמְמֵנוּ. תִּזְכּוֹר רַחֲמֶיךָ לְרַחֲמֵנוּ. תָּחִישׁ מְנַחֵם לְנַחֲמֵנוּ. תְּטַהֵר שִׁמְצַת גְּוִיֵּנוּ. תֵּידַע כִּי אַתָּה הוּא אֱלֹהֵינוּ. תְּכַפֵּר עֲוֹן זְדוֹנֵינוּ. תְּלוּי רֹאשׁ תִּתֵּן לְהַחֲיֵינוּ. תִּמְחוֹל עַקְשׁוּת מִרְיֵנוּ. תִּנְאוֹם לְהַעֲצִים פִּרְיֵנוּ. תַּסְכִּית שְׁפִיכַת שִׂיחֵנוּ. תַּעֲנֶה עֶתֶר פִּצְחֵנוּ. תִּפְנֶה לְקוֹמֵם מִזְבְּחֵנוּ. תַּצְדִּיק נִיב שְׂפָתֵינוּ. תְּקָרֵב קֵץ מְשִׁיחֵנוּ. תִּרְצֶה רֵיחַ נִיחוֹחֵינוּ. תְּשׁוֹבֵב מִקְצְווֹת נִדָּחֵינוּ. תִּתְמְכֵנוּ וְכָאֵזוֹר תַּדְבִּיקֵנוּ:

אלהינו ואלהי אבותינו

אוֹרְךָ תַּזְרִיחַ לַחֲשֵׁכָה. בְּרַחֲמִים גְּדוֹלִים תָּשׁוּב אֵלֶיהָ. גַּלֵּה לָהּ יוֹם יְשׁוּעָה בַּלֵּב. דַּרְכְּךָ תְּשַׁלַּח וְתִרְפָּאֵנוּ. הָאֵר פָּנֶיךָ אֵלֵינוּ. וְאַל תִּשְׁכָּחֵנוּ לָנֶצַח. זְכוּת הַרְרֵי קֶדֶם זְכוֹר. חַטֹּאת נְעוּרִים אַל תִּזְכּוֹר. טוּמְאָה מֵעָלֵינוּ תַּעֲבִיר. יְדִידוּת נַפְשְׁךָ אַל תִּשְׁכַּח. כְּלוּלוֹת אַהֲבָתֵנוּ תִּזְכּוֹר. לֶכְתֵּנוּ אַחֲרֶיךָ בַּמִּדְבָּר. מָשְׁכֵנוּ וְנָרוּץ אַחֲרֶיךָ. נְחֵנוּ וַהֲבִיאֵנוּ אֶל חֲדָרֶיךָ. סְעָדֵנוּ וְסָמְכֵנוּ וְנִחְיֶה. עֵת כִּי תַשְׁמִיעֵנוּ קוֹלֶךָ. פְּצֵנוּ מִשְּׁאוֹן גַּלִּים. צוּלָה תַּחֲרִיב בְּאַפֶּךָ. קוּמָה בַחֲרוֹנְךָ עַל גֵּאִים. רוֹמֵה עֻזְּךָ וְרוֹמֵם שְׁפָלִים. שְׁבוֹר זְרוֹעַ רָשָׁע. תִּמְלוֹךְ לְבַדְּךָ בְּקוֹרְאֵי שְׁמֶךָ. תּוֹדִיעַ לְעֵין כָּל אֻמִּים. כִּי אֵין אֱלוֹהַּ מִבַּלְעָדֶיךָ. כִּי תְבִיאֵנוּ לְהַר קָדְשֶׁךָ. וּתְשַׂמְּחֵנוּ בְּבֵית מִקְדָּשֶׁךָ:

אלהינו ואלהי אבותינו

אוֹפֶל אַלְמָנָה תָּאִיר. בּוֹהוּ בוֹכִיָּה תַּבְהִיק. גִּיל גַּלְמוּדָה תַּגִּישׁ. דֶּלֶף דִּמְעָתָהּ תַּדְמִים. הַר הַשָּׁמֵם תְּהַדֵּר. וְתָשׁוּב וְאֵלָיו

תאות We have not attained the desire of our heart; we yearned for tranquility and misfortune befell us; [we hoped] for the exaltation of our glory and, behold, we have fallen lower. We thought that deliverance was drawing near, but it became ever more distant. We hoped for happiness but it fled from us; distress entered our storehouses, anguish into the endeavor of our hands; joy has departed from the earth. The produce of the field (its blessings) were cursed, we reap little from abundant planting. Its bread was scarce rather than plentiful, it does not give its strength. The hands of those who toiled on it are enfeebled, they cannot find their sustenance from it. The best of its yield went to strangers, its choicest vines to foreigners. The land was sold to the wicked, but they did not find any gain from it. We are cut off from every helping hand. The merit of the Patriarchs has ended; on account of our sins God's Sanctuary is destroyed; kindness has ceased from among men.

Our God and God of our fathers

תאמר Command that our guilt be erased; come to renew our days; reveal the year of our peace; arise to exalt our name; restore the glory of our sacred city; shine forth from the supernal heights to raise us up; remember Your mercies to have mercy on us; hasten the coming of the comforter to comfort us; cleanse the soil of our bodies; make known that You are our God; grant atonement for our willful iniquities; uplift us so that we may live; forgive our obdurate rebelliousness; promise abounding fertility; hearken to the outpouring of our prayer; answer the plea of our supplication; turn to restore our altar; find righteous the utterance of our lips; bring near the coming of our *Mashiach;* accept with favor our prayers which are in place of savory offerings; bring back our dispersed from the ends of the earth; sustain us and cause us to cleave to You like a girdle.

Our God and God of our fathers

אורך Let Your light shine upon [Israel] who is in darkness; turn back to them in great compassion; reveal to them the day designated in Your heart for deliverance; send forth Your word and heal us; let Your countenance shine upon us and do not forget us forever; remember the merit of the ancient mountains (Patriarchs); do not bring to mind the sins of our youth; remove defilement from upon us; do not forget the beloved of Your soul; remember the love of our bridal days when we went after You in the desert; draw us on and we will run after You; guide us and bring us into Your chambers; support and sustain us and we shall live at the time when You will let us hear Your voice; save us from the raging waves; dry up the depths in Your wrath; arise in Your anger against the haughty; exalt Your might and lift up those who are cast down; crush the power of the wicked; reign alone over those who call Your Name; make it known in the sight of all nations that there is no God aside from You, when You will bring us to Your holy mountain and cause us to rejoice in Your Bet Hamikdash.

Our God and God of our fathers

אופל Illuminate the darkness of the widow (Jerusalem); brighten the desolation of the one who weeps; bring joy to the deserted one and still the flow of her tears; restore the glory of the desolate [Temple] mount, return to it

תּוֹפִיעַ. זוֹהַר זְבוּלְךָ תַּזְרִיחַ. חֲדַר חֻפָּתְךָ תְּחַדֵּשׁ. טֶנֶף טֻמְאָתָהּ תְּטַהֵר. יוֹפִי יִקְרַת תְּיַסְּדָהּ. כַּדְכֹּד כְּבוּדָהּ תְּכוֹנְנָהּ. לְאוֹרָהּ לְאֻמִּים תְּלַוֶּה. מֶלֶךְ מִכְּבוֹדְךָ תְּמַלְּאָהּ. נֶצַח נִצָּחִים תְּנוֹסְסָהּ. שׂוֹבַע שְׂמָחוֹת תַּשְׂבִּיעֶנָּה. עֲנַן עָשָׁן תְּעַטְּרֶנָּה. פְּנַת פִּתְחֶיהָ תְּפָאֵר. צֶדֶק צְנוּעִים תַּצְמִיחַ. קָמֵי קְהָלֶיהָ תָּקִיא. רֶגֶשׁ רְגָלִים תָּרִיץ: חזן שְׁבָטִים שְׁכֵחָת תְּשׁוֹבֵב. תִּקְרָא תִּשְׁרוֹק וְתִתְקַע. כִּי תְבִיאֵם לְהַר קָדְשֶׁךָ. וּתְשַׂמְּחֵם בְּבֵית תְּפִלָּתֶךָ:

אלהינו ואלהי אבותינו

תִּתֵּן אַחֲרִית לְעַמֶּךָ. תָּשִׁיב מִקְדָּשׁ לְתוֹכֵנוּ. תְּרוֹמֵם הַר מָרוֹם הָרִים. תְּקוֹמֵם קֶרֶן גְּדוּעָה. תַּצְהִיר מַחְשַׁכֵּי אִוּוּי. תְּפָאֵר יוֹשֶׁבֶת בָּדָד. תַּעֲטֶה בָּהּ מְלוּכָה לְבַדֶּךָ. תָּסִיר חֶרְפָּה מֵעִיר. תְּנַעֵר זֵדִים מִזְּבוּלֶךָ. תַּמְצִיא צְדָקָה לַעֲדָתֶךָ. תְּלַבֵּב אֶת רַעְיָתֶךָ. תִּכְרוֹת לָהּ בְּרִית חֲדָשָׁה. תֵּיקַר נַפְשָׁהּ בְּעֵינֶיךָ. תְּטַהֲרֶנָּה בְּמַיִם טְהוֹרִים. תַּחֲנֶה בְּעִיר חָנָה דָוִד. תְּזַקֵּף קוֹמַת תְּמָרָה. תּוֹדִיעַ לַכֹּל אַהֲבָתֵנוּ. תְּהַלֵּךְ בְּקֶרֶב מַחֲנוֹתֵינוּ. תִּדְרוֹשׁ גְּאוּלָּה לְגָלוּתֵנוּ. תְּגַלֶּה קֵץ לִקְנוֹתֵנוּ. תָּבֹא מְהֵרָה לְרַחֲמֵנוּ. תַּאֲמִירֵנוּ לָךְ וְנַאֲמִירְךָ לָנוּ:

וּמֵרוֹב עֲוֹנֵינוּ:

תָּעִינוּ מֵאַחֲרֶיךָ. שָׁגַגְנוּ מִמִּצְוֹתֶיךָ. רָחַקְנוּ מִבֵּית חַיֵּינוּ. קִלְקַלְנוּ אָרְחוֹת עוֹלָם. צִעֲדֵינוּ לֹא יָשַׁרְנוּ. פָּשַׁעְנוּ לְשֵׁם קָדְשֶׁךָ. עָזַבְנוּ תוֹרָתֶךָ. סַרְנוּ מֵאִמְרֵי פִיךָ. נִאַצְנוּךָ בְּמַעֲשֵׂה יָדֵינוּ. מָרִינוּ וּמָרַדְנוּ בָךְ. לֹא הִקְשַׁבְנוּ לְדִבְרֵי נְבִיאֶיךָ. כִּעַסְנוּךָ וְלֹא בִקַּשְׁנוּךָ. יִרְאָתְךָ מִלֵּב שְׁכַחְנוּ. טָהֳרָתְךָ בְּמַעֲשֵׂה יָדֵינוּ טִמֵּאנוּ. חָטָאנוּ לְךָ יְהוָה אֱלֹהֵינוּ. זָעַמְנוּךָ בְּרוֹב עֲוֹנֵינוּ. וְאִמַּצְנוּ אֶת לְבָבֵנוּ. הִקְשִׁינוּ אֶת עָרְפֵּנוּ. דַּרְכְּךָ אָחוֹר הִשְׁלַכְנוּ. גְּדֻלָּתְךָ לֹא הִגַּדְנוּ. בֵּיתְךָ נֶהֱרַס בַּעֲוֹנֵינוּ. אִוּוּיְךָ נִתַּץ בַּחֲטָאֵינוּ:

מַה נְּדַבֵּר פְּנֵי מֵישָׁרִים דּוֹבֵר. וּמַה נַּעֲנֶה לְמִמֶּנּוּ מַעֲנֶה. וּמַה נִּצְטַדְּקָה פְּנֵי לוֹבֵשׁ צְדָקָה. גְּמָלְנוּ טוֹבוֹת וְשִׁלַּמְנוּהוּ רָעוֹת. וּמַה יֶּשׁ לָנוּ עוֹד צְדָקָה וְלִזְעוֹק עוֹד אֶל פְּנֵי הַמֶּלֶךְ:

זְכוֹר רַחֲמֶיךָ יְהוָה וַחֲסָדֶיךָ כִּי מֵעוֹלָם הֵמָּה: אַל תִּזְכָּר לָנוּ עֲוֹנוֹת רִאשׁוֹנִים מַהֵר יְקַדְּמוּנוּ רַחֲמֶיךָ כִּי דַלּוֹנוּ מְאֹד: זָכְרֵנוּ יְהוָה

and let Your Divine Presence appear on it; let the resplendence of Your holy Abode shine forth; renew Your bridal chamber; cleanse it from the filth of its defilement; re-establish it in splendrous beauty; firmly establish its sparkling glory; let nations be accompanied by her light; O King fill it with Your majesty; exalt her forever and ever; satiate her with overflowing joy; envelope her with the cloud of the smoke [of the incense-offerings]; glorify the splendor of its portals; let the righteousness of the humble sprout forth; spew out those that rise up against her masses; hasten the coming of her throngs on the three pilgrimage festivals. *Chazzan:* Return the tribes whom You have forgotten; call, whistle and blow the *shofar* for them, when You will bring them to Your holy mountain and cause them to rejoice in Your house of prayer.

Our God and God of our fathers

תחן Grant a happy future for Your people; restore the Sanctuary to our midst; exalt the Mountain that is the most exalted of all mountains; raise the glory that has been cut down; brighten the darkness of Your desired Abode; bestow glory upon the one who sits alone; You alone shall enwrap her with sovereignty; remove disgrace from the city; shake off the wicked from Your dwelling-place; show mercy to Your congregation; take Your beloved to Your heart; make a new covenant with her; let her life be precious in Your eyes; cleanse her with pure waters; encamp in the city where David camped; raise the stature of [Israel, who is compared to a] palm tree; proclaim to all our love; walk in the midst of our camps; seek the redemption of our exile; reveal the end of exile when You will acquire us again; come swiftly to have mercy upon us; proclaim that we are Your chosen people and we will acknowledge You as our God. And because of the multitude of our iniquities —

תעינו We have strayed from You; we have inadvertently disobeyed Your commandments; we have been removed from the House of our Life; we have corrupted the ways of the world; we did not keep our steps straight; we have wantonly transgressed against Your holy Name; we have forsaken Your Torah; we have turned away from the words of Your mouth; we have provoked You by our deeds; we have revolted and rebelled against You; we did not heed the words of Your prophets; we have aroused Your anger and did not seek You; we have caused the fear of You to be forgotten from our heart; we have defiled Your purity by the work of our hands; we have sinned against You, Lord our God; we have roused Your ire through our many sins; we have hardened our hearts; we have stiffened our necks; we have cast Your word behind us; we have not proclaimed Your greatness; Your House has been destroyed because of our wrongdoings; Your desired Abode has been laid to waste because of our sins.

מה What can we say before Him who speaks righteousness! What can we answer to Him from whom all speech issues! How can we justify ourselves before Him who is garbed in righteousness! He has bestowed good on us and we have repaid Him with evil. What righteousness is still left to us that we may yet entreat the countenance of the King!

זכור Lord, remember Your mercies and Your kindnesses, for they have existed for all time.[1] Do not bring to mind our former wrongdoings; let Your mercies come swiftly toward us, for we have been brought very low.[2] Remember us, Lord,

---

1. Psalms 25:6. 2. Ibid. 79:8.

בִּרְצוֹן עַמֶּךָ פָּקְדֵנוּ בִּישׁוּעָתֶךָ: זְכוֹר עֲדָתְךָ קָנִיתָ קֶּדֶם גָּאַלְתָּ שֵׁבֶט נַחֲלָתֶךָ הַר צִיּוֹן זֶה שָׁכַנְתָּ בּוֹ: זְכוֹר יְהוָֹה חִבַּת יְרוּשָׁלָיִם אַהֲבַת צִיּוֹן אַל תִּשְׁכַּח לָנֶצַח: אַתָּה תָקוּם תְּרַחֵם צִיּוֹן כִּי עֵת לְחֶנְנָהּ כִּי בָא מוֹעֵד: זְכוֹר יְהוָֹה לִבְנֵי אֱדוֹם אֵת יוֹם יְרוּשָׁלָיִם הָאוֹמְרִים עָרוּ עָרוּ עַד הַיְסוֹד בָּהּ: זְכֹר לְאַבְרָהָם לְיִצְחָק וּלְיִשְׂרָאֵל עֲבָדֶיךָ אֲשֶׁר נִשְׁבַּעְתָּ לָהֶם בָּךְ וַתְּדַבֵּר אֲלֵיהֶם אַרְבֶּה אֶת זַרְעֲכֶם כְּכוֹכְבֵי הַשָּׁמָיִם וְכָל הָאָרֶץ הַזֹּאת אֲשֶׁר אָמַרְתִּי אֶתֵּן לְזַרְעֲכֶם וְנָחֲלוּ לְעוֹלָם: זְכוֹר לַעֲבָדֶיךָ לְאַבְרָהָם לְיִצְחָק וּלְיַעֲקֹב אַל תֵּפֶן אֶל קְשִׁי הָעָם הַזֶּה וְאֶל רִשְׁעוֹ וְאֶל חַטָּאתוֹ:

אַל נָא תָשֵׁת עָלֵינוּ חַטָּאת אֲשֶׁר נוֹאַלְנוּ וַאֲשֶׁר חָטָאנוּ:

חָטָאנוּ צוּרֵנוּ סְלַח לָנוּ יוֹצְרֵנוּ:

מין כד ע״פ א״ב בראשי ההרוזות ובסוף חתום שם המחבר יהודה חזק

אֵלֶּה אֶזְכְּרָה וְנַפְשִׁי עָלַי אֶשְׁפְּכָה. כִּי בְלָעוּנוּ זֵדִים כְּעוּגָה בְּלִי הֲפוּכָה. כִּי בִּימֵי הַשַּׂר לֹא עָלְתָה אֲרוּכָה. לַעֲשָׂרָה הֲרוּגֵי מְלוּכָה: בְּלָמְדוֹ סֵפֶר מִפִּי מְשׁוּלֵי עֲרֵמַת. וְהֵבִין וְדִקְדֵּק בְּדָת רְשׁוּמַת. וּפָתַח בְּוְאֵלֶּה הַמִּשְׁפָּטִים וְחָשַׁב מְזִמַּת. וְגוֹנֵב אִישׁ וּמְכָרוֹ וְנִמְצָא בְיָדוֹ מוֹת יוּמָת: חטאנו

גָּבַהּ לֵב בִּגְדוֹלִים. וְצִוָּה לְמַלְּאוֹת פַּלְטֵירוֹ נְעָלִים. וְקָרָא לַעֲשָׂרָה חֲכָמִים גְּדוֹלִים. מְבִינֵי דָת וּטְעָמֶיהָ בְּפִלְפּוּלִים. דִּינוּ מִשְׁפָּט זֶה לְאָשְׁרוֹ. וְאַל תְּעַוְּתוּהוּ בְּכָזָב לְאָמְרוֹ. כִּי אִם הוֹצִיאוּהוּ לַאֲמִתּוֹ וּלְאוֹרוֹ. כִּי יִמָּצֵא אִישׁ גֹּנֵב נֶפֶשׁ מֵאֶחָיו מִבְּנֵי יִשְׂרָאֵל וְהִתְעַמֶּר בּוֹ וּמְכָרוֹ: חטאנו

הֵם כְּעָנוּ לוֹ וּמֵת הַגַּנָּב הַהוּא. נָם אַיֵּה אֲבוֹתֵיכֶם אֲשֶׁר אֲחֵיהֶם מְכָרוּהוּ. לְאֹרְחַת יִשְׁמְעֵאלִים סְחָרוּהוּ. וּבְעַד נְעָלִים נְתָנוּהוּ. וְאַתֶּם קַבְּלוּ דִּין שָׁמַיִם עֲלֵיכֶם. כִּי מִימֵי אֲבוֹתֵיכֶם לֹא נִמְצָא כָּכֶם. וְאִם הָיוּ בַּחַיִּים. הָיִיתִי דָנָם לִפְנֵיכֶם. וְאַתֶּם תִּשְׂאוּ עֲוֹן אֲבוֹתֵיכֶם: חטאנו

זְמַן תְּנָה לָנוּ שְׁלֹשֶׁת יָמִים. עַד שֶׁנֵּדַע אִם נִגְזַר הַדָּבָר מִמְּרוֹמִים. אִם אָנוּ חַיָּבִים וַאֲשֵׁמִים. נִסְבּוֹל בִּגְזֵרַת מָלֵא רַחֲמִים. חָלוּ וְזָעוּ וְנָעוּ כֻּלָּמוֹ. עַל רַבִּי יִשְׁמָעֵאל כֹּהֵן גָּדוֹל נָתְנוּ עֵינֵימוֹ. לְהַזְכִּיר אֶת הַשֵּׁם לַעֲלוֹת לַאֲדוֹנֵימוֹ. לָדַעַת אִם יָצְאָה הַגְּזֵרָה מֵאֵת אֱלֹהֵימוֹ: חטאנו

when You find favor with Your people; be mindful of us with Your deliverance.[1] Remember Your congregation which You have acquired of old, the tribe of Your heritage which You have redeemed, Mount Zion wherein You have dwelt.[2] Lord, remember the love for Jerusalem; do not forget the love for Zion forever. Arise and have mercy on Zion, for it is time to be gracious to her; the appointed time has come.[3] Remember, Lord, against the Edomites the day of the destruction of Jerusalem, when they said: Raze it, raze it to its very foundation![4] Remember Abraham, Isaac and Israel Your servants, to whom You swore by Your Self and said to them: I will make your descendants as numerous as the stars of heaven and all this land which I promised, I will give to your descendants and they will inherit [it] forever.[5] Remember Your servants, Abraham, Isaac and Jacob; pay no heed to the obstinacy of this people, to its wickedness, or to its sinfulness.[6]

אל נא Do not, we beseech You, reckon for us as a sin that which we have committed in our folly and that which we have sinned.[7]

חטאנו We have sinned, our Rock; pardon us, our Creator.

אלה These I recall and my soul overflows with sorrow, for evil men have speedily devoured us. In the reign of the cruel Roman emperor, there was no reprieve for the Ten Martyrs who were put to death by the government. Having been taught by the Sages, understanding how to interpret the written law, he opened the Torah scroll to the section "These are the judgments." He found written there: "One who kidnaps a man and sells him, or if he is found in his possession, he shall be put to death,"[8] and devised a nefarious scheme.

Repeat: חטאנו (We have sinned...).

גבה He arrogantly turned against the great ones, and commanded that his palace be filled with sandals. He summoned the ten foremost Sages who were well-versed in the Torah and experts in its interpretation. He said to them: Judge this matter properly, do not pervert it with falsehood, but adjudicate it clearly and truthfully: "If a man is found to have kidnapped any of his brothers of the children of Israel , enslaving him or selling him" — what is the law?

Repeat: חטאנו (We have sinned...).

הם The sages replied: That thief shall die.[9] The tyrant exclaimed: Where are your forefathers who sold their brother; they traded him to a caravan of Ishmaelites, they exchanged him for sandals?[10] So you must take upon yourselves the Heavenly verdict, for since the days of your forefathers there have been none like you. If they were now alive, I would pass judgment on them before you; but now it is you who must bear the sin of your forefathers.

Repeat: חטאנו (We have sinned...).

זמן Grant us three days time that we may ascertain whether it is thus decreed upon us from Heaven. If we are indeed guilty and culpable, we will submit to the decree of the One who is full of mercy. Shaking, shuddering and all atremble, they turned their eyes to Rabbi Yishmael, the *Kohen Gadol*, and requested that he pronounce the ineffable Name and ascend to their Master in Heaven to inquire if the decree has come from God.

Repeat: חטאנו (We have sinned...).

1. Cf. Psalms 106:4. 2. Ibid. 74:2. 3. Ibid. 102:14. 4. Ibid. 137:7. 5. Exodus 32:13. 6. Deuteronomy 9:27. 7. Numbers 12:11. 8. Exodus 21:16. 9. Cf. Deuteronomy 24:7. 10. Targum Yonatan ben Uziel, Gen. 37:28. Pirkei R. Eliezer, ch. 38.

טִהֵר רַבִּי יִשְׁמָעֵאל עַצְמוֹ וְהִזְכִּיר אֶת הַשֵּׁם בִּסְלוּדִים. וְעָלָה
לַמָּרוֹם וְשָׁאַל מֵאֵת הָאִישׁ לְבוּשׁ הַבַּדִּים. וְנָם לוֹ קַבְּלוּ
עֲלֵיכֶם צַדִּיקִים יְדִידִים. כִּי שָׁמַעְתִּי מֵאֲחוֹרֵי הַפַּרְגּוֹד כִּי בְּזֹאת
אַתֶּם נִלְכָּדִים. יָרַד וְהִגִּיד לַחֲבֵרָיו מַאֲמַר אֵל. וְצִוָּה הַבְּלִיַּעַל
לְהָרְגָם בְּכֹחַ וָלָאֵל. וּשְׁנַיִם מֵהֶם הוֹצִיאוּ תְּחִלָּה שֶׁהֵם גְּדוֹלֵי
יִשְׂרָאֵל. רַבִּי יִשְׁמָעֵאל כֹּהֵן גָּדוֹל וְרַבָּן שִׁמְעוֹן בֶּן גַּמְלִיאֵל
נְשִׂיא יִשְׂרָאֵל: חטאנו

כְּרוֹת רֹאשׁוֹ תְּחִלָּה הִרְבָּה מְנוֹ לִבְעוֹן. וְנָם הָרְגֵנִי תְּחִלָּה וְאַל
אֶרְאֶה בְּמִיתַת מְשָׁרֵת דָּר מָעוֹן. לְהַפִּיל גּוֹרָלוֹת צִוָּה צִפְעוֹן.
וְנָפַל הַגּוֹרָל עַל רַבָּן שִׁמְעוֹן: לִשְׁפּוֹךְ דָּמוֹ מִהֵר כְּשׁוֹר פָּר,
וּכְשֶׁנֶּחְתַּךְ רֹאשׁוֹ נְטָלוֹ וְצָרַח עָלָיו בְּקוֹל מַר כַּשּׁוֹפָר. אֵי הַלָּשׁוֹן
הַמְמַהֶרֶת לְהוֹרוֹת אִמְרֵי שֶׁפֶר. וְאֵיךְ עַתָּה לוֹחֶכֶת אֶת הֶעָפָר: חטאנו

מַה מְּאוֹד בָּכָה עָלָיו בַּחֲרָדָה. בַּת בְּלִיַּעַל לְקוֹל בִּכְיָתוֹ שֶׁל רַבִּי
יִשְׁמָעֵאל עָמְדָה. תֹּאַר יָפְיוֹ בְּלִבָּהּ חָמְדָה. וְשָׁאֲלָה מֵאֵת
אָבִיהָ חַיָּתוֹ לְהַעֲמִידָה: נִאֵץ בְּלִיַּעַל דָּבָר זֶה לַעֲשׂוֹתוֹ. לְהַפְשִׁיט
עוֹרוֹ מֵעַל פָּנָיו שָׁאֲלָה מֵאִתּוֹ. וְלֹא עִכֵּב דָּבָר זֶה לַעֲשׂוֹתוֹ. וּכְשֶׁהִגִּיעַ
לִמְקוֹם תְּפִלִּין צָרַח בְּקוֹל מַר לְיוֹצֵר נִשְׁמָתוֹ: חטאנו

שַׂרְפֵי מַעְלָה צָעֲקוּ בְּמָרָה. זוֹ תּוֹרָה וְזוֹ שְׂכָרָהּ. עוֹטֶה כַּשַּׂלְמָה
אוֹרָה. אוֹיֵב מְנָאֵץ שִׁמְךָ הַגָּדוֹל וְהַנּוֹרָא. מְחָרֵף וּמְגַדֵּף עַל
דִּבְרֵי תוֹרָה: עָנְתָה בַּת קוֹל מִשָּׁמַיִם. אִם אֶשְׁמַע קוֹל אַחֵר אֶהֱפוֹךְ
אֶת הָעוֹלָם לְמַיִם. לְתֹהוּ וָבֹהוּ אָשִׁית הֲדוֹמַיִם. גְּזֵרָה הִיא מִלְּפָנַי
קַבְּלוּהָ מְשַׁעַשְׁעֵי דָּת יוֹמַיִם: חטאנו

פְּקִידִים נֶהֶרְגוּ מֵאַחֲרֵי שֶׁבֶת בָּתֵּי כְנֵסִיּוֹת. מְלֵאֵי מִצְוֹת כְּרִמּוֹן
וּכְזָוִיּוֹת. וְהוֹצִיאוּ אֶת רַבִּי עֲקִיבָא דּוֹרֵשׁ כִּתְרֵי אוֹתִיּוֹת.
וְסָרְקוּ בְּשָׂרוֹ בְּמַסְרְקוֹת פִּיפִיּוֹת: צִוָּה לְהוֹצִיא רַבִּי חֲנַנְיָא בֶּן
תְּרַדְיוֹן מִבֵּית אוּלָמוֹ. וּבַחֲבִילֵי זְמוֹרוֹת שָׂרְפוּ גָלְמוֹ. וּסְפוֹגִים שֶׁל
צֶמֶר שָׂמוּ עַל לִבּוֹ לְעַכֵּב עַצְמוֹ. וּכְשֶׁנִּסְתַּלְּקוּ מִיַּד נִשְׂרַף וְסֵפֶר
תּוֹרָה עִמּוֹ: חטאנו

קוֹנְנוּ קְדוֹשִׁים עַם לֹא אַלְמָן. כִּי עַל דָּבָר מוּעָט נֶהֶרְגוּ וְנִשְׁפַּךְ
דָּמָן. לְקַדֵּשׁ שֵׁם שָׁמַיִם מָסְרוּ עַצְמָן. בַּהֲרִיגַת רַבִּי חוּצְפִּית
הַמְּתוּרְגְּמָן: רְעָדָה תֶּאֱחוֹז כָּל שׁוֹמֵעַ שְׁמוּעָה. וְתִזַּל כָּל עַיִן דִּמְעָה.

טהר Rabbi Yishmael purified himself and with reverence pronounced the ineffable Name; he ascended to the heavenly heights and inquired of the angel clothed in white. He answered: Take it upon yourselves, righteous, beloved Sages, for I have heard from behind the Curtain that this decree has been imposed upon you. [Rabbi Yishmael] descended and informed his colleagues of the word of God. Thereupon the wicked tyrant commanded that they be executed by force. Two of the greatest Sages of Israel were brought out first — Rabbi Yishamel, the *Kohen Gadol*, and Rabban Shimon ben Gamliel, the *Nasi*.

Repeat: חטאנו (We have sinned...).

כרות Then [Rabbi Shimon] pleaded and implored that he be executed first so that he would not witness the death of him who ministers to the exalted God. The tyrant ordered them to cast lots and the lot fell on Rabban Shimon. The cruel emperor hurried to spill his blood as if it were that of a bullock. When his head was cut off, Rabbi Yishmael took it and bitterly cried out like a trumpet blast: Alas, how the tongue that so eloquently taught the words of Torah, now licks the dust! *Repeat:* חטאנו (We have sinned...).

מה While he wept in anguish, the daughter of the wicked tyrant stood by listening to his lamentation, and lusted in her heart for his beauty. She requested from her father that he spare Rabbi Yishmael's life, but this the wicked man refused to do. Then she asked that the skin of his face be flayed off; this the tryant did not hesitate to grant. When they reached the place of the *tefillin*, [Rabbi Yishmael] cried out with a bitter voice to the Creator of his soul. *Repeat:* חטאנו (We have sinned...).

שרפי The heavenly angels cried out in bitter grief: Is this the Torah and such its reward! O You who enwraps Yourself with light as with a garment, the foe blasphemes Your great and awesome Name, scorns and desecrates the words of the Torah. A voice reverberated from Heaven: If I hear another word I will turn the world to water; I will revert heaven and earth to chaos and desolation. It is My decree; submit to it, you who rejoice in the Torah which preceded creation by two thousand years. *Repeat:* חטאנו (We have sinned...).

פקידים Thus were slain those who stayed late in the House of Study, who were filled with precepts as a pomegranate [is filled with seeds]. They then brought out Rabbi Akiva who interpreted even the crowns above the letters of the Torah and lacerated his body with sharp pointed iron combs. Then the tyrant commanded them to bring out Rabbi Chananya ben Tradyon from his place of study. They burned his body on a pyre of bundles of vine-twigs, and placed wet layers of wool on his chest to prolong his suffering. When they were removed from him, he was immediately consumed together with the Torah scroll [in which he was wrapped]. *Repeat:* חטאנו (We have sinned...).

קוננו Lament, holy people of a nation never completely forsaken, for a small thing were they slain and their blood spilled. They gave up their lives to sanctify the Name of Heaven; so, too, was the slaughter of Rabbi Chutzpis the Interpreter. Trembling takes hold of all who hear, tears flow from every eye,

וְנֶהְפַּךְ לְאֵבֶל כָּל שַׁעֲשׁוּעַ. בַּהֲרִיגַת רַבִּי אֶלְעָזָר בֶּן שַׁמּוּעַ: חטאנו

שְׁתָתוּנִי צָרַי וּמְעַנַּי וּמִלְאוּ כְּרֵסָם מֵעֲדָנַי. וְהִשְׁקוּנִי מֵי רוֹשׁ וְלַעֲנִי. בַּהֲרִיגַת רַבִּי חֲנִינָא בֶּן חֲכִינַאי: תָּקְפוּ עָלֵינוּ צָרוֹת מִצּוֹת לְהָפֵר. וּמֵאַנּוּ לָקַחַת הוֹן וָכוֹפֶר. כִּי אִם נַפְשׁוֹת הוֹגוֹת אִמְרֵי שֶׁפֶר. כְּמוֹ רַבִּי יְשֵׁבָב הַסּוֹפֵר: חטאנו

יְחָתוּנוּ בְּנֵי עֲדִינָה הַשּׁוֹמֵמָה. הֵרֵעוּ לָנוּ מִכָּל מַלְכֵי אֲדָמָה. וְהָרְגוּ מִמֶּנּוּ כַּמָּה וְכַמָּה. בַּהֲרִיגַת רַבִּי יְהוּדָה בֶּן דָּמָא: דְּבַרְתָּ בֵּית יַעֲקֹב אֵשׁ וּבֵית יוֹסֵף לֶהָבָה. הֵן עַתָּה קַשׁ אוֹרֵם כָּבָה. חַי זְעוּךְ קוֹמָתָם בְּבִיעוּר הַיּוֹם הַבָּא. כִּי הִסְכִּימוּ לַהֲרוֹג עֲשָׂרָה צַדִּיקִים עִם רַבִּי יְהוּדָה בֶּן בָּבָא: חטאנו

זֹאת קְרָאַתְנוּ וְסִפַּרְנוּ בְּשִׁנּוּן. וְשָׁפַכְנוּ לֵב שָׁפָל וְאָנוּן. מִמָּרוֹם הַסְכֵּת תַּחֲנוּן. יְהֹוָה יְהֹוָה אֵל רַחוּם וְחַנּוּן: חַנּוּן הַבִּיטָה מִמְּרוֹמִים. תִּשְׁפּוֹכֶת דַּם הַצַּדִּיקִים וְתַמְצִית דָּמִים. תֵּרֶאֶה בְּפַרְגּוֹדְךָ וְהַעֲבֵר כְּתָמִים. אֵל מֶלֶךְ יוֹשֵׁב עַל כִּסֵּא רַחֲמִים:

זְכוֹר לָנוּ בְּרִית אָבוֹת כַּאֲשֶׁר אָמַרְתָּ. וְזָכַרְתִּי אֶת בְּרִיתִי יַעֲקוֹב וְאַף אֶת בְּרִיתִי יִצְחָק וְאַף אֶת בְּרִיתִי אַבְרָהָם אֶזְכּוֹר וְהָאָרֶץ אֶזְכּוֹר: זְכוֹר לָנוּ בְּרִית רִאשׁוֹנִים כַּאֲשֶׁר אָמַרְתָּ. וְזָכַרְתִּי לָהֶם בְּרִית רִאשׁוֹנִים אֲשֶׁר הוֹצֵאתִי אוֹתָם מֵאֶרֶץ מִצְרַיִם לְעֵינֵי הַגּוֹיִם לִהְיוֹת לָהֶם לֵאלֹהִים אֲנִי יְהֹוָה: עֲשֵׂה עִמָּנוּ כְּמָה שֶׁהִבְטַחְתָּנוּ וְאַף גַּם זֹאת בִּהְיוֹתָם בְּאֶרֶץ אוֹיְבֵיהֶם לֹא מְאַסְתִּים וְלֹא גְעַלְתִּים לְכַלּוֹתָם לְהָפֵר בְּרִיתִי אִתָּם כִּי אֲנִי יְהֹוָה אֱלֹהֵיהֶם: הָשֵׁב שְׁבוּתֵינוּ וְרַחֲמֵנוּ כְּמָה שֶׁכָּתוּב. וְשָׁב יְהֹוָה אֱלֹהֶיךָ אֶת שְׁבוּתְךָ וְרִחֲמֶךָ וְשָׁב וְקִבֶּצְךָ מִכָּל הָעַמִּים אֲשֶׁר הֱפִיצְךָ יְהֹוָה אֱלֹהֶיךָ שָׁמָּה: קַבֵּץ נִדָּחֵנוּ כְּמָה שֶׁכָּתוּב. אִם יִהְיֶה נִדַּחֲךָ בִּקְצֵה הַשָּׁמָיִם מִשָּׁם יְקַבֶּצְךָ יְהֹוָה אֱלֹהֶיךָ וּמִשָּׁם יִקָּחֶךָ: מְחֵה פְשָׁעֵינוּ כָּעָב וְכֶעָנָן כְּמָה שֶׁכָּתוּב. מָחִיתִי כָעָב פְּשָׁעֶיךָ וְכֶעָנָן חַטֹּאתֶיךָ שׁוּבָה אֵלַי כִּי גְאַלְתִּיךָ: מְחֵה פְשָׁעֵינוּ לְמַעַנְךָ כַּאֲשֶׁר אָמַרְתָּ. אָנֹכִי אָנֹכִי הוּא מוֹחֶה פְשָׁעֶיךָ לְמַעֲנִי וְחַטֹּאתֶיךָ לֹא אֶזְכּוֹר: הַלְבֵּן חֲטָאֵינוּ כַּשֶּׁלֶג וְכַצֶּמֶר כְּמָה שֶׁכָּתוּב. לְכוּ נָא וְנִוָּכְחָה יֹאמַר יְהֹוָה אִם יִהְיוּ חֲטָאֵיכֶם כַּשָּׁנִים כַּשֶּׁלֶג יַלְבִּינוּ. אִם יַאְדִּימוּ כַתּוֹלָע כַּצֶּמֶר יִהְיוּ: זְרוֹק עָלֵינוּ מַיִם טְהוֹרִים וְטַהֲרֵנוּ כְּמָה שֶׁכָּתוּב. וְזָרַקְתִּי עֲלֵיכֶם מַיִם טְהוֹרִים וּטְהַרְתֶּם מִכֹּל

and every joy is turned to mourning on account of the murder of Rabbi Elazar ben Shamua. *Repeat:* חטאנו (We have sinned...).

שחתוני My enemies and oppressors have ravaged me; they satiated themselves with our precious possessions. They made us drink poison when they slayed Rabbi Chanina ben Chachinai. They tortured us to make us violate the commandments. They refused to take ransom, but insisted on the lives of those who study the precious words of Torah, such as Rabbi Yeshevav the Scribe. *Repeat:* חטאנו (We have sinned...).

יחתונו The children of Edom crushed us and made us desolate; they persecuted us more than any other kingdom on earth; they slaughtered many of us, and also murdered Rabbi Yehudah ben Dama. You have declared that the House of Jacob shall be fire and the House of Joseph a flame — but now the straw [Esau] has quenched their fire. Eternal God, humble their stature on the approaching day of destruction, for they agreed to slay ten righteous Sages, including Rabbi Yehudah ben Bava. *Repeat:* חטאנו (We have sinned...).

זאת This has befallen us; we have recounted it verbally, we have poured out our humble and grieving heart; from Heaven hearken to our supplication, O Lord, Lord, compassionate and gracious God. Gracious One, behold from Heaven the spilled blood of the righteous Sages; let their life-blood be seen in Your firmament and [in their merit,] remove the stains of guilt, Almighty King who sits on the Throne of Mercy.

זכור Remember in our behalf the covenant with the Patriarchs, as You have said: I will remember My covenant with Jacob; also My covenant with Isaac, and also My covenant with Abraham will I remember and I will remember the land.[1] Remember in our behalf the covenant with our ancestors, as You have said: I will remember in their behalf the covenant with their ancestors, whom I took out of Egypt before the eyes of the nations, to be their God; I am the Lord.[2] Act toward us as You have promised: Yet, even then, when they are in the land of their enemies, I will not abhor them nor spurn them so as to destroy them and annul My covenant with them; for I am the Lord their God.[3] Bring back our exiles and have mercy upon us, as it is written: The Lord your God will return your exiles and have mercy upon you, and will again gather you from all the nations where the Lord your God has scattered you.[4] Gather our dispersed, as it is written: Even if your dispersed will be at the furthermost parts of the world, from there the Lord your God will gather you, and from there He will fetch you.[5] Wipe away our transgressions like a thick cloud and like a mist, as it is written: I have wiped away your transgressions like a thick cloud, your sins like a mist; return to Me, for I have redeemed you.[6] Wipe away our transgressions for Your sake, as You have said: I, I [alone,] am He who wipes away your transgressions, for My sake; your sins I will not recall.[7] Make our sins white as snow and wool, as it is written: Come now, let us reason together, says the Lord; even if your sins will be as scarlet, they will become white as snow; even if they will be red as crimson, they will become [white] as wool.[8] Sprinkle purifying waters upon us and purify us, as it is written: And I will sprinkle purifying waters upon you, and you shall be pure; from all

1. Leviticus 26:42. 2. Ibid. 26:45. 3. Ibid. 26:44. 4. Deuteronomy 30:3. 5. Ibid. 30:4. 6. Isaiah 44:22. 7. Ibid. 43:25. 8. Ibid. 1:18.

טֻומְאוֹתֵיכֶם וּמִכָּל גִּלּוּלֵיכֶם אֲטַהֵר אֶתְכֶם: רַחֵם עָלֵינוּ וְאַל תַּשְׁחִיתֵנוּ כְּמָה שֶׁכָּתוּב. כִּי אֵל רַחוּם יְהֹוָה אֱלֹהֶיךָ לֹא יַרְפְּךָ וְלֹא יַשְׁחִיתֶךָ וְלֹא יִשְׁכַּח אֶת בְּרִית אֲבוֹתֶיךָ אֲשֶׁר נִשְׁבַּע לָהֶם. מוֹל אֶת לְבָבֵנוּ לְאַהֲבָה אֶת שְׁמֶךָ כְּמָה שֶׁכָּתוּב. וּמָל יְהֹוָה אֱלֹהֶיךָ אֶת לְבָבְךָ וְאֶת לְבַב זַרְעֶךָ לְאַהֲבָה אֶת יְהֹוָה אֱלֹהֶיךָ בְּכָל לְבָבְךָ וּבְכָל נַפְשְׁךָ לְמַעַן חַיֶּיךָ: הִמָּצֵא לָנוּ בְּבַקָּשָׁתֵנוּ כְּמָה שֶׁכָּתוּב. וּבִקַּשְׁתֶּם מִשָּׁם אֶת יְהֹוָה אֱלֹהֶיךָ וּמָצָאתָ כִּי תִדְרְשֶׁנּוּ בְּכָל לְבָבְךָ וּבְכָל נַפְשֶׁךָ: כַּפֵּר חֲטָאֵינוּ בַּיּוֹם הַזֶּה וְטַהֲרֵנוּ כְּמָה שֶׁכָּתוּב. כִּי בַיּוֹם הַזֶּה יְכַפֵּר עֲלֵיכֶם לְטַהֵר אֶתְכֶם מִכֹּל חַטֹּאתֵיכֶם לִפְנֵי יְהֹוָה תִּטְהָרוּ: תְּבִיאֵנוּ אֶל הַר קָדְשֶׁךָ וְשַׂמְּחֵנוּ בְּבֵית תְּפִלָּתֶךָ כְּמָה שֶׁכָּתוּב: וַהֲבִיאוֹתִים אֶל הַר קָדְשִׁי וְשִׂמַּחְתִּים בְּבֵית תְּפִלָּתִי עוֹלֹתֵיהֶם וְזִבְחֵיהֶם לְרָצוֹן עַל מִזְבְּחִי כִּי בֵיתִי בֵּית תְּפִלָּה יִקָּרֵא לְכָל הָעַמִּים:

פותחין הארון פסוק אחר פסוק, חזן וקהל עד אל תעזבנו ולא עד בכלל

שְׁמַע קוֹלֵנוּ יְהֹוָה אֱלֹהֵינוּ. חוּס וְרַחֵם עָלֵינוּ וְקַבֵּל בְּרַחֲמִים וּבְרָצוֹן אֶת תְּפִלָּתֵנוּ:

הֲשִׁיבֵנוּ יְהֹוָה אֵלֶיךָ וְנָשׁוּבָה חַדֵּשׁ יָמֵינוּ כְּקֶדֶם:

אַל תַּשְׁלִיכֵנוּ מִלְּפָנֶיךָ וְרוּחַ קָדְשְׁךָ אַל תִּקַּח מִמֶּנּוּ:

אַל תַּשְׁלִיכֵנוּ לְעֵת זִקְנָה כִּכְלוֹת כֹּחֵנוּ אַל תַּעַזְבֵנוּ: אַל תַּעַזְבֵנוּ יְהֹוָה אֱלֹהֵינוּ. אַל תִּרְחַק מִמֶּנּוּ: עֲשֵׂה עִמָּנוּ אוֹת לְטוֹבָה וְיִרְאוּ שׂוֹנְאֵינוּ וְיֵבֹשׁוּ כִּי אַתָּה יְהֹוָה עֲזַרְתָּנוּ וְנִחַמְתָּנוּ: אֲמָרֵינוּ הַאֲזִינָה יְהֹוָה בִּינָה הֲגִיגֵנוּ: יִהְיוּ לְרָצוֹן אִמְרֵי פִינוּ וְהֶגְיוֹן לִבֵּנוּ לְפָנֶיךָ יְהֹוָה צוּרֵנוּ וְגוֹאֲלֵנוּ: כִּי לְךָ יְהֹוָה הוֹחָלְנוּ אַתָּה תַעֲנֶה אֲדֹנָי אֱלֹהֵינוּ:

סוגרין הארון

אֱלֹהֵינוּ וֵאלֹהֵי אֲבוֹתֵינוּ. אַל תַּעַזְבֵנוּ וְאַל תִּטְּשֵׁנוּ וְאַל תַּכְלִימֵנוּ. וְאַל תָּפֵר בְּרִיתְךָ אִתָּנוּ. קָרְבֵנוּ לְתוֹרָתֶךָ. לַמְּדֵנוּ מִצְוֹתֶיךָ. הוֹרֵנוּ דְרָכֶיךָ. הַט לִבֵּנוּ לְיִרְאָה אֶת שְׁמֶךָ. וּמוֹל אֶת לְבָבֵנוּ לְאַהֲבָתֶךָ. וְנָשׁוּב אֵלֶיךָ בֶּאֱמֶת וּבְלֵב שָׁלֵם. וּלְמַעַן שִׁמְךָ הַגָּדוֹל תִּמְחוֹל וְתִסְלַח לַעֲוֹנֵינוּ כַּכָּתוּב בְּדִבְרֵי קָדְשֶׁךָ. לְמַעַן שִׁמְךָ יְהֹוָה וְסָלַחְתָּ לַעֲוֹנִי כִּי רַב הוּא:

אֱלֹהֵינוּ וֵאלֹהֵי אֲבוֹתֵינוּ. סְלַח לָנוּ. מְחַל לָנוּ. כַּפֶּר לָנוּ. כִּי אָנוּ

your defilements and from all your idolatries I will purify you.[1] Have compassion on us and do not destroy us, as it is written: For the Lord your God is a compassionate God; He will not forsake you, nor will He destroy you, nor will He forget the covenant with your fathers which He swore to them.[2] Open[3] our hearts to love Your Name, as it is written: And the Lord your God will open[3] your heart and the hearts of your offspring, to love the Lord your God with all your heart and with all your soul, that you may live.[4] Be accessible to us when we seek You, as it is written: And from there [from exile] you will seek the Lord your God, and you will find Him, for you will seek Him with all your heart and with all your soul.[5] Grant atonement for our sins and purify us, as it is written: For on this day atonement shall be made for you, to purify you; you shall be cleansed of all your sins before the Lord.[6] Bring us to Your holy mountain and make us rejoice in Your house of prayer, as it is written: I will bring them to My holy mountain and make them rejoice in My house of prayer; their burnt-offerings and their sacrifices shall be favorably accepted upon My altar, for My house shall be called a house of prayer for all the nations.[7]

The Ark is opened, and the first four verses which follow are recited by the Chazzan and repeated by the Congregation verse by verse.

שמע Hear our voice, Lord our God, have pity and compassion upon us, and accept our prayer with mercy and favor.

Bring us back to You, Lord, and we will return; renew our days as of old.[8]

Do not cast us out of Your presence, and do not take Your Spirit of Holiness away from us.[9]

Do not cast us aside in old age; do not forsake us when our strength fails.[10] Do not abandon us, Lord our God; do not keep far from us.[11] Show us a sign of favor, that our foes may see and be shamed, because You, Lord, have given us aid and consoled us.[12] Hearken to our words, Lord; consider our thoughts.[13] May the words of our mouth and the meditation of our heart be acceptable before You, Lord, our Strength and our Redeemer.[14] For it is for You, Lord, that we have been waiting; answer us, Lord our God.[15]

The Ark is closed.

אלהינו Our God and God of our fathers, do not forsake us, do not abandon us, do not put us to shame, and do not nullify Your covenant with us. Bring us near to Your Torah, teach us Your precepts, instruct us in Your ways, incline our heart to revere Your Name, open[3] our hearts to the love of You, and we will return to You in truth, with a perfect heart. And for the sake of Your great Name, forgive and pardon our iniquity, as it is written in Your holy Scriptures: For the sake of Your Name, Lord, pardon my iniquity, for it is great.[16]

אלהינו Our God and God of our fathers, pardon us, forgive us, grant us atonement — for we are Your

---

1. Ezekiel 36:25. 2. Deuteronomy 4:31. 3. Lit., circumcise. 4. Deuteronomy 30:6. 5. Ibid. 4:29. 6. Leviticus 16:30. 7. Isaiah 56:7. 8. Lamentations 5:21. 9. Cf. Psalms 51:13. 10. Cf. Ibid. 71:9. 11. Cf. Ibid. 38:22. 12. Cf. Ibid. 86:17. 13. Cf. Ibid. 5:2. 14. Cf. Ibid. 19:15. 15. Cf. Ibid. 38:16. 16. Psalms 25:11.

עַמֶּךָ וְאַתָּה אֱלֹהֵינוּ . אָנוּ בָנֶיךָ וְאַתָּה אָבִינוּ. אָנוּ עֲבָדֶיךָ וְאַתָּה אֲדוֹנֵינוּ . אָנוּ קְהָלֶךָ וְאַתָּה חֶלְקֵנוּ . אָנוּ נַחֲלָתֶךָ וְאַתָּה גוֹרָלֵנוּ . אָנוּ צֹאנֶךָ וְאַתָּה רוֹעֵנוּ . אָנוּ כַרְמֶךָ וְאַתָּה נוֹטְרֵנוּ . אָנוּ פְעֻלָּתֶךָ וְאַתָּה יוֹצְרֵנוּ . אָנוּ רַעְיָתֶךָ וְאַתָּה דוֹדֵנוּ . אָנוּ סְגֻלָּתֶךָ וְאַתָּה אֱלֹהֵינוּ . אָנוּ עַמֶּךָ וְאַתָּה מַלְכֵּנוּ . אָנוּ מַאֲמִירֶךָ וְאַתָּה מַאֲמִירֵנוּ . אָנוּ עַזֵּי פָנִים וְאַתָּה רַחוּם וְחַנּוּן . אָנוּ קְשֵׁי עוֹרֶף וְאַתָּה אֶרֶךְ אַפַּיִם . אָנוּ מְלֵאֵי עָוֹן . וְאַתָּה מָלֵא רַחֲמִים . אָנוּ יָמֵינוּ כְּצֵל עוֹבֵר . וְאַתָּה הוּא וּשְׁנוֹתֶיךָ לֹא יִתָּמּוּ :

אֱלֹהֵינוּ וֵאלֹהֵי אֲבוֹתֵינוּ תָּבֹא לְפָנֶיךָ תְּפִלָּתֵנוּ . וְאַל תִּתְעַלַּם מִתְּחִנָּתֵנוּ, שֶׁאֵין אָנוּ עַזֵּי פָנִים וּקְשֵׁי עֹרֶף, לוֹמַר לְפָנֶיךָ יְהוָה אֱלֹהֵינוּ וֵאלֹהֵי אֲבוֹתֵינוּ צַדִּיקִים אֲנַחְנוּ וְלֹא חָטָאנוּ . אֲבָל אֲנַחְנוּ וַאֲבוֹתֵינוּ חָטָאנוּ :

אָשַׁמְנוּ . בָּגַדְנוּ . גָּזַלְנוּ . דִּבַּרְנוּ דֹפִי : הֶעֱוִינוּ . וְהִרְשַׁעְנוּ . זַדְנוּ . חָמַסְנוּ . טָפַלְנוּ שֶׁקֶר : יָעַצְנוּ רָע . כִּזַּבְנוּ . לַצְנוּ . מָרַדְנוּ . נִאַצְנוּ . סָרַרְנוּ. עָוִינוּ . פָּשַׁעְנוּ . צָרַרְנוּ . קִשִּׁינוּ עוֹרֶף : רָשַׁעְנוּ . שִׁחַתְנוּ . תִּעַבְנוּ . תָּעִינוּ . תִּעְתָּעְנוּ : סַרְנוּ מִמִּצְוֹתֶיךָ וּמִמִּשְׁפָּטֶיךָ הַטּוֹבִים וְלֹא שָׁוָה לָנוּ . וְאַתָּה צַדִּיק עַל כָּל הַבָּא עָלֵינוּ כִּי אֱמֶת עָשִׂיתָ וַאֲנַחְנוּ הִרְשָׁעְנוּ :

הִרְשַׁעְנוּ וּפָשַׁעְנוּ לָכֵן לֹא נוֹשָׁעְנוּ וְתֵן בְּלִבֵּנוּ לַעֲזוֹב דֶּרֶךְ רֶשַׁע וְחִישׁ לָנוּ יֶשַׁע כַּכָּתוּב עַל יַד נְבִיאֶךָ. יַעֲזוֹב רָשָׁע דַּרְכּוֹ וְאִישׁ אָוֶן מַחְשְׁבוֹתָיו וְיָשׁוֹב אֶל יְהוָה וִירַחֲמֵהוּ וְאֶל אֱלֹהֵינוּ כִּי יַרְבֶּה לִסְלוֹחַ :

אֱלֹהֵינוּ וֵאלֹהֵי אֲבוֹתֵינוּ סְלַח וּמְחַל לַעֲוֹנוֹתֵינוּ בְּיוֹם (הַשַּׁבָּת הַזֶּה וּבְיוֹם) הַכִּפֻּרִים הַזֶּה *) מְחֵה וְהַעֲבֵר פְּשָׁעֵינוּ וְחַטֹּאתֵינוּ מִנֶּגֶד עֵינֶיךָ וְכוֹף אֶת יִצְרֵנוּ לְהִשְׁתַּעְבֶּד לָךְ. וְהַכְנַע אֶת עָרְפֵּנוּ לָשׁוּב אֵלֶיךָ בֶּאֱמֶת . וְחַדֵּשׁ כִּלְיוֹתֵינוּ לִשְׁמוֹר פִּקּוּדֶיךָ . וּמוֹל אֶת לְבָבֵנוּ לְאַהֲבָה וּלְיִרְאָה אֶת שְׁמֶךָ . כַּכָּתוּב בְּתוֹרָתֶךָ וּמָל יְהוָה אֱלֹהֶיךָ אֶת לְבָבְךָ וְאֶת לְבַב זַרְעֶךָ לְאַהֲבָה אֶת יְהוָה אֱלֹהֶיךָ בְּכָל לְבָבְךָ וּבְכָל נַפְשְׁךָ לְמַעַן חַיֶּיךָ : הַזְּדוֹנוֹת וְהַשְּׁגָגוֹת אַתָּה מַכִּיר . הָרָצוֹן וְהָאוֹנֶס הַגְּלוּיִם וְהַנִּסְתָּרִים . לְפָנֶיךָ הֵם גְּלוּיִם וִידוּעִים. מָה אָנוּ . מֶה חַיֵּינוּ . מֶה חַסְדֵּנוּ . מַה צִּדְקֵנוּ . מַה כֹּחֵנוּ . מַה גְּבוּרָתֵנוּ .

*) ביום סליחת העון הזה ביום מקרא קדש הזה.

people and You are our God; we are Your children and You are our Father; we are Your servants and You are our Master; we are Your congregation and You are our portion; we are Your inheritance and You are our lot; we are Your flock and You are our Shepherd; we are Your vineyard and You are our Watchman; we are Your handiwork and You are our Creator; we are Your beloved ones and You are our Beloved; we are Your treasure and You are our God; we are Your people and You are our King; we are Your chosen people and You are our acknowledged God; we are impudent but You are merciful and gracious; we are obdurate but You are slow to anger; we are full of iniquity but You are full of compassion; our days are like a passing shadow but You are eternal, Your years are without end.

אלהינו Our God and God of our fathers, may our prayers come before You and do not turn away from our supplication, for we are not so impudent and obdurate as to declare before You, Lord our God and God of our fathers, that we are righteous and have not sinned. Indeed, we and our fathers have sinned.

אשמנו We have transgressed, we have acted perfidiously, we have robbed, we have slandered. We have acted perversely and wickedly, we have willfully sinned, we have done violence, we have imputed falsely. We have given evil counsel, we have lied, we have scoffed, we have rebelled, we have provoked, we have been disobedient, we have committed iniquity, we have wantonly transgressed, we have oppressed, we have been obstinate. We have committed evil, we have acted perniciously, we have acted abominably, we have gone astray, we have led others astray. We have strayed from Your good precepts and ordinances, and it has not profited us. Indeed, You are just in all that has come upon us, for You have acted truthfully, and it is we who have acted wickedly.[1]

הרשענו We have acted wickedly and transgressed, therefore we have not been delivered. Inspire our hearts to abandon the evil way, and hasten our deliverance, as it is written by Your prophet: Let the wicked abandon his way and the man of iniquity his thoughts; let him return to the Lord and He will have compassion upon him, and to our God, for He will abundantly pardon.[2]

אלהינו Our God and God of our fathers, pardon and forgive our wrongdoings on this (*On Shabbat:* Shabbat day and on this) Day of Atonements, on this day of pardoning of sin, on this day of holy assembly; wipe away and remove our transgressions and sins from before Your eyes; compel our inclination to be subservient to You; subdue our obduracy that we may return to You in truth; renew our minds to observe Your commandments; open[3] our hearts to love and revere Your Name, as it is written in Your Torah: And the Lord Your God will open[3] your hearts and the hearts of your offspring, to love the Lord your God with all your heart and with all your soul, that you may live.[4] You recognize deliberate sin or inadvertent error, [transgressions committed] willfully or under duress, openly or secretly — before You they are revealed and known. What are we? What is our life? What is our kindness? What is our righteousness? What is our strength? What is our might?

---

1. Nechemiah 9:33. 2. Isaiah 55:7. 3. Lit., circumcise. 4. Deuteronomy 30:6.

מַה נֹּאמַר לְפָנֶיךָ יְהוָה אֱלֹהֵינוּ וֵאלֹהֵי אֲבוֹתֵינוּ. הֲלֹא כָּל הַגִּבּוֹרִים כְּאַיִן לְפָנֶיךָ וְאַנְשֵׁי הַשֵּׁם כְּלֹא הָיוּ וַחֲכָמִים כִּבְלִי מַדָּע וּנְבוֹנִים כִּבְלִי הַשְׂכֵּל. כִּי רוֹב מַעֲשֵׂיהֶם תֹּהוּ וִימֵי חַיֵּיהֶם הֶבֶל לְפָנֶיךָ וּמוֹתַר הָאָדָם מִן הַבְּהֵמָה אָיִן כִּי הַכֹּל הָבֶל: מַה נֹּאמַר לְפָנֶיךָ יוֹשֵׁב מָרוֹם. וּמַה נְּסַפֵּר לְפָנֶיךָ שׁוֹכֵן שְׁחָקִים. הֲלֹא כָּל הַנִּסְתָּרוֹת וְהַנִּגְלוֹת אַתָּה יוֹדֵעַ:

שִׁמְךָ מֵעוֹלָם עוֹבֵר עַל פֶּשַׁע. שַׁוְעָתֵנוּ תַּאֲזִין בְּעָמְדֵנוּ לְפָנֶיךָ בִּתְפִלָּה תַּעֲבוֹר עַל פֶּשַׁע לְעַם שָׁבֵי פֶשַׁע. תִּמְחֶה פְשָׁעֵינוּ מִנֶּגֶד עֵינֶיךָ:

אַתָּה יוֹדֵעַ רָזֵי עוֹלָם, וְתַעֲלוּמוֹת סִתְרֵי כָל חָי: אַתָּה חוֹפֵשׂ כָּל חַדְרֵי בָטֶן וּבוֹחֵן כְּלָיוֹת וָלֵב. אֵין דָּבָר נֶעְלָם מִמָּךְ, וְאֵין נִסְתָּר מִנֶּגֶד עֵינֶיךָ: וּבְכֵן יְהִי רָצוֹן מִלְּפָנֶיךָ יְיָ אֱלֹהֵינוּ וֵאלֹהֵי אֲבוֹתֵינוּ, שֶׁתְּרַחֵם עָלֵינוּ וְתִמְחוֹל לָנוּ עַל כָּל חַטֹּאתֵינוּ, וּתְכַפֵּר לָנוּ עַל כָּל עֲוֹנוֹתֵינוּ, וְתִמְחוֹל וְתִסְלַח לָנוּ עַל כָּל פְּשָׁעֵינוּ:

עַל חֵטְא שֶׁחָטָאנוּ לְפָנֶיךָ, בְּאֹנֶס וּבְרָצוֹן.
וְעַל חֵטְא שֶׁחָטָאנוּ לְפָנֶיךָ, בְּאִמּוּץ הַלֵּב.
עַל חֵטְא שֶׁחָטָאנוּ לְפָנֶיךָ, בִּבְלִי דָעַת.
וְעַל חֵטְא שֶׁחָטָאנוּ לְפָנֶיךָ, בְּבִטּוּי שְׂפָתָיִם.
עַל חֵטְא שֶׁחָטָאנוּ לְפָנֶיךָ, בְּגִלּוּי עֲרָיוֹת.
וְעַל חֵטְא שֶׁחָטָאנוּ לְפָנֶיךָ, בְּגָלוּי וּבַסָּתֶר.
עַל חֵטְא שֶׁחָטָאנוּ לְפָנֶיךָ, בְּדַעַת וּבְמִרְמָה.
וְעַל חֵטְא שֶׁחָטָאנוּ לְפָנֶיךָ, בְּדִבּוּר פֶּה.
עַל חֵטְא שֶׁחָטָאנוּ לְפָנֶיךָ, בְּהוֹנָאַת רֵעַ.
וְעַל חֵטְא שֶׁחָטָאנוּ לְפָנֶיךָ, בְּהַרְהוֹר הַלֵּב.
עַל חֵטְא שֶׁחָטָאנוּ לְפָנֶיךָ, בִּוְעִידַת זְנוּת.
וְעַל חֵטְא שֶׁחָטָאנוּ לְפָנֶיךָ, בְּוִדּוּי פֶּה.
עַל חֵטְא שֶׁחָטָאנוּ לְפָנֶיךָ, בְּזִלְזוּל הוֹרִים וּמוֹרִים.

What can we say to You, Lord our God and God of our fathers? Are not all the mighty men as nothing before You, the men of renown as though they had never been, the wise as if without knowledge, and the men of understanding as if devoid of intelligence? For most of their deeds are naught, and the days of their lives are vanity before You. The pre-eminence of man over beast is naught, for all is vanity.[1] What shall we say to You who dwells on high; what shall we relate to You who abides in the heavens? You surely know all the hidden and revealed things.

שמך Your Name from of old is Forgiver of Transgression; hearken to our supplication as we stand before You in prayer. Forgive transgression for the people who repent of transgression. Erase our transgressions from before Your eyes.

אתה You know the mysteries of the universe and the hidden secrets of every living being. You search all [our] innermost thoughts, and probe [our] mind and heart; nothing is hidden from You, nothing is concealed from Your sight. And so, may it be Your will, Lord our God and God of our fathers, to have mercy on us and forgive us all our sins, grant us atonement for all our iniquities, and forgive and pardon us for all our trangressions.

על חטא For the sin which we have committed before You under duress or willingly.

And for the sin which we have committed before You by hardheartedness.

For the sin which we have committed before You inadvertently.

And for the sin which we have committed before You with an utterance of the lips.

For the sin which we have committed before You with immorality.

And for the sin which we have committed before You openly or secretly.

For the sin which we have committed before You with knowledge and with deceit.

And for the sin which we have committed before You through speech.

For the sin which we have committed before You by deceiving a fellowman.

And for the sin which we have committed before You by improper thoughts.

For the sin which we have committed before You by a gathering of lewdness.

And for the sin which we have committed before You by verbal [insincere] confession.

For the sin which we have committed before You by disrespect for parents and teachers.

---

1. Ecclesiastes 3:19.

וְעַל חֵטְא שֶׁחָטָאנוּ לְפָנֶיךָ, בְּזָדוֹן וּבִשְׁגָגָה.
עַל חֵטְא שֶׁחָטָאנוּ לְפָנֶיךָ, בְּחֹזֶק יָד.
וְעַל חֵטְא שֶׁחָטָאנוּ לְפָנֶיךָ, בְּחִלּוּל הַשֵּׁם.
עַל חֵטְא שֶׁחָטָאנוּ לְפָנֶיךָ, בְּטֻמְאַת שְׂפָתָיִם.
וְעַל חֵטְא שֶׁחָטָאנוּ לְפָנֶיךָ, בְּטִפְשׁוּת פֶּה.
עַל חֵטְא שֶׁחָטָאנוּ לְפָנֶיךָ, בְּיֵצֶר הָרָע.
וְעַל חֵטְא שֶׁחָטָאנוּ לְפָנֶיךָ, בְּיוֹדְעִים וּבְלֹא יוֹדְעִים.
וְעַל כֻּלָּם אֱלוֹהַּ סְלִיחוֹת, סְלַח לָנוּ, מְחַל לָנוּ, כַּפֶּר לָנוּ:
עַל חֵטְא שֶׁחָטָאנוּ לְפָנֶיךָ, בְּכַחַשׁ וּבְכָזָב.
וְעַל חֵטְא שֶׁחָטָאנוּ לְפָנֶיךָ, בְּכַפַּת שֹׁחַד.
עַל חֵטְא שֶׁחָטָאנוּ לְפָנֶיךָ, בְּלָצוֹן.
וְעַל חֵטְא שֶׁחָטָאנוּ לְפָנֶיךָ, בְּלָשׁוֹן הָרָע.
עַל חֵטְא שֶׁחָטָאנוּ לְפָנֶיךָ, בְּמַשָּׂא וּבְמַתָּן.
וְעַל חֵטְא שֶׁחָטָאנוּ לְפָנֶיךָ, בְּמַאֲכָל וּבְמִשְׁתֶּה.
עַל חֵטְא שֶׁחָטָאנוּ לְפָנֶיךָ, בְּנֶשֶׁךְ וּבְמַרְבִּית.
וְעַל חֵטְא שֶׁחָטָאנוּ לְפָנֶיךָ, בִּנְטִיַּת גָּרוֹן.
עַל חֵטְא שֶׁחָטָאנוּ לְפָנֶיךָ, בְּשִׂיחַ שִׂפְתוֹתֵינוּ.
וְעַל חֵטְא שֶׁחָטָאנוּ לְפָנֶיךָ, בְּ סִקּוּר עָיִן.
עַל חֵטְא שֶׁחָטָאנוּ לְפָנֶיךָ, בְּעֵינַיִם רָמוֹת.
וְעַל חֵטְא שֶׁחָטָאנוּ לְפָנֶיךָ, בְּעַזּוּת מֵצַח.
וְעַל כֻּלָּם, אֱלוֹהַּ סְלִיחוֹת, סְלַח לָנוּ, מְחַל לָנוּ, כַּפֶּר לָנוּ:
עַל חֵטְא שֶׁחָטָאנוּ לְפָנֶיךָ, בִּפְרִיקַת עוֹל.
וְעַל חֵטְא שֶׁחָטָאנוּ לְפָנֶיךָ, בִּפְלִילוּת.
עַל חֵטְא שֶׁחָטָאנוּ לְפָנֶיךָ, בִּצְדִיַּת רֵעַ.

And for the sin which we have committed before You intentionally or unintentionally.

For the sin which we have committed before You by using coercion.

And for the sin which we have committed before You by desecrating the Divine Name.

For the sin which we have committed before You by impurity of speech.

And for the sin which we have committed before You by foolish talk.

For the sin which we have committed before You with the evil inclination.

And for the sin which we have committed before You knowingly or unknowingly.

ועל כלם For all these, God of pardon, pardon us, forgive us, atone for us.

For the sin which we have committed before You by false denial and lying.

And for the sin which we have committed before You by a bribe-taking or a bribe-giving hand.

For the sin which we have committed before You by scoffing.

And for the sin which we have committed before You by evil talk [about another].

For the sin which we have committed before You in business dealings.

And for the sin which we have committed before You by eating and drinking.

For the sin which we have committed before You by [taking or giving] interest and by usury.

And for the sin which we have committed before You by a haughty demeanor.

For the sin which we have committed before You by the prattle of our lips.

And for the sin which we have committed before You by a glance of the eye.

For the sin which we have committed before You with proud looks.

And for the sin which we have committed before You with impudence.

ועל כלם For all these, God of pardon, pardon us, forgive us, atone for us.

For the sin which we have committed before You by casting off the yoke [of Heaven].

And for the sin which we have committed before You in passing judgment.

For the sin which we have committed before You by scheming against a fellowman.

וְעַל חֵטְא שֶׁחָטָאנוּ לְפָנֶיךָ, בִּצְרוּת עָיִן.
עַל חֵטְא שֶׁחָטָאנוּ לְפָנֶיךָ, בְּקַלּוּת רֹאשׁ.
וְעַל חֵטְא שֶׁחָטָאנוּ לְפָנֶיךָ, בְּקַשְׁיוּת עֹרֶף.
עַל חֵטְא שֶׁחָטָאנוּ לְפָנֶיךָ, בְּרִיצַת רַגְלַיִם לְהָרַע.
וְעַל חֵטְא שֶׁחָטָאנוּ לְפָנֶיךָ, בִּרְכִילוּת.
עַל חֵטְא שֶׁחָטָאנוּ לְפָנֶיךָ, בִּשְׁבוּעַת שָׁוְא.
וְעַל חֵטְא שֶׁחָטָאנוּ לְפָנֶיךָ, בְּשִׂנְאַת חִנָּם.
עַל חֵטְא שֶׁחָטָאנוּ לְפָנֶיךָ, בִּתְשׂוּמֶת יָד.
וְעַל חֵטְא שֶׁחָטָאנוּ לְפָנֶיךָ, בְּתִמְהוֹן לֵבָב.

וְעַל כֻּלָּם, אֱלוֹהַּ סְלִיחוֹת, סְלַח לָנוּ, מְחַל לָנוּ, כַּפֶּר לָנוּ:

וְעַל חֲטָאִים שֶׁאָנוּ חַיָּבִים עֲלֵיהֶם: עוֹלָה.
וְעַל חֲטָאִים שֶׁאָנוּ חַיָּבִים עֲלֵיהֶם: חַטָּאת.
וְעַל חֲטָאִים שֶׁאָנוּ חַיָּבִים עֲלֵיהֶם: קָרְבָּן עוֹלֶה וְיוֹרֵד.
וְעַל חֲטָאִים שֶׁאָנוּ חַיָּבִים עֲלֵיהֶם: אָשָׁם וַדַּאי וְתָלוּי.
וְעַל חֲטָאִים שֶׁאָנוּ חַיָּבִים עֲלֵיהֶם: מַכַּת מַרְדּוּת.
וְעַל חֲטָאִים שֶׁאָנוּ חַיָּבִים עֲלֵיהֶם: מַלְקוּת אַרְבָּעִים.
וְעַל חֲטָאִים שֶׁאָנוּ חַיָּבִים עֲלֵיהֶם: מִיתָה בִּידֵי שָׁמָיִם.
וְעַל חֲטָאִים שֶׁאָנוּ חַיָּבִים עֲלֵיהֶם: כָּרֵת וַעֲרִירִי.
וְעַל חֲטָאִים שֶׁאָנוּ חַיָּבִים עֲלֵיהֶם: אַרְבַּע מִיתוֹת בֵּית דִּין סְקִילָה, שְׂרֵפָה, הֶרֶג, וְחֶנֶק.

עַל מִצְוַת עֲשֵׂה, וְעַל מִצְוַת לֹא תַעֲשֶׂה, בֵּין שֶׁיֵּשׁ בָּהֶן קוּם עֲשֵׂה, וּבֵין שֶׁאֵין בָּהֶן קוּם עֲשֵׂה, אֶת הַגְּלוּיִם לָנוּ, וְאֶת שֶׁאֵינָם גְּלוּיִם לָנוּ. אֶת הַגְּלוּיִם לָנוּ, כְּבָר

And for the sin which we have committed before You by a begrudging eye.

For the sin which we have committed before You by frivolity.

And for the sin which we have committed before You by obduracy.

For the sin which we have committed before You by running to do evil.

And for the sin which we have committed before You by tale-bearing.

For the sin which we have committed before You by swearing in vain.

And for the sin which we have committed before You by causeless hatred.

For the sin which we have committed before You by embezzlement.

And for the sin which we have committed before You by a confused heart.

ועל כלם For all these, God of pardon, pardon us, forgive us, atone for us.

And for the sins for which we are obligated to bring a burnt-offering.

And for the sins for which we are obligated to bring a sin-offering.

And for the sins for which we are obligated to bring a varying offering [according to one's means].

And for the sins for which we are obligated to bring a guilt-offering for a certain or doubtful trespass.

And for the sins for which we incur the penalty of lashing for rebelliousness.

And for the sins for which we incur the penalty of forty lashes.

And for the sins for which we incur the penalty of death by the hand of Heaven.

And for the sins for which we incur the penalty of excision and childlessness.

And for the sins for which we incur the penalty of the four forms of capital punishment executed by the Court: stoning, burning, decapitation and strangulation.

על For [transgressing] positive and prohibitory *mitzvot,* whether [the prohibitions] can be rectified by a specifically prescribed act[1] or not, those of which we are aware and those of which we are not aware; those of which we are aware, we have already

1. E.g., to return what one has stolen.

אֲמַרְנוּם לְפָנֶיךָ, וְהוֹדִינוּ לְךָ עֲלֵיהֶם, וְאֶת שֶׁאֵינָם גְּלוּיִם לָנוּ, לְפָנֶיךָ הֵם גְּלוּיִם וִידוּעִים, כַּדָּבָר שֶׁנֶּאֱמַר: הַנִּסְתָּרֹת לַייָ אֱלֹהֵינוּ, וְהַנִּגְלֹת לָנוּ וּלְבָנֵינוּ עַד עוֹלָם, לַעֲשׂוֹת אֶת כָּל דִּבְרֵי הַתּוֹרָה הַזֹּאת.

וְדָוִד עַבְדְּךָ אָמַר לְפָנֶיךָ. שְׁגִיאוֹת מִי יָבִין מִנִּסְתָּרוֹת נַקֵּנִי: נַקֵּנוּ יְהוָֹה אֱלֹהֵינוּ מִכָּל פְּשָׁעֵינוּ וְטַהֲרֵנוּ מִכָּל טוּמְאוֹתֵינוּ וּזְרוֹק עָלֵינוּ מַיִם טְהוֹרִים וְטַהֲרֵנוּ כַּכָּתוּב עַל יַד נְבִיאֶךָ וְזָרַקְתִּי עֲלֵיכֶם מַיִם טְהוֹרִים וּטְהַרְתֶּם מִכֹּל טֻמְאוֹתֵיכֶם וּמִכָּל גִּלּוּלֵיכֶם אֲטַהֵר אֶתְכֶם:

אַל תִּירָא יַעֲקֹב שׁוּבוּ בָנִים שׁוֹבָבִים שׁוּבָה יִשְׂרָאֵל. הִנֵּה לֹא יָנוּם וְלֹא יִישָׁן שׁוֹמֵר יִשְׂרָאֵל. כַּכָּתוּב עַל יַד נְבִיאֶךָ שׁוּבָה יִשְׂרָאֵל עַד יְהוָֹה אֱלֹהֶיךָ כִּי כָשַׁלְתָּ בַּעֲוֹנֶךָ. וְנֶאֱמַר קְחוּ עִמָּכֶם דְּבָרִים וְשׁוּבוּ אֶל יְהוָֹה אִמְרוּ אֵלָיו כָּל תִּשָּׂא עָוֹן וְקַח טוֹב וּנְשַׁלְּמָה פָרִים שְׂפָתֵינוּ. וְאַתָּה רַחוּם מְקַבֵּל שָׁבִים כִּי עַל הַתְּשׁוּבָה מֵרֹאשׁ הִבְטַחְתָּנוּ. וְלִתְשׁוּבָה עֵינֵינוּ מְיַחֲלוֹת לָךְ:

מְנוּיָה, וּגְמוּרָה. בְּסוֹד חַכְמֵי תוֹרָה. אַשְׁרֵי מִי שֶׁלֹּא נִבְרָא:

וּמֵאַהֲבָתְךָ יְהוָֹה אֱלֹהֵינוּ שֶׁאָהַבְתָּ אֶת יִשְׂרָאֵל עַמֶּךָ. וּמֵחֶמְלָתְךָ מַלְכֵּנוּ שֶׁחָמַלְתָּ עַל בְּנֵי בְרִיתֶךָ נָתַתָּ לָנוּ יְהוָֹה אֱלֹהֵינוּ (את יום השבת הזה) וְאֶת יוֹם צוֹם הַכִּפּוּרִים הַזֶּה[*] לִמְחִילַת חֵטְא וְלִסְלִיחַת עָוֹן וּלְכַפָּרַת פָּשַׁע:

יוֹם אָתָא לְכַפֵּר פִּשְׁעֵי יְשֵׁנָה. הַיּוֹם בִּיאָתוֹ אַחַת בַּשָּׁנָה. כַּכָּתוּב בְּתוֹרָתֶךָ. וְהָיְתָה זֹּאת לָכֶם לְחֻקַּת עוֹלָם לְכַפֵּר עַל בְּנֵי יִשְׂרָאֵל מִכָּל חַטֹּאתָם אַחַת בַּשָּׁנָה:

יוֹם זֶה נִתַּן תְּעוּדָה לְעַם זֶה. הַיּוֹם חַל בּוֹ צִיר סְלַח נָא לַעֲוֹן הָעָם הַזֶּה. כַּכָּתוּב בְּתוֹרָתֶךָ סְלַח נָא לַעֲוֹן הָעָם הַזֶּה כְּגוֹדֶל חַסְדֶּךָ וְכַאֲשֶׁר נָשָׂאתָה לָעָם הַזֶּה מִמִּצְרַיִם וְעַד הֵנָּה וְשָׁם נֶאֱמַר. וַיֹּאמֶר יְהוָֹה סָלַחְתִּי כִּדְבָרֶךָ: בַּעֲבוּר כְּבוֹד שִׁמְךָ הִמָּצֵא לָנוּ מוֹחֵל וְסוֹלֵחַ. סְלַח נָא לְמַעַן שְׁמֶךָ:

יוֹם מְחִילָה בִּשַּׂרְתָּ לְצִיר בְּרֶשֶׁם. הַיּוֹם נִתְיַצַּבְתָּ עִמּוֹ וְקָרָאתָ בְשֵׁם. כַּכָּתוּב בְּתוֹרָתֶךָ וַיֵּרֶד יְהוָֹה בֶּעָנָן וַיִּתְיַצֵּב עִמּוֹ שָׁם וַיִּקְרָא בְשֵׁם יְהוָֹה: בַּעֲבוּר כְּבוֹד שִׁמְךָ הִמָּצֵא לָנוּ חַנּוּן וְרַחוּם. רַחֵם נָא לְמַעַן שְׁמֶךָ:

---

[*]) ואת יום סליחת העון הזה ואת יום מקרא קדש הזה.

declared them before You and confessed them to You, and those of which we are not aware — before You they are revealed and known, as it is stated: The hidden things belong to the Lord our God, but the revealed things are for us and for our children forever, that we may carry out all the words of this Torah.[1]

דוד David, Your servant declared before You: Who can discern inadvertent wrongs? Purge me of hidden sins.[2] Purge us, Lord our God, of all our transgressions, cleanse us of all our defilements, and sprinkle purifying waters upon us and purify us, as it is written by Your prophet: And I will sprinkle purifying waters upon you, and you shall be pure; from all your defilements and from all your idolatries I will purify you.[3]

אל תירא Do not fear, Jacob, return you wayward children, return, O Israel. The Guardian of Israel neither slumbers nor sleeps, as it is written by Your prophet: Return, O Israel, to the Lord your God, for you have stumbled because of your sin.[4] And it is said: Take with you words [of confession] and return to the Lord; say to Him: Forgive all sin, accept that which is good [within us], and we will render the prayer of our lips in place of the sacrifice of bullocks.[5] And You, Merciful One, accept those who repent; for from the beginning [of creation] You have promised us to accept penitence; and our eyes look hopefully to You to arouse us to penitence.

מנויה It was deliberated upon and decided in the council of Torah sages: Fortunate is he who was not created.

ומאהבתך Because of Your love, Lord our God, for Your people Israel and because of Your mercy, our King, which You have shown to the children of Your Covenant, You, Lord our God, have given us (*On Shabbat:* this Shabbat day and) this fast day of Yom Kippur, this day of pardoning of sin and this day of holy assembly for forgiveness of sin, for pardon of iniquity, and for atonement for transgression.

יום אתא The day has come to atone for the transgressions of [Israel] who slumbers [in exile]; this day comes but once a year, as it is written in Your Torah: And this shall be an everlasting statute for you, to make atonement for the Israelites for all their sins once a year.[6]

יום זה This day the [Tablets of] Testimony were given to this people; on this day [Moses] the emissary, implored: Pardon, I beseech You, the wrongdoing of this people. As it is written in Your Torah: Pardon, I beseech You, the wrongdoing of this people, in keeping with the greatness of Your kindness and as You have forgiven this people from Egypt until now.[7] And there it is stated: And the Lord said: I have pardoned in accordance with your words.[8] For the sake of the glory of Your Name, be accessible to us, You who forgives and pardons; pardon, we beseech You, for the sake of Your Name.

יום מחילה A day on which You informed [Moses] the emissary, of the granting of pardon, inscribing it in the Torah; on this day You stood with him and proclaimed the Name, as it is written in Your Torah: The Lord descended in a cloud, stood with him there, and proclaimed the Name Lord.[9] For the sake of the glory of Your Name, be accessible to us, You who are gracious and compassionate; have mercy, we beseech You, for the sake of Your Name.

---

1. Deuteronomy 29:28. 2. Psalms 19:13. 3. Ezekiel 36:25. 4. Hosea 14:2. 5. Ibid. 14:3. 6. Leviticus 16:34. 7. Numbers 12:25. 8. Ibid. 14:20. 9. Exodus 34:5.

יום שְׁמָמוֹת הֵיכָלְךָ הַבִּיטָה. הַיּוֹם תְּחַן אֹזֶן הַטֵּה לָנוּ לְהַבִּיטָה. כַּכָּתוּב בְּדִבְרֵי קָדְשֶׁךָ הַטֵּה אֱלֹהַי אָזְנְךָ וּשְׁמָע פְּקַח עֵינֶיךָ וּרְאֵה שׁוֹמְמוֹתֵינוּ וְהָעִיר אֲשֶׁר נִקְרָא שִׁמְךָ עָלֶיהָ. כִּי לֹא עַל צִדְקוֹתֵינוּ אֲנַחְנוּ מַפִּילִים תַּחֲנוּנֵינוּ לְפָנֶיךָ כִּי עַל רַחֲמֶיךָ הָרַבִּים. אֲדֹנָי שְׁמָעָה אֲדֹנָי סְלָחָה אֲדֹנָי הַקְשִׁיבָה וַעֲשֵׂה אַל תְּאַחַר לְמַעַנְךָ אֱלֹהַי כִּי שִׁמְךָ נִקְרָא עַל עִירְךָ וְעַל עַמֶּךָ: בַּעֲבוּר כְּבוֹד שִׁמְךָ הַמָּצֵא לָנוּ שׁוֹמֵעַ תְּפִלָּה. שְׁמַע בְּקוֹל תְּפִלָּתֵנוּ לְמַעַן שְׁמֶךָ:

מִי אֵל כָּמוֹךָ: אַדִּיר וְנָאֶה. בּוֹרֵא דוֹק וָחֶלֶד. מִי אֵל כָּמוֹךָ: גּוֹלֶה עֲמוּקוֹת. דּוֹבֵר צְדָקוֹת. מִי אֵל כָּמוֹךָ: הָדוּר בִּלְבוּשׁוֹ. וְאֵין כִּתְהִלָּתוֹ. מִי אֵל כָּמוֹךָ: זוֹקֵף כְּפוּפִים. חוֹנֵן דַּלִּים. מִי אֵל כָּמוֹךָ: טְהוֹר עֵינַיִם. יוֹשֵׁב שָׁמַיִם. מִי אֵל כָּמוֹךָ: שׁוֹכֵן שְׁחָקִים. תּוֹמֵךְ תְּמִימִים. מִי אֵל כָּמוֹךָ: נוֹשֵׂא עָוֹן וְעוֹבֵר עַל פֶּשַׁע. מִי אֵל כָּמוֹךָ:

כַּכָּתוּב עַל יַד נְבִיאֶךָ מִי אֵל כָּמוֹךָ נוֹשֵׂא עָוֹן וְעוֹבֵר עַל פֶּשַׁע לִשְׁאֵרִית נַחֲלָתוֹ לֹא הֶחֱזִיק לָעַד אַפּוֹ כִּי חָפֵץ חֶסֶד הוּא: יָשׁוּב יְרַחֲמֵנוּ יִכְבּוֹשׁ עֲוֹנוֹתֵינוּ וְתַשְׁלִיךְ בִּמְצֻלוֹת יָם כָּל חַטֹּאתָם: וְכָל חַטֹּאת עַמְּךָ בֵּית יִשְׂרָאֵל תַּשְׁלִיךְ בִּמְקוֹם אֲשֶׁר לֹא יִזָּכְרוּ וְלֹא יִפָּקְדוּ וְלֹא יַעֲלוּ עַל לֵב לְעוֹלָם: וְנֶאֱמַר תִּתֵּן אֱמֶת לְיַעֲקֹב חֶסֶד לְאַבְרָהָם אֲשֶׁר נִשְׁבַּעְתָּ לַאֲבוֹתֵינוּ מִימֵי קֶדֶם:

אֱלֹהֵינוּ וֵאלֹהֵי אֲבוֹתֵינוּ, מְחוֹל לַעֲוֹנוֹתֵינוּ בְּיוֹם (לשבת הַשַּׁבָּת הַזֶּה וּבְיוֹם) הַכִּפֻּרִים הַזֶּה, בְּיוֹם סְלִיחַת הֶעָוֹן הַזֶּה בְּיוֹם מִקְרָא קֹדֶשׁ הַזֶּה, מְחֵה וְהַעֲבֵר פְּשָׁעֵינוּ וְחַטֹּאתֵינוּ מִנֶּגֶד עֵינֶיךָ, כָּאָמוּר: אָנֹכִי אָנֹכִי הוּא מֹחֶה פְשָׁעֶיךָ לְמַעֲנִי, וְחַטֹּאתֶיךָ לֹא אֶזְכֹּר. וְנֶאֱמַר: מָחִיתִי כָעָב פְּשָׁעֶיךָ וְכֶעָנָן חַטֹּאתֶיךָ, שׁוּבָה אֵלַי כִּי גְאַלְתִּיךָ. וְנֶאֱמַר: כִּי בַיּוֹם הַזֶּה יְכַפֵּר עֲלֵיכֶם לְטַהֵר אֶתְכֶם מִכֹּל חַטֹּאתֵיכֶם, לִפְנֵי יְיָ תִּטְהָרוּ: (אֱלֹהֵינוּ וֵאלֹהֵי אֲבוֹתֵינוּ, רְצֵה נָא בִמְנוּחָתֵנוּ)

תו"א א) ישעיה מג כה: ב) שם כד מב: ג) ויקרא ט״ז

יום שממות This day behold the ruins of the Temple; on this day give ear to our entreaties and regard [our penitence], as it is written in Your holy Scriptures: Give ear, my God and hear; open Your eyes and behold our desolate places and the city upon which Your Name is proclaimed, for it is not on account of our own righteousness that we offer our supplications before You, but because of Your abounding mercies. My Lord, hear; my Lord, forgive; my Lord, hearken and take action, do not delay, for Your own sake, my God, for Your Name is proclaimed over Your city and Your people.[1]

מי Who is like You, O God! Majestic and glorious, Creator of heaven and earth; who is like You, O God! You who reveals hidden things, who speaks kindly, who is like You, O God! Resplendent in His attire, and there is no praise like His, who is like You, O God! You who makes erect those who are bowed, who is gracious to the needy, who is like You, O God! You who are pure of sight, who abides in the heavens, who is like You, O God! You who dwells in the firmament, who supports the sincere ones, who is like You, O God! You who pardons iniquity and forgives transgression, who is like You, O God!

ככתוב As it is written by Your prophet: Who is a God like You, who pardons iniquity and forgives transgression for the remnant of His heritage! He does not maintain His wrath forever, for He desires [to do] kindness. He will again show us mercy, He will suppress our iniquities; and You will cast all their sins into the depths of the sea.[2] And You will cast all the sins of Your people, the House of Israel, into a place where they shall never be remembered nor recalled nor brought to mind. And it is said: You will grant truth to Jacob, kindness to Abraham, as You have sworn to our fathers from the days of yore.[3]

אלהינו Our God and God of our fathers, forgive our wrongdoings on this (*On Shabbat:* Shabbat day and on this) Day of Atonements, on this day of pardoning of sin, on this day of holy assembly; wipe away and remove our transgressions and sins from before Your eyes, as it is stated: I, I [alone], am He who wipes away your transgressions, for My sake; your sins I will not recall.[4] And it is stated: I have wiped away your transgressions like a thick cloud, your sins like a cloud; return to Me, for I have redeemed you.[5] And it is stated: For on this day atonement shall be made for you, to purify you; you shall be cleansed of all your sins before the Lord.[6] (*On Shabbat:* Our God and God of our fathers, please find favor in our rest.)

1. Daniel 9:18-19. 2. Micha 7:18-19. 3. Ibid. 7:20. 4. Isaiah 43:25. 5. Ibid. 44:22. 6. Leviticus 16:30.

קַדְּשֵׁנוּ בְּמִצְוֹתֶיךָ, וְתֵן חֶלְקֵנוּ בְּתוֹרָתֶךָ, שַׂבְּעֵנוּ מִטּוּבֶךָ וְשַׂמַּח נַפְשֵׁנוּ בִּישׁוּעָתֶךָ, (לשבת וְהַנְחִילֵנוּ יְיָ אֱלֹהֵינוּ בְּאַהֲבָה וּבְרָצוֹן שַׁבַּת קָדְשֶׁךָ. וְיָנוּחוּ בוֹ כָּל יִשְׂרָאֵל מְקַדְּשֵׁי שְׁמֶךָ) וְטַהֵר לִבֵּנוּ לְעָבְדְּךָ בֶּאֱמֶת, כִּי אַתָּה סָלְחָן לְיִשְׂרָאֵל וּמָחֳלָן לְשִׁבְטֵי יְשֻׁרוּן בְּכָל דּוֹר וָדוֹר, וּמִבַּלְעָדֶיךָ אֵין לָנוּ מֶלֶךְ מוֹחֵל וְסוֹלֵחַ. בָּרוּךְ אַתָּה יְיָ, מֶלֶךְ מוֹחֵל וְסוֹלֵחַ לַעֲוֹנוֹתֵינוּ, וְלַעֲוֹנוֹת עַמּוֹ בֵּית יִשְׂרָאֵל, וּמַעֲבִיר אַשְׁמוֹתֵינוּ בְּכָל שָׁנָה וְשָׁנָה. מֶלֶךְ עַל כָּל הָאָרֶץ, מְקַדֵּשׁ (לשבת הַשַּׁבָּת וְ) יִשְׂרָאֵל וְיוֹם הַכִּפּוּרִים:

רְצֵה יְיָ אֱלֹהֵינוּ בְּעַמְּךָ יִשְׂרָאֵל, וְלִתְפִלָּתָם שְׁעֵה, וְהָשֵׁב הָעֲבוֹדָה לִדְבִיר בֵּיתֶךָ וְאִשֵּׁי יִשְׂרָאֵל וּתְפִלָּתָם בְּאַהֲבָה תְקַבֵּל בְּרָצוֹן, וּתְהִי לְרָצוֹן תָּמִיד עֲבוֹדַת יִשְׂרָאֵל עַמֶּךָ:

וְתֶחֱזֶינָה עֵינֵינוּ בְּשׁוּבְךָ לְצִיּוֹן בְּרַחֲמִים. בָּרוּךְ אַתָּה יְיָ, הַמַּחֲזִיר שְׁכִינָתוֹ לְצִיּוֹן:

מוֹדִים אֲנַחְנוּ לָךְ שָׁאַתָּה הוּא יְיָ אֱלֹהֵינוּ וֵאלֹהֵי אֲבוֹתֵינוּ לְעוֹלָם וָעֶד. צוּר חַיֵּינוּ מָגֵן יִשְׁעֵנוּ, אַתָּה הוּא לְדוֹר וָדוֹר. נוֹדֶה לְּךָ וּנְסַפֵּר תְּהִלָּתֶךָ, עַל חַיֵּינוּ הַמְּסוּרִים בְּיָדֶךָ, וְעַל נִשְׁמוֹתֵינוּ הַפְּקוּדוֹת לָךְ, וְעַל נִסֶּיךָ שֶׁבְּכָל יוֹם עִמָּנוּ, וְעַל נִפְלְאוֹתֶיךָ וְטוֹבוֹתֶיךָ שֶׁבְּכָל עֵת, עֶרֶב וָבֹקֶר וְצָהֳרָיִם, הַטּוֹב, כִּי לֹא כָלוּ רַחֲמֶיךָ, וְהַמְרַחֵם, כִּי לֹא תַמּוּ חֲסָדֶיךָ, כִּי מֵעוֹלָם קִוִּינוּ לָךְ:

מודים דרבנן

מוֹדִים אֲנַחְנוּ לָךְ, שָׁאַתָּה הוּא יְיָ אֱלֹהֵינוּ וֵאלֹהֵי אֲבוֹתֵינוּ. אֱלֹהֵי כָל בָּשָׂר, יוֹצְרֵנוּ יוֹצֵר בְּרֵאשִׁית. בְּרָכוֹת וְהוֹדָאוֹת לְשִׁמְךָ הַגָּדוֹל וְהַקָּדוֹשׁ עַל שֶׁהֶחֱיִיתָנוּ וְקִיַּמְתָּנוּ, כֵּן תְּחַיֵּנוּ וּתְקַיְּמֵנוּ, וְתֶאֱסוֹף גָּלֻיּוֹתֵינוּ לְחַצְרוֹת קָדְשֶׁךָ, וְנָשׁוּב אֵלֶיךָ לִשְׁמוֹר חֻקֶּיךָ, וְלַעֲשׂוֹת רְצוֹנֶךָ, וּלְעָבְדְּךָ בְּלֵבָב שָׁלֵם, עַל שֶׁאֲנַחְנוּ מוֹדִים לָךְ, בָּרוּךְ אֵל הַהוֹדָאוֹת:

וְעַל כֻּלָּם יִתְבָּרַךְ וְיִתְרוֹמַם וְיִתְנַשֵּׂא שִׁמְךָ מַלְכֵּנוּ תָּמִיד לְעוֹלָם וָעֶד:

Make us holy with Your commandments and grant us our portion in Your Torah; satiate us with Your goodness and gladden our soul with Your salvation. (*On Shabbat:* Lord our God, grant as our heritage, in love and goodwill, Your holy Shabbat, and may all Israel who sanctify Your Name rest thereon.) Make our heart pure to serve You in truth, for You are the Pardoner of Israel and the Forgiver of the tribes of Yeshurun[1] in every generation, and aside from You we have no King who forgives and pardons. Blessed are You Lord, King who forgives and pardons our sins and the sins of His people, the House of Israel, and removes our trespasses each and every year; King over the whole earth, who sanctifies (*On Shabbat:* the Shabbat and) Israel and the Day of Atonements.

רצה Look with favor, Lord our God, on Your people Israel and pay heed to their prayer; restore the service to Your Sanctuary and accept with love and favor Israel's fire-offerings and prayer; and may the service of Your people Israel always find favor.

ותחזינה May our eyes behold Your return to Zion in mercy. Blessed are You Lord, who restores His Divine Presence to Zion.

מודים We thankfully acknowledge that You are the Lord our God and God of our fathers forever. You are the strength of our life, the shield of our salvation in every generation. We will give thanks to You and recount Your praise, evening, morning and noon, for our lives which are committed into Your hand, for our souls which are entrusted to You, for Your miracles which are with us daily, and for Your continual wonders and beneficences. You are the Beneficent One, for Your mercies never cease; and the Merciful One, for Your kindnesses never end; for we always place our hope in You.

MODIM D'RABBANAN

[While the Chazzan recites the adjacent מודים*, the Congregation responds by saying the following in an undertone:]*

מודים We thankfully acknowledge that You are the Lord our God and God of our fathers, the God of all flesh, our Creator and the Creator of all existence. We offer blessings and thanks to Your great and holy Name, for You have given us life and sustained us; so may You continue to grant us life and sustain us — gather our dispersed to the courtyards of Your Sanctuary and we shall return to You to keep Your laws, to do Your will, and to serve You with a perfect heart — for we thankfully acknowledge You. Blessed is God, who is worthy of thanks.

ועל And for all these, may Your Name, our King, be continually blessed, exalted and extolled forever and all time.

---

1. V. Isaiah 44:2. Deuteronomy 33:5, 26. Ramban, Deuteronomy 7:12.

אָבִינוּ מַלְכֵּנוּ זְכוֹר רַחֲמֶיךָ וּכְבוֹשׁ כַּעַסְךָ וְכַלֵּה דֶּבֶר וְחֶרֶב וְרָעָב וּשְׁבִי וּמַשְׁחִית וְעָוֹן וּמַגֵּפָה וּפֶגַע רָע וְכָל מַחֲלָה וְכָל תַּקָּלָה וְכָל קְטָטָה וְכָל מִינֵי פּוּרְעָנִיּוֹת וְכָל גְּזֵרָה רָעָה וְשִׂנְאַת חִנָּם מֵעָלֵינוּ וּמֵעַל כָּל בְּנֵי בְרִיתֶךָ:

וּכְתוֹב לְחַיִּים טוֹבִים כָּל בְּנֵי בְרִיתֶךָ.

וְכֹל הַחַיִּים יוֹדוּךָ סֶּלָה וִיהַלְלוּ שִׁמְךָ הַגָּדוֹל לְעוֹלָם כִּי טוֹב הָאֵל יְשׁוּעָתֵנוּ וְעֶזְרָתֵנוּ סֶלָה, הָאֵל הַטּוֹב. בָּרוּךְ אַתָּה יְיָ, הַטּוֹב שִׁמְךָ וּלְךָ נָאֶה לְהוֹדוֹת:

ברכת כהנים

נהגו בכל מדינות אלו שאין נושאים כפים אלא ביו"ט שאז שרוים בשמחת יו"ט ונושאים כפים במוסף אפילו חל בשבת וכן ביוה"כ · לכתחלה יעקור כל כהן ממקומו כשמתחיל הש"ץ רצה · אם לא עקר רגליו קודם שסיים הש"ץ ברכת עבודה שוב לא יעלה · אחר שענו מודים עם הש"ץ יאמרו תפלה זו ·

יְהִי רָצוֹן מִלְּפָנֶיךָ יְהוָה אֱלֹהֵינוּ וֵאלֹהֵי אֲבוֹתֵינוּ שֶׁתְּהֵא הַבְּרָכָה הַזֹּאת שֶׁצִּוִּיתָנוּ לְבָרֵךְ אֶת־עַמְּךָ יִשְׂרָאֵל בְּרָכָה שְׁלֵמָה שֶׁלֹּא יִהְיֶה בָּהּ מִכְשׁוֹל וְעָוֹן מֵעַתָּה וְעַד עוֹלָם:

ויאריכו בה שיגמור הש"ץ הברכה כדי שיענו הצבור אמן על שתיהם:

יאמר השליח צבור אלהינו ואלהי אבותינו ברכנו וכו׳ עד שמגיע לתיבת כהנים והמגיע לכהנים קורא בקול רם כֹּהֲנִים והוא קריאה לכהנים ואח"כ מסיים ואומר עַם קְדוֹשֶׁךָ כָּאָמוּר והכהנים מחזירים פניהם כלפי העם ומברכין:

בָּרוּךְ אַתָּה יְהוָה אֱלֹהֵינוּ מֶלֶךְ הָעוֹלָם אֲשֶׁר קִדְּשָׁנוּ בִּקְדֻשָּׁתוֹ שֶׁל־אַהֲרֹן וְצִוָּנוּ לְבָרֵךְ אֶת־עַמּוֹ יִשְׂרָאֵל בְּאַהֲבָה: אמן

ומקרא להם כל מלה ומלה:

אין רשאין להתחיל יברכך עד שיכלה אמן מפי כל הצבור · ואין הכהנים רשאין להתחיל בתיבה עד שתכלה מפי המקרא · ואין הצבור עונים אמן עד שתכלה הברכה מפי הכהנים:

עם שאחורי הכהנים אינם בכלל ברכה · אבל מלפניהם ומצדיהם אפילו מחיצה של ברזל אינה מפסקת בין ישראל לאביהם שבשמים רק שיהיה פניהם נגד פני הכהנים ולא יחזרו פניהם אבל יהיה סג"ל אינה אלא פנים כנגד פנים · וצריך לשמוע ולשין לברכתם: ואין לומר הפסוקים רק הרבש"ע בשעה שמנגנים:

יְבָרֶכְךָ יְהוָה וְיִשְׁמְרֶךָ: אמן יָאֵר יְהוָה פָּנָיו אֵלֶיךָ וִיחֻנֶּךָּ: אמן יִשָּׂא יְהוָה פָּנָיו אֵלֶיךָ וְיָשֵׂם לְךָ שָׁלוֹם: אמן

אבינו Our Father, our King, remember Your compassion and suppress Your wrath, and eradicate pestilence, sword, famine, captivity, destruction, iniquity, plague and evil occurence; and every disease, every mishap, every strife, every kind of punishment, every evil decree and groundless hatred from us and from every member of Your Covenant.

וכתוב Inscribe all the children of Your Covenant for a good life.

וכל And all living things shall forever thank You, and praise Your great Name eternally, for You are good. God, You are our everlasting salvation and help, O benevolent God. Blessed are You Lord, Beneficent is Your Name, and to You it is fitting to offer thanks.

THE PRIESTLY BLESSING

It is a custom in all these countries [of the Diaspora] to recite the Priestly Blessing only on Festivals, for then the people are in a festive mood. The Priestly Blessing is recited in the Musaf Prayer even if the Festival occurs on Shabbat; the same applies to Yom Kippur. It is most proper for each Kohen to leave his seat [and go up to the front of the Synagogue] when the Chazzan begins רצה *(Look with favor . . .). If, however, he has not done so by the time the Chazzan has concluded that* berachah, *he is not to go up at all. After the Congregation has recited* מודים *(We thankfully acknowledge . . .) with the Chazzan, the Kohanim say the following prayer:*

יהי May it be Your will, Lord our God and God of our fathers, that this blessing which You have commanded us to bless Your people Israel shall be a perfect blessing, that it shall have in it no impediment or iniquity, from now and for all time.

The Chazzan says: Our God and God of our fathers, bless us with the threefold blessing written in the Torah by Moses Your servant, and pronounced by Aaron and his sons. *Then he calls aloud:* Kohanim! *and concludes:* Your consecrated people, as it is said. *The Kohanim then turn to face the congregation and say:*

ברוך Blessed are You, Lord our God, King of the universe, who has sanctified us with the sanctity of Aaron, and commanded us to bless His people Israel with love.

The people standing behind the Kohanim are not included in the Priestly Blessing, but those in front of them or on their side [are included,] for even an iron curtain cannot separate between Israel and their Father in Heaven. However, they should face the Kohanim and not look around, as the Blessing of the Kohanim is only face to face. The people should listen and pay attention to their blessing, and should not recite the Scriptural verses, except the paragraph רבונו של עולם *(Master of the universe) while the Kohanim chant.*

יברכך The Lord bless you and guard you. (*Cong:* Amen.) The Lord make His countenance shine upon you and be gracious to you. (*Cong:* Amen.) The Lord turn His countenance toward you and grant you peace.[1] (*Cong:* Amen.)

---

1. Numbers 6:24-26.

בשעה שהכהנים מנגנים תיבות וישם לך שלום יאמר זה :

רִבּוֹנוֹ שֶׁל־עוֹלָם אֲנִי שֶׁלָּךְ וַחֲלוֹמוֹתַי שֶׁלָּךְ חֲלוֹם חָלַמְתִּי וְאֵינִי יוֹדֵעַ מַה־הוּא יְהִי רָצוֹן מִלְּפָנֶיךָ יְהוָֹה אֱלֹהַי וֵאלֹהֵי אֲבוֹתַי שֶׁיִּהְיוּ כָּל־חֲלוֹמוֹתַי עָלַי וְעַל כָּל־יִשְׂרָאֵל לְטוֹבָה בֵּין חֲלוֹמוֹת שֶׁחָלַמְתִּי עַל אֲחֵרִים וּבֵין שֶׁחָלַמְתִּי עַל עַצְמִי וּבֵין שֶׁחָלְמוּ אֲחֵרִים עָלַי אִם טוֹבִים הֵם חַזְּקֵם וְאַמְּצֵם וְיִתְקַיְּמוּ בִי וּבָהֶם כַּחֲלוֹמוֹתָיו שֶׁל יוֹסֵף הַצַּדִּיק. וְאִם צְרִיכִים רְפוּאָה רְפָאֵם כְּחִזְקִיָּהוּ מֶלֶךְ יְהוּדָה מֵחָלְיוֹ וּכְמִרְיָם הַנְּבִיאָה מִצָּרַעְתָּהּ. וּכְנַעֲמָן מִצָּרַעְתּוֹ וּכְמֵי מָרָה עַל־יְדֵי משֶׁה רַבֵּינוּ וּכְמֵי יְרִיחוֹ עַל־יְדֵי אֱלִישָׁע. וּכְשֵׁם שֶׁהָפַכְתָּ אֶת־קִלְלַת בִּלְעָם הָרָשָׁע מִקְּלָלָה לִבְרָכָה כֵּן תַּהֲפֹךְ כָּל־חֲלוֹמוֹתַי עָלַי וְעַל כָּל־יִשְׂרָאֵל לְטוֹבָה וְתִשְׁמְרֵנִי וּתְחָנֵּנִי וְתִרְצֵנִי :

אחר הדוכן אומרים הקהל זה

אַדִּיר בַּמָּרוֹם שׁוֹכֵן בִּגְבוּרָה אַתָּה שָׁלוֹם וְשִׁמְךָ שָׁלוֹם יְהִי רָצוֹן מִלְּפָנֶיךָ שֶׁתָּשִׂים עָלֵינוּ וְעַל כָּל־עַמְּךָ בֵּית יִשְׂרָאֵל חַיִּים וּבְרָכָה לְמִשְׁמֶרֶת שָׁלוֹם :

אחר הדוכן אומרים הכהנים זה

רִבּוֹנוֹ שֶׁל־עוֹלָם עָשִׂינוּ מַה־שֶּׁגָּזַרְתָּ עָלֵינוּ עֲשֵׂה אַתָּה עִמָּנוּ כְּמוֹ שֶׁהִבְטַחְתָּנוּ: הַשְׁקִיפָה מִמְּעוֹן קָדְשְׁךָ מִן־הַשָּׁמַיִם וּבָרֵךְ אֶת־עַמְּךָ אֶת יִשְׂרָאֵל וְאֵת הָאֲדָמָה אֲשֶׁר נָתַתָּה לָנוּ כַּאֲשֶׁר נִשְׁבַּעְתָּ לַאֲבֹתֵינוּ אֶרֶץ זָבַת חָלָב וּדְבָשׁ :

שִׂים שָׁלוֹם, טוֹבָה וּבְרָכָה, חַיִּים חֵן וָחֶסֶד וְרַחֲמִים, עָלֵינוּ וְעַל כָּל יִשְׂרָאֵל עַמֶּךָ. בָּרְכֵנוּ אָבִינוּ כֻּלָּנוּ כְּאֶחָד, בְּאוֹר פָּנֶיךָ, כִּי בְאוֹר פָּנֶיךָ, נָתַתָּ לָנוּ יְיָ אֱלֹהֵינוּ תּוֹרַת חַיִּים, וְאַהֲבַת חֶסֶד, וּצְדָקָה וּבְרָכָה וְרַחֲמִים וְחַיִּים וְשָׁלוֹם. וְטוֹב בְּעֵינֶיךָ לְבָרֵךְ אֶת עַמְּךָ יִשְׂרָאֵל בְּכָל עֵת וּבְכָל שָׁעָה בִּשְׁלוֹמֶךָ.

וּבְסֵפֶר חַיִּים בְּרָכָה וְשָׁלוֹם וּפַרְנָסָה טוֹבָה יְשׁוּעָה וְנֶחָמָה וּגְזֵרוֹת טוֹבוֹת נִזָּכֵר וְנִכָּתֵב לְפָנֶיךָ אֲנַחְנוּ וְכָל עַמְּךָ בֵּית יִשְׂרָאֵל לְחַיִּים טוֹבִים וּלְשָׁלוֹם: וְנֶאֱמַר כִּי בִי יִרְבּוּ יָמֶיךָ וְיוֹסִיפוּ לְךָ שְׁנוֹת חַיִּים: לְחַיִּים טוֹבִים תִּכְתְּבֵנוּ אֱלֹהִים חַיִּים. כָּתְבֵנוּ בְּסֵפֶר הַחַיִּים כַּכָּתוּב וְאַתֶּם הַדְּבֵקִים בַּיהוָֹה אֱלֹהֵיכֶם חַיִּים כֻּלְּכֶם הַיּוֹם :

While the Kohanim sing [before the last three] words וישם, לך, שלום, the Congregation says the following:[1]

רבונו Master of the universe! I am Yours and my dreams are Yours. I have dreamed a dream and I do not know what it is. May it be Your will, Lord my God and God of my fathers, that all my dreams concerning myself and concerning anyone of Israel, shall be for good; whether dreams that I dreamed about others, or whether I dreamed about myself, or whether others dreamed about me. If they are good [dreams], strengthen and reinforce them, and may they be fulfilled in me and in them, like the dreams of Joseph the righteous. But if they require a remedy, heal them like Chizkiyahu King of Judah from his illness, like Miriam the prophetess from her leprosy, like Naaman from his leprosy, like the waters of Marah by Moses and like the waters of Jericho by Elisha. As You have changed the curse of the wicked Bilaam from a curse to a blessing, so shall You change all my dreams concerning myself and concerning all Israel to good; and guard me, be gracious to me, and favor me.

After the Kohanim conclude the Blessing, they say the following:

רבונו Master of the universe, we have carried out that which You have decreed on us; You deal with us as You have promised us: Look down from Your abode, from heaven, and bless Your people Israel and the land which You have given us, as You have sworn to our fathers — a land flowing with milk and honey.[2]

After the Kohanim conclude the Blessing, the Congregation says the following:

אדיר Mighty One on high, abiding in power, You are peace and Your Name is peace. May it be Your will to bestow upon us and upon all Your people, the House of Israel, life and blessing for the preservation of peace.

שים Bestow peace, goodness and blessing, life, graciousness, kindness and mercy, upon us and upon all Your people Israel. Bless us, our Father, all of us as one, with the light of Your countenance. For by the light of Your countenance You gave us, Lord our God, the Torah of life and loving-kindness, righteousness, blessing, mercy, life and peace. May it be favorable in Your eyes to bless Your people Israel, at all times and at every moment, with Your peace.

ובספר And in the Book of life, blessing, peace and prosperity, deliverance, consolation and favorable decrees, may we and all Your people the House of Israel be remembered and inscribed before You for a happy life and for peace. And it is said: For through Me shall your days be multiplied and years of life shall be added to you.[3] Inscribe us for a happy life, O living God; inscribe us in the Book of Life, as it is written: And you who cleave to the Lord your God are all alive today.[4]

1. See Sefer HaMinhagim, p. 42. 2. Deuteronomy 26:15. 3. Proverbs 9:11. 4. Deuteronomy 4:4.

פותחין הארון

הַיּוֹם תְּאַמְּצֵנוּ: אמן הַיּוֹם תִּשְׁמַע שַׁוְעָתֵנוּ אמן
הַיּוֹם תְּבָרְכֵנוּ: אמן הַיּוֹם תְּקַבֵּל בְּרַחֲמִים
הַיּוֹם תְּגַדְּלֵנוּ: אמן וּבְרָצוֹן אֶת תְּפִלָּתֵנוּ: אמן
הַיּוֹם תִּדְרְשֵׁנוּ לְטוֹבָה: אמן הַיּוֹם תִּתְמְכֵנוּ בִּימִין צִדְקֶךָ: אמן

סוגרין הארון

כְּהַיּוֹם הַזֶּה תְּבִיאֵנוּ שָׂשִׂים וּשְׂמֵחִים בְּבִנְיַן שָׁלֵם. כַּכָּתוּב וַהֲבִיאוֹתִים אֶל הַר קָדְשִׁי וְשִׂמַּחְתִּים בְּבֵית תְּפִלָּתִי עוֹלוֹתֵיהֶם וְזִבְחֵיהֶם לְרָצוֹן עַל מִזְבְּחִי כִּי בֵיתִי בֵּית תְּפִלָּה יִקָּרֵא לְכָל הָעַמִּים: וְנֶאֱמַר וַיְצַוֵּנוּ יְהוָֹה לַעֲשׂוֹת אֶת כָּל הַחֻקִּים הָאֵלֶּה לְיִרְאָה אֶת יְהוָֹה אֱלֹהֵינוּ לְטוֹב לָנוּ כָּל הַיָּמִים לְחַיּוֹתֵנוּ כְּהַיּוֹם הַזֶּה: וְנֶאֱמַר וּצְדָקָה תִּהְיֶה לָּנוּ כִּי נִשְׁמוֹר לַעֲשׂוֹת אֶת כָּל הַמִּצְוָה הַזֹּאת לִפְנֵי יְהוָֹה אֱלֹהֵינוּ כַּאֲשֶׁר צִוָּנוּ: וּצְדָקָה וּבְרָכָה וְרַחֲמִים וְחַיִּים וְשָׁלוֹם יִהְיֶה לָנוּ וּלְכָל יִשְׂרָאֵל עַד הָעוֹלָם: חזן בָּרוּךְ אַתָּה יְהוָֹה הַמְבָרֵךְ אֶת עַמּוֹ יִשְׂרָאֵל בַּשָּׁלוֹם:

יִהְיוּ לְרָצוֹן אִמְרֵי פִי וְהֶגְיוֹן לִבִּי לְפָנֶיךָ, יְיָ צוּרִי וְגוֹאֲלִי:

יִתְגַּדַּל וְיִתְקַדַּשׁ שְׁמֵהּ רַבָּא. אמן: בְּעָלְמָא דִּי בְרָא כִרְעוּתֵהּ וְיַמְלִיךְ מַלְכוּתֵהּ וְיַצְמַח פּוּרְקָנֵהּ וִיקָרֵב מְשִׁיחֵהּ. אמן: בְּחַיֵּיכוֹן וּבְיוֹמֵיכוֹן וּבְחַיֵּי דְכָל בֵּית יִשְׂרָאֵל בַּעֲגָלָא וּבִזְמַן קָרִיב וְאִמְרוּ אָמֵן: יְהֵא שְׁמֵהּ רַבָּא מְבָרַךְ לְעָלַם וּלְעָלְמֵי עָלְמַיָּא יִתְבָּרַךְ וְיִשְׁתַּבַּח וְיִתְפָּאַר וְיִתְרוֹמַם וְיִתְנַשֵּׂא וְיִתְהַדָּר וְיִתְעַלֶּה וְיִתְהַלָּל שְׁמֵהּ דְּקוּדְשָׁא בְּרִיךְ הוּא. אמן: לְעֵילָּא מִן כָּל בִּרְכָתָא וְשִׁירָתָא תֻּשְׁבְּחָתָא וְנֶחֱמָתָא דַּאֲמִירָן בְּעָלְמָא וְאִמְרוּ אָמֵן:

תִּתְקַבַּל צְלוֹתְהוֹן וּבָעוּתְהוֹן דְּכָל בֵּית יִשְׂרָאֵל קֳדָם אֲבוּהוֹן דִּי בִשְׁמַיָּא וְאִמְרוּ אָמֵן:

יְהֵא שְׁלָמָא רַבָּא מִן־שְׁמַיָּא וְחַיִּים טוֹבִים עָלֵינוּ וְעַל־כָּל־יִשְׂרָאֵל וְאִמְרוּ אָמֵן:

עֹשֶׂה הַשָּׁלוֹם בִּמְרוֹמָיו הוּא יַעֲשֶׂה שָׁלוֹם עָלֵינוּ וְעַל־כָּל־יִשְׂרָאֵל וְאִמְרוּ אָמֵן:

The Ark is opened.

היום On this day, strengthen us. Amen.

On this day, bless us. Amen.

On this day, exalt us. Amen.

On this day, seek us out for good. Amen.

On this day, hear our cry. Amen.

On this day, accept our prayer with mercy and goodwill. Amen.

On this day, sustain us with the right hand of Your righteousness. Amen. *The Ark is closed.*

כהיום As of this day, bring us joyous and happy to the Temple at Jerusalem, as it is written: I will bring them to My holy mountain and make them rejoice in My house of prayer; their burnt-offerings and their sacrifices shall be favorably accepted upon My altar, for My house shall be called a house of prayer for all the nations.[1] And it is said: The Lord commanded us to observe all these statutes, to fear the Lord our God, for our own lasting good, that He might keep us alive, as on this day.[2] And it is said: It will be to our merit if we take care to do this entire commandment before the Lord our God, as He has commanded us.[3] May righteousness, blessing, mercy, life, and peace be granted to us and to all Israel forever. *(Chazzan:)* Blessed are You Lord, who blesses His people Israel with peace.

יהיו May the words of my mouth and the meditation of my heart be acceptable before You, Lord, my Strength and my Redeemer.[4]

יתגדל Exalted and hallowed be His great Name (*Cong:* Amen.) throughout the world which He has created according to His will. May He establish His kingship, bring forth His redemption and hasten the coming of His *Mashiach* (*Cong:* Amen.) in your lifetime and in your days and in the lifetime of the entire House of Israel, speedily and soon, and say, Amen. (*Cong:* Amen. May His great Name be blessed forever and to all eternity. Blessed.) May His great Name be blessed forever and to all eternity. Blessed and praised, glorified, exalted and extolled, honored, adored and lauded be the Name of the Holy One, blessed be He, (*Cong:* Amen.) beyond all the blessings, hymns, praises and consolations that are uttered in the world; and say, Amen. (*Cong:* Amen.)

May the prayers and supplications of the entire House of Israel be accepted before their Father in heaven; and say, Amen. (*Cong:* Amen.)

May there be abundant peace from heaven, and a good life for us and for all Israel; and say, Amen. (*Cong:* Amen.)

He who makes the peace in His heavens, may He make peace for us and for all Israel; and say, Amen (*Cong:* Amen).

---

1. Isaiah 56:7. 2. Deuteronomy 6:24. 3. Ibid. 6:25. 4. Psalms 19:15.

על פי תקנת כ"ק אדמו"ר (מוהר"ר יוסף יצחק) מליובאוויטש: בימים שאין אומרים בהם תחנון ובמילא א"א למנצח גו' יענך, אומרים אחר התפלה לפני אמירת תהלים את המזמור למנצח יענך, אבל לא בתור סדר התפלה כי אם בסדר תחנונים.

תהלים כ:

לַמְנַצֵּחַ מִזְמוֹר לְדָוִד: יַעַנְךָ יְיָ בְּיוֹם צָרָה, יְשַׂגֶּבְךָ שֵׁם אֱלֹהֵי יַעֲקֹב: יִשְׁלַח עֶזְרְךָ מִקֹּדֶשׁ, וּמִצִּיּוֹן יִסְעָדֶךָּ: יִזְכֹּר כָּל מִנְחֹתֶךָ, וְעוֹלָתְךָ יְדַשְּׁנֶה סֶּלָה: יִתֶּן לְךָ כִלְבָבֶךָ וְכָל עֲצָתְךָ יְמַלֵּא: נְרַנְּנָה בִּישׁוּעָתֶךָ וּבְשֵׁם אֱלֹהֵינוּ נִדְגֹּל, יְמַלֵּא יְיָ כָּל מִשְׁאֲלוֹתֶיךָ: עַתָּה יָדַעְתִּי, כִּי הוֹשִׁיעַ יְיָ מְשִׁיחוֹ, יַעֲנֵהוּ מִשְּׁמֵי קָדְשׁוֹ, בִּגְבוּרוֹת יֵשַׁע יְמִינוֹ: אֵלֶּה בָרֶכֶב וְאֵלֶּה בַסּוּסִים, וַאֲנַחְנוּ בְּשֵׁם יְיָ אֱלֹהֵינוּ נַזְכִּיר: הֵמָּה כָּרְעוּ וְנָפָלוּ, וַאֲנַחְנוּ קַּמְנוּ וַנִּתְעוֹדָד: יְיָ הוֹשִׁיעָה, הַמֶּלֶךְ יַעֲנֵנוּ בְיוֹם קָרְאֵנוּ:

נה לַמְנַצֵּחַ בִּנְגִינוֹת מַשְׂכִּיל לְדָוִד: הַאֲזִינָה אֱלֹהִים תְּפִלָּתִי וְאַל תִּתְעַלַּם מִתְּחִנָּתִי. הַקְשִׁיבָה לִּי וַעֲנֵנִי אָרִיד בְּשִׂיחִי וְאָהִימָה. מִקּוֹל אוֹיֵב מִפְּנֵי עָקַת רָשָׁע כִּי יָמִיטוּ עָלַי אָוֶן וּבְאַף יִשְׂטְמוּנִי. לִבִּי יָחִיל בְּקִרְבִּי וְאֵימוֹת מָוֶת נָפְלוּ עָלָי. יִרְאָה וָרַעַד יָבֹא בִי וַתְּכַסֵּנִי פַּלָּצוּת. וָאוֹמַר מִי יִתֶּן לִּי אֵבֶר כַּיּוֹנָה אָעוּפָה וְאֶשְׁכּוֹנָה. הִנֵּה אַרְחִיק נְדוֹד אָלִין בַּמִּדְבָּר סֶלָה. אָחִישָׁה מִפְלָט לִי מֵרוּחַ סוֹעָה מִסָּעַר. בַּלַּע אֲדֹנָי פַּלַּג לְשׁוֹנָם כִּי רָאִיתִי חָמָס וְרִיב בָּעִיר. יוֹמָם וָלַיְלָה יְסוֹבְבֻהָ עַל חוֹמוֹתֶיהָ וְאָוֶן וְעָמָל בְּקִרְבָּהּ. הַוּוֹת בְּקִרְבָּהּ וְלֹא יָמִישׁ מֵרְחוֹבָהּ תּוֹךְ וּמִרְמָה. כִּי לֹא אוֹיֵב יְחָרְפֵנִי וְאֶשָּׂא לֹא מְשַׂנְאִי עָלַי הִגְדִּיל וְאֶסָּתֵר מִמֶּנּוּ: וְאַתָּה אֱנוֹשׁ כְּעֶרְכִּי אַלּוּפִי וּמְיוּדָּעִי: אֲשֶׁר יַחְדָּו נַמְתִּיק סוֹד בְּבֵית אֱלֹהִים נְהַלֵּךְ בְּרָגֶשׁ: יַשִּׁיא מָוֶת עָלֵימוֹ יֵרְדוּ שְׁאוֹל חַיִּים כִּי רָעוֹת בִּמְגוּרָם בְּקִרְבָּם: אֲנִי אֶל אֱלֹהִים אֶקְרָא וַיְיָ יוֹשִׁיעֵנִי: עֶרֶב וָבוֹקֶר וְצָהֳרַיִם אָשִׂיחָה וְאֶהֱמֶה וַיִּשְׁמַע קוֹלִי: פָּדָה בְשָׁלוֹם נַפְשִׁי מִקְּרָב לִי כִּי בְרַבִּים הָיוּ עִמָּדִי: יִשְׁמַע אֵל וְיַעֲנֵם וְיוֹשֵׁב קֶדֶם סֶלָה אֲשֶׁר אֵין חֲלִיפוֹת לָמוֹ וְלֹא יָרְאוּ אֱלֹהִים: שָׁלַח יָדָיו בִּשְׁלוֹמָיו חִלֵּל בְּרִיתוֹ: חָלְקוּ מַחְמָאוֹת פִּיו וּקְרָב לִבּוֹ רַכּוּ דְבָרָיו מִשֶּׁמֶן וְהֵמָּה פְתִחוֹת: הַשְׁלֵךְ עַל יְיָ יְהָבְךָ וְהוּא יְכַלְכְּלֶךָ לֹא יִתֵּן לְעוֹלָם מוֹט לַצַּדִּיק: וְאַתָּה אֱלֹהִים תּוֹרִידֵם לִבְאֵר שַׁחַת אַנְשֵׁי דָמִים וּמִרְמָה לֹא יֶחֱצוּ יְמֵיהֶם וַאֲנִי אֶבְטַח בָּךְ:

נו לַמְנַצֵּחַ עַל יוֹנַת אֵלֶם רְחוֹקִים לְדָוִד מִכְתָּם בֶּאֱחוֹז אוֹתוֹ פְלִשְׁתִּים בְּגַת: חָנֵּנִי אֱלֹהִים כִּי שְׁאָפַנִי אֱנוֹשׁ כָּל הַיּוֹם לוֹחֵם יִלְחָצֵנִי: שָׁאֲפוּ שׁוֹרְרַי כָּל הַיּוֹם כִּי רַבִּים לוֹחֲמִים לִי מָרוֹם: יוֹם אִירָא אֲנִי אֵלֶיךָ אֶבְטָח: בֵּאלֹהִים אֲהַלֵּל דְּבָרוֹ בֵּאלֹהִים בָּטַחְתִּי לֹא אִירָא מַה יַּעֲשֶׂה בָשָׂר לִי:

כָּל הַיּוֹם דְּבָרַי יְעַצֵּבוּ עָלַי כָּל מַחְשְׁבוֹתָם לָרָע: יָגוּרוּ יִצְפּוֹנוּ הֵמָּה עֲקֵבַי יִשְׁמֹרוּ כַּאֲשֶׁר קִוּוּ נַפְשִׁי: עַל אָוֶן פַּלֶּט לָמוֹ בְּאַף עַמִּים הוֹרֵד אֱלֹהִים: נֹדִי סָפַרְתָּה אָתָּה שִׂימָה דִמְעָתִי בְנֹאדֶךָ הֲלֹא בְּסִפְרָתֶךָ: אָז יָשׁוּבוּ אוֹיְבַי אָחוֹר בְּיוֹם אֶקְרָא זֶה יָדַעְתִּי כִּי אֱלֹהִים לִי: בֵּאלֹהִים אֲהַלֵּל דָּבָר בַּיְיָ אֲהַלֵּל דָּבָר: בֵּאלֹהִים בָּטַחְתִּי לֹא אִירָא מַה יַּעֲשֶׂה אָדָם לִי: עָלַי אֱלֹהִים נְדָרֶיךָ אֲשַׁלֵּם תּוֹדוֹת לָךְ: כִּי הִצַּלְתָּ נַפְשִׁי מִמָּוֶת הֲלֹא רַגְלַי מִדֶּחִי לְהִתְהַלֵּךְ לִפְנֵי אֱלֹהִים בְּאוֹר הַחַיִּים:

נז לַמְנַצֵּחַ אַל תַּשְׁחֵת לְדָוִד מִכְתָּם בְּבָרְחוֹ מִפְּנֵי שָׁאוּל בַּמְּעָרָה: חָנֵּנִי אֱלֹהִים חָנֵּנִי כִּי בְךָ חָסָיָה נַפְשִׁי וּבְצֵל כְּנָפֶיךָ אֶחְסֶה עַד יַעֲבוֹר הַוּוֹת: אֶקְרָא לֵאלֹהִים עֶלְיוֹן לָאֵל גֹּמֵר עָלָי: יִשְׁלַח מִשָּׁמַיִם וְיוֹשִׁיעֵנִי חֵרֵף שֹׁאֲפִי סֶלָה יִשְׁלַח אֱלֹהִים חַסְדּוֹ וַאֲמִתּוֹ: נַפְשִׁי בְּתוֹךְ לְבָאִם אֶשְׁכְּבָה לֹהֲטִים בְּנֵי אָדָם שִׁנֵּיהֶם חֲנִית וְחִצִּים וּלְשׁוֹנָם חֶרֶב חַדָּה: רוּמָה עַל הַשָּׁמַיִם אֱלֹהִים עַל כָּל הָאָרֶץ כְּבוֹדֶךָ: רֶשֶׁת הֵכִינוּ לִפְעָמַי כָּפַף נַפְשִׁי כָּרוּ לְפָנַי שִׁיחָה נָפְלוּ בְתוֹכָהּ סֶלָה: נָכוֹן לִבִּי אֱלֹהִים נָכוֹן לִבִּי אָשִׁירָה וַאֲזַמֵּרָה: עוּרָה כְבוֹדִי עוּרָה הַנֵּבֶל וְכִנּוֹר אָעִירָה שָּׁחַר: אוֹדְךָ בָעַמִּים אֲדֹנָי אֲזַמֶּרְךָ בַּלְאֻמִּים: כִּי גָדוֹל עַד שָׁמַיִם חַסְדֶּךָ וְעַד שְׁחָקִים אֲמִתֶּךָ: רוּמָה עַל שָׁמַיִם אֱלֹהִים עַל כָּל הָאָרֶץ כְּבוֹדֶךָ:

נח לַמְנַצֵּחַ אַל תַּשְׁחֵת לְדָוִד מִכְתָּם: הַאֻמְנָם אֵלֶם צֶדֶק תְּדַבֵּרוּן מֵישָׁרִים תִּשְׁפְּטוּ בְּנֵי אָדָם: אַף בְּלֵב עוֹלֹת תִּפְעָלוּן בָּאָרֶץ חֲמַס יְדֵיכֶם תְּפַלֵּסוּן: זֹרוּ רְשָׁעִים מֵרָחֶם תָּעוּ מִבֶּטֶן דֹּבְרֵי כָזָב: חֲמַת לָמוֹ כִּדְמוּת חֲמַת נָחָשׁ כְּמוֹ פֶתֶן חֵרֵשׁ יַאְטֵם אָזְנוֹ: אֲשֶׁר לֹא יִשְׁמַע לְקוֹל מְלַחֲשִׁים חוֹבֵר חֲבָרִים מְחֻכָּם: אֱלֹהִים הֲרָס שִׁנֵּימוֹ בְּפִימוֹ מַלְתְּעוֹת כְּפִירִים נְתֹץ יְיָ: יִמָּאֲסוּ כְמוֹ מַיִם יִתְהַלְּכוּ לָמוֹ יִדְרֹךְ חִצָּיו כְּמוֹ יִתְמֹלָלוּ: כְּמוֹ שַׁבְּלוּל תֶּמֶס יַהֲלֹךְ נֵפֶל אֵשֶׁת בַּל חָזוּ שָׁמֶשׁ: בְּטֶרֶם יָבִינוּ סִירֹתֵיכֶם אָטָד כְּמוֹ חַי כְּמוֹ חָרוֹן יִשְׂעָרֶנּוּ: יִשְׂמַח צַדִּיק כִּי חָזָה נָקָם פְּעָמָיו יִרְחַץ בְּדַם הָרָשָׁע: וְיֹאמַר אָדָם אַךְ פְּרִי לַצַּדִּיק אַךְ יֵשׁ אֱלֹהִים שֹׁפְטִים בָּאָרֶץ:

נט לַמְנַצֵּחַ אַל תַּשְׁחֵת לְדָוִד מִכְתָּם בִּשְׁלֹחַ שָׁאוּל וַיִּשְׁמְרוּ אֶת הַבַּיִת לַהֲמִיתוֹ: הַצִּילֵנִי מֵאוֹיְבַי אֱלֹהָי מִמִּתְקוֹמְמַי תְּשַׂגְּבֵנִי: הַצִּילֵנִי מִפֹּעֲלֵי אָוֶן וּמֵאַנְשֵׁי דָמִים הוֹשִׁיעֵנִי: כִּי הִנֵּה אָרְבוּ לְנַפְשִׁי יָגוּרוּ עָלַי עַזִּים לֹא פִשְׁעִי וְלֹא חַטָּאתִי יְיָ: בְּלִי עָוֹן יְרֻצוּן וְיִכּוֹנָנוּ עוּרָה לִקְרָאתִי וּרְאֵה: וְאַתָּה יְיָ אֱלֹהִים צְבָאוֹת אֱלֹהֵי יִשְׂרָאֵל הָקִיצָה לִפְקוֹד כָּל הַגּוֹיִם אַל תָּחוֹן כָּל בֹּגְדֵי אָוֶן סֶלָה: יָשׁוּבוּ לָעֶרֶב יֶהֱמוּ כַכָּלֶב וִיסוֹבְבוּ עִיר: הִנֵּה יַבִּיעוּן בְּפִיהֶם חֲרָבוֹת בְּשִׂפְתוֹתֵיהֶם כִּי מִי שֹׁמֵעַ: וְאַתָּה יְיָ תִּשְׂחַק לָמוֹ תִּלְעַג לְכָל גּוֹיִם: עֻזּוֹ אֵלֶיךָ אֶשְׁמֹרָה כִּי אֱלֹהִים מִשְׂגַּבִּי: אֱלֹהֵי חַסְדִּי יְקַדְּמֵנִי אֱלֹהִים יַרְאֵנִי בְשֹׁרְרָי. אַל תַּהַרְגֵם פֶּן יִשְׁכְּחוּ עַמִּי הֲנִיעֵמוֹ בְחֵילְךָ וְהוֹרִידֵמוֹ מָגִנֵּנוּ אֲדֹנָי: חַטַּאת פִּימוֹ דְּבַר שְׂפָתֵימוֹ וְיִלָּכְדוּ בִגְאוֹנָם וּמֵאָלָה וּמִכַּחַשׁ יְסַפֵּרוּ: כַּלֵּה בְחֵמָה כַּלֵּה וְאֵינֵמוֹ וְיֵדְעוּ כִּי אֱלֹהִים מוֹשֵׁל בְּיַעֲקֹב לְאַפְסֵי הָאָרֶץ סֶלָה: וְיָשֻׁבוּ לָעֶרֶב יֶהֱמוּ כַכָּלֶב וִיסוֹבְבוּ עִיר: הֵמָּה יְנִיעוּן לֶאֱכוֹל אִם לֹא יִשְׂבְּעוּ וַיָּלִינוּ: וַאֲנִי אָשִׁיר עֻזֶּךָ וַאֲרַנֵּן לַבֹּקֶר חַסְדֶּךָ כִּי הָיִיתָ מִשְׂגָּב לִי וּמָנוֹס בְּיוֹם צַר לִי: עֻזִּי אֵלֶיךָ אֲזַמֵּרָה כִּי אֱלֹהִים מִשְׂגַּבִּי אֱלֹהֵי חַסְדִּי:

קלג שִׁיר הַמַּעֲלוֹת לְדָוִד הִנֵּה מַה טּוֹב וּמַה נָּעִים שֶׁבֶת אַחִים גַּם יָחַד: כַּשֶּׁמֶן הַטּוֹב עַל הָרֹאשׁ יֹרֵד עַל הַזָּקָן זְקַן אַהֲרֹן שֶׁיֹּרֵד עַל פִּי מִדּוֹתָיו: כְּטַל חֶרְמוֹן שֶׁיֹּרֵד עַל הַרְרֵי צִיּוֹן כִּי שָׁם צִוָּה יְיָ אֶת הַבְּרָכָה חַיִּים עַד הָעוֹלָם.

קלד שִׁיר הַמַּעֲלוֹת הִנֵּה בָּרְכוּ אֶת יְיָ כָּל
עַבְדֵי יְיָ הָעוֹמְדִים בְּבֵית יְיָ בַּלֵּילוֹת: שְׂאוּ
יְדֵיכֶם קוֹדֶשׁ וּבָרְכוּ אֶת יְיָ: יְבָרֶכְךָ יְיָ
מִצִּיּוֹן עוֹשֵׂה שָׁמַיִם וָאָרֶץ:

קלה הַלְלוּיָהּ הַלְלוּ אֶת שֵׁם יְיָ
הַלְלוּ עַבְדֵי יְיָ: שֶׁעוֹמְדִים בְּבֵית יְיָ
בְּחַצְרוֹת בֵּית אֱלֹהֵינוּ: הַלְלוּיָהּ כִּי טוֹב יְיָ
זַמְּרוּ לִשְׁמוֹ כִּי נָעִים: כִּי יַעֲקֹב בָּחַר לוֹ
יָהּ יִשְׂרָאֵל לִסְגֻלָּתוֹ: כִּי אֲנִי יָדַעְתִּי כִּי
גָדוֹל יְיָ וַאֲדוֹנֵינוּ מִכָּל אֱלֹהִים: כֹּל אֲשֶׁר
חָפֵץ יְיָ עָשָׂה בַּשָּׁמַיִם וּבָאָרֶץ בַּיַּמִּים וְכָל
תְּהוֹמוֹת: מַעֲלֶה נְשִׂאִים מִקְצֵה הָאָרֶץ
בְּרָקִים לַמָּטָר עָשָׂה מוֹצֵא רוּחַ מֵאוֹצְרוֹתָיו:
שֶׁהִכָּה בְּכוֹרֵי מִצְרָיִם מֵאָדָם עַד בְּהֵמָה:
שָׁלַח אוֹתוֹת וּמוֹפְתִים בְּתוֹכֵכִי מִצְרָיִם
בְּפַרְעֹה וּבְכָל עֲבָדָיו: שֶׁהִכָּה גּוֹיִם רַבִּים
וְהָרַג מְלָכִים עֲצוּמִים: לְסִיחוֹן מֶלֶךְ הָאֱמֹרִי
וּלְעוֹג מֶלֶךְ הַבָּשָׁן וּלְכֹל מַמְלְכוֹת כְּנָעַן:
וְנָתַן אַרְצָם נַחֲלָה נַחֲלָה לְיִשְׂרָאֵל עַמּוֹ: יְיָ
שִׁמְךָ לְעוֹלָם יְיָ זִכְרְךָ לְדוֹר וָדוֹר: כִּי יָדִין
יְיָ עַמּוֹ וְעַל עֲבָדָיו יִתְנֶחָם: עֲצַבֵּי הַגּוֹיִם
כֶּסֶף וְזָהָב מַעֲשֵׂה יְדֵי אָדָם: פֶּה לָהֶם וְלֹא
יְדַבֵּרוּ עֵינַיִם לָהֶם וְלֹא יִרְאוּ: אָזְנַיִם לָהֶם
וְלֹא יַאֲזִינוּ אַף אֵין יֶשׁ רוּחַ בְּפִיהֶם: כְּמוֹהֶם
יִהְיוּ עוֹשֵׂיהֶם כֹּל אֲשֶׁר בּוֹטֵחַ בָּהֶם:
בֵּית יִשְׂרָאֵל בָּרְכוּ אֶת יְיָ בֵּית אַהֲרֹן בָּרְכוּ
אֶת יְיָ: בֵּית הַלֵּוִי בָּרְכוּ אֶת יְיָ יִרְאֵי יְיָ
בָּרְכוּ אֶת יְיָ: בָּרוּךְ יְיָ מִצִּיּוֹן שׁוֹכֵן יְרוּשָׁלָיִם
הַלְלוּיָהּ:

קלו הוֹדוּ לַיְיָ כִּי טוֹב כִּי לְעוֹלָם חַסְדּוֹ:
הוֹדוּ לֵאלֹהֵי הָאֱלֹהִים כִּי לְעוֹלָם חַסְדּוֹ:
הוֹדוּ לַאֲדֹנֵי הָאֲדֹנִים כִּי לְעוֹלָם חַסְדּוֹ:
לְעוֹשֵׂה נִפְלָאוֹת גְּדוֹלוֹת לְבַדּוֹ כִּי לְעוֹלָם
חַסְדּוֹ: לְעוֹשֵׂה הַשָּׁמַיִם בִּתְבוּנָה כִּי
לְעוֹלָם חַסְדּוֹ: לְרוֹקַע הָאָרֶץ עַל הַמָּיִם כִּי
לְעוֹלָם חַסְדּוֹ: לְעוֹשֵׂה אוֹרִים גְּדוֹלִים
כִּי לְעוֹלָם חַסְדּוֹ: אֶת הַשֶּׁמֶשׁ לְמֶמְשֶׁלֶת
בַּיּוֹם כִּי לְעוֹלָם חַסְדּוֹ: אֶת הַיָּרֵחַ
וְכוֹכָבִים לְמֶמְשְׁלוֹת בַּלָּיְלָה כִּי לְעוֹלָם
חַסְדּוֹ: לְמַכֵּה מִצְרַיִם בִּבְכוֹרֵיהֶם כִּי לְעוֹלָם
חַסְדּוֹ: וַיּוֹצֵא יִשְׂרָאֵל מִתּוֹכָם כִּי לְעוֹלָם
חַסְדּוֹ: בְּיָד חֲזָקָה וּבִזְרוֹעַ נְטוּיָה כִּי לְעוֹלָם
חַסְדּוֹ: לְגוֹזֵר יַם סוּף לִגְזָרִים כִּי לְעוֹלָם
חַסְדּוֹ: וְהֶעֱבִיר יִשְׂרָאֵל בְּתוֹכוֹ כִּי לְעוֹלָם
חַסְדּוֹ: וְנִעֵר פַּרְעֹה וְחֵילוֹ בְיַם סוּף כִּי
לְעוֹלָם חַסְדּוֹ: לְמוֹלִיךְ עַמּוֹ בַּמִּדְבָּר כִּי
לְעוֹלָם חַסְדּוֹ: לְמַכֵּה מְלָכִים גְּדוֹלִים כִּי
לְעוֹלָם חַסְדּוֹ: וַיַּהֲרֹג מְלָכִים אַדִּירִים כִּי
לְעוֹלָם חַסְדּוֹ: לְסִיחוֹן מֶלֶךְ הָאֱמֹרִי כִּי
לְעוֹלָם חַסְדּוֹ: וּלְעוֹג מֶלֶךְ הַבָּשָׁן כִּי
לְעוֹלָם חַסְדּוֹ: וְנָתַן אַרְצָם לְנַחֲלָה כִּי
לְעוֹלָם חַסְדּוֹ: נַחֲלָה לְיִשְׂרָאֵל עַבְדּוֹ כִּי
לְעוֹלָם חַסְדּוֹ: שֶׁבְּשִׁפְלֵנוּ זָכַר לָנוּ כִּי
לְעוֹלָם חַסְדּוֹ: וַיִּפְרְקֵנוּ מִצָּרֵינוּ כִּי לְעוֹלָם
חַסְדּוֹ: נוֹתֵן לֶחֶם לְכָל בָּשָׂר כִּי לְעוֹלָם
חַסְדּוֹ: הוֹדוּ לְאֵל הַשָּׁמָיִם כִּי לְעוֹלָם
חַסְדּוֹ:

קלז עַל נַהֲרוֹת בָּבֶל שָׁם יָשַׁבְנוּ גַּם בָּכִינוּ
בְּזָכְרֵנוּ אֶת צִיּוֹן: עַל עֲרָבִים בְּתוֹכָהּ תָּלִינוּ
כִּנֹּרוֹתֵינוּ: כִּי שָׁם שְׁאֵלוּנוּ שׁוֹבֵינוּ דִּבְרֵי
שִׁיר וְתוֹלָלֵינוּ שִׂמְחָה שִׁירוּ לָנוּ מִשִּׁיר צִיּוֹן:
אֵיךְ נָשִׁיר אֶת שִׁיר יְיָ עַל אַדְמַת נֵכָר: אִם
אֶשְׁכָּחֵךְ יְרוּשָׁלָיִם תִּשְׁכַּח יְמִינִי: תִּדְבַּק לְשׁוֹנִי
לְחִכִּי אִם לֹא אֶזְכְּרֵכִי אִם לֹא אַעֲלֶה אֶת
יְרוּשָׁלַיִם עַל רֹאשׁ שִׂמְחָתִי: זְכוֹר יְיָ לִבְנֵי
אֱדוֹם אֵת יוֹם יְרוּשָׁלָיִם הָאוֹמְרִים עָרוּ עָרוּ עַד
הַיְסוֹד בָּהּ: בַּת בָּבֶל הַשְּׁדוּדָה אַשְׁרֵי שֶׁיְשַׁלֶּם
לָךְ אֶת גְּמוּלֵךְ שֶׁגָּמַלְתְּ לָנוּ: אַשְׁרֵי שֶׁיֹּאחֵז
וְנִפֵּץ אֶת עֹלָלַיִךְ אֶל הַסָּלַע:

קלח לְדָוִד אוֹדְךָ בְכָל לִבִּי נֶגֶד אֱלֹהִים
אֲזַמְּרֶךָּ: אֶשְׁתַּחֲוֶה אֶל הֵיכַל קָדְשְׁךָ וְאוֹדֶה
אֶת שִׁמְךָ עַל חַסְדְּךָ וְעַל אֲמִתֶּךָ כִּי הִגְדַּלְתָּ
עַל כָּל שִׁמְךָ אִמְרָתֶךָ: בְּיוֹם קָרָאתִי וַתַּעֲנֵנִי
תַּרְהִבֵנִי בְנַפְשִׁי עֹז: יוֹדוּךָ יְיָ כָּל מַלְכֵי אָרֶץ
כִּי שָׁמְעוּ אִמְרֵי פִיךָ: וְיָשִׁירוּ בְּדַרְכֵי יְיָ כִּי
גָדוֹל כְּבוֹד יְיָ: כִּי רָם יְיָ וְשָׁפָל יִרְאֶה וְגָבֹהַּ

מִמֶּרְחָק יְיֵדָע: אִם אֵלֵךְ בְּקֶרֶב צָרָה תְּחַיֵּנִי עַל אַף אֹיְבַי תִּשְׁלַח יָדֶךָ וְתוֹשִׁיעֵנִי יְמִינֶךָ: יְיָ יִגְמֹר בַּעֲדִי יְיָ חַסְדְּךָ לְעוֹלָם מַעֲשֵׂי יָדֶיךָ אַל תֶּרֶף:

קלט לַמְנַצֵּחַ לְדָוִד מִזְמוֹר יְיָ חֲקַרְתַּנִי וַתֵּדָע: אַתָּה יָדַעְתָּ שִׁבְתִּי וְקוּמִי בַּנְתָּה לְרֵעִי מֵרָחוֹק: אָרְחִי וְרִבְעִי זֵרִיתָ וְכָל דְּרָכַי הִסְכַּנְתָּה: כִּי אֵין מִלָּה בִּלְשׁוֹנִי הֵן יְיָ יָדַעְתָּ כֻלָּהּ: אָחוֹר וָקֶדֶם צַרְתָּנִי וַתָּשֶׁת עָלַי כַּפֶּכָה: פְּלִיאָה דַעַת מִמֶּנִּי נִשְׂגְּבָה לֹא אוּכַל לָהּ: אָנָה אֵלֵךְ מֵרוּחֶךָ וְאָנָה מִפָּנֶיךָ אֶבְרָח: אִם אֶסַּק שָׁמַיִם שָׁם אָתָּה וְאַצִּיעָה שְּׁאוֹל הִנֶּךָּ: אֶשָּׂא כַנְפֵי שָׁחַר אֶשְׁכְּנָה בְּאַחֲרִית יָם: גַּם שָׁם יָדְךָ תַנְחֵנִי וְתֹאחֲזֵנִי יְמִינֶךָ: וָאֹמַר אַךְ חֹשֶׁךְ יְשׁוּפֵנִי וְלַיְלָה אוֹר בַּעֲדֵנִי: גַּם חֹשֶׁךְ לֹא יַחְשִׁיךְ מִמֶּךָּ וְלַיְלָה כַּיּוֹם יָאִיר כַּחֲשֵׁיכָה כָּאוֹרָה: כִּי אַתָּה קָנִיתָ כִלְיֹתָי תְּסֻכֵּנִי בְּבֶטֶן אִמִּי: אוֹדְךָ עַל כִּי נוֹרָאוֹת נִפְלֵיתִי נִפְלָאִים מַעֲשֶׂיךָ וְנַפְשִׁי יֹדַעַת מְאֹד: לֹא נִכְחַד עָצְמִי מִמֶּךָּ אֲשֶׁר עֻשֵּׂיתִי בַסֵּתֶר רֻקַּמְתִּי בְּתַחְתִּיּוֹת אָרֶץ: גָּלְמִי רָאוּ עֵינֶיךָ וְעַל סִפְרְךָ כֻּלָּם יִכָּתֵבוּ יָמִים יֻצָּרוּ וְלוֹ אֶחָד בָּהֶם: וְלִי מַה יָּקְרוּ רֵעֶיךָ אֵל מֶה עָצְמוּ רָאשֵׁיהֶם: אֶסְפְּרֵם מֵחוֹל יִרְבּוּן הֱקִיצֹתִי וְעוֹדִי עִמָּךְ: אִם תִּקְטֹל אֱלוֹהַּ רָשָׁע וְאַנְשֵׁי דָמִים סוּרוּ מֶנִּי: אֲשֶׁר יֹמְרוּךָ לִמְזִמָּה נָשֻׂא לַשָּׁוְא עָרֶיךָ: הֲלוֹא מְשַׂנְאֶיךָ יְיָ אֶשְׂנָא וּבִתְקוֹמְמֶיךָ אֶתְקוֹטָט: תַּכְלִית שִׂנְאָה שְׂנֵאתִים לְאוֹיְבִים הָיוּ לִי: חָקְרֵנִי אֵל וְדַע לְבָבִי בְּחָנֵנִי וְדַע שַׂרְעַפָּי: וּרְאֵה אִם דֶּרֶךְ עֹצֶב בִּי וּנְחֵנִי בְּדֶרֶךְ עוֹלָם:

קם לַמְנַצֵּחַ מִזְמוֹר לְדָוִד: חַלְּצֵנִי יְיָ מֵאָדָם רָע מֵאִישׁ חֲמָסִים תִּנְצְרֵנִי: אֲשֶׁר חָשְׁבוּ רָעוֹת בְּלֵב כָּל יוֹם יָגוּרוּ מִלְחָמוֹת: שָׁנְנוּ לְשׁוֹנָם כְּמוֹ נָחָשׁ חֲמַת עַכְשׁוּב תַּחַת שְׂפָתֵימוֹ סֶלָה: שָׁמְרֵנִי יהוה מִידֵי רָשָׁע מֵאִישׁ חֲמָסִים תִּנְצְרֵנִי אֲשֶׁר חָשְׁבוּ לִדְחוֹת פְּעָמָי: טָמְנוּ גֵאִים פַּח לִי וַחֲבָלִים פָּרְשׂוּ רֶשֶׁת לְיַד מַעְגָּל מֹקְשִׁים שָׁתוּ לִי סֶלָה: אָמַרְתִּי לַייָ אֵלִי אָתָּה הַאֲזִינָה יהוה קוֹל תַּחֲנוּנָי: יֱהֹוִה אֲדֹנָי עֹז יְשׁוּעָתִי סַכֹּתָה לְרֹאשִׁי בְּיוֹם נָשֶׁק: אַל תִּתֵּן יְיָ מַאֲוַיֵּי רָשָׁע זְמָמוֹ אַל תָּפֵק יָרוּמוּ סֶלָה: רֹאשׁ מְסִבָּי עֲמַל שְׂפָתֵימוֹ יְכַסֵּמוֹ: יִמּוֹטוּ עֲלֵיהֶם גֶּחָלִים בָּאֵשׁ יַפִּלֵם בְּמַהֲמֹרוֹת בַּל יָקוּמוּ: אִישׁ לָשׁוֹן בַּל יִכּוֹן בָּאָרֶץ אִישׁ חָמָס רָע יְצוּדֶנּוּ לְמַדְחֵפֹת: יָדַעְתִּי כִּי יַעֲשֶׂה יְיָ דִּין עָנִי מִשְׁפַּט אֶבְיֹנִים: אַךְ צַדִּיקִים יוֹדוּ לִשְׁמֶךָ יֵשְׁבוּ יְשָׁרִים אֶת פָּנֶיךָ:

קמא מִזְמוֹר לְדָוִד יְיָ קְרָאתִיךָ חוּשָׁה לִּי הַאֲזִינָה קוֹלִי בְּקָרְאִי לָךְ: תִּכּוֹן תְּפִלָּתִי קְטֹרֶת לְפָנֶיךָ מַשְׂאַת כַּפַּי מִנְחַת עָרֶב: שִׁיתָה יהוה שָׁמְרָה לְפִי נִצְּרָה עַל דַּל שְׂפָתָי: אַל תַּט לִבִּי לְדָבָר רָע לְהִתְעוֹלֵל עֲלִלוֹת בְּרֶשַׁע אֶת אִישִׁים פֹּעֲלֵי אָוֶן וּבַל אֶלְחַם בְּמַנְעַמֵּיהֶם: יֶהֶלְמֵנִי צַדִּיק חֶסֶד וְיוֹכִיחֵנִי שֶׁמֶן רֹאשׁ אַל יָנִי רֹאשִׁי כִּי עוֹד וּתְפִלָּתִי בְּרָעוֹתֵיהֶם: נִשְׁמְטוּ בִידֵי סֶלַע שֹׁפְטֵיהֶם וְשָׁמְעוּ אֲמָרַי כִּי נָעֵמוּ: כְּמוֹ פֹלֵחַ וּבֹקֵעַ בָּאָרֶץ נִפְזְרוּ עֲצָמֵינוּ לְפִי שְׁאוֹל: כִּי אֵלֶיךָ יֱהֹוִה אֲדֹנָי עֵינָי בְּכָה חָסִיתִי אַל תְּעַר נַפְשִׁי: שָׁמְרֵנִי מִידֵי פַח יָקְשׁוּ לִי וּמֹקְשׁוֹת פֹּעֲלֵי אָוֶן: יִפְּלוּ בְמַכְמֹרָיו רְשָׁעִים יַחַד אָנֹכִי עַד אֶעֱבוֹר:

יִתְגַּדַּל וְיִתְקַדַּשׁ שְׁמֵהּ רַבָּא׃ אמן בְּעָלְמָא דִּי בְרָא כִרְעוּתֵהּ וְיַמְלִיךְ מַלְכוּתֵהּ וְיַצְמַח פֻּרְקָנֵהּ וִיקָרֵב מְשִׁיחֵהּ׃ אמן בְּחַיֵּיכוֹן וּבְיוֹמֵיכוֹן וּבְחַיֵּי דְכָל בֵּית יִשְׂרָאֵל בַּעֲגָלָא וּבִזְמַן קָרִיב וְאִמְרוּ אָמֵן: יְהֵא שְׁמֵהּ רַבָּא מְבָרַךְ לְעָלַם וּלְעָלְמֵי עָלְמַיָּא יִתְבָּרַךְ וְיִשְׁתַּבַּח וְיִתְפָּאַר וְיִתְרוֹמַם וְיִתְנַשֵּׂא וְיִתְהַדָּר וְיִתְעַלֶּה וְיִתְהַלָּל שְׁמֵהּ דְּקֻדְשָׁא בְּרִיךְ הוּא׃ אמן לְעֵלָּא מִן כָּל בִּרְכָתָא וְשִׁירָתָא תֻּשְׁבְּחָתָא וְנֶחֱמָתָא דַּאֲמִירָן בְּעָלְמָא וְאִמְרוּ אָמֵן:

יְהֵא שְׁלָמָא רַבָּא מִן־שְׁמַיָּא וְחַיִּים טוֹבִים עָלֵינוּ וְעַל־כָּל־יִשְׂרָאֵל וְאִמְרוּ אָמֵן:

עֹשֶׂה הַשָּׁלוֹם בִּמְרוֹמָיו הוּא יַעֲשֶׂה שָׁלוֹם עָלֵינוּ וְעַל־כָּל־יִשְׂרָאֵל וְאִמְרוּ אָמֵן:

מוספין קודמין לזוכין לזאת נכון לומר פ׳ כזיכין ולהם הפנים אחר תפלת מוסף שבת:

ויקרא כד׳

ולקחת סלת ואפית אתה שתים עשרה חלות, שני עשרנים
יהיה החלה האחת: ושמת אתם שתים מערכות שש
המערכת על השלחן הטהר לפני יי: ונתת על המערכת לבנה
זכה, והיתה ללחם לאזכרה אשה ליי: ביום השבת ביום
השבת יערכנו לפני יי תמיד מאת בני ישראל ברית עולם: והיתה
לאהרן ולבניו ואכלהו במקום קדש, כי קדש קדשים הוא לו
מאשי יי, חק עולם:

שש זכירות

למען תזכור את־יום צאתך מארץ מצרים כל ימי חייך:
רק השמר לך ושמר נפשך מאד פן־תשכח את־הדברים אשר־
ראו עיניך ופן־יסורו מלבבך כל ימי חייך והודעתם לבניך
ולבני בניך: יום אשר עמדת לפני יהוה אלהיך בחרב:
זכור את אשר־עשה לך עמלק בדרך בצאתכם ממצרים:
אשר קרך בדרך ויזנב בך כל־הנחשלים אחריך ואתה
עיף ויגע ולא ירא אלהים: והיה בהניח יהוה אלהיך לך מכל־
איביך מסביב בארץ אשר יהוה־אלהיך נתן לך נחלה לרשתה
תמחה את־זכר עמלק מתחת השמים לא תשכח:
זכר אל־תשכח את אשר־הקצפת את־יהוה אלהיך במדבר:
זכור את אשר־עשה יהוה אלהיך למרים בדרך בצאתכם
ממצרים:
זכור את־יום השבת לקדשו:

א) דברים טז ג. ב) שם ד ט. ג) שם ד י. ד) שם כה יז. ה) שם כה יח. ו) שם כה יט. ז) שם ט ז. ח) שם כד ט. ט) שמות כ ח.

[In the order of the priestly functions in the Bet Hamikdash on Shabbat,] the placing of the two censers with frankincense followed the bringing of the Musaf offerings. Therefore, after the Musaf Prayer on Shabbat, it is appropriate to recite the following Scriptural section pertaining to the censers with frankincense and the showbread.

ולקחת You shall take fine flour and bake of it twelve loaves; each loaf shall be two-tenths [of an *ephah*]. Place them in two rows, six to a row, upon the pure table before the Lord. Put near each row pure frankincense, which is to be a memorial-offering for the bread, a fire-offering to the Lord. He shall arrange them before the Lord regularly, each and every Shabbat, an everlasting covenant from the children of Israel. It shall belong to Aaron and his sons and they shall eat it in a holy place, for it is most holy to him of the fire-offerings of the Lord, an everlasting statute.[1]

SIX REMEMBRANCES

למען So that you remember the day you came out of the land of Egypt all the days of your life.[2]

רק But beware and guard your soul scrupulously lest you forget the things which your eyes have seen, and lest they be removed from your heart all the days of your life; make known to your children and to your children's children [what you saw] on the day when you stood before the Lord your God at Chorev.[3]

זכור Remember what Amalek did to you on the way as you came out of Egypt; how he met you on the way, and cut down all the weak who straggled behind you, when you were weary and exhausted; and he did not fear God. Therefore, when the Lord your God will relieve you of all your enemies around you, in the land which the Lord your God gives you as a hereditary portion, you shall blot out the memory of Amalek from under heaven. Do not forget![4]

זכור Remember, do not forget, how you provoked the Lord your God to wrath in the desert.[5]

זכור Remember what the Lord your God did to Miriam on the way, as you came out of Egypt.[6]

זכור Remember the Shabbat day to sanctify it.[7]

1. Leviticus 24:5-9. 2. Deuteronomy 16:3. 3. Ibid. 4:9-10. 4. Ibid. 25:17-19. 5. Ibid. 9:7. 6. Ibid. 24:9. 7. Exodus 20:8.

מנחה ליום כפור

וַיְדַבֵּר יְיָ אֶל מֹשֶׁה לֵּאמֹר: צַו אֶת בְּנֵי יִשְׂרָאֵל וְאָמַרְתָּ
אֲלֵהֶם, אֶת קָרְבָּנִי לַחְמִי לְאִשַּׁי, רֵיחַ נִיחֹחִי
תִּשְׁמְרוּ לְהַקְרִיב לִי בְּמוֹעֲדוֹ: וְאָמַרְתָּ לָהֶם, זֶה הָאִשֶּׁה
אֲשֶׁר תַּקְרִיבוּ לַיְיָ, כְּבָשִׂים בְּנֵי שָׁנָה תְמִימִם, שְׁנַיִם
לַיּוֹם, עֹלָה תָמִיד: אֶת הַכֶּבֶשׂ אֶחָד תַּעֲשֶׂה בַבֹּקֶר,
וְאֵת הַכֶּבֶשׂ הַשֵּׁנִי תַּעֲשֶׂה בֵּין הָעַרְבָּיִם: וַעֲשִׂירִית
הָאֵיפָה סֹלֶת לְמִנְחָה, בְּלוּלָה בְּשֶׁמֶן כָּתִית רְבִיעִת
הַהִין: עֹלַת תָּמִיד, הָעֲשֻׂיָה בְּהַר סִינַי לְרֵיחַ נִיחֹחַ
אִשֶּׁה לַיְיָ: וְנִסְכּוֹ רְבִיעִת הַהִין לַכֶּבֶשׂ הָאֶחָד, בַּקֹּדֶשׁ
הַסֵּךְ נֶסֶךְ שֵׁכָר לַיְיָ: וְאֵת הַכֶּבֶשׂ הַשֵּׁנִי תַּעֲשֶׂה בֵּין
הָעַרְבָּיִם, כְּמִנְחַת הַבֹּקֶר וּכְנִסְכּוֹ תַּעֲשֶׂה, אִשֵּׁה
רֵיחַ נִיחֹחַ לַיְיָ:

ויקרא א יא:

וְשָׁחַט אֹתוֹ עַל יֶרֶךְ הַמִּזְבֵּחַ צָפֹנָה לִפְנֵי יְיָ, וְזָרְקוּ בְּנֵי אַהֲרֹן
הַכֹּהֲנִים אֶת דָּמוֹ עַל הַמִּזְבֵּחַ סָבִיב:

וידבר And the Lord spoke to Moses, saying: Command the children of Israel and say to them: My offering, My food-offering consumed by fire, a pleasing odor to Me, you shall be careful to offer Me at its appointed time. And you shall say to them: This is the fire-offering which you shall offer to the Lord — two yearling male lambs without blemish, every day, as a daily burnt-offering. You shall offer one lamb in the morning, and the other lamb toward evening; and a tenth of an *ephah* of fine flour mixed with a fourth of a *hin* of oil of crushed olives as a meal-offering. This is a daily burnt-offering, as it was made at Mount Sinai, for a pleasing odor, a fire-offering to the Lord. And its wine-offering shall be a fourth of a *hin* for the one lamb; in the Sanctuary you shall pour out a wine-offering of strong wine to the Lord. And you shall offer the other lamb toward evening, with the same meal-offering and the same wine-offering as in the morning, to be a fire-offering of pleasing odor to the Lord.[1]

ושחט He shall slaughter it on the north side of the altar before the Lord; and Aaron's sons, the *Kohanim*, shall sprinkle its blood all around the altar.[2]

1. Numbers 28:1-8. 2. Leviticus 1:11.

אַתָּה הוּא יְיָ אֱלֹהֵינוּ וֵאלֹהֵי אֲבוֹתֵינוּ, שֶׁהִקְטִירוּ אֲבוֹתֵינוּ לְפָנֶיךָ
אֶת קְטֹרֶת הַסַּמִּים, בִּזְמַן שֶׁבֵּית הַמִּקְדָּשׁ קַיָּם, כַּאֲשֶׁר צִוִּיתָ
אוֹתָם עַל יַד מֹשֶׁה נְבִיאֶךָ, כַּכָּתוּב בְּתוֹרָתֶךָ:

א וַיֹּאמֶר יְיָ אֶל מֹשֶׁה, קַח לְךָ סַמִּים: נָטָף, וּשְׁחֵלֶת,
וְחֶלְבְּנָה, סַמִּים. וּלְבֹנָה זַכָּה, בַּד בְּבַד
יִהְיֶה: וְעָשִׂיתָ אֹתָהּ קְטֹרֶת, רֹקַח מַעֲשֵׂה רוֹקֵחַ,
מְמֻלָּח טָהוֹר קֹדֶשׁ: וְשָׁחַקְתָּ מִמֶּנָּה הָדֵק,
וְנָתַתָּה מִמֶּנָּה לִפְנֵי הָעֵדֻת בְּאֹהֶל מוֹעֵד, אֲשֶׁר
אִוָּעֵד לְךָ שָׁמָּה, קֹדֶשׁ קָדָשִׁים תִּהְיֶה לָכֶם:
ב וְנֶאֱמַר, וְהִקְטִיר עָלָיו אַהֲרֹן קְטֹרֶת סַמִּים
בַּבֹּקֶר בַּבֹּקֶר, בְּהֵיטִיבוֹ אֶת הַנֵּרֹת יַקְטִירֶנָּה:
וּבְהַעֲלֹת אַהֲרֹן אֶת הַנֵּרֹת בֵּין הָעַרְבַּיִם
יַקְטִירֶנָּה, קְטֹרֶת תָּמִיד לִפְנֵי יְיָ לְדֹרֹתֵיכֶם:

ג תָּנוּ רַבָּנָן, פִּטּוּם הַקְּטֹרֶת כֵּיצַד: שְׁלֹשׁ מֵאוֹת וְשִׁשִּׁים
וּשְׁמוֹנָה מָנִים הָיוּ בָהּ. שְׁלֹשׁ מֵאוֹת וְשִׁשִּׁים
וַחֲמִשָּׁה כְּמִנְיַן יְמוֹת הַחַמָּה, מָנֶה לְכָל יוֹם פְּרַס בְּשַׁחֲרִית,
וּפְרַס בֵּין הָעַרְבָּיִם, וּשְׁלֹשָׁה מָנִים יְתֵרִים, שֶׁמֵּהֶם מַכְנִיס
כֹּהֵן גָּדוֹל מְלֹא חָפְנָיו בְּיוֹם הַכִּפּוּרִים, וּמַחֲזִירָם לְמַכְתֶּשֶׁת
בְּעֶרֶב יוֹם הַכִּפּוּרִים, וְשׁוֹחֲקָן יָפֶה יָפֶה כְּדֵי שֶׁתְּהֵא דַקָּה
מִן הַדַּקָּה, וְאַחַד עָשָׂר סַמָּנִים הָיוּ בָהּ, וְאֵלּוּ הֵן: א הַצֳּרִי
ב וְהַצִּפֹּרֶן ג הַחֶלְבְּנָה ד וְהַלְּבוֹנָה מִשְׁקַל שִׁבְעִים שִׁבְעִים
מָנֶה, ה מוֹר ו וּקְצִיעָה ז שִׁבֹּלֶת נֵרְדְּ ח וְכַרְכֹּם מִשְׁקַל
שִׁשָּׁה עָשָׂר שִׁשָּׁה עָשָׂר מָנֶה, ט הַקֹּשְׁטְ שְׁנֵים עָשָׂר,

---

א) שמות ל לד: ב) שם ל ח: ג) כריתות ו׳ ע״א ירושלמי יומא פ״ד ה״ה

אתה You are the Lord our God and God of our fathers before whom our ancestors burned the offering of incense when the Bet Hamikdash stood, as You have commanded them through Moses Your prophet, as it is written in Your Torah:

ויאמר The Lord said to Moses: Take fragrant spices, stacte, onycha, and galbanum; fragrant spices and pure frankincense; there shall be an equal weight of each. And you shall make it into incense, a compound expertly blended, well-mingled, pure and holy. You shall grind some of it very fine, and put some of it before the Ark in the Tabernacle, where I will meet with you; most holy shall it be to you.[1] And it is written: Aaron shall burn upon the altar the incense of fragrant spices; every morning, when he cleans the cups [of the *menorah*], he shall burn it. And toward evening, when Aaron lights the *menorah,* he shall burn it; this is a continual incense-offering before the Lord throughout your generations.[2]

תנו The Rabbis have taught:[3] How was the incense prepared? It weighed 368 *manim* — 365 corresponding to the number of days in the solar year, one *maneh* for each day — half a *maneh* to be offered in the morning and half toward evening; and the other three *manim* from which the *Kohen Gadol* took two handfuls [into the Holy of Holies] on Yom Kippur. These [three *manim*] were put back into the mortar on the day before Yom Kippur and ground again very thoroughly so as to make the incense extremely fine. The incense contained the following eleven kinds of spices: 1) balm, 2) onycha, 3) galbanum, 4) frankincense — each one weighing seventy *maneh;* 5) myrrh, 6) cassia, 7) spikenard, 8) saffron — each weighing sixteen *maneh;* 9) costus, twelve *maneh;*

1. Exodus 30:34-36. 2. Ibid. 30:7-8. 3. V. Keritot 6a,b. Yerushalmi, Yoma 4:5.

י קְלוּפָה שְׁלֹשָׁה, יא קִנָּמוֹן תִּשְׁעָה. בֹּרִית כַּרְשִׁינָה
תִּשְׁעָה קַבִּין, יֵין קַפְרִיסִין סְאִין תְּלָתָא וְקַבִּין תְּלָתָא,
וְאִם אֵין לוֹ יֵין קַפְרִיסִין מֵבִיא חֲמַר חִוַּרְיָן עַתִּיק. מֶלַח
סְדוֹמִית רֹבַע, מַעֲלֶה עָשָׁן, כָּל שֶׁהוּא. רַבִּי נָתָן
הַבַּבְלִי אוֹמֵר: אַף כִּפַּת הַיַּרְדֵּן כָּל שֶׁהִיא. וְאִם נָתַן בָּהּ
דְּבַשׁ פְּסָלָהּ, וְאִם חִסַּר אֶחָד מִכָּל סַמָּנֶיהָ חַיָּב מִיתָה:

רַבָּן שִׁמְעוֹן בֶּן גַּמְלִיאֵל אוֹמֵר: הַצֳּרִי אֵינוֹ אֶלָּא שְׂרָף הַנּוֹטֵף מֵעֲצֵי הַקְּטָף. בֹּרִית כַּרְשִׁינָה שֶׁשָּׁפִין בָּהּ אֶת הַצִּפֹּרֶן, כְּדֵי שֶׁתְּהֵא נָאָה; יֵין קַפְרִיסִין שֶׁשּׁוֹרִין בּוֹ אֶת הַצִּפֹּרֶן, כְּדֵי שֶׁתְּהֵא עַזָּה, וַהֲלֹא מֵי רַגְלַיִם יָפִין לָהּ, אֶלָּא שֶׁאֵין מַכְנִיסִין מֵי רַגְלַיִם בַּמִּקְדָּשׁ מִפְּנֵי הַכָּבוֹד:

תַּנְיָא רַבִּי נָתָן אוֹמֵר: כְּשֶׁהוּא שׁוֹחֵק אוֹמֵר: הָדֵק הֵיטֵב, הֵיטֵב הָדֵק, מִפְּנֵי שֶׁהַקּוֹל יָפֶה לַבְּשָׂמִים. פִּטְּמָהּ לַחֲצָאִין כְּשֵׁרָה, לִשְׁלִישׁ וְלִרְבִיעַ, לֹא שָׁמַעְנוּ. אָמַר רַבִּי יְהוּדָה זֶה הַכְּלָל, אִם כְּמִדָּתָהּ כְּשֵׁרָה לַחֲצָאִין. וְאִם חִסַּר אֶחָד מִכָּל סַמָּנֶיהָ חַיָּב מִיתָה:

תַּנְיָא בַּר קַפָּרָא אוֹמֵר. אַחַת לְשִׁשִּׁים אוֹ לְשִׁבְעִים שָׁנָה הָיְתָה בָאָה שֶׁל שִׁירַיִם לַחֲצָאִין. וְעוֹד תָּנֵי בַּר קַפָּרָא, אִלּוּ הָיָה נוֹתֵן בָּהּ קָרְטוֹב שֶׁל דְּבַשׁ, אֵין אָדָם יָכוֹל לַעֲמוֹד מִפְּנֵי רֵיחָהּ, וְלָמָּה אֵין מְעָרְבִין בָּהּ דְּבַשׁ, מִפְּנֵי שֶׁהַתּוֹרָה אָמְרָה, כִּי כָל שְׂאֹר וְכָל דְּבַשׁ לֹא תַקְטִירוּ מִמֶּנּוּ אִשֶּׁה לַייָ:

ג״פ [ב] יְיָ צְבָאוֹת עִמָּנוּ, מִשְׂגָּב לָנוּ אֱלֹהֵי יַעֲקֹב סֶלָה: ג״פ [ג] יְיָ צְבָאוֹת, אַשְׁרֵי אָדָם בֹּטֵחַ בָּךְ: ג״פ [ד] יְיָ הוֹשִׁיעָה, הַמֶּלֶךְ יַעֲנֵנוּ בְיוֹם קָרְאֵנוּ:

א) ויקרא ב׳ יא: ב) תהלים מ״ו ח: ג) שם פ״ד יג: ד) שם כ׳ י׳

10) aromatic bark, three [*maneh*]; 11) cinnamon, nine [*maneh.* Also used in the preparation of the incense were:] lye of Carshina, nine *kabin;* Cyrpus wine, three *sein* and three *kabin* — if Cyprus wine was not available, strong white wine might be used instead; salt of Sodom, a fourth of a *kab* and a minute quantity of a smoke-raising herb. Rabbi Nathan the Babylonian says: A minute quantity of Jordan amber was also added. If, however, honey were added, the incense became unfit; while if one left out any one of the ingredients, he was liable to the penalty of death.

רבן Rabbi Shimon ben Gamliel says: The balm is no other than a resin which exudes from the balsam trees. The lye of Carshina was used for rubbing on the onycha to refine its appearance. The Cyprus wine was used in which to steep the onycha so as to make its odor more pungent. Though the water of Raglayim might have served that purpose well, it would be disrespectful to bring it into the Bet Hamikdash.

תניא It has been taught, Rabbi Nathan says: While the *Kohen* was grinding the incense, the overseer would say, "Grind it thin, grind it thin," because the [rhythmic] sound is good for the compounding of the spices. If only half the yearly required quantity of incense was prepared, it was fit for use; but we have not heard if it was permissible to prepare only a third or a fourth of it. Rabbi Yehudah said: The general rule is that if the incense was compounded in its correct proportions — it was fit for use even if only half the annually required quantity was prepared; if, however, one left out any one of its ingredients, he was liable to the penalty of death.

תניא It has been taught, Bar Kappara says: Once in sixty or seventy years, half of the required yearly quantity of incense came from the accumulated surpluses [from the three *maneh* from which the High Priest took two handfuls on Yom Kippur.] Bar Kappara also taught: Had a minute quantity of honey been mixed into the incense no one could have resisted the scent. When then was no honey mixed with it? Because the Torah said: You shall present no leaven nor any honey as an offering by fire to the Lord.[1]

יי The Lord of hosts is with us; the God of Jacob is our stronghold forever.[2] *Say three times*

יי Lord of hosts, happy is the man who trusts in You.[3] *Say three times*

יי Lord, deliver us; may the King answer us on the day we call.[4] *Say three times*

1. Leviticus 2:11. 2. Psalms 46:8. 3. Ibid. 84:13. 4. Ibid. 20:10.

וְעָרְבָה[א] לַייָ מִנְחַת יְהוּדָה וִירוּשָׁלָיִם, כִּימֵי עוֹלָם וּכְשָׁנִים קַדְמוֹנִיּוֹת:

אָנָּא, בְּכֹחַ גְּדֻלַּת יְמִינְךָ, תַּתִּיר צְרוּרָה. קַבֵּל רִנַּת עַמְּךָ, שַׂגְּבֵנוּ, טַהֲרֵנוּ, נוֹרָא. נָא גִבּוֹר, דּוֹרְשֵׁי יִחוּדְךָ, כְּבָבַת שָׁמְרֵם. בָּרְכֵם, טַהֲרֵם, רַחֲמֵי צִדְקָתְךָ תָּמִיד גָּמְלֵם. חֲסִין קָדוֹשׁ, בְּרוֹב טוּבְךָ נַהֵל עֲדָתֶךָ. יָחִיד, גֵּאֶה, לְעַמְּךָ פְּנֵה, זוֹכְרֵי קְדֻשָּׁתֶךָ. שַׁוְעָתֵנוּ קַבֵּל, וּשְׁמַע צַעֲקָתֵנוּ, יוֹדֵעַ תַּעֲלֻמוֹת.

בָּרוּךְ שֵׁם כְּבוֹד מַלְכוּתוֹ לְעוֹלָם וָעֶד:

וַיְהִי[ב] בִּנְסֹעַ הָאָרֹן וַיֹּאמֶר מֹשֶׁה: קוּמָה יְיָ וְיָפֻצוּ אֹיְבֶיךָ וְיָנֻסוּ מְשַׂנְאֶיךָ מִפָּנֶיךָ. כִּי מִצִּיּוֹן[ג] תֵּצֵא תוֹרָה וּדְבַר יְיָ מִירוּשָׁלָיִם. בָּרוּךְ שֶׁנָּתַן תּוֹרָה לְעַמּוֹ יִשְׂרָאֵל בִּקְדֻשָּׁתוֹ:

בְּרִיךְ[ד] שְׁמֵהּ דְּמָרֵא עָלְמָא, בְּרִיךְ כִּתְרָךְ וְאַתְרָךְ, יְהֵא רְעוּתָךְ עִם עַמָּךְ יִשְׂרָאֵל לְעָלַם, וּפֻרְקַן יְמִינָךְ אַחֲזֵי לְעַמָּךְ בְּבֵי מַקְדְּשָׁךְ, וּלְאַמְטוּיֵי לָנָא מִטּוּב נְהוֹרָךְ וּלְקַבֵּל צְלוֹתָנָא בְּרַחֲמִין. יְהֵא רַעֲוָא קֳדָמָךְ דְּתוֹרִיךְ לָן חַיִּין בְּטִיבוּ, וְלֶהֱוֵי אֲנָא פְקִידָא בְּגוֹ צַדִּיקַיָּא, לְמִרְחַם עָלַי וּלְמִנְטַר יָתִי וְיַת כָּל דִּי לִי, וְדִי לְעַמָּךְ יִשְׂרָאֵל. אַנְתְּ הוּא זָן לְכֹלָּא וּמְפַרְנֵס לְכֹלָּא, אַנְתְּ הוּא שַׁלִּיט עַל כֹּלָּא. אַנְתְּ הוּא דְשַׁלִּיט עַל מַלְכַיָּא. וּמַלְכוּתָא דִּילָךְ הִיא. אֲנָא עַבְדָּא דְקֻדְשָׁא בְּרִיךְ הוּא, דְּסָגִידְנָא קַמֵּהּ וּמִקַּמֵּי דִּיקַר אוֹרַיְתֵהּ בְּכָל עִדָּן וְעִדָּן. לָא עַל אֱנָשׁ רָחִיצְנָא וְלָא עַל בַּר אֱלָהִין סָמִיכְנָא, אֶלָּא בֶּאֱלָהָא דִשְׁמַיָּא, דְּהוּא אֱלָהָא קְשׁוֹט, וְאוֹרַיְתֵהּ קְשׁוֹט, וּנְבִיאוֹהִי קְשׁוֹט, וּמַסְגֵּא לְמֶעְבַּד טַבְוָן וּקְשׁוֹט. בֵּהּ אֲנָא רָחִיץ, וְלִשְׁמֵהּ קַדִּישָׁא יַקִּירָא אֲנָא אֵמַר תֻּשְׁבְּחָן. יְהֵא רַעֲוָא קֳדָמָךְ דְּתִפְתַּח לִבָּאִי בְּאוֹרַיְתָא, וְתַשְׁלִים מִשְׁאֲלִין דְּלִבָּאִי, וְלִבָּא דְכָל עַמָּךְ יִשְׂרָאֵל, לְטָב וּלְחַיִּין וְלִשְׁלָם.

חזן **גַּדְּלוּ[ה] לַייָ אִתִּי, וּנְרוֹמְמָה שְׁמוֹ יַחְדָּו:**

והקהל עונין **לְךָ[ו]** יְיָ הַגְּדֻלָּה וְהַגְּבוּרָה וְהַתִּפְאֶרֶת וְהַנֵּצַח וְהַהוֹד, כִּי כֹל בַּשָּׁמַיִם וּבָאָרֶץ. לְךָ יְיָ הַמַּמְלָכָה וְהַמִּתְנַשֵּׂא לְכֹל לְרֹאשׁ. רוֹמְמוּ[ז] יְיָ אֱלֹהֵינוּ וְהִשְׁתַּחֲווּ לַהֲדֹם רַגְלָיו קָדוֹשׁ הוּא. רוֹמְמוּ[ח] יְיָ אֱלֹהֵינוּ וְהִשְׁתַּחֲווּ לְהַר קָדְשׁוֹ, כִּי קָדוֹשׁ יְיָ אֱלֹהֵינוּ:

א) מלאכי ג ד: ב) במדבר י לה: ג) ישעי׳ ב ג: ד) זהר ויקהל דף ר״ו: ה) תהלים לד ד: ו) דה״א כט יא: ז) תהלים צט ה: ח) תהלים צט ט:

וערבה Then shall the offering of Judah and Jerusalem be pleasing to the Lord, as in the days of old and as in bygone years.[1]

אנא We implore You, by the great power of Your right hand, release the captive. Accept the prayer of Your people; strengthen us, purify us, Awesome One. Mighty one, we beseech You, guard as the apple of the eye those who seek Your Oneness. Bless them, cleanse them; bestow upon them forever Your merciful righteousness. Powerful, Holy One, in Your abounding goodness, guide Your congregation. Only and Exalted One, turn to Your people who are mindful of Your holiness. Accept our supplication and hear our cry, You who knows secret thoughts.

ברוך Blessed be the name of the glory of His kingdom forever and ever.

ORDER OF THE READING OF THE TORAH

Upon opening the Ark, the following is said:

ויהי Whenever the Ark set out, Moses would say, "Arise, O Lord, and Your enemies will be dispersed, and Your foes will flee before You."[2] For from Zion shall go forth the Torah, and the word of the Lord from Jerusalem.[3] Blessed is He who in His holiness gave the Torah to His people Israel.

בריך Blessed is the Name of the Master of the universe! Blessed is Your crown and the place [of Your majesty]. May Your goodwill always be with Your people Israel; show Your people the redemption of Your right hand through [the rebuilding of] Your Bet Hamikdash. Bestow upon us of Your beneficent light, and accept our prayer with compassion. May it be Your will to prolong our life in well-being. May I be counted among the righteous, so that You may have mercy upon me and protect me and all that belong to me and to Your people Israel. It is You who feeds all and sustains all. It is You who rules over all; it is You who rules over kings and sovereignty is Yours. I am the servant of the Holy One, blessed be He, before whom and before whose glorious Torah I bow at all times. I do not put my trust in man, nor do I place my reliance on an angel, but only in the God of heaven who is the true God, whose Torah is truth, whose prophets are true, and who performs numerous deeds of goodness and truth. I put my trust in Him, and I utter praises to His holy and glorious Name. May it be Your will to open my heart to the Torah, and to fulfill the desires of my heart and the hearts of all Your people Israel for good, for life, and for peace.[4]

Chazzan:

גדלו Exalt the Lord with me and let us extol His Name together.[5]

Congregation responds:

לך Lord, Yours is the greatness, the power, the glory, the victory, and the majesty; for all in heaven and on earth [is Yours]. Lord, Yours is the kingship and You are exalted, supreme over all rulers.[6] Exalt the Lord our God, and bow down at His foot stool; holy is He.[7] Exalt the Lord our God, and bow down at His holy mountain, for the Lord our God is holy.[8]

---

1. Psalms 19:15. 2. Ibid. 69:14. 3. Zohar II, 206a. 4. Deuteronomy 6:4. 5. Psalms 34:4. 6. I Chronicles 29:11. 7. Psalms 99:5. 8. Ibid. 99:8.

קְרִיאָה לְמִנְחָה יוֹם כִּפּוּר

אַב הָרַחֲמִים. הוּא יְרַחֵם עַם עֲמוּסִים. וְיִזְכּוֹר בְּרִית אֵיתָנִים. וְיַצִּיל נַפְשׁוֹתֵינוּ מִן הַשָּׁעוֹת הָרָעוֹת. וְיִגְעַר בְּיֵצֶר הָרָע מִן הַנְּשׂוּאִים. וְיָחֹן עָלֵינוּ לִפְלֵיטַת עוֹלָמִים. וִימַלֵּא מִשְׁאֲלוֹתֵינוּ בְּמִדָּה טוֹבָה יְשׁוּעָה וְרַחֲמִים:

וְתִגָּלֶה וְתֵרָאֶה מַלְכוּתוֹ עָלֵינוּ בִּזְמַן קָרוֹב, וְיָחֹן פְּלֵטָתֵנוּ וּפְלֵטַת עַמּוֹ בֵּית יִשְׂרָאֵל לְחֵן וּלְחֶסֶד וּלְרַחֲמִים וּלְרָצוֹן וְנֹאמַר אָמֵן. הַכֹּל הָבוּ גֹדֶל לֵאלֹהֵינוּ וּתְנוּ כָבוֹד לַתּוֹרָה, כֹּהֵן קְרָב יַעֲמוֹד (פב"פ) הַכֹּהֵן, בָּרוּךְ שֶׁנָּתַן תּוֹרָה לְעַמּוֹ יִשְׂרָאֵל בִּקְדֻשָּׁתוֹ. קהל וְאַתֶּם הַדְּבֵקִים בַּיְיָ אֱלֹהֵיכֶם, חַיִּים כֻּלְּכֶם הַיּוֹם:

כשקורין אותו לתורה יאמר זה **בָּרְכוּ אֶת יְיָ הַמְבֹרָךְ.**

והקהל עונין **בָּרוּךְ יְיָ הַמְבֹרָךְ לְעוֹלָם וָעֶד.**

והעולה חוזר **בָּרוּךְ יְיָ הַמְבֹרָךְ לְעוֹלָם וָעֶד:**

בָּרוּךְ אַתָּה יְיָ אֱלֹהֵינוּ מֶלֶךְ הָעוֹלָם, אֲשֶׁר בָּחַר בָּנוּ מִכָּל הָעַמִּים, וְנָתַן לָנוּ אֶת תּוֹרָתוֹ. בָּרוּךְ אַתָּה יְיָ נוֹתֵן הַתּוֹרָה:

ואחר קריאת הפרשה יברך:

בָּרוּךְ אַתָּה יְיָ אֱלֹהֵינוּ מֶלֶךְ הָעוֹלָם, אֲשֶׁר נָתַן לָנוּ תּוֹרַת אֱמֶת, וְחַיֵּי עוֹלָם נָטַע בְּתוֹכֵנוּ. בָּרוּךְ אַתָּה יְיָ, נוֹתֵן הַתּוֹרָה:

קְרִיאָה לְמִנְחָה שֶׁל יוֹם כִּפּוּר

וַיְדַבֵּר יְהוָה אֶל־מֹשֶׁה לֵּאמֹר: דַּבֵּר אֶל־בְּנֵי יִשְׂרָאֵל וְאָמַרְתָּ אֲלֵהֶם אֲנִי יְהוָה אֱלֹהֵיכֶם: כְּמַעֲשֵׂה אֶרֶץ־מִצְרַיִם אֲשֶׁר יְשַׁבְתֶּם־בָּהּ לֹא תַעֲשׂוּ וּכְמַעֲשֵׂה אֶרֶץ־כְּנַעַן אֲשֶׁר אֲנִי מֵבִיא אֶתְכֶם שָׁמָּה לֹא תַעֲשׂוּ וּבְחֻקֹּתֵיהֶם לֹא תֵלֵכוּ: אֶת־מִשְׁפָּטַי תַּעֲשׂוּ וְאֶת־חֻקֹּתַי תִּשְׁמְרוּ לָלֶכֶת בָּהֶם אֲנִי יְהוָה אֱלֹהֵיכֶם: וּשְׁמַרְתֶּם אֶת־חֻקֹּתַי וְאֶת־מִשְׁפָּטַי אֲשֶׁר יַעֲשֶׂה אֹתָם הָאָדָם וָחַי בָּהֶם אֲנִי יְהוָה: ס לוי אִישׁ אִישׁ אֶל־כָּל־שְׁאֵר בְּשָׂרוֹ לֹא תִקְרְבוּ לְגַלּוֹת עֶרְוָה אֲנִי יְהוָה: ס עֶרְוַת אָבִיךָ וְעֶרְוַת אִמְּךָ לֹא תְגַלֵּה אִמְּךָ הִוא לֹא תְגַלֶּה עֶרְוָתָהּ: ס עֶרְוַת אֵשֶׁת־אָבִיךָ לֹא תְגַלֵּה עֶרְוַת אָבִיךָ הִוא: ס עֶרְוַת אֲחוֹתְךָ בַת־אָבִיךָ אוֹ בַת־אִמֶּךָ מוֹלֶדֶת בַּיִת אוֹ מוֹלֶדֶת חוּץ לֹא תְגַלֶּה עֶרְוָתָן: ס עֶרְוַת בַּת־בִּנְךָ אוֹ בַת־בִּתְּךָ לֹא תְגַלֶּה עֶרְוָתָן כִּי עֶרְוָתְךָ הֵנָּה: ס עֶרְוַת בַּת־אֵשֶׁת אָבִיךָ מוֹלֶדֶת אָבִיךָ אֲחוֹתְךָ הִוא לֹא תְגַלֶּה עֶרְוָתָהּ: ס עֶרְוַת אֲחוֹת־אָבִיךָ לֹא תְגַלֵּה שְׁאֵר אָבִיךָ הִוא: ס עֶרְוַת אֲחוֹת־אִמְּךָ לֹא תְגַלֵּה כִּי־שְׁאֵר אִמְּךָ הִוא: ס עֶרְוַת אֲחִי־אָבִיךָ לֹא תְגַלֵּה אֶל־אִשְׁתּוֹ לֹא תִקְרָב דֹּדָתְךָ הִוא: ס עֶרְוַת כַּלָּתְךָ לֹא תְגַלֵּה אֵשֶׁת בִּנְךָ הִוא לֹא תְגַלֶּה עֶרְוָתָהּ: ס עֶרְוַת אֵשֶׁת־אָחִיךָ לֹא תְגַלֵּה עֶרְוַת אָחִיךָ הִוא: ס עֶרְוַת אִשָּׁה וּבִתָּהּ לֹא תְגַלֵּה אֶת־בַּת־בְּנָהּ וְאֶת־בַּת־בִּתָּהּ לֹא תִקַּח לְגַלּוֹת עֶרְוָתָהּ שַׁאֲרָה הֵנָּה זִמָּה הִוא: וְאִשָּׁה אֶל־אֲחֹתָהּ לֹא תִקָּח לִצְרֹר לְגַלּוֹת

אב May the All-Merciful Father have compassion on the people borne [by Him],[1] and remember the covenant with the mighty ones [Patriarchs]; may He deliver our souls from evil times and banish the evil impulse from the ones carried [by Him];[1] may He graciously grant us eternal survival and fulfill our wishes in ample measure for salvation and mercy.

The One who calls up to the Sefer Torah says:

ותגלה And may His kingship over us soon be revealed and made visible, and may He graciously grant to our remnant and the remnant of His people, the House of Israel, grace, kindness, mercy and goodwill; and let us say, Amen. Let all render glory to our God and give honor to the Torah. Let the *Kohen* come forward. Arise (*Call out the Hebrew name of the person called to the Torah and that of his father*) the *Kohen*. Blessed is He who in His holiness gave the Torah to His people Israel. *Cong. responds:* And you who cleave to the Lord your God are all alive today.[2]

The person called to the Sefer Torah says:

ברכו Bless the Lord who is blessed.

Congregation responds:

ברוך Blessed be the Lord who is blessed for all eternity.

The person called to the Sefer Torah says:

ברוך Blessed be the Lord who is blessed for all eternity.

ברוך Blessed are You, Lord our God, King of the universe, who has chosen us from among all the nations and given us His Torah. Blessed are You Lord, who gives the Torah.

After the reading of the section of the Torah, the person called says:

ברוך Blessed are You, Lord our God, King of the universe, who has given us the Torah of truth and planted eternal life within us. Blessed are You Lord, who gives the Torah.

TORAH READING

Leviticus Chapter 18

וידבר And the Lord spoke to Moses, saying: Speak to the children of Israel and say to them: I, the Lord, am your God. You shall not imitate the ways of the land of Egypt where you lived, nor shall you imitate the ways of the land of Canaan to which I am bringing you; do not follow their customs. You shall keep My laws and observe My statutes, to walk in them; I, the Lord, am your God. You shall observe My statutes and My laws which a person shall practice and by which he shall live; I am the Lord. *Levi:* No one shall come near to any close relative to expose nakedness; I am the Lord. You shall not expose the nakedness of your father and the nakedness of your mother; she is your mother, do not expose her nakedness. You shall not expose the nakedness of your father's wife; it is your father's nakedness. The nakedness of your sister — [whether only] your father's daughter or your mother's daughter, whether born into the household or outside it — do not expose their nakedness. The nakedness of your son's daughter, or of your daughter's daughter — do not expose their nakedness; for their nakedness is yours. The nakedness of the daughter of your father's wife, born to your father, she is your sister — do not expose her nakedness. You shall not expose the nakedness of your father's sister; she is your father's close relative. You shall not expose the nakedness of your mother's sister since she is your mother's close relative. You shall not expose the nakedness of your father's brother, do not come near to his wife, she is your aunt. You shall not expose the nakedness of your daughter-in-law; she is the wife of your son, do not expose her nakedness. You shall not expose the nakedness of your brother's wife; it is your brother's nakedness. You shall not expose the nakedness of a woman and her daughter; nor take the daughter of her son or the daughter of her daughter, thus exposing her nakedness; they are close relatives, it is a depravity. You shall not marry a woman and [then take] her sister in her lifetime, to be her rival, to expose

---

1. Cf. Isaiah 46:3. 2. Deuteronomy 4:4.

עֶרְוָתָהּ עָלֶיהָ בְּחַיֶּיהָ׃ וְאֶל־אִשָּׁה בְּנִדַּת טֻמְאָתָהּ לֹא תִקְרַב לְגַלּוֹת עֶרְוָתָהּ׃ וְאֶל־
אֵשֶׁת עֲמִיתְךָ לֹא־תִתֵּן שְׁכָבְתְּךָ לְזָרַע לְטָמְאָה־בָהּ׃ וּמִזַּרְעֲךָ לֹא־תִתֵּן לְהַעֲבִיר
לַמֹּלֶךְ וְלֹא תְחַלֵּל אֶת־שֵׁם אֱלֹהֶיךָ אֲנִי יְהוָה׃ **ישראל והוא מפטיר** וְאֶת־זָכָר לֹא תִשְׁכַּב
מִשְׁכְּבֵי אִשָּׁה תּוֹעֵבָה הִוא׃ וּבְכָל־בְּהֵמָה לֹא־תִתֵּן שְׁכָבְתְּךָ לְטָמְאָה־בָהּ וְאִשָּׁה
לֹא־תַעֲמֹד לִפְנֵי בְהֵמָה לְרִבְעָהּ תֶּבֶל הוּא׃ אַל־תִּטַּמְּאוּ בְּכָל־אֵלֶּה כִּי בְכָל־אֵלֶּה
נִטְמְאוּ הַגּוֹיִם אֲשֶׁר־אֲנִי מְשַׁלֵּחַ מִפְּנֵיכֶם׃ וַתִּטְמָא הָאָרֶץ וָאֶפְקֹד עֲוֺנָהּ עָלֶיהָ וַתָּקִא
הָאָרֶץ אֶת־יֹשְׁבֶיהָ׃ וּשְׁמַרְתֶּם אַתֶּם אֶת־חֻקֹּתַי וְאֶת־מִשְׁפָּטַי וְלֹא תַעֲשׂוּ מִכֹּל
הַתּוֹעֵבֹת הָאֵלֶּה הָאֶזְרָח וְהַגֵּר הַגָּר בְּתוֹכְכֶם׃ כִּי אֶת־כָּל־הַתּוֹעֵבֹת הָאֵל עָשׂוּ
אַנְשֵׁי־הָאָרֶץ אֲשֶׁר לִפְנֵיכֶם וַתִּטְמָא הָאָרֶץ׃ וְלֹא־תָקִיא הָאָרֶץ אֶתְכֶם בְּטַמַּאֲכֶם
אֹתָהּ כַּאֲשֶׁר קָאָה אֶת־הַגּוֹי אֲשֶׁר לִפְנֵיכֶם׃ כִּי כָּל־אֲשֶׁר יַעֲשֶׂה מִכֹּל הַתּוֹעֵבוֹת
הָאֵלֶּה וְנִכְרְתוּ הַנְּפָשׁוֹת הָעֹשֹׂת מִקֶּרֶב עַמָּם׃ וּשְׁמַרְתֶּם אֶת־מִשְׁמַרְתִּי לְבִלְתִּי עֲשׂוֹת
מֵחֻקּוֹת הַתּוֹעֵבֹת אֲשֶׁר נַעֲשׂוּ לִפְנֵיכֶם וְלֹא תִטַּמְּאוּ בָּהֶם אֲנִי יְהוָה אֱלֹהֵיכֶם׃

כשמגביהין הספר תורה אומרים זה:

[ג]וְזֹאת הַתּוֹרָה אֲשֶׁר שָׂם מֹשֶׁה לִפְנֵי בְּנֵי יִשְׂרָאֵל׃

[ד]עֵץ חַיִּים הִיא לַמַּחֲזִיקִים בָּהּ, וְתֹמְכֶיהָ מְאֻשָּׁר. [ה]דְּרָכֶיהָ דַרְכֵי נֹעַם, וְכָל נְתִיבוֹתֶיהָ שָׁלוֹם. [ו]אֹרֶךְ יָמִים בִּימִינָהּ, בִּשְׂמֹאלָהּ עֹשֶׁר וְכָבוֹד. [ז]יְיָ חָפֵץ לְמַעַן צִדְקוֹ, יַגְדִּיל תּוֹרָה וְיַאְדִּיר׃

ברכת הפטרה לפניה

בָּרוּךְ אַתָּה יְהוָה אֱלֹהֵינוּ מֶלֶךְ הָעוֹלָם אֲשֶׁר בָּחַר בִּנְבִיאִים טוֹבִים וְרָצָה בְדִבְרֵיהֶם הַנֶּאֱמָרִים בֶּאֱמֶת. בָּרוּךְ אַתָּה יְהוָה הַבּוֹחֵר בַּתּוֹרָה וּבְמֹשֶׁה עַבְדּוֹ וּבְיִשְׂרָאֵל עַמּוֹ וּבִנְבִיאֵי הָאֱמֶת וָצֶדֶק׃

הפטרה למנחה יום כפור

וַיְהִי דְּבַר־יְהוָה אֶל־יוֹנָה בֶן־אֲמִתַּי לֵאמֹר׃ קוּם לֵךְ אֶל־נִינְוֵה הָעִיר
הַגְּדוֹלָה וּקְרָא עָלֶיהָ כִּי־עָלְתָה רָעָתָם לְפָנָי׃ וַיָּקָם יוֹנָה
לִבְרֹחַ תַּרְשִׁישָׁה מִלִּפְנֵי יְהוָה וַיֵּרֶד יָפוֹ וַיִּמְצָא אָנִיָּה׀ בָּאָה תַרְשִׁישׁ
וַיִּתֵּן שְׂכָרָהּ וַיֵּרֶד בָּהּ לָבוֹא עִמָּהֶם תַּרְשִׁישָׁה מִלִּפְנֵי יְהוָה׃ וַיהוָה
הֵטִיל רוּחַ־גְּדוֹלָה אֶל־הַיָּם וַיְהִי סַעַר־גָּדוֹל בַּיָּם וְהָאֳנִיָּה חִשְּׁבָה
לְהִשָּׁבֵר׃ וַיִּירְאוּ הַמַּלָּחִים וַיִּזְעֲקוּ אִישׁ אֶל־אֱלֹהָיו וַיָּטִלוּ אֶת־
הַכֵּלִים אֲשֶׁר בָּאֳנִיָּה אֶל־הַיָּם לְהָקֵל מֵעֲלֵיהֶם וְיוֹנָה יָרַד אֶל־יַרְכְּתֵי

ג) דברים ד מד: ד) משלי ג יח: ה) שם ג יז: ו) שם ג טז: ז) ישעיה מב כא:

her nakedness. You shall not come near to a woman during her menstrual period of uncleannness to expose her nakedness. You shall not cohabit with your neighbor's wife to become defiled with her. Do not allow any of your children to be offered to Molech, and do not profane the Name of your God; I am the Lord. *Israelite (Maftir):* You shall not lie with a male as one lies with a woman; it is an abomination. You shall not lie with any animal to defile yourself with it, nor shall a woman stand before an animal to mate with it; it is a perversion. Do not defile yourselves by any of these acts, for by all these the nations that I am driving away before you became defiled. Thus the land became defiled, and I brought retribution upon it for its iniquity, and the land spewed out its inhabitants. But you observe My statutes and My laws, and do not commit any of those abominable acts, neither the native-born nor the foreigner who dwells among you. For the people of the land who were there before you committed all these acts and the land became defiled. So let not the land spew you out for defiling it, as it spewed out the nation that was there before you. For anyone who commits any of these abominable acts — the souls of those that commit them shall be cut off from the midst of their people. You shall observe My injunction not to commit any of these abominable practices which prevailed before you, so that you will not be defiled by them; I, the Lord, am your God.

When the Sefer Torah is raised, the following is said:

וזאת This is the Torah which Moses placed before the children of Israel.[1]

עץ It is a tree of life for those who hold fast to it, and those who support it are fortunate. Its ways are pleasant ways, and all its paths are peace. Long life is at its right, riches and honor at its left.[2] The Lord desired, for the sake of his [Israel's] righteousness, to make the Torah great and glorious.[3]

HAFTARAH

Before reciting the Haftarah, *the following* berachah *is said by the* Maftir.

ברוך Blessed are You, Lord our God, King of the universe, who has chosen good prophets and found favor with their words which were spoken in truth. Blessed are You Lord, who has chosen the Torah, Moses His servant, Israel His people, and the prophets of truth and righteousness.

The Book of Jonah

ויהי And the word of the Lord came to Jonah son of Amittai, saying: Arise, go to the great city of Nineveh, and admonish it; for their wickedness has come before Me. Jonah arose to escape from the Lord's presence to Tarshish. He went down to Jaffa, found a ship going to Tarshish, paid for his passage, and boarded it to travel with them to Tarshish, away from the presence of the Lord. But the Lord hurled a mighty wind over the sea and there was a fierce storm at sea and the ship seemed about to break up. The sailors were frightened and each one cried out to his god. They cast the various items that were on the ship into the sea in order to lighten it for them. And Jonah had descended to one of the compartments

1. Deuteronomy 4:44. 2. Proverbs 3:18,17,16. 3. Isaiah 42:21.

הַסְּפִינָה וַיִּשְׁכַּב וַיֵּרָדַם: וַיִּקְרַב אֵלָיו רַב הַחֹבֵל וַיֹּאמֶר לוֹ מַה־לְּךָ
נִרְדָּם קוּם קְרָא אֶל־אֱלֹהֶיךָ אוּלַי יִתְעַשֵּׁת הָאֱלֹהִים לָנוּ וְלֹא נֹאבֵד:
וַיֹּאמְרוּ אִישׁ אֶל־רֵעֵהוּ לְכוּ וְנַפִּילָה גוֹרָלוֹת וְנֵדְעָה בְּשֶׁלְּמִי הָרָעָה
הַזֹּאת לָנוּ וַיַּפִּלוּ גּוֹרָלוֹת וַיִּפֹּל הַגּוֹרָל עַל־יוֹנָה: וַיֹּאמְרוּ אֵלָיו הַגִּידָה־
נָּא לָנוּ בַּאֲשֶׁר לְמִי־הָרָעָה הַזֹּאת לָנוּ מַה־מְּלַאכְתְּךָ וּמֵאַיִן תָּבוֹא מָה
אַרְצֶךָ וְאֵי־מִזֶּה עַם אָתָּה: וַיֹּאמֶר אֲלֵיהֶם עִבְרִי אָנֹכִי וְאֶת־יְהוָה אֱ־לֹהֵי
הַשָּׁמַיִם אֲנִי יָרֵא אֲשֶׁר־עָשָׂה אֶת־הַיָּם וְאֶת־הַיַּבָּשָׁה: וַיִּירְאוּ הָאֲנָשִׁים
יִרְאָה גְדוֹלָה וַיֹּאמְרוּ אֵלָיו מַה־זֹּאת עָשִׂיתָ כִּי־יָדְעוּ הָאֲנָשִׁים כִּי־מִלִּפְנֵי
יְהוָה הוּא בֹרֵחַ כִּי הִגִּיד לָהֶם: וַיֹּאמְרוּ אֵלָיו מַה־נַּעֲשֶׂה לָּךְ וְיִשְׁתֹּק
הַיָּם מֵעָלֵינוּ כִּי הַיָּם הוֹלֵךְ וְסֹעֵר: וַיֹּאמֶר אֲלֵיהֶם שָׂאוּנִי וַהֲטִילֻנִי אֶל־
הַיָּם וְיִשְׁתֹּק הַיָּם מֵעֲלֵיכֶם כִּי יוֹדֵעַ אָנִי כִּי בְשֶׁלִּי הַסַּעַר הַגָּדוֹל הַזֶּה
עֲלֵיכֶם: וַיַּחְתְּרוּ הָאֲנָשִׁים לְהָשִׁיב אֶל־הַיַּבָּשָׁה וְלֹא יָכֹלוּ כִּי הַיָּם
הוֹלֵךְ וְסֹעֵר עֲלֵיהֶם: וַיִּקְרְאוּ אֶל־יְהוָה וַיֹּאמְרוּ אָנָּה יְהוָה אַל־נָא
נֹאבְדָה בְּנֶפֶשׁ הָאִישׁ הַזֶּה וְאַל־תִּתֵּן עָלֵינוּ דָּם נָקִיא יתיר א׳ כִּי־אַתָּה
יְהוָה כַּאֲשֶׁר חָפַצְתָּ עָשִׂיתָ: וַיִּשְׂאוּ אֶת־יוֹנָה וַיְטִלֻהוּ אֶל־הַיָּם וַיַּעֲמֹד
הַיָּם מִזַּעְפּוֹ: וַיִּירְאוּ הָאֲנָשִׁים יִרְאָה גְדוֹלָה אֶת־יְהוָה וַיִּזְבְּחוּ זֶבַח
לַיהוָה וַיִּדְּרוּ נְדָרִים: וַיְמַן יְהוָה דָּג גָּדוֹל לִבְלֹעַ אֶת־יוֹנָה וַיְהִי יוֹנָה
בִּמְעֵי הַדָּג שְׁלֹשָׁה יָמִים וּשְׁלֹשָׁה לֵילוֹת: וַיִּתְפַּלֵּל יוֹנָה אֶל־יְהוָה
אֱ־לֹהָיו מִמְּעֵי הַדָּגָה: וַיֹּאמֶר קָרָאתִי מִצָּרָה לִי אֶל־יְהוָה וַיַּעֲנֵנִי מִבֶּטֶן
שְׁאוֹל שִׁוַּעְתִּי שָׁמַעְתָּ קוֹלִי: וַתַּשְׁלִיכֵנִי מְצוּלָה בִּלְבַב יַמִּים וְנָהָר
יְסֹבְבֵנִי כָּל־מִשְׁבָּרֶיךָ וְגַלֶּיךָ עָלַי עָבָרוּ: וַאֲנִי אָמַרְתִּי נִגְרַשְׁתִּי מִנֶּגֶד
עֵינֶיךָ אַךְ אוֹסִיף לְהַבִּיט אֶל־הֵיכַל קָדְשֶׁךָ: אֲפָפוּנִי מַיִם עַד־נֶפֶשׁ
תְּהוֹם יְסֹבְבֵנִי סוּף חָבוּשׁ לְרֹאשִׁי: לְקִצְבֵי הָרִים יָרַדְתִּי הָאָרֶץ בְּרִחֶיהָ
בַעֲדִי לְעוֹלָם וַתַּעַל מִשַּׁחַת חַיַּי יְהוָה אֱלֹהָי: בְּהִתְעַטֵּף עָלַי נַפְשִׁי
אֶת־יְהוָה זָכָרְתִּי וַתָּבוֹא אֵלֶיךָ תְּפִלָּתִי אֶל־הֵיכַל קָדְשֶׁךָ: מְשַׁמְּרִים
הַבְלֵי־שָׁוְא חַסְדָּם יַעֲזֹבוּ: וַאֲנִי בְּקוֹל תּוֹדָה אֶזְבְּחָה־לָּךְ אֲשֶׁר נָדַרְתִּי
אֲשַׁלֵּמָה יְשׁוּעָתָה לַיהוָה: וַיֹּאמֶר יְהוָה לַדָּג וַיָּקֵא אֶת־יוֹנָה אֶל־
הַיַּבָּשָׁה: וַיְהִי דְבַר־יְהוָה אֶל־יוֹנָה שֵׁנִית לֵאמֹר: קוּם לֵךְ אֶל־נִינְוֵה
הָעִיר הַגְּדוֹלָה וּקְרָא אֵלֶיהָ אֶת־הַקְּרִיאָה אֲשֶׁר אָנֹכִי דֹּבֵר אֵלֶיךָ:
וַיָּקָם יוֹנָה וַיֵּלֶךְ אֶל־נִינְוֵה כִּדְבַר יְהוָה וְנִינְוֵה הָיְתָה עִיר־גְּדוֹלָה

of the ship, had lain down and had fallen fast asleep. The captain approached him and said to him: How can you sleep so soundly! Rise, call to your God, perhaps God will think of us favorably so that we will not perish. And they said to one another: Come, let us cast lots that we may know on whose account this misfortune has come upon us. So they cast lots and the lot fell on Jonah. They said to him: Tell us now, since it is through you that this misfortune has come upon us, what is your occupation, from where do you come, which is your country, and of what nation are you? He said to them: I am a Hebrew, and I fear the Lord, God of heaven, who made the sea and the dry land. The men were seized with great fear, and they said to him: What have you done! For the men knew that he was running away from the Lord's presence, because he had told them. And they said to him: What shall we do with you so that the sea may calm down for us? For the sea was becoming more and more tempestuous. He said to them: Take me and throw me into the sea and the sea will calm down for you, for I know that because of me this great storm is upon you. Then the men rowed strenuously to return to shore, but they could not, because the sea was becoming increasingly more tempestuous against them. And they cried out to the Lord and said: O Lord, let us not perish for taking this man's life, do not hold us guilty of shedding innocent blood, for You, Lord, have done as You have desired. Then they took Jonah and threw him into the sea; and the sea ceased its raging. The men were filled with great fear of the Lord and [promised] to offer a sacrifice and made vows. The Lord assigned a huge fish to swallow Jonah, and Jonah was in the bowels of the fish for three days and three nights. Jonah prayed to the Lord his God from the bowels of the fish. And he said: I called to the Lord from my distress and He answered me; from the deep abyss I cried out — You heard my voice. You cast me into the depths, into the heart of the seas; the river engulfed me, Your breakers and waves all swept over me. Then I thought that I was driven out of Your sight; but I will yet again see Your holy Temple! The waters encompassed me, endangering my life; the depths surrounded me, seaweed wrapped my head. I went down to the base of the mountains, the earth locked its bolts before me forever; but You, Lord my God, have lifted my life from the pit. When my soul grew faint within me, I remembered the Lord, and my prayer reached You in Your holy Sanctuary. Those who observe false vanities forsake the Source of their kindness; but I with loud thanksgiving, will offer sacrifice to You; that which I have vowed, I will pay, for the salvation which came from the Lord. Then the Lord commanded the fish, and it spewed Jonah out upon the dry land. And the word of the Lord came to Jonah a second time, saying: Arise, go to the great city of Nineveh, and admonish it with the admonition which I will tell you. Jonah arose and went to Nineveh in accordance with the Lord's command; and Nineveh was an exceedingly large city,

הפטרה למנחה יום כפור

לֵאלֹהִים מַהֲלַךְ שְׁלֹשֶׁת יָמִים׃ וַיָּחֶל יוֹנָה לָבוֹא בָעִיר מַהֲלַךְ יוֹם אֶחָד
וַיִּקְרָא וַיֹּאמַר עוֹד אַרְבָּעִים יוֹם וְנִינְוֵה נֶהְפָּכֶת׃ וַיַּאֲמִינוּ אַנְשֵׁי נִינְוֵה
בֵּאלֹהִים וַיִּקְרְאוּ־צוֹם וַיִּלְבְּשׁוּ שַׂקִּים מִגְּדוֹלָם וְעַד־קְטַנָּם׃ וַיִּגַּע הַדָּבָר
אֶל־מֶלֶךְ נִינְוֵה וַיָּקָם מִכִּסְאוֹ וַיַּעֲבֵר אַדַּרְתּוֹ מֵעָלָיו וַיְכַס שַׂק וַיֵּשֶׁב
עַל־הָאֵפֶר׃ וַיַּזְעֵק וַיֹּאמֶר בְּנִינְוֵה מִטַּעַם הַמֶּלֶךְ וּגְדֹלָיו לֵאמֹר הָאָדָם
וְהַבְּהֵמָה הַבָּקָר וְהַצֹּאן אַל־יִטְעֲמוּ מְאוּמָה אַל־יִרְעוּ וּמַיִם אַל־יִשְׁתּוּ׃
וְיִתְכַּסּוּ שַׂקִּים הָאָדָם וְהַבְּהֵמָה וְיִקְרְאוּ אֶל־אֱלֹהִים בְּחָזְקָה וְיָשֻׁבוּ אִישׁ
מִדַּרְכּוֹ הָרָעָה וּמִן־הֶחָמָס אֲשֶׁר בְּכַפֵּיהֶם׃ מִי־יוֹדֵעַ יָשׁוּב וְנִחַם
הָאֱלֹהִים וְשָׁב מֵחֲרוֹן אַפּוֹ וְלֹא נֹאבֵד׃ וַיַּרְא הָאֱלֹהִים אֶת־מַעֲשֵׂיהֶם
כִּי־שָׁבוּ מִדַּרְכָּם הָרָעָה וַיִּנָּחֶם הָאֱלֹהִים עַל־הָרָעָה אֲשֶׁר־דִּבֶּר לַעֲשׂוֹת־
לָהֶם וְלֹא עָשָׂה׃ וַיֵּרַע אֶל־יוֹנָה רָעָה גְדוֹלָה וַיִּחַר לוֹ׃ וַיִּתְפַּלֵּל אֶל־
יְהוָה וַיֹּאמַר אָנָּה יְהוָה הֲלוֹא־זֶה דְבָרִי עַד־הֱיוֹתִי עַל־אַדְמָתִי עַל־כֵּן
קִדַּמְתִּי לִבְרֹחַ תַּרְשִׁישָׁה כִּי יָדַעְתִּי כִּי אַתָּה אֵל־חַנּוּן וְרַחוּם אֶרֶךְ
אַפַּיִם וְרַב־חֶסֶד וְנִחָם עַל־הָרָעָה׃ וְעַתָּה יְהוָה קַח־נָא אֶת־נַפְשִׁי מִמֶּנִּי
כִּי טוֹב מוֹתִי מֵחַיָּי׃ וַיֹּאמֶר יְהוָה הַהֵיטֵב חָרָה לָךְ׃ וַיֵּצֵא יוֹנָה מִן־
הָעִיר וַיֵּשֶׁב מִקֶּדֶם לָעִיר וַיַּעַשׂ לוֹ שָׁם סֻכָּה וַיֵּשֶׁב תַּחְתֶּיהָ בַּצֵּל עַד
אֲשֶׁר יִרְאֶה מַה־יִּהְיֶה בָּעִיר׃ וַיְמַן יְהוָה־אֱלֹהִים קִיקָיוֹן וַיַּעַל ׀ מֵעַל
לְיוֹנָה לִהְיוֹת צֵל עַל־רֹאשׁוֹ לְהַצִּיל לוֹ מֵרָעָתוֹ וַיִּשְׂמַח יוֹנָה עַל־הַקִּיקָיוֹן
שִׂמְחָה גְדוֹלָה׃ וַיְמַן הָאֱלֹהִים תּוֹלַעַת בַּעֲלוֹת הַשַּׁחַר לַמָּחֳרָת וַתַּךְ
אֶת־הַקִּיקָיוֹן וַיִּיבָשׁ׃ וַיְהִי ׀ כִּזְרֹחַ הַשֶּׁמֶשׁ וַיְמַן אֱלֹהִים רוּחַ קָדִים
חֲרִישִׁית וַתַּךְ הַשֶּׁמֶשׁ עַל־רֹאשׁ יוֹנָה וַיִּתְעַלָּף וַיִּשְׁאַל אֶת־נַפְשׁוֹ לָמוּת
וַיֹּאמֶר טוֹב מוֹתִי מֵחַיָּי׃ וַיֹּאמֶר אֱלֹהִים אֶל־יוֹנָה הַהֵיטֵב חָרָה־לְךָ עַל־
הַקִּיקָיוֹן וַיֹּאמֶר הֵיטֵב חָרָה־לִי עַד־מָוֶת׃ וַיֹּאמֶר יְהוָה אַתָּה חַסְתָּ עַל־
הַקִּיקָיוֹן אֲשֶׁר לֹא־עָמַלְתָּ בּוֹ וְלֹא גִדַּלְתּוֹ שֶׁבִּן־לַיְלָה הָיָה וּבִן־לַיְלָה אָבָד׃
וַאֲנִי לֹא אָחוּס עַל־נִינְוֵה הָעִיר הַגְּדוֹלָה אֲשֶׁר יֶשׁ־בָּהּ הַרְבֵּה מִשְׁתֵּים־
עֶשְׂרֵה רִבּוֹ אָדָם אֲשֶׁר לֹא־יָדַע בֵּין־יְמִינוֹ לִשְׂמֹאלוֹ וּבְהֵמָה רַבָּה׃

**מִי־אֵל כָּמוֹךָ נֹשֵׂא עָוֹן וְעֹבֵר עַל־פֶּשַׁע לִשְׁאֵרִית נַחֲלָתוֹ לֹא־הֶחֱזִיק
לָעַד אַפּוֹ כִּי־חָפֵץ חֶסֶד הוּא׃ יָשׁוּב יְרַחֲמֵנוּ יִכְבֹּשׁ עֲוֹנֹתֵינוּ
וְתַשְׁלִיךְ בִּמְצֻלוֹת יָם כָּל־חַטֹּאתָם׃ תִּתֵּן אֱמֶת לְיַעֲקֹב חֶסֶד לְאַבְרָהָם
אֲשֶׁר־נִשְׁבַּעְתָּ לַאֲבֹתֵינוּ מִימֵי קֶדֶם׃**

a distance of three day's journey across. Jonah began to enter the city the distance of one day's journey, then he called out and said: In another forty days, Nineveh will be overturned! The people of Nineveh believed in [the words of] God, proclaimed a fast and put on sackcloth, from their greatest to their smallest. When the word reached the king of Nineveh, he rose from his throne, removed his royal robe, covered himself with sackcloth and sat on ashes. And he had a proclamation announced in Nineveh: By the authority of the king and his nobles, it is proclaimed that man or beast, cattle or sheep, shall not taste anything; they shall neither graze nor drink water; both man and beast shall cover themselves with sackcloth. They shall cry out wholeheartedly to God and everyone shall repent of his evil way and the violence in his hands. Let the one who is aware of [hidden] sins repent and God will relent and turn from His fierce anger; and we shall not perish. And God saw their deeds, that they repented of their evil way, and God reconsidered the retribution which He said He would bring upon them and He did not do so. This distressed Jonah greatly, and he was grieved. He prayed to the Lord, and said: Indeed, O Lord, this was my thought when I was still in my own land; I therefore hastened to flee to Tarshish for I knew that You are a gracious and compassionate God, slow to anger, abounding in kindness and ready to renounce the thought of bringing retribution. And now, Lord, I beseech You, take my soul from me for I prefer my death to life. The Lord said: Is it right that you are grieved? Jonah went out of the city and stayed east of the city; there he made himself a shelter and he sat under it in the shade, until he would see what would happen with the city. The Lord God provided a *kikayon* plant which grew up over Jonah, to provide shade for his head to save him from his discomfort; and Jonah greatly rejoiced over the *kikayon*. Then the next morning at dawn, God assigned a worm which attacked the *kikayon*, and it withered. And when the sun rose, God assigned a sultry east wind; the sun beat down on Jonah's head and he felt faint and he wished for death, saying: I prefer my death to life. And God said to Jonah: Are you so deeply grieved over the *kikayon?* And he replied: I am greatly grieved, even to death. Then the Lord said: You felt pity because of the [loss of] the *kikayon* for which you did not toil and which you did not grow, which overnight came to be and overnight perished. Shall I then not feel pity for the great city of Nineveh, in which there are more than a hundred and twenty thousand people who do not know their right hand from their left, and much cattle!

מי Who[1] is a God like You, who pardons iniquity and forgives transgression for the remnant of His heritage? He does not maintain His wrath forever, for He desires [to do] kindness. He will again show us mercy, He will suppress our iniquities; and You will cast all their sins into the depths of the sea. Show faithfulness to Jacob, kindness to Abraham, which You have sworn to our fathers from the days of yore.

1. Micah 7:18-20.

לאחר שמסיים ההפטרה יאמר המפטיר ג׳ ברכות אלו:

בָּרוּךְ אַתָּה יְיָ, אֱלֹהֵינוּ מֶלֶךְ הָעוֹלָם, צוּר כָּל הָעוֹלָמִים, צַדִּיק בְּכָל הַדּוֹרוֹת, הָאֵל הַנֶּאֱמָן הָאוֹמֵר וְעוֹשֶׂה הַמְדַבֵּר וּמְקַיֵּם, שֶׁכָּל דְּבָרָיו אֱמֶת וָצֶדֶק:

נֶאֱמָן, אַתָּה הוּא יְיָ אֱלֹהֵינוּ, וְנֶאֱמָנִים דְּבָרֶיךָ, וְדָבָר אֶחָד מִדְּבָרֶיךָ אָחוֹר לֹא יָשׁוּב רֵיקָם, כִּי אֵל מֶלֶךְ נֶאֱמָן וְרַחֲמָן אָתָּה. בָּרוּךְ אַתָּה יְיָ, הָאֵל הַנֶּאֱמָן בְּכָל דְּבָרָיו:

רַחֵם, עַל צִיּוֹן כִּי הִיא בֵּית חַיֵּינוּ, וְלַעֲלוּבַת נֶפֶשׁ תּוֹשִׁיעַ וּתְשַׂמַּח בִּמְהֵרָה בְיָמֵינוּ. בָּרוּךְ אַתָּה יְיָ, מְשַׂמֵּחַ צִיּוֹן בְּבָנֶיהָ:

שַׂמְּחֵנוּ, יְיָ אֱלֹהֵינוּ, בְּאֵלִיָּהוּ הַנָּבִיא עַבְדֶּךָ, וּבְמַלְכוּת בֵּית דָּוִד מְשִׁיחֶךָ, בִּמְהֵרָה יָבֹא וְיָגֵל לִבֵּנוּ, עַל כִּסְאוֹ לֹא יֵשֶׁב זָר, וְלֹא יִנְחֲלוּ עוֹד אֲחֵרִים אֶת כְּבוֹדוֹ, כִּי בְשֵׁם קָדְשְׁךָ נִשְׁבַּעְתָּ לּוֹ, שֶׁלֹּא יִכְבֶּה נֵרוֹ לְעוֹלָם וָעֶד. בָּרוּךְ אַתָּה יְיָ, מָגֵן דָּוִד:

כשמחזירין הספר תורה להיכל אומרים זה:

תהלים קמח יג יד:

חזן יְהַלְלוּ אֶת שֵׁם יְיָ, כִּי נִשְׂגָּב שְׁמוֹ לְבַדּוֹ:

והקהל אומרים הוֹדוֹ עַל אֶרֶץ וְשָׁמָיִם: וַיָּרֶם קֶרֶן לְעַמּוֹ, תְּהִלָּה לְכָל חֲסִידָיו, לִבְנֵי יִשְׂרָאֵל עַם קְרוֹבוֹ, הַלְלוּיָהּ:

חזן יִתְגַּדַּל וְיִתְקַדַּשׁ שְׁמֵהּ רַבָּא אמן בְּעָלְמָא דִּי בְרָא כִרְעוּתֵהּ וְיַמְלִיךְ מַלְכוּתֵהּ, וְיַצְמַח פּוּרְקָנֵהּ וִיקָרֵב מְשִׁיחֵהּ. אמן בְּחַיֵּיכוֹן וּבְיוֹמֵיכוֹן וּבְחַיֵּי דְכָל בֵּית יִשְׂרָאֵל, בַּעֲגָלָא וּבִזְמַן קָרִיב וְאִמְרוּ אָמֵן: יְהֵא שְׁמֵהּ רַבָּא מְבָרַךְ לְעָלַם וּלְעָלְמֵי עָלְמַיָּא. יִתְבָּרַךְ, וְיִשְׁתַּבַּח, וְיִתְפָּאַר, וְיִתְרוֹמַם, וְיִתְנַשֵּׂא וְיִתְהַדָּר וְיִתְעַלֶּה וְיִתְהַלָּל, שְׁמֵהּ דְּקֻדְשָׁא בְּרִיךְ הוּא. אמן לְעֵלָּא מִן כָּל בִּרְכָתָא וְשִׁירָתָא, תֻּשְׁבְּחָתָא וְנֶחֱמָתָא, דַּאֲמִירָן בְּעָלְמָא, וְאִמְרוּ אָמֵן:

אֲדֹנָי, שְׂפָתַי תִּפְתָּח וּפִי יַגִּיד תְּהִלָּתֶךָ:

בָּרוּךְ אַתָּה יְיָ אֱלֹהֵינוּ וֵאלֹהֵי אֲבוֹתֵינוּ, אֱלֹהֵי אַבְרָהָם אֱלֹהֵי יִצְחָק וֵאלֹהֵי יַעֲקֹב, הָאֵל הַגָּדוֹל הַגִּבּוֹר וְהַנּוֹרָא, אֵל עֶלְיוֹן, גּוֹמֵל חֲסָדִים טוֹבִים. קוֹנֵה הַכֹּל, וְזוֹכֵר חַסְדֵי אָבוֹת, וּמֵבִיא גוֹאֵל לִבְנֵי בְנֵיהֶם לְמַעַן שְׁמוֹ בְּאַהֲבָה:

זָכְרֵנוּ לְחַיִּים. מֶלֶךְ חָפֵץ בַּחַיִּים, וְכָתְבֵנוּ בְּסֵפֶר הַחַיִּים. לְמַעַנְךָ אֱלֹהִים חַיִּים.

מֶלֶךְ עוֹזֵר וּמוֹשִׁיעַ וּמָגֵן. בָּרוּךְ אַתָּה יְיָ, מָגֵן אַבְרָהָם:

Upon concluding the Haftarah, *the* Maftir *recites the following three blessings:*

ברוך Blessed are You, Lord our God, King of the universe, Creator of all the worlds, righteous in all generations, faithful God, who says and does, who speaks and fulfills, for all His words are true and just.

נאמן You are trustworthy, Lord our God, and Your words are trustworthy; not one of Your words returns unfulfilled, for You, Almighty King, are trustworthy and compassionate. Blessed are You Lord, the God who is trustworthy in all His words.

רחם Have mercy on Zion, for it is the abode of our life; bring deliverance and joy to the humiliated spirit speedily in our days. Blessed are You Lord, who causes Zion to rejoice in her children.

שמחנו Gladden us, Lord our God, with [the coming of] Your servant Elijah the Prophet, and with the kingdom of the house of David Your anointed. May he soon come and delight our heart; no stranger shall sit on his throne, nor shall others any longer inherit his glory, for You have sworn to him by Your holy Name that his light will never be extinguished. Blessed are You Lord, Shield of David.

As the Sefer Torah is returned to the Ark, the following is said:

Chazzan:

יהללו Let them praise the Name of the Lord for His Name is sublimely exalted.[1]

Congregation responds:

הודו His radiance is upon the earth and heavens. He shall raise the glory of His people, the praise of all His pious ones, the children of Israel, the people close to Him. Praise the Lord.[2]

Chazzan recites Half Kaddish:

יתגדל Exalted and hallowed be His great Name (*Cong:* Amen.) throughout the world which He has created according to His will. May He establish His kingship, bring forth His redemption and hasten the coming of His *Mashiach* (*Cong:* Amen.) in your lifetime and in your days and in the lifetime of the entire House of Israel, speedily and soon, and say, Amen. (*Cong:* Amen. May His great Name be blessed forever and to all eternity. Blessed.) May His great Name be blessed forever and to all eternity. Blessed and praised, glorified, exalted and extolled, honored, adored and lauded be the Name of the Holy One, blessed be He, (*Cong:* Amen.) beyond all the blessings, hymns, praises and consolations that are uttered in the world; and say, Amen. (*Cong:* Amen.)

AMIDAH

אדני My Lord, open my lips, and my mouth shall declare Your praise.[3]

ברוך Blessed are You, Lord our God and God of our fathers, God of Abraham, God of Isaac and God of Jacob, the great, mighty and awesome God, exalted God, who bestows bountiful kindness, who creates all things, who remembers the piety of the Patriarchs, and who, in love, brings a redeemer to their children's children, for the sake of His Name.

זכרנו Remember us for life, King who desires life; inscribe us in the Book of Life, for Your sake, O living God.

מלך O King, [You are] a helper, a savior and a shield. Blessed are You Lord, Shield of Abraham.

1. Psalm 148:13. 2. Ibid. 148:13-14. 3. Ibid. 51:17.

אַתָּה גִּבּוֹר לְעוֹלָם אֲדֹנָי, מְחַיֵּה מֵתִים אַתָּה, רַב לְהוֹשִׁיעַ מוֹרִיד הַטָּל. מְכַלְכֵּל חַיִּים בְּחֶסֶד, מְחַיֵּה מֵתִים בְּרַחֲמִים רַבִּים, סוֹמֵךְ נוֹפְלִים, וְרוֹפֵא חוֹלִים, וּמַתִּיר אֲסוּרִים, וּמְקַיֵּם אֱמוּנָתוֹ לִישֵׁנֵי עָפָר, מִי כָמוֹךָ בַּעַל גְּבוּרוֹת וּמִי דּוֹמֶה לָּךְ, מֶלֶךְ מֵמִית וּמְחַיֶּה וּמַצְמִיחַ יְשׁוּעָה:

מִי כָמוֹךָ אַב הָרַחֲמָן א), זוֹכֵר יְצוּרָיו לְחַיִּים בְּרַחֲמִים. וְנֶאֱמָן אַתָּה לְהַחֲיוֹת מֵתִים. בָּרוּךְ אַתָּה יְיָ, מְחַיֵּה הַמֵּתִים:

אַתָּה קָדוֹשׁ וְשִׁמְךָ קָדוֹשׁ, וּקְדוֹשִׁים בְּכָל יוֹם יְהַלְלוּךָ סֶּלָה. לְדוֹר וָדוֹר הַמְלִיכוּ לָאֵל, כִּי הוּא לְבַדּוֹ מָרוֹם וְקָדוֹשׁ:

וּבְכֵן יִתְקַדַּשׁ שִׁמְךָ יְיָ אֱלֹהֵינוּ עַל יִשְׂרָאֵל עַמֶּךָ וְעַל יְרוּשָׁלַיִם עִירֶךָ, וְעַל צִיּוֹן מִשְׁכַּן כְּבוֹדֶךָ, וְעַל מַלְכוּת בֵּית דָּוִד מְשִׁיחֶךָ, וְעַל מְכוֹנְךָ וְהֵיכָלֶךָ:

וּבְכֵן תֵּן פַּחְדְּךָ יְיָ אֱלֹהֵינוּ עַל כָּל מַעֲשֶׂיךָ, וְאֵימָתְךָ עַל כָּל מַה שֶּׁבָּרָאתָ, וְיִירָאוּךָ כָּל הַמַּעֲשִׂים, וְיִשְׁתַּחֲווּ לְפָנֶיךָ כָּל הַבְּרוּאִים, וְיֵעָשׂוּ כֻלָּם אֲגֻדָּה אַחַת לַעֲשׂוֹת רְצוֹנְךָ בְּלֵבָב שָׁלֵם. שֶׁיָּדַעְנוּ יְיָ אֱלֹהֵינוּ שֶׁהַשִּׁלְטוֹן לְפָנֶיךָ, עֹז בְּיָדְךָ, וּגְבוּרָה בִּימִינֶךָ. וְשִׁמְךָ נוֹרָא עַל כָּל מַה שֶּׁבָּרָאתָ:

וּבְכֵן תֵּן כָּבוֹד יְיָ לְעַמֶּךָ, תְּהִלָּה לִירֵאֶיךָ, וְתִקְוָה טוֹבָה לְדוֹרְשֶׁיךָ, וּפִתְחוֹן פֶּה

א) בשבת הרחמים

אתה You are mighty forever, my Lord; You resurrect the dead; You are powerful to save. You cause the dew to descend.

מכלכל He sustains the living with lovingkindness, resurrects the dead with great mercy, supports the falling, heals the sick, releases the bound, and fulfills His trust to those who sleep in the dust. Who is like You, mighty One! And who can be compared to You, King, who brings death and restores life, and causes deliverance to spring forth!

מי Who is like You, merciful Father,[1] who in compassion remembers His creatures for life.

ונאמן You are trustworthy to revive the dead. Blessed are You Lord, who revives the dead.

אתה You are holy and Your Name is holy, and holy beings praise You daily for all eternity.

לדור Through all generations proclaim the kingship of God, for He alone is exalted and holy.

ובכן And thus shall Your Name, Lord our God, be sanctified upon Israel Your people, upon Jerusalem Your city, upon Zion the abode of Your glory, upon the kingship of the house of David Your anointed, and upon Your dwelling-place and Your sanctuary.

ובכן And so, Lord our God, instill fear of You upon all that You have made, and dread of You upon all that You have created; and [then] all works will be in awe of You, all the created beings will prostrate themselves before You, and they all will form a single band to carry out Your will with a perfect heart. For we know, Lord our God, that rulership is Yours, strength is in Your [left] hand, might is in Your right hand, and Your Name is awesome over all that You have created.

ובכן And so, Lord our God, grant honor to Your people, glory to those who fear You, good hope to those who seek You, confident speech

1. On Shabbat substitute: All-Merciful.

לַמְיַחֲלִים לָךְ, שִׂמְחָה לְאַרְצֶךָ, וְשָׂשׂוֹן לְעִירֶךָ, וּצְמִיחַת קֶרֶן לְדָוִד עַבְדֶּךָ, וַעֲרִיכַת נֵר לְבֶן יִשַׁי מְשִׁיחֶךָ, בִּמְהֵרָה בְיָמֵינוּ:

וּבְכֵן צַדִּיקִים יִרְאוּ וְיִשְׂמָחוּ, וִישָׁרִים יַעֲלֹזוּ, וַחֲסִידִים בְּרִנָּה יָגִילוּ, וְעוֹלָתָה תִּקְפָּץ פִּיהָ, וְהָרִשְׁעָה כֻּלָּהּ בְּעָשָׁן תִּכְלֶה, כִּי תַעֲבִיר מֶמְשֶׁלֶת זָדוֹן מִן הָאָרֶץ:

וְתִמְלוֹךְ אַתָּה הוּא יְיָ אֱלֹהֵינוּ לְבַדֶּךָ, עַל כָּל מַעֲשֶׂיךָ, בְּהַר צִיּוֹן מִשְׁכַּן כְּבוֹדֶךָ, וּבִירוּשָׁלַיִם עִיר קָדְשֶׁךָ, כַּכָּתוּב בְּדִבְרֵי קָדְשֶׁךָ: יִמְלֹךְ יְיָ לְעוֹלָם אֱלֹהַיִךְ צִיּוֹן לְדֹר וָדֹר, הַלְלוּיָהּ:

קָדוֹשׁ אַתָּה וְנוֹרָא שְׁמֶךָ, וְאֵין אֱלוֹהַּ מִבַּלְעָדֶיךָ, כַּכָּתוּב: וַיִּגְבַּהּ יְיָ צְבָאוֹת בַּמִּשְׁפָּט, וְהָאֵל הַקָּדוֹשׁ נִקְדַּשׁ בִּצְדָקָה. בָּרוּךְ אַתָּה יְיָ, הַמֶּלֶךְ הַקָּדוֹשׁ:

אַתָּה בְחַרְתָּנוּ מִכָּל הָעַמִּים, אָהַבְתָּ אוֹתָנוּ וְרָצִיתָ בָּנוּ, וְרוֹמַמְתָּנוּ מִכָּל הַלְּשׁוֹנוֹת, וְקִדַּשְׁתָּנוּ בְּמִצְוֹתֶיךָ, וְקֵרַבְתָּנוּ מַלְכֵּנוּ לַעֲבוֹדָתֶךָ וְשִׁמְךָ הַגָּדוֹל וְהַקָּדוֹשׁ עָלֵינוּ קָרָאתָ:

וַתִּתֶּן לָנוּ יְיָ אֱלֹהֵינוּ בְּאַהֲבָה אֶת יוֹם (לשבת הַשַּׁבָּת הַזֶּה וְאֶת יוֹם) הַכִּפֻּרִים הַזֶּה, אֶת יוֹם סְלִיחַת הֶעָוֹן הַזֶּה, אֶת יוֹם מִקְרָא קֹדֶשׁ הַזֶּה, (לשבת לִקְדֻשָּׁה וְלִמְנוּחָה) לִמְחִילָה וְלִסְלִיחָה וּלְכַפָּרָה, וְלִמְחָל בּוֹ אֶת כָּל עֲוֹנוֹתֵינוּ (לשבת בְּאַהֲבָה) מִקְרָא קֹדֶשׁ זֵכֶר לִיצִיאַת מִצְרָיִם:

to those who yearn for You, joy to Your land, gladness to Your city, a flourishing of strength to David Your servant, and a setting up of light to the son of Yishai Your anointed, speedily in our days.

ובכן And then the righteous will see and be glad, the upright will rejoice, and the pious will exult in song; injustice will shut its mouth and all wickedness will go up in smoke, when You will remove the rule of evil from the earth.

ותמלוך Lord our God, You are He who alone will reign over all Your works, in Mount Zion the abode of Your glory, in Jerusalem Your holy city, as it is written in Your holy Scriptures: The Lord shall reign forever; your God, O Zion, throughout all generations; praise the Lord.[1]

קדוש Holy are You, awesome is Your Name, and aside from You there is no God, as it is written: The Lord of hosts is exalted in justice and the holy God is sanctified in righteousness.[2] Blessed are You Lord, the holy King.

אתה You have chosen us from among all the nations; You have loved us and found favor with us. You have raised us above all tongues and made us holy through Your commandments. You, our King, have drawn us near to Your service and proclaimed Your great and holy Name upon us.

ותתן And You, Lord our God, have given us in love (*On Shabbat:* this Shabbat day and) this Day of Atonements, this day of pardoning of sin, this day of holy assembly (*On Shabbat:* for sanctity and tranquility,) for forgiveness, pardon and atonement, to forgive thereon all our wrongdoings, (*On Shabbat:* in love,) a holy assembly, commemorating the Exodus from Egypt.

1. Psalm 146:10. 2. Isaiah 5:16.

אֱלֹהֵינוּ וֵאלֹהֵי אֲבוֹתֵינוּ. יַעֲלֶה וְיָבֹא וְיַגִּיעַ. וְיֵרָאֶה וְיֵרָצֶה וְיִשָּׁמַע. וְיִפָּקֵד וְיִזָּכֵר זִכְרוֹנֵנוּ וּפִקְדּוֹנֵנוּ. וְזִכְרוֹן אֲבוֹתֵינוּ. וְזִכְרוֹן מָשִׁיחַ בֶּן דָּוִד עַבְדֶּךָ. וְזִכְרוֹן יְרוּשָׁלַיִם עִיר קָדְשֶׁךָ. וְזִכְרוֹן כָּל עַמְּךָ בֵּית יִשְׂרָאֵל לְפָנֶיךָ. לִפְלֵיטָה לְטוֹבָה. לְחֵן וּלְחֶסֶד וּלְרַחֲמִים. וּלְחַיִּים טוֹבִים וּלְשָׁלוֹם. בְּיוֹם (הַשַּׁבָּת הַזֶּה וּבְיוֹם) הַכִּפֻּרִים הַזֶּה. בְּיוֹם סְלִיחַת הֶעָוֹן הַזֶּה. בְּיוֹם מִקְרָא קֹדֶשׁ הַזֶּה. זָכְרֵנוּ יְיָ אֱלֹהֵינוּ בּוֹ לְטוֹבָה. וּפָקְדֵנוּ בוֹ לִבְרָכָה. וְהוֹשִׁיעֵנוּ בוֹ לְחַיִּים טוֹבִים. וּבִדְבַר יְשׁוּעָה וְרַחֲמִים חוּס וְחָנֵּנוּ. וְרַחֵם עָלֵינוּ וְהוֹשִׁיעֵנוּ. כִּי אֵלֶיךָ עֵינֵינוּ. כִּי אֵל מֶלֶךְ חַנּוּן וְרַחוּם אָתָּה:

אֱלֹהֵינוּ וֵאלֹהֵי אֲבוֹתֵינוּ. מְחוֹל לַעֲוֹנוֹתֵינוּ בְּיוֹם (לשבת הַשַּׁבָּת הַזֶּה וּבְיוֹם) הַכִּפֻּרִים הַזֶּה. בְּיוֹם סְלִיחַת הֶעָוֹן הַזֶּה בְּיוֹם מִקְרָא קֹדֶשׁ הַזֶּה. מְחֵה וְהַעֲבֵר פְּשָׁעֵינוּ וְחַטֹּאתֵינוּ מִנֶּגֶד עֵינֶיךָ. כָּאָמוּר: אָנֹכִי אָנֹכִי הוּא מֹחֶה פְשָׁעֶיךָ[א] לְמַעֲנִי. וְחַטֹּאתֶיךָ לֹא אֶזְכֹּר. וְנֶאֱמַר: מָחִיתִי כָעָב פְּשָׁעֶיךָ[ב] וְכֶעָנָן חַטֹּאתֶיךָ. שׁוּבָה אֵלַי כִּי גְאַלְתִּיךָ. וְנֶאֱמַר: כִּי בַיּוֹם הַזֶּה יְכַפֵּר עֲלֵיכֶם לְטַהֵר אֶתְכֶם מִכֹּל חַטֹּאתֵיכֶם. לִפְנֵי יְיָ תִּטְהָרוּ:[ג] (אֱלֹהֵינוּ וֵאלֹהֵי אֲבוֹתֵינוּ. רְצֵה נָא בִמְנוּחָתֵנוּ) קַדְּשֵׁנוּ בְּמִצְוֹתֶיךָ. וְתֵן חֶלְקֵנוּ בְּתוֹרָתֶךָ. שַׂבְּעֵנוּ מִטּוּבֶךָ וְשַׂמַּח נַפְשֵׁנוּ בִּישׁוּעָתֶךָ. (לשבת וְהַנְחִילֵנוּ יְיָ אֱלֹהֵינוּ בְּאַהֲבָה וּבְרָצוֹן שַׁבְּתוֹת קָדְשֶׁךָ וְיָנוּחוּ בָם כָּל יִשְׂרָאֵל מְקַדְּשֵׁי שְׁמֶךָ)

תו"א א) ישעיה מג כה: ב) שם מד כב: ג) ויקרא טז ל:

אלהינו Our God and God of our fathers, may there ascend, come and reach, be seen, accepted, and heard, recalled and remembered before You, the remembrance and recollection of us, the remembrance of our fathers, the remembrance of *Mashiach* the son of David Your servant, the remembrance of Jerusalem Your holy city, and the remembrance of all Your people the House of Israel, for deliverance, well-being, grace, kindness, mercy, good life and peace, on this (*On Shabbat:* Shabbat day and this) Day of Atonements, on this day of pardoning of sin, on this day of holy assembly. Remember us on this [day], Lord our God, for good; be mindful of us on this [day] for blessing; help us on this [day] for good life. With the promise of deliverance and compassion, spare us and be gracious to us; have mercy upon us and deliver us; for our eyes are directed to You, for You, God, are a gracious and merciful King.

אלהינו Our God and God of our fathers, forgive our wrongdoings on this (*On Shabbat:* Shabbat day and on this) Day of Atonements, on this day of pardoning of sin, on this day of holy assembly; wipe away and remove our transgressions and sins from before Your eyes, as it is stated: I, I [alone], am He who wipes away your transgressions, for My sake; your sins I will not recall.[1] And it is stated: I have wiped away your transgressions like a thick cloud, your sins like a cloud; return to Me, for I have redeemed you.[2] And it is stated: For on this day atonement shall be made for you, to purify you; and you shall be cleansed of all your sins before the Lord.[3] (*On Shabbat:* Our God and God of our fathers, please find favor in our rest.) Make us holy with Your commandments and grant us our portion in Your Torah; satiate us with Your goodness and gladden our soul with Your salvation. (*On Shabbat:* Lord our God, grant as our heritage, in love and goodwill, Your holy Shabbat days, and may all Israel who sanctify Your Name rest on them.)

---

1. Isaiah 43:25. 2. Ibid. 44:22. 3. Leviticus 16:30.

וְטַהֵר לִבֵּנוּ לְעָבְדְּךָ בֶּאֱמֶת, כִּי אַתָּה סָלְחָן לְיִשְׂרָאֵל וּמָחֳלָן לְשִׁבְטֵי יְשֻׁרוּן בְּכָל דּוֹר וָדוֹר, וּמִבַּלְעָדֶיךָ אֵין לָנוּ מֶלֶךְ מוֹחֵל וְסוֹלֵחַ. בָּרוּךְ אַתָּה יְיָ, מֶלֶךְ מוֹחֵל וְסוֹלֵחַ לַעֲוֹנוֹתֵינוּ, וְלַעֲוֹנוֹת עַמּוֹ בֵּית יִשְׂרָאֵל, וּמַעֲבִיר אַשְׁמוֹתֵינוּ בְּכָל שָׁנָה וְשָׁנָה. מֶלֶךְ עַל כָּל הָאָרֶץ, מְקַדֵּשׁ (לשבת הַשַּׁבָּת וְ)יִשְׂרָאֵל וְיוֹם הַכִּפּוּרִים:

רְצֵה יְיָ אֱלֹהֵינוּ בְּעַמְּךָ יִשְׂרָאֵל, וְלִתְפִלָּתָם שְׁעֵה, וְהָשֵׁב הָעֲבוֹדָה לִדְבִיר בֵּיתֶךָ וְאִשֵּׁי יִשְׂרָאֵל וּתְפִלָּתָם בְּאַהֲבָה תְקַבֵּל בְּרָצוֹן, וּתְהִי לְרָצוֹן תָּמִיד עֲבוֹדַת יִשְׂרָאֵל עַמֶּךָ:

וְתֶחֱזֶינָה עֵינֵינוּ בְּשׁוּבְךָ לְצִיּוֹן בְּרַחֲמִים. בָּרוּךְ אַתָּה יְיָ, הַמַּחֲזִיר שְׁכִינָתוֹ לְצִיּוֹן:

מוֹדִים אֲנַחְנוּ לָךְ, שָׁאַתָּה הוּא יְיָ אֱלֹהֵינוּ וֵאלֹהֵי אֲבוֹתֵינוּ לְעוֹלָם וָעֶד, צוּר חַיֵּינוּ מָגֵן יִשְׁעֵנוּ. אַתָּה הוּא לְדוֹר וָדוֹר, נוֹדֶה לְּךָ וּנְסַפֵּר תְּהִלָּתֶךָ: עַל חַיֵּינוּ הַמְּסוּרִים בְּיָדֶךָ, וְעַל נִשְׁמוֹתֵינוּ הַפְּקוּדוֹת לָךְ, וְעַל נִסֶּיךָ שֶׁבְּכָל יוֹם עִמָּנוּ, וְעַל נִפְלְאוֹתֶיךָ וְטוֹבוֹתֶיךָ שֶׁבְּכָל עֵת, עֶרֶב וָבֹקֶר וְצָהֳרָיִם, הַטּוֹב, כִּי לֹא כָלוּ רַחֲמֶיךָ, וְהַמְרַחֵם, כִּי לֹא תַמּוּ חֲסָדֶיךָ, כִּי מֵעוֹלָם קִוִּינוּ לָךְ:

וְעַל כֻּלָּם יִתְבָּרַךְ וְיִתְרוֹמַם וְיִתְנַשֵּׂא שִׁמְךָ מַלְכֵּנוּ תָּמִיד לְעוֹלָם וָעֶד:

וּכְתוֹב לְחַיִּים טוֹבִים כָּל בְּנֵי בְרִיתֶךָ.

וְכֹל הַחַיִּים יוֹדוּךָ סֶּלָה, וִיהַלְלוּ שִׁמְךָ הַגָּדוֹל לְעוֹלָם כִּי טוֹב, הָאֵל יְשׁוּעָתֵנוּ וְעֶזְרָתֵנוּ סֶלָה הָאֵל הַטּוֹב. בָּרוּךְ אַתָּה יְיָ, הַטּוֹב שִׁמְךָ וּלְךָ נָאֶה לְהוֹדוֹת:

Make our heart pure to serve You in truth; for You are the Pardoner of Israel and the Forgiver of the tribes of Yeshurun[1] in every generation, and aside from You we have no King who forgives and pardons. Blessed are You Lord, King who forgives and pardons our sins and the sins of His people, the House of Israel, and removes our trespasses each and every year; King over the whole earth, who sanctifies (*On Shabbat:* the Shabbat and) Israel and the Day of Atonements.

רצה Look with favor, Lord our God, on Your people Israel and pay heed to their prayer; restore the service to Your Sanctuary and accept with love and favor Israel's fire-offerings and prayer; and may the service of Your people Israel always find favor.

ותחזינה May our eyes behold Your return to Zion in mercy. Blessed are You Lord, who restores His Divine Presence to Zion.

מודים We thankfully acknowledge that You are the Lord our God and God of our fathers forever. You are the strength of our life, the shield of our salvation in every generation. We will give thanks to You and recount Your praise, evening, morning and noon, for our lives which are committed into Your hand, for our souls which are entrusted to You, for Your miracles which are with us daily, and for Your continual wonders and beneficences. You are the Beneficent One, for Your mercies never cease; and the Merciful One, for Your kindnesses never end; for we always place our hope in You.

ועל And for all these, may Your Name, our King, be continually blessed, exalted and extolled forever and all time.

וכתוב Inscribe all the children of Your Covenant for a good life.

וכל And all living things shall forever thank You, and praise Your great Name eternally, for You are good. God, You are our everlasting salvation and help, O benevolent God. Blessed are You Lord, Beneficent is Your Name, and to You it is fitting to offer thanks.

---

1. Isaiah 44:2. Deuteronomy 33:5, 26. Ramban Deuteronomy 7:12.

שִׂים שָׁלוֹם, טוֹבָה וּבְרָכָה, חַיִּים חֵן וָחֶסֶד וְרַחֲמִים, עָלֵינוּ וְעַל כָּל יִשְׂרָאֵל עַמֶּךָ. בָּרְכֵנוּ אָבִינוּ כֻּלָּנוּ כְּאֶחָד, בְּאוֹר פָּנֶיךָ, כִּי בְאוֹר פָּנֶיךָ, נָתַתָּ לָּנוּ יְיָ אֱלֹהֵינוּ תּוֹרַת חַיִּים, וְאַהֲבַת חֶסֶד, וּצְדָקָה וּבְרָכָה וְרַחֲמִים וְחַיִּים וְשָׁלוֹם. וְטוֹב בְּעֵינֶיךָ לְבָרֵךְ אֶת עַמְּךָ יִשְׂרָאֵל בְּכָל עֵת וּבְכָל שָׁעָה בִּשְׁלוֹמֶךָ.

וּבְסֵפֶר חַיִּים בְּרָכָה וְשָׁלוֹם וּפַרְנָסָה טוֹבָה, יְשׁוּעָה וְנֶחָמָה, וּגְזֵרוֹת טוֹבוֹת, נִזָּכֵר וְנִכָּתֵב לְפָנֶיךָ, אֲנַחְנוּ וְכָל עַמְּךָ בֵּית יִשְׂרָאֵל, לְחַיִּים טוֹבִים וּלְשָׁלוֹם: בָּרוּךְ אַתָּה יְיָ, הַמְבָרֵךְ אֶת עַמּוֹ יִשְׂרָאֵל בַּשָּׁלוֹם:

יִהְיוּ לְרָצוֹן אִמְרֵי פִי וְהֶגְיוֹן לִבִּי, לְפָנֶיךָ, יְיָ צוּרִי וְגוֹאֲלִי:

אֱלֹהֵינוּ וֵאלֹהֵי אֲבוֹתֵינוּ, תָּבֹא לְפָנֶיךָ תְּפִלָּתֵנוּ, וְאַל תִּתְעַלַּם מִתְּחִנָּתֵנוּ, שֶׁאֵין אָנוּ עַזֵּי פָנִים וּקְשֵׁי עֹרֶף, לוֹמַר לְפָנֶיךָ יְיָ אֱלֹהֵינוּ וֵאלֹהֵי אֲבוֹתֵינוּ, צַדִּיקִים אֲנַחְנוּ וְלֹא חָטָאנוּ, אֲבָל אֲנַחְנוּ וַאֲבוֹתֵינוּ חָטָאנוּ:

אָשַׁמְנוּ, בָּגַדְנוּ, גָּזַלְנוּ, דִּבַּרְנוּ דֹפִי. הֶעֱוִינוּ, וְהִרְשַׁעְנוּ, זַדְנוּ, חָמַסְנוּ, טָפַלְנוּ שֶׁקֶר. יָעַצְנוּ רָע, כִּזַּבְנוּ, לַצְנוּ, מָרַדְנוּ, נִאַצְנוּ, סָרַרְנוּ, עָוִינוּ, פָּשַׁעְנוּ, צָרַרְנוּ, קִשִּׁינוּ עֹרֶף. רָשַׁעְנוּ, שִׁחַתְנוּ, תִּעַבְנוּ, תָּעִינוּ, תִּעְתָּעְנוּ:

סַרְנוּ מִמִּצְוֹתֶיךָ וּמִמִּשְׁפָּטֶיךָ הַטּוֹבִים וְלֹא שָׁוָה לָנוּ. וְאַתָּה צַדִּיק עַל כָּל הַבָּא עָלֵינוּ, כִּי אֱמֶת עָשִׂיתָ וַאֲנַחְנוּ הִרְשָׁעְנוּ:

מַה נֹּאמַר לְפָנֶיךָ יוֹשֵׁב מָרוֹם וּמַה נְּסַפֵּר לְפָנֶיךָ שׁוֹכֵן שְׁחָקִים. הֲלֹא כָּל הַנִּסְתָּרוֹת וְהַנִּגְלוֹת אַתָּה יוֹדֵעַ:

אַתָּה יוֹדֵעַ רָזֵי עוֹלָם, וְתַעֲלוּמוֹת סִתְרֵי כָּל חָי: אַתָּה חוֹפֵשׂ כָּל חַדְרֵי בָטֶן וּבוֹחֵן כְּלָיוֹת וָלֵב. אֵין דָּבָר נֶעְלָם מִמֶּךָּ, וְאֵין נִסְתָּר מִנֶּגֶד עֵינֶיךָ: וּבְכֵן יְהִי רָצוֹן

שים Bestow peace, goodness and blessing, life, graciousness, kindness and mercy, upon us and upon all Your people Israel. Bless us, our Father, all of us as one, with the light of Your countenance. For by the light of Your countenance You gave us, Lord our God, the Torah of life and loving-kindness, righteousness, blessing, mercy, life and peace. May it be favorable in Your eyes to bless Your people Israel, at all times and at every moment, with Your peace.

ובספר And in the Book of life, blessing, peace and prosperity, deliverance, consolation and favorable decrees, may we and all Your people the House of Israel be remembered and inscribed before You for a happy life and for peace. Blessed are You Lord, who blesses His people Israel with peace.

יהיו May the words of my mouth and the meditation of my heart be acceptable before You, Lord, my Strength and my Redeemer.[1]

אלהינו Our God and God of our fathers, may our prayers come before You, and do not turn away from our supplication, for we are not so impudent and obdurate as to declare before You, Lord our God and God of our fathers, that we are righteous and have not sinned. Indeed, we and our fathers have sinned.

אשמנו We have transgressed, we have acted perfidiously, we have robbed, we have slandered. We have acted perversely and wickedly, we have willfully sinned, we have done violence, we have imputed falsely. We have given evil counsel, we have lied, we have scoffed, we have rebelled, we have provoked, we have been disobedient, we have committed iniquity, we have wantonly transgressed, we have oppressed, we have been obstinate. We have committed evil, we have acted perniciously, we have acted abominably, we have gone astray, we have led others astray.

סרנו We have strayed from Your good precepts and ordinances, and it has not profited us. Indeed, You are just in all that has come upon us, for You have acted truthfully, and it is we who have acted wickedly.[2]

מה What shall we say to You who dwells on high; what shall we relate to You who abides in the heavens? You surely know all the hidden and the revealed things.

אתה You know the mysteries of the universe and the hidden secrets of every living being. You search all [our] innermost thoughts, and probe [our] mind and heart; nothing is hidden from You, nothing is concealed from Your sight. And so, may it be Your will,

---

1. Psalms 19:15. 2. Nehemiah 9:33.

מִלְּפָנֶיךָ יְיָ אֱלֹהֵינוּ וֵאלֹהֵי אֲבוֹתֵינוּ. שֶׁתְּרַחֵם עָלֵינוּ וְתִמְחוֹל לָנוּ עַל כָּל חַטֹּאתֵינוּ. וּתְכַפֶּר לָנוּ עַל כָּל עֲוֹנוֹתֵינוּ, וְתִמְחוֹל וְתִסְלַח לָנוּ עַל כָּל פְּשָׁעֵינוּ:

עַל חֵטְא שֶׁחָטָאנוּ לְפָנֶיךָ, בְּאֹנֶס וּבְרָצוֹן.

וְעַל חֵטְא שֶׁחָטָאנוּ לְפָנֶיךָ, בְּאִמּוּץ הַלֵּב.

עַל חֵטְא שֶׁחָטָאנוּ לְפָנֶיךָ, בִּבְלִי דָעַת.

וְעַל חֵטְא שֶׁחָטָאנוּ לְפָנֶיךָ, בְּבִטּוּי שְׂפָתָיִם.

עַל חֵטְא שֶׁחָטָאנוּ לְפָנֶיךָ, בְּגִלּוּי עֲרָיוֹת.

וְעַל חֵטְא שֶׁחָטָאנוּ לְפָנֶיךָ, בְּגָלוּי וּבַסָּתֶר.

עַל חֵטְא שֶׁחָטָאנוּ לְפָנֶיךָ, בְּדַעַת וּבְמִרְמָה.

וְעַל חֵטְא שֶׁחָטָאנוּ לְפָנֶיךָ, בְּדִבּוּר פֶּה.

עַל חֵטְא שֶׁחָטָאנוּ לְפָנֶיךָ, בְּהוֹנָאַת רֵעַ.

וְעַל חֵטְא שֶׁחָטָאנוּ לְפָנֶיךָ, בְּהַרְהוֹר הַלֵּב.

עַל חֵטְא שֶׁחָטָאנוּ לְפָנֶיךָ, בִּוְעִידַת זְנוּת.

וְעַל חֵטְא שֶׁחָטָאנוּ לְפָנֶיךָ, בְּוִדּוּי פֶּה.

עַל חֵטְא שֶׁחָטָאנוּ לְפָנֶיךָ, בְּזִלְזוּל הוֹרִים וּמוֹרִים.

וְעַל חֵטְא שֶׁחָטָאנוּ לְפָנֶיךָ, בְּזָדוֹן וּבִשְׁגָגָה.

עַל חֵטְא שֶׁחָטָאנוּ לְפָנֶיךָ, בְּחֹזֶק יָד.

וְעַל חֵטְא שֶׁחָטָאנוּ לְפָנֶיךָ, בְּחִלּוּל הַשֵּׁם.

עַל חֵטְא שֶׁחָטָאנוּ לְפָנֶיךָ, בְּטֻמְאַת שְׂפָתָיִם.

וְעַל חֵטְא שֶׁחָטָאנוּ לְפָנֶיךָ, בְּטִפְּשׁוּת פֶּה.

עַל חֵטְא שֶׁחָטָאנוּ לְפָנֶיךָ, בְּיֵצֶר הָרָע.

וְעַל חֵטְא שֶׁחָטָאנוּ לְפָנֶיךָ, בְּיוֹדְעִים וּבְלֹא יוֹדְעִים.

וְעַל כֻּלָּם אֱלוֹהַּ סְלִיחוֹת, סְלַח לָנוּ, מְחַל לָנוּ, כַּפֶּר לָנוּ:

Lord our God and God of our fathers, to have mercy on us and forgive us all our sins, grant us atonement for all our iniquities, and forgive and pardon us for all our trangressions.

על חטא For the sin which we have committed before You under duress or willingly.

And for the sin which we have committed before You by hardheartedness.

For the sin which we have committed before You inadvertently.

And for the sin which we have committed before You with an utterance of the lips.

For the sin which we have committed before You with immorality.

And for the sin which we have committed before You openly or secretly.

For the sin which we have committed before You with knowledge and with deceit.

And for the sin which we have committed before You through speech.

For the sin which we have committed before You by deceiving a fellowman.

And for the sin which we have committed before You by improper thoughts.

For the sin which we have committed before You by a gathering of lewdness.

And for the sin which we have committed before You by verbal [insincere] confession.

For the sin which we have committed before You by disrespect for parents and teachers.

And for the sin which we have committed before You intentionally or unintentionally.

For the sin which we have committed before You by using coercion.

And for the sin which we have committed before You by desecrating the Divine Name.

For the sin which we have committed before You by impurity of speech.

And for the sin which we have committed before You by foolish talk.

For the sin which we have committed before You with the evil inclination.

And for the sin which we have committed before You knowingly or unknowingly.

ועל כלם For all these, God of pardon, pardon us, forgive us, atone for us.

עַל חֵטְא שֶׁחָטָאנוּ לְפָנֶיךָ, בְּכַחַשׁ וּבְכָזָב.
וְעַל חֵטְא שֶׁחָטָאנוּ לְפָנֶיךָ, בְּכַפַּת שֹׁחַד.
עַל חֵטְא שֶׁחָטָאנוּ לְפָנֶיךָ, בְּלָצוֹן.
וְעַל חֵטְא שֶׁחָטָאנוּ לְפָנֶיךָ, בְּלָשׁוֹן הָרָע.
עַל חֵטְא שֶׁחָטָאנוּ לְפָנֶיךָ, בְּמַשָּׂא וּבְמַתָּן.
וְעַל חֵטְא שֶׁחָטָאנוּ לְפָנֶיךָ, בְּמַאֲכָל וּבְמִשְׁתֶּה.
עַל חֵטְא שֶׁחָטָאנוּ לְפָנֶיךָ, בְּנֶשֶׁךְ וּבְמַרְבִּית.
וְעַל חֵטְא שֶׁחָטָאנוּ לְפָנֶיךָ, בִּנְטִיַּת גָּרוֹן.
עַל חֵטְא שֶׁחָטָאנוּ לְפָנֶיךָ, בְּשִׂיחַ שִׂפְתוֹתֵינוּ.
וְעַל חֵטְא שֶׁחָטָאנוּ לְפָנֶיךָ, בְּשִׂקּוּר עָיִן.
עַל חֵטְא שֶׁחָטָאנוּ לְפָנֶיךָ, בְּעֵינַיִם רָמוֹת.
וְעַל חֵטְא שֶׁחָטָאנוּ לְפָנֶיךָ, בְּעַזּוּת מֶצַח.

וְעַל כֻּלָּם, אֱלוֹהַּ סְלִיחוֹת, סְלַח לָנוּ, מְחַל לָנוּ, כַּפֶּר לָנוּ:

עַל חֵטְא שֶׁחָטָאנוּ לְפָנֶיךָ, בִּפְרִיקַת עֹל.
וְעַל חֵטְא שֶׁחָטָאנוּ לְפָנֶיךָ, בִּפְלִילוּת.
עַל חֵטְא שֶׁחָטָאנוּ לְפָנֶיךָ, בִּצְדִיַּת רֵעַ.
וְעַל חֵטְא שֶׁחָטָאנוּ לְפָנֶיךָ, בְּצָרוּת עָיִן.
עַל חֵטְא שֶׁחָטָאנוּ לְפָנֶיךָ, בְּקַלּוּת רֹאשׁ.
וְעַל חֵטְא שֶׁחָטָאנוּ לְפָנֶיךָ, בְּקַשְׁיוּת עֹרֶף.
עַל חֵטְא שֶׁחָטָאנוּ לְפָנֶיךָ, בְּרִיצַת רַגְלַיִם לְהָרַע.
וְעַל חֵטְא שֶׁחָטָאנוּ לְפָנֶיךָ, בִּרְכִילוּת.
עַל חֵטְא שֶׁחָטָאנוּ לְפָנֶיךָ, בִּשְׁבוּעַת שָׁוְא.
וְעַל חֵטְא שֶׁחָטָאנוּ לְפָנֶיךָ, בְּשִׂנְאַת חִנָּם.
עַל חֵטְא שֶׁחָטָאנוּ לְפָנֶיךָ, בִּתְשׂוּמֶת יָד

For the sin which we have committed before You by false denial and lying.

And for the sin which we have committed before You by a bribe-taking or a bribe-giving hand.

For the sin which we have committed before You by scoffing.

And for the sin which we have committed before You by evil talk [about another].

For the sin which we have committed before You in business dealings.

And for the sin which we have committed before You by eating and drinking.

For the sin which we have committed before You by [taking or giving] interest and by usury.

And for the sin which we have committed before You by a haughty demeanor.

For the sin which we have committed before You by the prattle of our lips.

And for the sin which we have committed before You by a glance of the eye.

For the sin which we have committed before You with proud looks.

And for the sin which we have committed before You with impudence.

ועל כלם For all these, God of pardon, pardon us, forgive us, atone for us.

For the sin which we have committed before You by casting off the yoke [of Heaven].

And for the sin which we have committed before You in passing judgment.

For the sin which we have committed before You by scheming against a fellowman.

And for the sin which we have committed before You by a begrudging eye.

For the sin which we have committed before You by frivolity.

And for the sin which we have committed before You by obduracy.

For the sin which we have committed before You by running to do evil.

And for the sin which we have committed before You by tale-bearing.

For the sin which we have committed before You by swearing in vain.

And for the sin which we have committed before You by causeless hatred.

For the sin which we have committed before You by embezzlement.

וְעַל חֵטְא שֶׁחָטָאנוּ לְפָנֶיךָ, בְּתִמְהוֹן לֵבָב.

וְעַל כֻּלָּם, אֱלוֹהַּ סְלִיחוֹת, סְלַח לָנוּ, מְחַל לָנוּ, כַּפֶּר לָנוּ:

וְעַל חֲטָאִים שֶׁאָנוּ חַיָּבִים עֲלֵיהֶם: עוֹלָה.
וְעַל חֲטָאִים שֶׁאָנוּ חַיָּבִים עֲלֵיהֶם: חַטָּאת.
וְעַל חֲטָאִים שֶׁאָנוּ חַיָּבִים עֲלֵיהֶם: קָרְבָּן עוֹלֶה וְיוֹרֵד.
וְעַל חֲטָאִים שֶׁאָנוּ חַיָּבִים עֲלֵיהֶם: אָשָׁם וַדַּאי וְתָלוּי.
וְעַל חֲטָאִים שֶׁאָנוּ חַיָּבִים עֲלֵיהֶם: מַכַּת מַרְדּוּת.
וְעַל חֲטָאִים שֶׁאָנוּ חַיָּבִים עֲלֵיהֶם: מַלְקוּת אַרְבָּעִים.
וְעַל חֲטָאִים שֶׁאָנוּ חַיָּבִים עֲלֵיהֶם: מִיתָה בִּידֵי שָׁמָיִם.
וְעַל חֲטָאִים שֶׁאָנוּ חַיָּבִים עֲלֵיהֶם: כָּרֵת וַעֲרִירִי.
וְעַל חֲטָאִים שֶׁאָנוּ חַיָּבִים עֲלֵיהֶם: אַרְבַּע מִיתוֹת בֵּית דִּין סְקִילָה, שְׂרֵפָה, הֶרֶג, וְחֶנֶק.

עַל מִצְוַת עֲשֵׂה, וְעַל מִצְוַת לֹא תַעֲשֶׂה, בֵּין שֶׁיֵּשׁ בָּהֶן קוּם עֲשֵׂה, וּבֵין שֶׁאֵין בָּהֶן קוּם עֲשֵׂה, אֶת הַגְּלוּיִם לָנוּ, וְאֶת שֶׁאֵינָם גְּלוּיִם לָנוּ. אֶת הַגְּלוּיִם לָנוּ, כְּבָר אֲמַרְנוּם לְפָנֶיךָ, וְהוֹדִינוּ לְךָ עֲלֵיהֶם, וְאֶת שֶׁאֵינָם גְּלוּיִם לָנוּ, לְפָנֶיךָ הֵם גְּלוּיִם וִידוּעִים, כַּדָּבָר שֶׁנֶּאֱמַר: הַנִּסְתָּרֹת לַייָ אֱלֹהֵינוּ, וְהַנִּגְלֹת לָנוּ וּלְבָנֵינוּ עַד עוֹלָם, לַעֲשׂוֹת אֶת כָּל דִּבְרֵי הַתּוֹרָה הַזֹּאת. כִּי אַתָּה סָלְחָן לְיִשְׂרָאֵל, וּמָחֳלָן לְשִׁבְטֵי יְשֻׁרוּן בְּכָל דּוֹר וָדוֹר, וּמִבַּלְעָדֶיךָ אֵין לָנוּ מֶלֶךְ מוֹחֵל וְסוֹלֵחַ:

אֱלֹהַי. עַד שֶׁלֹּא נוֹצַרְתִּי אֵינִי כְדַאי, וְעַכְשָׁיו שֶׁנּוֹצַרְתִּי, כְּאִלּוּ לֹא נוֹצַרְתִּי. עָפָר אֲנִי

And for the sin which we have committed before You by a confused heart.

ועל כלם For all these, God of pardon, pardon us, forgive us, atone for us.

And for the sins for which we are obligated to bring a burnt-offering.

And for the sins for which we are obligated to bring a sin-offering.

And for the sins for which we are obligated to bring a varying offering [according to one's means].

And for the sins for which we are obligated to bring a guilt-offering for a certain or doubtful trespass.

And for the sins for which we incur the penalty of lashing for rebelliousness.

And for the sins for which we incur the penalty of forty lashes.

And for the sins for which we incur the penalty of death by the hand of Heaven.

And for the sins for which we incur the penalty of excision and childlessness.

And for the sins for which we incur the penalty of the four forms of capital punishment executed by the Court: stoning, burning, decapitation and strangulation.

על For [transgressing] positive and prohibitory *mitzvot,* whether [the prohibitions] can be rectified by a specifically prescribed act[1] or not, those of which we are aware and those of which we are not aware; those of which we are aware, we have already declared them before You and confessed them to You, and those of which we are not aware — before You they are revealed and known, as it is stated: The hidden things belong to the Lord our God, but the revealed things are for us and for our children forever, that we may carry out all the words of this Torah.[2] For You are the Pardoner of Israel and the Forgiver of the tribes of Yeshurun[3] in every generation, and aside from You we have no King who forgives and pardons.

אלהי My God, before I was created I was not worthy [to be created], and now that I have been created it is as if I had not been created. I am dust

---

1. E.g., to return what one has stolen. 2. Deuteronomv 29:28. 3. V. Isaiah 44:2. Deuteronomy 33:5, 26. Ramban, Deuteronomy 7:12.

בְּחַיַּי, קַל וָחֹמֶר בְּמִיתָתִי, הֲרֵי אֲנִי לְפָנֶיךָ כִּכְלִי מָלֵא בּוּשָׁה וּכְלִמָּה. יְהִי רָצוֹן מִלְּפָנֶיךָ יְיָ אֱלֹהַי וֵאלֹהֵי אֲבוֹתַי, שֶׁלֹּא אֶחֱטָא עוֹד, וּמַה שֶּׁחָטָאתִי לְפָנֶיךָ, מְחוֹק בְּרַחֲמֶיךָ הָרַבִּים, אֲבָל לֹא עַל יְדֵי יִסּוּרִים וָחֳלָיִים רָעִים:

אֱלֹהַי, נְצוֹר לְשׁוֹנִי מֵרָע וּשְׂפָתַי מִדַּבֵּר מִרְמָה וְלִמְקַלְלַי נַפְשִׁי תִדּוֹם וְנַפְשִׁי כֶּעָפָר לַכֹּל תִּהְיֶה, פְּתַח לִבִּי בְּתוֹרָתֶךָ וּבְמִצְוֹתֶיךָ תִּרְדּוֹף נַפְשִׁי, וְכָל הַחוֹשְׁבִים עָלַי רָעָה, מְהֵרָה הָפֵר עֲצָתָם וְקַלְקֵל מַחֲשַׁבְתָּם. יִהְיוּ כְּמֹץ לִפְנֵי רוּחַ וּמַלְאַךְ יְיָ דֹּחֶה. לְמַעַן יֵחָלְצוּן יְדִידֶיךָ, הוֹשִׁיעָה יְמִינְךָ וַעֲנֵנִי. עֲשֵׂה לְמַעַן שְׁמֶךָ, עֲשֵׂה לְמַעַן יְמִינֶךָ, עֲשֵׂה לְמַעַן תּוֹרָתֶךָ, עֲשֵׂה לְמַעַן קְדֻשָּׁתֶךָ. יִהְיוּ לְרָצוֹן אִמְרֵי פִי וְהֶגְיוֹן לִבִּי לְפָנֶיךָ, יְיָ צוּרִי וְגוֹאֲלִי.

עֹשֶׂה הַשָּׁלוֹם בִּמְרוֹמָיו הוּא יַעֲשֶׂה שָׁלוֹם עָלֵינוּ, וְעַל כָּל יִשְׂרָאֵל, וְאִמְרוּ אָמֵן:

יְהִי רָצוֹן מִלְּפָנֶיךָ יְהוָֹה אֱלֹהֵינוּ וֵאלֹהֵי אֲבוֹתֵינוּ שֶׁיִּבָּנֶה בֵּית הַמִּקְדָּשׁ בִּמְהֵרָה בְיָמֵינוּ וְתֵן חֶלְקֵנוּ בְּתוֹרָתֶךָ:

---

in my life, how much more so in my death. Indeed, before You I am like a vessel filled with shame and disgrace. May it be Your will, Lord my God and God of my fathers, that I shall sin no more, and the sins which I have committed before You, erase them in Your abounding mercies, but not through suffering or severe illness.

אלהי My God, guard my tongue from evil and my lips from speaking deceitfully. Let my soul be silent to those who curse me; let my soul be as dust to all. Open my heart to Your Torah, and let my soul eagerly pursue Your commandments. As for all those who plot evil against me, hasten to annul their counsel and frustrate their design. Let them be as chaff before the wind; let the angel of the Lord thrust them away.[1] That Your beloved ones may be delivered, help with Your right hand and answer me.[2] Do it for the sake of Your Name; do it for the sake of Your right hand; do it for the sake of Your Torah; do it for the sake of Your holiness.

May the words of my mouth and the meditation of my heart be acceptable before You, Lord, my Strength and my Redeemer.[3]

He who makes the peace in His heavens, may He make peace for us and for all Israel; and say, Amen.

יהי May it be Your will, Lord our God and God of our fathers, that the Bet Hamikdash be speedily rebuilt in our days, and grant us our portion in Your Torah.[4]

---

1. Psalms 35:5. 2. Ibid. 60:7; 108:7. 3. Ibid. 19:15. 4. Pirke Avot 5:20.

תפלה לשליח צבור בקול

פותחין הארון. אֲדֹנָי, שְׂפָתַי תִּפְתָּח וּפִי יַגִּיד תְּהִלָּתֶךָ:

בָּרוּךְ אַתָּה יְיָ אֱלֹהֵינוּ וֵאלֹהֵי אֲבוֹתֵינוּ, אֱלֹהֵי אַבְרָהָם, אֱלֹהֵי יִצְחָק, וֵאלֹהֵי יַעֲקֹב, הָאֵל הַגָּדוֹל הַגִּבּוֹר וְהַנּוֹרָא, אֵל עֶלְיוֹן גּוֹמֵל חֲסָדִים טוֹבִים, קוֹנֵה הַכֹּל, וְזוֹכֵר חַסְדֵי אָבוֹת, וּמֵבִיא גוֹאֵל לִבְנֵי בְנֵיהֶם, לְמַעַן שְׁמוֹ בְּאַהֲבָה:

מִסּוֹד חֲכָמִים וּנְבוֹנִים. וּמִלֶּמֶד דַּעַת מְבִינִים.
אֶפְתְּחָה פִּי בִּתְפִלָּה וּבְתַחֲנוּנִים. לְחַלּוֹת וּלְחַנֵּן
פְּנֵי מֶלֶךְ מוֹחֵל וְסוֹלֵחַ לַעֲוֹנִים: סוגרין הארון.

אֵיתָן הִכִּיר אֱמוּנָתֶךָ. בְּדוֹר לֹא יָדְעוּ לִרְצוֹתֶךָ. גָּהַץ בְּךָ וַיֵּדַע יִרְאָתֶךָ. דָּץ לְהוֹדִיעַ לַכֹּל הַדְרָתֶךָ. הִדְרִיךְ תּוֹעִים בִּנְתִיבָתֶךָ. וְנִקְרָא אָב לְאֻמָּתֶךָ. זָהַר לַעֲשׂוֹת דִּבְרָתֶךָ. חָפֵץ לַחְסוֹת בְּצֵל שְׁכִינָתֶךָ. טָעַם לְעוֹבְרִים כַּלְכָּלָתֶךָ. יָדַע לַשָּׁבִים כִּי אֵין בִּלְתֶּךָ: כִּי הֶאֱמִין בְּךָ לַחֲלוֹתֶךָ. לָטַע אֵשֶׁל וּלְהַזְכִּיר גְּבוּרוֹתֶיךָ: צְדָקָה תֵּחָשֵׁב לָנוּ. בְּצֶדֶק אָב סְלַח לָנוּ: חזן לֹא כַחֲטָאֵינוּ תַּעֲשֶׂה לָנוּ. מְגִנֵּנוּ כִּי לְךָ יִחַלְנוּ:

זָכְרֵנוּ לְחַיִּים, מֶלֶךְ חָפֵץ בַּחַיִּים, וְכָתְבֵנוּ בְּסֵפֶר הַחַיִּים, לְמַעַנְךָ אֱלֹהִים חַיִּים.

מֶלֶךְ עוֹזֵר וּמוֹשִׁיעַ וּמָגֵן. בָּרוּךְ אַתָּה יְיָ, מָגֵן אַבְרָהָם:

אַתָּה גִּבּוֹר לְעוֹלָם אֲדֹנָי, מְחַיֵּה מֵתִים אַתָּה, רַב לְהוֹשִׁיעַ.

מוֹרִיד הַטָּל:

מְכַלְכֵּל חַיִּים בְּחֶסֶד, מְחַיֵּה מֵתִים בְּרַחֲמִים רַבִּים, סוֹמֵךְ נוֹפְלִים, וְרוֹפֵא חוֹלִים, וּמַתִּיר אֲסוּרִים, וּמְקַיֵּם אֱמוּנָתוֹ לִישֵׁנֵי עָפָר. מִי כָמוֹךָ בַּעַל גְּבוּרוֹת, וּמִי דּוֹמֶה לָּךְ מֶלֶךְ מֵמִית וּמְחַיֶּה וּמַצְמִיחַ יְשׁוּעָה:

CHAZZAN'S REPETITION OF THE AMIDAH

The Ark is opened.

אדני My Lord, open my lips, and my mouth shall declare Your praise.[1]

ברוך Blessed are You, Lord our God and God of our fathers, God of Abraham, God of Isaac and God of Jacob, the great, mighty and awesome God, exalted God, who bestows bountiful kindness, who creates all things, who remembers the piety of the Patriarchs, and who, in love, brings a redeemer to their children's children, for the sake of His Name.

מסוד [With words] based upon the teachings of the wise and the understanding and the knowledge acquired from the discerning, I open my mouth in prayer and in supplication, to beseech and implore the countenance of the King who forgives and pardons iniquity.

The Ark is closed.

איתן The mighty [Abraham] recognized the [truth of] belief in You in a generation in which they did not know how to please You; he rejoiced in You and made known the fear of You, he was happy to proclaim Your glory to all. He led to Your path those who strayed, and was called the father of Your people; he was scrupulous to carry out Your word, desiring to be sheltered in the shade of Your presence. He gave the wayfarers to eat of Your sustenance, and informed passersby that there is none aside from You; because he believed in You, he turned to You in prayer; he established an inn [through which] to declare Your might. Let [his faith] be reckoned as righteousness [also] for us; in the merit of the righteousness of the Patriarch, grant us pardon. *Chazzan:* Do not deal with us commensurate with our sins, O our Shield, for we place our hope in You.

זכרנו Remember us for life, King who desires life; inscribe us in the Book of Life, for Your sake, O living God.

מלך O King, [You are] a helper, a savior and a shield. Blessed are You Lord, Shield of Abraham.

אתה You are mighty forever, my Lord; You resurrect the dead; You are powerful to save. You cause the dew to descend.

מכלכל He sustains the living with lovingkindness, resurrects the dead with great mercy, supports the falling, heals the sick, releases the bound, and fulfills His trust to those who sleep in the dust.

מאהב When the beloved [Isaac], his mother's only son, wholeheartedly offered himself as a sacrifice, the *seraphim* cried out from heaven, pleading with God who loves him, "Spare him!" The Redeemer and Deliverer had compassion on him;

---

1. Psalms 51:17.

מָאֳהָב וְיָחִיד לְאִמּוֹ . נַפְשׁוֹ לָטֶבַח בְּהַשְׁלִימוֹ . שְׂרָפִים צָעֲקוּ מִמְּרוֹמוֹ . עוֹנִים חוּסָה לָאֵל מְרַחֲמוֹ . פּוֹדֶה וּמַצִּיל רְחֵמוֹ . צִוָּה שֶׂה תְּמוּרָה בִּמְקוֹמוֹ . קֶשֶׁב אַל תִּשְׁפּוֹךְ דָּמוֹ . רְחֵפוּ רַחוּם לְרוֹמְמוֹ . שְׁמָרוֹ וְקִימוֹ לִשְׁמוֹ . שֶׁפֶר תָּאֳרוֹ כְּנוֹגַהּ יוֹמוֹ : חזן תִּרְאֵהוּ הַיּוֹם כְּשָׂרוּף בְּאוּלָמוֹ . תִּזְכּוֹר עֲקֵדָתוֹ וְתַעֲזוֹר (נ״א וְתָחוֹן) עַמּוֹ : לְפָנָיו יְקִימֵנוּ וְנִחְיֶה . בְּצֶדֶק אָב נִחְיֶה : חזן יְהוָה מֵמִית וּמְחַיֶּה . בְּטְלָלָיו רְדוּמִים יְחַיֶּה :

מִי כָמוֹךָ אָב הָרַחֲמָן*) זוֹכֵר יְצוּרָיו לְחַיִּים בְּרַחֲמִים:

וְנֶאֱמָן אַתָּה לְהַחֲיוֹת מֵתִים. בָּרוּךְ אַתָּה יְיָ מְחַיֵּה הַמֵּתִים:

אֶרְאֶלִּים בְּשֵׁם תָּם מַמְלִיכִים . לְמֶלֶךְ מַלְכֵי הַמְּלָכִים . יָפְיוֹ לָשׁוּר בְּכֵם הוֹלְכִים . יְלָדָיו הַיּוֹם צָגִים כְּמַלְאָכִים. הַמַּקְדִּישִׁים וְתַחַן עוֹרְכִים . בְּיוֹם זֶה אֵיבָה מַשְׁלִיכִים. יַחַד בְּשֵׁם אֲבִיהֶם מְבָרְכִים . רָם לְרַצּוֹת בִּדְבָרִים רַכִּים. בִּזְכוּת הַתָּם יָצִיץ מֵחֲרַכִּים . יָהּ יָאִיר עֵינֵי חֲשֵׁכִים. מֶלֶךְ נִצָּב בַּעֲדַת בְּרוּכִים. רוֹצֶה בְּעַמּוֹ יְפָאֵר נְמוּכִים. דוֹפְקִים בִּתְפִלָּה לְהַשְׁכִּים. כְּטוֹב וְסַלָּח עִמָּם יַסְכִּים: חזן יַשְׁמִיעַ לֹא תֵבֹשׁוּ דַכִּים. יֵאָמֵר לָכֵן לְבֵית הַמְּחַכִּים :

יִמְלוֹךְ יְהוָה לְעוֹלָם אֱלֹהַיִךְ צִיּוֹן לְדוֹר וָדוֹר הַלְלוּיָהּ :
וְאַתָּה קָדוֹשׁ יוֹשֵׁב תְּהִלּוֹת יִשְׂרָאֵל אֵל נָא :

חו״ק אֱמוּנַת אוֹם נוֹטֶרֶת. לְמַעַנְךָ עֲזוֹר לְנִשְׁאֶרֶת. וַעֲקָה רְצֵה נָא כִּקְטוֹרֶת. קָדוֹשׁ :
חו״ק יְכַפֵּר וְיִסְלַח . אֵל טוֹב וְסַלָּח. נוֹרָא וְקָדוֹשׁ :
חו״ק תְּפִלָּתֵנוּ מִמְּעוֹנוֹת . יְקַבֵּל כְּקָרְבָּנוֹת . הָאֵל קָדוֹשׁ :

מִיכָאֵל מִיָּמִין מְהַלֵּל . וְגַבְרִיאֵל מִשְּׂמֹאל מְמַלֵּל . בַּשָּׁמַיִם אֵין כָּאֵל . וּבָאָרֶץ מִי כְּעַמְּךָ יִשְׂרָאֵל :

וּבְכֵן וּלְךָ תַעֲלֶה קְדֻשָּׁה . כִּי אַתָּה אֱלֹהֵינוּ מֶלֶךְ מוֹחֵל וְסוֹלֵחַ :

נַקְדִּישָׁךְ וְנַעֲרִיצָךְ כְּנֹעַם שִׂיחַ סוֹד שַׂרְפֵי קֹדֶשׁ הַמְשַׁלְּשִׁים לְךָ קְדֻשָּׁה. כַּכָּתוּב עַל יַד נְבִיאֶךָ וְקָרָא זֶה אֶל זֶה וְאָמַר: ק״ח קָדוֹשׁ קָדוֹשׁ קָדוֹשׁ יְיָ צְבָאוֹת. מְלֹא כָל הָאָרֶץ כְּבוֹדוֹ. חזן לְעֻמָּתָם מְשַׁבְּחִים וְאוֹמְרִים: ק״ח בָּרוּךְ כְּבוֹד יְיָ מִמְּקוֹמוֹ. חזן וּבְדִבְרֵי קָדְשְׁךָ כָּתוּב לֵאמֹר: ק״ח יִמְלֹךְ יְיָ לְעוֹלָם אֱלֹהַיִךְ צִיּוֹן לְדֹר וָדֹר. הַלְלוּיָהּ:

אַתָּה קָדוֹשׁ וְשִׁמְךָ קָדוֹשׁ, וּקְדוֹשִׁים בְּכָל יוֹם יְהַלְלוּךָ סֶּלָה. לְדוֹר וָדוֹר הַמְלִיכוּ לָאֵל, כִּי הוּא לְבַדּוֹ מָרוֹם וְקָדוֹשׁ:

*) בשבת הרחמים

He commanded a sheep as a substitute in his stead. [Abraham] heard, "Do not shed his blood!" The Merciful One hovered over him to exalt him, guarding him and sustaining him for His Name's sake, beautifying his face like the radiance of the daylight sun. *Chazzan:* Consider it today as if he had been a burnt-offering in the Temple, remember his binding on the altar and help (*Another version:* be gracious to) his people.

לפניו May He raise us up that we may live before Him; in the merit of the righteousness of the Patriarch may we live. *Chazzan:* May the Lord who brings death and restores life revive with His dew those who slumber [in the dust].

מי Who is like You, merciful Father[1], who in compassion remembers His creatures for life.

ונאמן You are trustworthy to revive the dead. Blessed are You Lord, who revives the dead.

אראלים With the name of Jacob the perfect one[2], the angelic beings crown the supreme King of kings; they go to look at the beauty of Jacob whose image is engraved on the Divine Throne. His children are standing like angels this day, sanctifying Him and offering supplication; on this day they cast away enmity, together they bless God with the words expressed by [Jacob] their father, to propitiate the Sublime One with tender words. In the merit of the perfect one, may He look down from the apertures of heaven, may God lighten the eyes [of Israel] darkened [by adversity]. The King stands in the assembly of the blessed; He looks with favor upon His people, He brings glory to the downtrodden. May He accede [to the requests] of those who early in the morning knock at His gates in prayer, as befits the One who is good and forgiving. *Chazzan:* Therefore may He proclaim to the afflicted, may it be said to the House of Israel who yearn [for redemption], "You shall not be disgraced!"

ימלוך The Lord shall reign forever; your God, O Zion, throughout all generations. Praise the Lord.[3]

ואתה And You, holy One, are enthroned upon the praises of Israel;[4] O benevolent God.

אמונת *Chazzan and Cong:* For Your own sake, help the remnant of the people who preserve their faith; we implore You, favorably accept as an incense-offering their supplication, O holy One.

יכפר *Chazzan and Cong:* Grant atonement and forgiveness, O God who is good and forgiving, awesome and holy.

תפלתנו *Chazzan and Cong:* May He from His heavenly abode accept our prayer as offerings, O holy God.

מיכאל [Angel] Michoel praises on the right side [of the *Shechinah*], Gavriel proclaims on the left: In heaven there is none like God, and on earth who is like Your people Israel!

ובכן And thus may our *kedushah* ascend to You, for You our God are a King who forgives and pardons.

נקדישך We will hallow and adore You as the sweet words of the assembly of the holy *Seraphim* who thrice repeat "holy" unto You, as it is written by Your prophet: And they call one to another and say, *(Cong. and Chazzan:)* "Holy, holy, holy is the Lord of hosts; the whole earth is full of His glory."[5] *(Chazzan:)* Those facing them offer praise and say, *(Cong. and Chazzan:)* "Blessed be the glory of the Lord from its place."[6] *(Chazzan:)* And in Your holy Scriptures it is written thus: *(Cong. and Chazzan:)* The Lord shall reign forever; your God, O Zion, throughout all generations. Praise the Lord.[3]

אתה You are holy and Your Name is holy, and holy beings praise You daily for all eternity.

לדור Through all generations proclaim the kingship of God, for He alone is exalted and holy.

---

1. On Shabbat substitute: All-Merciful. 2. I.e., God of Jacob. 3. Psalms 146:10. 4. Ibid. 22:4. 5. Isaiah 6:3. 6. Ezekiel 3:12.

חֲמוֹל עַל מַעֲשֶׂיךָ וְתִשְׂמַח בְּמַעֲשֶׂיךָ. וְיֹאמְרוּ לְךָ חוֹסֶיךָ. בְּצַדֶּקְךָ עֲמוּסֶיךָ. תּוּקְדַּשׁ אָדוֹן עַל כָּל מַעֲשֶׂיךָ: כִּי מַקְדִּישֶׁיךָ בִּקְדֻשָּׁתְךָ (נ״א כְּעֶרְכְּךָ) קִדַּשְׁתָּ. נָאֶה לְקָדוֹשׁ פְּאֵר מִקְּדוֹשִׁים: בְּאֵין מֵלִיץ יוֹשֶׁר מוּל מַגִּיד פֶּשַׁע. תַּגִּיד לְיַעֲקֹב דְּבַר חוֹק וּמִשְׁפָּט. וְצַדְּקֵנוּ בַּמִּשְׁפָּט הַמֶּלֶךְ הַמִּשְׁפָּט:

עוֹד יִזְכָּר לָנוּ אַהֲבַת אֵיתָן אֲדוֹנֵינוּ. וּבַבֵּן הַנֶּעֱקַד יַשְׁבִּית מְדַיְּנֵנוּ. וּבִזְכוּת הַתָּם יוֹצִיא אָיוֹם (נ״א הַיּוֹם) לְצֶדֶק דִּינֵנוּ. כִּי קָדוֹשׁ הַיּוֹם לַאֲדוֹנֵינוּ:

וּבְכֵן יִתְקַדַּשׁ שִׁמְךָ יְיָ אֱלֹהֵינוּ עַל יִשְׂרָאֵל עַמֶּךָ וְעַל יְרוּשָׁלַיִם עִירֶךָ, וְעַל צִיּוֹן מִשְׁכַּן כְּבוֹדֶךָ, וְעַל מַלְכוּת בֵּית דָּוִד מְשִׁיחֶךָ, וְעַל מְכוֹנְךָ וְהֵיכָלֶךָ:

וּבְכֵן תֵּן פַּחְדְּךָ יְיָ אֱלֹהֵינוּ עַל כָּל מַעֲשֶׂיךָ, וְאֵימָתְךָ עַל כָּל מַה שֶּׁבָּרָאתָ, וְיִירָאוּךָ כָּל הַמַּעֲשִׂים, וְיִשְׁתַּחֲווּ לְפָנֶיךָ כָּל הַבְּרוּאִים, וְיֵעָשׂוּ כֻלָּם אֲגֻדָּה אַחַת לַעֲשׂוֹת רְצוֹנְךָ בְּלֵבָב שָׁלֵם. שֶׁיָּדַעְנוּ יְיָ אֱלֹהֵינוּ שֶׁהַשִּׁלְטָן לְפָנֶיךָ, עֹז בְּיָדְךָ, וּגְבוּרָה בִּימִינֶךָ. וְשִׁמְךָ נוֹרָא עַל כָּל מַה שֶּׁבָּרָאתָ:

וּבְכֵן תֵּן כָּבוֹד יְיָ לְעַמֶּךָ, תְּהִלָּה לִירֵאֶיךָ, וְתִקְוָה טוֹבָה לְדוֹרְשֶׁיךָ, וּפִתְחוֹן פֶּה

חמול Have mercy upon Your works, and find delight in Your works. When You vindicate [Israel,] the people borne by You, those who put their trust in You shall declare: Be sanctified, Master, over all Your works! For You have sanctified those who hallow You with Your holiness (*Another version:* akin to You). It is fitting to the Holy One, praise from the holy ones. When there is no defender to intercede in our behalf against the Accuser who reports our transgression, You speak for Jacob [and invoke the merit of the observance of] the statutes and ordinances, and vindicate us in judgment, O King of Judgment.

עוד May our Master yet remember in our favor the love of the steadfast Patriarch [Abraham]; for the sake of the son [Isaac] who was bound on the altar, may He silence our Accuser; and in the merit of the perfect one [Jacob], may the Awesome One (*Alternate version:* He today) bring forth our verdict, finding us righteous, for this day is holy to our Master.

ובכן And thus shall Your Name, Lord our God, be sanctified upon Israel Your people, upon Jerusalem Your city, upon Zion the abode of Your glory, upon the kingship of the house of David Your anointed, and upon Your dwelling-place and Your sanctuary.

ובכן And so, Lord our God, instill fear of You upon all that You have made, and dread of You upon all that You have created; and [then] all works will be in awe of You, all the created beings will prostrate themselves before You, and they all will form a single band to carry out Your will with a perfect heart. For we know, Lord our God, that rulership is Yours, strength is in Your [left] hand, might is in Your right hand, and Your Name is awesome over all that You have created.

ובכן And so, Lord our God, grant honor to Your people, glory to those who fear You, good hope to those who seek You, confident speech

לַמְיַחֲלִים לָךְ, שִׂמְחָה לְאַרְצֶךָ, וְשָׂשׂוֹן לְעִירֶךָ, וּצְמִיחַת קֶרֶן לְדָוִד עַבְדֶּךָ, וַעֲרִיכַת נֵר לְבֶן יִשַׁי מְשִׁיחֶךָ, בִּמְהֵרָה בְיָמֵינוּ:

וּבְכֵן צַדִּיקִים יִרְאוּ וְיִשְׂמָחוּ, וִישָׁרִים יַעֲלֹזוּ, וַחֲסִידִים בְּרִנָּה יָגִילוּ, וְעוֹלָתָה תִּקְפָּץ פִּיהָ, וְהָרִשְׁעָה כֻּלָּהּ כְּעָשָׁן תִּכְלֶה, כִּי תַעֲבִיר מֶמְשֶׁלֶת זָדוֹן מִן הָאָרֶץ:

וְתִמְלוֹךְ אַתָּה הוּא יְיָ אֱלֹהֵינוּ לְבַדֶּךָ, עַל כָּל מַעֲשֶׂיךָ, בְּהַר צִיּוֹן מִשְׁכַּן כְּבוֹדֶךָ, וּבִירוּשָׁלַיִם עִיר קָדְשֶׁךָ, כַּכָּתוּב בְּדִבְרֵי קָדְשֶׁךָ: יִמְלֹךְ יְיָ לְעוֹלָם אֱלֹהַיִךְ צִיּוֹן לְדֹר וָדֹר, הַלְלוּיָהּ:

קָדוֹשׁ אַתָּה וְנוֹרָא שְׁמֶךָ, וְאֵין אֱלוֹהַּ מִבַּלְעָדֶיךָ, כַּכָּתוּב: וַיִּגְבַּהּ יְיָ צְבָאוֹת בַּמִּשְׁפָּט, וְהָאֵל הַקָּדוֹשׁ נִקְדַּשׁ בִּצְדָקָה. בָּרוּךְ אַתָּה יְיָ, הַמֶּלֶךְ הַקָּדוֹשׁ:

אַתָּה בְחַרְתָּנוּ מִכָּל הָעַמִּים, אָהַבְתָּ אוֹתָנוּ וְרָצִיתָ בָּנוּ, וְרוֹמַמְתָּנוּ מִכָּל הַלְּשׁוֹנוֹת, וְקִדַּשְׁתָּנוּ בְּמִצְוֹתֶיךָ, וְקֵרַבְתָּנוּ מַלְכֵּנוּ לַעֲבוֹדָתֶךָ, וְשִׁמְךָ הַגָּדוֹל וְהַקָּדוֹשׁ עָלֵינוּ קָרָאתָ:

וַתִּתֶּן לָנוּ יְיָ אֱלֹהֵינוּ בְּאַהֲבָה אֶת יוֹם (לשבת הַשַּׁבָּת הַזֶּה וְאֶת יוֹם) הַכִּפֻּרִים הַזֶּה, אֶת יוֹם סְלִיחַת הֶעָוֹן הַזֶּה, אֶת יוֹם מִקְרָא קֹדֶשׁ הַזֶּה, (לשבת לִקְדֻשָּׁה וְלִמְנוּחָה) לִמְחִילָה וְלִסְלִיחָה וּלְכַפָּרָה, וְלִמְחָל בּוֹ אֶת כָּל עֲוֹנוֹתֵינוּ (לשבת בְּאַהֲבָה) מִקְרָא קֹדֶשׁ זֵכֶר לִיצִיאַת מִצְרָיִם:

to those who yearn for You, joy to Your land, gladness to Your city, a flourishing of strength to David Your servant, and a setting up of light to the son of Yishai Your anointed, speedily in our days.

ובכן And then the righteous will see and be glad, the upright will rejoice, and the pious will exult in song; injustice will shut its mouth and all wickedness will go up in smoke, when You will remove the rule of evil from the earth.

ותמלוך Lord our God, You are He who alone will reign over all Your works, in Mount Zion the abode of Your glory, in Jerusalem Your holy city, as it is written in Your holy Scriptures: The Lord shall reign forever; your God, O Zion, throughout all generations; praise the Lord.[1]

קדוש Holy are You, awesome is Your Name, and aside from You there is no God, as it is written: The Lord of hosts is exalted in justice and the holy God is sanctified in righteousness.[2] Blessed are You Lord, the holy King.

אתה You have chosen us from among all the nations; You have loved us and found favor with us. You have raised us above all tongues and made us holy through Your commandments. You, our King, have drawn us near to Your service and proclaimed Your great and holy Name upon us.

ותתן And You, Lord our God, have given us in love (*On Shabbat:* this Shabbat day and) this Day of Atonements, this day of pardoning of sin, this day of holy assembly (*On Shabbat:* for sanctity and tranquility,) for forgiveness, pardon and atonement, to forgive thereon all our wrongdoings, (*On Shabbat:* in love,) a holy assembly, commemorating the Exodus from Egypt.

---

1. Psalms 146:10. 2. Isaiah 5:16.

אֱלֹהֵינוּ וֵאלֹהֵי אֲבוֹתֵינוּ. יַעֲלֶה וְיָבֹא וְיַגִּיעַ, וְיֵרָאֶה וְיֵרָצֶה וְיִשָּׁמַע, וְיִפָּקֵד וְיִזָּכֵר זִכְרוֹנֵנוּ וּפִקְדוֹנֵנוּ. וְזִכְרוֹן אֲבוֹתֵינוּ. וְזִכְרוֹן מָשִׁיחַ בֶּן דָּוִד עַבְדֶּךָ. וְזִכְרוֹן יְרוּשָׁלַיִם עִיר קָדְשֶׁךָ, וְזִכְרוֹן כָּל עַמְּךָ בֵּית יִשְׂרָאֵל לְפָנֶיךָ, לִפְלֵיטָה לְטוֹבָה, לְחֵן וּלְחֶסֶד וּלְרַחֲמִים, וּלְחַיִּים טוֹבִים וּלְשָׁלוֹם, בְּיוֹם (הַשַּׁבָּת הַזֶּה וּבְיוֹם) הַכִּפֻּרִים הַזֶּה. בְּיוֹם סְלִיחַת הֶעָוֹן הַזֶּה, בְּיוֹם מִקְרָא קֹדֶשׁ הַזֶּה, זָכְרֵנוּ יְיָ אֱלֹהֵינוּ בּוֹ לְטוֹבָה, וּפָקְדֵנוּ בוֹ לִבְרָכָה, וְהוֹשִׁיעֵנוּ בוֹ לְחַיִּים טוֹבִים. וּבִדְבַר יְשׁוּעָה וְרַחֲמִים חוּס וְחָנֵּנוּ, וְרַחֵם עָלֵינוּ וְהוֹשִׁיעֵנוּ. כִּי אֵלֶיךָ עֵינֵינוּ, כִּי אֵל מֶלֶךְ חַנּוּן וְרַחוּם אָתָּה:

זְכוֹר רַחֲמֶיךָ יְהוָה וַחֲסָדֶיךָ כִּי מֵעוֹלָם הֵמָּה: אַל תִּזְכָּר לָנוּ עֲוֹנוֹת רִאשׁוֹנִים מַהֵר יְקַדְּמוּנוּ רַחֲמֶיךָ כִּי דַלּוֹנוּ מְאֹד: זָכְרֵנוּ יְהוָה בִּרְצוֹן עַמֶּךָ פָּקְדֵנוּ בִּישׁוּעָתֶךָ: זְכוֹר עֲדָתְךָ קָנִיתָ קֶּדֶם גָּאַלְתָּ שֵׁבֶט נַחֲלָתֶךָ הַר צִיּוֹן זֶה שָׁכַנְתָּ בּוֹ: זְכוֹר יְהוָה חִבַּת יְרוּשָׁלָיִם אַהֲבַת צִיּוֹן אַל תִּשְׁכַּח לָנֶצַח: אַתָּה תָקוּם תְּרַחֵם צִיּוֹן כִּי עֵת לְחֶנְנָהּ כִּי בָא מוֹעֵד: זְכוֹר יְהוָה לִבְנֵי אֱדוֹם אֵת יוֹם יְרוּשָׁלָיִם הָאוֹמְרִים עָרוּ עָרוּ עַד הַיְסוֹד בָּהּ: זְכֹר לְאַבְרָהָם לְיִצְחָק וּלְיִשְׂרָאֵל עֲבָדֶיךָ אֲשֶׁר נִשְׁבַּעְתָּ לָהֶם בָּךְ וַתְּדַבֵּר אֲלֵיהֶם אַרְבֶּה אֶת זַרְעֲכֶם כְּכוֹכְבֵי הַשָּׁמָיִם וְכָל הָאָרֶץ הַזֹּאת אֲשֶׁר אָמַרְתִּי אֶתֵּן לְזַרְעֲכֶם וְנָחֲלוּ לְעוֹלָם: זְכוֹר לַעֲבָדֶיךָ לְאַבְרָהָם לְיִצְחָק וּלְיַעֲקֹב אַל תֵּפֶן אֶל קְשִׁי הָעָם הַזֶּה וְאֶל רִשְׁעוֹ וְאֶל חַטָּאתוֹ:

אַל נָא תָשֵׁת עָלֵינוּ חַטָּאת אֲשֶׁר נוֹאַלְנוּ וַאֲשֶׁר חָטָאנוּ:
חָטָאנוּ צוּרֵנוּ סְלַח לָנוּ יוֹצְרֵנוּ:

אֵל נָא רְפָא נָא תַּחֲלוּאֵי גֶּפֶן פּוֹרִיָּה. בּוֹשָׁה וַחֲפוּרָה וְאֻמְלַל פִּרְיָהּ. גְּאָלֶנָּה מִשַּׁחַת וּמִמַּכָּה טְרִיָּה. עֲנֵנוּ כְּשֶׁעָנִיתָ לְאַבְרָהָם אָבִינוּ בְּהַר הַמּוֹרִיָּה: חטאנו

דְּגָלֵי עַם פְּדוּיֵי בִּזְרוֹעַ חָשׂוּף. הַצֵּל מִנֶּגֶף וְאַל יִהְיוּ לִשְׁסוּף. וְתַעֲנֶה קְרִיאָתֵנוּ לְמַעֲשֵׂה יָדֶיךָ תִּכְסוֹף. עֲנֵנוּ כְּשֶׁעָנִיתָ לַאֲבוֹתֵינוּ עַל יַם סוּף: חטאנו

אלהינו Our God and God of our fathers, may there ascend, come and reach, be seen, accepted, and heard, recalled and remembered before You, the remembrance and recollection of us, the remembrance of our fathers, the remembrance of *Mashiach* the son of David Your servant, the remembrance of Jerusalem Your holy city, and the remembrance of all Your people the House of Israel, for deliverance, well-being, grace, kindness, mercy, good life and peace, on this (*On Shabbat:* Shabbat day and this) Day of Atonements, on this day of pardoning of sin, on this day of holy assembly. Remember us on this [day], Lord our God, for good; be mindful of us on this [day] for blessing; help us on this [day] for good life. With the promise of deliverance and compassion, spare us and be gracious to us; have mercy upon us and deliver us; for our eyes are directed to You, for You, God, are a gracious and merciful King.

זכור Lord, remember Your mercies and Your kindnesses, for they have existed for all time.[1] Do not bring to mind our former wrongdoings; let Your mercies come swiftly toward us, for we have been brought very low.[2] Remember us Lord, when You find favor with Your people; be mindful of us with Your deliverance.[3] Remember Your congregation which You have acquired of old, the tribe of Your heritage which You have redeemed, Mount Zion wherein You have dwelt.[4] Lord, remember the love for Jerusalem; do not forget the love for Zion forever. Arise and have mercy on Zion, for it is time to be gracious to her; the appointed time has come.[5] Remember, Lord, against the Edomites the day of the destruction of Jerusalem, when they said: Raze it, raze it to its very foundation![6] Remember Abraham, Isaac and Israel Your servants, to whom You swore by Your Self and said to them: I will make your descendants as numerous as the stars of heaven and all this land which I promised, I will give to your descendants and they will inherit [it] forever.[7] Remember Your servants, Abraham, Isaac and Jacob; pay no heed to the obstinacy of this people, to its wickedness, or to its sinfulness.[8]

אל נא Do not, we beseech You, reckon for us as a sin that which we have committed in our folly and that which we have sinned.[9]

חטאנו We have sinned, our Rock; pardon us, our Creator.

אל נא O God, pray heal the ailments of the fruit of the vine [Israel[10]], who is shamed and disgraced and whose fruit is stricken; deliver her from ruin and affliction; answer us as You answered our father Abraham on Mount Moriah.

Repeat: חטאנו (We have sinned...).

דגלי The hosts of the people who were redeemed with an uncovered arm, save them from plagues and let them not be cut down; answer our call, and long for [Israel] Your handiwork; answer us as You answered our ancestors at the Sea of Reeds.

Repeat: חטאנו (We have sinned...).

---

1. Psalms 25:6. 2. Ibid. 79:8. 3. Cf. Ibid. 106:4. 4. Ibid. 74:2. 5. Ibid. 102:14. 6. Ibid. 137:7. 7. Exodus 32:13. 8. Deuteronomy 9:27. 9. Numbers 12:11. 10. Cf. Psalms 80:9.

זְכוּת צוּר חָצַב הַיּוֹם לָנוּ תְּגַל. חָשַׁכְנוּ מֵאֶנֶף וּנְחֵנוּ בְּיוֹשֶׁר מַעְגָּל. טַהֵר טוּמְאָתֵנוּ וּלְמָאוֹר תּוֹרָתְךָ עֵינֵינוּ גַּל. עֲנֵנוּ כְּשֶׁעָנִיתָ לִיהוֹשֻׁעַ בַּגִּלְגָּל: חטאנו

יָהּ רְאֵה דֶּשֶׁן עָקוּד וְהַצְמַח לָנוּ תְּרוּפָה. כַּלֵּה שׁוֹד וָשֶׁבֶר סַעַר וְסוּפָה. לַמְּדֵנוּ וְחַכְּמֵנוּ אִמְרָתְךָ הַצְּרוּפָה. עֲנֵנוּ כְּשֶׁעָנִיתָ לִשְׁמוּאֵל בַּמִּצְפָּה: חטאנו

מוּתְמָם מְרַחֵם שָׁרָשָׁיו אַל תְּקַמֵּל. נַקֵּנוּ מִכְּתָם וְשֶׁמֶץ וְלֹא נֵאָמֵל. סַעֲדֵנוּ וְנִוָּשֵׁעָה וְאָרְחוֹת חֲסָדֶיךָ נִגָּמֵל. עֲנֵנוּ כְּשֶׁעָנִיתָ לְאֵלִיָּהוּ בְּהַר הַכַּרְמֶל: חטאנו

עוֹדְדֵנוּ בְּצֶדֶק מָשׁוּי מִמַּיִם וְכַפֵּר זָדוֹן וּמְשׁוּגָה. פְּדֵנוּ מִמְּהוּמַת מָוֶת וְאָחוֹר כָּל נְסוּגָה. צַוֵּה יְשׁוּעָתֵנוּ וּבַעֲוֹנוֹתֵינוּ אַל נִתְמוֹגְגָה. עֲנֵנוּ כְּשֶׁעָנִיתָ לְיוֹנָה בִּמְעֵי הַדָּגָה: חטאנו

קְדֻשַּׁת אִישׁ חֲסִידֶךָ זְכוֹר לְיִפַת פַּעֲמַיִם. רַחֲמֶיךָ תְּעוֹרֵר כִּי לוֹקִינוּ בְּכִפְלַיִם. שׁוּבֵנוּ תוֹקֶף לְיִרְאָתֶךָ וְלֹא נֶחְשַׂף שׁוּלַיִם. עֲנֵנוּ כְּשֶׁעָנִיתָ לְדָוִד וְלִשְׁלֹמֹה בְנוֹ בִּירוּשָׁלָיִם: חטאנו

זְכוֹר לָנוּ בְּרִית אָבוֹת כַּאֲשֶׁר אָמַרְתָּ. וְזָכַרְתִּי אֶת בְּרִיתִי יַעֲקוֹב וְאַף אֶת בְּרִיתִי יִצְחָק וְאַף אֶת בְּרִיתִי אַבְרָהָם אֶזְכֹּר וְהָאָרֶץ אֶזְכֹּר: זְכוֹר לָנוּ בְּרִית רִאשׁוֹנִים כַּאֲשֶׁר אָמַרְתָּ. וְזָכַרְתִּי לָהֶם בְּרִית רִאשׁוֹנִים אֲשֶׁר הוֹצֵאתִי אוֹתָם מֵאֶרֶץ מִצְרַיִם לְעֵינֵי הַגּוֹיִם לִהְיוֹת לָהֶם לֵאלֹהִים אֲנִי יְהוָה: עֲשֵׂה עִמָּנוּ כְּמָה שֶׁהִבְטַחְתָּנוּ וְאַף גַּם זֹאת בִּהְיוֹתָם בְּאֶרֶץ אוֹיְבֵיהֶם לֹא מְאַסְתִּים וְלֹא גְעַלְתִּים לְכַלּוֹתָם לְהָפֵר בְּרִיתִי אִתָּם כִּי אֲנִי יְהוָה אֱלֹהֵיהֶם: הָשֵׁב שְׁבוּתֵנוּ וְרַחֲמֵנוּ כְּמָה שֶׁכָּתוּב. וְשָׁב יְהוָה אֱלֹהֶיךָ אֶת שְׁבוּתְךָ וְרִחֲמֶךָ וְשָׁב וְקִבֶּצְךָ מִכָּל הָעַמִּים אֲשֶׁר הֱפִיצְךָ יְהוָה אֱלֹהֶיךָ שָׁמָּה: קַבֵּץ נִדָּחֵנוּ כְּמָה שֶׁכָּתוּב. אִם יִהְיֶה נִדַּחֲךָ בִּקְצֵה הַשָּׁמָיִם מִשָּׁם יְקַבֶּצְךָ יְהוָה אֱלֹהֶיךָ וּמִשָּׁם יִקָּחֶךָ: מְחֵה פְשָׁעֵינוּ כָּעָב וְכֶעָנָן כְּמָה שֶׁכָּתוּב. מָחִיתִי כָעָב פְּשָׁעֶיךָ וְכֶעָנָן חַטֹּאתֶיךָ שׁוּבָה אֵלַי כִּי גְאַלְתִּיךָ: מְחֵה פְשָׁעֵינוּ לְמַעַנְךָ כַּאֲשֶׁר אָמַרְתָּ. אָנֹכִי אָנֹכִי הוּא מֹחֶה פְשָׁעֶיךָ לְמַעֲנִי וְחַטֹּאתֶיךָ לֹא אֶזְכֹּר: הַלְבֵּן חֲטָאֵינוּ כַּשֶּׁלֶג וְכַצֶּמֶר כְּמָה שֶׁכָּתוּב. לְכוּ נָא וְנִוָּכְחָה יֹאמַר יְהוָה אִם יִהְיוּ חֲטָאֵיכֶם כַּשָּׁנִים כַּשֶּׁלֶג יַלְבִּינוּ. אִם יַאְדִּימוּ כַתּוֹלָע כַּצֶּמֶר יִהְיוּ: זְרוֹק עָלֵינוּ מַיִם טְהוֹרִים וְטַהֲרֵנוּ כְּמָה שֶׁכָּתוּב. וְזָרַקְתִּי עֲלֵיכֶם מַיִם טְהוֹרִים וּטְהַרְתֶּם מִכֹּל

זכות Bring to light in our behalf this day the merit of [Abraham] the rock whence our people was hewn;[1] withhold from us wrath and guide us in the straight path; cleanse us of our impurity and open our eyes to the light of Your Torah; answer us as You answered Joshua in Gilgal.

Repeat: חטאנו (We have sinned...).

יה O God, see the ashes of [Isaac] who was bound on the altar, and bring forth for us a remedy; remove misfortune and calamity, trouble and mishap; teach us and make us wise in Your [Torah of] pure words;[2] answer us as You answered Samuel in Mitzpah. *Repeat:* חטאנו (We have sinned...).

מותמם Let not shrivel the roots of him [Jacob] who was perfect from his mother's womb; purge us of stain and blemish, and let us not be exterminated; support us so that we may be delivered and let us be rewarded with the paths of Your benevolence; answer us as You answered Elijah on Mount Carmel.

Repeat: חטאנו (We have sinned...).

עודדנו Strengthen us [in the merit] of the righteousness of him [Moses] who was drawn out of the water, and grant us atonement for our willful and indavertent sins; free us from deadly panic, and may we not move backwards; ordain deliverance for us so that we do not vanish in our iniquities; answer us as You answered Jonah in the bowels of the fish. *Repeat:* חטאנו (We have sinned...).

קדושת Remember the holiness of Your pious one [Aaron] for the people with the fair steps;[3] awaken Your compassion for we have been doubly punished; bring us back firmly to the fear of You so that we will not be shamed and disgraced;[4] answer us as You answered David and Solomon his son in Jerusalem. *Repeat:* חטאנו (We have sinned...).

זכור Remember in our behalf the covenant with the Patriarchs, as You have said: I will remember My covenant with Jacob; also My covenant with Isaac, and also My covenant with Abraham will I remember and I will remember the land.[5] Remember in our behalf the covenant with our ancestors, as You have said: I will remember in their behalf the covenant with their ancestors, whom I took out of Egypt before the eyes of the nations, to be their God; I am the Lord.[6] Act toward us as You have promised: Yet, even then, when they are in the land of their enemies, I will not abhor them nor spurn them so as to destroy them and annul My covenant with them; for I am the Lord their God.[7] Bring back our exiles and have mercy upon us, as it is written: The Lord your God will return your exiles and have mercy upon you, and will again gather you from all the nations where the Lord your God has scattered you.[8] Gather our dispersed, as it is written: Even if your dispersed will be at the furthermost parts of the world, from there the Lord your God will gather you, and from there He will fetch you.[9] Wipe away our transgressions like a thick cloud and like a mist, as it is written: I have wiped away your transgressions like a thick cloud, your sins like a mist; return to Me, for I have redeemed you.[10] Wipe away our transgressions for Your sake, as You have said: I, I [alone,] am He who wipes away your transgressions, for My sake; your sins I will not recall.[11] Make our sins white as snow and wool, as it is written: Come now, let us reason together, says the Lord; even if your sins will be as scarlet, they will become white as snow; even if they will be red as crimson, they will become [white] as wool.[12] Sprinkle purifying waters upon us and purify us, as it is written: And I will sprinkle purifying waters upon you, and you shall be pure; from all

---

1. V. Isaiah 51:1. 2. V. Psalms 18:31. 3. Song of Songs 7:2. Midrash Rabbah, Targum and Rashi, ad loc. 4. Lit., Do not uncover the edge of the skirt, V. Jeremiah 13:26. 5. Leviticus 26:42. 6. Ibid. 26:45. 7. Ibid. 26:44. 8. Deuteronomy 30:3. 9. Ibid. 30:4. 10. Isaiah 44:22. 11. Ibid. 43:25. 12. Ibid. 1:18.

טֻמְאוֹתֵיכֶם וּמִכָּל גִּלּוּלֵיכֶם אֲטַהֵר אֶתְכֶם: רַחֵם עָלֵינוּ וְאַל תַּשְׁחִיתֵנוּ כְּמָה שֶׁכָּתוּב. כִּי אֵל רַחוּם יְהוָה אֱלֹהֶיךָ לֹא יַרְפְּךָ וְלֹא יַשְׁחִיתֶךָ וְלֹא יִשְׁכַּח אֶת בְּרִית אֲבוֹתֶיךָ אֲשֶׁר נִשְׁבַּע לָהֶם. מוֹל אֶת לְבָבֵנוּ לְאַהֲבָה אֶת שְׁמֶךָ כְּמָה שֶׁכָּתוּב. וּמָל יְהוָה אֱלֹהֶיךָ אֶת לְבָבְךָ וְאֶת לְבַב זַרְעֶךָ לְאַהֲבָה אֶת יְהוָה אֱלֹהֶיךָ בְּכָל לְבָבְךָ וּבְכָל נַפְשְׁךָ לְמַעַן חַיֶּיךָ: הִמָּצֵא לָנוּ בְּבַקָּשָׁתֵנוּ כְּמָה שֶׁכָּתוּב. וּבִקַּשְׁתֶּם מִשָּׁם אֶת יְהוָה אֱלֹהֶיךָ וּמָצָאתָ כִּי תִדְרְשֶׁנּוּ בְּכָל לְבָבְךָ וּבְכָל נַפְשֶׁךָ: כַּפֵּר חֲטָאֵינוּ בַּיּוֹם הַזֶּה וְטַהֲרֵנוּ כְּמָה שֶׁכָּתוּב. כִּי בַיּוֹם הַזֶּה יְכַפֵּר עֲלֵיכֶם לְטַהֵר אֶתְכֶם מִכֹּל חַטֹּאתֵיכֶם לִפְנֵי יְהוָה תִּטְהָרוּ: תְּבִיאֵנוּ אֶל הַר קָדְשֶׁךָ וְשַׂמְּחֵנוּ בְּבֵית תְּפִלָּתֶךָ כְּמָה שֶׁכָּתוּב: וַהֲבִיאוֹתִים אֶל הַר קָדְשִׁי וְשִׂמַּחְתִּים בְּבֵית תְּפִלָּתִי עוֹלוֹתֵיהֶם וְזִבְחֵיהֶם לְרָצוֹן עַל מִזְבְּחִי כִּי בֵיתִי בֵּית תְּפִלָּה יִקָּרֵא לְכָל הָעַמִּים:

פותחין הארון פסוק אחר פסוק, חזן וקהל עד אל תעזבנו ולא עד בכלל

שְׁמַע קוֹלֵנוּ יְהוָה אֱלֹהֵינוּ. חוּס וְרַחֵם עָלֵינוּ וְקַבֵּל בְּרַחֲמִים וּבְרָצוֹן אֶת תְּפִלָּתֵנוּ:

הֲשִׁיבֵנוּ יְהוָה אֵלֶיךָ וְנָשׁוּבָה חַדֵּשׁ יָמֵינוּ כְּקֶדֶם:

אַל תַּשְׁלִיכֵנוּ מִלְּפָנֶיךָ וְרוּחַ קָדְשְׁךָ אַל תִּקַּח מִמֶּנּוּ:

אַל תַּשְׁלִיכֵנוּ לְעֵת זִקְנָה כִּכְלוֹת כֹּחֵנוּ אַל תַּעַזְבֵנוּ: אַל תַּעַזְבֵנוּ יְהוָה אֱלֹהֵינוּ. אַל תִּרְחַק מִמֶּנּוּ: עֲשֵׂה עִמָּנוּ אוֹת לְטוֹבָה וְיִרְאוּ שׂוֹנְאֵינוּ וְיֵבֹשׁוּ כִּי אַתָּה יְהוָה עֲזַרְתָּנוּ וְנִחַמְתָּנוּ: אֲמָרֵינוּ הַאֲזִינָה יְהוָה בִּינָה הֲגִיגֵנוּ: יִהְיוּ לְרָצוֹן אִמְרֵי פִינוּ וְהֶגְיוֹן לִבֵּנוּ לְפָנֶיךָ יְהוָה צוּרֵנוּ וְגוֹאֲלֵנוּ: כִּי לְךָ יְהוָה הוֹחָלְנוּ אַתָּה תַעֲנֶה אֲדֹנָי אֱלֹהֵינוּ: סוגרין הארון

אֱלֹהֵינוּ וֵאלֹהֵי אֲבוֹתֵינוּ. אַל תַּעַזְבֵנוּ וְאַל תִּטְּשֵׁנוּ וְאַל תַּכְלִימֵנוּ. וְאַל תָּפֵר בְּרִיתְךָ אִתָּנוּ. קָרְבֵנוּ לְתוֹרָתֶךָ. לַמְּדֵנוּ מִצְוֹתֶיךָ. הוֹרֵנוּ דְרָכֶיךָ. הַט לִבֵּנוּ לְיִרְאָה אֶת שְׁמֶךָ. וּמוֹל אֶת לְבָבֵנוּ לְאַהֲבָתֶךָ. וְנָשׁוּב אֵלֶיךָ בֶּאֱמֶת וּבְלֵב שָׁלֵם. וּלְמַעַן שִׁמְךָ הַגָּדוֹל תִּמְחוֹל וְתִסְלַח לַעֲוֹנֵינוּ כַּכָּתוּב בְּדִבְרֵי קָדְשֶׁךָ. לְמַעַן שִׁמְךָ יְהוָה וְסָלַחְתָּ לַעֲוֹנִי כִּי רַב הוּא:

אֱלֹהֵינוּ וֵאלֹהֵי אֲבוֹתֵינוּ. סְלַח לָנוּ. מְחַל לָנוּ. כַּפֶּר לָנוּ. כִּי אָנוּ

your defilements and from all your idolatries I will purify you.[1] Have compassion on us and do not destroy us, as it is written: For the Lord your God is a compassionate God; He will not forsake you, nor will He destroy you, nor will He forget the covenant with your fathers which He swore to them.[2] Open[3] our hearts to love Your Name, as it is written: And the Lord your God will open[3] your heart and the hearts of your offspring, to love the Lord your God with all your heart and with all your soul, that you may live.[4] Be accessible to us when we seek You, as it is written: And from there [from exile] you will seek the Lord your God, and you will find Him, for you will seek Him with all your heart and with all your soul.[5] Grant atonement for our sins and purify us, as it is written: For on this day atonement shall be made for you, to purify you; you shall be cleansed of all your sins before the Lord.[6] Bring us to Your holy mountain and make us rejoice in Your house of prayer, as it is written: I will bring them to My holy mountain and make them rejoice in My house of prayer; their burnt-offerings and their sacrifices shall be favorably accepted upon My altar, for My house shall be called a house of prayer for all the nations.[7]

The Ark is opened, and the first four verses which follow are recited by the Chazzan and repeated by the Congregation verse by verse.

שמע Hear our voice, Lord our God, have pity and compassion upon us, and accept our prayer with mercy and favor.

Bring us back to You, Lord, and we will return; renew our days as of old.[8]

Do not cast us out of Your presence, and do not take Your Spirit of Holiness away from us.[9]

Do not cast us aside in our old age; do not forsake us when our strength fails.[10] Do not abandon us, Lord our God; do not keep far from us.[11] Show us a sign of favor, that our foes may see and be shamed, because You, Lord, have given us aid and consoled us.[12] Hearken to our words, Lord; consider our thoughts.[13] May the words of our mouth and the meditation of our heart be acceptable before You, Lord, our Strength and our Redeemer.[14] For it is for You, Lord, that we have been waiting; answer us, Lord our God.[15] *The Ark is closed.*

אלהינו Our God and God of our fathers, do not forsake us, do not abandon us, do not put us to shame, and do not nullify Your covenant with us. Bring us near to Your Torah, teach us Your precepts, instruct us in Your ways, incline our heart to revere Your Name, open[3] our hearts to the love of You, and we will return to You in truth, with a perfect heart. And for the sake of Your great Name, forgive and pardon our iniquity, as it is written in Your holy Scriptures: For the sake of Your Name, Lord, pardon my iniquity, for it is great.[16]

אלהינו Our God and God of our fathers, pardon us, forgive us, grant us atonement — for we are Your

---

1. Ezekiel 36:25. 2. Deuteronomy 4:31. 3. Lit., circumcise. 4. Deuteronomy 30:6. 5. Ibid. 4:29. 6. Leviticus 16:30. 7. Isaiah 56:7. 8. Lamentations 5:21. 9. Cf. Psalms 51:13. 10. Cf. Ibid. 71:9. 11. Cf. Ibid. 38:22. 12. Cf. ibid. 86:17. 13. Cf. Ibid. 5:2. 14. Cf. Ibid. 19:15. 15. Cf. Ibid. 38:16. 16. Psalms 25:11.

עַמֶּךָ וְאַתָּה אֱלֹהֵינוּ . אָנוּ בָנֶיךָ וְאַתָּה אָבִינוּ. אָנוּ עֲבָדֶיךָ וְאַתָּה אֲדוֹנֵינוּ . אָנוּ קְהָלֶךָ וְאַתָּה חֶלְקֵנוּ . אָנוּ נַחֲלָתֶךָ וְאַתָּה גוֹרָלֵנוּ . אָנוּ צֹאנֶךָ וְאַתָּה רוֹעֵנוּ . אָנוּ כַרְמֶךָ וְאַתָּה נוֹטְרֵנוּ . אָנוּ פְעֻלָּתֶךָ וְאַתָּה יוֹצְרֵנוּ . אָנוּ רַעְיָתֶךָ וְאַתָּה דוֹדֵנוּ. אָנוּ סְגֻלָּתֶךָ וְאַתָּה אֱלֹהֵינוּ . אָנוּ עַמֶּךָ וְאַתָּה מַלְכֵּנוּ . אָנוּ מַאֲמִירֶךָ וְאַתָּה מַאֲמִירֵנוּ. אָנוּ עַזֵּי פָנִים וְאַתָּה רַחוּם וְחַנּוּן . אָנוּ קְשֵׁי עוֹרֶף וְאַתָּה אֶרֶךְ אַפַּיִם. אָנוּ מְלֵאֵי עָוֹן . וְאַתָּה מָלֵא רַחֲמִים. אָנוּ יָמֵינוּ כְּצֵל עוֹבֵר . וְאַתָּה הוּא וּשְׁנוֹתֶיךָ לֹא יִתָּמּוּ :

אֱלֹהֵינוּ וֵאלֹהֵי אֲבוֹתֵינוּ תָּבֹא לְפָנֶיךָ תְּפִלָּתֵנוּ . וְאַל תִּתְעַלַּם מִתְּחִנָּתֵנוּ, שֶׁאֵין אָנוּ עַזֵּי פָנִים וּקְשֵׁי עֹרֶף, לוֹמַר לְפָנֶיךָ יְהוָה אֱלֹהֵינוּ וֵאלֹהֵי אֲבוֹתֵינוּ צַדִּיקִים אֲנַחְנוּ וְלֹא חָטָאנוּ . אֲבָל אֲנַחְנוּ וַאֲבוֹתֵינוּ חָטָאנוּ :

אָשַׁמְנוּ . בָּגַדְנוּ . גָּזַלְנוּ . דִּבַּרְנוּ דוֹפִי : הֶעֱוִינוּ . וְהִרְשַׁעְנוּ . זַדְנוּ . חָמַסְנוּ . טָפַלְנוּ שֶׁקֶר : יָעַצְנוּ רָע . כִּזַּבְנוּ . לַצְנוּ . מָרַדְנוּ . נִאַצְנוּ . סָרַרְנוּ. עָוִינוּ . פָּשַׁעְנוּ . צָרַרְנוּ . קִשִּׁינוּ עוֹרֶף : רָשַׁעְנוּ . שִׁחַתְנוּ . תִּעַבְנוּ . תָּעִינוּ . תִּעְתָּעְנוּ : סַרְנוּ מִמִּצְוֹתֶיךָ וּמִמִּשְׁפָּטֶיךָ הַטּוֹבִים וְלֹא שָׁוָה לָנוּ . וְאַתָּה צַדִּיק עַל כָּל הַבָּא עָלֵינוּ כִּי אֱמֶת עָשִׂיתָ וַאֲנַחְנוּ הִרְשָׁעְנוּ :

הִרְשַׁעְנוּ וּפָשַׁעְנוּ לָכֵן לֹא נוֹשָׁעְנוּ וְתֵן בְּלִבֵּנוּ לַעֲזוֹב דֶּרֶךְ רֶשַׁע וְחִישׁ לָנוּ יֶשַׁע כַּכָּתוּב עַל יַד נְבִיאֶךָ. יַעֲזוֹב רָשָׁע דַּרְכּוֹ וְאִישׁ אָוֶן מַחְשְׁבוֹתָיו וְיָשׁוֹב אֶל יְהוָה וִירַחֲמֵהוּ וְאֶל אֱלֹהֵינוּ כִּי יַרְבֶּה לִסְלוֹחַ:

אֱלֹהֵינוּ וֵאלֹהֵי אֲבוֹתֵינוּ סְלַח וּמְחַל לַעֲוֹנוֹתֵינוּ בְּיוֹם (הַשַּׁבָּת הַזֶּה וּבְיוֹם) הַכִּפּוּרִים הַזֶּה *) מְחֵה וְהַעֲבֵר פְּשָׁעֵינוּ וְחַטֹּאתֵינוּ מִנֶּגֶד עֵינֶיךָ וְכוֹף אֶת יִצְרֵנוּ לְהִשְׁתַּעְבֶּד לָךְ. וְהַכְנַע אֶת עָרְפֵּנוּ לָשׁוּב אֵלֶיךָ בֶּאֱמֶת. וְחַדֵּשׁ כִּלְיוֹתֵינוּ לִשְׁמוֹר פִּקּוּדֶיךָ . וּמוֹל אֶת לְבָבֵנוּ לְאַהֲבָה וּלְיִרְאָה אֶת שְׁמֶךָ . כַּכָּתוּב בְּתוֹרָתֶךָ וּמָל יְהוָה אֱלֹהֶיךָ אֶת לְבָבְךָ וְאֶת לְבַב זַרְעֶךָ לְאַהֲבָה אֶת יְהוָה אֱלֹהֶיךָ בְּכָל לְבָבְךָ וּבְכָל נַפְשְׁךָ לְמַעַן חַיֶּיךָ : הַזְּדוֹנוֹת וְהַשְּׁגָגוֹת אַתָּה מַכִּיר. הָרָצוֹן וְהָאוֹנֶס הַגְּלוּיִם וְהַנִּסְתָּרִים . לְפָנֶיךָ הֵם גְּלוּיִם וִידוּעִים. מָה אָנוּ. מֶה חַיֵּינוּ . מֶה חַסְדֵּנוּ . מַה צִּדְקֵנוּ . מַה כֹּחֵנוּ . מַה גְּבוּרָתֵנוּ .

*) ביום סליחת העון הזה ביום מקרא קדש הזה.

people and You are our God; we are Your children and You are our Father; we are Your servants and You are our Master; we are Your congregation and You are our portion; we are Your inheritance and You are our lot; we are Your flock and You are our Shepherd; we are Your vineyard and You are our Watchman; we are Your handiwork and You are our Creator; we are Your beloved ones and You are our Beloved; we are Your treasure and You are our God; we are Your people and You are our King; we are Your chosen people and You are our acknowledged God; we are impudent but You are merciful and gracious; we are obdurate but You are slow to anger; we are full of iniquity but You are full of compassion; our days are like a passing shadow but You are eternal, Your years are without end.

אלהינו Our God and God of our fathers, may our prayers come before You and do not turn away from our supplication, for we are not so impudent and obdurate as to declare before You, Lord our God and God of our fathers, that we are righteous and have not sinned. Indeed, we and our fathers have sinned.

אשמנו We have transgressed, we have acted perfidiously, we have robbed, we have slandered. We have acted perversely and wickedly, we have willfully sinned, we have done violence, we have imputed falsely. We have given evil counsel, we have lied, we have scoffed, we have rebelled, we have provoked, we have been disobedient, we have committed iniquity, we have wantonly transgressed, we have oppressed, we have been obstinate. We have committed evil, we have acted perniciously, we have acted abominably, we have gone astray, we have led others astray. We have strayed from Your good precepts and ordinances, and it has not profited us. Indeed, You are just in all that has come upon us, for You have acted truthfully, and it is we who have acted wickedly.[1]

הרשענו We have acted wickedly and transgressed, therefore we have not been delivered. Inspire our hearts to abandon the evil way, and hasten our deliverance, as it is written by Your prophet: Let the wicked abandon his way and the man of iniquity his thoughts; let him return to the Lord and He will have compassion upon him, and to our God, for He will abundantly pardon.[2]

אלהינו Our God and God of our fathers, pardon and forgive our wrongdoings on this (*On Shabbat:* Shabbat day and on this) Day of Atonements, on this day of pardoning of sin, on this day of holy assembly; wipe away and remove our transgressions and sins from before Your eyes; compel our inclination to be subservient to You; subdue our obduracy that we may return to You in truth; renew our minds to observe Your commandments; open[3] our hearts to love and revere Your Name, as it is written in Your Torah: And the Lord Your God will open[3] your hearts and the hearts of your offspring, to love the Lord your God with all your heart and with all your soul, that you may live.[4] You recognize deliberate sin or inadvertent error, [transgressions committed] willfully or under duress, openly or secretly — before You they are revealed and known. What are we? What is our life? What is our kindness? What is our righteousness? What is our strength? What is our might?

1. Nechemiah 9:33. 2. Isaiah 55:7. 3. Lit., circumcise. 4. Deuteronomy 30:6.

מַה נֹּאמַר לְפָנֶיךָ יְהוָה אֱלֹהֵינוּ וֵאלֹהֵי אֲבוֹתֵינוּ. הֲלֹא כָּל הַגִּבּוֹרִים כְּאַיִן לְפָנֶיךָ וְאַנְשֵׁי הַשֵּׁם כְּלֹא הָיוּ וַחֲכָמִים כִּבְלִי מַדָּע וּנְבוֹנִים כִּבְלִי הַשְׂכֵּל. כִּי רוֹב מַעֲשֵׂיהֶם תֹּהוּ וִימֵי חַיֵּיהֶם הֶבֶל לְפָנֶיךָ. וּמוֹתַר הָאָדָם מִן הַבְּהֵמָה אָיִן כִּי הַכֹּל הָבֶל: מַה נֹּאמַר לְפָנֶיךָ יוֹשֵׁב מָרוֹם. וּמַה נְּסַפֵּר לְפָנֶיךָ שׁוֹכֵן שְׁחָקִים. הֲלֹא כָּל הַנִּסְתָּרוֹת וְהַנִּגְלוֹת אַתָּה יוֹדֵעַ:

שִׁמְךָ מֵעוֹלָם עוֹבֵר עַל פֶּשַׁע. שַׁוְעָתֵנוּ תַּאֲזִין בְּעָמְדֵנוּ לְפָנֶיךָ בִּתְפִלָּה
תַּעֲבוֹר עַל פֶּשַׁע לְעַם שָׁבֵי פֶשַׁע. תִּמְחֶה פְשָׁעֵינוּ מִנֶּגֶד עֵינֶיךָ:

אַתָּה יוֹדֵעַ רָזֵי עוֹלָם, וְתַעֲלוּמוֹת סִתְרֵי כָל חָי: אַתָּה חוֹפֵשׂ כָּל חַדְרֵי בָטֶן וּבוֹחֵן כְּלָיוֹת וָלֵב. אֵין דָּבָר נֶעְלָם מִמָּךְ, וְאֵין נִסְתָּר מִנֶּגֶד עֵינֶיךָ: וּבְכֵן יְהִי רָצוֹן מִלְּפָנֶיךָ יְיָ אֱלֹהֵינוּ וֵאלֹהֵי אֲבוֹתֵינוּ, שֶׁתְּרַחֵם עָלֵינוּ וְתִמְחוֹל לָנוּ עַל כָּל חַטֹּאתֵינוּ, וּתְכַפֵּר לָנוּ עַל כָּל עֲוֹנוֹתֵינוּ, וְתִמְחוֹל וְתִסְלַח לָנוּ עַל כָּל פְּשָׁעֵינוּ:

עַל חֵטְא שֶׁחָטָאנוּ לְפָנֶיךָ, בְּאֹנֶס וּבְרָצוֹן.
וְעַל חֵטְא שֶׁחָטָאנוּ לְפָנֶיךָ, בְּאִמּוּץ הַלֵּב.
עַל חֵטְא שֶׁחָטָאנוּ לְפָנֶיךָ, בִּבְלִי דָעַת.
וְעַל חֵטְא שֶׁחָטָאנוּ לְפָנֶיךָ, בְּבִטּוּי שְׂפָתָיִם.
עַל חֵטְא שֶׁחָטָאנוּ לְפָנֶיךָ, בְּגִלּוּי עֲרָיוֹת.
וְעַל חֵטְא שֶׁחָטָאנוּ לְפָנֶיךָ, בְּגָלוּי וּבַסָּתֶר.
עַל חֵטְא שֶׁחָטָאנוּ לְפָנֶיךָ, בְּדַעַת וּבְמִרְמָה.
וְעַל חֵטְא שֶׁחָטָאנוּ לְפָנֶיךָ, בְּדִבּוּר פֶּה.
עַל חֵטְא שֶׁחָטָאנוּ לְפָנֶיךָ, בְּהוֹנָאַת רֵעַ.
וְעַל חֵטְא שֶׁחָטָאנוּ לְפָנֶיךָ, בְּהַרְהוֹר הַלֵּב.
עַל חֵטְא שֶׁחָטָאנוּ לְפָנֶיךָ, בִּוְעִידַת זְנוּת.
וְעַל חֵטְא שֶׁחָטָאנוּ לְפָנֶיךָ, בְּוִדּוּי פֶה.
עַל חֵטְא שֶׁחָטָאנוּ לְפָנֶיךָ, בְּזִלְזוּל הוֹרִים וּמוֹרִים.

What can we say to You, Lord our God and God of our fathers? Are not all the mighty men as nothing before You, the men of renown as though they had never been, the wise as if without knowledge, and the men of understanding as if devoid of intelligence? For most of their deeds are naught, and the days of their lives are vanity before You. The pre-eminence of man over beast is naught, for all is vanity.[1] What shall we say to You who dwells on high; what shall we relate to You who abides in the heavens? You surely know all the hidden and revealed things.

שמך Your Name from of old is Forgiver of Transgression; hearken to our supplication as we stand before You in prayer. Forgive transgression for the people who repent of transgression. Erase our transgressions from before Your eyes.

אתה You know the mysteries of the universe and the hidden secrets of every living being. You search all [our] innermost thoughts, and probe [our] mind and heart; nothing is hidden from You, nothing is concealed from Your sight. And so, may it be Your will, Lord our God and God of our fathers, to have mercy on us and forgive us all our sins, grant us atonement for all our iniquities, and forgive and pardon us for all our trangressions.

על חטא For the sin which we have committed before You under duress or willingly.

And for the sin which we have committed before You by hardheartedness.

For the sin which we have committed before You inadvertently.

And for the sin which we have committed before You with an utterance of the lips.

For the sin which we have committed before You with immorality.

And for the sin which we have committed before You openly or secretly.

For the sin which we have committed before You with knowledge and with deceit.

And for the sin which we have committed before You through speech.

For the sin which we have committed before You by deceiving a fellowman.

And for the sin which we have committed before You by improper thoughts.

For the sin which we have committed before You by a gathering of lewdness.

And for the sin which we have committed before You by verbal [insincere] confession.

For the sin which we have committed before You by disrespect for parents and teachers.

וְעַל חֵטְא שֶׁחָטָאנוּ לְפָנֶיךָ, בְּזָדוֹן וּבִשְׁגָגָה.

עַל חֵטְא שֶׁחָטָאנוּ לְפָנֶיךָ, בְּחֹזֶק יָד.

וְעַל חֵטְא שֶׁחָטָאנוּ לְפָנֶיךָ, בְּחִלּוּל הַשֵּׁם.

עַל חֵטְא שֶׁחָטָאנוּ לְפָנֶיךָ, בְּטֻמְאַת שְׂפָתָיִם.

וְעַל חֵטְא שֶׁחָטָאנוּ לְפָנֶיךָ, בְּטִפְשׁוּת פֶּה.

עַל חֵטְא שֶׁחָטָאנוּ לְפָנֶיךָ, בְּיֵצֶר הָרָע.

וְעַל חֵטְא שֶׁחָטָאנוּ לְפָנֶיךָ, בְּיוֹדְעִים וּבְלֹא יוֹדְעִים.

וְעַל כֻּלָּם אֱלוֹהַּ סְלִיחוֹת, סְלַח לָנוּ, מְחַל לָנוּ, כַּפֶּר לָנוּ:

עַל חֵטְא שֶׁחָטָאנוּ לְפָנֶיךָ, בְּכַחַשׁ וּבְכָזָב.

וְעַל חֵטְא שֶׁחָטָאנוּ לְפָנֶיךָ, בְּכַפַּת שֹׁחַד.

עַל חֵטְא שֶׁחָטָאנוּ לְפָנֶיךָ, בְּלָצוֹן.

וְעַל חֵטְא שֶׁחָטָאנוּ לְפָנֶיךָ, בְּלָשׁוֹן הָרָע.

עַל חֵטְא שֶׁחָטָאנוּ לְפָנֶיךָ, בְּמַשָּׂא וּבְמַתָּן.

וְעַל חֵטְא שֶׁחָטָאנוּ לְפָנֶיךָ, בְּמַאֲכָל וּבְמִשְׁתֶּה.

עַל חֵטְא שֶׁחָטָאנוּ לְפָנֶיךָ, בְּנֶשֶׁךְ וּבְמַרְבִּית.

וְעַל חֵטְא שֶׁחָטָאנוּ לְפָנֶיךָ, בִּנְטִיַּת גָּרוֹן.

עַל חֵטְא שֶׁחָטָאנוּ לְפָנֶיךָ, בְּשִׂיחַ שִׂפְתוֹתֵינוּ.

וְעַל חֵטְא שֶׁחָטָאנוּ לְפָנֶיךָ, בְּסִקּוּר עָיִן.

עַל חֵטְא שֶׁחָטָאנוּ לְפָנֶיךָ, בְּעֵינַיִם רָמוֹת.

וְעַל חֵטְא שֶׁחָטָאנוּ לְפָנֶיךָ, בְּעַזּוּת מֶצַח.

וְעַל כֻּלָּם, אֱלוֹהַּ סְלִיחוֹת, סְלַח לָנוּ, מְחַל לָנוּ, כַּפֶּר לָנוּ:

עַל חֵטְא שֶׁחָטָאנוּ לְפָנֶיךָ, בִּפְרִיקַת עֹל.

וְעַל חֵטְא שֶׁחָטָאנוּ לְפָנֶיךָ, בִּפְלִילוּת.

עַל חֵטְא שֶׁחָטָאנוּ לְפָנֶיךָ, בִּצְדִיַּת רֵעַ.

And for the sin which we have committed before You intentionally or unintentionally.

For the sin which we have committed before You by using coercion.

And for the sin which we have committed before You by desecrating the Divine Name.

For the sin which we have committed before You by impurity of speech.

And for the sin which we have committed before You by foolish talk.

For the sin which we have committed before You with the evil inclination.

And for the sin which we have committed before You knowingly or unknowingly.

ועל כלם For all these, God of pardon, pardon us, forgive us, atone for us.

For the sin which we have committed before You by false denial and lying.

And for the sin which we have committed before You by a bribe-taking or a bribe-giving hand.

For the sin which we have committed before You by scoffing.

And for the sin which we have committed before You by evil talk [about another].

For the sin which we have committed before You in business dealings.

And for the sin which we have committed before You by eating and drinking.

For the sin which we have committed before You by [taking or giving] interest and by usury.

And for the sin which we have committed before You by a haughty demeanor.

For the sin which we have committed before You by the prattle of our lips.

And for the sin which we have committed before You by a glance of the eye.

For the sin which we have committed before You with proud looks.

And for the sin which we have committed before You with impudence.

ועל כלם For all these, God of pardon, pardon us, forgive us, atone for us.

For the sin which we have committed before You by casting off the yoke [of Heaven].

And for the sin which we have committed before You in passing judgment.

For the sin which we have committed before You by scheming against a fellowman.

וְעַל חֵטְא שֶׁחָטָאנוּ לְפָנֶיךָ, בְּצָרוּת עָיִן.
עַל חֵטְא שֶׁחָטָאנוּ לְפָנֶיךָ, בְּקַלּוּת רֹאשׁ.
וְעַל חֵטְא שֶׁחָטָאנוּ לְפָנֶיךָ, בְּקַשְׁיוּת עֹרֶף.
עַל חֵטְא שֶׁחָטָאנוּ לְפָנֶיךָ, בְּרִיצַת רַגְלַיִם לְהָרַע.
וְעַל חֵטְא שֶׁחָטָאנוּ לְפָנֶיךָ, בִּרְכִילוּת.
עַל חֵטְא שֶׁחָטָאנוּ לְפָנֶיךָ, בִּשְׁבוּעַת שָׁוְא.
וְעַל חֵטְא שֶׁחָטָאנוּ לְפָנֶיךָ, בְּשִׂנְאַת חִנָּם.
עַל חֵטְא שֶׁחָטָאנוּ לְפָנֶיךָ, בִּתְשׂוּמֶת יָד.
וְעַל חֵטְא שֶׁחָטָאנוּ לְפָנֶיךָ, בְּתִמְהוֹן לֵבָב.

וְעַל כֻּלָּם, אֱלוֹהַּ סְלִיחוֹת, סְלַח לָנוּ, מְחַל לָנוּ, כַּפֶּר לָנוּ:

וְעַל חֲטָאִים שֶׁאָנוּ חַיָּבִים עֲלֵיהֶם: עוֹלָה.
וְעַל חֲטָאִים שֶׁאָנוּ חַיָּבִים עֲלֵיהֶם: חַטָּאת.
וְעַל חֲטָאִים שֶׁאָנוּ חַיָּבִים עֲלֵיהֶם: קָרְבָּן עוֹלֶה וְיוֹרֵד.
וְעַל חֲטָאִים שֶׁאָנוּ חַיָּבִים עֲלֵיהֶם: אָשָׁם וַדַּאי וְתָלוּי.
וְעַל חֲטָאִים שֶׁאָנוּ חַיָּבִים עֲלֵיהֶם: מַכַּת מַרְדּוּת.
וְעַל חֲטָאִים שֶׁאָנוּ חַיָּבִים עֲלֵיהֶם: מַלְקוּת אַרְבָּעִים.
וְעַל חֲטָאִים שֶׁאָנוּ חַיָּבִים עֲלֵיהֶם: מִיתָה בִּידֵי שָׁמָיִם.
וְעַל חֲטָאִים שֶׁאָנוּ חַיָּבִים עֲלֵיהֶם: כָּרֵת וַעֲרִירִי.
וְעַל חֲטָאִים שֶׁאָנוּ חַיָּבִים עֲלֵיהֶם: אַרְבַּע מִיתוֹת בֵּית דִּין סְקִילָה, שְׂרֵפָה, הֶרֶג, וְחֶנֶק.

עַל מִצְוַת עֲשֵׂה, וְעַל מִצְוַת לֹא תַעֲשֶׂה, בֵּין שֶׁיֵּשׁ בָּהֶן קוּם עֲשֵׂה, וּבֵין שֶׁאֵין בָּהֶן קוּם עֲשֵׂה, אֶת הַגְּלוּיִם לָנוּ, וְאֶת שֶׁאֵינָם גְּלוּיִם לָנוּ. אֶת הַגְּלוּיִם לָנוּ, כְּבָר

And for the sin which we have committed before You by a begrudging eye.

For the sin which we have committed before You by frivolity.

And for the sin which we have committed before You by obduracy.

For the sin which we have committed before You by running to do evil.

And for the sin which we have committed before You by tale-bearing.

For the sin which we have committed before You by swearing in vain.

And for the sin which we have committed before You by causeless hatred.

For the sin which we have committed before You by embezzlement.

And for the sin which we have committed before You by a confused heart.

ועל כלם For all these, God of pardon, pardon us, forgive us, atone for us.

And for the sins for which we are obligated to bring a burnt-offering.

And for the sins for which we are obligated to bring a sin-offering.

And for the sins for which we are obligated to bring a varying offering [according to one's means].

And for the sins for which we are obligated to bring a guilt-offering for a certain or doubtful trespass.

And for the sins for which we incur the penalty of lashing for rebelliousness.

And for the sins for which we incur the penalty of forty lashes.

And for the sins for which we incur the penalty of death by the hand of Heaven.

And for the sins for which we incur the penalty of excision and childlessness.

And for the sins for which we incur the penalty of the four forms of capital punishment executed by the Court: stoning, burning, decapitation and strangulation.

על For [transgressing] positive and prohibitory *mitzvot*, whether [the prohibitions] can be rectified by a specifically prescribed act[1] or not, those of which we are aware and those of which we are not aware; those of which we are aware, we have already

1. E.g., to return what one has stolen.

אֲמַרְנוּם לְפָנֶיךָ, וְהוֹדִינוּ לְךָ עֲלֵיהֶם, וְאֶת שֶׁאֵינָם גְּלוּיִם לָנוּ, לְפָנֶיךָ הֵם גְּלוּיִם וִידוּעִים, כַּדָּבָר שֶׁנֶּאֱמַר: הַנִּסְתָּרוֹת לַיָי אֱלֹהֵינוּ, וְהַנִּגְלֹת לָנוּ וּלְבָנֵינוּ עַד עוֹלָם, לַעֲשׂוֹת אֶת כָּל דִּבְרֵי הַתּוֹרָה הַזֹּאת.

וְדָוִד עַבְדְּךָ אָמַר לְפָנֶיךָ. שְׁגִיאוֹת מִי יָבִין מִנִּסְתָּרוֹת נַקֵּנִי: נַקֵּנוּ יְהוָֹה אֱלֹהֵינוּ מִכָּל פְּשָׁעֵינוּ וְטַהֲרֵנוּ מִכָּל טֻמְאוֹתֵינוּ וּזְרוֹק עָלֵינוּ מַיִם טְהוֹרִים וְטַהֲרֵנוּ כַּכָּתוּב עַל יַד נְבִיאֶךָ וְזָרַקְתִּי עֲלֵיכֶם מַיִם טְהוֹרִים וּטְהַרְתֶּם מִכֹּל טֻמְאוֹתֵיכֶם וּמִכָּל גִּלּוּלֵיכֶם אֲטַהֵר אֶתְכֶם:

אַל תִּירָא יַעֲקֹב שׁוּבוּ בָנִים שׁוֹבָבִים שׁוּבָה יִשְׂרָאֵל. הִנֵּה לֹא יָנוּם וְלֹא יִישָׁן שׁוֹמֵר יִשְׂרָאֵל. כַּכָּתוּב עַל יַד נְבִיאֶךָ שׁוּבָה יִשְׂרָאֵל עַד יְהוָֹה אֱלֹהֶיךָ כִּי כָשַׁלְתָּ בַּעֲוֹנֶךָ. וְנֶאֱמַר קְחוּ עִמָּכֶם דְּבָרִים וְשׁוּבוּ אֶל יְהוָֹה אִמְרוּ אֵלָיו כָּל תִּשָּׂא עָוֹן וְקַח טוֹב וּנְשַׁלְּמָה פָרִים שְׂפָתֵינוּ. וְאַתָּה רַחוּם מְקַבֵּל שָׁבִים כִּי עַל הַתְּשׁוּבָה מֵרֹאשׁ הִבְטַחְתָּנוּ. וְלִתְשׁוּבָה עֵינֵינוּ מְיַחֲלוֹת לָךְ:

וּמֵאַהֲבָתְךָ יְהוָֹה אֱלֹהֵינוּ שֶׁאָהַבְתָּ אֶת יִשְׂרָאֵל עַמֶּךָ. וּמֵחֶמְלָתְךָ מַלְכֵּנוּ שֶׁחָמַלְתָּ עַל בְּנֵי בְרִיתֶךָ נָתַתָּ לָנוּ יְהוָֹה אֱלֹהֵינוּ (את יום השבת הזה) וְאֶת יוֹם צוֹם הַכִּפּוּרִים הַזֶּה*) לִמְחִילַת חֵטְא וְלִסְלִיחַת עָוֹן וּלְכַפָּרַת פָּשַׁע:

יוֹם אֲשֶׁר הוּחַק לְכַפָּרָתֵנוּ. הַיּוֹם תְּבַשְּׂרֵנוּ צוּרֵנוּ וּתְטַהֲרֵנוּ. כַּכָּתוּב בְּתוֹרָתֶךָ וְהָיְתָה זֹּאת לָכֶם לְחֻקַּת עוֹלָם לְכַפֵּר עַל בְּנֵי יִשְׂרָאֵל מִכָּל חַטֹּאתָם אַחַת בַּשָּׁנָה:

יוֹם מַנְחִיל דָּת שַׁוְעַ בְּעַד דּוֹר. הַיּוֹם נְשָׂא לוֹ בְּבַקְּשׁוֹ סְלַח נָא. כַּכָּתוּב בְּתוֹרָתֶךָ סְלַח נָא לַעֲוֹן הָעָם הַזֶּה כְּגוֹדֶל חַסְדֶּךָ וְכַאֲשֶׁר נָשָׂאתָה לָעָם הַזֶּה מִמִּצְרַיִם וְעַד הֵנָּה וְשָׁם נֶאֱמַר. וַיֹּאמֶר יְהוָֹה סָלַחְתִּי כִּדְבָרֶךָ: בַּעֲבוּר כְּבוֹד שִׁמְךָ הַמָּצֵא לָנוּ מוֹחֵל וְסוֹלֵחַ. סְלַח נָא לְמַעַן שְׁמֶךָ:

יוֹם קוֹרְאֵי בְשִׁמְךָ יְמַלְּטוּ. הַיּוֹם רַחֵם עָלֵינוּ כְּאָז קָרָא בְשֵׁם. כַּכָּתוּב בְּתוֹרָתֶךָ וַיֵּרֶד יְהוָֹה בֶּעָנָן וַיִּתְיַצֵּב עִמּוֹ שָׁם וַיִּקְרָא בְשֵׁם יְהוָֹה. וַיַּעֲבוֹר יְהוָֹה עַל פָּנָיו וַיִּקְרָא: יְהוָֹה יְהוָֹה אֵל רַחוּם וְחַנּוּן אֶרֶךְ אַפַּיִם וְרַב חֶסֶד וֶאֱמֶת נוֹצֵר חֶסֶד לָאֲלָפִים נֹשֵׂא עָוֹן וָפֶשַׁע וְחַטָּאָה וְנַקֵּה: בַּעֲבוּר כְּבוֹד שִׁמְךָ הַמָּצֵא לָנוּ מוֹחֵל וְסוֹלֵחַ סְלַח לָנוּ לְמַעַן שְׁמֶךָ:

*) ואת יום סליחת העון הזה ואת יום מקרא קדש הזה.

declared them before You and confessed them to You, and those of which we are not aware — before You they are revealed and known, as it is stated: The hidden things belong to the Lord our God, but the revealed things are for us and for our children forever, that we may carry out all the words of this Torah.[1]

דוד David, Your servant declared before You: Who can discern inadvertent wrongs? Purge me of hidden sins.[2] Purge us, Lord our God, of all our transgressions, cleanse us of all our defilements, and sprinkle purifying waters upon us and purify us, as it is written by Your prophet: And I will sprinkle purifying waters upon you, and you shall be pure; from all defilements and from all your idolatries I will purify you.[3]

אל תירא Do not fear, Jacob, return you wayward children; return, O Israel. The Guardian of Israel neither slumbers nor sleeps, as it is written by Your prophet: Return, O Israel, to the Lord your God, for you have stumbled because of your sin.[4] And it is said: Take with you words [of confession] and return to the Lord; say to Him: Forgive all sin, accept that which is good [within us], and we will render the prayer of our lips in place of the sacrifice of bullocks.[5] And You, Merciful One, accept those who repent; for from the beginning [of creation] You have promised us to accept penitence; and our eyes look hopefully to You to arouse us to penitence.

ומאהבתך Because of Your love, Lord our God, for Your people Israel and because of Your mercy, our King, which You have shown to the children of Your Covenant, You, Lord our God, have given us (*On Shabbat:* this Shabbat day and) this fast day of Yom Kippur, this day of pardoning of sin and this day of holy assembly for forgiveness of sin, for pardon of iniquity, and for atonement for transgression.

יום אשר A day which has been ordained for our atonement — on this day bring to us good tidings [of pardon] and cleanse us; as it is written in Your Torah: And this shall be an everlasting statute for you, to make atonement for the Israelites for all their sins once a year.[6]

יום מנחיל A day on which [Moses,] who made us inherit the Torah, pleaded in behalf of his generation — on this day forgiveness was granted him when he implored: O pardon; as it is written in Your Torah: Pardon, I beseech You, the wrongdoing of this people, in keeping with the greatness of Your kindness and as You have forgiven this people from Egypt until now.[7] And there it is stated: And the Lord said: I have pardoned in accordance with Your words.[8] For the sake of the glory of Your Name, be accessible to us, You who forgives and pardons; pardon, we beseech You, for the sake of Your Name.

יום קוראי A day on which those who invoke Your Name will be saved — on this day have mercy on us as then when [Moses] invoked the Name; as it is written in Your Torah: And the Lord descended in the cloud and stood with him there, and he invoked the Name of the Lord. And the Lord passed before him and proclaimed: Lord, Lord, benevolent God, compassionate and gracious, slow to anger and abounding in kindness and truth; He preserves kindness for two thousand generations, forgiving iniquity, transgression and sin, and He cleanses.[9] For the sake of the glory of Your Name, be accessible to us, You who forgives and pardons; pardon us, we beseech You, for the sake of Your Name.

1. Deuteronomy 29:28. 2. Psalms 19:13. 3. Ezekiel 36:25. 4. Hosea 14:2. 5. Ibid. 14:3. 6. Leviticus 16:34. 7. Numbers 12:25. 8. Ibid. 14:20. 9. Exodus 34:5-7.

יוֹם שְׁמָמוֹת הֵיכָלְךָ תַּבִּיט. הַיּוֹם תַּעֲשֶׂה לְמַעַן שְׁמֶךָ. כְּנָם אִישׁ חֲמוּדוֹת כַּכָּתוּב בְּדִבְרֵי קָדְשֶׁךָ הַטֵּה אֱלֹהַי אָזְנְךָ וּשְׁמָע פְּקַח עֵינֶיךָ וּרְאֵה שׁוֹמְמוֹתֵינוּ וְהָעִיר אֲשֶׁר נִקְרָא שִׁמְךָ עָלֶיהָ. כִּי לֹא עַל צִדְקוֹתֵינוּ אֲנַחְנוּ מַפִּילִים תַּחֲנוּנֵינוּ לְפָנֶיךָ כִּי עַל רַחֲמֶיךָ הָרַבִּים. אֲדֹנָי שְׁמָעָה אֲדֹנָי סְלָחָה אֲדֹנָי הַקְשִׁיבָה וַעֲשֵׂה אַל תְּאַחַר לְמַעַנְךָ אֱלֹהַי כִּי שִׁמְךָ נִקְרָא עַל עִירְךָ וְעַל עַמֶּךָ: בַּעֲבוּר כְּבוֹד שִׁמְךָ הַמָּצֵא לָנוּ שׁוֹמֵעַ תְּפִלָּה. שְׁמַע בְּקוֹל תְּפִלָּתֵנוּ לְמַעַן שְׁמֶךָ:

מִי אֵל כָּמוֹךָ: אָדוֹן אַבִּיר. בְּמַעֲשָׂיו כַּבִּיר. מִי אֵל כָּמוֹךָ: גּוֹלֶה עֲמוּקוֹת. דּוֹבֵר צְדָקוֹת. מִי אֵל כָּמוֹךָ: הַצּוּר תָּמִים. וּמָלֵא רַחֲמִים. מִי אֵל כָּמוֹךָ: כּוֹבֵשׁ כָּל כְּעָסִים. לְהַצְדִּיק עֲמוּסִים. מִי אֵל כָּמוֹךָ:

כַּכָּתוּב עַל יַד נְבִיאֶךָ מִי אֵל כָּמוֹךָ נוֹשֵׂא עָוֹן וְעוֹבֵר עַל פֶּשַׁע לִשְׁאֵרִית נַחֲלָתוֹ לֹא הֶחֱזִיק לָעַד אַפּוֹ כִּי חָפֵץ חֶסֶד הוּא: יָשׁוּב יְרַחֲמֵנוּ יִכְבּוֹשׁ עֲוֹנוֹתֵינוּ וְתַשְׁלִיךְ בִּמְצֻלוֹת יָם כָּל חַטֹּאתָם: וְכָל חַטֹּאת עַמְּךָ בֵּית יִשְׂרָאֵל תַּשְׁלִיךְ בִּמְקוֹם אֲשֶׁר לֹא יִזָּכְרוּ וְלֹא יִפָּקְדוּ וְלֹא יַעֲלוּ עַל לֵב לְעוֹלָם: וְנֶאֱמַר תִּתֵּן אֱמֶת לְיַעֲקֹב חֶסֶד לְאַבְרָהָם אֲשֶׁר נִשְׁבַּעְתָּ לַאֲבוֹתֵינוּ מִימֵי קֶדֶם:

אֱלֹהֵינוּ וֵאלֹהֵי אֲבוֹתֵינוּ, מְחוֹל לַעֲוֹנוֹתֵינוּ בְּיוֹם (לשבת הַשַּׁבָּת הַזֶּה וּבְיוֹם) הַכִּפֻּרִים הַזֶּה, בְּיוֹם סְלִיחַת הֶעָוֹן הַזֶּה, בְּיוֹם מִקְרָא קֹדֶשׁ הַזֶּה, מְחֵה וְהַעֲבֵר פְּשָׁעֵינוּ וְחַטֹּאתֵינוּ מִנֶּגֶד עֵינֶיךָ, כָּאָמוּר: אָנֹכִי אָנֹכִי הוּא מֹחֶה פְשָׁעֶיךָ לְמַעֲנִי, וְחַטֹּאתֶיךָ לֹא אֶזְכֹּר. וְנֶאֱמַר: מָחִיתִי כָעָב פְּשָׁעֶיךָ וְכֶעָנָן חַטֹּאתֶיךָ, שׁוּבָה אֵלַי כִּי גְאַלְתִּיךָ. וְנֶאֱמַר: כִּי בַיּוֹם הַזֶּה יְכַפֵּר עֲלֵיכֶם לְטַהֵר אֶתְכֶם מִכֹּל חַטֹּאתֵיכֶם, לִפְנֵי יְיָ תִּטְהָרוּ: (אֱלֹהֵינוּ וֵאלֹהֵי אֲבוֹתֵינוּ, רְצֵה נָא בִמְנוּחָתֵנוּ) קַדְּשֵׁנוּ בְּמִצְוֹתֶיךָ, וְתֵן חֶלְקֵנוּ בְּתוֹרָתֶךָ, שַׂבְּעֵנוּ מִטּוּבֶךָ וְשַׂמַּח נַפְשֵׁנוּ בִּישׁוּעָתֶךָ, (לשבת וְהַנְחִילֵנוּ יְיָ אֱלֹהֵינוּ

יום שממות A day on which You will look upon the ruins of Your Temple — on this day act for the sake of Your Name as [Daniel] the amiable one declared; as it is written in Your holy Scriptures: Give ear, my God and hear; open Your eyes and behold our desolate places and the city upon which Your Name is proclaimed, for it is not on account of our own righteousness that we offer our supplications before You, but because of Your abounding mercies. My Lord, hear; my Lord, forgive; my Lord, hearken and take action, do not delay, for Your own sake, my God, for Your Name is proclaimed over Your city and Your people.[1] For the sake of the glory of Your Name, be accessible to us, You who heeds prayer; hear the sound of our prayer for the sake of Your Name.

מי Who is like You, O God! Powerful Lord, whose deeds are mighty; who is like You, O God! You who reveals hidden things, who speaks kindly; who is like You, O God! The perfect Creator, who is filled with mercy; who is like You, O God! You who suppresses all wrath to find righteous those borne by You, O God; who is like You, O God!

ככתוב As it is written by Your prophet: Who is a God like You, who pardons iniquity and forgives transgression for the remnant of His heritage? He does not maintain His wrath forever, for He desires [to do] kindness. He will again show us mercy, He will suppress our iniquities; and You will cast all their sins into the depths of the sea.[2] And You will cast all the sins of Your people, the House of Israel, into a place where they shall never be remembered nor recalled nor brought to mind. And it is said: You will grant truth to Jacob, kindness to Abraham, as You have sworn to our fathers from the days of yore.[3]

אלהינו Our God and God of our fathers, forgive our wrongdoings on this (*On Shabbat:* Shabbat day and on this) Day of Atonements, on this day of pardoning of sin, on this day of holy assembly; wipe away and remove our transgressions and sins from before Your eyes, as it is stated: I, I [alone], am He who wipes away your transgressions, for My sake; your sins I will not recall.[4] And it is stated: I have wiped away your transgressions like a thick cloud, your sins like a cloud; return to Me, for I have redeemed you.[5] And it is stated: For on this day atonement shall be made for you, to purify you; you shall be cleansed of all your sins before the Lord.[6] (*On Shabbat:* Our God and God of our fathers, please find favor in our rest.) Make us holy with Your commandments and grant us our portion in Your Torah; satiate us with Your goodness and gladden our soul with Your salvation. (*On Shabbat:* Lord our God, grant as our heritage,

---

1. Daniel 9:18-19. 2. Micah 7:18-19. 3. Ibid. 7:20. 4. Isaiah 43:25. 5. Ibid. 44:22. 6. Leviticus 16:30.

בְּאַהֲבָה וּבְרָצוֹן שַׁבְּתוֹת קָדְשֶׁךָ, וְיָנוּחוּ בָם כָּל יִשְׂרָאֵל מְקַדְּשֵׁי שְׁמֶךָ)

וְטַהֵר לִבֵּנוּ לְעָבְדְּךָ בֶּאֱמֶת, כִּי אַתָּה סָלְחָן לְיִשְׂרָאֵל וּמָחֳלָן לְשִׁבְטֵי יְשֻׁרוּן בְּכָל דּוֹר וָדוֹר, וּמִבַּלְעָדֶיךָ אֵין לָנוּ מֶלֶךְ מוֹחֵל וְסוֹלֵחַ. בָּרוּךְ אַתָּה יְיָ, מֶלֶךְ מוֹחֵל וְסוֹלֵחַ לַעֲוֹנוֹתֵינוּ, וְלַעֲוֹנוֹת עַמּוֹ בֵּית יִשְׂרָאֵל, וּמַעֲבִיר אַשְׁמוֹתֵינוּ בְּכָל שָׁנָה וְשָׁנָה. מֶלֶךְ עַל כָּל הָאָרֶץ, מְקַדֵּשׁ (לשבת הַשַּׁבָּת וְ)יִשְׂרָאֵל וְיוֹם הַכִּפּוּרִים:

רְצֵה יְיָ אֱלֹהֵינוּ בְּעַמְּךָ יִשְׂרָאֵל, וְלִתְפִלָּתָם שְׁעֵה, וְהָשֵׁב הָעֲבוֹדָה לִדְבִיר בֵּיתֶךָ וְאִשֵּׁי יִשְׂרָאֵל וּתְפִלָּתָם בְּאַהֲבָה תְקַבֵּל בְּרָצוֹן, וּתְהִי לְרָצוֹן תָּמִיד עֲבוֹדַת יִשְׂרָאֵל עַמֶּךָ:

וְתֶחֱזֶינָה עֵינֵינוּ בְּשׁוּבְךָ לְצִיּוֹן בְּרַחֲמִים. בָּרוּךְ אַתָּה יְיָ, הַמַּחֲזִיר שְׁכִינָתוֹ לְצִיּוֹן:

מוֹדִים אֲנַחְנוּ לָךְ שָׁאַתָּה הוּא יְיָ אֱלֹהֵינוּ וֵאלֹהֵי אֲבוֹתֵינוּ לְעוֹלָם וָעֶד. צוּר חַיֵּינוּ מָגֵן יִשְׁעֵנוּ, אַתָּה הוּא לְדוֹר וָדוֹר. נוֹדֶה לְּךָ וּנְסַפֵּר תְּהִלָּתֶךָ, עַל חַיֵּינוּ הַמְּסוּרִים בְּיָדֶךָ, וְעַל נִשְׁמוֹתֵינוּ הַפְּקוּדוֹת לָךְ, וְעַל נִסֶּיךָ שֶׁבְּכָל יוֹם עִמָּנוּ, וְעַל נִפְלְאוֹתֶיךָ וְטוֹבוֹתֶיךָ שֶׁבְּכָל עֵת, עֶרֶב וָבֹקֶר וְצָהֳרָיִם, הַטּוֹב, כִּי לֹא כָלוּ רַחֲמֶיךָ, וְהַמְרַחֵם, כִּי לֹא תַמּוּ חֲסָדֶיךָ, כִּי מֵעוֹלָם קִוִּינוּ לָךְ:

מודים דרבנן

מוֹדִים אֲנַחְנוּ לָךְ, שָׁאַתָּה הוּא יְיָ אֱלֹהֵינוּ וֵאלֹהֵי אֲבוֹתֵינוּ. אֱלֹהֵי כָל בָּשָׂר, יוֹצְרֵנוּ יוֹצֵר בְּרֵאשִׁית, בְּרָכוֹת וְהוֹדָאוֹת לְשִׁמְךָ הַגָּדוֹל וְהַקָּדוֹשׁ עַל שֶׁהֶחֱיִיתָנוּ וְקִיַּמְתָּנוּ, כֵּן תְּחַיֵּנוּ, וּתְקַיְּמֵנוּ, וְתֶאֱסוֹף גָּלֻיּוֹתֵינוּ לְחַצְרוֹת קָדְשֶׁךָ, וְנָשׁוּב אֵלֶיךָ לִשְׁמוֹר חֻקֶּיךָ, וְלַעֲשׂוֹת רְצוֹנֶךָ, וּלְעָבְדְּךָ בְּלֵבָב שָׁלֵם, עַל שֶׁאֲנַחְנוּ מוֹדִים לָךְ, בָּרוּךְ אֵל הַהוֹדָאוֹת:

וְעַל כֻּלָּם יִתְבָּרַךְ וְיִתְרוֹמַם וְיִתְנַשֵּׂא שִׁמְךָ מַלְכֵּנוּ תָּמִיד לְעוֹלָם וָעֶד:

אָבִינוּ מַלְכֵּנוּ זְכוֹר רַחֲמֶיךָ וּכְבוֹשׁ כַּעַסְךָ וְכַלֵּה דֶבֶר וְחֶרֶב וְרָעָב וּשְׁבִי וּמַשְׁחִית וְעָוֹן וּמַגֵּפָה וּפֶגַע רָע וְכָל מַחֲלָה וְכָל תַּקָּלָה וְכָל קְטָטָה וְכָל מִינֵי פֻרְעָנִיּוֹת וְכָל גְּזֵרָה רָעָה וְשִׂנְאַת חִנָּם מֵעָלֵינוּ וּמֵעַל כָּל בְּנֵי בְרִיתֶךָ:

וּכְתוֹב לְחַיִּים טוֹבִים כָּל בְּנֵי בְרִיתֶךָ.

in love and goodwill, Your holy Shabbat days and may all Israel who sanctify Your Name rest on them.) Make our heart pure to serve You in truth, for You are the Pardoner of Israel and the Forgiver of the tribes of Yeshurun[1] in every generation, and aside from You we have no King who forgives and pardons. Blessed are You Lord, King who forgives and pardons our sins and the sins of His people, the House of Israel, and removes our trespasses each and every year; King over the whole earth, who sanctifies (*On Shabbat:* the Shabbat and) Israel and the Day of Atonements.

רצה Look with favor, Lord our God, on Your people Israel and pay heed to their prayer; restore the service to Your Sanctuary and accept with love and favor Israel's fire-offerings and prayer; and may the service of Your people Israel always find favor.

ותחזינה May our eyes behold Your return to Zion in mercy. Blessed are You Lord, who restores His Divine Presence to Zion.

מודים We thankfully acknowledge that You are the Lord our God and God of our fathers forever. You are the strength of our life, the shield of our salvation in every generation. We will give thanks to You and recount Your praise, evening, morning and noon, for our lives which are committed into Your hand, for our souls which are entrusted to You, for Your miracles which are with us daily, and for Your continual wonders and beneficences.

MODIM D'RABBANAN

[While the Chazzan recites the adjacent מודים*, the Congregation responds by saying the following in an undertone:]*

מודים We thankfully acknowledge that You are the Lord our God and God of our fathers, the God of all flesh, our Creator and the Creator of all existence. We offer blessings and thanks to Your great and holy Name, for You have given us life and sustained us; so may You continue to grant us life and sustain us — gather our dispersed to the courtyards of Your Sanctuary and we shall return to You to keep Your laws, to do Your will, and to serve You with a perfect heart — for we thankfully acknowledge You. Blessed is God, who is worthy of thanks.

You are the Beneficent One, for Your mercies never cease; and the Merciful One, for Your kindnesses never end; for we always place our hope in You.

ועל And for all these, may Your Name, our King, be continually blessed, exalted and extolled forever and all time.

אבינו Our Father, our King, remember Your compassion and suppress Your wrath, and eradicate pestilence, sword, famine, captivity, destruction, iniquity, plague, and evil occurence; and every disease, every mishap, every strife, every kind of punishment, every evil decree and groundless hatred from us and from every member of Your Covenant.

וכתוב Inscribe all the children of Your Covenant for a good life.

---

1. V. Isaiah 44:2. Deuteronomy 33:5, 26. Ramban, Deuteronomy 7:12.

וְכֹל הַחַיִּים יוֹדְוּךָ סֶּלָה וִיהַלְלוּ שִׁמְךָ הַגָּדוֹל לְעוֹלָם כִּי טוֹב הָאֵל יְשׁוּעָתֵנוּ וְעֶזְרָתֵנוּ סֶלָה, הָאֵל הַטּוֹב. בָּרוּךְ אַתָּה יְיָ, הַטּוֹב שִׁמְךָ וּלְךָ נָאֶה לְהוֹדוֹת:

אֱלֹהֵינוּ וֵאלֹהֵי אֲבוֹתֵינוּ, בָּרְכֵנוּ בַבְּרָכָה הַמְשֻׁלֶּשֶׁת, בַּתּוֹרָה הַכְּתוּבָה עַל יְדֵי מֹשֶׁה עַבְדֶּךָ, הָאֲמוּרָה מִפִּי אַהֲרֹן וּבָנָיו כֹּהֲנִים עַם קְדוֹשֶׁךָ כָּאָמוּר: יְבָרֶכְךָ יְיָ וְיִשְׁמְרֶךָ: אמן יָאֵר יְיָ פָּנָיו אֵלֶיךָ וִיחֻנֶּךָּ: אמן יִשָּׂא יְיָ פָּנָיו אֵלֶיךָ וְיָשֵׂם לְךָ שָׁלוֹם: אמן

שִׂים שָׁלוֹם, טוֹבָה וּבְרָכָה, חַיִּים חֵן וָחֶסֶד וְרַחֲמִים, עָלֵינוּ וְעַל כָּל יִשְׂרָאֵל עַמֶּךָ. בָּרְכֵנוּ אָבִינוּ כֻּלָּנוּ כְּאֶחָד, בְּאוֹר פָּנֶיךָ, כִּי בְאוֹר פָּנֶיךָ, נָתַתָּ לָּנוּ יְיָ אֱלֹהֵינוּ תּוֹרַת חַיִּים, וְאַהֲבַת חֶסֶד, וּצְדָקָה וּבְרָכָה וְרַחֲמִים וְחַיִּים וְשָׁלוֹם. וְטוֹב בְּעֵינֶיךָ לְבָרֵךְ אֶת עַמְּךָ יִשְׂרָאֵל בְּכָל עֵת וּבְכָל שָׁעָה בִּשְׁלוֹמֶךָ.

וּבְסֵפֶר חַיִּים בְּרָכָה וְשָׁלוֹם וּפַרְנָסָה טוֹבָה, יְשׁוּעָה וְנֶחָמָה וּגְזֵרוֹת טוֹבוֹת, נִזָּכֵר וְנִכָּתֵב לְפָנֶיךָ, אֲנַחְנוּ וְכָל עַמְּךָ בֵּית יִשְׂרָאֵל, לְחַיִּים טוֹבִים וּלְשָׁלוֹם: בָּרוּךְ אַתָּה יְיָ, הַמְבָרֵךְ אֶת עַמּוֹ יִשְׂרָאֵל בַּשָּׁלוֹם:

יִהְיוּ לְרָצוֹן אִמְרֵי פִי וְהֶגְיוֹן לִבִּי, לְפָנֶיךָ, יְיָ צוּרִי וְגוֹאֲלִי:

כשחל יוהכ״פ בשבת אין אומרים אבינו מלכנו

פותחין הארון. אָבִינוּ מַלְכֵּנוּ חָטָאנוּ לְפָנֶיךָ:

אָבִינוּ מַלְכֵּנוּ אֵין לָנוּ מֶלֶךְ אֶלָּא אָתָּה:

אָבִינוּ מַלְכֵּנוּ עֲשֵׂה עִמָּנוּ לְמַעַן שְׁמֶךָ:

אָבִינוּ מַלְכֵּנוּ חַדֵּשׁ עָלֵינוּ שָׁנָה טוֹבָה:

אָבִינוּ מַלְכֵּנוּ בַּטֵּל מֵעָלֵינוּ כָּל גְּזֵרוֹת קָשׁוֹת:

אָבִינוּ מַלְכֵּנוּ בַּטֵּל מַחְשְׁבוֹת שׂוֹנְאֵינוּ:

אָבִינוּ מַלְכֵּנוּ הָפֵר עֲצַת אוֹיְבֵינוּ:

אָבִינוּ מַלְכֵּנוּ כַּלֵּה כָּל צַר וּמַשְׂטִין מֵעָלֵינוּ:

אָבִינוּ מַלְכֵּנוּ סְתוֹם פִּיּוֹת מַשְׂטִינֵנוּ וּמְקַטְרִיגֵנוּ:

וכל And all living things shall forever thank You, and praise Your great Name eternally, for You are good. God, You are our everlasting salvation and help, O benevolent God. Blessed are You Lord, Beneficent is Your Name, and to You it is fitting to offer thanks.

אלהינו Our God and God of our fathers, bless us with the threefold blessing written in the Torah by Moses Your servant, and pronounced by Aaron and his sons the *Kohanim*, Your consecrated people, as it is said: The Lord bless you and guard you. (*Cong:* Amen.) The Lord make His countenance shine upon you and be gracious to you. (*Cong:* Amen.) The Lord turn His countenance toward you and grant you peace.[1] (*Cong:* Amen.)

שים Bestow peace, goodness and blessing, life, graciousness, kindness and mercy, upon us and upon all Your people Israel. Bless us, our Father, all of us as one, with the light of Your countenance. For by the light of Your countenance You gave us, Lord our God, the Torah of life and loving-kindness, righteousness, blessing, mercy, life and peace. May it be favorable in Your eyes to bless Your people Israel, at all times and at every moment, with Your peace.

ובספר And in the Book of life, blessing, peace and prosperity, deliverance, consolation and favorable decrees, may we and all Your people the House of Israel be remembered and inscribed before You for a happy life and for peace. Blessed are You Lord, who blesses His people Israel with peace.

יהיו May the words of my mouth and the meditation of my heart be acceptable before You, Lord, my Strength and my Redeemer.[2]

When Yom Kippur falls on Shabbat, אבינו מלכנו *(Our Father, our King...) is not said.*

The Ark is opened.

אבינו מלכנו Our Father, our King, we have sinned before You.

Our Father, our King, we have no King but You.

Our Father, our King, act [benevolently] with us for the sake of Your Name.

Our Father, our King, renew for us a good year.

Our Father, our King, remove from us all harsh decrees.

Our Father, our King, annul the intentions of our enemies.

Our Father, our King, foil the plans of our foes.

Our Father, our King, wipe out every oppressor and adversary from against us.

Our Father, our King, close the mouths of our adversaries and accusers.

---

1. Numbers 6:24-26. 2. Psalms 19:15.

אָבִינוּ מַלְכֵּנוּ כַּלֵּה דֶּבֶר וְחֶרֶב וְרָעָב וּשְׁבִי וּמַשְׁחִית מִבְּנֵי בְרִיתֶךָ׃

אָבִינוּ מַלְכֵּנוּ מְנַע מַגֵּפָה מִנַּחֲלָתֶךָ׃

אָבִינוּ מַלְכֵּנוּ סְלַח וּמְחוֹל לְכָל עֲוֹנוֹתֵינוּ׃

אָבִינוּ מַלְכֵּנוּ מְחֵה וְהַעֲבֵר פְּשָׁעֵינוּ מִנֶּגֶד עֵינֶיךָ׃

אָבִינוּ מַלְכֵּנוּ מְחוֹק בְּרַחֲמֶיךָ הָרַבִּים כָּל שִׁטְרֵי חוֹבוֹתֵינוּ׃

אָבִינוּ מַלְכֵּנוּ הַחֲזִירֵנוּ בִּתְשׁוּבָה שְׁלֵמָה לְפָנֶיךָ׃

אָבִינוּ מַלְכֵּנוּ שְׁלַח רְפוּאָה שְׁלֵמָה לְחוֹלֵי עַמֶּךָ׃

אָבִינוּ מַלְכֵּנוּ קְרַע רֹעַ גְּזַר דִּינֵנוּ׃

אָבִינוּ מַלְכֵּנוּ זָכְרֵנוּ בְּזִכָּרוֹן טוֹב לְפָנֶיךָ׃

אָבִינוּ מַלְכֵּנוּ כָּתְבֵנוּ בְּסֵפֶר חַיִּים טוֹבִים׃

אָבִינוּ מַלְכֵּנוּ כָּתְבֵנוּ בְּסֵפֶר גְּאֻלָּה וִישׁוּעָה׃

אָבִינוּ מַלְכֵּנוּ כָּתְבֵנוּ בְּסֵפֶר פַּרְנָסָה וְכַלְכָּלָה׃

אָבִינוּ מַלְכֵּנוּ כָּתְבֵנוּ בְּסֵפֶר זְכֻיּוֹת׃

אָבִינוּ מַלְכֵּנוּ כָּתְבֵנוּ בְּסֵפֶר סְלִיחָה וּמְחִילָה׃

אָבִינוּ מַלְכֵּנוּ הַצְמַח לָנוּ יְשׁוּעָה בְּקָרוֹב׃

אָבִינוּ מַלְכֵּנוּ הָרֵם קֶרֶן יִשְׂרָאֵל עַמֶּךָ׃

אָבִינוּ מַלְכֵּנוּ הָרֵם קֶרֶן מְשִׁיחֶךָ׃

אָבִינוּ מַלְכֵּנוּ מַלֵּא יָדֵינוּ מִבִּרְכוֹתֶיךָ׃

אָבִינוּ מַלְכֵּנוּ מַלֵּא אֲסָמֵינוּ שָׂבָע׃

אָבִינוּ מַלְכֵּנוּ שְׁמַע קוֹלֵנוּ חוּס וְרַחֵם עָלֵינוּ׃

אָבִינוּ מַלְכֵּנוּ קַבֵּל בְּרַחֲמִים וּבְרָצוֹן אֶת תְּפִלָּתֵנוּ׃

אָבִינוּ מַלְכֵּנוּ פְּתַח שַׁעֲרֵי שָׁמַיִם לִתְפִלָּתֵנוּ׃

אָבִינוּ מַלְכֵּנוּ זָכוֹר כִּי עָפָר אֲנָחְנוּ׃

אָבִינוּ מַלְכֵּנוּ נָא אַל תְּשִׁיבֵנוּ רֵיקָם מִלְּפָנֶיךָ׃

אָבִינוּ מַלְכֵּנוּ תְּהֵא הַשָּׁעָה הַזֹּאת שְׁעַת רַחֲמִים וְעֵת רָצוֹן מִלְּפָנֶיךָ׃

Our Father, our King, remove pestilence, sword, famine, captivity and destruction from the members of Your covenant.

Our Father, our King, withhold the plague from Your inheritance.

Our Father, our King, pardon and forgive all our iniquities.

Our Father, our King, blot out and remove our transgressions from before Your eyes.

Our Father, our King, erase in Your abounding mercies all the records of our debts [sins].

Our Father, our King, bring us back to You in wholehearted repentance.

Our Father, our King, send a complete healing to the sick of Your people.

Our Father, our King, rend the evil [aspect] of the verdict decreed against us.

Our Father, our King, remember us with a favorable remembrance before You.

Our Father, our King, inscribe us in the book of good life.

Our Father, our King, inscribe us in the book of redemption and deliverance.

Our Father, our King, inscribe us in the book of livelihood and sustenance.

Our Father, our King, inscribe us in the book of merits.

Our Father, our King, inscribe us in the book of pardon and forgiveness.

Our Father, our King, cause deliverance to flourish for us soon.

Our Father, our King, exalt the glory of Israel Your people.

Our Father, our King, exalt the glory of Your anointed one.

Our Father, our King, fill our hands with Your blessings.

Our Father, our King, fill our storehouses with plenty.

Our Father, our King, hear our voice, have pity and compassion upon us.

Our Father, our King, accept our prayer with mercy and with favor.

Our Father, our King, open the gates of heaven to our prayer.

Our Father, our King, let it be remembered that we are but dust.

Our Father, our King, we beseech You, do not turn us away from You empty-handed.

Our Father, our King, may this hour be an hour of mercy and a time of favor before You.

אָבִינוּ מַלְכֵּנוּ חֲמוֹל עָלֵינוּ וְעַל עוֹלָלֵינוּ וְטַפֵּנוּ:

אָבִינוּ מַלְכֵּנוּ עֲשֵׂה לְמַעַן הֲרוּגִים עַל שֵׁם קָדְשֶׁךָ:

אָבִינוּ מַלְכֵּנוּ עֲשֵׂה לְמַעַן טְבוּחִים עַל יִחוּדֶךָ:

א״מ עֲשֵׂה לְמַעַן בָּאֵי בָאֵשׁ וּבַמַּיִם עַל קִדּוּשׁ שְׁמֶךָ:

אָבִינוּ מַלְכֵּנוּ נְקוֹם נִקְמַת דַּם עֲבָדֶיךָ הַשָּׁפוּךְ:

אָבִינוּ מַלְכֵּנוּ עֲשֵׂה לְמַעַנְךָ אִם לֹא לְמַעֲנֵנוּ:

אָבִינוּ מַלְכֵּנוּ עֲשֵׂה לְמַעַנְךָ וְהוֹשִׁיעֵנוּ:

אָבִינוּ מַלְכֵּנוּ עֲשֵׂה לְמַעַן רַחֲמֶיךָ הָרַבִּים:

אָבִינוּ מַלְכֵּנוּ עֲשֵׂה לְמַעַן שִׁמְךָ הַגָּדוֹל הַגִּבּוֹר וְהַנּוֹרָא
שֶׁנִּקְרָא עָלֵינוּ:

אָבִינוּ מַלְכֵּנוּ חָנֵּנוּ וַעֲנֵנוּ כִּי אֵין בָּנוּ מַעֲשִׂים עֲשֵׂה עִמָּנוּ
צְדָקָה וָחֶסֶד וְהוֹשִׁיעֵנוּ: סוגרין הארון.

יִתְגַּדַּל וְיִתְקַדַּשׁ שְׁמֵהּ רַבָּא. אמן: בְּעָלְמָא דִּי בְרָא כִרְעוּתֵהּ וְיַמְלִיךְ מַלְכוּתֵהּ, וְיַצְמַח פּוּרְקָנֵהּ וִיקָרֵב מְשִׁיחֵהּ. אמן: בְּחַיֵּיכוֹן וּבְיוֹמֵיכוֹן וּבְחַיֵּי דְכָל בֵּית יִשְׂרָאֵל בַּעֲגָלָא וּבִזְמַן קָרִיב וְאִמְרוּ אָמֵן: יְהֵא שְׁמֵהּ רַבָּא מְבָרַךְ לְעָלַם וּלְעָלְמֵי עָלְמַיָּא. יִתְבָּרַךְ וְיִשְׁתַּבַּח וְיִתְפָּאַר וְיִתְרוֹמַם וְיִתְנַשֵּׂא וְיִתְהַדָּר וְיִתְעַלֶּה וְיִתְהַלָּל שְׁמֵהּ דְּקוּדְשָׁא בְּרִיךְ הוּא. אמן: לְעֵילָּא מִן כָּל בִּרְכָתָא וְשִׁירָתָא תֻּשְׁבְּחָתָא וְנֶחֱמָתָא דַּאֲמִירָן בְּעָלְמָא וְאִמְרוּ אָמֵן:

תִּתְקַבֵּל צְלוֹתְהוֹן וּבָעוּתְהוֹן דְּכָל בֵּית יִשְׂרָאֵל קֳדָם אֲבוּהוֹן דִּי בִשְׁמַיָּא וְאִמְרוּ אָמֵן:

יְהֵא שְׁלָמָא רַבָּא מִן־שְׁמַיָּא וְחַיִּים טוֹבִים עָלֵינוּ וְעַל־כָּל־יִשְׂרָאֵל וְאִמְרוּ אָמֵן:

עֹשֶׂה הַשָּׁלוֹם בִּמְרוֹמָיו הוּא יַעֲשֶׂה שָׁלוֹם עָלֵינוּ וְעַל־כָּל־יִשְׂרָאֵל וְאִמְרוּ אָמֵן:

Our Father, our King, have compassion upon us, and upon our infants and children.

Our Father, our King, do it for the sake of those who were slain for Your holy Name.

Our Father, our King, do it for the sake of those who were slaughtered for Your Oneness.

Our Father, our King, do it for the sake of those who went through fire and water for the sanctification of Your Name.

Our Father, our King, avenge the spilled blood of Your servants.

Our Father, our King, do it for Your sake, if not for ours.

Our Father, our King, do it for Your sake, and deliver us.

Our Father, our King, do it for the sake of Your abounding mercies.

Our Father, our King, do it for the sake of Your great, mighty and awesome Name which is proclaimed over us.

Our Father, our King, be gracious to us and answer us, for we have no meritorious deeds; deal charitably and kindly with us and deliver us. *The Ark is closed.*

The Chazzan recites Whole Kaddish:

יתגדל Exalted and hallowed be His great Name (*Cong:* Amen.) throughout the world which He has created according to His will. May He establish His kingship, bring forth His redemption and hasten the coming of His *Mashiach* (*Cong:* Amen.) in your lifetime and in your days and in the lifetime of the entire House of Israel, speedily and soon, and say, Amen. (*Cong:* Amen. May His great Name be blessed forever and to all eternity. Blessed.) May His great Name be blessed forever and to all eternity. Blessed and praised, glorified, exalted and extolled, honored, adored and lauded be the Name of the Holy One, blessed be He, (*Cong:* Amen.) beyond all the blessings, hymns, praises and consolations that are uttered in the world; and say, Amen. (*Cong:* Amen.)

May the prayers and supplications of the entire House of Israel be accepted before their Father in heaven; and say, Amen. (*Cong:* Amen.)

May there be abundant peace from heaven, and a good life for us and for all Israel; and say, Amen. (*Cong:* Amen.)

He who makes the peace in His heavens, may He make peace for us and for all Israel; and say, Amen. (*Cong:* Amen.)

לְדָוִד, יְיָ אוֹרִי וְיִשְׁעִי מִמִּי אִירָא, יְיָ מָעוֹז חַיַּי מִמִּי אֶפְחָד: בִּקְרֹב עָלַי מְרֵעִים לֶאֱכֹל אֶת בְּשָׂרִי צָרַי וְאֹיְבַי לִי, הֵמָּה כָשְׁלוּ וְנָפָלוּ: אִם תַּחֲנֶה עָלַי מַחֲנֶה לֹא יִירָא לִבִּי, אִם תָּקוּם עָלַי מִלְחָמָה, בְּזֹאת אֲנִי בוֹטֵחַ: אַחַת שָׁאַלְתִּי מֵאֵת יְיָ אוֹתָהּ אֲבַקֵּשׁ, שִׁבְתִּי בְּבֵית יְיָ כָּל יְמֵי חַיַּי, לַחֲזוֹת בְּנֹעַם יְיָ וּלְבַקֵּר בְּהֵיכָלוֹ: כִּי יִצְפְּנֵנִי בְּסֻכּוֹ בְּיוֹם רָעָה יַסְתִּרֵנִי בְּסֵתֶר אָהֳלוֹ, בְּצוּר יְרוֹמְמֵנִי: וְעַתָּה יָרוּם רֹאשִׁי עַל אֹיְבַי סְבִיבוֹתַי, וְאֶזְבְּחָה בְאָהֳלוֹ זִבְחֵי תְרוּעָה, אָשִׁירָה וַאֲזַמְּרָה לַייָ: שְׁמַע יְיָ קוֹלִי אֶקְרָא, וְחָנֵּנִי וַעֲנֵנִי: לְךָ אָמַר לִבִּי, בַּקְּשׁוּ פָנָי, אֶת פָּנֶיךָ יְיָ אֲבַקֵּשׁ: אַל תַּסְתֵּר פָּנֶיךָ מִמֶּנִּי, אַל תַּט בְּאַף עַבְדֶּךָ עֶזְרָתִי הָיִיתָ, אַל תִּטְּשֵׁנִי וְאַל תַּעַזְבֵנִי אֱלֹהֵי יִשְׁעִי: כִּי אָבִי וְאִמִּי עֲזָבוּנִי, וַייָ יַאַסְפֵנִי: הוֹרֵנִי יְיָ דַּרְכֶּךָ וּנְחֵנִי בְּאֹרַח מִישׁוֹר, לְמַעַן שׁוֹרְרָי: אַל תִּתְּנֵנִי בְּנֶפֶשׁ צָרָי, כִּי קָמוּ בִי עֵדֵי שֶׁקֶר וִיפֵחַ חָמָס: לוּלֵא הֶאֱמַנְתִּי לִרְאוֹת בְּטוּב יְיָ בְּאֶרֶץ חַיִּים: קַוֵּה אֶל יְיָ חֲזַק וְיַאֲמֵץ לִבֶּךָ, וְקַוֵּה אֶל יְיָ:

יִתְגַּדַּל וְיִתְקַדַּשׁ שְׁמֵהּ רַבָּא׳ אמן: בְּעָלְמָא דִּי בְרָא כִרְעוּתֵהּ וְיַמְלִיךְ מַלְכוּתֵהּ וְיַצְמַח פּוּרְקָנֵהּ וִיקָרֵב מְשִׁיחֵהּ׳ אמן: בְּחַיֵּיכוֹן וּבְיוֹמֵיכוֹן וּבְחַיֵּי דְכָל בֵּית יִשְׂרָאֵל בַּעֲגָלָא וּבִזְמַן קָרִיב וְאִמְרוּ אָמֵן: יְהֵא שְׁמֵהּ רַבָּא מְבָרַךְ לְעָלַם וּלְעָלְמֵי עָלְמַיָּא יִתְבָּרַךְ וְיִשְׁתַּבַּח וְיִתְפָּאַר וְיִתְרוֹמַם וְיִתְנַשֵּׂא וְיִתְהַדָּר וְיִתְעַלֶּה וְיִתְהַלָּל שְׁמֵהּ דְּקוּדְשָׁא בְּרִיךְ הוּא׳ אמן: לְעֵלָּא מִן כָּל בִּרְכָתָא וְשִׁירָתָא תֻּשְׁבְּחָתָא וְנֶחֱמָתָא דַּאֲמִירָן בְּעָלְמָא וְאִמְרוּ אָמֵן:

יְהֵא שְׁלָמָא רַבָּא מִן־שְׁמַיָּא וְחַיִּים טוֹבִים עָלֵינוּ וְעַל־כָּל־יִשְׂרָאֵל וְאִמְרוּ אָמֵן:

עֹשֶׂה הַשָּׁלוֹם בִּמְרוֹמָיו הוּא יַעֲשֶׂה שָׁלוֹם עָלֵינוּ וְעַל־כָּל־יִשְׂרָאֵל וְאִמְרוּ אָמֵן:

לדוד By David. The Lord is my light and my salvation — whom shall I fear? The Lord is the strength of my life — whom shall I dread? When evildoers approached me to devour my flesh, my oppressors and my foes, they stumbled and fell. If an army were to beleaguer me, my heart would not fear; if war were to arise against me, in this[1] I trust. One thing I have asked of the Lord, this I seek, that I may dwell in the House of the Lord all the days of my life, to behold the pleasantness of the Lord, and to visit in His Sanctuary. For He will hide me in His tabernacle on a day of adversity; He will conceal me in the hidden places of His tent; He will lift me upon a rock. And then my head will be raised above my enemies around me, and I will offer in His tabernacle sacrifices of jubilation; I will sing and chant to the Lord. Lord, hear my voice as I call; be gracious to me and answer me. In Your behalf my heart says, "Seek My countenance;" Your countenance, Lord, I seek. Do not conceal Your countenance from me; do not cast aside Your servant in wrath; You have been my help; do not abandon me nor forsake me, God of my deliverance. Though my father and mother have forsaken me, the Lord has taken me in. Lord, teach me Your way and lead me in the path of righteousness because of my watchful enemies. Do not give me over to the will of my oppressors, for there have risen against me false witnesses and they speak evil. [They would have crushed me] had I not believed that I would see the goodness of the Lord in the land of the living. Hope in the Lord, be strong and let your heart be valiant, and hope in the Lord.[2]

MOURNER'S KADDISH

יתגדל Exalted and hallowed be His great Name (*Cong:* Amen.) throughout the world which He has created according to His will. May He establish His kingship, bring forth His redemption and hasten the coming of His *Mashiach* (*Cong:* Amen.) in your lifetime and in your days and in the lifetime of the entire House of Israel, speedily and soon, and say, Amen. (*Cong:* Amen. May His great Name be blessed forever and to all eternity. Blessed.) May His great Name be blessed forever and to all eternity. Blessed and praised, glorified, exalted and extolled, honored, adored and lauded be the Name of the Holy One, blessed be He, (*Cong:* Amen.) beyond all the blessings, hymns, praises and consolations that are uttered in the world; and say, Amen. (*Cong:* Amen.)

May there be abundant peace from heaven, and a good life for us and for all Israel; and say, Amen. (*Cong:* Amen.)

He who makes the peace in His heavens, may He make peace for us and for all Israel; and say, Amen. (*Cong:* Amen.)

---

1. I.e., that "the Lord is my light and my salvation," etc. 2. Psalm 27.

תפלת נעילה

פתיחת הארון, ונשאר פתוח עד אחרי כל התפלה.

אַשְׁרֵי יוֹשְׁבֵי בֵיתֶךָ עוֹד יְהַלְלוּךָ סֶּלָה: אַשְׁרֵי הָעָם שֶׁכָּכָה לּוֹ
אַשְׁרֵי הָעָם שֶׁיְהוָֹה אֱלֹהָיו: א תְּהִלָּה לְדָוִד אֲרוֹמִמְךָ
אֱלוֹהַי הַמֶּלֶךְ וַאֲבָרְכָה שִׁמְךָ לְעוֹלָם וָעֶד: ב בְּכָל־יוֹם אֲבָרְכֶךָּ
וַאֲהַלְלָה שִׁמְךָ לְעוֹלָם וָעֶד: ג גָּדוֹל יְהוָֹה וּמְהֻלָּל מְאֹד וְלִגְדֻלָּתוֹ
אֵין חֵקֶר: ד דּוֹר לְדוֹר יְשַׁבַּח מַעֲשֶׂיךָ וּגְבוּרֹתֶיךָ יַגִּידוּ: ה הֲדַר
כְּבוֹד הוֹדֶךָ וְדִבְרֵי נִפְלְאוֹתֶיךָ אָשִׂיחָה: ו וֶעֱזוּז נוֹרְאוֹתֶיךָ יֹאמֵרוּ
וּגְדֻלּוֹתֶךָ (וגדלתך ק) אֲסַפְּרֶנָּה: ז זֵכֶר רַב־טוּבְךָ יַבִּיעוּ וְצִדְקָתְךָ
יְרַנֵּנוּ: ח חַנּוּן וְרַחוּם יְהוָֹה אֶרֶךְ אַפַּיִם וּגְדָל־(וגדל ק) חָסֶד:
ט טוֹב־יְהוָֹה לַכֹּל וְרַחֲמָיו עַל־כָּל־מַעֲשָׂיו: י יוֹדוּךָ יְהוָֹה כָּל־
מַעֲשֶׂיךָ וַחֲסִידֶיךָ יְבָרְכוּכָה: יא כְּבוֹד מַלְכוּתְךָ יֹאמֵרוּ וּגְבוּרָתְךָ
יְדַבֵּרוּ: יב לְהוֹדִיעַ לִבְנֵי הָאָדָם גְּבוּרֹתָיו וּכְבוֹד הֲדַר מַלְכוּתוֹ:
יג מַלְכוּתְךָ מַלְכוּת כָּל־עֹלָמִים וּמֶמְשַׁלְתְּךָ בְּכָל־דּוֹר וָדֹר:
יד סוֹמֵךְ יְהוָֹה לְכָל־הַנֹּפְלִים וְזוֹקֵף לְכָל־הַכְּפוּפִים: טו עֵינֵי כֹל
אֵלֶיךָ יְשַׂבֵּרוּ וְאַתָּה נוֹתֵן־לָהֶם אֶת־אָכְלָם בְּעִתּוֹ: טז פּוֹתֵחַ אֶת־
יָדֶךָ וּמַשְׂבִּיעַ לְכָל־חַי רָצוֹן: יז צַדִּיק יְהוָֹה בְּכָל־דְּרָכָיו וְחָסִיד
בְּכָל־מַעֲשָׂיו: יח קָרוֹב יְהוָֹה לְכָל־קֹרְאָיו לְכֹל אֲשֶׁר יִקְרָאֻהוּ
בֶאֱמֶת: יט רְצוֹן־יְרֵאָיו יַעֲשֶׂה וְאֶת־שַׁוְעָתָם יִשְׁמַע וְיוֹשִׁיעֵם:
כ שׁוֹמֵר יְהוָֹה אֶת־כָּל־אֹהֲבָיו וְאֵת כָּל־הָרְשָׁעִים יַשְׁמִיד:
כא תְּהִלַּת יְהוָֹה יְדַבֶּר־פִּי וִיבָרֵךְ כָּל־בָּשָׂר שֵׁם קָדְשׁוֹ לְעוֹלָם וָעֶד:
וַאֲנַחְנוּ | נְבָרֵךְ יָהּ מֵעַתָּה וְעַד־עוֹלָם הַלְלוּיָהּ:

וּבָא לְצִיּוֹן גּוֹאֵל וּלְשָׁבֵי פֶשַׁע בְּיַעֲקֹב נְאֻם יְהוָֹה: וַאֲנִי זֹאת בְּרִיתִי אוֹתָם אָמַר יְהוָֹה רוּחִי אֲשֶׁר עָלֶיךָ וּדְבָרַי אֲשֶׁר־שַׂמְתִּי בְּפִיךָ לֹא־יָמוּשׁוּ מִפִּיךָ וּמִפִּי זַרְעֲךָ וּמִפִּי זֶרַע זַרְעֲךָ אָמַר יְהוָֹה מֵעַתָּה וְעַד עוֹלָם: וְאַתָּה קָדוֹשׁ יוֹשֵׁב תְּהִלּוֹת יִשְׂרָאֵל: וְקָרָא זֶה אֶל־זֶה וְאָמַר קָדוֹשׁ | קָדוֹשׁ קָדוֹשׁ יְהוָֹה צְבָאוֹת מְלֹא כָל־הָאָרֶץ כְּבוֹדוֹ: וּמְקַבְּלִין דֵּין מִן־דֵּין וְאָמְרִין

The Ark is opened and remains open until after the Ne'ilah Prayer.

אשרי Happy are those who dwell in Your House; they will yet praise You forever.[1] Happy is the people whose lot is thus; happy is the people whose God is the Lord.[2] A Psalm of praise by David: I will exalt You, my God the King, and bless Your Name forever. Every day I will bless You, and extol Your Name forever. The Lord is great and exceedingly exalted, and there is no limit to His greatness. One generation to another will laud Your works, and tell of Your mighty acts. I will speak of the splendor of Your glorious majesty and of Your wondrous deeds. They will proclaim the might of Your awesome acts, and I will recount Your greatness. They will express the remembrance of Your abounding goodness, and sing of Your righteousness. The Lord is gracious and compassionate, slow to anger and of great kindness. The Lord is good to all, and His mercies extend over all His works. Lord, all Your works will give thanks to You, and Your pious ones will bless You. They will declare the glory of Your kingdom, and tell of Your strength. To make known to men His mighty acts, and the glorious majesty of His kingdom. Your kingship is a kingship over all worlds, and Your dominion is throughout all generations. The Lord supports all who fall, and makes erect all who are bent. The eyes of all look expectantly to You, and You give them their food at the proper time. You open Your hand and satisfy the desire of every living thing. The Lord is righteous in all His ways, and benevolent in all His deeds. The Lord is close to all who call upon Him, to all who call upon Him in truth. He fulfills the desire of those who fear Him, hears their cry and delivers them. The Lord watches over all who love Him, and will destroy all the wicked. My mouth will utter the praise of the Lord, and let all flesh bless His holy Name forever.[3] And we will bless the Lord from now to eternity. Praise the Lord.[4]

ובא And a redeemer shall come to Zion and to those in Jacob who repent of [their] transgression, says the Lord. And as for Me, this is My convenant with them, says the Lord: My spirit which is upon you and My words which I have put in your mouth shall not depart from your mouth, nor from the mouth of your children, nor from the mouth of your children's children, declares the Lord, from now to eternity.[5] And You, holy One, are enthroned upon the praises of Israel.[6] And [the angels] call to one another and say, "Holy, holy, holy is the Lord of hosts; the whole earth is full of His glory."[7] And they receive [sanction] one from the other, and say,

1. Psalms 84:5. 2. Ibid. 144:15. 3. Ibid. 145. 4. Ibid. 115:18. 5. Isaiah 59:20-21. 6. Psalms 22:4. 7. Isaiah 6:3.

קַדִּישׁ בִּשְׁמֵי מְרוֹמָא עִלָּאָה בֵּית שְׁכִינְתֵּהּ קַדִּישׁ עַל־אַרְעָא עוֹבַד גְּבוּרְתֵּהּ קַדִּישׁ לְעָלַם וּלְעָלְמֵי עָלְמַיָּא יְהֹוָה צְבָאוֹת מַלְיָא כָל־אַרְעָא זִיו יְקָרֵהּ: וַתִּשָּׂאֵנִי רוּחַ וָאֶשְׁמַע אַחֲרַי קוֹל רַעַשׁ גָּדוֹל בָּרוּךְ כְּבוֹד־יְהֹוָה מִמְּקוֹמוֹ: וּנְטָלַתְנִי (נ״א וּנְטָלַתְנִי) רוּחָא וּשְׁמָעִית בַּתְרַי קָל זִיעַ סַגִּיא דִּמְשַׁבְּחִין וְאָמְרִין בְּרִיךְ יְקָרָא דַּיהֹוָה מֵאֲתַר בֵּית שְׁכִינְתֵּהּ: יְהֹוָה | יִמְלֹךְ לְעֹלָם וָעֶד: יְהֹוָה מַלְכוּתֵהּ קָאֵם לְעָלַם וּלְעָלְמֵי עָלְמַיָּא: יְהֹוָה אֱלֹהֵי אַבְרָהָם יִצְחָק וְיִשְׂרָאֵל אֲבוֹתֵינוּ שָׁמְרָה־זֹּאת לְעוֹלָם לְיֵצֶר מַחְשְׁבוֹת לְבַב עַמֶּךָ וְהָכֵן לְבָבָם אֵלֶיךָ: וְהוּא רַחוּם | יְכַפֵּר עָוֹן וְלֹא־יַשְׁחִית וְהִרְבָּה לְהָשִׁיב אַפּוֹ וְלֹא־יָעִיר כָּל־חֲמָתוֹ: כִּי־אַתָּה אֲדֹנָי טוֹב וְסַלָּח וְרַב־חֶסֶד לְכָל־קֹרְאֶיךָ: צִדְקָתְךָ צֶדֶק לְעוֹלָם וְתוֹרָתְךָ אֱמֶת. תִּתֵּן אֱמֶת לְיַעֲקֹב חֶסֶד לְאַבְרָהָם אֲשֶׁר־נִשְׁבַּעְתָּ לַאֲבֹתֵינוּ מִימֵי קֶדֶם: בָּרוּךְ אֲדֹנָי יוֹם | יוֹם יַעֲמָס־לָנוּ הָאֵל יְשׁוּעָתֵנוּ סֶלָה: יְהֹוָה צְבָאוֹת עִמָּנוּ מִשְׂגָּב־לָנוּ אֱלֹהֵי יַעֲקֹב סֶלָה: יְהֹוָה צְבָאוֹת אַשְׁרֵי אָדָם בֹּטֵחַ בָּךְ: יְהֹוָה הוֹשִׁיעָה הַמֶּלֶךְ יַעֲנֵנוּ בְיוֹם־קָרְאֵנוּ: בָּרוּךְ הוּא אֱלֹהֵינוּ שֶׁבְּרָאָנוּ לִכְבוֹדוֹ וְהִבְדִּילָנוּ מִן הַתּוֹעִים וְנָתַן לָנוּ תּוֹרַת אֱמֶת וְחַיֵּי עוֹלָם נָטַע בְּתוֹכֵנוּ הוּא יִפְתַּח לִבֵּנוּ בְּתוֹרָתוֹ וְיָשֵׂם בְּלִבֵּנוּ אַהֲבָתוֹ וְיִרְאָתוֹ וְלַעֲשׂוֹת רְצוֹנוֹ וּלְעָבְדוֹ בְּלֵבָב שָׁלֵם לְמַעַן לֹא נִיגַע לָרִיק וְלֹא נֵלֵד לַבֶּהָלָה: וּבְכֵן יְהִי רָצוֹן מִלְּפָנֶיךָ יְהֹוָה אֱלֹהֵינוּ וֵאלֹהֵי אֲבוֹתֵינוּ שֶׁנִּשְׁמוֹר חֻקֶּיךָ בָּעוֹלָם הַזֶּה וְנִזְכֶּה וְנִחְיֶה וְנִרְאֶה וְנִירַשׁ טוֹבָה וּבְרָכָה לִשְׁנֵי יְמוֹת

"Holy in the loftiest, most sublime heavens, the abode of His Divine Presence; holy upon earth, the work of His might; holy forever and to all eternity — is the Lord of hosts; the whole earth is filled with the radiance of His glory."[1] And a wind lifted me, and I heard behind me a great, roaring sound, "Blessed be the glory of the Lord from its place."[2] And a wind lifted me, and I heard behind me a mighty, thunderous sound of those who utter praises and say, "Blessed be the glory of the Lord from the place, the abode of His Divine Presence."[1] The Lord will reign forever and ever.[3] The sovereignty of the Lord is established forever and to all eternity.[4] Lord, God of Abraham, Isaac and Israel our fathers, keep this forever as the desire, the intention, of the hearts of Your people, and turn their hearts to You.[5] And He, being compassionate, pardons iniquity, and does not destroy; time and again He turns away His anger, and does not arouse all His wrath.[6] For You, my Lord, are good and forgiving, and abounding in kindness to all who call upon You.[7] Your righteousness is everlasting righteousness; Your Torah is truth.[8] You grant truth to Jacob, kindness to Abraham, as You have sworn to our fathers from the days of yore.[9] Blessed is the Lord who each day loads us [with beneficence], the God who is our deliverance forever.[10] The Lord of hosts is with us; the God of Jacob is our eternal stronghold.[11] Lord of hosts, happy is the man who trusts in You.[12] Lord, deliver us; may the King answer us on the day we call.[13] Blessed is He, our God, who has created us for His glory, and has set us apart from those who go astray, and has given us the Torah of truth and implanted within us eternal life. May He open our heart to His Torah, instill in our heart love and awe of Him, and [inspire us] to do His will and serve Him with a perfect heart, so that we shall not labor in vain, nor produce [that which will cause] dismay. And so, may it be Your will, Lord our God and God of our fathers, that we observe Your statutes in this world, and merit to live, to behold, and to inherit the goodness and blessing of the Messianic era

1. This sentence is the paraphrase of the preceding Scriptural verse in Targum Yonatan. 2. Ezekiel 3:12. 3. Exodus 15:18. 4. This sentence is the paraphrase of the preceding Biblical verse in Targum Onkelos. 5. I Chronicles 29:18. 6. Psalms 78:38. 7. Ibid. 86:5. 8. Ibid. 119:142. 9. Micah 7:20. 10. Psalms 68:20. 11. Ibid. 46:8. 12. Ibid. 84:13. 13. Ibid. 20:10.

הַמָּשִׁיחַ וּלְחַיֵּי הָעוֹלָם הַבָּא: לְמַעַן יְזַמֶּרְךָ כָבוֹד וְלֹא יִדֹּם יְהוָה אֱלֹהַי לְעוֹלָם אוֹדֶךָּ: בָּרוּךְ הַגֶּבֶר אֲשֶׁר יִבְטַח בַּיהוָה וְהָיָה יְהוָה מִבְטַחוֹ: בִּטְחוּ בַיהוָה עֲדֵי עַד כִּי בְּיָהּ יְהוָה צוּר עוֹלָמִים: וְיִבְטְחוּ בְךָ יוֹדְעֵי שְׁמֶךָ כִּי לֹא־עָזַבְתָּ דֹּרְשֶׁיךָ יְהוָה: יְהוָה חָפֵץ לְמַעַן צִדְקוֹ יַגְדִּיל תּוֹרָה וְיַאְדִּיר:

יִתְגַּדַּל וְיִתְקַדַּשׁ שְׁמֵהּ רַבָּא · אמן: בְּעָלְמָא דִּי־בְרָא כִרְעוּתֵהּ וְיַמְלִיךְ מַלְכוּתֵהּ וְיַצְמַח פּוּרְקָנֵהּ וִיקָרֵב מְשִׁיחֵהּ · אמן: בְּחַיֵּיכוֹן וּבְיוֹמֵיכוֹן וּבְחַיֵּי דְכָל בֵּית יִשְׂרָאֵל בַּעֲגָלָא וּבִזְמַן קָרִיב וְאִמְרוּ אָמֵן: יְהֵא שְׁמֵהּ רַבָּא מְבָרַךְ לְעָלַם וּלְעָלְמֵי עָלְמַיָּא יִתְבָּרַךְ וְיִשְׁתַּבַּח וְיִתְפָּאַר וְיִתְרוֹמַם וְיִתְנַשֵּׂא וְיִתְהַדָּר וְיִתְעַלֶּה וְיִתְהַלָּל שְׁמֵהּ דְּקוּדְשָׁא בְּרִיךְ הוּא · אמן: לְעֵלָּא וּלְעֵילָא מִכָּל־בִּרְכָתָא וְשִׁירָתָא תֻּשְׁבְּחָתָא וְנֶחֱמָתָא דַּאֲמִירָן בְּעָלְמָא וְאִמְרוּ אָמֵן:

אֲדֹנָי שְׂפָתַי תִּפְתָּח וּפִי יַגִּיד תְּהִלָּתֶךָ:

בָּרוּךְ אַתָּה יְהוָה אֱלֹהֵינוּ וֵאלֹהֵי אֲבוֹתֵינוּ אֱלֹהֵי אַבְרָהָם אֱלֹהֵי יִצְחָק וֵאלֹהֵי יַעֲקֹב הָאֵל הַגָּדוֹל הַגִּבּוֹר וְהַנּוֹרָא · אֵל עֶלְיוֹן · גּוֹמֵל חֲסָדִים טוֹבִים · קוֹנֵה הַכֹּל · וְזוֹכֵר חַסְדֵי אָבוֹת וּמֵבִיא גוֹאֵל לִבְנֵי בְנֵיהֶם לְמַעַן שְׁמוֹ בְּאַהֲבָה:

זָכְרֵנוּ לְחַיִּים מֶלֶךְ חָפֵץ בַּחַיִּים וְחָתְמֵנוּ בְּסֵפֶר הַחַיִּים לְמַעַנְךָ אֱלֹהִים חַיִּים:

מֶלֶךְ עוֹזֵר וּמוֹשִׁיעַ וּמָגֵן: בָּרוּךְ אַתָּה יְהוָה מָגֵן אַבְרָהָם:

אַתָּה גִבּוֹר לְעוֹלָם אֲדֹנָי מְחַיֵּה מֵתִים אַתָּה רַב לְהוֹשִׁיעַ מוֹרִיד הַטָּל: מְכַלְכֵּל חַיִּים בְּחֶסֶד מְחַיֵּה מֵתִים בְּרַחֲמִים רַבִּים סוֹמֵךְ נוֹפְלִים וְרוֹפֵא חוֹלִים וּמַתִּיר אֲסוּרִים וּמְקַיֵּם אֱמוּנָתוֹ לִישֵׁנֵי עָפָר · מִי כָמוֹךָ בַּעַל גְּבוּרוֹת וּמִי דּוֹמֶה לָּךְ מֶלֶךְ מֵמִית וּמְחַיֶּה וּמַצְמִיחַ יְשׁוּעָה:

מִי כָמוֹךָ אַב הָרַחֲמִים זוֹכֵר יְצוּרָיו לְחַיִּים בְּרַחֲמִים:

וְנֶאֱמָן אַתָּה לְהַחֲיוֹת מֵתִים: בָּרוּךְ אַתָּה יְהוָה מְחַיֵּה הַמֵּתִים:

אַתָּה קָדוֹשׁ וְשִׁמְךָ קָדוֹשׁ וּקְדוֹשִׁים בְּכָל־יוֹם יְהַלְלוּךָ סֶּלָה:

לְדוֹר וָדוֹר הַמְלִיכוּ לָאֵל כִּי הוּא לְבַדּוֹ מָרוֹם וְקָדוֹשׁ:

and the life of the World to Come. Therefore my soul shall sing to You, and not be silent; Lord my God, I will praise You forever.[1] Blessed is the man who trusts in the Lord, and the Lord will be his security.[2] Trust in the Lord forever and ever, for in God the Lord is the strength of the worlds.[3] Those who know Your Name put their trust in You, for You, Lord have not abandoned those who seek You.[4] The Lord desired, for the sake of his [Israel's] righteousness, to make the Torah great and glorious.[5]

יתגדל Exalted and hallowed be His great Name (*Cong:* Amen.) throughout the world which He has created according to His will. May He establish His kingship, bring forth His redemption and hasten the coming of His *Mashiach* (*Cong:* Amen.) in your lifetime and in your days and in the lifetime of the entire House of Israel, speedily and soon, and say, Amen. (*Cong:* Amen. May His great Name be blessed forever and to all eternity. Blessed.) May His great Name be blessed forever and to all eternity. Blessed and praised, glorified, exalted and extolled, honored, adored and lauded be the Name of the Holy One, blessed be He, (*Cong:* Amen.) above and beyond all the blessings, hymns, praises and consolations that are uttered in the world; and say, Amen. (*Cong:* Amen.)

AMIDAH

אדני My Lord, open my lips, and my mouth shall declare Your praise.[6]

ברוך Blessed are You, Lord our God and God of our fathers, God of Abraham, God of Isaac and God of Jacob, the great, mighty and awesome God, exalted God, who bestows bountiful kindness, who creates all things, who remembers the piety of the Patriarchs, and who, in love, brings a redeemer to their children's children, for the sake of His Name.

זכרנו Remember us for life, King who desires life; seal us in the Book of Life, for Your sake, O living God.

מלך O King, [You are] a helper, a savior and a shield. Blessed are You Lord, Shield of Abraham.

אתה You are mighty forever, my Lord; You resurrect the dead; You are powerful to save. You cause the dew to descend.

מכלכל He sustains the living with lovingkindness, resurrects the dead with great mercy, supports the falling, heals the sick, releases the bound, and fulfills His trust to those who sleep in the dust. Who is like You, mighty One! And who can be compared to You, King, who brings death and restores life, and causes deliverance to spring forth!

מי Who is like You, All-Merciful Father, who in compassion remembers His creatures for life.

ונאמן You are trustworthy to revive the dead. Blessed are You Lord, who revives the dead.

אתה You are holy and Your Name is holy, and holy beings praise You daily for all eternity.

לדור Through all generations proclaim the kingship of God, for He alone is exalted and holy.

---

1. Psalms 30:13. 2. Jeremiah 17:7. 3. Isaiah 26:4. 4. Psalms 9:11. 5. Isaiah 42:21.
6. Psalms 51:17.

וּבְכֵן יִתְקַדַּשׁ שִׁמְךָ יְהֹוָה אֱלֹהֵינוּ עַל יִשְׂרָאֵל עַמֶּךָ וְעַל יְרוּשָׁלַיִם
עִירֶךָ וְעַל צִיּוֹן מִשְׁכַּן כְּבוֹדֶךָ וְעַל מַלְכוּת בֵּית דָּוִד
מְשִׁיחֶךָ וְעַל מְכוֹנְךָ וְהֵיכָלֶךָ׃

וּבְכֵן תֵּן פַּחְדְּךָ יְהֹוָה אֱלֹהֵינוּ עַל כָּל־מַעֲשֶׂיךָ · וְאֵימָתְךָ עַל כָּל
מַה־שֶּׁבָּרָאתָ · וְיִירָאוּךָ כָּל־הַמַּעֲשִׂים וְיִשְׁתַּחֲווּ לְפָנֶיךָ כָּל־
הַבְּרוּאִים · וְיֵעָשׂוּ כֻלָּם אֲגֻדָּה אַחַת · לַעֲשׂוֹת רְצוֹנְךָ בְּלֵבָב שָׁלֵם ·
שֶׁיָּדַעְנוּ יְהֹוָה אֱלֹהֵינוּ שֶׁהַשִּׁלְטָן לְפָנֶיךָ · עֹז בְּיָדְךָ וּגְבוּרָה בִּימִינֶךָ ·
וְשִׁמְךָ נוֹרָא עַל כָּל מַה־שֶּׁבָּרָאתָ׃

וּבְכֵן תֵּן כָּבוֹד יְהֹוָה לְעַמֶּךָ תְּהִלָּה לִירֵאֶיךָ · וְתִקְוָה טוֹבָה
לְדוֹרְשֶׁיךָ · וּפִתְחוֹן פֶּה לַמְיַחֲלִים לָךְ שִׂמְחָה לְאַרְצֶךָ ·
וְשָׂשׂוֹן לְעִירֶךָ · וּצְמִיחַת קֶרֶן לְדָוִד עַבְדֶּךָ וַעֲרִיכַת נֵר לְבֶן־יִשַׁי
מְשִׁיחֶךָ בִּמְהֵרָה בְיָמֵינוּ׃

וּבְכֵן צַדִּיקִים יִרְאוּ וְיִשְׂמָחוּ · וִישָׁרִים יַעֲלֹזוּ · וַחֲסִידִים בְּרִנָּה
יָגִילוּ · וְעוֹלָתָה תִּקְפָּץ־פִּיהָ וְהָרִשְׁעָה כֻּלָּהּ כֶּעָשָׁן תִּכְלֶה ·
כִּי תַעֲבִיר מֶמְשֶׁלֶת זָדוֹן מִן הָאָרֶץ׃

וְתִמְלוֹךְ אַתָּה הוּא יְהֹוָה אֱלֹהֵינוּ לְבַדֶּךָ · עַל כָּל־מַעֲשֶׂיךָ ·
בְּהַר צִיּוֹן מִשְׁכַּן כְּבוֹדֶךָ · וּבִירוּשָׁלַיִם עִיר קָדְשֶׁךָ ·
כַּכָּתוּב בְּדִבְרֵי קָדְשֶׁךָ יִמְלֹךְ יְהֹוָה לְעוֹלָם אֱלֹהַיִךְ צִיּוֹן לְדֹר
וָדֹר הַלְלוּיָהּ׃

קָדוֹשׁ אַתָּה וְנוֹרָא שְׁמֶךָ · וְאֵין אֱלוֹהַּ מִבַּלְעָדֶיךָ · כַּכָּתוּב וַיִּגְבַּהּ
יְהֹוָה צְבָאוֹת בַּמִּשְׁפָּט וְהָאֵל הַקָּדוֹשׁ נִקְדַּשׁ בִּצְדָקָה׃ בָּרוּךְ
אַתָּה יְהֹוָה הַמֶּלֶךְ הַקָּדוֹשׁ׃

**אַתָּה בְחַרְתָּנוּ מִכָּל־הָעַמִּים · אָהַבְתָּ אוֹתָנוּ וְרָצִיתָ
בָּנוּ · וְרוֹמַמְתָּנוּ מִכָּל־הַלְּשׁוֹנוֹת וְקִדַּשְׁתָּנוּ
בְּמִצְוֹתֶיךָ · וְקֵרַבְתָּנוּ מַלְכֵּנוּ לַעֲבוֹדָתֶךָ וְשִׁמְךָ הַגָּדוֹל
וְהַקָּדוֹשׁ עָלֵינוּ קָרָאתָ׃**

וַתִּתֶּן־לָנוּ יְהֹוָה אֱלֹהֵינוּ בְּאַהֲבָה אֶת־יוֹם (השבת הזה ואת יום)
הַכִּפֻּרִים הַזֶּה אֶת־יוֹם סְלִיחַת הֶעָוֹן הַזֶּה אֶת־

ובכן And thus shall Your Name, Lord our God, be sanctified upon Israel Your people, upon Jerusalem Your city, upon Zion the abode of Your glory, upon the kingship of the house of David Your anointed, and upon Your dwelling-place and Your sanctuary.

ובכן And so, Lord our God, instill fear of You upon all that You have made, and dread of You upon all that You have created; and [then] all works will be in awe of You, all the created beings will prostrate themselves before You, and they all will form a single band to carry out Your will with a perfect heart. For we know, Lord our God, that rulership is Yours, strength is in Your [left] hand, might is in Your right hand, and Your Name is awesome over all that You have created.

ובכן And so, Lord our God, grant honor to Your people, glory to those who fear You, good hope to those who seek You, confident speech to those who yearn for You, joy to Your land, gladness to Your city, a flourishing of strength to David Your servant, and a setting up of light to the son of Yishai Your anointed, speedily in our days.

ובכן And then the righteous will see and be glad, the upright will rejoice, and the pious will exult in song; injustice will shut its mouth and all wickedness will go up in smoke, when You will remove the rule of evil from the earth.

ותמלוך Lord our God, You are He who alone will reign over all Your works, in Mount Zion the abode of Your glory, in Jerusalem Your holy city, as it is written in Your holy Scriptures: The Lord shall reign forever; your God, O Zion, throughout all generations; praise the Lord.[1]

קדוש Holy are You, awesome is Your Name, and aside from You there is no God, as it is written: The Lord of hosts is exalted in justice and the holy God is sanctified in righteousness.[2] Blessed are You Lord, the holy King.

אתה You have chosen us from among all the nations; You have loved us and found favor with us. You have raised us above all tongues and made us holy through Your commandments. You, our King, have drawn us near to Your service and proclaimed Your great and holy Name upon us.

ותתן And You, Lord our God, have given us in love (*On Shabbat:* this Shabbat day and) this Day of Atonements, this day of pardoning of sin, this day of

1. Psalms 146:10. 2. Isaiah 5:16.

יום מקרא קדש הזה (לקדושה ולמנוחה) למחילה ולסליחה ולכפרה ולמחל-בו את-כל-עונתינו (באהבה) מקרא קדש זכר ליציאת מצרים:

אלהינו ואלהי אבותינו יעלה ויבא ויגיע ויראה וירצה וישמע ויפקד ויזכר זכרוננו ופקדוננו וזכרון אבותינו וזכרון משיח בן-דוד עבדך וזכרון ירושלים עיר קדשך וזכרון כל-עמך בית ישראל לפניך לפליטה לטובה לחן ולחסד ולרחמים ולחיים טובים ולשלום ביום (בשבת השבת הזה וביום) הכפרים הזה ביום סליחת העון הזה ביום מקרא קדש הזה זכרנו יהוה אלהינו בו לטובה ופקדנו בו לברכה והושיענו בו לחיים טובים ובדבר ישועה ורחמים חוס וחננו ורחם עלינו והושיענו כי אליך עינינו כי אל מלך חנון ורחום אתה:

אלהינו ואלהי אבותינו מחול | לעונותינו ביום (השבת הזה וביום) הכפרים הזה ביום סליחת העון הזה ביום מקרא קדש הזה מחה והעבר פשעינו וחטאתינו מנגד עיניך כאמור: אנכי אנכי הוא מחה פשעיך למעני וחטאתיך לא-אזכר: ונאמר מחיתי כעב פשעיך וכענן חטאתיך שובה אלי כי גאלתיך: ונאמר כי ביום הזה יכפר עליכם לטהר אתכם מכל חטאתיכם לפני יהוה תטהרו: (בשבת אלהינו ואלהי אבותינו רצה נא במנוחתנו) קדשנו במצותיך ותן חלקנו בתורתך שבענו מטובך ושמח נפשנו בישועתך (והנחילנו יהוה אלהינו באהבה וברצון שבת קדשך וינוחו בו כל-ישראל מקדשי שמך) וטהר לבנו לעבדך באמת כי אתה סלחן לישראל ומחלן לשבטי ישרון בכל-דור ודור ומבלעדיך אין לנו מלך מוחל וסולח: ברוך אתה יהוה מלך מוחל וסולח לעונותינו ולעונות עמו בית ישראל ומעביר אשמותינו בכל-שנה ושנה מלך על כל-הארץ מקדש (השבת ו) ישראל ויום הכפרים:

*) לכאורה, כמו במנחה, צ״ל בנעילה: שבתות.. בם. וצ״ע. המו״ל.

holy assembly (*On Shabbat:* for sanctity and tranquility,) for forgiveness, pardon, and atonement, to forgive thereon all our wrongdoings, (*On Shabbat:* in love,) a holy assembly, commemorating the Exodus from Egypt.

אלהינו Our God and God of our fathers, may there ascend, come and reach, be seen, accepted, and heard, recalled and remembered before You, the remembrance and recollection of us, the remembrance of our fathers, the remembrance of *Mashiach* the son of David Your servant, the remembrance of Jerusalem Your holy city, and the remembrance of all Your people the House of Israel, for deliverance, well-being, grace, kindness, mercy, good life and peace, on this (*On Shabbat:* Shabbat day and this) Day of Atonements, on this day of pardoning of sin, on this day of holy assembly. Remember us on this [day], Lord our God, for good; be mindful of us on this [day] for blessing; help us on this [day] for good life. With the promise of deliverance and compassion, spare us and be gracious to us; have mercy upon us and deliver us; for our eyes are directed to You, for You, God, are a gracious and merciful King.

אלהינו Our God and God of our fathers, forgive our wrongdoings on this (*On Shabbat:* Shabbat day and on this) Day of Atonements, on this day of pardoning of sin, on this day of holy assembly; wipe away and remove our transgressions and sins from before Your eyes, as it is stated: I, I [alone], am He who wipes away your transgressions, for My sake; your sins I will not recall.[1] And it is stated: I have wiped away your transgressions like a thick cloud, your sins like a cloud; return to Me, for I have redeemed you.[2] And it is stated: For on this day atonement shall be made for you, to purify you; you shall be cleansed of all your sins before the Lord.[3] (*On Shabbat:* Our God and God of our fathers, please find favor in our rest.) Make us holy with Your commandments and grant us our portion in Your Torah; satiate us with Your goodness and gladden our soul with Your salvation. (*On Shabbat:* Lord our God, grant as our heritage, in love and goodwill, Your holy Shabbat days, and may all Israel who sanctify Your Name rest on them.) Make our heart pure to serve You in truth, for You are the Pardoner of Israel and the Forgiver of the tribes of Yeshurun[4] in every generation, and aside from You we have no King who forgives and pardons. Blessed are You Lord, King who forgives and pardons our sins and the sins of His people, the House of Israel, and removes our trespasses each and every year; King over the whole earth, who sanctifies (*On Shabbat:* the Shabbat and) Israel and the Day of Atonements.

---

1. Isaiah 43:25. 2. Ibid. 44:22. 3. Leviticus 16:30. 4. Isaiah 44:2. Deuteronomy 33:5, 26. Ramban Deuteronomy 7:12.

רְצֵה יְהוָה אֱלֹהֵינוּ בְּעַמְּךָ יִשְׂרָאֵל ׳ וְלִתְפִלָּתָם שְׁעֵה ׳ וְהָשֵׁב הָעֲבוֹדָה לִדְבִיר בֵּיתֶךָ וְאִשֵּׁי יִשְׂרָאֵל וּתְפִלָּתָם בְּאַהֲבָה תְקַבֵּל בְּרָצוֹן וּתְהִי לְרָצוֹן תָּמִיד עֲבוֹדַת יִשְׂרָאֵל עַמֶּךָ:

וְתֶחֱזֶינָה עֵינֵינוּ בְּשׁוּבְךָ לְצִיּוֹן בְּרַחֲמִים: בָּרוּךְ אַתָּה יְהוָה הַמַּחֲזִיר שְׁכִינָתוֹ לְצִיּוֹן:

מוֹדִים אֲנַחְנוּ לָךְ שָׁאַתָּה הוּא יְיָ אֱלֹהֵינוּ וֵאלֹהֵי אֲבוֹתֵינוּ לְעוֹלָם וָעֶד. צוּר חַיֵּינוּ מָגֵן יִשְׁעֵנוּ. אַתָּה הוּא לְדוֹר וָדוֹר. נוֹדֶה לְךָ וּנְסַפֵּר תְּהִלָּתֶךָ. עַל חַיֵּינוּ הַמְּסוּרִים בְּיָדֶךָ. וְעַל נִשְׁמוֹתֵינוּ הַפְּקוּדוֹת לָךְ. וְעַל נִסֶּיךָ שֶׁבְּכָל יוֹם עִמָּנוּ. וְעַל נִפְלְאוֹתֶיךָ וְטוֹבוֹתֶיךָ שֶׁבְּכָל עֵת. עֶרֶב וָבֹקֶר וְצָהֳרָיִם. הַטּוֹב. כִּי לֹא כָלוּ רַחֲמֶיךָ. וְהַמְרַחֵם. כִּי לֹא תַמּוּ חֲסָדֶיךָ. כִּי מֵעוֹלָם קִוִּינוּ לָךְ:

וְעַל־כֻּלָּם יִתְבָּרַךְ וְיִתְרוֹמַם וְיִתְנַשֵּׂא שִׁמְךָ מַלְכֵּנוּ תָּמִיד לְעוֹלָם וָעֶד:

וַחֲתוֹם לְחַיִּים טוֹבִים כָּל־בְּנֵי בְרִיתֶךָ:

וְכָל־הַחַיִּים יוֹדוּךָ סֶּלָה וִיהַלְלוּ שִׁמְךָ הַגָּדוֹל לְעוֹלָם כִּי טוֹב הָאֵל יְשׁוּעָתֵנוּ וְעֶזְרָתֵנוּ סֶלָה הָאֵל הַטּוֹב: בָּרוּךְ אַתָּה יְהוָה הַטּוֹב שִׁמְךָ וּלְךָ נָאֶה לְהוֹדוֹת:

שִׂים שָׁלוֹם טוֹבָה וּבְרָכָה חַיִּים חֵן וָחֶסֶד וְרַחֲמִים עָלֵינוּ וְעַל־כָּל־יִשְׂרָאֵל עַמֶּךָ בָּרְכֵנוּ אָבִינוּ כֻּלָּנוּ כְּאֶחָד בְּאוֹר פָּנֶיךָ כִּי בְאוֹר פָּנֶיךָ נָתַתָּ לָנוּ יְהוָה אֱלֹהֵינוּ תּוֹרַת חַיִּים וְאַהֲבַת חֶסֶד וּצְדָקָה וּבְרָכָה וְרַחֲמִים וְחַיִּים וְשָׁלוֹם וְטוֹב בְּעֵינֶיךָ לְבָרֵךְ אֶת־עַמְּךָ יִשְׂרָאֵל בְּכָל־עֵת וּבְכָל־שָׁעָה בִּשְׁלוֹמֶךָ: וּבְסֵפֶר חַיִּים בְּרָכָה וְשָׁלוֹם וּפַרְנָסָה טוֹבָה יְשׁוּעָה וְנֶחָמָה וּגְזֵרוֹת טוֹבוֹת נִזָּכֵר וְנֵחָתֵם לְפָנֶיךָ אֲנַחְנוּ וְכָל־עַמְּךָ בֵּית יִשְׂרָאֵל לְחַיִּים טוֹבִים וּלְשָׁלוֹם:

בָּרוּךְ אַתָּה יְהוָה הַמְבָרֵךְ אֶת־עַמּוֹ יִשְׂרָאֵל בַּשָּׁלוֹם:

יִהְיוּ־לְרָצוֹן ׀ אִמְרֵי־פִי וְהֶגְיוֹן לִבִּי לְפָנֶיךָ יְהוָה צוּרִי וְגֹאֲלִי:

אֱלֹהֵינוּ וֵאלֹהֵי אֲבוֹתֵינוּ ׳ תָּבֹא לְפָנֶיךָ תְּפִלָּתֵנוּ וְאַל תִּתְעַלַּם מִתְּחִנָּתֵנוּ שֶׁאֵין אָנוּ עַזֵּי פָנִים וּקְשֵׁי עֹרֶף לוֹמַר לְפָנֶיךָ יְהוָה אֱלֹהֵינוּ וֵאלֹהֵי אֲבוֹתֵינוּ צַדִּיקִים אֲנַחְנוּ וְלֹא חָטָאנוּ אֲבָל אֲנַחְנוּ וַאֲבוֹתֵינוּ חָטָאנוּ:

אָשַׁמְנוּ ׳ בָּגַדְנוּ ׳ גָּזַלְנוּ ׳ דִּבַּרְנוּ דֹפִי: הֶעֱוִינוּ ׳ וְהִרְשַׁעְנוּ ׳ זַדְנוּ ׳ חָמַסְנוּ ׳ טָפַלְנוּ שֶׁקֶר: יָעַצְנוּ רָע ׳ כִּזַּבְנוּ ׳ לַצְנוּ ׳

רצה Look with favor, Lord our God, on Your people Israel and pay heed to their prayer; restore the service to Your Sanctuary and accept with love and favor Israel's fire-offerings and prayer; and may the service of Your people Israel always find favor.

ותחזינה May our eyes behold Your return to Zion in mercy. Blessed are You Lord, who restores His Divine Presence to Zion.

מודים We thankfully acknowledge that You are the Lord our God and God of our fathers forever. You are the strength of our life, the shield of our salvation in every generation. We will give thanks to You and recount Your praise, evening, morning and noon, for our lives which are committed into Your hand, for our souls which are entrusted to You, for Your miracles which are with us daily, and for Your continual wonders and beneficences. You are the Beneficent One, for Your mercies never cease; and the Merciful One, for Your kindnesses never end; for we always place our hope in You.

ועל And for all these, may Your Name, our King, be continually blessed, exalted and extolled forever and all time.

וחתום Seal all the children of Your Covenant for a good life.

וכל And all living things shall forever thank You, and praise Your great Name eternally, for You are good. God, You are our everlasting salvation and help, O benevolent God. Blessed are You Lord, Beneficent is Your Name, and to You it is fitting to offer thanks.

שים Bestow peace, goodness and blessing, life, graciousness, kindness and mercy, upon us and upon all Your people Israel. Bless us, our Father, all of us as one, with the light of Your countenance. For by the light of Your countenance You gave us, Lord our God, the Torah of life and loving-kindness, righteousness, blessing, mercy, life and peace. May it be favorable in Your eyes to bless Your people Israel, at all times and at every moment, with Your peace.

ובספר And in the Book of life, blessing, peace and prosperity, deliverance, consolation and favorable decrees, may we and all Your people the House of Israel be remembered and sealed before You for a happy life and for peace.

ברוך Blessed are You Lord, who blesses His people Israel with peace.

יהיו May the words of my mouth and the meditation of my heart be acceptable before You, Lord, my Strength and my Redeemer.[1]

אלהינו Our God and God of our fathers, may our prayers come before You, and do not turn away from our supplication, for we are not so impudent and obdurate as to declare before You, Lord our God and God of our fathers, that we are righteous and have not sinned. Indeed, we and our fathers have sinned.

אשמנו We have transgressed, we have acted perfidiously, we have robbed, we have slandered. We have acted perversely and wickedly, we have willfully sinned, we have done violence, we have imputed falsely. We have given evil counsel, we have lied, we have scoffed,

1. Psalms 19:15.

מָרַדְנוּ · נִאַצְנוּ · סָרַרְנוּ · עָוִינוּ · פָּשַׁעְנוּ · צָרַרְנוּ · קִשִּׁינוּ עֹרֶף:
רָשַׁעְנוּ · שִׁחַתְנוּ · תִּעַבְנוּ · תָּעִינוּ · תִּעְתָּעְנוּ: סַרְנוּ מִמִּצְוֹתֶיךָ
וּמִמִּשְׁפָּטֶיךָ הַטּוֹבִים וְלֹא שָׁוָה לָנוּ · וְאַתָּה צַדִּיק עַל כָּל־הַבָּא
עָלֵינוּ כִּי אֱמֶת עָשִׂיתָ וַאֲנַחְנוּ הִרְשָׁעְנוּ: מַה נֹּאמַר לְפָנֶיךָ יוֹשֵׁב
מָרוֹם · וּמַה נְּסַפֵּר לְפָנֶיךָ שׁוֹכֵן שְׁחָקִים · הֲלֹא כָּל־הַנִּסְתָּרוֹת
וְהַנִּגְלוֹת אַתָּה יוֹדֵעַ:

אַתָּה נוֹתֵן יָד לַפּוֹשְׁעִים וִימִינְךָ פְּשׁוּטָה לְקַבֵּל שָׁבִים · וַתְּלַמְּדֵנוּ יְהוָֹה אֱלֹהֵינוּ לְהִתְוַדּוֹת לְפָנֶיךָ עַל כָּל־עֲוֹנוֹתֵינוּ לְמַעַן נֶחְדַּל מֵעֹשֶׁק יָדֵינוּ וּתְקַבְּלֵנוּ בִּתְשׁוּבָה שְׁלֵמָה לְפָנֶיךָ כְּאִשִּׁים וּכְנִיחוֹחִים לְמַעַן דְּבָרֶיךָ אֲשֶׁר אָמָרְתָּ: אֵין קֵץ לְאִשֵּׁי חוֹבוֹתֵינוּ · וְאֵין מִסְפָּר לְנִיחוֹחֵי אַשְׁמוֹתֵינוּ: וְאַתָּה יוֹדֵעַ שֶׁאַחֲרִיתֵנוּ רִמָּה וְתוֹלֵעָה · לְפִיכָךְ הִרְבֵּיתָ סְלִיחָתֵנוּ · מָה אָנוּ מֶה חַיֵּינוּ מֶה חַסְדֵּנוּ מַה צִּדְקֵנוּ מַה כֹּחֵנוּ מַה גְּבוּרָתֵנוּ מַה נֹּאמַר לְפָנֶיךָ יְהוָֹה אֱלֹהֵינוּ וֵאלֹהֵי אֲבוֹתֵינוּ הֲלֹא כָּל־הַגִּבּוֹרִים כְּאַיִן לְפָנֶיךָ וְאַנְשֵׁי הַשֵּׁם כְּלֹא הָיוּ וַחֲכָמִים כִּבְלִי מַדָּע וּנְבוֹנִים כִּבְלִי הַשְׂכֵּל כִּי רֹב מַעֲשֵׂיהֶם תֹּהוּ וִימֵי חַיֵּיהֶם הֶבֶל לְפָנֶיךָ וּמוֹתַר הָאָדָם מִן־הַבְּהֵמָה אָיִן כִּי הַכֹּל הָבֶל:

אַתָּה הִבְדַּלְתָּ אֱנוֹשׁ מֵרֹאשׁ · וַתַּכִּירֵהוּ לַעֲמוֹד לְפָנֶיךָ · כִּי מִי יֹאמַר לְךָ מַה תִּפְעָל · וְאִם יִצְדַּק מַה יִּתֶּן לָךְ: וַתִּתֶּן־לָנוּ יְהוָֹה אֱלֹהֵינוּ בְּאַהֲבָה אֶת־יוֹם הַכִּפֻּרִים הַזֶּה אֶת־יוֹם סְלִיחַת הֶעָוֹן הַזֶּה אֶת־יוֹם מִקְרָא קֹדֶשׁ הַזֶּה · קֵץ וּמְחִילָה וּסְלִיחָה עַל כָּל־עֲוֹנוֹתֵינוּ · לְמַעַן נֶחְדַּל מֵעֹשֶׁק יָדֵינוּ · וְנָשׁוּב אֵלֶיךָ לַעֲשׂוֹת חֻקֵּי רְצוֹנְךָ בְּלֵבָב שָׁלֵם: וְאַתָּה בְּרַחֲמֶיךָ הָרַבִּים רַחֵם עָלֵינוּ · כִּי לֹא תַחְפּוֹץ בְּהַשְׁחָתַת עוֹלָם · שֶׁנֶּאֱמַר דִּרְשׁוּ יְהוָֹה

א) קהלת ג יט. ב) ישעיה נה ו.

we have rebelled, we have provoked, we have been disobedient, we have committed iniquity, we have wantonly transgressed, we have oppressed, we have been obstinate. We have committed evil, we have acted perniciously, we have acted abominably, we have gone astray, we have led others astray. We have strayed from Your good precepts and ordinances, and it has not profited us. Indeed, You are just in all that has come upon us for You have acted truthfully, and it is we who have acted wickedly.[1] What shall we say to You who dwells on high; what shall we relate to You who abides in the heavens? You surely know all the hidden and the revealed things.

אתה You extend a hand to transgressors, and Your right hand is stretched forth to receive the penitents. You have taught us, Lord our God, to confess before You all our sins, so that we will restrain our hands from doing wrong, and You will receive us in perfect repentance before You, as burnt-offerings and as offerings of pleasing odor, in accordance with Your word which You have given. There would be no end to the burnt-offerings required [for our sins], and no limit to the offerings of pleasing odor for our offences; but since You know that our end is worm and maggot, therefore You have granted us abundant pardon. What are we? What is our life? What is our kindness? What is our righteousness? What is our strength? What is our might? What can we say to You, Lord our God and God of our fathers? Are not all the mighty men as nothing before You, the men of renown as though they had never been, the wise as if without knowledge, and the men of understanding as if devoid of intelligence? For most of their deeds are naught, and the days of their lives are vanity before You. The pre-eminence of man over beast is naught, for all is vanity.[2]

אתה [Nevertheless,] from the beginning You have set man apart and favored him to stand before You; for who could tell You what You should do, and [even] if he be righteous, what does he benefit You? You, Lord our God, have given us in love this Day of Atonements, this day of pardoning of sin, this day of holy assembly, an end, a forgiveness and a pardon of all our sins, that we shall restrain our hands from doing wrong and return to You to fulfill the statutes of Your will with a perfect heart. And You, in Your abounding compassion, have mercy on us, for You do not desire the destruction of the world, as it is stated: Seek the Lord

1. Nechemiah 9:33. 2. Ecclesiastes 3:19.

בְּהִמָּצְאוֹ קְרָאֻהוּ בִּהְיוֹתוֹ קָרוֹב: וְנֶאֱמַר יַעֲזֹב רָשָׁע דַּרְכּוֹ וְאִישׁ אָוֶן מַחְשְׁבֹתָיו וְיָשֹׁב אֶל־יְהֹוָה וִירַחֲמֵהוּ וְאֶל־אֱלֹהֵינוּ כִּי־יַרְבֶּה לִסְלוֹחַ: וְאַתָּה אֱלוֹהַּ סְלִיחוֹת חַנּוּן וְרַחוּם אֶרֶךְ אַפַּיִם וְרַב חֶסֶד וֶאֱמֶת וּמַרְבֶּה לְהֵטִיב וְרוֹצֶה אַתָּה בִּתְשׁוּבַת רְשָׁעִים וְאֵין אַתָּה חָפֵץ בְּמִיתָתָם: שֶׁנֶּאֱמַר אֱמֹר אֲלֵיהֶם חַי־אָנִי | נְאֻם | אֲדֹנָי יֱהֹוִה אִם־אֶחְפֹּץ בְּמוֹת הָרָשָׁע כִּי אִם־בְּשׁוּב רָשָׁע מִדַּרְכּוֹ וְחָיָה שׁוּבוּ שׁוּבוּ מִדַּרְכֵיכֶם הָרָעִים וְלָמָּה תָמוּתוּ בֵּית יִשְׂרָאֵל: וְנֶאֱמַר הֶחָפֹץ אֶחְפֹּץ מוֹת רָשָׁע נְאֻם אֲדֹנָי יֱהֹוִה הֲלוֹא בְּשׁוּבוֹ מִדְּרָכָיו וְחָיָה: וְנֶאֱמַר כִּי לֹא אֶחְפֹּץ בְּמוֹת הַמֵּת נְאֻם אֲדֹנָי יֱהֹוִה וְהָשִׁיבוּ וִחְיוּ: כִּי אַתָּה סָלְחָן לְיִשְׂרָאֵל וּמָחֳלָן לְשִׁבְטֵי יְשֻׁרוּן בְּכָל־דּוֹר וָדוֹר וּמִבַּלְעָדֶיךָ אֵין לָנוּ מֶלֶךְ מוֹחֵל וְסוֹלֵחַ:

אֱלֹהַי עַד שֶׁלֹּא נוֹצַרְתִּי אֵינִי כְדַאי· וְעַכְשָׁו שֶׁנּוֹצַרְתִּי כְּאִלּוּ לֹא נוֹצַרְתִּי· עָפָר אֲנִי בְּחַיַּי קַל וָחֹמֶר בְּמִיתָתִי· הֲרֵי אֲנִי לְפָנֶיךָ כִּכְלִי מָלֵא בוּשָׁה וּכְלִמָּה· יְהִי רָצוֹן מִלְּפָנֶיךָ יְהֹוָה אֱלֹהַי וֵאלֹהֵי אֲבוֹתַי שֶׁלֹּא אֶחֱטָא עוֹד וּמַה־שֶּׁחָטָאתִי לְפָנֶיךָ מְחוֹק בְּרַחֲמֶיךָ הָרַבִּים אֲבָל לֹא עַל יְדֵי יִסּוּרִים וָחֳלָיִם רָעִים:

אֱלֹהַי נְצוֹר לְשׁוֹנִי מֵרָע וּשְׂפָתַי מִדַּבֵּר מִרְמָה וְלִמְקַלְלַי נַפְשִׁי תִדּוֹם וְנַפְשִׁי כֶּעָפָר לַכֹּל תִּהְיֶה פְּתַח לִבִּי בְּתוֹרָתֶךָ וּבְמִצְוֹתֶיךָ תִּרְדּוֹף נַפְשִׁי וְכָל־הַחוֹשְׁבִים עָלַי רָעָה מְהֵרָה הָפֵר עֲצָתָם וְקַלְקֵל מַחְשַׁבְתָּם: יִהְיוּ כְּמֹץ לִפְנֵי־רוּחַ וּמַלְאַךְ יְהֹוָה דֹּחֶה: לְמַעַן יֵחָלְצוּן יְדִידֶיךָ הוֹשִׁיעָה יְמִינְךָ וַעֲנֵנִי: עֲשֵׂה לְמַעַן שְׁמֶךָ עֲשֵׂה לְמַעַן יְמִינֶךָ עֲשֵׂה לְמַעַן תּוֹרָתֶךָ עֲשֵׂה לְמַעַן קְדֻשָּׁתֶךָ: יִהְיוּ־לְרָצוֹן | אִמְרֵי־פִי וְהֶגְיוֹן לִבִּי לְפָנֶיךָ יְהֹוָה צוּרִי וְגֹאֲלִי: עֹשֶׂה הַשָּׁלוֹם בִּמְרוֹמָיו הוּא יַעֲשֶׂה שָׁלוֹם עָלֵינוּ וְעַל כָּל־יִשְׂרָאֵל וְאִמְרוּ אָמֵן:

יְהִי רָצוֹן מִלְּפָנֶיךָ יְהֹוָה אֱלֹהֵינוּ וֵאלֹהֵי אֲבוֹתֵינוּ שֶׁיִּבָּנֶה בֵּית הַמִּקְדָּשׁ בִּמְהֵרָה בְיָמֵינוּ וְתֵן חֶלְקֵנוּ בְּתוֹרָתֶךָ:

ב) ישעיה נה ו. ג) שם נה ז. ד) יחזקאל לג יא. א) יחזקאל יח כג. ב) שם יח לב.

while He may be found, call to Him while He is near.[1] And it is stated: Let the wicked abandon his way, and the man of iniquity his thoughts; let him return to the Lord, and He will have compassion upon him, and to our God, for He will abundantly pardon.[2] And You, God of pardons, are gracious and compassionate, slow to anger, abounding in kindness and truth, and conferring much good. You wish the repentance of the wicked and do not desire their death, as it is stated: Say to them, as [truly as] I live, declares the Lord God, do I desire the death of the wicked? But [I desire] that the wicked return from his path and live; return, return from your evil ways, why should you die, O House of Israel?[3] And it is stated: Have I any desire at all that the wicked should die? declares the Lord God; it is rather that he should return from his path and live.[4] And it is stated: For I do not desire the death of the one deserving death, declares the Lord God; therefore return and live.[5] For You are the Pardoner of Israel and the Forgiver of the tribes of Yeshurun[6] in every generation, and aside from You we have no King who forgives and pardons.

אלהי My God, before I was created I was not worthy [to be created], and now that I have been created it is as if I had not been created. I am dust in my life, how much more so in my death. Indeed, before You I am like a vessel filled with shame and disgrace. May it be Your will, Lord, my God and God of my fathers, that I shall sin no more, and the sins which I have committed before You, erase them in Your abounding mercies, but not through suffering or severe illness.

אלהי My God, guard my tongue from evil and my lips from speaking deceitfully. Let my soul be silent to those who curse me; let my soul be as dust to all. Open my heart to Your Torah, and let my soul eagerly pursue Your commandments. As for all those who plot evil against me, hasten to annul their counsel and frustrate their design. Let them be as chaff before the wind; let the angel of the Lord thrust them away.[7] That Your beloved ones may be delivered, help with Your right hand and answer me.[8] Do it for the sake of Your Name; do it for the sake of Your right hand; do it for the sake of Your Torah; do it for the sake of Your holiness. May the words of my mouth and the meditation of my heart be acceptable before You, Lord, My Strength and my Redeemer.[9] He who makes the peace in His heavens, may He make peace for us and for all Israel; and say, Amen.

יהי May it be Your will, Lord our God and God of our fathers, that the Bet Hamikdash be speedily rebuilt in our days, and grant us our portion in Your Torah.[10]

1. Isaiah 55:6. 2. Ibid. 55:7. 3. Ezekiel 33:11. 4. Ibid. 18:23. 5. Ibid. 18:32. 6. V. Isaiah 44:2. Deuteronomy 33:5, 26. Ramban, Deuteronomy 7:12. 7. Psalms 35:5. 8. Ibid. 60:7, 108:7. 9. Ibid. 19:15. 10. Pirke Avot 5:20.

תפלת נעילה לשליח צבור בקול

אֲדֹנָי שְׂפָתַי תִּפְתָּח וּפִי יַגִּיד תְּהִלָּתֶךָ:

בָּרוּךְ אַתָּה יְהוָה אֱלֹהֵינוּ וֵאלֹהֵי אֲבוֹתֵינוּ אֱלֹהֵי אַבְרָהָם אֱלֹהֵי יִצְחָק וֵאלֹהֵי יַעֲקֹב הָאֵל הַגָּדוֹל הַגִּבּוֹר וְהַנּוֹרָא · אֵל עֶלְיוֹן · גּוֹמֵל חֲסָדִים טוֹבִים · קוֹנֵה הַכֹּל · וְזוֹכֵר חַסְדֵי אָבוֹת וּמֵבִיא גוֹאֵל לִבְנֵי בְנֵיהֶם לְמַעַן שְׁמוֹ בְּאַהֲבָה:

מִסּוֹד חֲכָמִים וּנְבוֹנִים. וּמִלֶּמֶד דַּעַת מְבִינִים.
אֶפְתְּחָה פִּי בִּתְפִלָּה וּבְתַחֲנוּנִים. לְחַלּוֹת וּלְחַנֵּן
פְּנֵי מֶלֶךְ מוֹחֵל וְסוֹלֵחַ לַעֲוֹנִים:

אָב יְדָעֲךָ מִנּוֹעַר. בְּחַנְתּוֹ בְּעֶשֶׂר בַּל עֲבוּר בְּרֹאשׁ תַּעַר: חזן גֶּשׁ לְחַלּוֹתְךָ כְּנַעַר וְלֹא כְּבַעַר. דְּגָלָיו לָבֹא בְּזֶה הַשַּׁעַר: קהל אֱמוּנִים גֹּשׁוּ לְנַצְּחָךְ אָיוֹם. נֵצַח כָּל הַיּוֹם: חזן עֲבוּר כִּי פָנָה יוֹם. גּוֹנְנֵנוּ בְּצֶדֶק יוֹשֵׁב כְּחוֹם הַיּוֹם:

זָכְרֵנוּ לְחַיִּים, מֶלֶךְ חָפֵץ בַּחַיִּים, וְחָתְמֵנוּ בְּסֵפֶר הַחַיִּים, לְמַעַנְךָ אֱלֹהִים חַיִּים:

מֶלֶךְ עוֹזֵר וּמוֹשִׁיעַ וּמָגֵן. בָּרוּךְ אַתָּה יְיָ, מָגֵן אַבְרָהָם:
אַתָּה גִבּוֹר לְעוֹלָם אֲדֹנָי, מְחַיֵּה מֵתִים אַתָּה, רַב לְהוֹשִׁיעַ מוֹרִיד הַטָּל.

מְכַלְכֵּל חַיִּים בְּחֶסֶד, מְחַיֵּה מֵתִים בְּרַחֲמִים רַבִּים, סוֹמֵךְ נוֹפְלִים, וְרוֹפֵא חוֹלִים, וּמַתִּיר אֲסוּרִים, וּמְקַיֵּם אֱמוּנָתוֹ לִישֵׁנֵי עָפָר. מִי כָמוֹךָ בַּעַל גְּבוּרוֹת וּמִי דּוֹמֶה לָּךְ, מֶלֶךְ מֵמִית וּמְחַיֶּה וּמַצְמִיחַ יְשׁוּעָה.

הַנִּקְרָא לְאָב זֶרַע. וְנִפְנֶה לָסוּר מִמּוֹקְשֵׁי רָע: חזן זַעַק וְחִנֵּן וְשִׂיחָה לֹא גֵרַע. חִסֵּן בְּרָכָה כַּאֲשֶׁר זָרַע:
יָהּ שִׁמְךָ בָּנוּ יֶעֱרַב. וְיִשְׁעֲךָ לָנוּ תְקָרֵב: חזן גְּאוּלָתֵנוּ לָנוּ תְקָרֵב. הַחַיֵּינוּ בְּטַל כְּשָׂח לִפְנוֹת עָרֶב:

מִי כָמוֹךָ אַב הָרַחֲמִים, זוֹכֵר יְצוּרָיו לְחַיִּים בְּרַחֲמִים.
וְנֶאֱמָן אַתָּה לְהַחֲיוֹת מֵתִים. בָּרוּךְ אַתָּה יְיָ, מְחַיֵּה הַמֵּתִים:

CHAZZAN'S REPETITION OF THE AMIDAH

אדני My Lord, open my lips, and my mouth shall declare Your praise.[1]

ברוך Blessed are You, Lord our God and God of our fathers, God of Abraham, God of Isaac and God of Jacob, the great, mighty and awesome God, exalted God, who bestows bountiful kindness, who creates all things, who remembers the piety of the Patriarchs, and who, in love, brings a redeemer to their children's children, for the sake of His Name.

מסוד [With words] based upon the teachings of the wise and the understanding and the knowledge acquired from the discerning, I open my mouth in prayer and in supplication, to beseech and implore the countenance of the King who forgives and pardons iniquity.

אב The Patriarch [Abraham] recognized You from his [early] youth; You tested him with ten trials, but he did not fail by even a hair's breadth. *Chazzan:* He approached to implore You like a [beloved] child, not like a brute, that his descendants, the tribes of Israel, shall enter this gate [of prayer]. *Cong:* [Israel, Your] faithful ones have come to extol You, O awesome One, singing Your praise all the day. *Chazzan:* Now, since the day has declined, shield us through the righteous merit of Abraham who sat waiting in the heat of the day.

זכרנו Remember us for life, King who desires life; seal us in the Book of Life, for Your sake, O living God.

מלך O King, [You are] a helper, a savior and a shield. Blessed are You Lord, Shield of Abraham.

אתה You are mighty forever, my Lord; You resurrect the dead; You are powerful to save. You cause the dew to descend.

מכלכל He sustains the living with lovingkindness, resurrects the dead with great mercy, supports the falling, heals the sick, releases the bound, and fulfills His trust to those who sleep in the dust. Who is like You, mighty One! And who can be compared to You, King, who brings death and restores life, and causes deliverance to spring forth!

הנקרא He [Isaac] who was called the heir of his father, turned away so as to evade the snares of evil men. *Chazzan:* He cried out, made entreaty, and did not lessen praying; he was made rich with blessing in whatever he had sown.

יה O God, may it be sweet to You that Your Name is linked to us; bring our deliverance near to us. *Chazzan:* Hasten our redemption for us; revive us with dew as You did [revive Isaac] who offered prayer toward evening.

מי Who is like You, All-Merciful Father, who in compassion remembers His creatures for life.

ונאמן You are trustworthy to revive the dead. Blessed are You Lord, who revives the dead.

---

1. Psalms 51:17.

יִמְלוֹךְ יְהֹוָה לְעוֹלָם אֱלֹהַיִךְ צִיּוֹן לְדוֹר וָדוֹר הַלְלוּיָהּ: וְאַתָּה קָדוֹשׁ יוֹשֵׁב תְּהִלּוֹת יִשְׂרָאֵל אֵל נָא:

חו״ק שְׁמַע נָא סְלַח נָא הַיּוֹם. עֲבוּר כִּי פָנָה יוֹם. וּנְהַלֶּלְךָ נוֹרָא וְאָיוֹם קָדוֹשׁ: וּבְכֵן וּלְךָ תַעֲלֶה קְדוּשָּׁה כִּי אַתָּה אֱלֹהֵינוּ מֶלֶךְ מוֹחֵל וְסוֹלֵחַ:

שַׁעֲרֵי אַרְמוֹן. מְהֵרָה תִפְתַּח לְבוֹאֲרֵי דַת אָמוֹן:
שַׁעֲרֵי גְנוּזִים. מְהֵרָה תִפְתַּח לְדָתְךָ אֲחוּזִים:
שַׁעֲרֵי הֵיכָל הַנֶּחֱמָדִים. מְהֵרָה תִפְתַּח לְוִעוּדִים:
שַׁעֲרֵי זְבוּל מַחֲנַיִם. מְהֵרָה תִפְתַּח לִכְלִילֵי עֵינַיִם:
שַׁעֲרֵי טָהֳרָה. מְהֵרָה תִפְתַּח לְיָפָה וּבָרָה:
שַׁעֲרֵי כֶּתֶר הַמְיֻמָּן. מְהֵרָה תִפְתַּח לְעַם לֹא אַלְמָן: וּבָהֶם תֶּעֱרָץ וְתוּקְדָּשׁ. כְּסוֹד שִׂיחַ שַׂרְפֵי קֹדֶשׁ הַמַּקְדִּישִׁים שִׁמְךָ בַּקֹּדֶשׁ:

כֶּתֶר יִתְּנוּ לְךָ יְהֹוָה אֱלֹהֵינוּ מַלְאָכִים הֲמוֹנֵי מַעְלָה וְעַמְּךָ יִשְׂרָאֵל קְבוּצֵי מַטָּה יַחַד כֻּלָּם קְדֻשָּׁה לְךָ יְשַׁלֵּשׁוּ כַּכָּתוּב עַל־יַד נְבִיאֶךָ וְקָרָא זֶה אֶל זֶה וְאָמַר: קָדוֹשׁ ׀ קָדוֹשׁ קָדוֹשׁ יְהֹוָה צְבָאוֹת מְלֹא כָל־הָאָרֶץ כְּבוֹדוֹ: כְּבוֹדוֹ מָלֵא עוֹלָם מְשָׁרְתָיו שׁוֹאֲלִים זֶה לָזֶה אַיֵּה מְקוֹם כְּבוֹדוֹ לְהַעֲרִיצוֹ לְעֻמָּתָם מְשַׁבְּחִים וְאוֹמְרִים: בָּרוּךְ כְּבוֹד־יְהֹוָה מִמְּקוֹמוֹ: מִמְּקוֹמוֹ הוּא יִפֶן בְּרַחֲמָיו לְעַמּוֹ הַמְיַחֲדִים שְׁמוֹ עֶרֶב וָבֹקֶר בְּכָל־יוֹם תָּמִיד פַּעֲמַיִם בְּאַהֲבָה שְׁמַע אוֹמְרִים: שְׁמַע יִשְׂרָאֵל יְהֹוָה אֱלֹהֵינוּ יְהֹוָה ׀ אֶחָד: הוּא אֱלֹהֵינוּ הוּא אָבִינוּ הוּא מַלְכֵּנוּ הוּא מוֹשִׁיעֵנוּ הוּא יוֹשִׁיעֵנוּ וְיִגְאָלֵנוּ שֵׁנִית בְּקָרוֹב וְיַשְׁמִיעֵנוּ בְּרַחֲמָיו לְעֵינֵי כָּל־חַי לֵאמֹר הֵן גָּאַלְתִּי אֶתְכֶם אַחֲרִית כְּבְרֵאשִׁית לִהְיוֹת לָכֶם לֵאלֹהִים אֲנִי יְהֹוָה אֱלֹהֵיכֶם: וּבְדִבְרֵי קָדְשְׁךָ כָּתוּב לֵאמֹר: יִמְלֹךְ יְהֹוָה ׀ לְעוֹלָם אֱלֹהַיִךְ צִיּוֹן לְדֹר וָדֹר הַלְלוּיָהּ:

אַתָּה קָדוֹשׁ וְשִׁמְךָ קָדוֹשׁ וּקְדוֹשִׁים בְּכָל יוֹם יְהַלְלוּךָ סֶּלָה: לְדוֹר וָדוֹר הַמְלִיכוּ לָאֵל כִּי הוּא לְבַדּוֹ מָרוֹם וְקָדוֹשׁ:

חֲמוֹל עַל מַעֲשֶׂיךָ וְתִשְׂמַח בְּמַעֲשֶׂיךָ. וְיֹאמְרוּ לְךָ חוֹסֶיךָ. בְּצַדֶּקְךָ עֲמוּסֶיךָ. תּוּקְדַּשׁ אָדוֹן עַל כָּל מַעֲשֶׂיךָ: כִּי מַקְדִּישֶׁיךָ בִּקְדֻשָּׁתְךָ (נ״א כְּעֶרְכְּךָ) קִדַּשְׁתָּ. נָאֶה לְקָדוֹשׁ פְּאֵר מִקְּדוֹשִׁים: בְּאֵין מֵלִיץ יוֹשֶׁר מוּל מַגִּיד פֶּשַׁע. תַּגִּיד לְיַעֲקֹב דְּבַר חוֹק וּמִשְׁפָּט. וְצַדְּקֵנוּ בַּמִּשְׁפָּט הַמֶּלֶךְ הַמִּשְׁפָּט:

ימלוך The Lord shall reign forever; your God, O Zion, throughout all generations. Praise the Lord.[1]

ואתה And You, holy One, are enthroned upon the praises of Israel;[2] O benevolent God!

שמע *Chazzan and Cong:* Hear, we beseech You, pardon, we implore You, this day, for the day has declined; we will extol You, O awesome and fearful One, O holy One.

ובכן And thus may our *kedushah* ascend to You, for You, our God, are a King who forgives and pardons.

שערי Hasten to open the gates of the [heavenly] palace for those who elucidate the beloved Torah.

Hasten to open the gates to the [supernal] hidden treasures for those who hold fast to Your Torah.

Hasten to open the gates to the precious [celestial] chamber for those who are gathered together [in prayer].

Hasten to open the gates of the abode of the angelic hosts for those whose eyes are reddened [from Torah study].

Hasten to open the gates of purity for the beautiful and pure [people].

Hasten to open the gates of prayer, which forms a faithful Crown, for the people that is not widowed.

And by them You are adored and hallowed as by the words of the assembly of the holy *seraphim* who sanctify Your Name in holiness.

כתר A crown is given to You, Lord our God, by the angels, the supernal multitudes, and by Your people Israel who assemble below. All of them together thrice repeat "holy" unto You, as it is written by Your prophet: And they call one to another and say, *(Cong. and Chazzan:)* "Holy, holy, holy is the Lord of hosts; the whole earth is full of His glory."[3] *(Chazzan:)* His glory fills the worlds; His ministering angels ask one another, "Where is the place of His glory to adore Him?" Those facing them offer praise and say, *(Cong. and Chazzan:)* "Blessed be the glory of the Lord from its place."[4] *(Chazzan:)* May He turn from His place in compassion toward His people who affirm the Oneness of His Name, evening and morning, twice each and every day, saying *Shema* (Hear...) in love. *(Cong. and Chazzan:)* "Hear, O Israel, the Lord is our God, the Lord is One."[5] *(Chazzan:)* He is our God, He is our Father; He is our King; He is our Deliverer. He will soon again save and redeem us, and in His mercy will let us hear, in the sight of every living thing, as follows: Behold, I have redeemed you from this final [exile] as from the first, to be your God. *(Cong. and Chazzan:)* I, the Lord, am your God. *(Chazzan:)* And in Your holy Scriptures it is written thus: *(Cong. and Chazzan:)* The Lord shall reign forever; your God, O Zion, throughout all generations. Praise the Lord.[1]

אתה You are holy and Your Name is holy, and holy beings praise You daily for all eternity.

לדור Through all generations proclaim the kingship of God, for He alone is exalted and holy.

חמול Have mercy upon Your works, and find delight in Your works. When You vindicate [Israel,] the people borne by You, those who put their trust in You shall declare: Be sanctified, Master, over all Your works! For You have sanctified those who hallow You with Your holiness (*Another version:* akin to You). It is fitting to the Holy One, praise from the holy ones. When there is no defender to intercede in our behalf against the Accuser who reports our transgression, You speak for Jacob [and invoke the merit of the observance of] the statutes and ordinances, and vindicate us in judgment, O King of Judgment.

1. Psalms 146:10. 2. Ibid. 22:4. 3. Isaiah 6:3. 4. Ezekiel 3:12. 5. Deuteronomy 6:4.

עוֹד יִזְכָּר לָנוּ אַהֲבַת אֵיתָן אֲדוֹנֵינוּ. וּבַבֵּן הַנֶּעֱקַד יַשְׁבִּית מְדַיְּנֵנוּ. וּבִזְכוּת הַתָּם יוֹצִיא אָיוֹם (נ״א הַיּוֹם) לְצֶדֶק דִּינֵנוּ. כִּי קָדוֹשׁ הַיּוֹם לַאֲדוֹנֵינוּ:

וּבְכֵן יִתְקַדַּשׁ שִׁמְךָ יְיָ אֱלֹהֵינוּ עַל יִשְׂרָאֵל עַמֶּךָ וְעַל יְרוּשָׁלַיִם עִירֶךָ, וְעַל צִיּוֹן מִשְׁכַּן כְּבוֹדֶךָ, וְעַל מַלְכוּת בֵּית דָּוִד מְשִׁיחֶךָ, וְעַל מְכוֹנְךָ וְהֵיכָלֶךָ:

וּבְכֵן תֵּן פַּחְדְּךָ יְיָ אֱלֹהֵינוּ עַל כָּל מַעֲשֶׂיךָ, וְאֵימָתְךָ עַל כָּל מַה שֶּׁבָּרָאתָ, וְיִירָאוּךָ כָּל הַמַּעֲשִׂים, וְיִשְׁתַּחֲווּ לְפָנֶיךָ כָּל הַבְּרוּאִים, וְיֵעָשׂוּ כֻלָּם אֲגֻדָּה אַחַת לַעֲשׂוֹת רְצוֹנְךָ בְּלֵבָב שָׁלֵם. שֶׁיָּדַעְנוּ יְיָ אֱלֹהֵינוּ שֶׁהַשִּׁלְטָן לְפָנֶיךָ, עֹז בְּיָדְךָ, וּגְבוּרָה בִּימִינֶךָ. וְשִׁמְךָ נוֹרָא עַל כָּל מַה שֶּׁבָּרָאתָ:

וּבְכֵן תֵּן כָּבוֹד יְיָ לְעַמֶּךָ, תְּהִלָּה לִירֵאֶיךָ, וְתִקְוָה טוֹבָה לְדוֹרְשֶׁיךָ, וּפִתְחוֹן פֶּה לַמְיַחֲלִים לָךְ, שִׂמְחָה לְאַרְצֶךָ, וְשָׂשׂוֹן לְעִירֶךָ, וּצְמִיחַת קֶרֶן לְדָוִד עַבְדֶּךָ, וַעֲרִיכַת נֵר לְבֶן יִשַׁי מְשִׁיחֶךָ, בִּמְהֵרָה בְיָמֵינוּ:

וּבְכֵן צַדִּיקִים יִרְאוּ וְיִשְׂמָחוּ, וִישָׁרִים יַעֲלֹזוּ, וַחֲסִידִים בְּרִנָּה יָגִילוּ, וְעוֹלָתָה תִּקְפָּץ פִּיהָ, וְהָרִשְׁעָה כֻּלָּהּ כְּעָשָׁן תִּכְלֶה, כִּי תַעֲבִיר מֶמְשֶׁלֶת זָדוֹן מִן הָאָרֶץ:

עוד May our Master yet remember in our favor the love of the steadfast Patriarch [Abraham]; for the sake of the son [Isaac] who was bound on the altar, may He silence our Accuser; and in the merit of the perfect one [Jacob], may the Awesome One (*Alternate version:* He today) bring forth our verdict, finding us righteous, for this day is holy to our Master.

ובכן And thus shall Your Name, Lord our God, be sanctified upon Israel Your people, upon Jerusalem Your city, upon Zion the abode of Your glory, upon the kingship of the house of David Your anointed, and upon Your dwelling-place and Your sanctuary.

ובכן And so, Lord our God, instill fear of You upon all that You have made, and dread of You upon all that You have created; and [then] all works will be in awe of You, all the created beings will prostrate themselves before You, and they all will form a single band to carry out Your will with a perfect heart. For we know, Lord our God, that rulership is Yours, strength is in Your [left] hand, might is in Your right hand, and Your Name is awesome over all that You have created.

ובכן And so, Lord our God, grant honor to Your people, glory to those who fear You, good hope to those who seek You, confident speech to those who yearn for You, joy to Your land, gladness to Your city, a flourishing of strength to David Your servant, and a setting up of light to the son of Yishai Your anointed, speedily in our days.

ובכן And then the righteous will see and be glad, the upright will rejoice, and the pious will exult in song; injustice will shut its mouth and all wickedness will go up in smoke, when You will remove the rule of evil from the earth.

וְתִמְלוֹךְ אַתָּה הוּא יְיָ אֱלֹהֵינוּ לְבַדֶּךָ, עַל כָּל מַעֲשֶׂיךָ, בְּהַר צִיּוֹן מִשְׁכַּן כְּבוֹדֶךָ, וּבִירוּשָׁלַיִם עִיר קָדְשֶׁךָ, כַּכָּתוּב בְּדִבְרֵי קָדְשֶׁךָ: יִמְלֹךְ יְיָ לְעוֹלָם אֱלֹהַיִךְ צִיּוֹן לְדֹר וָדֹר, הַלְלוּיָהּ:

קָדוֹשׁ אַתָּה וְנוֹרָא שְׁמֶךָ, וְאֵין אֱלוֹהַּ מִבַּלְעָדֶיךָ, כַּכָּתוּב: וַיִּגְבַּהּ יְיָ צְבָאוֹת בַּמִּשְׁפָּט, וְהָאֵל הַקָּדוֹשׁ נִקְדַּשׁ בִּצְדָקָה. בָּרוּךְ אַתָּה יְיָ, הַמֶּלֶךְ הַקָּדוֹשׁ:

אַתָּה בְחַרְתָּנוּ מִכָּל הָעַמִּים, אָהַבְתָּ אוֹתָנוּ וְרָצִיתָ בָּנוּ, וְרוֹמַמְתָּנוּ מִכָּל הַלְּשׁוֹנוֹת, וְקִדַּשְׁתָּנוּ בְּמִצְוֹתֶיךָ, וְקֵרַבְתָּנוּ מַלְכֵּנוּ לַעֲבוֹדָתֶךָ וְשִׁמְךָ הַגָּדוֹל וְהַקָּדוֹשׁ עָלֵינוּ קָרָאתָ:

וַתִּתֶּן לָנוּ יְיָ אֱלֹהֵינוּ בְּאַהֲבָה אֶת יוֹם (לשבת הַשַּׁבָּת הַזֶּה וְאֶת יוֹם) הַכִּפֻּרִים הַזֶּה: אֶת יוֹם סְלִיחַת הֶעָוֹן הַזֶּה, אֶת יוֹם מִקְרָא קֹדֶשׁ הַזֶּה, (לשבת לִקְדֻשָּׁה וְלִמְנוּחָה) לִמְחִילָה וְלִסְלִיחָה וּלְכַפָּרָה, וְלִמְחָל בּוֹ אֶת כָּל עֲוֹנוֹתֵינוּ (לשבת בְּאַהֲבָה) מִקְרָא קֹדֶשׁ זֵכֶר לִיצִיאַת מִצְרָיִם:

אֱלֹהֵינוּ וֵאלֹהֵי אֲבוֹתֵינוּ, יַעֲלֶה וְיָבֹא וְיַגִּיעַ, וְיֵרָאֶה וְיֵרָצֶה וְיִשָּׁמַע, וְיִפָּקֵד וְיִזָּכֵר זִכְרוֹנֵנוּ וּפִקְדוֹנֵנוּ, וְזִכְרוֹן אֲבוֹתֵינוּ, וְזִכְרוֹן מָשִׁיחַ בֶּן דָּוִד עַבְדֶּךָ, וְזִכְרוֹן יְרוּשָׁלַיִם עִיר קָדְשֶׁךָ, וְזִכְרוֹן כָּל עַמְּךָ בֵּית יִשְׂרָאֵל לְפָנֶיךָ, לִפְלֵיטָה לְטוֹבָה, לְחֵן וּלְחֶסֶד וּלְרַחֲמִים וּלְחַיִּים טוֹבִים וּלְשָׁלוֹם, בְּיוֹם (לשבת הַשַּׁבָּת הַזֶּה וּבְיוֹם) הַכִּפֻּרִים הַזֶּה בְּיוֹם סְלִיחַת הֶעָוֹן הַזֶּה, בְּיוֹם מִקְרָא קֹדֶשׁ הַזֶּה. זָכְרֵנוּ יְיָ אֱלֹהֵינוּ בּוֹ לְטוֹבָה וּפָקְדֵנוּ בוֹ

ותמלוך Lord our God, You are He who alone will reign over all Your works, in Mount Zion the abode of Your glory, in Jerusalem Your holy city, as it is written in Your holy Scriptures: The Lord shall reign forever; your God, O Zion, throughout all generations; praise the Lord.[1]

קדוש Holy are You, awesome is Your Name, and aside from You there is no God, as it is written: The Lord of hosts is exalted in justice and the holy God is sanctified in righteousness.[2] Blessed are You Lord, the holy King.

אתה You have chosen us from among all the nations; You have loved us and found favor with us. You have raised us above all tongues and made us holy through Your commandments. You, our King, have drawn us near to Your service and proclaimed Your great and holy Name upon us.

ותתן And You, Lord our God, have given us in love (*On Shabbat:* this Shabbat day and) this Day of Atonements, this day of pardoning of sin, this day of holy assembly (*On Shabbat:* for sanctity and tranquility,) for forgiveness, pardon, and atonement, to forgive thereon all our wrongdoings, (*On Shabbat:* in love,) a holy assembly, commemorating the Exodus from Egypt.

אלהינו Our God and God of our fathers, may there ascend, come and reach, be seen, accepted, and heard, recalled and remembered before You, the remembrance and recollection of us, the remembrance of our fathers, the remembrance of *Mashiach* the son of David Your servant, the remembrance of Jerusalem Your holy city, and the remembrance of all Your people the House of Israel, for deliverance, well-being, grace, kindness, mercy, good life and peace, on this (*On Shabbat:* Shabbat day and this) Day of Atonements, on this day of pardoning of sin, on this day of holy assembly. Remember us on this [day], Lord our God, for good; be mindful of us on this [day]

1. Psalms 146:10. 2. Isaiah 5:16.

לִבְרָכָה, וְהוֹשִׁיעֵנוּ בוֹ לְחַיִּים טוֹבִים. וּבִדְבַר יְשׁוּעָה וְרַחֲמִים חוּס וְחָנֵּנוּ, וְרַחֵם עָלֵינוּ וְהוֹשִׁיעֵנוּ. כִּי אֵלֶיךָ עֵינֵינוּ, כִּי אֵל מֶלֶךְ חַנּוּן וְרַחוּם אָתָּה:

חזן וקהל פְּתַח לָנוּ שַׁעַר. בְּעֵת נְעִילַת שַׁעַר. כִּי פָנָה יוֹם:

חזן וקהל הַיּוֹם יִפְנֶה. הַשֶּׁמֶשׁ יָבֹא וְיִפְנֶה. נָבוֹאָה שְׁעָרֶיךָ:

חזן וקהל אָנָּא אֵל נָא. שָׂא נָא. סְלַח נָא. מְחַל נָא. חֲמָל נָא. רַחֵם נָא. כַּפֶּר נָא. כְּבוֹשׁ חֵטְא וְעָוֹן:

אֵל מֶלֶךְ יוֹשֵׁב עַל כִּסֵּא רַחֲמִים וּמִתְנַהֵג בַּחֲסִידוּת. מוֹחֵל עֲוֹנוֹת עַמּוֹ מַעֲבִיר רִאשׁוֹן רִאשׁוֹן. מַרְבֶּה מְחִילָה לְחַטָּאִים וּסְלִיחָה לַפּוֹשְׁעִים. עוֹשֶׂה צְדָקוֹת עִם כָּל בָּשָׂר וָרוּחַ. לֹא כְרָעָתָם תִּגְמוֹל. אֵל הוֹרֵיתָ לָנוּ לוֹמַר שְׁלֹשׁ עֶשְׂרֵה. זְכָר לָנוּ הַיּוֹם בְּרִית שְׁלֹשׁ עֶשְׂרֵה. כְּמוֹ שֶׁהוֹדַעְתָּ לֶעָנָיו מִקֶּדֶם. כְּמוֹ שֶׁכָּתוּב וַיֵּרֶד יְהוָה בֶּעָנָן וַיִּתְיַצֵּב עִמּוֹ שָׁם וַיִּקְרָא בְשֵׁם יְהוָה: וַיַּעֲבוֹר יְהוָה עַל פָּנָיו וַיִּקְרָא:

יְהוָה יְהוָה אֵל רַחוּם וְחַנּוּן אֶרֶךְ אַפַּיִם וְרַב חֶסֶד וֶאֱמֶת. נוֹצֵר חֶסֶד לָאֲלָפִים נוֹשֵׂא עָוֹן וָפֶשַׁע וְחַטָּאָה וְנַקֵּה: וְסָלַחְתָּ לַעֲוֹנֵנוּ וּלְחַטָּאתֵנוּ וּנְחַלְתָּנוּ:

סְלַח לָנוּ אָבִינוּ כִּי חָטָאנוּ. מְחַל לָנוּ מַלְכֵּנוּ כִּי פָשָׁעְנוּ: כִּי אַתָּה אֲדֹנָי טוֹב וְסַלָּח וְרַב חֶסֶד לְכָל קוֹרְאֶיךָ:

כְּרַחֵם אָב עַל בָּנִים כֵּן תְּרַחֵם יְהוָה עָלֵינוּ: לַיהוָה הַיְשׁוּעָה עַל עַמְּךָ בִרְכָתֶךָ סֶּלָה: יְהוָה צְבָאוֹת עִמָּנוּ מִשְׂגָּב לָנוּ אֱלֹהֵי יַעֲקֹב סֶלָה: יְהוָה צְבָאוֹת אַשְׁרֵי אָדָם בֹּטֵחַ בָּךְ: יְהוָה הוֹשִׁיעָה הַמֶּלֶךְ יַעֲנֵנוּ בְיוֹם קָרְאֵנוּ: סְלַח נָא לַעֲוֹן הָעָם הַזֶּה כְּגֹדֶל חַסְדֶּךָ וְכַאֲשֶׁר נָשָׂאתָה לָעָם הַזֶּה מִמִּצְרַיִם וְעַד הֵנָּה וְשָׁם נֶאֱמַר: וַיֹּאמֶר יְהוָה סָלַחְתִּי כִּדְבָרֶךָ: הַטֵּה אֱלֹהַי אָזְנְךָ וּשְׁמָע פְּקַח עֵינֶיךָ וּרְאֵה שֹׁמְמֹתֵינוּ וְהָעִיר אֲשֶׁר נִקְרָא שִׁמְךָ עָלֶיהָ כִּי לֹא עַל צִדְקוֹתֵינוּ אֲנַחְנוּ מַפִּילִים תַּחֲנוּנֵינוּ לְפָנֶיךָ כִּי עַל רַחֲמֶיךָ הָרַבִּים. אֲדֹנָי שְׁמָעָה אֲדֹנָי סְלָחָה אֲדֹנָי הַקְשִׁיבָה וַעֲשֵׂה אַל תְּאַחַר לְמַעַנְךָ אֱלֹהַי כִּי שִׁמְךָ נִקְרָא עַל עִירְךָ וְעַל עַמֶּךָ:

וּמִי יַעֲמוֹד חֵטְא אִם תִּשְׁמוֹר. וּמִי יָקוּם דִּין אִם תִּגְמוֹר. הַסְּלִיחָה

for blessing; help us on this [day] for good life. With the promise of deliverance and compassion, spare us and be gracious to us; have mercy upon us and deliver us; for our eyes are directed to You, for You, God, are a gracious and merciful King.

פתח *Chazzan and Cong:* Open for us the gate [of prayer], at the time of the closing of the gate, for the day has declined.

Chazzan and Cong: The day wanes, the sun sets and wanes, O let us enter Your gates.

Chazzan and Cong: We beseech You, O God, absolve, pardon, forgive, take pity, have compassion, grant atonement, suppress sin and iniquity.

אל מלך Almighty King, who sits on the throne of mercy, who acts with benevolence, forgiving the wrongdoings of His people, removing every first sin, many times granting forgiveness to inadvertent sinners and pardon to willful transgressors; He deals charitably with each living being, not requiting them according to their wickedness. Almighty One, You have taught us to recite the Thirteen [Attributes of Mercy]; remember this day in our behalf, the Covenant of the Thirteen [Attributes], as You have made known to [Moses] the humble one in days gone by, as it is written: And the Lord descended in the cloud and stood with him there, and he invoked the Name of the Lord.[1]

And the Lord passed before him and proclaimed:

יהוה Lord, Lord, benevolent God, compassionate and gracious, slow to anger and abounding in kindness and truth; He preserves kindness for two thousand generations, forgiving iniquity, transgression and sin, and He cleanses.[2] Pardon our wrongdoings and our sins, and take us as Your own possession.[3]

סלח Pardon us, our Father, for we have sinned; forgive us, our King, for we have willfully transgressed. For You, my Lord, are good and forgiving, and exceedingly kind to all who call upon You.[4]

כרחם As a father has compassion on his children, so, Lord, have compassion on us. Deliverance is the Lord's; may Your blessing be upon Your people forever.[5] The Lord of hosts is with us; the God of Jacob is our everlasting stronghold.[6] Lord of hosts, happy is the man who trusts in You.[7] Lord help us; may the King answer us on the day we call.[8] Pardon, I beseech You, the wrongdoing of this people in keeping with the greatness of Your kindness, and as You have forgiven this people from Egypt until now.[9] And there it is stated: And the Lord said: I have pardoned in accordance with your words.[10] Give ear, my God, and hear; open Your eyes and behold our desolate places and the city upon which Your Name is proclaimed, for it is not on account of our own righteousness that we offer our supplications before You, but because of Your abounding mercies. My Lord, hear; my Lord, pardon; my Lord, hearken and take action, do not delay, for Your own sake, my God, for Your Name is proclaimed over Your city and Your people.[11]

ומי If You were to preserve sin, who could exist? If You were to pronounce judgment [according to our deeds,] who could survive? Forgiveness

---

1. Exodus 34:5. 2. Ibid. 34:6-7. 3. Ibid. 34:9. 4. Psalms 86:5. 5. Ibid. 3:9. 6. Ibid. 46:8. 7. Ibid. 84:13. 8. Ibid. 20:10. 9. Numbers 14:19. 10. Ibid. 14:20. 11. Daniel 9:18-19.

עַמְּךָ סָלַחְתִּי לֵאמֹר. הָרַחֲמִים גַּם לְךָ מִדָּתְךָ לִכְמוֹר: דִּכְדּוּךְ דַּלּוּתֵנוּ רְאֵה וְאַל תְּכַלִּים. דַּעַת נְתִיב דְּרָכֶיךָ חֶפְצֵנוּ תַּשְׁלִים. גָּדוֹל וְקָטֹן רוּחַ שֵׂכֶל הַחֲלִים. גִּבּוֹרֵי כֹחַ רְצוֹנְךָ חַזֵּק וְהָאֵלִים: בְּצִלְּךָ שֶׁבֶת שָׁבִים קַבֵּל נְדָבָה. בֵּיתְךָ יַפְרִיחוּ וְלֹא יוֹסִיפוּ לְדַאֲבָה. אוֹבֵד וְנִדָּח תַּשְׁבִּית נוֹגֵשׂ וּמַדְהֵבָה. אָז יַעֲלוּ וְיֵרָאוּ בְּרוּחַ נְדִיבָה:

שְׁלוֹם פָּרִים שְׂפָתֵינוּ תִּכּוֹן אֱמֶת. לְכִתֵּנוּ אַחֲרֶיךָ בְּתוֹם וְיוֹשֶׁר הָעֱמֶת. מֵלִיץ יוֹשֶׁר קַבֵּל. וּמַלְשִׁינִי צַמֵּת. הֶחָפֵץ בַּחַיִּים וְלֹא בְּמוֹת הַמֵּת. הֲקִימֵנוּ בְּאוֹר פָּנֶיךָ וְחֶשְׁבּוֹן יִתַּמֵּצָה. קִיּוּם מֶרֶדֶת שַׁחַת כּוֹפֶר יִמָּצֵא. טֶרֶם נִקְרָא עוֹד דִּבּוּר יֵצֵא. נִדְבוֹת פִּינוּ יְהוָה רְצֵה:

מְרֻבִּים צָרְכֵי עַמְּךָ וְדַעְתָּם קְצָרָה. מַחְסוֹרָם וּמִשְׁאֲלוֹתָם כָּל יוּכְלוּ לְסַפְּרָה. נָא בִּינָה הֲגִיגֵנוּ טֶרֶם נִקְרָא: הָאֵל הַגָּדוֹל הַגִּבּוֹר וְהַנּוֹרָא:

סָפוּ וְגַם כָּלוּ יוֹדְעֵי פְּגִיעָה. סֵדֶר תְּפִלּוֹת בְּמַעֲנֵה לְשׁוֹנָם לְהַבִּיעָה. עֲרוּמִים נוֹתַרְנוּ וְרַבְּתָה הָרָעָה: עַל כֵּן לֹא הִשַּׂגְנוּ יְשׁוּעָה:

פָּנִים אֵין לָנוּ פָּנֶיךָ לְחַלּוֹת. פָּשַׁעְנוּ וּמָרַדְנוּ וְהֶעֱוִינוּ מְסִלּוֹת. צְדָקָה לְךָ לְבַד נְבַקֵּשׁ בְּמַעַרְכֵי תְּהִלּוֹת: הָעוֹמְדִים בְּבֵית יְהוָה בַּלֵּילוֹת:

קָדוֹשׁ רְאֵה כִּי פַּס מֵלִיץ כְּשׁוּרָה. קַבֵּל נִיבֵי כְּמַרְבִּית תְּשׁוּרָה. רִנָּתִי הַיּוֹם תְּהֵא בְּכִתְרְךָ קְשׁוּרָה: אֵל נֶאְזָר בִּגְבוּרָה:

שַׁוְעָתִי שְׁעֵה וּתְפִלָּתִי תְּהֵא נְעִימָה. שְׁמַע פְּגִיעָתִי כִּפְגִיעַת תַּמָּה. תְּחוֹקְקֵנוּ לְחַיִּים וְתֵיטִיב לָנוּ הַחֲתִימָה: תּוֹלֶה אֶרֶץ עַל בְּלִימָה:

אֵל מֶלֶךְ יוֹשֵׁב עַל כִּסֵּא רַחֲמִים וּמִתְנַהֵג בַּחֲסִידוּת מוֹחֵל עֲוֹנוֹת עַמּוֹ. מַעֲבִיר רִאשׁוֹן רִאשׁוֹן. מַרְבֶּה מְחִילָה לְחַטָּאִים וּסְלִיחָה לְפוֹשְׁעִים. עֹשֶׂה צְדָקוֹת עִם כָּל בָּשָׂר וָרוּחַ. לֹא כְרָעָתָם תִּגְמוֹל. אֵל הוֹרֵיתָ לָנוּ לוֹמַר שְׁלשׁ עֶשְׂרֵה. זְכָר לָנוּ הַיּוֹם בְּרִית שְׁלשׁ עֶשְׂרֵה. כְּהוֹדַעְתָּ לֶעָנָו מִקֶּדֶם. כְּמוֹ שֶׁכָּתוּב וַיֵּרֶד יְיָ בֶּעָנָן וַיִּתְיַצֵּב עִמּוֹ שָׁם וַיִּקְרָא בְשֵׁם יְיָ:

is with You, so declare: I have forgiven! It is also Your attribute to arouse compassion [for man]. Behold our lowly, dismal status, and do not put us to shame. Fulfill our desire to know the path of Your way. Endow young and old with the spirit of wisdom. Strengthen and invigorate those who zealously do Your will. Graciously accept the penitents and let them abide in Your shadow; let them flourish in Your House and experience distress no more. Remove the oppressor and persecutor from [Israel,] the forsaken and exiled, then with a willing spirit they shall go up [to Jerusalem] and be seen [in the Bet Hamikdash].

שלום May the prayer of our lips be truly accepted in place of the sacrifice of bullocks; be mindful of our going after You in sincerity and uprightness. Accept our Advocate and destroy our Accuser, O You who desires life, not the demise of the one who deserves death. Establish us in the light of Your countenance, and annul the account of our sins; then we will exist and not go down to the grave, for expiation will be found. Before we call, ere a word is uttered, accept with favor, O Lord, the offerings of our lips.

מרובים The needs of Your people are numerous and their knowledge is scant; they are unable to express their needs and desires; consider, we beseech You, our thoughts, [even] before we call; O great, mighty and awesome God.

ספו Gone and vanished are those who know how to offer prayer, how to eloquently express the form of prayers; we have remained bereft, and adversity has increased; we therefore have not attained deliverance.

פנים We lack the courage to plead before You, we have transgressed, rebelled and perverted [our] ways; only kindness do we ask of You in the presentation of our prayers, we who stand in the house of the Lord at night.

קדוש Holy One, behold, the proper advocate is no more; accept my words of prayer as if I had presented You with a great offering; let my prayers this day be attached to Your diadem, God who is girded with might.

שועתי Pay heed to my cry and may my prayer be pleasant; hear my plea as if it were the plea of the perfect one; inscribe us for life and seal us for goodness, O You who suspends the earth in empty space.

אל מלך Almighty King, who sits on the throne of mercy, who acts with benevolence, forgiving the wrongdoings of His people, removing every first sin, many times granting forgiveness to inadvertent sinners and pardon to willful transgressors; He deals charitably with each living being, not requiting them according to their wickedness. Almighty One, You have taught us to recite the Thirteen [Attributes of Mercy]; remember this day in our behalf, the Covenant of the Thirteen [Attributes], as You have made known to [Moses] the humble one in days gone by, as it is written: And the Lord descended in the cloud and stood with him there, and he invoked the Name of the Lord.

וַיַּעֲבֹר יְיָ עַל פָּנָיו וַיִּקְרָא:

יְהֹוָה יְהֹוָה אֵל רַחוּם וְחַנּוּן אֶרֶךְ אַפַּיִם וְרַב חֶסֶד וֶאֱמֶת. נֹצֵר חֶסֶד לָאֲלָפִים נֹשֵׂא עָוֹן וָפֶשַׁע וְחַטָּאָה וְנַקֵּה: וְסָלַחְתָּ לַעֲוֹנֵנוּ וּלְחַטָּאתֵנוּ וּנְחַלְתָּנוּ:

סְלַח לָנוּ אָבִינוּ כִּי חָטָאנוּ. מְחַל לָנוּ מַלְכֵּנוּ כִּי פָשָׁעְנוּ: כִּי אַתָּה אֲדֹנָי טוֹב וְסַלָּח וְרַב חֶסֶד לְכָל קוֹרְאֶיךָ:

יָדְךָ פְּשׁוֹט וְקַבֵּל תְּשׁוּבָתִי בְּמַעֲמָדִי. סְלַח וּמְחַל רוֹעַ מַעְבָּדִי. פְּנֵה נָא וַעֲסוֹק בְּטוֹבַת מְשַׁחֲרֶיךָ דּוֹדַי וּמְעוֹדְדַי: וְאַתָּה יְהֹוָה מָגֵן בַּעֲדִי: זְכוֹר בְּרִית אַבְרָהָם וַעֲקֵדַת יִצְחָק. וְהָשֵׁב שְׁבוּת אָהֳלֵי יַעֲקֹב וְהוֹשִׁיעֵנוּ לְמַעַן שְׁמֶךָ. גּוֹאֵל חָזָק לְמַעַנְךָ פְּדֵנוּ. רְאֵה כִּי אָזְלַת יָדֵינוּ. שׁוּר כִּי אָבְדָה חֲסִידֵנוּ. וּמַפְגִּיעַ אֵין בַּעֲדֵנוּ. וְשׁוּב בְּרַחֲמִים עַל שְׁאֵרִית יִשְׂרָאֵל וְהוֹשִׁיעֵנוּ לְמַעַן שְׁמֶךָ: הָעִיר הַקֹּדֶשׁ וְהַמְּחוֹזוֹת. הָיוּ לְחֶרְפָּה וְלִבְזוֹת. וְכָל מַחֲמַדֶּיהָ טְבוּעוֹת וּגְנוּזוֹת. וְאֵין שִׁיּוּר רַק הַתּוֹרָה הַזֹּאת. וְהָשֵׁב שְׁבוּת אָהֳלֵי יַעֲקֹב וְהוֹשִׁיעֵנוּ לְמַעַן שְׁמֶךָ:

אֶנְקַת מְסַלְּדֶיךָ. תַּעַל לִפְנֵי כִּסֵּא כְבוֹדֶךָ. מַלֵּא מִשְׁאֲלוֹת עַם מְיַחֲדֶיךָ. שׁוֹמֵעַ תְּפִלּוֹת בָּאֵי עָדֶיךָ:

יִשְׂרָאֵל נוֹשַׁע בַּיהֹוָה תְּשׁוּעַת עוֹלָמִים. גַּם הַיּוֹם יִוָּשְׁעוּ מִפִּיךָ שׁוֹכֵן מְרוֹמִים. כִּי אַתָּה רַב סְלִיחוֹת וּבַעַל הָרַחֲמִים:

יַחְבִּיאֵנוּ צֵל יָדוֹ. תַּחַת כַּנְפֵי הַשְּׁכִינָה. חוֹן יָחוֹן כִּי יִבְחוֹן לֵב עָקוֹב לְהָכִינָה. קוּמָה נָא אֱלֹהֵינוּ עוּזָה. עֻזִּי נָא. יְהֹוָה לְשַׁוְעָתֵנוּ הַאֲזִינָה:

יַשְׁמִיעֵנוּ סָלַחְתִּי. יוֹשֵׁב בְּסֵתֶר עֶלְיוֹן. בִּימִין יֶשַׁע לְהִוָּשַׁע עַם עָנִי וְאֶבְיוֹן. בְּשַׁוְעֵנוּ אֵלֶיךָ נוֹרָאוֹת בְּצֶדֶק תַּעֲנֵנוּ. יְהֹוָה הֱיֵה עוֹזֵר לָנוּ:

יְהֹוָה יְהֹוָה אֵל רַחוּם וְחַנּוּן. אֶרֶךְ אַפַּיִם וְרַב חֶסֶד וֶאֱמֶת. נֹצֵר חֶסֶד לָאֲלָפִים. נֹשֵׂא עָוֹן וָפֶשַׁע. וְחַטָּאָה וְנַקֵּה. וְסָלַחְתָּ לַעֲוֹנֵנוּ וּלְחַטָּאתֵנוּ וּנְחַלְתָּנוּ:

ויעבר And the Lord passed before him and proclaimed:

יהוה Lord, Lord, benevolent God, compassionate and gracious, slow to anger and abounding in kindness and truth; He preserves kindness for two thousand generations, forgiving iniquity, transgression and sin, and He cleanses. Pardon our wrongdoings and our sins, and take us as Your own possession.

סלח Pardon us, our Father, for we have sinned; forgive us, our King, for we have willfully transgressed. For You, my Lord, are good and forgiving, and exceedingly kind to all who call upon You.

ידך Stretch forth Your hand and accept my penitence as I stand before You, forgive and pardon my evil deeds; turn, O my Beloved and my Strength, and occupy Yourself with the good of those who seek You; You, Lord, who are a shield for me.

זכור Remember the covenant with Abraham and the binding of Isaac [on the altar]; bring back the captives of the tents of Jacob, and deliver us for the sake of Your Name. Mighty Redeemer, for Your own sake, deliver us; behold that our hand is weakened, see that our pious men have perished and there is none to intercede in our behalf; turn with mercy to the remnant of Israel, and deliver us for the sake of Your Name. The holy city and its environs have become an object of disgrace and plunder, all its treasures are buried and hidden, and nothing remains but this Torah; bring back the captives of the tents of Jacob, and deliver us for the sake of Your Name.

אנקת May the cry of those who offer praise to You ascend before the Throne of Your Glory; fulfill the requests of the people who affirm Your Oneness, O You who hears the prayers of those who come to You.

ישראל Israel will be delivered by the Lord with everlasting deliverance; may they also this day be delivered by Your command, You who dwells in the heavens; for You are most forgiving and the Master of mercies.

יחביאנו May the shade of His hand cover us under the wing of His Divine Presence; may He be gracious when He searches the deceitful heart to put it aright; arise, our God, we beseech You, strengthen us, O our Strength; Lord, hearken to our cry.

ישמיענו O You, who abides in the most sublime secret place, let us hear: I have forgiven! With the saving power of His right hand cause a poor and needy people to be delivered; when we call out to You, in Your righteousness, answer us with awesome deeds; O Lord, be a help to us.

יהוה Lord, Lord, benevolent God, compassionate and gracious, slow to anger and abounding in kindness and truth; He preserves kindness for two thousand generations, forgiving iniquity, transgression and sin, and He cleanses. Pardon our wrongdoings and our sins, and take us as Your own possession.

אֶזְכְּרָה אֱלֹהִים וְאֶהֱמָיָה. בִּרְאוֹתִי כָּל עִיר עַל תִּלָּהּ בְּנוּיָה. וְעִיר הָאֱלֹהִים מֻשְׁפֶּלֶת עַד שְׁאוֹל תַּחְתִּיָּה. וּבְכָל זֹאת אָנוּ לְיָהּ וְעֵינֵינוּ לְיָהּ. יי יי:

מִדַּת הָרַחֲמִים עָלֵינוּ הִתְגַּלְגְּלִי. וְלִפְנֵי קוֹנֵךְ תְּחִנָּתֵנוּ הַפִּילִי. וּבְעַד עַמֵּךְ רַחֲמִים שַׁאֲלִי. כִּי כָל לֵבָב דַּוָּי וְכָל רֹאשׁ לָחֳלִי. יי יי:

תָּמַכְתִּי יְתֵדוֹתַי בִּשְׁלֹשׁ עֶשְׂרֵה תֵבוֹת. וּבְשַׁעֲרֵי דְמָעוֹת כִּי לֹא נִשְׁלָבוֹת. לָכֵן שָׁפַכְתִּי שִׂיחַ פְּנֵי בוֹחֵן לְבּוֹת. בָּטוּחַ אֲנִי בְּאֵלֶּה וּבִזְכוּת שְׁלשֶׁת אָבוֹת. יי יי:

יְהִי־רָצוֹן מִלְּפָנֶיךָ שׁוֹמֵעַ קוֹל בְּכִיּוֹת. שֶׁתָּשִׂים דִּמְעוֹתֵינוּ בְּנֹאדְךָ לִהְיוֹת. וְתַצִּילֵנוּ מִכָּל גְּזֵרוֹת אַכְזָרִיּוֹת. כִּי לְךָ לְבַד עֵינֵינוּ תְלוּיוֹת. יי יי:

אֵל מֶלֶךְ יוֹשֵׁב עַל כִּסֵּא רַחֲמִים וּמִתְנַהֵג בַּחֲסִידוּת מוֹחֵל עֲוֹנוֹת עַמּוֹ. מַעֲבִיר רִאשׁוֹן רִאשׁוֹן. מַרְבֶּה מְחִילָה לְחַטָּאִים וּסְלִיחָה לַפּוֹשְׁעִים. עֹשֶׂה צְדָקוֹת עִם כָּל בָּשָׂר וָרוּחַ. לֹא כְרָעָתָם תִּגְמוֹל. אֵל הוֹרֵיתָ לָּנוּ לוֹמַר שְׁלֹשׁ עֶשְׂרֵה. זְכָר לָנוּ הַיּוֹם בְּרִית שְׁלֹשׁ עֶשְׂרֵה. כְּהוֹדַעְתָּ לֶעָנָו מִקֶּדֶם. כְּמוֹ שֶׁכָּתוּב וַיֵּרֶד יי בֶּעָנָן וַיִּתְיַצֵּב עִמּוֹ שָׁם וַיִּקְרָא בְשֵׁם יי: וַיַּעֲבוֹר יְהוָה עַל פָּנָיו וַיִּקְרָא:

יְהוָה יְהוָה אֵל רַחוּם וְחַנּוּן אֶרֶךְ אַפַּיִם וְרַב חֶסֶד וֶאֱמֶת. נֹצֵר חֶסֶד לָאֲלָפִים נֹשֵׂא עָוֹן וָפֶשַׁע וְחַטָּאָה וְנַקֵּה: וְסָלַחְתָּ לַעֲוֹנֵנוּ וּלְחַטָּאתֵנוּ וּנְחַלְתָּנוּ:

סְלַח לָנוּ אָבִינוּ כִּי חָטָאנוּ. מְחַל לָנוּ מַלְכֵּנוּ כִּי פָשָׁעְנוּ: כִּי אַתָּה אֲדֹנָי טוֹב וְסַלָּח וְרַב חֶסֶד לְכָל קוֹרְאֶיךָ:

רַחֵם נָא קְהַל עֲדַת יְשׁוּרוּן. סְלַח וּמְחַל עֲוֹנָם. וְהוֹשִׁיעֵנוּ אֱלֹהֵי יִשְׁעֵנוּ:

שַׁעֲרֵי שָׁמַיִם פְּתַח. וְאוֹצָרְךָ הַטּוֹב לָנוּ תִפְתַּח. תּוֹשִׁיעַ וְרִיב אַל תִּמְתַּח. וְהוֹשִׁיעֵנוּ אֱלֹהֵי יִשְׁעֵנוּ:

אזכרה God, I remember and I moan when I see every city built on its site, while the city of God is cast down to the depth of the abyss; yet despite all this we [worship] God and our eyes are toward God. *Repeat:* יי יי (Lord, Lord...).

מדת Attribute of Mercy, turn to us, and present our supplication before your Maker, and plead for compassion on behalf of your people; for every heart is in pain and every head is ailing. *Repeat:* יי יי (Lord, Lord...).

תמכתי I firmly rely on the thirteen words [Divine Attributes], and on the gates of tears which are never closed; therefore I have poured out my prayer before the Searcher of hearts; in these I trust, and in the merit of the three Patriarchs. *Repeat:* יי יי (Lord, Lord...).

יהי May it be Your will, You who hears the voice of weeping, to store our tears in Your flask, and save us from all cruel decrees, for to You alone are our eyes turned. *Repeat:* יי יי (Lord, Lord...).

אל מלך Almighty King, who sits on the throne of mercy, who acts with benevolence, forgiving the wrongdoings of His people, removing every first sin, many times granting forgiveness to inadvertent sinners and pardon to willful transgressors; He deals charitably with each living being, not requiting them according to their wickedness. Almighty One, You have taught us to recite the Thirteen [Attributes of Mercy]; remember this day in our behalf, the Covenant of the Thirteen [Attributes], as You have made known to [Moses] the humble one in days gone by, as it is written: And the Lord descended in the cloud and stood with him there, and he invoked the Name of the Lord.
ויעבר And the Lord passed before him and proclaimed:

יהוה Lord, Lord, benevolent God, compassionate and gracious, slow to anger and abounding in kindness and truth; He preserves kindness for two thousand generations, forgiving iniquity, transgression and sin, and He cleanses. Pardon our wrongdoings and our sins, and take us as Your own possession.

סלח Pardon us, our Father, for we have sinned; forgive us, our King, for we have willfully transgressed. For You, my Lord, are good and forgiving, and exceedingly kind to all who call upon You.

רחם Have mercy, we beseech You, on the congregation and assembly of Yeshurun;[1] forgive and pardon their iniquities, and deliver us, God of our salvation.

שערי Open the gates of heaven; open for us Your bounteous treasure, help and do not judge harshly, but save us, God of our salvation.

1. I.e., Israel. V. Isaiah 44:2. Deuteronomy 33:5, 26 Ramban, Deuteronomy 7:12.

אֱלֹהֵינוּ וֵאלֹהֵי אֲבוֹתֵינוּ . סְלַח לָנוּ . מְחַל לָנוּ . כַּפֶּר לָנוּ . כִּי אָנוּ עַמֶּךָ וְאַתָּה אֱלֹהֵינוּ . אָנוּ בָנֶיךָ וְאַתָּה אָבִינוּ . אָנוּ עֲבָדֶיךָ וְאַתָּה אֲדוֹנֵינוּ . אָנוּ קְהָלֶךָ וְאַתָּה חֶלְקֵנוּ . אָנוּ נַחֲלָתֶךָ וְאַתָּה גוֹרָלֵנוּ . אָנוּ צֹאנֶךָ וְאַתָּה רוֹעֵנוּ . אָנוּ כַרְמֶךָ וְאַתָּה נוֹטְרֵנוּ . אָנוּ פְעֻלָּתֶךָ וְאַתָּה יוֹצְרֵנוּ . אָנוּ רַעְיָתֶךָ וְאַתָּה דוֹדֵנוּ . אָנוּ סְגֻלָּתֶךָ וְאַתָּה אֱלֹהֵינוּ . אָנוּ עַמֶּךָ וְאַתָּה מַלְכֵּנוּ . אָנוּ מַאֲמִירֶךָ וְאַתָּה מַאֲמִירֵנוּ . אָנוּ עַזֵּי פָנִים וְאַתָּה רַחוּם וְחַנּוּן . אָנוּ קְשֵׁי עֹרֶף וְאַתָּה אֶרֶךְ אַפַּיִם . אָנוּ מְלֵאֵי עָוֹן וְאַתָּה מָלֵא רַחֲמִים . אָנוּ יָמֵינוּ כְּצֵל עוֹבֵר וְאַתָּה הוּא וּשְׁנוֹתֶיךָ לֹא יִתָּמּוּ :

אֱלֹהֵינוּ וֵאלֹהֵי אֲבוֹתֵינוּ תָּבֹא לְפָנֶיךָ תְּפִלָּתֵנוּ . וְאַל תִּתְעַלַּם מִתְּחִנָּתֵנוּ . שֶׁאֵין אָנוּ עַזֵּי פָנִים וּקְשֵׁי עֹרֶף לוֹמַר לְפָנֶיךָ יְהוָֹה אֱלֹהֵינוּ וֵאלֹהֵי אֲבוֹתֵינוּ צַדִּיקִים אֲנַחְנוּ וְלֹא חָטָאנוּ . אֲבָל אֲנַחְנוּ וַאֲבוֹתֵינוּ חָטָאנוּ :

אָשַׁמְנוּ . בָּגַדְנוּ . גָּזַלְנוּ . דִּבַּרְנוּ דֹפִי : הֶעֱוִינוּ . וְהִרְשַׁעְנוּ . זַדְנוּ . חָמַסְנוּ . טָפַלְנוּ שֶׁקֶר : יָעַצְנוּ רָע . כִּזַּבְנוּ . לַצְנוּ . מָרַדְנוּ . נִאַצְנוּ . סָרַרְנוּ . עָוִינוּ . פָּשַׁעְנוּ . צָרַרְנוּ . קִשִּׁינוּ עֹרֶף : רָשַׁעְנוּ . שִׁחַתְנוּ . תִּעַבְנוּ . תָּעִינוּ . תִּעְתָּעְנוּ : סַרְנוּ מִמִּצְוֹתֶיךָ וּמִמִּשְׁפָּטֶיךָ הַטּוֹבִים וְלֹא שָׁוָה לָנוּ . וְאַתָּה צַדִּיק עַל כָּל הַבָּא עָלֵינוּ כִּי אֱמֶת עָשִׂיתָ וַאֲנַחְנוּ הִרְשָׁעְנוּ : מַה נֹּאמַר לְפָנֶיךָ יוֹשֵׁב מָרוֹם . וּמַה נְּסַפֵּר לְפָנֶיךָ שׁוֹכֵן שְׁחָקִים . הֲלֹא כָּל הַנִּסְתָּרוֹת וְהַנִּגְלוֹת אַתָּה יוֹדֵעַ :

אַתָּה נוֹתֵן יָד לְפוֹשְׁעִים, וִימִינְךָ פְשׁוּטָה לְקַבֵּל שָׁבִים. וַתְּלַמְּדֵנוּ יְיָ אֱלֹהֵינוּ לְהִתְוַדּוֹת לְפָנֶיךָ עַל כָּל עֲוֹנוֹתֵינוּ לְמַעַן נֶחְדַּל מֵעֹשֶׁק יָדֵינוּ, וּתְקַבְּלֵנוּ בִּתְשׁוּבָה שְׁלֵמָה לְפָנֶיךָ, כְּאִשִּׁים וּכְנִיחוֹחִים, לְמַעַן דְּבָרֶיךָ אֲשֶׁר אָמָרְתָּ. אֵין קֵץ לְאִשֵּׁי חוֹבוֹתֵינוּ, וְאֵין מִסְפָּר לְנִיחוֹחֵי אַשְׁמוֹתֵינוּ, וְאַתָּה

אלהינו Our God and God of our fathers, pardon us, forgive us, grant us atonement — for we are Your people and You are our God; we are Your children and You are our Father; we are Your servants and You are our Master; we are Your congregation and You are our portion; we are Your inheritance and You are our lot; we are Your flock and You are our Shepherd; we are Your vineyard and You are our Watchman; we are Your handiwork and You are our Creator; we are Your beloved ones and You are our Beloved; we are Your treasure and You are our God; we are Your people and You are our King; we are Your chosen people and You are our acknowledged God; we are impudent but You are merciful and gracious; we are obdurate but You are slow to anger; we are full of iniquity but You are full of compassion; our days are like a passing shadow but You are eternal, Your years are without end.

אלהינו Our God and God of our fathers, may our prayers come before You and do not turn away from our supplication, for we are not so impudent and obdurate as to declare before You, Lord our God and God of our fathers, that we are righteous and have not sinned. Indeed, we and our fathers have sinned.

אשמנו We have transgressed, we have acted perfidiously, we have robbed, we have slandered. We have acted perversely and wickedly, we have willfully sinned, we have done violence, we have imputed falsely. We have given evil counsel, we have lied, we have scoffed, we have rebelled, we have provoked, we have been disobedient, we have commited iniquity, we have wantonly transgressed, we have oppressed, we have been obstinate. We have committed evil, we have acted perniciously, we have acted abominably, we have gone astray, we have led others astray. We have strayed from Your good precepts and ordinances, and it has not profited us. Indeed, You are just in all that has come upon us, for You have acted truthfully, and it is we who have acted wickedly.[1] What shall we say to You who dwells on high; what shall we relate to You who abides in the heavens? You surely know all the hidden and the revealed things.

אתה You extend a hand to transgressors, and Your right hand is stretched forth to receive the penitents. You have taught us, Lord our God, to confess before You all our sins, so that we will restrain our hands from doing wrong, and You will receive us in perfect repentance before You, as burnt-offerings and as offerings of pleasing odor, in accordance with Your word which You have given. There would be no end to the burnt-offerings required [for our sins], and no limit to the offerings of pleasing odor for our offences; but since You

1. Nechemiah 9:33.

יוֹדֵעַ שֶׁאַחֲרִיתֵנוּ רִמָּה וְתוֹלֵעָה, לְפִיכָךְ הִרְבִּיתָ סְלִיחָתֵנוּ. מָה אָנוּ, מֶה חַיֵּינוּ, מֶה חַסְדֵּנוּ, מַה צִּדְקֵנוּ, מַה כֹּחֵנוּ, מַה גְּבוּרָתֵנוּ. מַה נֹּאמַר לְפָנֶיךָ יְיָ אֱלֹהֵינוּ וֵאלֹהֵי אֲבוֹתֵינוּ, הֲלֹא, כָּל הַגִּבּוֹרִים כְּאַיִן לְפָנֶיךָ, וְאַנְשֵׁי הַשֵּׁם כְּלֹא הָיוּ, וַחֲכָמִים כִּבְלִי מַדָּע, וּנְבוֹנִים כִּבְלִי הַשְׂכֵּל, כִּי רֹב מַעֲשֵׂיהֶם תֹּהוּ, וִימֵי חַיֵּיהֶם הֶבֶל לְפָנֶיךָ, וּמוֹתַר הָאָדָם מִן הַבְּהֵמָה אָיִן, כִּי הַכֹּל הָבֶל:

אַתָּה הִבְדַּלְתָּ אֱנוֹשׁ מֵרֹאשׁ, וַתַּכִּירֵהוּ לַעֲמוֹד לְפָנֶיךָ, כִּי מִי יֹאמַר לְךָ מַה תִּפְעָל, וְאִם יִצְדַּק מַה יִּתֶּן לָךְ. וַתִּתֶּן לָנוּ יְיָ אֱלֹהֵינוּ בְּאַהֲבָה (לשבת אֶת יוֹם הַשַּׁבָּת הַזֶּה וְ) אֶת יוֹם הַכִּפֻּרִים הַזֶּה אֶת יוֹם סְלִיחַת הֶעָוֹן הַזֶּה אֶת יוֹם מִקְרָא קֹדֶשׁ הַזֶּה, קֵץ וּמְחִילָה וּסְלִיחָה עַל כָּל עֲוֹנוֹתֵינוּ, לְמַעַן נֶחְדַּל

know that our end is worm and maggot, therefore You have granted us abundant pardon. What are we? What is our life? What is our kindness? What is our righteousness? What is our strength? What is our might? What can we say to You, Lord our God and God of our fathers? Are not all the mighty men as nothing before You, the men of renown as though they had never been, the wise as if without knowledge, and the men of understanding as if devoid of intelligence? For most of their deeds are naught, and the days of their lives are vanity before You. The preeminence of man over beast is naught, for all is vanity.[1]

אתה [Nevertheless,] from the beginning You have set man apart and favored him to stand before You; for who could tell You what You should do, and [even] if he be righteous, what does he benefit You? You, Lord our God, have given us in love this (*On Shabbat:* Shabbat Day and this) Day of Atonements, this day of pardoning of sin, this day of holy assembly, an end, a forgiveness and a pardon of all our sins, that we shall restrain

1. Ecclesiastes 3:19.

מֵעֹשֶׁק יָדֵינוּ, וְנָשׁוּב אֵלֶיךָ לַעֲשׂוֹת חֻקֵּי רְצוֹנְךָ בְּלֵבָב שָׁלֵם. וְאַתָּה בְּרַחֲמֶיךָ הָרַבִּים רַחֵם עָלֵינוּ, כִּי לֹא תַחְפּוֹץ בְּהַשְׁחָתַת עוֹלָם. שֶׁנֶּאֱמַר: [א] דִּרְשׁוּ יְיָ בְּהִמָּצְאוֹ, [ב] קְרָאֻהוּ בִּהְיוֹתוֹ קָרוֹב, וְנֶאֱמַר: יַעֲזֹב רָשָׁע דַּרְכּוֹ וְאִישׁ אָוֶן מַחְשְׁבֹתָיו, וְיָשֹׁב אֶל יְיָ וִירַחֲמֵהוּ, וְאֶל אֱלֹהֵינוּ, כִּי יַרְבֶּה לִסְלוֹחַ. וְאַתָּה אֱלוֹהַּ סְלִיחוֹת, חַנּוּן וְרַחוּם, אֶרֶךְ אַפַּיִם, וְרַב חֶסֶד וֶאֱמֶת, וּמַרְבֶּה לְהֵיטִיב, וְרוֹצֶה אַתָּה בִּתְשׁוּבַת רְשָׁעִים, וְאֵין אַתָּה חָפֵץ [ג] בְּמִיתָתָם, שֶׁנֶּאֱמַר: אֱמֹר אֲלֵיהֶם, חַי אָנִי נְאֻם אֲדֹנָי יֱהֹוִה, אִם אֶחְפֹּץ בְּמוֹת הָרָשָׁע, כִּי אִם בְּשׁוּב רָשָׁע מִדַּרְכּוֹ וְחָיָה, שׁוּבוּ שׁוּבוּ מִדַּרְכֵיכֶם הָרָעִים, [ד] וְלָמָּה תָמוּתוּ בֵּית יִשְׂרָאֵל, וְנֶאֱמַר: הֶחָפֹץ אֶחְפֹּץ מוֹת רָשָׁע נְאֻם אֲדֹנָי יֱהֹוִה, הֲלֹא

א) ישעיה נה ו: ב) שם נה ז: ג) יחזקאל לג: יא ד) שם יח כג:

our hands from doing wrong and return to You to fulfill the statutes of Your will with a perfect heart. And You, in Your abounding compassion, have mercy on us, for You do not desire the destruction of the world, as it is stated: Seek the Lord while He may be found, call to Him while He is near.[1] And it is stated: Let the wicked abandon his way, and the man of iniquity his thoughts; let him return to the Lord, and He will have compassion upon him, and to our God, for He will abundantly pardon.[2] And You, God of pardons, are gracious and compassionate, slow to anger, abounding in kindness and truth, and conferring much good. You wish the repentance of the wicked and do not desire their death, as it is stated: Say to them, as [truly as] I live, declares the Lord God, do I desire the death of the wicked? But [I desire] that the wicked return from his path and live; return, return from your evil ways, why should you die, O House of Israel?[3] And it is stated: Have I any desire at all that the wicked should die? declares the Lord God; it is rather

1. Isaiah 55:6. 2. Ibid. 55:7. 3. Ezekiel 33:11.

בְּשׁוּבוֹ מִדְּרָכָיו וְחָיָה. וְנֶאֱמַר: כִּי לֹא
אֶחְפֹּץ בְּמוֹת הַמֵּת, נְאֻם אֲדֹנָי יֱהוִֹה,
וְהָשִׁיבוּ וִחְיוּ. כִּי אַתָּה סָלְחָן לְיִשְׂרָאֵל,
וּמָחֳלָן לְשִׁבְטֵי יְשֻׁרוּן, בְּכָל דּוֹר וָדוֹר,
וּמִבַּלְעָדֶיךָ אֵין לָנוּ מֶלֶךְ. מוֹחֵל וְסוֹלֵחַ.

אֱלֹהֵינוּ וֵאלֹהֵי אֲבוֹתֵינוּ, מְחוֹל לַעֲוֹנוֹתֵינוּ בְּיוֹם (לשבת הַשַּׁבָּת הַזֶּה וּבְיוֹם) הַכִּפֻּרִים הַזֶּה, בְּיוֹם סְלִיחַת הֶעָוֹן הַזֶּה, בְּיוֹם מִקְרָא קֹדֶשׁ הַזֶּה, מְחֵה וְהַעֲבֵר פְּשָׁעֵינוּ וְחַטֹּאתֵינוּ מִנֶּגֶד עֵינֶיךָ, כָּאָמוּר: אָנֹכִי אָנֹכִי הוּא מֹחֶה פְשָׁעֶיךָ לְמַעֲנִי, וְחַטֹּאתֶיךָ לֹא אֶזְכֹּר. וְנֶאֱמַר: מָחִיתִי כָעָב פְּשָׁעֶיךָ וְכֶעָנָן חַטֹּאתֶיךָ, שׁוּבָה אֵלַי כִּי גְאַלְתִּיךָ. וְנֶאֱמַר: כִּי בַיּוֹם הַזֶּה יְכַפֵּר עֲלֵיכֶם לְטַהֵר אֶתְכֶם מִכֹּל חַטֹּאתֵיכֶם, לִפְנֵי יְיָ תִּטְהָרוּ: (אֱלֹהֵינוּ וֵאלֹהֵי אֲבוֹתֵינוּ, רְצֵה נָא בִמְנוּחָתֵנוּ) קַדְּשֵׁנוּ בְּמִצְוֹתֶיךָ, וְתֵן חֶלְקֵנוּ בְּתוֹרָתֶךָ, שַׂבְּעֵנוּ מִטּוּבֶךָ וְשַׂמַּח נַפְשֵׁנוּ בִּישׁוּעָתֶךָ, (לשבת וְהַנְחִילֵנוּ יְיָ אֱלֹהֵינוּ בְּאַהֲבָה וּבְרָצוֹן שַׁבַּת קָדְשֶׁךָ, וְיָנוּחוּ בוֹ כָּל יִשְׂרָאֵל מְקַדְּשֵׁי שְׁמֶךָ) וְטַהֵר לִבֵּנוּ לְעָבְדְּךָ בֶּאֱמֶת, כִּי אַתָּה סָלְחָן לְיִשְׂרָאֵל וּמָחֳלָן לְשִׁבְטֵי יְשֻׁרוּן בְּכָל דּוֹר וָדוֹר, וּמִבַּלְעָדֶיךָ אֵין לָנוּ מֶלֶךְ מוֹחֵל וְסוֹלֵחַ. בָּרוּךְ אַתָּה יְיָ, מֶלֶךְ מוֹחֵל וְסוֹלֵחַ לַעֲוֹנוֹתֵינוּ,

*) לכאורה, כמו במנחה, צ"ל בנעילה: שבתות.. בם. וצ"ע. המו"ל.

that he should return from his path and live.[1] And it is stated: For I do not desire the death of the one deserving death, declares the Lord God; therefore return and live.[2] For You are the Pardoner of Israel and the Forgiver of the tribes of Yeshurun[3] in every generation, and aside from You we have no King who forgives and pardons.

אלהינו Our God and God of our fathers, forgive our wrongdoings on this (*On Shabbat:* Shabbat day and on this) Day of Atonements, on this day of pardoning of sin, on this day of holy assembly; wipe away and remove our transgressions and sins from before Your eyes, as it is stated: I, I [alone], am He who wipes away your transgressions, for My sake; your sins I will not recall.[4] And it is stated: I have wiped away your transgressions like a thick cloud, your sins like a cloud; return to Me, for I have redeemed you.[5] And it is stated: For on this day atonement shall be made for you, to purify you; you shall be cleansed of all your sins before the Lord.[6] (*On Shabbat:* Our God and God of our fathers, please find favor in our rest.) Make us holy with Your commandments and grant us our portion in Your Torah; satiate us with Your goodness and gladden our soul with Your salvation. (*On Shabbat:* Lord our God, grant as our heritage, in love and goodwill, Your holy Shabbat days, and may all Israel who sanctify Your Name rest on them.) Make our heart pure to serve You in truth, for You are the Pardoner of Israel and the Forgiver of the tribes of Yeshurun[3] in every generation, and aside from You we have no King who forgives and pardons. Blessed are You Lord, King who forgives and pardons our sins

1. Ezekiel 18:23. 2. Ibid. 18:32. 3. V. Isaiah 44:2. Deuteronomy 33:5, 26. Ramban, Deuteronomy 7:12. 4. Isaiah 43:25. 5. Ibid. 44:22. 6. Leviticus 16:30.

וְלַעֲוֹנוֹת עַמּוֹ בֵּית יִשְׂרָאֵל, וּמַעֲבִיר אַשְׁמוֹתֵינוּ בְּכָל שָׁנָה וְשָׁנָה. מֶלֶךְ עַל כָּל הָאָרֶץ, מְקַדֵּשׁ (לשבת הַשַּׁבָּת וְ)יִשְׂרָאֵל וְיוֹם הַכִּפּוּרִים:

רְצֵה יְיָ אֱלֹהֵינוּ בְּעַמְּךָ יִשְׂרָאֵל, וְלִתְפִלָּתָם שְׁעֵה. וְהָשֵׁב הָעֲבוֹדָה לִדְבִיר בֵּיתֶךָ וְאִשֵּׁי יִשְׂרָאֵל וּתְפִלָּתָם בְּאַהֲבָה תְקַבֵּל בְּרָצוֹן, וּתְהִי לְרָצוֹן תָּמִיד עֲבוֹדַת יִשְׂרָאֵל עַמֶּךָ:

וְתֶחֱזֶינָה עֵינֵינוּ בְּשׁוּבְךָ לְצִיּוֹן בְּרַחֲמִים. בָּרוּךְ אַתָּה יְיָ, הַמַּחֲזִיר שְׁכִינָתוֹ לְצִיּוֹן:

מוֹדִים אֲנַחְנוּ לָךְ שָׁאַתָּה הוּא יְיָ אֱלֹהֵינוּ וֵאלֹהֵי אֲבוֹתֵינוּ לְעוֹלָם וָעֶד. צוּר חַיֵּינוּ מָגֵן יִשְׁעֵנוּ אַתָּה הוּא לְדוֹר וָדוֹר. נוֹדֶה לְּךָ וּנְסַפֵּר תְּהִלָּתֶךָ, עַל חַיֵּינוּ הַמְּסוּרִים בְּיָדֶךָ, וְעַל נִשְׁמוֹתֵינוּ הַפְּקוּדוֹת לָךְ, וְעַל נִסֶּיךָ שֶׁבְּכָל יוֹם עִמָּנוּ, וְעַל נִפְלְאוֹתֶיךָ וְטוֹבוֹתֶיךָ שֶׁבְּכָל עֵת, עֶרֶב וָבֹקֶר וְצָהֳרָיִם, הַטּוֹב. כִּי לֹא כָלוּ רַחֲמֶיךָ, וְהַמְרַחֵם, כִּי לֹא תַמּוּ חֲסָדֶיךָ, כִּי מֵעוֹלָם קִוִּינוּ לָךְ:

מודים דרבנן

מוֹדִים אֲנַחְנוּ לָךְ, שָׁאַתָּה הוּא יְיָ אֱלֹהֵינוּ וֵאלֹהֵי אֲבוֹתֵינוּ. אֱלֹהֵי כָל בָּשָׂר, יוֹצְרֵנוּ יוֹצֵר בְּרֵאשִׁית, בְּרָכוֹת וְהוֹדָאוֹת לְשִׁמְךָ הַגָּדוֹל וְהַקָּדוֹשׁ עַל שֶׁהֶחֱיִיתָנוּ וְקִיַּמְתָּנוּ, כֵּן תְּחַיֵּנוּ, וּתְקַיְּמֵנוּ, וְתֶאֱסוֹף גָּלֻיּוֹתֵינוּ לְחַצְרוֹת קָדְשֶׁךָ, וְנָשׁוּב אֵלֶיךָ לִשְׁמוֹר חֻקֶּיךָ, וְלַעֲשׂוֹת רְצוֹנֶךָ, וּלְעָבְדְךָ בְּלֵבָב שָׁלֵם, עַל שֶׁאֲנַחְנוּ מוֹדִים לָךְ, בָּרוּךְ אֵל הַהוֹדָאוֹת:

וְעַל כֻּלָּם יִתְבָּרַךְ וְיִתְרוֹמַם וְיִתְנַשֵּׂא שִׁמְךָ מַלְכֵּנוּ תָּמִיד לְעוֹלָם וָעֶד:

אָבִינוּ מַלְכֵּנוּ זְכוֹר רַחֲמֶיךָ וּכְבוֹשׁ כַּעַסְךָ וְכַלֵּה דֶבֶר וְחֶרֶב וְרָעָב וּשְׁבִי וּמַשְׁחִית וְעָוֹן וּמַגֵּפָה וּפֶגַע רַע וְכָל מַחֲלָה וְכָל תַּקָּלָה וְכָל קְטָטָה וְכָל מִינֵי פוּרְעָנִיּוֹת וְכָל גְּזֵרָה רָעָה וְשִׂנְאַת חִנָּם מֵעָלֵינוּ וּמֵעַל כָּל בְּנֵי בְרִיתֶךָ:

וַחֲתוֹם לְחַיִּים טוֹבִים כָּל בְּנֵי בְרִיתֶךָ.

וְכָל הַחַיִּים יוֹדוּךָ סֶּלָה וִיהַלְלוּ שִׁמְךָ הַגָּדוֹל לְעוֹלָם כִּי טוֹב הָאֵל יְשׁוּעָתֵנוּ וְעֶזְרָתֵנוּ סֶלָה, הָאֵל הַטּוֹב. בָּרוּךְ אַתָּה יְיָ, הַטּוֹב שִׁמְךָ וּלְךָ נָאֶה לְהוֹדוֹת:

אֱלֹהֵינוּ וֵאלֹהֵי אֲבוֹתֵינוּ בָּרְכֵנוּ בַבְּרָכָה הַמְשֻׁלֶּשֶׁת בַּתּוֹרָה הַכְּתוּבָה עַל־יְדֵי מֹשֶׁה עַבְדֶּךָ הָאֲמוּרָה מִפִּי אַהֲרֹן, וּבָנָיו כֹּהֲנִים עַם

and the sins of His people, the House of Israel, and removes our trespasses each and every year; King over the whole earth, who sanctifies (*On Shabbat:* the Shabbat and) Israel and the Day of Atonements.

רצה Look with favor, Lord our God, on Your people Israel and pay heed to their prayer; restore the service to Your Sanctuary and accept with love and favor Israel's fire-offerings and prayer; and may the service of Your people Israel always find favor.

ותחזינה May our eyes behold Your return to Zion in mercy. Blessed are You Lord, who restores His Divine Presence to Zion.

מודים We thankfully acknowledge that You are the Lord our God and God of our fathers forever. You are the strength of our life, the shield of our salvation in every generation. We will give thanks to You and recount Your praise, evening, morning and noon, for our lives which are committed into Your hand, for our souls which are entrusted to You, for Your miracles which are with us daily, and for Your continual wonders and beneficences. You are the Beneficent One, for Your mercies never cease; and the Merciful One, for Your kindnesses never end; for we always place our hope in You.

MODIM D'RABBANAN

[While the Chazzan recites the adjacent מודים*, the Congregation responds by saying the following in an undertone:]*

מודים We thankfully acknowledge that You are the Lord our God and God of our fathers, the God of all flesh, our Creator and the Creator of all existence. We offer blessings and thanks to Your great and holy Name, for You have given us life and sustained us; so may You continue to grant us life and sustain us — gather our dispersed to the courtyards of Your Sanctuary and we shall return to You to keep Your laws, to do Your will, and to serve You with a perfect heart — for we thankfully acknowledge You. Blessed is God, who is worthy of thanks.

ועל And for all these, may Your Name, our King, be continually blessed, exalted and extolled forever and all time.

אבינו Our Father, our King, remember Your compassion and suppress Your wrath, and eradicate pestilence, sword, famine, captivity, destruction, iniquity, plague and evil occurence; and every disease, every mishap, every strife, every kind of punishment, every evil decree and groundless hatred from us and from every member of Your Covenant.

וחתום Seal all the children of Your Covenant for a good life.

וכל And all living things shall forever thank You, and praise Your great Name eternally, for You are good. God, You are our everlasting salvation and help, O benevolent God. Blessed are You Lord, Beneficent is Your Name, and to You it is fitting to offer thanks.

אלהינו Our God and God of our fathers, bless us with the threefold blessing written in the Torah by Moses Your servant, and pronounced by Aaron and his sons the *Kohanim,*

קְדוֹשֶׁךָ כָּאָמוּר: יְבָרֶכְךָ יְהוָה וְיִשְׁמְרֶךָ: אמן יָאֵר יְהוָה ׀ פָּנָיו אֵלֶיךָ וִיחֻנֶּךָּ: אמן
יִשָּׂא יְהוָה ׀ פָּנָיו אֵלֶיךָ וְיָשֵׂם לְךָ שָׁלוֹם: אמן

שִׂים שָׁלוֹם, טוֹבָה וּבְרָכָה, חַיִּים חֵן וָחֶסֶד וְרַחֲמִים, עָלֵינוּ וְעַל כָּל יִשְׂרָאֵל עַמֶּךָ. בָּרְכֵנוּ אָבִינוּ כֻּלָּנוּ כְּאֶחָד, בְּאוֹר פָּנֶיךָ, כִּי בְאוֹר פָּנֶיךָ, נָתַתָּ לָּנוּ יְיָ אֱלֹהֵינוּ תּוֹרַת חַיִּים, וְאַהֲבַת חֶסֶד, וּצְדָקָה וּבְרָכָה וְרַחֲמִים וְחַיִּים וְשָׁלוֹם. וְטוֹב בְּעֵינֶיךָ לְבָרֵךְ אֶת עַמְּךָ יִשְׂרָאֵל בְּכָל עֵת וּבְכָל שָׁעָה בִּשְׁלוֹמֶךָ.

וּבְסֵפֶר חַיִּים בְּרָכָה וְשָׁלוֹם וּפַרְנָסָה טוֹבָה, יְשׁוּעָה וְנֶחָמָה, וּגְזֵרוֹת טוֹבוֹת, נִזָּכֵר וְנֵחָתֵם לְפָנֶיךָ, אֲנַחְנוּ וְכָל עַמְּךָ בֵּית יִשְׂרָאֵל, לְחַיִּים טוֹבִים וּלְשָׁלוֹם: בָּרוּךְ אַתָּה יְיָ, הַמְבָרֵךְ אֶת עַמּוֹ יִשְׂרָאֵל בַּשָּׁלוֹם:

יִהְיוּ לְרָצוֹן ׀ אִמְרֵי־פִי וְהֶגְיוֹן לִבִּי לְפָנֶיךָ יְהוָה צוּרִי וְגֹאֲלִי:

אומרים אבינו מלכנו אפילו כשחל יום כפור בשבת.

אָבִינוּ מַלְכֵּנוּ חָטָאנוּ לְפָנֶיךָ:
אָבִינוּ מַלְכֵּנוּ אֵין לָנוּ מֶלֶךְ אֶלָּא אָתָּה:
אָבִינוּ מַלְכֵּנוּ עֲשֵׂה עִמָּנוּ לְמַעַן שְׁמֶךָ:
אָבִינוּ מַלְכֵּנוּ חַדֵּשׁ עָלֵינוּ שָׁנָה טוֹבָה:
אָבִינוּ מַלְכֵּנוּ בַּטֵּל מֵעָלֵינוּ כָּל גְּזֵרוֹת קָשׁוֹת:
אָבִינוּ מַלְכֵּנוּ בַּטֵּל מַחְשְׁבוֹת שׂוֹנְאֵינוּ:
אָבִינוּ מַלְכֵּנוּ הָפֵר עֲצַת אוֹיְבֵינוּ:
אָבִינוּ מַלְכֵּנוּ כַּלֵּה כָּל־צַר וּמַשְׂטִין מֵעָלֵינוּ:
אָבִינוּ מַלְכֵּנוּ סְתוֹם פִּיּוֹת מַשְׂטִינֵנוּ וּמְקַטְרִיגֵנוּ:
אָבִינוּ מַלְכֵּנוּ כַּלֵּה דֶּבֶר וְחֶרֶב וְרָעָב וּשְׁבִי וּמַשְׁחִית מִבְּנֵי בְרִיתֶךָ:
אָבִינוּ מַלְכֵּנוּ מְנַע מַגֵּפָה מִנַּחֲלָתֶךָ:
אָבִינוּ מַלְכֵּנוּ סְלַח וּמְחוֹל לְכָל־עֲוֹנוֹתֵינוּ:
אָבִינוּ מַלְכֵּנוּ מְחֵה וְהַעֲבֵר פְּשָׁעֵינוּ מִנֶּגֶד עֵינֶיךָ:
אָבִינוּ מַלְכֵּנוּ מְחוֹק בְּרַחֲמֶיךָ הָרַבִּים כָּל שִׁטְרֵי חוֹבוֹתֵינוּ:
אָבִינוּ מַלְכֵּנוּ הַחֲזִירֵנוּ בִּתְשׁוּבָה שְׁלֵמָה לְפָנֶיךָ:
אָבִינוּ מַלְכֵּנוּ שְׁלַח רְפוּאָה שְׁלֵמָה לְחוֹלֵי עַמֶּךָ:

Your consecrated people, as it is said: The Lord bless you and guard you. (*Cong:* Amen.) The Lord make His countenance shine upon you and be gracious to you. (*Cong:* Amen.) The Lord turn His countenance toward you and grant you peace.[1] (*Cong:* Amen.)

שים Bestow peace, goodness and blessing, life, graciousness, kindness and mercy, upon us and upon all Your people Israel. Bless us, our Father, all of us as one, with the light of Your countenance. For by the light of Your countenance You gave us, Lord our God, the Torah of life and loving-kindness, righteousness, blessing, mercy, life and peace. May it be favorable in Your eyes to bless Your people Israel, at all times and at every moment, with Your peace.

ובספר And in the Book of life, blessing, peace and prosperity, deliverance, consolation and favorable decrees, may we and all Your people the House of Israel be remembered and sealed before You for a happy life and for peace. Blessed are You Lord, who blesses His people Israel with peace.

יהיו May the words of my mouth and the meditation of my heart be acceptable before You, Lord, my Strength and my Redeemer.[2]

Even when Yom Kippur falls on Shabbat, אבינו מלכנו *(Our Father, our King...) is said here.*

אבינו מלכנו Our Father, our King, we have sinned before You.

Our Father, our King, we have no King but You.

Our Father, our King, act [benevolently] with us for the sake of Your Name.

Our Father, our King, renew for us a good year.

Our Father, our King, remove from us all harsh decrees.

Our Father, our King, annul the intentions of our enemies.

Our Father, our King, foil the plans of our foes.

Our Father, our King, wipe out every oppressor and adversary from against us.

Our Father, our King, close the mouths of our adversaries and accusers.

Our Father, our King, remove pestilence, sword, famine, captivity and destruction from the members of Your covenant.

Our Father, our King, withhold the plague from Your inheritance.

Our Father, our King, pardon and forgive all our iniquities.

Our Father, our King, blot out and remove our transgressions from before Your eyes.

Our Father, our King, erase in Your abounding mercies all the records of our debts [sins].

Our Father, our King, bring us back to You in wholehearted repentance.

Our Father, our King, send a complete healing to the sick of Your people.

---

1. Numbers 6:24-26. 2. Psalms 19:15.

אָבִינוּ מַלְכֵּנוּ קְרַע רֹעַ גְּזַר דִּינֵנוּ׃

אָבִינוּ מַלְכֵּנוּ זָכְרֵנוּ בְּזִכָּרוֹן טוֹב לְפָנֶיךָ׃

אָבִינוּ מַלְכֵּנוּ חָתְמֵנוּ בְּסֵפֶר חַיִּים טוֹבִים׃

אָבִינוּ מַלְכֵּנוּ חָתְמֵנוּ בְּסֵפֶר גְּאֻלָּה וִישׁוּעָה׃

אָבִינוּ מַלְכֵּנוּ חָתְמֵנוּ בְּסֵפֶר פַּרְנָסָה וְכַלְכָּלָה׃

אָבִינוּ מַלְכֵּנוּ חָתְמֵנוּ בְּסֵפֶר זְכֻיּוֹת׃

אָבִינוּ מַלְכֵּנוּ חָתְמֵנוּ בְּסֵפֶר סְלִיחָה וּמְחִילָה׃

אָבִינוּ מַלְכֵּנוּ הַצְמַח לָנוּ יְשׁוּעָה בְּקָרוֹב׃

אָבִינוּ מַלְכֵּנוּ הָרֵם קֶרֶן יִשְׂרָאֵל עַמֶּךָ׃

אָבִינוּ מַלְכֵּנוּ הָרֵם קֶרֶן מְשִׁיחֶךָ׃

אָבִינוּ מַלְכֵּנוּ מַלֵּא יָדֵינוּ מִבִּרְכוֹתֶיךָ׃

אָבִינוּ מַלְכֵּנוּ מַלֵּא אֲסָמֵינוּ שָׂבָע׃

אָבִינוּ מַלְכֵּנוּ שְׁמַע קוֹלֵנוּ חוּס וְרַחֵם עָלֵינוּ׃

אָבִינוּ מַלְכֵּנוּ קַבֵּל בְּרַחֲמִים וּבְרָצוֹן אֶת־תְּפִלָּתֵנוּ׃

אָבִינוּ מַלְכֵּנוּ פְּתַח שַׁעֲרֵי שָׁמַיִם לִתְפִלָּתֵנוּ׃

אָבִינוּ מַלְכֵּנוּ זָכוֹר כִּי עָפָר אֲנָחְנוּ׃

אָבִינוּ מַלְכֵּנוּ נָא אַל־תְּשִׁיבֵנוּ רֵיקָם מִלְּפָנֶיךָ׃

אָבִינוּ מַלְכֵּנוּ תְּהֵא הַשָּׁעָה הַזֹּאת שְׁעַת רַחֲמִים וְעֵת רָצוֹן מִלְּפָנֶיךָ׃

אָבִינוּ מַלְכֵּנוּ חֲמוֹל עָלֵינוּ וְעַל עוֹלָלֵינוּ וְטַפֵּנוּ׃

אָבִינוּ מַלְכֵּנוּ עֲשֵׂה לְמַעַן הֲרוּגִים עַל שֵׁם קָדְשֶׁךָ׃

אָבִינוּ מַלְכֵּנוּ עֲשֵׂה לְמַעַן טְבוּחִים עַל יִחוּדֶךָ׃

אָבִינוּ מַלְכֵּנוּ עֲשֵׂה לְמַעַן בָּאֵי בָאֵשׁ וּבַמַּיִם עַל קִדּוּשׁ שְׁמֶךָ׃

אָבִינוּ מַלְכֵּנוּ נְקוֹם נִקְמַת דַּם עֲבָדֶיךָ הַשָּׁפוּךְ׃

אָבִינוּ מַלְכֵּנוּ עֲשֵׂה לְמַעַנְךָ אִם לֹא לְמַעֲנֵנוּ׃

אָבִינוּ מַלְכֵּנוּ עֲשֵׂה לְמַעַנְךָ וְהוֹשִׁיעֵנוּ׃

אָבִינוּ מַלְכֵּנוּ עֲשֵׂה לְמַעַן רַחֲמֶיךָ הָרַבִּים׃

אָבִינוּ מַלְכֵּנוּ עֲשֵׂה לְמַעַן שִׁמְךָ הַגָּדוֹל הַגִּבּוֹר וְהַנּוֹרָא שֶׁנִּקְרָא עָלֵינוּ׃

אָבִינוּ מַלְכֵּנוּ חָנֵּנוּ וַעֲנֵנוּ כִּי אֵין בָּנוּ מַעֲשִׂים עֲשֵׂה עִמָּנוּ צְדָקָה וָחֶסֶד וְהוֹשִׁיעֵנוּ׃

Our Father, our King, rend the evil [aspect] of the verdict decreed against us.

Our Father, our King, remember us with a favorable remembrance before You.

Our Father, our King, seal us in the book of good life.

Our Father, our King, seal us in the book of redemption and deliverance.

Our Father, our King, seal us in the book of livelihood and sustenance.

Our Father, our King, seal us in the book of merits.

Our Father, our King, seal us in the book of pardon and forgiveness.

Our Father, our King, cause deliverance to flourish for us soon.

Our Father, our King, exalt the glory of Israel Your people.

Our Father, our King, exalt the glory of Your anointed one.

Our Father, our King, fill our hands with Your blessings.

Our Father, our King, fill our storehouses with plenty.

Our Father, our King, hear our voice, have pity and compassion upon us.

Our Father, our King, accept our prayer with mercy and with favor.

Our Father, our King, open the gates of heaven to our prayer.

Our Father, our King, let it be remembered that we are but dust.

Our Father, our King, we beseech You, do not turn us away from You empty-handed.

Our Father, our King, may this hour be an hour of mercy and a time of favor before You.

Our Father, our King, have compassion upon us, and upon our infants and children.

Our Father, our King, do it for the sake of those who were slain for Your holy Name.

Our Father, our King, do it for the sake of those who were slaughtered for Your Oneness.

Our Father, our King, do it for the sake of those who went through fire and water for the sanctification of Your Name.

Our Father, our King, avenge the spilled blood of Your servants.

Our Father, our King, do it for Your sake, if not for ours.

Our Father, our King, do it for Your sake, and deliver us.

Our Father, our King, do it for the sake of Your abounding mercies.

Our Father, our King, do it for the sake of Your great, mighty and awesome Name which is proclaimed over us.

Our Father, our King, be gracious to us and answer us, for we have no meritorious deeds; deal charitably and kindly with us and deliver us.

מצאתי בשל"ה כשאומרים בתפלת נעילה שמע ישראל בקול רם ובכוונת הלב יכוון כל א' מישראל למסור נפשו על קדושת השם ית"ש ונחשב לו הכוונה כאלו עשה בפועל וכאלו עומד בנסיון על קדו"ה:

פעם אחה שְׁמַע יִשְׂרָאֵל יְהוָה אֱלֹהֵינוּ יְהוָה אֶחָד:

ג' פעמים בָּרוּךְ שֵׁם כְּבוֹד מַלְכוּתוֹ לְעוֹלָם וָעֶד:

ז' פעמים יְהוָה הוּא הָאֱלֹהִים:

יִתְגַּדַּל וְיִתְקַדַּשׁ שְׁמֵהּ רַבָּא. אמן בְּעָלְמָא דִּי בְרָא כִרְעוּתֵהּ וְיַמְלִיךְ מַלְכוּתֵהּ, וְיַצְמַח פּוּרְקָנֵהּ וִיקָרֵב מְשִׁיחֵהּ, אמן בְּחַיֵּיכוֹן וּבְיוֹמֵיכוֹן וּבְחַיֵּי דְכָל בֵּית יִשְׂרָאֵל, בַּעֲגָלָא וּבִזְמַן קָרִיב וְאִמְרוּ אָמֵן:

יְהֵא שְׁמֵהּ רַבָּא מְבָרַךְ לְעָלַם וּלְעָלְמֵי עָלְמַיָּא:

יִתְבָּרַךְ וְיִשְׁתַּבַּח, וְיִתְפָּאַר וְיִתְרוֹמַם, וְיִתְנַשֵּׂא. וְיִתְהַדַּר וְיִתְעַלֶּה וְיִתְהַלָּל. שְׁמֵהּ דְקֻדְשָׁא בְּרִיךְ הוּא אמן לְעֵלָּא וּלְעֵלָּא מִכָּל בִּרְכָתָא וְשִׁירָתָא, תֻּשְׁבְּחָתָא וְנֶחֱמָתָא, דַּאֲמִירָן בְּעָלְמָא, וְאִמְרוּ אָמֵן:

(תוקעין תקיעה אחת ואומרים)

לְשָׁנָה הַבָּאָה בִּירוּשָׁלָיִם:

תִּתְקַבַּל צְלוֹתְהוֹן וּבָעוּתְהוֹן דְּכָל בֵּית יִשְׂרָאֵל, קֳדָם אֲבוּהוֹן דִּי בִשְׁמַיָּא, וְאִמְרוּ אָמֵן.

יְהֵא שְׁלָמָא רַבָּא מִן שְׁמַיָּא וְחַיִּים טוֹבִים, עָלֵינוּ וְעַל כָּל יִשְׂרָאֵל, וְאִמְרוּ אָמֵן:

עֹשֶׂה הַשָּׁלוֹם בִּמְרוֹמָיו, הוּא יַעֲשֶׂה שָׁלוֹם עָלֵינוּ וְעַל כָּל יִשְׂרָאֵל וְאִמְרוּ אָמֵן:

ב קַוֵּה אֶל יְיָ, חֲזַק וְיַאֲמֵץ לִבֶּךָ וְקַוֵּה אֶל יְיָ: ג אֵין קָדוֹשׁ כַּייָ, כִּי אֵין בִּלְתֶּךָ, וְאֵין צוּר כֵּאלֹהֵינוּ: ד כִּי מִי אֱלוֹהַּ מִבַּלְעֲדֵי יְיָ, וּמִי צוּר זוּלָתִי אֱלֹהֵינוּ:

אֵין כֵּאלֹהֵינוּ, אֵין כַּאדוֹנֵינוּ, אֵין

תהלים ב) שם כו יד: ג) ש"א ב ב: ד) שם יח לב:

It is written in the Shaloh that when, in the Neilah Prayer, שמע ישראל *(Hear O Israel....) is recited aloud and with heartfelt* kavanah, *every Jew should have the intention of giving up his soul for the sanctification of G-d's Name, may He be blessed. This intention will be considered for him as if he had indeed done so and as if he had actually withstood the test to sanctify the Divine Name.*

שמע Hear O Israel, the Lord our God, the Lord is One.[1]

Recite once.

ברוך Blessed be the name of the glory of His kingdom forever and ever. *Say three times.*

יהוה God is the Lord. *Say seven times.*

The Chazzan recites Whole Kaddish:

יתגדל Exalted and hallowed be His great Name (*Cong:* Amen.) throughout the world which He has created according to His will. May He establish His kingship, bring forth His redemption and hasten the coming of His *Mashiach* (*Cong:* Amen.) in your lifetime and in your days and in the lifetime of the entire House of Israel, speedily and soon, and say, Amen. (*Cong:* Amen. May His great Name be blessed forever and to all eternity. Blessed.) May His great Name be blessed forever and to all eternity. Blessed and praised, glorified, exalted and extolled, honored, adored and lauded be the Name of the Holy One, blessed be He, (*Cong:* Amen.) above and beyond all the blessings, hymns, praises and consolations that are uttered in the world; and say, Amen. (*Cong:* Amen.)

The Shofar is sounded once and all exclaim:

לשנה Next year in Jerusalem.

May the prayers and supplications of the entire House of Israel be accepted before their Father in heaven; and say, Amen. (*Cong:* Amen.)

May there be abundant peace from heaven, and a good life for us and for all Israel; and say, Amen. (*Cong:* Amen.)

He who makes the peace in His heavens, may He make peace for us and for all Israel; and say, Amen. (*Cong:* Amen.)

קוה Hope in the Lord, be strong and let your heart be valiant, and hope in the Lord.[2] None is holy as the Lord, for there is none aside from You, and there is none mighty as our God.[3] For who is God except the Lord, and who is mighty other than our God?[4]

אין There is none like our God; there is none like our Lord; there is none

1. Deuteronomy 6:4. 2. Psalms 27:14. 3. I Samuel 2:2. 4. Psalms 18:32.

כְּמַלְכֵּנוּ, אֵין כְּמוֹשִׁיעֵנוּ: מִי כֵאלֹהֵינוּ, מִי כַאדוֹנֵינוּ. מִי כְמַלְכֵּנוּ, מִי כְמוֹשִׁיעֵנוּ: נוֹדֶה לֵאלֹהֵינוּ, נוֹדֶה לַאדוֹנֵינוּ, נוֹדֶה לְמַלְכֵּנוּ, נוֹדֶה לְמוֹשִׁיעֵנוּ: בָּרוּךְ אֱלֹהֵינוּ, בָּרוּךְ אֲדוֹנֵינוּ, בָּרוּךְ מַלְכֵּנוּ, בָּרוּךְ מוֹשִׁיעֵנוּ: אַתָּה הוּא אֱלֹהֵינוּ, אַתָּה הוּא אֲדוֹנֵינוּ, אַתָּה הוּא מַלְכֵּנוּ, אַתָּה הוּא מוֹשִׁיעֵנוּ, אַתָּה תוֹשִׁיעֵנוּ: [א]אַתָּה תָקוּם תְּרַחֵם צִיּוֹן כִּי עֵת לְחֶנְנָהּ כִּי בָא מוֹעֵד: אַתָּה הוּא יְיָ אֱלֹהֵינוּ וֵאלֹהֵי אֲבוֹתֵינוּ, שֶׁהִקְטִירוּ אֲבוֹתֵינוּ לְפָנֶיךָ אֶת קְטֹרֶת הַסַּמִּים:

[ב]פִּטּוּם הַקְּטֹרֶת, הַצֳּרִי, וְהַצִּפֹּרֶן, הַחֶלְבְּנָה, וְהַלְּבוֹנָה, מִשְׁקַל שִׁבְעִים שִׁבְעִים מָנֶה, מוֹר, וּקְצִיעָה, שִׁבֹּלֶת נֵרְדְּ, וְכַרְכֹּם, מִשְׁקַל שִׁשָּׁה עָשָׂר שִׁשָּׁה עָשָׂר מָנֶה, הַקֹּשְׁטְ שְׁנֵים עָשָׂר, קִלּוּפָה שְׁלֹשָׁה, קִנָּמוֹן תִּשְׁעָה, בּוֹרִית כַּרְשִׁינָה תִּשְׁעָה קַבִּין, יֵין קַפְרִיסִין סְאִין תְּלָתָא וְקַבִּין תְּלָתָא, וְאִם אֵין לוֹ יֵין קַפְרִיסִין מֵבִיא חֲמַר חִוַּרְיָן עַתִּיק, מֶלַח סְדוֹמִית רֹבַע, מַעֲלֶה עָשָׁן, כָּל שֶׁהוּא. רַבִּי נָתָן הַבַּבְלִי אוֹמֵר, אַף כִּפַּת הַיַּרְדֵּן כָּל שֶׁהִיא, וְאִם נָתַן בָּהּ דְּבַשׁ פְּסָלָהּ, וְאִם חִסַּר אֶחָד מִכָּל סַמָּמָנֶיהָ חַיָּב

א) תהלים קב יד: ב) כריתות ו׳ ע״א ירושלמי יומא פ״ד ה״ד:

like our King; there is none like our Deliverer. Who is like our God? Who is like our Lord? Who is like our King? Who is like our Deliverer? Let us acknowledge our God; let us acknowledge our Lord; let us acknowledge our King; let us acknowledge our Deliverer. Blessed is our God; blessed is our Lord; blessed is our King; blessed is our Deliverer. You are our God; You are our Lord; You are our King; You are our Deliverer; You will save us. You will arise and have mercy on Zion, for it is time to be gracious to her; the appointed time has come.[1] You are the Lord our God and God of our fathers before whom our ancestors burned the offering of incense.

פטום The incense consisted of balm, onycha, goldbanum, frankincense — each one weighing seventy *maneh;* myrrh, cassia, spikenard, saffron — each weighing sixteen *maneh;* costus, twleve *[maneh];* aromatic bark, three *[maneh];* cinnamon, nine *[maneh];* lye of Carshina, nine *kabin;* Cyprus wine, three *se'in* and three *kabin* — if Cyprus wine was not available, strong white wine might be used instead; salt of Sodom, a fourth of a *kab;* and a minute quantity of a smoke-raising herb. Rabbi Nathan the Babylonian says: A minute quantity of Jordan amber was also added. If, however, honey were added, the incense became unfit; while if one left out any one of the ingredients, he was liable to the

1. Psalms 102:14.

מִיתָה: רַבָּן שִׁמְעוֹן בֶּן גַּמְלִיאֵל אוֹמֵר, הַצֳּרִי אֵינוֹ אֶלָּא שְׂרָף הַנּוֹטֵף מֵעֲצֵי הַקְּטָף. בֹּרִית כַּרְשִׁינָה שֶׁשָּׁפִין בָּהּ אֶת הַצִּפֹּרֶן, כְּדֵי שֶׁתְּהֵא נָאָה; יֵין קַפְרִיסִין שֶׁשּׁוֹרִין בּוֹ אֶת הַצִּפֹּרֶן, כְּדֵי שֶׁתְּהֵא עַזָּה. וַהֲלֹא מֵי רַגְלַיִם יָפִין לָהּ. אֶלָּא שֶׁאֵין מַכְנִיסִין מֵי רַגְלַיִם בַּמִּקְדָּשׁ מִפְּנֵי הַכָּבוֹד:

תָּנָא[א] דְבֵי אֵלִיָּהוּ כָּל הַשּׁוֹנֶה הֲלָכוֹת בְּכָל יוֹם מֻבְטָח לוֹ שֶׁהוּא בֶּן עוֹלָם הַבָּא שֶׁנֶּאֱמַר הֲלִיכוֹת עוֹלָם לוֹ. אַל תִּקְרֵי הֲלִיכוֹת אֶלָּא הֲלָכוֹת:

אָמַר[ב] רַבִּי אֶלְעָזָר אָמַר רַבִּי חֲנִינָא, תַּלְמִידֵי חֲכָמִים מַרְבִּים שָׁלוֹם בָּעוֹלָם. שֶׁנֶּאֱמַר וְכָל בָּנַיִךְ לִמּוּדֵי יְיָ, וְרַב שְׁלוֹם בָּנָיִךְ: אַל תִּקְרֵי בָּנָיִךְ, אֶלָּא בּוֹנָיִךְ: שָׁלוֹם רָב לְאֹהֲבֵי תוֹרָתֶךָ, וְאֵין לָמוֹ מִכְשׁוֹל: יְהִי שָׁלוֹם בְּחֵילֵךְ, שַׁלְוָה בְּאַרְמְנוֹתָיִךְ: לְמַעַן אַחַי וְרֵעָי אֲדַבְּרָה נָּא שָׁלוֹם בָּךְ: לְמַעַן בֵּית יְיָ אֱלֹהֵינוּ, אֲבַקְשָׁה טוֹב לָךְ: יְיָ עֹז לְעַמּוֹ יִתֵּן, יְיָ יְבָרֵךְ אֶת עַמּוֹ בַשָּׁלוֹם:

יִתְגַּדַּל וְיִתְקַדַּשׁ שְׁמֵהּ רַבָּא׳ אמן: בְּעָלְמָא דִּי בְרָא כִרְעוּתֵהּ וְיַמְלִיךְ מַלְכוּתֵהּ וְיַצְמַח פֻּרְקָנֵהּ וִיקָרֵב מְשִׁיחֵהּ׳ אמן: בְּחַיֵּיכוֹן וּבְיוֹמֵיכוֹן וּבְחַיֵּי דְכָל בֵּית יִשְׂרָאֵל בַּעֲגָלָא וּבִזְמַן קָרִיב וְאִמְרוּ אָמֵן: יְהֵא שְׁמֵהּ רַבָּא מְבָרַךְ לְעָלַם וּלְעָלְמֵי עָלְמַיָּא יִתְבָּרַךְ וְיִשְׁתַּבַּח וְיִתְפָּאַר וְיִתְרוֹמַם וְיִתְנַשֵּׂא וְיִתְהַדָּר וְיִתְעַלֶּה וְיִתְהַלָּל שְׁמֵהּ דְּקֻדְשָׁא בְּרִיךְ הוּא׳ אמן: לְעֵלָּא מִן כָּל בִּרְכָתָא וְשִׁירָתָא תֻּשְׁבְּחָתָא וְנֶחֱמָתָא דַּאֲמִירָן בְּעָלְמָא וְאִמְרוּ אָמֵן:

עַל יִשְׂרָאֵל וְעַל רַבָּנָן׳ וְעַל תַּלְמִידֵיהוֹן וְעַל כָּל־תַּלְמִידֵי תַלְמִידֵיהוֹן׳ וְעַל כָּל־מָאן דְּעָסְקִין בְּאוֹרַיְתָא דִּי בְאַתְרָא הָדֵין וְדִי בְכָל־אֲתַר וַאֲתַר יְהֵא לְהוֹן וּלְכוֹן שְׁלָמָא רַבָּא חִנָּא וְחִסְדָּא וְרַחֲמִין וְחַיִּין אֲרִיכִין׳ וּמְזוֹנָא רְוִיחָא וּפֻרְקָנָא׳ מִן קֳדָם אֲבוּהוֹן דְּבִשְׁמַיָּא וְאִמְרוּ אָמֵן:

יְהֵא שְׁלָמָא רַבָּא מִן־שְׁמַיָּא וְחַיִּים טוֹבִים עָלֵינוּ וְעַל־כָּל־יִשְׂרָאֵל וְאִמְרוּ אָמֵן:

עֹשֶׂה הַשָּׁלוֹם בִּמְרוֹמָיו הוּא יַעֲשֶׂה שָׁלוֹם עָלֵינוּ וְעַל־כָּל־יִשְׂרָאֵל וְאִמְרוּ אָמֵן:

א) מגילה כ״ח ע״ב, נדה ע״ג ע״א: ב) ברכות ס״ד ע״א, יבמות קכ״ב ע״ב, נזיר ס״ו ע״ב, כריתות כ״ח ע״ב תמיד ל״ב ע״ב: ג) ישעיה נד יג: ד) תהלים קיט קסה: ה) שם קכב ז, ח, ט: ו) שם כט יא:

death penalty. Rabbi Shimon ben Gamliel says: The balm is no other than a resin which exudes from the balsam trees. The lye of Carshina was used for rubbing on the onycha to refine its appearance. The Cyprus wine was used in which to steep the onycha so as to make its odor more pungent. Though water of Raglayim might have served that purpose well, it would be disrespectful to bring it into the Temple.[1]

תנא It was taught by Elijah: Whoever studies Torah laws every day is assured of life in the World to Come, for it is said: *Halichot* (the ways of) the world are his.[2] Do not read *halichot* but *halachot* (Torah laws).[3]

אמר Rabbi Elazar said in the name of Rabbi Chanina[4]: Torah scholars increase peace in the world, for it is said: And all your children shall be learners of the [Torah of the] Lord, and great will be the peace of *banayich* (your children).[5] Do not read *banayich*, but *bonayich* (your builders). Those who love Your Torah have abundant peace, and there is no stumbling for them.[6] May there be peace within your walls, serenity within your mansions. For the sake of my brethren and friends, I ask that there be peace within you. For the sake of the House of the Lord our God, I seek your well-being.[7] The Lord will give strength to His people; the Lord will bless His people with peace.[8]

יתגדל Exalted and hallowed be His great Name (*Cong:* Amen.) throughout the world which He has created according to His will. May He establish His kingship, bring forth His redemption and hasten the coming of His *Mashiach* (Cong: Amen.) in your lifetime and in your days and in the lifetime of the entire House of Israel, speedily and soon, and say, Amen. (*Cong:* Amen. May His great Name be blessed forever and to all eternity. Blessed.) May His great Name be blessed forever and to all eternity. Blessed and praised, glorified, exalted and extolled, honored, adored and lauded be the Name of the Holy One, blessed be He, (*Cong:* Amen.) beyond all the blessings, hymns, praises and consolations that are uttered in the world; and say, Amen. (*Cong:* Amen.)

Upon Israel, and upon our Sages, and upon their disciples, and upon all the disciples of their disciples, and upon all those who occupy themselves with the Torah, here or in any other place, upon them and upon you, may there be abundant peace, grace, kindness, compassion, long life, ample sustenance and deliverance, from their Father in heaven; and say, Amen. (*Cong:* Amen.)

May there be abundant peace from heaven, and a good life for us and for all Israel; and say, Amen. (*Cong:* Amen.)

He who makes the peace in His heavens, may He make peace for us and for all Israel; and say, Amen. (*Cong:* Amen.)

---

1. V. Keritot 6a, b. Yerushalmi, Yoma 4:5. 2. Chabakkuk 3:6. 3. Tanna d'bei Eliyahu Zuta, Ch. 2. Megillah 28b. Niddah 73a. 4. Berachot 64a. Yevamot 122b. Nazir 66b. Keritot 28b. Tamid 32b. 5. Isaiah 54:13. 6. Psalms 119:165. 7. Ibid. 122:7-9. 8. Ibid. 29:11.

עָלֵינוּ לְשַׁבֵּחַ לַאֲדוֹן הַכֹּל, לָתֵת גְּדֻלָּה לְיוֹצֵר בְּרֵאשִׁית, שֶׁלֹּא עָשָׂנוּ כְּגוֹיֵי הָאֲרָצוֹת, וְלֹא שָׂמָנוּ כְּמִשְׁפְּחוֹת הָאֲדָמָה, שֶׁלֹּא שָׂם חֶלְקֵנוּ כָּהֶם, וְגוֹרָלֵנוּ כְּכָל הֲמוֹנָם שֶׁהֵם מִשְׁתַּחֲוִים לְהֶבֶל וָרִיק. וַאֲנַחְנוּ כּוֹרְעִים וּמִשְׁתַּחֲוִים וּמוֹדִים, לִפְנֵי מֶלֶךְ, מַלְכֵי הַמְּלָכִים, הַקָּדוֹשׁ, בָּרוּךְ הוּא. שֶׁהוּא נוֹטֶה שָׁמַיִם וְיוֹסֵד אָרֶץ, וּמוֹשַׁב יְקָרוֹ בַּשָּׁמַיִם מִמַּעַל, וּשְׁכִינַת עֻזּוֹ בְּגָבְהֵי מְרוֹמִים, הוּא אֱלֹהֵינוּ אֵין עוֹד, אֱמֶת מַלְכֵּנוּ, אֶפֶס זוּלָתוֹ, כַּכָּתוּב בְּתוֹרָתוֹ: וְיָדַעְתָּ הַיּוֹם וַהֲשֵׁבֹתָ אֶל לְבָבֶךָ, כִּי יְיָ הוּא הָאֱלֹהִים בַּשָּׁמַיִם מִמַּעַל, וְעַל הָאָרֶץ מִתָּחַת, אֵין עוֹד:

וְעַל כֵּן נְקַוֶּה לְּךָ יְיָ אֱלֹהֵינוּ לִרְאוֹת מְהֵרָה בְּתִפְאֶרֶת עֻזֶּךָ לְהַעֲבִיר גִּלּוּלִים מִן הָאָרֶץ וְהָאֱלִילִים כָּרוֹת יִכָּרֵתוּן. לְתַקֵּן עוֹלָם בְּמַלְכוּת שַׁדַּי וְכָל בְּנֵי בָשָׂר יִקְרְאוּ בִשְׁמֶךָ לְהַפְנוֹת אֵלֶיךָ כָּל רִשְׁעֵי אָרֶץ. יַכִּירוּ וְיֵדְעוּ כָּל יוֹשְׁבֵי תֵבֵל כִּי לְךָ תִּכְרַע כָּל בֶּרֶךְ תִּשָּׁבַע כָּל לָשׁוֹן. לְפָנֶיךָ יְיָ אֱלֹהֵינוּ יִכְרְעוּ וְיִפֹּלוּ וְלִכְבוֹד שִׁמְךָ יְקָר יִתֵּנוּ. וִיקַבְּלוּ כֻלָּם עֲלֵיהֶם אֶת עוֹל מַלְכוּתֶךָ וְתִמְלוֹךְ עֲלֵיהֶם מְהֵרָה לְעוֹלָם וָעֶד: כִּי הַמַּלְכוּת שֶׁלְּךָ הִיא וּלְעוֹלְמֵי עַד תִּמְלוֹךְ בְּכָבוֹד: כַּכָּתוּב בְּתוֹרָתֶךָ יְיָ יִמְלֹךְ לְעוֹלָם וָעֶד: וְנֶאֱמַר וְהָיָה יְיָ לְמֶלֶךְ עַל כָּל הָאָרֶץ בַּיּוֹם הַהוּא יִהְיֶה יְיָ אֶחָד וּשְׁמוֹ אֶחָד:

יִתְגַּדַּל וְיִתְקַדַּשׁ שְׁמֵהּ רַבָּא. אמן בְּעָלְמָא דִּי בְרָא כִרְעוּתֵהּ וְיַמְלִיךְ מַלְכוּתֵהּ, וְיַצְמַח פּוּרְקָנֵהּ וִיקָרֵב מְשִׁיחֵהּ אמן. בְּחַיֵּיכוֹן וּבְיוֹמֵיכוֹן וּבְחַיֵּי דְכָל בֵּית יִשְׂרָאֵל, בַּעֲגָלָא וּבִזְמַן קָרִיב וְאִמְרוּ אָמֵן: יְהֵא שְׁמֵהּ רַבָּא מְבָרַךְ לְעָלַם וּלְעָלְמֵי עָלְמַיָּא. יִתְבָּרַךְ, וְיִשְׁתַּבַּח, וְיִתְפָּאַר, וְיִתְרוֹמַם, וְיִתְנַשֵּׂא, וְיִתְהַדַּר וְיִתְעַלֶּה, וְיִתְהַלָּל, שְׁמֵהּ דְּקֻדְשָׁא בְּרִיךְ הוּא. אמן לְעֵלָּא מִן כָּל בִּרְכָתָא וְשִׁירָתָא, תֻּשְׁבְּחָתָא וְנֶחֱמָתָא, דַּאֲמִירָן בְּעָלְמָא, וְאִמְרוּ אָמֵן:

יְהֵא שְׁלָמָא רַבָּא מִן שְׁמַיָּא וְחַיִּים טוֹבִים עָלֵינוּ וְעַל כָּל יִשְׂרָאֵל וְאִמְרוּ אָמֵן:

עֹשֶׂה הַשָּׁלוֹם בִּמְרוֹמָיו הוּא יַעֲשֶׂה שָׁלוֹם עָלֵינוּ וְעַל כָּל יִשְׂרָאֵל וְאִמְרוּ אָמֵן:

אַל תִּירָא מִפַּחַד פִּתְאֹם וּמִשֹּׁאַת רְשָׁעִים כִּי תָבֹא: עֻצוּ עֵצָה וְתֻפָר דַּבְּרוּ דָבָר וְלֹא יָקוּם כִּי עִמָּנוּ אֵל: וְעַד זִקְנָה אֲנִי הוּא וְעַד שֵׂיבָה אֲנִי אֶסְבֹּל אֲנִי עָשִׂיתִי וַאֲנִי אֶשָּׂא וַאֲנִי אֶסְבֹּל וַאֲמַלֵּט:

אך צדיקים יודו לשמך ישבו ישרים את פניך:

עלינו It is incumbent upon us to praise the Master of all things, to exalt the Creator of all existence, that He has not made us like the nations of the world, nor caused us to be like the families of the earth; that He has not assigned us a portion like theirs, nor a lot like that of all their multitudes, for they bow to vanity and nothingness. But we bend the knee, bow down, and offer praise before the supreme King of kings, the Holy One, blessed be He, who stretches forth the heavens and establishes the earth, the seat of whose glory is in the heavens above, and the abode of whose majesty is in the loftiest heights. He is our God; there is none else. Truly, He is our King; there is nothing besides Him, as it is written in His Torah:[1] Know this day and take unto your heart, that the Lord is God; in the heavens above and upon the earth below there is nothing else.[2]

ועל And therefore we hope to You, Lord our God, that we may speedily behold the splendor of Your might, to banish idolatry from the earth — and false gods will be utterly destroyed; to perfect the world under the sovereignty of the Almighty. All mankind shall invoke Your Name, to turn to You all the wicked of the earth. Then all the inhabitants of the world will recognize and know that every knee should bend to You, every tongue should swear [by Your Name]. Before You, Lord our God, they will bow and prostrate themselves, and give honor to the glory of Your Name; and they will all take upon themselves the yoke of Your kingdom. May You soon reign over them forever and ever, for kingship is Yours, and to all eternity You will reign in glory, as it is written in Your Torah: The Lord will reign forever and ever.[3] And it is said: The Lord shall be King over the entire earth; on that day the Lord shall be One and His Name One.[4]

MOURNER'S KADDISH

יתגדל Exalted and hallowed be His great Name (*Cong:* Amen.) throughout the world which He has created according to His will. May He establish His kingship, bring forth His redemption and hasten the coming of His *Mashiach* (Cong: Amen.) in your lifetime and in your days and in the lifetime of the entire House of Israel, speedily and soon, and say, Amen. (*Cong:* Amen. May His great Name be blessed forever and to all eternity. Blessed.) May His great Name be blessed forever and to all eternity. Blessed and praised, glorified, exalted and extolled, honored, adored and lauded be the Name of the Holy One. blessed be He, (*Cong:* Amen.) beyond all the blessings, hymns, praises and consolations that are uttered in the world; and say, Amen. (*Cong:* Amen.)

May there be abundant peace from heaven, and a good life for us and for all Israel; and say, Amen. (*Cong:* Amen.)

He who makes the peace in His heavens, may He make peace for us and for all Israel; and say, Amen. (*Cong:* Amen.)

אל Do not fear sudden terror, nor the destruction of the wicked when it comes.[5] Contrive a scheme, but it will be foiled; conspire a plot, but it will not materialize, for God is with us.[6] To your old age I am [with you]; to your hoary years I will sustain you; I have made you, and I will carry you; I will sustain you and deliver you.[7]

אך Indeed, the righteous will extol Your Name; the upright will dwell in Your Presence.[8]

---

1. Deuteronomy 4:39. 2. For further elucidation, see *Tanya* Part II, Ch. 6. 3. Exodus 15:18. 4. Zechariah 14:9. 5. Proverbs 3:25. 6. Isaiah 8:10. 7. Ibid. 46:4. 8. Psalms 140:14.

קמב מַשְׂכִּיל לְדָוִד בִּהְיוֹתוֹ בַמְּעָרָה תְפִלָּה׃ קוֹלִי אֶל יהוה אֶזְעָק קוֹלִי אֶל יהוה אֶתְחַנָּן׃ אֶשְׁפֹּךְ לְפָנָיו שִׂיחִי צָרָתִי לְפָנָיו אַגִּיד׃ בְּהִתְעַטֵּף עָלַי רוּחִי וְאַתָּה יָדַעְתָּ נְתִיבָתִי בְּאוֹרַח זוּ אֲהַלֵּךְ טָמְנוּ פַח לִי׃ הַבֵּט יָמִין וּרְאֵה וְאֵין לִי מַכִּיר אָבַד מָנוֹס מִמֶּנִּי אֵין דּוֹרֵשׁ לְנַפְשִׁי׃ זָעַקְתִּי אֵלֶיךָ יְיָ אָמַרְתִּי אַתָּה מַחְסִי חֶלְקִי בְּאֶרֶץ הַחַיִּים׃ הַקְשִׁיבָה אֶל רִנָּתִי כִּי דַלּוֹתִי מְאוֹד הַצִּילֵנִי מֵרוֹדְפַי כִּי אָמְצוּ מִמֶּנִּי׃ הוֹצִיאָה מִמַּסְגֵּר נַפְשִׁי לְהוֹדוֹת אֶת שְׁמֶךָ בִּי יַכְתִּירוּ צַדִּיקִים כִּי תִגְמוֹל עָלָי׃

קמג מִזְמוֹר לְדָוִד יהוה שְׁמַע תְּפִלָּתִי הַאֲזִינָה אֶל תַּחֲנוּנַי בֶּאֱמוּנָתְךָ עֲנֵנִי בְּצִדְקָתֶךָ׃ וְאַל תָּבוֹא בְמִשְׁפָּט אֶת עַבְדֶּךָ כִּי לֹא יִצְדַּק לְפָנֶיךָ כָל חָי׃ כִּי רָדַף אוֹיֵב נַפְשִׁי דִּכָּא לָאָרֶץ חַיָּתִי הוֹשִׁיבַנִי בְמַחֲשַׁכִּים כְּמֵתֵי עוֹלָם׃ וַתִּתְעַטֵּף עָלַי רוּחִי בְּתוֹכִי יִשְׁתּוֹמֵם לִבִּי׃ זָכַרְתִּי יָמִים מִקֶּדֶם הָגִיתִי בְכָל פָּעֳלֶךָ בְּמַעֲשֵׂה יָדֶיךָ אֲשׂוֹחֵחַ׃ פֵּרַשְׂתִּי יָדַי אֵלֶיךָ נַפְשִׁי כְּאֶרֶץ עֲיֵפָה לְךָ סֶלָה׃ מַהֵר עֲנֵנִי יְיָ כָּלְתָה רוּחִי אַל תַּסְתֵּר פָּנֶיךָ מִמֶּנִּי וְנִמְשַׁלְתִּי עִם יוֹרְדֵי בוֹר׃ הַשְׁמִיעֵנִי בַבּוֹקֶר חַסְדֶּךָ כִּי בְךָ בָטָחְתִּי הוֹדִיעֵנִי דֶּרֶךְ זוּ אֵלֵךְ כִּי אֵלֶיךָ נָשָׂאתִי נַפְשִׁי׃ הַצִּילֵנִי מֵאוֹיְבַי יְיָ אֵלֶיךָ כִסִּתִי׃ לַמְּדֵנִי לַעֲשׂוֹת רְצוֹנֶךָ כִּי אַתָּה אֱלֹהָי רוּחֲךָ טוֹבָה תַּנְחֵנִי בְּאֶרֶץ מִישׁוֹר׃ לְמַעַן שִׁמְךָ יהוה תְּחַיֵּנִי בְּצִדְקָתְךָ תוֹצִיא מִצָּרָה נַפְשִׁי׃ וּבְחַסְדְּךָ תַּצְמִית אוֹיְבָי וְהַאֲבַדְתָּ כָּל צוֹרְרֵי נַפְשִׁי כִּי אֲנִי עַבְדֶּךָ׃

קמד לְדָוִד בָּרוּךְ יהוה צוּרִי הַמְלַמֵּד יָדַי לַקְרָב אֶצְבְּעוֹתַי לַמִּלְחָמָה׃ חַסְדִּי וּמְצוּדָתִי מִשְׂגַּבִּי וּמְפַלְטִי לִי מָגִנִּי וּבוֹ חָסִיתִי הָרוֹדֵד עַמִּי תַחְתָּי׃ יְיָ מָה אָדָם וַתֵּדָעֵהוּ בֶּן אֱנוֹשׁ וַתְּחַשְּׁבֵהוּ׃ אָדָם לַהֶבֶל דָּמָה יָמָיו כְּצֵל עוֹבֵר׃ יהוה הַט שָׁמֶיךָ וְתֵרֵד גַּע בֶּהָרִים וְיֶעֱשָׁנוּ׃ בְּרוֹק בָּרָק וּתְפִיצֵם שְׁלַח חִצֶּיךָ וּתְהֻמֵּם׃ שְׁלַח יָדֶיךָ מִמָּרוֹם פְּצֵנִי וְהַצִּילֵנִי מִמַּיִם רַבִּים מִיַּד בְּנֵי נֵכָר׃ אֲשֶׁר פִּיהֶם דִּבֶּר שָׁוְא וִימִינָם יְמִין שָׁקֶר׃ אֱלֹהִים שִׁיר חָדָשׁ אָשִׁירָה לָּךְ בְּנֵבֶל עָשׂוֹר אֲזַמְּרָה לָּךְ׃ הַנּוֹתֵן תְּשׁוּעָה לַמְּלָכִים הַפּוֹצֶה אֶת דָּוִד עַבְדּוֹ מֵחֶרֶב רָעָה׃ פְּצֵנִי וְהַצִּילֵנִי מִיַּד בְּנֵי נֵכָר אֲשֶׁר פִּיהֶם דִּבֶּר שָׁוְא וִימִינָם יְמִין שָׁקֶר׃ אֲשֶׁר בָּנֵינוּ כִּנְטִעִים מְגוּדָּלִים בִּנְעוּרֵיהֶם בְּנוֹתֵינוּ כְזָוִיּוֹת מְחוּטָּבוֹת תַּבְנִית הֵיכָל׃ מְזָוֵינוּ מְלֵאִים מְפִיקִים מִזַּן אֶל זַן צֹאנֵנוּ מַאֲלִיפוֹת מְרֻבָּבוֹת בְּחוּצוֹתֵינוּ׃ אַלּוּפֵינוּ מְסוּבָּלִים אֵין פֶּרֶץ וְאֵין יוֹצֵאת וְאֵין צְוָחָה בִּרְחוֹבוֹתֵינוּ׃ אַשְׁרֵי הָעָם שֶׁכָּכָה לּוֹ אַשְׁרֵי הָעָם שֶׁיהוה אֱלֹהָיו׃

קמה תְּהִלָּה לְדָוִד אֲרוֹמִמְךָ אֱלוֹהַי הַמֶּלֶךְ וַאֲבָרְכָה שִׁמְךָ לְעוֹלָם וָעֶד׃ בְּכָל יוֹם אֲבָרְכֶךָּ וַאֲהַלְלָה שִׁמְךָ לְעוֹלָם וָעֶד׃ גָּדוֹל יְיָ וּמְהֻלָּל מְאֹד וְלִגְדֻלָּתוֹ אֵין חֵקֶר׃ דּוֹר לְדוֹר יְשַׁבַּח מַעֲשֶׂיךָ וּגְבוּרוֹתֶיךָ יַגִּידוּ׃ הֲדַר כְּבוֹד הוֹדֶךָ וְדִבְרֵי נִפְלְאוֹתֶיךָ אָשִׂיחָה׃ וֶעֱזוּז נוֹרְאוֹתֶיךָ יֹאמֵרוּ וּגְדוּלָּתְךָ אֲסַפְּרֶנָּה׃ זֵכֶר רַב טוּבְךָ יַבִּיעוּ וְצִדְקָתְךָ יְרַנֵּנוּ׃ חַנּוּן וְרַחוּם יְיָ אֶרֶךְ אַפַּיִם וּגְדָל חָסֶד׃ טוֹב יְיָ לַכֹּל וְרַחֲמָיו עַל כָּל מַעֲשָׂיו׃ יוֹדוּךָ יְיָ כָּל מַעֲשֶׂיךָ וַחֲסִידֶיךָ יְבָרְכוּכָה׃ כְּבוֹד מַלְכוּתְךָ יֹאמֵרוּ וּגְבוּרָתְךָ יְדַבֵּרוּ׃ לְהוֹדִיעַ לִבְנֵי הָאָדָם גְּבוּרוֹתָיו וּכְבוֹד הֲדַר מַלְכוּתוֹ׃ מַלְכוּתְךָ מַלְכוּת כָּל עוֹלָמִים וּמֶמְשַׁלְתְּךָ בְּכָל דּוֹר וָדוֹר׃ סוֹמֵךְ יְיָ לְכָל הַנּוֹפְלִים וְזוֹקֵף לְכָל הַכְּפוּפִים׃ עֵינֵי כֹל אֵלֶיךָ יְשַׂבֵּרוּ וְאַתָּה נוֹתֵן לָהֶם אֶת אָכְלָם בְּעִתּוֹ׃ פּוֹתֵחַ אֶת יָדֶךָ וּמַשְׂבִּיעַ לְכָל חַי רָצוֹן׃ צַדִּיק

יְיָ בְּכָל דְּרָכָיו וְחָסִיד בְּכָל מַעֲשָׂיו: קָרוֹב יְיָ לְכָל קוֹרְאָיו לְכֹל אֲשֶׁר יִקְרָאֻהוּ בֶאֱמֶת: רְצוֹן יְרֵאָיו יַעֲשֶׂה וְאֶת שַׁוְעָתָם יִשְׁמַע וְיוֹשִׁיעֵם: שׁוֹמֵר יְיָ אֶת כָּל אוֹהֲבָיו וְאֵת כָּל הָרְשָׁעִים יַשְׁמִיד: תְּהִלַּת יְיָ יְדַבֶּר פִּי וִיבָרֵךְ כָּל בָּשָׂר שֵׁם קָדְשׁוֹ לְעוֹלָם וָעֶד:

קמו הַלְלוּיָהּ הַלְלִי נַפְשִׁי אֶת יְיָ: אֲהַלְלָה יְיָ בְּחַיָּי אֲזַמְּרָה לֵאלֹהַי בְּעוֹדִי: אַל תִּבְטְחוּ בִנְדִיבִים בְּבֶן אָדָם שֶׁאֵין לוֹ תְשׁוּעָה: תֵּצֵא רוּחוֹ יָשׁוּב לְאַדְמָתוֹ בַּיּוֹם הַהוּא אָבְדוּ עֶשְׁתּוֹנוֹתָיו: אַשְׁרֵי שֶׁאֵל יַעֲקֹב בְּעֶזְרוֹ שִׂבְרוֹ עַל יְיָ אֱלֹהָיו: עוֹשֶׂה שָׁמַיִם וָאָרֶץ אֶת הַיָּם וְאֶת כָּל אֲשֶׁר בָּם הַשּׁוֹמֵר אֱמֶת לְעוֹלָם: עוֹשֶׂה מִשְׁפָּט לַעֲשׁוּקִים נוֹתֵן לֶחֶם לָרְעֵבִים יְיָ מַתִּיר אֲסוּרִים: יְיָ פּוֹקֵחַ עִוְרִים יְיָ זוֹקֵף כְּפוּפִים יְיָ אוֹהֵב צַדִּיקִים: יְיָ שׁוֹמֵר אֶת גֵּרִים יָתוֹם וְאַלְמָנָה יְעוֹדֵד וְדֶרֶךְ רְשָׁעִים יְעַוֵּת: יִמְלוֹךְ יְיָ לְעוֹלָם אֱלֹהַיִךְ צִיּוֹן לְדוֹר וָדוֹר הַלְלוּיָהּ:

קמז הַלְלוּיָהּ כִּי טוֹב זַמְּרָה אֱלֹהֵינוּ כִּי נָעִים נָאוָה תְהִלָּה: בּוֹנֵה יְרוּשָׁלַיִם יְיָ נִדְחֵי יִשְׂרָאֵל יְכַנֵּס: הָרוֹפֵא לִשְׁבוּרֵי לֵב וּמְחַבֵּשׁ לְעַצְּבוֹתָם: מוֹנֶה מִסְפָּר לַכּוֹכָבִים לְכֻלָּם שֵׁמוֹת יִקְרָא: גָּדוֹל אֲדוֹנֵינוּ וְרַב כֹּחַ לִתְבוּנָתוֹ אֵין מִסְפָּר: מְעוֹדֵד עֲנָוִים יְיָ מַשְׁפִּיל רְשָׁעִים עֲדֵי אָרֶץ: עֱנוּ לַייָ בְּתוֹדָה זַמְּרוּ לֵאלֹהֵינוּ בְכִנּוֹר: הַמְכַסֶּה שָׁמַיִם בְּעָבִים הַמֵּכִין לָאָרֶץ מָטָר הַמַּצְמִיחַ הָרִים חָצִיר: נוֹתֵן לִבְהֵמָה לַחְמָהּ לִבְנֵי עוֹרֵב אֲשֶׁר יִקְרָאוּ: לֹא בִגְבוּרַת הַסּוּס יֶחְפָּץ לֹא בְשׁוֹקֵי הָאִישׁ יִרְצֶה: רוֹצֶה יְיָ אֶת יְרֵאָיו אֶת הַמְיַחֲלִים לְחַסְדּוֹ: שַׁבְּחִי יְרוּשָׁלַיִם אֶת יְיָ הַלְלִי אֱלֹהַיִךְ צִיּוֹן: כִּי חִזַּק בְּרִיחֵי שְׁעָרָיִךְ בֵּרַךְ בָּנַיִךְ בְּקִרְבֵּךְ: הַשָּׂם גְּבוּלֵךְ שָׁלוֹם חֵלֶב חִטִּים יַשְׂבִּיעֵךְ: הַשּׁוֹלֵחַ אִמְרָתוֹ אָרֶץ עַד מְהֵרָה יָרוּץ דְּבָרוֹ: הַנּוֹתֵן שֶׁלֶג כַּצָּמֶר כְּפוֹר כָּאֵפֶר יְפַזֵּר: מַשְׁלִיךְ קַרְחוֹ כְפִתִּים לִפְנֵי קָרָתוֹ מִי יַעֲמֹד: יִשְׁלַח דְּבָרוֹ וְיַמְסֵם יַשֵּׁב רוּחוֹ יִזְּלוּ מָיִם: מַגִּיד דְּבָרָיו לְיַעֲקֹב חֻקָּיו וּמִשְׁפָּטָיו לְיִשְׂרָאֵל: לֹא עָשָׂה כֵן לְכָל גּוֹי וּמִשְׁפָּטִים בַּל יְדָעוּם הַלְלוּיָהּ:

קמח הַלְלוּיָהּ הַלְלוּ אֶת יְיָ מִן הַשָּׁמַיִם הַלְלוּהוּ בַּמְּרוֹמִים: הַלְלוּהוּ כָל מַלְאָכָיו הַלְלוּהוּ כָּל צְבָאָיו: הַלְלוּהוּ שֶׁמֶשׁ וְיָרֵחַ הַלְלוּהוּ כָּל כּוֹכְבֵי אוֹר: הַלְלוּהוּ שְׁמֵי הַשָּׁמָיִם וְהַמַּיִם אֲשֶׁר מֵעַל הַשָּׁמָיִם: יְהַלְלוּ אֶת שֵׁם יְיָ כִּי הוּא צִוָּה וְנִבְרָאוּ: וַיַּעֲמִידֵם לָעַד לְעוֹלָם חָק נָתַן וְלֹא יַעֲבוֹר: הַלְלוּ אֶת יְיָ מִן הָאָרֶץ תַּנִּינִים וְכָל תְּהוֹמוֹת: אֵשׁ וּבָרָד שֶׁלֶג וְקִיטוֹר רוּחַ סְעָרָה עוֹשָׂה דְבָרוֹ: הֶהָרִים וְכָל גְּבָעוֹת עֵץ פְּרִי וְכָל אֲרָזִים: הַחַיָּה וְכָל בְּהֵמָה רֶמֶשׂ וְצִפּוֹר כָּנָף: מַלְכֵי אֶרֶץ וְכָל לְאֻמִּים שָׂרִים וְכָל שׁוֹפְטֵי אָרֶץ: בַּחוּרִים וְגַם בְּתוּלוֹת זְקֵנִים עִם נְעָרִים: יְהַלְלוּ אֶת שֵׁם יְיָ כִּי נִשְׂגָּב שְׁמוֹ לְבַדּוֹ הוֹדוֹ עַל אֶרֶץ וְשָׁמָיִם: וַיָּרֶם קֶרֶן לְעַמּוֹ תְּהִלָּה לְכָל חֲסִידָיו לִבְנֵי יִשְׂרָאֵל עַם קְרוֹבוֹ הַלְלוּיָהּ:

קמט הַלְלוּיָהּ שִׁירוּ לַייָ שִׁיר חָדָשׁ תְּהִלָּתוֹ בִּקְהַל חֲסִידִים: יִשְׂמַח יִשְׂרָאֵל בְּעוֹשָׂיו בְּנֵי צִיּוֹן יָגִילוּ בְמַלְכָּם: יְהַלְלוּ שְׁמוֹ בְמָחוֹל בְּתוֹף וְכִנּוֹר יְזַמְּרוּ לוֹ: כִּי רוֹצֶה יְיָ בְּעַמּוֹ יְפָאֵר עֲנָוִים בִּישׁוּעָה: יַעְלְזוּ חֲסִידִים בְּכָבוֹד יְרַנְּנוּ עַל מִשְׁכְּבוֹתָם: רוֹמְמוֹת אֵל בִּגְרוֹנָם וְחֶרֶב פִּיפִיּוֹת בְּיָדָם: לַעֲשׂוֹת נְקָמָה בַּגּוֹיִם תּוֹכֵחוֹת בַּלְאֻמִּים: לֶאְסוֹר מַלְכֵיהֶם בְּזִקִּים וְנִכְבְּדֵיהֶם בְּכַבְלֵי בַרְזֶל: לַעֲשׂוֹת בָּהֶם מִשְׁפָּט כָּתוּב הָדָר הוּא לְכָל חֲסִידָיו הַלְלוּיָהּ:

קנ הַלְלוּיָהּ הַלְלוּ אֵל בְּקָדְשׁוֹ הַלְלוּהוּ בִּרְקִיעַ עֻזּוֹ: הַלְלוּהוּ בִגְבוּרוֹתָיו הַלְלוּהוּ כְּרוֹב גֻּדְלוֹ: הַלְלוּהוּ בְּתֵקַע שׁוֹפָר הַלְלוּהוּ בְּנֵבֶל וְכִנּוֹר: הַלְלוּהוּ בְתוֹף וּמָחוֹל הַלְלוּהוּ בְּמִנִּים וְעֻגָב: הַלְלוּהוּ בְצִלְצְלֵי שָׁמַע הַלְלוּהוּ בְּצִלְצְלֵי תְרוּעָה: כֹּל הַנְּשָׁמָה תְּהַלֵּל יָהּ הַלְלוּיָהּ:

יִתְגַּדַּל וְיִתְקַדַּשׁ שְׁמֵהּ רַבָּא. אמן: בְּעָלְמָא דִּי בְרָא כִרְעוּתֵהּ וְיַמְלִיךְ מַלְכוּתֵהּ. וְיַצְמַח פֻּרְקָנֵהּ וִיקָרֵב מְשִׁיחֵהּ. אמן: בְּחַיֵּיכוֹן וּבְיוֹמֵיכוֹן וּבְחַיֵּי דְכָל בֵּית יִשְׂרָאֵל בַּעֲגָלָא וּבִזְמַן קָרִיב וְאִמְרוּ אָמֵן: יְהֵא שְׁמֵהּ רַבָּא מְבָרַךְ לְעָלַם וּלְעָלְמֵי עָלְמַיָּא: יִתְבָּרַךְ וְיִשְׁתַּבַּח וְיִתְפָּאַר וְיִתְרוֹמַם וְיִתְנַשֵּׂא וְיִתְהַדָּר וְיִתְעַלֶּה וְיִתְהַלָּל שְׁמֵהּ דְּקֻדְשָׁא בְּרִיךְ הוּא. אמן: לְעֵלָּא מִן כָּל בִּרְכָתָא וְשִׁירָתָא תֻּשְׁבְּחָתָא וְנֶחֱמָתָא דַּאֲמִירָן בְּעָלְמָא וְאִמְרוּ אָמֵן:

יְהֵא שְׁלָמָא רַבָּא מִן שְׁמַיָּא וְחַיִּים טוֹבִים עָלֵינוּ וְעַל כָּל יִשְׂרָאֵל וְאִמְרוּ אָמֵן: עֹשֶׂה הַשָּׁלוֹם בִּמְרוֹמָיו הוּא יַעֲשֶׂה שָׁלוֹם עָלֵינוּ וְעַל כָּל יִשְׂרָאֵל וְאִמְרוּ אָמֵן:

וְהוּא רַחוּם יְכַפֵּר עָוֺן וְלֹא יַשְׁחִית, וְהִרְבָּה לְהָשִׁיב אַפּוֹ וְלֹא
יָעִיר כָּל חֲמָתוֹ. יְיָ הוֹשִׁיעָה הַמֶּלֶךְ יַעֲנֵנוּ בְיוֹם קָרְאֵנוּ:

[א]שִׁיר הַמַּעֲלוֹת הִנֵּה בָּרְכוּ אֶת יְיָ כָּל עַבְדֵי יְיָ הָעֹמְדִים בְּבֵית יְיָ בַּלֵּילוֹת: שְׂאוּ
יְדֵיכֶם קֹדֶשׁ וּבָרְכוּ אֶת יְיָ: יְבָרֶכְךָ יְיָ מִצִּיּוֹן עֹשֵׂה שָׁמַיִם וָאָרֶץ:
[ב]יוֹמָם יְצַוֶּה יְיָ חַסְדּוֹ וּבַלַּיְלָה שִׁירֹה עִמִּי תְּפִלָּה לְאֵל חַיָּי: וּתְשׁוּעַת צַדִּיקִים מֵיְיָ
מָעוּזָּם בְּעֵת צָרָה: וַיַּעְזְרֵם יְיָ וַיְפַלְּטֵם יְפַלְּטֵם מֵרְשָׁעִים וְיוֹשִׁיעֵם כִּי חָסוּ בוֹ:
[ד]יְיָ צְבָאוֹת עִמָּנוּ מִשְׂגָּב לָנוּ אֱלֹהֵי יַעֲקֹב סֶלָה ג״פ: יְיָ צְבָאוֹת אַשְׁרֵי אָדָם בֹּטֵחַ
בָּךְ ג״פ: יְיָ הוֹשִׁיעָה הַמֶּלֶךְ יַעֲנֵנוּ בְיוֹם קָרְאֵנוּ ג״פ:

יִתְגַּדַּל וְיִתְקַדַּשׁ שְׁמֵהּ רַבָּא. אמן בְּעָלְמָא דִּי בְרָא כִרְעוּתֵהּ וְיַמְלִיךְ מַלְכוּתֵהּ,
וְיַצְמַח פּוּרְקָנֵהּ וִיקָרֵב מְשִׁיחֵהּ. אמן בְּחַיֵּיכוֹן וּבְיוֹמֵיכוֹן וּבְחַיֵּי
דְכָל בֵּית יִשְׂרָאֵל, בַּעֲגָלָא וּבִזְמַן קָרִיב וְאִמְרוּ אָמֵן: יְהֵא שְׁמֵהּ רַבָּא מְבָרַךְ
לְעָלַם וּלְעָלְמֵי עָלְמַיָּא. יִתְבָּרַךְ, וְיִשְׁתַּבַּח, וְיִתְפָּאַר, וְיִתְרוֹמַם, וְיִתְנַשֵּׂא
וְיִתְהַדָּר וְיִתְעַלֶּה וְיִתְהַלָּל, שְׁמֵהּ דְּקֻדְשָׁא בְּרִיךְ הוּא. אמן לְעֵלָּא מִן כָּל בִּרְכָתָא
וְשִׁירָתָא, תֻּשְׁבְּחָתָא וְנֶחֱמָתָא, דַּאֲמִירָן בְּעָלְמָא, וְאִמְרוּ אָמֵן:

חזן בָּרְכוּ אֶת יְיָ הַמְבֹרָךְ:

קהל וחזן בָּרוּךְ יְיָ הַמְבֹרָךְ לְעוֹלָם וָעֶד:

ואין עונין אחריו אמן:

בָּרוּךְ אַתָּה יְיָ אֱלֹהֵינוּ מֶלֶךְ הָעוֹלָם,
אֲשֶׁר בִּדְבָרוֹ מַעֲרִיב עֲרָבִים,
בְּחָכְמָה פּוֹתֵחַ שְׁעָרִים, וּבִתְבוּנָה
מְשַׁנֶּה עִתִּים, וּמַחֲלִיף אֶת הַזְּמַנִּים
וּמְסַדֵּר אֶת הַכּוֹכָבִים, בְּמִשְׁמְרוֹתֵיהֶם
בָּרָקִיעַ, כִּרְצוֹנוֹ. בּוֹרֵא יוֹם וָלָיְלָה, גּוֹלֵל
אוֹר מִפְּנֵי חֹשֶׁךְ, וְחֹשֶׁךְ מִפְּנֵי אוֹר,

א) תהלים קלד: ב) שם מב ט: ג) שם לז לט מ: ד) שם מו ח: ה) שם פד יג: ו) שם כ י:

והוא He, being compassionate, pardons iniquity, and does not destroy; time and again He turns away His anger, and does not arouse all His wrath.[1] Lord, deliver us; may the King answer us on the day we call.[2]

שיר A Song of Ascents. Bless the Lord all servants of the Lord who stand in the house of the Lord at night. Raise your hands in holiness and bless the Lord. May the Lord, Maker of heaven and earth, bless you from Zion.[3] By day the Lord ordains His kindness, and at night His song is with me, a prayer to the God of my life.[4] The deliverance of the righteous is from the Lord; He is their strength in time of distress. The Lord helps them and delivers them; He delivers them from the wicked and saves them, because they have put their trust in Him.[5]

The Lord of hosts is with us; the God of Jacob is our stronghold forever.[6] *Say three times.*

Lord of hosts, happy is the man who trusts in You.[7] *Say three times.*

Lord, deliver us; may the King answer us on the day we call.[2] *Say three times.*

The Chazzan recites Half Kaddish:

יתגדל Exalted and hallowed be His great Name (*Cong:* Amen.) throughout the world which He has created according to His will. May He establish His kingship, bring forth His redemption and hasten the coming of His *Mashiach* (*Cong:* Amen.) in your lifetime and in your days and in the lifetime of the entire House of Israel, speedily and soon, and say, Amen. (*Cong:* Amen. May His great Name be blessed forever and to all eternity. Blessed.) May His great Name be blessed forever and to all eternity. Blessed and praised, glorified, exalted and extolled, honored, adored and lauded be the Name of the Holy One, blessed be He, (*Cong:* Amen.) beyond all the blessings, hymns, praises and consolations that are uttered in the world; and say, Amen. (*Cong:* Amen.)

Chazzan:

ברכו Bless the Lord who is blessed.

Congregation and Chazzan:

ברוך Blessed be the Lord who is blessed for all eternity.

Amen is not responded.

ברוך Blessed are You, Lord our God, King of the universe, who by His word causes the evening to become dark. With wisdom He opens the [heavenly] gates; with understanding He changes the periods [of the day], varies the times, and arranges the stars in their positions in the sky according to His will. He creates day and night; He rolls away light before darkness and darkness before light;

1. Psalms 78:38. 2. Ibid. 20:10. 3. Ibid. 134. 4. Ibid. 42:9. 5. Ibid. 37:39-40. 6. Ibid. 46:8. 7. Ibid. 84:13.

וּמַעֲבִיר יוֹם וּמֵבִיא לָיְלָה, וּמַבְדִּיל בֵּין יוֹם וּבֵין לָיְלָה, יְיָ צְבָאוֹת שְׁמוֹ. בָּרוּךְ אַתָּה יְיָ, הַמַּעֲרִיב עֲרָבִים:

אַהֲבַת עוֹלָם בֵּית יִשְׂרָאֵל עַמְּךָ אָהָבְתָּ, תּוֹרָה וּמִצְוֹת חֻקִּים וּמִשְׁפָּטִים אוֹתָנוּ לִמַּדְתָּ. עַל כֵּן יְיָ אֱלֹהֵינוּ, בְּשָׁכְבֵנוּ וּבְקוּמֵנוּ נָשִׂיחַ בְּחֻקֶּיךָ, וְנִשְׂמַח בְּדִבְרֵי תוֹרָתֶךָ וּבְמִצְוֹתֶיךָ לְעוֹלָם וָעֶד. כִּי הֵם חַיֵּינוּ וְאֹרֶךְ יָמֵינוּ, וּבָהֶם נֶהְגֶּה יוֹמָם וָלָיְלָה, וְאַהֲבָתְךָ לֹא תָסוּר (נ״א אַל תָּסִיר) מִמֶּנּוּ לְעוֹלָמִים. בָּרוּךְ אַתָּה יְיָ, אוֹהֵב עַמּוֹ יִשְׂרָאֵל:

שְׁמַע יִשְׂרָאֵל יְיָ אֱלֹהֵינוּ יְיָ אֶחָד:

בָּרוּךְ שֵׁם כְּבוֹד מַלְכוּתוֹ לְעוֹלָם וָעֶד:

וְאָהַבְתָּ אֵת יְיָ אֱלֹהֶיךָ, בְּכָל לְבָבְךָ, וּבְכָל נַפְשְׁךָ, וּבְכָל מְאֹדֶךָ: וְהָיוּ הַדְּבָרִים הָאֵלֶּה אֲשֶׁר אָנֹכִי מְצַוְּךָ הַיּוֹם עַל לְבָבֶךָ: וְשִׁנַּנְתָּם לְבָנֶיךָ וְדִבַּרְתָּ בָּם, בְּשִׁבְתְּךָ בְּבֵיתֶךָ, וּבְלֶכְתְּךָ בַדֶּרֶךְ, וּבְשָׁכְבְּךָ, וּבְקוּמֶךָ: וּקְשַׁרְתָּם לְאוֹת עַל יָדֶךָ, וְהָיוּ לְטֹטָפֹת בֵּין עֵינֶיךָ: וּכְתַבְתָּם עַל מְזֻזוֹת בֵּיתֶךָ, וּבִשְׁעָרֶיךָ:

וְהָיָה אִם שָׁמֹעַ תִּשְׁמְעוּ אֶל מִצְוֹתַי אֲשֶׁר אָנֹכִי מְצַוֶּה אֶתְכֶם הַיּוֹם, לְאַהֲבָה אֶת יְיָ אֱלֹהֵיכֶם וּלְעָבְדוֹ, בְּכָל לְבַבְכֶם וּבְכָל נַפְשְׁכֶם: וְנָתַתִּי מְטַר אַרְצְכֶם בְּעִתּוֹ יוֹרֶה וּמַלְקוֹשׁ, וְאָסַפְתָּ דְגָנֶךָ וְתִירֹשְׁךָ

He causes the day to pass and brings on the night, and separates between day and night; the Lord of hosts is His Name. Blessed are You Lord, who causes the evenings to become dark.

אהבת With everlasting love have You loved the House of Israel Your people. You have taught us Torah and *mitzvot*, decrees and laws. Therefore, Lord our God, when we lie down and when we rise, we will speak of Your statutes and rejoice in the words of Your Torah and in Your *mitzvot* forever. For they are our life and the length of our days, and we will meditate on them day and night. May Your love never depart* from us. Blessed are You Lord, who loves His people Israel.

שמע Hear, O Israel, the Lord our God, the Lord is One.[1]

ברוך Blessed be the name of the glory of His kingdom forever and ever.[2]

ואהבת You shall love the Lord your God with all your heart, with all your soul, and with all your might. And these words which I command you today shall be upon your heart. You shall teach them thoroughly to your children, and you shall speak of them when you sit in your house and when you walk on the road, when you lie down and when you rise. You shall bind them as a sign upon your hand, and they shall be for a reminder between your eyes. And you shall write them upon the doorposts of your house and upon your gates.[3]

והיה And it will be, if you will diligently obey My commandments which I enjoin upon you this day, to love the Lord your God and to serve Him with all your heart and with all your soul, I will give rain for your land at the proper time, the early rain and the late rain, and you will gather in your grain, your wine

---

*Another version: May You never remove Your love from us. 1. Deuteronomy 6:4. 2. Pesachim 56a. Deuteronomy Rabbah 2:31, 35, 36. 3. Deuteronomy 6:5-9.

וְיִצְהָרֶךָ: וְנָתַתִּי עֵשֶׂב בְּשָׂדְךָ לִבְהֶמְתֶּךָ, וְאָכַלְתָּ וְשָׂבָעְתָּ: הִשָּׁמְרוּ לָכֶם פֶּן יִפְתֶּה לְבַבְכֶם, וְסַרְתֶּם וַעֲבַדְתֶּם אֱלֹהִים אֲחֵרִים וְהִשְׁתַּחֲוִיתֶם לָהֶם: וְחָרָה אַף יְיָ בָּכֶם וְעָצַר אֶת הַשָּׁמַיִם וְלֹא יִהְיֶה מָטָר וְהָאֲדָמָה לֹא תִתֵּן אֶת יְבוּלָהּ, וַאֲבַדְתֶּם מְהֵרָה מֵעַל הָאָרֶץ הַטֹּבָה אֲשֶׁר יְיָ נֹתֵן לָכֶם: וְשַׂמְתֶּם אֶת דְּבָרַי אֵלֶּה עַל לְבַבְכֶם וְעַל נַפְשְׁכֶם וּקְשַׁרְתֶּם אֹתָם לְאוֹת עַל יֶדְכֶם וְהָיוּ לְטוֹטָפֹת בֵּין עֵינֵיכֶם: וְלִמַּדְתֶּם אֹתָם אֶת בְּנֵיכֶם לְדַבֵּר בָּם, בְּשִׁבְתְּךָ בְּבֵיתֶךָ וּבְלֶכְתְּךָ בַדֶּרֶךְ וּבְשָׁכְבְּךָ וּבְקוּמֶךָ: וּכְתַבְתָּם עַל מְזוּזוֹת בֵּיתֶךָ וּבִשְׁעָרֶיךָ: לְמַעַן יִרְבּוּ יְמֵיכֶם וִימֵי בְנֵיכֶם עַל הָאֲדָמָה אֲשֶׁר נִשְׁבַּע יְיָ לַאֲבֹתֵיכֶם לָתֵת לָהֶם, כִּימֵי הַשָּׁמַיִם עַל הָאָרֶץ:

וַיֹּאמֶר יְיָ אֶל מֹשֶׁה לֵּאמֹר: דַּבֵּר אֶל בְּנֵי יִשְׂרָאֵל וְאָמַרְתָּ אֲלֵהֶם וְעָשׂוּ לָהֶם צִיצִת עַל כַּנְפֵי בִגְדֵיהֶם לְדֹרֹתָם, וְנָתְנוּ עַל צִיצִת הַכָּנָף פְּתִיל תְּכֵלֶת: וְהָיָה לָכֶם לְצִיצִת, וּרְאִיתֶם אֹתוֹ וּזְכַרְתֶּם אֶת כָּל מִצְוֹת יְיָ וַעֲשִׂיתֶם אֹתָם, וְלֹא תָתוּרוּ אַחֲרֵי לְבַבְכֶם וְאַחֲרֵי עֵינֵיכֶם אֲשֶׁר אַתֶּם זֹנִים אַחֲרֵיהֶם: לְמַעַן תִּזְכְּרוּ וַעֲשִׂיתֶם אֶת כָּל מִצְוֹתָי, וִהְיִיתֶם קְדֹשִׁים לֵאלֹהֵיכֶם: אֲנִי יְיָ אֱלֹהֵיכֶם אֲשֶׁר הוֹצֵאתִי אֶתְכֶם מֵאֶרֶץ מִצְרַיִם לִהְיוֹת לָכֶם לֵאלֹהִים, אֲנִי יְיָ אֱלֹהֵיכֶם:

אֱמֶת וֶאֱמוּנָה כָּל זֹאת, וְקַיָּם עָלֵינוּ, כִּי הוּא יְיָ אֱלֹהֵינוּ וְאֵין זוּלָתוֹ, וַאֲנַחְנוּ יִשְׂרָאֵל עַמּוֹ, הַפּוֹדֵנוּ מִיַּד מְלָכִים, מַלְכֵּנוּ הַגּוֹאֲלֵנוּ מִכַּף כָּל הֶעָרִיצִים, הָאֵל הַנִּפְרָע לָנוּ מִצָּרֵינוּ, וְהַמְשַׁלֵּם גְּמוּל לְכָל אֹיְבֵי נַפְשֵׁנוּ, הָעֹשֶׂה גְדֹלוֹת עַד אֵין חֵקֶר, וְנִפְלָאוֹת עַד אֵין מִסְפָּר.

א) איוב ט י:

and your oil. And I will give grass in your fields for your cattle, and you will eat and be sated. Take care lest your heart be lured away, and you turn astray and worship alien gods and bow down to them. For then the Lord's wrath will flare up against you, and He will close the heavens so that there will be no rain and the earth will not yield its produce, and you will swiftly perish from the good land which the Lord gives you. Therefore, place these words of Mine upon your heart and upon your soul, and bind them for a sign on your hand, and they shall be for a reminder between your eyes. You shall teach them to your children, to speak of them when you sit in your house and when you walk on the road, when you lie down and when you rise. And you shall inscribe them on the doorposts of your house and on your gates — so that your days and the days of your children may be prolonged on the land which the Lord swore to your fathers to give to them for as long as the heavens are above the earth.[1]

ויאמר The Lord spoke to Moses, saying: Speak to the children of Israel and tell them to make for themselves fringes on the corners of their garments throughout their generations, and to attach a thread of blue on the fringe of each corner. They shall be to you as *tzitzit*, and you shall look upon them and remember all the commandments of the Lord and fulfill them, and you will not follow after your heart and after your eyes by which you go astray — so that you may remember and fulfill all My commandments and be holy to your God. I am the Lord your God who brought you out of the land of Egypt to be your God; I, the Lord, am your God.[2]

אמת Truth and belief is all this;[3] it is established with us that He is the Lord our God, there is no other, and that we Israel are His people. It is He who redeems us from the hand of kings; our King, who delivers us from the grip of all the tyrants; the benevolent God, who avenges us against our persecutors, and brings retribution on all our mortal enemies. He does great things beyond limit, and wonders beyond number.[4]

---

1. Deuteronomy 11:13-21. 2. Numbers 15:37-41. 3. That which we have affirmed in the *Shema*. 4. Job 9:10.

הַשָּׂם נַפְשֵׁנוּ בַּחַיִּים, וְלֹא נָתַן לַמּוֹט רַגְלֵנוּ, הַמַּדְרִיכֵנוּ עַל בָּמוֹת אוֹיְבֵינוּ, וַיָּרֶם קַרְנֵנוּ עַל כָּל שׂוֹנְאֵינוּ. הָאֵל הָעֹשֶׂה לָּנוּ נְקָמָה בְּפַרְעֹה, וְאוֹתוֹת וּמוֹפְתִים בְּאַדְמַת בְּנֵי חָם. הַמַּכֶּה בְעֶבְרָתוֹ כָּל בְּכוֹרֵי מִצְרָיִם, וַיּוֹצֵא אֶת עַמּוֹ יִשְׂרָאֵל מִתּוֹכָם לְחֵרוּת עוֹלָם. הַמַּעֲבִיר בָּנָיו בֵּין גִּזְרֵי יַם סוּף, וְאֶת רוֹדְפֵיהֶם וְאֶת שׂוֹנְאֵיהֶם בִּתְהוֹמוֹת טִבַּע, וְרָאוּ בָנָיו גְּבוּרָתוֹ, שִׁבְּחוּ וְהוֹדוּ לִשְׁמוֹ. וּמַלְכוּתוֹ בְּרָצוֹן קִבְּלוּ עֲלֵיהֶם, מֹשֶׁה וּבְנֵי יִשְׂרָאֵל לְךָ עָנוּ שִׁירָה בְּשִׂמְחָה רַבָּה, וְאָמְרוּ כֻלָּם:

מִי כָמֹכָה בָּאֵלִם יְיָ, מִי כָּמֹכָה נֶאְדָּר בַּקֹּדֶשׁ, נוֹרָא תְהִלֹּת עֹשֵׂה פֶלֶא: מַלְכוּתְךָ רָאוּ בָנֶיךָ, בּוֹקֵעַ יָם לִפְנֵי מֹשֶׁה, זֶה אֵלִי עָנוּ וְאָמְרוּ: יְיָ יִמְלֹךְ לְעֹלָם וָעֶד. וְנֶאֱמַר: כִּי פָדָה יְיָ אֶת יַעֲקֹב, וּגְאָלוֹ מִיַּד חָזָק מִמֶּנּוּ. בָּרוּךְ אַתָּה יְיָ, גָּאַל יִשְׂרָאֵל:

הַשְׁכִּיבֵנוּ אָבִינוּ לְשָׁלוֹם, וְהַעֲמִידֵנוּ מַלְכֵּנוּ לְחַיִּים טוֹבִים וּלְשָׁלוֹם וְתַקְּנֵנוּ בְּעֵצָה טוֹבָה מִלְּפָנֶיךָ, וְהוֹשִׁיעֵנוּ מְהֵרָה לְמַעַן

ב) תהלים סו ט: ג) שמות טו יא: ד) שם שם יח: ה) ירמיה לא יא:

He has kept us alive, and did not allow our feet to falter.[1] He led us upon the high places of our foes, and increased our strength over all our adversaries. He is the benevolent God who, in our behalf, brought retribution upon Pharaoh, and signs and miracles in the land of the Hamites; who, in His wrath, struck all the first-born of Egypt and brought out His people Israel from their midst to everlasting freedom; who led His children through the divided parts of the Sea of Reeds, and drowned their pursuers and their enemies in the depths. As His children beheld His might, they extolled and offered praise to His Name, and willingly accepted His sovereignty; Moses and the children of Israel with great joy raised their voices in song to You, and they all proclaimed:

מי Who is like You among the supernal beings, O Lord! Who is like You, resplendent in holiness, awesome in praise, performing wonders![2] Your children beheld Your sovereignty as You split the sea before Moses. "This is my God!"[3] they exclaimed, and declared, "The Lord shall reign forever and ever."[4] And it is said: For the Lord has redeemed Jacob, and delivered him from a power mightier than he.[5] Blessed are You Lord, who has delivered Israel.

השכיבנו Our Father, let us lie down in peace; our King, raise us up to a good life and peace. Improve us with Your good counsel, help us speedily for the sake of

1. Psalms 60:9. 2. Exodus 15:11. 3. Ibid. 15:2. 4. Ibid. 15:18. 5. Jeremiah 31:10.

שְׁמֶךָ, וּפְרוֹשׂ עָלֵינוּ סֻכַּת שְׁלוֹמֶךָ. וְהָגֵן בַּעֲדֵנוּ, וְהָסֵר מֵעָלֵינוּ: אוֹיֵב, דֶּבֶר, וְחֶרֶב, וְרָעָב, וְיָגוֹן. וְהָסֵר שָׂטָן מִלְּפָנֵינוּ וּמֵאַחֲרֵינוּ, וּבְצֵל כְּנָפֶיךָ תַּסְתִּירֵנוּ, וּשְׁמוֹר צֵאתֵנוּ וּבוֹאֵנוּ לְחַיִּים טוֹבִים וּלְשָׁלוֹם מֵעַתָּה וְעַד עוֹלָם. כִּי אֵל שׁוֹמְרֵנוּ וּמַצִּילֵנוּ אָתָּה. בָּרוּךְ אַתָּה יְיָ, שׁוֹמֵר אֶת עַמּוֹ יִשְׂרָאֵל לָעַד:

לש״ץ חצי קדיש

יִתְגַּדַּל וְיִתְקַדַּשׁ שְׁמֵהּ רַבָּא. אמן בְּעָלְמָא דִּי בְרָא כִרְעוּתֵהּ וְיַמְלִיךְ מַלְכוּתֵהּ, וְיַצְמַח פּוּרְקָנֵהּ וִיקָרֵב מְשִׁיחֵהּ. אמן בְּחַיֵּיכוֹן וּבְיוֹמֵיכוֹן וּבְחַיֵּי דְכָל בֵּית יִשְׂרָאֵל, בַּעֲגָלָא וּבִזְמַן קָרִיב וְאִמְרוּ אָמֵן: יְהֵא שְׁמֵהּ רַבָּא מְבָרַךְ לְעָלַם וּלְעָלְמֵי עָלְמַיָּא. יִתְבָּרַךְ, וְיִשְׁתַּבַּח, וְיִתְפָּאַר, וְיִתְרוֹמַם, וְיִתְנַשֵּׂא, וְיִתְהַדָּר וְיִתְעַלֶּה, וְיִתְהַלָּל, שְׁמֵהּ דְּקֻדְשָׁא בְּרִיךְ הוּא. אמן לְעֵלָּא מִן כָּל בִּרְכָתָא וְשִׁירָתָא, תֻּשְׁבְּחָתָא וְנֶחֱמָתָא, דַּאֲמִירָן בְּעָלְמָא, וְאִמְרוּ אָמֵן:

אֲדֹנָי, שְׂפָתַי תִּפְתָּח וּפִי יַגִּיד תְּהִלָּתֶךָ:

בָּרוּךְ אַתָּה יְיָ אֱלֹהֵינוּ וֵאלֹהֵי אֲבוֹתֵינוּ, אֱלֹהֵי אַבְרָהָם, אֱלֹהֵי יִצְחָק, וֵאלֹהֵי יַעֲקֹב, הָאֵל הַגָּדוֹל הַגִּבּוֹר וְהַנּוֹרָא, אֵל עֶלְיוֹן גּוֹמֵל חֲסָדִים טוֹבִים, קוֹנֵה הַכֹּל, וְזוֹכֵר חַסְדֵי אָבוֹת, וּמֵבִיא גוֹאֵל לִבְנֵי בְנֵיהֶם, לְמַעַן שְׁמוֹ בְּאַהֲבָה: מֶלֶךְ עוֹזֵר וּמוֹשִׁיעַ וּמָגֵן. בָּרוּךְ אַתָּה יְיָ, מָגֵן אַבְרָהָם: אַתָּה גִּבּוֹר לְעוֹלָם אֲדֹנָי, מְחַיֵּה מֵתִים אַתָּה, רַב לְהוֹשִׁיעַ.

מוֹרִיד הַטָּל:

מְכַלְכֵּל חַיִּים בְּחֶסֶד, מְחַיֵּה מֵתִים בְּרַחֲמִים רַבִּים, סוֹמֵךְ נוֹפְלִים, וְרוֹפֵא חוֹלִים, וּמַתִּיר אֲסוּרִים, וּמְקַיֵּם אֱמוּנָתוֹ לִישֵׁנֵי עָפָר. מִי כָמוֹךָ בַּעַל גְּבוּרוֹת, וּמִי דּוֹמֶה לָּךְ מֶלֶךְ מֵמִית וּמְחַיֶּה וּמַצְמִיחַ יְשׁוּעָה:

וְנֶאֱמָן אַתָּה לְהַחֲיוֹת מֵתִים. בָּרוּךְ אַתָּה יְיָ מְחַיֵּה הַמֵּתִים:

Your Name, and spread over us the shelter of Your peace. Protect us and remove from us the enemy, pestilence, sword, famine and sorrow. Remove the adversary from before us and from behind us; shelter us in the shadow of Your wings; and guard our going out and our coming in for a good life and peace from now and for all time. For You, God, are our guardian and our deliverer. Blessed are You Lord, who guards His people forever.

The Chazzan recites Half Kaddish:

יתגדל Exalted and hallowed be His great Name (*Cong:* Amen.) throughout the world which He has created according to His will. May He establish His kingship, bring forth His redemption and hasten the coming of His *Mashiach* (*Cong:* Amen.) in your lifetime and in your days and in the lifetime of the entire House of Israel, speedily and soon, and say, Amen. (*Cong:* Amen. May His great Name be blessed forever and to all eternity. Blessed.) May His great Name be blessed forever and to all eternity. Blessed and praised, glorified, exalted and extolled, honored, adored and lauded be the Name of the Holy One, blessed be He, (*Cong:* Amen.) beyond all the blessings, hymns, praises and consolations that are uttered in the world; and say, Amen. (*Cong:* Amen.)

AMIDAH

אדני My Lord, open my lips, and my mouth shall declare Your praise.[1]

ברוך Blessed are You, Lord our God and God of our fathers, God of Abraham, God of Isaac and God of Jacob, the great, mighty and awesome God, exalted God, who bestows bountiful kindness, who creates all things, who remembers the piety of the Patriarchs, and who, in love, brings a redeemer to their children's children, for the sake of His Name.

מלך O King, [You are] a helper, a savior and a shield. Blessed are You Lord, Shield of Abraham.

אתה You are mighty forever, my Lord; You resurrect the dead; You are powerful to save.

מוריד He causes the dew to descend.

מכלכל He sustains the living with lovingkindness, resurrects the dead with great mercy, supports the falling, heals the sick, releases the bound, and fulfills His trust to those who sleep in the dust. Who is like You, mighty One! And who can be compared to You, King, who brings death and restores life, and causes deliverance to spring forth!

ונאמן You are trustworthy to revive the dead. Blessed are You Lord, who revives the dead.

1. Psalms 51:17.

אַתָּה קָדוֹשׁ וְשִׁמְךָ קָדוֹשׁ, וּקְדוֹשִׁים בְּכָל יוֹם יְהַלְלוּךָ סֶּלָה. בָּרוּךְ אַתָּה יְיָ, הָאֵל הַקָּדוֹשׁ:

אַתָּה חוֹנֵן לְאָדָם דַּעַת, וּמְלַמֵּד לֶאֱנוֹשׁ בִּינָה

אַתָּה חוֹנַנְתָּנוּ לְמַדַּע תּוֹרָתֶךָ, וַתְּלַמְּדֵנוּ לַעֲשׂוֹת חֻקֵּי רְצוֹנֶךָ, וַתַּבְדֵּל יְיָ אֱלֹהֵינוּ בֵּין קֹדֶשׁ לְחוֹל בֵּין אוֹר לְחֹשֶׁךְ, בֵּין יִשְׂרָאֵל לָעַמִּים, בֵּין יוֹם הַשְּׁבִיעִי לְשֵׁשֶׁת יְמֵי הַמַּעֲשֶׂה. אָבִינוּ מַלְכֵּנוּ, הָחֵל עָלֵינוּ הַיָּמִים הַבָּאִים לִקְרָאתֵנוּ לְשָׁלוֹם, חֲשׂוּכִים מִכָּל חֵטְא וּמְנֻקִּים מִכָּל עָוֹן וּמְדֻבָּקִים בְּיִרְאָתֶךָ.

וְחָנֵּנוּ מֵאִתְּךָ חָכְמָה בִּינָה וָדָעַת. בָּרוּךְ אַתָּה יְיָ, חוֹנֵן הַדָּעַת:

הֲשִׁיבֵנוּ אָבִינוּ לְתוֹרָתֶךָ, וְקָרְבֵנוּ מַלְכֵּנוּ לַעֲבוֹדָתֶךָ, וְהַחֲזִירֵנוּ בִּתְשׁוּבָה שְׁלֵמָה לְפָנֶיךָ. בָּרוּךְ אַתָּה יְיָ, הָרוֹצֶה בִּתְשׁוּבָה:

סְלַח לָנוּ אָבִינוּ כִּי חָטָאנוּ, מְחוֹל לָנוּ מַלְכֵּנוּ כִּי פָשָׁעְנוּ, כִּי אֵל טוֹב וְסַלָּח אָתָּה. בָּרוּךְ אַתָּה יְיָ, חַנּוּן, הַמַּרְבֶּה לִסְלוֹחַ:

רְאֵה נָא בְעָנְיֵנוּ וְרִיבָה רִיבֵנוּ, וּגְאָלֵנוּ מְהֵרָה לְמַעַן שְׁמֶךָ, כִּי אֵל גּוֹאֵל חָזָק אָתָּה. בָּרוּךְ אַתָּה יְיָ, גּוֹאֵל יִשְׂרָאֵל:

רְפָאֵנוּ יְיָ וְנֵרָפֵא, הוֹשִׁיעֵנוּ וְנִוָּשֵׁעָה, כִּי תְהִלָּתֵנוּ אָתָּה, וְהַעֲלֵה אֲרוּכָה וּרְפוּאָה שְׁלֵמָה לְכָל מַכּוֹתֵינוּ. כִּי אֵל מֶלֶךְ רוֹפֵא נֶאֱמָן וְרַחֲמָן אָתָּה. בָּרוּךְ אַתָּה יְיָ, רוֹפֵא חוֹלֵי עַמּוֹ יִשְׂרָאֵל:

אתה You are holy and Your Name is holy, and holy beings praise You daily for all eternity. Blessed are You Lord, the holy God.

אתה You graciously bestow knowledge upon man and teach mortals understanding.

אתה You have graciously endowed us with the ability to know Your Torah, and taught us to perform the statutes of Your will. Lord our God, You have made a distinction between sacred and profane, between light and darkness, between Israel and the nations, between the Seventh Day and the six work days. Our Father, our King, bring upon us the approaching days in peace, devoid of all sin, cleansed of all wrongdoing, and devoted to fear of You.

וחננו And graciously bestow upon us from You, wisdom, understanding, and knowledge. Blessed are You Lord, who graciously bestows knowledge.

השיבנו Cause us to return, our Father, to Your Torah; draw us near, our King, to Your service; and bring us back to You in whole-hearted repentance. Blessed are You Lord, who desires penitence.

סלח Pardon us, our Father, for we have sinned; forgive us, our King, for we have transgressed; for You are a good and forgiving God. Blessed are You Lord, gracious One who pardons abundantly.

ראה O behold our affliction and wage our battle; redeem us speedily for the sake of Your Name, for You God are the mighty redeemer. Blessed are You Lord, Redeemer of Israel.

רפאנו Heal us, O Lord, and we will be healed; help us and we will be saved; for You are our praise. Grant complete cure and healing to all our wounds; for You, Almighty King, are a faithful and merciful healer. Blessed are You Lord, who heals the sick of His people Israel.

בָּרֵךְ עָלֵינוּ יְיָ אֱלֹהֵינוּ אֶת הַשָּׁנָה הַזֹּאת, וְאֶת כָּל מִינֵי תְבוּאָתָהּ לְטוֹבָה, וְתֵן בְּרָכָה עַל פְּנֵי הָאֲדָמָה, וְשַׂבְּעֵנוּ מִטּוּבֶךָ, וּבָרֵךְ שְׁנָתֵנוּ כַּשָּׁנִים הַטּוֹבוֹת לִבְרָכָה, כִּי אֵל טוֹב וּמֵטִיב אַתָּה וּמְבָרֵךְ הַשָּׁנִים. בָּרוּךְ אַתָּה יְיָ, מְבָרֵךְ הַשָּׁנִים:

תְּקַע בְּשׁוֹפָר גָּדוֹל לְחֵרוּתֵנוּ, וְשָׂא נֵס לְקַבֵּץ גָּלֻיּוֹתֵינוּ, וְקַבְּצֵנוּ יַחַד מֵאַרְבַּע כַּנְפוֹת הָאָרֶץ לְאַרְצֵנוּ. בָּרוּךְ אַתָּה יְיָ, מְקַבֵּץ נִדְחֵי עַמּוֹ יִשְׂרָאֵל:

הָשִׁיבָה שׁוֹפְטֵינוּ כְּבָרִאשׁוֹנָה, וְיוֹעֲצֵינוּ כְּבַתְּחִלָּה, וְהָסֵר מִמֶּנּוּ יָגוֹן וַאֲנָחָה, וּמְלוֹךְ עָלֵינוּ אַתָּה יְיָ לְבַדְּךָ בְּחֶסֶד וּבְרַחֲמִים בְּצֶדֶק וּבְמִשְׁפָּט. בָּרוּךְ אַתָּה יְיָ, מֶלֶךְ אוֹהֵב צְדָקָה וּמִשְׁפָּט:

וְלַמַּלְשִׁינִים אַל תְּהִי תִקְוָה, וְכָל הַמִּינִים וְכָל הַזֵּדִים כְּרֶגַע יֹאבֵדוּ וְכָל אֹיְבֵי עַמְּךָ מְהֵרָה יִכָּרֵתוּ, וּמַלְכוּת הָרִשְׁעָה מְהֵרָה תְעַקֵּר וּתְשַׁבֵּר וּתְמַגֵּר. וְתַכְנִיעַ בִּמְהֵרָה בְיָמֵינוּ. בָּרוּךְ אַתָּה יְיָ, שׁוֹבֵר אֹיְבִים וּמַכְנִיעַ זֵדִים:

עַל הַצַּדִּיקִים וְעַל הַחֲסִידִים וְעַל זִקְנֵי עַמְּךָ בֵּית יִשְׂרָאֵל, וְעַל פְּלֵיטַת בֵּית סוֹפְרֵיהֶם וְעַל גֵּרֵי הַצֶּדֶק וְעָלֵינוּ, יֶהֱמוּ נָא רַחֲמֶיךָ יְיָ אֱלֹהֵינוּ, וְתֵן שָׂכָר טוֹב לְכָל הַבּוֹטְחִים בְּשִׁמְךָ בֶּאֱמֶת, וְשִׂים חֶלְקֵנוּ עִמָּהֶם וּלְעוֹלָם לֹא נֵבוֹשׁ כִּי בְךָ בָטָחְנוּ. בָּרוּךְ אַתָּה יְיָ, מִשְׁעָן וּמִבְטָח לַצַּדִּיקִים:

וְלִירוּשָׁלַיִם עִירְךָ בְּרַחֲמִים תָּשׁוּב, וְתִשְׁכּוֹן בְּתוֹכָהּ כַּאֲשֶׁר דִּבַּרְתָּ, וְכִסֵּא דָוִד עַבְדְּךָ מְהֵרָה בְּתוֹכָהּ תָּכִין, וּבְנֵה אוֹתָהּ בְּקָרוֹב בְּיָמֵינוּ בִּנְיַן עוֹלָם,

ברך Bless for us, Lord our God, this year and all the varieties of its produce for good; and bestow blessing upon the face of the earth. Satisfy us from Your bounty and bless our year like other good years, for blessing; for You are a generous God who bestows goodness and blesses the years. Blessed are You Lord, who blesses the years.

תקע Sound the great *shofar* for our freedom; raise a banner to gather our exiles, and bring us together from the four corners of the earth into our land. Blessed are You Lord, who gathers the dispersed of His people Israel.

השיבה Restore our judges as in former times, and our counsellors as of yore; remove from us sorrow and sighing, and reign over us, You alone, O Lord, with kindness and compassion, with righteousness and justice. Blessed are You Lord, the King who loves righteousness and justice.

ולמלשינים Let there be no hope for informers, and may all the heretics and all the wicked instantly perish; may all the enemies of Your people be speedily extirpated; and may You swiftly uproot, break, crush and subdue the reign of wickedness speedily in our days. Blessed are You Lord, who crushes enemies and subdues the wicked.

על May Your mercies be aroused, Lord our God, upon the righteous, upon the pious, upon the elders of Your people, the House of Israel, upon the remnant of their sages, upon the righteous proselytes and upon us. Grant ample reward to all who truly trust in Your Name, and place our lot among them; may we never be disgraced, for we have put our trust in You. Blessed are You Lord, the support and security of the righteous.

ולירושלים Return in mercy to Jerusalem Your city and dwell therein as You have promised; speedily establish therein the throne of David Your servant, and rebuild it, soon in our days, as an everlasting edifice.

בָּרוּךְ אַתָּה יְיָ, בּוֹנֵה יְרוּשָׁלָיִם:

אֶת צֶמַח דָּוִד עַבְדְּךָ מְהֵרָה תַצְמִיחַ, וְקַרְנוֹ תָּרוּם בִּישׁוּעָתֶךָ, כִּי לִישׁוּעָתְךָ קִוִּינוּ כָּל הַיּוֹם. בָּרוּךְ אַתָּה יְיָ, מַצְמִיחַ קֶרֶן יְשׁוּעָה:

שְׁמַע קוֹלֵנוּ יְיָ אֱלֹהֵינוּ, אָב הָרַחֲמָן רַחֵם עָלֵינוּ, וְקַבֵּל בְּרַחֲמִים וּבְרָצוֹן אֶת תְּפִלָּתֵנוּ. כִּי אֵל שׁוֹמֵעַ תְּפִלּוֹת וְתַחֲנוּנִים אָתָּה, וּמִלְּפָנֶיךָ מַלְכֵּנוּ רֵיקָם אַל תְּשִׁיבֵנוּ. כִּי אַתָּה שׁוֹמֵעַ תְּפִלַּת כָּל פֶּה. בָּרוּךְ אַתָּה יְיָ, שׁוֹמֵעַ תְּפִלָּה:

רְצֵה יְיָ אֱלֹהֵינוּ בְּעַמְּךָ יִשְׂרָאֵל וְלִתְפִלָּתָם שְׁעֵה, וְהָשֵׁב הָעֲבוֹדָה לִדְבִיר בֵּיתֶךָ וְאִשֵּׁי יִשְׂרָאֵל וּתְפִלָּתָם בְּאַהֲבָה תְקַבֵּל בְּרָצוֹן, וּתְהִי לְרָצוֹן תָּמִיד עֲבוֹדַת יִשְׂרָאֵל עַמֶּךָ:

וְתֶחֱזֶינָה עֵינֵינוּ בְּשׁוּבְךָ לְצִיּוֹן בְּרַחֲמִים. בָּרוּךְ אַתָּה יְיָ, הַמַּחֲזִיר שְׁכִינָתוֹ לְצִיּוֹן:

מוֹדִים אֲנַחְנוּ לָךְ, שָׁאַתָּה הוּא יְיָ אֱלֹהֵינוּ וֵאלֹהֵי אֲבוֹתֵינוּ לְעוֹלָם וָעֶד, צוּר חַיֵּינוּ מָגֵן יִשְׁעֵנוּ. אַתָּה הוּא לְדוֹר וָדוֹר, נוֹדֶה לְּךָ וּנְסַפֵּר תְּהִלָּתֶךָ: עַל חַיֵּינוּ הַמְּסוּרִים בְּיָדֶךָ, וְעַל נִשְׁמוֹתֵינוּ הַפְּקוּדוֹת לָךְ, וְעַל נִסֶּיךָ שֶׁבְּכָל יוֹם עִמָּנוּ, וְעַל נִפְלְאוֹתֶיךָ וְטוֹבוֹתֶיךָ שֶׁבְּכָל עֵת, עֶרֶב וָבֹקֶר וְצָהֳרָיִם, הַטּוֹב, כִּי לֹא כָלוּ רַחֲמֶיךָ, הַמְרַחֵם, כִּי לֹא תַמּוּ חֲסָדֶיךָ, כִּי מֵעוֹלָם קִוִּינוּ לָךְ:

Blessed are You Lord, who rebuilds Jerusalem.

את צמח Speedily cause the scion of David Your servant to flourish, and increase his power by Your salvation, for we hope for Your salvation all day. Blessed are You Lord, who causes the power of salvation to flourish.

שמע Hear our voice, Lord our God; merciful Father, have compassion upon us and accept our prayers in mercy and favor, for You are God who hears prayers and supplications; do not turn us away empty-handed from You, our King, for You hear the prayer of everyone. Blessed are You Lord, who hears prayer.

רצה Look with favor, Lord our God, on Your people Israel and pay heed to their prayer; restore the service to Your Sanctuary and accept with love and favor Israel's fire-offerings and prayer; and may the service of Your people Israel always find favor.

ותחזינה May our eyes behold Your return to Zion in mercy. Blessed are You Lord, who restores His Divine Presence to Zion.

מודים We thankfully acknowledge that You are the Lord our God and God of our fathers forever. You are the strength of our life, the shield of our salvation in every generation. We will give thanks to You and recount Your praise, evening, morning and noon, for our lives which are committed into Your hand, for our souls which are entrusted to You, for Your miracles which are with us daily, and for Your continual wonders and beneficences. You are the Beneficent One, for Your mercies never cease; the Merciful One, for Your kindnesses never end; for we always place our hope in You.

וְעַל כֻּלָּם יִתְבָּרַךְ וְיִתְרוֹמַם וְיִתְנַשֵּׂא שִׁמְךָ מַלְכֵּנוּ תָּמִיד לְעוֹלָם וָעֶד:

וְכָל הַחַיִּים יוֹדוּךָ סֶּלָה, וִיהַלְלוּ שִׁמְךָ הַגָּדוֹל לְעוֹלָם כִּי טוֹב, הָאֵל יְשׁוּעָתֵנוּ וְעֶזְרָתֵנוּ סֶלָה הָאֵל הַטּוֹב. בָּרוּךְ אַתָּה יְיָ, הַטּוֹב שִׁמְךָ וּלְךָ נָאֶה לְהוֹדוֹת: שִׂים שָׁלוֹם, טוֹבָה וּבְרָכָה, חַיִּים חֵן וָחֶסֶד וְרַחֲמִים, עָלֵינוּ וְעַל כָּל יִשְׂרָאֵל עַמֶּךָ. בָּרְכֵנוּ אָבִינוּ כֻּלָּנוּ כְּאֶחָד בְּאוֹר פָּנֶיךָ, כִּי בְאוֹר פָּנֶיךָ, נָתַתָּ לָּנוּ יְיָ אֱלֹהֵינוּ: תּוֹרַת חַיִּים וְאַהֲבַת חֶסֶד, וּצְדָקָה וּבְרָכָה וְרַחֲמִים וְחַיִּים וְשָׁלוֹם. וְטוֹב בְּעֵינֶיךָ לְבָרֵךְ אֶת עַמְּךָ יִשְׂרָאֵל, בְּכָל עֵת וּבְכָל שָׁעָה בִּשְׁלוֹמֶךָ. בָּרוּךְ אַתָּה יְיָ, הַמְבָרֵךְ אֶת עַמּוֹ יִשְׂרָאֵל בַּשָּׁלוֹם:

יִהְיוּ לְרָצוֹן אִמְרֵי פִי וְהֶגְיוֹן לִבִּי לְפָנֶיךָ, יְיָ צוּרִי וְגוֹאֲלִי:

אֱלֹהַי, נְצוֹר לְשׁוֹנִי מֵרָע, וּשְׂפָתַי מִדַּבֵּר מִרְמָה, וְלִמְקַלְלַי, נַפְשִׁי תִדֹּם, וְנַפְשִׁי כֶּעָפָר לַכֹּל תִּהְיֶה, פְּתַח לִבִּי בְּתוֹרָתֶךָ, וּבְמִצְוֹתֶיךָ תִּרְדּוֹף נַפְשִׁי, וְכָל הַחוֹשְׁבִים עָלַי רָעָה, מְהֵרָה הָפֵר עֲצָתָם וְקַלְקֵל מַחֲשַׁבְתָּם. יִהְיוּ כְּמוֹץ לִפְנֵי רוּחַ וּמַלְאַךְ יְיָ דּוֹחֶה. לְמַעַן יֵחָלְצוּן יְדִידֶיךָ, הוֹשִׁיעָה יְמִינְךָ וַעֲנֵנִי. עֲשֵׂה לְמַעַן שְׁמֶךָ, עֲשֵׂה לְמַעַן יְמִינֶךָ, עֲשֵׂה לְמַעַן תּוֹרָתֶךָ, עֲשֵׂה לְמַעַן קְדֻשָּׁתֶךָ, יִהְיוּ לְרָצוֹן אִמְרֵי פִי, וְהֶגְיוֹן לִבִּי, לְפָנֶיךָ, יְיָ צוּרִי וְגוֹאֲלִי: עֹשֶׂה שָׁלוֹם בִּמְרוֹמָיו, הוּא יַעֲשֶׂה שָׁלוֹם עָלֵינוּ, וְעַל כָּל יִשְׂרָאֵל, וְאִמְרוּ אָמֵן:

יְהִי רָצוֹן מִלְּפָנֶיךָ, יְיָ אֱלֹהֵינוּ וֵאלֹהֵי אֲבוֹתֵינוּ, שֶׁיִּבָּנֶה בֵּית הַמִּקְדָּשׁ בִּמְהֵרָה בְיָמֵינוּ, וְתֵן חֶלְקֵנוּ בְּתוֹרָתֶךָ:

יִתְגַּדַּל וְיִתְקַדַּשׁ שְׁמֵהּ רַבָּא. אמן בְּעָלְמָא דִּי בְרָא כִרְעוּתֵהּ וְיַמְלִיךְ מַלְכוּתֵהּ, וְיַצְמַח פֻּרְקָנֵהּ

ועל And for all these, may Your Name, our King, be continually blessed, exalted and extolled forever and all time.

וכל And all living things shall forever thank You, and praise Your great Name eternally, for You are good. God, You are our everlasting salvation and help, O benevolent God. Blessed are You Lord, Beneficent is Your Name, and to You it is fitting to offer thanks.

שים Bestow peace, goodness and blessing, life, graciousness, kindness and mercy, upon us and upon all Your people Israel. Bless us, our Father, all of us as one, with the light of Your countenance. For by the light of Your countenance You gave us, Lord our God, the Torah of life and loving-kindness, righteousness, blessing, mercy, life and peace. May it be favorable in Your eyes to bless Your people Israel, at all times and at every moment, with Your peace. Blessed are You Lord, who blesses His people Israel with peace.

יהיו May the words of my mouth and the meditation of my heart be acceptable before You, Lord, my Strength and my Redeemer.[1]

אלהי My God, guard my tongue from evil and my lips from speaking deceitfully. Let my soul be silent to those who curse me; let my soul be as dust to all. Open my heart to Your Torah, and let my soul eagerly pursue Your commandments. As for all those who plot evil against me, hasten to annul their counsel and frustrate their design. Let them be as chaff before the wind; let the angel of the Lord thrust them away.[2] That Your beloved ones may be delivered, help with Your right hand and answer me.[3] Do it for the sake of Your Name; do it for the sake of Your right hand; do it for the sake of Your Torah; do it for the sake of Your holiness. May the words of my mouth and the meditation of my heart be acceptable before You, Lord, my Strength and my Redeemer.[1] He who makes peace in His heavens may He make peace for us and for all Israel; and say, Amen.

יהי May it be Your will, Lord our God and God of our fathers, that the Bet Hamikdash be speedily rebuilt in our days, and grant us our portion in Your Torah.[4]

The Chazzan recites Whole Kaddish:

יתגדל Exalted and hallowed be His great Name (*Cong:* Amen.) throughout the world which He has created according to His will. May He establish His kingship, bring forth His redemption

1. Psalms 19:15. 2. Ibid. 35:5. 3. Ibid. 60:7;108:7. 4. Pirke Avot 5:20.

וִיקָרֵב מְשִׁיחֵהּ, אמן בְּחַיֵּיכוֹן וּבְיוֹמֵיכוֹן וּבְחַיֵּי דְכָל
בֵּית יִשְׂרָאֵל, בַּעֲגָלָא וּבִזְמַן קָרִיב וְאִמְרוּ אָמֵן:

יְהֵא שְׁמֵהּ רַבָּא מְבָרַךְ לְעָלַם וּלְעָלְמֵי עָלְמַיָּא:

יִתְבָּרַךְ וְיִשְׁתַּבַּח, וְיִתְפָּאַר וְיִתְרוֹמַם, וְיִתְנַשֵּׂא.
וְיִתְהַדָּר וְיִתְעַלֶּה וְיִתְהַלָּל. שְׁמֵהּ דְּקֻדְשָׁא
בְּרִיךְ הוּא אמן לְעֵלָּא מִן כָּל בִּרְכָתָא וְשִׁירָתָא תֻּשְׁבְּחָתָא
וְנֶחֱמָתָא, דַּאֲמִירָן בְּעָלְמָא, וְאִמְרוּ אָמֵן:

תִּתְקַבַּל צְלוֹתְהוֹן וּבָעוּתְהוֹן דְּכָל בֵּית יִשְׂרָאֵל, קֳדָם אֲבוּהוֹן דִּי
בִשְׁמַיָּא, וְאִמְרוּ אָמֵן.

יְהֵא שְׁלָמָא רַבָּא מִן שְׁמַיָּא וְחַיִּים טוֹבִים עָלֵינוּ
וְעַל כָּל יִשְׂרָאֵל, וְאִמְרוּ אָמֵן:

עֹשֶׂה שָׁלוֹם בִּמְרוֹמָיו, הוּא יַעֲשֶׂה שָׁלוֹם
עָלֵינוּ וְעַל כָּל יִשְׂרָאֵל וְאִמְרוּ אָמֵן:

עָלֵינוּ לְשַׁבֵּחַ לַאֲדוֹן הַכֹּל לָתֵת גְּדֻלָּה לְיוֹצֵר בְּרֵאשִׁית שֶׁלֹּא
עָשָׂנוּ כְּגוֹיֵי הָאֲרָצוֹת וְלֹא שָׂמָנוּ כְּמִשְׁפְּחוֹת הָאֲדָמָה
שֶׁלֹּא שָׂם חֶלְקֵנוּ כָּהֶם וְגוֹרָלֵנוּ כְּכָל־הֲמוֹנָם שֶׁהֵם מִשְׁתַּחֲוִים לְהֶבֶל
וָרִיק: וַאֲנַחְנוּ כּוֹרְעִים וּמִשְׁתַּחֲוִים וּמוֹדִים לִפְנֵי מֶלֶךְ מַלְכֵי הַמְּלָכִים
הַקָּדוֹשׁ בָּרוּךְ הוּא: שֶׁהוּא נוֹטֶה שָׁמַיִם וְיוֹסֵד אָרֶץ וּמוֹשַׁב יְקָרוֹ בַּשָּׁמַיִם
מִמַּעַל וּשְׁכִינַת עֻזּוֹ בְּגָבְהֵי מְרוֹמִים: הוּא אֱלֹהֵינוּ אֵין עוֹד אֱמֶת מַלְכֵּנוּ
אֶפֶס זוּלָתוֹ כַּכָּתוּב בְּתוֹרָתוֹ וְיָדַעְתָּ הַיּוֹם וַהֲשֵׁבֹתָ אֶל־לְבָבֶךָ כִּי יְהוָֹה
הוּא הָאֱלֹהִים בַּשָּׁמַיִם מִמַּעַל וְעַל־הָאָרֶץ מִתָּחַת אֵין עוֹד:

וְעַל כֵּן נְקַוֶּה לְךָ יְיָ אֱלֹהֵינוּ, לִרְאוֹת מְהֵרָה בְּתִפְאֶרֶת עֻזֶּךָ, לְהַעֲבִיר
גִּלּוּלִים מִן הָאָרֶץ, וְהָאֱלִילִים כָּרוֹת יִכָּרֵתוּן, לְתַקֵּן עוֹלָם
בְּמַלְכוּת שַׁדַּי. וְכָל בְּנֵי בָשָׂר יִקְרְאוּ בִשְׁמֶךָ, לְהַפְנוֹת אֵלֶיךָ כָּל

and hasten the coming of His *Mashiach* (*Cong:* Amen.) in your lifetime and in your days and in the lifetime of the entire House of Israel, speedily and soon, and say, Amen. (*Cong:* Amen. May His great Name be blessed forever and to all eternity. Blessed.) May His great Name be blessed forever and to all eternity. Blessed and praised, glorified, exalted and extolled, honored, adored and lauded be the Name of the Holy One, blessed be He, (*Cong:* Amen.) beyond all the blessings, hymns, praises and consolations that are uttered in the world; and say, Amen. (*Cong:* Amen.)

May the prayers and supplications of the entire House of Israel be accepted before their Father in heaven; and say, Amen. (*Cong:* Amen.)

May there be abundant peace from heaven, and a good life for us and for all Israel; and say, Amen. (*Cong:* Amen.)

He who makes peace in His heavens, may He make peace for us and for all Israel; and say, Amen. (*Cong:* Amen.)

עלינו It is incumbent upon us to praise the Master of all things, to exalt the Creator of all existence, that He has not made us like the nations of the world, nor caused us to be like the families of the earth; that He has not assigned us a portion like theirs, nor a lot like that of all their multitudes, for they bow to vanity and nothingness. But we bend the knee, bow down, and offer praise before the supreme King of kings, the Holy One, blessed be He, who stretches forth the heavens and establishes the earth, the seat of whose glory is in the heavens above, and the abode of whose majesty is in the loftiest heights. He is our God; there is none else. Truly, He is our King; there is nothing besides Him, as it is written in His Torah:[1] Know this day and take unto your heart that the Lord is God; in the heavens above and upon the earth below there is nothing else.[2]

ועל And therefore we hope to You, Lord our God, that we may speedily behold the splendor of Your might, to banish idolatry from the earth — and false gods will be utterly destroyed; to perfect the world under the sovereignty of the Almighty. All mankind shall invoke Your Name, to turn to You all the

1. Deuteronomy 4:39. 2. For further elucidation, see *Tanya*, Part II, Ch. 6.

רְשָׁעֵי אָרֶץ. יַכִּירוּ וְיֵדְעוּ כָּל יוֹשְׁבֵי תֵבֵל, כִּי לְךָ תִּכְרַע כָּל בֶּרֶךְ, תִּשָּׁבַע כָּל לָשׁוֹן. לְפָנֶיךָ יְיָ אֱלֹהֵינוּ יִכְרְעוּ וְיִפֹּלוּ, וְלִכְבוֹד שִׁמְךָ יְקָר יִתֵּנוּ, וִיקַבְּלוּ כֻלָּם עֲלֵיהֶם אֶת עוֹל מַלְכוּתֶךָ, וְתִמְלוֹךְ עֲלֵיהֶם מְהֵרָה לְעוֹלָם וָעֶד. כִּי הַמַּלְכוּת שֶׁלְּךָ הִיא, וּלְעוֹלְמֵי עַד תִּמְלוֹךְ בְּכָבוֹד, כַּכָּתוּב בְּתוֹרָתֶךָ: יְיָ יִמְלֹךְ לְעוֹלָם וָעֶד. וְנֶאֱמַר, וְהָיָה יְיָ לְמֶלֶךְ עַל כָּל הָאָרֶץ, בַּיּוֹם הַהוּא יִהְיֶה, יְיָ אֶחָד וּשְׁמוֹ אֶחָד:

יִתְגַּדַּל וְיִתְקַדַּשׁ שְׁמֵהּ רַבָּא, אמן בְּעָלְמָא דִּי בְרָא כִרְעוּתֵהּ וְיַמְלִיךְ מַלְכוּתֵהּ, וְיַצְמַח פּוּרְקָנֵהּ וִיקָרֵב מְשִׁיחֵהּ. אמן בְּחַיֵּיכוֹן וּבְיוֹמֵיכוֹן וּבְחַיֵּי דְכָל בֵּית יִשְׂרָאֵל, בַּעֲגָלָא וּבִזְמַן קָרִיב וְאִמְרוּ אָמֵן: יְהֵא שְׁמֵהּ רַבָּא מְבָרַךְ לְעָלַם וּלְעָלְמֵי עָלְמַיָּא. יִתְבָּרַךְ, וְיִשְׁתַּבַּח, וְיִתְפָּאַר, וְיִתְרוֹמַם, וְיִתְנַשֵּׂא, וְיִתְהַדָּר וְיִתְעַלֶּה וְיִתְהַלָּל, שְׁמֵהּ דְּקֻדְשָׁא בְּרִיךְ הוּא. אמן לְעֵלָּא מִן כָּל בִּרְכָתָא וְשִׁירָתָא, תֻּשְׁבְּחָתָא וְנֶחָמָתָא, דַּאֲמִירָן בְּעָלְמָא, וְאִמְרוּ אָמֵן:

יְהֵא שְׁלָמָא רַבָּא מִן שְׁמַיָּא וְחַיִּים טוֹבִים, עָלֵינוּ וְעַל כָּל יִשְׂרָאֵל, וְאִמְרוּ אָמֵן:

עֹשֶׂה שָׁלוֹם בִּמְרוֹמָיו, הוּא יַעֲשֶׂה שָׁלוֹם עָלֵינוּ וְעַל כָּל יִשְׂרָאֵל וְאִמְרוּ אָמֵן:

אַל תִּירָא מִפַּחַד פִּתְאֹם וּמִשֹּׁאַת רְשָׁעִים כִּי תָבֹא: עֻצוּ עֵצָה וְתֻפָר דַּבְּרוּ דָבָר וְלֹא יָקוּם כִּי עִמָּנוּ אֵל: וְעַד זִקְנָה אֲנִי הוּא וְעַד שֵׂיבָה אֲנִי אֶסְבֹּל אֲנִי עָשִׂיתִי וַאֲנִי אֶשָּׂא וַאֲנִי אֶסְבֹּל וַאֲמַלֵּט:

אך צדיקים יודו לשמך ישבו ישרים את פניך:

מבדיל על הכוס ומברכין על הנר (בשבת) אע״פ שאינו חל בשבת ואם הוא מוצ״ש מברכין גם על הבשמים ואומרים ויתן לך.

סדר הבדלה

בשעת ברכת בורא מיני בשמים צריך לאחוז הכוס בשמאלו והבשמים בימינו ובשעת ברכת בורא מאורי האש צריך לאחוז הכוס בימינו. ואח״כ יביט בצפרניו ויחזור ויאחז הכוס בימינו בברכת הבדלה:

הִנֵּה אֵל יְשׁוּעָתִי אֶבְטַח וְלֹא אֶפְחָד כִּי עָזִּי וְזִמְרָת יָהּ יְהֹוָה וַיְהִי לִי לִישׁוּעָה: וּשְׁאַבְתֶּם מַיִם בְּשָׂשׂוֹן

wicked of the earth. Then all the inhabitants of the world will recognize and know that every knee should bend to You, every tongue should swear [by Your Name]. Before You, Lord our God, they will bow and prostrate themselves, and give honor to the glory of Your Name; and they will all take upon themselves the yoke of Your kingdom. May You soon reign over them forever and ever, for kingship is Yours, and to all eternity You will reign in glory, as it is written in Your Torah: The Lord will reign forever and ever.[1] And it is said: The Lord shall be King over the entire earth; on that day the Lord shall be One and His Name One.[2]

MOURNER'S KADDISH

יתגדל Exalted and hallowed be His great Name (*Cong:* Amen) throughout the world which He has created according to His will. May He establish His kingship, bring forth His redemption and hasten the coming of His *Mashiach* (*Cong:* Amen.) in your lifetime and in your days and in the lifetime of the entire House of Israel, speedily and soon, and say, Amen. (*Cong:* Amen. May His great Name be blessed forever and to all eternity. Blessed.) May His great Name be blessed forever and to all eternity. Blessed and praised, glorified, exalted and extolled, honored, adored and lauded be the Name of the Holy One, blessed be He, (*Cong:* Amen.) beyond all the blessings, hymns, praises and consolations that are uttered in the world; and say, Amen. (*Cong:* Amen.)

May there be abundant peace from heaven, and a good life for us and for all Israel; and say, Amen. (*Cong:* Amen.)

He who makes peace in His heavens, may He make peace for us and for all Israel; and say, Amen. (*Cong:* Amen.)

אל Do not fear sudden terror, nor the destruction of the wicked when it comes.[3] Contrive a scheme, but it will be foiled; conspire a plot, but it will not materialize, for God is with us.[4] To your old age I am [with you]; to your hoary years I will sustain you; I have made you, and I will carry you; I will sustain you and deliver you.[5]

אך Indeed, the righteous will extol Your Name; the upright will dwell in Your presence.[6]

HAVDALAH

Havdalah *is recited over a cup of wine and over a candle which has been burning from Erev Yom Kippur. On* Motzoei Shabbat *the* berachah *over the aromatic spices, below, and* ויתן לך *(May...give you...),* Siddur Tehillat Hashem, *p. 235, are added.*

[The wine cup is taken in the right hand and is held until after the berachah בורא פרי הגפן *(...who creates the fruit of the vine.)] Then the cup is transferred to the left hand and the box with the aromatic spices is held in the right for the* berachah בורא מיני בשמים *(...who creates various kinds of spices). [The spice box is set aside,] the wine cup is returned to the right hand for the* berachah בורא מאורי האש *(...who creates the lights of fire), and then [is transferred to the left and and] the fingernails [of the right hand] are looked at in the light of the candles. Then the wine cup is returned to the right hand for the* berachah המבדיל *(...who makes a distinction).*

הנה Indeed, God is my deliverance; I am confident and shall not fear, for God the Lord is my strength and song, and He has been a help to me. You shall draw water with joy

---

1. Exodus 15:18. 2. Zechariah 14:19. 3. Proverbs 3:25. 4. Isaiah 8:10. 5. Ibid. 46:4. 6. Psalms 140:14.

מְמַּעַיְנֵי הַיְשׁוּעָה: לַיהוָה הַיְשׁוּעָה עַל־עַמְּךָ בִרְכָתֶךָ
סֶּלָה: יְהוָה צְבָאוֹת עִמָּנוּ מִשְׂגָּב לָנוּ אֱלֹהֵי יַעֲקֹב סֶלָה:
יְהוָה צְבָאוֹת אַשְׁרֵי אָדָם בֹּטֵחַ בָּךְ: יְהוָה הוֹשִׁיעָה
הַמֶּלֶךְ יַעֲנֵנוּ בְיוֹם קָרְאֵנוּ: לַיְּהוּדִים הָיְתָה אוֹרָה וְשִׂמְחָה
וְשָׂשׂן וִיקָר: כֵּן תִּהְיֶה לָנוּ: כּוֹס יְשׁוּעוֹת אֶשָּׂא וּבְשֵׁם
יְהוָה אֶקְרָא:

סברי מרנן בָּרוּךְ אַתָּה יְהוָה אֱלֹהֵינוּ מֶלֶךְ הָעוֹלָם בּוֹרֵא פְּרִי הַגָּפֶן:
בָּרוּךְ אַתָּה יְהוָה אֱלֹהֵינוּ מֶלֶךְ הָעוֹלָם בּוֹרֵא מִינֵי בְשָׂמִים:

בברכת בורא מאורי האש יביט בד׳ צפרניו וכמה יכין כפיו כל האגודל ולא יראה האגודל:

בָּרוּךְ אַתָּה יְהוָה אֱלֹהֵינוּ מֶלֶךְ הָעוֹלָם בּוֹרֵא מְאוֹרֵי הָאֵשׁ:
בָּרוּךְ אַתָּה יְהוָה אֱלֹהֵינוּ מֶלֶךְ הָעוֹלָם הַמַּבְדִּיל בֵּין
קֹדֶשׁ לְחוֹל בֵּין אוֹר לְחֹשֶׁךְ בֵּין יִשְׂרָאֵל לָעַמִּים
בֵּין יוֹם הַשְּׁבִיעִי לְשֵׁשֶׁת יְמֵי הַמַּעֲשֶׂה׳ בָּרוּךְ אַתָּה
יְהוָה הַמַּבְדִּיל בֵּין קֹדֶשׁ לְחוֹל: ברכה אחרונה

קידוש לבנה

עפ״י הקבלה אין לקדש הלבנה עד אחר ז׳ ימים למולד׳ ויש לקדש הלבנה בבגדים חשובים ונאים וקודם הברכה יאמר:

תהלים קמח

א הַלְלוּיָהּ | הַלְלוּ אֶת־יְהוָה מִן־הַשָּׁמַיִם הַלְלוּהוּ בַּמְּרוֹמִים:
ב הַלְלוּהוּ כָל־מַלְאָכָיו הַלְלוּהוּ כָּל־צְבָאָו: ג הַלְלוּהוּ
שֶׁמֶשׁ וְיָרֵחַ הַלְלוּהוּ כָּל־כּוֹכְבֵי אוֹר: ד הַלְלוּהוּ שְׁמֵי הַשָּׁמָיִם
וְהַמַּיִם אֲשֶׁר | מֵעַל הַשָּׁמָיִם: ה יְהַלְלוּ אֶת־שֵׁם יְהוָה כִּי הוּא
צִוָּה וְנִבְרָאוּ: ו וַיַּעֲמִידֵם לָעַד לְעוֹלָם חָק־נָתַן וְלֹא יַעֲבוֹר:

יאמר תלין ויביט בלבנה פ״א קודם הברכה וכשיתחיל לברך לא יראה בה כלל:

בָּרוּךְ אַתָּה יְהוָה אֱלֹהֵינוּ מֶלֶךְ

א) תהלים ג ט. ב) שם מו ח. ג) שם פד יג. ד) שם כ י. ה) אסתר ח טז. ו) תהלים קטז יג.

from the wellsprings of deliverance.[1] Deliverance is the Lord's; may Your blessing be upon Your people forever.[2] The Lord of hosts is with us, the God of Jacob is our everlasting stronghold.[3] Lord of hosts, happy is the man who trusts in You.[4] Lord help us; may the King answer us on the day we call.[5] For the Jews there was light and joy, gladness and honor[6] — so let it be with us. I raise the cup of deliverance and invoke the Name of the Lord.[7]

Over the wine:

סברי Attention, Gentlemen!

ברוך Blessed are You, Lord our God, King of the universe, who creates the fruit of the vine.

Over the fragrant spices:

ברוך Blessed are You, Lord our God, King of the universe, who creates various kinds of spices.

After the following berachah *one should fold his fingers over his thumb — the thumb is not to be seen — and look at the four fingernails.*

ברוך Blessed are You, Lord our God, King of the universe, who creates the lights of fire.

ברוך Blessed are You, Lord our God, King of the universe, who makes a distinction between sacred and profane, between light and darkness, between Israel and the nations, between the Seventh Day and the six work days. Blessed are You Lord, who makes a distinction between sacred and profane.

Recite the concluding blessing over the wine, Siddur Tehillat Hashem, *p. 94.*

SANCTIFICATION OF THE MOON

According to the Kabbalah, the moon should not be sanctified until seven days after the appearance ("birth") of the new moon. It is proper to wear festive garments while reciting the Sanctification Prayer. Before the berachah, *say the following:*

הללויה Praise the Lord. Praise the Lord from the heavens; praise Him in the celestial heights. Praise Him, all His angels; praise Him, all His hosts. Praise Him, sun and moon; praise Him, all the shining stars. Praise Him, heaven of heavens, and the waters that are above the heavens. Let them praise the Name of the Lord, for He commanded and they were created. He has established them forever, for all time; He issued a decree, and it shall not be transgressed.[8]

Place the feet together and glance once at the moon before reciting the following berachah. *Once the* berachah *is begun, do not look at the moon at all.*

ברוך Blessed are You, Lord our God, King

1. Isaiah 12:2-3. 2. Psalms 3:9. 3. Ibid. 46:8. 4. Ibid. 84:13. 5. Ibid. 20:10. 6. Esther 8:16. 7. Psalms 116:13. 8. Ibid. 148:1-6.

הָעוֹלָם אֲשֶׁר בְּמַאֲמָרוֹ
בָּרָא שְׁחָקִים וּבְרוּחַ פִּיו כָּל
צְבָאָם חֹק וּזְמַן נָתַן לָהֶם
שֶׁלֹּא יְשַׁנּוּ אֶת־תַּפְקִידָם: שָׂשִׂים
וּשְׂמֵחִים לַעֲשׂוֹת רְצוֹן קוֹנָם ·
פּוֹעֵל אֱמֶת שֶׁפְּעֻלָּתוֹ אֱמֶת ·
וְלַלְּבָנָה אָמַר שֶׁתִּתְחַדֵּשׁ עֲטֶרֶת
תִּפְאֶרֶת לַעֲמוּסֵי בָטֶן · שֶׁהֵם
עֲתִידִים לְהִתְחַדֵּשׁ כְּמוֹתָהּ ·
וּלְפָאֵר לְיוֹצְרָם עַל שֵׁם כְּבוֹד
מַלְכוּתוֹ · בָּרוּךְ אַתָּה יְהוָֹה
מְחַדֵּשׁ חֳדָשִׁים:

ידלג שלשה דילוגים ויאמר:

בָּרוּךְ עוֹשֵׂךְ בָּרוּךְ יוֹצְרֵךְ בָּרוּךְ בּוֹרְאֵךְ
בָּרוּךְ קוֹנֵךְ: כְּשֵׁם שֶׁאֲנִי רוֹקֵד כְּנֶגְדֵּךְ
וְאֵינִי יָכוֹל לִנְגּוֹעַ בָּךְ כָּךְ לֹא יוּכְלוּ כָּל אוֹיְבַי
לִנְגּוֹעַ בִּי לְרָעָה: תִּפֹּל עֲלֵיהֶם אֵימָתָה וָפַחַד

of the universe, who with His utterance created the heavens, and with the breath of His mouth all their host. He gave them a set law and time, so that they should not alter their task. They are glad and rejoice to carry out the will of their Creator, the Doer of truth whose work is truth. And He directed the moon to renew itself as a crown of glory to those who are borne [by Him] from birth,[1] who likewise are destined to be renewed and to glorify their Creator for the name of the glory of His kingdom. Blessed are You Lord, who renews the months.[2]

Rise three times on the toes and say:

ברוך Blessed is your Maker; blessed is He who formed you; blessed is your Creator; blessed is your Master. Just as I leap toward you but cannot touch you, so may all my enemies be unable to touch me harmfully. May there fall upon them terror

1. I.e., Israel. See Isaiah 46:3. 2. Sanhedrin 42a.

בִּגְדֹל זְרוֹעֲךָ יִדְּמוּ כָּאָבֶן: כָּאָבֶן יִדְּמוּ זְרוֹעֲךָ
בִּגְדֹל וָפַחַד אֵימָתָה עֲלֵיהֶם תִּפֹּל:

ככה יעשה ג״פ ידלג ג׳ דילוגים ויאמר מברוך עשך וכו׳ עד כאן:

דָּוִד מֶלֶךְ יִשְׂרָאֵל חַי וְקַיָּם: ג״פ

ויאמר לחבירו שָׁלוֹם עֲלֵיכֶם וחבירו משיב עֲלֵיכֶם שָׁלוֹם: ג״פ

ואומרים ג״פ

סִמָּן טוֹב וּמַזָּל טוֹב יְהֵא לָנוּ וּלְכָל יִשְׂרָאֵל אָמֵן:
קוֹל דּוֹדִי הִנֵּה זֶה בָּא מְדַלֵּג עַל הֶהָרִים
מְקַפֵּץ עַל־הַגְּבָעוֹת: דּוֹמֶה דוֹדִי לִצְבִי
אוֹ לְעֹפֶר הָאַיָּלִים הִנֵּה זֶה עוֹמֵד אַחַר כָּתְלֵנוּ
מַשְׁגִּיחַ מִן הַחַלּוֹנוֹת מֵצִיץ מִן הַחֲרַכִּים:

א שִׁיר לַמַּעֲלוֹת אֶשָּׂא עֵינַי אֶל־הֶהָרִים מֵאַיִן יָבֹא עֶזְרִי:
ב עֶזְרִי מֵעִם יְהוָה עֹשֵׂה שָׁמַיִם וָאָרֶץ: ג אַל־יִתֵּן
לַמּוֹט רַגְלֶךָ אַל־יָנוּם שֹׁמְרֶךָ: ד הִנֵּה לֹא־יָנוּם וְלֹא יִישָׁן שׁוֹמֵר
יִשְׂרָאֵל: ה יְהוָה שֹׁמְרֶךָ יְהוָה צִלְּךָ עַל־יַד יְמִינֶךָ: ו יוֹמָם הַשֶּׁמֶשׁ
לֹא־יַכֶּכָּה וְיָרֵחַ בַּלָּיְלָה: ז יְהוָה יִשְׁמָרְךָ מִכָּל־רָע יִשְׁמֹר אֶת־
נַפְשֶׁךָ: ח יְהוָה יִשְׁמָר־צֵאתְךָ וּבוֹאֶךָ מֵעַתָּה וְעַד־עוֹלָם:

א הַלְלוּיָהּ | הַלְלוּ־אֵל בְּקָדְשׁוֹ הַלְלוּהוּ בִּרְקִיעַ עֻזּוֹ:
ב הַלְלוּהוּ בִגְבוּרֹתָיו הַלְלוּהוּ כְּרֹב גֻּדְלוֹ:
ג הַלְלוּהוּ בְּתֵקַע שׁוֹפָר הַלְלוּהוּ בְּנֵבֶל וְכִנּוֹר: ד הַלְלוּהוּ
בְתֹף וּמָחוֹל הַלְלוּהוּ בְּמִנִּים וְעֻגָב: ה הַלְלוּהוּ בְצִלְצְלֵי־
שָׁמַע הַלְלוּהוּ בְּצִלְצְלֵי תְרוּעָה: ו כֹּל הַנְּשָׁמָה תְּהַלֵּל
יָהּ הַלְלוּיָהּ:

ב) שה״ש ב ח ג) שה״ש ב ט. ה) תהלים קכא. ב) שם קנ.

and dread; by the great [strength] of Your arm let them be still as a stone.[1] As a stone let them be still by Your arm's great [strength]; may dread and terror upon them fall. *Say three times, each time preceded by rising three times on the toes.*

דוד David, King of Israel, is living and enduring. *Say three times.*

The following greeting is exchanged three times:

שלום Peace unto you. *The other responds:* Unto you peace.

סמן May there be a good omen and good *mazal* for us and for all Israel. Amen. *Say three times.*

קול The voice of my Beloved! Here He comes, leaping over the mountains, skipping over the hills. My Beloved is like a hart or a young deer; here He stands behind our wall, watching through the windows, peering through the crevices.[2]

שיר A Song of Ascents. I lift up my eyes to the mountains — from where will my help come? My help will come from the Lord, Maker of heaven and earth. He will not let your foot falter; your guardian does not slumber. Indeed, the Guardian of Israel neither slumbers nor sleeps. The Lord is your guardian; the Lord is your protective shade at your right hand. The sun will not harm you by day, nor the moon by night. The Lord will guard you from all evil; He will guard your soul. The Lord will guard your going and coming from now and for all time.[3]

הללויה Praise the Lord. Praise God in His holiness, praise Him in the firmament of His strength. Praise Him for His mighty acts; praise Him according to His abundant greatness. Praise Him with the call of the *shofar;* praise Him with harp and lyre. Praise Him with timbrel and dance; praise Him with stringed instruments and flute. Praise Him with resounding cymbals; praise Him with clanging cymbals. Let every being that has a soul praise the Lord.[4]

---

1. Exodus 15:16. 2. Song of Songs 2:8-9. 3. Psalm 121. 4. Ibid. 150.

תָּנָא דְבֵי רַבִּי יִשְׁמָעֵאל· אִלְמָלֵי לֹא זָכוּ יִשְׂרָאֵל אֶלָּא לְהַקְבִּיל פְּנֵי אֲבִיהֶם שֶׁבַּשָּׁמַיִם פַּעַם אַחַת בַּחֹדֶשׁ דַּיָּם· אָמַר אַבַּיֵּי הִלְכָּךְ נֵימְרִינְהוּ מְעֻמָּד: מִי זֹאת עֹלָה מִן־הַמִּדְבָּר מִתְרַפֶּקֶת עַל־דּוֹדָהּ: וִיהִי רָצוֹן מִלְּפָנֶיךָ יְהוָה אֱלֹהַי וֵאלֹהֵי אֲבוֹתַי לְמַלֹּאות פְּגִימַת הַלְּבָנָה· וְלֹא יִהְיֶה בָּהּ שׁוּם מִעוּט· וִיהִי אוֹר הַלְּבָנָה כְּאוֹר הַחַמָּה כְּאוֹר שִׁבְעַת יְמֵי בְרֵאשִׁית כְּמוֹ שֶׁהָיְתָה קֹדֶם מִעוּטָהּ· שֶׁנֶּאֱמַר וַיַּעַשׂ אֱלֹהִים אֶת־שְׁנֵי הַמְּאֹרֹת הַגְּדֹלִים· וְיִתְקַיֵּם בָּנוּ מִקְרָא שֶׁכָּתוּב וּבִקְשׁוּ אֶת־יְהוָה

ג) שה״ש ח ה ט) בראשית א טז . כ) הושע ג ה .

תנא It was taught in the academy of Rabbi Yishmael: Even if Israel merited no other privilege[1] than to greet their Father in heaven once a month,[2] it would be sufficient for them. Abbaye said, "Therefore we must recite it standing."[3] Who is this coming up from the wilderness, cleaving to her Beloved?[4] May it be Your will, Lord my God and God of my fathers, to fill the defect of the moon, so that there be no diminution in it, and may the light of the moon be as the light of the sun, as the light of the Seven Days of Creation, as it was before it was diminished, as it is said: And God made the two great luminaries.[5] May there be fulfilled in us the Scriptural verse which states: They will seek the Lord

---

1. I.e., *mitzvah*. 2. V. Sanhedrin 42a: Whoever recites the *berachah* over the New Moon in its proper time welcomes, as it were, the *Shechinah*. 3. Loc. cit. 4. Song of Songs 8:5. 5. Genesis 1:16.

אֱלֹהֵיהֶם וְאֵת דָּוִד מַלְכָּם אָמֵן:

תהלים ס״ז

א לַמְנַצֵּחַ בִּנְגִינֹת מִזְמוֹר שִׁיר: ב אֱלֹהִים יְחָנֵּנוּ וִיבָרְכֵנוּ יָאֵר פָּנָיו
אִתָּנוּ סֶלָה: ג לָדַעַת בָּאָרֶץ דַּרְכֶּךָ בְּכָל־גּוֹיִם יְשׁוּעָתֶךָ:
ד יוֹדוּךָ עַמִּים ׀ אֱלֹהִים יוֹדוּךָ עַמִּים כֻּלָּם: ה יִשְׂמְחוּ וִירַנְּנוּ לְאֻמִּים
כִּי־תִשְׁפֹּט עַמִּים מִישֹׁר וּלְאֻמִּים ׀ בָּאָרֶץ תַּנְחֵם סֶלָה: ו יוֹדוּךָ
עַמִּים ׀ אֱלֹהִים יוֹדוּךָ עַמִּים כֻּלָּם: ז אֶרֶץ נָתְנָה יְבוּלָהּ יְבָרְכֵנוּ
אֱלֹהִים אֱלֹהֵינוּ: ח יְבָרְכֵנוּ אֱלֹהִים וְיִירְאוּ אוֹתוֹ כָּל־אַפְסֵי־אָרֶץ:

עָלֵינוּ לְשַׁבֵּחַ לַאֲדוֹן הַכֹּל לָתֵת גְּדֻלָּה לְיוֹצֵר בְּרֵאשִׁית שֶׁלֹּא עָשָׂנוּ כְּגוֹיֵי הָאֲרָצוֹת וְלֹא שָׂמָנוּ כְּמִשְׁפְּחוֹת הָאֲדָמָה שֶׁלֹּא שָׂם חֶלְקֵנוּ כָּהֶם וְגוֹרָלֵנוּ כְּכָל־הֲמוֹנָם שֶׁהֵם מִשְׁתַּחֲוִים לְהֶבֶל וָרִיק: וַאֲנַחְנוּ כּוֹרְעִים וּמִשְׁתַּחֲוִים וּמוֹדִים לִפְנֵי מֶלֶךְ מַלְכֵי הַמְּלָכִים הַקָּדוֹשׁ בָּרוּךְ הוּא: שֶׁהוּא נוֹטֶה שָׁמַיִם וְיוֹסֵד אָרֶץ וּמוֹשַׁב יְקָרוֹ בַּשָּׁמַיִם מִמַּעַל וּשְׁכִינַת עֻזּוֹ בְּגָבְהֵי מְרוֹמִים: הוּא אֱלֹהֵינוּ אֵין עוֹד אֱמֶת מַלְכֵּנוּ אֶפֶס זוּלָתוֹ כַּכָּתוּב בְּתוֹרָתוֹ וְיָדַעְתָּ הַיּוֹם וַהֲשֵׁבֹתָ אֶל־לְבָבֶךָ כִּי יְהֹוָה הוּא הָאֱלֹהִים בַּשָּׁמַיִם מִמַּעַל וְעַל־הָאָרֶץ מִתָּחַת אֵין עוֹד:

וְעַל־כֵּן נְקַוֶּה לְךָ יְהֹוָה אֱלֹהֵינוּ לִרְאוֹת מְהֵרָה בְּתִפְאֶרֶת עֻזֶּךָ לְהַעֲבִיר גִּלּוּלִים מִן הָאָרֶץ וְהָאֱלִילִים כָּרוֹת יִכָּרֵתוּן לְתַקֵּן עוֹלָם בְּמַלְכוּת שַׁדַּי וְכָל־בְּנֵי־בָשָׂר יִקְרְאוּ בִשְׁמֶךָ לְהַפְנוֹת אֵלֶיךָ כָּל־רִשְׁעֵי אָרֶץ ׳ יַכִּירוּ וְיֵדְעוּ כָּל־יוֹשְׁבֵי תֵבֵל כִּי לְךָ תִּכְרַע כָּל־בֶּרֶךְ תִּשָּׁבַע כָּל־לָשׁוֹן ׳ לְפָנֶיךָ יְהֹוָה אֱלֹהֵינוּ יִכְרְעוּ וְיִפֹּלוּ וְלִכְבוֹד שִׁמְךָ יְקָר יִתֵּנוּ ׳ וִיקַבְּלוּ כֻלָּם עֲלֵיהֶם אֶת־עֹל מַלְכוּתֶךָ ׳ וְתִמְלוֹךְ עֲלֵיהֶם מְהֵרָה לְעוֹלָם וָעֶד ׳ כִּי הַמַּלְכוּת שֶׁלְּךָ הִיא וּלְעוֹלְמֵי עַד תִּמְלוֹךְ בְּכָבוֹד כַּכָּתוּב בְּתוֹרָתֶךָ יְהֹוָה יִמְלֹךְ לְעֹלָם וָעֶד: וְנֶאֱמַר וְהָיָה יְהֹוָה לְמֶלֶךְ עַל־כָּל־הָאָרֶץ בַּיּוֹם הַהוּא יִהְיֶה יְהֹוָה אֶחָד וּשְׁמוֹ אֶחָד:

their God and David their king.[1] Amen.

למנצח For the Choirmaster; a song with instrumental music; a Psalm. May God be gracious to us and bless us, may He make His countenance shine upon us forever; that Your way be known on earth, Your salvation among all nations. The nations will extol You, O God; all the nations will extol You. The nations will rejoice and sing for joy, for You will judge the peoples justly and guide the nations on earth forever. The people will extol You, O God; all the peoples will extol You, for the earth will have yielded its produce and God, our God will bless us. God will bless us; and all, from the farthest corners of the earth, shall fear Him.[2]

עלינו It is incumbent upon us to praise the Master of all things, to exalt the Creator of all existence, that He has not made us like the nations of the world, nor caused us to be like the families of the earth; that He has not assigned us a portion like theirs, nor a lot like that of all their multitudes, for they bow to vanity and nothingness. But we bend the knee, bow down, and offer praise before the supreme King of kings, the Holy One, blessed be He, who stretches forth the heavens and establishes the earth, the seat of whose glory is in the heavens above, and the abode of whose majesty is in the loftiest heights. He is our God; there is none else. Truly, He is our King; there is nothing besides Him, as it is written in His Torah:[3] Know this day and take unto your heart, that the Lord is God, in the heavens above and upon the earth below there is nothing else.[4]

ועל And therefore we hope to You, Lord our God, that we may speedily behold the splendor of Your might, to banish idolatry from the earth — and false gods will be utterly destroyed; to perfect the world under the sovereignty of the Almighty. All mankind shall invoke Your Name, to turn to You all the wicked of the earth. Then all the inhabitants of the world will recognize and know that every knee should bend to You, every tongue should swear [by Your Name]. Before You, Lord our God, they will bow and prostrate themselves, and give honor to the glory of Your Name; and they will all take upon themselves the yoke of Your kingdom. May You soon reign over them forever and ever, for kingship is Yours, and to all eternity You will reign in glory, as it is written in Your Torah: The Lord will reign forever and ever.[5] And it is said: The Lord shall be King over the entire earth; on that day the Lord shall be One and His Name One.[6]

---

1. Hosea 3:5. 2. Psalm 67. 3. Deuteronomy 4:30. 4. For further elucidation see *Tanya*, Part II, Ch. 6. 5. Exodus 15:18. 6. Zechariah 14:9.

יִתְגַּדַּל וְיִתְקַדַּשׁ שְׁמֵהּ רַבָּא. אמן בְּעָלְמָא דִּי בְרָא כִרְעוּתֵהּ וְיַמְלִיךְ מַלְכוּתֵהּ, וְיַצְמַח פּוּרְקָנֵהּ וִיקָרֵב מְשִׁיחֵהּ, אמן בְּחַיֵּיכוֹן וּבְיוֹמֵיכוֹן וּבְחַיֵּי דְכָל בֵּית יִשְׂרָאֵל, בַּעֲגָלָא וּבִזְמַן קָרִיב וְאִמְרוּ אָמֵן:

יְהֵא שְׁמֵהּ רַבָּא מְבָרַךְ לְעָלַם וּלְעָלְמֵי עָלְמַיָּא:

יִתְבָּרַךְ וְיִשְׁתַּבַּח, וְיִתְפָּאַר וְיִתְרוֹמַם, וְיִתְנַשֵּׂא. וְיִתְהַדָּר וְיִתְעַלֶּה וְיִתְהַלָּל. שְׁמֵהּ דְּקֻדְשָׁא בְּרִיךְ הוּא אמן לְעֵלָּא מִן כָּל בִּרְכָתָא וְשִׁירָתָא, תֻּשְׁבְּחָתָא וְנֶחֱמָתָא, דַּאֲמִירָן בְּעָלְמָא, וְאִמְרוּ אָמֵן:

יְהֵא שְׁלָמָא רַבָּא מִן שְׁמַיָּא וְחַיִּים טוֹבִים, עָלֵינוּ וְעַל כָּל יִשְׂרָאֵל, וְאִמְרוּ אָמֵן:

עֹשֶׂה שָׁלוֹם בִּמְרוֹמָיו, הוּא יַעֲשֶׂה שָׁלוֹם עָלֵינוּ וְעַל כָּל יִשְׂרָאֵל וְאִמְרוּ אָמֵן:

אַל תִּירָא מִפַּחַד פִּתְאֹם, וּמִשֹּׁאַת רְשָׁעִים כִּי תָבֹא: עֻצוּ עֵצָה וְתֻפָר, דַּבְּרוּ דָבָר וְלֹא יָקוּם כִּי עִמָּנוּ אֵל: וְעַד זִקְנָה אֲנִי הוּא, וְעַד שֵׂיבָה אֲנִי אֶסְבֹּל; אֲנִי עָשִׂיתִי וַאֲנִי אֶשָּׂא וַאֲנִי אֶסְבֹּל וַאֲמַלֵּט:

אַךְ צַדִּיקִים יוֹדוּ לִשְׁמֶךָ יֵשְׁבוּ יְשָׁרִים אֶת פָּנֶיךָ:

וינער שולי טלית קטן:

MOURNER'S KADDISH

יתגדל Exalted and hallowed be His great Name (*Cong:* Amen.) throughout the world which He has created according to His will. May He establish His kingship, bring forth His redemption and hasten the coming of His *Mashiach* (Cong: Amen.) in your lifetime and in your days and in the lifetime of the entire House of Israel, speedily and soon, and say, Amen. (*Cong:* Amen. May His great Name be blessed forever and to all eternity. Blessed.) May His great Name be blessed forever and to all eternity. Blessed and praised, glorified, exalted and extolled, honored, adored and lauded be the Name of the Holy One, blessed be He, (*Cong:* Amen.) beyond all the blessings, hymns, praises and consolations that are uttered in the world; and say, Amen. (*Cong:* Amen.)

May there be abundant peace from heaven, and a good life for us and for all Israel and say, Amen. (*Cong:* Amen.)

He who makes peace in His heavens, may He make peace for us and for all Israel; and say, Amen. (*Cong:* Amen.)

אל Do not fear sudden terror, nor the destruction of the wicked when it comes.[1] Contrive a scheme , but it will be foiled; conspire a plot, but it will not materialize, for God is with us.[2] To your old age I am [with you]; to your hoary years I will sustain you; I have made you, and I will carry you; I will sustain you and deliver you.[3]

אך Indeed, the righteous will extol Your Name; the upright will dwell in Your presence.[4]

Shake the corners of the tallit katan *(the four-cornered, fringed garment worn by males).*

1. Proverbs 3:25 2. Isaiah 8:10 3. Ibid. 46:4. 4. Psalms 140:14.

סדר הלמוד על אביו ועל אמו כל י"ב חדש וביום שמת בו אביו או אמו שקורין יארצייט· מסוגל ללמוד משניות טהרות · והפרק כ"ד מן מסכת כלים שלשה תריסין הם מסוגל יותר מפני שיש בו י"ז משניות וכל משנה ומשנה מסתיימת טהור מכלום או טהורה מכלום וסוף הפרק בין מבפנים בין מבחוץ טהור · כך שמעתי בשם הרה"ק מק"ק רוזין ז"ל זי"ע · ומי שיש לו פנאי ילמוד הפרקים המתחילים באותיות שם הנפטר · ומשניות המתחילים באותיות נשמה הם לקמן בפרק ז' דמקואות :

ר"ע מברטנורה — **כלים פרק כד** — לקוטים מתוי"ט

פרק כד שלשה תריסין הם תרים הכפוף · טמא מדרס · ושמשחקין בו בקונפון · טמא טמא מת · ודיצת הערביין טהורה מכלום : ב שלש עגלות הם (ב) · העשויה כקתדרא טמאה מדרס · כמטה טמאה טמא מת · ושל אבנים טהורה מכלום : ג שלש עריבות הן · עריבה משני לוגין עד תשעה קבין שנסדקה טמאה מדרס · שלימה טמאה טמא מת והבאה במדה · טהורה מכלום : ד שלש תיבות הן · תיבה שפתחה מצדה · טמאה מדרס · מלמעלן · טמאה טמא מת · והבאה במדה · טהורה מכלום : ה שלשה תרבוסין הן · של ספרין טמא מדרס · שאוכלין עליו טמא טמא מת · ושל זיתים טהור מכלום : ו שלש בססיות הן · שלפני המטה · ושלפני סופרים · טמאה מדרס · ושל דלפקי ·

פרק כד שלשה תריסין הן · ג' דינים חלוקים זה מזה יש בתריסין דהיינו מגינים : **תרים הכפוף** · המלוין אצלנו שמקיפים את האדם משלש רוחות : **טמא מדרס** · דעשוי לשכיבה שנוכבים עליו במלחמה וכ"ש שטמא טמא מת · דקיי"ל כל הטמא מדרס · טמא טמא מת : **שמשחקים בו בקומפון** · בשדה של עמק המלך באים שנים כל אחד תרסו בידו · ותרים קטן עגול שאינו כפוף בידו השמאלית ולמדין להגן כל אחד במגינו שלא יכהו חבירו וקורין לו אשגרימ"ר 1) בלע"ז: **טמא טמא מת** · וה"ה שטמא טומאת שרץ ונבלה (א) ושאר טומאות כלן · חוץ ממדרס שאינו נעשה אב הטומאה אם שכב עליו הזב או ישב אלא ראשון כמגעו של זב : **ודיצת הערביין** · תרים קטן ביותר שהערביים עושי' לדילה ולשמחה ולשחוק ואינו כלי של תשמיש : **ב בקתדרא** · שהיא קלרה ומוקפת משלש רוחות : **טמאה מדרס** · דמיוחדת לישיבה : **כמטה** · שהיא ארוכה ומיוחדת להניח בה פרקמטיא · והשוכב בו אומרים לו עמוד ונעשה מלאכתנו : **ושל אבנים** · העשויה להוליך בה אבנים : **טהורה מכלום** · לפי שפרולה מתחתיתה נקבים גדולים כמוליא רמון : **ג שנסדקה טמאה מדרס** · דכיון שנסדקה ואינה ראוי' ללישה · מיחדין אותה לישיבה : **טמאה טמא מת** · דכלי תשמיש היא : **הבאה במדה** · שמחזקת ארבעים סאה (ג) בלח · שהן כוריים ביבש : **טהורה מכלום** · שמפני כבדה וגדלה אינה מיטלטלת מלאה · ואכן דומיא דשק בעינן דמיטלטל מלא וריקן : **ד תיבה שפתחה מצדה** · משמשת ישיבה עם מלאכתה שיכולים להשתמש בה כשהוא יושב בזמן שפתחה מצדה משא"כ כשפתחה מלמעלן : **והבאה במדה** · דתנינן במתני' שהיא טהורה מכלום · שאינה מיוחדת למדרס קאי דהטמאה מדרס אפי' באה במדה לעולם היא טמאה (ד): **ה תרבוסים** · כלים של עור כעין ארגזים . **של ספרים** · מקיזים דם : **טמא מדרס** · גדול הוא וחזי לישיבה או למזגא עליה (ה) : **שאוכלים עליו** · כלי תשמיש הוא (ו) : **ושל זיתים** · שבוחטין בו הזיתים (ז) לא חשיב כלי של משמשי אדם : **ו בסיאות** · ואת כנו מתרגמינן וית בסיסיה : **ושל דלפקי** · כלי עץ שמשימים בו לנוחים והשיסות ואוכלים ומשקים וממנו נוטלים ונותנים על השלחן והבסים שלפני אינו לישיבה (ח) אבל תורת כלי

פרק כד (א) והא דנקט טמא מת משום דאב הטומאה הוא וה"ק אב הטומאה ע"י מת ולא ע"י זב . רש"י : (ב) **שלש עגלות** כו' · והא דלא חשיב עגלה של קטן דאין חושבין כאן כ"א למצוא ג' ענינו' שיש להם ג' מינין ואינו יורד למנות כל העגלות · הר"ש : (ג) ל' מהר"מ שהיא גדול' ביותר שמחזקת מ' סאה כמו הגבי מדות: (ד) וכ"ל דה"פ דברלוייה למדרס לא מיירי דאותן טמאין בכל בין במדרס בין במת דכל הטמא מדרס כו' והא דרפ"ך צ"ל דכיון דהיו ראוין לשאר טומאות ונתקלקלו יצאו מזה הכלל ונשארו רק בטומאת מדרס ועי' תוס' יו"ט : (ה) הבאים להקיז : (ו) ואומרים לו עמוד ונעשה מלאכתנו · כ"מ : (ז) והר"מ פי' שבוטחין עליו כזיתים : (ח) אלא להניח עליו תפלים

1) אשגרימ"ר . [illegible]

LEARNING FOR A MOURNER AND ON A YAHRZEIT

Throughout the twelve months following the passing way of one's father or mother and on the anniversary of their passing, known as Yahrzeit, *it is appropriate to learn* Mishnayot *of the order* Taharot, *especially the twenty-fourth chapter of the tractate* Kelim *having seventeen* mishnayot *each one concluding with the phrase "altogether clean" and the entire chapter concluding "whether on the inside or on the outside it is clean." (This was taught in the name of the holy Sage of Ruzhin.) One who has the time should learn also those chapters whose initial letters make up the name of the deceased.* Mishnayot *whose initial letters spell out* נשמה *(soul) are found in the seventh chapter of* Mikvaot *(see p. 206).*

KELIM CHAPTER 24

1. There are three kinds of shields [which differ with respect to the laws of cleanness and uncleanness]: The bent shield [which surrounds the warrior on three sides, and which during a war is used by him to lie upon] is subject to *midras*[1] uncleanness; a shield used by swordsmen in their sword-play is subject to uncleanness by a corpse;[2] and the small shield used by the Arabs [in festivities and in sports, is not subject to any uncleanness, but] remains altogether clean.[3]

2. There are three kinds of wagons [which differ with respect to the laws of cleanness and uncleanness]: One that is shaped like a chair with three sides is subject to *midras* uncleanness; one shaped like a bed is subject to uncleanness by a corpse; and one [made for carrying] stones remains altogether clean.

3. There are three kinds of kneading-troughs [which differ with respect to the laws of cleanness and uncleanness]: A kneading-trough with a capacity of two *log* to nine *kab* which was cracked [hence unusable as a kneading-trough] is subject to *midras* uncleanness; if it was whole it is subject to uncleanness by a corpse; and one that holds a large quantity [forty *se'ah* liquid or sixty *se'ah* dry measure] remains altogether clean.

4. There are three kinds of boxes [which differ with respect to the laws of cleanness and uncleanness]: A box whose opening is at its side is subject to *midras* uncleanness; one that has its opening at the top is subject to uncleanness by a corpse; and one that holds a large quantity[4] remains altogether clean.

5. There are three kinds of leather chests [which differ with respect to the laws of cleanness and uncleanness]: That of barbers is subject to *midras* uncleanness; that at which people eat is subject to uncleanness by a corpse; and that for [pressing] olives remains altogether clean.

6. There are three kinds of stands [which differ with respect to the laws of cleanness and uncleanness]: That which lies before a bed or before scribes is subject to *midras* uncleanness; that of a service table

---

1. Uncleanness transmitted to an object suitable for use as, and used as, a seat, couch, etc. by one of those mentioned in *Leviticus* 12:2, 15:2, 25, by sitting, lying, treading upon, etc. 2. But is not subject to *midras* uncleanness since it is not used for lying, sitting, etc. 3. It is not considered a *klee tashmish* (an article of service) — in this case because of its small size — and hence is not subject to uncleanness. These aforementioned three principles are the underlying reasons for the laws throughout this chapter. 4. See *Mishnah* 3.

טמאה טמא מת · ושל מגדל טהורה מכלום : **ז** שלש פנקסיות הן · האפיפורין טמאה מדרס · ושיש בה בית קבול שעוה טמאה טמא מת · וחלקה טהורה מכלום : **ח** שלש מטות הן · העשויה לשכיבה טמאה מדרס · של זגגין טמאה טמא מת · ושל סרגין טהורה מכלום : **ט** שלש משפלות הן · של זבל טמאה מדרס · של תבן טמאה טמא מת · והפוחלץ של גמלים · טהור מכלום : **י** שלש מפצים הן · העשויה לישיבה · טמאה מדרס · של צבעין · טמא טמא מת · ושל גתות · טהור מכלום : **יא** שלש חמתות · ושלש תורמולין הן · המקבלים כשעור · טמאין מדרס · ושאינן מקבלים כשעור · טמאין טמא מת · ושל עור הדג · טהור מכלום : **יב** ג' עורות הן · העשוי לשטיח · טמא מדרס · לתכריך הכלים · טמא טמא מת · ושל רצועות · ושל סנדלים · טהורה מכלום : **יג** ג' סדינין הן · העשוי לשכיבה טמא מדרס · לוילון טמא טמא מת · ושל צורות טהור מכלום : **יד** שלש מטפחות הן · של ידים טמא' מדרס · של ספרין טמאה טמא מת · ושל תכריך א(ושל) נבלי בני לוי טהורה מכלום : **טו** שלש פרקלינין הן · של צידי חיה ועוף טמא מדרס ·

א) אמ"א נ"ג .

כלי עליו : **ושל מגדל** · אוצר של עץ ארמריא"ו 1) בלע"ז : **טהורה מכלום** · דלאו כלי הוא וטרתו מוכחת עליו : **ז שלש פנקסיות הן** · העשוין לכתוב בהן כמו חנוני על פנקסו : **אפיפורין** · לוח שמניחים עליו אבק של עפר (ט) וכותבים בו חשבונות וגדול הוא וחזי לישיבה : **שיש לה בית קבול שעוה** · לוח שטחין פניו בדונג וכושמין על הדונג בחרט . **וחלקה** · שאין בה שעוה וכותבים עליה בדיו ואין לה בית קבול : **ח של זגגים** · שמניחים עליה כלי זכוכית : (י) **סרגין** · עושי המרכבות בערבי קורין למרכב סורג · וי"מ שמסרגים את השבכות ושהורה מכלום לפני שאינה מתשמשי אדם : **ט משפלו'** · קופות עשויות להוציא בהם זבלים לשדות : **של זבל טמאה מדרס** · לפי שראוי' לישיבה : **והפוחלץ** · עשוי כמין מכבר מעשה רשת (יא) והנקבים שלו רחבים יותר ממשפלת של תבן ואינה ראויה אפילו לקבל תבן שנקביה רחבים ביותר וגם אינה ראויה לישיבה שחבלים שלה קשים ואין ראוין לישב עליהן הלכך טהורה מכלום : **י מפצים** · כמין מחצלאות (יב) עשויות מחילף ומסיב וקנ' וגומא וגמי וכיוצא בהן : **ושל צבעים** · שהצבעים נותנים עליהם הבגדים : **טמא טמא מת** · שאינם מיוחדים לישיבה אבל תורת כלים יש להן : **ושל גתות** · העשויות לכסות בהן ענבים וזיתים (יג) : **יא חמתות** · נאדות של עור : **תורמלין** · כיסין גדולים של עור שהרועה מניח חפציו לתוכן . **המקבלים כשיעור** · המפורש למעלה בריש פרק כ' כיס החמת של שבעת קבים והתורמל של חמשת קבין · וכ"ש אם מחזיקים יותר דאז משמשים ישיבה עם מלאכתן אבל פחות מכאן לא : **ושל עור הדג טהורים** מכלום · דכל הבא מבריות שבים טהור : **יב לשטיח** · לשטוח בארץ לישב עליו : **לתכריך הכלים** · לכרוך בו את הכלים כגון סכינים ומספרים ומחטים כדי לשמרן : **ושל רצועות ושל סנדלים** · עור העומד לחתוך ממנו רצועות וסנדלים טהור מכלום דמחוסר מלאכה הוא · אבל רצועות המתוקנים כבר טמאות כדמוכח במס' נגעים פרק י"א : **יג לוילון טמא טמא מת** · העשוי למסך לפני הפתח טמא · לפי שהשמש מתעטף בשוליו לפעמים ומתחמם בו : **של צורות** · בגד שהוא ביד רוקם ובו מיני צורות כדי לראות בו לעשות כמותו בבגד אחר : **יד של ידים טמאה מדרס** · לפי שפעמים נותנה על הכסא וישן עליה : **ושל תכריך נבלי בני לוי** · שהיו הלוים כורכים כלי השיר שלהן במטפחת ודרך שאר בנ"א לעשות להן תיק של עור ואף הן טהורים (טז) : **טו פרקלינין** · צורת יד של עור שנושאים ציידי עופות כשתופסים בידיהן העוף שקורין אשטו"ר ואשפרוי"ר ובו יואחזים לצוד חיה או עוף **טמא מדרס** · לפי שנשען עליו :

ושל

חפצים · מהר"מ : (ט) וכרפט"ז פירש כסא של פרקים והערוך פי' כרסיא קטן לפני תיבת ס"ת וז"ל הר"מ פנקסיות הן כל ב' לוחות מזדווגים יהיו לסופר או לזולתן ובה פנקס על האמת אמנם הוא לסופר ואפיפורין הוא כסא של פרקים כאשר יתפשט יהיו ב' לוחות וישב הסופר עליו וכאשר יתקבץ ישוב לוח א' : (י) וקשה מ"ש מתרגמין דמ"ה דטהורה מכלו' מפני שאינה מתשמשי אדם : (יא) יעמיקו אותו על הגמלים הר"ת · ומהר"מ פי' שהוא כלי מעור גמלים ומחזיק מ' סאה ואינו מיוחד לישיבה ולכך טהור : (יב) ואין המהן בכלל כלים ואף על פי כן טמא הוא במדרס דכתיב כל המשכב וכן במת ובשאר טומאות מדבריקן בכלל פשוטי כלי עץ וזה הכלל גדול כל המתטמא מדרס כו' הר"מ : (יג) ולא ידענא זיתים מאי שייכי הכא דהא לא תנן אלא גתות . (יד) של ספרין כו' · אינה מטמאה מדרס שאין משתמש לשכיבה וטמא טמא מת בפעמים עושין אותו כמין תיק ונותנו בתיקו ומתחמם בה כמו שאמרו לענין כלאי' : (טו) והר"מ גרס ליה ופי' הכריך הכריכי המת : (טז) כדלעיל פט"ז מ"ז ·

1) ארמרי"או · טרחנק קאסטטן ·

is subject to uncleanness by a corpse; and that of a cupboard remains altogether clean.

7. There are three kinds of writing tablets [which differ with respect to the laws of cleanness and uncleanness]: One that is spread over with sand is subject to *midras* uncleanness; one that has a receptacle for wax is subject to uncleanness by a corpse; and one that is smooth remains altogether clean.

8. There are three kinds of beds [which differ with respect to the laws of cleanness and uncleanness]: That which is used for lying upon is subject to *midras* uncleanness; that which is used by glass-makers [to put their wares on] is subject to uncleanness by a corpse; and that which is used by net weavers remains altogether clean.

9. There are three kinds of baskets [which differ with respect to the laws of cleanness and uncleanness]: That which is used for manure [to be carried to the field] is subject to *midras* uncleanness; that which is used for straw is subject to uncleanness by a corpse; and that of rope mesh used on camels remains altogether clean.

10. There are three kinds of mats [which differ with respect to the laws of cleanness and uncleanness]: That which is used for sitting is subject to *midras* uncleanness; that which is used by dyers [to spread garments on them] is subject to uncleanness by a corpse; and that which is used in wine-presses [to cover the grapes] remains altogether clean.

11. There are three kinds of skin flasks and three kinds of shepherds' skin bags [which differ with respect to the laws of cleanness and uncleanness]: Those holding the standard quantity [seven *kab* for the flask and five for the bag] are subject to *midras* uncleanness; those holding less than the standard quantity are subject to uncleanness by a corpse; and those made of fish-skin remain altogether clean.

12. There are three kinds of hides [which differ with respect to the laws of cleanness and uncleanness]: That which is used as a rug [to sit on] is subject to *midras* uncleanness; that which is used as a wrapper for utensils is subject to uncleanness by a corpse; and that which is prepared for making straps and sandals remains altogether clean.

13. There are three kinds of sheets [which differ with respect to the laws of cleanness and uncleanness]: That which is made for lying upon is subject to *midras* uncleanness; that which is used as a door-curtain is subject to uncleanness by a corpse; and that which has designs [used as a pattern] remains altogether clean.

14. There are three kinds of cloths [which differ with respect to the laws of cleanness and uncleanness]: Towels for the hands are subject to *midras* uncleanness; coverings for books are subject to uncleanness by a corpse; and shrouds[1] and covers for the musical instruments of the *Levi'im* remain altogether clean.

15. There are three kinds of leather gloves [which differ with respect to the laws of cleanness and uncleanness]: Those used by hunters of animals and birds are subject to *midras* uncleanness;

1. According to some texts [V. Bartenuro] the *Mishnah* reads only: and covers for the musical instruments of the *Levi'im*.

של חגבים טמא מת · ושל קייצין[א] טהור מכלום : טז שלש סבבות הן · של ילדה טמאה טומאת מדרס · של זקנה טמאה טמא מת · ושל יוצאה לחוץ טהורה מכלום : יז שלש קופות הן · (יח) מהוהה שטלייה על הבריה · הולכין אחר הבריה · קטנה על הגדולה הולכין אחר הגדולה · היו שוות · הולכין אחר הפנימית · רש"א כף מאזנים שטלייה על שולי המיחם · מבפנים טמא · מבחוץ טהור · טליה על צדה · בין מבפנים בין מבחוץ טהור :

[א] מ"א קוצין ·

ושל חגבים · ההולכים לצוד חגבים ונותנים אותן בו : ושל קוצים · ללקט קוצים ואית דגרסי של קיצים שמייבשים פירות הקיץ · כגון שפופים גרוגרות ולמוקים בשדה : טז סבבות · כפה שטופלות הנשים על ראשן עשויה כמין רשת שיש בה נקבים דקין : של ילדה · ראוי לישיבה הלכך טמאה מדרס : של זקנה · תפשיה מוכיחים עליה שאינה ראויה לישיבה · ובתוספתא תניא של זקנה טמאה מדרס שאינה מקפדת עליה ופעמים יושבת עליה (יז) : ושל ילדה · שמקפדת על כליה אינה יושבת עליה ולכך טמאה טמא מת : ושל יוצאת החוץ · סודר שנותנות הנשים על ראשן כשיוצאות לחוץ · וי"מ יוצאות החוץ · תרגום זונה נפקת ברא · כלומר סבכות של זונות : טהורות · לפי שאינן חשובות כלי · פ"א סבכות שנקרעו ורוב שער האשה יוצא לחוץ שאינן מקבלות רוב שער ראשה של אשה : יז מהוהה · בגד ישן ובלוי : שטלייה · כמו שטלאה מלשון טלאי על גבי טלאי · כלומר שעשה הישנה טלאי על החדשה : הולכים אחר הבריאה · דנין אותה כדין הבריאה · אם טמאה טמאה · ואם טהורה טהורה (יט) : קטנה על הגדולה · בין שתיהן מהוהות · בין שתיהן בריאות : הולכים אחר הגדולה · ואם הגדולה נקובה כמוציא רמון · שבשבירה כזו נטהרה גם הקטנה המחוברת עמה טהורה אע"פ שהיא שלימה · ואם הגדולה שלימה · והרי היא מקבלת טומאה אף הקטנה המחוברת עמה טמאה אע"פ שהיא נקובה כמוציא רמון : הולכים אחר הפנימית · אם טמאה הפנימית טמאה החיצונה · ואם הפנימית טהורה · החיצונה נמי טהורה : רש"א כף מאזנים · לפרושי מלתא דת"ק קאתי · ובכף מאזנים של מתכות מיירי (כ) דאם טלאה בתחתית המיחם בפנים טמא המיחם · ואם טלאה מבחוץ טהור המיחם : טלייה על צידה · שהדביק הטלאי על דפנת המיחם לא בתחתיתו בין מבחוץ בין מפנים טהור · ומסקנא דכולה פרקין · וטעמא דכולהו טמא מדרס וטמא טמא מת וטהור מכלום האמורים כאן הוא דכל דבר הראוי לשכיבה והוא שיהיה עשוי לשכיבה או לישיבה או להשען עליו טמא מדרס לבד אם הוא כלי חרס · דאינו מטמא מדרס · דהכי ילפינן מקרא דכתיב (ויקרא טו) ואיש אשר יגע במשכבו מקיש משכבו לו מה הוא יש לו טהרה במקוה אף משכבו יש לו טהרה במקוה · יצא כלי חרס שאין לו טהרה במקוה והמפץ העשוי לשכיבה אע"פ שאין לו טהרה במקוה מדכתיב (שם יא) כל כלי אשר יעשה מלאכה בהם במים יובא והאי לאו כלי הוא מכל מקום טמא מדרס דמרבינן ליה מקרא דכתיב כל המשכב כל לרבות את המפץ ואין לו טהרה עד שיחתך וישאר ממנו פחות משפה על שפה · וכלי אבנים וכלי גללים וכלי אדמה טהורים מכלום וכן דבר הבא מן הים טהור · וכלי עץ הבא במדה שמחזיק ארבעים סאה בלח שהם כורים ביבש נמי טהור מכלום · לפי שאינו מיטלטל מלא · וכן דבר שאין עליו תורת כלי · או שיש לו תורת כלי · ואינו תשמישי אדם · אלא תשמישי תשמישיו טהור . כגון תרבוסין של זיתים ומפץ של גתות וסדין של לוזות דאמרינן במתני' שהן טהורים מכלום · דלא חשיבי כלים של תשמישי אדם :

כר"ש · וצ"ל דל"ד להכריך הכלים דמי"ב : (יז) וכ"פ לקמן פרק כ"ח מ"ט · כר"ש : (יח) מהוהה · מל' תוהו ובוהו · ר"ל דבר שאין בו ממש · מהר"ם : (יט) עירוב פירושים כאן שפי' הא' והב' הוא מהר"ש ופי' הג' הוא מהר"מ · ועי' תוס' יו"ט . (כ) ותימה דת"ק בבגד איירי ואתי ר"ש ומיירי לפרושי בשל מתכות והר"מ בנא"י סיים ואין הלכה כר"ש · ועי' תוס' יו"ט :

למוד לאבל וליאר צייט

בספר עץ עדן ומעשה אורג מהרה"ק דק"ק קאמארנע שנדפס בק"ק לבוב בגליון המשניות כתוב בזה"ל קבלנו מרבותינו שקבלו מרבן ורבן מאליהו ז"ל שבפרק זה פרק ז' דמקואות מעלין הנשמה של הנפטר למקומה · לכן האבל כל י"ב חדש · ילמוד בו לתקן נשמות אביו ואמו וקרוביו ואוהביו · ביאר צייט וכיוצא : וראשי תיבות של שלשה משניות הראשונות אי"ה · ים · אלו · הדיח · וראשי תיבות של ארבעה משניות האחרונות נ'ש'מ'ה' · נפל · שלשה · מקוה הסביל ויכוין בלימוד משניות אלו להעלות הנשמה למזל עליון הנקרא אי"ה (ע"ד איה מקום כבודו ור"ת של תיבת אי"ה · הארת יסוד אבא · כ"ה בספר קהלת יעקב) (וע"ש בספר מעשה אורג שהאריך שם

those used by catchers of locusts are subject to uncleanness by a corpse; and those used by driers of summer fruit remain altogether clean.

16. There are three kinds of hair-nets [which differ with respect to the laws of cleanness and uncleanness]: That of a girl is subject to *midras* uncleanness; that of an old woman is subject to uncleanness by a corpse; and that of a woman when she goes outside remains altogether clean.

17. There are three kinds of receptacles [which differ with respect to the laws of cleanness and uncleanness]: If a worn-out receptacle was placed over a sound one as a patch [to make it stronger, the cleanness or uncleanness of the combined receptacle] is determined by the sound one; if a small receptacle was placed over a large one [and both are either sound or worn out, the cleanness or uncleanness of the combined receptacle] is determined by the large one; if both were equal [in size and both are either sound or worn out, the cleanness or uncleanness] is determined by the inner one. Rabbi Shimon said: If an [unclean] pan of a balance was patched onto the bottom of a [clean] boiler on the inside, it becomes unclean, but if on the outside, it is clean; if it was patched on to its side, whether on the inside or on the outside, it is clean.

שם ע"ד הקבלה) ובמשנה הרביעית נפל כו' שהוא ר"ת פזר נתן לאביונים יפריש לדקה להעלות נשמת הנפטר מנפילתו · ע"י הלדקה · ועל אביו ועל אמו ילמוד זה הפרק בכל מולאי שבת אחר הבדלה · בכל י"ב חדש · וביאר צייט ובערב שבת קודם מנחה לעת הצורך להחיות נפש כל חי אמן · עכ"ל :

לקוטים מתוי"ט — מקואות פרק ז — ר"ע מברטנורה

פרק ז יש מעלין את המקוה ולא פוסלין (א) · פוסלין ולא מעלין · לא מעלין ולא פוסלין · אלו מעלין ולא פוסלין · השלג והברד והכפור · והגליד · והמלח · והטיט הנרוק (ב) · אמר ר' עקיבא היה ר' ישמעאל דן כנגדי · לומר השלג אינו מעלה את המקוה · והעידו אנשי מידבא משמו (ג) · שאמר להם צאו והביאו שלג ועשו מקוה בתחילה · ר' יוחנן בן נורי אומר אבן הברד כמים · כיצד מעלין ולא פוסלין · מקוה שיש בו מ' סאה חסר אחת · נפל מהם סאה לתוכו והעלהו · נמצאו מעלין ולא פוסלין : ב אלו פוסלין ולא מעלין · המים בין טמאים · בין טהורים · ומי כבשים · ומי שלקות · והתמד עד שלא החמיץ · כיצד פוסלין ולא מעלין · מקוה שיש בו מ' סאה חסר קרטוב · ונפל מהם קרטוב לתוכו · [א]לא העלהו · ופוסלו בשלשה לוגין · אבל שאר המשקין · ומי פירות · והציר · והמורייס · והתמד משהחמיץ · פעמים מעלין · ופעמים שאינן מעלין · כיצד מקוה שיש בו מ' סאה חסר אחת · נפל לתוכו סאה מהם [ב]לא העלהו · היו בו מ' סאה · נתן סאה ונטל סאה · ה"ז כשר : ג הדיח בו סלי זיתים · וסלי ענבים · ושנו את מראיו כשר (ז) ר' יוסי אומר מי הצבע · פוסלין אותו בג' לוגין · ואינן פוסלין אותו בשנוי מראה · נפל לתוכו יין · ומוחל (ח) · ושנו את מראיו · פסול · (ט) כיצד יעשה · ימתין לו עד שירדו גשמים · ויחזרו מראיהן

פרק ז יש מעלין · משלימין לס' סאה : ולא פוסלין · בג' לוגין שאובין וכלהו מפרש כילד הכפור · גשמים שיורדין נקפים : גליד · מים שקפאו על פני הארץ · או על פני המים : טיט הנרוק · טיט רך ורקיק שנעשה כמו רוק : אבן הברד כמים · כמים שאובים דאמרינן לקמן פוסלים ולא מעלים ואין הלכה כרבי יוחנן בן נורי · והלכה כעדותן של אנשי מידבא שעושין מקוה מן השלג אפי' לכתחלה : נמצאו מעלין · שהשלימוהו : ולא פוסלין · בג' לוגין שאובין שהרי סאה היא הרבה יותר מג' לוגין ולא נפסל המקוה בכך : ב המים · שאובין בין טמאין בין טהורים : מי כבשים · מים שכבשו בהן זיתים · או מיני ירקות : ומי שלקות · מים ששלקו בהן שלקות (ד) : והתמד · חרצני' וזגים או שמרים שנתן עליהן מים : עד שלא החמיץ · דאם החמיץ נדון כמי פירו' : קרטוב · א' מס"ד בלוג : פעמים מעלין · כדמפרש כגון במקוה מ' סאה מים כשרי' ונתן בו סאה מי פירות ואח"כ נטל סאה ממנו מים ומי פירות מעורבין יחד הרי כל הסאה של מי פירות שנשארה במקוה משלימי' את המקוה (ה) : פעמים אין מעלין · כדקתני במקוה שיש בו מ' סאה חסר אחת : ג ושנו את מראיו כשר · דהדחת כלים לא חשיבא שינוי מראה : ואין פוסלים אותו בשנוי מראה · משו' דלבעא לית ביה ממשא : מוחל · מים היוצאים מן הזיתי' : ימתין עד שירדו גשמים · דלמלאות בכתף א"א (י) דבחסר עסקינן שהוא

פרק ז (א) ולא פוסלין · פי' והנ"ל שאין פוסלין וא"ת כיון דחשיב להו מיא דמעלין מ"ט לא פסלי בשאובין · ה"ט דמקוה מים הוא דאתקש למעין מה מעין בידי שמים אף מקוה כו' אבל שאר משקין לא אתקיש · הר"א : (ב) הנרוק · אפילו נרוק אינו פוסל · טור : (ג) והעידו כו' · ואמנם מה שהיה חולק על ר"ע הוא במשא ומתן של הדין ועל צד הויכוח · לא שיסבור כך · הר"מ בנא"י : (ד) הר"מ · ועדיין לא פירשו מהו שלקות · וכתב הר"ש מי כו' שנכבשו בהן פירות וירקות או נשלקו : (ה) ולא נחסר ממנו כ"א א' ממאה לפי חשבון ובס"פ הערל אמרינן דכשר עד רובו אבל ביותר מרובו לא כיון דלא חזי לטבילה כלל דמקוה מים כתיב אבל מים אפילו ביותר מרובו · הר"ש והרא"ש : (ו) והרי המים כשרים כשהיו והיינו דתני בר"פ יש דברים דלא מעלין ולא פוסלין · הר"מ : (ז) כשר · מפני שאין בהם מגוף הדבר המשנה את מראיו · הר"א : (ח) ומוחל · ואפילו למ"ד דאינו משקה · דכל שאין עושין הימנו מקוה פוסל בשינוי מראה · גמ' : (ט) פסול · משום דמתחזי כמקוה של שאר משקין ומקוה מים כתיב · הר"א : (י) וק' הא אפשר בהמשכה לר"י בפ"ב מ"ז וצ"ל דמתני' אליבא

[א] גמ' ולא . [ב] בגמ' ולא

MIKVAOT CHAPTER 7

1. There are things [which when added to or fall into a *mikveh* of less than the prescribed measure of forty *se'ah*] serve to raise the *mikveh* [to its prescribed measure] and do not render it unfit [for ritual immersion]; some make it unfit and do not serve to raise it; and some neither raise it nor make it unfit. The following raise it [to the prescribed measure] and do not make it unfit: Snow, hail, frost, ice, salt, and soft mud. Rabbi Akiva said: Rabbi Yishmael took issue with me, saying that snow does not serve to raise the *mikveh* [to its prescribed measure]. But the men of Medeva testified in his name that he told them: Go and bring snow and make with it [even] a completely new *mikveh*. Rabbi Yochanan ben Nuri said: Hailstones are like [drawn] water [which disqualifies the *mikveh*.] How do the [aforementioned] serve to raise [the *mikveh* to its required measure] and not render it unfit? If into a *mikveh* of forty *se'ah* less one fell a *se'ah* of any of these and increased it [to forty] — it is thereby raised [to its prescribed measure] and not rendered unfit.

2. These render a *mikveh* unfit and do not serve to raise it [to the prescribed measure]: Drawn water, whether [ritually] clean or unclean, water that has been used for pickling or cooking, and wine made from grape-skin, pip or lees before it ferments. How do they render it unfit and do not serve to raise it? If into a *mikveh* of forty *se'ah* less one *kartov* fell a *kartov* of any of them, it does not serve to raise [the *mikveh* to forty *se'ah*]; but it is rendered unfit by three *logs* of any of them. Other liquids,[1] however, and fruit juices, fish brine, liquid of pickled fish, and wine made from grape-skin, pip or lees that has fermented, at times serve to raise it [to the prescribed measure] and at times do not serve to raise it. How? If into a *mikveh* of forty *se'ah* less one fell a *se'ah* of any of them, it has not raised [the *mikveh* to its prescribed measure]; but if it contained forty *se'ah*, and a *se'ah* of any of them was put in and then one *se'ah* removed, the *mikveh* remains *kasher*.

3. If one rinsed in a *mikveh* baskets of olives or baskets of grapes and they changed its color, it remains *kasher*. Rabbi Yosai said: Dye-water renders it unfit by a quantity of three *logs*, but not merely by the change of color. If wine or olive sap fell into it and changed its color, it makes it unfit. What should one do [to render it *kasher* again if it contains less than forty *se'ah*]? He should wait until it rains and its color returns

1. Such as wine, oil, milk, etc. V. *Mishnah Machshirin* 6:4.

שהוא נפסל בג' לוגין: **ממלא בכתף** · דמקוה שלם אין השאובים פוסלין אותו לעולם: **ד אם אין בו מראה מים מ' סאה** · אם אין במקוה מ' סאה שיש בהן מראה מים לא יטבול באותו מקוה אפי' באותו צד שיש בו מראה מים · ואם טבל לא עלתה לו טבילה: **ה ונפלו למקוה לא פסלוהו** · הואיל והן נראין כיין · ומי פירות אין פוסלין בג' לוגין: **הכל הולך אחר המראה** · אע"פ שאין החלב פוסל המקוה ואין במים שיעור ג' לוגין לפסול · מ"מ כיון שיש כאן ג' לוגין שנראין כמים · חשבינן להו כאילו כולן מים ופוסלין · ואין הלכה כר' יוחנן בן נורי: **ו השני טמא** · דודאי חסר שיעור המקוה בטבילתו של ראשון: **אף השני טהור** · דאמרינן גוד אחית · והוי כאילו המים שהעלה הראשון בגופו: הן מחוברין למי מקוה · ולא נחסר משיעורו כלום · ופירשו בגמ' דחגיגה (דף יט) דלא טיהר ר' יהודה אלא במעלות דרבנן כגון שהיה טהור לחולין וטבל להיות טהור למעשר · או שהיה טהור למעשר · וטבל להיות טהור לתרומה · אבל טמא מטומאה גמורה לטהרה · דברי הכל טמא · ואין הלכה כרבי יהודה. **סגום** · בגד למר עב · וקורין לו בערבי אלבורנ"ס · ובולע מים הרבה: **מקצתו נוגע במים טהור** · ובמקוה שיש בו ארבעים סאה מצומצמות איירי וטבל בו אדם לאחר שהטביל בו את הסגום: **טהור** · האיש המוטבל · אע"פ שנחסר שיעור מקוה בטבילת הסגום · מאחר שמקצת הסגום נוגע במים · ור"י היא דס"ל אמרי' גוד אחית (יב): **המים שבתוכן שאובים** · חוזרים ופוסלים את המקוה בשלשת לוגים · שהרי לא היו בו אלא ארבעים סאה מכוונות · ונתחסר כשהגביה שפתותיהן מן המים: **ומעלה אותם דרך שוליהם** · כדי שלא יפלו המים שבתוכן למקוה ויפסלו כל מימיו (יד): **ז הטביל בו את המטה** שרגליה גבוהות · ואי אפשר להטבילה כלה כאחת במקוה קטן כזה ששיעורו מצומצם · אא"כ רגלים שוקעות בטיט: **העבה** · שאינו נרוק ואין מטבילין בו: (טו) **שהמים מקדמין** · להטביל הרגלים קודם שיבקעו בטיט (טז) · ובמים הוטבלו: **שמימיו מרודדים** · שאין המים עמוקים מתחת שהמקוה רחב · והמים מתפשטים בכולו ואע"פ שיש בו מ' סאה · אין כל גופו מתכסה במים בבת אחת (יז): **כובש** · לצד אחד של מקוה: **אפילו חבילי עצים וקנים** · ואע"ג דנראה כמקוה שחלקו · אפילו הכי הואיל והמים נכנסין ביניהן (יח) לא הוי חלוק · וכובש דנקט מפני שהעצים והקנים צפים על פני המים · וצריך לכבוש עליהם

למראה המים · היו בו מ' סאה · ממלא בכתף · ונותן לתוכו עד שיחזרו מראיהן למראה המים: **ד** נפל לתוכו יין · או מוחל ושנו מקצת מראיו · אם אין בו מראה מים מ' סאה · הרי זה לא יטבול בו: **ה** שלשה לוגין מים ונפל לתוכן קרטוב יין והרי מראיהן כמראה היין · ונפלו למקוה · לא פסלוהו (יא) שלשה לוגין מים חסר קרטוב · ונפל לתוכן קרטוב חלב · והרי מראיהן כמראה המים · ונפלו למקוה · לא פסלוהו · רבי יוחנן בן נורי אומר הכל הולך אחר המראה: **ו** מקוה שיש בו ארבעים סאה מכוונות · ירדו ב' וטבלו זה אחר זה · הראשון טהור · והשני טמא · ר' יהודה אומר אם היו רגליו של ראשון נוגעות במים אף השני טהור · הטביל בו את הסגום והעלהו · מקצתו נוגע במים · טהור · הכר והכסת של עור · כיון שהגביה שפתותיהם מן המים · המים שבתוכן שאובין (יג) · כיצד יעשה · מטבילן · ומעלה אותם דרך שוליהם: **ז** הטביל בו את המטה · אף על פי שרגליה שוקעות בטיט העבה · טהורה · מפני שהמים מקדמין · מקוה שמימיו מרודדין כובש אפילו חבילי עצים אפילו חבילי קנים כדי

אליבא דכ"ע נסבה · ועתוי"ט · (יא) לא פסלוהו והוא שלא שינו מראה המקוה · הרא"ש: (יב) כלומר ואין הלכה כמותו והר"מ פסק להך דסגום: (יג) שאובין · שהרי צריך שיבואו בהם המים: (יד) לפי שכשהכלי במקוה לא נשאבו וכשמעלהו ונתהפך דרך שוליו תו לא מיקרי מים שבתוכו שאין מתקבלין בתוכו: (טו) כלומר בטיט לבדו אבל כשהמים צפים ע"ג מטבילין בו: (טז) וקשה דמ"מ מאי מהני הא אז לא היתה המטה כולה במים ואין כולה בבת אחת בעינן ולשון הרא"ש קדמו המים ונגעו ברגלי מט' ואותן המים מחוברים למקוה הלכך לא הוי חציצה כדתנן ספ"ח האוחז באדם כו' אם הדיח ידיו טהורים: (יז) כדילפינן בספרא · ועתיו"ט: (יח) וקשה דא"כ מאי אפילו הא דוקא עצים וקנים אבל לשון הר"ש לא מיבעיא אבנים אלא אפילו עצים וקנים · שהמים ביניהם לא חשיב הפסק ומצטרפין המים שביניהם למ' סאה ובלבד שלא יחלקו כל המקוה שאע"פ שהמים שבין הנסריס מחברן אין

זכ

to the color of water. If, however, it already contained forty *se'ah*, he may fill [buckets of water], carry them on his shoulder and pour it into the *mikveh* until its color returns to the color of water.

4. If wine or olive sap fell into a *mikveh* and discolored a part of the water, if it does not contain forty *se'ah* which has the color of water, one may not immerse himself in it.

5. If a *kartov* of wine fell into three *logs* of [drawn] water and its color became like the color of wine, and it then fell into a *mikveh* [of less than forty *se'ah*], it does not render the *mikveh* unfit. If a *kartov* of milk fell into three *logs* less a *kartov* of [drawn] water, and its color remained like the color of water, and then it fell into a *mikveh* [of less than forty *se'ah*], it does not render the *mikveh* unfit. Rabbi Yochanan ben Nuri said: Everything depends upon the color.

6. If two people went down and immersed themselves, one after the other, in a *mikveh* which contains exactly forty *se'ah*, the first becomes [ritually] clean but the second remains [ritually] unclean. Rabbi Yehudah said: If the feet of the first were still touching the water [while the second immersed himself], even the second becomes clean. If one immersed a thick mantle in a *mikveh* [of exactly forty *se'ah*], and took it out leaving part of it still touching the water, [if another person immersed himself then] he becomes ritually clean. If a leather pillow or cushion [was immersed in a *mikveh* of exactly forty *se'ah*], when it is taken out of the water by its open end the water within it becomes drawn water [and if three *logs* of it flow back into the *mikveh* they will render it — having now less than forty *se'ah* — unfit]. How is one to remove them [without making the *mikveh* unfit]? He should immerse them and take them out by their closed ends.

7. If one immersed a bed [that is too tall to be immersed all at one time in a *mikveh* of forty *se'ah*], even if its legs sank into the thick mud, it nevertheless becomes ritually clean because the water touched them before [they sank into the mud]. A *mikveh* whose water is too shallow [for proper immersion], one may press down even bundles of sticks, even bundles of reeds, so

שיתפחו (יט) המים ויורד וטובל. מחט שהיא נתונה על מעלת המערה. היה מוליך ומביא במים. כיון שעבר עליה הגל טהורה:

עליהם אבנים כדי שיכנסו תחת המים: היה מוליך ומביא במים. ומנענע המים בידיו: (כ) כיון שעבר הגל. של מים על המעלה של מקוה שהמחט מונח בה וצפו מי הגל על המחט: טהורה. ולפי שהמחט דקה וקטנה ויכה פן תפול במים. לכך להטבילה כן:

זה תנור כו' (וכל שכן באבנים) ועי' תוס' יום טוב: (יט) שיתפחו. כלומר שיעלו כמין תפוח ויהיו עמוקים מצד א' וטובל בהם. הר"ש: (כ) ולא הוי כמעשה מקוה ע"י דבר המקבל טומאה דמידי דהוה אטובל את הכלי בידיו בתוך המקוה שאם הדיחן טהורים דה"נ עיקר המקוה במקומו והגל לא נתלש לגמרי. ועיין תוס' יום טוב:

מכות סוף פ"ג

רַבִּי חֲנַנְיָה בֶּן עֲקַשְׁיָא אוֹמֵר, רָצָה הַקָּדוֹשׁ בָּרוּךְ הוּא לְזַכּוֹת אֶת יִשְׂרָאֵל, לְפִיכָךְ הִרְבָּה לָהֶם תּוֹרָה וּמִצְוֹת, שֶׁנֶּאֱמַר: יְיָ חָפֵץ לְמַעַן צִדְקוֹ יַגְדִּיל תּוֹרָה וְיַאְדִּיר:

קדיש דרבנן

יִתְגַּדַּל וְיִתְקַדַּשׁ שְׁמֵהּ רַבָּא. אמן בְּעָלְמָא דִּי בְרָא כִרְעוּתֵהּ וְיַמְלִיךְ מַלְכוּתֵהּ, וְיַצְמַח פּוּרְקָנֵהּ וִיקָרֵב מְשִׁיחֵהּ. אמן בְּחַיֵּיכוֹן וּבְיוֹמֵיכוֹן וּבְחַיֵּי דְכָל בֵּית יִשְׂרָאֵל, בַּעֲגָלָא וּבִזְמַן קָרִיב וְאִמְרוּ אָמֵן: יְהֵא שְׁמֵהּ רַבָּא מְבָרַךְ לְעָלַם וּלְעָלְמֵי עָלְמַיָּא. יִתְבָּרַךְ, וְיִשְׁתַּבַּח, וְיִתְפָּאַר, וְיִתְרוֹמַם, וְיִתְנַשֵּׂא, וְיִתְהַדָּר וְיִתְעַלֶּה, וְיִתְהַלָּל, שְׁמֵהּ דְּקֻדְשָׁא בְּרִיךְ הוּא. אמן לְעֵלָּא מִן כָּל בִּרְכָתָא וְשִׁירָתָא, תֻּשְׁבְּחָתָא וְנֶחֱמָתָא, דַּאֲמִירָן בְּעָלְמָא, וְאִמְרוּ אָמֵן:

עַל יִשְׂרָאֵל וְעַל רַבָּנָן. וְעַל תַּלְמִידֵיהוֹן וְעַל כָּל תַּלְמִידֵי תַלְמִידֵיהוֹן. וְעַל כָּל מָאן דְּעָסְקִין בְּאוֹרַיְתָא. דִּי בְאַתְרָא הָדֵין וְדִי בְכָל אֲתַר וַאֲתַר. יְהֵא לְהוֹן וּלְכוֹן שְׁלָמָא רַבָּא חִנָּא וְחִסְדָּא וְרַחֲמִין וְחַיִּין אֲרִיכִין וּמְזוֹנָא רְוִיחָא וּפוּרְקָנָא מִן קֳדָם אֲבוּהוֹן דְּבִשְׁמַיָּא וְאִמְרוּ אָמֵן: יְהֵא שְׁלָמָא רַבָּא מִן שְׁמַיָּא וְחַיִּים טוֹבִים עָלֵינוּ וְעַל כָּל יִשְׂרָאֵל וְאִמְרוּ אָמֵן: עֹשֶׂה שָׁלוֹם (בעשי"ת הַשָּׁלוֹם) בִּמְרוֹמָיו הוּא יַעֲשֶׂה שָׁלוֹם עָלֵינוּ וְעַל כָּל יִשְׂרָאֵל וְאִמְרוּ אָמֵן:

that the level of the water is raised and then he may go down and immerse himself. A needle which is placed on the step [leading down to a *mikveh*] in a cave, and the water is moved back and forth, as soon as a wave has passed over it, it becomes ritually clean.

Rabbi Chananyah ben Akashya said: The Holy One, blessed be He, wished to make the people of Israel meritorious; therefore He gave them Torah and *mitzvot* in abundant measure, as it is written: The Lord desired, for the sake of his [Israel's] righteousness, to make the Torah great and glorious.

KADDISH D'RABBANAN*

Yisgaddal v'yiskaddash shmay rabboh b'olmoh dee v'roh chirusay; v'yamlich malchusay, v'yatsmach purkonay veekorayv m'shichay, b'cha-yaychone uvyo-maychone, uvcha-yay d'chol bais yisro-el, ba-agoloh uvizman koreev; v'imru Omayn.

Y'hay shmay rabboh m'vorach l'olam ul'olmay olmah-yoh.

Yisboraych v'yishtabach, v'yispo-ayr v'yisromom, v'yisnassay v'yis-hador, v'yis-alleh v'yis-hallol shmay d'kudshoh, b'reech hu, l'ayloh min kol birchosoh v'shirosoh, tush-b'chosoh v'nechemosoh, da-ameeron b'olmoh; v'imru Omayn.

Al yisro-eyl v'al rabbonon v'al talmidayhon, v'al kol talmiday salmidayhon, v'al kol mon d'oskin b'orah'yesoh, dee b'asroh hodayn, v'dee b'chol asar va'asar, y'hay l'hon ul'chon sh'lomoh rabboh, chinnoh v-chisdoh v'rachamin, v'cha'yin arichin, um'zonoh r'vichoh, u'furkonoh min kodom avuhon d'vishmah'yoh; v'imru Omayn.

Y'hay shlomoh rabboh min sh'mah-yoh, v'cha-yim tovim, olaynu v'al kol yisro-el; v'imru Omayn.

O-seh ha-shalom bimromov, hu ya-aseh sholom olaynu v'al kol yisro-el; v'imru Omayn.

**For Mourner's Kaddish, omit paragraph "Al yisro-el...Omayn."*

קנה מנהג כפרות בערב יום כפור

(א) **מה** שנוהגין לעשות כפרות בערב יוה״כ הוא מנהג ותיקין וכ״כ האר״י ושל״ה ז״ל ע״ד הקבלה ונוהגין ליקח תרנגול זכר לזכר ולנקבה לוקחין תרנגולת ולאשה מעוברת לוקחין תרנגול ותרנגולת משום שמא תלד זכר ואם נקבה תלד די לה ולבתה בתרנגולת ששנים רשאים ליקח כפרה אחת (א) (מ״א שם).

(א) ויש נוהגין ליקח כפרה לכל אחד ואחד בפ״ע לפיכך לוקחין למעוברת ב׳ נקבות וזכר אחד.

(ב) **ובוחרים** בתרנגולים לבנים אבל אין לחזר אחר לבנים דוקא משום דרכי האמורי רק אם נזדמן לו לבן יקח. ומכל המיני בע״ח יכול ליקח לכפרה אפילו דגים אבל אסור ליקח בע״ח הראויין להקרבה כמו תורים או בני יונה שנראה כמקדיש קדשים בחוץ (מ״א שם).

(ג) **ושוחטין** אותם באשמורת כי אז רחמים גוברים [של״ה בשם האר״י ז״ל] וטוב לפדותן בממון ונותנים המעות לעניים ויש להסמיך שחיטת הכפרות מיד לאחר שהחזירו עליו. וזורקין בני המעיים על הגגות או בחצר במקום שהעופות יכולין לקחת משם (שם).

קנו דיני ערב יום הכפורים

(א) **מצוה** לאכול ולשתות בעיוה״כ ולהרבות (א) בסעודה ויכול למעט מלימודו כדי לאכול ולשתות ומ״מ לא יאכל (ב) אלא דברים קלים כגון דגים או עופות כדי שלא יהא שבע ומתגאה (ג) (שם ט״ז סי׳ תר״ד ומ״א).

(ב) **אסור** להתענות בו אפילו תענית חלום ואפילו עד סעודה המפסקת (ד) אסור לו להתענות (א״ר בשם של״ה דלא כמ״א) כיון דאכילה בעצמה נחשבת כעינוי ואם טעה והתענה אם לא התענה רק עד סעודה המפסקת אין צריך למיתב תענית לתעניתו (מ״א שם).

(א) ולהרבות בסעודה כשיעור שני ימים עיו״כ ויו״כ (סידור האריז״ל וסידור אדמו״ר).

(ב) אפילו בשחרית.

(ג) ואין אוכלים אפילו בסעודת שחרית דברים המרבים זרע כגון שומים וביצים ומאכלי חלב וחמאה אע״פ שהן מרבים זרע מ״מ נוהגין לאכלם בשחרית כיון שהם מאכלים קלים להתעכל (תר״ח סעיף ח׳ י׳).

(ד) ואדמו״ר סי׳ תר״ד סעיף א׳ כתב ומ״מ מי שירצה להתענות על חלומו עד סעודה המפסקת אין למחות בידו לפי שלא נאמר בו עונג אלא שמצוה לאכול בו ואם אכל פ״א ביום יצא י״ח.

(ג) **אין** נופלים על פניהם בעיוה״כ גם א״א למנצח יענך ומזמור לתודה גם א״א בו אבינו מלכנו אם לא שחל יוה״כ בשבת אז אומרים א״מ עיוה״כ שחרית אבל במנחה א״א אפילו כשחל יוה״כ בשבת (מ״א שם).

(ד) **אבל** בערב שלפני עיוה״כ נופלין על פניהם במנחה וכן אם חל עיוה״כ ביום א׳ אומרים צו״צ בשבת במנחה (שם) והנוהגים שלא לאכול בשר כי אם בימים שא״א תחנון אז במקומות שאין מרבין בסליחות בשחרית נמצא שמחזיקין גם הלילה קצת ליו״ט מותרים לאכול בשר בלילה אחר צ״ה אבל לפני צ״ה אף שהתפלל ערבית אסור לאכול בשר אבל במקומות שמרבין בסליחות בשחרית אסורים לאכול בשר אפילו אחר צ״ה. אבל מי שנדר בפירוש שלא לאכול בשר כ״א בי״ט אסור לאכול בשר בלילה אפילו במקומות שאין מרבין בסליחות שחרית אבל בערב יוה״כ ביום מותרין (מ״א שם).

קנז שיפייס אדם את חבירו בערב יום הכפורים

(א) **עבירות** שבין אדם לחבירו אין יוה״כ מכפר עד שירצה את חבירו ואפילו לא הקניטו אלא בדברים צריך לפייסו (א) ואם אינו מתפייס בראשונה יחזור פעם שנית ושלישית (ב) ובכל פעם יקח עמו שלשה אנשים ואם אינו מתפייס בג׳ פעמים אינו זקוק לו מיהו אם רוצה לפייסו יותר רשאי אם אין שם בזיון תורה מיהו יאמר אח״כ בפני י׳ שביקש ממנו מחילה ולא רצה למחול לו (סי׳ תר״ו) ואם הוא רבו צריך לילך כמה פעמים עד שיפויס (שם).

(ב) **המוחל** לא יהא אכזרי מלמחול אם לא שמכוין לטובת המבקש מחילה [וכעין מעשה דרב ודר״ח] (ג) ואם הוציא עליו שם רע אינו צריך למחול לו ומכל מקום מדת ענוה למחול לו (מ״א שם).

(ג) **אם** מת אשר חטא לו מביא עשרה בני אדם ומעמידם על קברו ואומר חטאתי לאלהי ישראל ולפלוני זה (ד) שחטאתי לו והם ישיבו מחול לך מחול לך וצריך לילך שם יחף ואם הוא חוץ לג׳ פרסאות יכול לשלוח שלוחו על קברו ולפייסו עם עשרה בני אדם ויאמר הנני השליח של פלוני מודה ברבים שפלוני שלחני לבקש מחילה וכל בקשת מחילה יהיה בעיוה״כ (שם).

(א) ובשעת בקשת מחילה צריך לפרט החטא שחטא לחבירו ואם חבירו מתבייש בזה לא יפרט החטא (תר״ו סעיף א׳).

(ב) בכל פעם במין ריצוי אחר.

(ג) או שחושש שלא יבוא לעצמו איזו רעה ע״י שימחול לו דאז א״צ למחול לו דחייו קודמין לחיי חבירו.

(ד) בשו״ע אדמו״ר איתא שפשעתי כנגדו.

(ה) אבל י״א שטעם טבילה זו היא משום תשובה כגר המתגייר ולפי זה יש לטבול ג׳ פעמים ואפילו נערים ובתולות שהם בני מצוה נוהגין לטבול אע״פ שאין קרי שייך בהן ואפילו מי שטבל בער״ה ולא ראה קרי אח״כ צריך לחזור ולטבול בעיו״כ משום תשובה (אדמו״ר סי׳ תר״ו סעיף י״ב).

(ו) לפיכך אינה צריכה כלל לטבול בערב יו״כ.

(ז) ואדמו״ר כתב אלא שיש לו לאחר הרחיצה והטבילה כל מה שאפשר שיהיה סמוך לחשיכה.

(ד) **תקנות** קדמונינו וחרם שלא להוציא שם רע על המתים ואם חרפו אחר מיתה א״צ לילך על קברו רק יבקש מחילה במקום שחרפו (מ״א).

(ה) **נוהגין** לטבול בעיוה״כ משום (ה) קרי ולאדם חלש די בהטלת ט׳ קבין מים שאובין ואפילו מג׳ כלים ולא מד׳ וכששופכין מב׳ או מג׳ כלים אז צריך שלא יפסיק הראשון עד שיתחיל הב׳ ואם היה מקצת גופו במקוה ושפך עליו ט׳ קבין יצא אבל אם עמד בגיגית שיש בה מים שמכסים אפילו מקצת רגליו ושפכו עליו ט׳ קבין לא יצא (שם במ״א).

(ו) **אשה** ששמשה תוך ג׳ ימים צריכה לכבד ביתה בחמין שלא תפלוט ש״ז ביוה״כ אבל אם היא סמוך לווסתה או לטבילתה לא תעשה כן כי אז רגילות להתעבר ויש לחוש שמא תשחית (ו) זרע הריון (שם במ״א).

(ז) **אבל** תוך שבעה בעיוה״כ מותר לרחוץ (ז) אפילו שעה או ב׳ קודם הלילה שיוה״כ מבטל גזירת שבעה ואפילו הרחיצה בחמין ופשוט דשאר דיני אבילות כגון ישיבת הקרקע נוהגים עד הלילה דלא הוי לענין זה כי״ט דרק אכילה מצוה בעיוה״כ (מ״א שם).

קנח סדר הוידוי במנחה בערב יום הכפורים

(א) **צריך** להתודות במנחה בעיוה״כ קודם סעודה המפסקת ויחיד אומרה אחר שסיים תפלת י״ח וקודם הוידוי יאמר יהיו לרצון והש״ץ שמחזיר התפלה בקול רם במנחה אינו חוזר הוידוי ואין אומרים אבינו מלכנו ולא שום תחנה (סי׳ תר״ז).

(ב) **כשמתודה** בלחש נכון לפרט החטא הידוע לו שעשה אבל בקו״ר אסור לפרט החטא שאינו מפורסם וצריך לעמוד בשעת וידוי וצריך לשחות כמו במודים [עד אחר ועל חטאים שאנו חייבים עליהם ארבע מיתות בית דין] ולא יסמוך לשום דבר דסמיכה חשוב כישיבה (שם במ״א).

(ג) **בעל** חטא צריך לומר (א) בסתר ובגלוי. בשגגה ובזדון. כפרה לחטאים מחילה לעונות סליחה לפשעים. וכשמתודה יכה באגרוף על החזה (שם במ״א). אין לדבר בשעת הוידוי (שם).

(א) במג״א מסיק לומר בגלוי ובסתר לפי סדר הא״ב.

(ב) ואדמו״ר כתב בסדור מלקות ילקו קודם טבילה ומנחה.

(ד) **על** חטא שחטאנו לפניך ביצה״ר פי׳ היינו מה שגירה יצה״ר בנפשו כמאמר חז״ל רב לייט אמאן דמגרי יצה״ר בנפשו.

(ה) **אחר** (ב) מנחה לוקין ל״ט מלקות ברצועה של עגל כל דהו שהוא רק לזכרון בעלמא והנלקה יהיו פניו לצפון ואחוריו לדרום והמלקה יאמר ג״פ והוא רחום שהוא ט״ל תיבות כנגד ט״ל מלקות והנלקה יאמר וידוי (שם).

קנט סדר סעודה המפסקת

(א) **צריך** לאכול סעודה המפסקת קודם בין השמשות ושיעור בין השמשות הוא כמו רביעית שעה קודם צאת הכוכבים וצריך להוסיף מעט (סי׳ תר״ח).

(ב) **אם** הפסיק מאכילתו בעוד היום גדול (א) אין להקל לאכול אחר כך אם לא שהתנה בפירוש שאינו מקבל תענית וקבלה בלב קודם פלג המנחה אין בכך כלום אם לא שקיבל בפירוש (שם במגן אברהם בשם מהרי״ל).

(א) ואדמו״ר סי׳ תר״ח סעיף ז׳ כתב אם הפסיק מאכילתו בעוד היום גדול אע״פ שהסכים בדעתו שלא לאכול עוד היום אעפ״כ מותר לו לחזור ולאכול כיון שלא הוציא כן בשפתיו דדברים שבלב אינן דברים ואם הוציא כן בשפתיו אסור לו לאכול מדין נדר ולא מחמת איסור יוה״כ כיון שאמר בפירוש שלא יאכל עוד היום אבל אם קבל עליו תענית של יוה״כ בסתם ולא אמר בפירוש שלא יאכל עוד אם הוא עדיין קודם פלג המנחה אין קבלתו כלום ומותר לחזור ולאכול ואם הוא אחר פלג המנחה אזי מועלת קבלתו וחל עליו כל חומר של יוה״כ ואסור במלאכה וברחיצה וסיכה חוץ מנעילת הסנדל כמ״ש בסי׳ תקנ״ג וטוב להחמיר ולהתנות בסעודה המפסקת שיהא רשאי לאכול ולשתות עוד אחר הסעודה.

(ג) **בסעודה** המפסקת לא יאכל דברים המחממים כגון מיני בשמים וחלב [וחמאה] אסור אף בשחרית שמרבה זרע וראוי לאכול בסעודה המפסקת מאכלים קלים להתעכל ולא יאכל שומשמין ולא אכילה גסה ואם אכל הרבה לא ישים אצבעו תוך פיו ביוה״כ כדי להקיא (שם במ״א).

קס דיני הטמנת חמין בערב יום הכפורים

(א) **אין** להטמין מעיוה״כ על מוצאי יוה״כ כמו שמטמינים מע״ש לשבת והטעם משום הכנה או משום דמיחזי כרעבתנותא (סי׳ תר״ט) וזה לא שיך רק כשמטמין מאכלים לצורך אכילה של מוצאי יו״כ אבל אם מטמין בתנור דברים שאינן לצורך אכילה של מוצאי יוה״כ כגון במדינתנו שעושין הפאווידל״ע ועושין הרבה בפעם אחת שצריך על זמן רב ושורק פי התנור בטיט מותר להטמין בערב יוה״כ בתנור שיתבשל שם ביוה״כ ואפילו אחר חצות מותר מידי דהוי אמלאכות שמותר לעשותן בע״ש מבע״י ונעשין מאליהן בשבת במקום שאין חשש שמא יחתה ואפילו אם רוצה לאכול מהפאווידל״ע במוצאי יוה״כ מותר לאכול ממנה.

קסא דיני הדלקת נרות ביום הכפורים

(א) **נוהגין** להרבות נרות ביוה״כ בבתי כנסיות ובבתי מדרשות וגם בביתו מדליק ומברכין להדליק נר של יוה״כ ואם חל בשבת אומר בברכה של שבת ושל יוה״כ וצריך להדליק גם בחדר שישן שם כדי שלא יבוא לשמש עם אשתו (סי׳ תר״י במ״א).

(ב) **נוהגין** שכל איש עושין לו נר ועוד נר לאביו ולאמו שמתו ונוהגין לעשות לנר בהכ״נ פתילות עבות כדי להרבות אורן ואם כבו נרות אלו ביוה״כ אסור לומר לעו״ג (א) להדליקם או לקבל שעוה הנוטף ממנו רק לוקחין עו״ג לשמור הנרות שלא יבא ח״ו לידי דליקה (שם).

(א) ולא עוד אלא שאם בא להדליק מעצמו צריך למחות בידו כמ״ש בסי׳ רע״ו (תר״י סעיף ו׳).

(ב) לקדוש ה׳ מכובד זה יו״כ שאין בו אכילה ושתיה אמרה תורה כבדהו בכסות נקיה ובנרות לפיכך נוהגין להציע בגדים נאים בבהכ״נ (אדמו״ר תר״י ס״ח).

(ג) **אם** כבו הנרות נוהגין שמדליקין אותם במוצאי יוה״כ ואל יכבנו עוד אלא יניחנו לדלוק עד גמירא וגם יקבל עליו שכל ימיו לא יכבה נרו במוצאי יוה״כ לא הוא ולא אחר (ב) ויש להציע השולחנות ביוה״כ כמו בשבת.

קסב איסור רחיצה ביום הכפורים

(א) **אסור** לרחוץ ביוה״כ ואפילו להושיט אצבעו במים אסור ואם היו רגליו או שאר גופו מלוכלכים בטיט או בצואה או שנטף דם מחוטמו מותר לרחצם וצריך ליזהר שלא ירחץ רק מקום המלוכלך בלבד ולא יותר (סי׳ תרי״ג מ״א שם) אבל אם היו ידיו מלוכלכות בצואה או שנגע בגופו במקומות המכוסים אפילו לא נגע רק באצבע אחת צריך לרחוץ כל ידיו עד קשרי אצבעותיו ואם נגע בידו בטיט או ברפש אין רשאי לרחוץ רק מקום המלוכלך בלבד (ועי׳ פ״מ סי׳ ק״ח במ״ז).

(ב) **בשחרית** נוטל ידיו עד סוף קשרי אצבעותיו ומברך ענט"י ולא יכוין להנאת רחיצה רק להעביר הר"ר מעל הידים (שם).

(ג) **אם** הטיל מים ושפשף הניצוצות או עשה צרכיו (א) מותר ליטול ידיו עד סוף קשרי אצבעותיו (ב) וכן כהן שעולה לדוכן נוטל ידיו אף שהן טהורות (שם) אסור לרחוץ פיו ביוה"כ (שם).

(א) וקינח בידו.

(ב) בד"א בליל יוה"כ אחר התפלה אבל קודם התפלה או ביום שמתפללים כל היום אם הטיל מים אע"פ שלא שפשף בידיו או שעשה צרכיו אף על פי שלא קינח בידו מותר ליטול ידיו עד סוף קשרי אצבעותיו שמצוה להתפלל בידים טהורות ברחיצה.

(ד) **אם** ראה קרי ביוה"כ אסור לו לטבול אפילו רגיל לטבול בשאר ימות השנה אסור רק רוחץ מקומות המלוכלכים לבד ומתפלל (שם).

(ה) **אשה** אסורה לטבול בליל יוה"כ אפילו הגיע זמן טבילתה בו ביום אבל ללבוש לבנים מותרת ביוה"כ ורוחצת בין ירכותיה כדרכה ואם רוצה לטבול במוצאי יוה"כ תעשה החפיפה ערב יוה"כ (שם).

קסג דין סיכה ונעילת הסנדל ותשמיש המטה ביום הכפורים

(א) **אסור** לסוך אפילו מקצת גופו ביוה"כ ואפילו אינו אלא להעביר הזוהמא אסור אבל אם הוא חולה אפילו אין בו סכנה או שיש לו חטטין בראשו מותר (סי' תרי"ד) והיינו דוקא במקום שנוהגין לסוך בחול אפילו איש בריא אבל במקום שאין נוהגין לסוך בחול איש בריא אסור לסוך ע"ג חטטין בין בי"ט בין בשבת משום דמוכח דהוא משום רפואה (ועי' בט"ז בסי' שכ"ז ס"ק ב').

(ב) **אסור** לנעול מנעל או סנדל של עור וחולצים המנעלים מבע"י (היינו שגם בזה צריך לעשות תוספת כמו באכילה). אפילו מנעל של עץ ומחופה עור אסור לנעול אבל של גמי או של קש ושאר מינים מותר אפילו לצאת בהם לר"ה (שם).

(ג) **מותר** לעמוד ע"ג כרים וכסתות אפילו של עור אם צריך לו מחמת כאב רגל או צינה והמחמיר גם בזה תע"ב אבל בשעת תפלת ש"ע אסור לעמוד על גביהם משום דאסור לעמוד ע"ג מקום גבוה בשעה שמתפלל ועוד שנראה כמתגאה אם עומד ע"ג כרים (א) (שם ובמ"א).

(א) אבל מותר לעמוד על שאר דברים חוץ מן כרים וכסתות אם אינם גבוהים ג"ט מן הארץ אפילו בשעת תפלת י"ח כמ"ש בסי' צ' (סי' תרי"ד סעיף ד').

(ד) **היולדת** כל שלשים יום מותרת לנעול סנדל וכן חולה אף שאין בהם סכנה וכן מי שיש לו מכה ברגליו מותרים לנעול סנדל (שם).

(ה) **כל** אדם מותר לנעול סנדל במקום שמצויין שׁם נחשים ועקרבים הנושכים (שם).

(ו) **ואם** ירדו גשמים ורוצה לילך מביתו לבהכ"נ או להיפוך והוא איסטניס מותר לנעול מנעליו ויניחם בבהכ"נ במקום מוצנע ולא יגע בהם כ"א ע"י בגד אבל אם נוגע במנעליו שלא ע"י בגד צריך ליטול ידיו אבל מי שאינו איסטניס לא ינעול מנעליו אם צריך לו לילך אפילו אם ירדו גשמים ובפרט שהולכים באנפלאות א"כ אין להם צער כ"כ בלא מנעלים ואם רוצה לילך לביהכ"נ ויודע שילכלך שם רגליו במקום מטונף מותר לנעול מנעליו אבל תיכף כשיוצא משם צריך להסיר אותם וכן איסטניס תיכף כשיבוא למקום שאין לו צער צריך להסיר אותם דלא כאותן שנוהגין שהולכין בסנדלין אפילו בביהכ"נ עד שיושבין על מקומם ואיסור גדול הוא (ב) ואפילו במקום שמותר לנעול צריך להחליף המנעלים של ימין לשל שמאל (שם ובמ"א).

(ב) ואלו בחשיכה יתהלכו ופושעים נקראו (תרי"ד ס"ו).

(ג) ואסור בכל הפרטים המבוארים ביו"ד סימן קצ"ה (תרט"ו סעיף א׳).

(ז) **אם** צריך לילך לבין הערו"ג אעפ"כ אסור לנעול סנדל אף דאיכא למיחש שילעיגו עליו כיון די"א שהוא דאורייתא (שם מ"א).

(ח) **יוה"כ** אסור בתשמיש המטה ואסור ליגע באשתו אפילו ביום כאלו היא נדה וגם לא ירבה דברים עמה (ג) (סי׳ תרט"ו).

קסד הקטנים מתי יתחילו להתענות

(א) **הקטנים** פחות מבן ט׳ אין מענין אותם אפילו לשעות כדי שלא יבואו לידי סכנה אפילו אם רוצים להחמיר על עצמן מוחין בידם (א) קטן הבריא וכן קטנה הבריאה בני ט׳ שנים או עשר שנים (ב) מחנכין אותם לשעות. כיצד היה רגיל לאכול בשני שעות מאכילין אותו לג׳ בשלש מאכילין אותו לד׳ ולפי כחם מוסיפים לענות אותם וכן בני י"א שנה אין מחנכין אותם אלא לשעות ולפי שבזמן הזה חשובין כחולין (סי׳ תרט"ז).

(א) ומותר לגדול להאכיל את הקטן ולהשקותו אבל אסור לגדול לנעול את הסנדל לקטן לפי שאין זה עינוי לקטן וכן אין נוהגין לרחוץ ולסוך את הקטן (תרט"ז סעיף ב׳ ג׳).

(ב) אפילו אינם בריאים.

(ג) לא על היין ולא על הפת וא"צ לבצוע על ב׳ ככרות משום שלא תיקנו חכמים דברים אלו ביוה"כ.

(ב) **קטנה** בת י"ב שנה ויום אחד וקטן בן י"ג שנה ויום אחד אם הביאו שתי שערות מתענין ומשלימין מדאורייתא ואם לא הביאו שתי שערות מתענין ומשלימין מדברי סופרים ואפילו אם נעשו בני י"ב וי"ג ביוה"כ עצמם צריכין להתענות ולהשלים (שם).

(ג) **חולה** שאכל ביוה"כ אם מתיישב דעתו אח"כ ויכול לברך צריך להזכיר יעלה ויבא בבהמ"ז ואם הוא שבת צ"ל ג"כ רצה ואם שכח להזכיר עד שסיים ברכת בונה ירושלים א"צ להזכיר אבל קידוש א"צ (ג) (סי׳ תרי"ח).

קסה סדר ליל יום הכפורים

(א) **קודם** כל נדרי הולכים שנים מחשובי העיר שמתפללים שם בביהכ״נ ועומדים שם אצל הש״ץ עד אחר ברכו ואומר הרב או הגדול שעומד אצל הש״ץ בישיבה של מעלה כו׳ (סי׳ תרי״ט).

(ב) **ומתעטפים** בטליתים מבע״י ומברכין עליו ואם לא נתעטף מבע״י אלא בלילה אין מברכין עליו (סי׳ י״ח).

(א) ואדמו״ר סי׳ תרי״ט סעיף ז׳ כתב שיברך כאו״א לעצמו בלחש ויזהר לסיים קודם שיסיים הש״ץ כדי שיוכל לענות אמן אחר ברכת הש״ץ.

(ב) ואינו מזכיר יוה״כ בברכה זו.

(ג) עי׳ לעיל סי׳ ס״ז הגהה ג׳ שאומרים רצה נא במנוחתנו כשחל בשבת.

(ד) וגם טוב ליזהר שלא יעטוף א״ע בכרים וכסתות שלא יבוא לידי חמום ועכ״פ יזהר שלא לכסות רגליו.

(ג) **ונוהגין** שאומר כל נדרי ג״פ מבעו״י וממשיך בניגונים עד הלילה ובכל פעם מגביה קולו יותר מבראשונה (שם).

(ד) **ואומר** הש״ץ קודם מעריב (א) שהחיינו בלא כוס אם חל בשבת אומרים קודם ברכו מזמור שיר ליום השבת ואומרים בליל יום כפור ומחרתו בשכמל״ו בקו״ר (שם).

(ה) **אם** חל יוה״כ בשבת א״א א״מ ואחר ש״ע אומרים ויכולו וברכה מעין שבע וחותם מקדש השבת (ב) (שם) וא״א ביוה״כ או״א רצה במנוחתנו (ג) אפילו חל בשבת רק מתחילין קדשנו במצותיך כמו ביוה״כ שחל בחול ואם חל בשבת אומרים והנחילנו ה׳ אלהינו [באהבה וברצון] ואם חל בחול א״א באהבה רק מקרא קודש זכר ליציאת מצרים (שם).

(ו) **אל** ישנה אדם ממנהג העיר אפילו בנגונים או בפיוטים שאומרים (שם).

(ז) **יש** שעומדים על רגליהם כל היום וכן בלילה בשעת תפלת ערבית אבל כל הלילה אין לעמוד מפני שלא יוכל להתפלל אחר כך בכוונה ביום ואם נחלשו יכולים לסמוך עצמם לשום דבר ומי שעושה כן פעם אחד ודעתו לעשות כן תמיד ואח״כ אין רוצה לעשות כן צריך התרה וטעם העמידה ביוה״כ שהוא דוגמת המלאכים ולכן לנשים אין תועלת בעמידה (שם במ״א וא״ר).

(ח) **יש** נוהגין ללון בבהכ״נ ואומרים שירות ותשבחות בלילה וטוב ונכון לישן רחוק מן הארון ומי שאינו רוצה לומר שירות ותשבחות לא יישן שם ומי שיודע בעצמו שאם יהיה ניעור בלילה לא יוכל להתפלל ביום בכוונה טוב שילך לביתו לישן ויאמר קודם שיישן הד׳ מזמורים ראשונים של תהלים שהם שומרים לקרי (ד) וכן החזנים שמתפללים ביום לא יהיו נעורים בלילה שלא יאבדו קולם (שם).

קסו דיני יום הכפורים שחרית

(א) **טוב** לקצר בפיוטים בשחרית יוה״כ כדי למהר בענין שיתפללו מוסף קודם שבע שעות על היום ואם התפללו שחרית ורואים שהוא סוף שש שעות לא יאמרו א״מ כדי להתפלל מוסף קודם שבע (סי׳ תר״ך).

(א) ואם מלין את התינוק בביתו ולא בביהכ״נ אין מלין עד חזרת הס״ת להיכל משום שהוא בזיון לס״ת להניחו לצאת לחוץ. ואחר המילה חוזרין לביהכ״נ ואומרים קדיש שלפני תפלת מוסף (אדמו״ר תרכ״א סעיף ג׳).

(ב) **סדר** קריאת התורה נתבאר לעיל בהל׳ קה״ת. בזוהר כתוב כל מי שמצטער על מיתת בני אהרן ומוריד דמעות עליהם מוחלים לו עונותיו ובניו אינן מתים בחייו וכן כתב האר״י ז״ל (סי׳ תרכ״א מ״א שם).

(ג) **בהפטרה** א״א מלך מוחל וסולח כו׳ רק ודברך אמת וקים לעד בא״י מלך על כל הארץ וכו׳ (מ״א שם).

(ד) **מילה** ביוה״כ מלין אחר קה״ת ואחר המילה אומרים אשרי (א) (וכ״כ א״ר) ומברכין על הכוס ונוהגין ליתן הכוס לתינוק הנימול אבל לתינוק אחר אין ליתן משום דבכוס של מצוה חיישינן דילמא אתי למיסרך וצריך ליתן לתינוק הנימול לשתות מן הכוס חוץ ממה שנותנין לו כשאומר בדמיך חיי (שם במ״א וט״ז).

(ה) **נוהגים** להזכיר נשמות ביוה״כ וצריך לידור לצדקה ביוה״כ בעד המתים כי גם המתים יש להם כפרה ביוה״כ (שם) א״א אין כאלהינו ביוה״כ (סי׳ תרכ״ב).

קסז דיני תפלת מנחה ביום הכפורים

(א) **אין** אומרים במנחה של יוה״כ אשרי ובא לציון וא״א ואני תפלתי כו׳ אפילו אם חל בשבת (סי׳ תרכ״ב).

(ב) **וקוראין** בתורה ונתבאר לעיל בהל׳ קריאת התורה ומפטירין בנביא ונתבאר לעיל בדיני הפטרה וחותמין מגן דוד ואין אומרים על התורה ועל העבודה (שם).

(א) ואעפ״כ אומר הש״ץ ברכת כהנים.
(ב) וא״א צו״צ אפילו אם חל בשבת.

(ג) **אם** חל בחול אומרים א״מ ואם אין שהות ביום ידלג א״מ כדי להתפלל נעילה בזמנה (שם) ואין נושאין כפיהם במנחה של יוה״כ (א) (שם). במנחה של יום כפור מתפללים שבע כמו בשחרית (ב).

קסח דיני תפלת נעילה

(א) **קודם** תפלת נעילה אומרים אשרי ובא לציון (סי׳ תרכ״ג).

(ב) **זמן** תפלת נעילה כשהחמה בראש האילנות כדי שישלים אותה עם צאת הכוכבים והנוהגים להמשיך אותה עד הלילה אין למחות בידם רק שיאמרו עכ״פ החרוז היום יפנה בעוד השמש נראה דאל״כ דובר שקרים לפני השם ב״ה (שם).

(ג) **בכל** מקום שאומרים בתפלות יוה״כ כתבנו אומרים בנעילה חתמנו (שם).

(ד) **אם** חל בשבת מזכיר בה של שבת אבל בוידוי שאחר התפלה אין מזכירין של שבת והנ״מ ביחיד אבל ש״ץ שאומר אותה תוך תפלתו מזכיר בה של שבת ואם לא הזכיר אין מחזירין אותו כיון שהזכיר בתפלה אבל אם לא הזכיר של שבת כלל בין יחיד בין ש״ץ מחזירין אותו (שם).

(א) שמע ישראל פעם אחת וג׳ פעמים בשכמל״ו ואח״כ אומרים ז״פ ה׳ הוא האלהים.

(ה) **אין** נושאין כפים בנעילה אבל או״א ברכנו בברכה כו׳ אומרים ואומרים א״מ אפילו אם חל בשבת ואפילו סיימו תפלת נעילה בעוד קצת יום אעפ״כ אומרים א״מ ובמקום כתבנו אומרים חתמנו (שם מ״א).

(ו) **בסוף** הסליחות אומרים (א) ז׳ פעמים ה׳ הוא האלהים ופעם אחת שמע ישראל וג״פ בשכמל״ו ותוקעין תקיעה אחת ואף שלא יצאו כוכבים עדיין רק שהוא ביה״ש מותר לתקוע (שם).

קסט סדר מוצאי יום הכפורים

(א) **מתפללים** תפלת ערבית ואומרים הבדלה בחונן הדעת וצריך להוסיף מחול על הקודש גם ביציאתו שימתינו מעט אחר צ״ה (סי׳ תרכ״ד) ואם חל בשבת אומרים ויתן לך וא״א ויהי נועם ואתה קדוש (שם) לפי שחג הסוכות חל באמצע השבוע.

(א) ואדמו״ר פסק שאם חל בשבת יברך על הבשמים.

(ב) לפי שלא הודלקו רק לכבוד היום ולכבוד בהכ״נ ולא בשביל להאיר ואם עבר ובירך על של בהכ״נ בלבד א״צ לחזור ולברך על נר אחר כיון שעשויין גם להאיר שהתפללו לאורן.

(ב) **יש** נוהגין שאין מבדילין בבהכ״נ על הכוס אפילו כשחל יוה״כ בשבת [לבוש].

(ג) **בביתו** מבדילין על הכוס וכן על הבשמים אם חל בשבת ואותן שנהגו שלא לברך על הבשמים אפילו כשחל בשבת (א) אין למחות בהם משום דיש פוסקים דס״ל דאין מברכין על הבשמים במוצאי יוה״כ אפילו חל בשבת וא״כ הוי הפסק בין ברכה לשתיית הכוס ואותן הנוהגים שלא לברך יכולים לברך על הבשמים אחר שתיית הכוס (שם ועי׳ ט״ז).

(ד) **מברכין** על האור במוצאי יוה״כ אף כשאינו חל בשבת ואין מברכין אלא על האור ששבת מבע״י ואין מברכין על הנר שהוציא עתה מאבנים אף שבמ״ש מברכין אבל ביוה״כ אף כשחל בשבת אין מברכין עליו ואם הודלק נר ביו״כ לחולה שיש בו סכנה אפילו ע״י ישראל הוי נר ששבת ויכולים לברך עליו (שם).

(ה) **ישראל** שהדליק מעו״ג במוצאי יוה״כ וכן באור היוצא מן העצים ומן אבנים מן העמוד ראשון ואילך בשעת הדחק מברכין עליו (א״ר).

(ו) **אין** מבדילים על נר ביהכ״נ ששבת מבע״י (ב) אלא בשעת הדחק שאין לו נר אחר אבל אם יש לו נר אחר מדליק נר אחר מנר בהכ״נ ויברך על שתיהן ביחד אבל גם בזה יש קצת

לגמגם כיון דעל נר ביהכ״נ לבדו אין לברך כיון דנעשה רק לכבוד מה מהני שמדליק נר אחר ממנו מידי דהוי שאין מברכין על הנר שהדליק מן האש שהוציא מן עצים ואבנים במוצאי יו״כ אלא בשעת הדחק כמש״ל (רמ״א) כיון דעל העיקר אינו מברך לכן היותר טוב שיניח בביתו נר דלוק מערב יוה״כ שידלוק עד מוצאי יוה״כ ומברך עליו ויוצא כל הדעות.

(ז) **בין** יוה״כ לסוכות אין מתענין יא״צ אבל תענית חתן ביום חופתו מתענין (סי׳ תקע״ג וסי׳ תרכ״ד).

(ח) **א״א** תחנון וצ״צ ולא פרקים ושיר המעלות בין יוה״כ לסוכות (מ״א וא״ר שם). המדקדקים מתחילים תיכף במוצאי יוה״כ לעשות סוכה כדי לצאת ממצוה אל מצוה (שם).

פרק מד
יום הכפורים

(א) **בעיו״כ** מנהג לשחוט כו׳ אז חוט של חסד כו׳. מה שמבאר טעם המנהג הוא משום שבטור כתב אין טעם למנהג זה והרמב״ן אוסרו משום ניחוש ודרכי האמורי (עיין ב״י וב״ח) ואדמו״ר קיים המנהג שכן הוא דעת רב האי גאון והאריז״ל לכן הוצרך לבאר טעם המקובל. ומהר״ל מפראג בספר נתיבות עולם נתיב הבטחון כתב שיש ראיה גמורה מן הגמרא (ברכות דף ס״ג ע״ב) ליקח בעיו״כ תרנגול לכפרה על נפשו עיי״ש.

תרנגול לבן כו׳ אבל שחור הוא תוקף הדינים המחשיך פני הבריות (זוהר ויחי רי״ח ע״ב).

(ב) **ויאמר** ג״פ בני אדם. כלשון הזה לא נמצא בשום מקום גם שינה ממ״ש בשו״ע שלו „ועושין כן ג״פ״ הרי שכונת אדמו״ר בסדור שיאמר ג״פ בני אדם עד מצאתי כופר אבל לעשות היינו לסבב סביב ראשו באמירת זה חליפתי כו׳ די בפעם אחד. ובסדורים יש בזה נוסחאות שונות וכן בל־שונות הפוסקים. ולבאר זה הנה בפע״ח וב־משנת חסידים לא נזכר כלל מענין אמירת הפסוקים ואמירת זה חליפתי כו׳ ובטור מתחיל בלשון הפסוק תהלים יושבי חושך וגו׳ ואינו מוסיף התיבות בני אדם ובאבודרהם ומהרי״ל ולבוש נתוספו השתי תיבות בני אדם אבל פסוקי איוב אם יש עליו מלאך מליץ וגו׳ מצאתי כופר לא נמצא בהם רק במהרי״ל כתוב בזה״ל ורובא דעלמא מוסיפין גם לאמר פסוקי איוב אם יש עליו וגו׳ מצאתי כופר ועושה כסדר הזה ג״פ עכ״ל המהרי״ל. והנה ענין הכפרות כמו שבאר אדמו״ר ע״ד המבואר בפע״ח ומשנת חסידים וסדור האריז״ל שוחטין את התרנגול שנקרא גבר תמורת מיתת בני אדם שנקרא גבר דוגמת שעיר המשתלח (ובדרך כלל נקרא כפרה כמו ארבעה חלוקי כפרה דדריש רבי ישמעאל (יומא דף פ״ו ע״א) ובאגרת התשובה מאדמו״ר מבאר שלשה חלוקי כפרה). וענין חלוף ותמורת גבר בגבר נראה שמוסמך על פסוקי איוב שמסיים מצאתי כופר וגו׳ הן כל אלה יפעל אל פעמים שלש עם גבר. ודוגמת שעיר המשתלח והכופר הוא ששוחטין את התרנגול שנקרא גבר תמורת בן אדם שנקרא גבר והבני אדם ילכו לחיים טובים ולשלום. וזהו שקודם הפסוקים מוסיפין התיבות בני אדם. ולכן אומרים פסוקי חבוש וחולה ופסוקי איוב מצאתי כופר שלשה פעמים כי על שלשה פעמים מועיל כופר. אבל מה יתן ומה יוסיף אם על זה התרנגול עצמו יאמר עוד שני פעמים זה חליפתי. וגם בשעיר המשתלח היה אומר פעם אחד כך ימחו כו׳ (ובכל מקום שכופלין ואומרים ג״פ הוא בדברים השייכים להעלאות או המשכות) ובסדור ר׳ יעקב קאפיל כתוב ויסבב על ראשו ג״פ ואומר זה חליפתי ולא נזכר שיאמר ג״פ.

ומה שמפסוקי תהלים מן ארבעה שצריכין להודות לא הובא רק פסוקי חבוש וחולה ולא פסוקי ים ומדבר מובן הטעם מפני שגם באיוב קודם מצאתי כופר לא חשיב ג״כ רק פסוקי חבוש וחולה. וישם בסד רגלי ישמור כל אורחותי וגו׳. והוכח במכאוב על משכבו וגו׳ (עיין לעיל לענין ברכת הגומל פרק כ״ג כ״ד אות ב׳).

גם נראה שבשארי דברים שנהגו בכפרות לסבב סביב ראשו ולסמוך שתי ידיו ותיכף לסמיכה שחיטה מאחר שלא נזכרו בפע״ח ובמשנת חסידים וסדור האריז״ל וגם אדמו״ר השמיטם מן הסדור מסתמא לא שמיע ליה כלומר לא סבירא ליה.

העולה מזה שאדמו״ר לא הביא בסדורו רק מה שיש לו סמך מן הפוסקים ומקובל מרב האי גאון וקבלת האריז״ל היינו שלשה פעמים עם גבר שנקרא בני אדם

ופסוקי חבוש וחולה ופסוקי מלאך מליץ (היינו מעשים טובים כדדריש בגמרא ובזוהר נשא קכ״ו ע״א וע״ב) מצאתי כופר היינו כפרה כקרבן או כענין הקרבנות (עיין רמב״ן על התורה ע״פ אם כופר יושת עליו) וכן חלוף ותמורה גבר בגבר וחליפתי תמורתי כפרתי ע״ש החותך חיים לכל חי והשמיט מסדורו חליפתינו חליפתכן חליפתהן כו׳ כי אין להעמיס זה בלשונות הפוסקים והמקובלים וגם בסדור האריז״ל לא נמצא זה שהעיקר שחשבון הכפרות יהיו לפי חשבון בני אדם שבבית וצריך לחשוב בחשבון גם עוברין שבמעי אמן (לכן כתב הלשון לפי חשבון היינו עוברין שבמעי אמן ולא לפי מספר).

ועיקר מצות הכפרות היא ברכת השחיטה והשחיטה ובפרט עם כוונות המיוחדות לזה והרב ר׳ יעקב קאפיל כתב בסדורו בזה״ל ואחר שנשחט נשאר בקדושה ואין צריך ליתנו לעניים (גם בשו״ע כתב שיותר טוב ליתן ממון לעניים) אלא מצותו נעשה בשחיטה עכ״ל. ולפי״ז אם נתנבלה בשחיטה צריך לשחוט אחרת אבל אם לא היתה מסוכנת והשחיטה והברכה היו כדינא אע״פ שנטרפה א״צ לשחוט אחרת כיון שכל מה ששייך לכפרות נעשה כדין תורה.

(ג) **יש** להרבות באכילה ושתיה כשיעור שני ימים (ר״ה דף ט׳ ע״א יומא פ״א ע״ב ופרש״י שם ברכות ח׳ ע״ב פסחים ס״ח ע״ב) וזה הלשון כשיעור שני ימים נמצא בפע״ח ומשנת חסידים וסדור האריז״ל ומן המעשה שבמדרש בראשית רבה פי״א (הובא בתוס׳ כתובות דף ה׳ ע״א טור סימן תר״ד) אית חד יומא דכל חובין דאנן עבדין כל יומי שתא הוא מכפר עלינן וכד הוא אתי אנן צריכין ליקורא יתיה מוכח שבעיו״כ אכל סעודת יו״כ.

(ד) **מלקות** ילקו קודם טבילה ומנחה. בשו״ע סימן תריו״ד סעיף י״ג הביא שתי דיעות אם לטבול קודם מנחה או אחר מנחה ובפע״ח כתב קודם שיתפלל מנחה מלקות. ולטבול אחר מלקות לקיים באנו באש ובמים. והנה בכל השנה לבד ע״ש ועיו״ט היו לוקין את החוטאים בין מנחה למעריב (עיין לעיל והוא רחום דערבית) אבל עיו״כ הוא עיו״ט לכן ילקו קודם טבילה ומנחה.

(ה) **בענין** הספרים שמוציאין כו׳ פע״ח סדור האריז״ל וכתוב בפע״ח שמוציאין שלשה ספרים.

(ו) **זה** מקרוב התחילו להדפיס בסדורים מאמר הזוהר קם ר״ש (הוא בתקוני זוהר ליום ל״ז תקון ה׳) אבל בסדורים שנדפסו בחיי אדמו״ר ליתא גם לא היו נוהגין לאמרו קודם כל נדרי כי זמן תורה לחוד וזמן תפלה לחוד ויותר טוב להתחיל כל נדרי מבעוד יום.

(ז) **מחול** לעונותינו (רש״י יומא דף ס״ח ע״ב).

(ח) **ודוי** יוהכ״פ (יומא דף פ״ז ע״ב) ברמב״ם סדר התפלה ובאיזה סדורים ישנים לא נמצא בנוסח על חטא רק א״ב אחד. ובסדור האריז״ל נמצא א״ב כפול וכן סדרו אדמו״ר בא״ב כפול ואין בו שנוי מסדור האריז״ל רק באות ח׳ אשר שם ע״ח שחטאנו לפניך בחלול השם ואח״כ ע״ח שחטאנו בחוזק יד וכאן הקדים את הודוי דחוזק יד קודם לחלול השם וי״ל שטעמו דחוזק יד היא עברה שבין אדם לחבירו וחלול השם היא עברה שבין אדם למקום וכן מצינו בשו״ע סימן תר״ו לענין פיוס להקדים פיוס שבין אדם לחבירו ולכן הקדימו הונאת ריע להרהור הלב.

(ט) **אבל** אנחנו ואבותינו חטאנו. אשמנו נקרא ודוי זוטא ועל חטא נקרא ודוי רבה (ספר המנהיג הלכות יו״כ סימן נ״ז).

(י) **מחילה** לחטאים וכפרה לעונות וסליחה לפשעים כן הוא נוסח

הרמב"ם בסדר התפלה וכן הוא באבודרהם עיי"ש הטעם.

(יא) **אתה** יודע רזי עולם. תקן רב (סוף מס' יומא).

(יב) **ומבלעדיך** אין לנו מלך מוחל וסולח כצ"ל ובקצת סדורים מסיימין תיבות אלא אתה. ואין זה מנוסח אדמו"ר.

(יג) **אחר** ערבית יש לומר ד' מזמורים כו' פע"ח שער יו"כ שכן נהג האריז"ל וכן הוא באבודרהם. כתוב בפע"ח לאמר בליל יו"כ ד' מזמורים הראשונים מספר תהלים מפני שיש בהם תיבות כמנין כו' וראשי תיבות וסופי תיבות מן ד' מזמורים הללו עולה כמנין כו' וכעין זה כתב ג"כ אדמו"ר בסדור. ולכאורה הוא נגד הגמרא (ברכות דף ט' ע"ב) שתקנו פסוק יהיו לרצון אחר שמנה עשרה מפני שאמרו דוד אחר י"ח פרשיות ופריך הני י"ח י"ט הויין ומשני אשרי האיש ולמה רגשו חדא פרשתא היא (ועיין בתוס' מגלה דף י"ז ע"ב) וא"כ אם נחשוב אשרי האיש ולמה רגשו לחדא פרשתא לא יעלה החשבון שבפע"ח ובסדור. וצריך לומר כמ"ש המהרש"א (שם ברכות דף ט' ע"ב) שאחר שתקנו ברכת המינים לברכה י"ט ולומר יהיו לרצון אחר י"ט ברכות התפלה חלקו למה רגשו מן אשרי האיש לפרשה בפ"ע כנגד ברכת המינים עכ"ל. ולפי"ז הכל ניחא כי הם אמרו והם אמרו והכל ברוח הקודש כמ"ש בגמרא.

ד' מזמורים הראשונים שבתהלים כי יש בהם ש"י תיבות כו' ור"ת וס"ת מה־מזמורים מנין קל"א כו' (בפע"ח ובמשנת חסידים כתוב עם הד' כוללים והכולל כולם ובמשנת חסידים נשמט כאן בדפוס ענין הש"י תיבות ואין זה אלא השמטת הדפוס) וגם יכוין בשם הוי"ה בנקוד בברית. ולכאורה הלשון של אדמו"ר אינו מובן: (א) הלא אין בהם רק ש"ו תיבות. (ב) בר"ת וס"ת מהד' מזמורים א' ד' ל' ו' מ' ה' ל' י' מנינם עולים רק קכ"ו. (ג) מה הכריחו לבאר בהסדור כונות והנקוד בהשמות אשר גם באשרי ובשמנה עשרה שנמצאים בסדור האריז"ל ומשנת חסידים כו' השמיטם אדמו"ר מהסדור שלו מטעם המבואר לעיל. ועוד דהל"ל בקצור כמו שכתוב בסדור ר' יעקב קאפיל בליל יו"כ יכוין השמות בנקוד חירק ושב"א (וכתב זה לענין אחר ולא לענין הד' מזמורים עיי"ש) אמנם בשער הכוונות כתוב בזה"ל. בליל יו"כ אחר גמר כל תפלת ערבית נוהגין לקרות ד' מזמורים כו' ש"י תיבות כו' גם ר"ת וס"ת כו' בגימטריא קל"א, ומי שקורא אותם ויכוין בהם ינצל מקרי. והר"ש ויטאל בנו של הרח"ו הקשה שם בשער הכוונות שאינו עולה רק קכ"ו ותירץ שיתכן שהוא מונה בחשבון הה"א של האיש והם קל"א כנלע"ד (וזהו דוחק גדול) או אם נמנה ד' מזמורים והכולל כולם כו' כנלע"ד עכ"ל (גם זה דוחק) אבל הנה בפע"ח מסיים בזה"ל ונוהגין לומר ד' מזמורים הנ"ל כדי להנצל מקרי על ידי התיבות שלהם. בכונה הר"ת והס"ת שלהם כנ"ל עכ"ל. הרי שהזכיר כונה (כמו בלשון האריז"ל) רק שיעלה המספר קל"א ונראה שזהו כונת אדמו"ר הד' מזמורים (היינו ד' כוללים) גם ש"ו תיבות שיש בהם הרי ש"י כמנין קרי. והכונה מנקוד כל השמות מהמזמורים המנוקדים בנקוד בברית א"כ החמשה אותיות של בברית והקכ"ו של ר"ת וס"ת מנינם קל"א. וזהו שכתב אדמו"ר וגם יכוין כו' בנקוד בברית דהיינו להשלים מנין קל"א וזה ברור.

(יד) **הזכרת** נשמות. המנהג להזכיר נשמות ביו"ט שני וביו"כ הובא במעבר יבק שפתי רננות פכ"ג עיי"ש טעם הדבר ושיותר טוב לנדר נרות ושמן למאור. במדינות אלו נהגו להזכיר נשמות ברגלים ביום שקורין כל הבכור שמסיימין איש כמתנת ידו כו' כמ"ש במהרי"ל. הזכרות נשמות ביו"כ נמצא במהרי"ל וברמ"א סימן תרכ"א ויו"ד סוף סימן רמ"ט בשם הרוקח.

הג"ה כי"ק (התיבות בעבור שנדרתי צדקה נמחקו ונכתב בצדו בעבור שבלי נדר אתן צדקה) ועיין לעיל לענין אב הרחמים.

(טו) **עבודת** יו"כ (יומא דף ל"ו ע"ב סדור רב עמרם ב"י סימן תרכ"א פע"ח סדור האריז"ל).

(טז) **אתה** כוננת תיקן יוסי בן יוסי כ"ג והב"י סימן תרכ"א הגיה קצת את הנוסח עפ"י הגמרא והפוסקים שלמדו דבריהם מן הגמרא ואדמו"ר הוסיף קצת הגהות באיזה מקומות.

(יז) **כאן** א"צ לכרוע. הרמ"א בסימן תרכ"א וכן אדמו"ר בשו"ע כתבו נהגו ליפול על פניהם בשעה שאומרים והכהנים והעם כו', והנה בהנוסח אמיץ כח שבמחזורים וכן בנוסח אתה כוננת שבסדור רב עמרם גאון ובסדור האריז"ל לא נמצא הפיוט והכהנים והעם רק שלשה פעמים שאומרים הפסוק כי ביום הזה יכפר וגו' לפני ה' תטהרו וכן משמע בזוהר פ' צו דף ל"ג ע"א אחרי דף ס"ז ע"א אבל אצל הגרלה שאומר לה' חטאת לא נמצא כלל הפיוט והכהנים כמ"ש הב"י שבנוסח אתה כוננת לא נמצא בהגרלה הפיוט והכהנים כו' רק שהב"י הוסיפו עפ"י האבודרהם וכן הוא בפע"ח ד' פעמים והכהנים (רק שבפע"ח טעות הדפוס דמוכח שסיים אצל הגרלה גם את הפיוט ואף הוא הי' מתכוין כו' ואומר תטהרו וזה בודאי אינו כי בהגרלה לא נמצא כלל הפסוק כי ביום הזה וגו' רק לה' חטאת וגם זה אינו לשון הפסוק כי בפסוק כתיב הגורל לה' ועשהו חטאת). לכן אדמו"ר בשו"ע לא הי' צריך לבאר דברי הרמ"א שלא נהגו ליפול על פניהם רק שלשה פעמים. אבל בסדור שהוסיף את הפיוט והכהנים גם אצל הגרלה הוצרך לפרש בכאן א"צ לכרוע. והנה בטור בשם אבי העזרי ובלבוש כתבו וכשיגיע החזן לתיבות לפני ה' תטהרו הוא שותק והקהל אומרים והכהנים והעם כו' וכורעים לפני ה' כמו שהיו עושין בבהמ"ק כו' ואנחנו עושים דוגמתו וזהו שיסד הפייט ואף הוא הי' מתכוין כו' כנגד המברכים (היינו הקהל שאומרים ברוך שם כבוד מלכותו לעולם ועד) כלומר שהי' הכה"ג מאריך בשם הוי' בנעימות קול עד שהיו הצבור כורעים כו' ואז מסיים ואומר תטהרו עכ"ל הלבוש. וכן בזוהר אחרי דף ס"ז ע"א כדין כולהו נפלין על אנפייהו כו' והוא אתיב לגבייהו ואומר תטהרו. תטהרו לא אמרין שאר כהני ועמא בר כהנא רבא כו' שנפילת אפים של הקהל לא שייך רק בשעה שהכה"ג אומר תטהרו בודוים של הקהל.

(יח) **כאוהל** הנמתח תמצא במחזור. לכאורה אינו מובן מה נשתנה הפיוט הזה מכל הפיוטים הלא אפילו הפיוטים אוחילה לאל וכל מאמינים שנמצאים בפע"ח ובסדור האריז"ל עם כוונות עפ"י הסוד אעפ"כ לא העתיקם להסדור שלו וגם לא ציין תמצא במחזור. וי"ל הטעם כי סדר העבודה בנוסח אתה כוננת לא היו נמצאים בסדורים רק נוסח אמיץ כח שבמחזורים ואדמו"ר הנהיג בסדור לאמר נוסח אתה כוננת כמו בסדור רב עמרם וכפי שהגיה הב"י ובסדור האריז"ל ושם בסדור רב עמרם וסדור האריז"ל לא נמצאו הפיוטים שאחר העבודה כמו במחזורים שלנו רק חרוזים אחרים כמנהג הספרדים כאחלמה קבוע בעטרת כו' ואח"כ נמשכים שם חרוזים ופיוטים אחרים לכן הוכרח אדמו"ר להודיע אשר רק סדר העבודה יאמרו בסדר אתה כוננת אבל הפיוטים שאח"כ כאוהל הנמתח יאמרו מן המחזורים כמנהג האשכנזים גם במשנת חסידים (מסכת יום ר"ה) כתוב שה־פיוטים של האשכנזים נכונים מאוד.

(יט) **מנחה** וידבר וקטורת ואח"כ מתפללין כו'. תפלת נעילה אומרים אשרי ובא לציון ואח"כ מתפללין. הנה בטור ושו"ע סימן תרכ"ב וסימן תרכ"ג כתבו במנחה

[בצד העמוד אצל אות יז] יגדיל תורה יב.

אומרים אשרי ובל"צ ולנעילה אומרים אשרי לבד והרמ"א כתב בשם הכל בו שבמדינות אלו נהגו לומר לנעילה אשרי ובא לציון ואדמו"ר בסימן תרכ"ב הביא שתי הדעות ולא הכריע ובסימן תרכ"ג המציא לשון חדש במקומות שאומרים אשרי ובא לציון קודם תפלת מנחה צריכים לחזור ולומר אשרי קודם תפלת נעילה כו׳ ובסדור פסק בפשיטות שלמנחה יאמרו רק וידבר וסדר הקטורת ולנעילה אשרי ובל"צ. ולהבין זה הנה בזוהר פנחס דף רכ"ו ע"א מבואר הטעם שאין לומר ביום אחד ד׳ פעמים אשרי לשם חובה (וכן הוא באבודרהם במנחת שבת) רק בדרך שירות ותשבחות מותר לומר כמה פעמים. וזהו שבסימן תרכ"ג דקדק בלשונו שבמ־קומות שאומרים אשרי ובל"צ קודם מנחה צריכים לחזור ולומר אשרי קודם נעילה וזה אינו נכון לדעת הזוהר (וי"ל שלכונה הזאת הזכיר כאן את דברי המג"א סימן ק"ח ס"ק ה׳ כי שם הביא דברי הזוהר הללו בקצרה) ומה שאין אומרים שאר מזמור לומר אחריו קדיש כי דוקא אשרי מצינו גם בשארי תפלות שאומרים החצי קדיש שקודם תפלה ולא מזמור אחר כמ"ש התוספות (ברכות דף ל"א ע"א ד"ה רבנן) ובדרך כלל מה שאומרים קדיש אחר למוד אגדה או פסוקים היינו כשאומר הקדיש בגלל הלמוד ולא כשלומד בשביל הקדיש. וגם זהו קדיש דרבנן או קדיש יתום ולא חצי קדיש.

(כ) **נעילה** יש מפרשים זמן נעילת שערים בבהמ"ק ויש מפרשים נעילת שער השמים (מטה משה) רב אמר צלותא יתירתא היינו שבעת נעילת שערים מתפללים עוד תפלה בשבע ברכות ושמואל אמר מה אנו מה חיינו (עיין ב"י סימן תרכ"ג יומא דף פ"ז ע"ב ירושלמי ברכות פ"ד הל"א תענית פ"ד הל"א).

(כא) **ותתן** לנו. הג"ה כי"ק [הש"ץ שאומר הודוי בתוך התפלה צריך להז־כיר של שבת באתה הבדלת כדרך שמזכיר של יו"כ שו"ע סימן תרכ"ג סעיף ו׳].

(כב) **אור** ששבת (פסחים פרק מקום שנהגו דף נ"ד ע"א ספר המנהיג מטה משה) בסדור הראשון שקלאוו נמצא כאן טעם על אור ששבת בדרך הקבלה לפי שהיא גופא כו׳ וזהו העתקה מן המשנת חסידים אבל בסדור שנדפס אח"כ בקאפוסט השמיטו זה מסתמא בצווי אדמו"ר כי אינו שייך לזה הסדור לבאר טעמים עפ"י קבלה בדבר שאינו נוגע למעשה ולהלכה.

לקוטי מנהגים

מכ"ק אדמו"ר מנחם מענדל שליט"א שניאורסאהן מליובאוויטש

מנהגי יוהכ"פ שיש בהם חידוש.

כפרות: אמירת „בני אדם — ולשלום" שלש פעמים, ובכל פעם מסבב ג"פ. סך הכל מסבב ט' פעמים.

בערב יוהכ"פ מבקשים לעקאַח (מיני מזונות) וגם אוכלים ממנו.

למלקות בערב יוהכ"פ — ל"ט מלקות — המלקה והלוקה אומרים והוא רחום ג"פ.

נוהגין לאכול „קרעפכין" בעריוהכ"פ [1].

לאחר סעודה המפסקת, ברכת הבנים, הבנות וכו'.

חתן בשנת הנישואין שלו, שלבש הקיטעל לחופה, אין לובשו ביוהכ"פ.

ליל יוהכ"פ, מתחילים הוי' מלך תגל גו'. פסוק אור זרוע — פעם אחת ובקול רם.

על דעת המקום כו' — ג"פ ובקול נמוך.

כשחל יוהכ"פ בשבת, מתחילים מזמור לדוד כמו בכל שבת ויום טוב.

אמירת תהלים — ראה לעיל ר"ח אלול.

קריאת שמע שעל המטה ביוהכ"פ — כמו בשבת ויו"ט.

נטילת ידים שחרית — רק עד סוף קשרי אצבעותיו.

א"מ זכור רחמיך — בכל תפלות היום דיוהכ"פ, ולא רק במוסף.

אבלים בתוך שנת האבלות אין יוצאים מביהכ"נ בשעה שהקהל אומרים „יזכור", אבל אין הם אומרים „יזכור". (וכן בכל פעם שאומרים יזכור, כמובן).

שיעור תהלים — אחר תפלת מוסף.

בין מוסף למנחה — מפסיקין. אם באפשרי לכל הפחות שלשה רבעי שעה.

מנחה. בהפטרה מסיימין בפסוקי מי א־ל כמוך גו' מימי קדם. לדוד ה' אורי.

---

1) מצאתי בדא"ח טעם מנהג זה, וכנראה הוא לרבנו הזקן.

— נדפס בסי' מאה שערים בסופו (ליקוטים מד, ב. ונשמטה שם תיבת „חסדים"). —

וז"ל: ענין המנהג שאוכלין עיוכ"פ קרעפכין שענינם שמכסים הבשר בעיסה מקמח חטים י"ל מדרוש *) שתי הלחם ע"ג שתי הכבשים כי כבשים שרשן מדות כו' משא"כ לחם דעת וגם לחם תורה כו' וביוהכ"פ מאיר פנימי' עוּמקא דליבא חסדים מכוסים ביסוד אימא **) לכן הבשר מכוסה בלחם גם באכילה עיוהכ"פ. ועוד דשתי הלחם ע"ג שתי הכבשים בשבועות מ"ת וכמ"כ ביוהכ"פ לוחות אחרונות לכן בעריוהכ"פ אוכלים כה"ג וד"ל. עכ"ל.

והנה טעם זה שייך גם בפורים, ע"פ המבואר בכ"מ ענין דיום הכפורים הוא כ־פורים, אבל, לכאורה, לא בהושענא רבא.

ועיי"ג בס' גאולת ישראל, בס' זרע קודש ובס' טעמי המנהגים טעמים למנהג הנ"ל באו"א.

---

*) ראה לקו"ת ס"פ אמור.

**) ראה לקו"ת ס"פ במדבר. פ' מסעי ד"ה לבאר ענין המסעות פ"ב. ובכ"מ.

נעילה. פתיחת הארון לאשרי, ונשאר פתוח עד אחרי כל התפלה. בקדיש „לעילא ולעילא מכל ברכתא".

אומרים היום יפנה, גם אם כבר העריב היום.

אין נשיאות כפים אפילו עוד היום גדול.

לפני תתקבל דקדיש האחרון דנעילה — מנגנים כל המתפללים „מאַרש". אח"כ התקיעה.

אומרים אין כאלקינו, עלינו.

תפלת מעריב והבדלה, בקיטעל וטלית, אבל בכובע (ולא ביאַרמולקע) והטלית על הכתפים.

קודם הבדלה נוטלין את הידים ג"פ בסירוגין כמו נט"י שחרית, אבל בלא ברכה.

אחר הבדלה, קידוש לבנה — בחגירת אבנט ובסידור.

אין מברכים שעשה לי כל צרכי, עד למחר.

במוצאי יוהכ"פ אומרים „גוט יום טוב".

במוצאי יוהכ"פ מתעסקים או עכ"פ מדברים ע"ד עשיית הסוכה.

מחרת יוהכ"פ נקרא בשם השם [2]).

---

2) ידוע אשר מחרת יוהכ"פ נקרא בשם „ג־טס נאָמען". — בביכעל כתבים מצאתי ביאור ע"ז בשם הבעש"ט — נדפס ג"כ בס׳ גנזי נסתרות (ירות"ו, תרפ"ד) ח"א ס"ק קס. וז"ל: מהבעש"ט: מה שקורין למחרת יוהכ"פ גאָטש נאָמען. הנה שם הוי׳ ושם קוב"ה אינו אלא מה ששייך לעולם אפי׳ לעולם הנאצלים, אך לעצמותו אינו שייך לקרותו בשום שם שבעולם [1]), והנה אם פוגם הוא בשם הוי׳ דוקא וכידוע [2]). ובימי סליחת העון יש עליות לפני הוי׳ [3]), וזה למחרת יוהכ"פ אין לו שום שם פרטי לא הוי׳ ולא אדני רק גאָטש נאָמען, וד"ל [4]).

---

1) ראה בזה בארוכה בזהר ח"ב מב, ב. ח"ג רנז, ב.

2) ראה אגרת התשובה ספ"ז. ובכ"מ.

3) ראה לקו"ת עטרת ראש וסידור בדרושי ס"פ אחרי ודרושי יוהכ"פ.

4) בס׳ אשל אברהם — להרה"צ וכו׳ מבוטשאטש — או"ח סתרכ"ד, הובא ביאור על השם ג־ט־ס נאָמען באו"א וג"כ בשם הבעש"ט. ויש לתווך. ואכ"מ.